W0398635

Anna Schäffer
Eine Selige aus Bayern

Emmeram H. Ritter

Anna Schäffer

Eine Selige aus Bayern

SCHNELL + STEINER

Umschlagabbildung: Seligsprechung Annas am 7. März 1999 in der Basilika St. Peter in Rom (Bildarchiv Abteilung Selig- und Heiligsprechungsverfahren)

Allen Verehrern der seligen Anna Schäffer gewidmet

Umschlaggestaltung: Anna Braungart, Tübingen
Satz: Vollnhals Fotosatz, Neustadt a. d. Donau
Druck: Erhardi Druck GmbH, Regensburg
Alle Abbildungen: Bildarchiv Abteilung Selig- und Heiligsprechungsverfahren

Bibliografische Information der Deutschen Nationalbibliothek:
Die Deutsche Nationalbibliothek verzeichnet diese Publikation in der Deutschen Nationalbibliografie; detaillierte bibliografische Daten sind im Internet über <http://dnb.d-nb.de> abrufbar.

1. Auflage 2012
© 2012 Verlag Schnell & Steiner GmbH, Leibnizstr. 13, D-93055 Regensburg
ISBN 978-3-7954-2545-6

Alle Rechte vorbehalten. Ohne ausdrückliche Genehmigung des Verlages ist es nicht gestattet, dieses Buch oder Teile daraus auf fotomechanischem oder elektronischem Weg zu vervielfältigen.

Weitere Informationen zum Verlagsprogramm erhalten Sie unter:
www.schnell-und-steiner.de

Inhalt

Geleitwort ... 9

Einleitung ... 11

1. Gemeinschaft mit den Heiligen, Seligen und Dienern Gottes ... 15
   - Gemeinschaft mit den Seligen und Heiligen ... 15
   - Selig- und Heiligsprechung ... 19
   - Die Verehrung der Heiligen, Seligen und Diener Gottes ... 21
   - Heilige und Selige sind Fürsprecher ... 23
   - Gemeinschaft der Heiligen im II. Vaticanum ... 24

2. Geburt, Herkunft, Kindheit und Jugend ... 26
   - Die Erste heilige Kommunion ... 31
   - Bemühungen um die Aussteuer für den Ordenseintritt ... 33
   - Tod des Vaters ... 35

3. Die kirchliche und politische Situation zur Zeit der Geburt Anna Schäffers ... 39

4. Der Unglücksfall und dessen Folgen ... 61
   - Andere Variationen über den Hergang des Unglücksfalles ... 67

5. Pfarrer Karl Rieger und seine Zeit ... 75
   - Revolution 1918/19 in Bayern ... 121
   - Verehrung Annas nach ihrem Heimgang zu Gott ... 165
   - Das Bischöfliche Ordinariat Regensburg und die Verehrung Annas ... 190
   - Anfänge der Verehrung Annas durch das Volk ... 195
   - Friedrich Ritter von Lama, der erste Biograph Annas ... 207
   - Der Tod Pfarrer Riegers ... 228

6. Pfarrer Karl Rieger im Licht der Ordinariatsakten ... 232

7. Das heroische Tugendleben der Seligen ... 238
   - Heroizität aller Tugenden ... 240
   - Die göttliche Tugend: Glaube ... 240
   - Die göttliche Tugend: Hoffnung ... 242

Die göttliche Tugend: Gottesliebe ... 244
Heroische Nächstenliebe ... 245
Die Tugend der Klugheit ... 247
Die Tugend des Starkmuts ... 248
Die Tugend der Gerechtigkeit ... 248
Die Tugend der Mäßigung ... 249
Die Tugend des Gehorsams ... 250
Die Tugend der Armut ... 250
Die Tugend der Keuschheit ... 253
Die Tugend der Demut ... 254
Übernatürliche Gaben Gottes ... 255

8. Die Spiritualität Anna Schäffers ... 257
Die christologische und mariologische Spiritualität ... 259
Annas Verehrung der Heiligen, Seligen und Diener Gottes ... 263
Eucharistie als Kraftquelle ... 266
Geistliches Jahres- und Tagesprogramm ... 272
Marienverehrung ... 276
Die Heroizität im Tugendleben ... 279
Mystik ... 280
„Gedanken und Erinnerungen meines Krankenlebens und meiner Sehnsucht nach der ewigen Heimat“ ... 285

9. Charismatische Stigmatisation ... 299
Die Stigmatisation im Frömmigkeitsleben Annas ... 308

10. Anteilnahme an den Nöten der Zeit ... 312
Der Erste Weltkrieg ... 314
1917 – Jahr der Entscheidungen ... 317
Der Zusammenbruch der Mittelmächte 1918 ... 321
Anteilnahme Annas am Los der Kriegsteilnehmer aus ihrem sozialen Umfeld ... 323

11. Das Briefapostolat der Seligen ... 335

12. Träume – Visionen – Ekstasen – Beschauung ... 343

13. Sühneleiden aus Liebe zu Gott und den Menschen ... 349

14. Die Liebe Annas zu den Kindern und Jugendlichen ... 367

15. Therese Schäffer, die Mutter Annas ... 371

16. Die letzten Lebensjahre Annas und ihr Tod ... 374
Sehnsucht nach Vereinigung mit Jesus ... 376
Das Stigma der Dornenkrone ... 380
Der Zustand Annas verschlechtert sich ... 382
Der Tag des Heimgangs Annas und ihre Beerdigung ... 398

17. Pfarrer Karl Michael Holzgartner und seine Zeit ... 405
Der Nationalsozialismus ... 407
Bayerns tiefste Erniedrigung in seiner fünfzehnhundertjährigen Geschichte ... 412
Pfarrer Holzgartners Wirken in Mindelstetten ... 425
1945 – Rückblick und Ausblick ... 429
Der Priesterdichter Konrad Zoller, der zweite Biograph Anna Schäffers ... 448

18. Pfarrer Michael Sporrer, der Nachfolger Holzgartners ... 460

19. Korrespondenz über Anna Schäffer von 1949 bis 1972 ... 464

20. Bischof Dr. theol. Dr. h. c. Rudolf Graber, der Initiator des Seligsprechungsprozesses für Anna Schäffer ... 474

21. Zwei große Förderer der Verbreitung der Verehrung Annas: Pfarrer Ludwig Fischl und Pfarrer Alfons M. Weigl ... 481

22. Der Seligsprechungsprozess für Anna Schäffer ... 492

A. Der diözesane Prozess ... 495
Die Einleitung des Prozesses ... 495
Pfarrer Georg Schlagbauer, der Nachfolger Sporrers ... 501
Der Informativprozess ... 503
Der Schriftenprozess ... 505
„Processus super non cultu" (Prozess, dass bisher keine offiziellen kultischen Handlungen geschehen sind) ... 508

B. Der kanonische Prozess in Rom ... 510

23. Die Pfarrei Mindelstetten und die Abteilung für Selig- und Heiligsprechungsprozesse in Regensburg ... 568

24. Die Seligsprechung in Rom 1999 ... 592
Feierliche Übertragung der Gebeine Annas ... 592
Die Vorbereitungen zur Seligsprechungsfeier ... 593

25. Jeder Christ ist zur Heiligkeit berufen! ... 603
Zur Heiligkeit berufen ... 604
Was hat der Katholik zu tun? ... 606
Auf das Heilig-sein-Wollen kommt es an! ... 608

26. Gebetsanliegen und Gebetserhörungen ... 613

27. Die „Anna-Tage“, jeweils am 26. Juli, in Mindelstetten ... 616

Abkürzungen ... 635
Archivquellen ... 636
Literatur ... 637
Veröffentlichungen zu Anna Schäffer (1925–1998) ... 643
Veröffentlichungen zu Anna Schäffer (Juli 1998 – April 2011) ... 650
Personenregister ... 661
Ortsregister ... 668
Abbildungen ... 673

Geleitwort

Es war ein ergreifender und bewegender Moment, als der selber vom Leid schwer gezeichnete Papst Johannes Paul II. im Petersdom seinen Blick auf das entrollte Bild der seliggesprochenen Anna Schäffer richtete, so als wolle er das Wort der neuen Seligen unterstreichen und der ganzen Welt anvertrauen: „Im Leiden habe ich dich lieben gelernt", hatte er doch eine Frau zur Ehre der Altäre erhoben, die ihr täglich ertragenes großes Leid dem Herrn aufgeopfert und mit seiner Kraft getragen hat.

Mit ihrem Leben reiht sich Anna Schäffer ein in die große Schar der unblutigen Märtyrer, die in der Hinnahme des Leidens teilnehmen am Leiden Christi. Im Blick auf das Leben der Seligen bleibt die Frage, wie ein einfaches Mädchen wie die „Schäffer Nandl" diesen Kreis von Gebet, Opfer, Sühne und Pflichterfüllung begreifen lernte und ihn zur Mitte ihres irdischen Opferlebens gestalten konnte.

Man begreift es in Ansätzen, wenn man sich den zeitgeschichtlichen Hintergrund vor Augen hält. Dazu muss als erstes der Blick zurückgelenkt werden auf die Ereignisse zu Beginn des 19. Jahrhunderts, als sich mit den Beschlüssen des Reichsdeputationshauptschlusses von 1803 in der sog. Säkularisation die Fürsten und die Mächtigen des Reiches auf Kosten der Bistümer und Klöster schamlos bereicherten, indem sie der Kirche und den Klöstern Hab und Gut gestohlen haben und kein Mensch zu hoffen wagte, dass sich die Kirche erholen könnte. Genau wie in anderen schweren Epochen der Kirchengeschichte war es aber der Geist Gottes, der nach einer kurzen Zeit der Starre in der Kirche und in ihren Verantwortlichen wirkte, der es möglich machte, dass sich die Kirche nach diesem herben materiellen Verlust auf ihren Ursprung besinnen lernte und sich in den folgenden Jahrzehnten in ihrem innersten Wesen gefunden und tiefgreifend erneuert hat.

Mutige Bischöfe auch und gerade auf der Regensburger Kathedra machten in dieser Zeit deutlich, dass bei aller Erneuerung die Bemühungen um die Bildung des Klerus und der Ordensgemeinschaften erstes Ziel sein müssten, weil damit „die Festigung des religiös-sittlichen Lebens in allen Schichten der Bevölkerung" (Hausberger) gewährleistet sei. Tatsächlich erwuchs dadurch ein fruchtbarer Boden, auf dem das religiöse Leben gerade in den Familien wachsen konnte und ein großartiges Betätigungsfeld für Laienfrömmigkeit und missionarisches Bewusstsein ermöglichte, von dem ungeahnte starke innerkirchliche Impulse ausgingen.

In dieser innigen Frömmigkeit des 19. Jahrhunderts wuchs Anna Schäffer auf und in sie hinein war ihr unauffälliges Leben, Leiden und Sterben gestellt.

Und in diese historischen Zusammenhänge stellt Prälat Emmeram Ritter seine Biographie von Anna Schäffer und führt dem Leser einmal das Leben der Seligen vor Augen und lässt ihn dann vor allem den Weg zur Seligsprechung mitgehen.

Ein besonderes Anliegen ist es dem Autor dabei, Hintergründe und Personen in ihrer Bedeutung und in ihrem Einfluss aufzuzeigen. Vor allem aber deutet er wesentliche theologische Fragestellungen im katholischen Kontext. Dieses zentrale Anliegen der Biographie macht der Autor besonders deutlich bei der Behandlung der einzelnen Tugenden und der Darstellung der christologischen und mariologischen Spiritualität.

Der langjährige Leiter der Abteilung für Selig- und Heiligsprechungsprozesse in der Diözese Regensburg stellt mit der vorgelegten Biographie eine Selige aus dem Bistum vor, die ernst gemacht hat mit der Nachfolge des Herrn und das Wort von Romano Guardini wahr macht: „Die Kirche erwacht in den Seelen."

Mit ihrem Leben gibt Anna Schäffer ein bewundernswertes Beispiel, wie sehr das Wort unseres Herrn Jesus Christus Raum greifen muss: „Wer das Leben gewinnen will, muss es verlieren, und wer das Leben verliert, der wird es gewinnen", weil es uns anleitet, dass unser ganzes Bemühen nicht dem irdischen, sondern dem ewigen Heil gelten muss. Die Wegpfosten auf diesem Heilsweg hat uns Anna Schäffer vorgelebt: tägliche Pflichterfüllung, beten, opfern und leiden aus Liebe zu Gott und zum Heil anderer Menschen. Darin besteht ihre Größe und ihre Bedeutung gerade auch für eine Zeit, in der alles auf das Irdische gesetzt und Gott vergessen wird, in der zwar der Glaube nicht verlorengeht, aber dem Leben keine Richtung mehr gibt.

Der Regensburger Katholikentag im Jahre 1904, den Anna Schäffer sicher mitverfolgte, hatte als Motto: „Alles in Christus erneuern." Wie aktuell dieser Aufruf ist, zeigt sich in den aggressiven Auseinandersetzungen unserer Tage.

H. H. Prälat Ritter gilt ein aufrichtiges Vergelt's Gott, weil er durch seine Biographie über Anna Schäffer vielen Lesern die Möglichkeit schenkt, zu begreifen, dass Erneuerung in Christus nur durch überzeugte und überzeugende Nachfolge des gekreuzigten und auferstanden Herrn möglich ist. Er zeigt in dieser Lebensbeschreibung, wie Anna Schäffer – als unblutige Märtyrerin – uns auf diesem Weg Vorbild und Fürsprecherin ist.

Regensburg, in der Passionszeit 2011

Prälat Dr. Wilhelm Gegenfurtner
Dompropst

Einleitung

Nach Aussage der hl. Johanna Franziska Frémyot von Chantal[1] gibt es nicht nur ein blutiges, sondern auch ein unblutiges Martyrium. Man nennt es das „Martyrium der Liebe“, und die Heilige bemerkt dazu: „Sagt ein volles Ja zum Willen Gottes, dann werdet ihr es erfahren. Die Märtyrer der Liebe erleiden in dem Leben, das sie durchhalten müssen, oftmals tausendfach schwerere Schmerzen, als wenn sie tausend Leben hingeben müssten, um das Zeugnis des Glaubens, der Hoffnung und der Liebe abzulegen.“[2]

Anna Schäffer (1882–1925), in dem kleinen Dorf Mindelstetten, unweit der Donau im Herzen Bayerns geboren, wurde von Gott zum Martyrium der Liebe berufen. Im Jahre 1901 erleidet sie als Dienstmädchen einen tragischen Unfall, der sie zur unheilbar Behinderten macht, sie zeitlebens ans Krankenbett fesselt. Anna kann nicht gleich den Willen Gottes erkennen; sie bäumt sich zunächst wie jeder normale Mensch auf; sie will wieder gesund werden. Erst allmählich kann sie den Willen Gottes deuten, der sie in einer Zeit des um sich greifenden Atheismus zur Sühneseele auserkoren hat. Durch mystische Gnadenerweise gestärkt, nimmt sie das Martyrium der Liebe aus der Hand Gottes willig, freudig, klaglos an. Sie hat nun ihre Lebensaufgabe, sich dem Herrn als Sühneopfer darzubringen, erkannt und sie bejaht sie. Die ständigen Leiden und die Armut werden ihr zu lieben Weggefährten. Sie reift Gott entgegen.

Anna zeigte am Beispiel ihres Lebens, dass der Mensch das Heil auf dem Weg erlangen kann, den Christus, der Heiland der Welt, gewiesen hat: Wenn wir nämlich an erster Stelle Gott lieben, aus ganzem Herzen, aus ganzer Seele und mit unserem

---

1 Hl. Johanna Franziska Frémyot von Chantal (28.01.1572 Dijon – 13.12.1641 Muolins/Frankreich) wird als Frau, Gattin, Mutter, als Witwe mit dem Gelübde der Keuschheit, als große Mystikerin und Ordensgründerin im Römischen Martyrologium gebührend gewürdigt. Ihr Vater, burgundischer Parlamentspräsident, erzog seine Kinder zu frommen Katholiken in der Zeit der Hugenottenkämpfe. Sie vermählte sich 1592 mit dem gleichgesinnten Baron Christoph von Chantal, dem sie vier Kinder schenkte. Nach dem Tod ihres Gatten 1601 hatte sie viel zu leiden, nachdem sie wegen des Erbes ihrer Kinder zum Schwiegervater Monthelon ziehen musste. Sie war mit vielen Quälerein konfrontiert. Sie suchte einen Seelenführer, den sie schließlich im Bischof von Genf, dem hl. Franz von Sales fand. Mit ihm zusammen errichtete sie 1610 den Orden „von der Heimsuchung Mariä“, die Salesianerinnen. Wiederholt wurden ihr mystische Gnadenerweise zuteil. In den letzten Lebensjahren erwuchsen ihr schwere Leiden, die sie alle klaglos und mit immerbleibender Sanftmut ertrug. Sie hatte sich und ihr ganzes Leben in die Hände Gottes gelegt. 1767 wurde sie von Papst Clemens XII. heiliggesprochen. – Vgl. Schauber, Vera/Schindler, Hanns Michael, Heilige und Namenspatrone im Jahreslauf, Augsburg 1992, S. 638f.

2 Johanna Franziska von Chantal, Aus den Erinnerungen von Francoise-Madeleine Chaugy, in: „Lectionar zur Feier des Stundengebetes“, Heft 1, Advent- und Weihnachtszeit, Freiburg i. Br/ Basel 1978, S. 217f.

Denken, an zweiter Stelle aber unseren Nächsten wie uns selbst (vgl. Mt 22, 37, 39).

Da Anna überzeugt war, dass Jesus aus Liebe zu uns unschuldig, geduldig und stellvertretend für uns am Kreuz gelitten hat (vgl. 1 Petr 2,24), schenkte sie IHM, dem Gekreuzigten, ihre ganze Liebe und opferte IHM alle ihre Leiden auf zur Sühne für die Sünden ihrer Zeitgenossen sowie für die Beleidigungen, die Gott gerade im beginnenden 20. Jahrhundert zugefügt wurden.

Sie war ein Marienkind und der Rosenkranz eines ihrer Lieblingsgebete. Wenn wir ihr Leben, Leiden und Sterben unter dem Gesichtspunkt der Botschaft U. L. Frau von Fatima betrachten, stellen wir fest, dass sie diese Botschaft, ohne sie zu kennen, bis zur letzten Konsequenz gelebt hat. Sie formulierte folgendes Gebet, das an Fatima erinnert: „Heiligstes Herz Jesu, schenk mir recht viele Seelen, besonders jene, die sich vor Verzweiflung kaum mehr helfen können; besonders jene, die dem Abgrund nahe sind und der Gnade am meisten bedürfen. Heiligstes Herz Jesu, vermehre meine Leiden und schenk mir dafür Seelen, die ich für Dich retten kann. Heilige Schmerzensmutter, verleihe mir stets einen brennenden Durst, am Heil der unsterblichen Seelen zu arbeiten, für sie zu beten und zu leiden!“

Mit besonderer Liebe wandte sich die Selige dem erhabenen Sakrament der Eucharistie zu, das sie so oft wie möglich zu empfangen wünschte. Dies wurde ihr zur Quelle der Kraft, um ihr leidvolles Leben in Siechtum und Armut ertragen zu können. Viele Stunden des Tages und der Nacht betete sie es an in steter Zuversicht auf das ewige Leben in der Herrlichkeit Gottes.

Gehorsam der Weisung des göttlichen Meisters schenkte Anna ihren Mitmenschen ihre große sühnende Liebe. Diese ist ihr aus ungebrochenem Glauben und aus tiefer Demut des Herzens erwachsen. Allen Menschen, die sich in Not, Krankheit, Verzweiflung und in den Schrecken des Ersten Weltkriegs an sie wandten, versprach sie ihr Fürbittgebet. Durch ihr ausgedehntes Briefapostolat, dem sich Leute aus allen Ständen, von Mitgliedern des bayerischen Königshauses bis zu den Armen ihres Dorfes anvertrauten, hat sie bewirkt, dass diese die Nöte ihrer Zeit im Lichte Gottes betrachteten. Sie nahmen ihr Leid in Demut an, ertrugen es mutig und bereuten ihre Sünden. Über die Sorge um den Alltag vergaßen sie nicht das Ziel: Gott und die Ewigkeit.

Getreu ihrem Wort vom Jahre 1916, „Und werde ich einmal in der Ewigkeit drüben so glücklich sein, dahin zu gelangen, wo Jesus ist, dann werde ich Euch allen eine rechte Fürbitterin sein!“, hat Anna auch nach ihrem Hinscheiden Tausenden Gläubigen, die sie angerufen haben und immer wieder um Hilfe bitten, in geistlichen und leiblichen Nöten als Fürbitterin an Gottes Thron geholfen. Dadurch erhält auch die heute vielfach geleugnete Tatsache, dass die Heiligen und Seligen unsere Fürsprecher bei Gott sind, eine aktuelle Bestätigung.

Aus dem Leben und Leiden der Seligen kann man erkennen, wie notwendig das Fürbittgebet und die Sühneleistung für den Mitmenschen ist. Von Anna lernen wir auch die Tugend des Starkmuts, gerade in Kreuz und Leid. Anna war keine missmutige Pessimistin, keine Kleingläubige, die an der Liebe Gottes zweifelte, die jedes kleine Weh verzagt hingenommen hat. Nein, sie war in der Kraft Gottes eine starke Frau, eine große Mystikerin. Man kann sich an ihr orientieren. Sie hat die Nachfolge Christi ernst genommen. Möge das Beispiel Annas gerade dem heutigen Menschen die heilsame Lehre geben, wie gut und glücklich ein jeder sein kann, der in der Nachfolge Christi lebt und seinen göttlichen Geboten Gehorsam leistet. Mit Recht sagte der bekannte Hagiograph Walter Nigg: „Ihr suchet in eurer bedrohten Zeit nach Heilung, und ihr findet diese Heilung nur durch die Heiligung!"

Zum Abschluss meiner Einleitung ist es mir ein Bedürfnis, allen Persönlichkeiten, die mich bei der Abfassung des Manuskripts für das vorliegende Buch tatkräftig unterstützt haben, ein von Herzen kommendes Vergelt's Gott zu sagen: So dem Dompropst des Bistums Regensburg, Hochwürdigsten Herrn Prälat Dr. Wilhelm Gegenfurtner, für sein Vorwort, in dem seine große Verehrung der Seligen zum Ausdruck kommt; ebenso danke ich meinem Nachfolger in der Leitung der Abteilung für Selig- und Heiligsprechungsprozesse für das Bistum Regensburg, Hochwürdigen Herrn Domvikar Monsignore Georg Franz X. Schwager für die Akteneinsicht und stets wohlwollende Begleitung meiner Arbeit. Desgleichen gilt mein Dank für das Korrekturlesen dem emeritierten Professor für Kirchengeschichte an der Universität Salzburg, Hochwürdigen Herrn P. DDr. Gerhard Winkler, und meiner langjährigen Mitarbeiterin, Frau Dr. Adolfine-Therese Treiber. Ein besonderes Vergelt's Gott verdient die Sekretärin des Institutum Marianum Regensburg e. V. und der Abteilung für Seligsprechungsverfahren, Frau Isabella Steidl, für ihre gewissenhafte Eingabe der Texte in den PC.

Nicht zuletzt habe ich dem Verlag Schnell & Steiner in Regensburg, seinem Verleger, Herrn Dr. Albrecht Weiland, und seinen Mitarbeitern für die zuvorkommende Betreuung des Buches zu danken.

Vor allem aber gilt mein Dank dem allmächtigen Gott, der mir die Kraft gegeben hat, in meinem fortgeschrittenen Alter ein so umfangreiches Werk zu schaffen und zu Ende zu führen. Möge das Buch Segen bringen in unsere arme gottferne Zeit, ein Wegweiser sein auf den Pfaden der ewigen Liebe Gottes.

Dies wünscht
Prälat BGR Emmeram H. Ritter

1. Gemeinschaft mit den Heiligen, Seligen und Dienern Gottes

Gemeinschaft mit den Seligen und Heiligen

Wir leben in einer Zeit der Entkirchlichung und Säkularisierung, die uns gläubige Katholiken – und leider selbst Theologen versuchen dies – weismachen will, dass die Heiligenverehrung aus ihrer eigenen Logik heraus und aus ganz spezifischen Gründen nicht mehr so recht in das Erscheinungsbild der heutigen Kirche hineinpassen würde und deshalb weithin einer spürbaren Reserve und sogar totaler Ablehnung begegnet.

Was aber sind diese spezifischen Gründe? Sie sind nicht nur in dem falschen Ökumenismus zu suchen, der einer imaginären Einheit im Glauben nicht nur die Heiligenverehrung, sondern auch das unzweideutige Bekenntnis zum sakramentalen Priestertum und zum Opfercharakter der Hl. Messe, ja zur Realpräsenz Christi im Allerheiligsten Sakrament des Altares zu opfern bereit ist.

Die heute vielfach zu beobachtende Ablehnung der Heiligenverehrung hat auch Ursache darin, dass das tugendhafte, sühnende und beispielhafte Leben der Heiligen, Seligen und Diener Gottes in einer Welt der Verharmlosung der Sünde, des praktischen Materialismus, des Wohlstands und des Hädonismus, der falschverstandenen Freiheit, der Diesseitsbefangenheit zum Vorwurf geworden ist. Und gerade deshalb stößt die Verehrung der Heiligen auf Ablehnung, weil man selbstherrlich eben nicht mehr an Gott glauben will oder sich zumindest selbst ein Gottesbild zusammenzimmert, das uns ein Leben ohne Beachtung der Gebote Gottes und der Kirche erlaubt.

Wir gläubige Katholiken aber – und ich rechne alle Verehrer der seligen Anna Schäffer dazu – lieben und verehren die Heiligen, Seligen und Diener Gottes unserer Kirche aus ganzem Herzen. Sie gehören zu uns, zu unseren Familien. Wir bringen in unseren Wohnstuben gern ihre Bilder an, weil sie uns etwas zu sagen haben und uns an ihr Vorbild erinnern. Deswegen kommt selbstverständlich Gott niemals zu kurz, wie uns zuweilen Protestanten vorwerfen. Oder kommt ein Vater zu kurz, wenn man seine Kinder ehrt, weil sie eben etwas Großes geleistet haben? Nie und nimmer! Dabei wissen wir Katholiken selbstverständlich ganz genau, dass die Heiligen uns nur auf Gott hinweisen, niemals uns aber von Gott abziehen.

Zwischen unserer Haltung gegenüber Gott einerseits und den Heiligen andererseits besteht ein gravierender Unterschied. Er kommt schon darin zum Ausdruck, dass wir sagen, wir beten Gott an, die Heiligen aber verehren wir: Bittet für uns! Die Heiligenverehrung ist nichts anderes als eine Form der Gottesverehrung.

Heilige sind Gottes Freunde, von denen in besonderer Weise das Wort gilt: „Ihr seid nicht Fremdlinge und Beisassen, sondern Mitbürger der Heiligen und Gottes Hausgenossen“ (Eph 2,19). Wenn wir die Heiligen verehren, so tun wir dies um Gottes Willen, dessen Gnade sie zu Heiligen machte. Wir verehren die Heiligen, weil Gott sie selbst ehrt. Der Herr hat sie zu Säulen seines Reiches gemacht, hat sie mit der Krone des Lebens gekrönt, hat sie durch Wunder verherrlicht. Wenn Er die Heiligen so ehrt, sollte es dann nicht recht sein, seinem Beispiel zu folgen? Ehrt nicht auch die Welt ihre großen verdienten Männer und Frauen? Warum sollte es dann Unrecht sein, wenn wir die Helden der Tugenden, der Gottes- und Nächstenliebe, die Leuchten des Himmels verehren?

Wenn wir die Heiligen anrufen, erwarten wir nicht Hilfe von ihrer Allmacht, denn sie sind nicht allmächtig. Wir erwarten vielmehr ihre fürbittende Hilfe an Gottes Thron. Letztlich erwarten wir alles Heil und alle Hilfe nicht von den Heiligen selbst, sondern durch sie von Gott.

Es soll und darf auch nicht übersehen werden, dass die Heiligen nicht aufgrund eigener Verdienste verehrt werden. Alle ihre Verdienste haben sie nur als Geschenk aus der Gnade und den Verdiensten des Hauptes Jesus Christus empfangen. Alle Heiligkeit der Geschöpfe kommt aus ihrer Verbindung mit Christus, aus ihrem „In-Christus-Sein“. Das Leben der Heiligen ist nichts anderes als ein Widerschein des Lebens des Herrn, dem sie in Liebe, Treue und Gehorsam nachgefolgt sind. Darum zielt alle Verehrung der Heiligen und Seligen allein auf Gott!

Heiligenverehrung ist ein in der ganzen kirchlichen Tradition nachweisbarer Bestandteil kirchlicher Spiritualität und gilt sogar als Charakteristikum katholischer Frömmigkeit. Das kirchliche Lehramt hat diese Praxis vom Tridentinum bis zum Zweiten Vaticanum ausdrücklich bestätigt.

Eine explizite Aussage über die Heiligenverehrung findet sich zwar in der Heiligen Schrift nicht, aber sie enthält wichtige Elemente, ja fundamentale Aussagen, die es verbieten, sie als unbiblisch zu bezeichnen und deshalb abzulehnen.

Die Funktion der Mittlerschaft im Heilswerk Gottes mit den Menschen ist schon dem Alten Testament bekannt. Zu diesen Mittlern gehört der Hohepriester, besonders in seiner kultischen Stellung. Ferner treten die Engel als Mittler auf. Je mehr sich aber das Bewusstsein des Weiterlebens nach dem irdischen Tod im Volk Israel durchsetzt, treten auch große Gestalten der Vergangenheit in diese Mittlerrolle ein. Die Verklärungsszene, in der Moses und Elias auftreten (Mt 17,1–12), ist symptomatisch für das neutestamentliche Verständnis. Diese Mittlerrolle konzentriert sich im Neuen Bund auf Christus und tritt in seinem erlösenden Kreuzestod, seiner wunderbaren Auferstehung und schließlich in seiner Wiederkunft am Ende der Tage in Erscheinung.

Es gibt nach Aussage der Heiligen Schrift ferner die Heiligkeit als das dem ganzen Volk Gottes eigene Wesensmerkmal; nicht nur als verheißene Möglichkeit, auch nicht nur als sittlich zu bestehende Aufgabe des Einzelnen, vielmehr als in

Taufe und Wirken des Heiligen Geistes allem sittlichen Tun vorgängige Wirklichkeit, sogar in der Weise, dass die Glieder des Volkes Gottes schlechthin Heilige genannt werden (Röm 1,7; 15,25; 1 Kor 1,2; 16,1 u. a.). Heiligkeit als religiös-sittliche Qualität des Volkes Gottes wird im Neuen Testament in einem überaus reichen Vokabular umschrieben, das jeweils einen anderen Zug zur Geltung bringt: Heiligung als Vorgang des Heiligwerdens, vor allem durch Ablegung der Unreinheit (z. B. 1 Thess 4,3; Röm 6,19; Hebr 12,14), Heiligkeit als Zustand, in dem sich Gott seinem Wesen nach befindet und an dem der Mensch teilhat (2 Kor 1,12; Hebr 12,10; 1 Petr 1,15), Heiligkeit als dynamisch, wirksame Qualität (Röm 1,4; 2 Kor 7,1; 1 Thess 3,13).

Es gibt ferner in der Heiligen Schrift das Bewusstsein einer Heilssolidarität der einzelnen Glieder der Kirche untereinander, das Wissen um die Wirkkraft, die die verschiedenen Gaben des Heiligen Geistes dem Einzelnen zum Heil des Ganzen verleihen, die Auferbauung des Leibes Christi durch die Tätigkeit der verschiedenen Glieder füreinander (z. B. 1 Kor 12).

Der Christenheit wächst im Lauf der Geschichte eine „Wolke von Zeugen“ (Hebr 12,1) zu, die durch ihr Leben die Wahrheit des Evangeliums bezeugen. Im Bewusstsein der Gläubigen bleibt diese Zeugenschar aber nicht ein anonymes Kollektiv, sondern aus ihr lösen sich die großen Gestalten der Geschichte der Kirche heraus: vor allem die Apostel, dann die Märtyrer, die ihren Glauben durch ihren gewaltsamen Tod bezeugen. Darüber hinaus gibt es aber auch, bis in unsere Zeit hinein, ein unblutiges Märtyrertum derer, die ihre Leiden und Kreuze in größter Geduld ertragen haben in Liebe zu Gott und dem Nächsten. Ihre Verehrung und die Inanspruchnahme ihrer Fürbitte lassen sich bereits in der Mitte des zweiten Jahrhunderts schriftlich nachweisen. Dieser Kreis der als Heilige Verehrten erweiterte sich dann nach der Großen Verfolgungszeit durch die hinzukommenden Bekenner, zu denen auch die selige Anna zu rechnen ist.

In der theologischen Systematik hat die Behandlung der Heiligenverehrung ihren Platz im Traktat über die Kirche. Erst in diesem Zusammenhang gewinnt sie ihre volle ekklesiologische Aussagekraft. Die Aussage des zweiten Vaticanums über die Heiligenverehrung bildet einen Teil der Kirchenkonstitution, aber nicht etwa unter dem Titel „De cultu Sanctorum“ (über den Kult der Heiligen), sondern als Abhandlung über den endzeitlichen Charakter der pilgernden Kirche in ihrer Einheit (Kirchenkonstitution Kap. VII). Heiligenverehrung ist demnach das ständig wache Bewusstsein von der endzeitlichen Dimension der Kirche, die auf ihre eschatologische Vollendung ausgerichtet ist, die aber nicht nur ihr verheißen, sondern schon jetzt in Wirklichkeit und Wahrheit geschenkt wurde (Kap. VII, Art. 48). Heiligkeit gibt es also in den Gliedern, die verherrlicht sind und „klar den Dreieinigen Gott selbst, wie er ist“, schauen (Kap. VII, Art. 49), ferner in denen, die aus dem irdischen Leben geschieden sind und sich im Reinigungsort (Fegefeuer) befinden, schließlich auch in denen, die auf dieser Erde noch pilgern.

Die Einheit der Kirche, vom Herrn gegründet in der einen Berufung zur endzeitlichen Vollendung und in der einen Taufe, umfasst also auch die, die beim Herrn weilen. Das Bekenntnis der Kirche zu den Heiligen ist Bekenntnis zu sich selbst, ist Lob und Preis des Sieges der Gnade Gottes in dieser Welt. Damit dieses Bekenntnis in der Kirche verstanden und vollzogen und vor der Welt verständlich gemacht werden kann, darf es sich nicht auf ein anonymes Kollektiv beziehen, sondern muss diese Zeugen beim Namen nennen können. In der Heiligenverehrung bekennt sich die Kirche auch zu ihrer Geschichte, aus der der lebendige Geist Gottes niemals geschwunden ist. Aus diesem endzeitlichen Charakter der Einheit der Kirche im Himmel und auf Erden folgt ferner, dass die schon Vollendeten, weil und insofern sie in Christi Heil definitiv erlöst sind, nicht aufhören, wirkkräftige Sichtbarkeit und Heilsmacht Gottes in dieser Welt zu sein.

Die Fürbitte der Heiligen, Seligen und Diener Gottes für Kirche und Welt und ebenso für den Einzelnen ist nicht etwas Neues, das zu dem hinzukommt, was sie schon im Diesseits getan haben. Vielmehr ist sie Ausdruck dafür, dass ihre ganze Existenz, ihr Glaube und ihre Liebe und das daraus resultierende Wirken bleibende Gültigkeit vor Gott und der Welt besitzen. Ihrem Wirken ist sowenig ein Ende gesetzt wie der geschichtlichen Heilstat des erhöhten Herrn. Es ist daher legitim, die wirksame Solidarität der Glieder des einen Leibes Christi (vgl. 1 Kor 12) nicht nur auf die pilgernde Kirche zu beschränken, sondern sie auf die gesamte Gemeinschaft der Heiligen zu beziehen.

Nach dieser kurzen Betrachtung über die Heiligenverehrung, ihre Berechtigung, ihre Wurzeln in Schrift und Tradition, in der Lehrverkündigung, darf man in glücklicher Dankbarkeit auf die selige Anna Schäffer blicken, die so vielen Menschen durch ihr Vorbild und ihre Fürbitte hilft.

Wenn wir das Credo beten und darin auch unseren Glauben an die Gemeinschaft der Heiligen in Worte fassen, wird uns zumeist gar nicht bewusst, welch beglückenden Glaubenssatz wir damit aussprechen. „Gemeinschaft der Heiligen" bedeutet nämlich nichts anderes, als dass wir mit jenen, die uns in die ewige Herrlichkeit vorausgegangen sind, in enger Gemeinschaft leben, verbunden durch den einen Leib, dessen Haupt Christus der Herr ist.

Aus dieser Gemeinschaft mit den Heiligen, einer Heils-Solidarität über die irdische Pilgerschaft hinaus, resultierte die Verehrung und Anrufung derselben als unsere Schutzpatrone, Helfer und Fürbitter am Throne Gottes. Die Heiligenverehrung ist im christlichen Volk von alters her tief verwurzelt. Sie geht auf die paulinische Lehre von der Fortdauer der besonderen Liebe der Heiligen zu bestimmten Personen und Orten (1 Kor 13,8) und von den verschiedenen spezifischen Funktionen der Glieder des Reiches Gottes (1 Kor 12,18; 28–30) zurück. Bereits im Alten Testament werden Michael (Dn 10,13; 20f.; 11,1; 12,1) und Gabriel (Dn 8,16; 9,21) als Schutzheilige von Ländern bzw. Völkern genannt.

Auch das Konzil von Trient (Sessio 25, De invocatione ... Sanctorum; Denzinger 984, 1821) und nicht weniger das II. Vaticanum (Dogm. Konst.: 7. Kap. Art. 50) betonen die Gemeinschaft der Heiligen und fordern dazu auf, „die Freunde und Miterben Christi, unsere Brüder und besonderen Wohltäter, zu lieben", sie hilfesuchend anzurufen und zu ihrer mächtigen Hilfe Zuflucht zu nehmen.

Selig- und Heiligsprechung

Seligsprechungen sind bereits in der Heiligen Schrift zu finden. Maria, die Mutter des Herrn, wird seliggepriesen, weil sie geglaubt hat; und den acht bedeutungsvollen Sätzen aus dem Munde Jesu, den Seligpreisungen der Bergpredigt (Mt 5,3–11), ist die Verheißung des Reiches Gottes zu entnehmen, für alle, die vor Gott arm sind, die auf Gewalt verzichten, die nach Gerechtigkeit dürsten, die barmherzig, friedfertig und reinen Herzens sind, die trauern, Not und Verfolgung erleiden. Diese Kriterien hat die Kirche für die Beurteilung all jener übernommen, die, gegenüber allen Mittelmäßigen, den Weg zum ewigen Leben ohne Schwanken, eifrig und begeistert gehen. Sie sind die „Helden" des Christentums, die ernst machen mit der Verwirklichung der Nachfolge Christi und der Botschaft Gottes.

Wenn die Kirche – und jeder getaufte Katholik ist Kirche – in ihrer Geschichte solche Männer und Frauen unter ihren Gliedern erkennt, so stellt sie diese heraus als Zeugen des Glaubens, als leuchtende Zeichen der Liebe Gottes. Die von der Kirche anerkannten Heiligen und Seligen zeigen dem Volk Gottes den Weg, den es nachgehen muss. Es gilt ihnen zu folgen, nicht immer in den Einzelzügen des alltäglichen Lebens, aber in der heroischen Gesinnung, in der Gottesliebe, die ihr Tun und Werk beseelte. So wird aus der Verheißung der Seligkeiten für die Lebenden ein Bekenntnis der Großtaten, die der Herr an denen geübt hat, die ein Leben nach diesen Verheißungen erstrebt und geführt haben. Das gläubige Volk schafft sich „seine" Heiligen selbst. Diese Tatsache ist keineswegs als Missstand in der Geschichte der Verehrung der Heiligen und Seligen zu werten. Sie bezeugt vielmehr die Mitwirkung des vom Heiligen Geist geführten Volkes Gottes. Und diese Mitwirkung ist immer, wenngleich im Laufe der Geschichte in äußerst unterschiedlicher Ausprägung, für das Kanonisationsverfahren von erheblicher Bedeutung; denn ohne Verehrung durch das gläubige Volk gab und gibt es keine Seligen und Heiligen.

Zunächst wurden vom Bischof oder in seinem Auftrag bei der Erhebung (elevatio) und später der Übertragung (translatio) der Gebeine eines Märtyrers oder eines Bekenners zusammen mit dem Lebenslauf (vita) sein Zeugnis für Christus den Gläubigen vorgetragen, wobei der Ortsbischof den Kult approbierte. Dann fügte man Wunderzeichen oder auf natürliche Weise nicht erklärbare Gebetserhörungen der Vita bei, wodurch das heilige Leben eines von Gott Auserwählten verlebendigt werden konnte.

Diese Form der bischöflichen Kanonisation fand auch im Bistum Regensburg gar nicht selten statt. Ausschlaggebendes Element war dabei stets die vorausgegangene Verehrung durch das Volk, zu der die Approbation des Bischofs als offizielle Bestätigung hinzukam.

Erst um der bischöflichen Kultapprobation größeres Gewicht zu verleihen, wandte man sich seit 993 – in diesem Jahr wurde Bischof Ulrich von Augsburg von Papst Johannes XV. heiliggesprochen – in einzelnen Fällen an den Nachfolger Petri in Rom. Zwei Jahrhunderte später, in der Zeit des erstarkenden Papsttums, setzte sich die Auffassung durch, dass allein kraft päpstlicher Autorität eine förmliche Kanonisation ausgesprochen werden dürfe. Die von Papst Alexander III. (1159–1181) dafür geschaffene Rechtsgrundlage hat sich allerdings erst seit 1234 endgültig durchgesetzt. Papst Gregor IX. (1227–1241) publizierte mit seiner Bulle „Rex pacificus" den „Liber Extra", die bis zu Papst Pius X. (1903–1914) gültige Grundlage des „Codex Iuris Canonici" wurde. Mit der Zeit entwickelte sich im Laufe der Jahrhunderte, vor allem seit der Errichtung der Ritenkongregation 1588 und durch die gesetzlichen Maßnahmen von Urban VIII. (1623–1644), eine Rechtspraxis, die immer wieder verbessert, zum Teil bis auf den heutigen Tag Gültigkeit besitzt.

Das Seligsprechungsverfahren, wie es im Codex Iuris Canonici von 1917 unter Papst Benedikt XV. (1914–1922) Eingang gefunden hat, beruht weitgehend auf den Gesetzen und Bestimmungen der Päpste Urban VIII. und Benedikt XIV. (1740–1758). Auch der Prozess für die selige Anna Schäffer wurde noch danach eingeleitet. Papst Paul VI. (1963–1978) hat mit dem Motu Proprio „Sanctitas clarior" vom 19. März 1969 eine erste Reform des kodikarischen Verfahrens eingeleitet.[1]

Nach langen und intensiven Arbeiten konnte Papst Johannes Paul II. (1978–2005) am 25. Januar 1983 den neuen Codex Iuris Canonici promulgieren. Zugleich erließ er die Apostolische Konstitution „Divinus perfectionis Magister" und bestätigte wenig später – am 7. Februar 1983 – die eigenen Richtlinien der Congregatio pro Causis Sanctorum für die Heiligsprechungsverfahren.[2]

Das derzeit geltende Verfahren durchläuft drei große und entscheidende Phasen: Die erste geschieht auf Bistumsebene und hat die Sammlung und prozessuale Erfassung aller erreichbaren Zeugnisse des Dieners bzw. der Dienerin Gottes zum Gegenstand. Gemeint sind damit alle Schriften des oder der Verstorbenen; ferner Zeugenaussagen und Dokumente, die mit dem Leben und Wirken des Kandidaten im Zusammenhang stehen und die in einem förmlichen Verfahren entsprechend ausgewertet werden. Mit dieser Aufgabe betraut der Diözesanbischof einen in Theologie und Kirchenrecht erfahrenen Mann seines Vertrauens oder einen als Fachhistoriker erfahrenen Geistlichen. Am Prozess selbst nehmen außer einem Postulator, der die

1 AAS 61 (1969) S. 152f.

2 AAS 75 (1983) S. 396–403 und 403f.

Causa im Namen des Aktors vertritt, ein Promotor justitiae (Kirchenanwalt), ein Notar und je nach Sachlage Sachverständige teil.

Das Ergebnis dieses diözesanen Verfahrens wird zusammen mit allen Prozessakten an die Congregatio pro Causis Sanctorum gesandt. Und damit beginnt die zweite Phase, die im Wesentlichen im Studium und in der kritischen Sichtung des Materials besteht. Hier geht es zunächst um die Erstellung einer sogenannten „Positio super vita et virtutibus" des Dieners oder der Dienerin Gottes, die unter der kundigen Leitung eines für jede Causa bestimmten Relators der Kongregation erfolgt. Bei der Positio handelt es sich um eine in chronologischer Reihenfolge abgefasste Darstellung des Lebens des Seligsprechungskandidaten, bei der die Übung der Tugenden durch Zeugnisse seiner Heiligkeit ebenso dokumentiert sein muss wie gegebenenfalls sein Martyrium. In jedem Fall wird die entsprechend der Eigenart der Causa erstellte Positio gedruckt. In der Regel besteht sie aus drei Teilen, einem „summarium testium", einem „summarium documentorum" und der sogenannten „Informatio". Die Positio ist praktisch die Arbeitsunterlage für das Studium einer Causa an der Kongregation.

Danach beginnt die dritte Phase des Verfahrens, das heißt die Diskussion und Beurteilung der vorhandenen Unterlagen durch eine Konsultorenkommission von Theologen und Historikern unter der Leitung des Glaubensanwalts bzw. des Generalrelators. Je nach deren Votum gelangt sodann eine Causa an die eigentliche Kongregation, nämlich an die Kardinäle und Bischöfe, also die kollegiale Versammlung der Mitglieder der römischen Behörde. Diese beschließen nach ausführlichem Studium der Causa sowie nach Beratung und Aussprache letztendlich darüber, ob dem Papst die Veröffentlichung eines Dekretes über den heroischen Tugendgrad oder das Martyrium eines Dieners oder einer Dienerin Gottes empfohlen werden soll oder nicht.

Liegt dann noch ein in analogen Schritten zu den drei Phasen erfolgreich abgeschlossener Wunderprozess vor, dann ist es im alleinigen Ermessen des Papstes zu entscheiden, ob er eine förmliche Seligsprechung oder eine Kanonisation eines bereits Seliggesprochenen vornehmen will. Einen Rechtsanspruch darauf nach erfolgreich abgeschlossenem Verfahren gibt es nicht.

Dieser kurze Streifzug enthält das für Selig- und Heiligsprechungen vorgesehene Prozessrecht, das Papst Johannes Paul II. zu verdanken ist.

Die Verehrung der Heiligen, Seligen und Diener Gottes

Die Verehrung der Heiligen und Seligen unterscheidet sich selbstverständlich grundsätzlich von der Anbetung, die Gott allein zukommt. Sie bedeutet in keiner Weise, wie die Gegner der katholischen Heiligenverehrung meinen, eine Beeinträchtigung der IHM in höchstem Maße gebührenden Verehrung. Ganz im

Gegenteil! Die Heiligen und Seligen werden nur deshalb verehrt, weil Gott in ihnen durch seine liebende Gnade in außergewöhnlicher Weise wirksam war und sie besonders edle Früchte des Erlösungsopfers Christi sind. Sie in ehrfürchtiger Liebe zu betrachten – in ihren individuellen Tugenden, in ihrer wunderbaren Lebensführung, in ihrer seelischen Schönheit – führt den Menschen stets zu wachsender Erkenntnis und Bewunderung des himmlischen Vaters, von dessen Allvollkommenheit jeder einzelne Zug eines Heiligen ein leuchtendes Zeugnis gibt. Den unsichtbaren Gott lernen wir bereits im Diesseits kennen durch das in unserer Mitte sichtbare Leben Jesu, dem Weinstock, als der er sich einmal in einer Parabel bezeichnet hat, und dessen Reben – die Heiligen. Ihre Verehrung ist somit, abgesehen von der Bewunderung, die wir ihnen wegen der Heroizität ihrer Tugenden zollen, ein einziger Lobpreis der Herrlichkeit und gnadenreichen Güte des Vaters, des Erlösungswerkes des Sohnes und eine Verherrlichung des Gnadenwirkens des Heiligen Geistes.

Da wir in den uns vorausgegangenen auserwählten Brüdern und Schwestern auch das menschliche Mitwirken mit der ihnen von Gott geschenkten Gnade ehren, wird uns ihr Leben zum Vorbild für treue Nachfolge Christi. Das sind die Gründe, weshalb die Kirche von ihren Anfängen an bis in unsere Tage stets die Heiligenverehrung als gut, nützlich und heilsam bezeichnet.

Heiligenverehrung wird dogmatisch und kirchenrechtlich ihren wesentlichen Formen nach in private und öffentliche unterschieden. Den Dienern Gottes, d. h. denen, die im Ruf der Heiligkeit oder als Martyrer gestorben, aber noch nicht seliggesprochen sind, darf nur eine private Verehrung erwiesen werden. Dasselbe hat auch für jene Gültigkeit, die lediglich aufgrund von jahrhundertealten Traditionen lokal als Heilige oder Selige verehrt werden, für die aber niemals eine Elevation bzw. eine Translation durchgeführt oder der Kult nachträglich bestätigt worden ist.

Öffentliche, mit anderen Worten amtlich liturgische Verehrung kommt den Seligen (beati) in begrenztem Maße und den Heiligen (sancti) auf die ganze Weltkirche ausgedehnt zu.

Allein der allerseligsten und allerheiligsten Jungfrau und Gottesgebärerin Maria gebührt wegen ihrer Herausgehobenheit unter allen Menschen hyperdulischer Kult, d. h. der größte Grad der Verehrung, der für geschöpfliche Wesen möglich ist.

Die Aktualität der Heiligenverehrung wurde auch von Seiner Heiligkeit, Papst Johannes Paul II., in eindeutiger Weise dokumentiert. In seiner Ansprache während des Konsistoriums am 13. März 1989 sagte er: „Immer wenn ich mich mit der Verehrung der Heiligen und Seligen der Kirche auf Erden zu beschäftigen habe, bedeutet das für mich eine ganz besondere Freude und tiefen Trost, weil kaum etwas in ähnlicher Weise zur Pflege und Steigerung der täglichen Frömmigkeit der Christgläubigen sowie der Ordensgemeinschaften in den Einzelkirchen beiträgt als die Würdigung neuer Heiliger des Himmels. Sie lehren uns nämlich durch das ständige Beispiel ihrer Heiligkeit unter den verschiedensten Lebensverhältnissen immer neu, wie trotz der wandelbaren Umstände des irdischen Lebens die Lehren und Lebensnormen, die wir im Evangelium Christi und in der gesunden Überlieferung der Kirche vorfinden, zum Heil führen."[3]

Heilige und Selige sind Fürsprecher

Der Gedanke, ausgezeichnete und mächtige Personen um Fürsprache in Anliegen anzurufen, ist urmenschlich. Die Fürbitte als Lebenselement der Heilsgemeinde findet sich bereits im Alten Testament, wo immer wieder das Bitten um Verschonung von Strafen, Vergebung von Schuld und Sünde, Rettung aus der Not und Heilung von Krankheiten des Leibes und der Seele bezeugt wird. In Grabinschriften des Urchristentums werden die Märtyrer, aber auch andere Verstorbene, die man in der Seligkeit glaubte, häufig um ihre Fürbitte für Lebende und Tote angerufen.

Die katholische Theologie hat zu allen Zeiten klar erkannt, dass die Fürsprache der vollendeten Seligen wesentlichen Grundgedanken ihrer Reflexion entspricht. Die Anrufung der Heiligen bezeugt als erster der hl. Hippolyt von Rom († 235/36), der sicher fruchtbarste Kirchenschriftsteller des Westens. Er wandte sich an die drei Gefährten Daniels mit der Bitte: „Gedenket meiner, ich bitte, damit auch ich mit Euch dasselbe Los des Martyriums erlange" (In Dan 11,30). Es wären noch viele Kirchenväter, so zum Beispiel auch Hieronymus und Augustinus, anzuführen, die sich mit der Verehrung und der Fürbitte der Heiligen auseinandergesetzt oder sie verteidigt haben. Einer erscheint mir besonders erwähnenswert: Origines († um 254), der bedeutendste Lehrer der frühen griechischen Kirche. Er lehrt, dass „mit den recht Betenden nicht nur der hohe Priester (Jesus Christus), sondern auch die Engel und die Seelen der entschlafenen Frommen beten". Biblisch begründet er die Fürbitte der Heiligen aus 2 Makk 15,14, spekulativ aus der Fortdauer und Vollendung der Nächstenliebe. Für Origenes also ist die Fürsprache der Heiligen, die sie bei Gott für die noch im Lebenskampf stehenden Brüder und Schwestern einlegen, Ausdruck ihrer fortdauernden Liebe. Ähnlich begründet auch der hl. Thomas von Aquin (1225–1274) sein klares Ja auf die Frage, ob die Heiligen in der himmlischen Heimat für uns bitten. Seine Antwort: „Das Gebet für andere entspringt der Liebe". Je vollendeter also die Heiligen in der (himmlischen) Heimat in der Liebe sind, um so mehr beten sie für die (Erden-)pilger, denen durch ihr Bitten geholfen werden kann."

Die allumfassende, niemals endende Liebe der Glieder des mystischen Leibes Christi, der Gemeinschaft der Heiligen, die weder durch Zeit noch Raum begrenzt wird, die das Diesseits und das Jenseits umspannt, ist das Grundmotiv dafür, dass wir vertrauend zu den Heiligen, Seligen und auch den Dienern Gottes beten dürfen und diese wiederum für uns Gott bitten.

---

3 „L' Osservatore Romano" vom 13./14. März 1989.

Daran sollten wir denken, wenn Angst und Not uns bedrängen, wenn unser seelischer oder leiblicher Schmerz unerträglich zu werden scheint, wenn uns die Einsamkeit überkommt und wir nicht mehr wissen, wo ein, wo aus. Wir sind niemals allein mit unserem Leid! Unsere Brüder und Schwestern, die uns in die ewige Seligkeit vorausgegangen sind, bleiben mit uns lebendig verbunden. Wenn wir sie anrufen, hören sie uns und sind bereit, uns fürbittend zu helfen.

Darüber hinaus bestärkt uns diese lebendige Verbundenheit mit ihnen in der Zuversicht, dass wir auch nach unserem Abschied vom Diesseits diese Verbundenheit in Liebe, die Gemeinschaft der Heiligen, weiterhin erfahren dürfen, dass wir uns also im Jenseits wiedersehen in der seligen Schau des Dreifaltigen Gottes. Das ist ganz selbstverständlich! Wenn wir hier auf Erden miteinander verbundene Glieder des mystischen Herrenleibes sind, so werden wir auch in der Ewigkeit nicht sozusagen blind gegeneinander sein und einander vergessen. Ganz im Gegenteil! Unsere gegenseitige Verbundenheit in der Liebe Christi wird noch größer, sie wird vollkommen sein.

Diese Gedanken machen uns so recht bewusst, wie sehr das bittende und auch dankende Anrufen der Heiligen und Seligen, das Sprechen mit ihnen in unseren christlichen Alltag hineingehört. Unser Umgang mit ihnen sollte wirklich herzlich und unbefangen und nicht nur verehrender Kult, nicht nur ein Geprägtwerden von ihrem Vorbild und liebende Nachfolge sein, denn das Lebensprinzip der Gemeinschaft der Heiligen ist die Liebe. Die „kleine" heilige Therese vom Kinde Jesu hat vor ihrem Heimgang mit triumphierender Sicherheit vorausgesagt, dass sie nach ihrem Scheiden aus dem Diesseits einen Rosenregen auf uns niedergehen lasse. Und die weit über Bayern und sogar Europa hinaus bekannte selige Anna Schäffer hat am 18. November 1916 einer Freundin geschrieben: „Und werde ich einmal in der Ewigkeit drüben, so glücklich sein, dahin zu gelangen, wo Jesus ist, dann werde ich Euch allen eine rechte Fürbitterin sein!"[4] Das sind Worte der Zuversicht und Liebe, die unser Vertrauen zu den Heiligen, Seligen und Dienern Gottes bestärken können. Und die Zahl der Gebetserhörungen der Seligen, nämlich bis heute 23.000, beweisen, dass sie eine große Fürbitterin am Throne Gottes ist.

Gemeinschaft der Heiligen im II. Vaticanum

Durch die Dogmatische Konstitution des II. Vaticanums über die Kirche[5] werden wir in der Verehrung und Anrufung der Heiligen, Seligen und Diener Gottes bestärkt. Hier heißt es:

4 Ritter, Emmeram H., „Im Leiden habe ich Dich lieben gelernt!" Die Schriften Anna Schäffers, Regensburg 1999, S. 74–76.

5 Dogmatische Konstitution über die Kirche: 7. Kap. Art. 50; LThK2 Das Zweite Vatikanische Konzil, Teil I.: Dogmatische Konstitution über die Kirche, Freiburg i. Br. 1966, S. 321f.

„Im Leben derer, die zwar Schicksalsgenossen unserer Menschlichkeit, dennoch vollkommener dem Bilde Christi gleichgestaltet werden (vgl. Kor 3,18), zeigt Gott den Menschen in lebendiger Weise seine Gegenwart und sein Antlitz. In ihnen redet er selbst zu uns, gibt er uns ein Zeichen seines Reiches (vgl. I. Vaticanum: Konst. De fide catholica, Kap. 3), zu dem wir, mit einer großen Wolke von Zeugen umgeben und angesichts solcher Bezeugung der Wahrheit des Evangeliums, mächtig hingezogen werden.
Aber nicht bloß um des Beispiels willen begehen wir das Gedächtnis der Heiligen, sondern mehr noch, damit die Einheit der ganzen Kirche durch die Übung der brüderlichen Liebe im Geiste gestärkt werde (vgl. Eph 4,1–6). Denn wie die christliche Gemeinschaft unter den Erdenpilgern uns näher zu Christus bringt, so verbindet auch die Gemeinschaft mit den Heiligen uns mit Christus, von dem als Quelle und Haupt jegliche Gnade und das Leben des Gottesvolkes selbst ausgehen (vgl. Pius XII., Enzyklika Mystici Corporis. AAS 35, 1943, S. 216). So ziemt es sich also durchaus, die Freunde und Miterben Christi, unsere Brüder und besonderen Wohltäter, zu lieben, Gott für sie den schuldigen Dank abzustatten (bezüglich der Dankbarkeit gegenüber den Heiligen vgl. E. Diehl, Inscriptiones Latini christiane veteres, Bd. I., Berlin 1925, 2008, S. 23), ‚sie hilfesuchend anzurufen und zu ihrem Gebet, zu ihrer mächtigen Hilfe Zuflucht zu nehmen, um Wohltaten zu erflehen von Gott durch seinen Sohn Jesus Christus, der allein unser Erlöser und Retter ist‘ (Konzil von Trient, Sessio 25, De invocatione … Sanctorum: Denzinger 984, 1821). Jedes echte Zeugnis unserer Liebe zu den Heiligen zielt nämlich seiner Natur nach letztlich auf Christus, der ‚die Krone aller Heiligen‘ (Römisches Brevier, Invitatorium zum Fest Allerheiligen) ist, und durch ihn auf Gott, der wunderbar in seinen Heiligen ist und in ihnen verherrlicht wird.“

2. Geburt, Herkunft, Kindheit und Jugend

Im Herzen Bayerns, zwischen Regensburg und Ingolstadt befindet sich das damals noch kleine Dorf Mindelstetten, das sich nach dem Zweiten Weltkrieg beträchtlich erweitert hat. Früher gehörte es zur Oberpfalz, Landkreis Riedenburg, heute zu Oberbayern, Landkreis Eichstätt. Hier wurde Anna Schäffer am 18. Februar 1882, an einem Samstag, um sieben Uhr früh geboren.[1] Ihre Eltern, der Schreiner Michael Schäffer[2] und seine Ehegattin Theres, geborene Forster[3], wurden sicher durch die Geburt ihres dritten Kindes mit Freude und Dankbarkeit gegenüber Gott erfüllt. Am selben Tag noch taufte sie Pfarrer Benno Steiger, in den Jahren 1878 bis 1889 Seelsorger von Mindelstetten, in der Pfarrkirche St. Nikolaus. Als Patin fungierte die Schwägerin des Vaters, Anna Schäffer, fürstliche Förstersgattin in Sarching bei Donaustauf, nach der die Selige den Namen Anna erhielt. Die Taufpatin wurde dabei von der Hebamme Brunner, die auch als Geburtshelferin tätig gewesen war, vertreten.

Bei der Geburt Annas ahnte wohl noch niemand, dass sie von Gott herausgehoben werden sollte als ein leuchtendes Zeichen seiner Liebe; auch dass sie einmal vom gläubigen Volk in die Schar jener „Helden" des Christentums eingereiht würde, die entgegen allem Mittelmäßigen den Weg zum ewigen Leben ohne Schwanken gehen werde, um die Verwirklichung der Nachfolge Christi in einem Leben im Zeichen des Kreuzes auf sich zu nehmen.

Anna wurde in eine religiöse und kinderreiche Familie hineingeboren. Sie war das dritte von acht Geschwistern, von denen allerdings die beiden letzten kurz nach der Geburt verstorben sind.

Annas Vater, ehelicher Sohn des Georg Schäffer und dessen Ehefrau Josepha, geborene Beringer, entstammte einer alteingesessenen Schreinersfamilie in Painten bei Hemau in der Oberpfalz. Der Überlieferung nach war er ein gutmütiger, stets

---

1 Taufbuch der Pfarrei Mindelstetten von 1802–1927 mit Register. Sign. B; S. 222 – Abstammungsurkunde der Gemeinde Mindelstetten: ausgestellt von Bürgermeister Holzapfel als Standesbeamten vom 31. August 1975.

2 Heiratsbuch des Standesamts Painten, ausgestellt am 14.02.1974 vom Angestellten Lechner. Demnach wurde Michael Schäffer am 1. Jänner 1855 als ehelicher Sohn des verstorbenen Schreiners Georg Schäffer und dessen Ehefrau Josepha, geb. Beringer, geboren. Seine Eheschließung mit der Dienstmagd Theresia Forster fand am 25. August 1879 statt. Als Zeugen fungierten der Wirt Joseph Schmid und der Schlossermeister Joseph Winter, beide aus Painten.

3 Geburts- und Tauf-Urkunde aufgrund des Tauf-Registers Jg. 1853, S. 504, Nr. 19, ausgestellt von Pfarrkurat Konrad Zoller, Bad Gögging, den 4. Juli 1957. Demnach wurde Theres Forster am 19. Mai 1853 in Sittling (Haus Nr. 17) geboren als eheliche Tochter des Wirts Anton Forster und dessen Ehefrau Maria, geb. Scheuchenpflug, und am selben Tag in der Andreaskirche zu Gögging getauft von Expositus Anton Schlemmer, Gögging. Als Pate fungierte Ignaz Eisenmann, Bauer in Sittling.

fröhlicher Mann. Von ihm dürfte die Selige ihr im Grunde kindlich-heiteres Gemüt ererbt haben.[4] Die Heimat der Mutter war das kleine Dorf Sittling, das damals zur selbstständigen Expositur Gögging – heute ist Bad Gögging eine Pfarrei – gehörte. Ihre Eltern und vor ihnen die Großeltern mütterlicherseits betrieben hier ein Wirtshaus mit Landwirtschaft. Den guten religiösen Geist der Familie bestimmte die Mutter. Von ihr wird übereinstimmend berichtet, dass sie eine ruhige, stille, besonnene und fromme Frau war, um die Ihren treu besorgt, den Kindern eine vorbildliche Mutter.[5]

Kurz nach der Verheiratung der Eltern Annas, am 25. August 1879 in der Pfarrkirche zu Painten, zogen sie nach Mindelstetten und erwarben 1881 das kleine Bauernhaus Nr. 8 – heute Anna-Schäffer-Str. 10 –, ein bescheidenes erdgeschossiges winkelförmiges Gebäude im Stil der ersten Hälfte des 19. Jahrhunderts. Hier richteten sie eine kleine Schreinerei ein.[6] Der Erwerb war ihnen freilich nur mit Hilfe gutmeinender Menschen, vermutlich einiger Angehöriger, möglich. Die Aussage des Vaters war bezeichnend: „Wir zwei brauchen nicht zu streiten. Meiner Frau ihrer Heiratsgut liegt in der Schüsselrahm: 3 Zweiring und 2 Pfennig." Und die Mutter erzählte später wiederholt: „Unser ganz Hab und Gut hab' ich in einer Kürbn [Buckelkorb] nach Mindelstetten gebracht!"[7]

Die wirtschaftliche Situation der vielköpfigen Familie war, nach heutigen Maßstäben gemessen, nicht die beste. Sie lebte an der Grenze zwischen Auskommen, in der zu dieser Zeit im Landvolk üblichen Anspruchslosigkeit, und Armut. Aber der Vater erwarb sich als Musiker anlässlich von Hochzeiten, Tanzveranstaltungen, aber auch Beerdigungen ein Zubrot, das den Seinen zugute kam. Das kleine bescheidene Haus bot der Familie ein echtes Zuhause. Es bestand aus einer Küche, die auch als Aufenthaltsraum diente, einer Schlafkammer für die Eltern, einem Abort in der damaligen Bauweise sowie der Schreinerei. Die Kinder schliefen im Dachgeschoss. Das Haus war in der damals in der Oberpfalz vorherrschenden Jurabauweise erbaut, das Dach gedeckt mit Kalkschieferplatten. Ein kleiner Vorgarten ergänzte den Besitz.

Nach Pfarrer Holzgartner wurde es als „Badersöldengütl" oder „Beim Bader" genannt und ist seit 1654 nachweisbar. Ergänzend dazu bemerkt er: „ […] es könn-

4 Ritter, Emmeram H., Gott spricht zu uns in den Heiligen. Vor einhundert Jahren wurde die Dienerin Gottes Anna Schäffer geboren, in: „Anna-Schäffer-Brief" Nr. 2 (1982), S. 1–7, S. 1.

5 Ebd. S. 2.

6 Petzet, Michael, Bayerisches Landesamt für Denkmalpflege (Hrsg.), Denkmäler in Bayern: Oberbayern, Bd. I, 2, bearbeitet von Wilhelm Neu und Volker Liedke, München 1986, S. 226. – Das Geburtshaus der Seligen wurde 1992 von der Abteilung für Selig- und Heiligsprechungsprozesse für das Bistum Regensburg käuflich erworben und nach den Richtlinien des Landesamts für Denkmalpflege einer inneren und äußeren Restaurierung unterzogen. Hier wurde nach Abschluss der Arbeiten eine „Anna-Schäffer-Gedächtnis-Stube" eingerichtet. Nach Übergabe des Hauses an die Pfarrei fand die Pfarrei- und Gemeindebibliothek hier eine dauernde Bleibe.

7 Ritter, Emmeram H., Gott spricht zu uns in den Heiligen. Vor einhundert Jahren wurde die Dienerin Gottes Anna Schäffer geboren, in: „Anna-Schäffer-Brief" Nr. 2 (1982), S. 1–7, S. 2.

8 Holzgartner, Karl, Beiträge zur Pfarrgeschichte von Mindelstetten: 1934–1950, hdschr. Ms., S. 62–65.

te aber schon früher erbaut worden sein. Der Besitz gehörte zur Grundherrschaft Neuenhinzenhausen (1760). Nach dem Kataster von 1814 war es ein ‚DrittelGütl'."[8] Vielleicht haben auch die beiden Trauzeugen bei der Eheschließung der Eltern, der Gastwirt Joseph Schmid und der Schlosser Joseph Winter, ein Schärflein beigetragen, um das Haus erwerben zu können.[9]

Anna wurde, wie bereits gesagt, in eine kinderreiche Familie hineingeboren. Ihr ältester Bruder Michael wurde am 24. März 1877 vorehelich in Kelheim geboren,[10] später aber durch die Heirat der Eltern legitimiert. Am 12. Dezember 1904 schloss er mit der Gütlerstochter Kreszenz Prüflinger aus Steinsdorf in Mindelstetten den Bund der Ehe. Nach dem Tode seiner Gattin am 28. Dezember 1923 – sie hatte ihm neun Kinder geboren[11] – verheiratete er sich mit Josepha Kettner aus Bettbrunn, die ihn 1925 mit dem Postschaffner Kobl aus Mindelstetten betrogen hat. Aus dieser Verbindung ging ein Bub, mit Namen Albert hervor, der allerdings kurz nach seiner Geburt am 8. Dezember 1925 am Neujahrstag 1926 verstorben ist. Pfarrer Rieger schrieb diesbezüglich in der Taufmatrik: „Im Hause des Ehemanns geboren, ein Skandal!"[12]

Anna hatte wegen ihres Bruders Michael, der das elterliche Anwesen bewohnte und die Schreinerei betrieb, oftmals viel zu leiden. Er ging als Musikant wie sein Vater, aber auch sonst gern ins Wirtshaus. Wenn er ein wenig betrunken war, pries er seine Schwester als Heilige und erzählte unwahre Dinge von ihr. Dadurch bereitete er Anna und ihrer Mutter, denen alles wieder zu Ohren kam, viel Ungemach. Unter Tränen bat ihn die Selige „nicht immer so herum zu schwätzen." Ebenso wie ihre Mutter tadelte sie ihn wiederholt. Michael versprach immer wieder Besserung, konnte aber nicht Wort halten, wenn er wieder zu tief in den Bierkrug geschaut hatte. Wenn Anna ihrem Bruder von dem Wenigen, was sie von gutherzigen Leuten des Dorfes geschenkt bekam, etwas abgab, warfen ihr böswillige Zungen vor, sie würde die Liederlichkeit des Bruders unterstützen, was freilich in keiner Weise den Tatsachen entsprochen hat. Anna weinte oft wegen dieser Vorwürfe und Tratschereien, aber dann betete sie für die Personen, die ihr Leid zugefügt hatten.

Aber Michael hatte auch gute Seiten. Wenn wöchentlich einmal das Bett der Seligen gründlich gemacht wurde, trug er sie für einige Zeit in das Bett ihrer Mutter. Auch beim Verbinden der Füße half er in den letzten Lebensjahren der Dulderin mit. Auch er musste vor seinem Tod 1927 an einer Rippenfelleiterung noch viel leiden, was er aber mit größter Geduld ertragen hat.[13]

Der vom ersten Biographen Annas, Friedrich Ritter v. Lama, erhobene Vorwurf, der Vater ebenso der Sohn Michael hätten lieber mehr Zeit in ihrer Werkstatt ver-

9 Freundliche Mitteilung des Pfarramts Painten v. 2. Oktober 1998: Namen der Trauzeugen.

10 BKR III. Abt. CAS K. 16: 31. August 1975 Mindelstetten: Heiratsurkunde, ausgestellt v. Bürgermeister M. Holzapfel.

11 Taufbuch der Pfarrei Mindelstetten von 1802–1927 mit Register. Sign. B., S. 297, 300, 305, 308, 317, 321, 332, 338.

12 Taufbuch ebenda S. 345 und 348.

13 BKR III. Abt. CAS K. 16: Imlauer I. Heft, S. 33; II. Heft S. 30.

bringen sollen als in Wirtshäusern, wo sie Zeit vergeudet hätten, ist ebenso wenig beweisbar wie der Vorwurf von Prof. Prälat Dr. Georg Schwaiger in seinem Buch „Bavaria Sancta" ähnlichen Inhalts. Das Musizieren führte notwendigerweise in die Wirtshäuser, wo hätten dazumal sonst Veranstaltungen stattgefunden? Ferner ist zu bedenken, wie anstrengend sich das Blasen eines Instruments in einem überfüllten und rauchigen Saal gestaltet hat und wie sehr ein Mensch dabei von Durst geplagt wird. Schließlich mussten sie auch ein Zubrot verdienen, um ihre großen Familien ernähren zu können.

Der zweite ältere Bruder Annas, Leopold, wurde am 6. August 1880 in Mindelstetten geboren und am selben Tag noch in der Pfarrkirche getauft. Er wählte ebenso wie Vater und Bruder das Schreinerhandwerk. Daneben betätigte er sich auch als Bader. Am 25. Oktober 1904 nahm er in der Pfarrkirche von Mindelstetten Walburga Haag zur Frau.[14] Vier Jahre später erwarb er das Haus Nr. 16 in seinem Heimatort, genannt „Beim unteren Bader", und übte dort sein Handwerk aus. Aus der Ehe gingen acht Kinder hervor, von denen allerdings vier kurz nach der Geburt verstorben sind.[15] Im Ersten Weltkrieg Soldat geworden, wurde er bereits 1914 als vermisst in Frankreich gemeldet. Erst viele Jahre später, am 10. Oktober 1928, teilte das Zentralnachweisamt für Kriegerverluste und Kriegsgräber in München mit, dass der Infanterist der Landwehr bei der 3. Kompanie des 10. Bayerischen Infanterie-Regiments, Leopold Schäffer, am 24. September 1914 zu St. Mihiel in Frankreich gefallen sei.[16] Die Mutter Annas hat die Nachricht noch erlebt.

Die um zwei Jahre jüngere Schwester der Seligen, namens Kreszenzia, wurde am 3. Februar 1884 geboren und in der Pfarrkirche Mindelstetten getauft. Als Patin fungierte die Gütlerin Kreszenzia Waltl von Hiendorf, die ihr auch den Namen gab.[17] Als Anna 1899 ihrer Schwester Kreszenzia ihren Arbeitsplatz in Sandersdorf überließ, weil sie nach Stammham ging, um eventuell einen besseren Lohn für ihre Aussteuer zu bekommen, ließ sich Kreszenzia nach einiger Zeit mit dem Gärtnergehilfen Richard Veit aus Edingen im Rieß ein. Das Ergebnis war eine illegitime Tochter, die mit dem Namen ihrer Mutter am 20. Februar 1907 geboren und in Mindelstetten das Sakrament der Taufe erhielt. Als erwachsene Frau verehelichtete sie sich mit dem protestantischen Sachsen N. Rüffer und lebte mit ihm nach der evangelischen Trauung in Torgau an der Elbe. Das Sterbedatum ist leider nicht zu eruieren.[18]

---

14 BKR III. Abt. CAS K. 16: 31.08.1975 Mindelstetten: Abstammungsurkunde, ausgestellt v. Bürgermeister M. Holzapfel – 31.08.1975 Mindelstetten: Heiratsurkunde, ausgestellt v. Bürgermeister M. Holzapfel – Taufbuch der Pfarrei Mindelstetten S. 216.

15 Taufbuch ebd. S. 293, 296, 298, 302, 306, 311, 314, 319.

16 BKR III. Abt. CAS K. 16: Beglaubigte Abschrift der Eintragung des Heldentodes 1914, bestätigt v. Bürgermeister M. Holzapfel.

17 Taufbuch ebd. S. 228.

18 Die Pfarrei in Torgau ist unbekannt.

Mit Katharina, geboren am 26. März 1886 und am selben Tag getauft in Mindelstetten, wobei der Gütler Johann Waltl von Hiendorf als Pate waltete, bekam Anna eine zweite Schwester. [19] Sie ergriff den Beruf einer Näherin. Als solche hat sie die Selige und ebenso ihre Mutter mit Geld tatkräftig unterstützt. Erst am 4. Mai 1929 verheiratete sie sich mit dem Schreiner Jakob Renz von Osterberg bei Kempten im Allgäu in der Abteikirche Ottobeuren.[20]

Der jüngste Bruder der Seligen, Johann Baptist – so auch der Name seines Taufpaten Johann Baptiste Waltl, Gütler in Hiendorf – wurde am 7. Oktober 1888 in Mindelstetten geboren und getauft. Er erlernte das Schreinerhandwerk und betrieb nach seiner Verheiratung mit Katharina Haag einen gut florierenden Betrieb in Theissing bei Ingolstadt. Er dürfte der erfolgreichste ihrer Geschwister gewesen sein.[21]

Es folgten noch Jakob, geboren am 9. Juli 1890, getauft und verstorben am 14. Juli 1890[22], und Theres, geboren am 13. Oktober 1892 und getauft in Mindelstetten, die auch nur ein Alter von einem halben Jahre erreichte und am 26. März 1893 verstarb.[23]

Anna wurde also nach dem Ratschluss Gottes in eine für die damalige Zeit durchaus „normale" Familie mit allen Ecken und Kanten hineingeboren. Über ihre Kindheit ist leider nur sehr wenig bekannt. Das Wenige genügt jedoch, um ein klares Bild zu gewinnen. Sie ist als ein braves Mädchen zu bezeichnen, wie viele andere auch, wenigstens bis zur ersten hl. Kommunion. Sie hat bis dahin den Durchschnitt in keiner Weise überragt.

Sie war ein großes und kräftiges Mädchen; ihr Charakter offen, dabei still, bescheiden, ja fast schüchtern. Anna tat alles, was man ihr schaffte, und arbeitete flink und sauber. Eines aber mochte sie nicht: das Einkaufengehen oder fremde Häuser betreten. Sie betete gern, oft und viel, zog sich dabei in einen Winkel zurück, damit sie nicht gesehen werden konnte. Sie liebte innig das Jesuskind und verehrte vor allem die liebe Gottesmutter, den hl. Joseph und den hl. Nikolaus, den Patron der Pfarrkirche von Mindelstetten.[24]

Die noch lebenden Schulkameraden der Seligen bezeugen übereinstimmend, dass sie in der Schule gute Fortschritte machte und eine der besten Schülerinnen gewesen ist. Auch ihr Seelenführer, Pfarrer Karl Rieger, bestätigte, dass sie ein begabtes Mädchen war.[25] Das wird auch aus den Zensurlisten vom Schuljahr 1889/90, 1890/91 und der Schulprüfung in der 7. Klasse vom 22. April 1895 ersichtlich, die noch vorhan-

19 Taufbuch ebd. S. 234 – 31.08.1975 Mindelstetten: Abstammungsurkunde, ausgestellt v. Bürgermeister Holzapfel.

20 Laut Mitteilung des Pfarramts Osterberg ist Katharina Veit am 25. April 1966 in Osterberg verstorben.

21 Taufbuch S. 242 – BKR III. Abt. CAS K. 16: 31.08.1975 Mindelstetten: Abstammungsurkunde, ausgestellt v. Bürgermeister Holzapfel.

22 Taufbuch ebd. S. 248.

23 Taufbuch ebd. S. 257.

24 BKR III. Abt. CAS K. 16: Aufzeichnungen der Katharina Veit, geb. Schäffer, hdschr. Ms.

25 Holzgartner a. a. O. S. 411f.

den sind. Nach Ostern 1888 – das Schuljahr begann dazumal zumeist am 1. Mai und endete zu Ostern – kam sie in die erste Klasse. Sie tat sich anfangs offensichtlich schwer. So erhielt sie im ersten Semester der 2. Klasse unter dem Lehrer, Mesner und Organisten Franz Wilhelm Sturm[26] in den Gegenständen sechs Dreier, sechs Zweier und lediglich im „sittlichen Betragen" einen Einser. Im zweiten Semester jedoch war die Benotung schon wesentlich besser mit sieben Zweiern und drei Einsern. Schließlich schloss sie die zweite Klasse mit lauter Einsern ab, obwohl sie zwölf Tage in der Schule gefehlt hatte.[27] Das Schuljahr 1890/91 gestaltete sich ebenso erfreulich.[28] In diesem Jahr fehlte sie 14 Tage. Auch das Abschlusszeugnis nach der 7. Klasse – damals gab es in der Volksschule lediglich sieben Klassen, dann mussten sich die Kinder für einen Beruf entscheiden – war fulminant mit lauter Einsern.[29]

Annas Kindheit war aber keineswegs ungetrübt. Sie selbst schrieb später einer Schulfreundin: „Der lb. Heiland hat mich schon in den Schuljahren manche schwere Krankheit verkosten lassen, so dass es oft schien, als stehe ich am Rande des Grabes. Und so kam immer ein Vorposten nach dem anderen, bis mich der Herr als junges Bäumchen in seinen Leidensgarten verpflanzte."[30] Dennoch entwickelte sie sich während der Volksschulzeit zu einem gesunden, heiteren Mädchen, das sich bei Lehrern und Mitschülern wegen seiner Freundlichkeit großer Beliebtheit erfreute. Ihre Mutter sagte öfters, Anna sei schon als Kind anders gewesen als ihre Altersgenossinnen.[31]

Die erste heilige Kommunion

Das früheste religiöse Ereignis im Leben der Seligen war die erste heilige Kommunion am Weißen Sonntag, den 12. April 1893. Sie hatte kaum ihr elftes Lebensjahr begonnen. Eine spätere Aufzeichnung von ihr macht deutlich, dass sie anlässlich ihrer ersten hl. Kommunion ein Gebet verfasst hat, das sie später in einem Notizbüchlein noch einmal niedergelegt hat, wohl deshalb, weil sie dieses Gebet immer zur Hand haben wollte, um es jederzeit beten zu können. Am Schluss dieser Nieder-

26 Der Volksschullehrer Franz Wilhelm Sturm, zugleich Mesner und Organist, geboren in Neukirchen-Balbini am 12. Juni 1849, war von 1889 bis 1900 in Mindelstetten tätig. Holzgartner a. a. O. S. 237f. – Freundliche Mitteilung seiner Enkelin, Frau Dr. Edeltraut Rosermüller, Beuron 07.09.1988.

27 Schularchiv Mindelstetten: Auszug aus der Zensurliste der Werktagsschule, Schuljahr 1889/90; ebenso aus dem Schuljahr 1890/91; Benotung der Anna Schäffer im Schuljahr 1894/95 in der Abschlussprüfung am 22.04.1895. Beglaubigt von BGR Pfarrer Schlagbauer von Mindelstetten am 06.02.1974.

28 Verwunderlich ist nur, dass Anna in der Beurteilung ihrer „Geistesanlagen" lediglich mit einem „gut" benotet wurde. Dieses Fach, soweit man überhaupt von einem „Fach" sprechen kann, ist längst aus den Schulzeugnissen verschwunden.

29 Dank Pfarrer Schlagbauer: Abschrift des Abschlusszeugnisses.

30 Ritter, Emmeram H., Wer war Anna Schäffer?, in: „Anna-Schäffer-Brief" Nr. 1, Juli 1981, S. 6.

31 BKR III. Abt. CAS K. 6: Informativprozess, Sessio IV. (1973): Zeugin Anna L., geb. 1902/Lobsing.

schrift bemerkt sie: „Geschrieben am 12.4.1893, erneuert im Jahr 1914." Das Gebet lautet: „Vorsatz bei der ersten hl. Kommunion! O lieber guter Jesus, heute bei meiner ersten hl. Kommunion, weihe und opfere ich Dir mein Herz und meine Seele. Verlass mich nicht, o Du lb. Jesus auf dieser Pilgerfahrt und mache mit mir was Du willst; ich will auch immer recht brav sein und folgen, damit ich Dir o lb. Jesus recht viele Freuden machen kann. Ich will Dir o guter Papa Jesu Sühne leisten und wenn Du willst, o guter Papa Jesu, lass mich ein Sühnopfer werden; für alle Unehre und Beleidigungen, welche wider Dich, o guter Jesus [...]. Dir empfehle ich auch o guter Jesus meine lb. Eltern und Geschwister, besonders jenes schwere Anliegen [...]. Ich empfehle Dir auch meinen Beichtvater, alle meine Freunde und Feinde. Ich will brav sein und folgen. Geschrieben am 12. April 1893. Erneuert im Jahre 1914!"[32]

Sie fasste also einen Vorsatz, durch den sie die ersten Weichen für ihr späteres Schicksal stellte. In ihrem Gebet ist gleichsam wie in einem Keim enthalten, was sich im weiteren Leben der Seligen entfaltet hat: Ihre kindliche Liebe zu Jesus, besonders im Altarsakrament; ihr Verlangen, ihm zu gefallen und ihm Freude zu machen; ihre Bereitschaft, Sühne zu leisten für die Beleidigungen, die ihm zugefügt werden; ihre Übergabe an ihn; ihr Vertrauen auf seinen Schutz und seine Hilfe; ihr fürbittendes Gebet und ihre Fähigkeit, die konkrete Situation, in diesem Fall die Situation eines elfjährigen Mädchens von Gott her zu sehen und auf Gott hin zu gestalten.

Es ist wohl anzunehmen, dass Pfarrer Karl Rieger, der als Religionslehrer die Vorbereitung der Kinder auf die erste hl. Kommunion leitete, den Kindern solche Gedanken nahezubringen suchte und dass seine Bemühungen bei Anna auf einen besonders guten Boden gefallen sind. Wenn ein elfjähriges Kind zu solchen Worten fähig ist, dann muss man ihm wohl bestätigen, dass es weit über sein Alter hinaus religiös gereift ist. So spricht und denkt normalerweise kein Kind. Als Sühnopfer bietet es sich schon gar nicht an. Anna hat diese Worte vermutlich nicht nur so hingesagt, angeregt durch die feierliche Stimmung der Erstkommunion. Sie hat diese Aufopferung sicherlich oft wiederholt und erneuert. Wenn ein Mensch aber eine solche Hingabe ernst meint, dann muss er damit rechnen, von Gott beim Wort genommen zu werden. Insofern kam das spätere Schicksal nicht völlig überraschend, wenngleich sich das junge Mädchen die Hingabe wahrscheinlich anders vorgestellt hat.

Was die erste hl. Kommunion für Anna bedeutet hat, ist aus den Briefen zu erahnen, die sie viele Jahre später geschrieben hat. Darin sagt sie öfters, dass ihr „Herz bei jeder hl. Kommunion übervoll ist von Liebe und Seligkeit, immer so wie's erste Mal"[33], dass sie trotz ihrer ständigen und oft unerträglichen Schmerzen bei der hl. Kommunion von einem unaussprechlichen Glück beseelt war und dass

32 BKR III. Abt. CAS K. 12: Gebete und Gedichte (Sign. A III), im Taschenkalender von 1914, ohne Titel, Widmung.

33 BKR III. Abt. CAS K. 11: 22.07.1921 Mindelstetten: AS an Anna Bortenhauer – Ritter, Emmeram H., „Im Leiden habe ich Dich lieben gelernt!", Die Schriften Anna Schäffers, Regensburg 1999, S. 282f., Nr. 118.

sie „dieses Glück am schönsten Tag ihres Lebens fand, am Tag der ersten hl. Kommunion, an welchem ihr die ewige Morgensonne ins Herz leuchtete, die bei jeder hl. Kommunion dieses Feuer größer macht".[34] Sie spricht von der Erstkommunion als von einer „unvergesslichen Stunde, da ich das erstemal am Herzen Jesu ruhen durfte."[35]

Wenn man bedenkt, wie sehr Anna schon als Kind das Sakrament der Eucharistie geschätzt hat, ist es nicht verwunderlich, was ihre Schwester in ihrer Aufzeichnung überliefert hat: Zum Fest der ersten hl. Kommunion bekam Anna ein schönes weißes Florkleid aus dünnem Seidengewebe und dazu eine himmelblaue Schärpe, damit sie aber nicht stolz sein konnte, band sie sich Brennnessel auf den bloßen Leib. „Dies tat sie öfter."[36]

Die Selige hat sich also bereits als Kind Gott als Sühnopfer angeboten. Der Biograph Ritter v. Lama meint, Anna habe an diesem Tag das Gelübde der Jungfräulichkeit abgelegt. Vielleicht hat sie tatsächlich im Hinblick auf ihren Berufswunsch, in einem Kloster Missionsschwester zu werden, oder durch Erzählungen über die Märtyrerin Maria Goretti (1890–1912, Nettuno) dieses Gelöbnis abgelegt.[37]

Bemühungen um die Aussteuer zum Ordenseintritt

Tatsache ist, dass die Selige schon bei der Erstkommunion von dem Wunsch beseelt war, ins Kloster zu gehen. Vielleicht geht dieser Wunsch sogar schon auf frühere Jahre zurück, denn sie schreibt darüber später an ihre Freundin Schwester Rosalia: „Sooft ich eine Klosterfrau sehe, freue ich mich, denn sie erinnert mich immer an meinen Wunsch von Kindheit auf, dass ich so gern Missionsschwester geworden wäre. Dies war mein Wunsch immerzu bis ich verunglückte."[38]

Es ist anzunehmen, dass Anna mit 16 Jahren die Zusage zur Aufnahme in ein Kloster erhalten hat, wenn sie die erforderliche Aussteuer mitbringen könne. Diese hatte sie aber von ihren Eltern nicht zu erwarten wegen deren Bedürftigkeit. So suchte sie sich, vermutlich mit Hilfe des Pfarrers, einen Dienstplatz, um sich das notwendige Geld für den Eintritt zu verdienen. Sie verließ als Dreizehnjährige nach Abschluss

34 BKR III. Abt. CAS K. 9: 30.12.1917 Mindelstetten: AS an die Ordensschwestern Rosalia, Theres und Barbara – Ritter a. a. O. S. 124ff., Nr. 40.

35 BKR III. Abt. CAS K. 10: 22.03.1920 Mindelstetten: AS an Lina Pritzl – 01.09.1920 Mindelstetten: AS an Schw. Rosalie – Ritter a. a. O. S. 343f., Nr. 92 – K. 11: 21.09.1921 Mindelstetten: AS an Rosa Imlauer – K. 11: 21.03.1923 Mindelstetten: Gebet auf einer Karte – Ritter a. a. O. S. 295ff., Nr. 123 und S. 344, Nr. 151.

36 BKR III. Abt. CAS K. 16: Katharina Veit, geb. Schäffer: Bericht über ihre Schwester Anna, S. 1. Hdschr. Ms.

37 Lama, Friedrich Ritter v., Anna Schäffer von Mindelstetten. Eine unbekannte Stigmatisierte aus unserer Zeit, Innsbruck 1930, S. 5f.

38 Weihbischof Guggenberger vermutet dies! Predigt am Annatag 1983, abgedruckt in Guggenberger, Vinzenz, Anna Schäffer und ihre Bedeutung für unsere Zeit, in: „AS-Brief" Nr. 5, Juli 1984, S. 6.

der Volksschule ihr Elternhaus in Mindelstetten und fand Arbeit bei der Homöopathin Antonie Eickermann in Regensburg, die in einem der Baron-Aufsäss-Häuser wohnte und eine Heilanstalt für Hautkranke innehatte. Anna musste dort die Kranken pflegen helfen. Es befanden sich dort meist an Schuppenflechte oder anderen Hautkrankheiten – vielleicht auch an Geschlechtskrankheiten – leidende Patienten. Trost und Zuflucht fand sie im täglichen Besuch der hl. Messe um fünf Uhr früh in der Kapelle im Hof des Anwesens. Sie wurde so streng gehalten, dass sie nicht einmal ihren eigenen Bruder, der sich in Regensburg in einer Schreinerlehre befand, besuchen durfte.[39] An der Stelle des Baron-Aufsäss-Hauses befindet sich heute das Altenheim Elisabethinum; die Kapelle ist profaniert und wird als Abstellraum benutzt.

Dass sich die Selige bei ihrer Arbeit nicht bloß durch den Erwerb der nötigen Aussteuer auf den Ordensstand vorbereiten wollte, sondern vielmehr noch durch unbedingte Bewahrung der Reinheit und Unschuld, durch Gebet und Opfer und durch die Treue gegenüber dem Anruf Gottes, ergibt sich aus ihren Briefen. Darin wird auch deutlich, dass sie den Ordensstand nicht als berufliche Aufstiegsmöglichkeit verstand, sondern als Opfergabe für Gott, als Ausdruck ihrer Christusliebe und der Nächstenliebe. Sie schreibt: „Ich möchte jeder Jungfrau zurufen: Jungfrau, hüte Deine Unschuld um jeden Preis! Jede sollte sagen, alles will ich daransetzen, um die Lilie der Reinheit, die heilige Unschuld dem Herrn zurückzubringen! […] Nur Mut! Und nicht sagen: Ich wollte gern, kann aber dieses oder jenes nicht; sondern ich kann und muss!“[40] Ihre geistige Haltung wird auch erkennbar in einem Namenstagsbrief an ihre Freundin Anna Bortenhauser: „Mein Wunsch zum Namenstag ist für Dich und mich derselbe: Keine Sünde mehr!“[41] „Es ist nur eines notwendig auf Erden, nämlich unsere unsterbliche Seele zu retten, Jesus recht innig zu lieben, alle unsere täglichen Opfer aufzuopfern aus Liebe zu Jesus und viel zu beten für die Bekehrung der Sünder.“[42]

Alle diese Äußerungen stammen zwar erst aus späterer Zeit, man darf aber sicher sein, dass Anna schon in der Jugendzeit von solchen Gedanken beseelt war, weil diese Worte ganz im Einklang stehen mit ihrem Erstkommunion-Vorsatz und weil sie schon damals fest entschlossen gewesen ist, ihr Leben im Ordensstand dem Dienst Gottes und der Menschen zu weihen. Der tragische Unglücksfall hat freilich den Berufswunsch unmöglich gemacht.

Es bleibt noch nachzutragen, dass die Selige am 16. Juni 1894 in Neustadt a. d. Donau durch den Regensburger Bischof Ignatius von Senestrey (1858–1906) das hl.

39 BKR III. Abt. CAS K. 16: Bericht der Katharina Veit a. a. O. S. 1. Hdschr. Ms.

40 BKR III. Abt. CAS K. 10: 13.08.1920 Mindelstetten: AS an Anna Bortenhauser – Ritter a. a. O. S. 238ff., Nr. 90.

41 BKR III. Abt. CAS K. 11: 22.07.1921 Mindelstetten: AS an Anna Bortenhauser – Ritter a. a. O. S. 286, Nr. 118.

42 BKR III. Abt. CAS K. 9: 19.09.1916 Mindelstetten: AS an Anna Bortenhauser – Vgl. Ritter, Emmeram H., Wer war Anna Schäffer?, in: „AS-Brief“ Nr. 1, Juli 1981, S. 6–15, S. 10.

Sakrament der Firmung empfangen hat, ebenso ihre Schwester Kreszenz. Patin war die Handelsmannsgattin Anna Laux in Neustadt.[43]

Tod des Vaters

Als der Vater der Seligen im Januar 1896 auf dem Sterbebett lag, wollte er alle seine Kinder noch einmal sehen. Auch Anna fuhr heim nach Mindelstetten. Es dürfte ihr schwergefallen sein, denn ihr Herz hing an ihren Eltern. So nahm sie Abschied von ihm. Einen Tag vor seinem Ableben, am 24. Januar 1896, ging sie des Abends zusammen mit ihrer Schwester Kathi in die Kirche, um für den schwer leidenden Vater zu beten. Da sah sie plötzlich die Muttergottes, die öfter im Kreis ging, der im Boden aufgezeichnet war, und Anna freundlich zulächelte. Kathi, die eingeschlafen war, konnte Maria nicht sehen. Die Selige dürfte ihre Schwester sicher gefragt haben, ob sie auch die heiligste Jungfrau gesehen habe. Aber Kathi musste verneinen. Beide Mädchen berichteten ihrer Mutter das Geschehen. Diese aber gebot ihnen, niemand davon zu erzählen, denn es wäre ja möglich, dass Anna geschlafen und nur geträumt hat. Wenn jedoch die beiden Schwestern allein waren, sprachen sie über das Erlebnis in der Kirche, und Anna wusste zu berichten, wie schön Maria gewesen und wie leicht sie dahingeschritten sei.[44] Die Selige berichtet in ihrem Traumbuch nicht über diese erste visionäre Begegnung mit der Gottesmutter. Am anderen Tag starb Vater Michael Schäffer an Lungentuberkulose, betrauert von den Seinen.[45]

Mutter Theres, Witwe geworden, stand nun mit ihren drei Buben und drei Mädchen ohne Ernährer da. Um nicht der völligen Armut zu verfallen, führte sie mit Hilfe ihres ältesten Sohnes Michael die kleine Schreinerei weiter, allerdings nur bis 1914.[46]

Als der neue Pfarrer, Karl Rieger, am 12. Oktober 1897 die Pfarrei Mindelstetten übernommen hatte, richtete sich sein Augenmerk schon bald auf das besonders brave, fromme und aufgeweckte Mädchen Anna. Sie besuchte damals die Christenlehre und so lernte er das talentierte Mädel kennen. Ihre Mutter hatte sie nämlich nicht an ihren ersten Arbeitsplatz in Regensburg zurückkehren lassen, weil sie der Meinung war, eine solche Tätigkeit wie dort sei für ein junges Mädchen nicht geeignet. So verdingte sich Anna aushilfsweise bei einem Bauern in Mindelstetten, um wenigstens die in das Schreineranwesen eingekehrte Armut zu lindern.

---

43 Firmungs-Matrikel der Pfarrei Mindelstetten von 1870, S. 13, Nr. 21: „Schaeffer Anna, Schreinerstochter, Mindelstetten. Patin – Laux Anna, Handelsmannsgattin in Neustadt/D. am 16. Juli 1894 durch Bischof Ignatius v. Senestrey." Gleichzeitig wurde ihre Schwester Kreszenzia, deren Patin ebenfalls Anna Laux war, gefirmt.

44 BKR III. Abt. CAS K. 16: Aufz. d. Kath. Veit a. a. O. S. 1.

45 Holzgartner a. a. O. S. 411f.

46 Rottenkolber, Johann, Heimatbuch des Pfarrbereichs Mindelstetten, Reimlingen 1964, S. 189.

Um ihr die Möglichkeit zu geben, einer geregelten Tätigkeit nachzugehen, und zwar in einem guten Hause, wo sie etwas mehr verdienen konnte, um die notwendige Aussteuer zu beschaffen, vermittelte Rieger Anna eine gute Stellung in Landshut, Bergstraße 152, bei dem Magistrats-Offizianten Peter Cornelius, der später städtischer Schlachthof-Hallenmeister wurde. Als Dienstmädchen – sie dürfte vermutlich zu Beginn des Jahres 1898 ihre neue Stellung angetreten haben – war sie sicher bestens bei der Familie Peter Cornelius (1840 Nußdorf/bei Landau in der Pfalz – Landshut 1908) und dessen Ehefrau Maria (1845 Landshut – Landshut 1932)[47] aufgehoben.

Wenn auch in keinem Bericht über die Selige davon die Rede ist, so lässt sich doch vermuten, dass es ihr in der schönen Isarstadt am Hofberg unter der Trausnitz, dem Martinsturm und den vielen schönen Kirchen nicht so recht gefallen hat. Vielleicht litt sie auch an unstillbarem Heimweh nach Mindelstetten und ihrer Familie. Sie wird sicher täglich froh gewesen sein, wenn sie sich nach des Tages Arbeit in ihr Kämmerlein zurückziehen konnte, denn sie wollte gewiss nicht wie ihre Altersgenossinnen am Abend ausgehen.[48]

In jenem Landshuter Kämmerlein hatte sie ihr erstes bedeutendes religiöses Traumerlebnis. Anna berichtet darüber in ihrem Traumbuch: „Im Juni 1898 hatte ich einen seltsamen Traum. Eigentlich bezeichne ich es als Traum, weil ich mich nicht anders auszudrücken vermag. Ich war noch nicht zu Bette gegangen und der Mond schien so hell in mein Kämmerlein. Ich betete mein Nachtgebet und es war 10 Uhr abends. Als ich bereits fertig war, wurde es auf einmal ganz dunkel um mich und ich fürchtete mich deshalb sehr. Auf einmal wurde es wieder so blitzeshell vor mir und es stand eine Gestalt vor mir. Dieselbe war angetan mit einem blauen Kleid und einem roten Überwurf, geradeso wie die Apostel angezogen waren, oder wie ich schon oft auf Bildern die Abbildung Jesu, des guten Hirten, sah. Er hatte auch einen Rosenkranz in der Hand, sprach auch zu mir vom Rosenkranzbeten und dass ich nicht 20 Jahre alt würde und dann müsste ich vieles, vieles leiden. Auch sprach jene Gestalt, dass ich viele Jahre vieles leiden muss und sprach auch eine Zahl hiervon aus, die ich aber nicht mehr wusste, auch schon gleich nicht mehr, als die Gestalt verschwunden war, denn ich war vor Zittern und Furcht so erregt und auch gleich darauf wusste ich vieles nicht mehr, was jene Gestalt noch alles sagte. Es war darauf wieder ganz hell, denn der Mond warf seinen milden Schimmer die ganze Nacht in mein Kämmerlein. Ich konnte die ganze Nacht fast nicht schlafen, weil mir jenes Gesicht immer im Kopfe war. Ich war damals 16 Jahre alt und 2 Jahre

47 Freundliche Mitteilung des Stadtarchivs Landshut vom 19.07.1999. Der Irrtum, dass es sich bei dem Arbeitgeber um einen „Amtsgerichtsrat" gehandelt hat, wie in allen bisherigen Veröffentlichungen über die Selige berichtet wird, geht auf die Aufzeichnung von Katharina Veit zurück.

48 Vgl. Konrad Zoller, Leben und Leiden der Jungfrau Anna Schäffer von Mindelstetten. Eine Wallfahrt, Regensburg ^{2}1982, S. 35f.

später, im Alter von 18 Jahren verunglückte ich, war also auch noch nicht 20 Jahre alt, als ich schon so vieles leiden durfte, wie es jene Gestalt sagte. Jenes Gesicht ist mir so eingeprägt im Kopfe, als wenn es erst gestern gewesen wäre."[49]

Diese Begegnung mit dem Guten Hirten war alles andere als ein jugendlicher Wunschtraum. Im jugendlichen Alter träumt man anders als von „vielem, vielem Leiden-Müssen". Die Erscheinung dürfte gewiss mehr als ein Traum gewesen sein. Anna spricht von einem „Gesicht", also von einer Schauung, die sie ihr Lebtag nicht vergessen konnte.

Es ist begreiflich, dass sich die Selige zutiefst erschrocken hat und gleich am nächsten Tag ihren Dienstplatz verließ und nach Mindelstetten zurückkehrte, wie ihre Schwester Kathi zu berichten weiß.[50] Die Mutter war über die überraschende Heimkehr ganz und gar nicht erfreut und wollte sie nach Landshut zurückschicken. Doch Anna, sonst willfährig und gehorsam, ließ sich dazu nicht mehr bewegen. Vielleicht spielte dabei auch eine Rolle, dass sie sich als einfaches Landmädel in der Stadt nicht wohlfühlte und sich verloren vorkam.

In dasselbe Jahr gehört auch eine Notiz aus einem Brief von 1923 folgenden Wortlauts: „Und als ich 16 Jahre alt war, hätte ich auch Aufnahme in ein Kloster bekommen; aber die Armut war das Hindernis, dass ich nicht eintreten konnte und ich konnte mir das Nötige nicht beschaffen. Zwei Jahre darauf verunglückte ich [...]."[51] In den folgenden zwei Jahren suchte sie sich nun selbst als Dienstbote, wie bekannt, die Aussteuer für den Eintritt in ein Missionskloster zu erarbeiten und zu ersparen, was aber durch den Unfall 1901 vereitelt wurde. In diese Zeit fällt auch ihre Aufnahme in die Marianische Jungfrauenkongregation in Mindelstetten.[52] Sie zählt dadurch zu jener Schar junger Mädchen, die im Besitz der Erstlingsgabe des Hl. Geistes ihre jungfräuliche Schönheit in den verlockendsten Situationen wunderbar bewahren.

Anna fand bald eine Stelle als Dienstmädchen beim Schlossverwalter Schuster in Sandersdorf nahe ihrer Heimat. Ursprünglich eine Burg, die durch die Schweden im Dreißigjährigen Krieg zerstört wurde, erhebt sich das Schloss aus dem 17. Jahrhundert und Ende des 19. Jahrhunderts durch den bekannten Münchner Architekten Professor Gabriel von Seidl umgebaut, auf einer nach Osten ins Schambachtal vorspringenden Bergzunge. Was dürfte die Selige wohl gedacht und empfunden haben, als sie das umfangreiche, reichgegliederte Gebäude gesehen hat? Und erst als sie der herrlichen Schlosskapelle St. Joseph ansichtig wurde? Das Schloss gehörte damals

---

49 AS: Träume von Juni 1898 bis 1923. Hdschr. Ms. S. 1f. – Vgl. Weigl, Alfons Maria, Anna Schäffers geheimnisvolles „Traumheft", Altötting 1976, S. 15f.

50 BKR III. Abt. CAS K. 16: Aufz. d. Kath. Veit a. a. O. S. 1.

51 BKR III. Abt. CAS K. 12: 12.03.1923 Mindelstetten: AS an Peppi Fellner, München – Ritter a. a. O. S. 342, Nr. 149.

52 BKR III. Abt. CAS K. 9: 1898 Mindelstetten, Angelobungsformular.

Konrad Maximilian Friedrich Maria Freiherrn v. Bassus (1874 München – München 1928), einem Mitarbeiter des Grafen Zeppelin.[53]

Doch lange währte ihr Aufenthalt im Schloss Sandersdorf nicht. Sei es, um ihrer um zwei Jahre jüngeren Schwester Kreszenzia den Einstieg in das Berufsleben als Dienstmädchen zu ermöglichen, oder weil sie sich an einem anderen Arbeitsplatz eine bessere Verdienstmöglichkeit erhoffte, begab sich Anna 1899 nach Stammham in Oberbayern, nördlich von Ingolstadt, wo sie eine Stellung im Hause des Forstmeisters Anton v. Kirschbaum[54] fand.

53 Bosls Bayerische Biographie. 8000 Persönlichkeiten aus 15 Jahrhunderten, hrsg. v. Karl Bosl, Regensburg 1983, S. 44 – Die Kunstdenkmäler von Bayern, Bezirksamt Beilngries II: Amtsgericht Riedenburg, bearb. v. Friedrich H. Hofmann und Felix Mader, München 1908, S. 130–135.

54 Vermutlich handelt es sich um den am 12.08.1854 von König Max I. in den erblichen Adelsstand erhobenen Anton Kirschbaum. Er entstammte einer vornehmen evangelischen Familie aus Heidelberg. J. Siebmachers Wappenbuch, neu hrsg. v. Dr. Otto Titan v. Hefner, Nürnberg 1854, S. 88 – Beierlein, J. P., Medaillen auf ausgezeichnete und berühmte Bayern, in: „Oberbayer. Archiv für vaterländische Geschichte", hrsg. v. Hist. Verein von und für Oberbayern, 15. Bd., München 1955, S. 65 – Kirschbaums Vater oder Großvater war von 1793 bis 1805 Hofmeister des späteren Königs Ludwig I. Siehe Spindler, Max (Hrsg.), Handbuch der Bayerischen Geschichte, 4. Bd.: Das neue Bayern 1800–1970, 1. Teilbd., München 1974, S. 89.

3. Die kirchliche und politische Situation zur Zeit der Geburt Anna Schäffers

Anna Schäffer wurde in eine Zeit hineingeboren, die keineswegs, wie viele meinen, als „die gute alte Zeit" zu bezeichnen ist. Ganz im Gegenteil! Das letzte Drittel des 19. Jahrhunderts wurde durch jene offene Konfrontation des Katholizismus mit dem Liberalismus in Europa geprägt, die als „Kulturkampf" in die Geschichte eingegangen ist. Der Terminus „Kulturkampf" entstand als antikirchlicher Kampfbegriff, den der Mediziner und leidenschaftliche liberale Politiker Rudolf Virchow[1] in der Auseinandersetzung zwischen dem preußischen Staat und der Katholischen Kirche 1873 in einem Wahlpamphlet begründet hat. Der Begriff steht für ideologische Härte, mit der die Auseinandersetzung auf beiden Seiten geführt wurde.

Der in Aufklärung und Rationalismus wurzelnde Liberalismus stellte die überkommene gesellschaftliche Position der Kirche in Frage und eine zunehmend naturwissenschaftlich gebildete und von materialistischem Denken geprägte Gesellschaft folgte ihm weitgehend darin. Der Geist der Zeit wurde durchwoben vom neuen Glauben an den Sieg der technischen Zivilisation, an den Fortschritt des Menschen in Freiheit und Selbstbestimmung ohne Gott. Als Rahmen dieses Fortschritts wurde der moderne nationale Staat propagiert, der als Organ der bürgerlichen Selbstverwirklichung keiner transzendentalen Überhöhung mehr bedurfte. Der moderne Staat im Sinne des Liberalismus fühlte sich deshalb auch als Bannerträger gegen den römischen „Obskurantismus", wie die Gegner der Kirche die Abwehr des Katholizismus von Aufklärung und Säkularisierung bezeichneten. Der Staat, als alleinige Quelle des Rechts, fühlte sich absolut und bestritt in seiner Omnipotenz allen über- und außerstaatlichen Institutionen ein natürliches Recht auf Existenz. Im Kern ging es um die Durchsetzung der profanen Autonomie des Staates, insgesamt um die Säkularisierung der Gesellschaft. Somit ist der „Kulturkampf" eine Spätfolge der Aufklärung.

Der bis heute zu Unrecht viel geschmähte Papst Pius IX.[2], der die Zeichen der Zeit richtig erkannt hatte, erwies sich als entschiedener und unnachgiebiger Vertei-

1 Prof. Dr. Rudolf Virchow (1821 Schivelbein bei Belgard – Berlin 1902) preußischer Pathologe und Sozialpolitiker, Professor in Würzburg und Berlin. Mitbegründer und Vorsitzender der deutschnationalen „Deutschen Fortschrittspartei", die sich dem Liberalismus verbunden fühlte.

2 Papst Pius IX., Giovanni Maria Graf Mastai-Ferretti (1792 Sinigaglia – Rom 1878). Nach seinem Studium in Volterra und Rom 1819 zum Priester geweiht; 1827 Erzbischof von Spoleto; 1832 Bischof von Imola. 1846 Papst geworden, hatte er mit größten politischen Schwierigkeiten mit den

diger der Kirche. Je schärfer sich die Kritik am weltlichen Regiment des Papstes in seinem Kirchenstaat, in dem seine aufgeklärten Zeitgenossen ein absolutistisches Fossil inmitten der konstitutionellen Staatswelt Europas sahen, entzündete und je mehr das Dogmengebäude in die Schusslinie der modernen Wissenschaft geriet, desto deutlicher wurde die Antithese zum politischen und weltanschaulichen Liberalismus. Durch die von Pius IX. am 8. Dezember 1864 veröffentlichte Enzyklika „Quanta cura" und dem beigefügten „Syllabus errorum"[3], in dem er die politischen und gesellschaftlichen Prinzipien des Liberalismus verurteilte, die einer Kriegserklärung an die moderne Welt gleichkam, spitzte sich der europäische Dimensionen annehmende „Kulturkampf" zu. Dadurch kam es zum endgültigen Bruch mit der liberalen Intelligenz, aber anderseits auch innerhalb der Kirche zur Unterscheidung der Geister. Der liberale Katholizismus wurde obsolet. Theologiegeschichtlich entsprach dieser Festlegung die enge dogmatische Bindung der Universitätstheologie an das päpstliche Lehramt.

Eine weitere Angriffsfläche bot sich den liberalen Zeitgenossen am 18. Juli 1870 dar, als Pius IX. anlässlich des I. Vatikanischen Konzils von der überwiegenden Mehrheit der in Rom anwesenden Bischöfe unterstützt, das seit langem von der ultramontanen Bewegung[4] geforderte Dogma der päpstlichen Unfehlbarkeit verkündete. Das neue Dogma, wonach der Papst unfehlbar ist, wenn er „ex cathedra" in Fragen der Glaubens- und Sittenlehre entscheidet, löste in den meisten Ländern Europas heftige kulturkämpferische Reaktionen aus, die über ein Jahrzehnt fortdauerten.

In Italien gelang es den freimaurerischen Liberalen im Herbst 1870, nach Abzug der zum Schutz des Papstes in Rom stationierten französischen Garnison, die weltliche Herrschaft des Papsttums zu brechen und die Stadt zu besetzen. Ein Plebiszit (heute: Volksentscheid bei Volksabstimmung) bestätigte den Anschluss des bisheri-

---

italienischen Nationalisten zu kämpfen, was 1870 mit dem endgültigen Ende der weltlichen Herrschaft des Papstes endete. Das von der Regierung angebotene Garantiegesetz wird von Pius IX. abgelehnt. Die innerkirchlichen Höhepunkte seines langen Pontifikats sind die Dogmen von der Unbefleckten Empfängnis Mariens und der Unfehlbarkeit des Papstes; ferner der „Syllabus", in dem die Zeitirrtümer, vor allem der materialistische Liberalismus, aufgezeigt wurden. Die Hierarchien in England und Holland wurden nach Jahrhunderten wieder errichtet. Außerdem schloss er in Europa und in Übersee günstige Konkordate ab. – Er wurde am 3. November 2000 durch Papst Johannes Paul II. seliggesprochen.

3 Der „Syllabus errorum" ist eine Ergänzungsschrift zur Enzyklika „Quanta cura" vom 08.12.1864 und enthält eine Zusammenfassung der hauptsächlichen Irrtümer der Zeit, wie z. B. Pantheismus, Naturalismus, totaler Rationalismus, gemäßigter Rationalismus, Indifferentismus, freisinnige Theologie, Sozialismus, Kommunismus, Geheimgesellschaften, Bibelgesellschaften, klerikale-liberale Gesellschaften u. a. – Reuter OMI, P. Amand, Summa Pontificia: Lehren und Weisungen der Päpste durch die Jahrtausende. 1. und 2. Bd., Abensberg 1978, S. 440–495.

4 Ultramontanismus (lat. ultra montes: jenseits der Berge, d. h. der Alpen) ist eine Bezeichnung, die im 19. Jh., besonders im Kulturkampf, für eine streng römisch-päpstliche Orientierung des politischen Katholizismus Verwendung fand. Unter den bayerischen Bischöfen, die besonders diese Richtung vertreten haben, zählt vor allem der Regensburger Bischof Ignatius v. Senestrey (1818 in Bärnau/Opf. geb.; Bischof von 1858–1906).

gen Vatikanstaates an Italien, wodurch die nationale Einigung des Landes vollendet und Rom zur Hauptstadt Italiens wurde. Das von der Regierung am 13. Mai 1871 erlassene „Garantiegesetz“, das dem Papst freie Kirchenregierung und Dotation zusicherte, wurde aber von Pius IX. nicht akzeptiert. Nicht aus Machtstreben, sondern weil er sich allen Katholiken der Welt für den Kirchenstaat verantwortlich fühlte, beugte er sich nicht den vollendeten Tatsachen und betrachtete sich als Gefangener im Vatikan. Die „Römische Frage“, die fortan das Verhältnis der Führungsschicht des Königreiches Italien zu den Katholiken schwer belastete, wurde erst 1929 gelöst.[5]

In Frankreich kam es nach dem Sturz Kaiser Louis Napoleons III.[6], mitten im Deutsch-Französischen Krieg, am 4. September 1870 zur Ausrufung der Dritten Republik. Nach schweren innenpolitischen Auseinandersetzungen, verbunden mit verlustreichen Kämpfen zahlreicher Gruppierungen, setzte sich schließlich das links-liberale Mittelbürgertum unter der politischen Führung von Jules Ferry[7] erfolgreich durch. Um seine noch schwache Machtposition als Premierminister in der Nationalversammlung auszubauen, suchte er seine Stellung durch den Kampf gegen das inzwischen dominierende klerikale Schulwesen zu stabilisieren. Ferner begann Ferry, durch nationales Prestigedenken motiviert, aber auch als Unterstützung für die Industriebourgeoisie, mit der Wiederaufnahme der Kolonialexpansion. Nach der Besetzung von Tunis durch Frankreich fühlte sich das geeinte Italien bedroht, wandte sich an den „Zweibund“ – Deutsches Reich und Österreich-Ungarn – und schloss mit ihm 1882 ein geheimes Verteidigungsbündnis, den sogenannten „Dreibund“.

Auch im mehrheitlich katholischen Österreich-Ungarn unter Kaiser Franz Joseph I.[8] machten sich kulturkämpferische Kräfte unheilvoll bemerkbar. Deutsch-

5 Unter Papst Pius XI. wurden am 11. Februar 1929 die Lateranverträge zwischen dem Apostolischen Stuhl durch Kardinalsstaatssekretär Pietro Gasparri († 1934) und der italienischen Regierung unter Ministerpräsident Benito Mussolini († 1945) unterzeichnet. Dadurch wurde der heutige Vatikanstaat als päpstliches Hoheitsgebiet anerkannt. Gleichzeitig wurden Konkordate mit Italien und Preußen abgeschlossen.

6 Louis Napoleon III. (1808 Paris – Chislehurst b. London 1873), Kaiser der Franzosen von 1852 bis 1870. Er besaß nicht das Genie seines Oheims Napoleon I., wenn er es auch als Staatsmann im diplomatischen Ränkespiel zu einer gewissen Meisterschaft brachte.

7 Jules Ferry (1832 Saint Dié/Vogesen – Paris 1893) bekämpfte als überzeugter liberaler Republikaner und französischer Unterrichtsminister (1879–1883) den Einfluss der Kirche und der Orden im Schulwesen. Als Ministerpräsident (1880/81 und 1883–1885) betrieb er die Ausdehnung des französischen Kolonialreiches.

8 Kaiser Franz Joseph I. von Österreich-Ungarn (1830 Wien – Wien 1916). In seiner langen Regierungszeit erwies er sich als unermüdlicher Herrscher mit ausgeprägtem Pflichtbewusstsein. Seit 1848 Kaiser, regierte er zunächst absolutistisch, dann nach 1866 als konstitutioneller Monarch. Seine politischen Entscheidungen standen unter den immer drohender werdenden Untergangszeichen der Donaumonarchie, aber auch infolge persönlicher Tragik, denen er alternd mit pessimistischer Tatenscheu gegenüberstand. Seine Treue zur kath. Kirche – er schloss 1855 ein Konkordat ab – wurde aber immer noch vom Josephinismus beeinträchtigt.

nationale Kreise im Land um den Reichstagsabgeordneten und Gutsbesitzer im niederösterreichischen Waldviertel, Georg Ritter von Schönerer[9], unterstützt vom preußischen Evangelischen Bund und vom Gustav-Adolf-Verein, begründeten 1882 durch das „Linzer Programm" die „Los-von-Rom-Bewegung". Ziel war die Protestantisierung des Landes, einschließlich Böhmens und Mährens, sowie vor allem die Vorbereitung der Vereinigung Deutsch-Österreichs mit dem Deutschen Reich.

Freilich schon zuvor, nämlich seit dem Jahr 1868, als die deutschliberale Partei in Wien das Sagen hatte, kam es in Österreich zu erheblichen Spannungen zwischen Regierung und Kirche, die sich weigerte, ihren starken Einfluss, vor allem in Ehe- und Schulangelegenheiten, aufzugeben. Der politische Katholizismus sammelte sich nun in der konservativen Partei, die nach dem Ende der liberalen Ära 1879 für Jahrzehnte die Regierung übernahm. Ein „Kulturkampf", ähnlich wie im Deutschen Reich, konnte dank der klugen Politik der Regierung und dem Einfluss des Kaisers vermieden werden.

Der „Kulturkampf" im Deutschen Reich hat das politische Leben schwer belastet und nachhaltig zur Verschärfung der Gegensätze zwischen den gesellschaftlichen Gruppen beigetragen. Die Auseinandersetzung zwischen dem preußischen Staat und der Katholischen Kirche in den Jahren 1871 bis 1887 wurde von Otto Fürst v. Bismarck[10], dem Reichskanzler und zugleich preußischen Ministerpräsidenten, sowie vom Preußischen Kultusminister Paul Ludwig Adalbert Falk[11] in Verbindung

9 Der Politiker Georg Schönerer (1842 Wien – 1921 Rosenau/Waldviertel) erwies sich seit 1879 als Führer der deutschnationalen Bewegung der Alldeutschen in Österreich. Als solcher war er ein Gegner des österreichischen Patriotismus, der kath. Kirche und vertrat einen radikalen Antisemitismus. Seine Anhänger (Schönerianer) waren zumeist Burschenschafter und Sudetendeutsche. Er kämpfte als Verehrer und Freund Bismarcks für den engsten Anschluss Österreichs an das Deutsche Reich, wurde Vorkämpfer der Los-von-Rom-Bewegung und trat zum Protestantismus über. Hass und Streit waren sein Lebenselement (Hantsch!).

10 Otto Graf (seit 1865), dann Fürst (seit 1898) v. Bismarck (1849 Schönhausen a. d. Elbe – Friedrichsruh 1898) ist als Gründer des kleindeutschen preußischen Reichs in die Geschichte eingegangen. Seit 1851 preußischer Gesandter beim Bundestag in Frankfurt, suchte er für Preußen eine gleichberechtigte Stellung neben Österreich im Reich zu erringen. 1862 von König Wilhelm I. zum preußischen Ministerpräsidenten und zum Außenminister ernannt, erkannte er, dass ein friedlicher Dualismus zwischen Preußen und Österreich auf Dauer nicht möglich sei. Nach dem für Preußen günstigen Kriegsausgang 1866, wobei er sich Italiens als Bundesgenossen bedient hatte, konnte er seinem Land Schleswig-Holstein, Hannover, Hessen-Kassel, Nassau und Frankfurt einverleiben. Damit gewann Preußen das Übergewicht im deutschen Raum und verdrängte Österreich aus dem nun aufgelösten Deutschen Bund. Mit dem Königreich Bayern und den anderen süddeutschen Staaten schloss er geheime Militärbündnisse. Nach dem Deutsch-Französischen Krieg 1870/71 hatte er sein Ziel, die Reichsgründung, in deren Folge am 18. Januar 1871 der preußische König zum deutschen Kaiser erhoben wurde, erreicht. Bismarck leitete 19 Jahre als Reichskanzler und preußischer Ministerpräsident die Politik. Um die Macht der kath. Kirche und die Schlüsselstellung der westdeutschen Zentrumspartei zu brechen, ließ er sich, gestützt auf die Nationalliberalen, auf den Kulturkampf ein (1871–1878). Dieses Ziel konnte er aber nicht erreichen.

11 Paul Ludwig Adalbert Falk (1827 Metschkau – Hamm 1900), zunächst Verwaltungsjurist, dann preußischer Kultusminister (1872–1879), hatte regen Anteil am Kulturkampf: Schulaufsicht, Simultanschulen und eine Synodalverfassung der evangelischen Landeskirche waren sein Werk.

mit den Liberalen geführt. Ausgangspunkte waren einerseits das 1870 vom I. Vatikanischen Konzil verkündete Dogma von der päpstlichen Unfehlbarkeit und die zugleich veröffentlichte kirchliche Ablehnung der Grundsätze des politischen, kulturellen und wirtschaftlichen Liberalismus, was in Kreisen der Liberalen und des Protestantismus starke Erregung ausgelöst hatte. Andererseits wollte Bismarck unbedingt eine Trennung von Staat und Kirche herbeiführen, um den kirchlichen Einfluss auf die Politik auszuschalten. Als erste Maßnahme wurde die katholische Abteilung im preußischen Kulturministerium 1871 aufgehoben. Ein Jahr später ersetzte man durch das Schulaufsichtsgesetz die geistliche durch die staatliche Schulaufsicht. 1871 wurde zudem der berüchtigte „Kanzelparagraph" als Reichsgesetz (130 a Strafgesetzbuch) verabschiedet. Er verbot den Geistlichen, in Ausübung ihres Amtes staatliche Angelegenheiten „in einer den öffentlichen Frieden gefährdenden Weise" zu behandeln. Der Strafbestand wurde als Kanzelmissbrauch bezeichnet. 1876 erweiterte man den Paragraphen sogar auf die Verbreitung von Schriftstücken.

Durch die Auseinandersetzung mit der 1870 gegründeten neuen katholischen Zentrumspartei, die in ihrem „Soester Programm"[12] die Verteidigung der Selbständigkeit der Kirche und ihrer Rechte proklamiert hatte und vor allem im weitgehend katholischen Rheinland und Westfalen viele Anhänger gewinnen konnte, sah Bismarck eine Gefahr für das junge kleindeutsche Reich mit seinem protestantischen preußischen Kaisertum. So verschärfte er den Kulturkampf. Er veranlasste 1873 die vier preußischen Maigesetze, die für Priester ein dreijähriges Studium an einer deutschen Universität und Ablegung eines sogenannten Kulturexamens in Philosophie, Geschichte und deutscher Literatur vorschrieben; kirchliche Seminare stellte er unter Staatsaufsicht und legte für die Anstellung von Geistlichen Anzeigepflicht sowie das Einspruchsrecht des Oberpräsidenten fest; ferner wurde die kirchliche Disziplinargewalt auf deutsche Kirchenbehörden beschränkt; das vierte Gesetz regelte den Kirchenaustritt. 1874 erfolgte eine Verschärfung der Strafgesetze und das Expatriierungsgesetz[13]. Es wurde erst 1890 aufgehoben. Noch im selben Jahr wurde für das ganze Reich die Zivilzwangsehe eingeführt. Durch das „Brotkorbgesetz" von 1875 für Preußen sperrte Bismarck alle staatlichen Zuschüsse an die katholische Kirche, um den „renitenten Geistlichen" den „Brotkorb höher zu hängen", um sie nachgiebiger zu machen. Auch dies misslang. Erst 1880 wurde das „Brotkorbgesetz" aufgehoben und 1891 durch das „Sperrgeldverwendungsgesetz" die Rückzahlung der gesammelten Beträge geregelt.

Nachdem bereits 1872 das „Jesuitengesetz" als Reichsgesetz im Reichsrat verabschiedet war, dem zufolge Jesuiten oder ihnen verwandte Orden – z. B. die Red-

12 Das „Soester Programm", so benannt nach der Kreisstadt Soest in Nordrhein-Westfalen, wurde von der Zentrumspartei proklamiert.

13 Das Expatriierungsgesetz, ein Reichsgesetz, wurde während des Kulturkampfes am 4. Mai 1874 erlassen und erlaubte den Regierungen, Geistliche auf einen bestimmten Aufenthaltsort zu beschränken oder aus dem Reichsgebiet auszuweisen.

emptoristen – im Reich keine neuen Niederlassungen errichten durften und bestehende geschlossen werden mussten, wurde 1875 das Klostergesetz verabschiedet. Es verbot in Preußen die Niederlassungen aller geistlichen Orden mit Ausnahme derer für Krankenpflege, bestehende wurden aufgelöst.

Da die Katholiken im Deutschen Reich allen die Freiheit der Kirche einschränkenden Gesetzen die Anerkennung und Befolgung verweigerten, wurden zahlreiche Bischöfe und Priester abgesetzt und zu Geld- oder Gefängnisstrafen verurteilt. Gerade die Verfolgung im „Kulturkampf“ aber bewirkte, dass sich die gläubigen, romtreuen Menschen zu einer katholischen Bewegung zusammenschlossen, deren politischer Pfeil das Zentrum bildete, das unter den Katholiken immer mehr Anhänger gewinnen konnte und Bismarck schwer zu schaffen machte.

Der „Kulturkampf“ wurde schließlich für den Liberalismus, für das protestantische Preußentum und vor allem für Bismarck zu einer schweren Niederlage. Als nach dem Tod Papst Pius IX. 1878 Papst Leo XIII. folgte, sah sich Bismarck zu einem Ausgleich mit der Katholischen Kirche gezwungen. 1880 wurde das erste Milderungsgesetz erlassen, durch das den Bischöfen die vorherige Eidesleistung auf die preußischen Staatsgesetze erlassen und die staatlichen Zuschüsse an die Diözesen wieder aufgenommen wurden. Es folgten zwei weitere Milderungsgesetze 1882/83 und die zwei Friedensgesetze 1886/87, die die meisten in der Kampfzeit getroffenen Maßnahmen aufhoben.

Durch die politische Entwicklung hatte das Königreich Bayern 1871 seine Souveränität verloren, gehörte nun zum „kleindeutschen Reich“ unter der Vorherrschaft Preußens und geriet im selben Jahr in den Sog des Kulturkampfes. Bismarck strebte ja nach einer deutschen Nationalkirche und fand auch in Bayern dafür in liberalen Kreisen Anhänger.

Der bei König Ludwig II., im bayerischen Volk und vor allem in Wissenschaftskreisen angesehene Münchner Historiker und Theologieprofessor an der Ludwig-Maximilians-Universität in München, Ignaz von Döllinger[14], spielte eine verhängnisvolle

14 Johannes Joseph Ignaz v. Döllinger (1799 Bamberg – München 1890) wurde nach seinem Studium in Landshut 1822 zum Priester geweiht. Ab 1823 Professor für Kirchengeschichte und Kirchenrecht, wirkte er von 1826 bis 1890 in München, zunächst als Hauptvertreter der katholischen Restauration. Neben seinen wissenschaftlichen Arbeiten widmete er sich auch dem öffentlichen Wirken, so 1845 bis 1847 im Bayer. Landtag und 1848/49 im Parlament des Deutschen Bundes in Frankfurt a.M. Seine öffentlichen Vorträge in München über die Zukunft des Kirchenstaates 1861 wurden ihm von der Kurie, den Jesuiten und dem Mainzer Erneuerungskreis übel genommen. Seine staatskirchliche Bewertung des „Syllabus“ (1864) führte zu literarischen Fehden. Die unterbliebene Berufung zum Vatikanischen Konzil in Rom wurde ihm letzter Anstoß, ungehemmt die Beschlüsse desselben, besonders das Unfehlbarkeits-Dogma, heftig anzugreifen. Deshalb exkommuniziert, blieb er auf seinem Standpunkt bestehen. Doch der durch sein Zutun entstandenen altkatholischen Kirche schloss er sich nicht an. Als Rektor der Münchner Universität und als Präsident der Bayer. Akademie der Wissenschaften 1872 verharrte er bis zu seinem Tod in grundsätzlicher doch begrenzter Bereitschaft zur Rückkehr in die Kath. Kirche. Er ist als größter Kirchenhistoriker des 19. Jhs. im deutschen Sprachraum in die Geschichte eingegangen.

Rolle. In fünf Artikeln „Das Concilium und die Civiltà", erschienen in der „Allgemeinen Zeitung" vom 10. bis 15. März 1869, bezog Döllinger anonym und in polemischer Form Stellung zu den Konzilsbeschlüssen des Ersten Vatikanischen Konzils, das vom 8. Dezember 1869 bis 18. Juli 1870 in Rom tagte. Damit verließ er erstmals die Ebene der innerkirchlichen Opposition und appellierte an Menschen, die außerhalb der Katholischen Kirche standen und durch die klischeehaften Übertreibungen und Halbwahrheiten seitens der liberalen Presse manipuliert waren. Das Grundmotiv der Artikel, nämlich, dass vom Konzil und vor allem von der beabsichtigten Infallibilität des Papstes die Monarchen und die Regierungen sowie die freiere Entwicklung in Kirche und Staat zu befürchten sei, wurde auch vom liberalen Vorsitzenden des bayerischen Ministerrates, Chlodwig Fürst zu Hohenlohe-Schillingsfürst vertreten.[15] Er war zugleich Mitglied der Kammer der Reichsräte und Bayerns und orientierte sich am Staatskirchenrecht. Auch sein Staatsminister des Innern für Kirchen und Schulangelegenheiten, Johann Lutz[16], erwies sich als entschiedener Gegner des Konzils. Durch diese antirömische Komponente wurde München zu einem Zentrum der Opposition zur Katholischen Kirche. Da die weltlichen Souveräne zur Teilnahme am Konzil nicht eingeladen waren, wurde ihnen auch aus guten Gründen die Einflussnahme verwehrt, was zu Verstimmungen Anlass gab.

Döllinger, bereits seit 1863 zum Wortführer gegen Papstherrschaft, Kirchenstaat und Unfehlbarkeitslehre geworden, übte auf den König und durch seine persönlichen Beziehungen zur bayerischen Regierung einen starken Einfluss aus. Gerade in diesen stürmischen Jahren, als der Kampf Bismarcks gegen die Katholische Kirche ihren Anfang nahm, fehlte leider die schützenden Hand eines Monarchen, die im Sinne König Ludwigs I. gehandelt hätte.

Hohenlohe teilte seine Konzilpolitik nun in einer Zirkulardepesche den europäischen Regierungen am 9. April 1869 mit, um ein gemeinsames Vorgehen in der Konzilssache zu erreichen. Er beschwor die Folgen der Infallibilität, durch welche

15 Chlodwig Fürst zu Hohenlohe-Schillingsfürst, Prinz von Ratibor und Corvey (1819 Rotenburg a. d. Fulda – Ragaz/Schweiz 1901) übernahm 1846 die Standesherrschaft Schillingsfürst. Er wurde Mitglied der Kammer der Reichsräte in Bayern, 1848 bayer. Reichsgesandter in Athen, als solcher 1849 in London. Als bayer. Ministerpräsident von 1855 bis 1870 stand er im Kulturkampf auf Seiten der Fortschrittspartei gegen das Vatikanum und im politischen Sinne auf der der Deutschnationalen und damit Bismarcks. 1874 reichsdeutscher Botschafter in Paris, 1885 kais. Statthalter in Elsass-Lothringen, trat er von 1894 bis 1900 als Reichskanzler die Nachfolge Caprivis an.

16 Johann Lutz, seit 1884 Freiherr v. (1826 Münnerstadt – Pöcking 1890). Nach seinem Jurastudium in Würzburg wurde er 1866 Kabinettschef König Ludwigs II., 1867 Justizminister (bis 1871), dazu Minister des Innern und damit für kirchliche und schulische Angelegenheiten von 1880 bis 1890. Die sogenannte Ära Lutz war auch in Bayern von den heftigsten Auseinandersetzungen des Kulturkampfes begleitet. Lutz, ein Gegner der Kath. Kirche (dreimalige Verheiratung mit Protestantinnen und protestantische Kindererziehung, obwohl er katholisch getauft worden ist) und deutschnationaler Freund Bismarcks, untersagte 1870 den bayer. Bischöfen die Verkündigung der vatikanischen Beschlüsse ohne das königliche Placet. Er war auch Urheber des „Kanzelparagraphen" und führte 1873 die Simultanschule ein. Er beschloss sein Leben ausgesöhnt mit der Kirche.

nach seiner Meinung die Gewalt der Päpste über alle Fürsten und Völker auch „in weltlichen Dingen entschieden und zum Glaubenssatz erhoben" würde. Die Depesche verfehlte gottlob ihre Wirkung und ein gemeinsames Vorgehen wurde von allen Staaten mit Ausnahme Italiens abgelehnt. Darüber hinaus verfolgte Hohenlohe zusammen mit Lutz innenpolitisch die Eindämmung des Ultramontanismus und die Abwehr des Machtanspruchs der treu katholischen Patriotenpartei, die im Mai 1869 siegreich aus den Landtagswahlen hervorgegangen war.

Nachdem die liberale Regierung, unterstützt durch Döllinger, von den Gutachten mehrerer Universitäten über die Unfehlbarkeitsfrage enttäuscht wurde, folgte jedoch die Majorität der theologischen Fakultät in München den Befürchtungen Döllingers. Auch das Minoritätsvotum der angesehenen Münchner Theologen Alois von Schmid[17] und Valentin Thalhofer[18], in dem sie jede mögliche politische Auswirkung der Infallibilität entschieden in Abrede stellten, vermochte Döllinger nicht zu überzeugen. Ebenso wenig wurde er auch vom Gutachten des Würzburger Kirchenhistorikers Josef Hergenröther[19], einem der eifrigsten Vorkämpfer der Katholiken im Kulturkampf, beeindruckt. Es kam 1871 schließlich zur Exkommunikation Döllingers und zur Abspaltung der Altkatholischen Kirche, die sich 1890 der besonderen Gunst der bayerischen Ministerialbürokratie erfreuen konnte. Lutz hielt nämlich an der Fiktion der weiteren Zugehörigkeit der Altkatholiken zur Katholischen Kirche fest und betrachtete deren Exkommunikation als staatsrechtlich unwirksam.

Es ist bezeichnend für den bayerischen Kulturkampf, dass sich der Konflikt zwischen dem Machtanspruch des Gesamtministeriums, das sich als berufene Sachwalterin der Staatsinteressen begriff, und der überwiegenden Mehrheit der

17 Alois von Schmid, kath. Philosoph und Theologe (1825 Zaumberg b. Immenstadt – München 1910); Pr.-W. 1849, 1850 Gymnasialprofessor in Zweibrücken; 1853 Prof. der Philosophie in Dillingen; 1866 bis 1894 Prof. der Dogmatik und Apologetik, 1895 – 1903 Prof. der Apologetik an der Universität in München. Er erwies sich als tiefgründiger mit den philosophischen und theologischen Spekulationen ungewöhnlich vertrauter, die Vernunft mit übernatürlicher Glaubenswissenschaft harmonisch vereinigender Gelehrter und hochgeschätzter akademischer Lehrer, echt priesterlicher Charakter.

18 Valentin Thalhofer, der bedeutendste Liturgiker des 19. Jhs. (1825 Unterroth b. Ulm – Eichstätt 1891); Pr.-W. 1849; 1850 bis 1863 Prof. für Exegese in Dillingen, dann bis 1876 Direktor des herzoglichen Georgianums und Prof. für Pastoraltheologie an der Münchner Universität. 1876 Domdechant und 1889 Dompropst in Eichstätt. Sein Hauptwerk ist das Handbuch der kath. Liturgie (2 Bde.), 1883 bis 1893 erschienen. Seine Ausführungen über Christus als die absolute Mitte der gesamten Liturgie wurden Gemeingut der heutigen Liturgiewissenschaft.

19 Josef Hergenröther, einer der führenden Kirchenhistoriker des 19. Jhs. (1824 Würzburg – Abtei Mehrerau 1890); nach Studien in Würzburg und Rom 1848 Priesterweihe. 1852 Prof. für Kirchengeschichte und Kirchenrecht in Würzburg. Aus der Beschäftigung mit der byzantinischen Kirchengeschichte entstand sein Hauptwerk „Photius" (3 Bde. 1867–69). 1868 Konsultor zur Vorbereitung des Vatikanischen Konzils und Befürworter des Unfehlbarkeitsdogmas. Nach seinem „Antijanus" 1870 gegen Döllinger fasste er 18 Untersuchungen über das Papsttum zusammen in dem Werk: Katholische Kirche und christlicher Staat. Als Kardinal (1879) und Präfekt des Vatikanischen Archivs erschloss er dessen Schätze. Seine dreibändige Kirchengeschichte (1876–80) fand volle Anerkennung.

Bevölkerung des Landes im katholischen Sinne artikulierte. Die Patriotenpartei vertrat die Stimme des Volkes im Landtag.

In Sorge um die Erhaltung des Staatskirchentums nahm Lutz nun den verschärften Kampf gegen die Bischöfe auf, um die Verkündigung der Beschlüsse des Vatikanischen Konzils ohne das Placet des Staates zu verhindern. Es kam zu einer Reihe von Gesetzen, die sich gegen die Freiheit der Kirche richteten. So wurde zunächst auf Betreiben des Ministers Lutz der sogenannte Kanzelparagraph am 10. Dezember 1871 vom Bundesrat und vom Reichsrat verabschiedet, nach seinem Urheber auch „Lex Lutziana" genannt. Der Zweck des Gesetzes wurde von ihm selbst angegeben, als er unumwunden erklärte, die eigentliche Frage sei die, wer Herr im Staat sein sollte: die Regierung oder die römische Kirche. Es handle sich also darum, den Einfluss der römischen Kirche auf die Bevölkerung Deutschlands zu beseitigen. Das Gesetz wurde, wie folgt, in das Strafgesetzbuch des Deutschen Reiches (§ 130 a) eingetragen: „Ein Geistlicher oder anderer Religionsdiener, welcher in Ausübung oder in Veranlassung der Ausübung seines Berufes öffentlich vor einer Menschenmenge, oder welcher in einer Kirche oder an einem anderen zu religiösen Versammlungen bestimmten Orte, Angelegenheiten des Staates in einer den öffentlichen Frieden gefährdenden Weise zum Gegenstande einer Verkündigung oder Erörterung macht, wird mit Gefängnis oder Festungshaft bis zu zwei Jahren bestraft. Berlin, den 10.XII.1871."[20]

Lutz konnte den Kulturkampf in Bayern trotz der katholischen Kammermehrheit nur führen, weil er zunächst von König Ludwig II., den er stetig aufhetzte, besonders aber auch von Preußen, und hier vom Reichskanzler Bismarck, unterstützt wurde. Dieser konnte zufrieden sein, dass dank Lutz im gesamtdeutschen Rahmen keine Opposition Bayerns gegen den preußischen Kulturkampf zu erwarten war. Freilich waren die Vertreter des Liberalismus vom bayerischen Kulturkampf enttäuscht, denn die Reichsgesetze wurden selten angewandt bzw. beachtet, da es Lutz und seine Minister kaum wagten, gegen die Mehrheit des bayerischen Volkes und den Willen des Königs, der die Reichsgesetze ohnehin nicht begrüßt hatte, Maßnahmen gegen die Kirche zu ergreifen.

Während der 1871 in Preußen entbrennende Kulturkampf sich im Kalkül Bismarcks als innenpolitischer Präventivkrieg vorwiegend gegen die neuentstandene Zentrumspartei richtete, also wesentlich antiparlamentarisch motiviert war, erwuchs der Kulturkampf in Bayern aus der Tradition der Staatskirchenpolitik. Er stellte sich als Fortsetzung und Verschärfung der vom Beginn des Verfassungslebens 1818 stattfindenden Auseinandersetzungen um die Interpretation von Konkordat und dem Religionsedikt in der bayerischen Verfassung dar. Zwar hatte

20 Siegfried, Nikolaus, Aktenstücke betreffend den preußischen Kulturkampf, Freiburg i. Br. 1882, S. 93, Nr. 39.

König Maximilian I. Joseph am 15. September 1821 durch die sogenannte „Tegernseer Erklärung“[21] die Differenzen zu bereinigen versucht, aber da sie ohne Mitwirkung der Kammern abgegeben wurde, besaß diese keine Gesetzeskraft.

Mit der Entlassung Bismarcks am 20. März 1890 vom Amt des Reichskanzlers hatte Lutz seine entscheidende Stütze in Berlin verloren. Die Kurie erwartete nun auch eine Änderung im bayerischen Kultusministerium, was dem Prinzregenten Luitpold[22] mitgeteilt wurde. Er war dazu nicht abgeneigt, um das Ende einer nicht glücklichen kirchenpolitischen Ära abzuschließen. Als Lutz davon erfuhr, reichte er seinen Rücktritt ein.

Am 3. September 1890 starb Lutz im Alter von 63 Jahren, nachdem er den Weg der Rückkehr zur katholischen Kirche endlich gefunden hatte. Der Historiker Dr. Egon Greipl bemerkt dazu: „Die römische Kurie hatte nicht nur im Verein mit kirchlichen und politischen Kräften Bayerns das ‚System Lutz‘ zu Fall gebracht, sondern auch dem todkranken ‚Bismarck della Bavariera‘ einen juristisch und stichfesten Widerruf abgerungen.“[23]

Das letzte Drittel des 19. Jahrhunderts war auch in politischer wie gesellschaftlicher Hinsicht alles andere als eine „gute alte Zeit“. Der Friede von Hubertusburg vom 15. Februar 1763, die Geburtsstunde des deutschen Dualismus zwischen dem – damals noch – katholischen Österreich und dem Militär- und Obrigkeitsstaat Preußen, sowie die Auflösung des Römisch-Deutschen Reiches 1806 hinterließen die „Europäische Frage“ als Vermächtnis und Aufgabe. Religiös betrachtet standen sich auch Katholizismus und der damals vom Liberalismus weitaus stärker geprägte Protestantismus in Preußen gegenüber.

Die Aufklärung und die damit in einem inneren Zusammenhang stehende Französische Revolution brachten neue Kräfte ins Spiel, die zum überwiegenden Teil der liberalistischen Ideologie angehörten. Trotz des deutschen Dualismus hätte

21 Die Tegernseer Erklärung von König Maximilian I. Joseph vom 15.09.1821 wurde ohne Mitwirkung der Kammern erlassen und besaß deshalb keine Gesetzeskraft. Sie wollte die Differenz zwischen dem Religionsedikt von 1818 und dem bayer. Konkordat von 1817 überbrücken. Sie versprach Erfüllung des Konkordats in allen seinen Teilen und gab den Behörden entsprechende Anweisungen. Den kath. Untertanen wurde versichert, dass sich ihr Eid nur auf die bürgerlichen Verhältnisse beziehe und keine Verbindlichkeit für etwas bedeute, „was den göttlichen Gesetzen oder den kath. Kirchensatzungen entgegen wäre“. Die Widersprüche waren freilich nur überdeckt. Das Staatskirchentum blieb weiterhin in Kraft, allerdings mit Milderungen bis zum Bayer. Konkordat 1924.

22 Prinzregent Luitpold von Bayern (1821 Würzburg – München 1912). In seiner militärischen Laufbahn wurde er 1848 Generalleutnant der bayer. Artillerie. Im Krieg gegen Preußen 1866 erwies er sich bei Neubrunn und Roßbrunn als mutiger Kommandeur der 1. Reservedivision. 1870/71 weilte er im preußischen Hauptquartier in Versailles und überbrachte den Antrag auf Annahme der Kaiserkrone. Nach dem Tod König Ludwigs II. übernahm er am 10.06.1886 die Regentschaft. Er beendete endgültig die Auseinandersetzungen zwischen Kirche und Staat in Bayern. Um die Entwicklung Münchens als Kunststadt bemüht, förderte er auch die Errungenschaften in der Technik.

23 Greipl, Egon, Die kirchenpolitische Wende von 1890, in „Handbuch der bayer. Kirchengeschichte“, hrsg. v. Walter Brandmüller. 3. Bd., St. Ottilien 1991, S. 277.

diese europäische Frage im Geist des von Metternich für Österreich und Hardenberg für Preußen begründeten „friedlichen Dualismus“ gelöst werden können, wenn es nicht zu einem Bündnis zwischen der deutschnationalen Bewegung und Preußen gekommen wäre. Dass es zustande kam und zum Krieg von 1866 führte, war Bismarcks Werk, der ihn gewollt und geführt hat.

Kaum ein Krieg und nur wenige Friedensschlüsse haben das Gesicht des deutschen Sprachraumes, ja ganz Europas, so gründlich verändert, wie dieser unselige Bruderkrieg. Der Sieg Preußens am 3. Juli 1866 bei Königgrätz erschütterte das europäische Gleichgewicht und verhalf der preußisch-deutschen wie der italienischen Nationalidee – von Bismarck strategisch eingefädelt – zum Durchbruch. Königgrätz wurde so zur historisch entscheidenden Weichenstellung der neueren Deutschen Geschichte. Alle anderen folgenden Schicksalswendungen – Verlust der Monarchien, Ausrufung der Republik, die Zeit des Nationalsozialismus, Entfesselung von zwei Weltkriegen – stellen keine vergleichbaren Wendepunkte im Sinne einer historischen Weichenstellung, sondern nur Markierungspunkte dar.

Es handelte sich 1866 nicht allein um die Beendigung des deutschen Dualismus, beziehungsweise um die Vorherrschaft im deutschen Raum, sondern vielmehr um die Auseinandersetzung grundverschiedener innerstaatlicher und zwischenstaatlicher Ordnungsprinzipien, die zudem konfessionell begründet waren. Österreich und noch weniger Bayern hat nie die Vorherrschaft im Sinne von Herrschaft im deutschen Raum angestrebt. Österreich und Bayern kämpften zusammen mit ihren Verbündeten um die Beibehaltung der staatenbündischen Ordnung des deutschen Bundes und um seine Ausweitung zu einer mitteleuropäischen Zollunion. Preußen und sein Kanzler kämpften aber um einen kleindeutschen Nationalstaat unter preußischer Hegemonie unter Ausschluss der österreichischen Donaumonarchie. Der Nikolsburger-Prager Friede vom 26. Juli beziehungsweise vom 23. August 1866 war ein nur scheinbar milder, in Wahrheit aber ein „punischer“ Friede, der die Lawine auslöste, die das alte Europa unter sich begrub.

Der Sieg Preußens und damit der kleindeutschen Staatsidee bedeutete nicht nur das Ende des Deutschen Bundes, sondern auch das der übernational europäischen Bestrebungen; er bedeutete die Aufspaltung des Abendlandes in feindliche Machtblöcke und den Beginn des verhängnisvollen Weges, der in zwei Weltkriege und das zentralistische nationalsozialistische dämonische Regime führte. Die letzte Ursache für diese unheilvolle Entwicklung ist schließlich in der Auflösung der christlichen, geistigen und politisch-konservativen Ordnung zu suchen, die im 19. Jahrhundert durch hemmungslosen kolonialen Imperialismus, Nationalismus und Materialismus abgelöst wurde.

Hier sei es gestattet in einem kurzen Rückblick auf die Ereignisse hinzuweisen, die letztlich den unglückseligen Krieg von 1866 herbeigeführt haben. An die Stelle des früheren Römisch-Deutschen Reiches wurde bei dem Wiener Kongress 1815 von den daran teilnehmenden Staaten beschlossen, einen Deutschen Bund unter

Österreichs Leitung zu begründen. 37 souveräne Fürsten und vier freie Städte wollten ihm angehören. Doch die deutschen Einigungsbestrebungen begannen sich 1831 auf Preußen zu richten, dessen Verwaltung, Industrialisierung und Handelspolitik als Vorbild bezeichnet wurde. Tatsächlich besaß Preußen durch den Besitz des rheinisch-westfälischen Industriegebietes – das einstige Königreich Westfalen wurde ja auf dem Wiener Kongress 1815 Preußen angegliedert – auf wirtschaftlichem Gebiet einen entschiedenen Vorteil gegenüber dem österreichischen Kaiserreich und seinen Verbündeten. Zwei Jahre später schlossen sich unter Führung Preußens zahlreiche deutsche Kleinstaaten zum Deutschen Zollverein zusammen. Nun nahm der preußische deutschnationale Enthusiasmus erneut zu.

Seit dem Revolutionsjahr 1848 schwelte die „Deutsche Frage"[24] in allen Ländern deutscher Zunge. Durch die Revolution bestärkt, hatte Preußen mit seinen deutschnationalen Unionsversuchen 1849 und 1850 Erfolg. 28 mittlere und kleinere deutsche Staaten verpflichteten sich, dem Plan eines Fürstenbundes unter der Führung des preußischen Königs zuzustimmen. Die Liberalen unterstützten rückhaltlos diese Pläne. Allein Bayern, Österreich und Württemberg lehnten einen Anschluss ab, und mit einigem Druck konnte auch Hessen, Sachsen und Hannover von einem Beitritt abgebracht werden.

Der Konflikt um die großdeutsche oder kleindeutsche Lösung der Deutschen Frage hatte die bisherige Fraktionsgliederung des Paulskirchenparlaments in Frankfurt weitgehend umgewandelt. Die einen, die als vorläufige Konzeption einen Bundesstaat ohne Österreich mit dem König von Preußen als Kaiser vertraten, standen denjenigen konträr gegenüber, die eine großdeutsche Lösung mit Österreich an der Spitze erhalten wollten. Zu Letzteren gehörten die Vertreter Österreichs, Bayerns, Württembergs und schließlich auch Republikaner. Im nach dem Revolutionsjahr 1848 wiederhergestellten Deutschen Bund wurde das anfänglich österreichisch-preußische Einvernehmen alsbald durch den sich steigernden Gegensatz der beiden Großmächte abgelöst, in dessen Wirkungsfeld auch die Zollvereinsfrage geriet. Während Österreich eine großräumige, mitteleuropäische Zoll- und Wirtschaftsunion anstrebte, suchte Preußen den deutschen Zollverein auf Hannover, Bayern und Württemberg auszudehnen.

Als sich 1861 in den von Preußen beherrschten Ländern die Liberalen zur Deutschen Fortschrittspartei zusammenschlossen, wurde auch im mehrheitlich liberalen Franken, nämlich in Nürnberg, die „Deutsche Fortschrittspartei in Bayern" am

---

24 Nach dem Zusammenbruch des Römisch-Deutschen Reiches 1806 haben sich die deutschsprachigen Staaten zu einem staatenbündischen Deutschen Bund zusammengeschlossen, was in Hinsicht der großen Verschiedenheiten der deutschen Stämme sicher die beste Lösung war und auch heute noch wäre. Im Zeitalter des Nationalismus, ausgehend vor allem von Frankreich und Italien, kam es im Revolutionsjahr 1848 zur „Deutschen Frage". Preußen machte sich zum Sprecher des deutschen Nationalgedankens im Sinne eines möglichst zentralen Bundesstaates und setzte sich schließlich unter Ausschluss Österreichs durch.

15. Februar 1863 gegründet. Diese aus der Auseinandersetzung zwischen dem bayerischen König und seinem Parlament hervorgegangene linksliberale Gruppierung setzte sich aus bürgerlichen Liberalen und ehemaligen demokratischen Revolutionären von 1848 zusammen. Ihr Ziel war die nationale Einheit Deutschlands unter einer starken preußischen Zentralgewalt, Schaffung einer gesamtdeutschen Volksvertretung und einer freiheitlichen Verfassungsordnung, ferner umfassende Reformen auf dem Gebiet der Justiz, Verwaltung und des Heeres sowie der Wirtschaft. Auf dem Boden des Liberalismus wurzelnd trat sie konsequent für die Trennung von Staat und Kirche ein. So stand diese Partei in ihrer antikatholischen Tradition im Kulturkampf an der Seite Bismarcks und wurde so langfristig in einen schwerwiegenden Konflikt mit der zweiten großen bürgerlichen oppositionellen Kraft im späteren Reichstag, dem Zentrum, geführt. Der bayerische Zweig der Deutschen Fortschrittspartei fand zunehmend im protestantisch deutschnationalen Adel und Bürgertum, aber auch bei den Intellektuellen Anhänger.

Als im April 1866 die Spannungen in der Schleswig-Holsteinischen Frage eskalierten, nahm Preußen die Gelegenheit wahr, um mit militärischen Mitteln die Vormachtstellung im deutschen Raum an sich zu reißen. Durch ein befristetes geheimes Angriffsbündnis mit Italien gegen Österreich schwächte Bismarck erfolgreich die militärische Kraft Österreichs. Nachdem Österreich erklärt hatte, die Erbfolge in Holstein dem Urteil des Deutschen Bundes zu unterwerfen, rückten preußische Truppen in Holstein ein und Bismarck forderte eine Bundesreform mit Ausschluss Österreichs. Der Krieg um die Vorherrschaft im deutschen Raum war nun die Folge.

In Bayern wurde der junge, politisch noch unerfahrene König Ludwig II., der 1864 die Krone übernommen hatte, nun mit der Schleswig-Holsteinischen Frage konfrontiert. Sein Außenminister, Freiherr Ludwig von der Pfordten[25], versuchte zwischen Österreich und Preußen zu vermitteln, um den Deutschen Bund zu retten, was ihm aber nicht gelang. Ludwig II. stellte sich auf die Seite Österreichs und stimmte der Mobilmachung der Bundeskontingente zum Schutz der Verfassung zu. Daraufhin trat Preußen aus dem Deutschen Bund aus und seine Truppen marschierten in Sachsen, Hannover und Kurhessen ein bzw. auch in Frankfurt am Main. Durch die Annexion dieser Länder konnte Bismarck nach dem Sieg seines Staates sein Land beträchtlich vergrößern, das Gewicht Preußens stärken und an der Spitze des Norddeutschen Bundes, dem auch Sachsen beitreten musste, die Vorherrschaft in Kleindeutschland aufrichten. Damit war schon damals die Selbständigkeit der

25 Ludwig von der Pfordten (1811 Ried/Oö. – München 1880), nach Jurastudium in Erlangen und Heidelberg (Promotion) 1832 Referent im bayer. Ministerium. Er lehrte von 1833 bis 1839 in Würzburg. Wegen seiner freisinnigen Richtung gegen seinen Willen versetzt, ging er als Professor nach Leipzig, wo er als sächsischer Minister bis 1849 wirkte. Er war einer der bedeutendsten Mitglieder der liberalen Partei Sachsens. 1849 bis 1859 bayer. Staatsminister und Vorsitzender des Ministerrates; 1859 bis 1864 bayer. Gesandter in Frankfurt; 1864 bis 1866 bayer. Staatsminister; 1866 unterzeichnete er den Friedens- und geheimen Bündnisvertrag mit Preußen.

noch verbleibenden deutschen Mittel- und Kleinstaaten zu Ende. Sie waren von jetzt an militärisch, außenpolitisch und wirtschaftlich an Preußen gebunden. Eine der Friedensbedingungen, die schmerzlichste, die Bismarck von Bayern verlangte, war der geheime Bündnisvertrag vom 22. August 1866, durch den der Oberbefehl über das bayerische Heer im Kriegsfall dem König von Preußen überantwortet werden musste. In einem Brief König Ludwigs II. an seinen Außenminister vom 18. Juni 1867 ist zu lesen: „ [...] Königliche Pflicht ist es in dieser so ernsten Zeit vor allem, die Selbständigkeit meines geliebten, von Gott mir anvertrauten Landes zu wahren und zu erhalten!“[26] Bereits ein Jahr vorher hatte er Richard Wagner mitgeteilt: „Gott gebe, dass Bayerns Selbständigkeit gewahrt werden kann. Wenn nicht, wenn die Vertretung nach außen verloren geht, wenn wir unter Preußens Hegemonie zu stehen kommen – dann fort! Ein Schattenkönig ohne Macht will ich nicht sein!“[27]

Nachdem von der Pfordten von den beiden Kammern für die Niederlage von 1866 verantwortlich gemacht wurde, nahm dieser seinen Hut und machte dem Preußenfreund Chlodwig Fürst von Hohenlohe-Schillingsfürst Platz, wie es die liberale Mehrheit wollte, die den Anschluss an Preußen wünschte. Bismarck, der die süddeutschen Staaten gegeneinander ausspielte, ließ den Zollverein am 8. Juli 1867 neu errichten und band den Süden dadurch fest an den Norden. Der Verein wurde bald zum Zollbund unter preußischem Vorsitz. Die Gründung des Norddeutschen Bundes, die Militärbündnisse und der Zollbund waren wesentlich Bausteine, die schließlich zur kleindeutschen Reichsgründung im Deutsch-Französischen Krieg führten.

Am 16. April 1868 erließ das bayerische Kabinett ein Gesetz über Heimat, Verehelichung und Aufenthalt. Es erlaubte nunmehr eine gewisse Freizügigkeit und bildete damit eine Voraussetzung, einerseits für die Unterwanderung des Königreiches durch Nord-, West- und Ostdeutsche, andererseits für eine langsame Industrialisierung des Landes mit allen positiven und negativen Folgen.

Wegen des französisch-preußischen Streites um die spanische Thronkandidatur kam es am 19. Juli 1870 zur Kriegserklärung Frankreichs an Preußen, denn Bismarck hatte Napoleon III. provoziert und ihn dazu veranlasst. Nun sollte Bayern aufgrund des Militärbündnisses mit Preußen gegen die Franzosen, mit denen es ja bisher befreundet war, in den Krieg ziehen. Es kam zu heftigen Auseinandersetzungen im Landtag in München. Der Fortschrittspartei stand die Patriotenpartei, die aus dem am 18. Februar 1868 gegründeten „Verein der bayerischen Patrioten“ hervorgegangen war, gegenüber. Sie war die Partei des konservativ-katholischen Adels und breiter Volksschichten auf dem Lande, vor allem der Bauern, Kleinbürger und nicht zuletzt des Klerus. Sie kämpfte für die großdeutsche Lösung mit

26 Botzenhart, Christof, Die Regierungstätigkeit König Ludwigs II. von Bayern, München 2004, S. 221.

27 Hubensteiner, Benno, Bayerische Geschichte. Staat und Volk, Kunst und Kultur, München [8]1979, S. 420.

Österreich, gegen den Liberalismus, gegen ein von Preußen beherrschtes Kleindeutschland sowie für sozialpolitische Verantwortung. Zu den herausragenden Persönlichkeiten der Patrioten gehörte der Parlamentarier Dr. Edmund Jörg[28], Herausgeber und Schriftleiter der berühmten „Historisch-politischen Blätter", die bei den katholischen Intellektuellen zunehmend Anklang fanden. In dieser Zeitschrift bemühte er sich von 1866 bis 1881 in neuen, ständisch strukturierten Lebens- und Gesellschaftsformen die von ihm vorausgesehenen sozialen Spannungen des beginnenden Industriezeitalters auf dem Boden des Katholizismus zu lösen. Schließlich aber wurden er und sein Flügel von der Fortschrittspartei und einem Teil der Patrioten, die sich ein Entgegenkommen Preußens erhofften, überstimmt. So musste Bayern als Satellit Preußens an dem Krieg teilnehmen, der zu Gunsten Preußens ausgegangen ist.

Nachdem die Patrioten 1869 bereits die Mehrheit im Landtag errungen hatten, sah sich König Ludwig II. veranlasst, Hohenlohe und seine liberalen Minister zu entlassen. Neuer Kultusminister wurde nun Johann Lutz, der sein Vertrauen besaß, es ihm aber niemals gedankt hat. Graf Otto von Bray-Steinburg[29] trat nun an die Stelle Hohenlohes.

Waren in Bayern die Liberalen und in ihrem Dienst die meisten Zeitungen, die zudem von Bismarck subventioniert wurden, für den Anschluss Bayerns an Preußen, so wehrten sich die Patrioten energisch dagegen. Bismarck ließ schon ab August 1870 massiven militärischen und wirtschaftlichen Druck auf die süddeutschen Staaten ausüben. Als ein Eintritt in den norddeutschen Bund nicht mehr zu umgehen schien, versuchte Bayern, sich für den Verzicht auf die bayerische Souveränität von Bismarck wenigstens Sonderrechte garantieren zu lassen. Als dieser den bayerischen Unterhändlern, den Ministern Bray, Lutz und von Pranckh[30], entsprechen-

28 Edmund Jörg (1819 Immenstadt – Landshut 1901) hat sich als Staatsarchivar in Landshut, Publizist (Hrsg. d. „Hist.-Politischen Blätter", 1866–1881) und vor allem als der bedeutendste bayer. Parlamentarier des 19. Jhs. einen Namen gemacht. Ab 1847 im bayer. Archivdienst. Er geriet wegen seiner katholischen bayerischen publizistischen Tätigkeit zeitweise in heftigen Konflikt mit dem Ministerium. Seine politische Vorstellungswelt war von Döllinger, Görres und von Karl von Abel geformt. 1866 bis 1881 Abgeordneter der bayer. Patriotenpartei im Landtag, 1868 im deutschen Zollparlament und 1874 bis 1878 im preußischen deutschen Reichstag, wo er in heftigen Auseinandersetzungen mit Bismarck kämpfte. Er setzte sich energisch gegen den Beitritt Bayerns in das Deutsche Reich ein.

29 Otto Camillus Hugo Gabriel von Bray-Steinburg (1807 Berlin – München 1899) entstammte einem alten nby. Adelsgeschlecht. Jugend in St. Petersburg und in Livland; nach Jurastudium Eintritt in den bayer. Diplomatendienst: 1843 bis 1859 bayer. Gesandter in St. Petersburg, 1846 bis 1847 Minister unter Karl von Abel. 1849 wich er der liberal-radikalen Landtagsopposition aus und übernahm die bayer. Gesandtschaft in Wien. 1870 auf ausdrücklichen Wunsch Ludwigs II. bayer. Außenminister, entschied er schweren Herzens für die Teilnahme Bayerns am deutsch-französischen Krieg. Bei den Versailler Verhandlungen um den Eintritt Bayerns zum Norddeutschen Bund zeigte er größte Hartnäckigkeit. Als Gegner der bayer. Kulturkampfpolitik nahm er 1871 seinen Abschied und übernahm bis 1897 die Gesandtschaft in Wien.

30 Sigmund von Pranckh (1821 Altötting – München 1888), nach militärischer Ausbildung ins bayer. Kriegsministerium beordert; Teilnahme

de Sonder- und Reservatrechte zusicherte, stimmten diese am 23. November dem Anschluss Bayerns an den Norddeutschen Bund zu, obwohl sie vom König noch gar nicht dazu ermächtigt gewesen waren. Trotzdem ratifizierte Ludwig II. den Eintritt, denn auch er sah in der damaligen Situation zwischen den beiden Großmächten Österreich und Preußen keine andere Alternative. Österreich, sehr mit sich selbst beschäftigt, vermochte dem Brudervolk nicht beizustehen. Als die bayerischen Vorstellungen, Preußen und Bayern sollten abwechselnd die Kaiserwürde führen, nicht durchsetzbar waren, wurde Ludwig II. unter Druck gesetzt, dem Preußenkönig die Kaiserwürde anzutragen. Unter diesem politischen Zugzwang, verlassen von seinen Ministern und deshalb verbittert, schrieb er schließlich den sogenannten Kaiserbrief, verlieh aber seiner Bitterkeit wegen der militärischen Drohungen Bismarcks deutlich Ausdruck.

Der Eintritt Bayerns in das kleindeutsche Reich unter preußischer Führung ging im Lande nicht ohne Schwierigkeiten vonstatten. Während die Medien im Dienste Bismarcks und der Fortschrittspartei leidenschaftlich für die Reichsgründung eintraten, sahen die patriotischen Zeitungen in dem Vorgang eine Kapitulation Bayerns. Während die Kammer der Reichsräte bereits am 30. Dezember 1870 mehrheitlich der Unterwerfung Bayerns unter Preußen zustimmte, kam es in der zweiten Kammer, dem Landtag, zu zahlreichen Redeschlachten, angeführt von Dr. Jörg. Noch während der Beratungen erfolgte in Versailles die Kaiserproklamation des Preußenkönigs Wilhelms I. und damit die Gründung des Deutschen Reiches als Bundesstaat mit Wilhelm als erblichem Kaiser, dem Bundesrat als Vertretung der Fürsten und freien Städte sowie aus dem Reichstag unter Bismarck als Reichskanzler. Man schrieb den 18. Januar 1871, ein Datum, das in der Geschichte Bayerns als „Tag der Trauer“ bezeichnet werden muss.

Obwohl Jörg die Abgeordneten mit Überzeugung aufgerufen hatte, sich der Auslieferung Bayerns an Preußen zu widersetzen, gelang es dennoch der Fortschrittspartei, bei der Abstimmung am 21. Februar 1871 zweiunddreißig Abgeordnete der Patriotenpartei unter Führung des schwankenden Johann Nepomuk Sepp[31] für die Verträge von Versailles zu gewinnen. Vermutlich hat sie die Erklärung des Kriegsministers Pranckh dazu bewogen, der am 14. Januar gesagt hatte: „Die Durchführung einer Exekution durch Preußen gegen Bayern bedeutet die Zerreißung der Bundesverträge und Krieg Preußens gegen Bayern.“ Schließlich stimmten nun 102 Abgeordnete für und 48 gegen die Verträge.

---

am Krieg 1866 und anschließend bis 1875 als General bayer. Kriegsminister. Er nahm an den Versailler Verhandlungen teil als General, zeigte sich aber eher preußenfreundlich.

31 Johann Nepomuk Sepp (1816 Bad Tölz – München 1909), Münchner Geschichtsprofessor und in altbayerischem Geist engagierter Innenpolitiker, trat er im Sinne von König Maximilian II. für eine politische Trias Österreich-Preußen-Bayern ein. Er wirkte in der Patriotenpartei, die sich 1870 spaltete, als er den Krieg gegen Frankreich und damit die Reichseinigung unterstützte. Er vermochte indes keine politische Bedeutung mehr zu erringen.

Die Reden der 48 Patrioten, die bestens dokumentiert sind[32], sind als die hellsichtigsten Prophetien wider ein von Preußen beherrschtes, zunehmend zentralistisches und militaristisches Deutschland in die Geschichte eingegangen. Durch die Annahme der Versailler Verträge wurde nicht nur Bayerns Souveränität zerstört, sondern auch der Keim für die unglückselige Entwicklung des Abendlandes im 20. Jahrhundert gelegt. Darüber konnten auch die Bayern gewährten Reservatrechte nicht hinwegtäuschen. Der ständige Vorsitz im Bundesratsausschuss war nur ein leerer Ehrentitel; Bayern durfte keine eigene Außenpolitik mehr betreiben; die Militärhoheit des Königs war nur auf den Frieden beschränkt, auf Paraden und Manöver; im Krieg stand das bayerische Heer unter dem Oberbefehl des Kaisers. Gemäß der Reichsverfassung vom 16. April 1871 war Bayern von nun an nur mehr ein Gliedstaat des Deutschen Reiches. Damit war das Schicksal Bayerns zu seinem Nachteil bis heute endgültig besiegelt.

Der beim Volk bis auf den heutigen Tag beliebte König Ludwig II. hat sich mit dem Verlust der Souveränität seines Landes niemals abgefunden. Er stand unter dem Druck der politischen Verhältnisse schutzlos und militärisch bedroht von Preußen.

Bismarck trug Sorge, dass der damalige preußische Gesandte, Georg Freiherr von Werthern[33], schalten und walten konnte wie ein Prokonsul in München. Die Einstellung dieses in Bayern so einflussreichen Diplomaten seinem Gastland gegenüber zeigt ein Brief, den er 1874 nach dem Sieg der Patriotenpartei schrieb: „Die Pfaffen machen absichtlich willentlich mit der sozialdemokratischen Partei gemeinschaftliche Sache und das alberne Volk lässt sich den krassesten Unsinn einreden [...] Darüber ein feiger doppelzüngiger Hanswurst von König und sechs notorische Jammerkerls als Minister und als obligate Begleitung Dummheiten, wie sie nur in Bayern möglich sind.“[34]

Des König Ludwigs II. Trauer und Entsetzen über die Entwicklung äußerte sich in mehreren Briefen. So schrieb er am 28. Januar 1871 an Freifrau Therese von Gasser: „Könnte doch endlich, endlich der von Millionen längst ersehnte Frieden geschlossen werden! [Er spricht von den Franzosen! Anm. d. Verf.] Es ist ein wahrer Frevel vonseiten der preußischen Machthaber den Krieg so lange fortzuführen und eine Nation bis in ihren inneren Lebensnerv zu erdrücken suchen; ich finde dies geradezu verbrecherisch. Der Grund, dass Deutschland gezwungen ist, seine bedrohten Grenzen gegen den Feind zu verteidigen, ist längst nicht mehr stichhaltig.“[35]

32 Wider Kaiser und Reich 1871. Reden der verfassungstreuen Patrioten in den bayer. Kammern über die Versailler Verträge. Mit Einführung, Anmerkungen, Nachwort und Register von Elmar Roeder, München 1947, S. 304, Anm. 124.

33 Georg Freiherr von Werthern (1816 Beichlingen/Thür. – Beichlingen 1895), nach Jurastudium in Bonn und Berlin im preuß. Justizdienst tätig. Als Diplomat in verschiedenen Staaten wurde er von 1867 bis 1895 preuß. Gesandter in München, wo er sich um die Annäherung Bayerns an die Politik Bismarcks bemühte.

34 Hartmann, Peter Claus, Bayerns Weg in die Gegenwart. Vom Stammesherzogtum zum Freistaat heute, Regensburg 1989, S. 429.

35 Botzenhart a. a. O. S. 183.

Zwei Monate später, am 24. März, teilte er Sibylle von Leonrod mit: „Viel fürchte ich von dem Einflusse der nun bald zurückkehrenden Truppen, die jene verdammten preußenfreundlichen, deutschschwindlerischen Ideen im ohnehin schon angesteckten Volke noch mehr verbreiten werden."[36]

Um seine absolutistischen Herrschaftsvorstellungen in die Tat umzusetzen, wollte Ludwig sogar einen Geheimbund mit dem Namen „Coalition" ins Leben rufen, dessen Aufgabe es sein sollte, in Bayern das absolute Regierungssystem wieder herzustellen. Die Verfassung sollte aufgehoben, die Landesvertretung abgeschafft werden.[37] Seinem mit dieser Angelegenheit betrauten – leider unzuverlässigen Mann – Johann Krahl schreibt er am 15. August 1871: „ [...] Sorgen Sie umgehend dafür, dass tüchtige, gutgesinnte Leute gefunden werden, welche beständig Artikel schreiben, die im Sinne des Königtums und Bayerns gedacht sind. Die von Preußen aus gezahlten Redakteure und Korrespondenten, auch die im demokratischen wie ultramontanen Sinn schreiben, müssen durch Drohbriefe eingeschüchtert werden! Es ist keine Zeit zu verlieren, wenn nicht alles dahinstürzen und auf immer verloren gehen soll. Es muss, es muss dieser verhassten deutsch-nationalen Richtung Einhalt geboten werden, das rollende Rad muss zum Stehen gebracht und wieder zurück in die einzig richtige Bahn im bayerisch-monarchischen Sinne gelenkt werden!"[38] Am 5. Oktober richtete er erneut einen Brief an Krahl folgenden Inhalts: „ [...] Wir müssen von dem unseligen Reiche uns loslösen, soll nicht alles verloren gehen! Was hilft mir Militär- und Civilcoalition, wenn meine Pläne, die nicht einer Laune oder Zufall, sondern eine innere zwingende Notwendigkeit mir eingeben, in nichts gefördert werden?"[39] Seiner Tante Amalie, der früheren Königin von Griechenland gegenüber äußerte sich König Ludwig II. am 6. August 1874 wie folgt: „Der preußische Kronprinz wolle Bayern, je eher je lieber, ganz an sich reißen und aus dem Reiche einen kompletten Einheitsstaat machen." Tatsächlich vertrat Kronprinz Friedrich von Preußen die Meinung, dass da, wo ein Kaiser sei, keine Könige, sondern höchstens Kurfürsten oder Großherzöge regieren dürften.[40]

Der von ihm sehr verehrten russischen Zarin Maria Alexandrowa schrieb Ludwig am 12. August 1874: „Wenn Du die Güte hast, Dich auf Augenblicke in meine Lage zu versetzen, so wirst Du es begreiflich finden, dass ich mich in politischer Hinsicht sehr unglücklich fühle, dass ich mit der aufgedrungenen Gestaltung der Dinge in Deutschland ganz und gar nicht einverstanden bin, und als Souverain es nicht sein kann."[41]

Als Ludwig erkennen musste, dass alle seine Bemühungen um die Wiedererlangung der Souveränität Bayerns und seiner königlichen Rechte vergeblich waren, zog er sich 1879 verbittert von der Politik und der Öffentlichkeit zurück. Er floh in

36 Botzenhart a. a. O. S. 56.
37 Botzenhart a. a. O. S. 50f.
38 Botzenhart a. a. O. S. 208.
39 Botzenhart a. a. O. S. 209f.
40 Botzenhart a. a. O. S. 89.
41 Ebd.

die Einsamkeit der Berge, in die Märchenwelt seiner Schlösser und in den Zauber der wagnerischen Musik. Er überließ das politische Feld leider den liberalen Ministern, die in ihrer Fortschrittlichkeit meinten, durch möglichst enge Anlehnung an Preußen und die Bekämpfung des in Bayern weitverbreiteten Ultramontanismus sich beweisen zu müssen.

Kein Wittelsbacher vor ihm verlor so viele Souveränitätsrechte wie er, weshalb er die ihm zugedachte Rolle als Vasall Preußens als herabwürdigend empfand. Sensibel wie er war, betrachtete er die für Bayern erniedrigende Lage als größte Katastrophe seines Lebens. Der Monarch bekannte: „Ich habe seit dem Abschluss jener unseligen [Versailler] Verträge von 1870/71 selten frohe Stunden, bin traurig und verstimmt, was bei allem, was ich durch die politischen Vorkommnisse zu dulden und zu leiden habe, nicht anders sein kann." Dazu kam, dass er entgegen den Tatsachen von deutschnationalen Medien „als der deutschgesinnte König Ludwig der Deutsche" bezeichnet wurde, was ihn völlig entsetzte. Er sah sich zum Schattenkönig degradiert.

Das bayerische Nationalgefühl und der bayerische Vaterlandsgedanke wurden im Lauf der Zeit durch einen kleindeutschen Pseudonationalismus bewusst verdrängt. Der Geschichtsunterricht in den Schulen, ausgehend von Heinrich von Sybel[42] und Friedrich W. Giesebrecht[43], zeitigte durch deren kleindeutsche und propreußische Haltung in ihren Vorlesungen an der Münchner Universität viele faule Früchte. Man sprach und schrieb fürderhin nicht mehr vom bayerischen, sondern nur mehr vom deutschen Vaterland. Als großer Förderer dieser Richtung erwies sich neben seiner Kultusministerfunktion der seit März 1880 zum Vorsitzenden im Ministerrat und 1883 in den Freiherrnstand erhobene Johann Lutz. Sein übersteigerter Ehrgeiz und seine Rücksichtslosigkeit im Streben nach seinem Vorteil, mit denen er zur Förderung seiner Karriere zu Werke ging, verdunkeln sein Bild beträchtlich, abgesehen von seiner antikirchlichen Haltung. Der Gipfel seiner Falschheit wird darin deutlich, dass er sich schon 1872 mit dem preußischen Gesandten von Werthern über die mögliche Einsetzung einer Regentschaft für Ludwig II. unterhalten hat. Alle Minister, so sagte er, würden besorgt den Moment erwarten, „wo es nicht mehr möglich ist, die Extravaganzen des Königs zu verheimlichen". Dies teilte Werthern am 12. November 1872 Bismarck mit.[44]

Da 1874 die Regierung Lutz nur mehr ein sehr eingeschränktes Vertrauen beim

42 Heinrich von Sybel (1817 Düsseldorf – Marburg 1895), Schüler Rankes. 1844 Prof. in Bonn als Historiker, dann in Marburg und schließlich ab 1856 in München. Ab 1861 wieder in Bonn; ab 1875 Direktor der preuß. Staatsarchive und Mitglied des preuß. Abgeordnetenhauses. Er war ein entschiedener kleindeutscher, deutschnationaler Preuße.

43 Friedrich Wilhelm Giesebrecht (1814 Berlin – München 1889), Schüler Rankes, Historiker, als Professor in München seit 1852 tätig. Er trug die kleindeutsche Richtung in Bayern mit und beeinflusste stark die deutschnationalen Bestrebungen.

44 Botzenhart a. a. O. S. 81.

König besaß, kursierte im Oktober das Gerücht, der König wolle sich den Ultramontanen, also der Patriotenpartei zuwenden. 1875 aber kam als weiteres Motiv für die Unzufriedenheit Ludwigs mit seiner Regierung sein Unbehagen über die Entwicklung der kirchlichen Frage ins Spiel. Es kam am 22. April 1874 bzw. am 30. Januar 1875 zu Gesprächen mit den Nuntien Francesco Meglia (1866–1874 in München) und Angelo Bianchi (1874–1877 in München), in deren Verlauf der König in größter Offenheit seine Abneigung gegen Preußen und seine Kritik an den Kulturmaßnahmen geäußert hatte.[45]

Ludwigs Rückzug aus dem politischen Alltag haben seine liberalen preußenfreundlichen Minister mit Genugtuung registriert, konnten sie doch dadurch ihre Position stärken. Doch durch seine Distanz zu den staatstragenden Kräften und selbst zu seiner Familie verlor er nach und nach jeglichen Rückhalt. Er stand bereits 1884 völlig allein und sein Sturz war nur noch eine Frage der Zeit. Unübersehbar vertiefte sich inzwischen die Vertrauenskrise zwischen dem König und seinen Ministern. Ab Januar 1886 wurde wegen der hohen Schulden Ludwigs vom Ministerium Lutz seine Absetzung, also Amtsenthebung und Internierung, betrieben. Der Staatsstreich, von Lutz vorbereitet, sah ein medizinisches Gutachten vor, das von ihm in Auftrag gegeben wurde und dem König eine Geisteskrankheit bescheinigen sollte. Der wahre Grund war aber, dass die Minister ihre Absetzung befürchten mussten, weil Ludwig deren Politik nicht mehr deckte. Am 20. Mai 1886 meldete die „Wiener Allgemeine Zeitung", dass der Plan einer Regentschaft des Prinzen Luitpold[46], dem Oheim des Monarchen, am vorvorigen Abend als reif zur Ausführung erklärt worden sei. Ludwig hatte selbst – er hielt sich im Schloss Neuschwanstein auf – von dem Vorgehen keine Ahnung. Das Gutachten stützte sich allein auf anzweifelbare Aussagen einzelner Hofbeamter und Bediensteter aus der Umgebung des Königs sowie auf einige schriftliche Äußerungen seinerseits. Eine ärztliche Untersuchung erfolgte niemals. Ab 1. Juni machten die ministeriellen Medien gegen Ludwig Stimmung. Mit immer deutlicher werdenden Hinweisen, der König sei nicht mehr zurechnungsfähig, wurde die Öffentlichkeit auf die bevorstehende Entmündigung vorbereitet.

Auf den tragischen Tod des im Volk so beliebten Königs im Starnberger See am 13. Juni 1886 soll hier nicht näher eingegangen werden; die Umstände, durch die er nach einem Spaziergang mit Dr. Bernhard von Gudden[47] sterben musste, sind hinlänglich bekannt. Der Psychiater Dr. Gudden, der mit Lutz befreundet war, hatte in

45 Botzenhart a. a. O. S. 89.

46 Prinzregent Luitpold von Bayern (1821 Würzburg – München 1912) unternahm nach militärischer Ausbildung Bildungsreisen in den Vorderen Orient und nach Afrika. Er trug zur Überwindung des bayer. Partikularismus bei und überließ die Politik vorwiegend seinen Ministern. Die Auseinandersetzungen zwischen Staat und Kirche hat er bereinigt. Trotz einer gewissen freisinnigen Einstellung war er ein praktizierender Katholik.

47 Johann Bernhard Aloys v. Gudden (1824 Kleve/Westf. – bei Schloss Berg 1886), nach medizinischem Studium in Bonn, Halle und Berlin 1849

dessen Auftrag ein anfechtbares Gutachten über den Gesundheitszustand Ludwigs erarbeitet, ohne diesen jemals untersucht zu haben. Am Todesort Schloss Berg versammeln sich nach wie vor am Sterbetag viele Verehrer Ludwigs.

Der Heimgang des Königs zu Gott steht aber vermutlich in Zusammenhang mit der Tatsache, dass er sich endlich durchgerungen hatte, seine liberalen Minister mit Persönlichkeiten aus der katholischen Patriotenpartei auszutauschen. Interessant ist in diesem Zusammenhang, dass Lutz am 14. Juni, Pfingstmontag, alle Beteiligten an der Bergung der Leiche nach München kommen ließ und sie auf Kreuz und Bibel schwören ließ, niemals, auch nicht zum Priester am Totenbett, über das Geschehen am 13. Juni 1886 etwas auszusagen. Inzwischen gibt es bereits 12 Theorien über den Tod des Königs, der bis heute nicht geklärt werden konnte.

Es ist bezeichnend für Lutz, den Hauptakteur bei der Absetzung Ludwigs II., dass er das Gerücht verbreitet hat, der König habe sich für eine noble Rentenzahlung durch Bismarck aus dem geraubten Welfenfond den „Kaiserbrief" von 1871 abkaufen lassen. Er bezeichnete es als eine „großartige Schmiererei".[48] Erst später konnte dieses infame Gerücht durch Historiker aus der Welt geschafft werden.

Nach dem Tod König Ludwigs II. wurde formal sein jüngerer Bruder Otto[49] König von Bayern. Da er aber wegen geistiger Umnachtung nicht regierungsfähig war, übernahm Prinz Luitpold die Regentschaft. Nach anfänglichen Schwierigkeiten gelang es dem leutseligen Mann, eine immer größere Popularität zu erringen. Die Jahre seiner Regentschaft hatten Bayern zwar noch eine Blüte des kulturellen und wirtschaftlichen Lebens gebracht, doch waren in breiten Kreisen der Bevölkerung des Landes die Zweifel an der Richtigkeit der Entscheidung vom Januar 1871 und das Unbehagen vor einer zunehmend zentralistischen Zukunft, die nicht mehr von Bayerns Interessen bestimmt wurde, immer stärker gewachsen.[50]

Alle diese Ereignisse, die in die früheste Kindheit und Jugend Anna Schäffers fielen, dürfte die Selige weitgehend nicht bewusst mitbekommen oder gar belastet haben. Sie war ja noch ein Kind, das im stillen Dorf Mindelstetten mit dem aktuellen Geschehen kaum in Berührung kam. Aber vielleicht hat sie intuitiv den Kampf

Arzt an der „Irrenanstalt" Siegburg, 1855 Direktor der „Irrenanstalt" Werneck bei Würzburg und deren Umbau zur modernsten Anstalt Deutschlands. 1869 Prof. für Psychiatrie an der Universi-tät Zürich und Leiter der Anstalt Burghölzli. 1873 Prof. an der Universität München und Direktor der „Irrenanstalt" Gabersee.

48 Botzenhart a. a. O. S. 194.

49 König Otto I. von Bayern (1848 München – Fürstenried bei München 1916). Bereits in den 1860er Jahren sollen sich Symptome geistiger Umnachtung gezeigt haben. Nach anderer Meinung sind diese erst nach 1871 infolge seiner Erschütterung über den Verlust der bayerischen Souveränität eingetreten. Nach dem Heimgang seines Bruders König Ludwig II. wurde er nominell Nachfolger. Da er aber infolge seines Leidens zunächst im Gewahrsam in Schloss Nymphenburg und dann in strenger Klausur im Schloss Fürstenried leben musste, leitete sein Onkel Prinz Luitpold die Regentschaft. – Schweiggert, Alfons, Schattenkönig. Otto, der Bruder König Ludwig II. von Bayern. Ein Lebensbild, München 1992.

50 Roeder a. a. O. S. 285.

gegen die Kirche und deren Gegenwehr und ebenso den Schmerz der Erwachsenen über den Verlust der bayerischen Souveränität empfunden.

In einer Zeit, in der der Liberalismus und in dessen Gefolge der Sozialismus die christlichen Wurzeln des Abendlandes auszulöschen und den Menschen den Glauben an Gott aus dem Herzen zu reißen drohte, wie es besonders im 19. Jahrhundert der Fall war, ist es nicht verwunderlich, dass Gott in seiner unendlichen Liebe Menschen zu Sühneseelen beruft, wie es zu allen Krisenzeiten der Geschichte der Katholischen Kirche zu beobachten ist. In jeder Zeit, in der Sünde durch menschliche Bosheit offenbar wird, muss das wahrhaft Gute ans Licht gerückt werden!

4. Der Unglücksfall und dessen Folgen

Der polnische Philosoph Leszek Kolakowski hat in den siebziger Jahren den Friedenspreis des Deutschen Buchhandels erhalten. In seiner Dankrede sprach er davon, dass man in unseren Breiten eine „panische Flucht vor dem Leiden“ beobachten könne. Die Menschen sind leidscheu geworden und haben sich ein raffiniertes Abwehrsystem zurechtgebastelt. Menschlich ist das verständlich. Gerade das 20. Jahrhundert hat so viel brutales Hinschlachten von Männern, Frauen und Kindern erlebt, dass die Überlebenden versuchen, möglichst wenig Leid an sich heranzulassen. Und was die menschliche Neugier zum Nervenkitzel täglich an Schreckensbildern aus aller Welt in den Medien sieht und hört, stumpft eher ab, als dass es Mitleid erregt, erzeugt eher Ohnmacht als Hilfsbereitschaft und Mitleid.

Ein Übriges erzeugt dann die Werbung, die so tut, als würde es nur glückliche, fröhliche, gesunde und vitale Menschen, strahlende Mädchen und robuste, sportliche Burschen geben. Ewige Jugend wird täglich vorgegaukelt. Selbstverwirklichung, ungehinderte Entfaltung der Person, Steigerung des Lebensgefühls stehen hoch in Kurs. Wer dabei zu kurz kommt, wird nicht weiter beachtet.

Auch den Tod verdrängt der heutige Mensch weitgehend. Wie selten hat man heute noch Gelegenheit, das Antlitz eines Verstorbenen zu sehen! Kaum hat ein Mensch die Augen für diese Welt geschlossen, schließt sich über seinem Leichnam der Sargdeckel. Man will die Toten so in Erinnerung behalten, wie sie gelebt haben. Das Totenantlitz wird gemieden, weil man auch an den eigenen Tod, an die Vergänglichkeit des irdischen Lebens nicht erinnert sein will. Dabei könnte das tote Antlitz eines geliebten Menschen so Wichtiges sagen, so viel Trost und Frieden schenken. Nur selten hat man heute noch den Blick dafür bewahrt. Nicht einmal der Atheismus in den östlichen Ländern hat versucht, in die uralten und heiligen Riten der Bestattung einzugreifen. Tod und Erschütterung werden hingenommen und verarbeitet, nicht verdrängt.

Der Westen hat ein System der Abwehr geschaffen und den Blick sehr eingeengt. Und was das Schlimmste ist, der Mensch hat weithin den Glauben an den Wert des Leidens verloren.

Der französische Dichter Paul Claudel hat einmal geschrieben: „Gott ist nicht gekommen, das Leid zu beseitigen, er ist nicht gekommen, es zu erklären, sondern er ist gekommen, es mit seiner Gegenwart zu erfüllen.“ Freilich fällt es auch dem Christen nicht leicht zu begreifen, dass vielfache körperliche und seelische Leiden unser Leben begleiten. Christus, der Herr, hat die Leiden nicht beseitigt, er hat sie tapfer auf sich genommen und seinen Aposteln erklärt, der Menschensohn müsse leiden. So hat das Leid einen tiefen Sinn bekommen. Im Lukasevangelium ist zu lesen: „Zu allen sagte er: Wer mein Jünger sein will, der verleugne sich selbst, nehme täglich sein Kreuz auf sich und folge mir nach. Denn wer sein Leben retten will, wird es verlieren; wer aber sein Leben um meinetwillen verliert, der wird es retten." (Lk 9,23–24.) Die Jünger des Herrn haben diese Lehre begriffen, gelebt und weitergegeben. An die römischen Christen schrieb der hl. Paulus: „Was kann uns scheiden von der Liebe Christi? Bedrängnis oder Not, oder Verfolgung, Hunger oder Kälte, Gefahr oder Schwert? [...] All das überwinden wir durch den, der uns geliebt hat. Denn ich bin gewiss: weder Tod noch Leben [...] können uns scheiden von der Liebe Gottes, die in Christus Jesus ist, unserem Herrn." (Röm. 8,35, 37–39.)

Im Hebräerbrief heißt es: „Lasst uns mit Ausdauer in dem Wettkampf laufen, der uns aufgetragen ist, und dabei auf Jesus blicken, dem Urheber und Vollender des Glaubens; er hat angesichts der vor Ihm liegenden Freude das Kreuz auf sich genommen, ohne auf die Schande zu achten, und sich zur Rechten von Gottes Thron gesetzt." (Hebr. 12,1.) „Lasst uns also zu Ihm vor das Lager hinausziehen und seine Schmach auf uns nehmen" (Hebr. 13,13), seine Schmach mit Ihm teilen.

Kann man es noch deutlicher sagen, dass Leiden und Schmerzen zur Nachfolge Christi gehören? So hat der Christ seinen Anteil an Leiden und Schmerzen auf sich zu nehmen und zu versuchen, ihn um Jesu willen zu lieben. Es ist eine Tatsache, wer sich an Christus hält, der wird auch heute noch das Erdulden der Leiden in diesem irdischen Jammertal als Begnadigung, als Wegweisung begreifen, vor allem diejenigen, die sich als Diener und Dienerinnen dem König der Schmerzen anbieten.

Was für den einzelnen Christen gilt, das gilt erst recht für unsere heilige Kirche. Von ihr, sagte Kardinal Newman[1] einmal in einer Predigt: „Doch während sie ihren Boden behauptet, leidet sie immer [...,] sie hat den guten Kampf zu kämpfen; sie kämpft und leidet um so mehr, je mutiger sie auftritt; und wenn sie nicht leidet, kommt es daher, dass sie schläft. Ihre Lehren und Vorschriften können für die Welt nie schmackhaft sein; und wenn die Welt sie nicht verfolgt, liegt es daran, dass sie nicht predigt."[2]

Wie wahr sind diese Worte auch heute! Welch schweren Kampf muss die Kirche auch heute führen gegen die Freizügigkeit in der Auslegung der Gebote Gottes! Seine Gebote werden vielfach verachtet und mit Füßen getreten. Von allen Seiten stürmt die Versuchung auf den Menschen ein, gefördert von gewissen Medien: Ein Ehebruch ist ein Kavaliersdelikt, die Abtreibung eine Bagatelle, Diebstahl eine Kleinigkeit, die Lüge wird als „Notlüge" deklariert. Das Abendland hat gerade im 20. Jahrhundert die Erfahrung von furchtbarem Leid und entsetzlichen Verlusten

1 John Henry Newman, seit 1879 Kardinal (1801 London – Birmingham 1890), einer der bedeutendsten englischen Theologen des 19. Jhs. – LThK2 VII, 932–936 – Härle, Wilfried/Wagner, Harald (Hrsg.), Theologenlexikon. Von den Kirchenvätern bis zur Gegenwart, München 1987, S. 171–173.

2 Newman, John Henry, Predigten. Gesamtausgabe, 10 Bde., Stuttgart 1950–1961, S. 335.

gemacht, weil man in der Zeit der Französischen Revolution angefangen hat, die Gebote Gottes außer Kraft zu setzen und im heute so gepriesenen Fortschritt die Lösung aller Schwierigkeiten zu suchen. Wie viel Leid hätten sich die Menschen ersparen können, wenn sie sich daran gehalten hätten – denkt man nur an die beiden schrecklichen Weltkriege: Du sollst nicht töten! Du sollst deinen Nächsten lieben wie dich selbst! Diese Ereignisse waren freilich nicht gottgewollt, sondern allein Folge menschlicher atheistischer Hybris.

Leiden und Schmerzen des Einzelnen stellen den Menschen nicht nur vor die Frage nach Gott, sondern rufen auch zur Besinnung auf das Menschsein auf. Bischof Georg Moser von Rottenburg[3] hat in einem seiner Bücher geschrieben: „Die Krankheit lässt sich mit einem Schlüssel vergleichen, der uns sonst verriegelte Tore öffnen kann. Sie erschließt Bereiche unseres Daseins, in denen wir mehr als anderswo zur Tiefe unseres Lebens gelangen."[4]

Durch die besondere Begnadigung Gottes hat Anna Schäffer, als Werkzeug des Herrn, durch ihr Leben, Leiden und Sterben sich als Wegweiserin zu Gott und zum ewigen Leben bewährt. Sie hat ihre unsagbaren Schmerzen in der vollkommenen Vereinigung mit dem gekreuzigten Christus durchlitten und zum Ausdruck ihrer totalen willentlichen Hingabe an den Willen Gottes gemacht. „Ich will Dir Sühne leisten und wenn Du willst, mein Jesus, so lass mich ein Sühnopfer werden für alle Unehre und Beleidigungen, welche wider Dich begangen werden!" So hat sie schon bei ihrer Ersten Hl. Kommunion gebetet. Gott hat ihr Angebot angenommen und sie beim Namen gerufen. Die Leidgeprüfte hat in ihren Briefen andere getröstet. Und die zu ihr kamen, gingen dankbar, froh und getröstet von ihr weg. Sie alle spürten die österliche Kraft, die von ihr ausgegangen ist. Im Mitleiden mit Christus wurde sie schließlich selbst vollendet in der Gnade des Heiligen Geistes und konnte so wiederum das Leben anderer Menschen erhellen.[5] Sie konnte deshalb trösten, weil sie die Schmerzen und deren heilenden Segen erkannt hat. Die Menschen wandten sich an sie – und sie tun es immer noch und immer zahlreicher –, weil sie wussten, dass diese Frau „in Gottes Schule und Erziehung" stand „für das Werk des Trostes" an ihren Brüdern und Schwestern. „Wer lange unter der Zuchtrute Gottes gewesen ist, wird Gottes Eigentum. Er trägt Stigmata an seinem Leib und ist besprengt mit Blutstropfen, die mehr wert sind als alles, was die Natur zu geben hat."[6]

---

3 Dr. Georg Moser, Bischof von Rottenburg-Stuttgart 1975–1988 (1923 Leutkirch/Allgäu – Rottenburg 1988). Er zählt zu den deutschen Bischöfen, die im Sinne des II. Vaticanums einen Aufbruch angestrebt haben, der aber weniger durch Reformen als durch seine geistlichen Schriften nachwirkt. – Gatz, Erwin (Hrsg.), Die Bischöfe der deutschsprachigen Länder 1945–2001, Berlin 2002, S. 473–475.

4 Moser, Georg, Was die Welt verändert, Freiburg i. Br. 1980, S. 25.

5 BKR III. Abt. CAS K. 12: Gebete und Gedichte (Sign. A III) im Taschenkalender von 1914, ohne Titel und Widmung.

6 Newman a. a. O. S. 346.

Wann aber hat die „Zuchtrute Gottes", um mit Kardinal Newman zu sprechen, im Falle Anna Schäffers ihren Anfang genommen, wo und wie ist der Unfall gewesen? Diese wesentlichen Fragen sind zu beantworten.

Dank der Niederschriften von drei Zeitzeugen, nämlich Kathi Veit, der Schwester der Seligen, dem Seelenführer Pfarrer Karl Rieger und Rosa Imlauer, einer Nichte Riegers, die die Verunglückte in den letzten drei Jahren ihres Lebens gepflegt hat, ist der Hergang des Unglücksfalles zu rekonstruieren. Dazu kommen noch Aussagen von Zeugen, die vom Hörensagen im Informativprozess der Causa wichtige Hinweise gegeben haben.

Das Unglück ereignete sich am 4. Februar des Jahres 1901 in Stammham, wo Anna als Dienstmädchen beim Forstmeisterehepaar Geheimrat von Kirschbaum beschäftigt war. Der 5. Februar war als Waschtag für die Familie und die Bediensteten anberaumt. Die Vorarbeiten dazu wurden wie üblich am Vortag durchgeführt. Ein kalter Februar hatte Eis und Schnee gebracht, was die Arbeit nicht erleichterte. Anna hatte eine Mitwäscherin, nämlich Walburga Kreuzer verheiratete Ampferl, wohnhaft in Westerhofen Nr. 2 (heute Dorfstr. 12) bei Ingolstadt.[7]

Im gemauerten Waschhaus unweit des Forsthauses wurde zunächst der Ofen eingeheizt und Wasser für den Waschkessel herbeigeschafft. Die beiden Mädchen dürften sich, so ist anzunehmen, die Arbeit geteilt haben. Um die Wäsche einweichen zu können, hatte Anna vom etwa 20 Meter entfernten Brunnen Wasser herbeigeschleppt, während Walburga auf einem Tisch neben der Türe die Wäsche ordnete. Da löste sich nach einiger Zeit das Ofenrohr aus der Kaminöffnung. Sogleich stieg Anna als die Jüngere auf die circa 92 cm hohe, aber schmale Kesselummauerung, um das Rohr zu befestigen. Der Holzdeckel des Kessels dürfte dabei etwas zur Seite verschoben worden sein, um den entstandenen Wasserdampf abzulassen. Infolge der nassen Holzschuhe, die etwas aufgetaut waren, verlor Anna das Gleichgewicht und rutschte in die kochende Lauge des 45 cm tiefen Kessels.

Ihre Mitwäscherin Walburga, die ihr den Rücken zugewendet hatte, hörte plötzlich einen markerschütternden Schrei, wandte sich um und sah Anna im brodelnden Waschzuber stehen. Entsetzt stürzte sie aus dem Waschhaus, laut um Hilfe rufend. Sie holte sodann den im Forsthaus wohnenden Kutscher Johann Dickel, der die arme Verunglückte aus dem Kessel heraushob.

Die Füße Annas waren bis an die Knie verbrüht, Körper und Arme durch den heißen Dampf mit zahlreichen Brandblasen bedeckt. In der Aufregung schütteten nun die durch die Hilferufe herbeigeeilten Bediensteten ihr noch ein Schaff kalten Wassers über die Füße. Dann wickelte man die sichtbaren Wunden Annas eilends in Leinwandstreifen, die mit Salatöl getränkt waren. Dann brachte man die Verletzte mit einem Pferdefuhrwerk ins sieben Kilometer entfernte Krankenhaus in

7 BKR III. Abt. CAS K. 6: Processus Informativus Sessio XVI, Zeuge Johann A. Jg. 1905.

Kösching. Als man sie dort hineintrug, fast um Mitternacht, „schleiften verbrannte Fleischfetzen am Boden nach.“[8] Der dortige Arzt bemühte sich redlich, die Brandblasen aufzustechen und arbeitete mit einem Messer an den Füßen der Verunglückten.

Ob sich wohl Anna in dieser Schreckensnacht an die Vision erinnerte, die sie in Landshut erlebt hatte und in der ihr schweres Leid noch vor ihrem 20. Geburtstag prophezeit wurde? Wir wissen es nicht!

Anna wurde im Köschinger Krankenhaus von den Schwestern, Ordensfrauen, bestens betreut und blieb mit ihnen auch später in herzlichem Kontakt. Im Lauf der Zeit begann das Fleisch an den Füßen zu faulen, so dass der Arzt am 19. März 1901, am Josephitag, zu einer neuen Operation schreiten musste. Von den Knöcheln bis zu den Knien schnitt er das Fleisch weg. Da Anna nicht chloroformiert wurde, sondern nur eine Dosis Morphium erhalten hatte, war sie nur wenig betäubt und schrie in furchtbaren Schmerzen.

Allmählich gesellte sich ein schweres Magenleiden dazu, ein Geschwür, das der Arzt nicht erkannte. Eines Tages erwartete man von Minute zu Minute den Tod Annas. Der Pfarrer und der Kooperator von Kösching standen an ihrem Marterbett. Da plötzlich entleerte sich das Magengeschwür durch den Mund und langsam erholte sich das Mädchen. Gott wollte sie noch nicht zu sich nehmen, da sie nach seinem Willen ja noch eine große Aufgabe im irdischen Jammertal zu erfüllen hatte. Es war erst der Anfang einer langen Leidenszeit.

Inzwischen waren die Tage abgelaufen, für die die Invalidenversicherung bezahlte. Nun sollte ihre arme Mutter die Kosten der Krankenhausbehandlung tragen. Da diese dazu nicht imstande war, wurde sie ins elterliche Haus in Mindelstetten zurückgebracht. Hier behandelte sie der Pförringer Arzt Dr. Willibald Wäldin, ein Protestant, mit großer Hingabe und meist um Gottes Lohn. Er probierte es zunächst mit trockener Wundbehandlung, bis schließlich Eiter am Bett herablief. Nach einen Monat hatten sich an beiden Füßen große Blutblasen gebildet. Nun versuchte er es mit Verbänden, die er jeden zweiten Tag mit den anklebenden Blutkrusten abreißen musste. Auch essigsaure Tonerde und Salben halfen nichts. So ging es ein Vierteljahr weiter, ohne wesentliche Änderung oder gar Heilung.

Bald nahm sich die Invalidenanstalt wieder des armen Mädchens an. Es begann ihr Martyrium im Universitätskrankenhaus in Erlangen, wo erst recht alles versucht wurde sie zu heilen. Mehrmals wurden ihr die Füße, Vorderfuß und Zehen gebrochen; ein Gipsverband wurde angelegt. Man fragt sich heute, was hatte diese Behandlung für einen Sinn? Darunter faulten die Füße von neuem. Der Assistenzarzt,

8 BKR III. Abt. CAS K. 2: Ritter, Emmeram H., Ratisbonensis Positiones et Articuli in Causa Beatificationis et Canonisationis Servae Dei Annae Schäffer de Mindelstetten. Mschr. Nr. 33–37 – Zoller, Konrad, Leben und Leiden der Jungfrau Anna Schäffer von Mindelstetten. Eine Wallfahrt, Regensburg [2]1982, S. 40.

der den Gipsverband nach einiger Zeit absägen sollte, ein Anfänger, sägte in den Fuß hinein, so dass eine neue Wunde entstand. Später hat Anna gedacht und geschrieben: „Wenn ich gekonnt hätte, ich wäre von Erlangen auf allen Vieren nach Hause gekrochen."[9] Aus diesem Satz allein ist zu ermessen, was Anna, ein Landkind, nun in einer völlig fremden Umgebung in einem großen Krankenhaus in einer bisher unbekannten Stadt, vermutlich in einem Saal zusammen mit zahlreichen anderen Kranken, gelitten haben mag.

Endlich brachte eine Salbe etwas Erleichterung und sie bekam einen Zinkleimverband. Nach anderthalb Jahren war sie so weit hergestellt, dass sie mühsam humpelnd wieder gehen konnte und nach Hause entlassen wurde. Sogleich wurde sie von ihrer Dienstherrschaft in Stammham eingeladen, zu kommen, aber nicht zur Arbeit, sondern zur Erholung durch Ruhe und bessere Verpflegung im Forsthaus.[10]

Doch lange hielt es Anna als müßige Kostgeherin nicht aus. Sie wollte arbeiten, sich dankbar erweisen. Bald hatte sie Gelegenheit dazu, weil die Köchin des Hauses ihren Dienst aufgesagt hatte. Sie trug immer noch den Zinkleimverband, der ihr in Erlangen angelegt wurde. Als sie eines Tages einen Eimer Wasser über die Stiege hinaufschleppte, wurde durch den Verband Eiter sichtbar. Damit endete ihr letzter Versuch, mit zusammengebissenen Zähnen den gewöhnlichen Weg eines materiell bettelarmen Mädchens zu gehen. Der Versuch war gescheitert.

Wieder daheim in Mindelstetten wurde sie endgültig ein Pflegefall. Sie musste nun dauernd liegen und wurde von ihrer Mutter aufopfernd gepflegt. Dr. Wäldin übernahm die medizinische Betreuung und fing seine Kuren wieder an. Abermals, wie vor Erlangen, musste er mit dem Messer hantieren: Ausschneiden des faulen Fleisches, Abschabung der Knochen, Hautübertragungen von ihrem eigenen Körper, aus den Armen ihres Bruders Michael und ihrer Schwester Kathi. Mit Salben, essigsaurer Tonerde, Höllenstein und Alaun behandelte er das bedauernswerte Mädchen mit viel Geduld. In zwei Jahren musste Anna dreißig Operationen bei schwacher Narkose über sich ergehen lassen. Schließlich verband der Arzt die Füße mit Xeroformgaze, die jeden fünften Tag erneuert werden musste, zweiundzwanzig Jahre lang, das letzte Mal an ihrem Sterbetag. Sie sagte oft: „Wenn die Gaze auf das offene Fleisch kommt, brennt es drei Tage lang wie Pfeffer und darnach fängt schon wieder der Eiter zu brennen an."[11]

Ein neuer Lebensabschnitt hatte nun für Anna begonnen. Es ist durchaus anzunehmen, dass sie sich, als ein ursprünglich gesundes, heiteres und sicher auch lebensfrohes Menschenkind zunächst gegen ihr Schicksal gesträubt hat. Nicht von heute auf morgen konnte sie sich in diese neue Lebensphase mit Leiden, Schmerz und Siechtum einfügen. Sie schrie zuweilen vor Schmerzen und Qualen und ver-

---

9 BKR III. Abt. CAS K. 2: Ritter a. a. O. Articuli Nr. 38.

10 BKR III. Abt. CAS K. 2: Ritter a. a. O. Articuli Nr. 40 und 41.

11 Zoller a. a. O. S. 43.

suchte, wie jeder junge Mensch, Heilung und Erleichterung zu finden. Erst langsam wuchs die Überzeugung, dass das Unheil, das ihr in Stammham durch den Sturz in den siedenden Kessel zugestoßen war, sich als ein unabwendbares Verhängnis zeigte, aber kein von einem toten, herzlosen Räderwerk bewirktes Zermalmen, sondern ein vom Gott der Güte und der Liebe vorgesehenes Geschehen, von Ihm geschickt oder zugelassen sei; Er, der Herr, wird ihr aber jene Hilfe angedeihen lassen, die zum Ertragen benötigt wurde. Gott gibt immer mehr, als er nimmt! Sie selbst schreibt in einem Brief vom 17. März 1920: „Bevor der liebe Gott seinen Dienern große Gnadenschätze mitteilt, schickt er ihnen viele Kreuze und Versuchungen, um sie auf solche Weise zu erproben, ob sie Seinen Kelch trinken und im Kreuztragen Ihm helfen können!“[12] Zu dieser Erkenntnis gelangte sie aber nicht erst 1920, sondern weitaus früher. Ihr war klar geworden, dass Gott etwas anderes mit ihr vorhatte, dass es Sein Wille gewesen ist, sich unter dieses schwere Joch zu fügen. So ging sie an der Seite Jesu den Weg der Reife und der Läuterung.

Andere Variationen über den Hergang des Unglücksfalles

Was den Hergang des Unglücksfalles anbelangt, so gibt es über die Niederschriften der Zeitzeugen hinaus, die selbstverständlich die wichtigsten Quellen sind, auch Zeugenaussagen, die sich jedoch nur auf das Hörensagen von anderen Menschen berufen können, die aber auch von einiger Bedeutung sind.

So weiß zum Beispiel der bekannte priesterliche Schriftsteller, Konrad Zoller, in seinem großartigen Buch „Leben und Leiden der Jungfrau Anna Schäffer von Mindelstetten. Eine Wallfahrt“ folgendes zu berichten: Es wurde ihm mündlich erzählt, die Ursache des „Unglücks“ in Stammham sei anders gewesen, als es in den Lebensbeschreibungen zu lesen ist. Darnach sei Anna auf den Mauervorsprung neben dem Waschkessel gestiegen, nicht um eine Reparatur vorzunehmen, sondern weil es sie in den Füßen gefroren hat. Sie stand nämlich barfuss in den Holzschuhen auf dem kalten Steinboden. Strümpfe habe sie nur für den Sonntag gehabt.[13]

In einer anderen Version des Unglücksfalles wird ein Fremdverschulden nicht ausgeschlossen. In einer „Beglaubigung“ des Pfarramtes Kösching, ausgestellt von Pfarrer Dr. Johann Markstaller[14] am 23. August 1932, ist zu lesen: „Es erscheint Frau

12 BKR III. Abt. CAS K. 10: 17.03.1920 Mindelstetten: AS an Kathi Plendl, Pilsting/Nby. – Lama a. a. O. S. 18 – Ritter a. a. O. S. 226.

13 Zoller a. a. O. S. 48.

14 BKR III. Abt. CAS K. 7 : Proc. Inf. a. a. O. Sessio XVII: Zeugin Wally M., Beilage. – Gsch. d. Bistums Regensburg: Dr. Johannes Bapt. Markstaller, geb. 05.08.1875 in Stadtamhof; Pr.–W. 28.10.1901 in Rom; hier zum Dr. phil. promoviert; 1906 Kooperator in Oberviechtach; 07.1910 Expositus in Kollnburg; 02.1914 Expositus in Rosenberg; 12.1921 Pfarrer in Altenthann; 01.1929 Pfarrer in Kösching; 09.1937 Kommorant in Lengdorf im Bistum München-Freising; † 26.08.1939.

Anna Weiß, Austräglerin von Kösching, Haus Nr. 35 ¼, und erklärt: ‚Ich habe die Anna Kreuzer, verehelichte Ampferl in Westerhofen persönlich gekannt und habe von ihr oft und oft den Hergang des Vorgangs gehört. Weil die Anna Ampferl 1931 vom Auto getötet worden ist, so gebe ich den Vorgang zu Protokoll: Die Anna Kreuzer [...] hat die Anna Schäffer in einen Waschkessel hineingestoßen, der voll siedendes Wasser war. Die Anna Schäffer hatte am Ofenrohr etwas zu machen, und stand auf dem Ofen; da hat ihr die Anna Kreuzer im Scherz und Übermut einen Stoß gegeben. Dadurch rutschte die Anna Schäffer mit den beiden Füßen in den außerordentlich großen und tiefen Waschkessel des Forstmeisterhauses von Westerhofen und stand bis zur Mitte des Leibes noch so und so lange Zeit in dem siedenden Wasser, weil die Anna Kreuzer erst in ein Nachbarhaus zu Therese Huber lief, welche die Anna Schäffer erst aus dem siedenden Kessel herausgezogen hat. Weil Theres Huber und die Forstmeistersleute von Westerhofen auch schon verstorben sind, so bürge ich für die Tatsächlichkeit und Wahrheit des Unglücksfalles. Anna Kreuzer hat später die Dulderin Anna Schäffer oft um Verzeihung gebeten. Anna Weiß.‘“

Aus welchen Gründen auch immer Frau Weiß diese Aussagen gemacht hat, ist nicht bekannt. Tatsache ist aber, dass sie in keiner Weise den Tatsachen entspricht: Nach übereinstimmenden Zeugenaussagen im Informationsprozess[15] ist nicht das Forstamt in Westerhofen der Ort des Unfalls, sondern das in Stammham. Ebenso wenig stimmt der Vornamen von Frau Kreuzer; er lautet nicht „Anna“, sondern „Walburga“ und auch das Todesjahr 1931 ist laut Aussage des Sohnes und der Tochter von Frau Kreuzer falsch, denn sie verunglückte bereits 1929. Außerdem lebte die Gattin des Forstmeisters von Stammham 1932 noch und zwar in Memmingen. Im Übrigen haben die Zeitzeugen bestätigt, dass kein Fremdverschulden vorliegt. Ferner, nicht eine „Therese Huber“ – eine Familie Huber hat es damals in Stammham gar nicht gegeben –, sondern der Kutscher Johann Dickel hat die Verunglückte aus dem Kessel herausgehoben.

In diesem Zusammenhang müssen auch die Aussagen des Sohnes und der Tochter von Frau Walburga Ampferl, geb. Kreuzer, berücksichtigt werden. Übereinstimmend haben beide, getrennt vernommen und unter Eid, den Hergang des Unglücksfalles geschildert, so wie es ihnen ihre verstorbene Mutter berichtet hat. Eine Mitschuld in irgendeiner Weise haben sie überzeugend ausgeschlossen.

Der Zeuge Johann Ampferl war als Postbote tätig und kam in der Zeit von 1927 bis 1933 oft nach Mindelstetten, wo er sich zuweilen mit Pfarrer Rieger unterhalten hat. Auf den Unfall angesprochen sagte dieser, Anna sei auf den Waschkessel gestiegen, um das Rohr richtig einzustellen. Dabei ist der Deckel weggerutscht, so dass sie in die heiße Lauge gefallen ist. Als Ampferl ihn befragte: „War da von meiner Mutter die Rede?“, antwortete Rieger: „Nein!“

15 BKR III. Abt. CAS K. 8: Proc. Inf. a. a. O. Sessio III–LIV.

„Von meiner Mutter“, so der Zeuge, „wusste ich, dass sie die Wäsche im Waschhaus beim Eingang auf einem Tisch hergerichtet habe. Sie stand dabei mit dem Rücken zum Kessel. Da hat Anna Schäffer plötzlich gesagt: ‚Wally, schau her, die hl. Mutter Anna fließt Öl!‘ Weder meine Mutter noch ich konnten bzw. können sich diesen Satz erklären. Die Mutter hat sich nicht umgedreht, weil Anna ab und zu Spaß machte. Kurz darauf hat meine Mutter einen Schrei gehört, und als sie sich umdrehte, stand Anna im Kessel in der heißen Lauge. Meine Mutter hat dann sofort den Diener Johann Dickel herbeigeholt, der Anna aus dem Kessel herausgehoben hat.“ Rieger hat sich zu diesem Bericht Ampferls nicht geäußert.

Nach Aussage des Zeugen war seine Mutter, vor allem an Waschtagen, als Aushilfe in beiden Forsthäusern Westerhofen und Stammham tätig. Sie habe nur Gutes über Anna gesagt, vor allem, dass sie fleißig und immer gut aufgelegt war. Von der eidesstattlichen Erklärung der Anna Weiß, die diese 1932 im Pfarramt Kösching abgegeben habe, erfuhr er erst durch das Buch von Pfarrer BGR Alfons Maria Weigl[16], „Geschichte einer Liebe“.[17] Ampferl schließt absolut aus, dass seine Mutter und Anna damals in der Waschküche scherzten und dass deshalb der Unfall unabsichtlich passierte. Als Begründung gab er an, weil dies mit der Erzählung seiner Mutter nicht übereinstimme. Ebenso schließt er aus, dass seine Mutter mit einer Anna Weiß befreundet war, denn sonst wäre ihm das bekannt gewesen. Ferner gab der Zeuge an, dass sich in der Gemeinde Stammham, wo er nachgefragt habe, keine Unterlagen, ob der Unglücksfall von der Polizei oder der Invalidenversicherung untersucht worden sei, befänden.[18]

In gleicher Weise wie ihr Bruder hat auch Frau Walburga M., Gattin eines Försters, Jahrgang 1909, ausgesagt. Für die merkwürdige Aussage Annas, „die hl. Mutter Anna fließt Öl“, hatte sie eine Erklärung. Sie vermutet, dass es sich um eine Anspielung auf den Vornamen ihrer Mutter, „Walburg“, handelt, da am Grab der Heiligen in Eichstätt aus deren Gebeinen zeitweilig Öl fließt. Auch sie beruft sich auf die Erzählung ihrer Mutter bezüglich des Unfalls. Die Zeugin gibt ferner an, dass ihre Mutter zweimal bei Anna zu Besuch weilte. Beim zweitenmal durfte sie mitgehen. Die Verunglückte habe sich sehr gefreut trotz ihres so schweren Leidens, das sich im Jahr 1925, dem Jahr des Besuches, wesentlich verschlechtert hatte.[19] Nach ihrer Mutter befragt, antwortete die Zeugin, sie wäre ein offener und

16 Generalschematismus des Bistums Regensburg: Alphons Maria Weigl, geb. 16.03.1903 in Langquaid/Nby.; Pr.-W. 29.06.1927; Kooperator in Marktredwitz; frr. Pfarrer von Wallersdorf; Kommorant in Langquaid; † 9.08.1990. – Er ist als fruchtbarer Schriftsteller von populärwissenschaftlichen Büchern religiöser Natur, vor allem von Biographien in die Geschichte eingegangen.

17 Weigl, Alfons Maria, Geschichte einer Liebe. Leiden und Lieben der stigmatisierten Anna Schäffer, einer Vorgängerin von Therese Neumann. 18.2.1882–5.10.1925, Altötting 1966. Das Buch ist in zahlreichen Auflagen erschienen.

18 BKR III. Abt. CAS K. 6: Proc. Inf. Sessio XVI: Zeuge Johann A.

19 BKR III. Abt. CAS K. 7: Proc. Inf. Sessio XVII: Zeugin Wally M.

ehrlicher Mensch gewesen, der niemals ein so schreckliches Ereignis wie den Unglücksfall und ihre Mitschuld daran jahrelang mit sich herumgetragen hätte, ohne es ihren Kindern zu sagen.[20]

In den Niederschriften der drei Zeitzeugen Pfarrer Karl Rieger, Kathi Veit und Rosa Imlauer ist nirgends die Rede von einer Mitschuld der Mitwäscherin der Verunglückten. Anna und ihre Mutter haben nur ganz selten über den Hergang des Unglücksfalles gesprochen. Rieger schreibt zum Beispiel in seiner ersten Lebensbeschreibung nur: „ […] Im Übermut hat sie dort [gemeint ist ‚in Stammham' (Anm. d. Verf.)] einmal sich auf den Deckel eines siedenden Waschkessels gestellt und dieser gab nach und sie rutschte mit den beiden Füßen in das heiße Wasser." Und er fügte hinzu: „Die erste Gnade der Auserwählung, dass sie nicht in den Strudel der Welt versank." In seiner zweiten Lebensbeschreibung spricht er nicht mehr von „Übermut", sondern von Unvorsichtigkeit.[21] Auch in den schriftlichen Berichten von Kathi Veit und Rosa Imlauer findet sich kein Wort über die Mitschuld einer anderen Person.

Darüber hinaus haben zwei Zeitzeugen sich erinnert, dass ihnen Anna und ihre Mutter über den Hergang des Unglücksfalles berichtet haben. Franziska M., geb. Forchhammer, Jahrgang 1910, also die Tochter des Hausherrn, der Anna und ihrer Mutter das schönste Zimmer des Hauses zur Verfügung gestellt hatte, gab über den Hergang des Unfalls zu Protokoll: Anna habe im Beisein ihrer Mutter erzählt, sie habe in Stammham in der Waschküche gewaschen. Dabei sei das Rohr, das vom Waschkessel in den Kamin führte, herausgehangen. Ihre Mitwäscherin habe gesagt, sie soll auf den Kessel steigen und das Rohr hineinschieben. Die Schuhe, die sie getragen habe, waren aber vereist, da im Hof Schnee lag und aus dem Brunnen im Hof Wasser in die Waschküche zu tragen war. Als sie oben stand, sei sie mit beiden Füßen in den Kessel gerutscht. Die Mitwäscherin habe daraufhin Hilfe geholt. Ob sie selber dem Kessel entstiegen ist oder ihr jemand geholfen habe, darüber schwieg sie. Von einer Mitschuld der Mitwäscherin wurde von ihr niemals etwas erwähnt.[22]

Eine etwas andere Version gab die Zeitzeugin Therese D., Jahrgang 1897, aus München zu Protokoll, die aber eine Mitschuld einer anderen Person ausschließt. Sie habe einmal, so die Frau, die Schäffer-Mutter befragt: „Wie ist das gekommen mit der Nandl?" Die Mutter habe ihr geantwortet: Die Anna wäre in der Waschküche gewesen. Es war Winter und in diesem Raum soll kein Fenster gewesen sein, sondern nur eine Oberlichte, direkt über dem Waschkessel. Weil der Kessel gedampft hat, da es von der Türe her zog, hätte die Nandl die Oberlichte öffnen

20 BKR III. Abt. CAS K. 7: Proc. Inf. Sessio XVII. Zeugin Wally M. – Beilage: Parkstetten 11.06.1968: Wally M. an Pfarrer A. Weigl.

21 BKR III. Abt. CAS K. 20: Mindelstetten 05.02.1926: Pfarrer Rieger an P. Stephan Kainz OSB, biographischer Bericht über AS.

22 BKR III. Abt. CAS K. 7: Proc. Inf. Sessio XXI: Zeugin Franziska M.

wollen. Deshalb ist sie auf den Holzdeckel gestiegen. Der wackelte und Anna ist in den Kessel hineingerutscht.[23]

Der Zeuge Georg P., Jahrgang 1890, berichtete im Informationsprozess, er habe Anna, eine Freundin seiner Frau, die er 1919 geheiratet hatte, kennengelernt. Sie hätten diese jährlich zwei- bis dreimal besucht. Anna habe ihnen bezüglich des Unfalls folgendes erzählt: „Als sie und ihre Mitarbeiterin Wäsche hergerichtet haben, löste sich das Kaminrohr aus dem Kamin. Sie stieg auf den Kessel, um das Rohr zu richten. Dabei ist sie ausgerutscht und in die heiße Lauge hineingefallen."[24]

In ähnlicher Weise haben sich auch andere Zeugen geäußert. In einem Punkt stimmten sie aber alle überein: Von einer Mitschuld der Mitwäscherin könne keine Rede sein und Anna habe nur sehr ungern über den Hergang des Unfalls gesprochen.[25]

Gerüchte, also mündlich weitergegebene unverbürgte Nachrichten, gibt es schon seit Menschengedenken. Sie werden meist unter vorgehaltener Hand dem Nächsten anvertraut, ohne zu wissen, ob es den Tatsachen entspricht.

Sowohl in Mindelstetten als auch vermutlich in dessen Umgebung wurde bald das Gerücht verbreitet, dass an dem Unfall in Stammham auch die Mitwäscherin Annas, nämlich Walburga Kreuzer aus Westerhofen, beteiligt war. Von ihr behauptete man, sie soll im Spaß der Verunglückten einen kleinen Stoß gegeben haben.[26] Es gab auch missgünstige Personen, die sagten: „Ja, weil sie – gemeint ist Anna – oben auf dem Waschkessel getanzt hat, ist sie verunglückt."[27] Andere wiederum meinten, die Kollegin habe sie von rückwärts gekitzelt, um Spaß zu machen.[28] Eine andere Zeugin wusste zu berichten, sie habe von ihrer Freundin Gertraut Ziegelmeier vernommen, Anna sei von der anderen Magd in den Kessel hineingestoßen worden, machte darüber aber keine näheren Angaben.[29] Das unbescholtene Mädchen Walburga wurde damit sogar eines Mordversuchs bezichtigt. Der Zeuge Michael Sch. gab zu Protokoll, er habe bereits zu Lebzeiten Annas reden hören, die Mitwäscherin habe sie „an den Beinen gekitzelt", als sie auf dem Rand des Waschkessels stand. Die Verunglückte habe aber nie etwas von einer Mitschuld verlauten lassen.[30] Auch eine andere Version tauchte auf: „Der Kaminkehrer sei gekommen und habe beide Mädchen

23 BKR III. Abt. CAS K. 6 Proc. Inf. Sessio XI: Zeugin Therese D.

24 BKR III. Abt. CAS K. 7 Proc. Inf. Sessio XX: Zeuge Georg P.

25 BKR III. Abt. CAS K. 8: Proc. Inf. Sessio LIII: Zeugin Katharina Sch. – Sessio XLVII: Zeugin Maria Sch. – Sessio XIV: Zeugin Kreszenz S. – Sessio XXXII: Zeugin Rosina Pf. – Sessio XXXVII: Schw. Caecilia I. – Sessio LI: Zeugin Theres S. – Sessio XLVIII: Zeugin Theres M. – Sessio XXXIV: Zeugin Rosa I. – Sessio XLIX: Zeugin Anna Sch. – Sessio XLVI: Zeugin Hedwig B. – Sessio XL: Zeugin Wally F. – Sessio XXX: Zeuge Martin F.

26 BKR III. Abt. CAS K. 7: Proc. Inf. Sessio XXVIII: Zeugin Maria Sch.

27 BKR III. Abt. CAS K. 6: Proc. Inf. Sessio VIII: Zeugin Walburga M.

28 BKR III. Abt. CAS K. 7: Proc. Inf. Sessio XVII: Zeugin Apollonia B.

29 BKR III. Abt. CAS K. 6: Proc. Inf. Sessio VIII: Zeugin Walburga M.

30 BKR III. Abt. CAS K. 8: Proc. Inf. Sessio L: Zeuge Michael Sch.

zum Schreien bringen wollen. Darauf sei Anna auf den Kessel geflüchtet, ihre Kollegin aus dem Waschhaus. Vermutlich habe der Kaminkehrer die Mädchen anfassen wollen."[31] Wieder andere sagten aus, sie sei von ihrer Mitarbeiterin völlig unabsichtlich gestoßen worden und weil ihre Schuhe vereist waren, stürzte sie in den Kessel.[32] Selbst nach dem Heimgang Annas 1925 verstummten die Gerüchte nicht. So gab der Zeuge Anton H., Jahrgang 1920, zu Protokoll: „Etwa 1954/55 hat Bürgermeister Thomas Schoberer von Mindelstetten in der Gastwirtschaft behauptet, Nandl sei in Stammham in die kochende Lauge gefallen und habe sich dabei schwer verbrüht. Sie sei von ihrer Kollegin im Scherz angestoßen worden." Des weiteren: „Etwa 1958 sei in der ‚Jägerwirtschaft' in Siegenburg von Familie Wittmann behauptet worden, Anna sei von ihrer Kollegin im Scherz angestoßen worden und deshalb in die kochende Lauge gestürzt."[33]Auch die Zeugin Franziska M. erinnerte sich, dass sie öfters reden gehört hatte, es liege ein Fremdverschulden vor.[34] Dass das gewiss mit viel Liebe erstellte volkswissenschaftliche Buch über Anna Schäffer von Pfarrer Weigl der Gerüchteküche über den Hergang des Unglücksfalles neuen Auftrieb gegeben hat, ist leider eine bedauerliche Tatsache. Eine Zeugin meinte in Bezug auf den Unfall, es „soll ein Fremdverschulden vorliegen. Ich weiß aber nicht, ob ich dies aus dem Weigl-Buch entnommen oder schon früher gehört habe."[35]

Doch ist noch eine Zeitzeugin zu berücksichtigen, die zwar nichts Schriftliches niedergelegt hat, aber persönlich mit Anna Kontakt gehalten hat. Josefa Euringer, geborene Felner, Jahrgang 1895, war von 1910 bis 1913 bei Hauptlehrer Wittmann in Mindelstetten als Hausmädchen tätig. Weil der Lehrer Anna schätzte – er war auch ein Taubenzüchter –, musste Josefa ihr öfters eine junge Taube bringen, die die Schäffer-Mutter dann zubereitet hat. Zuweilen ging das Mädchen auch zu Kathi Schäffer, um ein Kleid bei der beliebten Schneiderin anfertigen zu lassen. Dadurch lernte sie die große Dulderin näher kennen und schätzen. Auch nachdem sie von 1914 bis 1925 bei Baron Bassus in Sandersdorf als Köchin tätig war, besuchte sie hin und wieder Anna.

Als Josefa im Informativ-Prozess nach der Ursache des langen Leidens Annas befragt wurde, gab sie Folgendes zu Protokoll: „Als ich in Mindelstetten in Stellung war [1910–1913], habe ich Anna Schäffer eines Tages gefragt: ‚Anna, was fehlt dir eigentlich und wie bist du zu der Krankheit gekommen?' Sie hat mir erzählt, dass sie, als sie in Stammham in Stellung gewesen ist, auf den Waschkessel gestiegen sei, um das Ofenrohr zu richten; dabei hätte sie ihre Kollegin im Scherz angestoßen, sie sei ausgerutscht und in die kochende Lauge gestürzt. Ihre Arbeitskollegin sei dann

31 BKR III. Abt. CAS K. 8: Proc. Inf. Sessio XLIII: Zeugin Theres R.
32 BKR III. Abt. CAS K. 8: Proc. Inf. Sessio XXX–VIII: Zeugin Maria W.
33 BKR III. Abt. CAS K. 7: Proc. Inf. Sessio XXV: Zeuge Anton H.
34 BKR III. Abt. CAS K. 8: Proc. Inf. Sessio XLV: Zeugin Franziska M.
35 BKR III. Abt. CAS K. 8: Proc. Inf. Sessio XLII: Sr. M. Guiseppe Sch.

weggelaufen, um in der Nachbarschaft Hilfe zu holen. Die Nachbarsleute hätten sie dann aus dem kochenden Wasser gehoben. Dies hat sie mir selbst erzählt und hinzugefügt, dass davon niemand etwas weiß außer Herrn Pfarrer Rieger. Deshalb habe ich auch niemand etwas davon erzählt bis zum heutigen Tag außer Herrn Pfarrer Bauer[36] von Pförring, bei dem ich manchmal Aushilfe leistete. Ich meine, dass ich dies Herrn Pfarrer Bauer bereits zu Lebzeiten der Anna Schäffer erzählt habe, aber sonst habe ich es niemand erzählt. Ich habe oft an diese Aussage von Anna Schäffer gedacht und habe sie mir deshalb besonders eingeprägt, obwohl ich viele andere Dinge vergessen habe. Erzählt aber habe ich niemand, außer Herrn Pfarrer Bauer, weil Anna Schäffer auch niemand etwas gesagt hat außer mir und offenbar Herrn Pfarrer Rieger [...]. Sie hat mir auch den Namen der Arbeitskollegin genannt, die sie im Scherz angestoßen hat. Diesen Namen habe ich aber inzwischen vergessen."[37]

Obwohl die Zeugin unter Eid ausgesagt hat und vom Gerichtshof als absolut vertrauenswürdig angesehen wurde, ist dennoch zu bedenken, dass die Frau in ihrem hohen Alter von 82 Jahren vielleicht durch das Lesen des Weigl-Buches in ihrer Aussage beeinflusst und dadurch ihr Erinnerungsvermögen beeinträchtigt wurde. Außerdem ist zu berücksichtigen, dass die Zeugin nicht zum Kreis der engen Freundinnen Annas zählte. Des Weiteren ist auf die schriftlichen Berichte der wesentlichsten Zeitzeugen Pfarrer Rieger, Kathi Veit und Rosa Imlauer, mit denen die Verunglückte sicher gesprochen hat, zu verweisen, die ein Fremdverschulden ausschließen. Auch die Mutter wusste sicher genau Bescheid und hat niemals einen anderen Menschen mit dem Unfall in Zusammenhang gebracht.

Abschließend dazu ist zu sagen: Da über den Hergang des Unfalls keine völlige Sicherheit zu gewinnen ist, ist anzunehmen, dass Gott darüber einen Mantel des Geheimnisses gebreitet hat, der in Demut angenommen werden muss. Im Übrigen würde es sowohl dem Rechtsempfinden des Menschen als auch der Moral widersprechen, wenn eine Frau, die sich im gleichen Raum aufgehalten hat wie die Verunglückte, einer Mitschuld bezichtigt würde, ohne diese nachweisen zu können.

Im Zusammenhang mit den Folgen des Unglücksfalles ist die Meinung eines anerkannten niederbayerischen Arztes und großen Dichters, Dr. Hans Carossa[38], von

36 BKR III. Abt. CAS K. 6: Proc. Inf. Sessio VI: Zeugin Josefa E.

37 BKR III. Abt. CAS K. 8: Proc. Inf. Sessio LIV: Zeugin Josefa E.

38 Dr. Hans Carossa (15.12.1878 Bad Tölz – Rittsteig bei Passau 12.09.1956) ließ sich 1903 als Arzt in Passau nieder, lebte ab 1914 in München und war von 1916 bis 1918 Bataillonsarzt in Rumänien und an der Westfront. 1928 übersiedelte er nach Seestetten a. d. D. 1933 lehnte er die Wahl in die nazistische Preußische Dichterakademie ab, wurde jedoch 1941 wider Willen Präsident der „Europäischen Schriftstellervereinigung". Seine dichterische Leistung liegt in den autobiographischen Erinnerungsbüchern. Sein Denken und der Stil sind geprägt von humanistischer Weltsicht nach dem Vorbild Goethes und von donauländischem Symbolismus im Sinne eines Hugo von Hofmannsthal. – Pörnbacher, Karl, Die Literatur im 20. Jahrhundert, in: Bayerische Bibliothek. Texte aus zwölf Jahrhunderten, hrsg. v. Hans Pörnbacher und Benno Hubensteiner, Bd. 5, München 1981.

Interesse. Sein Schreiben an den priesterlichen Schriftsteller und Dichter Konrad Zoller lautet: „Rittsteig bei Passau, den 9. Februar 1949. Hochwürdiger, verehrter Herr [...]. In einem Zug habe ich Ihr Büchlein vom ‚Leben und Leiden der Jungfrau Anna Schäffer' gelesen und danke Ihnen herzlich für alle Erbauung und Nachdenklichkeit, die ich dieser schlichten, überzeugenden Darstellung verdanke. Dass mich beim Lesen manchmal die Frage ein wenig beschäftigte, ob es nicht doch möglich gewesen wäre, die kranken Füße durch eine geduldig und sorgfältig durchgeführte Behandlung allmählich zu heilen, werden Sie einem alten Doktor gewiss zugute halten. Meine höhere Vernunft begreift aber, dass das andre gottgewollt und notwendig war."[39] Somit hat auch Carossa erkannt, dass das Sühneleiden Annas einen von Gott gewollten tiefen Sinn in der schweren Zeit des 20. Jahrhunderts hatte.

39 Ritter, Zum Geleit, in: Konrad Zoller a. a. O. S. 15.

5. Pfarrer Karl Rieger und seine Zeit

Mit Pfarrer Karl Rieger ist vor über 75 Jahren sicher einer der bedeutendsten Seelenführer und Seelsorger, die jemals in der Pfarrei Mindelstetten gewirkt haben, verstorben. Auf seinem Sterbebildchen ist zu lesen: „Gebets-Andenken an den Hochwürdigen Herrn Karl Rieger, Pfarrer und Dekan, Bischöflich. Geistl. Rat in Mindelstetten, welcher am 27. Oktober 1934 in seinem 49. Priesterjahre, nach Empfang der hl. Sterbesakramente im 73. Lebensjahre von Gott abberufen wurde.“[1]

Unter diesem kurzen Text verbirgt sich ein Priesterleben, das es in seiner Vorbildlichkeit verdient, der Vergessenheit entrissen zu werden. Als Werkzeug Gottes hat Rieger durch seine weise Seelenführung der großen Dulderin Anna Schäffer wesentlich dazu beigetragen, dass diese heute als Selige und, wie zu erwarten ist, in absehbarer Zeit als Heilige verehrt werden kann. Als eine der wichtigsten Aufgaben seines Lebens hat er die Seelenführung der Seligen betrachtet, die er mit größter Sorgfalt und Gewissenhaftigkeit ausgeführt hat. Schon früh gewann er den Eindruck, dass sie zu den besonders begnadeten Menschen zu zählen ist.

Nach Meinung eines Mitbruders aus dem Erzbistum Bamberg, der mit Rieger befreundet war und auch im Informativprozess in der Causa Anna Schäffer ausgesagt hat, ist er ein hervorragender Seelenkenner und Seelenführer gewesen, der es sehr ernst genommen hat mit dieser ihm gestellten Aufgabe. „Er hat sie auch gut betreut und gefördert. Er war keineswegs überspannt, sondern eher nüchtern; ein strenger, nüchterner Mensch. Er hielt sich auch in der Seelsorge seiner Pfarrei eher mehr streng als schwach und nachgiebig, was ihm aber nicht als Fehler anzurechnen ist.“[2]

Nach seiner Aussage beruhte das Verhältnis zwischen Seelenführer und Anna Schäffer auf Gegenseitigkeit. Rieger habe sie als eine heiligmäßige Person betrachtet und die Betreute ebenso ihn. Sie hat sich seinen Weisungen bedingungslos gefügt. Rieger pflegte immer zu sagen: „Alles, was ich gesagt habe – an Anordnungen – ist aufs Pünktlichste und Genaueste befolgt worden.“ Er hat der Dulderseele auch alle Wünsche, vor allem bezüglich des Kommunionsempfangs, zu erfüllen getrachtet. Auch materiell half er oft und gern. Immer wieder habe er ihm gegenüber bestätigt, wie groß die Wahrheitsliebe und Aufrichtigkeit Annas sei.[3]

In diesem Zusammenhang ist auch interessant, was ein anderer Zeuge zu berichten wusste: „Anna war Rieger sehr dankbar, weil er ihr jeden Tag die Hl. Kommu-

---

1 Karl Holzgartner, Chronik von dem Pfarrbezirk Mindelstetten 1934–1960, hdschr. Ms. S. 1–3.

2 Bischöfl. Konsistorium f. d. Bistum Regensburg, 3. Abt. Selig- und Heiligsprechungsprozesse, Sessio V: Pf. O. R./Pfraunfeld/Mfr. – (in Hinkunft: BKR 3. Abt. CAS Sessio).

3 Ebd.

nion brachte, manchmal bereits um 5 Uhr früh. Eine Schülerin in der Volksschule Mindelstetten schildert ihn grundsätzlich als sehr gut zu den Kindern. Nur wenn jemand nichts gelernt hatte, tadelte er, manchmal verabreichte er auch eine Tatze (Stockschläge auf die Hand)."[4]

Doch nun zum Leben dieses Priesters vor seiner Installierung zum Pfarrer von Mindelstetten. Karl Rieger wurde am 6. September 1862 als Sohn des Pfarrmesners von Neustadt an der Donau/Niederbayern geboren und auf den Namen Karl Borromäus getauft.[5] Nachdem er in seiner Heimatstadt die Volksschule besucht und in Regensburg das Gymnasium abgeschlossen hatte, bat er um Aufnahme in das „Bischöfl. Klerikal-Seminar zum hl. Wolfgang in Regensburg", die ihm gewährt wurde. Hier absolvierte er zunächst den philosophischen Kurs und anschließend, von 1883 bis 1886, die vorgeschriebenen vier theologischen Studienjahre.[6] Am 20. Juni 1886 empfing der junge Kleriker, kaum 24 Jahre alt, durch Bischof Ignatius von Senestrey (1858–1906) die heilige Priesterweihe. Im Sommer 1886 trat er seine erste Stelle als Kooperator in Hienheim an.[7] Nach vier Jahren wurde er mit Wirkung vom 6. Juni 1890 als Kooperator-Expositus nach Staubing angewiesen.[8] Nach kurzer Aushilfstätigkeit als Pfarrprovisor in Biburg, vom 8. Juli bis zu 18. November 1891[9], setzte ihn sein Bischof als Expositus im oberpfälzischen Döllnitz ein.[10] Die Expositur Döllnitz war erst 1856 errichtet worden und gehörte zur Pfarrei Leuchtenberg.[11] Kaum ein halbes Jahr später musste er erneut den Wanderstab ergreifen. Mit Wirkung vom 5. Mai 1892 wurde er als Benefiziumsprovisor nach Viehhausen bei Regensburg gesandt, wo er zugleich die Beichtvaterstelle im dort befindlichen Kloster der Klarissinnen übernehmen musste.[12] Das war ein außerordentlich verantwortlicher Posten für den noch nicht einmal 30 Jahre alten Priester. Hier hatte er reichlich Gelegenheit, sich in der besonderen Seelenführung zu schulen, die ihm seine Tätigkeit als Beichtvater der 25 Nonnen auferlegte. Er konnte nicht ahnen, wie wichtig diese Zeit für sein späteres Wirken als Seelenführer der von Gott bevorzugten Dulderin Anna werden sollte. Auch in Viehhausen war Rieger keine lange Bleibe vergönnt. In der Klosterchronik der Klarissinnen findet sich der Eintrag: „Am 12.10.1897 hat Beichtvater Carl Rieger die ihm übertragene Pfarrei Mindelstetten angetreten. Er war 5 ½ Jahre hier."[13] Einen Tag später fand seine Investitur als Pfarrer

4 BKR 3. Abt. CAS K. 7, Sessio XXI: Fr. M., Mindelstetten.
5 Holzgartner a. a. O. S. 143f.
6 Schematismus der Geistlichkeit des Bisthums Regensburg f. d. Jahr 1886, S. XI.
7 Holzgartner, Karl, Beiträge zur Pfarrgeschichte von Mindelstetten 1934–1950. handschr. Ms. S. 143.
8 Oberhirtliches Verordnungsblatt f. d. Bisthum Regensburg, Jg. 1890, S. 94 (in Hinkunft: OV f. d. B. Rgsb.).
9 OV f. d. B. Rgsb. Jg. 1891, S. 93.
10 OV f. d. B. Rgsb. Jg. 1891, S. 126.
11 Matrikel des Bisthums Regensburg – Nach der allgemeinen Pfarr- und Kirchenbeschreibung v. 1860, Rgsb. 1863, S. 225f.
12 OV f. d. B. Regensburg Jg. 1892, S. 37.
13 Klarissinnenkloster Dingolfing: Aufzeichnung der wichtigsten Begebenheiten in dem hiesigen Klarissinnenkloster zu Viehhausen, angefangen im Jahre 1897. handschr. Chronik.

statt.[14] Mindelstetten gehörte damals zum oberpfälzischen Bezirksamt Beilngries und zählte 529 Seelen.[15]

In Mindelstetten wirkte von 1896 bis 1918 Joseph Gürtner (Haus-Nr. 32) als Bürgermeister; 1919 löste ihn Franz Xaver Rottenkolber (Haus-Nr. 38) ab. Ihm folgte Michael Schwaiger (Haus-Nr. 57). Vom nationalsozialistischen Regime abgesetzt, übernahm von 1933 bis 1945 Franz Knöferl (Haus-Nr. 13) das Amt, der wiederum von der Besatzungsmacht 1945 entlassen wurde.[16]

Die Bewohner des Dorfes, meist in der Landwirtschaft tätig, lebten zum größten Teil in bescheidenen Verhältnissen, an der Grenze zwischen Auskommen und der damals gewohnten Anspruchslosigkeit. Um die kleine bescheidene Barockkirche scharten sich die Häuser, meist in der Jurabauweise. Sie waren breit angelegt und wiesen nur ein Erdgeschoss und höchstens eine Dachkammer auf. Allein die größeren Höfe besaßen, im Geviert erbaut, mehrere Gebäude wie Stall, Scheune und Wagenremise bzw. Geräteschuppen. Von dem Flötz – hier als Tenne bezeichnet – erreichte man Küche, Stube, drei Kammern und die Bodentreppe sowie einen kleinen Gang zum Stall. Die Dächer deckte man mit Kalkschieferplatten, die ja im Jura erzeugt wurden. Freilich, in den kleineren Häusern befanden sich nur wenige Räumlichkeiten, wie zum Beispiel im Geburtshaus Anna Schäffers (Haus-Nr. 8).[17]

Zwischen Kirche, Pfarrhof und Schulhaus, also dem heutigen Kirchplatz, befand sich seit Jahrhunderten eine sogenannte „Dorfhülle“, ein Teich, in dem sich das Regenwasser sammelte und der sowohl als Pferdeschwemme als auch als Löschteich für die Feuerwehr Verwendung fand. Er war mit Obstbäumen umpflanzt, dessen Früchte der Pfarrer ernten durfte. Erst durch die Kanalisation 1937 verschwand diese Dorfhülle.[18]

Mindelstetten war von der Welt nicht ganz abgeschieden. Seit 1895 befand sich hier eine Postexpedition im Haus Nr. 69. Auch durch die Bahnlinie Ingolstadt – Oberdolling, errichtet 1903, und durch die Bahnstrecke Ingolstadt – Riedenburg, eröffnet am 1. Oktober 1904, war der Ort leichter erreichbar.[19]

Als Rieger die Pfarrstelle antrat, existierten mit Ausnahme des Pfarrhofs, in dem sich ein eigener Brunnen befand, drei Gemeinde-Brunnen; der Jakobsbrunnen auf der sogenannten „Bleiche“, ein weiterer zwischen den Häusern Nr. 21 und Nr. 22 und ein dritter beim Haus Nr. 27. Durch den Bau der Kanalisation wurden die Brunnen überflüssig.[20]

Mindelstetten war vor Pfarrer Rieger eine Ökonomie-Pfarrei, baulich bestens ausgestattet mit Pferde-, Kuh- und Schweinestall, einem Stadel, einem Waschhaus, einem Backofen und einer Holzlege. Zum Pfarrhaus gehörten auch ein Obst-,

14 OV f. d. B. Rgsb. Jg. 1897, S. 144.
15 Schem. d. Geistl. d. B. Rgsb. f. d. Jahr 1897, S. 69.
16 Holzgartner a. a. O. S. 44.
17 Holzgartner a. a. O. S. 54f.
18 Holzgartner a. a. O. S. 41f.
19 In kurzsichtiger Weise wurden leider die Bahnlinien nach dem Zweiten Weltkrieg völlig beseitigt.
20 Holzgartner a. a. O. S. 42.

Gemüse- und Blumengarten. Die zur Ökonomie gehörigen Grundstücke reichten durchaus zur Haltung der Tiere aus.

Da sich der ursprüngliche Pfarrhof nach einer Beschreibung von 1813 in völlig desolatem Zustand befand und nicht bewohnbar war, sah sich die Königliche Regierung des Regenkreises veranlasst, durch Dekret vom 18. November 1833 zu bestimmen, dass bis auf weiteres die Pfarrei unbesetzt bleiben soll, bis der neue Pfarrhof erbaut sei. Nach Abriss des alten Gebäudes wurde nun laut Entschließung der Regierung Maurermeister Iglhaut von Riedenburg – er war auch für den Festungsbau in Ingolstadt tätig – mit dem Neubau beauftragt. In den Jahren 1834/35 entstand der neue Pfarrhof, in dem erst 1899 kleinere Umbauten erfolgten, ebenso 1904, wobei die Wasserzuleitung ins Haus – bisher Holzrohre – modernisiert wurde. 1904 erfolgte die Kanalisierung des Hofplatzes. Während des Neubaues 1834/35 musste der Pfarrprovisor August Haberlander[21] in zwei Dachkammern des Wagnermeisters Ziegler Quartier nehmen.[22]

Rieger dürfte sich in Mindelstetten sicher wohlgefühlt haben, gehörte doch das Dorf, unweit von Neustadt an der Donau gelegen, zu seiner engeren Heimat. Mindelstetten war ein altbayerischer Ort, wie viele andere auch, auf die das Wort Oswald Spenglers zutreffen mochte: „Das Dorf steht außerhalb der Weltgeschichte und die ganze Entwicklung geht über diese kleinen Punkte der Landschaft hinweg, sie gelegentlich vernichtend, ihr Blut verbrauchend, aber ohne je ihr Inneres zu berühren."[23] Ob dieser Satz auch noch in unseren Tagen Gültigkeit besitzt, ist hier nicht zu klären, für die Jahrhundertwende 1899/1900 stimmte er noch.

Rieger dürfte sich aber nicht nur wegen der Nähe seiner Geburtsstadt in Mindelstetten wohlgefühlt haben, sondern auch wegen des christlichen Milieus, das im Dorf beachtet wurde. Er schätzte auch die Mindelstettener Traditionen, weshalb er sie behutsam pflegte. So wurden in der Adventszeit die Rorate-Ämter von Instrumentalmusik begleitet. Am Fest der hl. Barbara hielt er die hl. Messe traditionsgemäß am Barbara-Altar der Kirche. Bereits 1897 erwarb er für das Gotteshaus eine schöne Weihnachtskrippe und führte als Altarschmuck den bisher unbekannten Christbaum ein. Am Stephani-Tag fand die Salz- und Wasserweihe statt, wobei die Gläubigen das zum Kochen benötigte Salz weihen ließen. Sie nahmen ebenso das Stephani-Wasser mit nach Hause wie anderntags den geweihten Johannes-Wein. Auch zu Epiphanie wurde das Dreikönigs-Wasser geweiht, mit dem noch vorhandenen Oster- und Pfingstwasser vermischt, um es bei Ungewitter zum Besprengen des Hauses zu verwenden. Die Hausfrauen pflegten zu

---

21 Generalschematismus des Bistums Regensburg (in Hinkunft: „Gen.-Sch."): Augustin Haberlander, geb. 27.08.1805 in Oberröhrnbach, Pfarrei Mettenbach, Pr.-W. 20.08.1832 in Rgsb.; 1833 Provisor in Mindelstetten; 1841 Kooperator in Hienheim; 1850 Pfarrer in Klapfenberg, Bistum Eichstätt; 1878 Benefiziat in Berching, Bistum Eichstätt; † 01.08.1886 in Berching.

22 Holzgartner a. a. O. S. 125.

23 Ritter, Emmeram H., Pfarrer Karl Rieger, der weise Seelenführer Anna Schäffers, in: „AS-Brief" Nr. 6, Dezember 1984, S. 9.

Dreikönig nach dem Gebetläuten Wohnung und Stall zu räuchern. Zu Sebastiani verzichteten die Gläubigen auf ein Frühstück, denn es war für sie ein Fasttag, und gingen zur hl. Messe. Nicht einmal ein Pferd spannte man an diesem Tag ein, der als allgemeiner Ruhetag galt.

In der ganzen Karwoche wurde, wie damals allgemein üblich, streng gefastet, und am Gründonnerstag fand der Beichttag für die Männer statt. Das Hl. Grab auf dem Seitenaltar war eine Selbstverständlichkeit, ebenso die sogenannte Grabmusik. Die Osterfeiertage beging man herkömmlich. Am Weißen Sonntag fand alljährlich die Erste Hl. Kommunion der Kinder statt, wobei ihnen ein Ehrenplatz in der Kirche angewiesen wurde. Die Markus-Prozession durch Felder und Fluren erfreute sich ebenso wie die Maiandachten, die der Vorgänger Riegers, Pfarrer Benno Steiger[24] eingeführt hatte, großer Beliebtheit. Zu Fronleichnam, hier als Prangertag bezeichnet, wurden an vier Freialtären, und zwar vor der Kriegerkapelle sowie vor den Häusern Nr. 39, 35 und 1 die Evangelien gesungen. Die Jungfrauen und die Schulmädchen trugen Myrtenkränzchen. Am Fest Mariae Himmelfahrt wurden wie überall die Kräuterbuschen geweiht, diese dann getrocknet und den Kühen, wenn sie kälberten, ins Futter gemischt.

Ein seltener religiöser Brauch war die Samenweihe zu Mariae Geburt. Die Gläubigen brachten in einer Schale Korn und darin in einer kleinen Tüte Weizen. Die Rosenkranz-Bruderschaft feierte am ersten Sonntag im Oktober ihr Jahresfest. Dazu wurden stets Kapuziner aus Eichstätt und Geistliche aus der Umgebung zur Mithilfe im Beichtstuhl gebeten. Am zweiten Sonntag dieses Monats hielt man den „Dionysis-Markt“ ab, zu dem großer Zulauf, auch aus der Umgebung, stattfand. Am Montag war dann auf dem „Lehenbuckl“ Viehmarkt. Einer alten Gewohnheit entsprechend musste jedes Haus der gesamten Pfarrei am Kirchweihfest einen Brotwecken zur Verfügung des Pfarrers zum Altar bringen. Rieger verschenkte fast alles an Bedürftige des Ortes. Kathrein stellte auch in Mindelstetten „den Tanz ein“. Der Kathreintanz fand im benachbarten Altmannstein statt. Einen besonderen Feiertag bildete der Gedenktag des hl. Vitalis von Salzburg[25] jeweils am 20. Oktober. Er war von der Gemeinde als Dank und Bitte in Zusammenhang mit Viehseuche und Unwetter „vor undenklichen Zeiten“, wie der verdiente Heimatforscher Pfarrer Karl Holzgartner bemerkt, von der Gemeinde Mindelstetten gelobt worden. Zu Allerheiligen bzw. Allerseelen schmückte man die Gräber auf dem Gottesacker, der damals noch die Kirche umgab, mit

24 Gen.-Sch. d. B. Rgsb.: Benno Steiger, geb. 29.05.1833 in Wolnzach; Pr.-W. 21.08.1857; 1864 Kooperator in Pürkwang; 1873 Expositus in Sallingberg; Jan. 1878 Pfarrer in Mindelstetten; Febr. 1889 Pfarrer in Kirchdorf; † 9.05.1889.

25 Der hl. Vitalis, Schüler des hl. Rupert und um 718 dessen Nachfolger, wirkte als zweiter Bischof von Salzburg und als Abt der Benediktinerabtei St. Peter. Er setzte die Missionstätigkeit seines Vorgängers fort und errichtete vor allem im Pinzgau Zellen, z. B. Zell am See. Er starb am 20. Oktober um 730 und wird vor allem als Patron der Schwangeren und der Kinder verehrt.

„Hannafezl“, d. h. Hagebutten, und schwarzen „Birln“, vermutlich Liguster, die in Kreuzesform auf die Gräber gelegt wurden. Selbstverständlich betete man gemeinsam im Gotteshaus den Allerseelen-Rosenkranz.[26]

Die Erste Hl. Kommunion empfingen die Kinder bereits im dritten Schuljahr nach vorausgegangener Beichte. Die Mädchen trugen weiße Kleider und die Buben blaue Anzüge mit Schillerkragen. Am Nachmittag fand eine Prozession zur Altöttinger Kapelle statt, man beendete den angefangenen Rosenkranz, betete eine Litanei oder sang ein Lied. Nach Rückkehr in die Kirche, wo Rieger nach einem Gebet den sakramentalen Segen spendete, begaben sich die Teilnehmer, meist Eltern mit ihren Kommunionkindern, ins Wirtshaus zu den Bratwürsten.[27]

Die Firmungen fanden alle drei Jahre im benachbarten Pförring statt, wobei abwechselnd die Pfarrer von Mindelstetten und Lobsing die Predigt halten mussten.[28] Auf den regelmäßigen Empfang des Bußsakramentes seiner Pfarrkinder legte Rieger großen Wert. An den großen Beichttagen vor den kirchlichen Festen bestellte er immer Aushilfen meist aus dem Kapuzinerkloster in Eichstätt. Vor Ostern kamen die Frauen am Schmerzensfreitag vor dem Palmsonntag und die Männer am Gründonnerstag zur Beichte. Ab dem dritten Schuljahr durften auch die Kinder regelmäßig zur Beichte gehen.

Bei Versehgängen ging Rieger, wie es damals in Bayern allgemein üblich war, in Soutane, Chorrock und Stola, in den Händen eine Buchse mit dem Allerheiligsten und die Dose mit den Ölen in der Tasche zu den Sterbenden. Meist wurde er von einem Buben in Ministrantenkleidung oder vom Mesner begleitet. Die Leute auf der Straße knieten sich nieder, wenn sie des Priesters mit dem Allerheiligsten ansichtig wurden, oder begleiteten ihn zum Sterbehaus. Die mit ihm Gehenden warteten dann vor der Türe des Hauses, in dem der Sterbende die letzte Wegzehrung und die hl. Kommunion empfing. Schwerkranke legten schon vor Empfang der Sterbesakramente die Beichte ab.

Wenn ein Mensch in der Pfarrei verstorben war, ließ Rieger die „Zügglocke“ dreimal kurz läuten. Nachdem die Leichenbitterinnen alle Angehörigen und die Nachbarschaft vom Ableben verständigt hatten, versammelten sich diese im Totenhaus, um den Sterberosenkranz zu beten. Wenn vor der Beerdigung der Sarg über die Schwelle des Totenhauses getragen wurde, stellte man ihn dreimal ab und machte jeweils das Kreuzzeichen. Bei Betreten des Friedhofs geschah dasselbe.

An Beerdigungen von Kindern beteiligten sich nur die Frauen im Werktagskleid, höchstens noch die Väter und die Paten. Die ehelichen Kinder holte man vom Sterbehaus ab, die unehelichen erst am Friedhofseingang, vermutlich eine Besonderheit der Gegend. Rieger pflegte übrigens niemals – trotz Einladung – an einem Leichenschmaus teilzunehmen. Der Grund ist nicht zu eruieren.[29]

26 Holzgartner a. a. O. S. 86–97.
27 Holzgartner a. a. O. S. 101.
28 Holzgartner a. a. O. S. 100.
29 Holzgartner a. a. O. S. 103.

Der gute katholische Geist, der in Mindelstetten damals herrschte, machte sich auch im Alltag, vor allem in den Familien bemerkbar. Das gemeinsame Morgengebet vor der Morgensuppe war in den Familien weit verbreitet, ebenso das Tischgebet vor und nach dem Essen, der Engel-des-Herrn beim Gebetläuten und schließlich das Dankgebet am Abend. Dabei wurden auch der Schutzengel und die Namenspatrone um Beistand angerufen. Der Messbesuch an Sonn- und Feiertagen zeigte sich für die meisten Dorfbewohner als selbstverständlich, wobei die Arbeitsruhe noch streng, selbst in der Hack- und Erntezeit, eingehalten wurde.

Die Anrufung der Heiligen war damals weit verbreitet. Als Viehpatrone verehrte man die hl. Nothelfer Leonhard, Wendelin und in dem zur Pfarrei gehörigen Grashausen zusätzlich den hl. Dionysius. Der hl. Florian schützte vor Feuer- und Wasserschaden, die Pestpatrone Sebastian und Rochus rief man in Krankheiten an, als Geburtshelfer Philomena, bei Halsweh Blasius und bei Zahnschmerzen Apollonia. In ganz verzweifelten Lagen wandte man sich an Judas Thaddäus. Um einen guten Tod bat man den hl. Joseph, aber auch die hl. Barbara und Therese von Lisieux. Viele Bauern klebten auch hin und wieder, wenn sie die Notwendigkeit sahen, sogenannte Schutzzettel an die Stalltüren mit der Aufschrift: „St. Wendeline et Leonarde orate pro nobis."[30]

Zur Zeit des Wirkens Riegers in Mindelstetten war das Vereinsleben hier noch sehr gering. 1893 wurde bekanntlich der radikal-politische Bauernbund von dem bekannten bayerischen Patrioten Dr. Johann Baptist Sigl[31], Herausgeber der preußenfeindlichen Zeitung „Bayerisches Vaterland", dem katholischen Priester und namhaften Sozialtheoretiker Dr. Georg Ratzinger[32] und dem Arzt Dr. Albert Gäch[33] gegründet. Der in Mindelstetten tätige Bauernbund war hingegen völlig unpolitisch und lediglich eine Vereinigung von Bauern mit gleicher

30 Holzgartner a. a. O. S. 108.

31 Johann Bapt. Sigl, geb. 27.03.1839 in Ascholtshausen als Sohn eines Bauern. Nach Studium der Philosophie, der Theologie und der Jurisprudenz zunächst Mitarbeiter mehrerer bayer. Zeitungen. Seit 1865 fester Mitarbeiter des „Patriotischen Volksboten" und des „Straubinger Tagblatts". 1866 Kriegsberichterstatter in Böhmen anlässlich des Krieges Österreichs und der süddeutschen Staaten gegen Preußen. Vermutlich durch den herannahenden Verlust der bayerischen Souveränität infolge des Kriegsausgangs gründete er die patriotische Zeitung „Bayerisches Vaterland", die er prägte. Nie gab er Bayerns Unabhängigkeit verloren. „Wir können nicht wollen, dass Fremde über uns gebieten und dass unser König nicht mehr König sei. [...] Wir wollen ebenso einen freien König, wie wir ein freies selbständiges Bayern wollen." Er starb am 09.01.1902 in München. – Vgl. Sigl, Rupert (Hrsg.), Dr. Sigl. Ein Leben für das Bayrische Vaterland, Rosenheim o. J. – Hochberger, Anton, Der bayerische Bauernbund 1893–99 (Schriftenreihe zur bayer. Landesgeschichte Bd. 99), München 1991, S. 50ff. – Bosls Bayerische Biographie. 8000 Persönlichkeiten aus 15 Jahrhunderten, hrsg. v. Karl Bosl, Regensburg 1983, S. 728.

32 Dr. Georg Ratzinger, geb. 03.04.1844 in Rickering bei Deggendorf als Sohn eines Bauern; Pr.-W. 1867 in München; abwechselnd in der Seelsorge tätig, zuletzt 1885–88 als Pfarrer in Günzelhofen; seit 1875 mit Unterbrechungen Mitglied der Patriotenpartei, Mitglied des Bayer. Landtags und später des Reichstags; dann Mitbegründer des Bayer. Bauernbundes und dessen Abgeordneter; zuletzt fraktionsloser Volkswirt; er starb am 03.12.1899 in München. Ratzinger – Großonkel

Gesinnung. Ihre Tätigkeit beschränkte sich auf den sogenannten Bauernjahrtag, den sie nach einem feierlichen Gottesdienst im Wirtshaus feierten. Außerdem wurde für jedes verstorbene Mitglied eine hl. Messe bestellt. Die Gründung des Mindelstettener Bauernbundes geht auf das Jahr 1878 zurück.

Beim Bauernjahrtag am 14. Jänner 1896 kam es zu einem Eklat. Der damalige Pfarrer Johann Baptist Lindl[34] verweigerte den Bauern die hl. Messe, weil sie bei der anschließenden Veranstaltung auf die Tanzmusik nicht verzichten wollten. Dabei kam es bei einem Teil der Bevölkerung des Ortes zu einer Verstimmung gegenüber dem Pfarrer, was sogar das Bischöfliche Ordinariat in Regensburg beschäftigt hat. Lindl setzte sich aber schließlich durch, und beim Bauernjahrtag am 19. Jänner 1897 unterblieb die Tanzmusik. Wahrscheinlich hat er wegen der Auseinandersetzung die Pfarrei Mindelstetten verlassen.

Als Gegengewicht zum politischen Bauernbund wurde Dank der Bemühungen des Kleinbauern Franz Xaver Kraus, unterstützt von seinem Sohn Johann Evangelist, beide wohnhaft in Mindelstetten Haus-Nr. 22, 1893 der christliche Bauernverein gegründet. Ausgehend von Tuntenhausen besteht dieser Standesverein, mit Ausnahme der Zeit des NS-Regimes, bis heute.

Zum Wohl der Bevölkerung entstand 1909 auf Anregung Riegers hin der „Mindelstettener Darlehenskassen-Verein". Bei der Gründungsversammlung am 2. Juli 1909 übernahm Rieger die Rechnungsstelle, als Vorstand wurde Lehrer Joseph Wittmann gewählt.[35]

Eine weitere Vereinigung bildete die Freiwillige Feuerwehr Mindelstetten, deren Mitglieder zu zahlreichen Einsätzen gerufen wurden. So brannten 1908 das Anwe-

von Papst Benedikt XVI. – gehört zu den bedeutendsten kath. Sozialreformern des 19. Jhs. und Kämpfer gegen die Auswüchse des Kapitalismus. – Vgl. Kosch, Wilhelm, Das Katholische Deutschland. Biographisch-bibliographisches Lexikon, 4 Bde., Augsburg 1933, S. 3802 – Hochberger a. a. O. S. 52ff. – Bosls Bayerische Biographie. Ergänzungsband, S. 139. – Kirchinger, Johann/Schütz, Ernst, Georg Ratzinger. Ein Leben zwischen Politik, Geschichte und Seelsorge (1844–1899), Regensburg 2008.

33 Dr. Albert Gäch, geb. 27.12.1852 in Schwarzach bei Bogen als Sohn eines Schuhmachers; Medizinstudium, unterstützt von seinem Onkel, dem Stadtpfarrer von Nabburg, in Prag, Wien, Berlin und Würzburg; seit 1878 praktischer Arzt in Schwarzach; Mitbegründer des niederbayerischen Bauernbundes; zunächst Mitglied des Distriktrats Bogen, dann von 1899–1905 Mitglied des Bayer. Landtags; Datum und Ort seines Todes sind nicht eruierbar. – Vgl. Hochberger a. a. O. S. 49f.

34 Gen.-Sch. d. B. Rgsb.: Johann Bapt. Lindl, geb. 27.01.1847 in Kätzelsried, Pfarrei Thanstein; Pr.-W. 07.06.1874; 03.1883 Expositus auf dem Dreifaltigkeitsberg; 12.1888 Pfarrer in Schwarzach; 09.1892 Pfarrer von Mindelstetten; 06.1897 Pfarrer in Niederumelsdorf (?); 01.1904 Pfarrprovisor in Langquaid; 11.1905 Pfarrer in Ursulapoppenricht; 09.1919 Kommorant in Wiesent; † 13.02.1923.

35 Joseph Wittmann, geb. 06.09.1849 in Meidenried bei Neuburg v. W.; nach Ausbildung im Lehrerseminar in Eichstätt von 1866–68 Schulgehilfe in Nittenau, dann Verweser in Neumarkt und in Roding; 1873 Anstellungsprüfung und anschließend Lehrer in Heuberg, Lambertsneukirchen, Pettenreuth und schließlich als Lehrer, Mesner und Organist in Mindelstetten; am 01.04.1920 pensioniert, † am 19.06.1933 in Neustadt a. d. D. – Holzgartner a. a. O. S. 238.

sen Nr. 15 und 1917 das Anwesen Nr. 49 ab. Am Rosenkranzfest 1919 brannte in Imbath ein Haus ab. Am 17. Mai 1922 ging über Mindelstetten ein heftiges Gewitter nieder. Durch Blitzschlag wurde der Stadel des Bauern Sebastian Rottenkolber (Haus-Nr. 21) samt Schafstall, Wagen und Holzremise eingeäschert. Schon wollte die Feuerwehr nach dem Löschen abrücken, als auch die etwa 300 Meter entfernte Metzger-Scheune (Haus-Nr. 40) des Michael Holzapfel Feuer fing und gelöscht werden musste. Am 29. September 1923 abends gegen 22 Uhr brach in dem ganz aus Holz errichteten Stadel des angesehenen Bauern Johann Schoberer (Haus-Nr. 19) ein Brand aus, dem die ganze Ernte, Körnerfrüchte und Heu sowie fünf Schafe und die erst kürzlich erworbene Dreschmaschine zum Opfer fielen. Wegen eines schadhaften Kamins brannte am 7. Juli 1924 das Anwesen Haus-Nr. 64 völlig ab. Aus unbekannten Gründen wurde der vor dem Stadel stehende Dreschwagen des Max Rottenkolber (Haus-Nr. 38) ein Raub der Flammen, und zwar am 14. September desselben Jahres.[36]

Eine besondere Bedeutung erlangte der „Krieger und Veteranenverein Mindelstetten". Im Jänner 1919 versammelten sich 83 Veteranen aus der Pfarrei, um den Verein zu gründen.[37]

Das Jahr 1919 war für das bayerische Volk und Vaterland eine überaus schwere Zeit. Die Revolutionsereignisse vom 7. November 1918 hatten zur handstreichartigen Eroberung der Regierungsmacht und dem kampflosen Zurückweichen der königlichen Staatsorgane geführt. Fassungslos stellte man sich damals die Frage: Wie war es möglich, dass ein Volk, dessen Königstreue sprichwörtlich gewesen ist, auf den Ruf eines landfremden Schriftstellers, nämlich Kurt Eisner, zudem noch aus Berlin kommend, über Nacht und ohne Blutvergießen seinen König Ludwig III. in die Verbannung ziehen ließ und Bayern Republik werden konnte? – Gewiss, den Umsturz hatte eine in ihren Zielen unmissverständliche Agitation längst vorbereitet. Krone und Altar standen den extremen linken und rechten Umstürzlern seit jeher im Wege. Nun kamen zunächst die Linken zum Zug. Die Französische Revolution von 1789 hatte nun auch Bayern erreicht.

Kein Geringerer als der große Erzbischof von München und Freising, Michael Kardinal von Faulhaber, hat die Revolution von 1918 als das bezeichnet, was sie ist und für alle Zeiten bleiben wird. Er sagte wörtlich: „Die Revolution war Meineid und Hochverrat und bleibt in der Geschichte erblich belastet und mit dem Kainsmal gezeichnet!"[38] Dem ist nichts hinzuzufügen.

Das bayerische Volk stand fassungslos und deshalb gelähmt vor den Trümmern seines geliebten Königreiches, nahm sein „Schicksal" geduldig hin und brachte

36 Holzgartner a. a. O. S. 46.

37 Ritter, Emmeram H., Vor 70 Jahren: Fahnenweihe des Krieger- und Veteranenvereins Mindelstetten, in: „AS-Brief" Nr. 15, Juli 1989.

38 Akten Kardinal von Faulhabers 1917–1945. I. Teil: 1917–1934, bearbeitet von Ludwig Volk, Mainz 1975, S. 278f., Nr. 127 (Fußnote).

leider, durch die schrecklichen Kriegsjahre ohne Kraft, nicht den Mut auf, die so segensreiche Staatsform der Monarchie mit Entschiedenheit zu verteidigen.

Doch gerade in den Dörfern des Landes rührte sich damals bereits wieder bayerischer Patriotismus, wohlgemerkt nicht Nationalismus, der dem bayerischen Menschen ohnehin fremd ist. So auch in Mindelstetten.

Nachdem auch hier ein Krieger- und Veteranenverein gegründet worden war, wurde die Anschaffung einer Fahne beschlossen. Wer die soziale Not dieser Zeit kennt oder studiert hat, kann nur in ehrfürchtigem Staunen dieses Unternehmen begreifen. Anna Schäffer wurde nun als geschickte Zeichnerin gebeten, die Fahne zu entwerfen. Nach ihren Angaben und Vorzeichnungen gab man die Vereinsfahne bei der Fahnenstickerei Auer in München in Auftrag.

Interessant ist dabei das Aussehen der Fahne: Eingerahmt von bayerischen Rauten – in den Ecken die Jahreszahlen 1919 und 1938/45 – letzte Jahreszahl nach dem Zweiten Weltkrieg hinzugefügt – sowie in den unteren Ecken rechts das Malteser-Kreuz, links das Eiserne Kreuz – befindet sich in der Mitte auf blauem Grund das große bayerische Staatswappen. Darüber die Inschrift: „Für Gott, für Volk und Vaterland". Unter dem Wappen die Inschrift auf einem Schriftband: „In Treue fest!" Auf der Rückseite ist zu sehen: Eingerahmt von bayerischen Rauten – in den Ecken die Jahreszahlen 1914/15, 1916, 1917 und 1918. In der Mitte befindet sich ein gesticktes Bild. Es zeigt einen Franziskanerpater, der einen unter einem Baum liegenden sterbenden Krieger segnet bzw. ihm die Absolution spendet. Im Hintergrund die Patrona Bavariae, auf einer Wolke sitzend über dem Dorf Mindelstetten.

Nach Fertigstellung der Fahne wurde sie am Sonntag, den 31. August 1919 in der Pfarrkirche feierlich geweiht. Rieger trug in sein Verkündbuch ein: „Sonntag begeht der Krieger- und Veteranenverein Mindelstetten-Imbath das Fest der Fahnenweihe. Es ist in Mindelstetten um 10 Uhr die Segnung der Fahne mit Ansprache, hernach Festgottesdienst."[39]

Auch Anna Schäffer erlebte an diesem Tag eine große Freude. In einem Brief vom 10. September 1919[40] schildert sie ihrer Freundin, der Pfarrhaushälterin Anna Bortenhauser in Pilsting, das Ereignis: „[...] Am vergangenem Sonntag vor acht Tagen war hier Fahnenweihe, dazu habe ich so viele Rosen und Schleifen gemacht, dass ich bis zum Fest selber ganz fertig war, denn wegen der vielen Erntearbeiten hatten ja viele keine Zeit dazu, dass sie's selber gemacht hätten. So ungefähr 20 Vereine waren hier. Als an jenem Feste nachmittags die Vereinsfahnen wieder alle fort waren, dann sind's auch mit dem Festzug und unserer Kriegsfahne zu mir hergezogen und ließen mir die Kriegsfahne sehen. Die Fahnenbraut und einige Festjungfrauen, der Fah-

39 BKR III. Abt. CAS: Verkündbuch der Pfarrei Mindelstetten. 24.9.1911–24.4.1921 (in Hinkunft: VdPM), 31.08.1919.

40 Ritter, Emmeram H., „Im Leiden habe ich Dich lieben gelernt!", Die Schriften Anna Schäffers, Regensburg 1999, Brief Nr. 70, S. 195.

nenjunker, 2 Vorstände und 4 Krieger sind zu mir ins Zimmer rauf mit der Fahne und ließen mir dieselbe sehen; und der andre Festzug, blieb derzeit unten am Hause stehen und die Musik musste mir ein Lied: „die Elternliebe“ spielen, bis sie wieder mit der Fahne runter kamen. Der Herr Wachtmeister und noch mehrere haben dies angeordnet und wollten mir hierdurch eine Freude machen! Ich wusste es aber schon einige Tage zuvor, dass sie dies tun wollten, das scheint, muss besonders den Kinder gefallen haben, denn am Montag kamen so ungefähr 20 Kinder (die ja auch Fahnenweihe spielten) zu mir herauf und ließen mir ihre Fahne sehen! Fünf von den Kindern sagten auch ganz schöne Gedichte, die sie auch von den andren erlernten, die welche am Feste selbst vortrugen. Und da wollten sie halt alles nachmachen und mich freute es ja von den Kindern sehr! Zum Schluss hab ich dann ihnen von Seidenpapier ein Fahnenband gewidmet und die Freude die sie dann hatten, die sollst gesehen haben.“

Der Krieger- und Veteranenverein blieb auch in den folgenden Jahren Anna in Dankbarkeit verbunden. An ihrer Beerdigung am 8. Oktober 1925 nahm auch der damalige Vorstand des Vereins, Joseph Riedensammer, der Fahnenträger Max Bortenhauser sowie die Fahnenbegleiter Johann Schweiger und Nikolaus Wiesinger mit der Fahne teil.[41]

Kaum hatte Rieger die Pfarrei Mindelstetten übernommen, wurde sein Augenmerk auf ein besonders braves, frommes und aufgewecktes Mädchen, von allen „Schreiner Nandl“ gerufen, gelenkt. Er selbst berichtet darüber folgendes: „Als ich im Oktober 1897 die Pfarrei Mindelstetten antrat, war Anna Schäffer ein Mädchen von 16 Jahren, dem der Vater von mehreren Geschwistern hinweg gestorben war. Die Mutter, eine stille fromme Frau, suchte mit den Kindern in Armut die Schreinerei fortzuführen. Der Vater selbst war gut gestorben. Die Anna besuchte noch die freiwillige Christenlehre und so lernte ich das talentierte Mädchen kennen. Ich brachte dasselbe nach Landshut in einen Dienst, allein es gefiel ihr nicht und sie fand einen Dienstplatz bei einer Forstmeistersfamilie in Stammham, die protestantisch war. Bald sollte sich des Mädchens Jugendtraum erfüllen, dass es zum Leiden bestimmt sei. Es war die erste Gottesgnade, um das Kind vor Elend zu bewahren, dass die Anna Schäffer beim Waschen aus Unvorsichtigkeit auf einen Deckel eines siedenden Laugenkessels stieg und in den Waschkessel fiel, und sich dadurch schrecklich die beiden Füße bis zum Knie verbrannte [...] Man führte sie bei strenger Kälte ins Krankenhaus nach Kösching, wo sie falsch behandelt wurde. Ein Vierteljahr war die Verunglückte dort im Krankenhaus, wo das Leiden bei der zwecklosen Behandlung des Arztes entsetzliche Schmerzen, wiederholte Todesgefahr brachte und sich immer mehr vergrößerte. Ins arme Elternhaus nach Mindelstetten heimgebracht, suchte der Arzt von Pförring in verschiedenen Hei-

41 06.03.1989: Brief des Alt-Bürgermeisters von Mindelstetten, Michael Holzapfel an E. H. Ritter.

lungsversuchen die Brandwunden zu heilen mit Schneiden, Brennen, Auskratzen, Hautüberlegen, Salben, wobei die Schmerzen fürchterlich waren und nur Betäubungen die Behandlung ermöglichten. Die arme Unglückliche konnte eine Invalidenrente von monatlich neun Mark erhalten und Heilungsversuche in der Universitätsklinik in Erlangen. Aber auch hier waren die schmerzlichsten Versuche zur Heilung gemacht worden ohne Heilungsergebnisse und die Kranke wurde heimgeschickt […].“[42]

Als sich Anna im Spätherbst bzw. im beginnenden Winter 1901 in der Erlanger Universitätsklinik befand, sandte ihr Rieger zu Beginn der Adventszeit einen Brief. Er ist das erste Dokument, das einen Einblick in sein geistliches Leben, in sein Denken gewährt, vor allem aber beweist, dass er bereits zu dieser Zeit mit der Seelenführung begonnen hat. Und nun der Inhalt des Schreibens:

> „Vielgeprüfte Anna! – Zunächst spreche ich Dir noch meinen besten Dank aus für Deine Gratulation zu meinem Namenstag! Jedes mal vernehme ich mit innigster Teilnahme Deine Nachrichten über Dein Befinden. Ich freue mich zu hören, dass es Dir gut geht und wünsche aus ganzem Herzen, Du mögest vollkommen hergestellt werden. Ich bete zum göttlichen Herzen Jesu täglich beim Hl. Messopfer um seinen Segen für Dich; ich bitte die hl. Rosenkranzkönigin um ihre Fürbitte für Dich.
>
> Gott sei gedankt! Du hast noch Dein Vertrauen auf die göttliche Vorsehung. Gewiss ist es: ‚Nichts geschieht von ungefähr. Von Gottes Hand kommt alles her. Und was er will und was er thut, ist uns zum Heil und ewig gut!‘
>
> Der allmächtige Gott sorgt auch für Dich und gerade denen, welche Gott lieb hat, schickt er Prüfungen. Diese sind so etwas glückliches, dass der hl. Paulus schreibt: ‚Die Leiden dieser Welt sind nicht zu vergleichen mit der Herrlichkeit, welche Gott denen bereitet, die ihn lieben.‘ Wie glücklich bist Du auch in Deiner Gottergebenheit hienieden schon? Wie viele Mädchen Deines Alters sind schon auf Erden unglücklich trotz ihrer Gesundheit; wie manche sogar schon in ihrer Verzweiflung ewig tot. Welch reiche Verdienste kannst Du Dir dagegen für die Ewigkeit sammeln und für diese Welt lass nur den lieben Gott und unsere heiligste Mutter Maria sorgen!
>
> Was in meinen Kräften steht, werde ich thun, um Dir jederzeit behilflich zu sein. Bei Deiner guten Mutter ist alles wie sonst. Der Michl macht sich jetzt wieder besser.
>
> In Mindelstetten selbst gibt es keine Neuigkeiten; vielleicht kannst Du bald wieder unser Pfarrdorf sehen und durch dasselbe springen, aber nicht tanzen, wie es manche Deiner Mitschülerinnen thun. Ich sende Dir anbei ein Bild zu

42 BKR III. Abt. CAS: 04.02.1929 Mindelstetten: Leidensbericht über Anna Schäffer von Karl Rieger.

Deinem Troste und nebenbei den Notburga-Kalender für 1902. Möge dieses Jahr all Deine Wünsche auf Erden und für den Himmel erfüllen!
So will ich Dir noch versichern, dass ich Dich täglich ins heilige Messopfer, ins priesterliche Breviergebet und in meine Privatgebete, besonders dem hl. Rosenkranz einschließe. Ich denke Du wirst auch noch Deinen Glaubensmut haben und Dich vor anderen dessen nicht fürchten und manchmal unser gedenken.
Mit den besten Wünschen und Grüßen von Deinen Angehörigen, meiner Mutter und Cousine Elis und von mir, verbleibe ich Dein besorgter Pfarrer Carl Rieger."[43]

So kann nur ein Priester sprechen, der sich Christus, dem Guten Hirten, zutiefst verbunden fühlt und in seiner Nachfolge die ihm anvertrauten Seelen zu führen und zu umsorgen sucht. Rieger dürfte schon damals erkannt haben, was 64 Jahre später in der Schlussbotschaft des 2. Vatikanischen Konzils vom 8. Dezember 1965 zum Ausdruck gebracht wurde: „Die einzigmögliche Wahrheit auf das Geheimnis des Leidens zu antworten und den Kranken und Leidenden eine Erleichterung ohne Illusion zu bringen, das ist der Glaube und die Zuversicht auf den Schmerzensmann Christus. Gerade die Kranken und Leidenden sind die Brüder und Schwestern des leidenden Christus und mit ihm retten sie – wenn sie wollen – die Welt." Diese Gedanken dürften für Rieger die Grundlage gebildet haben, um den Sinn menschlichen Leidens zu verstehen, zu interpretieren. Die Menschen sind gefordert, daraus zu lernen, nämlich: Der Mittelpunkt der Theologie und des religiösen Lebens muss in das Leid hineinverlegt werden. Kirche und Welt sind nicht zu retten durch neue Organisationsformen, durch theologische Spekulationen, durch Experimente und Theorien, sondern durch Opfern und geduldiges Leiden und die dadurch sich vollziehende Vereinigung mit dem geheimnisvollen Christus.

Der so gütige und trostvolle Brief vom 4. Dezember 1901 an sein schwer leidendes Pfarrkind in der Erlanger Klinik kam nicht von ungefähr. Anna war ein Marienkind. Im Alter von 16 Jahren hatte sie sich feierlich der Gottesmutter geweiht. Sicher war sie durch ihren Seelsorger dazu angeregt worden, der den jungen Mädchen, die als Mägde oder Dienstmädchen ihr Brot verdienen mussten, diesen Weg gezeigt hat. Die von Anna unterzeichnete vorgedruckte „Angelobungs-Formel" ist als bedeutsames Dokument ihrer Frömmigkeit erhalten geblieben. Sie lautet: „Heilige Maria! Mutter Gottes! Ich Anna Schäffer von Mindelstetten erwähle Dich heute zu meiner Schutzfrau und Fürsprecherin, und nehme mir kräftig vor, Dich nie zu verlassen; auch will ich niemals zugeben, dass von meinen Untergebenen wider Dich oder Deine Ehre etwas gethan oder geredet werde. Ich bitte dich daher recht innigst, nimm mich zu Deinem ewigen Diener an und steh mir bei in allem meinen

43 BKR III. Abt. CAS: 04.12.1901 Mindelstetten: Rieger an Anna Schäffer.

Thun und Lassen, absonders aber verlasse mich nicht in der wichtigen Stunde meines Hinscheidens! Amen! Mindelstetten 1898."[44]

Rieger war in der Adventszeit 1901 von großen Sorgen erfüllt. Schon einer seiner Vorgänger, Pfarrer Benno Steiger (1878–1889), hatte sich mit dem Gedanken einer Vergrößerung der Pfarrkirche getragen, welche die zunehmende Seelenzahl bzw. die der Gottesdienstbesucher nicht mehr fassen konnte. Steiger ist übrigens die Erweiterung der Filialkirche in Hiendorf und, wie bereits erwähnt, die Einführung der Maiandacht zu verdanken. Allein in Mindelstetten, sei es aus finanziellen oder anderen Gründen, war nichts geschehen. Nun griff Rieger diesen Plan wieder auf. Er dachte zunächst nur an eine Erweiterung. Am 10. Dezember 1901 erhielt er vom Bezirkstechniker Tuffentsamer von Beilngries – heute würde man Kreisbaumeister sagen – entsprechende Pläne. Woher sollte aber Rieger die veranschlagten 20.000 Mark, nicht gerechnet Hand- und Spanndienste, nehmen?

Die Bewohner von Mindelstetten und Hiendorf waren zum überwiegenden Teil nicht gerade reich; sie lebten zumeist, wie bereits erwähnt, an der Grenze zwischen dem Auskommen in damals gewohnter Anspruchslosigkeit und bäuerlicher Wohlhabenheit; sie mussten schwer arbeiten, um ihre großen Familien ernähren zu können. Konnte und durfte er diesen Menschen die Belastungen der Kirchenerweiterung aufbürden? Freilich, sie erschien in Anbetracht der stetig wachsenden Pfarrgemeinde notwendig. 1860 betrug die Seelenzahl noch 414[45], 1908 bereits 533[46], obwohl die Filiale Harlanden inzwischen ausgepfarrt worden war. Die kleine alte Dorfkirche mit sieben Meter Breite und einundzwanzig Meter Länge, das Presbyterium einbezogen, bot wirklich nicht mehr genügend Platz.

Der erste Plan sah vor, die Kirche gleichsam im rechten Winkel umzudrehen und sie nach Süden zu, gegen das Schulhaus hin zu verlegen, unter Belassung des Turmes und der Nordmauer. Aus welchen Gründen auch immer, vorderhand geschah nichts. Zwei Jahre später wurde ein neues Projekt erörtert: man wollte die Pfarrkirche nördlich und südlich erweitern. Turm und Presbyterium sollten erhalten bleiben. Aber auch diese Planung kam nicht zur Ausführung.[47]

Nachdem die Pläne des Beilngrieser Bezirksbautechnikers Tuffentsamer entweder nicht entsprachen oder sich als undurchführbar erwiesen, genau wissen wir das nicht, übergab Rieger die Angelegenheit dem bedeutenden Regensburger Architekten Heinrich Hauberrisser. Er war – 1872 in München geboren – der Sohn des über die Landesgrenzen hinaus berühmten Architekten, Prof. Georg Joseph Ritter von

44 BKR III: Abt. CAS K. 9, Nr. 1: Die Angelobungsformel mit einer Randleiste umgeben stammt aus dem Jahre 1841. Rieger hat die Jahreszahl handschriftlich in „1898" umgewandelt. – Ritter a. a. O. S. 55.

45 Matrikel des Bistums Regensburg. Nach der allgemeinen Pfarr- und Kirchenbeschreibung von 1860. Regensburg 1863, S. 282. Die Seelenzahl teilt sich wie folgt aus: 256 (45 Häuser) in Mindelstetten, 128 (19 Häuser) in Hiendorf, 30 (4 Häuser) in Harlanden.

46 Schematismus der Geistlichkeit des Bistums Regensburg f. d. Jahr 1908, S. 69.

47 Holzgartner a. a. O. S. 246.

Hauberrisser (1841 Graz – München 1922), der neben zahlreichen anderen Werken das herrliche neugotische Rathaus in München erbaut hat und als letzter großer Meister der Neugotik in die Kunstgeschichte eingegangen ist. Zu Heinrich Hauberrissers Werken in Regensburg sind vor allem zu nennen das ehemalige Kloster St. Fidelis, das Institut der Englischen Fräulein und die Pfarrkirche St. Josef-Reinhausen.[48] Wahrscheinlich hat das Bischöfliche Ordinariat Regensburg den Architekten empfohlen.

Nachdem Heinrich Hauberrisser am 15. Juni 1904 eine Skizze vorgelegt hatte, die den Wünschen Riegers und der Kirchenverwaltung entsprochen hat, wurde der Abbruch des alten Gotteshauses, „welches absolut nichts Erhaltenswertes an sich hat“, wie es im Protokoll vom 18. Juli 1904 heißt, beschlossen. Zugleich entschied man sich für den Neubau der Pfarrkirche nach den Plänen Hauberrissers unter Einbeziehung des alten romanischen Turms, der ehedem den quadratischen Chor enthielt. Als Baustil wurde der gotische in einfachen Formen gewählt. Die Grundrissanlage sah einen einschiffigen Bau vor mit 215 Sitzplätzen und 88 Stehplätzen. Links vom nunmehr gewesteten Presbyterium sollte die Sakristei, östlich, an den Turm anschließend, eine Rosenkranzkapelle angebaut werden. Der Kostenvoranschlag vom 30. Juli 1904, der aber dann doch nicht ganz eingehalten werden konnte, belief sich auf 30.585,80 Mark, eine gewaltige Summe für die damalige Zeit, die Rieger mit Gottes Hilfe aufzubringen hoffte.[49]

Nun hieß es Abschied nehmen vom alten vertrauten Kirchlein, in dem Anna getauft worden war, ihre erste heilige Beichte abgelegt und die erste heilige Kommunion empfangen hatte. Ob sie wohl von Wehmut erfüllt wurde, als sie in der Krankenstube ihres Elternhauses (Mindelstetten Haus-Nr. 8; heute „Anna-Schäffer-Straße 8“) von dem großen notwendigen Bauvorhaben erfuhr? Es ist anzunehmen, dass die Selige Zeugin war, als das alte Gotteshaus im April 1905 abgebrochen wurde.

Hier sei gestattet, einen kurzen Überblick bezüglich der Geschichte der Pfarrkirche zu bringen. Aus einer Urkunde vom 7. Oktober 1244 – im Besitz des Ordinariatsarchivs Eichstätt – geht hervor, dass sich im Auftrag des Bischofs Friedrich von Parsberg (1236–1237)[50] in Mindelstetten („Mundilstatt“) ein Pfarrer mit Namen Henricus befunden hat. Daraus ist zu schließen, dass es hier bereits eine Pfarrkirche gegeben hat. Die heute noch erhaltene romanische mächtige Turmbasis lässt auf den

48 Heinrich Hauberrisser hat allein im Bistum Regensburg später nicht weniger als 29 Objekte, darunter zahlreiche Pfarrkirchen erbaut. Die von ihm für sich erbaute „Hauberrisser-Villa“ in Regensburg, Württembergstr. 4, wurde nach dem Zweiten Weltkrieg von amerikanischen Soldaten annektiert, wodurch zahlreiche Zeichnungen und Entwürfe, auch die seines Vaters leider verloren gegangen sind. – Vgl. Huber, Brigitte, Das neue Rathaus in München. Georg Hauberrisser und sein Hauptwerk, München o. J., S. 223.

49 Holzgartner a. a. O. S. 252–254.

50 Gatz, Erwin, unter Mitwirkung von Clemens Brodkorb (Hrsg.), Die Bischöfe des Heiligen Römischen Reiches 1198 bis 1448. Ein biographisches Lexikon, Berlin 2001, S. 154.

Kirchenbau schließen. Nach einer gotischen Umgestaltung um 1400, von der noch Fenster im Turm zeugen, fand 1433 zur Zeit des Regensburger Bischofs Konrad VII. von Soest (1428–1437) die Weihe statt. Im Visitationsbericht von 1559, als Bischof Georg Marschalk von Pappenheim (1548–1563) dem Bistum Regensburg vorstand, wird das Gotteshaus als baufällig bezeichnet. Auf den Umbau im gotischen Stil weist auch eine kleine Skulptur – ein bärtiger Mönch – hin, die sich heute im Vorhaus der Pfarrkirche befindet, wie auch die gotischen Fenster im Turm. Vermutlich verhinderte der Dreißigjährige Krieg nach der Visitation von 1689/90 die Beseitigung der schweren Schäden, die festgestellt wurden. Bis zum großen Dorfbrand von 1692 führte man keine größeren Reparaturen aus. Erst im Herbst 1706 erfolgte ein Umbau und die Barockisierung des Gotteshauses. Ein Jahr später fand die Konsekration des Hochaltars statt. Damals saß auf dem Stuhl des hl. Wolfgang Bischof Joseph Clemens Herzog in Bayern (1685–1715). Das Kirchenschiff zeigte sich nun nach Westen verlängert und das neuerbaute Presbyterium beherbergte den Hochaltar und die beiden Seitenaltäre. Als 1827 das Gewölbe einzustürzen drohte, ersetzte man einfach das barocke Steingewölbe durch eine leichtere Weißdecke mit drei Hängesäulen und Durchzug sowie Hohlkehlen zu den Seitenwänden. Damit die Kirche mehr Licht erhielt, wurden die Fenster vergrößert.[51]

In diesem Zusammenhang ist auch der Visitationsbericht von 1830 von Interesse. Anlässlich der Visitation des Rural-Kapitels[52] Pförring vom 28. September bis 2. Oktober, kam der gottesfürchtige und weithin bekannte Regensburger Weihbischof Dr. Dr. h. c. Georg Michael Wittmann, der als Generalvisitator der Diözese wirkte, auch nach Mindelstetten. Sein Bericht lautet: „Mindelstetten mit 376 Seelen. Pfarrer H. Franz Xaver Stadler[53] geb. 1772 zugleich Distriktsschulinspektor. In seinen 10 Distriktsschulen hat er die Wahl des Katechismus den H. H. Pfarrern überlassen, und klagt, dass er für die Schulen nicht viel leisten kann, weil Landgerichte und Regierung seinen Bitten nicht entsprechen, Patrimonialgerichte aber mit Geldstrafen die Sache noch ärger machen. Die Sittlichkeit erscheint hier schlecht; unter 16 Täuflingen finden sich 4 Uneheliche; im vorigen Jahre hatte er nur 11 Taufen und unter diesen 11 Kindern waren 6 uneheliche. Jedoch die Schule mit 40 Kindern wie auch die Feyertagsschule wird fleißig gehalten. In der Kirche geht ein altare portatile ab. Das Baptisterium und Sacrarium waren nicht verschlossen, und im Sacrario geht das vorschriftsmäßige innere Gitter ab. Die Pfarrbücher sind zwar eingeschrie-

51 Holzgartner a. a. O. S. 248. – Vgl. Luderböck, Xaver, St. Nikolaus Mindelstetten, Regensburg 2000, S. 2ff.

52 Ritter, Emmeram H., Weihbischof Georg Michael Wittmann als Generalvisitator für das Bistum Regensburg, Regensburg 1992, S. 86.

53 Gen.-Sch.: Franz Xaver Stadler, geb. 12.04.1772 in Kelheim; Pr.-W. 23.09.1798; 1813 Expositus in Prunn; 04.1815 Pfarrer in Mindelstetten; 1833 Benefiziat in Altmannstein; † 14.12.1841. – Holzgartner a. a. O. bemerkt: „Die zur Pfarrei gehörige Ökonomie mit 58,77 Tagwerk hatte Stadler für jährlich 140 fl. verpachtet. Durch 13 Schauerschläge erlitt er große finanzielle Einbußen."

ben, aber die von den unehelichen Müttern angegebenen Kinds-Väter hat er nicht notiert. Die häuslichen Umstände dieses Mannes sind zur Gant geeignet. Er hat totalen Schaden erlitten, und der Pfarrhof fällt nächstens ein; er muss aber vom Pfarrer gebaut werden, weil der Pfarrer Decimator ist. Erspartes hat er nichts; seine ehemalige Köchin hat zu ihrer Verheurathung das Haus ziemlich ausgeleert, und weil es mit ihrer Wirtschaft nicht gut geht, hat sie immer noch weitere Nachhohlungen verlangt."[54]

Da die Pfarrkirche durch die Veränderungen von 1826/27 zum Teil profaniert worden war, wurde sie 1836 von Bischof Franz Xaver von Schwäbl (1833–1841) zu Ehren des hl. Nikolaus neu konsekriert. Da die Reliquien im Hochaltar völlig zu Staub zerfallen waren, brachte der Bischof Reliquien der Heiligen Simplizius, Vincentius, Urbanus, Urbana, Victoria und Tranquilinia mit, um sie in den Altar zu legen.

Im Frühjahr 1846 erhielt das Turmgemäuer wieder vier neue Frontispize und ein Spitzhelmdach. Ferner wurden in diesem Jahr weitere kleinere Veränderungen vorgenommen.

Nachdem Rieger am 28. April 1905 die oberhirtliche Genehmigung erhalten hatte, die feierliche Weihe und Segnung des „lapis primarius" nach der Ordnung der römischen Rituale durchzuführen, fand am 4. Mai 1905 die Grundsteinlegung statt. Es wurde ein Festtag für die ganze Pfarrei. Der Abbruch der alten Kirche war bereits vor der Karwoche begonnen worden. Die Gottesdienste hielt Rieger in dieser Zeit in den Filialkirchen oder in der Altöttinger Kapelle, auch „Kriegerkapelle" benannt.

Bereits am Pfingstsamstag, den 10. Juni 1905 konnte auf den Neubau der Pfarrkirche der Dachstuhl gehoben werden. Rieger schrieb in seinem Verkündbuch: „Es wurde am Donnerstag um 10 Uhr mit dem Aufzug der Balken begonnen und am Samstag Nachmittag 4 Uhr die Aufstellung vollendet. Diese Arbeit sowie alle bisherigen Arbeiten und Fuhrwerksleistungen wurden ohne Unfall mit Gottes Schutz geleistet. – Es haben seit Beginn des Baues täglich in der Altöttinger Kapelle mehrere Personen hiezu den Rosenkranz gebetet. Maria hat uns sichtlich zum Bau geholfen."[55]

Am 24. September 1905 verkündete Rieger beim sonntäglichen Gottesdienst feierlich seiner Gemeinde: „Nächsten Sonntag, am 1. Oktober, Fest des hl. Rosenkranzes. Mit diesem Tag ist die weihevolle Stunde gekommen, dass der Neubau unserer Pfarrkirche als abgeschlossen betrachtet werden kann [...] Auf dass sie jetzt schon in Gebrauch genommen werden kann, habe ich von Bischöflichen Gnaden die Vollmacht, am nächsten Sonntag die Kirche für die Darbringung des Hl. Opfers und Spendung der Hl. Sakramente und Aufbewahrung des Allerheiligsten zu benedizieren. – Um 7 Uhr geht die Anwesende Geistlichkeit in Prozes-

54 Ritter, Weihbischof G. M. Wittmann a. a. O. S. 86f.

55 Holzgartner a. a. O. S. 256.

sion zum Hauptportal. Dort wird unter Anstimmung des Asperges die äußere Kirchenmauer besprengt. Nach einem Dankgebet tritt die Prozession in die Kirche ein und wird am Hochaltar (er war während der Bauarbeiten im Turm verwahrt) die Allerheiligenlitanei gesungen und unter dessen Absingung die inneren Wände mit Weihwasser besprengt."[56] So dürfte es auch – eine andere Nachricht ist nicht überliefert – geschehen sein.

Ein gutes halbes Jahr später, am 20. Juni 1906, konsekrierte der Regensburger Weihbischof Sigismund Felix Freiherr von Ow-Felldorf (18.10.1855 Berchtesgaden – Passau 11.05.1936), der spätere viel gerühmte und beliebte Bischof von Passau (1906–1936)[57], die neuerbaute und inzwischen auch im Inneren ausgestattete Pfarrkirche.[58]

Der Tag, ein Mittwoch, gestaltete sich zu einem erhebenden Fest für Mindelstetten und Umgebung. Rieger berichtete im Verkündbuch: „Schon tagsvorher kam der hochwürdigste Weihbischof nachmittags in Mindelstetten an und wurde am Eingang des Ortes, der an allen Häusern Festesschmuck trug, durch die aufgestellten Triumphbögen in den Pfarrhof geleitet, nachdem derselbe von der Gesamtgemeinde erwartet durch den Herrn Bürgermeister, Herrn Pfarrer und der Schuljugend, welche geführt von Herrn Lehrer und Fräulein Schulgehilfin passende Gedichte vortrug, ehrfurchtsvoll begrüßt worden war. Am Abend bereitete die freiwillige Feuerwehr dem hohen Herrn eine kleine Ovation und gab durch das Mitglied, Herrn Ludwig Haller, der hohen Freude Ausdruck, dass Bischöfliche Gnaden dem Orte sogar die Ehre gaben, in dem einfachen Dorf zu wohnen. Wie schon beim Empfang, dankte der Herr Bischof für die ihm bereitete Ehre mit Worten, die ihm allseits die Herzen gewannen. Die Gunst des Himmels gewährte dem beschwerlichen Tage ein günstiges Wetter. – Morgens 8 Uhr [Mittwoch 20. Juni 1906] begannen die heiligen Zeremonien und endigten mittags 1 Uhr mit der Hl. Pontifikalmesse und die Firmung für die Firmlinge der Pfarrei, während welcher Zeit die erschienene Geistlichkeit und der Sängerchor Altmannstein die hl. Gesänge besorgte und das zahlreich versammelte Volk die beschwerlichen Zeremonien mit hl. Gebete begleitete. – Nach einer körperlichen Erfrischung inmitten der Hochw. Herrn Geistlichen, besuchte der Hochw. Herr Bischof in seiner bekannten Güte ein schon fünf Jahre lang schwer leidendes Dienstmädchen des Ortes, sowie das Schulhaus und wurde nochmals begrüßt, um 5 Uhr den sonst so stillen Ort verlassend. Der Hochwürdigste Herr gab wiederholt und auch bei der Predigt unter der Weihe seiner Freude Ausdruck über den Opfersinn der Bewohner und die schöne Kirche selbst."[59]

56 Holzgartner a. a. O. S. 257.

57 Gatz, Erwin, Die Bischöfe der deutschsprachigen Länder, 1785/1803 bis 1945, Berlin 1983, S. 550f.

58 Holzgartner a. a. O. S. 258.

59 Holzgartner a. a. O. S. 258. – Verkündbuch der Pfarrei Mindelstetten 1906, 20.06.1906.

Es kann mit Sicherheit angenommen werde, dass es sich bei dem erwähnten „leidenden Dienstmädchen“, das der Weihbischof besucht hat, um Anna Schäffer handelte. Wie wird sie über den hohen Besucher wohl gestaunt haben! Was sie miteinander gesprochen haben, der wegen seiner Güte, Frömmigkeit und Leutseligkeit bekannte Bischof und die „Schreiner Nandl“, weiß Gott allein. Überliefert wurde leider nichts.

Immer wieder stellt sich die Frage, wieso die Pfarrkirche Mindelstetten das Patrozinium des hl. Nikolaus besitzt. Dies geht mit Sicherheit auf die Kreuzzugsteilnehmer zurück, die nach der Übertragung der Reliquien des Heiligen 1087 nach Bari mit seinem Leben und Wirken bekannt wurden. Im Jahre 1197 begann unter Kaiser Heinrich VI. (1169–1197) der Kreuzzug. In seinem Auftrag konsekrierte sein Kanzler, der Hildesheimer Bischof Konrad von Querfurt (1194–1199)[60], in Gegenwart von zahlreichen deutschsprachigen Kreuzfahrern die St. Nikolauskirche in Bari am 22. Juni 1197. Diese Kreuzzugsteilnehmer haben bestimmt den Nikolauskult und -brauch nach Deutschland gebracht.[61] So auch nach Mindelstetten.

Wenn man das Leben des frommen und pflichteifrigen Priesters Karl Rieger betrachtet, so kann man drei herausragende Aufgaben feststellen, die Gott seinem treuen Diener übertragen hat: die aufopfernde Seelsorgstätigkeit, den längst notwendig gewordenen Kirchenbau für die wachsende Pfarrgemeinde Mindelstetten, deren Seelenzahl 1908 bereits 533 betragen hat[62], vor allem aber die seelsorgliche Betreuung der von Gott so reich begnadeten Dulderin und Sühneseele Anna Schäffer. Rieger dürfte diese letztere große Aufgabe auch klar erkannt haben. 1926 machte er auf der Rückseite eines Briefes vom 2. November 1925, den ihm der bekannte Diplomat und Publizist Theodor Freiherr von Cramer-Klett geschrieben hatte, folgende Notiz: „Ich bin 40 Jahre Priester, habe immer meine Pflichten erfüllt, habe das Gymnasium mit I absolviert, ebenso den Pfarrkonkurs. Ich wurde immer bei Seite geschoben. Es wird das die göttliche Vorsehung der Seligen wegen so gefügt haben.“[63] Wen er mit „der Seligen“ gemeint hat, ist klar, denn der Inhalt des Briefes bezieht sich auf die Selige Anna Schäffer, die kurz vorher gestorben war.

Hier ist sicher auch der Grund zu suchen, weshalb sich Rieger niemals um eine andere, eine größere Pfarrei, um ein Amt etwa im Bischöflichen Ordinariat Regensburg beworben hat, obwohl er gewiss dazu bestens befähigt gewesen wäre. Er blieb 37 Jahre, bis zu seinem Heimgang am 27. Oktober 1934, Dorfpfarrer von Mindelstetten. Er hatte die ihm vom Herrn übertragene Aufgabe klar erkannt, auf vieles verzichtet, stets bestrebt, Anna ein guter Seelenführer zu sein.

---

60 Gatz a. a. O. Die Bischöfe des Heiligen Römischen Reiches 1198 bis 1448, S. 239.

61 Meisen, Karl, Nikolauskult und Nikolausbrauch im Abendlande, Münster 1931 – Über den Nikolauskult vgl. Schauber, Vera/Schindler, Hans Michael, Heilige und Namenspatrone im Jahreslauf, Augsburg 1992, S. 629–631.

62 Schematismus a. a. O. für das Jahr 1908, S. 69.

63 BKR III. Abt. CAS K. 19: 02.11.1925 Schloss Hohenaschau: Theodor Freiherr v. Cramer-Klett an Pfr. Rieger (Rückseite).

Dabei scheint Rieger ein nicht alltägliches Interesse an der Wissenschaft besessen zu haben. Er gehört ohne Zweifel zu jenen bayerischen Pfarrern dieser Zeit, von denen ein bedeutender Gelehrter einmal gesagt hat, sie könnten „ohne weiteres von der Dorfkanzel herab- und auf den Lehrstuhl einer Hochschule hinaufsteigen. Und doch sind diese bescheidenen und einsamen Männer damit zufrieden, Tag für Tag die Bauernkinder im Katechismus unterrichten zu dürfen und als unverdrossene Lasttiere, die leeren und die schweren Säcke der Landseelsorge samt den vielerlei Anhängseln bis zu ihrem Tod zu tragen."[64]

Rieger hat sich tatsächlich als Wissenschaftler und Theologe erwiesen. Vermutlich im ersten Jahrzehnt des 20. Jahrhunderts hat er an einem Buch gearbeitet, das 1911 im Verlag Friedrich Pustet zu Regensburg unter folgendem Titel erschienen ist: „Die heil. Kirchenväter im Brevier. Betrachtungspunkte der Lesungen, mit Angaben der Stellen im Brevier und der Bücher der heil. Väter, gesammelt und erklärt von Karl Rieger, Pfarrer." Bezeichnenderweise schloss der Verfasser das Vorwort mit dem Satz: „Möge dieser Versuch dazu beitragen, dass das der Kirche so notwendige Opfergebet des Breviers auch bei den Betern stets neue Opferhingabe für die Gläubigen aus dem Glauben und Leben der heiligen Väter bereite." Gerade dieser Satz lässt tief in seine Seele blicken: das Breviergebet als ständiger Lobpreis Gottes ist zugleich auch Opfergebet für die Gläubigen.

Das Buch ist gut angekommen. So ist nach dem Urteil von zwei angesehenen Presseorganen zu schließen. Der Rezensent des in Cincinnati/USA erscheinenden „Sendbote des Herzens Jesu" beurteilte das Werk wie folgt: „Vorliegendes Buch ist eine Zusammenstellung aus dem Brevier und aus der Patristik. Die Lesungen aus den Werken der heiligen Kirchenväter machen das Breviergebet zu einer Schatzkammer himmlischer Weisheit, welche täglich bei dem Beten des Breviers stets neue, anregende, erfreuende, rührende und tröstende Lichtfunken aussendet. Jeder Priester wird durch die Benützung dieses Buches neue Liebe und Anhänglichkeit zum Breviergebet, sowie Punkte zur täglichen Betrachtung, Predigt und Katechese gewinnen. Wir wünschen demselben große Verbreitung." Auch die Besprechung der in Paderborn herausgegebenen wissenschaftlichen Zeitschrift „Theologie und Glaube" ist sehr positiv. Hier heißt es: „Den besprochenen einzelnen, in deutscher Übersetzung mitgeteilten Väterstellen geht jedes mal eine kurze Vita des betreffenden Vaters voraus. Bei solchen Stellen, die als unecht oder zweifelhaft gelten, ist dies angegeben. Neben den eigentlichen Vätern stehen natürlich auch jene späteren hl. Lehrer, aus deren Schriften Brevierlektionen entlehnt sind, wie Beda venerabilis, Bernardus, Bonaventura, Thomas v. Aquin u. a. Ein ausführliches alphabetisches Sachregister sowie ein Verzeichnis der Feste mit je ihren den Vätern entnommenen

64 Zoller, Konrad, Leben und Leiden der Jungfrau Anna Schäffer von Mindelstetten. Eine Wallfahrt, Regensburg [2]1982, S. 54.

Lesungen erleichtern den Gebrauch des schönen Büchleins, das sicher vielen Brevierbetern willkommen sein wird."[65]

Rieger hat sich die Zeit zu dem Buch wohl mühsam absparen müssen, denn Seelsorge, Religionsunterricht und vor allem der Kirchenbau nahmen sein Tagewerk in diesen Jahren voll in Anspruch. Niemals aber vergaß er die Kranken und Armen seiner Pfarrei, die des priesterlichen Zuspruchs, der Hilfe bedürftig waren.

Anna Schäffer stand er bis zu ihrem Hinscheiden als geistlicher Vater treulich zur Seite. Mit Gottes Gnade war er der großen und schweren Aufgabe der Seelenführung, für die nicht jeder geeignet erscheint und die zu übernehmen auch nicht jeder willens ist, gewachsen. Vom Altar aus hat er das Gnadenwerk Gottes an ihr begleitet: behutsam, ausdauernd, unsentimental, stets hinter seinem Herrn zurücktretend. Er sorgte dafür, dass alles einfach, geordnet, sauber zuging. So entstanden um die Dulderin keine Sensation und kein Betrieb, keine Auswucherungen, die nur geschadet hätten. Wenn das Sühneleiden Annas auf die vier Wände des Krankenzimmers beschränkt blieb, zwischen Kirche, Pfarrhof und Hartl-Anwesen, in einem kleinen Kreis Befreundeter, höchstens noch als „Familienangelegenheit" der Mindelstettener Pfarrei sich abspielte, so war das wiederum neben der Vernünftigkeit der Dulderin, ihrer Liebe zur Einsamkeit und Verborgenheit, ihrer Demut, vor allem der Nüchternheit des frommen Pfarrers und Seelenhirten Rieger zu verdanken. Freilich, gegen das Briefapostolat Annas, das sich langsam zu entwickeln begann, hatte er nichts einzuwenden. Vermutlich hat er es sogar gefördert, denn man kann mit Sicherheit davon ausgehen, sie hätte es ohne sein Wissen, seine Zustimmung, niemals ausgeübt.

Selbstverständlich war Rieger darum besorgt, dass Anna Gelegenheit zum Empfang des hl. Bußsakraments erhielt. Auf der Rückseite des bereits erwähnten Briefes vom 2. November 1925 findet sich von seiner Hand folgende Notiz: „Die † Anna Schäffer haben zu Lebzeiten besucht jedes Mal die P. Capuziner, welche zum Rosenkranzbruderschaftsfest Aushilfe leisteten. Da ließ ich die Dulderin auch jedes Mal bei einem Pater beichten. – Hier war wiederholt Ferienzusammenkunft der ‚Heimat' Priester, darunter auch Herr Abt von Metten, [Willibald] Adam OSB. Diese Priester haben jedes Mal auch die Selige besucht."[66] Ob sie Anna dabei auch die Beichte abgenommen haben, entzieht sich unserer Kenntnis. Es ist aber kaum anzunehmen, dass die Selige alljährlich nur einmal und zwar am Rosenkranzfest, wie der Notiz Riegers zu entnehmen wäre, gebeichtet hat, zudem die österliche Beichte ja allgemein verpflichtend ist. Da außerdem bekanntlich die Beichte zu den wesentlichen Merkmalen der Seelenführung gehört, ja ohne diese eine gewissenhafte Seelenführung gar nicht möglich erscheint, kann davon ausgegangen werden,

65 Chronik von dem Pfarrbezirk Mindelstetten (B. A. Riedenburg), angefangen von Karl Holzgartner, Pfarrer von Mindelstetten seit 22.11.1934. Hdschr. nach S. 2 eingeklebter Druckbogen. – Vgl. auch Zoller a. a. O. S. 98.

66 BKR III. Abt. CAS K. 19: 02.11.1925 Schloss Hohenaschau: Theodor Freiherr v. Cramer-Klett an Pf. Rieger (Rückseite).

dass Rieger der ordentliche und der jeweils aushelfende Kapuziner der außerordentliche Beichtvater war.

Wie sehr Anna das Allerheiligste Sakrament des Altares verehrt hat, das wurde bereits aufgezeigt. Der Leib des Herrn, den sie in der hl. Kommunion empfangen durfte, bildete den Gnaden- und Kraftquell ihres Dulderlebens. Als das tägliche Kommunizieren noch nicht gestattet war, pflegte sie jeden Morgen, sicher einer Anregung ihres Seelenführers folgend, die geistliche Kommunion zu empfangen. „Durch recht oftmaligen Empfang der hl. geistlichen Kommunion", schreibt sie, „wird die Seele stark und es verlieren sich alle großen Seelenschwächen, so dass man stets gesammelt sein kann in der Arbeit und überall. Durch die hl. Geistliche Kommunion brennt das Feuer der Liebe allzeit in unserem Herzen und ist dieses stets hell beleuchtet, wenn der liebe Heiland dann in der hl. Kommunion wirklich in unser Herz einzieht."[67] Wie groß wird ihre Sehnsucht gewesen sein, den Leib des Herrn möglichst oft empfangen zu dürfen!

Annas große Sehnsucht wurde gestillt. Am 20. Dezember 1905 hatte der hl. Papst Pius X. das Dekret über den täglichen Kommunionempfang („De quotidiana SS. Eucharistiae sumptione")[68] erlassen. Darin heißt es u. a.: „Aus Klugheitsrücksichten und zur Steigerung des Verdienstes halte man sich bezüglich der öfteren und täglichen Kommunion an den Rat des Beichtvaters. Die Beichtväter sollen sich jedoch hüten, von der häufigen oder täglichen Kommunion jemanden abzuhalten, der im Stande der Gnade ist und in der rechten Absicht hinzutritt. Da es auf der Hand liegt, dass der öftere oder tägliche Empfang der heiligen Kommunion die Vereinigung mit Christus fördert, das göttliche Leben vertieft, das Tugendleben der Seele entfaltet und für den Empfänger ein sicheres Unterpfand der ewigen Glückseligkeit darstellt, sollen die Pfarrer, Beichtväter und Prediger nach der bewährten Lehre des Römischen Katechismus (II. Teil, Kap. IV 58) das christliche Volk häufig und nachdrücklich zu dieser frommen und heilsamen Sitte ermahnen."[69]

Pfarrer Rieger dürfte das Kommunion-Dekret Papst Pius' X. mit ehrfürchtiger Freude aufgenommen und studiert haben, um es in die seelsorgliche Praxis umzusetzen. Auf Anna Schäffer bezogen hat er die Weisungen gewiss als ein willkommenes Gnadengeschenk der Kirche betrachtet. Nachdem das Dekret im April 1906 im „Oberhirtlichen Verordnungs-Blatt für das Bistum Regensburg"[70] veröffentlicht worden war, ist anzunehmen, dass er von diesem Zeitpunkt an fast täglich der Seligen den Leib des Herrn gebracht und gereicht hat.[71]

67 Lama, Friedrich Ritter v., Anna Schäffer von Mindelstetten. Eine unbekannte Stigmatisierte aus unserer Zeit, Innsbruck 1930, S. 77f.

68 Heilslehre der Kirche. Dokumente von Pius IX. bis Pius XII. Deutsche Ausgabe des französischen Originals von P. Cattin OP und H. Th. Conus OP besorgt von A. Rohrbasser, Freiburg/Schweiz 1953, S. 126–132.

69 Heilslehre der Kirche a. a. O. S. 180–182.

70 Oberhirtliches Verordnungsblatt f. d. Bistum Regensburg, Jg. 1896, S. 35–39.

71 BKR III. Abt. CAS K. 16: Aufzeichnungen im Jahre 1925 von Rosa Imlauer, Heft II, S. 23.

Für sie bedeutete der Kommunionempfang das Zentralereignis, den Höhe- und Mittelpunkt des Tages, auf den hin alles konzentriert wurde. Immer wieder berichtete sie in ihren Briefen und Aufzeichnungen darüber.

Zehn Jahre später, am 28. Dezember 1916 schrieb sie einer Oberin: „Im vergangenem Jahr durfte ich die hl. Kommunion 230 mal empfangen. Die Tage an denen ich die hl. Kommunion empfangen darf, das sind meine Festtage auf dem Krankenbett.“[72] Und drei Tage später berichtete sie ihrer Freundin, Schwester Tatona Reitmeier[73]: „Alle Wochen darf ich viermal die hl. Kommunion empfangen, auch alle Herz-Jesu-Freitage und auch öfters die ganze Woche hindurch“.

Interessant ist in diesem Zusammenhang auch ein Bericht von Rosa Imlauer,[74] der wohl vertrautesten Freundin Annas. Sie schreibt: „Anna sagte selbst oft, wenn sie noch so qualvolle Nächte durchwacht hatte und auch in der Frühe noch so matt und krank war, dass man meinte, sie könne die hl. Kommunion nicht empfangen, so war es jedes mal wie ein Wunder: eine Stunde vor und eine Stunde nach der Kommunion war sie dann jedes Mal körperlich und geistig so gut beisammen, dass sie sich gut auf die hl. Kommunion vorbereiten und hernach wieder danksagen konnte. Erst dann gingen die Schmerzen wieder an.“

Die Bedeutung Riegers in dem so reich begnadeten Sühneleben Annas kann nicht hoch genug eingeschätzt werden. Sicher war es auch sein Verdienst, dass die Dorfbewohner Mindelstettens sie allmählich als eine der ihren angenommen haben, ihr freundlich und später sogar mit großer Liebe und Hilfsbereitschaft begegnet sind. Das war freilich nicht von Anfang an so. Die „gesunde Bauernart“ verhielt sich zunächst einmal abwartend und beobachtend, ja es fehlte nicht an Misstrauen und sogar – leider muss es gesagt werden – manchmal an Bosheit. Viele fürchteten, das mittellose ans Bett gefesselte schwer behindert Mädchen würde die Gemeinde noch belasten.

Doch das gute Beispiel des Pfarrers, der Anna nicht nur seelsorglich betreute, sondern sie auch materiell unterstützt hat – dies besorgte meist seine Haushälterin Elise Imlauer –, bewirkte bei den Leuten bald eine Sinneswandlung. Allmählich erwärmten sich ihre Herzen an der Güte, der Geduld und der ungeheuchelten kernigen Frömmigkeit der Behinderten. Sie merkten, dass sie nichts anderes sein wollte als das, was sie immer war: die Schreiner Nandl von Mindelstetten, die an allen Leiden und Freuden ihrer Mitmenschen herzlich Anteil nahm. So kamen sie – und es kamen von Jahr zu Jahr immer mehr – zu ihrem Krankenbett, brachten ihr kleine Gaben und tauschten dafür weit kostbarere Geschenke ein: klug mahnende, mitleidende tröstende, beratende und erheiternde Worte. Denn so still Anna auch sonst war, fremdem Leid gegenüber ging ihr Herz und Mund auf. Da konnte sie unbe-

72 BKR III. Abt. CAS K 9, Nr. 24: 28.12.1916 Mindelstetten: AS an „Ehrwürdige Frau Oberin“.

73 BKR III. Abt. CAS K 9, Nr. 25: 31.12.1916 Mindelstetten: AS an Schw. Tatona (Reitmeier).

74 Aufzeichnungen von R. Imlauer a. a. O. S. 23.

schwert reden, fröhlich sich selber vergessend, als wäre sie das glücklichste aller Gotteskinder, frei von jedem Leid und Kreuz. Das dürfte gewiss ein Erbteil ihrer Mutter gewesen sein, noch mehr aber von ihrem Vater, der so gerne und gesprächig unter den Leuten saß. Kein Wunder, dass mit der Zeit auch von anderen, sogar umliegenden Orten her diese oder jene Seele bei ihr Trost, Fürbitte und Rat suchte. Wie viele Nöte und Anliegen wird wohl Anna in ihren endlosen schlaflosen Nächten vor und nach der hl. Kommunion, zum göttlichen Heiland getragen und geschleppt haben! Im Lauf der Jahre sprachen die Mindelstettener nicht mehr nur von der Schreiner Nandl, sondern liebevoll von unserer Schreiner Nandl. Wen wundert's, dass ihre Krankenstube bald allen Mindelstettenern gehört hat, ebenso wie Kirche, Pfarrhof und Gemeindekanzlei.[75]

Von der Stellung des Pfarrers im bayerischen Dorf, noch im beginnenden 20. Jahrhundert, kann man sich heute vielfach kaum mehr eine Vorstellung machen. Er verkörperte nicht nur in geistlichen, sondern ebenso in weltlichen Dingen die erste und höchste Autorität im Ort. Man hörte auf das, was er sagte, freilich manchmal insgeheim etwas murrend, wenn es nicht in den eigenen Kram passte, aber sein Wort war richtungsweisend und man fügte sich zumeist, nicht nur deshalb, weil er ein „Studierter", sondern vor allem, weil er die höheren Weihen empfangen hatte, also ein „Geweihter" war.

Pfarrer Rieger besaß diese damals fast allgemein übliche Autorität des Dorfpfarrers in hohem Maße und setzte sie auch ein zum diesseitigen und jenseitigen Wohl seiner Gemeinde. Es wurde bereits darauf hingewiesen, dass er 1909 die Anregung zur Gründung des Darlehenskassen-Vereins Mindelstetten gegeben hat. Die Möglichkeit, günstige Kredite zu bekommen, war damals für die Erhaltung eines freien Bauernstandes zur Existenzfrage geworden. Von der Idee Raiffeisens ausgehend, kam es nun überall im Lande zur Errichtung von ländlichen Darlehenskassen, die eine Selbsthilfeeinrichtung zur Kreditversorgung der kapitalschwachen kleineren landwirtschaftlichen und gewerblichen Betriebe auf genossenschaftlicher Basis darstellten. Viele Geistliche haben deren Wichtigkeit für das katholische bayerische Bauerntum erkannt und sich als Gründer, Anreger, Vorstände und Rechner in den Dienst der Vereine gestellt.[76] In Mindelstetten kam es am 2. Juli 1909 zur Gründung des Darlehenskassen-Vereins. Rieger übernahm die Rechnungsführung, die er bis zu seinem Heimgang 1934, also 25 Jahre, beibehielt.[77]

Rieger hatte die Zeichen der Zeit verstanden und getan, was zu tun er für notwendig erachtete, ohne sich jemals in den Mittelpunkt zu stellen.

Als das Jahr 1912 zur Neige ging, wurde das bayerische Volk durch eine Nachricht tief erschüttert. Am 12. Dezember starb der um sein geliebtes bayerisches

75 Vgl. Zoller a. a. O. S. 55–57.

76 Buchberger, Michael, Eineinhalb Jahrtausend kirchliche Kulturarbeit in Bayern, München 1950, S. 403.

77 Holzgartner a. a. O. S. 144.

Vaterland verdiente und in allen Schichten der Gesellschaft überaus beliebte Prinzregent Luitpold (geb. am 12.03.1821 in Würzburg) im 92. Lebensjahr in seiner Residenzstadt München. Die Trauer war groß und echt. Im Oberhirtlichen Verordnungsblatt für die Diözese Regensburg[78] heißt es u. a.: „Ein stiller tiefer Zug der Wehmut und Trauer geht durchs Land. Prinzregent Luitpold ist nicht mehr. Nach Gottes unerforschlichem Ratschlusse ist er am letzten Donnerstag früh 4 Uhr 50 Minuten im Herrn entschlafen. Eine Fülle von Segnungen, ein Reichtum von Herzensgüte hat aufgehört, das Land zu beglücken. Das Vaterland trauert, wie Kinder um den Vater weinen [...].“ Zur letzten Ehre des Fürsten und um Fürbitte für ihn bei Gott wurde landesweit für drei Wochen hindurch ein tägliches Trauergeläut zwischen 12 und 13 Uhr sowie in jeder Pfarrkirche drei Seelengottesdienste mit Libera anbefohlen.

Einen Tag nach den Begräbnisfeierlichkeit in München – der Prinzregent wurde am Donnerstag, den 19. Dezember 1912 in der Gruft der Theatinerkirche beigesetzt[79] – hielt Rieger in der Pfarrkirche in Mindelstetten um 9 Uhr die Trauerrede, dann das Seelenamt mit Libera. Viele Gläubige, darunter die königlichen Beamten, die Gemeindeverwaltung, die Feuerwehr und selbstverständlich auch die Schulkinder nahmen daran teil.[80] Es war für das ganze Dorf sicher das herausragendste, bedeutendste Ereignis des Jahres 1912, freilich nicht das einzige. So konnte am Ostermontag (8. April 1912) eine neue Kirchenfahne geweiht werden[81] und am 16. Juli erteilte der aus Münchsmünster stammende Neupriester Martin Kraus zur Freude der Gläubigen in der Kirche den Primizsegen.[82]

Es wäre sicher nicht richtig anzunehmen, damals wäre eine „gute alte Zeit“ gewesen, wie vielfach angenommen wird. Das Königreich Bayern hatte sich ständig zu bemühen, um seine Eigenstaatlichkeit gegenüber dem ungeliebten Bismarck'schen Deutschen Reich zu behaupten. Der Kulturkampf war zwar längst beendet, aber dennoch befanden sich Liberalismus und Sozialismus im Reich unaufhörlich im Vormarsch. Bei den Reichstagswahlen im Jänner 1912 vermochten die Sozialdemokraten ihre Abgeordnetenzahl mehr als zu verdoppeln, so dass sie zur mandatsstärksten Partei (110 von 397) im Deutschen Reichstag wurden.[83] Glaubens- und Sittenlosigkeit, Verfall der Familien nahmen zu; Sekten trieben ihr Unwesen, so dass sich zum Beispiel das Bischöfliche Ordinariat genötigt sah, vor dem Überhandnehmen der adventistischen Propaganda zu warnen.[84]

Rieger gehörte zu jenen, die die Gefahren frühzeitig erkannt haben. Ganz von sich aus hatte er am Fest der Heiligen Familie – am Sonntag, den 7. Jänner 1912 – zwischen

78 OVfdD Rgsb. Jg. 1912, Nr. 17, 14.12., S. 153.
79 Rall, Hans/Rall, Marga, Die Wittelsbacher in Lebensbildern, Regensburg 1986, S. 349–356.
80 BKR III. Abt. CAS K. 81: Verkündbuch der Pfarrei Mindelstetten (in Hinkunft: VPfM), 24.11.1911–24.04.1921; 20.12.1912.
81 BKR III. Abt. CAS K. 81: VPfM 08.04.1912.
82 BKR III. Abt. CAS K. 81: VPfM 16.07.1912.
83 Der große Ploetz. Auszug aus der Geschichte, Freiburg i. Br./Würzburg [30]1986, S. 769.
84 OVfdD Rgsb. Jg. 1912, Nr. 18, 31.12., S. 156.

Predigt und Hochamt die feierliche Weihe der Familien vorgenommen.[85] Am Rosenkranzsonntag (6. Oktober 1912), dem traditionellen Titularfest der Bruderschaft vom hl. Rosenkranz in Mindelstetten, ermunterte er dazu, von dem Angebot des Toties-quoties-Ablass fleißig Gebrauch zu machen. Dann mahnte er die Seinen: „ Im Oktober ladet unsere Heilige Kirche die gläubigen Christen ein zum täglichen Rosenkranzgebet und wo möglich zum öffentlichen Gebet in der Kirche, welches täglich unter der Hl. Messe, am Samstag abends 6 Uhr und am Sonntag nachmittags stattfindet. Die Bedrängnisse der Gottesfeinde sind noch stärker geworden und den Eifer der Christen will der Heilige Vater anspornen durch Verleihung von Ablässen."[86]

Als Ludwig III., in Nachfolge seines Vaters Luitpold zunächst Prinzregent, am 5. November 1913 zum König von Bayern proklamiert wurde[87], fand, wie überall im Lande, auch in Mindelstetten am Mittwoch, den 12. November, die „Feier der Landeshuldigung für Seine Majestät König Ludwig III. von Bayern" mit Glockengeläute, feierlichem Hochamt und Te Deum statt.[88] Selbstverständlich wurde auch jeweils an den Namenstagen (25. August) und an den Geburtstagen König Ludwigs III. (geb. am 7. Januar 1845 in München; † am 18. Oktober 1921 in Schloss Sarvar/Ungarn) ein Hochamt mit Predigt und Te Deum gehalten.[89]

Anna hat sicher alle diese Ereignisse mit großem Interesse verfolgt und, so darf wohl angenommen werden, auch für den Landesherrn und seine Familie gebetet. Aber das Jahr 1913 wurde für sie auch in anderer Weise sehr bedeutungsvoll. Vermutlich durch ihren Seelenführer begegnete sie einer großen, bis dahin noch kaum bekannten Heiligengestalt, nämlich Gemma Galgani, die auf ihr geistliches Leben einen richtungsweisenden Einfluss genommen hat.

Ganz begeistert schrieb Anna am 16. Juni 1913 ihrer Freundin Anna Bortenhauser: „Übersende Dir anbei 2 Bildchen, von Gemma Galgani, wie ich Dir schon erzählte von ihr, als Du bei mir warst. Eines gehört Dir, das andere für Frl. Mari. Weißt, liebe Anna, die Lebensbeschreibung von Gemma Galgani sollt Ihr euch schon bestellen [...] und ich weiß im voraus, dass Euch dieses Buch recht viel Freude macht. Was diese hl. Jungfrau alles leiden musste; also wirklich erbauend. Gelt, lb. Anna, auch in unseren Tagen gibt es noch Heilige, dass sie halt oft ganz verborgen leben und die Welt dieselben nicht kennt [...]."[90] Am Schluss des Briefes gab sie ihrer Freundin noch den konkreten Hinweis: „Das Buch von Gemma könnt Ihr haben von der Verlags-Buchhandlung von Eduard Mager, Donauwörth." Übrigens dürfte es sich dabei um das Werk von Germano di S. Stanislao handeln mit dem Titel „Briefe und Ekstasen der Dienerin Gottes Gemma Galgani, Jungfrau von Lucca", das L. Schlegel ins Deutsche übersetzt hatte.[91]

---

85 BKR III. Abt. CAS K. 81: VPfM 07.01.1912.
86 BKR III. Abt. CAS K. 81: VPfM 06.10.1912.
87 Rall a. a. O. S. 358–361.
88 BKR III. Abt. CAS K. 81: VPfM 12.11.1913.
89 BKR III. Abt. CAS K. 81: VPfM 24.08.1913.
90 BKR III. Abt. CAS K. 9 Nr. 5: 16.06.1913 Mindelstetten: AS an Anna Bortenhauser.
91 Korff, Heinrich (Hrsg.), Biographia Catholica 1870–1926, Freiburg i. Br. 1927, S. 90.

Während sich in Mindelstetten das gewohnte Leben alltäglich abspielte, braute sich über Europa ein schreckliches Unheil zusammen. Im Jahre 1914 begann das Zeitalter der Weltkriege, das – so ist zu hoffen – 1945 seinen Abschluss fand. Zu Beginn handelte es sich vorwiegend noch um die alten unglücklichen Auseinandersetzungen innerhalb der überlieferten europäischen Staatensysteme. Die Katholiken waren keineswegs unvorbereitet, als am 1. August 1914 die Kriegserklärung des Deutschen Reiches an Russland erfolgte und der Befehl zur allgemeinen Mobilmachung erteilt wurde, nachdem Österreich-Ungarn bereits am 28. Juli Serbien den Krieg erklärt hatte. „Die gewaltige Züchtigung für das ganze Menschengeschlecht", von der in einer Vision der hl. Gemma Galgani die Rede ist, war damit angebrochen.

Der Episkopat des Königreiches Bayern rief in einem Hirtenbrief vom 3. August 1914 zu einem Gebetssturm auf. Bemerkenswert ist folgender Absatz: „[...] So betet denn, geliebte Diözesanen, für König und Vaterland, dass Gott sie behüte vor den Nachstellungen der Feinde; betet für unsere braven Soldaten, daß Gott sie stärke und tröste in allen Beschwerden, Opfern und Leiden; betet für alle, die in banger Sorge sind um teuere Angehörige; betet besonders auch für diejenigen, welche von den harten Folgen des Krieges betroffen werden! Und vereinigt mit Euerem Gebet herzliche Reue über alle Fehler und Sünden, eingedenk, daß der liebe Gott durch Leiden und Prüfungen uns zur Einkehr und Buße mahnt."[92] Die bayerischen Bischöfe ordneten zugleich regelmäßige Betstunden an, gaben dem Klerus Weisungen und verlangten, dass in allen Kirchen täglich nach der Hauptmesse folgendes Gebet verrichtet werden müsse: „O Gott, in Deiner Macht liegt es, die Kriege zu zermalmen und die Angriffe zurückzuweisen, Du umgibst alle, die auf Dich hoffen, mit Deinem allmächtigen Schutze, hilf uns, Deinen Dienern, die wir vertrauensvoll zu Dir flehen [...] die dem Rufe des Vaterlandes folgend im Felde stehen. Bändige den Übermut des Feindes und lass uns alle wieder in Dank und Demut die Segnungen allseitigen und ungestörten Friedens genießen. Durch Jesum Christum, unseren Herrn. Amen."[93]

Pfarrer Rieger hatte bereits von sich aus am Sonntag, dem 2. August 1914 eine Bittandacht vor dem Allerheiligsten um glückliche Wende zur Verhinderung eines Krieges gehalten.[94] Am darauffolgenden Sonntag hielt er die vorgeschriebene Bittandacht für das bayerische Vaterland. Zugleich verkündete er, dass nunmehr wegen des Arbeitskräftemangels laut oberhirtlicher Genehmigung Erntearbeiten, wenn notwendig, auch an Sonn- und Feiertagen gestattet seien.[95]

Am 20. August 1914 wurde die katholische Welt durch die Nachricht erschüttert, dass der fromme Papst Pius X. – er wurde am 29. Mai 1954 von Papst Pius XII. heiliggesprochen – das Zeitliche gesegnet hat. Das Regensburger „Oberhirtliche Verordnungsblatt" vermerkte in der Todesnachricht: „ [...] Noch vor wenigen Tagen hatte er, vom Grame über den einen großen Teil der Welt überziehenden

92 OVfdD Rgsb. Jg. 1914 Nr. 10, 06.08.
93 OVfdD Rgsb. Jg. 1914 Nr. 11, 12.08.
94 BKR III. Abt. CAS K. 81: VPfM 02.08.1914.
95 BKR III. Abt. CAS K. 81: VPfM 09.08.1914.

Kriegsschrecken gebeugt, in einem ergreifenden Schreiben sich an alle Katholiken der bewohnten Erde mit dem eindringlichen Aufrufe zum Gebete gewendet, damit bald der Friede wiederkehre."[96] Zwei Wochen später, am 4. September, wurde die Wahl seines Nachfolgers, Papst Benedikts XV., der als Friedenspapst in die Geschichte eingegangen ist, bekannt.[97]

Kurz nach der ersten Kriegsweihnacht, am Sonntag, dem 27. Dezember, verlas Rieger den Hirtenbrief der Erzbischöfe und Bischöfe des Deutschen Reiches über Buße und Sühne in der Kriegszeit und mit der Forderung, sich am 10. Januar 1915 dem Heiligsten Herzen Jesu zu weihen.[98] Im zweiten Absatz heißt es, und dies kennzeichnet die Situation dieser Zeit: „Wie ein Sturmwind fuhr der Krieg hinein in die kalten Nebel und die bösen Dünste des Unglaubens und der Zweifelsucht und in die ungesunde Atmosphäre einer unchristlichen Überkultur."[99]

Der Erste Weltkrieg forderte bereits in den ersten Monaten, auch in Mindelstetten, blutigen Tribut. Die ersten Gefallenenmeldungen trafen ein und brachten großes Leid in die Familien. Anna verfolgte das Geschehen mit tiefer Anteilnahme. Ihre leiblichen und seelischen Schmerzen, durch die sie stellvertretende Sühne leistete, waren schon bisher an solchen Tagen besonders schlimm, an denen die gottvergessende Menschheit in Ausgelassenheit sündigte. Nun aber, da Tag für Tag an allen Fronten himmelschreiende Sünden begangen wurden, litt sie mehr denn je. „Bei mir, liebe Anna" vertraute sie in einem Brief vom 12. Dezember 1914 ihrer Freundin an, „ist es immer das Gleiche, im ganzen 32 Wunden, welche recht stark eitern und seit Krieg ist, noch mehr. Opfern wir auch unsere Leiden auf für die Schlachtfeldsünden und um glückselige Sterbestunde für die Soldaten. Wollen wir eben dem lieben Heiland recht viel Sühne leisten in dieser gefahrvollen Zeit."[100]

Anna, ihre Mutter und die ganze Familie Schäffer wurden auch persönlich schwer betroffen. Am 11. Dezember 1914 erhielten sie von Paul Schlittenbauer, einem Kameraden ihres Bruders Leopold, eine Karte. Er teilte mit, dass Leopold, der bisher als vermisst gemeldet war, mit Sicherheit am 24. September gefallen sei. Dort, wo sich ihr Bruder befunden habe, sei eine Granate eingeschlagen und die ganze Truppe sei getötet worden. Die Erkennungsmarken hätten deshalb nicht mehr abgenommen werden können, weil es so viele Tote gewesen seien und es bereits 10 Uhr nachts war, als sie begraben wurden.[101] Aber noch nicht genug des Leides! Auch der zweite Bruder Hans wurde schwer verwundet und sein Befinden ließ noch viel zu wünschen übrig. Fünf Schrapnellkugeln und drei Granatsplitter waren bereits entfernt, aber noch immer steckten zwei Kugeln 13 cm tief in seinem Leib.[102]

96 OVfdD Rgsb. Jg. 1914, Nr. 12, 22.08.1914.
97 BKR III. Abt. CAS K. 81: VPfM 04.09.1914.
98 OVfdD Rgsb. Jg. 1914, Nr. 20, S. 201.
99 OVfdD Rgsb. Jg. 1914, Nr. 20. S. 202.
100 BKR III. Abt. CAS K. 9, Nr. 8: 12.12.1914 Mindelstetten, AS an Anna (Bortenhauser).
101 Lama, Friedrich Ritter v., Anna Schäffer von Mindelstetten. Eine unbekannte Stigmatisierte aus unserer Zeit, Innsbruck 1930, S. 86.
102 BKR III. Abt. CAS K. 9, Nr. 8: 12.12.1914 Mindelstetten, AS an Anna (Bortenhauser).

Aber mit bewundernswürdiger Gelassenheit schrieb Anna darüber ihrer Freundin: „Nun überlassen wir auch jenes Kreuz so ganz und gar so wie es Jesus mit uns haben will. Über kurz oder lang gibt es ja für alle ein Wiedersehen; und das soll, wie wir hoffen werden, im Himmel sein." Und an anderer Stelle dieses Briefes heißt es: „Herz Jesu, ich danke Dir für mein Kreuz, vereint mit der Liebe, mit der Dir Deine heilige Schmerzensmutter dafür gedankt!"[103]

Als der Erste Weltkrieg ausgebrochen war, eilten auch die Katholiken im Königreich Bayern, meist verführt durch die Medien, wie im übrigen Reich begeistert zu den Fahnen. Bis in das Jahr 1915 hinein waren sie von uneingeschränktem Vertrauen in die sittliche Gerechtigkeit der deutsch-österreichischen Sache beseelt, denn man fühlte sich bedroht. Unterschwellig sahen sich weite Kreise des Katholizismus in einen Kampf gegen Unglauben und Unmoral, die man vor allem mit Frankreich verband, verwickelt, was wiederum auf den großen Einfluss der Presse und deren fortwährende Hetze hinweist. Im Bündnis mit Österreich, dem sich Bayern eng verbunden fühlte, hoffte man schließlich, siegreich die Interessen des Katholizismus zu fördern und womöglich dem Papst wieder ein Territorium zu verschaffen.[104]

Es ist geradezu erstaunlich, wie vielen Bischöfen fast aller kriegführenden Staaten das Gespür für die alte Universalität der Kirche und die doch allgemeingültigen Lehren der Religion verloren gegangen war. Der unglückselige Nationalismus, dem bayerischen Menschen im tiefsten Herzen fremd, überlagerte teilweise den christlichen Universalismus. In den meisten Kriegs-Hirtenbriefen der bayerischen Bischöfe ist diese Tendenz jedoch nicht feststellbar. Gewiss, man erinnerte in dem Dank an Gott, dass das Königreich vor einer feindlichen Invasion verschont geblieben sei, aber man wies vor allem darauf hin, dass der Krieg eine Heimsuchung, eine Prüfung sei und Buße und Gebet notwendig wären.

Freilich gab es auch in Bayern national-gefärbte Kanzelpredigten, die das Volk verunsichert haben. So ist es nicht verwunderlich, dass der Einfluss des Klerus auf dem Lande mit zunehmender Kriegsmüdigkeit, verbunden mit einer antipreußischen Tendenz, langsam gesunken ist. Denn gerade in Preußen, das sich zunehmend zentralistische Machtbefugnisse anmaßte, sah die Mehrheit des bayerischen Volkes einen friedensverhindernden Faktor, der die wiederholten Friedensbemühungen Papst Benedikts XV. (1914–1922) nicht anzunehmen bereit war. Bereits seit 1915 stießen klerikale Durchhalteparolen in Bayern auf Ablehnung und waren letztlich der kirchlichen Autorität abträglich.[105]

Klug und vorausblickend unterschied sich Rieger von vielen seiner Mitbrüder. Deutschnationale Töne waren ihm ohnehin fremd und finden sich auch in keiner

103 BKR III. Abt. CAS K. 9, Nr. 4: 12.12.1914 Mindelstetten, AS an Anna (Bortenhauser).

104 Vgl. auch Brandmüller, Walter (Hrsg.), Handbuch der bayerischen Kirchengeschichte. Vom Reichsdeputationshauptschluß bis zum Zweiten Vatikanischen Konzil, 3 Bde., St. Ottilien 1991, S. 330f.

105 Hb. d. bayer. Kirchengeschichte a. a. O. S. 331.

seiner Aufzeichnungen. Sein Leben und Wirken waren geprägt von Gebet und Buße ganz im Sinne des großen Friedenspapstes Benedikt XV.

Das Bischöfliche Ordinariat Regensburg hatte für Sonntag, den 10. Januar 1915 eine „Sühne- und Weihefeier" angeordnet.[106] Rieger hatte seine Gläubigen bereits seit dem Neujahrstag darauf vorbereitet und konnte während dieser Zeit bei 600 Seelen[107] 525 Kommunikanten verzeichnen. Am Sonntag selbst hatte er als Predigtthema gewählt: „Jesu Herz, wir geloben Dir vertrauensvolles Gebet, Freude Deinem Hl. Herzen, Nachahmung Deiner Tugenden in Gerechtigkeit, Selbstverleugnung und Opferliebe." Nach der Predigt wurde die Weiheformel laut von allen Anwesenden gebetet. Nach der nachmittägigen Schlussandacht sprach der Pfarrer vor dem Allerheiligsten folgende Angelobung: „O Heiligstes Herz Jesu, als Pfarrer und Seelsorger dieser Gemeinde, weihe ich die Pfarrei Mindelstetten Deinem Heiligsten Herzen! Ich weihe Dir die Kinder. Lass sie Deinem Vorbilde folgen, dass sie zunehmen wie an Alter so auch an Weisheit und Gnade vor Gott und den Menschen. O Herz Jesu, ich weihe Dir die Jünglinge und Jungfrauen, dass sie Dein reinstes Herz nachahmend ihr Herz rein erhalten und unterthänig sind ihren geistlichen und weltlichen Vorgesetzten! O Herz Jesu, ich weihe Dir alle Familien, dass die Väter und Mütter erkennen ihre Verantwortung vor Gott, dass sich alle im Himmel wiederfinden! O allmächtiges Herz Jesu, ich weihe Dir einen jeden von uns, dass wir Dein sind und bleiben im Leben und Tode."[108] Zugleich ließ er an diesem Tag 200 „Andenken an den Kriegsbußtag", ein vierseitiges Faltblatt mit dem Buß- und Sühnegebet, verteilen.[109]

Am 10 Januar 1915 erließ Papst Benedikt XV. ein Dekret[110], demzufolge für den Sonntag Sexagesima (7. Februar) „das von Wunden zerfleischte Europa, dann auf den Passionssonntag die gesamte übrige katholische Welt vor das ausgesetzte hochwürdigste Gut" zum Friedensgebet zusammengerufen wurde, „um Abwendung der über uns gekommenen schrecklichen Geißel". Alle Gläubigen, welche die hl. Kommunion empfangen hatten, konnten unter den üblichen Bedingungen einen vollkommenen Ablass gewinnen.[111] Gewissenhaft hatte Rieger die dem Sonntag Sexagesima vorausgehende Woche dazu benutzt, um seine Pfarrkinder auf den Friedensgebetstag gebührend vorzubereiten und ihnen täglich vor und nach der hl. Messe Beichtgelegenheit geboten. Diesmal fand, anstelle von Mariä Lichtmess, die Kerzenweihe erst am darauffolgenden Sonntag, dem 7. Februar, statt. Dann wurde unmittelbar vor dem Gottesdienst das Sanctissimum ausgesetzt, das vorgeschrie-

106 OVfdD Rgsb. Jg. 1915, 07.01., Nr. 1, S. 1.
107 OVfdD Rgsb. Jg. 1915, 07.01., Nr. 1, S. 4.
108 BKR III. Abt. CAS K. 81, VdPM 24.11.1911–24.04.1922, 10.01.1915.
109 Andenken an den Kriegsbußtag, 10.01.1915, München 1914.
110 OVfdD Rgsb. 1915, 28.01., Nr. 3, S. 21f. – Struker, Arnold (Hrsg.), Die Kundgebungen Papst Benedikts XV. zum Weltfrieden. Im Urtext und in deutscher Übersetzung, Freiburg i. Br. 1917, S. 34–38.
111 OVfdD Rgsb. 1915, 28.01., Nr. 3, S. 22.

bene Friedensgebet verrichtet und nachher bis zur Bruderschaftsandacht um 14.30 Uhr Anbetung gehalten mit Rosenkranz und Allerheiligen-Litanei. Rieger vermerkte in seinem Verkündbuch: „An den sechs vorangegangenen Wochentagen vor dem 07.02. haben täglich 40 Personen die hl. Kommunion empfangen. Am Bittag selbst kommunizierten die Werktags- und Feiertagsschulkinder (80) und 300 Personen."[112]

Im Fasten-Hirtenbrief vom 31. Januar 1915 behandelte der Regensburger Bischof Antonius von Henle (1906–1927) das Thema „Gottesfurcht". Er forderte darin die Gläubigen eindringlich auf, um baldigen Frieden zu beten, denn dies sei geradezu „eine Pflicht der Gottesfurcht" [...]. „Gott ist ein Gott des Friedens und darum ist das Gebet und die Hoffnung auf Frieden ein Ausfluss wahrer und aufrichtiger Gottesfurcht [...]. Diese Hoffnung als Ausfluss der wahren und aufrichtigen Gottesfurcht verlangt von uns zwei Bedingungen, einmal vollkommene Ergebung in Gottes heiligsten Willen und dann eine Gesinnung und ein Benehmen, das dem Ernste der Zeit entsprechend ist. Wir dürfen nicht vergessen, dass jeder Krieg und so auch der gegenwärtige, eine Heimsuchung Gottes, ein Gericht Gottes und darum ein Weck- und Mahnruf zur Einkehr ist."[113]

Am 28. Juli 1915 richtete Papst Benedikt erneut ein Schreiben an alle kriegsführenden Völker und ihre Regierungen, in dem er dringend zu Gebet um Frieden und um „Ausübung einer christlichen Buße" aufrief und die Nationen bat, von dem furchtbaren Vorsatz gegenseitiger Vernichtung abzusehen.[114]

Anna Schäffer nahm am Weltgeschehen in ihrer Weise ganz besonderen Anteil. Die Ermahnungen des Heiligen Vaters, des Bischofs und ihres Seelsorgers fanden bei ihr nicht nur ein offenes Ohr, sondern vor allem ein weitgeöffnetes Herz. Gebet, Opfer, Buße, damals besonders aktuelle Anliegen, waren ihr längst vertraut. Am Weißen Sonntag (11. April) legte sie ein sogenanntes „Blutgelöbnis" ab. Auf einen kleinen Zettel schrieb sie mit ihrem eigenen Blut folgende Zeilen: „Es lebe Jesus! Ich will nur für Jesus leben, leiden und sterben. Nur wie es der liebe Jesus haben will, so soll alles geschehen!" Und auf der Rückseite vermerkte sie: „Jesus, Maria und Joseph, Euch schenke ich mein Herz und meine Seele!"[115]

Sie machte das große Anliegen des Heiligen Vaters, die Beendigung des Weltkrieges und den Frieden, zu ihrem eigenen und versuchte auch ihre Freundinnen zu bewegen, gleich ihr zu beten und zu opfern. In ihrem Brief vom 21. Dezember 1915 an Anna Bortenhauser kommt dies deutlich zum Ausdruck. Sie schrieb: „[...] und wie ist es in jener Hinsicht in jenem schweren Anliegen? Es lebe Jesus, empfehlen wir es ihm weiter, und da es sich hierin um eine sehr wichtige Sache handelt, so

112 BKR III. Abt. CAS K. 81, VdPM 07.02.1915.

113 OVfdD Rgsb. Jg. 1915, 08.02., Nr. 5, S. 87.

114 OVfdD Rgsb. Jg. 1915, 24.11., Nr. 16, S. 148–150 – Vgl. Die Kundgebungen Papst Benedikts XV. zum Weltfrieden, a. a. O. S. 49–54.

115 BKR III. Abt. CAS K. 9, Nr. 10: Weißer Sonntag 1915, Blutgelöbnis.

wollen wir auch viele und große Opfer bringen. Große und schwere Opfer, aber glücklicher Sieg! Wenn es der liebe Jesus haben will. Alle Tage empfehle ich dem lieben Jesus jenes Anliegen recht sehr; auch jedes Mal bei der hl. Kommunion. O guter Jesus, schau es ist ja von Dir ein Stellvertreter, ein Diener Deines Heiligtums, für welchen ich flehe, aber nicht meinetwegen, da ich nur eine Sünderin bin."[116] Gegen Schluss ihres Schreibens berichtete sie noch, dass nun der 16. Jahrgang ihres Leidens mit Beginn des neuen Jahres anfängt, aber „ich opfere dem lieben Jesus wieder alle vergangenen, gegenwärtigen und zukünftigen Leiden und Schmerzen auf zur Sühne".

Dem Verkündbuch Pfarrer Riegers ist für 1915 noch Folgendes zu entnehmen: Am 30. Juni ließ Walburga Schäffer, die Schwägerin Annas, für den noch immer als vermisst erklärten und noch immer nicht aufgefundenen Ehemann Leopold Schäffer eine hl. Messe lesen.[117] Für den Armenseelentag 1915 hatte Papst Benedikt die Genehmigung gegeben, dass alle Priester aller Länder an diesem Tag fortan drei hl. Messen zelebrieren dürften. Rieger feierte an diesem Tag um 6.30 Uhr aufeinanderfolgend zwei Seelenmessen, die erste für alle Armen Seelen, die zweite nach Meinung des Heiligen Vaters mit Einschluss aller Gefallenen – in Mindelstetten waren es in diesem ersten Kriegsjahr acht[118] – und die dritte als Seelenamt um 8.45 Uhr.[119]

Das zweite Kriegsjahr zog ins Land, und es gab trotz der Bemühungen des Papstes kein Zeichen, dass die kriegsführenden Mächte zum Frieden bereit wären. Es zeigten sich Wolken am weiß-blauen Himmel, die nichts Gutes verhießen. Das bayerische Volk, nun völlig ernüchtert, sehnte sich nach Frieden, und weil dieser weit in die Ferne gerückt schien, wuchs die Unzufriedenheit und Verdrossenheit. Der bayerische Historiker Karl Alexander von Müller (1882 München – Rottach-Egern 1964), Sohn des ehemaligen Innenministers Ludwig August von Müller und deshalb mit der Politik vertraut, wandte sich warnend an Staatsrat Otto von Dandl (1868 Straubing – München 1942), den Chef des Kabinetts König Ludwigs III. Auch Dandl hatte die bedrohliche Situation erfasst und erwiderte: „Jeder umstürzenden Agitation ist in dieser Stimmung ein Boden geboten, wie ihn das bayerische Bergland in seiner ganzen tausendjährigen Geschichte noch nie geboten hat."[120]

Auch der bayerische Feldpropst Dr. Michael von Faulhaber, damals noch Bischof von Speyer (1911–1917) und dann Erzbischof von München und Freising bis zu seinem Ableben 1952, seit 1921 Kardinal, erkannte die inneren und äußeren Gefahren für das Königreich Bayern, dem er sich innig verbunden fühlte. Unablässig verkündete er in seinen Feldpredigten, die er 1917 unter dem Titel „Das Schwert des Geistes" veröffentlicht hat: „Die Königstreue, sie steht unter Gottes Geboten [...].

116 BKR III. Abt. CAS K. 9, Nr. 12: 21.12.1915 Mindelstetten: AS an Anna Bortenhauser.

117 BKR III. Abt. CAS K. 81, VdPM 30.06.1915.

118 Rottenkolber, Johann, Heimatbuch des Pfarrbereichs Mindelstetten, Reimlingen 1964, S. 172.

119 BKR III. Abt. CAS K. 81, VdPM 01.11.1915.

120 Reiser, Rudolf, Zwei Jahrtausende Bayern in Stichworten, Daten, Namen, Fakten, München 1988, S. 275.

Das vierte Gebot, das Vater und Mutter zu ehren gebietet, fordert auch die Treue zum Landesvater und Vaterland. Auch im heutigen Krieg wird der Segen der Monarchie von uns neu entdeckt."[121]

In Mindelstetten ging zunächst noch alles seinen gewohnten Gang. Freilich machte sich auch hier der Mangel an Arbeitskräften schmerzlich bemerkbar und in vielen Familien herrschte Trauer um den Tod des Gatten oder des Sohnes. Entmutigung und sogar Verzweiflung zogen ein, umso mehr als die Hoffnung auf einen schnellen Frieden immer mehr schwand. Am 6. Mai 1916 wurde zum ersten Mal die sogenannte „Sommerzeit" eingeführt, was nur mit Unmut aufgenommen wurde.[122]

Doch es gab auch in diesem Jahr ein für ganz Bayern freudiges Ereignis, das bis ins letzte Dorf neue Hoffnung weckte und dem gläubigen Volk Gewissheit vermittelte, wohin es sich in seiner Not wenden müsse: zur allerseligsten Jungfrau und Gottesmutter Maria, die dem Herzen Jesu am nächsten ist.

Im Jahre 1916 erinnerte sich Bayern daran, dass des Landes großer Kurfürst Maximilian I. Maria zur PATRONA BAVARIAE, zur Schutzherrin und himmlischen Herrscherin über das bayerische Land und Volk proklamiert hatte. König Ludwig III., zur Ohnmacht verurteilt gegenüber Kaiser, Heeresleitung und Reichsregierung, die sogar vor Drohungen nicht zurückschreckte, übergab in dieser Situation erneut Land und Volk der Gottesmutter. In ihre mütterlichen Hände legte er Gegenwart und Zukunft. Noch fehlte ja dem Patronat der Himmelskönigin die Bestätigung des Nachfolgers Petri. So wandte er sich am 8. April 1916 an Papst Benedikt XV. mit der Bitte, er möge die Gottesmutter offiziell zur Patronin Bayerns erklären und die Feier eines eigenen Festes gestatten. Der Papst wusste um die lange Tradition der großen Marienverehrung in Bayern und ebenso um die vatikanfreundliche und nach Frieden strebende Politik Ludwigs III., und deshalb gewährte er gern die Bitte. Bereits am 12. Mai 1916 schrieb die Nunziatura Apostolica Baviera, dass „Seine Heiligkeit dem allerhöchsten Wunsche Seiner Majestät des Königs entsprechend, die seligste Jungfrau Maria offiziell zur PATRONA BAVARIAE erhoben und für immer ihr zu Ehren eine eigenes Fest am 14. Mai für das Königreich Bayern bewilligt habe." Am selben Tag traf auch das offizielle Dekret der Römischen Ritenkongregation in München ein, wonach der Tag als ein Fest erster Klasse mit Oktav, mit einem besonderen Brevieroffizium und einem eigenen Messformular gefeiert werden durfte.[123]

Das Dekret wurde sofort in allen bayerischen Bistümern veröffentlicht und der Regensburger Generalvikar, Prälat Dr. Alfons Maria Scheglmann[124], fügte der Mit-

121 Gatz a. a. O. S. 180.

122 BKR III. Abt. CAS K. 81, VdPM 06.05.1915.

123 Ritter, Emmeram H., Zeugen des Glaubens. Heilige, Selige und Diener Gottes im Bistum Regensburg, Regensburg 1989, S. XXXIf. – Ritter, Emmeram H., PATRONA BAVARIAE! Unter Deinem Schutz und Schirm, Abensberg ²1987, S. 27.

124 Gen.-Sch.: Dr. Alfons Maria Scheglmann, geb. 20.06.1858 in Oberschneiding als Sohn eines Arztes; Pr.-W. 03.07.1881; 1884 Kooperator in Amberg; 1889 Domvikar in Regensburg;

teilung im Oberhirtlichen Verordnungsblatt hinzu: „Möge diese Nachricht, wie sie eine Fülle schönster Erinnerungen an herrliche Episoden der bayerischen Geschichte weckt, so auch als Unterpfand neuer himmlischen Fügungen und Schickungen begrüßt werden!“[125]

Es ist mit Sicherheit anzunehmen, dass sich Anna Schäffer als große Marienverehrerin darüber sehr gefreut hat. Sie hat auch ein Altartuch mit der Abbildung der PATRONA BAVARIAE gestickt.

Auch Rieger fühlte sich durch die Bestätigung der PATRONA BAVARIAE veranlasst, neue marianische Akzente zu setzen. So ließ er die am Ortsrand gelegene Altöttinger Kapelle innen und außen renovieren, was ihm trotz der Notzeit dank einiger Wohltäter gelang. Der Altar wurde von der Firma Scholz in Abensberg ergänzt, schwarzbraun marmoriert und die Verzierungen teilweise vergoldet oder gefasst. Die Statue der Gottesmutter, eine schöne Nachbildung des Altöttinger Gnadenbildes, erhielt einen gestickten Mantel. Vor der Aufstellung des Altares wurde die Kapelle neu ausgemalt und zu einer Kriegergedächtniskapelle bestimmt. Der Militärinvalide Kunstmaler Grosse schmückte die Decke mit einem Votivbild. Nach dem Hochamt am Herz-Jesu-Fest, das am Sonntag, dem 2. Juli gefeiert wurde, fand eine feierliche Prozession in die neu restaurierte Kapelle statt.[126]

Ganz im Sinne von Papst Benedikt XV. hielt Pfarrer Rieger am Sonntag, dem 30. Juli 1916 eine gesungene Messe mit feierlicher Kommunion aller Werktagsschüler. Zunächst wies er darauf hin, dass der Heilige Vater als Stellvertreter Christi auf Erden alle Mittel anwendet, die den Frieden herbeiführen können. Die Völker hätten auf sein Wort zum Frieden noch nicht gehört und setzten Hass und Blutvergießen fort. Das Gebet um Frieden, zu dem der Papst immer wieder aufrufe, sei noch nicht erhört. So wende sich die Liebe des Heiligen Vaters an alle Kinder der ganzen katholischen Welt, dass sie am zweiten Jahrestag des Kriegsbeginns in einer feierlichen Kommunion den göttlichen Kinderfreund um Frieden für die Menschen bitten sollen. In seiner Ansprache legte er den großen Wert dieser Hl. Messfeier dar, die in der ganzen katholischen Welt begangen werde. Wörtlich sagte er: „Jesus, der Kinderfreund, ruft euch wegen des Kindersinnes, dem er noch allen Segen verheißen, verdient und jeder Zeit geben wird. Das Gebet der Kinder wird umso segensvoller für sie und die ganze Welt, je mehr sie den Kindersinn der Demut, Einfachheit und Unschuld bewahren. Deshalb ist es Aufgabe der Eltern, ihre Kinder vor den falschen Propheten zu hüten, die vor dem Krieg das Volk verführten und deren Früchte des Hasses und der Blindheit sich jetzt zeigen; auch die Kinder sollen bitten um Bewahrung ihrer guten Vorsätze.“ Bei der Wallfahrt am Nachmittag wurde der Rosenkranz in der Pfarrkirche begonnen. Dann gingen alle Gläubigen mit der Prozes-

02.1906 Domkapitular; 1911–28 Generalvikar; BGR, Prälat, Dompropst; † 16.03.1937 in Regensburg.

125 OVfdD Rgsb. Jg. 1916, 22.05., Nr. 8, S. 81 – OVfdD Rgsb. Jg. 1916, 23.06., Nr. 9, S. 89–91.

126 BKR III. Abt. CAS K. 81, VdPM 02.07.1916.

sion – es beteiligte sich die ganze Pfarrei – zur Altöttinger Kapelle, wo die Lauretanische Litanei gebetet und ein Marienlied gesungen wurde. Mit dem sakramentalen Segen nach Rückkehr in die Kirche schloss die Andacht. Rieger fügte im Verkündbuch noch hinzu: „Möge Bayerns Patronin unser Schutz bleiben!"[127]

Der von allen ersehnte Frieden bildete auch das beherrschende Thema des Weihnachtshirtenwortes des Regensburger Bischofs Antonius von Henle. Er beschloss seinen Hirtenbrief mit folgenden Worten: „Würden alle Menschen Gott die Ehre geben, so wäre der Friede, der allersehnte und heißerflehte schon längst wieder auf Erden. Das ist ein Gefühl, das in aller Herzen lebt. O Geliebte, stünden die Völker und Menschen, die sich im Namen Jesu eins wissen, heute vor der Krippe des Kindes mit dem guten Willen, wie ihn die Engel in der geweihten Nacht besungen haben, wahrhaftig, der Friede bräuchte nicht über lange Friedensreden, Friedenspläne und Friedensschlüsse zu kommen, er wäre schon da."[128]

Dem Verkündbuch Riegers entnehmen wir für das Jahr 1916 noch folgende interessante Eintragungen: Am Pfingstsonntag, dem 11. Juni, verkündete der Pfarrer bezüglich der Benützung der Kirchenstühle, in denen zur damaligen Zeit ja noch jeder Bürger der Pfarrei seinen angestammten festen Sitz hatte: „Wer bei Beginn des Gottesdienstet nicht anwesend ist, verliert für diesen Tag das Recht auf seinen Platz. Jedermann kann dann denselben einnehmen." Und er fügte hinzu: „Betrübend ist das so vielfache Zuspätkommen und Hinstehen an der Kirchentüre."[129] Am darauffolgenden Pfingstmontag, der ja schulfrei war, mussten sich die Kinder dennoch in der Schule einfinden, um an der Siegesfeier teilzunehmen. Der Seesieg der deutschen Kriegsmarine über Englands mächtige Flotte und der Sieg des österreichischen Heeres in Oberitalien gab dazu Anlass. Rieger vermerkte dazu: „Beide Siege zeigen uns den besonderen Schutz Gottes für unser Vaterland."[130] Die kriegsbedingte Notlage wirkte sich auch auf das alte Brauchtum aus. So konnte 1916 am Johannestag, den 27. Dezember, der geweihte Wein nicht mehr ausgeteilt werden.[131]

Pfarrer Rieger nahm sich nach wie vor der ihm als Seelsorger anvertrauten Anna Schäffer an. Er brachte ihr so oft es ihm möglich war das hl. Sakrament der Eucharistie ans Krankenbett, war um Beichtväter besorgt und versuchte darüber hinaus ihr auch geistliche Freuden zu vermitteln. Die Dienerin Gottes berichtete am 18. Oktober 1916 von zwei großen Freuden, die ihr zuteil wurden. Am Montag, dem 4. Oktober, also unmittelbar nach dem Rosenkranz-Sonntag und am Fest des hl. Franziskus, wurde sie von Frl. Elis Imlauer, der Haushälterin Riegers, einer gerade zu Besuch im Pfarrhaus weilenden Krankenschwester und einigen anderen Frauen in einem Lehnsessel zur neu renovierten Altöttinger Kapelle getragen, wo alle zusammen den Rosenkranz beteten.[132]

127 BKR III: Abt. CAS K. 47, VPfM 30.07.1916.
128 OVfdD Rgsb. Jg. 1916, Nr. 18, S. 191.
129 BKR III. Abt. CAS K. 47, VPfM 11.06.1916.
130 BKR III. Abt. CAS K. 47, VPfM 12.06.1916.
131 BKR III. Abt. CAS K. 47, VPfM 27.12.1916.
132 BKR III. Abt. CAS K. 9, Nr. 16: 18.10.1916 Mindelstetten: AS an „Ehrw. Frau Oberin", S. 4–6.

Neun Tage später trugen sie die gleichen Personen in ähnlicher Weise in die Pfarrkirche, damit sie nach vielen Jahren wieder einmal dem Hl. Messopfer beiwohnen konnte. Anna schreibt darüber: „Ich hätte vor dem Tabernakel dort gleich sterben wollen vor lauter Freude und mit dem hl. Greis Simeon hätte ich ausrufen können: ‚Nun lass mich sterben o liebster Jesus, denn meine sterblichen Augen haben das Heil nochmals gesehen und ich war so glücklich Deinem heiligen unblutigen Opfer nochmals beiwohnen zu können!' Diesen Wunsch hatte ich schon viele Jahre immer, nur noch einmal wenn ich einem hl. Messopfer beiwohnen könnte und jetzt ist er mir erfüllt."[133]

Auf den ihr ermöglichten Messbesuch kommt Anna auch in ihrem Namenstags-Glückwunschschreiben an Frl. Elis Imlauer am 19. Oktober (Fest der hl. Elisabeth von Thüringen) zu sprechen. Sie bedankte sich nochmals herzlich dafür und fügte erstaunlicherweise ein Bittgebet an, das in ähnlicher Art U. L. Frau vom Rosenkranz in Fatima 1917, also ein Jahr später, die drei Seherkindern gelehrt hat. Das Gebet Annas lautet: „Heiligstes Herz Jesu, ich danke Dir! Mach mit mir, was Du willst – Dein sei mein Leben allezeit. Ich will nur leiden wie es Dir am wohlgefälligsten und für mich am verdienstlichsten ist. Schenke mir nur die Gnade Deiner heiligen Liebe! Es ist ja nur eines notwendig hier auf Erden – nämlich unsere unsterbliche Seele zu retten – Jesum recht innig zu lieben, alle unsere kleinen und großen Opfer aufzuopfern aus Liebe zu Jesus und viel zu beten zur Bekehrung der Sünder. Rufen wir recht oft am Tage: Heiligstes Herz Jesu, schenk mir recht viele Seelen, besonders jene, die dem Abgrund nahe sind!"[134] Dieses inhaltsreiche und wesentliche Gebet der Dienerin Gottes gehört sicherlich zu ihren reifsten Aussagen.

Das Jahr 1916 bescherte Anna noch eine andere Freude: die wundersame geistliche Begegnung mit Therese vom Kinde Jesu. Sie berichtet in einem Neujahrsbrief darüber Folgendes: „Und noch was schönes weiß ich, nämlich wieder von einer neuen Heiligen, der Ehrw. Dienerin Gottes Schwester Theresia vom Kinde Jesu, Karmeliterin in Lisieux in Frankreich, welche im Alter von 24 Jahren am 30. September 1897 im Rufe der Heiligkeit gestorben ist. Haben Sie Ehrw. Frau Oberin noch nicht's von dieser lieben Heiligen gehört? Denken Sie sich nur wie ich's erfuhr. Ich hatte ja überhaupt noch niemals etwas gehört von Schwester Theresia vom Kinde Jesu, nicht einmal ihren Namen. Und da hatte ich im August vor dem Feste Maria Himmelfahrt einen Traum und da sah ich vor meinem Bette eine Klosterschwester stehen, die mich im Leiden tröstete und vieles zu mir sagte. Dann nahm sie mich bei der Hand und sagte: Liebes Kind, übe dich nur ganz besonders in der Tugend des Starkmutes, denn diese Tugend ist im Leiden sehr vonnöten. – Ich habe nicht mehr länger Zeit, sprach sie dann – ich muss auch noch in den Pfarrhof hinüber und mit lächelndem Angesichte verließ sie

133 BKR III. Abt. CAS K. 9, Nr. 16: 18.10.1916 Mindelstetten: AS an „Ehrw. Frau Oberin", S. 2.

134 BKR III. Abt. CAS K. 9, Nr. 18: 19.11.1916 Mindelstetten: AS an Elis Imlauer (Pfarrhaushälterin Pfarrer Riegers), S. 4.

mich. Ich sah ihr dann auch im Traume von meinem Fenster aus nach und sah sie in den Pfarrhof hineingehen. Sie hatte ein braunes Ordenskleid an und einen weißen Mantel und ihr Angesicht glänzte und strahlte so, dass alles im Zimmer hell war. Ich erwachte dann und dachte mir, eine solche Klosterfrau hab ich auch noch nicht gesehen, mit einer solchen Kleidung. Es nahte dann die Zeit heran zur Vorbereitung auf die hl. Kommunion und ich dachte nicht mehr weiters an den Traum. Und nach der Hl. Messe brachte mir ein kleines Mädchen zwei Bildchen von der Frl. Elis und legte mir selbe auf das Bett hin und ich war nicht wenig erschrocken, als ich auf den Bildchen genau so die Klosterfrau erblickte, von der es mir geträumt hatte und ich wusste dann auch, daß es eine Karmeliterin war, weil es auf dem Bildchen stand. Ich habe ja noch nie in meinem Leben eine Karmeliterin gesehen. Ich gewann dann Schwester Theresia so lieb, dass ich sie seit dieser Zeit täglich verehre. – Über Schwester Theresia werden schon viele Bücher herausgegeben. Ein Buch von ihr haben wir schon gelesen unter dem Titel ‚Die Geschichte einer Seele‘. Eine Krankenschwester, die bei Frl. Elis auf Besuch da war, die hat mir das Buch dagelassen zum Lesen. Auch wird seit Oktober über Schwester Theresia eine Zeitschrift [monatlich] ausgegeben unter dem Titel: ‚Rosenhain‘. – Ich lege einige Bildchen bei von Schwester Theresia v. K. Jesu für Ehrw. Frau Oberin, Ehrw. Schw. Vitalis, Ehrw. Schw. Blithildis und der andern Schwestern Namen weiß ich nicht – für jede Schwester ein Bildchen und Gebetlein!“[135]

Sechs Wochen vorher, am 18. November, hatte die Dienerin Gottes bereits ihre Freundin Anna Bortenhauser von ihrer Traum-Begegnung mit Therese von Lisieux in gekürzter Form, aber inhaltlich übereinstimmend in Kenntnis gesetzt und einige Bildchen beigelegt. Nur hatte sie ihrem Bericht hinzugefügt: „Ich empfehle mich sehr innig der Fürbitte von Schw. Theresia, sie möge für mich beim Heiligsten Herzen Jesu die Gnade erflehen, um eine glückselige Sterbestunde zu erlangen.“[136]

Wie weit Pfarrer Rieger als Seelenführer Anna im Anschluss an den Traum auf das Leben der Heiligen des „Kleinen Weges“ – Therese wurde übrigens 1923 selig- und 1925 heiliggesprochen – hingewiesen hat, entzieht sich unserer Kenntnis. Aber wir können durchaus annehmen, dass sie durch die Lektüre „Die Geschichte einer Seele“ und wahrscheinlich auch aus dem Gebet auf dem Andachtsbildchen etwas von der liebenden Hingabe und Opferbereitschaft dieser zeitgenössischen großen Heiligengestalt gespürt und daraus neuen Mut und Anregung für die eigene Spiritualität geschöpft hat.

Wenn die hl. Therese vom Kinde Jesu, die „Heilige des heroischen Alltags“, auf jeden Anstoß der göttlichen Gnade geantwortet und durch ihr Beispiel aufgezeigt hat, was in einem einfachen Leben möglich ist („Eine Stecknadel, aufgehoben aus Liebe zu Jesus, kann eine Seele retten“), so ist auch bei Anna festzustellen, dass sie

135 BKR III. Abt. CAS K. 9, Nr. 20: 28.12.1916 Mindelstetten: AS an „Ehrw. Frau Oberin Mansueta“.

136 BKR III. Abt. CAS K. 9, Nr. 17: 18.11.1916 Mindelstetten: AS an Anna Bortenhauser.

versuchte, jeden seelischen und körperlichen Schmerz, der ihr auferlegt wurde, vor ihrer Umgebung zunächst zu verbergen und dem Herrn als Opfergabe für die Rettung der Seelen anzubieten. Das Wort der Heiligen von Lisieux „Seit langem ist das Leiden hieniden mein Himmel geworden" hat so oder ähnlich Anna Schäffer – und nicht nur einmal – ausgesprochen; und wenn Therese lehrt, sich selbst zu vergessen und in nichts sich selbst zu suchen, so ist aus vielen Aussagen der Schreiner Nandl von Mindelstetten bekannt, dass sie stets um diese Selbstvergessenheit bemüht war.

In diesem Zusammenhang ist auch folgende Tatsache interessant und bezeichnend: Die hl. Therese von Lisieux starb mit den Worten: „O, ich liebe Ihn! [...] Mein Gott, ich liebe Dich!", während Annas letzte Worte waren: „Jesus, Dir leb' ich!"

Das für die weitere Entwicklung der Weltgeschichte so entscheidende Jahr 1917 war angebrochen. In der Cova da Iria beim damals noch völlig unbekannten Dorf Fatima im fernen Portugal erschien die Gottesmutter drei Hirtenkindern, um die Menschheit zu Umkehr, Gebet und Buße aufzurufen. Eugenio Pacelli, der spätere große Papst Pius XII., empfing am 13. Mai in Rom die Bischofsweihe und wurde vom Friedenspapst Benedikt XV. zum Nuntius im Königreich Bayern ernannt. In Rom kam es anlässlich des zweihundertjährigen Gründungsjubiläums der Freimaurer zu antikirchlichen Umtrieben, die der hl. P. Maximilian Kolbe OFMin. miterlebt hatte. Der von der Deutschen Reichsregierung vor allem finanziell unterstützte Kommunist Lenin entfachte in Russland die bolschewistische Revolution, die im Lauf der Zeit die halbe Welt in ihren bösen Bann gezogen hat. Die USA traten gegen das Deutsche Reich und seine Verbündeten in den Ersten Weltkrieg ein. Am 30. Juni kam es in München zur Begegnung der frommen Monarchen Kaiser Karl I. von Österreich-Ungarn – er wurde 2004 seliggesprochen – und König Ludwig III. von Bayern, die beide die päpstlichen Friedensbemühungen lebhaft unterstützten, sich aber gegen die Deutsche Reichsregierung und die Oberste Heeres-Leitung in Berlin nicht durchzusetzen vermochten und von dieser sogar bedroht wurden. König Ludwig III. äußerte bei dem Gespräch den Wunsch, es möge zu einem Zusammenschluss zwischen Bayern und Österreich kommen.[137] Und er sprach damit dem bayerischen Volk aus dem Herzen, denn es war längst kriegsmüde geworden, suchte die ganze Schuld für den vereitelten Frieden bei Preußen und wehrte sich gegen dessen zunehmenden Zentralismus.

Die Stimmung des Volkes in Bayern war tatsächlich denkbar schlecht. Nicht mehr in Frankreich, sondern in Preußen sah man den Hauptfeind; es mangelte an Arbeitskräften und vor allem an Nahrungsmitteln. Man war der sich mehrenden Hiobsbotschaften überdrüssig und sehnte sich nach Frieden.[138]

137 Habsburg-Lothringen, Michael Salvator, Die Bayerisch-Österreich-Ungarischen Beziehungen 1914–1918. Eine Untersuchung zum eigenstaatlichen Verhalten eines Bundesfürstentums im Wilhelminischen Kaiserreich, Dissertation Wien 1973, Ms.

138 Vgl. Zorn, Wolfgang, König Ludwig III. und der Erste Weltkrieg, in: Ders., Bayerns Geschichte im 20. Jahrhundert. Von der Monarchie zum Bundesland, München 1986, S. 76–107.

Bereits 1917 schien die Monarchie gefährdet. Kronprinz Rupprecht von Bayern wandte sich in großer Sorge an die bayerische Regierung und schrieb, dass die Fortsetzung des Krieges einer zu befürchtenden Revolution Vorschub leisten würde. Ein Pressereferent im bayerischen Kriegsministerium sprach anlässlich des Scheiterns der letzten deutschen Großoffensive im März 1918 an der Westfront von „wucherndem Pessimismus“ im Volk.[139]

In Mindelstetten ging 1917 alles noch seinen gewohnten Gang, wenngleich auch hier die Schatten des Krieges schmerzlich sichtbar wurden. Am 7. Januar hielt Pfarrer Karl Rieger anlässlich des Geburtstags des Königs Hochamt, Predigt und Te Deum.[140] Am 29. Januar richtete der Regensburger Bischof Antonius von Henle an Klerus und Volk ein Hirtenschreiben, in dem er auf das Triduum für die drei Faschingstage hinwies. Er begann mit den Worten: „Noch immer ruht die Hand Gottes schwer auf uns. Das entsetzlich traurige und jammervolle Schauspiel, das nun bald drei Jahre über die Weltbühne geht, scheint seinen letzten Akt noch lange nicht ausgespielt zu haben. Da bleibt nur ein Trost, sich immer wieder an das Wort des göttlichen Heilandes zu erinnern: ‚Kommet zu mir alle, die ihr mühselig und beladen seid!‘ (Mt 11,28.)“ Dann begründete Henle das verordnete Triduum in der schrecklichen Kriegszeit und erinnert daran, der Gefallenen zu gedenken. Die düstere Zukunft erahnend, beschloss er das Hirtenwort: „So gehe denn eine Stromwelle von Liebe und Dank über die kommenden Tage hin, aber auch von tiefem Ernste angesichts dessen, was uns vielleicht noch bevorsteht. Möge doch der allgütige Gott die Tage der Trübsal abkürzen und uns den so heiß ersehnten und so glühend erflehten Frieden baldigst schenken!“[141]

Das von allen bayerischen Bischöfen angeordnete Kriegs-Triduum an den Faschingstagen 1917 – 18., 19. und 20. Februar – wurde auch in Mindelstetten streng gehalten. Nach dem Gottesdienst wurde jeweils das Allerheiligste ausgesetzt und abwechselnd von Frauen, Jungfrauen, Männern, Burschen und Schulkindern Anbetungsstunden abgehalten. Täglich bot Rieger Beichtgelegenheit und spendete dreimal die heilige Kommunion. Circa 600 Kommunionen konnte er an diesen Tagen verzeichnen. In das Verkündbuch schrieb er ein: „Möchte der allmächtige Gott unserem Vaterlande die notwendige Kraft und Ausdauer und den baldigen Sieg verleihen.“[142]

Am Palmsonntag, dem 1. April 1917, verkündete Pfarrer Rieger seiner Gemeinde, um 15.30 Uhr fände im Gasthaus Mayr eine Versammlung statt, in der über Lebensmittelfragen gesprochen würde, ebenso über die Kriegsanleihen, deren letzte Zeichnung am Montag, dem 23. April möglich wäre.[143]

Bischof Henle von Regensburg dürfte schon damals die Zeichen der Zeit, die innenpolitische Krise, den Ansturm der Gottlosen deutlich erkannt haben. Er

139 Nöhbauer, Hans F., Die Chronik Bayerns, München 1994, S. 436.

140 BKR III. Abt. CAS K. 47, VPfM 24.11.1911–24.04.1921: 16.10.1916.

141 OVfdD Rgsb. Jg. 1917, Nr. 2, S. 17f.

142 BKR III. Abt. CAS K. 47, VPfM 18., 19. u. 20.02.1917.

143 BKR III. Abt. CAS K. 47, VPfM 01.04.1917.

spricht in seinem Hirten-Wort zur Fastenzeit vom Hass, der die Liebe verdrängt, „und dann wird große Not sein!“ – „Geliebte! Man ist versucht, in der gegenwärtigen Zeit der Not an dieses Wort des Herrn zu denken, wenn man da und dort den wildesten Ausbrüchen des Hasses begegnen muss, wenn man hören muss von ‚ewiger Feindschaft‘, ‚unheilbarem Bruche‘, ‚untilgbarem Hasse‘ und das zwischen Völkern, gebildeten Nationen, zwischen Menschen, die sich Christen nennen! In Eurem Namen dürfen wir es laut aussprechen, das ist nicht unser Sinn! Mit diesem Abfall vom Christentum tun wir nicht mit! Das ist auch nicht der Sinn unserer Soldaten. So tapfer sie sind, rachsüchtig sind sie nicht. So viel Glut und Leidenschaft in ihrer Zähigkeit und Ausdauer liegt, sie werden zu Lämmern, wenn sie in ihrem täglichen Vater-Unser das ‚Vergib uns unsere Schulden, wie auch wir vergeben unseren Schuldigern‘ beten.“ Und dann berichtet der Bischof über ein Geschehen: „Da liegt irgendwo, draußen an der Front, nicht gar weit von Verdun, ein stilles, einsames Kircherl, freilich durch den Krieg arg mitgenommen, fast ganz zerschossen, ohne Turm, ohne Bänke, ohne Kanzel, ohne Beichtstuhl, und in diesem Kirchlein fanden sich allabendlich im letzten Oktober eine schöne Anzahl Soldaten ein, um dort ihren Rosenkranz zu beten. Am Schlusse beteten sie noch einige Vater–Unser ‚für unsere Gefallenen und ihre Hinterbliebenen‘, ‚für die Verwundeten und Kranken‘, für die, ‚die von uns im Felde noch sterben müssen‘, und am Schlusse: ‚Für unsere Feinde!‘ – So betet der bayerische Soldat dort mitten im Feuer, angesichts des Feindes, der nur einige hundert Meter entfernt seine schwersten Geschosse herüberschleudert! Wahrlich, wer in solcher Lage für seine Feinde betet, der kämpft nicht aus Rache, der hat ein anderes, höheres Kriegsziel. Gewiss, den meisten unserer Soldaten schwebt bei allen ihren unzähligen Strapazen, Mühen und Opfern nur der eine Gedanke vor die Seele: Die Lieben zu Hause in Sicherheit zu wissen.“

In einem anderen Teil seines Hirtenbriefes kommt Henle auf jene zu sprechen, die Gott für den Krieg verantwortlich machen wollen – und seine Antwort scheint mir auch für unsere Tage sehr aktuell zu sein. Er schreibt: „Das zwingt zur Gegenfrage, hat denn Gott den Krieg veranlasst? Hat er den Frieden gebrochen und erklärt? Er hat ihn zugelassen, wie er auch andere Übel und Leiden zulässt. Gott macht den Krieg nicht, das tun die Menschen. Gäbe es nur gute Menschen, wäre ein Krieg unmöglich. Im Himmel ist kein Krieg. Also hängt der Krieg mit dem Bösen zusammen und dieses mit dem freien Willen des Menschen. Dieser freie Wille ist den Menschen angeboren. Er ist eine Naturgabe, eine Auszeichnung, die nur dem Menschen zukommt. Mit dieser Freiheit trifft der Mensch seine Entscheidung, in die Gott nur ausnahmsweise eingreift. Er lässt ihr freien Lauf wie den Naturgesetzen. Es ist Sache des Menschen, die Freiheit zu gebrauchen oder zu missbrauchen. Er kann mit derselben Gabe Gutes oder Böses schaffen. Das ganze Reich des Guten liegt in des Menschen eigener Macht. Ist das nichts Großes? Tut er das Gegenteil, so klage der Mensch sich selber an, wie ihn sein Gewissen anklagt.“ Abschließend warnte der Bischof vor Murren und Aufbegehren und mahnte zur Gottes- und Nächstenliebe.[144]

Nachdem Papst Benedikt XV. am 26. April 1916 die allerseligste Jungfrau und Gottesmutter Maria zur PATRONA BAVARIAE erhoben hatte, wurde am 20. Mai 1917 – aus kriegsbedingten Gründen vom 14. auf den 20. Mai, den Sonntag nach Christi Himmelfahrt verlegt – zum erstenmal in allen Diözesen des Königreiches Bayern das Hochfest feierlich begangen.[145] In Mindelstetten feierte Pfarrer Rieger an diesem Tag ein feierliches Hochamt mit Predigt. Nach einer Schulfeier am frühen Nachmittag zogen die Gläubigen in Prozession zur Altöttinger Kapelle. Dort beteten sie die Marienlitanei, der sich ein Vortrag über Maria, der Schutzfrau Bayerns anschloss. Nachher zog die Prozession wieder zur Pfarrkirche zurück, wo Rieger den sakramentalen Segen erteilte.[146]

Die Dienerin Gottes Anna Schäffer nahm am Fest Patrona Bavariae regen Anteil und man darf annehmen, sie hat sich darauf betend gut vorbereitet. In den Aufzeichnungen ihrer „Träume" berichtet sie in diesem Zusammenhang Folgendes: „Am 11. Mai 1917 träumte mir, ich sei in unserer Kapelle draußen [sie meint die Altöttinger Kapelle!] und der Hochw. Herr Pfarrer predigte dortselbst von unserer Lb. Frau und nach der Predigt war es mir, ich befinde mich in unserer Kirche drinnen und es war das Allerheiligste feierlich ausgesetzt und ich ward auf einem Lehnsessel und haben mich gute Seelen, die mich trugen, etwas schief neben dem Hochaltar vor dem Allerheiligsten hingestellt. Auch ward es mir, der Antritt des Altares sei mit einem roten Teppich bedeckt; ich hatte im Herzen unendliche Freude, dass ich so nahe vor dem Allerheiligsten sein durfte. Hernach erwachte ich und ich lag halt wieder auf meinem Krankenbette. Und am 20. Mai, am Hauptfeste der Patronin Bavariae ward eine Prozession von der Kirche in die Kapelle – und von da wieder zur Kirche zurück, wo dann mit dem Allerheiligsten der Segen gegeben wurde. Es wurde mir zu diesem Feste jenes unaussprechliche Glück zuteil, gerade so wie es mir träumte. Es trugen mich nämlich gute Seelen in die Kapelle hinaus, wo auch dortselbst der Hochw. Herr Pfarrer eine Ansprache hielt; hernach trugen mich jene guten Seelen in die Kirche zurück, wo dann mit dem Allerheiligsten der hl. Segen gegeben wurde. Und es haben mich jene guten Seelen, gerade so vor dem Allerheiligsten hingestellt, wie es mir träumte. Auch der Teppich und alles war genau so wie im Traum. – Hochgelobt und gebenedeit sei das allerheiligste Sakrament des Altares – von nun an bis in Ewigkeit!"[147]

Das Fest Patrona Bavariae dürfte auf Anna einen tiefen und nachhaltigen Eindruck gemacht haben. Sie berichtete darüber ihrer Freundin Anna Bortenhauser am

144 OVfdD Rgsb. Jg. 1917, Nr. 3, S. 23–35.
145 Ritter, Emmeram H., PATRONA BAVARIAE! Unter Deinem Schutz und Schirm, ^{2}1987, S. 38. – Vgl. OVfdD Rgsb. Jg. 1917, Nr. 7, 30.04., S. 78.
146 BKR III. Abt. CAS K. 47, VPfM 20.05.1917.
147 BKR III. Abt. CAS K. 10: Traumbuch.

5. Juni 1917 brieflich ausführlich darüber und fügte hinzu: „Was ich in jenen hl. Augenblicken empfand, liebe Anna, als das Allerheiligste feierlich ausgesetzt war, das könnte ich Dir nicht mit Worten schildern. Von Schmerzen wusste ich in jenen hl. Augenblicken gar nichts. Wie gerne wollte ich dort ewig verbleiben und meine sterblichen Augen für immer verschließen. Konnte im Ganzen 1 ½ Stunden aushalten; Heiligstes Herz Jesu und Mariä, ich danke Euch heute noch recht viel tausendmal für jenes unaussprechliche Glück!“[148]

Im selben Brief an Anna Bortenhauser berichtet die Dienerin Gottes von einem schweren Unwetter, das am Mittwoch, dem 30. Mai, westlich von Mindelstetten niedergegangen ist. Sie schreibt darüber: „Am vergangenen Mittwoch die vorige Woche, zog über unsere Gegend ein schweres Schauergewitter; in Kösching, Theißing, Kasing und die Ortschaften alle darüber hat's alles total zusammen gehagelt. Vom Korn und Weizen stehen nur mehr ganz kurze Halme, die Ähren alle abgeschlagen und der Sommerbau und auch die Wiesen sind ganz verwüstet. Nicht einmal Futter haben die Leute mehr für das Vieh. Die meisten Leute da droben tun jetzt nochmals Sommerbau anbauen. Auch von der Westseite her hat's in jenen Ortschaften alle Fenster eingeschlagen, die Steine [Hagelkörner] waren ja fast so groß wie die Taubeneier und am andren Tage mittags waren noch welche dort, so hoch lagen sie da. Bei uns selbst fielen ja auch einige Augenblicke so große Steine, aber es dauerte nicht lange an. An dem Sommerbau und Wiesen gibt's bei uns keinen Schaden. Das Korn ist an manchen Äckern zum Teile und an machen fast die Hälfte abgeschlagen. Und in den Ortschaften Tettenwang, Hexenagger und darüber soll dasselbe Gewitter gleichen Schaden angerichtet haben als in den oberen Ortschaften; so hörte ich es wenigstens sagen. Heiligstes Herz Jesu erbarme Dich Deines Volkes und schone die Feldfrüchte.“[149]

So gesellte sich zu den Schrecken des Ersten Weltkrieges auch noch die große Not einer Missernte, wenigstens in den Gegenden um Mindelstetten. Was das damals für die ohnehin darbende Bevölkerung bedeutete, kann man sich vorstellen. Dazu musste man noch notleidende Kinder aus dem Rheinland aufnehmen, wie Pfarrer Rieger am Sonntag, dem 8. Juli 1917 in seinem Verkündbuch vermerkt hat. Wahrscheinlich handelte es sich um Kinder aus dem Ruhrgebiet, die ihre Ferien in Bayern verbringen durften.[150]

Wie in anderen Pfarreien dürfte sich auch in Mindelstetten verhaltener Widerstand gegen die Abnahme und Einziehung der Kirchenglocken für die Herstellung von Waffen ergeben haben. Es ist aus dem Eintrag Riegers ins Verkündbuch vom Sonntag, dem 15. Juli zu schließen, in dem er bemerkt: „Die Unzufriedenen können sich selbst um die Erhaltung der Glocken annehmen.“[151]

148 BKR III. Abt. CAS K. 9: 05.06.1917 Mindelstetten: AS an Anna Bortenhauser, S. 3f.

149 BKR III. Abt. CAS K. 9, Nr. 29: 05.06.1917 Mindelstetten: AS an Anna Bortenhauser, S. 4.

150 BKR III. Abt. CAS K. 47, VPfM 08.07.1917.

151 BKR III. Abt. CAS K. 47, VPfM 15.07.1917.

Das Bischöfliche Ordinariat Regensburg hatte bereits im „Oberhirtlichen Verordnungsblatt“ vom 30. April 1917 auf die Enteignung der Kirchenglocken aufmerksam gemacht. Ausgenommen sollten nur solche Glocken sein, die von wissenschaftlichem, geschichtlichem oder kunstgewerblichem Wert sind oder vor dem Jahre 1770 gegossen worden waren. In jeder Pfarrkirche sollte aber wenigstens eine Glocke für die Bedürfnisse des Gottesdienstes und für den öffentlichen Stundenschlag belassen werden. Im Einvernehmen mit dem Königlichen Staatsministerium des Inneren und dem Kriegsministerium hatten die bayerischen Bistümer dies durchgesetzt.[152]

Der 11. Juli 1917, ein Mittwoch, war für Mindelstetten ein Trauertag: Zum letzten Mal ertönte das volle Glockengeläute. Anna Schäffer hat darüber in ihrem Brief vom 21. Juli an ihre Freundin Anna Bortenhauser Folgendes berichtet: „Auch was trauriges muss ich Dir mitteilen, liebe Anna! Am 11. Juli morgens läuteten unsere Glocken zum letzten mal! Zwei sind heruntergekommen, die große St. Nikolaus- und die kleine Sterbeglocke St. Barbara. Ja liebe Anna, an diesem Tage hat’s in aller Augen viele Tränen gegeben. Jetzt haben wir nur mehr die mittlere St. Mariä, welche immer die Viertel u.s.w. an der Uhr anschlägt und dass auch die ganzen Stunden angeschlagen werden, dazu habens jetzt das kleine Kapellenglöckerl hinauf getan und vertritt die Stelle der großen St. Nikolaus-Glocke. Und wenn man das Glöckerl läuten oder schlagen hört, so ist es grad, als wie wenn es selbst mitweinen würde, einen solchen mitleidsvollen Ton gibt es von sich. ‚Herr, Dein Wille geschehe!‘ Suchen wir unsern Trost in den Worten des lieben Heilandes als er einstens sprach: ‚Ohne mich könnt ihr nichts tun!‘ Und wäre es nicht sein hl. Wille gewesen, so hätte er es gewiss anders geleitet. Leiden wir daher alles Herbe und Bittere mit Geduld und Ergebung zur Sühne für die vielen – grenzenlosen – Frevel, die wider das hl. Gut des Glaubens so vielfach begangen werden und so den lieben Heiland immer mehr beleidigen und seinen Arm der Barmherzigkeit immer mehr zurückhalten! Opfern wir uns dem lieben Heiland in jener Weise und nach seiner Meinung – wie er sich selbst im Ölgarten seinem himmlischen Vater als Sühnopfer der Liebe aufopferte! – Eine schwere Krankheit hat ja immer viele Nachwehen – die oft scheinen, das alte Übel sei wieder ausgebrochen – und so wird es auch mit dieser langwierigen Kriegskrankheit sein, die viele, viele Nachwehen nach sich zieht. Wie Gott will! Beten wir für jene Sünder besonders viel, die so tief in ihren Sünden liegen und die sich vor Verzweiflung kaum mehr zu helfen wissen. Heiligstes Herz Jesu schenk uns recht viele solche Sünderseelen und schenke ihnen die Gnade der Bekehrung um Deines hl. kostbaren Blutes willen, welches Du so schmerzlich für uns alle vergossen hast!“[153]

152 OVfdD Rgsb. Jg. 1917, Nr. 7, S. 80–83; Nr. 8, 16.05., S. 126.

153 BKR III. Abt. CAS K. 9: 21.07.1917 Mindelstetten: AS an Anna Bortenhauser.

Am Sonntag, dem 26. August 1917, wurden das Erntedankfest und zugleich der Namenstag König Ludwigs III. von Bayern feierlich mit Hochamt, Verlesung des bischöflichen Hirtenschreibens und eines Te Deums begangen.[154]

Je mehr die Not das Land bedrängte, umso inniger vertraute sich Anna Schäffer dem lieben Heiland, seiner jungfräulichen Mutter, ihrem Schutzengel und den Heiligen an. Ein besonderes inniges Verhältnis pflegte sie zur kleinen Theresia vom Kinde Jesu. Am 17. Februar 1917 versprach sie der erkrankten Oberin des Köschinger Krankenhauses eine Novene zur „Dienerin Gottes Schwester Theresia v. K. Jesu" und fügte hinzu: „Ich habe die kleine Schwester Theresia recht lieb und verehre sie täglich. Ich sage oft zu ihr: O liebe kleine Heilige, wenn ich nur Deine Schwester wäre, oder die geringste unter all' Deinen Freundinnen. Und wenn ich auch all' dies nicht bin, so möchte ich doch ihre unwürdigste Verehrerin sein. Vor kurzem träumte es mir wieder zwei mal von ihr."[155] Wenige Wochen später versprach die Dienerin Gottes der ihr bekannten Schwester Tatona eine Novene zu Therese von Lisieux, schilderte, wie Theresia ihr am 13. August 1916 im Traum erschienen sei und versprach, sie werde die Schwester, die ihr anvertrauten Buben und das ganze Kloster dem besonderen Schutz Theresias empfehlen.[156]

Geistige Begegnungen mit frommen Seelen veranlassten Anna Schäffer 1917 diese zu verehren, in Anliegen anzurufen und sich an ihnen zu orientieren. Inwieweit ihr Seelenführer Pfarrer Rieger an diesen Begegnungen beteiligt war, indem er ihr vielleicht Andachtsbildchen oder Bücher gegeben hatte, ist nicht zu eruieren.

„Am 23. Februar 1917", so vertraute Anna ihrem Traumbuch an, „durfte ich im Traume eine Dienerin Gottes sehen, deren Namen ich, so weit ich mich erinnern kann, nur ein einziges mal gelesen habe, nämlich der gottseligen Dienerin Gottes Anna Taigi. – Ich sah sie in zwei Gesichten! Erstens durfte ich sie sehen, als sie die erste hl. Kommunion empfing; ach könnte ich ihr strahlendes Angesicht beschreiben in jenem Augenblicke, als der liebe Jesus in ihr Herz einkehrte und mit welcher Ehrfurcht und Innigkeit sie ihre Danksagung machte. Und dann durfte ich sie sehen, wie sie auf ihrem Krankenbette lag – ein Bild nicht zu beschreiben. Und jener Führer, der mir die gottselige Dienerin zeigte, diesen kannte ich nicht; hatte aber, wenn er es selbst nicht war, sehr viel Ähnlichkeit mit dem seligen Gabriel Possenti! Jene Freitagsnacht werde ich nie vergessen und von jetzt ab diese Dienerin Gottes nicht mehr. Ihre Verehrung soll von nun an meinem Geiste sehr eingeprägt sein!"[157] In einem Brief vom 19. März 1917 ergänzte sie den Bericht noch wie folgt: „Wie deutlich ich sie sah und wie glückstrahlend sie mich anblickte, bleibt mir unvergesslich! Auch sagte mir jener Führer ihren Namen, denn sonst hätte ich ja nicht gewusst, wer dies sei. Wenn ich es offen gestehen will, so habe ich ja noch niemals

154 BKR III Abt. CAS K. 47, VPfM 26.08.1917.
155 BKR III. Abt. CAS K. 9: 17.02.1917 Mindelstetten: AS an Ehrw. Frau Oberin Mansueta.
156 BKR III. Abt. CAS K. 9: 07.03.1917 Mindelstetten: AS an Schw. Tatona.
157 BKR III. Abt. CAS K. 10: Traumbuch.

diese Dienerin Gottes verehrt; aber jetzt soll sie meinem Gedächtnis fest eingeprägt sein wie ihre Verehrung."[158]

Anna Maria Taigi (29. Mai 1769 Siena – 9. Juni 1837 Rom) war eine vorbildliche Ehefrau und Mutter, die in Armut sieben Kindern das Leben geschenkt hatte, und eine begnadete Mystikerin. In großer Demut und Bescheidenheit ertrug sie alle ihr auferlegten Kreuze und Heimsuchungen ganz ergeben in Gottes heiligem Willen. Im Eröffnungsdekret des Seligsprechungsprozesses heißt es: „In Anna Maria Taigi hat Gott zu einer Zeit, in der menschlicher Hochmut mit den Mächten der Hölle sich verschworen zu haben schien, dem tobenden Meer der Gottlosigkeit einen Damm entgegengesetzt. Am 30. Mai 1920 wurde sie von Papst Benedikt XV. seliggesprochen."[159]

In einem Brief an eine Freundin schrieb Anna Schäffer am 29. Juni 1917: „Am Fronleichnamstag sind mir meine zwei ältesten Freundinnen fortgegangen in die ewige Heimat. Es waren dies die Ehrw. Krankenschwester Vitalis von Kösching, die mich seinerzeit gepflegt hat als ich im Köschinger Krankenhaus war, und die langjährige Kranke von Nittenau, die Theres Mauser, welche mir seit einigen Jahren immer schrieb. Diese war schon 86 Jahre alt und lag davon 42 Jahre auf ihrem Krankenbette und hatte auch Rückenmarkleiden. Persönlich gekannt habe ich sie ja nicht, aber seit einigen Jahren unterhielten wir uns brieflich. Von dieser edlen Seele erzählte mir einmal ein Fräulein sehr vieles, woran ich mich unendlich erbaute. – Auch wie gering und zurückstehend bin ich da gegen jener großen edlen Seele – im Leiden und überhaupt in Bezug auf das geistliche Leben. Da kann ich von mir sonst nichts andres sagen, als immer noch eine A.B.C.-Schülerin des Leidens! Wer weiß, wie vieles noch von jener edlen Seele ans Tageslicht kommt, zum Troste und zur Erbauung der Seelen. Den letzten Brief schrieb sie mir zu Neujahr. Nun ist sie beim lieben Jesus im Himmel und wird gewiss auch für mich arme Sünderin Fürbitte einlegen beim heiligsten Herzen Jesu. Sie wird jetzt auch erkennen, wie unvollkommen und unwürdig ich bin. Wie glücklich waren doch diese beiden Seelen, im schönen Herz-Jesu-Monat und besonders am Feste des hl. Fronleichnams durften sie ihren Einzug halten in die ewige Heimat."[160]

Maria Therese Mauser wurde am 13. August 1831 als jüngste Tochter des Tuchmachers Michael Mauser und dessen Ehefrau Anna Eva, geb. Taucher in Nittenau/Oberpfalz geboren und getauft. Als um die Mitte des 19. Jahrhunderts die Fabrikware den Markt eroberte und die Tuchmacherei nicht mehr ging, kehrte bittere Not in das „Graml-Haus" (Hausname) ein, das die kinderreiche Fami-

158 BKR III. Abt. CAS K. 9: 19.03.1917 Mindelstetten: AS an „Meine liebe Rompilgerin" (Anna Bortenhauser).

159 Schauber, Vera/Schindler, Hans Michael, Heilige und Namenspatrone im Jahreslauf, Augsburg 1992, S. 283.

160 BKR III. Abt. CAS K. 9: 29.06.1917 Mindelstetten: AS an „Meine liebste Rompilgerin" (Anna Bortenhauser).

lie bewohnte. Als das Mädchen herangewachsen war, wollte sie ins Kloster gehen, was aber wegen ihrer dauernden Kränklichkeit nicht möglich schien. So wurde sie wenigstens Mitglied des III. Ordens des hl. Franziskus und sie legte am 23. März 1856 ihre Gelübde ab. Nach dem Tod ihrer Mutter musste Maria Therese Mauser das Elternhaus verlassen und sich in Regensburg bei einem Wachszieher verdingen. 1864 kehrte sie auf Wunsch ihres geistlichen Bruders Pius Mauser, der wegen schwerer Arthritis vorzeitig in den Ruhestand gehen musste, nach Nittenau zurück, um ihn zu betreuen und ihm den Haushalt zu führen. Zwei Jahre nach dem Hinscheiden ihres Bruders brach Therese Mauser am 20. Juli 1877 in der Kirche zusammen. Durch ein chronisches Rückenmarksleiden war sie fortan völlig gelähmt und konnte bis zu ihrem Tode am Fronleichnamstag (7. Juni) 1917 das Krankenlager nicht mehr verlassen. Sie war eine große Beterin und hatte in großer Geduld im Geiste der Sühne ihr schweres Leiden ertragen. Ihre seltene Herzensgüte hat viele Menschen angezogen und getröstet.[161] Vier ihrer Briefe an Anna Schäffer haben sich erhalten und wurden von Pfarrer Alfons M. Weigl veröffentlicht.[162]

Die Verbundenheit der Dienerin Gottes mit Papst und Kirche kommt immer wieder zum Ausdruck. In einem Brief vom 21. September 1917 forderte sie eine Freundin dazu auf: „Opfern wir so manches Stündlein nach Meinung unseres Hl. Vaters auf, damit er recht bald unter den Völkerwirren den Frieden bewirken kann! Unterstützen wir unseren Hl. Vater mit dem Gebete nach seiner Meinung und bringen wir im Geiste der Sühne so manches Opfer nach seiner Meinung!“[163]

Das Rosenkranzfest bedeutete in der Pfarrei Mindelstetten seit jeher einen der Höhepunkte im liturgischen Jahresablauf. 1917 wurde es am Sonntag, den 7. Oktober, feierlich begangen. Pfarrer Rieger ermunterte die Gläubigen zum täglichen Rosenkranzgebet, das, falls möglich, jeweils während der Hl. Messe um 7.30 Uhr, an den übrigen Tagen abends um 18.00 Uhr und an Sonntagen um 13.30 Uhr in der Pfarrkirche verrichtet werden sollte. Er machte dabei auf die Gewinnung des Toties-quoties Ablasses aufmerksam, der je nach Wunsch auch den abgeschiedenen Seelen zugewendet werden könnte.

Rieger bemühte sich wieder besonders um die Rosenkranzbruderschaft und verkündete, dass die Aufnahme das ganze Jahr über durch Einschreiben möglich sei. Die feierliche Aufnahme der neuen Mitglieder vollzog er am Titularfest nach dem Vormittags- und nach dem Nachmittagsgottesdienst. Er weihte Rosenkränze und Kerzen und bat, die ausgefüllten Formulare am Bruderschaftsaltar mit einer Gabe zu hinterlegen.

161 BKR III. Abt. CAS K. 46: eigene Aufzeichnungen nach vorhandenen Quellen.

162 Weigl, Alfons Maria, Geheimnis einer Liebe. Leben und Leiden der heiligmäßigen Dulderin Theres Mauser in Nittenau, Altötting 1967, S. 100–102.

163 BKR III. Abt. CAS K. 9: 21.09.1917 Mindelstetten: AS an „Meine teuerste Freundin“ (Anna Bortenhauser).

In seiner Predigt zum Rosenkranzfest 1917 sagte Pfarrer Rieger u. a.: „Keine Zeit bedarf mehr des Gebetes als unsere Zeit. Die Kriegslage allein schon wäre Anlass hiezu. Es ist sicher, dass der Völkerhass nicht überwunden werden kann außer durch Gebet. Das allgemeine Elend benutzen leider Wucherer zur ungerechten Bereicherung und sie laden dadurch Gottes Fluch auf sich herab und vermehren die allgemeine Unzufriedenheit der Bedrückten. Zudem benutzen die Gottesfeinde die Gelegenheit, um gegen die heilige Religion zu reden und zu spotten. Die Gottlosigkeit selbst aber bringt unter die Völker Sittenlosigkeit und Glaubensgleichgültigkeit; diese aber werden die Völker noch unglücklicher machen als das Kriegselend. Allein das Gebet kann verhindern, dass noch furchtbarere Prüfungen über die Menschen kommen müssen. Nur das Gebet wird die Gläubigen sammeln, zu wahrem christlichen Leben führen und hiedurch Friede für Zeit und Ewigkeit bringen.“[164]

Revolution 1918/19 in Bayern

Das Jahr 1918 brachte zwar das Ende des furchtbaren Ersten Weltkrieges, in dem mehr als 200.000 bayerische Soldaten ihr Leben opfern mussten, aber Bayern und ebenso die anderen deutschsprachigen Staaten wurden durch neues Unheil schwer heimgesucht. Die Staatsform der Monarchie, die sich durch Jahrhunderte hindurch bewährt hatte, wurde durch den überall radikalisierten Pöbel der Straße beseitigt.

Wie konnte es im seit jeher konservativen Bayern dazu kommen? Dafür gibt es mehrere Gründe. Das internationale Freimaurertum war in seinem Kampf gegen die Katholische Kirche seit der Französischen Revolution stets eifrig bestrebt, vor allem die katholischen Monarchien zu stürzen. Jedes Mittel schien ihnen recht zu sein, ihre Ziele zu erreichen.

Beim Ausbruch des Ersten Weltkrieges musste sich das bayerische Heer wegen seiner Zugehörigkeit zum Deutschen Reich dem Oberbefehl des deutschen Kaisers Wilhelm II. unterstellen, womit ein tragischer Prozess der von Preußen ausgehenden Zentralisierung und Unifizierung seinen Anfang nahm bzw. fortgesetzt wurde. Zudem hatten sich im 19. Jahrhundert aus dem Liberalismus neue sozialistische Gruppierungen gebildet, die vorwiegend von der zunehmenden Industriearbeiterschaft und einigen wenigen atheistischen Intellektuellen gespeist wurden. Das aufstrebende Bürgertum, das den Adel weitgehend abgelöst hatte, erwies sich als nicht fähig, die sozialen Missstände zu beseitigen, weil es zumeist dem Liberalismus huldigte.

Auch das Königreich Bayern war von dieser europäischen Entwicklung nicht verschont geblieben. Als sich die wechselnden Hoffnungen auf einen Sieg des deutschen Reiches und seiner Verbündeten nicht erfüllten, kam es in Bayern zur Artikulation von zwei gegensätzlichen politischen Richtungen. München wurde zum

164 BKR III. Abt. CAS K. 47, VPfM 07.10.1917.

Mittelpunkt alldeutscher Agitation, die sich nicht nur gegen den Kaiser und den Reichskanzler wandte, sondern auch gegen den katholischen König Ludwig III., dem Schwäche vorgeworfen wurde. Die bayerische Hauptstadt entwickelte sich aber auch zum Zentrum wachsender Unzufriedenheit der verhetzten Arbeiter. Dass die Rädelsführer beider Richtungen keineswegs Einheimische, sondern aus Nord-, West und Ostdeutschland Zugezogene waren, ist eine nicht zu leugnende Tatsache. Bald kam es zwischen beiden Gruppierungen zu Spannungen und schließlich zu Konfrontationen. Auf der einen Seite standen also die Deutschnationalen, auf der anderen die radikalen Sozialisten.

Eine wesentliche Wurzel für die im Grunde genommen völlig unbayerische Entwicklung bildete die deutsche Reichsverfassung vom 16. April 1871. In ihr wurden dem Königreich Bayern zwar Reservatrechte zugebilligt, aber dennoch hatte der Staat durch den Verlust seiner Souveränität die zuvor eigenständige Politik sowohl was die Bedeutung als auch was das internationale Gewicht anbelangt verloren; sie wurde introvertiert. Über Fragen der Außen- und Militärpolitik entschied die Reichsleitung, die trotz einer gewissen Verselbständigung ganz unter preußischem Einfluss stand, wobei der protestantische Deutschnationalismus keine unwesentliche Rolle spielte. Von Bayern immer wieder geforderte innenpolitische Zugeständnisse wurden, gefördert von der liberalen Presse, von der Öffentlichkeit in Bayern missfällig aufgenommen; sie galten als Auswüchse eines reichsfeindlichen Föderalismus, der in der Regel als Partikularismus verstanden wurde.

Die bayerische Regierung, weitgehend auf die Reichspolitik konzentriert, hat den Ernst der politischen Lage leider verkannt und verfolgte untätig die sich zwischen 1914 und 1918 anbahnende Radikalisierung. Das immer mehr um sich greifende Unbehagen des Volkes richtete sich vor allem gegen den Krieg und seine katastrophalen Begleiterscheinungen.

Nicht nur der österreichische Kaiser Karl I., sondern auch der bayerische König Ludwig III. bemühte sich in engem Einvernehmen mit Papst Benedikt XV. um einen gerechten Frieden. Er und sein Minister, Otto Ritter von Dandl, verhandelten durch einen Unterhändler mit dem amerikanischen Bevollmächtigten Herron[165] in der Schweiz über Möglichkeiten, Kaiser Wilhelm II. zur Abdankung zu veranlassen, um die Bahn für Waffenstillstand und Frieden frei zu machen. Der Plan scheiterte jedoch aus Furcht vor ernstzunehmenden Drohungen der Obersten Deutschen Heeresleitung in Berlin, die auf das katholische, stets um Selbständigkeit ringende Bayern ohnehin nie gut zu sprechen war.

Noch im Sommer 1918 hätte ein entschlossenes Handeln der bayerischen Regierung den völligen Zusammenbruch verhindern können. Aber man fand in München

165 George D. Herron war des amerikanischen Präsidenten Thomas Woodrow Wilson (1913–1921) Vertrauensmann, der zunächst mit der Königl. Bayer. Regierung und später auch mit Kurt Eisner konferierte. – Spindler, Max (Hrsg.), Handbuch der bayerischen Geschichte. Bd. IV: Das neue Bayern 1800–1970, 1. Teilbd., München 1974, S. 372f., 415.

nicht den Mut, über den Schatten der Bismarck'schen Reichsverfassung hinwegzuspringen. Aus falsch verstandener Treue zum preußisch-deutschen Reich, die Bayern schon immer zum Nachteil gereichte, niemals aber Nutzen gebracht hat, konnte sich die bayerische Regierung nicht entschließen, die Friedensgespräche, die sich über Rom, Wien und die Schweiz angebahnt hatten, weiterzuführen. In seiner letzten Rede vor dem Bayerischen Staatsrat am 4. November 1918 gab König Ludwig III. eindeutig der deutschen Reichsregierung und vor allem der Obersten Heeresleitung die Schuld am Scheitern der Friedensversuche.

Ströme von Blut, unsägliches Leid und ein Kreuzweg, von dem niemand weiß, ob seine letzte Station vor oder hinter uns liegt, wäre den Menschen erspart geblieben, wenn der Friede der Gerechtigkeit, den Papst Benedikt XV. wiederholt angemahnt hatte, verwirklicht worden wäre.

Als die deutsche Reichsregierung am 3./4. Oktober 1918 der Entente einen Waffenstillstand aufgrund schwerer militärischer Rückschläge und innerpolitischer Schwierigkeiten anbot, war es zu spät. Die Meuterei auf mehreren Großkampfschiffen der deutschen Hochseeflotte in Wilhelmshafen am 29. Oktober wurde zum Fanal. Der Aufstand griff auf Brunsbüttel, Kiel, Lübeck und Hamburg über und verbreitete sich wie ein Feuersturm. Die Nachrichten über die Revolution der Matrosen löste bei den Links-Sozialisten in München Zustimmung und Begeisterung aus. Nach der gemeinsamen Kundgebung von SPD und USPD (Unabhängige Sozialdemokratische Partei Deutschlands mit pazifistisch-radikaldemokratischer Struktur) am 7. November 1918 auf der Theresienwiese in München wurden Soldaten und Arbeiter aufgefordert, Bayern eine neue politische Ordnung zu geben. In der folgenden Nacht brach in der Stadt die Revolution aus. An ihrer Spitze stand der Berliner Publizist Kurt Eisner (14. Mai 1867 Berlin – München 21. Februar 1919), der vom Arbeiter- und Soldatenrat zum Ministerpräsidenten einer Regierung von Mehrheitssozialisten und USPD widerrechtlich ernannt wurde. Er proklamierte den republikanischen Freistaat Bayern. Einem Wildbach gleich traten in den folgenden Monaten die Ereignisse über die Ufer und rissen Institutionen, Einrichtungen und Personen, die die Säulen des monarchischen Staates und seiner Gesellschaft gebildet hatten, mit sich. Auch die katholische Kirche wurde schwer betroffen.

Auf Grund der Revolution verließ König Ludwig III., ein ehrwürdiger Greis im 74. Lebensjahr, zusammen mit seiner Familie in der Nacht vom 7. auf den 8. November notgedrungen seine Residenzstadt München, verlassen von den meisten seiner Bediensteten, vom Militär und dem Bürgertum. Er wurde völlig überrascht und suchte auf dem Land Zuflucht vor der Bedrohung seines Lebens. Das bayerische Volk – und das gereicht ihm nicht zur Ehre – , abgestumpft durch die Leiden des Krieges, verunsichert und in großer Angst um die eigene Habe und Stellung, nahm die Situation lethargisch hin.

Selbst die aus dem Zentrum 1919 hervorgegangene Bayerische Volkspartei erklärte: „Eine Wiederherstellung der Monarchie in der alten Form und Machtvollkommenheit erscheint ausgeschlossen.“ Doch König Ludwig III. wich letztlich nicht der Gewalt und Bedrohung seiner Person und Familie; er verweigerte den Thronverzicht.

Fassungslos stellt sich heute der bayerische Patriot die Frage: Wie war es möglich, dass ein Volk, dessen Königstreue sprichwörtlich war, auf den Ruf eines landfremden Publizisten, nämlich Eisner, seinen König über Nacht und ohne Gegenwehr in die Verbannung ziehen ließ und das Königreich zur Republik werden konnte? Gewiss, die Revolution war in ihren Zielen durch unmissverständliche Agitationen längst vorbereitet. Krone und Altar standen seit jeher den extremen linken und rechten Umstürzlern im Wege. Nun kamen zunächst die Linken zum Zug. Die Französische Revolution von 1789 hatte endgültig auch das katholische Bayern erreicht. Kein geringerer als der große Erzbischof von München und Freising, Michael Kardinal von Faulhaber, hat, wie bereits berichtet, darüber ein vernichtendes Urteil abgegeben.

Das ist der historische Hintergrund des denkwürdigen Jahres 1918.[166] In Mindelstetten, wie überhaupt auf dem Land, wurde von dem widerrechtlichen Umsturz kaum etwas wahrgenommen. Gewiss, auch in den ländlichen Gebieten hatte sich genug Zündstoff angehäuft, der die Bewohner unzufrieden und fast hoffnungslos machte oder sie abstumpfte. Die Bauern hatten unter den Ablieferungen und nicht zuletzt durch die Hamsterfahrten hungriger Städter zu leiden. Aber es gab keinen Rundfunk und schon gar nicht ein Fernsehen, das über die umstürzlerischen Agitationen in München berichten hätte können. Man erfuhr erst Tage danach aus der Zeitung davon. Da war schon wieder alles vorbei. Was konnte, was sollte man noch in der sich rasch verändernden Situation tun? Der tägliche Lebenskampf beschwerte ohnehin mehr als genug. Man war müde, verunsichert und in Sorge um die eigene Zukunft. Dazu kam die bayerische Schwerfälligkeit, vielleicht auch zuweilen Bequemlichkeit, die ein entschlossenes Handeln nicht aufkommen ließ.

166 Vgl. Sailer, J. B., Des Bayernkönigs Revolutionstage, München 1919 – Herold, Emil/Hoffmann, Heinrich, Ein Jahr bayerische Revolution im Bilde, München 1920 – Achleitner, Arthur, Von der Umsturznacht bis zur Totenbahre. Die letzte Leidenszeit König Ludwigs III., Dillingen 1922 – Kanzler, Rudolf, Bayerns Kampf gegen den Bolschewismus. Geschichte der bayerischen Einwohnerwehren, München 1931 – Ücker, Bernhard, Bayerns König 1918, Feldafing 1963 – Bosl, Karl (Hrsg.), Bayern im Umbruch. Die Revolution von 1918. Ihre Voraussetzungen, ihr Verlauf und ihre Folgen, München 1969 – Töpner, Kurt, Gelehrte, Politiker und politisierende Gelehrte. Die Revolution von 1918 im Urteil deutscher Hochschullehrer, Göttingen 1970 – Carsten, Francis L., Revolution in Mitteleuropa 1918–1919, Köln 1973 – Hubensteiner, Benno/Deuerlein, Ernst u. a., Geschichte Bayerns. Territorien-Ploetz, Würzburg 1975 – Schmolze, Gerhard (Hrsg.), Revolution und Räterepublik in München 1918/19 in Augenzeugenberichten, Düsseldorf 1969 – Zorn, Wolfgang, Bayerns Geschichte im 20. Jahrhundert. Von der Monarchie zum Bundesland, München 1986 – Ritter, Emmeram H., PATRONA BAVARIAE! Unter Deinem Schutz und Schirm, Abensberg ²1987 – Hürten, Heinz, Die Kirchen in der Novemberrevolution. Eine Untersuchung zur Geschichte der Deutschen Revolution 1918/19 (Eichstätter Beiträge, Bd. 11, Abt. Geschichte), Regensburg 1984 – Roos, Walter, Die Rote Armee der Bayerischen Räterepublik in München, Heidelberg 1998.

Die Bewohner von Mindelstetten hatten vermutlich in der Ausgabe vom 18. November 1918 der „Münchner Post" gelesen, dass sich in mehreren Städten Bayerns Arbeiter-, Soldaten- und Bauernräte gebildet hatten. Auch im benachbarten Ingolstadt war dies der Fall. Der hier errichtete Bezirks-Arbeiter- und Bauernrat bestand aus einem Architekten, einem Brauereibesitzer, einem Schlossermeister, drei Bauern und drei Mitgliedern, deren Beruf nicht angegeben war, vermutlich Arbeitern.[167] Diese sahen in der Versorgung der Bevölkerung mit Nahrungsmitteln, in der Gewährleistung von Sicherheit und Ordnung ihre erste Aufgabe. Am 20. Dezember 1918 wurde die Stillegung aller militärischer Betriebe Ingolstadts verfügt. Die Produktionsanlagen mussten unter Aufsicht einer alliierten Kommission zerstört werden, was zu großer Arbeitslosigkeit führte.[168] Man nahm auch dies geduldig und abwartend hin. Wahrscheinlich hat es auch in Mindelstetten den einen oder anderen Bauern gegeben, der die wichtigsten Forderungen der Zeit durch den Umsturz verwirklicht sehen wollte. Mit dem Abschluss des Waffenstillstandes und damit dem Ende des Krieges, mit der Rückführung der Truppen, der langsam abklingenden Gefahr eines Bürgerkrieges und vor allem dem bevorstehenden Abbau der von Preußen gesteuerten Zwangswirtschaft wurden vielfache Erwartungen zufriedengestellt. Jetzt wünschte man sich endlich Frieden, eine Regierung, die Ruhe und Ordnung im Lande aufrechtzuerhalten imstande war. Nur ein geringer Teil der Landbevölkerung, der es ja auch weitgehend an politischer Schulung, sowohl in theoretischer als auch in praktischer Hinsicht mangelte, zeigte sich zum Widerstand gegen die neue Staatsführung bereit. Der einfache Mensch wusste damals nicht mehr, ob nun Bayern oder das Deutsche Reich sein Vaterland sei und ob er nach München oder nach Berlin sein Augenmerk richten sollte.

Leider gibt es keine Quellen, die darüber Aufschluss geben, wie sich Pfarrer Rieger in dieser Situation verhalten hat. Er hatte noch am Mittwoch, dem 20. Februar 1918, das Jubiläum der Goldenen Hochzeit von Ludwig III. und seiner Gattin Maria Theresia festlich mit Hochamt und Te Deum in Anwesenheit der Pfarrkinder, der Beamten, der Gemeinde- und Kirchenverwaltung sowie der Schulkinder begangen.[169]

Das Hochfest PATRONA BAVARIAE wurde in diesem Jahr am Sonntag, dem 12. Mai mit Hochamt und Predigt sowie mit einer Maiandacht gefeiert.

Sicher aber hat Rieger die Gefahren der Revolution für die Katholische Kirche in Bayern, für Glauben und Moral, erkannt, da er nachträglich – und zwar am 9. November in sein Verkündigungsbuch eintrug: „Die Religion ist in Bayern gefährdet!"

Anna Schäffer, die große Sühneseele, lag nach wie vor in ihrem bescheidenen Stüblein. Sie betete, opferte für ihre Mitmenschen, sie übte ihr Briefapostolat aus

167 Carsten, Francis L., Revolution in Mitteleuropa 1918–1919, Köln 1973, S. 154.

168 Treffer, Gerd, Kleine Ingolstädter Stadtgeschichte, Regensburg 2004, S. 126f.

169 BKR III. Abt. CAS K. 47, VPfM 24.11.1911–24.04.1921, 20.02.1918.

und arbeitete, um anderen Freude zu machen. Wie sehr sie gerade in diesem Jahr gelitten hat, geht aus zahlreichen Briefen hervor, die sie geschrieben hat. Im Schreiben an ihre Freundin Anna Bortenhauser vom 6. März 1918 brachte sie zunächst in einem selbstverfassten Gebet Folgendes zum Ausdruck: „Gekreuzigter Jesus, ziehe mein Herz zu Dir, dass es Dich liebe; entzünde in demselben das Feuer der Liebe – welches Du willst, dass es in allen Herzen brenne. Hefte es an Dein Kreuz mit den Nägeln Deiner hl. Furcht, des Gehorsams und der Liebe. Setze mir Dein Kreuz und Deine Dornenkrone wie ein Siegel auf meine sündhafte Seele, ja pflanze es in die Mitte meines Herzens, dass ich Deines Leidens stets eingedenk, in Liebe und Leiden mein Leben vollbringe. Sei mir gegrüßt, o Du lb. Kreuz meines Heilandes! In Dir allein finde ich Heil und Gnade und einstens den Himmel."[170]

Von Interesse ist eine Aufzeichnung Annas vom 14. Oktober 1918, die zeigt, wie notwendig und fruchtbar das Fürbittgebet ist. Sie schrieb: „Die Nacht vom 13. auf den 14. Oktober war sehr leidensvoll und ich hatte große Schmerzen. Da war es nun morgen ½ 3 Uhr bis ½ 5 Uhr und da verfiel ich auf einmal in sanften Schlummer, aber nur für ein paar Augenblicke. Da hatte ich einen so bösen Traum. Es war mir, als ob der böse Feind da war und er schlug mich soviel und solang, dass ich gar nicht sagen kann. Dann sagte er zu mir, dass er mich deswegen so schlage, weil ich für das Mädchen von Hiendorf soviel gebetet habe, was mich doch gar nichts angehe, sagte er. Ich schrie im Traum soviel und hörte aber unterdessen auch, wie oft mich meine Mutter beim Namen rief. Ich hörte auch, dass bei den Hausleuten drunten jemand ans Fenster klopfte und erkannte die Stimme des Hochw. Herrn Pfarrers, der klopfte und sagte: ‚Forchhammer, Sie sollen gleich nach Hiendorf gehen. Das Mädl vom Bürgermeister ist gestorben.' Aber ich bekam immerfort Schläge. Da hörte ich wieder meine Mutter, als sie rief: ‚So wach doch auf und schrei nicht gar so laut. Das hört man ja bis zur Straße nunter und geklopft hat grad auch jemand bei die Hausleut unten.' Ich wollt sagen: Ja Mutter, das Mädl von Hiendorf ist schon gestorben, aber ich konnte kein Wort sprechen. Nun sprach ich im Herzen immer den Namen Jesus aus und nach wenigen Augenblicken erwachte ich dann richtig und es war 5 Uhr. Hätte aber dann bald noch kein Wort sprechen können, so schwach bin ich nach einem solchen Traum. Den ganzen Tag drauf, bin ich dann immer so matt, als wenn mir alle Glieder entzwei geschlagen wären."[171]

Eine besondere Freude in diesem Jahr dürfte für Anna die Briefkarte des Salzburger Weihbischofs und späteren Fürstbischofs Dr. Ignaz Rieder[172] vom 24. Mai 1918 bereitet haben. In dem Schreiben heißt es: „Glücklich, wer den Heiland gefunden und den Gekreuzigten lieb hat; doppelt glücklich, wer aus Liebe zu ihm und mit ihm leiden darf. Aus Ihrem werten Brief sehe ich, dass Jesus Ihnen diese Gnade geschenkt hat. So bleiben Sie nur in seiner Liebe und beten Sie für die Rettung der

170 BKR III. Abt. CAS K. 10, Nr. 44: 06.03.1918 Mindelstetten: AS an Anna Bortenhauser.

171 BKR III. Abt. CAS K. 10, Nr. 51: Traumbuch AS.

Seelen. Im Geiste segne ich Sie und bitte auch um Ihr Gebet. Im Herzen Jesu grüßt Sie [...].“ [173] Es entzieht sich leider unserer Kenntnis, aus welchem Grund sich Anna an den Weihbischof gewandt hat.

Zu den großen Leiden wie Hunger, Entbehrung, Angst vor der ungewissen Zukunft und vor allem um die angehörigen Soldaten an der Front, denen das bayerische Volk ebenso wie fast alle europäischen Völker im Jahre 1918 ausgesetzt waren, gesellte sich zudem eine landesweite Grippeepidemie. Und sicher ist hier auch einer der Gründe zu suchen, weshalb die Widerstandskraft gegen die Revolution geschwächt wurde. In München allein forderte die im Volksmund als „Spanische Grippe“ bezeichnete Epidemie bis zum 1. November 450 Todesopfer; in der ersten Novemberwoche starben allein 176 Personen, an einem einzigen Tag, am 5. November, zählte man 34 Grippetote.[174]

Aber nicht nur in der Hauptstadt herrschte die furchtbare Krankheit, sondern auch – und vielleicht sogar noch mehr – auf dem Land. Auch Mindelstetten und die Umgebung blieben davon nicht verschont. Anna Schäffer berichtet in einem Brief vom 23. Juli 1918 darüber Folgendes: „[...] In letzter Zeit wäre es mir bald so gut gegangen, dass ich Dir kein Namenstagsbrieflein mehr hätte schreiben können, denn ich hatte jetzt schon zweimal nacheinander die ‚Spanische‘ und immer dauerte dieselbe über 8 Tage. Gestern habe ich noch immer geglaubt, ich kann nicht, nun geht's heute aber doch, dass ich schreiben kann [...]. Das erstemal hatte ich's von Peter und Paul an bis zum 7. Juli“.[175]

Am selben Tag teilte sie auch ihrer Freundin Anna Bortenhauser mit, dass sie die ‚Spanische‘ gehabt hätte und „[...] während ich krank war dachte ich mir: Nun wenn auch die Krankheit die ‚Spanische‘ heißt, deswegen ist sie auch nicht anders als eine ‚Deutsche‘ und dieselben haben auch die gleiche Wirkung, wie ich schon oft erfahren durfte, wenn auch jene einen ausländischen Namen hat. Hast Du dieselbe schon gehabt? Hier haben's schon fast die Mehrzahl gehabt; auch im Hartl's Haus

172 Gatz, Erwin (Hrsg.), Die Bischöfe der deutschsprachigen Länder, 1785/1803 bis 1945, Berlin 1983, S. 617–619; Fürsterzbischof Dr. theol. Ignaz Rieder, geb. 01.02.1858 in Großarl (Salzburg) als Sohn eines Schreiners; Pr.-W. 17.07.1881 in Salzburg; 1882 Koadjutor in Rauris; 1883 Religionslehrer am Borromäum; 1882 Promotion; 1887 Spiritual des Salzburger Priesterseminars; 1895 Professor für Kirchengeschichte an der theologischen Fakultät in Salzburg; 1897 Professor für Pastoraltheologie; 1911 Weihbischof und Domkapitular; 1918 Fürsterzbischof von Salzburg; † 08.10.1934 in Salzburg. – Neben dem Ausbau der Pfarrorganisation, der Berufung von Ordensgemeinschaften und caritativem Wirken bemühte er sich um die Errichtung einer Universität. Obwohl er sich der Politik möglichst fernhielt, pflegte er persönlichen Kontakt mit dem österreichischen Kaiserhaus. Er hat zahlreiche pastoraltheologische Schriften verfasst. Rieder hatte schwer zu leiden unter der Kirchenaustrittsbewegung der Arbeiterschaft und der Hetze der Nationalsozialisten.

173 BKR III. Abt. CAS K. 18: 24.05.1918 Salzburg: Weihbischof Dr. Ignaz Rieder an AS.

174 Bosl, Karl (Hrsg.), Bayern im Umbruch. Die Revolution von 1918. Ihre Voraussetzungen, ihr Verlauf und ihre Folgen, München 1969, S. 470f.

175 BKR III. Abt. CAS K. 10, Nr. 47; 23.07.1918 Mindelstetten: AS an „Anna, M. Franziska“.

hatten's schon alle, bis auf meine liebe Mutter und Hartl's Großmutter noch nicht. Dass Du von derselben verschont bleibst, das wünsche ich Dir aus ganzem Herzen und möchte es für Dich gern aushalten."[176]

Und schon einmal berichtete die Selige über die Grippeepidemie. In ihrem Brief an Anna Bortenhauser vom 22. November 1918 schrieb sie: „[...] Hoffentlich bist auch Du noch immer von der Grippe bewahrt geblieben und sollst es auch fernerhin bleiben. Bei uns habens noch immer welche und ist bis jetzt noch nicht erloschen. In den umliegenden Ortschaften sind ja in letzter Zeit wieder viele Leute gestorben an der Grippe, besonders viele Mädchen. In dem kleinen Dörferl Bettbrunn sind vorige Woche zwei Mädchen in den zwanziger Jahren und vorgestern zwei Frauen daran gestorben. Ja, der liebe Himmelvater lässt es auch den jungen Leuten zeigen, dass man auch in der Blüte des Lebens sterben kann, wo von so manchem der Gedanke an den Tod auch nur allzu ferne war; und die sich an dieses irdische Dasein angeklammert hatten, als hätten sie hier ihre bleibende Heimat und auf die ewige selige Heimat vielleicht ganz vergaßen."[177]

Es ist anzunehmen, dass Anna über die revolutionären Ereignisse in München und ganz Bayern unterrichtet war. Vermutlich hat sie durch ihre Mutter, durch die Besucher und vor allem durch ihren Seelenführer davon Kenntnis erhalten. Gerade er wird ihr angeraten haben, für die Leidtragenden, für die Ermordeten und die in die Irre Gegangenen zu beten und zu opfern. Sicher hat er die großen Gefahren für die katholische Kirche klar erkannt und auch diese Situation der Seligen ans Herz gelegt.

Zwei Briefe haben sich erhalten, aus denen Anna nähere Einzelheiten über die politische und gesellschaftliche Entwicklung in Bayern entnehmen konnte. Baronesse von Bechtolsheim in München, mit der die Selige offenbar in brieflichem Kontakt stand, schrieb ihr am 30. November 1918 Folgendes: „[...] Jetzt im Advent müssen wir uns recht nach dem Erlöser sehnen, dass er die arme, so kranke Welt heile und dem armen und gedemütigten Vaterland wieder aufhelfe! – Und da Sie eine so liebe Sühneseele sind, müssen Sie dem Heiland im heiligsten Sakrament recht Trost und Ersatz bieten für alles, was jetzt Er leiden muss durch die Feindschaft gegen die Kirche usw. und für alles, was Er im Krieg gelitten. Ich hörte kürzlich so Schreckliches: Da sollen Offiziere sich zu einem Festgelage ein Ziborium mit konsekrierten Hostien zu verschaffen gewusst haben [...] und wie viele andere Entweihungen werden noch vorgekommen sein bei Plünderung und Beschießung von Kirchen! Da begreift man, dass Gott ein Strafgericht schickt, – und man fasst neuen Mut zum Leiden und Opfern."[178]

176 BKR III. Abt. CAS K. 10, Nr. 48: 23.11.1918 Mindelstetten: AS an Anna Bortenhauser.

177 BKR III. Abt. CAS K. 10, Nr. 48, 22.11.1918 Mindelstetten: AS an Anna Bortenhauser.

178 BKR III. Abt. CAS K. 18: 30.11.1918 München: Baronesse von Bechtolsheim an AS.

Der zweite Brief stammt von P. Wolfgang Emslander OFMCap., dem Redakteur der Zeitschrift „Ewige Anbetung“, der Anna vermutlich anlässlich einer Seelsorgsaushilfe in Mindelstetten kennengelernt hatte und mit ihr in Briefwechsel geblieben war. Er berichtete, dass er noch immer Militärgeistlicher sei. Von März bis November habe er zwei Gefängnisse mit ca. 300 Sträflingen, zum Teil Untersuchungshäftlingen, betreut. Dann seien die beiden Gefängnisse vom revolutionären Pöbel gestürmt und die Inhaftierten befreit worden. Nun sei er Seelsorger von zwei Lazaretten mit ca. 800 Patienten, „und so viele ohne Glaube, ohne Sitte. Eine traurige Arbeit, zum Teil, zumal im Geschlechtskranken-Lazarett. Ich denke oft an Sie, zumal wenn ich ein Kreuz habe – und ich habe nicht wenige betreff meiner Schäflein – oder das hl. Opfer feiere. Sie dürfen täglich mit mir mitopfern. Und ich fühle, dass Sie mir beisteuern. Erneuern wir unseren Vertrag von einst: Sie für mich – ich für Jesus – Er für Sie. Beten Sie auch für meine Person! Erbitten Sie mir die Gnade, ein heiliger Ordensmann und Priester zu werden und vor Durst nach Seelen verzehrt zu werden. Bis dato lasse ich so viel zu wünschen übrig, dass ich mich nur verachten kann und muss. Binden Sie mich ans liebe, glühende Jesusherz!“[179] P. Wolfgang war ein vorbildlicher Priester und Ordensmann, der „vor Durst nach Seelen“ tatsächlich verzehrt 1922 nach Chile in die Mission gegangen ist.[180]

Die Selige hat an den tragischen Ereignissen des Jahres 1918 tatsächlich Anteil genommen, aber selbstverständlich in ihrer Weise und in großer Sorge um die unsterblichen Seelen, um die Kirche und ihre Hirten. Offensichtlich tief erschüttert schrieb sie am 22. November ihrer Freundin Bortenhauser u. a.: „[…] Wievieles hat sich im Armenseelenmonat geändert! Doch Gebet und Vertrauen sind die besten Waffen. Und wenn der liebe Jesus in der hl. Kommunion in unsere Herzen einkehrt, so bitten wir ihn nur um so inniger, denn er ist allein der Gebieter aller. Nach der hl. Kommunion empfehle ich dem lieben Jesus stets alle Katholiken recht sehr, die ganze Herde mit ihren Hirten. Und da bitte ich stets den lieben Heiland, er möge alle glücklich diese Prüfung überstehen lassen und zur Sühne für alle möchte ich mich ihm als kleines Sühneopfer anbieten. Ich möchte eine kleine Märtyrerin sein für alle! Auch für alle anderen bitte ich ihn: Er möge ihnen seinen Segen verleihen, dass sie zur Einsicht kommen.“[181] Unter den „anderen“ in ihrem Brief dürfte sie sicher die gottfernen Revolutionäre gemeint haben.

179 BKR III. Abt. CAS K. 18: 12.12.1918 München: P. Wolfgang Emslander OFMCap. an AS.

180 Catalogus Ordinis Minorum Sancti Patris Francisci Capucinorum Provinciae Bavaricae, München 1926, S. 20 Nr. 153 – Totenbuch der bayerischen Kapuzinerprovinz. Als Manuskript gedruckt, Altötting 1953 – Aus beiden Quellen kann annähernd die Vita von P. Wolfgang erschlossen werden: Am 04.11.1884 in Kochel geboren, erhielt er den Taufnamen Karl; 02.11.1904 Eintritt in die bayerische Kapuziner-Provinz; 12.06.1908 Profess; Pr.-W. 29.06.1909. Zunächst im Kloster St. Anton in München tätig, betreute er von 1912 bis 1922 die Redaktion der Zeitschrift „Ewige Anbetung“. Anschließend ging er ab 1922 in die aurakanische Mission, wo er sich um die Gründung der Kongregation der Katechistinnen-Schwestern von Boroa sehr verdient gemacht hat. † 21.08.1956 in San José de la Mariquina in Chile.

181 BKR III. Abt. CAS K. 10, Nr. 54: 22.11.1918 Mindelstetten: AS an Anna Bortenhauser.

Auch in ihrem Weihnachtsbrief an die Oberin des Krankenhauses in Kösching hat Anna auf die Nöte der Zeit hingewiesen. Sie schrieb am 13. Dezember 1918 u. a.: „Ach wie viel Sühne braucht und verlangt der Herr in dieser gegenwärtigen bedrängten Zeit für alle Frevel, die ihm im heiligsten Sakramente und der ganzen heiligen Kirche zugefügt werden! Ich möchte mich, o liebster Jesus, auch an das Häuflein Deiner Getreuen anschließen und mit ihnen vereint, Dir Sühne und Abbitte leisten.“[182]

Der gläubige bayerische Katholik kann davon fest überzeugt sein, dass es dem Schutz und Schirm, der Fürsprache der PATRONA BAVARIAE zu verdanken ist, dass ein Übergreifen der Münchner Räteherrschaft 1918/19 auf ganz Bayern verhindert worden ist und das Land vor der angestrebten Herrschaft des Bolschewismus bewahrt wurde. Noch nie zuvor bestand Gefahr in so großem Ausmaß, dass das katholische Bayern ausgelöscht und völlig entchristlicht worden wäre. Aber unser Vergelt's Gott hat auch den Sühneseelen dieser Zeit zu gelten, die sich darum mühten, die verletzte Ehre der göttlichen Majestät durch beharrliches Gebet und geduldiges Ertragen aller Leiden nach Kräften auszugleichen. Auch die Selige von Mindelstetten gehört in herausragender Weise zu ihnen.

Die katholische Kirche in Bayern wurde durch die Revolution, die in der Nacht vom 7. auf den 8. November 1918 die Monarchie gestürzt und König Ludwig III. zur Flucht gezwungen hatte, völlig überrascht. Bischof Antonius von Henle (1906–1927) von Regensburg hatte noch am 24. Oktober bestritten, dass es auf dem Land überhaupt eine Stimmung gegen die Monarchie geben würde. Damit dürfte er gewiss recht gehabt haben, aber die Entscheidungen fielen eben in den größeren Städten, vor allem in München. Nun war es doch zu einem Umsturze gekommen und die geschockten katholischen Kräfte des Landes konnten sich leider nicht zu einer Gegenrevolution entschließen. Sie verhielten sich vielmehr abwartend und konnten sich nicht einmal zu einem ehrenden Nachruf auf die Monarchie aufraffen.

Der Passauer Bischof Sigismund Felix Freiherr von Ow-Felldorf (1906–1936) regte an, das Gebet für den König nach dem Sonntagsamt unauffällig zu ersetzen, während es Bischof Henle beibehalten wollte, „weil wir immerhin nicht wissen, wie das Rad der Zeit weiterläuft.“[183]

Die bayerischen Bischöfe waren zwar vom Unrecht der Revolution überzeugt, aber sie riefen den Klerus zur Zurückhaltung in den Predigten auf, um ja nicht Anlass zu neuen Unruhen zu geben. Sie erwarteten sich jedoch von den Priestern aktive politische Mitarbeit, um „das Recht der Religion, die Freiheit der Kirche und überhaupt die idealen Werte auch im Wirtschaftsleben zur Geltung zu bringen.“[184] Diese

182 BKR III. Abt. CAS K. 10, Nr. 55: 13.12.1918 Mindelstetten: AS an „Ehrw. Frau Oberin Mansueta, Krankenhaus Kösching/Obby.“

183 Akten Kardinal Michael v. Faulhabers 1917–1945, I. Teil, bearbeitet von Ludwig Volk, Mainz 1975, S. 40–42, Nr. 20.

184 Akten Kardinal von Faulhabers a. a. O. I. Teil, S. 42–44, Nr. 21.

nach außen vorsichtige Haltung änderte aber nichts daran, dass sich der Episkopat 1918/19 uneingeschränkt mit den Interessen des Hauses Wittelsbach identifizierte.

Rechtlich wurde durch die Revolution das Problem geschaffen, dass die Grundlage des Konkordats zwischen dem Heiligen Stuhl und der Krone Bayerns nicht mehr bestand. Die Frage bezüglich der Trennung von Kirche und Staat war aktuell geworden, nachdem die Sozialdemokraten im Bayerischen Landtag bereits 1917 die Aufhebung aller Vorrechte der anerkannten Religionsgemeinschaften gefordert hatten.

Gegen Ende des Jahres 1918 wurde dann die antikirchliche Haltung der Revolutionsregierungen im ganzen Deutschen Reich immer deutlicher. Am 28. November beseitigte Preußen den Religionsunterricht als Pflicht- und Prüfungsfach, am 17. Dezember hob Eisner die geistliche Schulaufsicht in Bayern auf. Von Klerus und Katholiken längst befürchtet wurde nun deutlich, dass die Regierung Eisner in kulturkämpferischer Weise daranging, die Rechte der Kirche beschneiden zu wollen. Der Revolutions-Kulturminister Johannes Hoffmann[185] sprach offen gegenüber einer badischen Kommission von einem Kulturkampf, den man jetzt führen müsse.[186] Die bayerischen Bischöfe reagierten sofort mit einem gemeinsamen Hirtenbrief.[187] Er richtete sich zunächst an die heimgekehrten Soldaten und rief sie auf: „Lasset christliches Denken, christliches Fühlen und Empfinden als den guten Geist durch die Familien gehen, dann tritt zur Freude des Wiedersehens das Seelenglück der Eurigen und euer Name wird doppelt gesegnet sein." Dann sprach das Schreiben, das von allen Kanzeln verlesen wurde, konkret die Situation der Zeit an: „[...] Wenn nicht alle Zeichen trügen, gibt es den Kampf ums Höchste. Schon ist der Kampf angesagt. Da und dort lassen sich Stimmen hören, die auf Schlimmes deuten. Noch sprechen sie nicht deutlich genug, aber immerhin sind sie für uns alle eine Mahnung, auf dem Posten zu sein. Der Prophetenruf: ‚Wächter, wie weit in der Nacht, wie weit? Zum Wächter habe ich dich bestellt' (Is 21,11; Ez 33,7) ist der Ruf der Zeit. Wir würden unsere Pflicht verletzen, gingen wir achtlos an ihm vorüber. Vordem hatte man Klagen über antichristliche Erscheinungen gerne mit einem Seitenblicke auf andere Länder abgetan. Heute wäre es Pharisäismus. Es will auch bei uns Abend werden. Sorgen wir, dass es nicht völlig Nacht wird! In diese Sorge müssen sich alle teilen, die noch ein Herz für ihre heilige Religion, für Gott und Kirche haben."

Dann kommt der Hirtenbrief auf den bedrohten Religionsunterricht zu sprechen:

> „Das Wort vom brüllenden Löwen, ‚der umherschleicht und sucht, wen er verschlingen könne' (1 Petr 4,8), ist für alle Zeiten geschrieben, ganz besonders aber

185 Johannes Hoffmann (03.07.1867 Ilbesheim b. Landau/Pfalz – Berlin 15.12.1930), Lehrer in Kaiserslautern, bayerischer Landtagsabgeordneter (SPD), 1918 Revolutions-Kultusminister, 1919/20 bayerischer Ministerpräsident. Seine Schul- und Kulturpolitik war radikal-doktrinär, dabei deutschnational. Vgl. Bosls bayerische Biographie, a. a. O. S. 361.

186 Ritter, Emmeram H., Pfarrer Karl Rieger, der weise Seelenführer Anna Schäffers, in: „AS-Brief" Nr. 6, Dezember 1984, S. 16.

187 OVfdD Rgsb. Jg. 1918, Nr. 24, 21.12., S. 208–214.

für die Zeiten der Gefahr und in diesen stehen wir heute. Dabei greift uns etwas ganz Besonderes ans Herz. Der Löwe der Zeit sucht sich mit Vorsicht seine Opfer aus. Der Schwache reizt ihn am meisten und deshalb soll das erste Opfer sein die unschuldige Kinderseele. Ein neuer Geist soll in die Schule einziehen. ‚Freie Schule' heißt das verlockende Wort, aber was meint man damit? Wir haben es lesen können: Gott weg von der Schule! Das Kruzifix, Vater Unser, Ave Maria, weg von der Schule! Die Kirche, ihre Sakramente, ihr Gottesdienst und ihre Gebete, weg von der Schule! Ein wahres Chaos, das sich vor unsern Augen auftut. Was man noch zugibt, ist die Sittenlehre, aber ohne Religion, ‚konfessionslosen Moralunterricht' nennt man es. Konfessionslos läuft immer auf religionslos hinaus. Wir fragen, kann man sich eine Sittlichkeit ohne Gewissen denken? Ein gewissenloser Mensch gilt in der ganzen Welt nicht einmal als rechtschaffener, geschweige als sittlicher Mensch. Nun wird das Gewissen gerade durch die Religion aufgerüttelt, werden die Stürme des Gewissens gerade durch die Religion vervielfältigt, und da will man von einer Sittenlehre ohne Religion reden. Wo bleibt das Denken? Auf der ganzen Welt gilt der Erfahrungssatz, je religiöser ein Mensch ist, desto gewissenhafter und sittlicher ist er auch. Sittlichkeit ohne Religion ist, was der Heiland ein ‚übertünchtes Grab' (Mt 23, 27) nennt. Da ist alles faul, faul bis ins innerste Mark der Seele. Woher kommt dann die Entsittlichung ganzer Klassen und Schichten der Gesellschaft? Weil sie religionslos geworden sind."

„Religion und Sittlichkeit sind die Säulen aller öffentlichen Ordnung. Reißt man sie auseinander, geht die Sittlichkeit in Brüche und die Gesellschaft wird zum Trümmerhaufen. Und ist Sittlichkeit nur, dass man nicht stiehlt, nicht mordet, seine Staats-, Standes- und Berufspflichten erfüllt? Ist das der eigentliche und volle Inhalt der christlichen Sittlichkeit? Nein und abermals nein! ‚Das ist der Wille Gottes, eure Heiligung' (1 Thess. 4,3). So spricht der Herr durch den Mund seines Apostels. Heiligkeit verlangt doch unendlich mehr, als dass man einfach nicht stiehlt, nicht mordet oder ein bloß äußeres anständiges und korrektes Benehmen in Handel und Wandel an den Tag legt. Sie verlangt gänzliches Entsagen jeder Sünde, auch der verborgensten und verlangt volle Hingabe an den Willen Gottes, auch unter Opfern."

„Die Kirche heraus aus der Schule! Das ist der Fehdehandschuh gegen den Herrn selbst. Sein Ruf lautet: ‚Lasset die Kinder zu mir kommen' (Mt 19,13). Damit hat der Herr ein Kinder-Recht geschaffen. Die Kinder haben ein göttlich verbrieftes Recht auf seinen Segen, auf seine Gnade und Gnadenmittel, auf seine heiligen Sakramente und damit auch auf die Kirche, ihren gesamten religiös-sittlichen Einfluss, mit einem Wort auf die Erziehung durch die Kirche [...]. Katholische Eltern, es sind Eure Kinder, für die wir rufen, es ist des Heilands Liebe, die uns drängt. Da bleibt uns nur die Hoffnung und sie wächst bis zur Zuversicht, dass Ihr uns nicht allein lasset, sondern im Kampfe um das Höchste und Beste Eurer Lieblinge uns treu und fest zur Seite steht."

In der Folge nahm der bayerische Episkopat Stellung zu der geplanten Trennung von Staat und Kirche; er verwies auf den diesbezüglichen gemeinsamen Hirtenbrief von Allerheiligen 1917, nannte es eine tiefgreifende kirchlich-politische Umwälzung, deren weittragenden Folgen sich kein Katholik verschließen dürfe, und erhob entschiedenen Protest. Dann appellierten die Bischöfe an die Treue der Gläubigen, die sie zur gemeinsamen Bewältigung der großen kommenden Aufgaben aufriefen: „Im übrigen steht die Kirche im unmittelbaren Schutz Gottes. Seine allmächtige Hand hat sie bisher erhalten, auch in der heißen Glut der grausamsten Verfolgungen und wird sie weiter erhalten."

Der abschließende Wahlaufruf im Hirtenbrief lautet: „Ihr werdet zur Wahlurne treten und zwar aus Gewissenspflicht. Eure Stimme wird über das künftige Schicksal unseres Vaterlandes entscheiden. Tuet den Schritt mit Gott! Mögen aus der Wahlurne Persönlichkeiten hervorgehen, welche es mit Staat und Kirche gleich gut meinen. Tuet den Schritt ohne Leidenschaft, ohne Verletzung der Liebe und Gerechtigkeit, einzig mit dem Blick aufs Beste des Ganzen; was dem Staate und der Kirche, Euren Familien und Kindern eine Zukunft des Segens, der Ordnung und vor allem des Friedens verspricht, nur das und das allein habet im Auge."

Nun wurden die Predigten des katholischen Klerus wieder schärfer, was Anlass zur staatlichen Beanstandung gab. Angesichts fehlender politischer und wirtschaftlicher Erfolge Eisners erschien um die Jahreswende 1918/19 die Monarchie auch in den Kreisen, die ihrem Untergang tatenlos zugesehen hatten, in einer gewissen Verklärung. Die überwiegende Zahl der Katholiken Bayerns war von der Republik ohnehin schwer enttäuscht.[188]

Der Hirtenbrief der bayerischen Bischöfe zeigte Wirkung. Die Wahl zum ersten Landtag des nunmehr Freistaates Bayern am 12. Jänner 1919 machte deutlich, dass die Position der Revolutionsregierung unhaltbar geworden war. Die Unabhängigen Sozialdemokraten unter Eisner erhielten nur drei von 180 Mandaten. Die neugegründete Bayerische Volkspartei, die sich im Spätherbst 1918 als selbständige Partei konstituiert hatte, behauptete sich als stärkste Fraktion. Das bayerische Volk hatte, nicht zuletzt durch die eindeutige Stellungnahme der Bischöfe und des Klerus, wieder Tritt gefasst.

Nachdem Eisner am 21. Februar 1919 auf dem Weg zur Eröffnung des Landtags von Anton Graf von Arco auf Valley[189] erschossen worden war, kam es zu heftigen Turbulenzen. Da sich die BVP mit keiner der restlichen Gruppierungen zu einer Koalition einigen konnte, bildete der am 17. März zum Ministerpräsidenten ge-

---

188 Brandmüller, Walter (Hrsg.), Handbuch der bayerischen Kirchengeschichte. Vom Reichsdeputationshauptschluß bis zum Zweiten Vatikanischen Konzil, 3 Bde., St. Ottilien 1991, S. 335.

189 Anton Graf von Arco auf Valley (05.02.1897 St. Martin/Oberösterreich – bei Salzburg 29.06.1945), trat nach seinem Abitur in die bayerische Armee ein. Nach Fronteinsatz als Leutnant im Ersten Weltkrieg, studierte er in München Jura. Er ermordete Eisner. Die über ihn deshalb verhängte Todesstrafe wurde in lebenslängliche Haft umgewandelt. 1924 erhielt er Begnadigung.

wählte Johannes Hoffmann (SPD) ein Gesamtministerium. Da ihm aber die Verhältnisse in München, durch die Ermordung Eisners erneut angeheizt, ungeeignet erschienen, die Beratung einer neuen bayerischen Verfassung durchzuführen sowie die zusammengebrochene Verwaltungstätigkeit wieder aufzunehmen, wich er nach Bamberg aus.

Als der Sozialist und Kirchengegner Hoffmann, dem Beispiel Preußens folgend, in allen bayerischen Schulen den Religionsunterricht als Pflichtgegenstand abschaffte, in dem Sinn, dass gegen den Willen der Erziehungsberechtigten kein Kind zur Teilnahme angehalten werden dürfe – das gleiche gelte auch bezüglich des Besuchs der Hl. Messen an Sonn- und Feiertagen und des Empfangs der Sakramente –, erhoben die Bischöfe mit Entschiedenheit Einspruch. Sie beriefen sich auf die bayerische Verfassung von 1818, die bis zur Stunde noch nicht aufgehoben oder durch eine neue ersetzt worden war.[190]

In der Nacht vom 6./7. April 1919 riefen die in München tagenden Mitglieder des Zentralrates der Arbeiter-, Bauern- und Soldatenräte die „Räterepublik Bayern" aus. Es war die Folge der Auseinandersetzungen zwischen den Anhängern des Parlamentarismus und den Befürwortern der Räteherrschaft. Kurze Zeit später, am 13. April, proklamierte der vom Zentralkomitee der KPD nach München entsandte Eugen Leviné-Nissen[191] die kommunistische Republik Bayern. Nun wurde es selbst dem Sozialisten Hoffmann zu viel. Da die in Bayern stationierten regulären

---

190 OVfdD Rgsb. Jg. 1919, Nr. 3, 04.02., S. 13–17 – Die Hirtenbriefe der Erzbischöfe und Bischöfe Bayerns sind nicht nur wichtige historische Dokumente, sie sind auch heute überaus aktuell. Damals hatten radikale Sozialisten durch die Revolution die Macht im Lande an sich gerissen und die alte Ordnung zerstört. Es war eine Zeit größter politischer, kirchlicher und wirtschaftlicher Not. Der bayerische Episkopat hat damals in Verantwortung vor Gott und den ihm anvertrauten Seelen Probleme angesprochen, die uns auch heute wachsend bedrängen: den Glaubensschwund, die zunehmende Konfessionslosigkeit, die Not der Familie, die säkularisierte Schule, die wachsende Trennung von Staat und Kirche, die Wahlmüdigkeit. Heute kommt allerdings noch hinzu, dass viele, die sich noch katholisch nennen, in maßloser Kritiksucht die heilige Kirche, den Heiligen Vater und die Oberhirten angreifen, was vor 89 Jahren noch nicht der Fall war. Durch die fortschreitende Entsittlichung allein ist es zu erklären, dass heute unschuldige Kinder im Mutterleib getötet werden und dieser Mord sogar staatlich sanktioniert wird. – Vgl. Witetschek, Helmut, Das Staatsverständnis des bayerischen Episkopats an der Wende von der Monarchie zur Republik im Lichte der Hirtenbriefe von 1918 bis 1920, in: Schriftenreihe der bayerischen Landesgeschichte, Bd. 80. Land und Reich, Stamm und Nation, München 1984, S. 375–388.

191 Eugen Leviné-Nissen, geb. 23.05.1883 in St. Petersburg/Russland; nach Jurastudium in Heidelberg und Berlin nahm er 1905 an der russischen Revolution teil. Wiederholt verhaftet, kehrte er 1909 nach Deutschland zurück, um in Heidelberg zu promovieren. Er schloss sich nun der SPD an und entwickelte eine rege Publikationstätigkeit in sozialistischen Presseorganen. Nachdem er sich 1916 den Unabhängigen Sozialisten angeschlossen hatte, beteiligte er sich an revolutionären Aktivitäten im Rheinland, in Berlin, in Braunschweig und im Ruhrgebiet. Seit März 1919 KPD-Führer in München, wurde er von einem Sondergericht zum Tode verurteilt und hingerichtet. – Vgl. Bauer, Franz J., Ein fragwürdiges Erbe der Revolution, in: Unser Bayern, Heimatbeilage der Bayer. Staatszeitung, Jg. 43, Nr. 5, S. 371.

Truppen des Heeres, die ihm zur Verfügung standen, nicht ausreichten, um die Lage in München zu bereinigen, nahm er die angebotene Hilfe der Reichsregierung an. Nach konzentrischem Vorgehen auf München, lebhaft unterstützt von den bayerischen Freikorps, begannen die Regierungstruppen am 1. Mai 1919 mit der Besetzung bzw. der Befreiung der Landeshauptstadt. Das Chaos der Revolutionsphase vom 7. November 1918 bis 14. Juni 1919 endete mit einem Blutrausch: 625 Tote und Tausende Verletzte waren zu beklagen. Das friedfertige, geduldige und im Allgemeinen gutmütige Volk der Bayern wurde tief geschockt.[192]

Doch kehren wir wieder in das stille Dorf Mindelstetten zurück, das von den revolutionären Erschütterungen verschont blieb. Hier gab es trotz der Nähe zu Ingolstadt keine Aufrührer, keine aktiven Kirchengegner. Jeder bemühte sich, der geistlich-geistigen wie der ungeheuren wirtschaftlichen Not Herr zu werden. Vielleicht erinnerten sie sich des Wortes der Heiligen Schrift: „Es gibt eine Zeit des Pflanzens und eine Zeit des Ausreißens. Auf Zeit der Zerstörung folgt Zeit des Aufbauens. Zeit des Krieges wechseln mit Zeiten des Friedens. Gottes Werke aber stehen ewig. Und Gott schafft neu das, was untergegangen ist" (Ekkl 3,2ff.). Das sind Worte, die in der schrecklichen Zeit der Revolution dazu mahnten, starkmütiges Gottvertrauen zu bewahren.

Pfarrer Rieger wurde sicher – ebenso wie seine Mitbrüder und vor allem die Bischöfe – durch die unglückselige Entwicklung in Bayern sehr erschüttert. Noch mehr als die wirtschaftliche Not des Volkes bedrückte ihn die Entsittlichung, die vor allem in den Großstädten zum Ausbruch gekommen war. Er setzte seine ganze Hoffnung auf das Gebet. Seit 19. Januar 1919 betete er täglich zusammen mit seiner Pfarrgemeinde in der Kirche den Rosenkranz, was damals noch gar nicht so selbstverständlich war.[193]

Am 19. Februar fand in Mindelstetten die ewige Anbetung statt, und er vermerkte in seinem Verkündbuch, dass auch die Anbetung vor dem ausgesetzten Allerheiligsten während der Faschingstage (2.–4. März) sehr gut besucht gewesen sei.[194] Immer wieder richtete er in der sonntäglichen Verkündigung die Aufforderung an seine Gläubigen, „Gebet infolge der traurigen Zeit" wäre notwendig und heilsam.[195] Während der Fastenzeit wurde anstatt des Rosenkranzes täglich der Kreuzweg gebetet.[196] Das pfarrliche Leben ging in gewohntem Gang ungestört weiter. Am Sonntag, dem 30. März, verkündete Rieger die Osterbeichtzeiten wie folgt: am 4. Fastensonntag die Schulkinder, am Passionssonntag die Jungfrauen, am Palmsonntag die Burschen, am Schmerzhaften Freitag die Frauen und am Gründonnerstag die Männer.[197] Nach dem Osteramt sprach der Pfarrer das Bittgebet zur PATRONA BAVARIAE, „um für das

192 Zorn, Wolfgang, Bayerns Geschichte im 20. Jahrhundert. Von der Monarchie zum Bundesland, München 1986.

193 BKR III. Abt. CAS K. 81: VdPM 19.01.1919: „Jeden Tag abends 5 Uhr Rosenkranz".

194 BKR III. Abt. CAS K. 81: VdPM 02. bis 04.03.1919.

195 BKR III. Abt. CAS K. 81: VdPM 02.03.1919.

196 BKR III. Abt. CAS K. 81: VdPM 09.03.1919.

197 BKR III. Abt. CAS K. 81: VdPM 29.03.1919.

bedrohte bayerische Vaterland Gnade und Hilfe“ zu erflehen.[198] Am weißen Sonntag (27. April) fand nach der Andacht für die Erstkommunikanten eine feierliche Prozession zur Altöttinger Kapelle statt.[199] Im Marienmonat Mai hielt Rieger zusätzlich zum Rosenkranz und von diesem getrennt täglich eine Maiandacht.[200]

Sonntag, der 31. August wurde für Mindelstetten ein besonderer Feiertag, denn die Fahne des Krieger- und Veteranenvereins wurde feierlich geweiht, und seine Mitglieder besuchten am Abend Anna, um sie in Dankbarkeit zu würdigen. Doch darüber wurde bereits ausführlich berichtet.

Es ist anzunehmen, dass die Selige die Ereignisse ihrer Zeit, informiert durch ihren besorgten Seelenführer Rieger, nicht nur mit Interesse und Anteilnahme, sondern vor allem mit liebendem Herzen verfolgt hat. Sie hat sich dabei nicht nur auf den engen Kreis ihrer Angehörigen und ihrer Heimat beschränkt. Sie hat selbst, allerdings nur „ganz heimlich“, wie sie in einem Brief vom 22. November schreibt, mit folgenden Worten darauf hingewiesen: „[…] Nach der hl. Kommunion empfehle ich dem lieben Jesus stets alle Katholiken recht sehr, die ganze Herde mit allen ihren Hirten. Und da bitte ich stets den lieben Heiland, er möge alle glücklich diese Prüfung überstehen lassen und zur Sühne für alle möchte ich mich als kleines Sühneopfer anbieten und möchte eine kleine Martyrerin sein für alle. Auch für alle anderen bitte ich ihn, er möge ihnen seinen Segen verleihen, dass sie zur Einheit kommen.“[201]

Die „Prüfung“, von der sie in diesem Brief spricht, war die ausgebrochene Revolution, die alle Schranken, selbst die der überzeitlich gültigen christlichen Gesetze, niederzureißen trachtete. Der gottlose radikale Sozialismus tobte sich damals in der Hauptstadt des katholischen Bayern aus. Wie sehr Anna an den Tagesereignissen teilnahm und wie sehr sie bemüht war, von ihrem Leidensbett aus die himmlischen Kräfte zur Abwehr zu mobilisieren, beweist ihr Brief vom 29. Januar 1919. Da schreibt sie: „War jetzt gerade eine Zeit lang im Oberbayerischen droben (aber nur eine papierene Reise, nicht dass Du glaubst, ich kann gehen) bis fast in der Nähe von Rosenheim. Oder denkst Du Dir, ich hab’ da droben so lange die Grenze besetzt? Nein, nein, ganz verborgen und ruhig kam ich dort hin, nur in armseligen Worten, auf Papier geschrieben. […] ja liebe Anna, noch nie hab’ ich in einer Zeit so viel geweint wie in den letzt vergangenen vier Wochen, wo es sich um die Entscheidung unseres heiligsten Gutes auf Erden, nämlich um die hl. Kirche und ihre Hirten handelte. Für die hl. Kirche zu beten und zu leiden geht mir über alles. Jedes mal bei der hl. Kommunion bitte ich recht innig den lieben Heiland, er möge seine hl. Kirche und ihre Hirten schonen und möge mir lieber das qualvollste Martyrium für sie senden und mich als Sühneopfer annehmen.

198 BKR III. Abt. CAS K. 81: VdPM 20.04.1919.
199 BKR III. Abt. CAS K. 81: VdPM 27.04.1919.
200 BKR III. Abt. CAS K. 81: VdPM 11.05. 1919.
201 Ritter, Emmeram H., Vor 70 Jahren: Fahnenweihe des Krieger- und Veteranenvereins Mindelstetten, in: „AS-Brief“ Nr. 15, Juli 1989, S. 12–15. – BKR III. Abt. CAS K. 81: VdPM 24.08.1919.

Ich würde es sogar vorziehen, auch noch in der Ewigkeit drüben zu leiden, zu büßen und dem Herrn Sühne zu leisten, als dass die hl. Kirche im mindesten verletzt würde. So schwer habe ich noch kein Leiden empfunden wie das der hl. Kirche. Heimlich [...] möchte ich es Dir sagen, weil Du mich armseliges Wesen kennst, dass ich in den schlaflosen Nächten, auch oft freiwilliger Schlafentsagung diese Stunden für die hl. Kirche und ihre Hirten im Gebet und Leiden aufopferte, gar manche Stunde in der Nacht hielt und mit ausgespannten Armen betete. Stetsfort sind mir schwere Tränen über die Wangen runtergerollt, aber ich war ja doch im Geiste dort am Throne der Liebe, wo mir wieder süßer Trost nach schweren Stunden zukam. Aber freilich ist viel Sühne, Gebet und Opfer und Leiden vonnöten, um das so schwer verwundete göttliche Herz Jesu zu trösten und für alle Frevel, die ihm angetan werden. [...] In diesem Monat habe ich mich am Rücken an zwei Stellen arg durchgelegen; es dauerte drei Wochen; in diesen Tagen ist's wieder verheilt. Ich litt es auch gern und konnte dem lieben Jesus um einen Schmerz mehr aufopfern um glücklichen Ausgang der Wahlen.“[202]

Es ist überflüssig zu sagen, dass die Selige damit nicht politisch, sondern in ihrer Weise gedacht und empfunden hat. Worauf sie letzten Endes abzielte, verrät uns ein Satz in einem Brief vom 10. Januar 1919, wenn sie schreibt: „Und ich möchte besonders jetzt mein schwaches Gebet verdoppeln, vereint mit meinem Leiden um glücklichen Ausgang der Wahlen, und möchte doch die glaubensarme, so weit herabgesunkene Menschheit zur Einsicht kommen und möchte sie wählen den Friedensfürsten, der im Sakramente der Liebe thront, auf dass sich das Reich der Liebe immer erweitere und sein heiligstet Herz immer mehr angebetet und verherrlicht werde!“[203]

Es sind dies übrigens dieselben Gedanken, allerdings selbstverständlich in einfacher Form, denen wir in den vielfachen Kundgebungen des großen Friedenspapstes Benedikt XV. (1914–1922)[204] begegnen. Annas Aussagen sind Gedanken von Menschen mit rein religiöser Auffassung allen Weltgeschehens, die letztlich allein als richtig bezeichnet werden kann, weil sie der göttlichen entspricht.

Die Selige beschämt durch ihre demütige große Liebe zu Gott, zur heiligen Kirche und ihren Hirten alle diejenigen, die in Hochmut und vielleicht auch aus schlechtem Gewissen Gott, das Papsttum und die Kirche schmähen und verleumden, ihr nicht gehorchen und sich in überflüssigen unnützen Diskussionen ergehen. Solchen armen Mitmenschen ist Umkehr, Heimkehr zu Gott und seiner Kirche zu wünschen. Man muss für sie beten. Anna ist uns darin Vorbild!

„Wer sich der Obrigkeit widersetzt, der lehnt sich gegen Gottes Ordnung auf. Die Aufrührer aber bereiten sich selbst ein Strafgericht“ (Röm 13,1). Dieses Wort

202 BKR III. Abt. CAS K. 10: 10.11.1919 Mindelstetten, Nr. 70: AS an Anna Bortenhauser.

203 BKR III. Abt. CAS K. 10: 22.11.1918 Mindelstetten, Nr. 54: AS an Anna Bortenhauser.

204 Struker, Arnold (Hrsg.), Die Kundgebungen Papst Benedikts XV. zum Weltfrieden. Im Urtext und in deutscher Übersetzung, Freiburg i. Br. 1917.

des Völkerapostels Paulus ist auch auf die Situation Bayerns im Jahre 1919 anwendbar. Die Eskalation der Revolution mit all ihren Gräueln war zwar anfangs Mai beendet, aber die revolutionären Ideen schwelten weiter. Aus heutiger Sicht ist festzustellen, dass die Revolution in der Zeit 1918 bis Mitte 1919 nur an der Oberfläche eine politische und wirtschaftliche Umwälzung war, die letztlich in der Französischen Revolution von 1789 bis 1799 wurzelte. In Wirklichkeit handelte es sich um eine religiöse und unmoralische Umsturzbewegung, die die überkommene Wertordnung auf allen Gebieten zu beseitigen trachtete. Angezettelt durch die jahrzentelangen Agitationen des internationalen Liberalismus, unterstützt durch das Freimaurertum, aber auch norddeutscher Freidenker, die sich sowohl der deutschnationalen wie der sozialistischen Parteien bedienten, wurde das Volk zur Auflehnung gegen jegliche Autorität manipuliert. Der Ruf des ersten Empörers Luzifer ging durch das Land: „Ich will nicht dienen" (Jer. 2,20). Man wollte Gott, den Herrn der Geschichte, seine Herrschaft und seine Gebote nicht mehr anerkennen. Darum hatte man auch die menschlichen Autoritäten, die von Gott als dem Schöpfer und Gebieter der Welt ihren Ursprung und ihre Kraft hergeleitet haben, endgültig verworfen. Ein maßloser Freiheitsdrang bemächtigt sich der Menschen, der allmählich überall Eingang fand und nicht einmal vor der Familie, in der die Eltern Gottes Stellvertreter sind, halt machte. Jugend rebellierte gegen das Alter, dem von den von der Front heimkehrenden Soldaten, enttäuscht und entmutigt, die Schuld an all der Not gegeben wurde. Das zweite Übel dieser Zeit der Unordnung und der Unzufriedenheit war die Empörung des Sinnlichen im Menschen wider den Geist. Eine ausufernde und maßlose Genusssucht, verbunden mit Vernachlässigung der Pflichterfüllung war die Folge.

Mit sich selbst allzu sehr beschäftigt konnte Bayern, zur Freude vieler Vertreter anderer deutscher Länder, bei der Beratung der neuen deutschen Reichsverfassung in Weimar – deshalb „Weimarer Verfassung" – seine Interessen nicht wahrnehmen. Diese Verfassung des Deutschen Reichs wurde am 11. August 1919 veröffentlicht. Das neue republikanische Reich mit seiner Hauptstadt Berlin verstand sich als mehr oder weniger zentralistisches Volksreich, das die Länder als dynastische Relikte empfand und deshalb Privilegien, auch die 1871 Bayern zugestandenen „Reservatrechte", beseitigte. So musste Bayern 1920 sein wohlgeordnetes Eisenbahn- und Postwesen an das Reich abtreten, ohne auch nur die geringste Gegenleistung.

Was der Münchner Kardinal von Faulhaber von der neuen Reichsverfassung hielt, hat er in seinem Fastenhirtenbrief von 1920 feierlich kundgetan: „Die neue Reichsverfassung hat die von Christus gestiftete Kirche mit allen beliebigen Glaubensgemeinschaften auf die gleiche Stufe gestellt (Artikel 137, Absatz 5 und 7) und damit der Wahrheit und dem Irrtum die gleichen Rechte eingeräumt. Keine Staatsverfassung kann aber das Wort des Evangeliums umstoßen: ‚Jede Pflanzung, die nicht mein himmlischer Vater gepflanzt hat, wird ausgerottet werden' (Mt 15,13). Keine Staatsverfassung kann das Wort des Apostels umstoßen, das die Kirche des lebendigen Gottes die Säule und Grundfeste der Wahrheit nennt (vgl.1 Tim 3,15)."[205]

Je wilder aber die Geister der Unwahrheit und Verlogenheit sich im öffentlichen Leben breit machten, umso mehr fühlten sich die Katholiken Bayerns dem Oberhaupt ihrer Kirche und dem Glauben verbunden, denn für sie war das Papsttum der Fels der Glaubenssicherheit.

Auch Bayern gab sich eine neue Verfassung, nach ihrem Verfassungsort als „Bamberger Verfassung" bezeichnet. Sie trat am 15. September 1919 in Kraft, entsprach aber in keiner Weise den Erwartungen der katholischen Bevölkerung. Bayern wurde zwar „Freistaat", eine die Begriffe Republik und Volksstaat ersetzende Bezeichnung, blieb aber nach wie vor Glied des Deutschen Reiches.

Die Erkenntnis, von den Vorgängen 1918/19 überrumpelt worden zu sein, und die wachsende Unzufriedenheit mit der durch den Kriegsausgang und seine Folgen bedingten Verschlechterung der wirtschaftlichen Verhältnisse revitalisierten bald den Gegensatz zwischen Bayern und dem Deutschen Reich. Alle politischen und gesellschaftlichen Kräfte von der Mitte bis zur extremen Rechten, die die Weimarer Republik ablehnten, sammelten sich unter dem gemeinsamen Nenner der Unzufriedenheit mit der politischen Entwicklung im Reich und in Preußen. Während der norddeutsche Kapp-Putsch am 13. März 1920 im Reich aufgefangen werden konnte, kam es in Bayern unter dem Druck der Münchner Garnison und dem Münchner Polizeipräsidium zu einer Regierungskrise, die den sozialdemokratischen Ministerpräsidenten Hoffmann zum Rücktritt veranlasste. Am 16. März 1920 wählte der bayerische Landtag den seit 1917 amtierenden Regierungspräsidenten von Oberbayern, Gustav Ritter von Kahr[206] zum Ministerpräsidenten. Als überzeugter Monarchist versuchte er die 1918 beseitigten staatlichen Verhältnisse wieder herzustellen.[207]

Kahr sah sich durch den Ausgang der Landtagswahl vom 6. Juni 1920 durchaus bestätigt. Von 158 Landtagsmandaten erhielt die BVP 65, der Bayerische Bauernbund 12, die Bayerische Mittelpartei 20, die Demokratische Partei (liberal) 13, während die SPD 26, die USPD 20 und die KPD 2 Sitze auf sich vereinen konnten.[208]

205 Hirtenbriefe des deutschen Episkopates anlässlich der Fastenzeit 1920, Paderborn 1920, S. 112.

206 Gustav Ritter v. Kahr, geb. 29.11.1862 in Weißenburg. Nach Jurastudium seit 1909 im bayer. Innenministerium; 1917 Regierungspräsident von Oberbayern. Während des Kapp-Putsches in Berlin zum Ministerpräsidenten erwählt, verfocht er eine Politik der Lösung Bayerns vom Reich und die Wiedererrichtung der Monarchie. 1921 Rücktritt, jedoch 1923 Generalstaatskommissar. Am 09.11.1923 unterdrückte er im Bunde mit der Reichswehr den Hitlerputsch in München. Nach seinem Rücktritt im Februar 1924 bis 1930 Präsident des bayer. Verwaltungsgerichtshofes. Am 03.06.1934 wurde er während des Röm-Putsches in München von den Nationalsozialisten ermordet. – Vgl. Bosls Bayerische Biographie. 8000 Persönlichkeiten aus 15 Jahrhunderten, hrsg. v. Karl Bosl, Regensburg 1983, S. 401.

207 Hubensteiner, Benno/Deuerlein, Ernst u. a., Geschichte Bayerns. Territorien-Ploetz, Würzburg 1975, S. 107.

208 Hubensteiner, Benno/Deuerlein, Ernst u. a., Geschichte Bayerns. Territorien-Ploetz, Würzburg 1975, S. 117.

Wie zerstritten auch die Sozialisten, die Liberalen und die Deutschnationalen, d. h. die Deutsche Arbeiterpartei, die noch nicht für den Landtag kandidierte und sich 1920 in Nationalsozialistische Deutsche Arbeiterpartei umbenannt hatte, auch waren, in einem Punkt zeigten sie sich einig: im Kampf gegen die katholische Kirche. Er äußerte sich vor allem in der Schul- und Erziehungspolitik. Der Einfluss der Kirche sollte beseitigt werden. Der „schleichende Kulturkampf" veranlasste den 1920 zum Kardinal kreierten Erzbischof von Faulhaber in seinem Fastenhirtenbrief festzustellen: In Bayern hat man „trotz Brotnot und Kohlennot, Kleidernot und Arbeitsnot noch so viele Zeit übrig, um den Einfluss der Kirche auf dem Gebiete der Schule und Erziehung zu bekämpfen und die Seelen der Jugend der Unterernährung auszuliefern." Er verlieh aber zugleich seiner Freude Ausdruck, dass „mehr und mehr katholische Eltern erwachen und in den katholischen Elternvereinigungen ihre unverwüstlichen Rechte auf ihre Kinder geltend machen."[209]

Die Gemeinde Mindelstetten, damals noch zur Oberpfalz gehörig, blieb von der großen Politik in München weitgehend unberührt. Seit 1919, wie bereits vermerkt, hatte der Bauer Michael Schweiger[210] das Amt des Bürgermeisters inne. Der Gemeinderat setzte sich vorwiegend aus Mitgliedern der BVP zusammen. Die Bevölkerung war mit ihrer Ortsobrigkeit zufrieden, was u. a. durch die Tatsache bewiesen wird, dass Schweiger bis 1933, dem Beginn der nationalsozialistischen Herrschaft, Bürgermeister blieb.

Freilich machte sich die Inflation auch auf dem Lande empfindlich bemerkbar. Das wirkte sich nicht nur bei den Bauern, sondern ebenso bei den kleinen Handwerkern und vor allem bei den Arbeitern aus. Das dürfte auch der Grund gewesen sein, weshalb sich Anna am 19. Januar 1920 für ihren Bruder Michel, der die kleine Schreinerei seines Vaters weiterführte und mit seiner Familie recht und schlecht das Auskommen fand, bei Pfarrer Rieger einsetzte. Sie hatte Michel längst verziehen, dass er ihre Mutter und sie nicht immer gut behandelt hatte. Die Selige schrieb an Rieger: „Vor allem bitte ich um Verzeihung, wenn ich heute eine schriftliche Bitte an Ew. Hochwürden richte. Wie ich von meinem Bruder schon öfters erfahren, dass in nächster Zeit der Mesnerdienst vergeben wird, so möchte ich nun bei Ihnen auch eine kleine Fürbitte für meinen Bruder einlegen. Und wenn Hochw. H. Pfarrer in Ihrer Güte geneigt wäre, ihn als Mesner anzunehmen, so würde es Ihnen gewiss der liebe Himmelvater vergelten. Wie mir mein Bruder sagte, würde er im genannten Dienste Hochw. H. Pfarrer gewiss in allem zufrieden stellen, wenn er sich einmal darin eingelernt hätte. Ich habe es meinem Bruder schon einmal versprochen, dass ich bei Ew. Hochwürden eine kleine Fürbitte einlege, aber dass ich es nun heute tue, weiß er nicht! Wohl würde es mich recht freuen, wenn ihm durch

209 Hirtenbriefe des deutschen Episkopates anlässlich der Fastenzeit 1920, Paderborn 1920, S. 108.

210 Karl Holzgartner, Chronik von dem Pfarrbezirk Mindelstetten 1934–1960, S. 44.

Ihre Güte dieser Dienst zuteil würde und es für ihn in seinem Leiden auch leichter wäre, als wenn er stets ununterbrochen in seiner Schreinerarbeit, bei welcher er sein Leiden recht schmerzlich empfindet, tätig sein muss, um für den Unterhalt seiner Familie zu sorgen.

Wohl weiß ich, dass das Einkommen vom Mesnerdienst nicht so groß ist, dass er mit seiner Familie leben könnte, aber ich meine nur, dass er stets nicht so angestrengt in der Schreinerei arbeiten müsste.

Verzeihen Sie mir Hochw. H. Pfarrer, den ganzen Vortrag meiner Bitte und in ihrer Güte können Sie ja immerhin wählen, was ihnen gutdünkt! Ich hätte heute morgens H. H. Pfarrer meine Bitte schon sagen wollen, aber nach der hl. Kommunion, finde ich es nicht für angemessen, gleich etwas zu reden und deshalb will ich Ihnen meine Bitte schriftlich überbringen lassen. Mit hoher Verehrung grüße ich Ew. Hochwürden recht vielmals, Ihre dankschuldige und Ihrer stets im Gebete gedenkende Anna Schäffer."[211]

Die letzten Gründe, die Rieger bewogen haben, der Bitte Annas nicht zu entsprechen, entziehen sich unserer Kenntnis. Michael Schäffer wurde jedenfalls nicht Mesner. Rieger war ein guter Menschenkenner und die Selige hat gewiss die Entscheidung ihres Seelenführers ergeben hingenommen.[212]

Die Zeit war unsicher geworden, nicht nur in Bezug auf wirtschaftliche und soziale Belange, sondern auch was kriminelle Delikte wie Raub, Diebstahl und Verunehrung des religiösen Bekenntnisses betroffen hat. So sah sich Rieger veranlasst, das Allerheiligste des Nachts im Pfarrhof und nicht mehr in der Kirche zu verwahren.[213]

Ende Februar und Anfang März 1920 herrschte in Mindelstetten erneut eine erschreckende Grippewelle. „Der Kirmzeuner, 33 Jahre alt, und ebenso seine Frau, im Alter von 30 Jahren, sind an Grippe und Lungenentzündung gestorben. Drei Tage vor ihrem Heimgang hat die Frau noch entbunden, aber auch das Kind war in wenigen Stunden tot. Jetzt sind noch vier kleine Buben da, von denen der Älteste sechs Jahre alt wird", berichtete Anna ihrer Freundin Bortenhauser in Pilsting.[214]

Im Juli wurden Mindelstetten und Umgebung von einer Viehseuche heimgesucht, die den ohnehin um ihre Existenz ringenden Bauern schwer zu schaffen machte. Aber in den umliegenden Ortschaften fiel mehr Vieh der Seuche zum Opfer als in Mindelstetten selbst.[215]

---

211 BKR III. Abt. CAS K. 11: 19.01.1920 Mindelstetten Nr. 77: AS an Pfarrer Rieger – Ritter, Emmeram H., „Im Leiden habe ich Dich lieben gelernt!" Die Schriften Anna Schäffers, Regensburg 1999, S. 210f.

212 BKR III. Abt. CAS K. 11: 16.03.1920 Mindelstetten Nr. 83: AS an Bortenhauser – Ritter a. a. O. S. 223–226.

213 BKR III. Abt. CAS K. 11: 16.03.1920 Mindelstetten Nr. 83: AS an Bortenhauser – Ritter a. a. O. S. 223–226.

214 BKR III. Abt. CAS K. 11: 20.07.1920 Mindelstetten Nr. 89: AS an Anna Bortenhauser – VdPM 20.06.1920: Rieger erwähnt, dass in Hiendorf eine Viehseuche herrsche. – Ritter a. a. O. S. 235–237.

215 BKR III. Abt. CAS K. 81: VdPM 01.11.1920.

Zu Allerheiligen, einem Montag, wurde in allen Pfarreien Bayerns zu einer „National-Trauerfeier“ für die Gefallenen aufgerufen. Rieger hielt um 8.30 Uhr Hochamt mit Predigt, um 12 Uhr Rosenkranz und um 13.30 Uhr eine Andacht zum „Gedächtnis für alle † Heldenkämpfer“ mit Ansprache, Totenvesper und Friedhofsumgang.[216]

Annas Gesundheitszustand war nach wie vor gleichbleibend schlecht. Besonders an den Tagen, an denen ihre zahlreichen offenen Wunden verbunden werden mussten, litt sie unsägliche Schmerzen. Dennoch betonte sie, dass sie trotz aller Leiden und Schmerzen „stets glücklich, zufrieden und freudig“ sei und mit allen Leuten reden könne, die sie besuchen, „als ob mir nichts fehle“.[217] „Und mit jedem neuen Tag dürstet es mich nach neuen Leiden und nach Seelen zu ihrer Bekehrung und Rettung und es ist mir, ich darf noch viel für dieselben nach Gottes Willen leiden.“[218]

Während der Fastenzeit, am 17. März 1920, schrieb sie in einem Brief an ihre Freundin Kathi Plendl, die sie als „Leidensgefährtin“ bezeichnete: „Gerne will ich ja alles leiden, wenn ich nur vom lieben Heiland so viel Gnaden erhalten und sein erbarmungsvolles Herz so bestürmen könnte, dass doch fünf verirrte Seelen in der heiligen Osterbeichtzeit zum Schafstall des guten Hirten zurückfinden könnten. Und dass ihnen des ‚Ego Te absolvo‘, welches kaum von Priesters Mund gesprochen den Himmel erschließt und ihnen wieder ein neues Licht leuchtet zur Erkenntnis ihrer Armseligkeit. Der liebe Gott schätzt eine einzige Seele, die wir IHM – durch unsere Leiden und Gebete, Mühsale und Opfer zuführen – höher, als alle anderen Dienste, die wir IHM erweisen. Und besonders empfehle ich dem lieben Heiland bei der hl. Kommunion recht innig solche Seelen. Er möge Ihnen einen Strahl der Gnade schenken.“

Und sie setzt ihren Brief vorausblickend fort: „Ja, welch schwere Zeiten sehen wir entgegen! Möge der liebe Heiland uns allen gnädig und barmherzig sein! Liebe Kathi, glaubst, solange wird der Feind des Verderbens, durch seine Agitatoren das Gift der Sünde und Lostrennung des Glaubens usw. ausstreuen, bis einmal die Hand des lieben Heilandes das große massenhafte Sterben eintreten lässt und den Menschen dann seine Gerechtigkeit fühlen lässt. Ja in Zeiten großer Trübsal werden dann gewiss wieder viele das Kreuz aufsuchen und den Herrn um Hilfe anflehen. Und dann im Augenblicke des Erscheinens vor dem göttlichen Richter möchten gewiss alle sein heiligstes Antlitz anflehen um einen guten Urteilsspruch.

Eine große Anzahl von Sühne- und Opferseelen können beim lieben Heiland viel erbitten, um sein schwerverwundetes Herz zu trösten, dass alles wieder gut wird.

216 BKR III. Abt. CAS K. 11: 07.01.1920 Mindelstetten Nr. 76: AS an Kathi Plendl – Ritter a. a. O. S. 209f.

217 BKR III. Abt. CAS K. 11: 07.02.1920 Mindelstetten Nr. 79: AS an Anna Bortenhauser – Ritter a. a. O. S. 213–216.

218 BKR III. Abt. CAS K. 11: 17.03.1920 Mindelstetten Nr. 84: AS an Kathi Plendl – Ritter a. a. O. S. 226–228.

Gelt, liebe Kathi, schließen auch wir uns eng an, an alle Opferseelen, um mit ihnen vereint, das Herz unseres Meisters zu bestürmen. Mir ist immer, dass wir von dem heiligsten Sakramente am meisten erbitten können und in den heiligen Augenblicken nach der hl. Kommunion! Wenn wir dem lieben Heiland vor dem heiligsten Sakramente und bei der hl. Kommunion recht innig eine verirrte Seele anempfehlen und für selbe viel beten und opfern, so glaub ich, dass eine solche Seele niemals verloren geht, wenn es auch manchmal scheint dass seine Bekehrung unmöglich ist, aber es kommt doch zur rechten Zeit. Denn kein Gebet und kein Opfer ist umsonst und der liebe Heiland lässt uns an Vertrauen zu IHM nicht zuschanden werden in Ewigkeit. Und dann meine liebe niederbayerische Freundin möchte ich Dir noch sagen, dass ich Dir in allem werde beten helfen, dass alles gut wird."

Dieser Brief der Seligen ist von Bedeutung. Vermutlich hat sie das „große massenhafte Sterben" in einer Vision gesehen und man könnte es in Zusammenhang mit dem Zweiten Weltkrieg bringen. Abgesehen davon lässt das Schreiben erkennen, dass Anna erkannt hat, wie notwendig und bedeutungsvoll das Fürbittgebet für alle jene Seelen ist, die der Barmherzigkeit Gottes bedürfen, wie es die Verehrer U. L. Frau von Fatima in ähnlicher Weise beten. Entgegen des modern gewordenen einseitigen Hominismus war es ihr bewusst, dass das Gebet um das Seelenheil des Mitmenschen noch wesentlicher ist als das um das irdische Wohlergehen. Aber sie hat dabei selbstverständlich niemandem verwehrt, auch um die Behebung irdischer Nöte und Leiden zu bitten, und sie hat eifrig, beharrlich und mitfühlend in ihrem Leben und vor allem nach ihrem Hinscheiden vielen Menschen, die sich an sie gewandt haben, durch ihre Fürbitte bei Gott geholfen. Sie wusste ja am besten, was Leiden heißt und wie viel Kraft und Gnade notwendig ist, um es geduldig zu ertragen.

Wie sehr Anna an Freud und Leid ihrer Mitmenschen Anteil genommen hat, zeigte sich wiederum zu Weihnachten 1920. Nach zweijähriger schwerer Krankheit war in Mindelstetten der erst 14-jährige Franz Haller verstorben. Als die Selige dies erfahren hatte, opferte sie sofort für den heimgegangenen Buben die hl. Kommunion auf, bezeichnete ihn „als kleinen Martyrer" und meinte: „Nun wird er das liebe Jesulein in seliger Vereinigung mit allen Auserwählten ewig loben und preisen dürfen!"[219]

Mit der Gnade Gottes durfte Anna erkennen, wie der rechte Weg des christlichen Menschen auf seiner irdischen Pilgerschaft beschaffen sein muss und welch große Bedeutung gerade Kreuz und Leid für seine Reifung besitzen. Sie hat es in einem schönen Gleichnis schriftlich niedergelegt: „Weißt du denn nicht, dass das Edelweiß dort blüht, wo alle Blumen zu blühen aufhören: auf den Höhen der Alpen? Und dass demselben nichts schaden kann, weder Kälte noch Trockenheit? Sieh', hiemit

219 BKR III. Abt. CAS K. 11: 29.12.1920 Mindelstetten Nr. 103: AS an Anna Bortenhauser – Ritter a. a. O. S. 259–262.

vergleiche ich auch alle frommen gottliebenden Seelen, deren Ein und Alles nur darauf ausgerichtet ist, auf dem Wege der Tugend immer aufwärts zu streben! Und gleich dem Edelweiß blühen sie unter Geistesdürre, Kälte und Trockenheit ganz wohlgemut weiter zum Lobe und Preise ihres Schöpfers, auf der Höhe des Berges der Vollkommenheit. Ach, liebes Deanderl [Anna an ihre Freundin Bortenhauser], wie wäre es wohl um uns bestellt, wenn wir uns stetsfort des fühlbaren geistigen Trostes erfreuen könnten? Und wie viel mehr würde vielleicht da das Gnadenleben unserer Seele in Gefahr sein, anstatt vorwärts zu schreiten, stille zu stehen? Und gehört nicht auch der Wind und der Regen zum Reifen und Zeitigen der Frucht? Ebenso können auch wir im geistlichen Leiben nie zur rechten Reife gelangen, wenn wir nicht verspüren dürften Geistesdürre, Kälte, Trockenheit, Verlassenheit usw. Allein Kampf und Kreuz führt uns zum Siege und verschafft uns die ewige Krone!"[220]

Diese Reife, die die Selige fünf Jahre vor ihrem Heimgang zu Gott erreicht hat, ist sicher zu einem nicht unerheblichen Teil Pfarrer Rieger zu verdanken, dessen weiser Führung sie als echtes Marienkind in tiefer Demut und größtem Vertrauen gefolgt ist.

Hatte die Selige schon bisher zuweilen ihre Sehnsucht nach dem Heimgang zu Gott bekundet, so verstärkte sich dieser Wunsch ab dem Jahr 1921. Am 19. Mai 1921 schreibt sie an Frau Johanna Zimmermann im niederbayerischen Schnatting, mit der Anna von 1918 bis 1921 in Briefkontakt stand: „Ich freue mich täglich so sehr aufs Sterben und meine Sehnsucht ist, die Erde verlassen zu dürfen. In diesem Tränentale, solange mich der Herr noch dahaben will, verlange ich keine irdische Freude, sondern nur die, zu leiden, zu dulden für meinen Heiland; diese Freude ist stets bei mir und übertrifft jede andere und hat besonders täglich morgens ihren Höhepunkt – in den hl. Augenblicken nach der hl. Kommunion, der innigen Vereinigung mit Jesus. Ich liege jetzt 20 Jahre und 4 Monate, und 39 Jahre bin ich alt. Für jede Leidensstunde, die ich die vielen Jahre hindurch erdulden durfte, sage ich Dir mein Herr und Gott tausendmal Vergelt's Gott. Mein Gott ich danke Dir, mein Gott ich liebe Dich! O schöner Tag der Ewigkeit, o laß mich Dich bald erfahren."[221]

Die Selige spricht von einem Jammertal – und wahrlich im politischen und wirtschaftlichen Sinn war auch Bayern ein solches geworden.

Die Erkenntnis des bayerischen Volkes, von den Vorgängen 1918/19 überrumpelt worden zu sein, sowie die wachsende Unzufriedenheit mit der durch den Kriegsausgang bedingten Verschlechterung der wirtschaftlichen Verhältnisse revitalisierten den Gegensatz zwischen Bayern und Preußen bzw. dem republikanischen Deutschen Reich. Am 10. Januar 1920 trat der verhängnisvolle Friedensvertrag von Versailles in Kraft mit allen wirtschaftlichen Konsequenzen. Bayern verlor

220 BKR III. Abt. CAS K. 11: 16.03.1920 Mindelstetten Nr. 83: AS an Anna Bortenhauser – Ritter a. a. O. S. 223–226.

221 BKR III. Abt. CAS K. 19: 19.05.1921 Mindelstetten Nr. 110: AS an Johanna Zimmermann – Ritter a. a. O. S. 273f.

dadurch auch die Regierungsgewalt in der Saarpfalz. Infolge des Vertrages kam es in München zu extremen deutschnationalen Agitationen. Am 24. Februar nahm die vom Maschinenschlosser Anton Drexler (1884–1942) in München gegründete „Deutsche Arbeiterpartei", vermutlich durch den Einfluss Hitlers, der 1919 dieser Gruppierung beigetreten war, den Namen „Nationalsozialistische Deutsche Arbeiterpartei" (NSDAP) an. Am selben Tag verkündete Hitler sein neues Parteiprogramm, das einen rassisch motivierten aggressiven Antisemitismus, eine emotionell aufgeladene Aversion gegen den Versailler Vertrag sowie deutschnationales zentralistisches Gedankengut enthielt. Am 29. Juli 1921 zum ersten Vorsitzenden der NSDAP gewählt, gründete Hitler eine eigene Sportabteilung, die später als Sturmabteilung (SA) bezeichnet wurde.[222]

Inzwischen machte der Zentralismus, von Berlin ausgehend, erhebliche Fortschritte. Die bayerische Regierung veröffentlichte eine Denkschrift über eine Revision der Reichsverfassung im föderalistischen Sinn. Da jedoch die übrigen deutschen Gliedstaaten die Weimarer Verfassung beibehalten wollten, blieben die Bemühungen Bayerns vergeblich.[223]

Nachdem am 18. Oktober 1921 König Ludwig III. (1845-1921)[224] im ungarischen Wittelsbacher Gut Sarvár verstorben war, wurde sein Leichnam, zusammen mit dem seiner 1919 heimgegangenen Gattin Maria Theresia, am 5. November, unter Beteiligung Tausender bayerischer Monarchisten, in der Gruft des Liebfrauen-Domes in München bestattet. Kardinal Michael von Faulhaber (1869–1952)[225], ein entschiedener Verteidiger der monarchischen Staatsform und Freund des Hauses Wittelsbach, stellte den feierlichen Trauergottesdienst unter ein Wort Papst Gregors VII.: „Ich habe die Gerechtigkeit geliebt und das Unrecht gehasst, darum sterbe ich in der Verbannung!"[226] Und manchem Teilnehmer werden die Worte des Kardinals in seiner Predigt nachdenklich gestimmt haben: „Wo das Volk seinen König verlässt, wird es über kurz oder lang sein eigener Totengräber."[227] Die grandiose Trauerfeier war nicht nur ein Akt der Wiedergutmachung. Das Volk hat in den Jahren seit 1918 schmerzlich erfahren, dass man unter dem Banner der Freiheit gelegentlich unfreier sein kann als unter der Krone. Dazu war Bayern in dem unglückseligen Einheitsstaat von Weimar eingefangen, der kein Staatsgefühl hervorrufen konnte.[228]

Ein anderes Geschehen zeigt auf, in welchem Jammertal sich Bayern damals befand. Im Jahre 1921 strömten so viele deutschnationale, rechtsextremistische und

222 Nöhbauer, Hans F., Die Chronik Bayerns, München [3]1994, S. 448 – Vgl. Hubensteiner, Benno/Deuerlein, Ernst u. a., Geschichte Bayerns. Territorien-Ploetz, Würzburg 1975, S. 118.

223 Nöhbauer a. a. O. S. 192.

224 Beckenbauer, Alfons, Ludwig III. von Bayern 1845–1921. Ein König auf der Suche nach seinem Volk, Regensburg 1987.

225 Gatz, Erwin (Hrsg.), Die Bischöfe der deutschsprachigen Länder, 1785/1803 bis 1945, Berlin 1983, S. 177–181.

226 Nöhbauer a. a. O. S. 454.

227 Rall, Hans/Rall, Marga, Die Wittelsbacher in Lebensbildern, Regensburg 1986, S. 361.

228 Rall a. a. O. S. 360.

antisemitische Kräfte aus allen übrigen deutschen Teilstaaten nach Bayern, dass es bald den Ruf einer „Ordnungszelle im Reich“ auf sich nehmen musste.

Am 22. März 1921 erließ die Reichsregierung ein Gesetz zur Entwaffnung der paramilitärischen Einwohnerwehren, die 1919 aufgrund der Räteherrschaft gegründet worden waren. Nun drohte ein Konflikt zwischen Bayern und dem Reich. Erst unter dem Druck der Siegermächte des Ersten Weltkriegs wurden am 8. Juni die bayerischen Einwohnerwehren durch eine Verordnung der Staatsregierung aufgelöst. Nachdem der bayerische Ministerpräsident von Kahr nach vergeblichen Bemühungen, die Einwohnerwehren vor ihrer Auflösung zu bewahren, zurücktrat, wählte der bayerische Landtag den bisherigen Gesandten der Reichsregierung in Darmstadt, Graf Hugo Max von Lerchenfeld-Koefering, zum Nachfolger.[229]

Im Juli 1922 wurde Bayern, ebenso wie das Deutsche Reich, von einer neuen Katastrophe heimgesucht. Die Geldentwertung beschleunigte sich derart, dass ein US-Dollar bereits 420 Mark kostete. Dadurch stiegen die Lebenshaltungskosten ins Unendliche. Die Inflation hatte eigentlich durch steigende Preise bereits 1918 begonnen. Ihren Höhepunkt erreichte sie im November 1923: In München kostete ein Brotleib 33 Milliarden Mark.[230] Durch die Inflation und die dadurch entstandene Arbeitslosigkeit erhöhte sich die Zahl der Wohlfahrtsempfänger beträchtlich. Nach entschiedener, aber leider vergeblicher Abwehr gegen Einmischungen des Reichs in bayerische Angelegenheiten sah sich Ministerpräsident Graf Lerchenfeld-Koefering zum Rücktritt veranlasst. So wählte der bayerische Landtag am 8. November 1922 mit den Stimmen der BVP, Mittelpartei und Bauernbund den BVP-Politiker Eugen Ritter von Knilling zum Nachfolger.[231]

Durch die zunehmende Verelendung des Volkes, vor allem des Arbeiter- und teilweise auch des Mittelstandes, kam es nun 1923 zu einer versuchten Rechtsradikalen Revolution, angeführt durch Hitler und Ludendorff. Am Abend des 8. November erklärte Hitler im Münchner Bürgerbräukeller die Bayerische Staatsregierung ebenso wie die Deutsche Reichsregierung für abgesetzt, bejubelt von der Masse der Rechtsradikalen. Am 9. November jedoch brach der in die Geschichte eingegangene Hitlerputsch vor der Münchner Feldherrnhalle im Kugelregen der tapferen bayerischen Landespolizei kläglich zusammen.[232] Hitler – in ihm sahen die Deutschnationalen einen politischen Martyrer – wurde am 1. April 1924 mit einigen seiner Genossen, außer Ludendorff, wegen des Aufruhrs vom Münchner Volksgericht zu mehrjähriger Haft und Geldstrafe verurteilt sowie mit Ausweisung aus Bayern bedroht. Nur sechs Tage später bei den bayerischen Landtagswahlen konnte die Nachfolge-Partei der verbotenen NSDAP, der „Völkische Block“, ebenso wie die Kommunisten erhebliche Gewinne verbuchen. Erneut griff die Landesregierung,

229 Nöhbauer a. a. O. S. 448–453.

230 Nöhbauer a. a. O. S. 456 – Holzgartner a. a. O. S. 63.

231 Nöhbauer a. a. O. S. 456.

diesmal in einer Denkschrift „Zur Revision der Weimarer Verfassung“, ihre alten Forderungen nach Verfassungsautonomie und Finanzhoheit der Einzelstaaten wieder auf. Es scheiterte daran, dass die anderen deutschen Gliedstaaten dies ablehnten. Nach dem Rücktritt Ritter von Knillings wählte die BVP am 28. Juni 1924 ihren Gründer Dr. Heinrich Held zum neuen Ministerpräsidenten.[233]

Das einzig Erfreuliche in diesem Jahr war der Abschluss eines Konkordats zwischen der Römischen Kurie und dem Staat Bayern, an dem der langjährige Nuntius in Bayern, Eugenio Pacelli, der spätere Papst Pius XII. (1939–1958), wesentlich beteiligt war.[234]

Im Jahr 1925, am 27. Februar, wurde Hitler vorzeitig aus der Festungshaft in Landsberg entlassen. Trotz Verbots der Regierung gründete er sofort wieder die NSDAP, die nun vermehrt reichsweit angelegt und in Gauen und Ortsgruppen organisiert wurde. Vor allem außerhalb Bayerns vermehrte sich nun die Anhängerschaft, vorwiegend aus Kreisen der Industriellen, der Arbeiterschaft und teilweise des Mittelstandes.

Der parteilose Gustav Ritter von Kahr, der am 26. September 1923 vom Ministerpräsidenten von Knilling zum bayerischen Generalstaatskommissar ernannt worden war, hatte zum Teil Schuld am Aufkommen der Rechtsradikalen einschließlich der NSDAP. Hitler hatte indes erkannt, dass die künftige Zielsetzung seiner neu aufzubauenden Partei auf die Reichsebene verlagert werden müsse, denn Berlin wäre von München aus nicht zu erobern bzw. ein zentralistisches Deutsches Reich könne nur dort errichtet werden.[235] Um einer Ausweisung zu entgehen, begab er sich nun nach Braunschweig, wo er über einen fingierten Posten als Regierungsrat die deutsche Staatsbürgerschaft erwerben konnte.[236]

Nach dem Tode des ersten Reichspräsidenten nach der Liquidation des Kaiserreiches, Friedrich Ebert (Heidelberg 1871 – Berlin 1925)[237], eines gelernten Sattlers und Sozialdemokraten, wurde am 25. Mai 1925 der „Sieger von Tannenberg“, Paul von Beneckendorf und Hindenburg (1847 Posen-Neudeck/Westpreußen – Berlin 1934),[238] als populär gebliebene Symbolfigur der deutschen Rechten von den vereinigten Rechtsparteien, leider auch von der BVP, zum Nachfolger gewählt.[239]

Als am 10. August 1925 das Reichsfinanzausgleichsgesetz im Reichstag verabschiedet worden war, wurde Bayern in seinem Bestreben nach Rückgewinnung der Finanzhoheit erheblich zurückgeworfen. Der preußische Historiker Erich Eyck

232 Nöhbauer a. a. O. S. 459 – Spindler, Max (Hrsg.), Handbuch der bayerischen Geschichte. Bd. IV: Das neue Bayern 1800–1970, 1. Teilbd., München 1974, S. 482–484.

233 Spindler a. a. O. S. 485–497 – Nöhbauer a. a. O. S. 463.

234 Spindler a. a. O. S. 491–494.

235 Zentner, Christian/Bedürftig, Friedmann (Hrsg.), Das große Lexikon des Dritten Reiches, München 1984, S. 262.

236 Spindler a. a. O. S. 488.

237 Zentner/Bedürftig a. a. O. S. 136.

238 Zentner/Bedürftig a. a. O. S. 257.

239 Nöhbauer a. a. O. S. 465.

(Berlin 1878 – London 1964)[240] stellt in seiner Geschichte der Weimarer Republik die ständigen Auseinandersetzungen zwischen Bayern und dem Reich betreffend fest: „Der föderalistische Standpunkt war an sich ebenso diskutabel wie – aus der Sicht der Deutschnationalen – der unitarische und die Bayern konnten sich mit Recht darauf berufen, dass von allen nicht-preußischen Ländern das ihrige das einzige war, das nach Größe und Volkszahl Anspruch darauf erheben konnte, die Rolle eines Staates zu spielen.“[241]

In Mindelstetten ging inzwischen alles seinen gewohnten Gang. Die Inflation schädigte die Bauern weitaus weniger als die Arbeitnehmer, denn sie besaßen ja Haus und Felder, also einen Grundbesitz, dessen Wert nicht geschmälert wurde. Im Übrigen konnten sie sich zum größten Teil selbst versorgen, was den Städtern nicht möglich war. Diejenigen, die eine Zeitung abonniert hatten, konnten sich über die große Politik in Berlin und München informieren, aber es berührte sie weit weniger als die Schwierigkeiten des Absatzes ihrer Produkte. Umso erfreulicher gestaltete sich die 1925 gegründete zentrale Verteilerstelle landwirtschaftlicher Erzeugnisse, nämlich die „Bayerische Warenvermittlung landwirtschaftlicher Genossenschaften“ (BayWa).[242]

Die herzliche Verbundenheit Annas mit der Haushälterin Pfarrer Riegers wird in einem Brief deutlich. Sie schrieb anfangs Juni 1921 an Elis Imlauer, die sich für einige Tage wegen einer Erkrankung bei ihrer Mutter in Augsburg befand: „Liebste Elis! Übersende Dir ein Päckchen voll ‚gute Besserung‘, dass Du gleich darauf keine Schmerzen mehr verspürst. Ich bete schon für Dich, dass Du mich balde wieder besuchen kannst. Ich denke oft an Dich und habe viel Zeitlang nach Dir. Tausend herzliche Grüße von Deiner Dich liebenden A. Schäffer.“[243]

Um diese Zeit dürfte Pfarrer Rieger ernstlich erkrankt sein, vermutlich ist er in der Kirche zusammengebrochen, konnte aber am Samstag, dem 11. Juni bereits wieder zelebrieren. Dies geht aus einem Brief hervor, den Anna an diesem Tag an Elis Imlauer geschrieben hat. Zu Beginn des Schreibens legt sie die Gesundheit des Pfarrers in die Hände des „Hlst. Herzens Jesu.“ Dann richtet sie folgende Zeilen an die Haushälterin: „Liebste Elis! Deinen lieben Brief, habe ich soeben, Samstag Mittag erhalten und danke Dir bestens dafür! Ich sah aus Deinen lieben Zeilen, dass Du so sehr bekümmert bist um Hochw. H. Pfarrer und will es Dir gleich umgehend mitteilen, wie es jetzt mit seinem Befinden ist. Es geht ihm Gott sei Dank wieder besser und hat heute Samstag schon wieder eine Hl. Messe gelesen. Wie ich es durch die Rosa [gemeint ist Rosa Imlauer] und Philomena [gemeint ist Philomena Riegler aus Mindelstetten] weiß, brauchst Du Dich, lb. Elis nicht zu kümmern um Hochw.

240 Meyers großes Personen-Lexikon, Mannheim/Zürich 1964, S. 405.

241 Spindler a. a. O. S. 499.

242 Nöhbauer a. a. O. S. 465.

243 BKR III. Abt. CAS K. 19: 06.1921 (o. Ang. d. Tages) Mindelstetten Nr. 112: AS an Elis Imlauer – Ritter, Emmeram H., „Im Leiden habe ich Dich lieben gelernt!“ Die Schriften Anna Schäffers, Regensburg 1999, S. 277, Nr. 112.

Herrn Pfarrer, es geht ihm ja wieder besser. O lb. Elis, Du kannst es nicht ahnen, wie schwer es mir ward, als ich es am Sonntag abend erfuhr, dass Hochw. H. Pfarrer in der Kirche so krank wurde; die ganze Nacht betete ich für ihn, dass er recht bald wieder gesund werde. Der lb. Heiland weiß es, wie viel ich für ihn bete, und kein Leiden wäre mir zu schwer für ihn. Und wenn ich mein Leben für ihn opfern dürfte, das wäre mir eine so große Freude, um es ihm nur ein wenig zu verdanken, für all die vielen Schritte, die er meinetwegen schon gemacht hat. Die lb. Schwester Auxilia Schoberer, ist heute Samstag vor acht Tagen auf Besuch gekommen. [...] Und als H. H. Pfarrer dann abends so krank wurde, blieb sie in der Sonntag- und Montagsnacht bei ihm. Am Mittwoch ist sie wieder heimgefahren und ging es auch da schon H. H. Pfarrer bedeutend besser. Gelt lb. Elis, kümmere Dich fein nicht, ich schreib es Dir ja ganz offen, sowie ich es weiß. Ich kannte es schon in Deiner Schrift, dass Du ganz gebrochen bist und ich habe beim Schreiben anfangs ganz gezittert, weil Du mir so leid tust. Und jetzt fallt es mir grad ein, morgen ist ja Sonntag und Du wirst wohl erst diesen Brief am Montag erhalten und werden Dir die Stunden bis dahin noch schwer fallen, bist Du es weißt, wie es ist. L(iebe) E.(lis) Morgen ist's schon vier Wochen, seit Du fort bist und darfst es schon glauben, dass ich oft und oft an Dich denke, besonders in meinem schwachen Gebete. Wünsch Dir und Deinem lb. Mütterlein alles Gute u. komme bald wieder. Ich bete schon recht für Euch Beide. Tausend herzl. Grüße Deinem lb. Mütterlein und Dir, von Deiner dankb. Anna Schäffer." Die Selige fügte noch zwei Sätze hinzu: „L. E. sei nun außer Sorgen, H. H. Pfarrer kann ja jetzt wieder auf sein! Auf's Wiedersehn, gelobt sei Jesus Christus! L. E. das hlst. Herz Jesu schenkt H. H. Pfarrer schon wieder feste Gesundheit und jetzt muss er sich halt recht schonen, dass er wieder kräftiger wird."[244]

Am 20. Juni weiß Anna ihrer Bekannten, Frau Betty Rieger in Weiden, zu berichten, dass Elis Imlauer aus Augsburg noch immer nicht zurückgekehrt ist, es aber Herrn Pfarrer gesundheitlich wieder gut geht.[245]

Die Dankbarkeit Annas gegenüber ihrem Seelenführer Karl Rieger äußerte sich u. a. anlässlich seines 60. Geburtstags, zugleich sein 25-jähriges Wirken als Pfarrer von Mindelstetten, was im Dorf verspätet gefeiert wurde. Die Selige widmete ihm am 14. Oktober 1922 ein Gedicht mit dem Titel „Im Kreuz ist Heil":

Der Kreuze gibt es allerorten –
Vom Herrn wohlweislich aufgestellt –
Wer aber von den Menschenkindern –
Hat es zum Führer sich erwählt?

244 BKR III: Abt. CAS K. 11: 11.06.1921 Mindelstetten Nr. 113: AS an Elis Imlauer – Ritter, Emmeram H., „Im Leiden habe ich Dich lieben gelernt!" Die Schriften Anna Schäffers, Regensburg 1999, S. 278f. Nr. 113.

245 BKR III. Abt. CAS K. 19: 20.06.1921 Mindelstetten Nr. 115: AS an Betty Rieger – Ritter, a. a. O. S. 280–282.

Die Welt geht fernab ihre Wege –
Weicht immerfort dem Kreuze aus –
Und eilt in weitem großen Bogen –
Zu Fest und Tanz, zu Spiel und Schmaus.

Die Leiter von des Himmels Höhen –
O Kreuz – wie spottet Dein die Welt –
Du Licht und Stab und Schirm und Stütze –
Ja Deine Jünger sind gezählt.

Doch unser Seelenhirt hat Dich erwählt.
Ist auch zum Jubelfest sein schönster Teil.
Er jubelt laut aus vollem Herzen –
Im Kreuze – nur im Kreuz ist Heil.

Des Kreuzes Glanz umschwebt Dich heute –
O teurer Hirte stets fürwahr –
Sieh – wie Dir dankerfüllte Herzen –
Die innigen Wünsche bringen dar.

Oft drücktest Du in seliger Wonne –
Das Kreuz – an Deine mutige Brust –
Dir – der's zuerst getragen folgen –
Das war Dir heilige Freud' und Lust!

Gar oftmal's stand am Lebenswege –
Du wichst ihm nie und nimmer aus –
Das Kreuz ist ja der rechte Weiser –
Zur Heimat und zum Vaterhaus!

Du lehrtest uns den Kreuzweg gehen –
Hinauf die schwere steile Bahn –
Durch Wort und Beispiel nimmer müde –
Den Weg des Heilands himmelan!

O möchtest Du im Kreuzesschatten –
Bei uns noch bleiben viele Jahr –
Bis Dich der Heiland ruft: Willkommen –
Zu seiner auserwählten Schar!

Und ist der Kreuzweg dann vollendet –
Liegt unter Dir das Golgatha –

Sind dann erklommen Taborhöhen –
Die einst von fern Dein Auge sah.

Dann hebe hoch die Kreuzesfahne –
Sieh – Herr, – sie war mein Erdenteil –
Ich hab sie mutig stets getragen –
Im Kreuze – nur im Kreuz ist Heil![246]

Ihr Begleitschreiben zu diesem Gedicht zeigt die innige Verbundenheit mit ihrem Seelenführer. Sie schrieb: „Hochwürdigster Herr Jubilar! Hochwürdigster Herr Pfarrer! Ein Tag der Ehre, ein Tag des Glückes und des Segens für mich und allen, welcher Freude bringt in jedes Herz ob Jung und Alt und der besonders Hochwürden Herr Jubilar so ehrenvoll erhebt, für all die opfervollen Jahre Ihres Wirkens, die Sie uns schon geschenkt haben. All Ihre Weinbergsarbeiten, all Ihre stillen Opfer und Leiden, die nur ein Priesterherz voll und ganz empfinden kann, die werden Ihnen vom lb. Heiland gewiß tausendmahl belohnt, was Sie seit 25 Jahren für uns opferten. Von allen Pfarrkindern bin ich Ihnen den größten Dank schuldig, für die unzählbar vielen Guttaten, die Sie mir in den 22 Jahren meines Krankseins schon erwiesen haben. All die Jahre hindurch haben Sie mir schon 2.341 mal die hl. Kommunion ans Krankenbett gebracht, dies aber ebenso viele Stufen für Sie zum Himmel sind. Der hl. Schutzengel, der ja immer Ihr Begleiter ist, wenn Sie mir die hl. Kommunion überbringen, der wird Ihnen gewiß jeden Schritt und jedes Opfer aufgezeichnet haben. Auch ich sage Ihnen für jeden Schritt, den Sie für mich schon gemacht haben tausendmal Vergelt's Gott! Jetzt – und aber auch dann, wenn ich einmal über den lichten Sternen weilen darf, wird eine arme Sünderin recht innig für sie beten. Habe Ihnen auch alle Jahre hindurch $\frac{1}{3}$ von meinem Leiden und täglich eine Gebetsstunde nach Ihrer Meinung aufgeopfert, und soll dies Geltung haben bis zum letzten Atemzuge. Auch nach der hl. Kommunion bitte ich jedes Mal den lb. Heiland recht sehr, damit Er Ihnen stets Gesundheit schenke, dass Sie gesund recht viel wirken können im Weinberge der hl. Kirche. An dieses Ihr Jubelfest; Hochw. H. Pfarrer, denke ich schon seit Neujahr und habe Ihnen derzeit einen geistigen Blumenstrauß gewunden, der für Sie ewig grünen und blühen soll, von vielen hl. Kommunionen und noch mehr durch Gebets- und Leidensstunden als sonst, die ich nach Ihrer Meinung und für Ihre Anliegen aufgeopfert habe.

Auch meine lb. Mutter und die lb. Philomena entbieten Ihnen einen recht schönen geistigen Blumenstrauß mit recht vielen Gebets- und Opferblüten, daran sie ja schon lang arbeiten. Wir wünschen Ihnen Hochw. H. Jubilar aus ganzem Herzen recht viel

246 BKR III. Abt. CAS K. 12: 14.10.1922 Mindelstetten: AS an Rieger – Ritter a. a. O. Nr. 141, S. 326–328.

Freude und Segen zu diesem schönen Jubelfeste und werden fest weiter beten, dass Sie der lb. Gott noch recht viele Jahre gesund im Kreise ihrer Pfarrkinder erhaltet. Diesen Wunsch hat gewiss jedes Pfarrkind!

Mit hoher Verehrung grüße ich Hochw. Herrn Jubilar durch die hl. Rosenkranzkönigin recht vielmals, Ihre dankschuldige Anna Schäffer.

Auch recht viele herzliche Grüße von meiner lb. Mutter und der lb. Philomena. Gelobt sei Jesus Christus! Mein Jesus Barmherzigkeit, für diejenige arme Seele, die ihrer Erlösung am nächsten ist!"[247]

Die letzten Lebensjahre Annas gestalteten sich zunehmend zu einem unblutigen Martyrium.[248]

Es gesellte sich nämlich in diesen Jahren zu Annas ohnehin schweren Leiden ein weiteres hinzu: Krampfanfälle, die sie schrecklich marterten. Die heilige Fastenzeit war für sie angebrochen. Selbst jene kleine Erholung von den Schmerzen wurde ihr nunmehr entzogen, nämlich die Ablenkung durch ihre Näh-, Stick- und Strickarbeit. Pfarrer Rieger hat einmal mit Recht ihre Beschäftigung, nicht zu vergessen die bislang umfangreiche Korrespondenz, eine Erholung genannt. Die Zerrüttung des ganzen Körpers nahm fortschreitend zu. Wie leblos lag sie dann auf ihrem Lager, wenn nicht neue Krampfzustände sie behelligten.

Am Markustag (25. April) des Jahres 1923 hatte Anna eine Ölberg-Vision, die sie später bestätigte. Sie lag von 15 bis 24 Uhr reglos und völlig geistesabwesend auf ihrem Lager. Als die erschrockene Mutter zu Beginn der Vision den Zustand ihrer Tochter bemerkte, verständigte sie den Hausbesitzer, Herrn Martin Forchhammer, der sofort zum Pfarrhof ging, um das rasche Kommen des Pfarrers zu erbitten. Er vermutete nämlich, Anna liege im Sterben. Zusammen mit Rosa Imlauer eilte Rieger zu der Leidenden und sah das ganze Krankenzimmer voller Leute, die teilnehmend um das Bett herumstanden. Der Priester betete ihr nun lange Zeit Sterbegebete vor und gab ihr den Sterbeablass. Als er kein Lebenszeichen an ihr wahrnahm, sagte er zu den Anwesenden, sie möchten ruhig heimgehen; Anna würde nicht sterben, „es sei etwas anderes". Vermutlich hatte er erkannt, dass die Selige wahrscheinlich eine Vision habe.[249]

In den Jahren 1923/24 korrespondierte eine Dame aus Brieg in der Schweiz, Mathilde Gruber, mit Pfarrer Rieger. Am 13. August 1923 sandte sie an ihn einen Brief, dem sie 10 sFr. für Anna beilegte mit der Bitte, sie möge „ihrer im Gebet in einer besonderen Meinung" gedenken. Sie habe von der Not der „guten Kranken" durch P. Semler gehört. „Möge das Schärflein die Lage der Armen etwas erleichtern!"[250]

247 BKR III. Abt. CAS K. 12: 16.10.1922 Mindelstetten: AS an Rieger – Ritter a. a. O. Nr. 142, S. 328f.

248 Ritter, Entwurf einer Homilie anlässlich der Seligsprechung Anna Schäffers am 7. März 1999 in Rom.

249 BKR III. Abt. CAS K. 19: Rosa Imlauer, Aufzeichnungen im Jahre 1925, II. Heft, S. 3f.

250 BKR III. Abt. CAS K. 19: 19.08.1923 Brieg/Schweiz: Mathilde Gruber an Rieger.

Zu Weihnachten desselben Jahres übersandte Frau Gruber ein großes Paket an Anna, in dem sich vor allem „Verbandszeug" befand. Am 21. Dezember 1923 wandte sie sich an Rieger mit der Bitte, „sagen Sie ihr viele Grüße und sie möchte für mich weiter beten in einem Anliegen; ich liebe das Gebet einer Opferseele, die ganz dem lb. Heiland gehört, sehr [...]." Dann fährt sie fort: „Glauben Sie Herr Pfarrer, dass uns Schweizer, und die im Schweizer Lande leben die traurige Notlage wohl bekannt ist; hier wird über die Kräfte getan für das arme Ausland. Jeder tut, was er kann, der Arme gibt von seinem Wenigen, der Mittelstand bringt die größten Opfer und der Reiche, der viel tun könnte, der gibt am wenigsten, so ist es überall. Was nur jetzt für Stuttgart getan wird. Zürich will allein aufkommen um dort jedem Armen einen Liter Suppe zu verabfolgen. Das ist doch eine Wohltat für die Armen. Die Lebensmittel für die Küche kommen von der Schweiz. Die Suppe wird gratis ausgeteilt. In den Städten ist die Not ja am größten. Dass es für die Priester sehr schwer ist, das glaube ich. Da gehört viel Geduld [dazu]. Beten wir für einander."[251]

Dieses Schreiben aus der Schweiz macht deutlich, wie schwer vor allem die städtische Bevölkerung unter der Inflation und der Arbeitslosigkeit gelitten hat.

Nach Empfang des Paketes von Frau Gruber bedankte sich die Leidende im Dezember. Da sie selbst wegen ihres gesundheitlichen Zustands zu einer Antwort nicht mehr fähig war, hat sie vermutlich ihrer Freundin Rosa Imlauer den Dankes-Brief diktiert.[252] Es ist anzunehmen, dass Anna ab Mai des Jahres 1923 wegen der Zunahme ihrer Leiden jegliche Korrespondenz abbrechen musste. Nun wandten sich ihre Verehrer und Hilfesuchenden an Pfarrer Rieger, der inzwischen Kämmerer des Dekanats Pförring geworden war und als solcher angesprochen wurde. Sie erkundigten sich nach dem Befinden der Seligen. Frau Mathilde Gruber hatte Anna bereits am 7. Dezember das Paket abgesandt und es ist anzunehmen, dass sie sich um die so schwer Leidende Sorgen machte. Pfarrer Rieger schrieb ihr, vermutlich über ihren Vater, der in Bayern lebte – und dies ist einer der wenigen Briefe, die von Rieger erhalten sind – am 12. Januar 1924, dass er die gewünschten Hl. Messen am 18. und 19. des Monats zelebriert habe. Dann berichtete er über den Krankheitszustand Annas, „der immer noch der gleiche ist, unermessliche Schmerzen am ganzen Körper, dazu jetzt noch täglich wiederholte Nervenkrämpfe aus dem Rückenmark, welche die sonst fast leblosen Füße hin und her und übereinander werfen, dass die Fußwunden, 26 Eiterstellen, ungemein schmerzlich werden, dass die Kranke trotz des Krampfes stundenlang laut klagen muss." Die Leiden seien bald nicht mehr zum Mitanschauen und die Leidende sei fast immer bei Bewusstsein.

251 BKR III. Abt. CAS K. 19: 21. 12.1923 Zürich: M. Gruber an Rieger.

252 BKR III. Abt. CAS K. 12: 12.1923 Zürich: AS an „eine Dame in Zürich", sicher ist M. Gruber gemeint – Ritter a. a. O. Nr. 153, S. 345 – Das Original des Briefes befindet sich im Archiv der Pfarrei St. Peter und Paul in Zürich.

Sie trage aber „mit Gottes Gnade auch immer noch voll heroischer Geduld, Ergebung in Gottes Opferwillen und Sehnsucht nach dem ewigen Lohn“. Sie könne aber noch täglich die hl. Kommunion empfangen und sie opfere „ihr Leiden nach Gottes Willen für ihre Wohltäter“ auf.[253]

Hier stellt sich die Frage, woher wusste Frau Gruber überhaupt von der Existenz Annas im fernen Mindelstetten? Ein Brief aus dem Ursulinen-Kloster in Brieg an Rieger gibt darüber Bescheid. Eine Schwester Wilhelmine sandte am 21. Februar 1924 an den Pfarrer einen Brief folgenden Inhalts: „Ihr Bericht über Frl. Anna Schäffer hat uns seiner Zeit sehr interessiert. Wir danken Ihnen sehr dafür. Auch würde es uns freuen, wieder einmal etwas Näheres zu vernehmen.“ Sie legte „ein Weniges“ bei für die Kranke mit der Bitte um Gebet für ihre Anliegen.[254]

Frau Gruber sandte am 20. Februar 1924 erneut Geld, das sie von einem Wohltäter für die Kranke erhalten hatte: 15 sFr. für Verbandstoffe, für die Zeit der Inflation eine nicht unbedeutende Summe. Sie bat zugleich um „weiteres Gebet in einem großen Anliegen“.[255] Am 9. Juli 1924 erkundigte sie sich erneut nach dem Befinden der „Leidensseele“ und meinte, „sie möge mich in ihren Gebeten und Leiden nicht vergessen“. Dann stellte sie folgende Frage: „Hat das Frl. Anna noch immer so außerordentliche Tröstungen durch himmlische Erscheinungen; ich glaube, wir haben eine große Mystikerin vor uns“, sie habe viel Ähnliches mit einer Katharina Emmerich. „Das sind Seelen, die sich für andere opfern. Es ist Ihnen zu gratulieren solch eine Seele in Ihrer Pfarrei zu besitzen!“[256] Drei Monate später, am 6. Oktober 1924 wandte sie sich wiederum an Pfarrer Rieger, legte 13 sFr. für drei hl. Messen bei und bat, den Rest des Geldes für Anna zu verwenden. Interessant ist in diesem Brief auch ihre Bitte, „die Leidende möge ihr erbitten, durch ihr Leiden und Gebet, dass mich der Heiland mehr an sich ziehen möchte. Ich verlange nichts von der Welt. Mein Trachten geht zur Höhe, da finde ich meine Ruhe und mein Glück. Der Heiland allein genügt.“[257]

Frau Mathilde Gruber dürfte also von P. Semler, der wahrscheinlich Spiritual der Ursulinen in Brieg war, dank des Berichtes von Rieger über Anna Kenntnis erhalten haben.

Die Anteilnahme am Opferleiden der Seligen war nicht nur in Mindelstetten und seiner Umgebung, sondern auch über Bayern hinaus sehr groß. Sie äußerte sich in zahlreichen Besuchen, in Anfragen an ihren Seelenführer und vor allem im Gebet für sie, wie anzunehmen ist. Darüber hinaus wurde sie durch Lebensmittel von Seiten der Dorfbevölkerung und durch finanzielle Zuwendungen von denen,

253 BKR III. Abt. CAS K. 19: 21.02.1924 Mindelstetten: Rieger an M. Gruber.

254 BKR III. Abt. CAS K. 19: 20.02.1924 Brieg: Sr. Wilhelmine an Rieger.

255 BKR III. Abt. CAS K. 19: 20.02.1924 Zürich: M. Gruber an Rieger.

256 BKR III. Abt. CAS K. 19: 09.07.1924 Zürich: M. Gruber an Rieger.

257 BKR III. Abt. CAS K. 19: 06.10.1924 Zürich: M. Gruber an Rieger.

die sich in Gebetsanliegen an sie gewandt hatten, lebhaft unterstützt. Ein Beispiel: Im Laufe einer Schulwanderung der vier Klassen – etwa 70 Kinder – der Volksschule in Oberdolling besuchten Schw. Oberin M. Irmingard Pöschl und Schw. M. Giuseppe Schambeck, zwei Schulschwestern, mit Erlaubnis Riegers Anna. Er hatte ihnen gesagt: „Gehen sie nur zu Anna Schäffer hinauf. Es kann einmal die Zeit kommen, dass sie auch ein Wort über sie sagen können." Der Besuch fand am 8. Oktober 1922 statt. Die Selige hat sich über den Besuch der Kinder und ihrer Lehrerinnen sehr gefreut. Ein Mädchen namens Viktoria Seidenschwarz – später in der Schweiz verheiratet – schenkte der Kranken ein Lebkuchenherz, das sie am Tag zuvor auf dem Markt in Lenting erworben hatte. Andere Kinder haben ihr im Auftrag ihrer Eltern Lebensmittel und Geld übergeben. Am Rande vermerkt: Pfarrer Rieger war außerordentlicher Beichtvater der Armen Schulschwestern in Oberdolling. Einige Schwestern erzählten später Pfarrer Georg Schlagbauer[258], als dieser noch Student der Theologie in Regensburg war, dass Rieger zuweilen darüber Klage führte, dass sich das gute Beispiel Annas bei seinen Gläubigen nicht genügend auswirken würde.[259]

Von Interesse sind die Briefe des Franziskaners P. Hugolinus Storff[260] aus San Francisco. Er wandte sich am 23. Januar 1923 an Anna und schreibt: „Die Freundin, der Sie den Brief mit dem Kreuz-Gedicht geschickt, sandte diesen an ihre frühere Äbtissin, die jetzt Oberin des Klarissenklosters der ewigen Anbetung zu Ehren des hl. Joseph für die Rettung der armen sterbenden Sünder ist. Die Äbtissin, die mit ihren Schwestern meinem Lebenswerke der Rettung der Sterbenden geweiht ist, bat mich, Ihnen zu schreiben und Ihnen mein Büchlein zu schicken mit der Bitte, Ihr Leidensleben, so lange es dauern wird, dem hl. Joseph für die Rettung der armen sterbenden Sünder zu weihen. Ich habe schon zwei Leidensseelen, die sich ganz diesem Werke geweiht haben. Sie können dann die Dritte im Bunde sein. Lesen Sie mein Büchlein aufmerksam durch. Sie werden dann das Werk leicht verstehen. Im Namen des hl. Joseph, der dieses Werk so liebt, schick ich Ihnen auch eine kleine Gabe für Ihre Armuth. In der Liebe des hl. Joseph."[261]

Am 24. März 1923 schrieb P. Hugolinus an Rieger, er habe vor kurzer Zeit sein Büchlein ‚Frommer Verein zu Ehren des hl. Joseph für die Rettung der sterbenden Sünder' mit einem Almosen von zwei Dollar an Anna übersandt und sie gebeten, sich diesem Werk anzuschließen und ihr Leidensleben dafür aufzuopfern. Die

258 BKR III. Abt. CAS. K 8: Proc. de non cultu: Pfarrer BGR Georg Schlagbauer, geb. 12.10.1910 in Oberdolling als Sohn eines Landwirts; Pr.-W.. 1937; 1937 Rattenberg; 1940 Wackersdorf; 1941–1945 Kriegsdienst; 1945 Wackersdorf; 1956 Appertshofen; 1957 Mindelstetten; 1983 Kommorant in Altötting; † 10.11.1985 in Altötting.

259 BKR III. Abt. CAS K. 8: Proc. de informativus, Sessio XLI: G. S. Mindelstetten.

260 BKR III. Abr. CAS K. 19: P. Hugolinus Storff OFM, Boniface Monastery, 133 Golden Gate Avenue, San Francisco/USA; später in führender Stellung im Generalat des Franziskanerordens in Rom.

261 BKR III. Abt. CAS K. 19: 23.01.1923 San Francisco: P. Hugolinus an AS.

Äbtissin vom Klarissenkloster in Oakland/Cal., welches er zu diesem Zweck gegründet hat, habe ihm den Brief Riegers zu lesen gegeben. Da er für sein Werk solche „Leidensopfer zu gewinnen sucht“, schreibe er an ihn. Zugleich legte er einen Scheck von 35 Dollar bei, 30 Dollar für Messstipendien und 5 Dollar als Almosen für Anna mit der Bitte, dem hl. Joseph als Patron der armen sterbenden Sünder ihr Leidensleben „täglich für die ärmsten unserer Mitmenschen aufzuopfern, dass wir doch viele sterbende Sünder noch in den letzten Augenblicken retten.“ Außerdem kündigte P. Hugolinus die Übersendung seines Büchleins an, durch das das Werk näher erklärt wird.[262]

Drei Monate später, am 5. Juni 1923, sandte P. Hugolinus ein Schreiben an die Selige folgenden Inhalts: „Ihr letzter Brief an mich war sicher ein großer Trost für mich. Da ich nun weiß, dass Sie den kostbaren Schatz Ihrer Leiden dem hl. Joseph schenken für die Rettung der armen sterbenden Sünder, dadurch machen Sie Ihre Leiden zu einem schönen Liebeswerke, das dem lieben Heiland, der ja alles für die armen Sünder gelitten hat, sehr wohlgefällig sein muss. Da die Augenblicke nach der hl. Kommunion für Sie die seligsten sind, opfern Sie gerne diese Seligkeit und beten zuerst in aller Inbrunst zum lieben Heiland für die Rettung der sterbenden Sünder. Vereinigen Sie sich auch im Geiste mit meinem Hl. Messopfer, das ich täglich hauptsächlich für die sterbenden Sünder darbringe, und mit jenen frommen Seelen, die mit mir alles dem hl. Joseph für die Sterbenden opfern. Für alles, was Sie in dieser Beziehung für unser Werk oder vielmehr für den hl. Joseph, als Patron der Sterbenden thun, beten und leiden, bin ich Ihnen von Herzen dankbar. Ich will Ihnen nun ein kleines Geheimnis anvertrauen. Jeden Tag bitte ich meinen Schutzengel sich in Verbindung mit Ihrem Schutzengel zu stellen und bete dann zu ihm, dass er uns täglich, besonders während der Nacht helfe, die sterbenden Sünder zu retten. Er soll dann an unserer Stelle beten und arbeiten, die sterbenden Sünder den bösen Geistern zu entreißen. Nun will ich Ihnen auch sagen, wie der liebe Vater Joseph Ihnen hilft. Das Geld, das ich Ihnen geschickt, habe ich mir nicht abgespart, sondern habe es von guten Wohltätern, denen ich Ihre Lage erzählt, erhalten. So schicke ich Ihnen auch wiederum 10 Dollars durch den Hochw. Herrn Pfarrer. Nehmen Sie es hin als ein gütiges Geschenk des hl. Joseph für Sie und Ihre gute Mutter. Zum Schlusse bitten Sie täglich den lieben hl. Joseph, mich besonders für sein Liebeswerk zu segnen und mir wirklich heiligmäßige Personen zuzuführen, die mit Freuden sich für die Rettung der sterbenden Sünder aufopfern.“[263]

Aus diesem Brief ist zu schließen, dass sich Anna tatsächlich dem Werk von P. Hugolinus angeschlossen hat, zu beten und zu leiden für die armen sterbenden Sünder. Es ist auffallend, dass sie gerade Mitte des Jahres 1923 und in den beiden

262 BKR III. Abt. CAS K. 19: 05.06.1923 San Francisco: P. Hugolinus an Rieger.

263 BKR III. Abt. CAS K. 19: 05.06.1923 San Francisco: P. Hugolinus an AS.

folgenden Jahren von weiteren schweren Krankheiten heimgesucht wurde. Sie hätte aber sicher die Bitte von P. Hugolinus nicht erfüllt, wenn Rieger nicht sein Einverständnis gegeben hätte.

Mit gleichem Datum versehen wie in dem Schreiben an Anna, schrieb P. Hugolinus auch an Rieger. Er bedankte sich für den letzten Brief und die Mitteilungen über die Kranke. Dann berichtete er, sein Verein arbeite hauptsächlich für den Konsekrations-Akt (Weiheakt), ähnlich dem heroischen Liebes-Akt für die Armen Seelen. Die Mitglieder „opfern alles was sie können dem lieben hl. Joseph für die armen sterbenden Sünder". Er habe seinen Verein der Hauptbruderschaft in Rom affillieren lassen. Er legte einen Scheck in Höhe von 35 Dollar bei, 25 Dollar für Messintentionen und 10 Dollar für Anna.[264]

In seinem Brief vom 20. August 1923 teilte er Pfarrer Rieger mit, die Provinzoberen hätten ihn von San Francisco nach Oakland als Guardian und Lokaloberen versetzt. Hier befinde sich das Noviziat und das Studium der Philosophie für die Provinz. Wegen dieses Wechsels habe er nicht früher schreiben können. Er lege 10 Dollar für Anna bei, die ihm von einer Wohltäterin gegeben worden seien.[265]

Zugleich dankte er in einem Brief an Anna für ihre Zeilen – vermutlich hatte sie Rosa Imlauer nach Diktat geschrieben – , für ihre Gebete und Aufopferung ihrer Leiden für das Werk des hl. Joseph für die Rettung der armen sterbenden Sünder. Er berichtete über seine Versetzung und dass er nun dem Klarissenkloster gegenüber wohnen würde. In der dortigen Anbetungs-Kapelle werde jeden Tag vom Morgen bis zum Abend das Allerheiligste ausgesetzt; er halte jeden Tag um 7 Uhr abends eine Josephs-Andacht mit sakramentalem Segen. Wörtlich schrieb er sodann: „Es freut mich zu hören, dass Du Deinem Versprechen treu bleibst und dem hl. Joseph gerne Deine Leiden für die Sterbenden schenkst."[266]

Zum Weihnachtsfest 1923, am 22. Dezember, wandte sich P. Hugolinus erneut an Rieger und berichtete, er habe von Wohltätern 28 Dollar für Anna erhalten, die er übersenden wird mit der Bitte, für ihn und sein Werk weiterhin eifrig zu beten und zu opfern. Dann wünschte er Rieger und Anna ein „Glückseliges Neues Jahr".[267]

Nicht weniger bedeutsam als die Briefe von P. Hugolinus sind die von „Mother M. Theresia, St. Joseph's Monastery at Poor Clares in Oakland." Sie schrieb am 12. Januar 1923 an Rieger: „Wollten Sie wohl die Güte haben, uns einige Mitteilungen über die in Ihrer Pfarre wohnende Invalidin, Fr. Anna Schäffer, zu machen, für die wir uns sehr interessieren? Ist diese Kranke seit 23 Jahren ans Bett gefesselt, sehr fromm und sehr hilfsbedürftig? – Ein Priester riet mir, diese Fragen an Sie zu stellen, weil manche sich in der gegenwärtigen Zeit durch Betrug Geld

264 BKR III. Abt. CAS K. 19: 05.06.1923 San Francisco: P. Hugolinus an Rieger.

265 BKR III. Abt. CAS K. 19: 20.08.1923 Oakland: P. Hugolinus an Rieger.

266 BKR III. Abt. CAS K 19: 20.08.1923 Oakland: P. Hugolinus an AS.

267 BKR III. Abt. CAS K. 19: 22.12.1923 Oakland: P. Hugolinus an Rieger.

zu verschaffen suchen.“ Sie legte 2 Dollar bei, einen für Rieger und einen für die Kranke.[268]

Pfarrer Rieger dürfte ihr die Situation bezüglich Anna und ihrer Mutter wahrheitsgemäß geschildert haben, denn Äbtissin Theresia antwortete ihm am 6. März 1923 und schrieb wörtlich: „Besten Dank für Ihre gütigen Nachrichten über die arme aber glückliche Anna Schäffer. Möge Ihnen der liebe Gott helfen, Ihren schönen Plan bezüglich der beiden frommen Invaliden bald auszuführen.“ Zugleich sandte sie 10 Dollar für Anna, 5 Dollar für ihre Mutter und 5 Dollar für die arme Waise. Sie bat ferner, der Leidenden zu sagen, dass sie ihr für ihren Brief und das Gedicht bestens danke. Sie werde ihr ein Gebetbüchlein zur Unterhaltung „mit dem göttlichen Bräutigam“ schicken.[269]

Wieder meldete sich die Äbtissin am 10. Juli und schrieb: „Mit inniger Teilnahme erhielt ich Ihre Nachrichten über die kranke Anna Schäffer. Es wundert mich nicht, dass der liebe Gott in dieser schlimmen Zeit sich Sühnopfer erwählt, um seiner Gerechtigkeit Genugtuung zu leisten für die Sittenlosigkeit und Grausamkeit der Welt. Ich freue mich, dass ich noch einen Brief von Anna's Hand bekommen habe, ehe sie durch die furchtbaren Schmerzen die Fähigkeit zu schreiben verlor. Wir beten in unserem Kloster für sie um desto größere Liebe und Opferwilligkeit, je schwerer die Leiden sind, mit welchen Gott sie heimsucht.“ Sie legte einen Scheck von 8 Dollar bei, 2 für Messstipendien zu Ehren des hl. Joseph für die sterbenden Sünder, 6 für Anna. – Dann fügte die Klarissin hinzu: „Möge sie geduldig ihre großen Schmerzen tragen bis die Stunde der Erlösung schlägt. Sie wird sich die ganze Ewigkeit darüber freuen, dass sie mit ihrem gekreuzigten Bräutigam gelitten hat.“ Dann zitierte sie den hl. Franziskus: „So groß ist das Gut, das dort oben mir winkt, – dass alles Leid mir wie Freude dort dünkt.“[270]

Sr. M. Theresia hat Pfarrer Rieger und seinem Schützling Anna noch einige Briefe mit Almosen übersandt. In einem, vom 28. November, erwähnt sie: „Wir fahren fort, für das schwer geprüfte Deutschland zu beten.“[271] Zum Weihnachtsfest schrieb sie an die Selige und legte ihr 5 Dollar bei. Dazu bemerkte sie: „Möge das göttliche Kindlein Sie in Ihrem schweren Leiden stärken und Ihnen die Gnade der Geduld und Opferliebe verleihen! Bitte fortzufahren in Ihrem Gebet für die sterbenden Sünder.“[272]

Das Opferleiden Annas dürfte sich in Kalifornien, besonders unter franziskanischen Ordensgemeinschaften etwas herumgesprochen haben. Am 6. Juni 1923 schrieb Sr. M. Ottilia, eine Franziskanerin von der Unbefleckten Empfängnis Mariä und dem hl. Joseph an Rieger. Sie habe von P. Hugolinus Storff, dem Direktor der

268 BKR III. Abt. CAS K. 19: 12.01.1923 Oakland: Äbtissin Sr. Theresia an Rieger.

269 BKR III. Abt. CAS K. 19: 06.03.1923 Oakland: Äbtissin Theresia an Rieger. Mit der „Waise“ ist vermutlich eine Nichte Annas gemeint, die unter dem Verlust der Mutter sehr zu leiden hatte.

270 BKR III. Abt. CAS K. 19: 10.07.1923 Oakland: Äbtissin Sr. Theresia an Rieger.

271 BKR III. Abt. CAS K. 19: 21.12.1923 Oakland: Äbtissin Sr. Theresia an Rieger.

272 BKR III. Abt. CAS K. 19: 21.12.1923 Oakland: Äbtissin Sr. Theresia an AS.

San Carlos Schule in Monterey in Kalifornien, von einer heiligmäßigen Dulderin, „Ihrem Pfarrkind Anna Schäffer“ vernommen. Die Briefe derselben hätten sie zu Tränen gerührt: „Ja der lb. Gott hat auch heute noch seine auserwählten Seelen inmitten der lasterhaften Welt.“ Sie übersandte 2 Dollar, je einen für Rieger und die Leidende. Dann setzte sie fort: „Wir sind ja geistig mit ihr verbunden durch den Verein des hl. Joseph für die Sterbenden. [...] Unsre Arbeit ist Unterricht in der Schule und Gebet für die Sterbenden.“[273]

Michael Selch aus Kalifornien, der sich im Juni 1923 bei seinem Neffen Pfarrer Sollmann[274] in Zeitlarn zu Besuch aufhielt, weiß in seinem Brief an Rieger zu berichten, dass er von Fr. Anselmus von den Steyler Missionaren von der Opferseele in Mindelstetten gehört habe. Er spendete 100.000,– Mark (Inflationsgeld!) für Anna.[275]

Auch Abt Willibald Adam OSB (1873–1935)[276] von Metten wandte sich am 28. Juli 1923 an Rieger und meinte: „Die liebe Kranke kommt mir nicht aus dem Sinn. Wie wird es ihr wohl gehen? Grüßen Sie bitte dieselbe vielmals von mir; ich lasse Sie bitten, in einem schweren Anliegen für mich zu beten.“[277]

Anna wurde auch in den Jahren, in denen sie nicht mehr schreiben konnte, von vielen, die sie kannten, die mit ihr in Briefkontakt standen und ihr ihre Gebetsanliegen vorgetragen hatten, keineswegs vergessen. Auch für ihre finanzielle Unterstützung kamen mehrere Personen zu Hilfe. So sandte zum Beispiel der Pfarrer von Oberschneiding und ein Freund Riegers, Joseph Mayer[278], am 6. und am 16. August 1923 je 50.000,– Mark (Inflationsgeld!) an den Mindelstettener Pfarrer für die Sühneseele Anna.[279]

Ein interessanter Brief erreichte Rieger aus Saint Paul, der Hauptstadt von Minnesota in den Vereinigten Staaten von Amerika. Pfarrer Joseph Berengar, mit

---

273 BKR III. Abt. CAS K. 19: 06.06.1923 Monterey: Sr. M. Ottilia an Rieger.

274 BKR: III. Abt. CAS K. 19: 26.06.1923 Zeitlarn/Opf.: Pfarrer Adolf Sollmann, geb. 10.06.1880 in Weiden als Sohn eines Wagenwärters; Pr.-W. 15.05.1904; 09.06.1904 Kooperator in Waldthurn; 25.06.1906 Kooperator in Amberg; 30.11.1911 Benefiziumsprovisor in Amberg; 05.04.1922 Pfarrprovisor in Zeitlarn; 16.08.1922 Pfarrer in Zeitlarn; † 30.01.1964 in Regensburg.

275 BKR III. Abt. CAS K. 19: 26.06.1923 Zeitlarn/Opf.: Michael Selch an Wittmann.

276 Ritter a. a. O. S. 29: Abt Willibald (Leopold) Adam OSB; geb. am 24.04.1873 in Altmannstein/Opf.; Profess 28.11.1893 in der Benediktinerabtei Metten/Nby.; Pr.-W. 11.10.1896; nach dem Philologiestudium in Würzburg Präfekt in Metten 1899–1902; Gymnasiallehrer 1899–1906, zugleich Lektor für Dogmatik u. Novizenmeister; Abtweihe 28.01.1906; Resignation 11.07.1929; anschließend Spiritual in der Abtei OSB Frauenchiemsee; † 08.03.1935 in Frauenchiemsee; in Metten bestattet. – Er lernte Anna anlässlich von Priesterzusammenkünften in Mindelstetten kennen und schätzen.

277 BKR III. Abt. CAS K. 19: 28.07.1923 Metten: Abt Willibald Adam an Rieger.

278 Gen.-Sch. d. B. Rgsb.: Joseph Mayer geb. 14.11.1861 in Oberoffendorf, Pfarrei Lobsing; Pr.-W. 03.07.1887; 11.1894 Pfarrer in Geiersthal; 04.1922 Pfarrer in Oberschneiding/Nby.; BGR; 10.1926 Kanonikus a. d. Alten Kapelle in Regensburg; 04.1933 Dechant d. Alten Kapelle; Prälat; † 27.11.1944 in Regensburg. – Er erbaute 1900 eine neue Kirche in Teisnach und im April 1903 wurde der Pfarrsitz von Geiersthal nach Teisnach verlegt.

279 BKR III. Abt. CAS K. 19: Zahlungsüberweisung von Pfarrer Mayer an Rieger.

Sicherheit ein Bayer, kondolierte ihm zum Heimgang seiner bejahrten Mutter. Diese traurige Nachricht habe er von seinem Heimatpfarrer Johann Ev. Winterl[280], der ihm immer die Ereignisse der engeren Heimat gewissenhaft zukommen lässt, erhalten. Dann schreibt er wörtlich: „Auch aus einem anderen Grunde wollte ich Ihnen schon längst schreiben. In Ihrem Dorfe lebt nämlich eine arme, unglückliche, seelisch aber denke ich reiche gottbegnadete Seele. Ob das Mädel wohl noch am Leben ist? Als neugeweihter Priester hatte ich das Glück ihr meinen Erstlingssegen geben zu dürfen und seitdem kann ich ihren verklärten Leidensausdruck nicht vergessen und schon oft habe ich an sie gedacht, besonders in den Zeiten der großen Not in der Heimat, ob wohl für sie gesorgt ist. Damals habe ich sie auch um die Kraft ihres Gebetes ersucht, weil ich das Empfinden hatte, dass Seelen wie sie mächtig im Beten seien und manchmal, wenn ich recht viel beschäftigt in der amerikanischen Großstadtseelsorge war und wenig Zeit zum Beten finde, hätte ich wohl gewünscht, diese Person möchte durch ihr Gebet ersetzten, woran ich es fehlen lasse. Ich wäre Ihnen sehr verpflichtet, wenn Sie mich wissen lassen würden, wie es ihr geht."[281] Es ist mit Sicherheit anzunehmen, dass Rieger den Brief beantwortet hat.

Am 19. Oktober 1924 bedankte sich Pfarrer Zeitler aus Schlicht[282] in der Oberpfalz, der sich nach dem Befinden Annas erkundigt hatte, für die „liebenswürdige, hochinteressante Sendung betr. Anna Schäffer." Er bemerkt, dass er zu einem Gegendienst gerne bereit sei.[283]

Das letzte Lebensjahr Annas war angebrochen und es ist festzustellen, dass die Zeit von Mai 1923 bis zu ihrem Todestag für sie sicher die schwerste und opferreichste gewesen ist. Somit war ihr Heimgang zu Gott am 5. Oktober 1925 eine Erlösung von allem irdischen Leid.

Doch die Briefe des Franziskaners P. Hugolinus Storff aus San Francisco und später aus Oakland bewirkten im Leben der Seligen eine bedeutende Wendung. P. Hugolinus hatte durch die Äbtissin des Klarissenklosters in Oakland von der Leidens- und Opferbereitschaft Annas erfahren. Auf der Suche nach Opferseelen, die bereit sind, im Gebet und im Leiden sich dem Werk der Rettung der armen sterbenden Seelen anzunehmen bzw. sich anzuschließen, wandte er sich an Anna. Sie hat

280 Gen.-Sch. d. B. Rgsb.: Johann Ev. Winterl, geb. 17.02.1872 in Moosthann; Profess in St. Bonifaz, München (P. Leo OSB); Pr.-W. 27.05.1899 (in München); 1902–1906 Expositus in St. Rupert, München; 30.06.1906 Aushilfspriester in Kirchenroth, 23.02.1907 Aushilfspriester in Hohengebraching; 04.04.1907 Kooperator in Abbach; 11.07.1908 Kooperator in Strasskirchen; 18.04.1910 Kooperator in Bogenberg; 20.09.1911 Kooperator in Rudelzhausen; 01.03.1916 Pfarrer in Sollern, 01.07.1933 Kommorant in Aicholding; † 14.06.1939.

281 BKR III. Abt. CAS K. 19: 24.09.1924 Saint Paul. Pfarrer Joseph Berengar an Rieger.

282 Gen.-Sch. d. B. Rgsb.: Joseph Zeitler, 22.02.1870 in Ottering als Sohn eines Bauern; Pr.-W. 16.06.1895; Okt. 1898 Expositus in Hagenau; 05.1902 Pfarrer in Grafentraubach; BGR; † 08.03.1944.

283 BKR III. Abt. CAS K. 19: 19.10.1924 Schlicht: Zeitler an Rieger.

mit Sicherheit zugestimmt, wie aus dem Brief des Paters an sie am 5. Juni 1923 hervorgeht. Leider ist der Brief Annas nicht mehr eruierbar.

Der amtliche Eintrag des Todes Anna Schäffers in die Sterbematrikel der Pfarrei Mindelstetten, den Pfarrer Rieger formulierte, lautet: „Anna Schäffer, Schreinerstochter, Mindelstetten, Jungfrau," gestorben an „Rückenmarksleiden, Verbrennung der Füße, Darmkrebs, am 5. Oktober 1925, Uhr 7 ½." Beerdigung am „8. Oktober 1925 in Mindelstetten unter großer Anteilnahme besonders der Jugend. C. Rieger, Pfarrer, 25 Jahre Zeuge der heroischen Geduld und einer gläubigfrommen Opferseele, valde plenus gratiae et gloriae (überaus voll der Gnade und der Herrlichkeit)." Und mit Bleistift setzte Rieger das Wort „sancta" (eine Heilige) hinzu.[284] Im ärztlichen Bericht vom 15. September 1931 wird übrigens als unmittelbare Todesursache „Erschöpfung" angegeben.[285]

Das in die Mindelstettener Todesmatrik eingefügte Wort „sancta" macht nachdenklich. Sicher wollte der sonst so zurückhaltende Seelenführer der Dulderin der Entscheidung der Kirche nicht vorgreifen. Vielmehr ist anzunehmen, dass er sich, tief ergriffen von der großen Anteilnahme von Gläubigen am Hinscheiden Annas die Meinung des Volkes zu eigen machte und damit ein deutliches Zeichen setzen wollte. Die Verwendung eines Bleistiftes lässt darauf schließen, dass er sich die Möglichkeit offen ließ, das Wort notfalls wieder ausradieren zu können. Aber es bleibt stehen als Dokumentation dafür, wie Rieger im innersten Herzen über die ihm von Gott anvertraute Sühneseele dachte.

Die Beerdigung Annas am 8. Oktober 1925, einem Donnerstag, gestaltete sich zu einer gewaltigen Trauerkundgebung des katholischen Volkes. Es wird berichtet, dass manche Leute aus der weiteren Umgebung des Dorfes bereits in der Nacht um zwei Uhr aufgebrochen sind, um ja rechtzeitig zum Leichenbegängnis in Mindelstetten zu kommen.[286]

Im Laufe des Morgens hatten sich vor dem Hartlanwesen, dem Sterbehaus, so viele Menschen versammelt, welche die Tote noch einmal sehen wollten, dass man sich genötigt sah, den offenen Sarg vor die Haustüre zu stellen.[287] Es entstand ein furchtbares Gedränge, denn jeder wollte sie ja noch einmal sehen und von ihr ein Andenken, „eine Reliquie"[288]wie gesagt wurde, mit nach Hause zu nehmen. So riss man von dem Brautkranz die Rosen ab, versuchte von dem Drittordenskleid, mit dem die Leiche bedeckt war, ein Stücklein abzuschneiden und machte auch vor dem Abreißen des Papiers von der Auskleidung des Sarges nicht halt.[289] Hätte schließ-

284 Pfarrei Mindelstetten, Sterbematrikel (Nr. 3) 1802–1934, S. 265 Nr. 7.

285 BKR III. Abt. CAS K. 21: Ärztlicher Bericht von Dr. Carl Wäldin, Pförring 15.09.1931.

286 Anna-Schäffer-Brief Nr. 7, Juli 1985 S. 12.

287 BKR III. Abt. K. 16: Aufzeichnungen im Jahre 1925 von Rosa Imlauer. Heft 2 S. 39.

288 BKR III. Abt. CAS K. 8; Processus informativus (in Hinkunft: Proc. inf.) Sessio (in Hinkunft: Ss.) XXXIV S. 33 f.

289 BKR III. Abt. CAS K. 6: Proc. inf. XX Ss. IX S. 9; Ss. XIII S. 10; Ss. XVIII S. 7.

lich die Feuerwehr nicht eingegriffen und den Sarg geschlossen, wäre wohl nicht mehr viel übriggeblieben.[290]

Über die Stimmung, welche die Menschen erfasst hatte, die Anna die letzte Ehre erweisen wollten, geben einige zeitgenössische Berichte Aufschluss. Ein Zeuge, der als Ministrant dabei war, gab an, es wäre ganz anders gewesen als bei anderen Leichenbegängnissen, schon wegen der vielen Leute. „Bei anderen Beerdigungen herrschte meistens Trauer vor, bei Anna war es eine Feier, etwas Festliches."[291] Ein anderer Teilnehmer bestätigte diese Auffassung und meinte: „Die Beerdigung war mehr ein Jubelfest denn ein Begräbnis."[292] Ein dritter sagte: „Ich war selbst bei der Beerdigung dabei. Es nahmen außerordentlich viele Menschen daran teil. Schon bei der Bestattung haben manche gesagt: ‚Die Anna hilft uns jetzt auch noch und betet für uns; sie ist bestimmt schon im Himmel. Wenn sie nicht in den Himmel gekommen ist, dann kommt niemand hinein.'"[293]

Das Leichenbegängnis gestaltete sich zu einer feierlichen Zeremonie. Zunächst wurde der Sarg in die Kirche getragen, wo Pfarrer Rieger das Requiem hielt. Vier Jungfrauen durften den Sarg tragen. Wir kennen ihre Namen: Barbara Droll, Walburga Neumeier, Maria Schoberer und Kreszenz Schwürzer.[294] Eine der Trägerinnen, damals ein Mädchen im Alter von 20 Jahren, erinnert sich noch gut daran: „Ich war bei der Beerdigung dabei und durfte zusammen mit drei anderen Mädchen den Sarg tragen. [...] Ich glaube, dass ich deshalb zum Sargtragen ausgewählt wurde, weil ich mich ungefähr im gleichen Alter befand wie Barbara Droll und weil wir vier so ziemlich die gleiche Größe hatten. Der Sarg stand vor der Haustüre und war noch geöffnet, als ich hinkam. Anna trug das Drittordenskleid und war mit Blumen schön geschmückt. Manche Leute haben vom Sarg ein kleines Andenken mitgenommen, bis es ihnen verwehrt wurde. Das zeigt," – und dieser Satz ist vor allem bemerkenswert – „dass damals die Leute schon Anna verehrt haben und dass sie meinten, es habe mit ihr etwas besonders auf sich."[295]

Die Teilnehmer am Gottesdienst waren so zahlreich, dass bei weitem nicht alle in der Kirche Platz finden konnten[296], obwohl ohnehin die Schulkinder, die an diesem Tag unterrichtsfrei hatten, nicht hinein durften und draußen warten mussten.[297] Bei der Bestattung selbst entwickelte sich auf dem Gottesacker ein solches Gedränge, dass Gräber zertreten und die Situation von Teilnehmern als „lebensgefährlich" eingestuft wurde.[298]

290 BKR III. Abt. CAS K. 6: Proc. inf. Ss. XIII S. 10.
291 BKR III. Abt. CAS K. 6: Proc. inf. Ss. VII S. 11.
292 BKR III. Abt. CAS K. 6: Proc. inf. Ss. V S. 9; Ss. IX S. 9.
293 BKR III. Abt. CAS K. 6: Proc. inf. Ss. IV S. 14f.
294 BKR III. Abt. CAS K. 6: Proc. inf. Ss. IX. S. 9.
295 BKR III. Abt. CAS K. 6: Proc. inf. Ss. VI S. 11.
296 BKR III. Abt. CAS K. 6: Proc. Inf. Ss. XIII S. 6.
297 BKR III. Abt. CAS K. 7: Proc. inf. Ss. XXVII S. 9; Ss. XXXVIII S. 6; Imlauer, Rosa, II. Heft: verbesserte Aufzeichnungen v. J. 1925, S. 32.
298 R. Imlauer a. a. O. Heft II S. 31f.; Lama, Friedrich Ritter v., Anna Schäffer von Mindelstetten. Eine unbekannte Stigmatisierte aus unserer Zeit, Innsbruck 1930, S. 305.

Von der Grabrede erwartete sich das gläubige Volk eine Art Seligsprechung.[299] Doch Rieger, der als Seelenführer Anna sicher am besten gekannt hat, war sich als Offiziator seiner großen Verantwortung durchaus bewusst. Er beschränkte sich in seiner Predigt auf die Schilderung der vielen Gnadenerweise Gottes im Leben der Dulderin und deutete nur an, wie groß sie sich in Kreuz und Leid gezeigt hatte. Dann rief er den erwartungsvoll Lauschenden zu: „Was soll ich an diesem Grabe sagen? Ich muss fragen, was darf ich an solcher Ruhestätte nicht sagen, da viele hören möchten, was nur mit kirchlicher Entscheidung die Zukunft zeigen kann. Was ich als Selbstzeuge verkünden kann, das wird uns allen ein Himmelstrost sein, allen eine Mahnung, so zu leben, dass wir wie die Verstorbene in Gott sterben und in des Heilands Nähe glücklich sein können. [...] Was die Opferseele an außerordentlichen Opfern mit besonderen Gnaden des Heilandes litt, weiß der allwissende Gott, und ob die Opferseele statt des Opferduldens auf Erden Opfersegen vom Himmel aus uns schenken kann und so den Menschen bekannt bleiben kann, darüber können wir unwürdige Menschen nicht urteilen, das bleibt Gnade des Herrn und Sache kirchlicher Entscheidung. So schmerzlich uns der Abschied von der Opferseele fällt, wir dürfen uns an dem Grabe trösten, dass der schmerzgebrochene Leib Ruhe gefunden, die Gottnahe Seele uns eine große Fürsprecherin bleibt und noch mehr für unsere Nöte bitten wird. [...] Die Angehörigen, Wohltäter, die Bekannten der Verstorbenen, die des Gebetes und Opfers so bedürftigen gläubigen Seelen wollen vertrauen, dass sie uns alle nicht vergisst in der Freude des Dulderlohnes ihrer Opferseele."[300]

Nachdem an diesem denkwürdigen Tag der letzte Teilnehmer an der Beerdigung den Gottesacker verlassen hatte, wurde in aller Eile und Verborgenheit das Grab Annas ausgemauert und über die Grabnische dicke Bretter gelegt. So hatte es der damalige Diözesanbischof von Regensburg, Antonius von Henle (1906–1927), vermutlich auf die Anregung Riegers hin, angeordnet.[301]

Der Grabstein, der kurze Zeit später zur Erinnerung der Dulderin errichtet wurde, vermutlich auch auf Weisung des Pfarrers, ist zwar kein Kunstwerk, aber er erinnert ein wenig an jene Marterl, die das bayerische Volk so gern an Wegen und Straßenkreuzungen errichtet. Von weitem schon springt eine kleine Tafel in die Augen mit dem Stoßgebet: „Mein Jesus Barmherzigkeit." Darunter befindet sich die schlichte Inschrift: „Hier ruht in Gott die tugendsame Jungfrau Anna Schäffer von hier. 1882–1925." Auf dem mit einem Kreuz bekrönten gehauenen Stein befindet sich auch das Christusmonogramm. Es erinnert daran, dass ER, der Herr und Erlöser, Inhalt ihres Lebens gewesen ist.[302]

---

299 BKR III. Abt. CAS K. 16: Leidensbericht über A. Schäffer von Pfarrer Rieger v. 04.02.1929.

300 BKR III. Abt. CAS K. 37 Nr. 5: Worte am Grabe der Jungfrau A. Schäffer, welche in Mindelstetten 25 Jahre duldete und opferte. Am 8. Oktober 1925 gesprochen von Hochw. Herrn Pfarrer und Kammerer Karl Rieger (ohne Angabe der Druckerei).

301 Pfarrer Rieger, Leidensbericht a. a. O.

302 Der Grabstein wurde 1985 auf Veranlassung des Pfarrers von Mindelstetten BGR Johann Bauer restauriert.

Der Heimgang Annas fand sogar in den Lokalzeitungen einen Niederschlag. In mehr oder weniger umfangreichen Nachrufen und Berichten über die Leichenfeier wurde sie gewürdigt. So findet sich zum Beispiel im „Schambachtal-Boten", auf der Titelseite folgender Bericht: „Riedenburg 9. Oktober. Die liebe Kranke in Mindelstetten ist gestorben. Mit warmem Interesse wurde vergangenen Dienstag in weitem Umkreis diese Botschaft entgegengenommen von allen, die das Glück hatten, bei ihr sich Erbauung und Trost zu holen, sowie von jenen, deren Wunsch nun unerfüllt bleibt, die Entschlafene auf Erden zu schauen. Zwei Opferseelen im gleichen Hause hatten ihre Mission erfüllt. Parterre war Tage vorher eine Leidensbraut nach dreijährigem Krankenlager vorausgegangen und nun folgt ihr nach 25-jährigem qualvollen Leiden, das zuletzt nur mehr ein stetes Sterben war, ihre Freundin Anna Schäffer im 42. Lebensjahre. Mit einer Geduld, die nur jene begreifen, die einen tieferen Einblick in ihr Innenleben, aufgebaut auf die tägliche Kommunion hatten, ertrugen beide ihre Qualen. Die aufrichtigen Tränen ihrer Pflegerinnen legten beredtes Zeugnis ab, dass ihnen der Tod die liebste Beschäftigung abgenommen hat. In kindlicher Bescheidenheit kam es der kranken Anna Schäffer wohl nie zu Bewusstsein, wie sehr sie allen Alles geworden. Aus nah und fern hatten sich hauptsächlich junge Leute überreich zahlreich zur Leichenfeier eingefunden und das ganze Verhalten verriet allseitige Verehrung und Liebe, die sie der teuren Verblichenen zollten. Dankbare Anerkennung, Mahnung und Aufmunterung, aber keine gesuchten Lobreden, sprachen aus den erhebenden Worten des Hochw. Herrn Kammerers und schwer mag es dem langjährigen Führer dieser schönen Seele geworden sein, diese kluge Zurückhaltung zu wahren. Möge ihr Fürbittgebet, das die Kranke allen Leidbeschwerten so gerne zusicherte, im Jenseits noch erfolgreicher werden. Der lb. Mutter der Verstorbenen das aufrichtigste Beileid zum herben Verlust, aber auch zugleich den herzl. Glückwunsch zu einem solchen Kinde."[303]

In einer anderen Zeitung – hier der Artikel auszugsweise – stand zu lesen: „Im kleinen Orte Mindelstetten fand unter zahlreicher Beteiligung der Ortsbewohner sowie der Ortschaften in der Umgebung eine ergreifende Beerdigung statt. Es war das Begräbnis der armen Jungfrau Anna Schäffer, Schreinerstochter aus Mindelstetten [...]. Der amtierende Priester, welcher als Pfarrer des Ortes 25 Jahre Zeuge des unermesslichen Leidens war, hob in der Grabrede hervor, dass die große Dulderin schon als Mädchen fromm und tugendhaft war, im Dienste das Unglück der Verbrühung erlitt. Er konnte sagen, dass die Kranke mit heroisch glaubensstarker Ergebenheit in Gottes Willen sich fand, bei großem Talente in das Leiden des Herrn sich versenkte und in der Opfervereinigung mit dem Heilande Trost und Kraft zu ihrer höchsten Geduld fand, dass sie ihr Leiden als Opferleiden und mit viel Gebet

303 BKR III. Abt. CAS K. 37 Nr. 43: „Schambachtal-Bote" Verl. Kettner/Riedenburg, 10. Jg. 9. Okt. 1925.

für die Anliegen der Gläubigen auffasste. Allzeit jungfräulich und fromm empfing sie oft seit 25 Jahren die heilige Kommunion und seit der großen Gnadengunst des Hl. Vaters Pius X. täglich in ihrem Krankenzimmer. Mit Vertrauen, dass die Verstorbene auch im Himmel für alle beten werde, verließen die zahlreichen Anteilnehmenden das Grab."[304]

Verehrung Annas nach ihrem Heimgang zu Gott

Die Anteilnahme am Heimgang Annas kam jedoch nicht nur in der Presse zum Ausdruck, sondern auch in einer Reihe von bemerkenswerten Kondolenzschreiben, die zumeist an Pfarrer Rieger gerichtet waren, da die Verehrer Annas wussten, dass er jahrelang der Seelenführer der Dulderin war. Mehrere der Briefe sind erhalten.

Am 7. Oktober 1925 richtete P. Engelhard OFMCap. von seinem Kloster in Eichstätt, der anlässlich einer Seelsorgsaushilfe in Mindelstetten Anna kennengelernt hatte, an Rieger folgende Zeilen: „Die Todesnachricht von der lieben großen Dulderin und Gottesbraut erhalten und mit tiefer Ergriffenheit wiederholt gelesen. Ich weiß nicht, warum mir von dieser Seele alles so nahe geht. Nun ist sie also wirklich verschieden und heimgegangen in den Himmel. Wie froh bin ich, dass ich sie noch treffen und mich ihrer Fürbitte empfehlen durfte. Gerne, arg gerne wäre ich zu dem Begräbnis gefahren, aber es kann leider nicht sein. Möge die liebe selige Heimgegangene auch so meiner gedenken. Wenn H. Herr Kammerer mir gelegentlich noch einiges von ihren letzten Stunden mitteilen könnten, wäre ich sehr dankbar." Dann ersuchte er, den Angehörigen, besonders der Mutter der Verstorbenen sein Beileid auszusprechen; „ein Beileid freilich, mit welchen man Glückwünsche verbinden möchte. Sehr dankbar wäre ich um irgend eine Reliquie von der lieben Seligen. H. Herr Kammerer werden auch von eigenartigen Gefühlen ergriffen sein. Dieses Leben und dieses Sterben hat ja gewiss tief eingegriffen in ihre priesterliche Tätigkeit und sein Andenken wird in Ihnen nie erlöschen. Auch auf das Volk wird dieses Menschenleben nachhaltig Eindruck machen und Scharen von nah und fern zur Beerdigung herbeiziehen."[305]

Pfarrer Riegers Freund und Mitbruder, Joseph Mayer[306], der spätere Dekan des Kollegiatstiftes U. L. Frau zur Alten Kapelle in Regensburg, damals noch Pfarrer von Oberschneiding, dankte ihm am 9. Oktober 1925 für die Mitteilung „über das

304 BKR III. Abt. CAS K. 37 Nr. 43: Zeitungsausschnitt ohne jede Angabe.

305 BKR III. Abt. CAS K. 19: 07.10.1925 Eichstätt: P. Engelhard OFMCap. an Pf. Rieger.

306 Gen.-Sch. d. B. Rgsb.: Prälat Joseph Mayer, geb. 14.11.1861 in Oberoffendorf, Pfarrei Lobsing; Pr.-W. 03.07.1886; 06.09.1887 Kooperator in Rudelzhausen; 04.01.1888 Kooperator in Sallern; 10.02.1892 Kooperator Geisenfeld; 26.09.1894 Pfarrer in Teisnach; 26.04.1922 Pfarrer in Oberschneiding; 06.10.1926 Kanonikus U. L. Frau von der Alten Kapelle; 11.04.1943 Dekan des Stiftes; † 27.11.1944 in Regensburg.

Ableben der stillen Dulderin". Er versprach: „Nächste Woche opfere ich die Hl. Messe für sie auf und empfehle mich gleichzeitig ihrer Fürbitte."[307]

Die Lehrerin Anna Greiner aus Nürnberg (Schwannstr. 17/II) richtete am 11. Oktober 1925 an die Mutter Annas, Therese Schäffer, ein Beileidschreiben folgenden Inhalts: „Wie ich im August ihre liebe Anna besuchen durfte, verlangte das gute Kind immer heim. Jetzt ist sie daheim! So gerne möchte ich nun ein Stündlein mit Ihnen plaudern und hören von den letzten Wochen und Tagen ihres allerbesten Kindes. Wenn sie einmal Zeit hätten und es Ihnen nicht zu schwer fallen würde, möchte ich Sie herzlich bitten, mir zu schreiben von Ihrem nun ausruhenden Kinde. Ich will schon für Sie, Schmerzensmutter beten. Bitte schicken Sie mir auch ein Sterbebildchen, wenn Sie noch ein übriges haben und eins für mein liebes Mütterlein, das jeden Tag für Sie und Anna selig extra gebetet hat. Auch für die Grabrede, wenn sie geschrieben ist, wäre ich sehr dankbar. Ich weiß es nicht, ob man Sie, Heldenmutter, trösten oder beglückwünschen soll. Freuen wir uns, wenn wir auch einmal heimdürfen, wo Anna jetzt selig ist in Gott. Verzeihen Sie mir, weil ich soviel von Ihnen verlange. Ihr Kind ist mir heilig und deswegen habe ich die Bitte gewagt."[308]

Der Bischof von Passau, Sigismund Felix Freiherr von Ow-Felldorf, der als Regensburger Weihbischof Anna am 20. Juni 1906 besucht hatte, bedankte sich am 18. Oktober 1925 bei Rieger für die Glückwünsche zu seinem 70. Geburtstag und zugleich für die Übersendung des Nachrufs auf Anna, „Ihre gottbegnadete Dulderin, welche für uns alle eine kräftige Fürsprecherin im Himmel sein möge."[309]

Wally Schneider aus Riedenburg – ihre beiden Söhne wurden Priester –, die von Anna einen Rosenkranz geschenkt bekommen hatte[310], wandte sich am 19. Oktober 1925 mit der Bitte an Rieger, er möge ihr doch zwölf Sterbebildchen von Anna und „sechs Grabreden" zukommen lassen, da sie von verschiedenen Seiten darum ersucht wurde. Dann schreibt sie: „Mein tägliches Gebet ist jetzt, der liebe Gott möge seine Dienerin verherrlichen, damit ihr Beispiel unsere gedankenlose Welt zum Denken bringt. Den Rosenkranz, der mir zur größten Kostbarkeit geworden,

---

307 BKR III. Abt. CAS K. 19: 09.10.1925 Oberschneiding: Pfarrer Joseph Mayer an Pfarrer Rieger.

308 BKR III. Abt. CAS K 19: 11.10.1925 Nürnberg: Anna Greiner an Therese Schäffer.

309 BKR III. Abt. CAS K. 19:18.10.1925 Passau: Bischof Sigismund Felix Freiherr von Ow-Felldorf an Pfarrer Rieger. – Bischof Ow-Felldorf, geb. 18.10.1855 in Berchtesgaden, gehörte dem bayerischen Uradel an. Nach dem Studium der Rechte in München entschloss er sich Priester zu werden. Nach Absolvierung der Theologie in Eichstätt am 25.07.1884 Priesterweihe in Regensburg. Nach Kaplansjahren in Amberg ab 1887 Mitarbeiter in der Bistumsverwaltung und zugleich Kanonikus des Kollegiatstiftes U. L. Frau zur Alten Kapelle in Regensburg. Am 11.01.1902 Ernennung zum Titularbischof von Arethusa und Weihbischof in Regensburg. Am 20.06.1906 konsekrierte er die neue Pfarrkirche in Mindelstetten und lernte dabei Anna Schäffer kennen. Zum Bischof von Passau nominiert, wurde er am 06.03.1907 inthronisiert. † 11.05.1936 in Passau. – Vgl. Leidl, August, Die Bischöfe von Passau 739–1958 in Kurzbiographien, Passau ^{2}1978, S. 54f. – Ders. in: Gatz, Erwin (Hrsg.), Die Bischöfe der deutschsprachigen Länder, 1785/1803 bis 1945, Berlin 1983, S. 550f.

310 BKR III. Abt. CAS K. 19: 19.10.1925 Riedenburg: Wally Schneider an Pfarrer Rieger.

benütze ich im Sinne der lieben Seligen zum apostolischen Gebet und berufe mich dabei auf ihr Leiden.“[311]

Eine langjährige Freundin der Verstorbenen, Lina Pritzl, eine gebürtige Straubingerin, richtete am 25. Oktober 1925 aus Rom, wo sie sich vorübergehend mit ihrer Herrschaft befand, die Bitte an Rieger, er möge ihr doch über die letzten Stunden Annas berichten. Sie habe die Todesnachricht von ihrer Schwester erhalten. „Nun hat der liebe Heiland die edle Anna zu sich in die ewigen Freuden aufgenommen und sie wird im Himmel noch mehr für uns bitten. Wie froh bin ich, dass ich Anna noch einmal im Leben gesehen und mit ihr noch einige Worte sprechen konnte.“[312]

Der Missionsprokurator der Steyler Missionare in Steyl bei Kaldenkirchen im Rheinland, P. H. van der Heide SVD, kondolierte am 31. Oktober 1925 der Mutter der Dulderin in herzlichen Worten: „Sie hat so viel für unser Missionswerk getan und hat ja 25 Jahre gelitten; da wird sie sicher von Gott eine schöne Himmelskrone erlangt haben; denn so lange Leiden ist mehr als ein Martyrium.“[313]

Betroffen vom Heimgang der Seligen zeigte sich auch der Konvent der Klarissen in Viehhausen, mit dem Rieger auf Grund seiner einstigen Tätigkeit als Spiritual in guter Verbindung stand. Im Namen der ehrwürdigen Mutter und aller Mitschwestern schrieb ihm Schwester Maria Bonaventura am 2. November 1925: „ […] Zu unserer großen Überraschung haben wir erfahren, dass ihre große Dulderin aller Qualen enthoben ist. Frl. Greiner hat uns auch erzählt, was während der Tage Ihres werten Besuches bei uns mit der Armen vorging. Es scheint, der böse Feind wollte noch vor ihrem Hinscheiden seine ganze Wut an ihr auslassen. Was wird sie noch alles erduldet haben! Gott sei Dank, das Opfer ist vollendet! Ich kann nicht glauben, dass es für eine solche Dulderseele im Jenseits noch etwas zu büßen gibt und bete zu ihr wie zu einer Heiligen um ihre Fürsprache, dass ich auch einst so glücklich vollenden kann wie sie und dass sie unserem Kloster stets eine Fürbitterin sein möge […].“[314]

Sehr bedeutsam ist der Brief des Diplomaten, Publizisten, Guts- und Fabrikbesitzers Theodor Freiherr von Cramer-Klett[315] vom 2. November 1925 an Rieger. Er schreibt: „Mit großer Freude habe ich ihren Brief und die Grabrede bekommen,

311 Der Rosenkranz befindet sich jetzt im „Anna-Schäffer-Stüberl“ im Geburtshaus der Seligen in Mindelstetten.

312 BKR III. Abt. CAS K. 19: 25.10.1925 Rom: Lina Pritzl an Pfarrer Rieger.

313 BKR III. Abt. CAS K. 19: 31.10.1925 Steyl: P. H. auf der Heide SVD an Therese Schäffer.

314 BKR III. Abt. CAS K. 19: 02.11.1925 Viehhausen: Sr. M. Bonaventura an Pfarrer Rieger.

315 Theodor Freiherr v. Cramer-Klett (18.08.1874 Nürnberg – Hohenaschau 30.05.1938) entstammte einer bedeutenden, ursprünglich an der Ruhr, dann in Nürnberg beheimateten Kaufmannsfamilie. Nach Studium der Rechte in München und Berlin 1896/97 bei der bayerischen Gesandtschaft in Rom als Diplomat tätig, später Reichsrat der Krone Bayerns. Als Guts- und Fabrikbesitzer, nebenbei als Publizist, erwarb er sich als großer caritativer Mäzen bedeutende Verdienste. – Vgl. Kosch, Wilhelm, Biographisches Staatshandbuch. Lexikon der Politik, Presse und Publizistik. 1. Bd., Bern und München 1963, S. 215.

die ich mit Interesse lesen und studieren werde. Es ist so unendlich wichtig, dass wir in Deutschland uns auch um diese Dinge kümmern. Man klagt gern und laut darüber, dass stets so viele französische Heilige kanonisiert werden, während man von deutschen wenig hört und doch liegt die Schuld daran allein in Deutschland in dem Anfang des vergangenen Jahrhunderts sich noch überall bemerkbar machenden Rationalismus und der unbegreiflichen Angst, in der Gelehrten-Republik oder bei den Protestanten anzustoßen. Als ob Letztere sich je ein Blatt vor den Mund nehmen, wenn es gilt, Dinge auszusprechen, die uns kränken und verletzen. Ich fürchte und hoffe, dass wir einmal, wenn wir nach Gottes Barmherzigkeit das ewige Licht sehen werden, vielen unseren Landsleute begegnen werden, die das Recht auf die Altäre gehabt hätten, aber durch die Ängstlichkeit und durch zuviel falsche Rücksichtnahme der deutschen Katholiken dieser Ehre auf Erden nicht teilhaftig wurden. Es ist daher hocherfreulich, dass jetzt in so vielen Begebenheiten in dieser Beziehung gearbeitet wird. Hoffentlich gelingt es auch für Anna Schäffer, den Prozess zu beginnen."[316]

„Überrascht [...] und tief bewegt von dem erfolgten Heimgang der großen Dulderin" zeigte sich der Kapuziner P. Stephan von Altötting[317] in einem Brief vom 5. November 1925 an Rieger. „Ich hatte sie geschätzt", schreibt er, „denn zweifellos war es ihr hoher, aber auch schwerer Beruf gewesen ein einziges großes Opfer zu sein für die Absichten Gottes. Wie groß mag ihr Lohn jetzt sein, wenn ‚die Leiden dieser Zeit nicht zu vergleichen sind mit der Herrlichkeit, die uns wird offenbar werden.' Ich sage Ew. Hochw. innigen Dank für die so freundliche Sendung und Mitteilung. Auch P. Heinrich[318] war sehr erfreut; er lässt vielmals danken. An Frau Prinzessin Arnulf[319] wird die Trauerrede übermittelt[320]. Möge die gute Verstorbene ihre große Gottesnähe jetzt benützen für Ew. Hochw., für Ihre Pfarrei und für uns alle recht innig zu bitten."[321]

Der aus Altmannstein, unweit von Mindelstetten, gebürtige Abt Willibald Adam OSB[322] von Metten, der die Selige persönlich gekannt hatte, bedankte sich am

316 BKR III. Abt- CAS K. 19: 02.11.1925 Hohenaschau bei Prien, Theodor Freiherr von Cramer-Klett an Pfarrer Rieger.

317 P. Stephan von Altötting OFMCap.

318 P. Heinrich OFMCap.

319 Prinzessin Arnulf von Wittelsbach, geb. Prinzessin Theresia von Liechtenstein (1850 – München 1938) war die Gattin des jüngsten Sohnes von Prinzregent Luitpold, Prinz Arnulf (1852–1907) und damit die Schwägerin des vorerst letzten bayerischen Königs Ludwigs III. Sie verlor ihren einzigen Sohn, Prinz Heinrich (1884–1916), im Ersten Weltkrieg, an dem er als Frontoffizier in Siebenbürgen teilnahm. – Vgl. Schrott, Ludwig, Herrscher Bayerns. Vom ersten Herzog bis zum letzten König, München 1974, S. 257f.

320 Siehe Brief vom 21.01.1926 der Gräfin Tauffkirchen im Auftrag von I. K. H. Prinzessin Arnulf (Fußnote Nr. 330).

321 BKR III. Abt.CAS K. 19: 05.11.1925 Altötting: P. Stephan OFMCap. an Pfarrer Rieger.

322 Gen.-Sch. d. B. Rgsb.; Abt Willibald Adam OSB (24.09.1873 Altmannstein – Metten 08.03.1935) entstammt einer Lehrerfamilie und wurde auf den Namen Leopold getauft. Er trat in die Benediktinerabtei Metten ein und legte nach dem Studium der Theologie und Philologie in Würzburg am 29.09.1896 in Metten seine feierliche Profess ab. Am 11.10.1896 zum

7. November 1925 bei Pfarrer Rieger für die „gütige Benachrichtigung vom seligen Heimgang der lieben Dulderin und für ihr Bild und die Trauerrede." Dann meinte er: „Man kann nicht trauern, man kann sich nur freuen und Gott preisen, dass er das schwere Kreuz in Himmelsseligkeit verwandelt hat. Wie wird sie sich jetzt freuen über jeden Augenblick der 25 Leidensjahre! Man möchte sie beneiden, dass der Herr sie zu seiner Leidensbraut auserwählt hat, und auch Euer Hochwürden möchte ich fast beneiden, dass Sie im Himmel jetzt eine Fürbitterin haben, die gewiss ihrem priesterlichen Führer und Freunde alles Gute zu erflehen keinen Augenblick aufhört!"[322a]

Zu den großen Persönlichkeiten, die mit Anna in Kontakt standen, gehört der bedeutende Salzburger Fürsterzbischof Dr. Ignaz Rieder[323]. In einem Brief an den Bruder der Verstorbenen, Johann Schäffer, Schreinermeister in Theissing bei Ingolstadt, bedankte er sich am 14. November 1925 „vielmals für die Übersendung der so schönen ergreifenden Trauerrede". Es sei ein Trost für ihn, mit einer „so reinen Opferseele" verbunden zu sein, „die jetzt im Himmel" für ihn beten würde[324].

Es ist bekannt, dass Anna in der Zeit von 1919 bis zu ihrem Tod immer wieder Bittbriefe aus Amerika erhielt, in denen sie um Fürbittgebet und Aufopferung ihrer Leiden in verschiedenen Anliegen ersucht wurde. Die Verbindung hatte der Steyler Missionsbruder, Fr. Joachim, aus Techny im Staat Illinois, der die Dulderin persönlich kannte, hergestellt. Am 21. November 1925 bedankte er sich bei Pfarrer Rieger für die Benachrichtigung vom Heimgang Annas, versprach die „erwähnten Wünsche getreu besorgen zu wollen" und verlieh seiner großen Hoffnung auf das „Gebet der nun in Gott Ruhenden" Ausdruck[325].

Die aus Mindelstetten (Haus Nr. 51) gebürtige Mallersdorfer Franziskanerin Sr. M. Astrudis Weichenrieder, die zu dieser Zeit als Oberin in Schonstett bei Rosenheim tätig war, bedankte sich in einem Schreiben vom 22. November 1925 bei Rieger für die „Leichenrede", die er ihr übersandt hatte. Sie bezeichnete Anna als „eine große Seele, von welcher man nur lernen kann". Sie hoffe auf ihre Fürbitte, „da sie in ihrem Leben ja auch so viel für unsere Pfarrei geopfert hat[326]."

Priester geweiht, wirkte er nach Ablegung der Staatsprüfungen als Präfekt des Ordensseminars, dann des Klosterseminars, als Dirigent des Orchesters, als Gymnasialprofessor, Lektor der Dogmatik und als Novizenmeister. Am 19.12.1905 zum Abt gewählt und am 28.01.1906 benediziert. 1929 Spiritual in Frauenchiemsee; † 08.03.1935 in Frauenchiemsee. – Vgl. Fink, Wilhelm OSB, Entwicklungsgeschichte der Benediktinerabtei Metten. I. Teil: Das Professbuch der Abtei, München 1926, S. 93.

322a BKR III. Abt. CAS K. 19: 07.11.1925 Metten: Abt Willibald Adam OSB an Pfarrer Rieger.

323 Siehe Vita Rieger Fußnote Nr. 172.

324 BKR III. Abt. CAS K. 19: 14.11.1925 Salzburg: Fürsterzbischof Ignaz Rieder an Johann Schäffer, den Bruder der Seligen.

325 BKR III. Abt. CAS K. 19: 21.11.1925 Techny/Illinois: Fr. Joachim SVD an Pfarrer Rieger.

326 BKR III. Abt. CAS K. 19: 22.11.1925 Schonstett: Sr. Astrudis Weichenrieder an Pfarrer Rieger. Die Mallersdorfer Schwester (16.09.1892 Mindelstetten – Mallersdorf 30.03.1951) war um diese Zeit als Oberin in Schonstett bei Rosenheim tätig. – Vgl. Rottenkolber, Johann, Heimatbuch des Pfarrbereichs Mindelstetten, Reimlingen 1964, S. 125.

Am 13. Januar 1926 teilte der nordamerikanische Franziskanerpater Hugolinus Storff aus Oakland (St. Elisabeth Church, 1500, 34th Ave.) in Kalifornien mit, er habe durch den Steyler Missionsbruder Joachim die Nachricht vom Tode Annas erhalten. Er wäre sehr dankbar, wenn er Näheres über die letzten Tage und das Sterben erfahren könne. Anna habe nämlich in den letzten Jahren ihr Leiden besonders auch für sein Werk, die Rettung der sterbenden Sünder, aufgeopfert und ihm versprochen, „nach dem Tode seine besondere Fürsprecherin beim hl. Joseph zu sein." Dann berichtete er: „Unser Werk, ‚die Rettung der sterbenden Sünder' breitet sich immer mehr aus. Auf Befehl der Ordens-Obern feierte ich am 19. November 1924 mein Goldenes Ordens-Jubiläum. Am selben Tage fingen die Clarissen als Jubiläums-Geschenk die Ewige Anbetung des hl. Sakramentes für die Rettung der sterbenden Sünder an. […] Möge nun die selige Dulderin Ihnen und mir recht viele und große Gnaden und Gottes Segen für Ihr und mein Werk erlangen!"[327]

Am 13. Januar 1926 meldete sich Fr. Joachim aus Techny, Illinois bei Rieger. Er teilte mit, dass er Fr. Hugolinus Storff OFM die Todesanzeige „der sel. Anna Schäffer" sowie die Grabrede mit Bild zugesandt und gebeten habe, „er möge die Grabrede in das ‚St. Joseph's Blatt', welches eine ziemlich große Verbreitung hätte, einsetzen lassen". Da eine Antwort ausgeblieben wäre, habe er sich an den mit ihm befreundeten Redakteur des Josephs Blattes gewandt. „Wenn die Sache hineinkommt erhalten Ew. Hochw. ein Exemplar. […] Ich habe auch immer in die ‚Stadt Gottes' von Steyl geschaut in der Hoffnung, das Hinscheiden der Dulderin darin angezeigt zu finden. Aber bis jetzt umsonst. Unser Familienblatt wollte es nicht aufnehmen."[328]

Es ist erstaunlich und überraschend, dass selbst ein Mitglied des bekannt frommen und edlen bayerischen Königshauses mit der armen bescheidenen „Schreiner Nandl von Mindelstetten" in Verbindung stand. Prinzessin Arnulf, die Witwe des jüngsten Sohnes des Prinzregenten Luitpold, Prinz Arnulf, hatte sich bereits Jahre vorher an Anna gewandt und sie gebeten, „in Ihren kostbaren Leidens- und Andachtsstunden der Seelen meiner verstorbenen Liebsten – besonders meines Mannes, Prinz Arnulf, und meines im Felde gefallenen Sohnes Prinz Heinrich einzuschließen, aber mich schon auch, damit ich mit Ihnen beim Heiland vereint werde."[329] Nachdem ihr nun P. Stephan von Altötting die Kunde vom Heimgang der großen Dulderin und die Grabansprache Riegers übersandt hatte, ließ die Prinzessin durch ihre Hofdame, die Gräfin Tauffkirchen, folgendes Schreiben an Pfarrer Rieger richten: „München, Briennerstraße 13, den 21.I.1926. Euer Hochwürden! I. K. H. Prinzessin Arnulf beauftragen mich, für die Übersendung der ebenso erbau-

327 BKR III. Abt. CAS K. 20: 13.01.1926 Oakland/California: P. Hugolinus Storff OFM an Pfarrer Rieger.

328 BKR III. Abt. CAS K. 19: 13.01.1926 Techny/Illinois: Fr. Joachim an Pfarrer Rieger.

329 BKR III. Abt. CAS K. 20:10.06. o. J. München: I. K. H. Prinzessin Arnulf an Anna Schäffer.

enden wie formvollendeten Grabrede bestens zu danken. Welche Freude und Trost mag es Euer Hochwürden gewesen sein, diese großartige Dulderin in der Gemeinde zu haben – und ihr seelsorgerisch helfen zu können so schweres Leid zu tragen."[330]

Die große Anteilnahme des gläubigen Volkes bei der Beerdigung der Seligen, die Berichte in der lokalen Presse, aber noch mehr die aus allen Kreisen der Gesellschaft stammenden Briefe anlässlich ihres Heimgangs bezeugen, wie sehr sie schon damals im Ruf der Heiligkeit stand. So wird verständlich, dass sie nun in einem noch größeren Maß als zu ihren Lebzeiten als Fürbitterin am Throne Gottes angerufen wurde und noch immer wird.

Die große Dulderin von Mindelstetten hat sich einmal geäußert, sie möchte gerne unter Dornen, Disteln und Unkraut liegen, wenn ihr nur manchmal im Vorübergehen ein Kirchgänger aus dem Weihbrunn ein Tröpflein spenden würde, dass der Herr ihrer armen Seele gnädig sei. Nun Dornen und Disteln hat es auf ihrem Grab niemals gegeben. Ganz im Gegenteil! Vom Frühjahr bis zum späten Herbst glich die Ruhestätte ihres Leibes einem schönen, bunten Blumenbeet, und Jahr für Jahr kamen und kommen auch von weither immer wieder Kreuzesträger, die sie in ihren Anliegen um Fürbitte anrufen. Sie kamen und kommen nicht vergebens.

Die Korrespondenz Pfarrer Riegers nach dem Heimgang Annas mit vielen Freunden und Verehrern der Dulderin nahm ihn zusätzlich zu seinen seelsorgerischen Aufgaben in Mindelstetten sehr in Anspruch. So ist es nicht verwunderlich, dass er vor den Weihnachtsfeiertagen 1925 erkrankt ist, wie aus mehreren Briefen hervorgeht.[331]

Auch 1926 erreichten den bewunderungswürdigen Seelenführer der Verstorbenen zahlreiche Schreiben mit Anfragen, Stellungnahmen und Bitten.

Am 24. Januar 1926 wandte sich der Ettaler Benediktiner, P. Stephan[332], an Rieger wie folgt: „Vergelt's Gott für Ihre gütige Karte, die ich als einen rechten Gruß der frommen Jungfrau Anna Schäffer betrachte. Eine Lehrerin aus Gebrontshausen, Kath. Kundmüller hatte mir geschrieben und die Leichenrede beigelegt." Max Wittmann habe ihm auf einer Fahrt im Dezember von Anna Schäffer erzählt. „Ich freue mich außerordentlich darüber, dass Ew. Hochwürden geneigt waren, mir mehr von der gottseligen Jungfrau zu berichten. Ich würde eventuell in den ‚Sendboten des göttl. Herzens' von Innsbruck und im ‚Herz-Jesu-Kalender 1927' der Pipus Patres etwas

330 BKR III. Abt. CAS K. 20: (1926) 21.01. München: Gräfin Tauffkirchen im Auftrag I. K. H. Prinzessin Arnulf an Pfarrer Rieger.

331 Bischöfliches Zentralarchiv Regensburg, Personalakten, Sign. 2930 (in Hinkunft: BZA Rgsb.), 20.12.1925 Mindelstetten: Ersuchen Riegers an das Ordinariat wegen Erkrankung – „Ich musste heute Dr. Wäldin kommen lassen, der wegen des vorhandenen Fiebers völlige Ruhe im Bette verordnete und auch für die kommenden Feiertage noch Fieber befürchtet." Die Genehmigung der Bination an allen Sonn- und Feiertagen für die Aushilfe wurde gewährt.

332 P. Stephan Kainz OSB, geb. 08.11.1874 Langwaid; 24.08.1896 Profess in Schayern; Pr.-W. 24.09.1899; Gymnasiallehrer in Schayern und Ettal; † 23.09.1954 als Subprior von Schayern. – Kolb, P. Aegidius OSB (Hrsg.), Bibliographie der deutschsprachigen Benediktiner 1880–1980, St. Ottilien 1985, S. 120f.

über sie schreiben, und würde von daher im Herzen Jesu bitten, diese Seite ihres Lebens etwas zu beleuchten. Hat sie etwas geschrieben? Hatte sie etwa gar die Wundmale?" Dann kündigte er seinen Besuch in Mindelstetten an, um das Grab Annas zu besuchen; Max Wittmann werde ihn sicher von Oberhaunstadt dorthin fahren.[333]

Auch die langjährige Freundin der Seligen, Anna Bortenhauser, meldete sich am 31. Januar 1926 bei Rieger. Sie bat zunächst um ein Bild und die Grabrede. Dann drückte sie ihr Bedauern aus, dass Anna „seit sieben Monaten [?] nicht mehr in unserer Mitte weilt und es überkommt mich manchmal ein Heimweh nach ihr".[334]

Vor allem durch die Bitte P. Stephans, der ja etwas über Anna publizieren wollte, sah sich Rieger nun veranlasst, einen Bericht über das Leben und Sterben der Seligen niederzuschreiben. Da es sich dabei um eine erste biographische Niederschrift aus dem berufenen Munde des Seelenführers handelt, wird hier wörtlich zitiert:

„Mindelstetten, den 5. Februar 1926. Euer Hochwürden! Meine Gesundheitsverhältnisse haben sich soweit gekräftigt, dass ich im Zimmer auf sein kann und damit auch schreiben kann. So will ich Ihnen einen Bericht geben. Was Ihre Unterrichter betrifft, glaube ich nicht irre zu gehen, wenn ich unter dem Herrn Max Wittmann einen Angehörigen der Gutsbesitzerfamilie Wittmann in Oberhaunstadt finde. Die Brauerei Wittmann liefert Bier her, das Bier, sehr gut, doch ich trinke nicht viel. Die Frau Wittmann und ihre Tochter haben zu Lebzeiten wiederholt die selige Anna Schäffer besucht. Die Grabrede hat den Druckfehler ‚Schäfer', was auch nach dem Taufbuche richtig wäre. Dieselben können also getreuen Bericht über ihre äußeren Eindrücke, besonders das körperliche Leiden, geben; sie haben sicher auch das geistige Opferleben der Dulderin geschaut. Sie haben der Kranken Wohltaten gespendet und dafür ihr Opfergebet erhalten; sie haben derselben gewährt in der Wirtschaft auf ihre Kosten sich ein Bier holen zu lassen. Wiederholt habe ich der Dulderin gesagt: ‚Die Anna braucht nicht sich abzutöten, ja sie soll um ihr gottgewolltes Leiden, so lange als es Gott will, tragen zu können, auch Bier trinken, schon um eher Ruhe durch den Schlaf zu gewinnen.' Die Kranke hat auch Gebrauch gemacht, freilich nicht viel. Ich bemerke gleich, dass die Selige monatelang gar keinen Schlaf hatte, trotz der ärztlich gegebenen Mittel, dafür immer geistliche Betrachtungen und Gebet. Ob nicht doch manchmal ihre Krampfschwächen auch Schlaf waren, kann ich nicht sagen. Oberhaunstadt hat fünf Stationen der Bahn auf der Lokalbahn nach Riedenburg die Station Offenburg, von dort sind 20 Minuten nach Mindelstetten zu gehen, ist also leicht in einem Tag zu erreichen, selbst von München aus. Das Auto muss freilich wegen der schlechten Nebenwege Umwege machen. Mindelstetten liegt an der uralten Handelsstraße Triest, Salzburg, Landshut, Nürnberg, Hamburg. Von Neustadt zweigen gute Autostraßen ab nach München, Augsburg, Regensburg. Von Neustadt a. d. D. nach Mindelstetten sind 12 Km.

---

333 BKR III. Abt. CAS K. 20: 24.01.1926 Ettal: P. Stephan Kainz OSB an Pfarrer Rieger.

334 BKR III. Abt. CAS K. 20: 31.01.1926 Pilsting: Anna Bortenhauser an Pfarrer Rieger.

Herr Pater, könnten auch wohl hier im Pfarrhofe übernachten. Ich schreibe dies, weil die Zeugen für die † Kranke noch leben und hier sind und weil ich glaube, dass Ew. Hochwürden durch eine persönliche Aussprache viel mehr gewinnen können, als durch den längsten Bericht. Die Mutter der seligen Dulderin selbst wohnt noch im Sterbezimmer derselben. So sähen Sie auch die langjährige Leidensstätte; ich suche die Wohnung für die Mutter zu erhalten. Der Arzt, welcher die Selige behandelte ist schon 25 Jahre in Pförring; er ist Protestant jedoch gut gesinnt, was Exzellenz der Hw. Bischof als besonders objektiv urteilsgünstig hält. Ihr zweiter Berichter ist wohl Herr Baron von Cramer-Klett. Ich lege Ihnen seinen Brief an mich bei. Desgleichen lege ich bei einen Brief aus Amerika, dass Sie das Urteil der fernen Welt ersehen können. Ich bitte um Rückgabe dieser Briefe bei Gelegenheit. Die Selige hat von der nahen und weiten Welt Briefe erhalten und beantwortet; dieselbe war nicht in einer höheren Schule. In der Volksschule war sie fleißig und begabt. Als ich die Pfarrei antrat, besuchte sie noch freiwillig die Christenlehre; ich sah ihre Begabung und frommen Sinn. Der Vater war einige Monate vorher gestorben. Erat bibulus et homo Spaßmacher; wohl lungenversoffen, die Mutter wenig begabt, aber geduldig und fromm. Ich suchte die Anna Schäffer in einen Dienst neben einer Frau zu bringen in Landshut, doch es passte ihr nicht, so kam sie heim und bald nach Stammham zu einem protestantischen Forstmeister. Im Übermut (später durch Rieger in ‚Unvorsichtigkeit' ausgebessert) hat sie dort einmal sich auf den Deckel eines siedenden Waschkessels gestellt und dieser gab nach und sie rutschte mit den beiden Füßen in das heiße Wasser; die erste Gnade der Auserwählung, dass sie nicht in den Strudel der Welt versank. Nun führte man sie bei strengster Kälte ins Krankenhaus nach Kösching, da wurde sie falsch behandelt. Nach Ablauf der Krankenfürsorge kam sie heim zur Mutter; der jetzt noch tätige Arzt von Pförring kratzte das wilde Fleisch ab, legte Haut von ihr und anderen auf, umsonst. Inzwischen erlangte ich für dieselbe die Invalidenfürsorge und so kam sie in die Klinik nach Erlangen. Dort wurden die Füße ausgeheilt, sie konnte etwas gehen. Nach der Entlassung ging sie wieder zum Forstmeister, doch bald brachen die Füße wieder auf und eiterten nun 24 Jahre fort, zuletzt aus den Löchern an jedem Fuße bis zur Sterbestunde. Jede weitere ärztliche Hilfe war umsonst; sie musste sich darauf beschränken, alle 4 Tage selbst die Wunden zu verbinden mit Jodwatte um das wilde Fleisch zurückzudrängen, das machte sie selbst 20 Jahre lang. Da konnte sie noch im Bett aufsitzen, Lesen, Stricken, Sticken; die Füße wurden ein Klumpen. Es war eine Hungerlohnsarbeit neben der kl. Rente, und es musste auch die Mutter mitleben und Wohnung bezahlt sowie die Verbandsstoffe bezahlt werden. Denn der Bruder, welcher das Haus erhielt, war ein fauler Säufling und behielt die Mutter und die Schwester nicht. In dieser langen Zeit hat sie viel gelesen und sich gleichsam den Tag abgeteilt in Arbeit, Lesen und Beten. Ich bemerke, dass ich als Priester nicht auf mystische Einwirkung abzielte, aber die Selige, welche sich ganz von der Welt losmachte und Gottes Vorsehung überließ, zur Geduld, Gottvertrauen und Ewigkeitshoffnung führte. Da schrieb sie sich auf einem noch vorhandenen Zettel die Kommunionen auf. In dieser ersten Periode hatte sie himmlische Träume, welche sie in ein Heft aufschrieb, ohne Beeinflussung meinerseits, sogar ohne mein Wissen; Heft vorhanden. Am 4. Oktober 1910 erhielt sie die Stigmatisation, aber nicht leicht sichtbar und so blieb es auch mir neun Jahre lang verborgen; die Selige empfing täglich, soweit ich zu Hause war, weil ich allein bin, die Hl. Kommunion wie schon bisher im Krankenzimmer, in dieser Periode konnte sie weiterlesen, arbeiten, beten besonders in der Kriegszeit; von da an kamen Leute, baten um ihr Gebet und brachten Geschenke; da sah sie immer den heiligen Schutzengel neben sich, der sie tröstete; da offenbarte sie auch mir und als ich auch ihren Schmerz, der sich von den Füßen und Händen aus auch auf das Herz und den Kopf als Leidensschmerz des Kreuzes ausdehnte, sah, da fragte ich sie, ob das wohl Gnade sein solle und da antwortete sie: 9 Jahre musste sie nach des Heilands Offenbarung dieses Leiden verborgen tragen und ich werde sie selbst darum befragen. In dieser Zeit schrieb sie Gedichte ab und verfasste selbst solche, die auch bei mir aufbewahrt sind. Die Schmerzen wurden immer größer, besonders an Leidenstagen des Herrn und Sündentagen der Welt; sie fing an den Füßen, an den Händen und im Kopfe zu zittern; in dieser Zeit klagte sie oft über Angriffe, sogar Schläge des bösen Geistes, besonders wenn sie für Sterbende betete. Sie wurde immer schwächer und bat, dass meine Verwandte, die aus dem Kloster der Barmherzigen Schwestern wegen Kränklichkeit austreten musste, sie verbinde. Das war sehr schmerzlich; denn die Watte war ganz in die eiternden Wunden eingeklebt und die neuaufgelegte brannte wie Feuer; so alle vier Tage bis zum Sterbetag ab März 1923. Am Markustage 1923 fiel sie in eine achtstündige Steifheit, sodass alle Umstehenden, auch ihre Schwester aus Mokenem in Preußen, die eben auf Besuch war, glaubten, es sei die Sterbestunde; das Auge war unverwandt auf ein Ecce-Homo-Bild an der Wand gerichtet. Die Fensternische, neben der sie im Bette war, war wie ein Altar immer mehr mit Bildern, Statuen ausgefüllt, sie wollte auch an diesem Platze bleiben, weil sie von da aus auf die Kirche und auf den Tabernakelplatz sehen konnte; bis 12 Uhr wurde sie wach und weil sie schon morgens kommuniziert hatte, brachte ich ihr sogleich nach 12 Uhr die Sterbekommunion. Es war nur eine Verzückung, sie hatte nach ihrer Versicherung das Leiden am Ölberg mitgemacht. Von dieser Zeit an stellten sich Krämpfe ein, die die Kranke, welche jetzt nur mehr wie steif auf dem Rücken liegen konnte, zusammengezogen, die eiternden Füße übereinanderschlugen, dass das Blut durch den Verband sickerte, das Herz zusammenpresste, den Kopf umgebogen wurde, das oft 10 mal im Tage mit darauffolgender großer Schwäche. Waren die Krämpfe noch so schwächend, jedes Mal vor und nach der täglichen Kommunion war sie fähig zum Empfange und zur Danksagung. Das war so bis zum August 1925. In diese Zeit fielen unermessliche Schmerzen öfters Ekstasen des Mitleidens Christi fast kein Schlaf und doch auch bei den Krämpfen Bewusstsein im Gebet; alle Betäubungsmittel des Arztes vergeblich. In dieser Zeit sah sie immer um die Hostie einen himmlischen Glanz und empfand gnadenvollen, weiterstärkenden Trost; sie wünschte wohl die Auflösung, war aber wieder bereit noch weiter zu leiden, wenn ich sie auf die Opfergnaden des Herrn hinwies. Am Schmerzhaften Freitag 1925 hatte sie in langer Ekstase Erscheinung der Muttergottes, welche ihr sagte, dass sie noch mehr leiden müsse. Am 12. August wollte ich auf einige Tage verreisen und als ich der Dulderin morgens 5 Uhr die hl. Kommunion brachte, sagte mir die Mutter, in der Nacht sei sie, die sonst ganz Unbewegliche, die nie stehen konnte, gerade im Bette aufgestanden und über das Fußende des Bettes auf den Boden gestürzt und liegengeblieben. Die Hausleute halfen, die Kranke in das Bett zu bringen, man konnte keine Verletzung merken und die Dulderin konnte kommunizieren und ließ mich selbst fortfahren. Ich hatte aber keine Ruhe und fuhr am 2. Tage heim und als ich abends auf der Bahn heimkam, wartete man schon auf mich weil die Kranke sterbe; sie wollte nicht, dass man einen anderen Priester rief, weil ich schon selbst kommen werde. Inzwischen hatte der Arzt sie untersucht, fand keine Verletzung, aber eine starke Prellung. Ich merkte bald, dass es noch nicht das Sterben sei. Die Selige sagte, der böse Geist habe sie hinausgeworfen. Von da war das Gehirn geschwächt; die Kranke redete wie ein schwaches Kind, sie verstand aber alle geistlichen Zusprüche, war zuweilen sterbensschwach. Jetzt hörten die Krämpfe auf, sie konnte die verbundenen Füße bewegen, fühlte die Fußschmerzen weniger. Dagegen hatte sie unsagbare Schmerzen an den Händen, die man gar nicht anrühren durfte; beim Besuche meinerseits verlangte sie oft den priesterlichen Segen, sie konnte auch bis zum Sterbetage eingeschlossen jeden Tag kommunizieren.

Am Rosenkranzfeste starb morgens fünf Uhr die Tochter des Hausherrn, die zwei Jahre an Kehlkopftuberkulose litt und täglich mit der Seligen bis auf die letzten drei Wochen mitkommunizierte; auf die Kunde hievon sagte die Anna: ‚So weit steht es.' Sie hatte öfters gesagt: Wir sterben miteinander. Die Dulderin selbst war sehr schwach, den ganzen Nachmittag über das Zimmer voll Besucher. Der P. Kapuziner, welcher Aushilfe leistete, da an diesem Tage ca. 600 kommunizierten, konnte kaum mehr etwas mit ihr reden. Am Montag kommunizierte sie wie sonst, verlangte um 1 Uhr nochmals neuen Verband. Um 5 Uhr rief man mich zum Sterben. Ich betete ihr vor, die Dulderin unverständlich mit; da hatte sie vorher noch eine Ekstase, dass ihr der Heiland die Hand entgegenhalte und sagte, dass ihr † Vater und im Kriege vermisste Bruder da seien. Ich selbst sah nur wie sie die Hände zum Ecce-Homo-Bild an der Wand entgegenhielt; sie erwachte wieder, als ich in der Kirche den Rosenkranz für die verstorbene Tochter des Hausherrn betete; um ½ 7 Uhr besuchte ich die Dulderin wieder; sie betete sichtbar mit, wollte mehrmals etwas sagen, aber nicht mehr verständlich. Die Augen und die Hände immer der Erscheinung entgegengestreckt. Ich hielt es noch nicht für das Ende und ging mit Vertrauenstroste auf den Herrn. Als ich wegging, drehte sie sich zu mir und sah mir nach, sagen die Angehörigen. Ich war noch nicht zu Hause (nur 100 m weg) kam die Nachricht: nur ein Zucken und die Dulderin war gestorben. Ich eilte sogleich wieder in das Sterbezimmer. Die Glückliche lag da wie im Leben und ich glaubte zwei Tage noch, sie müsse wieder erwachen. So sehen Ew. Hochwürden die Fotografie am Sterbebette. Ich fuhr nach Regensburg und berichtete der bischöflichen Behörde. Leichenbericht lesen Sie. Exzellenz wünschte nachträglich eine Ausmauerung des Grabes. Schon den ganzen Sommer und das Frühjahr über verkältet, habe ich mich nicht schonen können, bei der Ausmauerung besonders erkältet. Nun kam die Mission am 18. November. Die Patres glaubten die großartige Anteilnahme der Seligen Fürbitte zuzuschreiben. Ich war die acht Tage noch unvorsichtiger Weise in der Kirche; da warf es mich dann am 20. Dezember ins Bett und nun leide ich seit sieben Wochen an alter Lungenverschleimung. Ich glaube sicher, dass sie es zu Lebzeiten schon wusste und für meine Gesundheit sich opferte. Heute, 5. Februar, versichert mir der Arzt, in 8 Tagen dürfe ich wieder Messe lesen. Ich bitte Sie meinen Bericht aufzuheben, dass ich dies nicht nochmals zu schreiben brauche. Ich bitte um gelegentliche Rücksendung. Mit besten Grüßen und die Bitte ums Gebet

gez. Karl Rieger, Pfarrer."[335]

Gewiss, der Bericht Riegers ist in seiner Sachlichkeit und Trockenheit, mit der er das Leben und Leiden Annas schildert, keineswegs auch nur andeutungsweise eine Verherrlichung der Dulderin. Schließlich wollte er auch in keiner Weise dem Urteil der Kirche vorausgreifen. Man verspürt beim Lesen geradezu seine diesbezügliche Ängstlichkeit. Aber im Herzen war er sicher überzeugt, dass er eine heilige Opferseele jahrelang betreut hat. Das kommt schon zum Ausdruck im Totenbuch der Pfarrei Mindelstetten, in das er das Wort „sancta" neben allen anderen Angaben des Ablebens vermerkt hat.

Der Scheyrer Benediktiner P. Stephan Kainz, der zu dieser Zeit in Ettal als Gymnasiallehrer tätig war und der ja über die Selige einen Artikel publizieren wollte, zeigte sich dankbar und zufrieden. Am 9. Februar 1926 dankte er in einem Brief Rieger für den „ergreifenden Bericht". Er vermerkt, „dass Sie an dem Leiden der Seligen durch die Krankheit teilnehmen durften, ist mir klar; Heilige grüßen ja oft gar so seltsam." Dann berichtet er, wie er überhaupt auf die Dulderin Anna Schäffer gestoßen ist. Seine erste Quelle war die Lehrerin Katharina Kundmüller in Gebrontshausen und der zweite „Berichterstatter" Baron von Cramer-Klett. „Über Oberhaunstadt", so schreibt er, „hoffe ich in der Osterwoche nach Mindelstetten zu Ihnen, dem von Gott sichtlich berufenen und bestellten Seelenführer der frommen Seele und zum Grabe der Gottseligen zu kommen." Drei Tage später richtete P. Stephan erneut ein Schreiben an Rieger. Er bedankt sich darin, dass sich eine gute Seele gefunden habe, die den Bericht Riegers abgeschrieben und ein paar Abzüge gemacht hat. Einen werde er Baron Cramer-Klett überreichen. Dann meint er, die

335 BKR III. Abt. CAS K. 20: 05.02.1926 Mindelstetten: Pfarrer Rieger an P. Stephan Kainz OSB, biographischer Bericht über Anna Schäffer.

Zeitschriften, in denen er schreibe, unterlägen alle der oberhirtlichen Zensur, „so würde ohnehin gestrichen, was der kirchlichen Behörde als zu verfrüht erachtet" werde. Er wolle mit ihm darüber sprechen. „Anna Schäffer wird bereits angerufen und ich soll sogar nächstens eine Hl. Messe zu ihrer Ehre lesen."[336]

Am 27. April 1926 bedankte sich P. Stephan in einem Brief an Rieger „für all Ihre Güte und Liebe bei unserem Besuche. Und nun sehen Sie die erste Frucht, die ich Ihnen zur Begutachtung vorlegen möchte. Ich glaube, dass Sie nichts daran zu ändern gedenken." Tatsächlich hat P. Stephan bereits im Januarheft der Zeitschrift „Monatsrosen" einen Aufsatz mit dem Titel „Unter Lebendigen und Toten. Eine Opferseele"[337] veröffentlicht. In seinem Brief vom 20. Juni 1926 gratuliert er Rieger zur Verleihung des Titels „Geistlicher Rat" und meint, es sei eine wohlverdiente Ehrung zum vierzigjährigen Priesterjubiläum. „Der geistl. Rat ist wohl auch ein Gruß von der Seligen, als solcher wird er Ihnen lieb und angenehm sein, ist es doch eine Ehrung durch den Oberhirten, die einem nicht gleichgültig sein kann und darf." Am 28. Juli sandte P. Stephan alle Unterlagen, die ihm Rieger anvertraut hatte, darunter auch das „Traumbuch", dankend zurück.[338]

In der Zeitschrift „Monatsrosen" publizierte P. Stephan im September und Oktober 1926 nochmals zwei Folgen seines Artikels über Anna.[339] Damit wurde erstmals über das Leben und Leiden der Seligen berichtet.

Inhaltlich betrachtet sind die drei Artikel fromm, volkstümlich und im Stil der damaligen Zeit entsprechend. Der Autor sagt mit etwas anderen Worten, was Rieger in seinem nüchternen Bericht geschrieben hat. Inzwischen ist freilich die Forschung über das Leben der Seligen Dank des Seligsprechungsverfahrens mehr oder weniger zum Abschluss gelangt. Jedenfalls aber ist die Verehrung Annas durch die Aufsätze über sie gefördert worden und andere volksnahe Zeitschriften wurden angeregt, sich mit dem Leben und Leiden Annas auseinanderzusetzen. Vor allem die Kapuziner-Zeitschriften zeigten erhebliches Interesse. Über die zahlreichen Publikationen, die sich mit dem Leben und Leiden Annas befassen, wird ein eigenes Kapitel Aufschluss geben.

Wurde die Selige schon zu Lebzeiten vom Jahre 1913 an als Opferseele und Fürbitterin verehrt, so verbreitete sich nach ihrem Heimgang die Verehrung noch weiter. So schrieb 1926 die Brauereibesitzerstochter Anna Wittmann aus Oberhaunstadt unweit Ingolstadts in ihrem Glückwunschbrief zum vierzigjährigen Priesterjubiläum Riegers an ihn, „die gottselige Anna Schäffer möchte ihm die Gnade erflehen,

336 Die gesamte Korrespondenz zwischen P. Stephan Kainz und Rieger befindet sich in BKR III. Abt. CAS K. 20.

337 BKR III. Abt. CAS K. 20: 27.04.1926 Ettal: Kainz an Rieger.

338 BKR III. Abt. CAS K. 20: 28.07.1926 Scheyern: Kainz an Rieger.

339 BKR III. Abt. CAS K. 21: Kainz, Stephan, Unter Lebendigen und Toten. Eine Opferseele, in: Monatsrosen zu Ehren der seligsten Jungfrau und Gottesmutter Maria, Heft 3, 56. Jg., Sept. 1926, S. 71–76 – Monatsrosen a. a. O. Heft 4, 56. Jg., Okt. 1926, S. 99–101.

dass er auch das goldene Priesterjubiläum in voller körperlicher und geistiger ‚Rüstigkeit' feiern könne."[340] 1928 erreichte Rieger ein Brief von Agathe Springer aus Ingolstadt, in dem er gebeten wird, ihr Näheres über Anna mitzuteilen. Sie möchte sie um Kraft und Hilfe bitten, denn der Glaube sei ihr einziger Halt, nach dem ihre Familie vom Beten und Kirchgang nichts wissen will. Sie sei bereits zweieinhalb Jahre bettlägerig und interessiere sich „für die Leidensbraut" Gottes.[341]

Im Jahre 1930 wandte sich Lina Schweiger aus Ingolstadt an die Haushälterin Riegers, ob sie nicht Blumen für die Kirche benötige, denn sie habe Anna versprochen, jeden Winter dafür Sorge zu tragen.[342]

Im selben Jahr dürfte sich Rieger mit der Frage an Erzbischof Ignatius Rieder von Salzburg gewandt haben, ob er von Anna keine Briefe mehr habe. Dieser antwortete: „Ich kann mich noch gut an den Namen Anna Schäffer erinnern und ich weiß, dass ich von alldem, was ich von ihr las oder von ihr hörte, mich nur erbauen konnte, besonders an ihrer Geduld, Gottergebenheit und ihrer innigen Vereinigung mit Gott. Aber leider habe ich nichts Schriftliches mehr von ihr; ich habe mir nichts aufbehalten, obwohl ich sie für eine auserwählte Dulderin hielt. Arbeiten Sie nur Herr Pfarrer, damit dieses verborgene Licht etwas mehr auch öffentlich leuchte zur Erbauung Vieler. Jesus mit uns!"[343]

Am 3. Mai 1930 schrieb der Besitzer der Firma Karl Vanoni sen. in Deggendorf bzw. seine Gattin Rosa Halbritter an Rieger, er möge doch eine Hl. Messe zu Ehren der Seligen zelebrieren mit der Bitte um Besserung ihrer Gesundheit, „denn sie habe ein recht großes Vertrauen zur Anna Schäffer."[344]

Einen interessanten Brief richtete der Bruder des bekannten Schriftstellers Friedrich Ritter von Lama, der Herz-Jesu-Priester Severin Ritter von Lama, der zu dieser Zeit vermutlich Hausgeistlicher des Sanatoriums der Barmherzigen Brüder in Bad Reichenhall war, an Rieger. Er bedankt sich zunächst für die Übersendung des vom Mindelstettener Pfarrer verfassten Manuskripts über Anna und meint, es habe ihn sehr erbaut und er hoffe, es möge dazu beitragen, dass Gott wieder mehr geliebt wird, auch durch Leiden und Sühne, wovon heutzutage viele keine Ahnung zu haben scheinen. „Sodann hoffe ich, es werde manch Leidenden und Kranken Trost spenden und nicht zuletzt der Verstorbenen den Weg zur Ehre der Altäre ebnen." Dann setzt er fort: „Und ebenso vermisse ich, Ihnen war es ja erst später möglich, schmerzlich die Darstellung, wie sich der Autor wohl anfänglich zu diesem myst[ischen] Erleben stellte und wie Seelenführer und Geführte zum Verstehen des

340 BKR III. Abt. CAS K 20: 08.07.1926 (Oberhaunstadt): Anna Wittmann an Rieger.

341 BKR III. Abt. CAS K. 20: 17.10.1928 Ingolstadt: Agathe Springer an Rieger.

342 BKR III. Abt. CAS K. 20: 08.01.1930 Ingolstadt: Lina Schweiger an Elisabeth Imlauer, Haushälterin Riegers.

343 BKR III. Abt. CAS K. 20: Fürsterzbischof Ignatius Rieder an Rieger.

344 BKR III. Abt. CAS K. 20: 03.05.1930 Deggendorf: Max Halbritter an Rieger.

so schwer erfassbaren Gebietes gelangten. Denn das wäre für geistliche Leser sehr lehrreich." Er hoffe das Grab Annas anlässlich seiner seelsorglichen Reisen besuchen zu können und ein Andenken an sie zu erhalten.[345]

Nach längerer Pause meldete sich 1930 Mathilde Gruber aus Zürich; sie betont ihr Vertrauen zu Anna und meine, dass sie heute noch mehr Kraft besitze, vom Himmel aus den Bittenden beizustehen. Sie „bettle sie heute an, dass sie mir hilft im inneren Leben immer reiner, kleiner und ganz Sein"[346] zu sein. Ihre Bitte, eine Reliquie von Anna zu bekommen, dürfte Rieger sofort erfüllt haben, denn am 13. Januar 1931 bedankt sich Frau Gruber „mit übergroßer Freude" dafür und ebenso für das Bildchen. Sie schreibt, dass man viel beten muss, „dass diese gute Seele bald auf die Altäre erhoben wird." Sie bettelt, dass Anna ihre „Fürbitterin am Throne Gottes wird."[347]

Die ehemalige Lehrerin Franziska Schweiger aus Bergmatting gab in einem Schreiben ihrer Freude Ausdruck, dass Rieger ein solches Kleinod, „wie es das Grab einer solchen Heiligen ist, besitzt".[348] Der sich im Februar 1931 in Straubing befindliche Jesuitenpater Semler sandte Friedrich Ritter von Lama, der die erste Biographie in Buchform herausgegeben hat, ein Dankschreiben für das Werk und meint, „er freue sich, dass Anna Schäffer, die stille Dulderin, noch so zu Ehren kommt." Er will für die Verbreitung des Buches Sorge tragen. Es würde in Klöstern, bei der Geistlichkeit, auch in Pensionaten, ebenso bei den Deutschen in Amerika seinen Zugang finden.[349] Auch der Pfarrer der Stadtpfarrei St. Anton in Ingolstadt äußerte seine Freude, dass „die Dulderin von Mindelstetten mehr und mehr bekannt wird."[350] Von einigem Interesse ist auch das Schreiben des Pfarrers Josef Christ aus Hundsbach/Ufr. an Rieger. Er schreibt, dass er ihm, obwohl von Angesicht nicht bekannt, „als ehemaliger Seelsorger der edlen Dulderin, der heiligmäßigen Opferseele Anna Schäffer" recht nahe steht. Er habe das Buch von Ritter von Lama gelesen und in seiner Doppelpfarrei bereits je einen Vortrag über die Martyrerin gehalten. Er will nach Beendigung seiner Wallfahrt nach La Salette und zu anderen Gnadenstätten und nach dem Besuch bei S. Eminenz Kardinal von Faulhaber, „der mir 1910 in Straßburg den Rat gegeben Priester zu werden und von dem ich, wenn möglich, auch persönlich mir den Segen erbitten möchte zum Eintritt in die Karthause Serra S. Bruno in Calabrien," nach Mindelstetten kommen „zum Besuch der lb. Anna Schäffer". Das Buch Lamas wird ihn mit seinen vielen mystischen Werken in die Karthause begleiten, „wo allein ich Zeit und Ruhe finden werde bzw. zu

345 BKR III. Abt. CAS K. 20: 14.1930 Bad Reichenhall: P. Severin Ritter von Lama MSC an Rieger.

346 BKR III. Abt. CAS K. 20: 31.12.1930: Zürich: Mathilde Gruber an Rieger.

347 BKR III. Abt. CAS K. 20: 13.01.1931 Zürich: Mathilde Gruber an Rieger.

348 BKR III. Abt. CAS K. 20: 07.01.1931 Bergmatting: Franziska Schweiger an Rieger.

349 BKR III. Abt. CAS K. 20: 18.02.1931 Straubing: P. Semler S. J. an Rieger.

350 BKR III. Abt. CAS K. 20: 04.04.1931 Ingolstadt: Stadtpfarrer an Rieger.

finden hoffe." Anna gehörte in Wahrheit zu den Gottesfreunden „und ich hoffe zuversichtlich, dass sie auch mir kräftige Fürbitterin ist und bleibt."[351]

Frau Therese Sattler aus Aschaffenburg berichtet 1931, dass sie Anna „ganz intensiv" verehrt und sie als ihre „ganz besondere Patronin" betrachtet. Sie habe zusammen mit P. Hermann Josef OFMCap. einige Artikel über Anna in den Zeitschriften „Marienborn", im „Altöttinger Liebfrauenboten" und im „Stuttgarter Sonntagsblatte" geschrieben. Sie ersucht um eine kleine Reliquie der Dulderin für einen Geistlichen, der durch ein Gebrechen an der Ausübung seines Berufes behindert wird.[352] Anna Koller richtete an Rieger die Frage, was sie beten soll, um der Fürbitte Annas würdig zu werden.[353] Sie war Österreicherin, in Kumberg bei Graz wohnhaft.

Interessant ist der Eindruck des Pfarrers, Abiturkollegen und Freundes Raban Lichtl von Vohburg zum Buch Lamas, das ihm Rieger zugesandt hatte. Er habe das Werk „über die eucharistische hervorragend eingestellte Leidensbraut" zu Ende gelesen. „Es ist ein Gnadenbuch, das Leidensfreude schafft. Das Hauptmerkmal an ihr scheint mir ihre Jesus-Sehnsucht zu sein; hierin ist ihr Wille unwiderruflich eindeutig; eine schwindelnde Höhe erreicht ihre Kreuzesliebe; niemals ist die Rede von Ungeduld bei diesem Muster der Nächstenliebe. Und was ihr Bild noch besonders anziehend gestaltet: Jedes Fehlen einer Pose, dagegen bezaubernde Natürlichkeit!"[354]

Die Verehrung Annas zeigte sich auch oftmals auf andere Weise. Zu Lebzeiten Riegers erreichten ihn zahlreiche Briefe mit der Bitte um seine Trauerrede, um Bildchen und Andenken an die große Opferseele. Rieger kam den Ansuchen so weit wie möglich selbstverständlich nach, denn es war ihm ja ein Anliegen, die Verehrung der Seligen zu fördern. Wegen der Fülle der Briefe können hier leider nur die eindrucksvollsten herangezogen werden.

In den Jahren 1926 bis 1934, dem Sterbejahr Riegers, erhielt er Briefe von Franz Grill aus Esternberg/Oö.; von Pfarrer J. Schwindl aus Schirmitz/Opf.; vom Prior Fr. Valerian OH aus dem Krankenhaus in Neuburg a. d. Donau/Schw.; von der Ein- und Verkaufs-Genossenschaft der Schreinermeister in Ingolstadt; von P. Baudenbacher aus Ingolstadt; von Therese Sattler aus Aschaffenburg/Ufr.; von Margarethe Niedzielle (Telegraphenassistentin) aus Grünberg/Schlesien; Friedrich Ehle (Sekretär) aus Eichstätt; Ermelinde Puchner aus Karlskron; Barbara Krebs aus Oberndorf am Neckar/Wtb.; Magdalena Pentenrieder aus Kempfenhausen/Obby.; wiederum von Margarethe Niedzielle aus Grünberg/Schlesien; wiederum von Therese Sattler aus Aschaffenburg/Ufr.; Josefine Uhland aus München; Elisabeth Schießl aus Regensburg/Opf.; Kloster St. Clara aus Regensburg; wiederum von Josefine Uhland aus München; Mutterhaus der Barmherzigen Schwestern, Generaloberin Schw. M. Desideria Weißmayer, aus München; Walburga Rabl aus Beilngries/Opf.; Therese

351 BKR III. Abt. CAS K. 20: 13.07.1931 Hundsbach/Ufr.: Pfarrer Josef Christ an Rieger.

352 BKR III. Abt. CAS K. 20: 14.07.1931 Aschaffenburg/Ufr.: Therese Sattler an Rieger.

353 BKR III. Abt. CAS K. 20: 26.10.1931 Kumberg bei Graz: Anna Koller an Rieger.

354 BKR III. Abt. CAS K. 20: 27.06.1931 Vohburg: Pfarrer Raban Lichtl an Rieger.

Böckler aus Eichstätt/Obby.; Schw. M. Felicitas, Kloster St. Bernardin bei Geldern/Rheinland; M. Kuppe aus Münsterberg/Schlesien; Pfarrer Gruber aus Pentling bei Regensburg; Maria Heinz-Orth aus Föhren bei Trier/Rheinland; cand. theol. Ludwig Heigl aus Eichstätt/Obby.[355] Das sind freilich nicht alle Bittschreiben, die Rieger erhalten hat. Sicher sind Briefe verlorengegangen. Ferner ist anzunehmen, dass die vielen Gläubigen, die das Grab Annas besucht haben, ihr Anliegen dem Mindelstettener Pfarrer mündlich vorgetragen haben.

Rieger wusste sich zu helfen, um all die vielen Bitten erfüllen zu können. Seine Grabrede hatte er ja bereits 1926 drucken lassen. Bildchen von Anna ließ er nach einer Fotografie, die die Opferseele aufgerichtet auf ihrem Lager zeigt und die noch vorhanden ist, in der Missionsdruckerei der Steyler Missionsgesellschaft im rheinländischen Steyl bei Kaldenkirchen herstellen. Bruder Aureus teilte Rieger am 25. Juli 1927 mit, er sende ihm die gewünschten Bildchen und zwar für ihn 50 und für die Mutter Annas 12.[356] Insgesamt lieferte die Druckerei 400 Stück.[357] Rieger ließ an die Bildchen winzige Teile aus der Wäsche und Kleidung Annas aufnähen. Damit konnte er die Wünsche der Bittenden befriedigen.

Schon zu Lebzeiten Annas haben sich immer wieder Gläubige mit der Bitte an sie gewandt, ihrer Anliegen zu gedenken und ihnen eine Fürsprecherin bei Gott zu sein. Auch nach ihrem Hinscheiden erreichten ihren Seelenführer schriftlich oder auch mündlich Briefe, in denen Gebetsanliegen angegeben werden. Einer der ersten Briefschreiber war Bruder Joachim SVD, der ja Anna noch persönlich gekannt hat und mit ihr auch im Briefwechsel stand. Ihm ist es zu verdanken, dass durch seine Bemühungen Anna in Nordamerika, vor allem in Techny/Illinois, wo er in einem Steyler Kloster lebte und wirkte, bekannt wurde.

Leider finden sich erst seit 1930 Briefe mit Gebetsanliegen. Wahrscheinlich wurden sie zu wenig beachtet und deshalb vernichtet. Im April 1930 wandte sich Lina Pritzl, eine der Freundinnen Annas, an Rieger und teilte ihm mit, dass ihr Vater verstorben sei. Und sie fügte hinzu, „möge unsere lb. selige Anna im Himmel für die Seele“ ihres Vaters Fürbitte einlegen.[358] Anna Lindinger wiederum schrieb in ähnlicher Weise nach dem Tode ihrer Mutter und bat Anna um Hilfe in einer Erbschaftsangelegenheit.[359] Ein Jahr später teilte Anna Keller aus Kumberg bei Graz Rieger mit, dass sie „immer mehr Vertrauen zu der aus dem schlichten Volke entstandenen Seligen“ habe.[360] Mathilde Häker, offenbar eine Bauernmagd aus der Pfarrei Pfaffenberg in Niederbayern, bedankt sich bei Rieger für den Einschluss ins Gebet bezüglich

355 BKR III. Abt. CAS K. 20: 8.XI.1933 Eichstätt: Ludwig Heigl an Rieger. – Alle übrigen Briefe befinden sich ebenfalls in K. 20.

356 BKR III. Abt. CAS K. 20: 25.07.1927 Missionskloster Steyl bei Kaldenkirchen/Rheinland: Br. Aureus SVD an Rieger.

357 BKR III. Abt. CAS K. 20: 18.07.1928 Missionskloster Steyl: Br. Aureus an Rieger.

358 BKR III. Abt. CAS K. 20: 30.04.1930 Straubing: Lina Pritzl an Rieger.

359 BKR III. Abt. CAS K. 20: 28.06.1930 Manching: Anna Lindinger an Rieger.

360 BKR III. Abt. CAS K. 20: Kumberg b. Graz/Stm.: Anna Koller an Rieger.

ihrer Berufung in den Ordensstand und ersucht „bei der Gott begnadeten Anna Schäffer“ weiterhin zu bitten, dass sie ihrer Berufung treu bleiben könne, da sie wegen ihrer Berufswahl viel zu leiden habe und der böse Feind sie quälen würde.[361]

Pfarrer Maximilian Wittenzellner, Kommorant in Großkölnbach/Nby. schrieb 1932 an Rieger: Die hiesige Frau Mathilde Lammer, schwer erkrankt, habe sich auf den Rat ihrer Tochter M. Perpetua OP von Niederviehbach an ihn gewandt mit der Bitte um zwei Reliquien „von der ehrw. oder sel. † Anna Schäffer“ zu beschaffen. Er bemerkt dabei, dass sich die arme Frau wahrscheinlich einer schweren Operation unterziehen müsse und bittet ihrer im Gebet zu gedenken.[362]

Am 14. Juni 1933 erhielt Rieger vom Ordinariat Regensburg mehrere Anschriften von Bittgesuchen an Anna Schäffer.[363] Im selben Jahr erreichte den Mindelstettener Pfarrer ein Brief aus Kleinlellenfeld Post Cronheim/Mfr., allerdings ohne Absender, in dem für das Gebet für die Tochter gedankt wird und mit der Ankündigung, wenn es die finanziellen Verhältnisse einmal gestatten, werde er eine „Wallfahrt zum Grabe der Gottbegnadeten“ machen.[364] Ebenso im Jahre 1933 bedankte sich Angelika Deiring aus Weiler/Schw. für das „liebe Bild“ von „der gottseligen Anna Schäffer“, die sie „als große Fürsprecherin im Himmel recht vertrauensvoll anrufen“ wird.[365]

Am 9. Februar 1926 schrieb P. Stephan an Rieger: Er bedanke sich für den ergreifenden Bericht, der ihm noch dazu am Sterbetag der gottseligen Katharina Emmerick ausgehändigt wurde und der am Herz-Jesu-Freitag verfasst worden ist. Die ihm überlassenen Briefe werde er sofort zurücksenden, aber „den ausführlichen Bericht, die Grabrede und Karte mit dem Bilde der Gottseligen“ möchte er so lange behalten, „bis er einen Artikel gefertigt habe“. Er wolle in der Osterwoche nach Mindelstetten zu ihm kommen, um auch das Grab „der Gottseligen“ zu besuchen. „Die außerordentliche Lebensaufgabe des Herrn Pfarrers war die Führung dieser Opferseele.“ Er möchte noch mehr von Annas Aufzeichnungen sehen und über deren Stigmatisation erfahren.[366]

Bereits drei Tage später wandte sich P. Stephan an Rieger: Er habe Abzüge von dem Bericht machen lassen und sende ihm eine Abschrift sowie einen zweiten an Baron Cramer-Klett, den er in den „nächsten Tagen persönlich treffen wird“. Sehr interessiere ihn, was die fromme Seele bezüglich des heiligsten Herzens Jesu geschaut und aufgezeichnet habe, da er für den Herz-Jesu-Kalender 1927 einen Arti-

361 BKR III. Abt. CAS K. 20: 17.09.1932 Hochstetten: Mathilde Häker an Rieger.

362 Schematismus des Bistums Regensburg 1946: Max Wittenzellner, geb. 14.06.1878 in Schwarzgrub, Pfarrei Viechtach/Nby.; Pr.-W. 24.05.1903; 1903 Kooperator in Arnbruck/Nby.; 1907 Benefiziat in Irlbach/Nby.; 1911 Benefiziat in Eggenfelden/Nby.; 1913 Offiziator im Kloster Heiligkreuz zu Regensburg; 1921 Pfarrprovisor in Niederviehbach/Nby.; dann Pfarrer daselbst; 1930 Kommorant in Großköllnbach/Nby.; † 16.01.1948.

363 BKR III. Abt. CAS K. 20: 14.06.1933 Regensburg: Bischöfl. Ordinariat an Rieger.

364 BKR III. Abt. CAS K. 20: 1933 Kleinlellenfeld/Mfr.: O. Abs. an Rieger.

365 BKR III. Abt. CAS K. 20: 1933 Weiler/Schw.: Angelika Deiring an Rieger.

366 BKR III. Abt. CAS K. 20: Ettal 09.02.1926: P. Stephan Kainz OSB an Rieger.

kel über Annas Herz-Jesu-Verehrung verfassen möchte.

Er teilte ferner mit, dass „Anna Schäffer bereits angerufen“ werde und er soll sogar „nächstens eine Hl. Messe zu ihren Ehren“ zelebrieren. Ihm selbst habe sie am Vortag ein Zahnweh weggenommen, so dass er eine ruhige Nacht hatte.[367]

Es dürfte tatsächlich während der Osterferien zu einer Begegnung zwischen Rieger und P. Stephan gekommen sein,[368] denn er bedankte sich für alle „Güte und Liebe“, die ihm bei seinem Besuch zuteil wurde.[369] Zugleich wolle er die „Erste Frucht“ seines Artikels zur Begutachtung vorlegen. Er ersuche, nach dem Durchlesen des Manuskripts dieses ans Grab zu tragen, um den Segen der edlen Seele zu erbitten.

In einem Brief vom 20. Juni 1926 wandte sich der Benediktiner erneut an Pfarrer Rieger, um ihm mitzuteilen, dass er heute den Laienbrüdern von Ettal einen Vortrag über die „Traumgedichte der gottseligen Dienerin Gottes“ halten werde. Er wäre kürzlich in Altötting als Primizprediger gewesen und habe von P. Cassian Karg OFMCap. erfahren, dass bald in den Kapuzinerzeitschriften etwas über Anna erscheinen werde. Auf dem Vortrag über die Gottselige hätten die Kinder mit „großer Spannung gelauscht“.[370]

Am 28. Juli 1926 kündigte P. Stephan an, dass die Artikel im September und Oktober erscheinen werden. Er ersucht Rieger um sein Gebet, damit Anna für ihn Fürsprache einlege. Denn sie vermag „gewiss viel beim heiligsten Herzen Jesu und der lieben Muttergottes“.[371]

Auch zwei Jahre später, am 29. März 1928, meldete sich der Pater bei Rieger. Er lud ihn zu einer Wallfahrt zum hl. Kreuz nach Scheyern ein. Er berichtete, dass der „neue Oberhirte von Regensburg“ – nämlich Bischof Dr. Michael Buchberger – sein Mitschüler und Landsmann zugleich ist. Er schilderte ihn als sehr freundlich und gemütlich. Er werde ihm bei Gelegenheit über Anna berichten, aber der Bischof möchte sicher, dass ihn der Pfarrer selbst informiere, was sein Vorgänger bereits angeordnet habe. Dann fügte er noch hinzu, von Palmsonntag bis Gründonnerstag würde er die Fürsprache der Gottseligen besonders benötigen, denn er halte in dieser Zeit Exerzitien für das Stift St. Peter in Salzburg. Er habe großes Vertrauen auf die Fürsprache Annas.[372]

Noch einmal erhielt Rieger vor seinem Ableben ein Schreiben von P. Stephan Kainz OSB, und zwar am 18. Februar 1934, in dem er auf die Notwendigkeit des „Imprimatur“ für alle Schriften über Anna hinweist.[373]

---

367 BKR III. Abt. CAS K. 20: Ettal 12.02.1926: P. Stephan Kainz OSB an Rieger.

368 BKR III. Abt. CAS K. 20: Scheyern 05.04.1926: P. Stephan Kainz OSB an Rieger.

369 BKR III. Abt. CAS K. 20: Ettal 27.04.1926: P. Stephan Kainz OSB an Rieger.

370 BKR III. Abt. CAS K. 20: Ettal 20.06.1926: P. Stephan Kainz OSB an Rieger.

371 BKR III. Abt. CAS K. 20: Scheyern 28.07.1926: P. Stephan Kainz OSB an Rieger.

372 BKR III. Abt. CAS K. 20: Scheyern 29.03.1928: P. Stephan Kainz OSB an Rieger.

373 BKR III. Abt. CAS K. 20: Scheyern 18.02.1934: P. Stephan Kainz OSB an Rieger.

P. Stephan hatte ja, wie oben erwähnt, im Januar 1926 in der von den Serviten in Innsbruck herausgegebenen Zeitschrift „Monatsrosen“[374] einen ersten Teil seines Aufsatzes über die Dulderin von Mindelstetten unter dem Titel „Unter Lebendigen und Toten. Eine Opferseele“ herausgegeben, dem ein zweiter Artikel im Septemberheft der „Monatsrosen“ folgte.[375]

Er stützte sich dabei allein auf den Bericht Riegers, verband aber das Leidensleben Annas mit erbaulichen Gedanken für den Leser. Hier berichtete der Autor, dass ihm Pfarrer Rieger aus dem Schriftennachlass Annas einiges mitgegeben habe, unter anderem auch das Traumheft. Schließlich erschien der dritte Teil im Oktoberheft der „Monatsrosen“.[376] Bezüglich des tragischen Unfalls des Mädchens im Jahre 1901 schreibt er getreu nach dem Bericht Riegers: „Im Übermut hat sie dort (auf einem bestimmten Dienstplatz) sich auf den Deckel eines siedenden Waschkessels gestellt; dieser gab nach und sie rutschte mit beiden Füßen in das heiße Wasser. Die erste Gnade der Auserwählung, dass sie nicht in den Strudel der Welt versank.“ Daraus folgt, dass sich Rieger über den Verlauf des Unfalls selbst nicht im Klaren war; später schrieb er bekanntlich anstatt „Übermut“ nur mehr „Unvorsichtigkeit“. Tatsache ist aber nach der Aussage der Hauptzeugin Rosa Imlauer, die den Hergang des Unglücks von Anna und ihrer Mutter erfahren hatte, dass Anna das Rohr in der Wand, dessen Zylinder gebrochen war, richten wollte und weil ihre Holzschuhe voll Schnee gewesen sind, ist sie durch den kippenden Deckel des Waschkessels in das siedende Wasser gerutscht.[377]

Mit dieser Publikation in der Zeitschrift „Monatsrosen“ wurde ein umfangreiches Schrifttum über das Leben und Sterben Annas eröffnet, das breite Volksschichten des katholischen Bayern und darüber weit hinaus erreicht hat. Dadurch wurde auch die Verehrung durch das Volk wesentlich vermehrt.

Seit dem Heimgang Annas zu Gott nahm die Zahl derjenigen, die die Dienerin Gottes in verschiedenen Nöten um ihre Fürbitte anrufen, für erfahrene Hilfe danken oder um ihre baldige Seligsprechung beten, von Jahr zu Jahr zu.

So ist es nicht verwunderlich, dass sich zahlreiche katholische Zeitschriften mit dem Leben und Sterben der Dulderin von Mindelstetten befasst haben. Die damals noch umstrittene, aber weltweit bekannte Stigmatisierte Therese Neumann von Konnersreuth[378] hatte am 5. März 1929 in ihrer Passionsexstase, als ihr ein Rosenkranz von Anna Schäffer auf die Hände gelegt wurde, folgende Angabe gemacht: Der Heiland wolle, dass Anna bekannt werde und man ihre Fürbitte anrufe. In sei-

374 55. Jg. Heft 7, 1926, S. 199–208.

375 56. Jg. Heft 3, 1926, S. 71–76.

376 56. Jg. Heft 4, 1926, S. 99–101.

377 BKR III. Abt. CAS K. 16: Rosa Imlauer, Aufzeichnungen im Jahre 1925 hdschr. Ms. S. 1f.

378 Der Seligsprechungsprozess der nachweislich stigmatisierten Therese Neumann von Konnersreuth (1898–1962) wird derzeit auf Bistumsebene im Auftrag von Bischof Dr. Dr. h. c. Gerhard Ludwig Müller vom gegenwärtigen Leiter der Abteilung für Selig- und Heiligsprechungsprozesse für die Diözese Regensburg, Domvikar Msgr. Georg Schwager geleitet.

nem Artikel „Eine bayerische Vorgängerin von Therese Neumann aus unserer Zeit" in der „Allgemeinen Rundschau" 1932 berichtete der bekannte Journalist und Schriftsteller Friedrich Ritter von Lama[379] die Worte Neumanns wörtlich: „Anna Schäffer ist gleich nach dem Tode in den Himmel gekommen. Sie hat die Wundmale gehabt, aber den Heiland gebeten, es solle nicht öffentlich werden. Und Er hat es nicht gewollt. Aber jetzt will auch der Liebe Heiland, dass es in die Öffentlichkeit komme; man soll Zuflucht zu ihrer Fürbitte nehmen."[380]

Besonders die Kapuziner der Bayerischen Provinz haben die Verehrung Annas in ihren Zeitschriften sehr gefördert. Dies deshalb, weil zahlreiche Patres anlässlich ihrer Aushilfen in Mindelstetten Anna kennen gelernt hatten und ihr vermutlich die Beichte abgenommen haben. So meldete sich bereits am 16. Oktober 1926 P. Cassian bei Pfarrer Rieger und sandte die ihm von P. Stephan übergebenen Akten bezüglich Anna zurück mit der Bemerkung, dass man aus diesen Unterlagen eine „Schöne Blütenlese mit Photographien" zusammenstellen könnte, unter dem Titel „Aus dem Leben einer Leidensbraut." Er werde gerne die Wege ebnen, um einen Verlag zu gewinnen.[381]

Der Redakteur der Zeitschrift „Ewige Anbetung" wandte sich am 16. Januar 1928 mit der Bitte an Rieger, er möge ihm doch auf einzelnen Blättern schreiben, wie sie sich auf den Empfang der hl. Kommunion vorbereitet und welche Danksagungsgebete sie am liebsten gebetet hat; „welche Gedichte, bzw. Gebete, Andachten und Bilder" auf Kranke und Leidende tröstend wirken könnten.[382]

P. Thomas wiederum, aus dem Kloster Mariabirnbaum bei Aichach, erinnert daran, dass er in Mindelstetten zur Aushilfe war und eine Stunde die Leidende besucht habe. Er habe sie um ihr Gebet und um ein Andenken gebeten, worauf sie ihm ein „Linnenstücklein" überreicht hat. Während seiner Anwesenheit sei keine Blutung der Stigmen aufgetreten und er habe auch keine Wunde an den Händen gesehen.[383]

Am 14. Oktober 1929 berichtete der Rechnungsinspektor Sigmund Sturm aus Nittenau, dass er kürzlich an die Redaktion des „Altöttinger Liebfrauenboten" das Ersuchen gerichtet hat, „einmal einen größeren Artikel über die gottbegnadete

379 Marianne Cäcilie Schwager, Die Biographen der Dienerin Gottes Anna Schäffer und ihre Bedeutung für den Seligsprechungsprozess. Prüfungsarbeit für das Lehramt an Realschulen in Bayern, Regensburg 1988, masch., S. 52–113. Darin wird das Leben von Ritter v. Lama ausführlich geschildert. – Vgl. auch Kosch, Wilhelm, Biographisches Staatshandbuch. Lexikon der Politik, Presse und Publizistik. 1. Bd., Bern und München 1963, S. 727f. mit Literaturangaben.

380 Lama, Friedrich Ritter v., Eine bayerische Vorgängerin von Therese Neumann aus unserer Zeit (Anna Schäffer von Mindelstetten † 1925), in: Allgemeine Rundschau, Wochenschrift für Politik und Kultur, 29. Jg, München 1932, Nr. 50, S. 735.

381 BKR III. Abt. CAS K. 20: München-Schwabing, Pfarrhaus St. Silvester 01.10.1926: P. Cassian OFMCap. an Rieger.

382 BKR III. Abt. CAS K. 20: Mussenhausen/Schw. 16.01.1928: P. Wolfgang OFMCap., Redakteur der „Ewigen Anbetung", an Rieger.

383 BKR III. Abt. CAS K. 20: Mariabirnbaum/Obby. 22.03.1929: P. Thomas OFMCap. an Rieger.

Anna Schäffer zu bringen", worauf der Redakteur ihm geantwortet hat, er habe noch kein „Sterbenswörtl" über sie gehört. Deshalb ersuche Sturm, der Pfarrer möge eine Abhandlung an die Zeitschrift senden.[384] Tatsächlich wandte sich der Schriftleiter des „Liebfrauenboten", Pfarrer Karl Vogl[385], an Rieger, er möge ihm, falls eine Abhandlung über die genannte Jungfrau erschienen sei, ihm diese zukommen lassen.[386] Daraufhin erschien 1930 in zwei Nummern eine Lebensbeschreibung der Seligen. In einem Brief des Friedrich Ehle, Amtsvorstand für den Stadtbezirk Eichstätt vom 11. Mai 1930, wunderte sich dieser darüber, „dass von dieser – wie der Artikelschreiber ganz richtig sagt – ‚verborgenen Kreuzesblum'" nichts zu ihm gedrungen sei. Er bat Rieger um eine Reliquie.[387]

Am 16. September 1930 bedankte sich der Schriftleiter des „Regensburger Sonntagsblattes", Pfarrer Andreas Oberndorfer, dafür, dass er diese „herrlichen Blumen aus dem Gethsemanigarten dieser Kreuzesbraut bekommen durfte". Er meinte selbstverständlich Anna. Vermutlich hat ihm Rieger einen Artikel über sie zugesandt.[388]

Der Kapuziner P. Dr. Stanislaus in Eichstätt hat sich besonders der Angelegenheit angenommen. Am 17. Oktober 1930 sandte er an Rieger einen langen Brief. Er kündigte einen Aufsatz über Anna an, weshalb er die Aufzeichnungen und Briefe von ihr noch länger brauchen würde. Sein Mitbruder P. Eligius wäre ein tüchtiger Fotograf und würde in Mindelstetten das Grab, das Sterbezimmer, den Blick vom Sterbezimmer auf die Kirche aufnehmen, um den Artikel leichter durch Bilder einem Verlag schmackhaft zu machen. Er habe vor, zuerst einen Lebensabriss und dann eine Blütenlese aus den Aufzeichnungen und Briefen zu erarbeiten. Ferner berichtete er, dass dieser Tage sein Mitbruder, der Redakteur der Monatszeitschrift zur Pflege des übernatürlichen Lebens „Marienborn", P. Hermann Josef Stärk, „entzückt von den Aufzeichnungen Annas, besonders die Stellen über das hlgst. Altarsakrament", diese publizieren wolle. Er habe ihm „das Material zu Auszügen für seine Zeitschrift" übergeben. Auch P. Ingbert Naab[389] sei sehr an der Sache interessiert und werde im

384 BKR III. Abt. CAS K. 20: Nittenau/Opf. 14.10.1929: Rechnungsinspektor Sigmund Sturm an Rieger.

385 Schem. d. Geistlichkeit d. Bist. Passau: Msgr. Karl Vogl, geb. 23.10.1874 in Oberaudorf/Allg.; Pr.-W. 29.06.1898 in Passau; freiresignierter Pfarrer von Unterholzhausen, langjähriger Redakteur der Zeitschrift „Altöttinger Liebfrauenbote"; zuletzt Päpstl. Geheimkämmerer und Stiftskanonikus in Altötting; † 13.01.1941.

386 BKR III. Abt. CAS K. 20: Altötting/Obby. 11.10.1929: Pfarrer Karl Vogl, Schriftleiter des „Altöttinger Liebfrauenboten" an Rieger.

387 BKR III. Abt. CAS K. 20: Eichstätt 11.05.1930: Friedrich Ehle, Amtsvormund für den Stadtbereich Eichstätt an Rieger.

388 BKR III. Abt. CAS K. 20: Kostenz/Nby. 16.09.1930: Pfarrer Andreas Oberndorfer, Schriftleiter f. d. „Regensburger Sonntagsblatt" an Rieger.

389 P. Ingbert Naab OFMCap. (1885 Dahn/Pfalz – Straßburg 1935), Lektor, Definitor der bayr. Kapuziner-Provinz, Generalkustos, widmete sich zeitlebens der religiösen und pädagogischen Betreuung der Jugend; gründete Jugendzeitschriften und war Reichsverbandspräses der Marian. Studenten-Kongregation. Er war ein entschiedener Gegner des Nationalsozialismus. Vgl. LThK², 7. Bd., Sp. 754.

Laufe des Novembers für zwei Tage nach Mindelstetten kommen. Er meine, dass „die noch lebenden Zeugen, besonders die Ärzte“ bald unter Eid vernommen werden müssten. Die Feststellung der Krankheitsgeschichte wäre auch zum Erweis der heroischen Tugenden sehr wesentlich. Auch Dr. Fritz Gerlich[390] zeige daran großes Interesse. Er möchte das Verhalten der Ärzte in Parallelfällen zu Konnersreuth aufdecken. P. Stanislaus möchte Rieger auch in einigen Tagen das Manuskript mit der Lebensbeschreibung der Dulderin im Durchschlag übersenden, damit eventuell vorkommende Unrichtigkeiten beseitigt werden können. Abschließend: Er habe „Teilchen vom Sterbehemd Annas“ bereits einem Schwerkranken übergeben und ihn und seine Familie der Dienerin Gottes empfohlen.[391]

Zwei Wochen später sandte P. Stanislaus „das Material über die gottselige Jungfrau“ zurück, bedankte sich und legte das Manuskript, das im Januar-Heft des Altöttinger „Franziskusblattes“ erscheinen soll, bei, mit der Bitte, Richtigstellungen vorzunehmen.[392] Tatsächlich brachte der Schriftleiter P. Pirmin Maria Schirmer den Beitrag über Anna in der Januar-Nummer und den folgenden Nummern der Zeitschrift.

Am 17. Oktober 1931 meldete sich P. Stanislaus erneut bei Rieger mit der Nachricht, er habe Abschriften von Dokumenten, darunter auch den Arztbericht, an den „Marienborn“ und das „Franziskusblatt“ weitergeleitet.[393]

Auch in der Februar-Nummer und den folgenden Nummern erschien im „Marienborn“ ein Artikel über Anna Schäffer, vermutlich von P. Stanislaus verfasst, in Fortsetzungen. Anerkennende Leserbriefe erfolgten im Dezember des Jahres 1931, in denen hervorgehoben wird, dass die Verehrung in Bayern zugenommen habe, was an der Zahl der Gebetsanliegen und Gebetserhörungen sowie den Bitten um Reliquienbildchen zu bemerken sei.[394]

Im selben Jahr erschien auch im „Katholischen Sonntagsblatt“ in Stuttgart über „Anna Schäffer, eine verborgene Kreuzesblume aus dem Bayernlande“ mit einem Hinweis auf das Buch über dieselbe von Friedrich Ritter von Lama ein Aufsatz. Unter dem Pseudonym „Antonius Mindar“ verbarg sich der Kapuziner P. Hermann Josef Stark, zu dieser Zeit Superior in Maria Buchen bei Lohr am Main und

390 Dr. Fritz Gerlich (1883 Stettin – München 1934, von den Nationalsozialisten ermordet). Zunächst im Archivdienst in München tätig, dann als Publizist von 1920 bis 1928 als Hauptschriftleiter der „Münchner Neuesten Nachrichten“. Er trat unter dem Eindruck des Erlebnisses von Konnersreuth zur kath. Kirche über; gründete die Zeitung „Der gerade Weg“ und kämpfte mit Entschiedenheit gegen das Dritte Reich. – Vgl. Kosch, Wilhelm, Biographisches Staatshandbuch. Lexikon der Politik, Presse und Publizistik. 1. Bd., Bern und München 1963, S. 386.

391 BKR III. Abt. CAS K. 20: Eichstätt/Obby. 17.10.1930: P. Dr. Stanislaus OFMCap. an Rieger.

392 BKR III. Abt. CAS K. 20: Eichstätt 29.10.1930: P. Dr. Stanislaus OFMCap. an Rieger.

393 BKR III. Abt. CAS K. 20: Eichstätt 17.10.1931: P. Dr. Stanislaus an Rieger.

394 BKR III. Abt. CAS K. 55 Nr. 46: „Anna Schäffer von Mindelstetten“ in „Marienborn“, Februar 1931. Jg. 4.

Schriftleiter der Zeitschrift „Marienborn“, wie er am 4. Juli 1932 Rieger mitgeteilt hat.[395] Um diese Zeit erschien auch in der „Kirchenzeitung für die Erzdiözese Bamberg“ Nr. 15 ein Artikel unter dem Titel „Etwas über die Leidensblume von Mindelstetten bei Riedenburg“, dessen Verfasser leider unbekannt ist.[396]

Unter dem gleichen Pseudonym „Antonius Mindar“ veröffentlichte übrigens P. Hermann Josef Stark vom Juli bis zum Dezember 1946 in der Zeitschrift „Benediktus-Bote“ eine längere Abhandlung über Anna, die vom schwer kriegsgeschädigten katholischen Volk mit großer Dankbarkeit aufgenommen wurde.[397]

Aber bereits 14 Jahre zuvor hat sich der langjährige und verdiente Schriftleiter der Zeitschrift „Benediktus-Bote“, P. Odo Staudinger OSB, in der Erzabtei St. Peter in Salzburg an Rieger gewandt, um Mitteilungen über die Dienerin Gottes für seinen Boten zu erhalten. Er habe bereist im Februar-Heft 1932, Seite 159, eine Gebetserhörung und im letzten September-Heft über sie berichtet.[398] Und er fügte seinem Schreiben hinzu: „Ich verehre die Nandl sehr; habe sie schon oft angerufen und ich glaube mit Erfolg.“[399]

Ab Januar 1931 berichtete das „Altöttinger Franziskusblatt“, eine Monatsschrift für Terziaren und Franziskusfreunde, in Fortsetzungen über das Leben und Sterben der „Kreuzesblume“, wie Anna im Titel genannt wird.[400]

Auch die Mainzer Kirchenzeitung „Der Christliche Pilger“ brachte am 8. März 1931, ebenso das „Katholische Sonntagsblatt“ Straßburg und die Unterhaltungsbeilage zum „Neuburger Anzeigeblatt“ am 14. April 1931 Artikel über Anna mit den Titeln „Eine Stigmatisierte aus unserer Zeit“, „Des Heilands ‚Passionsblümlein‘“ und „Anna Schäffer von Mindelstetten † 1925“ von dem Redemptoristen P. Karl Josef Baudenbacher.[401]

In welchen Zeitungen und Zeitschriften ansonsten noch Aufsätze über die Selige erschienen sind, müsste noch eruiert werden.

Am 17. Januar 1933 meldete sich P. Stanislaus, diesmal aus Dillingen, bei Rieger. Er bedauerte, dass er schon seit längerer Zeit nichts mehr von der „Gottseligen“ gehört habe. „Es wäre doch schade, wenn dieses so ergreifend schöne, besonders auch sozial soviel aufrichtende Heiligenleben aus dem Andenken unseres Volkes schwinden würde.“ Dann berichtete er, dass er in Superior P. Hermann Josef Stark, der seinerzeit als Schriftleiter des „Marienborn“ über Anna berichtet habe, einen

395 BKR III. Abt. CAS K. 21: 12.1931 Leserbriefe an den „Marienborn“

396 BKR III. Abt. CAS K. 21: K. 55 Nr. 1a: „Kirchenzeitung für die Erzdiözese Bamberg“ Nr. 15, 1931.

397 BKR III. Abt. CAS K. 55: Aschaffenburg 04.07.1932: P. Hermann Josef Stark OFMCap. an Rieger – BKR CAS K. 55: Katholisches Sonntagsblatt“, Stuttgart 21. Mai 1931, S. 357f.

398 BKR III. Abt. CAS K. 55 Nr. 17: „Benediktus-Bote“ 16. Jg., Juli-August 1946ff.

399 BKR III. Abt. CAS K. 21: Salzburg, Erzabtei St. Peter 18.02.1932: P. Odo Staudinger OSB an Rieger.

400 BKR III. Abt. CAS K. 55 Nr. 44: „Altöttinger Franziskusblatt“ 32. Jg. 1931.

401 BKR III. Abt. CAS K. 55 Nr. 31: „Unterhaltungsbeilage zum Neuburger Anzeigeblatt“ Nr. 30, 14.04.1931.

Mann fand, der bereit sei, den Text für das geplante Bildchen der Gottseligen zu verfassen und dieses drucken zu lassen. Er bräuchte jedoch eine feste Zusage für die Abnahme eines größeren Quantums.[402]

Am 22. Mai 1933 erinnerten sich die Gebrüder Habbel, die die Zeitung „Regensburger Anzeiger“ verlegten, an Anna. Sie boten Rieger an, eine Veröffentlichung in der Beilage „Regensburger Sonntagszeitung“ zu bringen, und erkundigten sich nach dem Verlag des Lama-Buches.[403] Ob ein Artikel tatsächlich erschienen ist, entzieht sich unserer Kenntnis.

Im selben Jahr, am 16. Dezember, bedankte sich Fr. Coelestin OFMCap. aus Eichstätt bei Rieger für das Ausleihen der „Gedanken und Erinnerungen“ von Anna, die er exzerpieren wollte, aber leider nicht vollenden konnte.[404] Ob er etwas darüber schreiben wollte oder nur aus Interesse dieses wichtige Dokument zu studieren gedachte, ist unbekannt.

Es erscheint merkwürdig, dass im Gegensatz zu den Kapuzinern der Eichstätter Klerus der Verehrung Annas durch das Volk skeptisch bis ablehnend gegenüberstand. Wahrscheinlich wurde diese Haltung durch die Ereignisse in Konnersreuth und durch den Einsatz eines Eichstätter Hochschulprofessors für die stigmatisierte Therese Neumann beeinflusst. Doch ein Ingolstädter Benefiziat, Joseph Pemsel[405], hatte den Mut, sich in eindeutiger Weise zu der Mindelstettener Dulderin zu bekennen. Nachdem er sich eine Fotografie von Anna von Pfarrer Rieger erbeten hatte, verfasste er für das Eichstätter „Willibaldsblatt“ einen Artikel über Anna unter dem Titel „Etwas über die Leidensblume von Mindelstetten bei Riedenburg“. Er wurde am 27. November 1927 veröffentlicht. Er schrieb u. a.: „Anna verdient es wegen ihrer 25-jährigen, entsetzlich schweren Krankheit die Leidensblume von Mindelstetten genannt zu werden. Die Stimme des Volkes hat ihr weitum noch einen viel ehrwürdigeren Namen gegeben, dessen kirchliche Bestätigung wir freilich in aller Geduld erbeten und erhoffen wollen [...]. Ihre Schmerzen waren groß; größer aber war ihre Geduld, am allergrößten aber Gottes Huld; heldenhaftig war ihr Opfergeist, tiefsinnig ihre Frömmigkeit, unbeschreiblich ihre Liebe zum Heiland, den sie seit dem Kommuniondekret des Hl. Vaters Papst Pius X. tagtäglich als Gast ihrer Seele empfing. Sie betete viel und opferte all ihr Leiden für die ganze Kirche, für die Sterbenden insbesonders.“ Und Pemsel beschloss seinen Artikel mit den Worten: „Aus mancher Ecke unserer Dorffriedhöfe wird am jüngsten Tage manche Gestalt

402 BKR III. Abt. CAS K. 21: Dillingen/Schw. 17.01.1933: P. Dr. Stanislaus an Rieger.

403 BKR III. Abt. CAS K. 21: Regensburg 22.05.1933: Gebrüder Habbel an Rieger.

404 BKR III. Abt. CAS K. 21: Eichstätt 16.12.1933: Fr. Coelestin OFMCap. an Rieger.

405 Josef Pemsel (1861 Mörsach/Diöz. Eichstätt). Nach seiner Priesterweihe in Eichstätt am 15. März 1885 wirkte er nach verschiedenen Seelsorgstationen als Benefiziat und Schulinspektor in Ingolstadt. Als Heimathistoriker, Biograph, Pädagoge und Schriftsteller sowie als Schriftleiter des „Ursberger Sankt-Josephs-Boten“ machte er sich einen Namen. – Kosch, Wilhelm, Das Katholische Deutschland. Biographisch-bibliographisches Lexikon, 4. Bd., Augsburg 1933, S. 3466f.

im herrlichen Gewande, mit den Zeichen der größten Gnadengaben Gottes auferstehen. Dies dürfen wir auch hoffen von der Leidensblume von Mindelstetten."[406]

Es ist durchaus möglich, dass damals, von 1926 bis 1933, auch andere Zeitungen und Zeitschriften über die Dulderin von Mindelstetten berichtet haben, aber in den zahlreichen Dokumenten ist nicht mehr als hier geboten zu finden.

Das Bischöfliche Ordinariat Regensburg und die Verehrung Annas

Das Ordinariat des Bistums Regensburg, zu dem ja Mindelstetten gehörte, hat zunächst mit weiser Zurückhaltung auf die Verehrung Annas durch das Volk reagiert. Schließlich hatte man mit den Ereignissen um Therese Neumann in Konnersreuth genug zu tun, und die Auseinandersetzungen zwischen Befürwortern und Gegnern nahmen kein Ende. Und doch war das Verhalten des Ordinariats trotz aller Vorsicht anders, abgesehen davon, dass Anna ja bereits verstorben war. In kluger Voraussicht hat Bischof Antonius von Henle (1906–1927 Oberhirte des Bistums Regensburg) Pfarrer Rieger empfohlen, die Ausmauerung des Grabes vorzunehmen und ihm erlaubt, seine Grabrede, die von vielen Menschen angefordert wurde, drucken zu lassen.[407] Das dürfte damals von Vielen mit Erstaunen zur Kenntnis genommen worden sein, da das Verhältnis Riegers zu seinem Bischof Antonius nicht das Beste war.

Doch bei seinem neuen Bischof, Dr. Michael Buchberger (1927–1961 Bischof von Regensburg), scheint sich Rieger um ein besseres Verhältnis bemüht zu haben. Jedenfalls sandte er ihm am 5. Oktober 1928, also am Todestag der Seligen, einen kurzen Bericht über „eine gottbegnadete Jungfrau Anna Schäffer", deren Gnadenleben er, seit 31 Jahren Pfarrer von Mindelstetten, bezeugen könne. Dann schilderte Rieger mit Hinweis auf deren Armut das Leben und Leiden der Verstorbenen. Er beschloss sein Schreiben mit der Bemerkung, dass P. Stephan Kainz OSB in den „Monatsrosen" und Benefiziat Pemsel im „Eichstätter Sonntagsblatt" („Nürnberger Sonntagsfriede") bereits Artikel über Anna veröffentlicht haben und er bereit sei, persönlich seine Erfahrungen über das Gnadenleben Seiner Exzellenz vorzutragen.[408]

Buchberger war von dem Bericht offenbar angetan und schrieb Rieger bereits am 9. Oktober eine sehr freundliche Antwort: Er habe mit großem Interesse Kenntnis genommen und er halte es für notwendig, dass der Pfarrer einen ausführlicheren Bericht zusammenstelle. Auch über die „außerordentlichen Erscheinungen, die sich während ihres Leidens gezeigt haben, und über die Wahrnehmungen und Beobach-

406 BKR III. Abt. CAS K. 20: Ingolstadt 30.08.1927: Benefiziat Joseph Pemsel an Rieger – 27.11.1927: Pemsel an Rieger.

407 BKR III. Abt. CAS K. 20: Mindelstetten 05.10.1928: Bericht Riegers über Anna Schäffer für Bischof Dr. Michael Buchberger.

408 BKR III. Abt. CAS K. 20: 05.10.1928: Abschrift des Berichtes Riegers.

tung anderer Augenzeugen" möge er berichten. Dann stellte der Bischof die Frage, „ob Stigmata vorhanden waren und in welcher Form sie sich zeigten". Er möge „alle Briefe und sonstigen Schriftstücke von ihr und über sie sammeln."[409]

Bischof Dr. Buchberger war sichtlich beeindruckt. In seiner Predigt anlässlich des Triduums zu Ehren des seligen Friedrich in der Stadtpfarrkirche St. Cäcilia in Regensburg sagte er im Dezember 1929 Worte großer Anerkennung über Anna: „Franziskus-Seelen gab es zu allen Zeiten, gibt es auch heute in unseren Tagen. Im Jahre 1925 starb in unserer Diözese eine Jungfrau namens Anna Schäffer, die wegen ihres 25-jährigen Leidens der Wundmale Christi gewürdigt wurde. Sie hat während ihrer ganzen Leidenszeit von einer monatlichen Rente von 9 Mark gelebt. Dabei war sie völlig zufrieden und trotz aller Armut und Leiden voll Dankbarkeit gegen Gott. Das ist die Armut, die selig macht in diesem und im ewigen Leben!"[410] Die Predigt wurde im „Regensburger Sonntagsblatt" am 8. Dezember 1929 veröffentlicht.[411]

Man bedenke die Zeit, in der Buchberger diese Predigt gehalten und Anna als ein leuchtendes Vorbild hingestellt hat, denn der berühmte, d. h. berüchtigte „Schwarze Freitag", am 25. Oktober 1929, hat mit dem New Yorker Börsenkrach eine Weltwirtschaftskrise mit ungeheurer Arbeitslosigkeit und materieller Not eingeleitet. Aber die Predigt zeigt auch, dass der Bischof den Ausführungen Riegers absolut vertraute und von der Stigmatisation Annas überzeugt gewesen ist.

Zwei Jahre später richtete er an Rieger ein bemerkenswertes Schreiben folgenden Inhalts: Er stellte fest, dass in verschiedenen Blättern Berichte über das Leben und Leiden Annas erschienen seien. Es sei „ihm nicht lieb", wenn Unberufene darüber schreiben, und er bestehe darauf, dass Rieger „gegenüber dem Herrn v. Lama das Autorenrecht in Anspruch nimmt und v. Lama ohne dessen Einwilligung nichts veröffentlichen darf." Er bitte, dies ihm mitzuteilen. Er führt weiter aus: In unserer Zeit wird „mit Erscheinungen auf dem Gebiete des Glaubens- und Gnadenlebens zuviel Reklame gemacht und zu viele Geschäfte gemacht". Er komme zu der Überzeugung, dass es sich „bei Anna Schäffer doch um ein außergewöhnlich frommes und heiliges Leben handelt". Er erwägt, ob nicht „doch vielleicht einmal eine Seligsprechung in Frage kommen könnte". Er ermunterte Rieger erneut, seine Erfahrungen und sein Urteil niederzuschreiben und alles zu sammeln, was noch von und über Anna vorhanden sei. Und er beschloss seinen Brief mit folgenden Worten: „Für die Pfarrgemeinde Mindelstetten wäre es eine ungemein große Ehre und Gnade, wenn ein Pfarrkind einmal in die Schar der Seligen aufgenommen würde."[412]

409 BKR III. Abt. CAS K. 20: Regensburg 09.10. 1928: Bischof Buchberger an Rieger.

410 BKR III. Abt. CAS K. 20: 08.12.1929 „Regensburger Sonntagsblatt", 3. Jg., Nr. 49.

411 Der im „Regensburger Sonntagsblatt" erschienene Artikel handelt vom „Leiden", von den „Wundmalen" und von der „Armut" Annas und ihrem Leben in „Dankbarkeit" gegenüber Gott.

412 BKR III. Abt. CAS K. 21: Regensburg 08.03.1931: Bischof Buchberger an Rieger.

Schon einige Monate vorher hatte Buchberger seinen Unmut geäußert und am 19. September 1930 an Rieger geschrieben, er sei peinlich berührt von der Nachricht, dass eine Publikation über die Stigmatisierte von Mindelstetten von privater Seite erstellt wurde, was von ihm nicht gewünscht war. Er wollte auch wissen, woher Ritter von Lama die Abschriften von Dokumenten Annas erhalten hat, ferner ob er mit Rieger über die Publikation verhandelt habe. Und er beschloss seinen Brief mit der Bemerkung: „Es gibt Schriftsteller, die förmlich Jagd machen nach religiöser Situation und auf jeden Fall mystischen Lebens sich stürzen. Sie machen die Frömmigkeit zum Geschäft, das können wir unmöglich billigen."[413]

Ritter von Lama war aber keineswegs ein Schriftsteller, der sich bereichern wollte. Was er schrieb, kam ihm nach wissenschaftlicher Überprüfung von Herzen, erwies sich als Ausdruck seiner treu katholischen Gesinnung und ist in zahlreichen Fällen beweisbar. Bischof Buchberger hat ja von Lama nicht persönlich gekannt und dürfte vielleicht irritiert gewesen sein wegen dessen fortwährender Beschäftigung mit den damals noch umstrittenen Ereignissen in Konnersreuth. Pfarrer Rieger hingegen kannte von Lama, schätzte ihn und stand mit ihm in einem fast freundschaftlichen Verhältnis.

So sah sich Rieger veranlasst, seinem Bischof zu antworten. Er bedankte sich zunächst für die aufmunternden Worte und bedauerte, dass es ihm infolge seines gesundheitlichen Zustandes und auch wegen der schlechten Wetterverhältnisse bisher nicht möglich war, nach Regensburg zu kommen.

Er unterrichtete Buchberger darüber, dass seit 25 Jahren zum Rosenkranz-Bruderschaftsfest jeweils ein Kapuzinerpater zur Beichtaushilfe und Predigt nach Mindelstetten komme. Im vorigen Jahr sei P. Dr. Stanislaus aus Eichstätt dort gewesen und habe in seiner Predigt auch über Anna Schäffers Gnaden vor Gott gesprochen. Er habe sich dazu aus den Heften der Verstorbenen und ihrer gesammelten Briefe für sich persönlich Abschriften gemacht. Ferner habe er einen Artikel in einer Altöttinger Zeitschrift über die Leidensblume veröffentlicht. Er hielte es für richtig, dass über das Leben und Leiden der Begnadeten ein Buch geschrieben werden müsse, um das Volk aufzuklären. Er habe den Bischof darüber informiert, dass von Lama deshalb nachgefragt habe. Er, Rieger, besitze kein Eigentumsrecht über die Exzellenz vorgelegten Originale und es sollte ja nur „die Verehrungsbewegung unter dem Volke" bekannt werden. Er verwies darauf, dass er damals geschrieben habe, aus gesundheitlichen und finanziellen Gründen könne er selber kein Buch über Anna schreiben und herausgeben.

Da das Buch, erarbeitet von Lama, nunmehr erschienen sei, werde auch ein Verbot des Bischofs nichts ändern können. Er habe das Werk bereits von Lama erhalten, es zum größten Teil durchgearbeitet und keinen Irrtum darin gefunden. Er

413 BKR III. Abt. CAS K. 21: Regensburg 19.09.1930: Bischof Buchberger an Rieger.

selbst hätte es nicht besser schreiben können. Zu Annas Lebzeiten habe er seine priesterliche Tätigkeit als eine verborgen zu haltende Aufgabe betrachtet. „Möge die Sache der seligen Anna durch Gottes Gnade eine Hilfe werden in der Glaubensnot unserer Zeit und der Pfarrei Mindelstetten Segen bringen.“[414]

Tatsächlich hätte die Veröffentlichung des Buches nicht verboten werden können, denn das Verfügungsrecht über die Briefe und Aufzeichnungen Annas besaßen allein die Erbberechtigten, also die Verwandten. Zumal das Buch mit oberhirtlicher Genehmigung versehen ist, hat von Lama, auch kirchenrechtlich betrachtet, gegen kein Gesetz verstoßen.

Am 4. Februar 1929 erstellte Rieger eine ausführliche Stellungnahme über das Leben, Leiden und Sterben Annas mit einem zu der schweren Zeit passenden Vorwort folgenden Inhalts: „Die göttliche Erlöserliebe hat in unseren Tagen der Glaubensschwäche und Hinwendung zum irdischen Lebensgenuss eine Anzahl an heiligen Vorbildern uns gegeben, welche unserer Zeit, allen Gutgesinnten und Zagenden zurufen: ‚Suchet zuerst das Reich Gottes‘, die wie eine hl. Theresia vom Kinde Jesu einen Gnadenregen der belohnten Reinheit des Herzens auf die sündige Menschheit herabfließen lassen, die wie ein seliger Bruder Konrad bestätigen können, auch ein einfaches Berufsleben führt unter Mariens, der Gnadenmutter Bayerns, zu hoher Vollkommenheit, wenn es im Dienste Gottes steht.

Die göttliche Liebe des gekreuzigten Heilandes will aber auch unsere Zeit an die Leidensblumen erinnern, welche wie eine selige Creszenz von Kaufbeuren oder eine hl. Katharina von Emmerich auf dem Kreuzeswege in den Himmel geflogen sind. Es soll die vergnügungssüchtige Welt wissen, dass Leiden eine Seele von allem Sündigen rein erhalten und zu einer Opferseele für die Welt erblühen lassen, und im Himmel als Passionsblumen in ewiger Freude und zum Segen der Menschheit weiter blühen lassen in der Nähe des Opferherzens Christi.

Die Welt wurde in den letzten Jahren vor ein Rätsel gestellt, dass die Kreuzesliebe unseres Erlösers noch besteht und Wunder wirken kann. Die Welt hätte aber auch anderes, verborgenes Leid schauen können, das im Stillen ein Leidensleben vor Gott geführt, ein Opferleben für die Menschen und besonders für die hl. Kirche und hier wieder besonders für die Priester 25 Jahre lang durchgelitten hat.

Der Verfasser dieses Leidensberichtes kann versichern, dass er selbst als Pfarrer von Mindelstetten Augenzeuge des glaubensstarken Leidens war, dass er als Seelenführer, der Zeuge für ein heroisches Dulderleben, die Versicherung geben kann, dass nur volle Wahrheit hinter dem verborgenen Leidens- und Gnadenleben ist; dass er selbst nur der glückliche Führer eines von Gott hochbegnadeten Seelenlebens sein wollte.“

Über seine Seelenführung bemerkte Rieger: „Dass ich niemals auf außergewöhnliche Tugendakte hinarbeitete; dass ich mit Willen der Kranken auf Verborgenheit

414 BKR III. Abt. CS K. 20: Mindelstetten 11.03.1931: Rieger an Bischof Buchberger.

vor der Welt bedacht war; dass ich aber niemals hinderte, dass die Dulderin außergewöhnliche Gnadenerweise des Heilandes annahm; dass ich ihr sagte: wenn sie übernatürliche Stärkungen für ihr unermessliches Dulden erhalte, dann soll sie dem Herrn dafür danken und in Demut bitten, dass sie noch länger zu ihrem Heile, zum Segen der hl. Kirche und als Opferseele für die Sünden der Welt leiden dürfe und die gewöhnlichen und außerordentlichen Leiden noch ertragen kann, obwohl sie manchmal klagte, sie könne nicht mehr. Aus der gottesergebenen Dulderin war ein Dulden mit heroischer Geduld, Glaubenstärke und Himmelssehnsucht geworden; aus der Verachtung der Welt war eine Opferseele für Gott, ihr [persönliches] Heil und für den Segen der Menschen geworden."

Dann berichtete Rieger über das tägliche Leben der Heimgegangenen, ihre große Liebe zum Allerheiligsten Altarsakrament, über den Empfang der Stigmatisation, von der er erst neun Jahre später erfahren habe, von ihrer großen Armut, ihrem so fruchtbaren Briefapostolat und von ihren Ekstasen, schließlich von ihrem Sterben.[415]

Der heutigen Sicht mag der Stil der Stellungnahme Riegers nicht entsprechen, aber man muss dabei bedenken, dass sie vor 80 Jahren geschrieben wurde und der Verfasser bereits ein alter, kranker und durch die politischen Ereignisse dieser Zeit geprägter Mann war.

Am 10. März 1931 sandte Pfarrer Rieger einen Pastoralbericht an das Bischöfliche Ordinariat mit einigen ergänzenden Angaben über Anna.[416] Auch dieser dürfte mit Wohlgefallen aufgenommen worden sein und zur Beruhigung der etwas gespannten Situation wegen des Buches über die Dulderin von Ritter von Lama beigetragen haben.

Schließlich schrieb Rieger am 27. Dezember 1933 an Ritter von Lama einen Brief, in dem er ihm mitteilte: „Vor zwei Wochen war ich in Regensburg und Exzellenz kam auch auf Anna Schäffer zu sprechen. Ich zeigte ihm die bisherigen Gebetserhörungen. Exzellenz gab mir den Auftrag, etwas über sie zu schreiben. Ich werde aber kein Buch schreiben, sondern Sr. Exzellenz zu meinen ‚Worten am Grabe' Erläuterungen geben mit den eingesandten Gebetserhörungen. – Am 3. Januar Dekanekonferenz in Regensburg!"[417] Vermutlich musste er daran teilnehmen und über die Ereignisse bezüglich Anna Schäffer referieren.

Anfänge der Verehrung Annas durch das Volk

Sicher wurde Anna schon zu Lebzeiten durch ihr so segensreiches Briefapostolat bereits von vielen Menschen, die ihr ihre Sorgen und Anliegen mitgeteilt hatten,

415 BKR III. Abt. CS K. 21: Mindelstetten o. D.: Erneute Stellungnahme Riegers über Anna Schäffer und das Buch von Ritter v. Lama.

416 BKR III. Abt. CAS K. 21: Mindelstetten 10.03.1931: Pastoralbericht Pfarrer Riegers.

417 BKR III. Abt. CAS K. 21: Mindelstetten 27.12.1933: Rieger an Friedrich Ritter v. Lama.

verehrt. Die eigentliche Verehrung des Volkes erfolgte jedoch erst nach ihrem Heimgang zu Gott und entwickelte sich zunehmend bis auf den heutigen Tag. Pfarrer Rieger war bis zu seinem Tod 1934 vollauf beschäftigt, die an ihn herangetragenen Bitten und Wünsche zu befriedigen. Freilich sind die meisten Briefe sicher verloren gegangen, aber aus den erhaltenen und gesammelten kann die Entwicklung der Verehrung durch das katholische Volk eruiert werden. Selbst aus Oberösterreich erhielt Rieger ein Dankschreiben, in dem sich ein Franz Grill aus Esternberg für die Zusendung der „Worte am Grabe der Jungfrau Anna Schäffer" sowie für das Bildchen mit einer Reliquie bedankte und zugleich bat, seine „Lebens- und Existenzfrage" ihr im Hl. Messopfer zu empfehlen.[418]

Ebenso bedankte sich die Brauereibesitzersgattin Anna Wittmann am 8. Juli 1926 für das „schöne Gebetsandenken", nämlich Grabrede und Bildchen.[419]

Auch im Jahr 1927 erreichten Rieger einige Dankesbriefe. So vom Prior der Barmherzigen Brüder in Neuburg an der Donau, Fr. Valerian, der für die Grabrede und die Bildchen „vergelt's Gott" sagte.[420]

Von Interesse ist das Schreiben des Steyler Bruders Aureus, vermutlich der Leiter der dortigen Druckerei, der die Bildchen mit dem Porträt Annas gedruckt hatte. Er übersandte Rieger 50 Bildchen und legte 12 Stück für die Mutter Annas bei. Er berichtete, dass Nuntius Pacelli aus Berlin nach Steyl kommen wird, um in einer Missions-Abschiedfeier 48 Priester, 33 Brüder und 50 Schwestern das Missionskreuz zu überreichen. Er bedankte sich am Schluss für die beiden Hefte mit den Aufsätzen über die große Dulderin in den „Monatsrosen".[421]

Einen umfangreichen Brief sandte ihm die Leiterin eines Erholungsheimes in Mauer bei Wien, Odilia Ehrich. Sie schrieb: Ganz Wien redet von Therese Neumann und in allen „Illustrierten Zeitungen" sind spaltenlange Artikel und Bilder von ihr, zumeist wird alles in den Schmutz gezerrt. „Es ist furchtbar traurig!" Sie sei aber glücklich, „dass die gottbegnadigte Anna so still im Verborgenen leiden durfte. Sie verehre von Tag zu Tag Anna immer mehr, denn immer wieder fühlt sie ihren Schutz und ihre Fürbitte. So habe sie durch eine außerordentliche Fügung eine gute Stellung bekommen und zwar in einem Mittelstands-Altersheim in Baden bei Wien, was sie der Fürbitte Annas zuschreibt. Sie habe in den „Monatsrosen" manches gelesen, was sie noch nicht wusste, und wünschte sich, die ganze Lebensgeschichte „der Hl. Anna" zu lesen und von ihr bis zu ihrem Tode weiter geführt zu werden.[422] Bereits am 1. Januar 1928 wandte sich Frau Ehrich erneut an

418 BKR III. Abt. CAS K. 20: Engendorf bei Esternberg/Oö. o. D.: Franz Grill an das Pfarramt Mindelstetten.

419 BKR III. Abt. CAS K. 20: o. O. 08.07.1926: Anna Wittmann an Rieger.

420 BKR III. Abt. CAS K. 20: Neuburg a. d. D. 20.01.1927: Prior Fr. Valerian OH des Klosters und Krankenhauses an Rieger.

421 BKR III. Abt. CAS K. 20: Steyl, Post Kaldenkirchen/Rhld. 25.07.1927: Br. Aureus an Rieger.

422 BKR III. Abt. CAS K. 20: Mauer bei Wien 28.09.1927: Odilia Ehrich an Rieger.

Rieger mit Segenswünschen zum Jahreswechsel und dass sie die zugesagten 15,– Schillinge für die Mutter Annas nun monatlich senden werde. Anna sei ihr ein wirklicher Schutz- und Fürbittengel – „ich fühle es täglich und auffallend!“[423] Indes scheint die Stellung doch nicht so gut gewesen zu sein, da sie mit der Präsidentin des Heimes heftige Auseinandersetzungen hatte, weil „der ganze Verein Freimaurer“ seien. Nun befände sie sich in Tirol, im „Kreuzhof“ in Achenkirch am Achensee, bei „der lieben Gräfin Anna Elisabeth Jankovicz“. Diese habe in Achenkirch eine kleine Villa, die sie im Sommer vermiete, und ein Bauernhaus, neben dem Kreuzhof. Sie bitte Rieger um „Gebetshilfe“, da sie sich um die Leiterin-Stelle im neu zu eröffnenden Sanatorium für Nervenkranke der Landesheil- und Pflegeanstalt in Hall beworben habe.[424] Zwei Monate später meldete sie sich wieder aus Achenkirch: Da sich der Bau des Sanatoriums in Hall verzögere, gehe sie nun zu einer Dame in „Ochsenseehof“ am Achensee zur Aushilfe. Sie vertraue weiterhin der Fürbitte Annas.[425]

1928 meldete sich auch Bruder Aureus aus Steyl wieder bei Rieger: Wieder seien 400 Bilder mit Annas Foto gedruckt worden, die er ihm schicke.[426] Es ist anzunehmen, dass die Haushälterinnen Riegers, Frl. Elis und Frl. Rosa, diese mit einem winzigen Stückchen Leinen von der Wäsche Annas versehen haben, um diese an die Verehrer verschenken bzw. senden zu können.

Auch die Ein- und Verkaufsgenossenschaft der Schreinermeister von Ingolstadt erinnerte sich der Schreinertochter von Mindelstetten. Rieger wurde um drei Fotografien Annas gebeten. Ein B. Wieser schrieb in dem Brief: „Wir wollen die dritte Photographie an den Carmel in Lisieux senden und wir verehren die Selige und ist uns ihr Bild lieb und teuer.“[427]

Aus Ingolstadt erreichte Rieger auch ein Schreiben von Agathe Springer. Sie schrieb, dass sie schon seit zweieinhalb Jahren bettlägerig sei und von ihrer 20-jährigen Schwester gepflegt werde. Sie möchte Näheres über Anna, „eine recht begnadete Seele“, erfahren und erbitte ein Andenken. Ihr einziger Halt sei der Glaube. Ihre Mutter und Schwester seien kurz nacheinander verstorben und sie entbehre der Elternliebe, weil der Vater sich wieder verheiratet habe mit einer Fabrikarbeiterin.[428]

Während aus dem Jahr 1929 Briefe fehlen, haben sich von 1930 einige erhalten. So sandte Frau Lina Schweiger aus Ingolstadt im Winter Blumen für die Kirche, wie

423 BKR III. Abt. CAS K. 20: Mauer bei Wien 01.01.1928: Odilia Ehrich an Rieger.

424 BKR III. Abt. CAS K. 20: Achenkirch am Achensee, Kreuzhof/Tirol 23.05.1928: Odilia Ehrich an Rieger.

425 BKR III. Abt. CAS K. 20: Achenkirch am Achensee, Kreuzhof/Tirol 13.07.1928: Odilia Ehrich an Rieger.

426 BKR III. Abt. CAS K. 20: Steyl bei Kaldenkirchen/Rhld. 18.07.1928: Br. Aureus an Rieger.

427 BKR III. Abt. CAS K. 20: Ingolstadt, Theresienstr. 14, Ein- und Verkaufs-Genossenschaft der Schreinermeister Ingolstadts 01.10.1928: B. Wieser an Rieger.

428 BKR III. Abt. CAS K. 20: Ingolstadt 17.10.1928: Agathe Springer an Rieger.

sie es Anna versprochen hatte. Zugleich beklagt sie, dass sie bis zum 1. Februar 1930 den Zins für eine Hypothek zu zahlen habe, und wenn sie das Geld – 100,– Mark – nicht aufbringe, müsse sie mit ihrer Familie von Haus und Hof gehen. Sie bitte ums Gebet![429]

Am 9. Januar 1930 schrieb der Fürsterzbischof von Salzburg, Ignatius Rieder (1918–1934)[430] an Rieger: Er könne sich noch gut an den Namen Anna Schäffer erinnern und habe sich an allem, was er von ihr gelesen habe, sehr erbaut, „besonders an ihrer Geduld, Gottergebenheit und ihrer innigen Vereinigung mit Gott". Aber leider habe er nichts Schriftliches von ihr. Er ermutigte Rieger: „Arbeiten Sie nur, Herr Pfarrer, damit dieses verborgene Licht etwas mehr auch öffentlich leuchte zur Erbauung vieler!"[431]

Im gleichen Jahr zu Ostern bat der Provinzial der Redemptoristen, P. Karl Joseph Baudenbacher, um die Grabrede und um bisher erschienene Artikel über Anna, da er eine Veröffentlichung über sie im „Liebfrauenboten" und im „Sendboten des Heiligsten Herzen Jesu" plane.[432]

Nach längerer Pause meldete sich am 30. April 1930 wieder Lina Pritzl aus Straubing mit der traurigen Mitteilung, dass ihr Vater verstorben sei. Sie habe Anna versprochen, etwas für die Pfarrkirche zu spenden, wenn sie hilft. Da ihr Vater aber verstorben sei, möchte sie trotzdem etwas geben, das dann dem Vater in der Ewigkeit zugute kommen möge. Sie werde im Sommer nach Mindelstetten kommen, um das Grab der Dulderin aufzusuchen.[433]

Aus Deggendorf schrieb Rosa Halbritter, die Gattin des Inhabers der Firma „Vanoni" Max Halbritter, am 3. Mai 1930, dass sie bei ihrem Sohn sei, da seine älteste Tochter am weißen Sonntag die Erste Hl. Kommunion empfangen durfte. Die Mutter des Mädchens habe sich aber bei der Feier „wieder einen sehr argen Husten

429 BKR III. Abt. CAS K. 20: Ingolstadt, Ziegeleistr. 1½ 08.01.1930: Lina Schweiger an Fr. Elisabeth Imlauer.

430 1858 in Großarl/Salzburg als Sohn des Schreiners Anton Rieder und dessen Ehefrau Maria, geb. Angerer, geboren, empfing er 1881 die Priesterweihe. 1892 Promotion in Theologie, dann Professor für Kirchengeschichte an der Theol. Fakultät Salzburg; 1911 Weihbischof; 1918 gegen seinen Hauptkonkurrenten Ignaz Seipel Fürsterzbischof von Salzburg. Als Monarchist leistete er Kaiser Karl den Treueid und unterhielt weiterhin Kontakt mit dem Kaiserhaus. Er war caritativ eifrig tätig und verwandte sogar eine persönliche Erbschaft zur Unterbringung alleinstehender Frauen. In seelsorglicher Hinsicht legte er Wert auf den Aufbau der Pfarrorganisation und die Berufung von Ordensgemeinschaften in seinem Bistum. Die Gründung einer Salzburger Universität wurde durch das nationalsozialistische Regime leider verhindert. Er wurde mit der Kirchenaustrittsbewegung und der NS-Hetze stark konfrontiert. Der irrationale Höhepunkt war ein Bombenanschlag auf sein Palais. Max Reinhard, dem er den Domplatz zur Verfügung stellte, nannte ihn den „Engelhaften Erzbischof". Am 8. Oktober 1934 verstarb er. – Vgl. Gatz, Erwin (Hrsg.), Die Bischöfe der deutschsprachigen Länder, 1785/1803 bis 1945, Berlin 1983, S. 617–619.

431 BKR III. Abt. CAS K. 20: Salzburg 09.01.1930: Fürsterzbischof Dr. Ignatius Rieder an Rieger.

432 BKR III. Abt. CAS K. 21: Ostern 1930: Provinzial der Redemptoristen P. Karl Joseph Baudenbacher an Rieger.

433 BKR III. Abt. CAS K. 20: Straubing 30.04.1930: Lina Pritzl an Rieger.

zugezogen, und da sie eine große Verehrerin Annas sei", bitte sie, eine hl. Messe ihr zu Ehren mit der Fürbitte um Besserung der Gesundheit ihrer Schwiegertochter zelebrieren zu wollen.[434]

Im Juni erreichte Rieger ein Schreiben des P. Severin Ritter von Lama, der sich im Sanatorium der Barmherzigen Brüder in Bad Reichenhall aufhielt. Er bedankte sich für das Manuskript – vermutlich die Stellungnahme Riegers zu Anna –, das ihn sehr erbaut habe. Er habe es zusammen mit seinen eigenen Notizen seinem Bruder, Friedrich Ritter von Lama, übersandt. Es würde ihn interessieren, ob ihm die Dulderin nicht von Beschauungen im engsten Sinn, z. B. dem Erleben der heiligsten Dreifaltigkeit oder das willenlose Erfassen der Gottheit, ihm berichtet habe.[435]

Anna Lindinger aus Manching teilte Rieger mit: Sie sei 11 Wochen schwer krank gewesen und habe schon in der dritten Woche gesagt: „Der Arzt kann mir auch nicht helfen, jetzt gehe ich zur Schäffer Anna! Ihre Briefe, die ich abgeschrieben habe, habe ich der Krankenschwester vorgelesen; ihr Bild habe ich auf meinem Nachtkasterl und ein Stückerl von ihrem Totenhemd aufgenäht.[436]

In einem Brief bedankte sich Therese Sattler aus Aschaffenburg für das Reliquien-Bildchen, das sie dem erwähnten Geistlichen Herrn übergeben habe. Er halte jetzt „mit großem Vertrauen eine Novene bis zum ‚Anna-Tag'", der Begnadeten Namensfest.[437]

Am Silvestertag des Jahres 1930 meldete sich schließlich noch die Schweizerin Mathilde Gruber aus Zürich, die mit Anna in deren letzten Lebensjahren korrespondiert hat, und bekundete, dass sie „grosses Vertrauen zu Anna habe" und sie bitte um ein kleines Andenken an sie, ebenso um die Grabrede.[438]

Inzwischen waren in zahlreichen katholischen Zeitungen und Zeitschriften über Anna Schäffer, ihr Leben und Leiden und ihre Vorbildhaftigkeit Berichte erschienen. Vor allem die bayerischen Kapuziner, aber auch die Steyler Missionsgesellschaft und nicht zuletzt die Bistumsblätter haben in ihren Publikationen zutreffend und erbaulich berichtet, wodurch die Verehrung sehr verbreitet und gefördert wurde. Vor allem die zu Beginn des Jahres 1931 im Verlag der Kinderfreund-Anstalt des Benediktiner-Priorats in Innsbruck mit dem Titel „Anna Schäffer aus Mindelstetten. Eine unbekannte Stigmatisierte aus unserer Zeit (stigmatisiert 1910, gestorben 1925), nach handschriftlichen Quellen dargestellt von Friedrich Ritter von Lama" erschienene Biographie hat wesentlich dazu beigetragen, dass die große Opferseele in weiten Kreisen der Bevölkerung bekannt wurde. Über den Autor und das Buch wird in einem eigenen Kapitel noch berichtet.

---

434 BKR III. Abt. CAS K. 20: Deggendorf 03.05.1930: Rosa Halbritter an Rieger.

435 BKR III. Abt. CAS K. 20: Bad Reichenhall, Rinckstr. 5, 7½ und 8, Sanatorium der Barmherzigen Brüder 14.06.1930: P. Severin Ritter v. Lama MSC an Rieger.

436 BKR III. Abt. CAS K. 20: Manching/Obby. 28.06.1930: Anna Lindinger an Rieger.

437 BKR III. Abt. CAS K. 20: Aschaffenburg/Ufr. 21.07.1930: Therese Sattler an Rieger.

438 BKR III. Abt. CAS K. 20: Zürich 31.12.1930: Mathilde Gruber an Rieger.

So ist es nicht verwunderlich, dass im Jahr 1931 Rieger mit zahlreichen Briefen mit Anfragen, Dankschreiben und auch Danksagungen zu tun hatte. Neben seiner seelsorglichen Tätigkeit in der Pfarrei Mindelstetten, dann zudem als Kämmerer und schließlich als Dekan des Dekanates Pförring hat er sich bedingungslos auch der Förderung der Verehrung seines Pfarrkindes Anna gewidmet. Er war eben überzeugt von ihrem heiligmäßigen Leben.

Bereits im Januar 1931 gratulierte ihm die ehemalige Lehrerin und nun verheiratete Franziska Schwaiger, die im „Altöttinger Franziskusblatt" den Anfang des Lebensbildes der Gottseligen gelesen hatte, „zu einem solchen Pfarrkind". Sie schrieb ihm u. a., dass „Gott unser Volk nicht zugrunde gehen lässt, wie es von Moskau tatsächlich geplant ist, wenn wir solche Menschen in unserem Volk haben."[439]

Am 13. Januar meldete sich wieder Mathilde Gruber aus Zürich: Sie „habe übergroße Freude an dem Stücklein vom Sterbehemd Annas" und bedankt sich dafür. Sie bemerkt, dass man viel beten muss, „dass diese gute Seele bald auf die Altäre erhoben wird". Sie begrüße es, wenn „Ritter v. Lama Annas Aufzeichnungen in Buchform herausgeben wird. Dazu müsse die Kirche nicht gesprochen haben. Solche Bücher werden viel Gutes bewirken und sie werde, wenn das Buch v. Lamas erscheint, es sofort kaufen."[440]

Anna Lindinger aus Manching wiederum bekundet ihre Freude über die Verbreitung des Rufs der lieben Anna.[441]

Katharina Steinbacher aus dem oberbayerischen Ruhpolding wandte sich an den Regensburger Verlag und Buchhandlung Habbel mit der Bitte um Übersendung des „Altöttinger Franziskusblattes", in dem der Kapuziner Dr. P. Stanislaus einen Artikel mit dem Titel „Aus dem Leben einer Kreuzesbraut" verfasst habe, sowie um die Grabrede.[442]

Selbst aus Grünberg in Schlesien empfing Rieger von einer Leserin des „Konnersreuther Sonntagsblattes", Margarethe Niedzielle, ein Bittschreiben um ein Bildchen mit Reliquie.[443]

Obwohl der Klerus von Eichstätt mit großer Vorsicht der Dulderin von Mindelstetten begegnete, drückte die Stadtpfarrei St. Anton in Ingolstadt ihre Freude darüber aus, dass sie „mehr und mehr bekannt wird".[444]

Die Tertiarin Maria Bockhorn von der Pfarrei St. Joseph in München bat Rieger um ein Bildchen mit Reliquie von Anna, nachdem sie im „Franziskusblatt" über die Stigmatisierte gelesen habe.[445]

439 BKR III. Abt. CAS K. 21: Bergmatting/Nby. 07.01.1931: Franziska Schwaiger an Rieger.

440 BKR III. Abt. CAS K. 21: Zürich 13.01.1931: Mathilde Gruber an Rieger.

441 BKR III. Abt. CAS K. 21: Manching/Obby. 17.01.1931: Anna Lindinger an Rieger.

442 KBR III. Abt. CAS K. 21: Ruhpolding/Obby. 31.01.1931: Katharina Steinbacher an Rieger.

443 BKR III. Abt. CAS K. 21: Grünberg/Schlesien 15.03.1931: Margarethe Niedzielle an Rieger.

444 BKR III. Abt. CAS K. 21: Ingolstadt 04.04.1931: Stadtpfarrei St. Anton an Rieger.

445 BKR III. Abt. CAS K. 21: München 13.04.1931: Maria Bockhorn an Rieger.

P. Heinrich (Gottfried) OFMCap. aus Dillingen bedankte sich bei Rieger für die Übersendung des Buches von Ritter von Lama. „Der Bericht über die Dulderin, deren Verbrühung und den vergeblichen Heilversuchen war mir jedes Mal eine kleine Seelenqual.“ Vermutlich hat er Anna persönlich kennengelernt, wenn er in Mindelstetten zur Aushilfe weilte. Dann schreibt er: „Zudem die beschämende Einsicht, dass man für ein paar Trostpfennige aus dem Reichtum eines einfachen Mädchens eine Handvoll Goldstücke zurückerhielt. Die eucharistische mystische Freude, mit der sie vom Heiland sprach, das Streben nach dem Genügen und der Geborgenheit der Überwelt bei allen ehrlich zugestandenem Prüfungs- und Sühneleiden, ihre durchgeistigte Gestalt, mehr Seele als Leib, zwang mir auch später noch ein Interesse an der Dulderin auf.“[446]

Am 12. Mai 1931 überraschte ein Schreiben von Lorenz Schmidt, offensichtlich ein Chordirektor, aus Ratibor in Oberschlesien – heute Racibórz/Polen – Pfarrer Rieger. Schmidt hatte das Gedicht von Anna Schäffer „Weiße Hostie, Gottesstern“ im Buch von Ritter von Lama auf Seite 137f. gefunden und vertont. Das Gedicht hat die Selige am 11. Juni 1921 erstmals der Pfarrhaushälterin Riegers, Elis Imlauer, in einem Brief geschrieben. Es ist für einen gemischten Chor „mit Begleitung“ vertont und wurde erstmals zu Ostern 1931 gesungen.[447]

Vermutlich ein Karmelit, Br. Designatus Nötscher aus Amberg, ersuchte im selben Monat Rieger um sechs Lama-Bücher, denn, so meint er, „es gibt viele Leute, die für Anna Schäffer Interesse haben; dazu haben die Berichte in den katholischen Blättern beigetragen!“[448]

Sekretär Friedrich Ehle aus Eichstätt bestätigte den Empfang „der hl. Reliquie ihres gottseligen Pfarrkindes Anna Schäffer“ und kündigt seinen Besuch im September an.[449]

Eine gewisse Gerda – Familienname und Ort fehlen leider – teilte mit, dass sie die von ihr gewünschte Anschrift der Freundin Annas, Fr. Pepi Fellner, Wackerstein bei Pförring, erhalten habe. Sie lese eben das „hocherbauliche Buch“ über die Begnadete von Ritter von Lama. „Ein frommer älterer Angestellter im Schlosse“ habe Anna gekannt.[450]

Auch der Leuchtenberger Pfarrer Georg Eichinger meldete sich: Er habe im „Altöttinger Franziskusblatt“ das wunderbare Leben der Anna Schäffer gelesen, gewann großes Vertrauen zu ihr und erbitte eine Reliquie von ihr, um einer kranken

446 BKR III. Abt. CAS K. 21: Dillingen/Schw. 16.04.1931: P. Heinrich (Gottfried) OFMCap. an Rieger.

447 BKR III. Abt. CAS K. 21: Ratibor/Oberschlesien (heute Racibórz/Polen) 12.05.1931: Lorenz Schmidt an Rieger – Ritter, Emmeram H., „Im Leiden habe ich Dich lieben gelernt!“ Die Schriften Anna Schäffers, Regensburg 1999, S. 278.

448 BKR III. Abt. CAS K. 21: Amberg/Opf. 14.05.1931: Br. Designatus Nötscher OCarm. (?) an Rieger.

449 BKR III. Abt. CAS K. 21: Eichstätt/Obby. 19.05.1931: Sekretär Friedrich Ehle an Rieger.

450 BKR III. Abt. CAS K. 21: O. O. 01.06.1931: Gerda (Familienname fehlt!) an Rieger.

Frau zu helfen. Er meine, dass er mit der Erfüllung seines Wunsches die Ehre Gottes und die Verherrlichung der Dienerin Gottes befördern könne.[451]

Aus Jagetzell in Württemberg meldete sich Maria Remlinger bei der Haushälterin Riegers, Elis Imlauer. Sie erinnerte daran, dass sie zusammen mit ihr bei Anna weilte. Sie hätte aber damals keine Ahnung gehabt „von dieser gottbegnadeten Seele, sonst hätte sie sich besonders ihrem Gebet empfohlen." Sie bete täglich in der Hl. Messe nach einem der drei Zettelchen, die ihr Anna gegeben hat.[452]

Aus dem Bistum Würzburg, aus Hundsbach/Ufr., erreichte Rieger im Juli ein Brief von Pfarrer Josef Christ. Nachdem er das Buch „über die heiligmäßige Opferseel" von Ritter von Lama gelesen habe, plane er eine umfangreiche Wallfahrts-Reise, u. a. auch nach La Salette, und möchte auch das Grab von Anna in Mindelstetten besuchen. Es sei sein Wunsch, Karthäuser in San Bruno in Kalabrien zu werden. „Zur Erreichung dieses Lebenszieles ist auch Anna Schäffer mir Helferin und Fürsprecherin."[453]

Maria Ermenilde Puchner aus Karlskron bei Neuburg a. d. D. schrieb Rieger, sie sei erst jetzt durch den „Altöttinger Liebfrauenboten" mit dem Leben der Begnadeten bekannt geworden und bitte um ein Bildchen mit einer Reliquie, um es einer Schwerkranken, die „hart darauf wartet", zu überlassen.[454]

Anna Schreiner aus Pförring teilte mit, sie könne leider selbst nicht ans Grab Annas kommen, weil sie sich nicht gesund genug fühle, aber sie habe das Buch von Ritter von Lama an einen Freisinger Domherrn gegeben, dem es gute Dienste leiste.[455]

Im August bat Barbara Krebs aus Oberndorf a. N. im Auftrag einer seit 25 Jahren blinden Frau um Bildchen, die am Grabe Annas berührt wurden.[456]

Magdalena Pentenrieder aus Kempfenhausen bei Tutzing ersuchte um eine Reliquie der großen Dulderin, da sie und ihre Schwester magenleidend seien und sich Hilfe erhoffen. Sie habe im „Konnersreuther Jahrbuch" und im „Liebfrauenboten" über die Stigmatisierte gelesen und verspricht eine Hl. Messe, eine Wallfahrt nach Mindelstetten und eine Kerze für das Grab.[457]

Aus Grünberg in Schlesien meldete sich wiederum Margaretha Niedzielle. Nachdem sie über eine Gebetserhörung durch Anna gelesen habe, erbitte sie ein Reliquien-Bildchen für ihre Schwester.[458]

---

451 BKR III. Abt. CAS K. 21: Leuchtenberg/Opf. 23.06.1931: Pfarrer Georg Eichinger an Rieger.

452 BKR III. Abt. CAS K. 21: Jagetzell/Württemberg 21.06.1931: Maria Remlinger an Fr. Elis Imlauer.

453 BKR III. Abt. CAS K. 21: Hundsbach/Ufr. 13.07.1931: Pfarrer Josef Christ an Rieger.

454 BKR III. Abt. CAS K. 21: Karlskron/Schw. 28.07.1931: Maria Ermenilde Puchner an Rieger.

455 BKR III. Abt. CAS K. 21: Pförring/Obby. 04.08.1931: Anna Schreiner an Rieger.

456 BKR III. Abt. CAS K. 21: Oberndorf (?), Wettestr. 16, 11.08.1931: Barbara Krebs an Rieger.

457 BKR III. Abt. CAS K. 21: Kempfenhausen bei Tutzing/Obby. 12.08.1931: Magdalena Pentenrieder an Rieger.

458 BKR III. Abt. CAS K. 21: Grünberg/Schlesien 19.08.1931: Margarethe Niedzielle an Rieger.

Zum zweitenmal bedankte sich Frau Therese Sattler aus Aschaffenburg für das Stückchen vom Sterbehemd Annas, das ihr Rieger gesandt hat.[459]

Aus dem Kapuzinerkloster in Wemding meldete sich P. Thomas und bedankt sich für das „Übersandte", vermutlich ein Reliquien-Bildchen, und meint, er habe nun eine Fürbitterin im Himmel.[460]

Anna Koller aus Graz in der Steiermark erkundigt sich bei Rieger, was sie beten soll, um Annas Fürbitte würdig zu werden, und bedankt sich ebenfalls für das Reliquien-Bildchen.[461] Ein paar Wochen später erhielt Rieger ein Dankschreiben von ihr für die Zusendung der Reliquie von Anna und dass er am Grab der Ehrwürdigen ihrer Fürbitte gedenken würde. Sie habe immer mehr Vertrauen zu der aus dem schlichten Volk entstammenden Seligen.[462]

Anna Karle aus Aitern bei Schönau/Mfr. bat Rieger um ein Andenken an Anna und bemerkt, dass sie im „Franziskusblatt" über sie gelesen habe, dass sie schon vielen geholfen habe. Sie habe fünf Kinder und leide unter Schwermut.[463]

Die Münchnerin Josefine Uhland schrieb Rieger, sie sei eine große Verehrerin von Anna und habe über ihr Leben gelesen. Sie bittet um die Übersendung von mehreren Reliquien-Bildchen und möchte eines nach Südamerika an einen Missionär schicken.[464]

Auch im Jahre 1932 erreichten viele Briefe Pfarrer Rieger, der nicht müde wurde alle zu beantworten. Die Schwestern des Klosters St. Clara in Regensburg baten um eine Reliquie Annas, „ihres heiligmäßigen Pfarrkindes, die schon so vielen in ihren Kümmernissen und Sorgen auffallende Hilfe gebracht hat", da sie mehrere Kranke haben.[465]

Zum zweitenmal wandte sich Josefine Uhland aus München an Rieger. Sie teilte ihm mit, dass sie Anna sehr verehre, und sie habe im „Altöttinger Liebfrauenboten" gelesen, was Therese Neumann über sie gesagt habe, und sie bitte wiederum um Reliquien.[466]

Die gebürtige Mindelstetterin Schw. M. Maurilla (Apollonia Gaul) bedankte sich bei Rieger für die gütige Aufnahme anlässlich ihres Aufenthalts im Heimatort. „Ich denke, das ist auf unsre Nandl zurückzuführen. Wie es mir zumute war, als ich das Grab besuchte, kann ich gar nicht sagen." Sie bedankte sich auch für das Buch von Ritter von Lama.[467]

459 BKR III. Abt. CAS K. 21: Aschaffenburg/Ufr. 08.09.1931: Therese Sattler an Rieger.

460 BKR III. Abt. CAS K. 21: Wemding/Schw., Kapuzinerkloster, o. D.: P. Thomas OFMCap. an Rieger.

461 BKR III. Abt. CAS K. 21: Kumberg bei Graz/Stm. 26.10.1931: Anna Koller an Rieger.

462 BKR III. Abt. CAS K. 21: Kumberg bei Graz/Stm. 14.12.1931: Anna Koller an Rieger.

463 BKR III. Abt. CAS K. 21: Aitern bei Schönau/Obby. 29.10.1931: Anna Karle an Rieger.

464 BKR III. Abt. CAS K. 21: München, Pettenkoferstr. 22, 22.12.1931: Josefine Uhland an Rieger.

465 BKR III. Abt. CAS K. 21: Regensburg 17.01.1932: Die Schwestern von St. Clara an Rieger.

466 BKR III. Abt. CAS K. 21: München 19.02.1932: Josefine Uhland an Rieger.

467 BKR III. Abt. CAS K. 21: Bellheim bei Germersheim/Pf.: Schw. M. Maurilla (Apollonia Gaul) an Rieger.

Wiederum schrieb Josefine Uhland aus München an Rieger, dass sie „Die Heilige sehr verehre"; sie habe heute einen Gebrauchsgegenstand, den sie stundenlang gesucht habe, auf die Fürbitte Annas wiedergefunden. Sie bitte nochmals um ein Stückchen Stoff von einem Wäschestück, das sie trug, und um Reliquien-Bildchen. Der Brief enthält am Schluss das Datum: „19. Februar abends."[468]

Maria Bockhorn meldete sich auch aus München mit Dank für die Reliquie und legt eine „bescheidene Gabe für Blumen am Grab Annas" bei.[469]

Der Franziskaner Fr. Karlmann Rambold vom Kloster Dettelbach/Ufr. bat um Übersendung des Buches von Ritter von Lama, von dem er durch den Mindelstettener Kandidaten Nikolaus Lindl gehört habe.[470]

Aus Kevelaer im Rheinland meldete sich ein Hermann Joseph Ding, bayerischer Bettler, der schon einmal in Mindelstetten an die Tür des Pfarrhofes geklopft und jetzt im „Petrusheim" eine Stelle gefunden hatte, mit der Bitte um das Buch von Ritter von Lama und „um Schnupftabak" (Schmalzler) auf Kosten seines Bruders, dessen Anschrift er angegeben hat.[471]

Erneut dankte Maria Bockhorn aus München für das Bildchen und die Reliquie von Anna und legte „eine bescheidene Gabe für das Grab" bei.[472]

Wie geschätzt die große Dulderin von Mindelstetten in religiösen Ordenskreisen bereits damals gewesen ist, beweist der Brief der Generaloberin der Barmherzigen Schwestern vom hl. Vinzenz von Paul, Schw. M. Desideria Weißmayer, in München, die sich in liebenswürdiger Weise für die Reliquie und das Bildchen Annas bedankte.[473]

Aus Beilngries/Opf. ersuchte Walburga Rabl für ihre geisteskranke Tochter um eine Reliquie Annas.[474]

Therese Böckler aus Eichstätt scheint Rieger einen Besuch abgestattet zu haben, denn sie bedankte sich auch dafür, dass sie das Grab und das „Leidensstüberl" besichtigen durfte. Sie bot auch den Druck eines Bildchens von der Seligen an, für 10 Pfennig das Stück und bei Mehrabnahme billiger.[475]

Im Juli meldete sich wieder der große Verehrer Annas, P. Hermann Joseph Stark OFMCap. aus dem Aschaffenburger Kapuzinerkloster. Er stellte sich Rieger als der Verfasser des Artikels im „Altöttinger Liebfrauenboten" unter dem Pseudonym

468 BKR III. Abt. CAS K. 21: München 02.03.1932: Josefine Uhland an Rieger.

469 BKR III. Abt. CAS K. 21: München 31.04.1931: Maria Bockhorn an Rieger.

470 KBR III. Abt. CAS K. 21: Dettelbach/Ufr. 09.04.1932: Fr. Karlmann Rambold OFM an Rieger.

471 BKR III. Abt. CAS K. 21: Kevelaer, Petrusheim/Rhld. 10.04.1932: Hermann Joseph Ding an Rieger.

472 BKR III. Abt. CAS K. 21: München 19.04.1932: Maria Bockhorn an Rieger.

473 BKR III. Abt. CAS K. 21: München 20.04.1932: Mutterhaus der Barmherzigen Schwestern vom hl. Vinzenz v. Paul in der Nußbaumstr. 5, Generaloberin Schw. M. Desideria Weißmayer an Rieger.

474 BKR III. Abt. CAS K. 21: Beilngries/Opf. 05.05.1932: Walburga Rabl an Rieger.

475 BKR III. Abt. CAS K. 21: Eichstätt 19.06.1932: Therese Böckler an Rieger.

Antonius Mindar vor, erwähnte aber auch die Mitarbeit eines „frommen Fräuleins" – wir wissen, es war die bereits erwähnte Therese Sattler –, das nach seinen Anweisungen tätig war. Er habe das Material für den Artikel von P. Stanislaus erhalten, der es für seinen Aufsatz im „Franziskusblatt" verwendet hat. Die im „Liebfrauenboten" erschienenen Artikel seien zuerst im „Marienborn" veröffentlicht worden. Ferner berichtete er, dass er Gebetserhörungen, die Anna zugesprochen werden, von P. Stanislaus und Herrn Tempelmeier erhielt und je eine Gebetserhörung aus dem Rheinland und aus Frankfurt a. M. zugesandt bekam. „Besonders oft habe ich Erhörungen in seelischen Anliegen erfahren, von solchen, denen ich die Anrufung Annas empfohlen habe." Der Einleitungsartikel im „Liebfrauenboten" ist im „Stuttgarter katholischen Sonntagsblatt" abgedruckt, die ganze Artikelserie ist im Straßburger „Franziskusblatt" bereits erschienen und wird auch im „Pilger", dem Sonntagsblatt für das Bistum Speyer, aufgenommen.[476]

Auch die Innsbrucker Zeitschrift „Sendbote des göttlichen Herzens Jesu", herausgegeben von den Jesuiten, veröffentlichte einen Beitrag über das Leben und Sterben der großen Dulderin. Schwester Felizitas vom Kloster St. Bernardin bei Geldern im Rheinland beruft sich darauf und meinte, „sie würde sich freuen, wenn diese bald auf die Altäre erhoben würde". Sie bitte um ein Stückchen der Leibwäsche Annas.[477]

Die Münchnerin Maria Eichstätter wiederum beruft sich auf das „Franziskusblatt", in dem sie wunderbare Gebetserhörungen gelesen habe. Sie benötige mehrere Reliquien für Verehrer, darunter Priester, Theologiestudenten und Klosterfrauen.[478]

Die mittellose Mathilde Höcker von Hochstetten bei Pfaffenberg in Niederbayern bat Rieger, er möge die gottbegnadete Anna bitten, sie möge ihr helfen, dass sie trotz ihrer Armut ins Kloster gehen kann. Sie habe wegen ihrer Berufswahl viel zu leiden.[479]

Interessant ist auch das Schreiben vom 21. Oktober 1932 der Konrektorin M. Kuppe aus Münsterberg/Schlesien: Sie ersucht um einige Karten mit dem Bildnis Annas, da sie am 27. d. M. einen Lichtbildervortrag über Konnersreuth halten und dabei auch „mit Anna bekannt machen wolle". Und sie fügte hinzu: „Solche Beweise des Gotteswirkens im katholischen Glauben sind im Kampfe gegen die Gottesleugner und Irrlehren ein unschätzbares Mittel. Ich betrachte es als ein Apostolat, recht vielen davon zu erzählen."[480]

476 BKR III. Abt. CAS K. 21: Aschaffenburg/Ufr. 04.07.1932: P. Hermann Joseph Stark OFMCap. an Rieger.

477 BKR III. Abt. CAS K. 21: Capellen, Kloster St. Bernardin bei Geldern/Rhld. 31.08.1932: Schw. M. Felizitas an Rieger.

478 BKR III. Abt. CAS K. 21: München 02.09.1932: Maria Eichstätter an Rieger.

479 BKR III. Abt. CAS K. 21: Hochstetten bei Pfaffenberg/Nby. 17.09.1932: Mathilde Höcker an Rieger.

480 BKR III. Abt. CAS K. 21: Münsterberg/Schlesien 21.10.1932: Konrektorin M. Kuppe an Rieger.

Im gleichen Monat erkundigte sich die Lehrerin Monika Pronadl, vermutlich eine Schwester des Prälaten Anton Pronadl († 1978) von Regensburg, aus Thalmassing/Opf. bei Rieger, ob schon viele Gebetserhörungen auf die Fürbitte der „gottseligen Anna Schäffer" eingegangen sind. „Hier ist auch ein trauriger Fall, der der Hilfe bedarf. Hiesige Schreiners-Eheleute mit fünf Kindern. Das zweitjüngste mit vier Jahren droht zu erblinden. Die kleine Anna war durch Spinale Kinderlähmung zunächst auf einer Seite gelähmt. Nun hat sich das Übel auf die Augen geschlagen. Nachdem das Kind doch auch eine ‚Schreiner-Anna' ist, glaube ich, wenn wir eine Reliquie hätten und recht vertrauensvoll beten würden – die gute Anna würde uns ihre Hilfe nicht verweigern."[481]

Elisabeth Schießl aus Regensburg wandte sich an Rieger mit der Bitte um zwei Bildchen und „um etwas von der lb. Anna Schäffer in Form einer Art Reliquie", um einer guten Seele, die ihr das Buch über dieselbe – wahrscheinlich das Werk Ritter von Lamas – zum Lesen gegeben hat, eine Freude zu machen.[482]

Die Nichte Riegers, Viktoria Imlauer, meldete sich bei ihrem Onkel aus München, sie verdanke Anna, dass sie endlich in der Nähstube des Orthopädischen Krankenhauses bei den Barmherzigen Schwestern in der Harlachingerstraße 12 einen Arbeitsplatz gefunden habe. Ihr Bruder Albert sei leider lungenkrank und gegenwärtig in einem Sanatorium. Er könne nicht mehr arbeiten und für seine Familie recht sorgen. „Meinen Sie, Anna Schäffer könnte ihm nicht die Gesundheit erflehen?"[483]

Ihren guten Wünschen zum Namenstag Riegers im November fügte Schw. M. Adelgossa Lang, Mallersdorf zugehörig, an: Sie habe in letzter Zeit so wenig von Anna gehört.[484]

Der Student der Theologie Ludwig Heigl aus Eichstätt, gebürtig aus Kleinlellenfeld bei Cronheim/Mfr., teilte Rieger mit: Sein Vetter Benefiziat Wanger habe ihm gesagt, dass seine fast erblindete Schwester eine Erscheinung der Nandl hatte, die ihr sagte, man möge alle Tage Reliquien von ihr auf die Augen legen und Novenen zu beten beginnen. Er bitte, Reliquien seinen Eltern zu senden.[485] Diese angebliche Erscheinung ist allerdings nicht nachweisbar!

Gegen Ende des Jahres 1932 wandte sich aus Augsburg Josef Bertele, Ehrenmitglied des katholischen Gesellenvereins St. Josef, an Rieger. Er schrieb: Seine Frau habe sich im August im Krankenhaus Göggingen einer Operation auf Leben und Tod unterziehen müssen. Dabei erzählte eine Pflegeschwestern von einer gewissen „wundertätigen" Anna Schäffer. „Wir beteten zu ihr um Hilfe, und meine Gattin

481 BKR III. Abt. CAS K. 21: Thalmassing/Opf. 30.10.1932: Monika Pronadl, Lehrerin, an Rieger.

482 BKR III. Abt. CAS K. 21: Regensburg, Gemeinerstr. 1, o. D.: Elisabeth Schießl an Rieger.

483 BKR III. Abt. CAS K. 21: München 01.11.1932: Viktoria Imlauer an Rieger.

484 BKR III. Abt. CAS K. 21: Dillingen/Schw. 02.11.1932: Schw. M. Adelgossa an Rieger.

485 BKR III. Abt. CAS K. 21: Eichstätt 08.11.1932: Ludwig Heigl an Rieger.

wurde wirklich wieder gesund. Wir gelobten, ihr Grabe zu besuchen, um für das Wunder zu danken und wir möchten das Gelöbnis auch halten."[486]

Der Kommorant Pfarrer Max Wittenzellner aus Großkölnbach bat Rieger um zwei Reliquien für die schwer kranke Mathilde Lammer auf Anraten ihrer Tochter Sr. M. Perpetua aus Niederviehbach.[487]

Sei es der kalte Hauch des kommenden Dritten Reiches, der die Menschen verunsichert hat, oder war der alte, leidende Seelenführer Annas, Pfarrer und Dekan Karl Rieger nicht mehr in der Lage, die zeitraubende Korrespondenz zu erledigen, jedenfalls nahm die Verehrung im Schicksalsjahr 1933 etwas ab.

Angelika Deiring aus Weiler im Allgäu bat, wie sie schrieb, „durch den schönen Artikel im ‚Marienborn' ermutigt", Rieger um Reliquien, Bildchen oder Karten von Anna. Sie sei selbst leidend, begründete sie ihre Bitte, aber sie möchte auch andere Kranke damit beglücken, bzw. damit sie die Gottselige um Hilfe bitten.[488]

Aus Föhren bei Trier erreichte Rieger ein Schreiben, in dem er von Maria Heinz-Ertle um Reliquien ersucht wurde, da die Frau eine Novene „zur heiligmäßigen Anna Schäffer" halten will.[489]

Else Grube nebst Schwester Frida aus Köln-Ehrenfeld wandten sich erfolgreich an Anna in einer Wohnungsangelegenheit.[490]

Am 14. Juni 1933 erhielt Rieger einige Anschriften mit Bittgesuchen von Verehrern Annas, die vermutlich Reliquien-Bildchen wollten, um sie anrufen zu können.[491]

Wiederum sandte Angelika Deiring aus Weiler ein Schreiben, in dem sie sich bedankt für das Bild und die Karte. Sie hat sich vorgenommen, ihre Leiden, Sorgen und Anliegen der „großen Fürsprecherin im Himmel vertrauensvoll anzuvertrauen". Sie wolle auch Schw. M. Luzilla im Krankenhaus Lindenberg aufsuchen, um mit ihr über die Gottselige sprechen zu können.[492]

Im Oktober meldete Fr. Petrus Reitmeier OFM aus Eggenfelden eine Gebetserhörung und meinte, Anna sei zu wenig bekannt.[493]

Nachdem der schon erwähnte Theologiestudent Johann Heigl um Stoffreliquien gebeten hatte, die seiner fast erblindeten Schwester auf die Augen gelegt werden sollen[494], wandte sich sein dankbarer Vater Johann Heigl sen. an Rieger. Er ver-

486 BKR III. Abt. CAS K. 21: Augsburg, Biller Str. 2, 18.12.1932: Josef Bertele an Rieger.

487 BKR III. Abt. CAS K. 21: Großkölnbach/Nby. 29.12.1932: Kommorant Max Wittenzellner an Rieger.

488 BKR III. Abt. CAS K. 21: Weiler im Allgäu 28.01.1933: Angelika Deiring an Rieger.

489 BKR III. Abt. CAS K. 21: Föhren bei Trier, Hauptstr. 43, 10.02.1933: Maria Heinz-Ertle an Rieger.

490 BKR III. Abt. CAS K. 21: Köln-Ehrenfeld 12.02.1933: Else und Frida Grube an Rieger.

491 BKR III. Abt. CAS K. 21: Regensburg 14.06.1933: Bischöfliches Ordinariat Regensburg an Rieger.

492 BKR III. Abt. CAS K. 21: Weiler im Allgäu „Heiliges Jahr 1933": Angelika Deiring an Rieger.

493 BKR III. Abt. CAS K. 21: Eggenfelden/Nby. 15.10.1933: Fr. Petrus Reitmeier OFM an Rieger.

494 BKR III. Abt. CAS K. 21: Kleinlellenfeld bei Gunzenhausen/Mfr. 08.11.1933: Johann Heigl an Rieger.

sprach, wenn es seine finanziellen Verhältnisse erlauben, werde er mit seiner Tochter zum Grab „der Gottbegnadeten" eine Wallfahrt machen.[495]

Aus dem Jahr 1934 ist leider nur mehr ein einziger Brief erhalten. Die Gründe dafür sind sicher in der zunehmenden Hinfälligkeit Riegers zu suchen, der nicht mehr die Kraft fand, sich mit den an ihn gerichteten Briefen befassen zu können und sie zu beantworten.

Der einzige Brief dieses Jahres, der auf uns gekommen ist, stammt von dem Benefiziaten Josef Fleischmann aus Malseneck bei Kraiburg, der um das Buch von Ritter von Lama und Reliquien gebeten hatte.[496]

Friedrich Ritter von Lama, der erste Biograph Annas

Die erste Frage, die man sich hier stellen muss, lautet: Wie kam der bekannte, streng katholische und anerkannte Journalist dazu, eine Biographie über die arme, fast lebenslang leidende Schreinertochter Anna Schäffer zu schreiben?

Es wurde bereits erwähnt, dass Frau Marianne Cäcilie Schwager 1988 eine ausführliche und großartige Biographie Lamas in ihrer Prüfungsarbeit für das Lehramt mit dem Titel „Die Biographen der Dienerin Gottes Anna Schäffer und ihre Bedeutung für den Seligsprechungsprozess" erarbeitet hat. Dennoch halte ich es für notwendig, im Rahmen dieses Buches die Bedeutung und das schriftstellerische Schaffen Friedrich Ritter von Lamas kurz zu beleuchten. Dazu ist noch zu bemerken, dass er, vermutlich wegen seiner bayerisch-österreichischen und monarchistischen Gesinnung, vor allem aber wegen seines Wirkens auf mystischem Gebiet kaum in einem Lexikon Aufnahme fand, nicht einmal im „Lexikon für Theologie und Kirche". Der Grund dafür dürfte darin zu suchen sein, dass sich von Lama ab Mitte der zwanziger Jahre vorwiegend mit mystischen Ereignissen und stigmatisierten Persönlichkeiten, so vor allem mit Therese Neumann von Konnersreuth und P. Pio a Pietrelcina OFMCap. von San Giovanni Rotondo befasste. So war er in gewissen Kreisen des Klerus nicht gerade beliebt und seine schriftstellerische Tätigkeit wurde mit großer Vorsicht beobachtet. Schon damals dürfte nämlich die enge Verbindung zwischen Scholastik und Mystik weitgehend verlorengegangen sein, während die Mystik ja bekanntlich das Wesen, der Kern und die Krone der Theologie ist.

Friedrich Ritter von Lama, einem alten spanisch-tirolerischen Geschlecht entstammend, wurde am 4. September 1876 in Salzburg geboren. Nach Aufenthalten in München und Regensburg, wo er sich dem väterlichen Buchhandel, dann der Journalistik zuwandte, studierte er seiner Begabung entsprechend Geschichte,

495 BKR III. Abt. CAS K. 21: Kleinlellenfeld 16.11.1933: Johann Heigl sen. an Rieger.

496 BKR III. Abt. CAS K. 21: Malseneck bei Kraiburg/Obby. 02.08.1934: Benefiziat Josef Fleischmann an Rieger.

Sprachen und vor allem Journalistik. Von Jugend auf mit dem katholisch-literarischen Leben verwachsen, bediente er von Rom aus ab etwa 1900 als Publizist die deutschsprachige Presse, insbesondere die „Augsburger Postzeitung“, und hielt gute Kontakte mit dem Heiligen Stuhl. Wegen des Ersten Weltkrieges musste er Italien verlassen und begab sich nach Lugano. Hier arbeitete er als literarischer Mitarbeiter für die „Allgemeine Rundschau“ und mehrere Kirchenzeitungen. Nach seiner Übersiedlung nach Füssen im Allgäu übte er seine journalistische Tätigkeit für die „Allgemeine Rundschau“, die „Augsburger Postzeitung“, den „Bayerischen Kurier“, die bedeutende „Wiener Reichspost“ sowie für die Kölner und Essener Kirchenzeitung aus. Als Mitglied der „Bayerischen Volkspartei“ seit 1919 entfaltete er von 1927 bis 1929 eine intensive Rednertätigkeit gegen den Nationalsozialismus und vor allem gegen die Irrlehren Hitlers. In dieser Zeit beschäftigte ihn zunehmend die Friedensfrage im kirchenpolitischen Raum, worin er zunächst sein ihm eigenes schriftstellerisches Feld fand. Ihm war die päpstliche Friedensidee von 1917 und ihre Hintertreibung durch den damaligen Reichskanzler Michaelis stets ein wesentliches Anliegen, und er verfasste eine aufsehenerregende Publikation „Papst, Weltkrieg und Völkerfriede“ (1919). Diesem Werk folgten „Papst und Kurie in ihrer Politik nach dem Weltkrieg“ (1925) und „Der vereitelte Friede“ (1926), die er thematisch durch sein bemerkenswertes Buch „Deutschlands Unglück 1917 – und jetzt?“ sowie durch das Werk „Die Friedensvermittlung Benedikts XV. und ihre Vereitelung durch den deutschen Reichskanzler Michaelis“ (1932) fortsetzte.[497]

Mit dem Jahr 1926 begann für Ritter von Lama ein neuer Abschnitt seiner journalistisch-literarischen Tätigkeit. Er beschäftigte sich nun mehr und mehr mit Begebenheiten auf mystisch-theologischem Gebiet. So wurde er von Pfarrer Josef Naber von Konnersreuth eingeladen, um einen sachlichen Bericht über die stigmatisierte Therese Neumann zu erarbeiten. Er schrieb diesen in Form einer Biographie, der er von 1928 bis 1936 jährlich seine vom katholischen Volk freudig aufgenommenen „Konnersreuther Jahrbücher“ folgen ließ. Damit wurde von Lama der früheste und sicher auch einer der bedeutendsten Verfechter der Vorgänge um Therese Neumann in Konnersreuth.

Als am 30. Januar 1933 Adolf Hitler von dem schwachen Präsidenten Paul von Hindenburg zum Reichskanzler ernannt wurde, bedeutete dies für Deutschland und Bayern eine Katastrophe. Ritter von Lamas Wirken und Schreiben auf staats- und kirchenpolitischem Gebiet wurde aufgrund seiner überzeugt katholischen Haltung bald zum Stein des Anstoßes für das Vorgehen der Geheimen Staatspolizei. Nach dreimaliger Verhaftung wurde er am 4. Februar 1944 im berüchtigten Münchner Gefängnis Stadelheim ermordet. Die Grabstätte befindet sich auf dem Wald-

497 Rupp, Heinz/Lang, Carl Ludwig (Hrsg.), Deutsches Literatur-Lexikon, Biographisch-bibliographisches Handbuch, 9. Bd., Bern und München ^{3}1984, Sp. 816.

friedhof in Gauting. Der Grabstein enthält die Inschrift: „Opfer der Gestapo!" Die Gemeinde Gauting, wohin von Lama von Füssen 1930 übersiedelt war, ehrte ihn durch eine Gedenktafel im Rathaus. Nach der Ermordung von Lamas sandte der päpstliche Nuntius Cesare Orsenigo sofort ein Kondolenzschreiben an die Witwe, und der englische Rundfunk sendete sogar einen ehrenden Nachruf.

Ein guter Freund, Johannes Maria Höcht, würdigte ihn mit folgenden Worten: „[...] Ein tiefgläubiger Katholik, ein unentwegter Kämpfer für die Sache Gottes und seiner heiligen Kirche, ein eifriger Laienapostel, der ohne Menschenfurcht seine Überzeugung immerdar offen bekannte."[498]

Man schrieb den 15. März 1929. Es war der Freitag vor dem Passionssonntag. Auf ihrem Schmerzenslager hatte die stigmatisierte Therese Neumann während der Passionsekstase die Begebenheit der vierten Kreuzwegstation geschaut, als ein von Anna Schäffer benützter Rosenkranz auf ihre über der Brust gefalteten Hände gelegt wurde. Sofort zuckte sie zusammen und äußerte sich: „Anna Schäffer ist gleich nach dem Tode in den Himmel gekommen. Sie hat die Wundmale gehabt, aber den Heiland gebeten, es soll nicht öffentlich werden. Und Er hat es so gewollt. Aber jetzt will auch der liebe Heiland, dass es in die Öffentlichkeit komme; man soll Zuflucht zu ihrer Fürbitte nehmen."[499]

Durch diese Worte der Resl von Konnersreuth veranlasst, wollte sich nun Ritter von Lama auch für die stigmatisierte Anna einsetzen, damit diese im Volk noch mehr bekannt und verehrt würde. Und er begründete dies: „Somit unternahm ich es, sie bekannt zu machen, indem ich ihr Leben schrieb und keine andere Absicht – am allerwenigsten die des Geschäftes – hat mich dabei geleitet, als jenem Wink zu gehorchen."[500] Demnach war es von Lamas einziger Zweck, von dem er sich leiten ließ, „den Schleier der Verborgenheit über Annas Leben und Leiden zu lüften und der Öffentlichkeit einen ersten Einblick zu gewähren."[501]

Unser Autor hat bekanntlich als freier Publizist und Übersetzer geradezu Weltruf erlangt. Sein zahlreiches Schrifttum, vor allem auf kirchenpolitischem Gebiet, hat in breiten Kreisen der Gesellschaft Zugang gefunden, nicht weniger seine Werke, die sich mit der Mystik befassten.

Doch wie kam es zu dem Buch über Anna Schäffer? Zunächst hat er im „Konnersreuther Jahrbuch 1929"[502] unter dem Titel „Anna Schäffer, eine bayerische Stigmatisierte, Vorgängerin von Therese Neumann" einen Aufsatz veröffentlicht, der mit Rücksicht auf sein damals noch dürftiges Wissen über die Selige (so wurde der

498 Der große Herder. 5. neubearb. Aufl. von Herders Konversations-Lexikon, 5. Bd, Freiburg 1954, Sp. 986 – Kosch, Wilhelm, Biographisches Staatshandbuch. Lexikon der Politik, Presse und Publizistik. 2. Bd., Bern und München 1963, S. 727 – Allgemeine Rundschau, 29. Jg. (1932), Nr. 50, S. 735 – Schwager a. a. O. S. 52–137.

499 Allgemeine Rundschau. 29. Jg. (1932), Nr. 50, S. 735f.

500 Ebd. S. 735.

501 Ebd. S. 737.

502 Lama, Friedrich Ritter v., Konnersreuther Jahrbuch 1929. Der Konnersreuther Chronik erste Folge, Karlsruhe 1929, S. 41–46.

Ort des Unfalls von Stammham nach München verlegt) einen Einstieg in die Problematik ihres Lebens darstellt.

Aus einer Bemerkung in einem Schreiben Pfarrer Riegers an von Lama vom 20. April 1929, er habe seinen Brief vom 9. Februar noch nicht beantworten können, ist ersichtlich, dass von Lama bereits vor der Aussage Therese Neumanns mit Rieger in Kontakt getreten war.

Jedenfalls dürfte von Lama im April Pfarrer Rieger besucht haben, denn in seinem Brief vom 20. April 1929 schrieb ihm der Geistliche, er habe seit dem Besuch nur Leid zu berichten, weshalb er das Schreiben vom 9. Februar nicht beantworten konnte: Seine Nichte Rosa Imlauer vermochte nicht nach München zu kommen, da ihre leidende Tante Elis – gemeint ist seine Haushälterin – sie nicht wegließ. Morgen müsse diese nach München ins Nymphenburger Krankenhaus, um sich einer Operation zu unterziehen. Er selbst leide unter einer schweren Verschleimung, weshalb er sich schonen müsse, und er erhoffe sich nach der Feier der Erstkommunion in seiner Pfarrei eine Ruhepause. So sei er auch bislang nicht nach Regensburg gekommen, um dort „etwas zu erreichen“. Er erwarte sich auch nicht viel in der Angelegenheit des Druckes eines Bildchens mit Text, wie es einer der ersten großen Verehrer und Förderer der Verehrung Annas, der Schneider Xaver Tempelmeier in Ingolstadt wünsche, da dieser ja im Bistum Eichstätt lebe und er deshalb in der Sache nichts unternehmen könne. Es handelte sich sicher um die Druckerlaubnis der bischöflichen Behörde, die der vorsichtige Rieger nicht für möglich hielt.

Des Weiteren teilte der Pfarrer von Lama mit, dass es Mindelstetten „nicht mehr verdiene, eine Stätte der öffentlichen Verehrung Annas zu werden, da die Leute das irdische Glück bei den Menschen suchen und das Ewige nur wenn sie in Not sind.“ Er wolle nur noch einige Zeit hier aushalten, da er wegen des Alters mit 71 Jahren jederzeit abberufen werden könne. Dann folgen kritische Worte, die in sein Denken Einsicht gewähren: „Hätten unsre Oberhirten und Priester das Opferleben von Mindelstetten und Konnersreuth in Glaube und Demut angenommen und unter das Volk gebracht, wer weiß, ob nicht manches hätte verhindert werden können.“[503] Diese Worte lassen seine Unzufriedenheit mit der Zeit und seinen Zeitgenossen deutlich erkennen.

Ritter von Lama bemühte sich nun, Material über Anna zu sammeln, was sich in der Folge als nicht sehr einfach herausstellte. Er hielt sich dabei vor allem an Pfarrer Rieger, der ja als Seelenführer der Begnadeten am besten Bescheid wusste. Durch zahlreiche Briefe und gelegentliche Besuche blieb er mit ihm in ständiger Verbindung. Freilich war von Lama das Jahr über noch mit seiner „Konnersreuther Chronik“ und anderen Aufgaben so beschäftigt, dass er erst am 4. November 1929 dazu

503 BKR III. Abt. CAS K. 20: Konnersreuth 20.04.1929: Rieger an v. Lama.

kam, wieder mit Rieger Kontakt aufzunehmen. So stellte er ihm die Frage, ob über Anna irgendetwas veröffentlicht wurde, woraus er Näheres über sie entnehmen könnte. Des Weiteren, ob es Aufzeichnungen von ihr selbst gebe.[504]

Bereits zwei Tage später antwortete Rieger und gab Auskunft über die an ihn gestellten Fragen und legte sogar eine Fotografie der Stigmatisierten bei. Es fällt auf, dass er nur von einer Veröffentlichung, nämlich seiner Grabrede, die in 500 Exemplaren gedruckt wurde, spricht, nicht aber von den Artikeln, die nach dem Tode Annas in mehreren Zeitschriften erschienen sind. Vermutlich hat er angenommen, dass diese ohnehin dem überaus belesenen Schriftsteller geläufig wären. Im Übrigen teilte er von Lama mit: „Anfang dieses Jahres kam aus Amerika ein Bericht über wunderbare Krankenheilung eines Steyler Bruders, dem die Verstorbene Jahre früher schon schrieb, dass er Hilfe erfahren werde. Derselbe kam als Lehrbruder [gemeint ist sicher als Zeitschriftenwerber] auch nach Mindelstetten. Daraufhin brachte ich den Brief nach Regensburg und der Hochwürdigste Bischof forderte die Aufzeichnungen der erreichbaren Briefe derselben an. Seit Mai dieses Jahres liegen alle Aufzeichnungen im Ordinariat Regensburg. Ich selbst habe hiezu eine Lebens- und Leidensgeschichte geschrieben, aber noch nichts zurückerhalten. Ich sammle noch Briefe der Verstorbenen von manchen ihren Wohltätern."[505]

In Beantwortung des Briefes Ritter von Lamas vom 10. November 1929[506] teilte Rieger fünf Tage später eine Reihe von Fragen bezüglich Stigmatisation und der Visionen der Verblichenen mit. Zugleich übersandte er ihm auch einen Brief der Seligen an eine ihrer Freundinnen, um ihm die Möglichkeit eines Einblicks in ihre Gedankenwelt zu vermitteln.[507]

Als der große Schäffer-Verehrer Xaver Tempelmeier, der wiederholt Wallfahrten von Ingolstadt an das Grab der Seligen organisierte, anlässlich einer solchen Wallfahrt von Rieger am 17. November vom Vorhaben von Lamas erfuhr, schrieb er diesem am 25. Dezember 1929, er freue sich sehr darüber, denn die „Leute wollten schon längst eine Beschreibung von Anna haben" – er meinte damit eine Biographie. Zurzeit biete die gedruckte Grabrede Riegers einen Ersatz. Er habe am 22. November, an einem Freitag, zwei Damen zur Wallfahrt nach Mindelstetten begleitet. Bei dieser Gelegenheit sagte ihm der Pfarrer: Er sei einen Tag vorher in Regensburg beim Hochwürdigsten Herrn Bischof gewesen wegen der Wallfahrtsangelegenheit und dem Vorhaben von Lamas. Beim ersten Punkt habe sich der Bischof sehr löblich geäußert, aber bezüglich des zweiten hatte er Bedenken. Von Lama möge sich aber nicht einschüchtern lassen. Dies meinten auch die Damen, nachdem sie so „herrliche Aufzeichnungen" Annas gelesen hatten. Er habe dies

504 BKR III. Abt. CAS K. 20: Füssen 04.11.1929: v. Lama an das Kath. Pfarramt Mindelstetten.

505 BKR III. Abt. CAS K. 20: 06.11.1929 Mindelstetten: Rieger an v. Lama.

506 BKR III. Abt. CAS K. 20: Füssen 10.11.1929: v. Lama an Rieger.

507 BKR III. Abt. CAS K. 20: Mindelstetten 15.11.1929: Rieger an v. Lama.

auch seinem Sohn, der auch ein großer Schäffer-Verehrer sei, mitgeteilt. Dieser gehöre der Genossenschaft der Missionare vom heiligsten Herzen Jesu in Salzburg an und halte sich gegenwärtig zur Aushilfe des kranken Ortspfarrers in Taching bei Traunstein auf und vertrete die Meinung, dass von Lama, der Weltruf als katholischer Schriftsteller besitze, der geeignete Mann sei. Er, Tempelmeier senior, wolle sich einsetzen und nach Möglichkeit mitwirken. Er sei von Beruf „26 ½ Jahre Fabrikarbeiter gewesen, aber wegen vorgerückten Alters, 53 Jahre, abgebaut worden. 1928 ist er erstmals an das Grab Annas in Mindelstetten gekommen und habe den dortigen Pfarrer kennen gelernt. Seither rege er „Wallfahrten“ in den verschiedensten Anliegen an, die alle privaten Charakters sind. Zur Vorbereitung ließ er „3 Sorten Photographien von insgesamt 400 Stück“ drucken und lege sie an ihrem Grab auf. Ebenso habe er die Grabrede in 200 Exemplaren nachdrucken lassen und dafür die Presse eingeschaltet.[508]

In der Hoffnung, weitere Quellen über die Begnadete ausfindig zu machen, besuchte Ritter von Lama Ende Januar 1930 Pfarrer Rieger erneut.[509]

Doch zuvor muss noch ein interessanter Brief Ritter von Lamas vom 17. November 1929 erwähnt werden. Er schreibt, dass es merkwürdig sei, dass nach dem Tod der stigmatisierten Barbara Pfister[510] 1909 Anna Schäffer die Stigmen erhielt und nach deren Tode 1925 in der Karwoche 1926 Therese Neumann damit begnadet wurde. Die Kontinuität scheine etwas Gesetzmäßiges darzustellen. Eine Erkenntnis, der er nachgehen werde.[511]

Der Besuch Ritter von Lamas bei Pfarrer Rieger dürfte für ihn sehr ergiebig gewesen sein, was das Quellenmaterial anbelangt. Der Priester hatte sich endgültig mit dem Schriftsteller angefreundet, ihm sein Vertrauen geschenkt und ihn tatkräftig bezüglich der geplanten Biographie der Seligen unterstützt. In Anna Lindinger aus Manching, offenbar eine Lehrerin, fand er eine tüchtige Helferin für das Abschreiben der Briefe Annas, die er eifrig sammelte.[512]

In einem Schreiben vom 3. Februar 1930 teilte von Lama Rieger mit, dass er ihm die Briefe von Fürsterzbischof Rieder von Salzburg dankend zurückschicke, und für das „Kopieren der Hefte“, gemeint sind die Aufzeichnungen Annas, noch einige Zeit benötige. Doch werde er sich sehr bemühen, bald damit fertig zu werden, um

508 BKR III. Abt. CAS K. 20: Ingolstadt 25.12.1929: Xaver Tempelmeier an Ritter v. Lama.

509 BKR III. Abt. CAS K. 20: Füssen 17.01.1930: v. Lama an Rieger.

510 Die mystisch veranlagte Franziskanerin Terziarin Barbara Pfister (01.09.1867 Wattenheim/Pfalz – Speyer 09.03.1909), eine große Verehrerin der Hl. Eucharistie, wurde in geistiger Schau von Anna Katharina Emmerich beehrt. Seit 1890 stigmatisiert, erduldete sie bösartige Verleumdungen. Seit 1897 bei den Barmherzigen Schwestern in Speyer, erlebte sie regelmäßig die Passion Christi während der Fastenzeit; 1897 im Anschluss an die Messtexte. Sie erlitt schwere Krankheiten, die sie als Sühneleiden für Lebende und Verstorbene aufopferte. – Vd. LThK[1] VIII, 205 und LThK[2] VIII, Sp. 423.

511 BKR III. Abt. CAS K. 20: Füssen 17.11.1929: v. Lama an Rieger.

512 BKR III. Abt. CAS K. 20: Manching/Obby. 15.02.1930: Anna Lindinger an Rieger.

ihm die Hefte wieder zurückgeben zu können.[513] Am 21. Februar konnte er bereits einen großen Teil des ihm geliehenen Quellenmaterials über Anna zurücksenden. Er vermerkt, dass er noch viele Fragen an den Pfarrer haben werde.[514]

Am 6. März 1930 konnte von Lama über den Stand seiner Arbeit berichten: „Soeben habe ich die Abschriften fertig und somit schicke ich Ihnen auch diese Schriftstücke wieder zurück. Das Material genügt zu einem Lebensbilde, wenngleich der Lücken doch noch viele sind. Es wäre sehr zu wünschen, dass auch die in Regensburg liegenden Briefe herangezogen werden könnten. Immerhin für ein Buch von geringem Umfang reicht der Stoff. Und es ist ja meine Absicht, zuerst etwas Kleineres zu bieten, etwas Billiges, das weite Verbreitung finden kann und erst den Samen ausstreut, Anna Schäffer einmal weiter bekannt macht." Dann fügt er noch hinzu, „dass es ein großer Vorzug ist, dass er [Pfarrer Rieger] der Seelenführer einer Heiligen sein durfte und dazu auserwählt wurde." Er bedauert aber, dass es sehr schwer sei, die „Betrachtungen Annas" zu verwenden, weil die Datierung fehle.[515]

In einem Schreiben vom Karfreitag 1930 teilte von Lama Pfarrer Rieger mit, dass er „heute mit der Abfassung des Lebens von Anna Schäffer begonnen habe." Er bedauere aber, dass er dem Wunsch des Bischofs nicht nachkommen könne, die übernatürlichen Gnadenerweise zu verschweigen. „Diese gehören nun einmal dazu zum ganzen Bilde. Weshalb sollte man denn gerade die Taten Gottes verschweigen?" Er bitte den Pfarrer, seiner „Arbeit im Gebete zu gedenken und sie insbesondere der Fürbitte der Anna Schäffer selbst zu empfehlen."[516]

Pfarrer Rieger bedankte sich am 23. April für alle Mühen. Dann fügte er die wahrlich prophetischen Worte bei: „Das glaubensstarke Leiden und Dulden der Verstorbenen sollte im Leben verborgen bleiben und kann nach Gottes Gnade an die Menschen durch Vertrauen auf die Fürbitte vielleicht offenbar werden müssen. Es ist auch so vielen bekannt, dass Gebetserhörungen stattfinden können. Außer den Ihnen bekannten Erhörungseinläufen haben auch die letzteren Zeiten mehrere Meldungen solche bestätigt." Er ermunterte ihn, die Vorgänge in Mindelstetten fast fünf Jahre nach Annas Tod in die Öffentlichkeit zu bringen. Für ihn selbst sei die Tätigkeit beschränkt, da er der kirchlichen Behörde die Akten unterbreitet habe und von daher nichts geschieht. Ritter von Lama habe Material, um „auf den Gnadenerweis in Mindelstetten hinzuweisen."[517]

Die Vorsicht des Bischöflichen Ordinariats Regensburg ist in gewisser Weise zu verstehen, da sich um diese Zeit der Wirbel um die Vorgänge in Konnersreuth verstärkte und die Befürworter und die Gegner sich heftige Attacken lieferten.

513 BKR III. Abt. CAS K. 20: Füssen 03.02.1930: v. Lama an Rieger.

514 BKR III. Abt. CAS K. 20: Füssen 21.02.1930: v. Lama an Rieger.

515 BKR III. Abt. CAS K. 20: Füssen 06.03.1930: v. Lama an Rieger; und BKR III. Abt. CAS K. 20: Füssen 21.04.1930: v. Lama an Rieger.

516 BKR III. Abt. CAS K. 20: Füssen Karfreitag 1930: v. Lama an Rieger.

517 BKR III. Abt. CAS K. 20: Mindelstetten 23.04.1930: Rieger an v. Lama.

Welch großes Anliegen es Ritter von Lama war, die Biographie von der Seligen fertigzustellen, geht aus einem Brief vom 13. Mai 1930 hervor. Er schreibt: „Anstatt wie es ursprünglich meine Absicht war, das Buch über Anna Schäffer neben meiner anderen laufenden Arbeit her zu schreiben, habe ich mich entschlossen, alles andere beiseite zu lassen und alle Arbeit auf das Buch selbst zu verwenden. Somit ist es mir gelungen, es heute abschließen zu können. Natürlich ist noch eine stilistische Durchfeilung notwendig, um die nötigen Verbesserungen da und dort anzubringen, die Kapiteleinteilung weiter durchzuführen usw., aber die Hauptsache ist gemacht." Zugleich übersandte er das Manuskript zur Durchsicht Pfarrer Rieger mit dem Bemerken, wenn er mit der Korrektur fertig sei, möge er ihn verständigen, damit er mit ihm alle Abänderungen besprechen könne. Diese Arbeit sollte bis Ende Juni geschehen. Er werde nämlich im Sommer nach Gauting übersiedeln. Er möchte aber noch von hier das Manuskript an das Ordinariat Augsburg zur Erteilung der Imprimatur einreichen; der Sommer könnte zur Herstellung des Druckes benützt werden und das Buch würde dann im Herbst fertig vorliegen.[518]

Es ist anzunehmen, dass Pfarrer Rieger mit Befriedigung und sicher auch Freude das Manuskript aufgenommen und mit Hilfe seiner Nichte Rosa Imlauer, die Anna ja bekanntlich jahrelang betreute und ihren Nachlass sorgfältig aufbewahrte, gewissenhaft durchgearbeitet hat. Kleinere Fehler merkte er mit Bleistift an, Vorschläge zu Abänderungen oder Ergänzungen schrieb er auf eigene Blätter, wie er von Lama bereits am 21. Mai 1930 mitteilte. Außerdem schrieb er ihm folgendes: „Gestern fand in Pförring Firmung statt. Beim Mittagsmahl [Rieger war als Dekan selbstverständlich zugegen] erkundigte sich Bischof Buchberger: ‚Wie steht es mit der Anna Schäffer?' Er habe darauf geantwortet, dass das Interesse an der Seligen immer sehr lebhaft sei, besonders von Ingolstadt aus. Um ½ 5 Uhr kam der Bischof dann nach Mindelstetten. In der Kirche hielt er eine kleine Ansprache an die Leute und sagte abschließend: ‚Jetzt gehe ich an das Grab der Anna Schäffer. Man kann über dieselbe noch keine sichere Entscheidung treffen. Aber soviel ist sicher, dass sie heilig gelebt hat und heilig gestorben ist. Ihr habt eine Dulderin in eurer Mitte gehabt; alle sollen dieses Vorbild beachten!' Der Bischof betete einige Zeit am Grab, dann ging er auf sein Drängen hin, obwohl er zur Firmung nach Neustadt musste, noch in den Pfarrhof, um Einsicht in das neue Material an Aufzeichnungen, Briefen und Gebetserhörungen, von der Dornenkrone und der Geißel zu nehmen. Sein Sekretär, Monsignore Josef Poll[519], sprach seine Verwunderung aus über die Briefe, welche ein einfaches Landmädel geschrieben hatte. Der Bischof bewunderte auch das von Anna gestickte Kommuniontuch. Ich versprach, ihm baldigst das neue gesammelte Material zu überbringen, und beide fuhren anschließend nach Neustadt weiter."

518 BKR III. Abt. CAS K. 20: Füssen 13.05.1930: v. Lama an Rieger.

519 Er starb am 07.11.1955 als Prälat und Stiftsdekan des Kollegiatstiftes ULF zur Alten Kapelle.

Ferner teilte Rieger mit, er habe dem Bischof das Manuskript Ritter von Lamas noch nicht vorzeigen wollen. Er bitte ihn aber, bald hierher kommen zu wollen, um die Ergänzungen zu besprechen. Dann könnten sie auch darüber sprechen, ob eine Vorlage des Manuskripts beim Bischof erfolgen solle. Rieger betonte am Schluss seines Briefes, dass von Lama die „schöne Arbeit hervorragend gelungen ist.“[520]

Ritter von Lama wurde in seiner Arbeit über die Selige auch von anderen Persönlichkeiten unterstützt. So bekundete P. Thomas OFMCap. vom Kloster in Mariabirnbaum/Obby. seine Bereitschaft, ihm „weiteres mitteilen“ zu wollen. Er sei am Rosenkranzfest am 2. und 3. Oktober 1920 in Mindelstetten zur Aushilfe gewesen und habe Anna kennengelernt.[521] Auch Abt Emmeram Gilg OSB von der Abtei Weltenburg/Nby. sandte seinen Dank an von Lama und schreibt, dass der Bericht bezüglich des P. Erhard sehr wertvoll und tröstlich sei. Dieser war öfters zu seelsorglichen Aushilfen in Mindelstetten und mit „H. H. Dechant und Pfarrer Karl Rieger“ von dort sehr befreundet. „Da wird er sicher auch die gottbegnadete Anna Schäffer besucht haben; gewiss wird diese fromme Person auch öfters für ihn gebetet haben. Dass P. Erhard ein Herz-Jesu-Apostel war, muss bestätigt werden.“ Der Abt bat ihn aber, den Namen „P. Erhard und Kloster Weltenburg nicht zu nennen“, da bei Veröffentlichungen größte Zurückhaltung „das Klügste sein dürfte“.[522]

Ritter von Lama dürfte sich an P. Thomas mit der Bitte gewandt haben, ihm über seine Erfahrungen mit Anna zu berichten. Der Ordensmann erfüllte die Bitte und teilte ihm mit, dass er 1920 die Leidende besucht habe und in ihr eine „fromme, gottliebende Seele“ kennengelernt habe. Er habe sie um ihr Gebet ersucht und ihr versprochen, sie ins tägliche Hl. Messopfer einzuschließen. Er habe leider einige ihrer Briefe verbrannt, aber die letzten sind noch vorhanden und er übersende sie zur Begutachtung. Er würde gern ein Andenken an Therese Neumann haben und das „Konnersreuther Jahrbuch“.

Ferner teilte er von Lama mit, dass er von seinem Landsmann, dem im Ruf der Heiligkeit verstorbenen P. Franz Xaver Seelos von Füssen, zwei Briefe habe. Von 1895 bis 1900 sei er in Altötting stationiert gewesen und damals lebte noch der Bruder des Genannten in Neuötting. „Diesen habe er um ein Andenken an seinen Bruder gebeten und er bekam diese Briefe, die in Anapolis geschrieben wurden. Auch noch ein schönes Gedicht an die Nichte Kunigunde, die Nichte des seligen P. Franz Seelos habe er ihm geschenkt.“[523]

520 BKR III. Abt. CAS K. 20: Mindelstetten 21.05.1930: Rieger an v. Lama.

521 BKR III. Abt. CAS K. 20: Mariabirnbaum/Obby. 19.05.1930: P. Thomas OFMCap. an v. Lama.

522 BKR III. Abt. CAS K. 20: Abtei Weltenburg/Nby. 19.05.1930: Abt Emmeram Gilg OSB an v. Lama.

523 BKR III. Abt. CAS K. 20: Mariabirnbaum 24.05.1930: P. Thomas OFMCap. an v. Lama – Seliger P. Franz X. Seelos (01.11.1819 Füssen – New Orleans/USA 04.10.1867).

Freilich, wie könnte es anders sein, es gab zu dieser Zeit auch Schwierigkeiten. Der Ingolstädter Xaver Tempelmeier wandte sich in seiner Bedrängnis an Ritter von Lama. Er hatte am 25. April 1930 einen Artikel über Anna für die „Ingolstädter Zeitung" verfasst, zwecks Aufklärung und Werbung für die geplante Wallfahrt an das Grab in Mindelstetten. Nun teilte ihm der Redakteur der Zeitung mit, dass vom Bischöflichen Ordinariat Eichstätt die Verfügung gekommen sei, dass nur mit Erlaubnis des „oberen Stadtpfarrers Dr. Fick" der Artikel aufgenommen werden kann. Er schrieb nun dem Generalvikar Dr. Clemens Wagner von seinem Anliegen. Nun erhielt er nicht von diesem, sondern vom Stadtpfarrer Schröder von St. Moritz eine Mitteilung, dass die „Ingolstädter Zeitung" anzuweisen ist, dass Artikel und Annoncen über Wallfahrten an das Grab der Jungfrau Anna Schäffer in Mindelstetten vorläufig nicht aufgenommen werden sollen, da nach Zuschrift des Ordinariats Regensburg Wallfahrten nach Mindelstetten verfrüht sind.

Tempelmeier sah aber darin kein Verbot, privat an ihr Grab zu wallfahren. Im Übrigen schrieb er an von Lama, dass sich die „Leute, zumal jene, welche schon Gebetserhörungen an das Pfarramt Mindelstetten eingereicht haben, sich das Vertrauen zu Anna nicht nehmen lassen." Die Wallfahrt finde am 18. Mai statt. Er werde sich weiterhin einsetzen, um zur Verherrlichung der Seligen beizutragen.[524]

Ritter von Lama suchte nun einen Verlag und dürfte sich zunächst an den bekannten Verleger Friedrich Pustet in Regensburg, in dessen Firma er ja schon tätig war, gewandt haben. Doch dieser teilte ihm mit, dass sich sein Sohn zurzeit mit seiner Gattin auf der Fahrt zum Eucharistischen Kongress in Karthago befinde und danach noch einige Ferientage anzuschließen beabsichtige. Da er aber alle Angebote gemeinsam mit seinem Sohn bespreche, möchte er eine Entscheidung nicht vorwegnehmen. Deshalb möge sich von Lama bis Anfang Juni gedulden.[525]

Am 23. Mai 1930 schrieb Ritter von Lama Pfarrer Rieger, er möchte voraussichtlich Mitte Juni nach Mindelstetten kommen, um im Manuskript noch einige Verbesserungen anzubringen. Die kirchliche Approbation versuche er vom Ordinariat Augsburg zu bekommen, da ja Füssen zu diesem Bistum gehört. Er habe auch P. Thomas OFMCap. geschrieben, um vielleicht noch etwas Material über Anna zu bekommen.[526]

Sieben Tage später bat von Lama Rieger, das Manuskript an seinen Bruder, P. Severin von Lama M.SS.C., Herz-Jesu-Missionar, z. Z. im Sanatorium der Barmherzigen Brüder in Bad Reichenhall, zu senden. Er sei ein Spezialist auf dem Gebiet der Theologia mystica und in der Lage, wertvolle Verbesserungen und Erläuterungen „nach dieser Seite hin anzubringen". Das ganze Manuskript erhält Rieger zu-

524 BKR III. Abt. CAS K. 20: Ingolstadt/Obby. 10.05.1930: Xaver Tempelmeier an v. Lama.

525 BKR III. Abt. CAS K. 20: Regensburg 19.05.1930: Friedrich Pustet an v. Lama.

526 BKR III. Abt. CAS K. 20: Füssen 23.05.1930: v. Lama an Rieger.

rück, damit er es bei seinem Besuch in Mindelstetten vorfinde.[527] P. Severin von Lama äußerte sich später über das Manuskript, dass es ihn sehr erbaut habe. [528]

Am 10. Juli 1930 verständigte von Lama Rieger von seinem bevorstehenden Besuch „am Montag“ und dass er einen Verleger gefunden habe. Da er sich „ab Samstag“ bei seinem älteren Bruder, Oberstudienrat Ritter Karl von Lama in Ingolstadt befinde, erbitte er „irgendwelche Mitteilungen dorthin“.[529]

Das Konnersreuther Jahrbuch mit dem Aufsatz über die stigmatisierte Anna Schäffer dürfte im katholischen Volk Anklang und Verbreitung gefunden haben. Auch P. Hermann Joseph vom Kapuzinerkloster in Kempten/Allgäu hatte ihn gelesen und bat nun von Lama um die Genehmigung, diesen mit Quellenangabe im Oktober-Heft des „Marienborn“ abdrucken zu dürfen.[530]

Ritter von Lama war weiterhin bemüht, noch weiteres Material über Anna zu bekommen. P. Thomas OFMCap. vom Kloster Mariabirnbaum und auch Baronesse Bechtolsheim, die durch den Kapuziner P. Wolfgang auf Anna aufmerksam geworden war und mit ihr in der Folge von 1918 bis 1921 korrespondiert hatte, versprachen, ihm die wertvollen Briefe zugänglich zu machen.[531] Doch das im Ordinariat Regensburg befindliche Aktenmaterial konnte von Lama leider nicht bekommen. Rieger versuchte vergebens an die Akten heranzukommen und teilte von Lama mit, dass dieselben sich nicht in der Ordinariatskanzlei, sondern in den Privatgemächern des Bischofs befänden, der mit seinem Sekretär bis Ende August im Urlaub sei. „Es wird unmöglich sein, die Schriftstücke zu erhalten“, auch nicht jenes über die Stigmatisation. Rosa Imlauer habe ihm aber ihre Aufzeichnungen darüber überreicht und diese seien identisch mit dem Original ihrer Niederschrift, wie sie versicherte. Von Lama möge sein Buch ruhig vollenden.[532]

Am 31. Juli 1930 bedankte sich von Lama für das Schreiben Riegers und teilte ihm mit, dass das Buch durch die „letzten Ergänzungen manch’ wertvolle Bereicherung erfahren hat und nun so belassen werden kann.“[533]

Ritter von Lama war es nun endlich gelungen, in der Kinderfreund-Anstalt der Benediktiner in Innsbruck einen Verlag mit Druckerei zu finden, der sich bereit erklärte, das Manuskript des ersten Anna-Schäffer-Buches zu verlegen. Allerdings zeigten sich hinsichtlich der kirchlichen Druckgenehmigung Schwierigkeiten, von denen

---

527 BKR III. Abt. CAS K. 20: Füssen 30.05.1930: v. Lama an Rieger.

528 BKR III. Abt. CAS K. 20: Bad Reichenhall/Obby. 14.06.1930: P. Severin v. Lama MSSC an Rieger.

529 BKR III. Abt. CAS K. 20: Füssen 10.07.1930: v. Lama an Rieger.

530 BKR III. Abt. CAS K. 20: Kempten i. Allgäu 25.07.1930: P. Hermann Joseph OFMCap. an v. Lama.

531 BKR III. Abt. CAS K. 20: Klosterhausen/Ufr. 05.08.1930: Baroness v. Bechtolsheim an v. Lama und München 30.10.1930 Baroness v. Bechtolsheim an v. Lama.

532 BKR III. Abt. CAS K. 20: Mindelstetten 30.07.1930: Rieger an v. Lama.

533 BKR III. Abt. CAS K. 20: Füssen 31.07.1930: v. Lama an Rieger.

P. Dr. Alfons Maria Tamann OSB von Lama in Kenntnis setzte.[534] Am 29. Dezember wurde dann schließlich doch durch die Apostolische Administratur Innsbruck das gewünschte „Imprimatur“ erteilt.[535] Dem Druck des Buches stand nun nichts mehr im Wege. Ritter von Lama teilte am Dreikönigstag 1931 Pfarrer Rieger die freudige Kunde mit und bemerkte, er wolle ihm das erste Exemplar persönlich überreichen.[536]

Zur großen Freude von Lamas übersandte ihm am 5. Februar 1931 der Verlag der Kinderfreund-Anstalt in Innsbruck die ersten 20 Exemplare seines Buches. Der Bucheinband zeigte neben dem Titel in brauner Schrift auf beigem Untergrund drei Schwerter mit einem Kreuz, deren Bedeutung vermutlich mit dem Kampf des Kreuzes gegen den Unglauben der Zeit in Zusammenhang stehen dürfte. Das Buch umfasste 316 Seiten und war mit drei Bildern ausgestattet: Anna Schäffer auf dem Krankenbett, als Terziarin auf dem Totenbett im Ordensgewand des III. Ordens des hl. Franziskus sowie mit ihrer Mutter. Der Buchhandelspreis betrug drei Mark.[537] Ebenso erfreut wie von Lama dürfte Rieger gewesen sein, als er Mitte Februar, wie durch von Lama angekündigt, das Buch in Händen halten konnte.[538]

Die erste Biographie über Anna dürfte im gläubigen Volk großen Anklang gefunden haben. Der Verlag und von Lama selbst schlugen die Werbetrommel, aber die Biographie wurde auch von vielen Verehrern der Seligen schon sehnsüchtig erwartet. Der Verlag bemühte sich, möglichst viele Belegexemplare an einschlägige Zeitschriften zu übersenden, darunter „Neues Reich“, „Schönere Zukunft“, „Schildwache“ des Nazareth Verlags in Basel.[539] P. Odo Staudinger OSB, der Redakteur des „Benediktusboten“, einer Zeitschrift, die sich vieler Abonnenten erfreute, nahm zur Buchbesprechung ein Kapitel des Buches auf.[540] Auch andere periodische Publikationen wiesen auf das neu entstandene Werk über die Selige von Mindelstetten hin und brachten positive Rezensionen. So gaben der „Rosenhain“ und die „Heilige Stunde“ auf die überaus große Anzahl von Anfragen mit kurzen Hinweisen auf Anna das Erscheinen der Biographie bekannt.[541] Der Verlag der Kinderfreund-Benediktiner in Innsbruck versicherte von Lama, sein Möglichstes zu tun, um die Auflage abzusetzen, und rechnete auch mit dem Erfolg seiner persönlichen Werbekampagne.[542] So konnte dann auch der Verlag des „Konnersreuther Sonntagsblattes“, in dem von Lama einen ausführlicheren Artikel über Anna verfasst hatte, mitteilen, dass das Buch „recht gut“ gehen würde.[543]

534 BKR III. Abt. CAS K. 20: Innsbruck 09.12.1930: P. Dr. Alfons Maria Tamann OSB an Ritter v. Lama.

535 BKR III. Abt. CAS K. 20: Innsbruck 30.12.1930: Kinderfreund-Anstalt an v. Lama.

536 BKR. III. Abt. CAS K. 21: Gauting 06.01.1931: Ritter v. Lama an Rieger.

537 Schwager a. a. O. S. 123.

538 BKR III. Abt. CAS K. 21: Gauting 19.02.1931: Ritter v. Lama an Rieger.

539 Schwager a. a. O. S. 123f.

540 Schwager a. a. O. S. 124.

541 Schwager a. a. O. S. 124.

542 BKR III. Abt. CAS K. 21: Innsbruck 30.03.1931: Verlag der Kinderfreund-Anstalt an v. Lama.

543 BKR III. Abt. CAS K. 21: Gauting 09.04.1931: Ritter v. Lama an Rieger.

Eine besondere Förderin des Buches war die Witwe Wally Schneider aus Riedenburg, die ein eigenes Werbeblatt drucken ließ mit der Ansicht des ganzen Buches und dem Text: „Endlich ist ein Buch erschienen mit der Lebens- und Leidensbeschreibung, nebst Aufzeichnungen der im Jahre 1925 in Mindelstetten im Ruf der Heiligkeit verstorbenen Anna Schäffer. Viele aus nah und fern haben die Leidensbraut persönlich gekannt, sich an ihr erbaut und noch bei Lebzeiten ihre Gebetshilfe erfahren. Andere besuchen vertrauensvoll ihr Grab und wollen in Annas Geist noch besser eindringen. Ritter v. Lama ist der großen Nachfrage entgegen gekommen. Wir verdanken ihm dieses Buch mit 314 Seiten zum Preis von DM 3,– erhältlich in der Buchhandlung C. Schneider's Wtw., Riedenburg (Oberpfalz)".[544]

Hervorzuheben ist auch die Rezension des Kapuziners P. Dr. Stanislaus aus Eichstätt in der „Ingolstädter Zeitung" vom 7. April 1931, einem Organ der „Bayerischen Volkspartei". U. a. betonte er: Das Buch „zeigt uns in gemeinverständlicher Form ein hochherziges christliches Heldenleben auf dem Schmerzenslager zusammen mit der Antwort, die der Himmel auf solchem Großmut eines menschlichen Herzens gibt. In unserer Zeit, mit ihrer Not und ihrem Leid, brauchen wir solche Vorbilder."[545]

Auch im „Katholischen Sonntagsblatt" in Straßburg erschien von Pfarrer Gaessler eine schöne Besprechung des Buches unter dem Titel „Des Heilands ‚Passionsblümlein'".[546] Ebenso brachte die Kirchenzeitung für das Bistum Speyer „Der christliche Pilger" eine Rezension von Domdekan Prälat Molz am 8. März 1931 mit dem Hinweis „Lebensbeschreibungen dieser Art sind Hilfsmittel, um zu verstehen, was der Heilige Vater Pius XI. mit seiner Mahnung an den Erdkreis zur Sühneleistung will. Die Zukunft sieht schlimm aus, solange aber noch zehn Gerechte auf Erden sind, die solche Buße für die Menschheit leisten, dürfen wir getrost dem Kommenden entgegensehen."[547]

Auch die Unterhaltungsbeilage zum „Neuburger Anzeigeblatt" Nr. 30 vom 14. April 1931 brachte einen positiven Hinweis auf das Buch, wobei Ritter von Lama als „hochgeschätzter Schriftsteller" bezeichnet wurde.[548]

Ebenso positiv ist die Besprechung des Buches im „Katholischen Sonntagsblatt" für das Bistum Straßburg vom Frühjahr 1931, in dem es u. a. heißt: „Mit einem Wort, im Buch von Lama sind die Blümlein aus Anna's Leben zu einem herrlichen Strauß vereinigt. Ihr Vorbild und ihr Andenken wird erbauend und segensreich werden für Tausende!"[549]

Es mögen im Jahr 1931 sicher weitaus mehr Rezensionen der Biographie Anna Schäffers gewesen sein, aber alle anzuführen würde den Umfang des Kapitels über-

544 BKR III. Abt. CAS K. 55: Publikationen, Zeitungsausschnitte Nr. 1–56: Nr. 1.
545 Ebd. Nr. 26.
546 Ebd. Nr. 33.
547 Ebd. Nr. 32.
548 Ebd. Nr. 31.
549 Ebd. Nr. 30.

steigen. Nicht übersehen werden darf aber die Darstellung Ritter von Lamas über sein Buch, die er in der angesehen Zeitschrift „Allgemeine Rundschau. Wochenschrift für Politik und Kultur“ veröffentlicht hat. Er schreibt in seiner Abhandlung: „Die Schilderung der äußeren Lebensumstände hätte keine Publikation gerechtfertigt; es wäre eben die Geschichte einer 25 Jahre umfassenden Krankheitsfolge geworden, für die sich nicht einmal der Mediziner interessieren würde. Glücklicher Weise weitet sich dahinter noch anderes, ein Leben, das in seinem Verlaufe sich über die Grenzen des Natürlichen hinaus erhebt und in das die Gotteswelt hereinflutete, um dem Leiden ihren Stempel aufzudrücken. Es liegt also in den Tatsachen, die man als Historiker nicht ignorieren darf, wenn hier das Übernatürliche einen breiteren Raum einnimmt als das Natürliche.“[550]

Überaus erfreulich waren auch die persönlichen Stellungnahmen von Personen, die das Buch von Lamas gelesen hatten. P. Thomas OFMCap. von Mariabirnbaum bedankte sich bei von Lama für die Zusendung des Buches und verspricht, für dasselbe bei den Mitgliedern des III. Ordens zu werben.[551] Auch P. Semler SJ aus Straubing versicherte von Lama, er werde eifrig dafür Sorge tragen, dass das Buch in weiten Kreisen bekannt wird. „Gerade in Klöstern, bei der hochwürdigen Geistlichkeit, ebenso in Pensionaten wird es ziemlich Eingang finden. Es ist mir auch nicht zweifelhaft, dass das wohlgelungene Werk selbst über den Ozean den Weg finden wird. Haben sich doch schon zu Lebzeiten manche deutsche Katholiken in Amerika für die Leidensblume interessiert.“[552] Auch Baronin von Bechtolsheim bedankte sich bei von Lama „für das kostbare Buch“.[553]

Am 3. März benachrichtigte von Lama Pfarrer Rieger, dass er dem Verlag in Innsbruck Anweisung gegeben habe, ihm 50 Exemplare des Buches zu senden.[554] Er dürfte sofort ein Exemplar an Schw. Bonaventura in Viehhausen gesandt haben, denn diese bedankte sich am 19. April 1931 herzlich und versicherte, dass sie es als geistliche Lesung benutzen wird.[555] Sicher hat Rieger, wie anzunehmen ist, auch die Angehörigen Annas mit dem Buch bedacht.

Doch auch andere Stimmen ließen von sich hören. Ein Rektor Jörges aus Bad Homburg machte auf zwei Irrtümer im Werk von Lamas aufmerksam. Er bemängelte, dass die Gedichte „Morgen, eh das Frühlicht scheinet“ und „O mein Jesus, hier knie ich vor Dir“ nicht von Anna verfasst seien. Das erste stammt aus der Feder von Maria von Greiffenstein und findet sich im Gedichtband „Weiße Narzissen. Münster, 2. Aufl. 1907, S. 95f.“ und das zweite ist dem Buch „Was das ewige Licht

550 Ebd. Nr. 57: „Allgemeine Rundschau“ hrsg. v. Georg Moenius, 29. Jg. Nr. 50. München 10.12.1932.

551 BKR III. Abt. CAS K. 21: Mariabirnbaum 17.02.1931: P. Thomas OFMCap. an v. Lama.

552 BKR III. Abt. CAS K. 21: Straubing 16.02.1931: P. M. Semler SJ an v. Lama.

553 BKR III. Abt. CAS K. 21: München Gabelsbergerstr. 9, 20.02.1931: Baronin v. Bechtolsheim an v. Lama.

554 BKR III. Abt. CAS K. 21: Gauting 03.03.1931: Ritter v. Lama an Rieger.

555 BKR III. Abt. CAS K. 21: Viehhausen 19.04.1931: Schw. Bonaventura an v. Lama.

erzählt. Innsbruck 1913, S. 244ff. von Cordula Wöhler" entnommen. Auch ein drittes Gedicht „Da bin ich geworden wie eine [...]" stammt nach Inhalt und Form seiner Meinung nach von Schw. Maria Regina (Helene Most), was er aber nicht nachweisen kann.[556] Sogar aus dem Ausland kam Kritik, nämlich aus Lüttich. Ein gewisser P. Bakque machte von Lama darauf aufmerksam, dass einige im Buch angegebene Gedichte nicht von Anna selbst stammen und nannte Quellen.[557]

Bald meldeten sich auch kritische Stimmen. So erhob die Ingolstädter Geistlichkeit Einspruch gegen die Behauptung der Wundmale. Ebenso wurden die Veröffentlichungen Lamas von Seiten des Regensburger Ordinariats nicht ganz gebilligt. Demzufolge erschienen auch im Regensburger Kirchenblatt keinerlei Erwähnungen geschweige Besprechungen des Buches. Selbst die Verwandtschaft der Seligen zeigte sich verstimmt.[558]

Wörtlich schrieb Rieger auf von Lamas Anfrage, wie sein Buch in Mindelstetten und Umgebung sowie in Regensburg aufgenommen werde: „Die Sache A. Schäffer fängt auch hier an, Schwierigkeiten zu begegnen. Ich lese eben den Bayer. Kurier [er meinte sicher die offizielle Zeitung der Bayerischen Volkspartei] ‚Der Kampf um die Glaubwürdigkeit der Therese Neumann.' Danach ist auch bei A. Schäffer mehr Vorsicht geboten. Indes, nun auch die Ingolstädter Geistlichkeit gegen die Behauptung der Wundmale kämpft durch Verbot der noch nicht kirchlich festgelegten Bestätigung. Regensburg scheint auch mir zu zürnen; R. Sonntagsblatt bringt nicht einmal eine Andeutung, bringt aber ganz kleine Veröffentlichungen von Danksagung über Gebetserhörung durch A. Sch. Bücher wurden abgesetzt, aber vielen ist der Preis zu viel. Anverwandte sind zudem etwas verstimmt, weil sie nicht daraus Nutzen und Lob ziehen können."[559]

Was ist von dem Brief zu halten? Rieger war damals schon ein alter kranker Mann und neigte ohnehin zum Pessimismus, und wenn er auch nur den geringsten Widerstand spürte, wurde er ängstlich und zurückhaltend.

Dennoch überwog, vor allem bei den Verehrern Annas – und es wurden immer mehr –, der Dank und die Begeisterung für die erste Biographie Ritter von Lamas. Sein Buch erfuhr selbst in Belgien und in Ungarn einen völlig unerwarteten Widerhall.

Am 18. September 1932 berichtete von Lama Pfarrer Rieger von einem Brief von Herrn Jean de Laet, Dr. phil. und Dr. phil. schol. D. Thom. aus Turnhout in Belgien, an ihn. Er lautet: „Wer kennt die geheimen Ratschlüsse Gottes! Gestern lernte ich durch einen Brief aus Belgien eine unerwartete Wirkung meines bescheidenen Buches über Anna Schäffer kennen [...]." Jean de Laet schrieb: „Im Laufe einer Unterhaltung mit Domkapitular De Hovre in Gent [Verfasser eines großen Buches über

556 BKR III. Abt. CAS K. 21: Bad Homburg 13.12.1932: Rektor Jörges an v. Lama.

557 Schwager a. a. O. S. 124.

558 Schwager a. a. O. S. 125.

559 BKR III. Abt. CAS K. 21: Mindelstetten 21.05.1931: Rieger an v. Lama.

Therese Neumann] hatte mir dieser auch von Ihnen gesprochen und mir Ihre interessante Studie über Anna Schäffer, die Stigmatisierte von Mindelstetten, zum Lesen gegeben. Die Lektüre dieses Buches war für mich eine wahre Offenbarung, ein Lichtstrahl. Ich habe ein Faktum gefunden, das mir den Beweis für eine Hypothese liefert, die ich mir über die Psychologie der Mystiker gebildet hatte, bezüglich welcher ich nach einem zeitgenössischen Beispiele suchte. Wir hatten eines in Belgien, bezüglich dessen ich aber leider durch einen Eid zum Stillschweigen verpflichtet bin, dass mir aber anderseits kein Beispiel dieser Art lieferte. Ich habe es nun bei Anna Schäffer gefunden und auf den Rat des Herrn Domkapitulars De Hovre will ich es aufgrund der Analogie mit dem Fall Therese Neumann studieren. P. Mager [es handelt sich dabei um den Beuroner Benediktiner und bekannten Salzburger Professor und Ordinarius für Kultur- und Religionsphilosophie sowie für Mystik (1883 Zimmern bei Rottweil – Salzburg 1946)] hat die Frage einmal gestreift, er scheint sie aber aus dem Gesicht verloren zu haben. Ich denke, sie ist von kapitaler Bedeutung [...]. Ich möchte in der Tat Anna Schäffer unserem Volk zugänglich machen durch eine flämische Ausgabe ihres Buches, aber in anderer Fassung."

Von Lama setzt sein Schreiben fort wie folgt: „Herr de Laet bittet mich dann um Erlaubnis dies zu tun, die ich ihm natürlich sofort gegeben habe. Ich werde sie über das Weitere auf dem Laufenden halten. Es ist nicht ausgeschlossen, dass ich Sie mit Herrn Dr. de Laet in Mindelstetten besuche." Dann teilte er Rieger noch mit, dass bereits 1.500 Schäffer-Bücher verbreitet seien.[560]

Im Oktober wiederum erreichte von Lama ein nicht weniger interessanter Brief von dem Jesuiten P. A. M. Hellmich aus Sanitas/Graubünden in der Schweiz. Er schreibt, dass er mit großer Befriedigung das Buch über Anna Schäffer gelesen habe und es nach Möglichkeit auf seinem Arbeitsfeld in Deutschland, Österreich und der Schweiz zu verbreiten gesucht hat. In Davos fand er einen flämischen Neupriester, der wegen eines leichten Lungenleidens eine Kur machen musste und dem er das Buch zu lesen gab. Da er sehr begeistert davon sei, legte er ihm nahe, während seines Kuraufenthalts hier eine flämische Übersetzung des Werks anzufertigen. Er sei dazu bereit und auch dazu vorzüglich befähigt. Dann fragt er an, welche Bedingungen für das Recht der Übersetzung gestellt werden. Weil alles Deutsche im Ausland geringer Zuneigung begegne, schlage er als Titel vor „Aus Leidenstiefen zur Höhe der Gnade und der Glorie". Gegen Ende seines Schreibens teilte der Jesuit noch mit: „Kam dieser Tage ein leicht erkrankter Mitbruder aus Kalifornien zur längeren Kur hier an. Was würden Sie dazu sagen, wenn ich diesen für eine Übersetzung ins Englische gewinne?"[561]

Bereits zwei Tage später antwortete von Lama und teilte P. Hellmich mit, was die Übersetzung ins Flämische anbelangt, so habe sich bereits vor vier Wochen Dr. Jean

560 BKR III. Abt. CAS K. 21: Gauting 18.09.1932: Ritter v. Lama an Rieger.

561 BKR III. Abt. CAS K. 21: Graubünden, Sanitas, Davosplatz 10.10.1932: P. A. M. Hellmich SJ an v. Lama.

de Laet darum beworben und er habe ihm ohne Bedingungen die Genehmigung erteilt. „Sehr dankbar werde ich Ihnen sein, wenn Sie jenen Mitbruder aus Kalifornien für eine Übersetzung ins Englische gewinnen würden, denn damit würde sich der von diesem Buch ausgehende Segen vermehren und Anna Schäffer bekäme Gelegenheit, noch im Himmel Gutes zu tun, weit über die Grenzen ihres Vaterlandes hinaus.“ Dann fügte von Lama noch eine bemerkenswerte Nachricht hinzu: „Inzwischen ist mein Buch über den Frieden 1917 [von Lama meint die Päpstlichen Friedensbemühungen] erschienen; ich lege einen Prospekt bei. Dr. Marx [es handelt sich hier um den bekannten Zentrumspolitiker Wilhelm Marx (1863 Köln – Bonn 1946)] hat wie er mir schrieb, aus politischen Gründen dagegen Stellung genommen! Natürlich, man könnte ja morgen wieder in eine Koalition mit den Deutschnationalen, den Protektoren des Protestantismus, eintreten müssen und da gilt es vorzubauen und die lieben „Kollegen“ bei guter Laune zu erhalten. Und in Berlin reißt mein Buch ein anderer Katholik herunter, ein Graf Montgelas, der zu dem Mittel der Dokumentenfälschung und ähnlichen Kniffen greifen musste, um nachzuweisen, dass ich Unrecht habe.“[562]

Ob es damals tatsächlich zu einer Übersetzung des Buches in Englische gekommen ist, entzieht sich leider unserer Kenntnis.

Ein dritter Brief, diesmal aus Ungarn, setzte von Lama sicher in großes Erstaunen. Der Schulbruder Fr. Cyprian Alois, Direktor einer Erziehungsanstalt in Homok, Komitat Szolnok, wandte sich an von Lama mit der Bitte, die Biographie über Anna Schäffer ins Ungarische übersetzen und drucken zu dürfen. Dazu berichtete er Folgendes: „Ich habe Ende Juli 1932 in Feldkirch, in unserem dortigen Lehrerseminar, 8-tägige Exerzitien gemacht und dort die Bekanntschaft eines ca. 70-jährigen Hochw. P. Jesuiten gemacht. Bei ihm sah ich das Lebensbild der gottseligen Anna Schäffer. Der Hochw. Pater hat mir Wunderbares erzählt von diesem Buche, und so habe ich mir noch dort ein Exemplar sofort kommen lassen. Seither habe ich es durchstudiert und kann Euer Hochgeboren nur aus ganzem Herzen danken und gratulieren zu diesem herrlichen Werk. Es ist ein wirkliches geistliches Lesebuch und herrlich geschrieben. Hatte dabei viel Genuss und geistlichen Nutzen.

Als ich nach meiner Reise zurückkam, bekam ich Hämorrhoiden in Gestalt einer entzündeten und harten Geschwulst. Der Arzt hielt eine Operation für unbedingt notwendig. Mir grauste davor und Zeit hatte ich auch keine. Versprach der gottseligen ‚Nandl‘, dass ich ihre Lebensgeschichte kurz übersetze und diese meinen lieben Mitbrüdern erzähle. Und was geschieht? Die Geschwulst etc. ist ganz verschwunden. Habe nur die bekannten Salben dagegen benützt. Der Arzt hat sich sehr gewundert und die Sache für unmöglich gehalten. Die Tatsachen bewiesen aber, dass es dennoch so ist. Jetzt bin ich pumperl gesund.

562 BKR III. Abt. CAS K. 21: Gauting 12.10.1932: Ritter v. Lama an P. A. M. Hellmich SJ.

Erzählte auch einem bekannten Franziskanerpater von ‚Nandl'. Er war ganz begeistert und sagte, es wäre gut, dieses Buch ins Ungarische zu übersetzten, denn es würde Absatz finden, besonders bei den Mitgliedern des III. Ordens. Dieser Pater ist Beichtvater einer stigmatisierten Jungfrau in Ungarn, die unter bischöflicher Aufsicht steht, mit dem Hochwürdigsten Bischof korrespondiert [...]. Der Pater hatte die Güte, mich zu dieser Jungfrau zu führen, und hat mir erlaubt, dieselbe zu besuchen, wenn ich in dieser Stadt weile. Dieser Jungfrau habe ich auch von ‚Nandl' erzählt in Gegenwart des Paters. Innigst bat sie mich, die Lebensbeschreibung ins Ungarische zu übersetzen. Als wir weggingen, sagte mir der Pater, ich möge die Übersetzung machen und er wird sorgen, dass das Buch verbreitet werde. Hat auch die Stilisierung und ins Reineschreiben des Buches übernommen.

So habe ich mich entschlossen zur Übersetzung, damit je mehr Seelen den Wert des Leidens kennen lernen, dem lieben Gott eifrig dienen und wir auch beitragen zur schnellen Heiligsprechung der wirklich heiligmäßigen Anna Schäffer.

Bitte um Erlaubnis demütigst zur größeren Ehre Gottes und zum Heil der unsterblichen Menschenseelen."[563]

Am 9. November 1932 berichtete von Lama Pfarrer Rieger über den schönen Brief des Schulbruders und meinte: „Also wird Nandl nun auch in Ungarn bekannt und verehrt werden, und sie scheint vom Himmel aus selbst für Verbreitung ihrer Lebensbeschreibung zu sorgen!" Dann fügte er hinzu, dass er dem Fr. Cyprian Alois „ohne dafür einen Pfennig zu verlangen" die Genehmigung zur Übersetzung und zum Druck gegeben habe.[564]

Am 5. November hatte sich Fr. Cyprian für die Überlassung der Autorenrechte herzlich bedankt und schrieb, er hoffe, „dass unsere Übersetzung viel beitragen wird zur baldigen Verherrlichung dieser heiligen Seele!"[565]

Selbstverständlich fand das Buch in Bayern, Österreich und Deutschland Anerkennung. Auch Fürsterzbischof Ignaz Rieder von Salzburg bedankte sich für das Buch bei von Lama und äußerte Freude darüber, dass er die Biographie „dieser begnadeten Jungfrau" geschrieben habe.[566]

Das Werk erfreute sich einer weiten Verbreitung und Nachfrage. Der Karmelit Br. Designatus von Amberg zum Beispiel benachrichtigte Rieger, er habe bereits zehn Exemplare „angebracht" und bitte wiederum um sechs Stück mit Rechnung.[567] Mathias Gebhard aus Reichertshofen in der Oberpfalz bestellte ein Exemplar für seine Nichte, die Ordensschwester in Bukarest.[568] Schw. Adelgossa (Walburga Lang, aus

563 BKR III. Abt. CAS K. 21: Szolnok/Ungarn 05.11.1932: Dir. Fr. Cyprian Alois, Schulbruder an v. Lama.

564 BKR III. Abt. CAS K. 21: Gauting 09.11.1932: Ritter v. Lama an Rieger.

565 BKR III. Abt. CAS K. 21: Szolnok/Ungarn 05.11.1932: Dir. Fr. Cyprian Alois an v. Lama.

566 BKR III. Abt. CAS K. 21: Salzburg 20.04.1931: Fürsterzbischof Ignaz Rieder an v. Lama.

567 BKR III. Abt. CAS K. 21: Amberg 14.05.1931: Br. Designatus OCarm. an Rieger.

568 BKR III. Abt. CAS K. 21: Reichertshofen/Opf. 14.08.1932: Mathias Gebhard an Rieger.

Mindelstetten Nr. 54, 1909 geboren) bedankte sich für das Buch und lud Rieger zu ihrer Profess am 16. April 1932 nach Dillingen ein. Wie sie zu berichten wusste, legten an diesem Tag 35 Schwestern ihre Profess ab und es fanden 32 Einkleidungen statt.[569]

Alle diese Benachrichtigungen haben sicher auch Pfarrer Rieger große Freude bereitet, besonders dass das Buch ins Flämische und Ungarische übersetzt werde. Ob dies tatsächlich geschehen ist, konnte nicht eruiert werden.

Am 10. November 1932 richtete Rieger an von Lama ein Schreiben, das überaus aufschlussreich ist. Es lautet: „Ihr Brief erinnert mich an eine schuldige Antwort. Allein, Verkältung, Arbeit in der Seelsorge und auch für A. Sch. hinderten mich daran. Es freut mich ihre Sorge um die A. Sch.; ich bin bereit soweit möglich mitzuhelfen. Deshalb auch mit den Vorbereitungen und Übersetzung des Buches nicht nur einverstanden, sondern jeder Zeit bereit nach meinen Kräften mitzuhelfen. Einiges zur Lage.

Regensburger Ordinariat hat mir noch keine Gelegenheit gegeben, die vorliegenden Gebetserhörungen zu überreichen und schriftlich will ich es nicht tun, denn dieselben würden wohl sicher einem hochgelehrten Professoren oder Doktor zur Untersuchung übergeben. Da kennen Sie meine Ansicht: Die Herren Bischöfe sollen zuerst sagen, dass sie auch noch in unserer Zeit glauben an Wunder und göttliche Belohnung für heroisches Leiden und Opferleben. Wer das nicht kann, möge seine Hand weglassen, um Spötter zu bekehren.

Ich muss nächsten Montag nach Regensburg reisen, um an einer Besprechung über den Ausbau des Priesterseminars teilzunehmen [...].

Hier haben die Hitler [er meint die Nationalsozialisten, die anscheinend auch in Mindelstetten Fuß gefasst hatten] große Verwüstung in der Pfarrei angerichtet und die Leute denken auch wegen der A. Sch. nur an eine kommende Geschäftsausnützung. Aber dessen ungeachtet kommen auch hier Vertrauen auf Annas Hilfe vor und kommen Leute aus weiter Umgebung hierher an das Grab. Ich selbst erhalte von weiter Ferne Anfragen über A. Sch.

Ihre gesandte Gebetserhörung lege ich mit Ihrem Briefe zu den vorliegenden ca. 40 Gebetserhörungen."[570]

Postwendend meldete sich von Lama und teilte ihm mit, dass er mit Prof. DDr. de Laet wegen der flämischen Ausgabe seines Buches zu Besuch kommen wird.[571] Der geplante Besuch musste allerdings noch zweimal verschoben werden, dürfte aber im Januar 1933 erfolgt sein.[572]

Von Pfarrer Rieger dazu angeregt, verfasste von Lama 1933 einen kurzen Lebensabriss über Anna in Form einer kleinen Broschüre. Das Heft mit dem Titel „Anna Schäf-

569 BKR III. Abt. CAS K. 21: Dillingen/Schw. 20.03.1932: Schw. M. Adelgossa Lang an Rieger.

570 BKR III. Abt. CAS K. 21: Mindelstetten 10.11.1932: Rieger an v. Lama.

571 BKR III. Abt. CAS K. 21: Gauting 17.09.1932: Ritter v. Lama an Rieger.

572 BKR III. Abt. CAS K. 21: Gauting 25.11.1932: Ritter v. Lama an Rieger – 10.12.1932: Ritter v. Lama an Rieger.

fer aus Mindelstetten. Das Leidensblümlein am Kreuzesfuße (stigmatisiert 1910, gestorben 1925)" ist 1934 im Verlag der Martinus-Buchhandlung Illertissen erschienen. Es zeigt auf der Vorderseite neben dem Titel das Bild der Seligen auf dem Krankenlager, enthält ein weiteres Foto „Anna auf dem Totenbett" und umfasst 23 Seiten.[573]

Erst am 20. April 1933 wandte sich Pfarrer Rieger wieder an von Lama. Er entschuldigte sich, dass er dessen Brief vom 9. Februar noch nicht beantwortet habe wegen häuslicher Schwierigkeiten und „ich selbst habe so schwere Verschleimung durchzumachen, dass ich mir alle Schonung auferlegen musste, um meinen Dienst als Pfarrer noch erledigen zu können. Ich konnte auch nicht nach Regensburg fahren." Dann kommt er auf die Situation zu sprechen mit folgenden Worten: „Die heutigen Zustände lassen auch gar keine Geneigtheit aufkommen, in Annas Sache in die Öffentlichkeit zu treten. Mindelstetten verdient es nicht mehr eine Stätte der öffentlichen Verehrung der Anna zu werden; sie suchen ja nur das irdische Glück bei den Menschen, das ewige geht mit, wenn sie gerade in Not sind. Gegen mich als Pfarrer haben sie sich schmählich undankbar benommen. Ich will nur noch einige Zeit aushalten, da ich wegen des Alters (71 Jahre) abbaufähig bin. Ich kann auch jede Stunde abtreten und bin in Ruhe besser daran als jetzt hier unter gelddurstigen, dem Pfarrer nicht einmal seine Pacht zu zahlenden Leuten. Aber wie gesagt, wenn nicht ein anderer Abruf kommt, will ich noch meine Gesundheit opfern, vielleicht hat der liebe Gott nach Annas Fürbitte noch andere Wege. [...] Hätten unsere Oberhirten und Priester das Opferleben von Mindelstetten und Konnersreuth in Glaube und Demut angenommen und unter das Volk gebracht, wer weiß, ob nicht manches hätte verhindert werden können, doch die göttliche Vorsehung hat andere Wege, als wir denken."[574]

Dieser Brief macht wieder die Mentalität des greisen und verbitterten Pfarrers deutlich, der aber die Zeit in politischer, gesellschaftlicher und nicht zuletzt religiöser Hinsicht realistisch beurteilt. Unbeeindruckt von den trüben Zeitverhältnissen, die von Lama sicher ebenso betrachtete wie Rieger, sandte er ihm im Juni 1934 das Manuskript des angeregten kurzen Lebensabrisses von Anna zur Korrektur. Zugleich bat er um die beiden Fotos der Seligen, da er die Seinen auf Bitten der Passionistinnen in Lucca, die in ihrer Zeitschrift einen Artikel über Anna veröffentlichen wollen, nach Italien geschickt hatte. Zum Schluss betonte von Lama, dass Pfarrer Rieger einmal einen ganz besonderen Lohn für sein Wirken empfangen wird.[575]

Erst am 18. November 1933 meldete sich Rieger bei von Lama und meinte bezüglich der Broschüre: „Je einfacher desto besser, da die Leute und auch er kein

573 Schwager a. a. O. S. 127.

574 BKR III. Abt. CAS K. 21: Mindelstetten 20.04.1933: Rieger an v. Lama.

575 BKR III. Abt. CAS K. 21: Gauting 17.06.1933: Ritter v. Lama an Rieger.

Geld haben und für Anna auch nichts da sei." Dann betonte er, „die Verblendung wird niedergeworfen. Ich vertraue auf der Seligen Hilfe!"[576]

Im Dezember nach Weihnachten teilte Rosa Imlauer im Auftrag Riegers von Lama mit, dass sie vor zwei Wochen in Regensburg war, um Exzellenz Buchberger die bisherigen Gebetserhörungen zu zeigen. Er habe ihr aufgetragen, etwas über Anna zu schreiben. Sie will aber kein Buch schreiben, sondern Erläuterungen zur Leichenpredigt Riegers 1925 schreiben und mit den Gebetserhörungen überreichen. [577]

Der letzte Brief von Lamas an Pfarrer Rieger – das NS-Regime zeigte bereits seine furchtbaren Schatten – ist bezeichnend für die Situation der damaligen Zeit. Von Lama schreibt: „Sie haben ja wohl Kenntnis davon erhalten, was jenem Priester zugestoßen ist, in dessen Begleitung ich Sie das letzte Mal besucht hatte. Dasselbe stand auch mir bevor und da ich seit Langem unter Aufsicht stehe, musste ich natürlich alles vermeiden, was auch Sie noch in Unannehmlichkeiten bringen konnte. Daher mein Schweigen und mein Fernbleiben. Allmählich ist wieder Beruhigung eingetreten, aber ganz rein ist die Luft noch immer nicht. Nun wollte ich Sie fragen, wie es mit jenem Priester steht, da ich über ihn nichts mehr gehört habe. Könnten Sie vielleicht Erkundigungen einziehen? Mir ist das unmöglich, sonst wäre ich längst nach G. gefahren; aber das fällt dort zu sehr auf. Könnte nicht Frl. Rosa vielleicht am Hause B. in G. anklopfen. Dort wird man wohl Bescheid wissen, da ja die Schwester jenes Priesters dort bekannt ist und wohl auch verkehrt. Ich bin um jenen Herrn sehr besorgt, kann aber für ihn nichts unternehmen. Frl. Rosa würde in jenem Ort nicht auffallen." Zum Schluss seines Schreibens merkt er an: „Das Büchlein habe ich nun nachträglich in Augsburg zum Imprimatur eingereicht; es wurde s. Z. übersehen. Prälat Eberle[578] erteilte es ohne weiteres und wir legen dann einen Zettel ein, um den Leser zu beruhigen, dass er kein Buch vor sich hat, das auf den Index gehört."[579]

Es wäre interessant zu wissen, von welchem Priester von Lama spricht. Dies zu erkunden scheint leider nicht möglich zu sein.

576 BKR III. Abt. CAS K. 21: Mindelstetten 18.11.1933: Rieger an v. Lama.

577 BKR III. Abt. CAS K. 21: Mindelstetten 27.12.1933: Rosa und Elis Imlauer an v. Lama.

578 Weihbischof Dr. oec. publ. Dr. theol. Franz Xaver Eberle (1874 Augsburg – Augsburg 1951), eine überaus kraftvolle Persönlichkeit, in jungen Jahren literarisch tätig, veröffentlichte neben sozial-ethischen Monographien Beiträge in einschlägigen Zeitschriften. 1937 erregte er durch einen bis heute nicht voll aufgeklärten Vermittlungsversuch bei Hitler Aufsehen. – Vgl. Gatz, Erwin (Hrsg.), Die Bischöfe der deutschsprachigen Länder 1945–2001, Berlin 2002, S. 59f.

579 BKR III. Abt. CAS K. 21: Gauting 10.03.1934: Ritter v. Lama an Rieger.

Der Tod Pfarrer Riegers

Pfarrer Rieger musste das Grauen des Dritten Reiches und des Zweiten Weltkrieges nicht mehr erleben. Er wurde am 27. Oktober 1934 in seinem 49. Priesterjahr nach Empfang der hl. Sterbesakramente im 73. Lebensjahr von Gott abberufen, wie aus seinem Sterbebildchen zu ersehen ist.

Dank Rosa Imlauer, die die Nachfolge ihrer Tante, Elise Imlauer, als Haushälterin 1933 angetreten hatte, haben wir Kenntnis über das Sterben des frommen Priesters. Sie schilderte es in einem Brief vom 15. Januar 1935 an Ritter von Lama: „Für Ihre lb. Zeilen herzlichen Dank. Ich kann es immer noch nicht fassen, dass es wirklich wahr sein soll, dass unser guter, Hochw. Herr Vetter gar nicht mehr kommt. So geduldig hat er gelitten. Nur 16 Tage ist er ganz gelegen. Am Rosenkranzfest hat er sich wieder verdorben. Am Kirchweihsonntag nachts 10 Uhr hat er die hl. Sterbesakramente noch so andächtig empfangen, dann war er noch 8 Tage schwer krank. Gott sei Dank habe ich ihn bis zuletzt doch noch pflegen dürfen. Dass unsere lb. Anna Schäffer zu ihm gekommen wäre, weiß ich nichts. Er hat mir wiederholt und zwar noch 2 Tage vor seinem Tode noch gesagt, dass wir nicht nach Regensburg kommen, obwohl wir schon eine Wohnung gehabt haben. ‚Was da ist, weiß ich nicht, aber wirst schon sehen, ich komme nicht nach Regensburg!‘ So schnell ist Hochw. Herr Vetter gestorben. Wenn ich nicht am Bett gestanden wäre, hätten wir ihn [gar] nicht mehr gesehen. Nach 7 Wochen ist dann Tante Elise auch noch gestorben. Sie hat mit ihrer Nierenschrumpfung und Wassersucht auch noch viel leiden müssen. Nun bitte ich Sie noch recht herzlich, die beiden teuren Toten noch ins Gebet einzuschließen und mich auch ein wenig, damit ich wieder ein gutes Plätzchen finde. Den Winter bin ich aber noch hier.“[580]

Riegers Beerdigung fand am 30. Oktober 1934 unter großer Beteiligung der Gemeinde und von 50 Mitbrüdern statt. Von Regensburg kam der Stiftsdechant der Alten Kapelle, BGR J. Mayer, vermutlich als Vertreter des Domkapitels und des Ordinariats.[581]

Das Requiem und die Beerdigung hielt Pfarrer Dr. Johann Markstaller von Kösching. Seine Predigt lautete wie folgt:

„Trauernde Pfarrgemeinde, Hochw. Herren, liebe Mitbrüder! Der Hochw. H. Bischfl. Geistl. Rat Karl Rieger, Dechant des Landkapitels Pförring und Inhaber des König-Ludwig-Kreuzes, wurde geboren am 6. September 1862 im nahen Neustadt a. d. D. Der arme Junge studierte in Landshut und war von der untersten Klasse bis hinauf ein Ier Student; als Erster in seinem Kurs.

Vor 48 Jahren zum Priester geweiht. Seit 1897, also seit 37 Jahren, lebte er zuletzt als Pfarrer von Mindelstetten, hier in unserer Mitte; als ein idealer, frommer

580 BKR III. Abt. CAS K. 21: Mindelstetten 15.01.1935: Rosa Imlauer an v. Lama.

581 BKR III. Abt. CAS K. 21: Regensburg 1935 (?): Stiftsdechant BGR J. Mayer.

Pfarrer; als ein Musterpriester. Ein meist bescheiden zur Erde gewandter Blick schien der Ausdruck seiner großen inneren Demut zu sein; sein funkelndes klares Auge aber schien Zeugnis zu geben von einem hellen Verstand und von seinem reinen Lebenswandel; die Welt wird zwar sein armes Wesen kaum verstehen, schwerlich begreifen, warum er den Ärmeren zugetan war und wird kaum seine übergroße Freigebigkeit nachahmen; aber die Hilfsbedürftigen, die Armen, die von seiner Güte so viele Wohltaten empfangen haben – sie werden ihm ja doch dankbar sein? Der junge Stadt-Mesnerssohn stellte sich seine Laufbahn sicher in hohen Zielen vor; fleißig, hervorragend begabt und ehrgeizig strebte er hie und da vielleicht nach Höherem?

Als ihn aber der liebe Gott hier herein, in dieses große schöne Jura-Dorf stellte, widmete er sich pflichtgetreu seinen hohen Aufgaben als Landpfarrer. Er hat das schöne Gotteshaus aufgebaut, vor dem wir stehen. Seine lb. Pfarrgemeine hat ihn mit viel Opfern unterstützt. Er hat die Pfarrkirche mit wirklichen Kunstwerken geschmückt und stets gehegt und reinlich und schön gehalten. Er stand 25 Jahre lang dem hiesigen Darlehenskassenverein als Rechner zur Seite. Wer das vielleicht nach dem Krieg und während der Inflation mitgemacht hat, der weiß, was das bedeutet. Aber als Besonderheit: 25 Jahre lang hat er das Rechner-Amt m. W. umsonst geleitet. Da wird im 20. Jahrhundert, oder doch wenigstens unter uns – nicht leicht ein Zweiter zu finden sein, der so lange Jahre ohne Entgelt die damit verknüpften Verdrießlichkeiten und Haftung und Schädigungen übernimmt. Die dankbare Ortsgemeinde hat die außerordentlichen Opfer des Hochwürd. Herrn Pfarrers stets gewürdigt und hat ihm anlässlich seines 25-jährigen Rechnerjubiläums mit ehrenvoller Urkunde das Ehrenbürgerrecht verliehen.

Nie hat er sich einen richtigen Urlaub, eine Erholungsreise oder ein paar Wochen Ferien gegönnt. Bei steter Geistesarbeit, ohne Rast und Ruh', muss sich ein Körper verzehren.

Als dann der liebe Gott dem H. Pfarrer von Mindelstetten die gottselige Jungfrau Anna Schäffer in den Weg schickte, da hat er als eifriger kluger und frommer Seelenführer sie geführt, sie verstanden und sie gefördert. Was die hl. kath. Kirche in der Zukunft mit diesen zwei ehrwürdigen Gräbern noch macht, das weiß der liebe Gott.

Schwächlich von Gesundheit, mit verschleimter Lunge und krankem Magen ist er 37 Jahre lang – zur gegebenen Zeit – nüchtern auf den Berg nach Hiendorf – zur Filialkirche dieser Pfarrei – hinaufgestiegen; hat mit 70 Jahren noch seinen eigenen H. Cooperator gemacht.

Viele Jahre lang hat Herr Dechant Rieger als außerordentlicher Beichtvater die 1 Stunde entfernten Schulschwestern in Oberdolling betreut. Und in den letzten 7 Jahren hat er noch dazu die Geschäfte eines Dechants über 15 Pfarreien und Seelsorgestellen übernommen; und in dieser Eigenschaft haben wir Auswärtige ihn als einen offenen Mann mit einem guten Herzen am meisten kennengelernt.

Wenn er die Pfarrer des Kapitels um sich versammelt hat, bildeten eigentlich nur 2 konstante Worte seine stetige Ermahnung: ‚Seine Pflicht tun und im Übrigen auf Gott vertrauen.' Und das wollen wir uns dann heute an diesem verehrungswerten Grab auch wieder vornehmen: ‚Dass jeder seine Pflicht tut und auf Gott vertraut.'

Das sind – christliche Leidtragende – nur einige Beobachtungen aus der Ferne, was auch ein Fremder sehen musste, der die örtlichen Verhältnisse gar nicht kennt.

Was er aber Euch, trauernde Pfarrangehörige, was er in Eurem Dorf, als Beichtvater, als Prediger, am Altar, in der Schule, durch sein Gebet, durch sein Wort, durch seine Barmherzigkeit, durch sein Beispiel – was er dem Einzelnen Gutes gewollt und Gutes erwiesen hat, – das weiß ich nicht; das kann ich nicht schildern; das weiß der liebe Gott. Was er Euch hier im Ort gewesen, das müsst Ihr wissen. Sage da Keiner: ‚Ich kenne keinen Dank; ich kenne nur Pflichten.' Das wäre nicht richtig. Selbst Gott, der Herr im Himmel – der dankt und belohnt. Und weil Ihr dankbar seid, darum zeiget Eure Treue und Erkenntlichkeit durch die Tat!"[582]

Pfarrer Dr. Markstaller hat sich vermutlich für seine Traueransprache Notizen gemacht, die erhalten sind. Einige davon, die über den Inhalt der Predigt hinausgehen, seien hier festgehalten: „Mindelstetten verdankt ihm die Kirche und die Fromme Anna." – „Er trug es immer schwer, dass er im kleinen Kreis, auf dem Dorf, zeitlebens wirken sollte. Nach seiner eigenen Angabe widmete er sich dann der Pflicht, die Anna Schäffer zu führen. Solang sie lebte, konnte er sich nicht um eine andere Aufgabe bewerben. Und als sie starb, war er zu alt." – „Er hat alles verschenkt und starb in voller Armut." – „Ein Mann von großer Demut, Frömmigkeit und ein eifriger Priester von reinem Wandel." – „Er sehnte sich nach seiner Resignation, die am 1. oder 15. September 1934 erfolgen sollte, nach der Stadt – Regensburg."

Markstaller hat auch Aufzeichnungen von Riegers Kapitelansprachen gemacht. So notierte er z. B.: „Der Verstorbene hat hie und da geheimnisvolle Worte gesprochen." Neben seiner gewöhnlichen Mahnung „Pflichterfüllung und Gottvertrauen" deutete er an: „Es kommt etwas, ich weiß das ganz bestimmt; ich darf aber nicht sagen woher; die Kathol. Kirche wird keinen größeren Schaden haben!" – „Er schien vor einem Jahr schon genauere Kenntnis von dem gegenwärtigen Kampf innerhalb der protestantischen Kirche zu haben [es ist sicher damit gemeint die Trennung eines starken nationalsozialistischen Flügels und der Bekennenden Kirche]." – Markstaller betonte, er habe von übernatürlichen Vorkommnissen im Leben Anna Schäffers ihn nie sprechen gehört. „Ich habe den Eindruck, dass der

582 BKR III. Abt. CAS K. 21: Mindelstetten 27.10.1934: Predigt von Pfarrer Dr. Johann Markstaller bei der Beerdigung von Rieger.

Beichtvater Annas ‚sub sigillo' von den Gesichten der Dulderin wusste. Darum hat er in der Leichenrede bei ihrer Beerdigung und auch sonst nicht von Erscheinungen gesprochen. Aus versteckten Notizen, die man nach dem Tod Annas fand, wurde es überhaupt erst bekannt, dass sie Visionen gehabt haben muss." – „Aus den zerrissenen Couverten und Umschlägen (circa 40 verschiedene Mappen und Bündelchen) ging hervor, dass sich H. Dechant Rieger immer wieder mit dem Nachlass der Seligen befasst hat. So tragen z. B. die meisten Taschen die Bleistift-Notiz von ihm: 23.III.34 und 19.VIII.34; ein Beweis, dass er den Inhalt wieder durchgeblättert hat."[583]

Auch Xaver Tempelmeier aus Ingolstadt benachrichtige von Lama vom Heimgang Pfarrer Riegers. Er habe an der Beerdigung teilgenommen. Er habe ihn zum letzten Mal am 9. September 1934 besucht. Er sei an diesem Tag mit einer Gruppe Wallfahrer zum Grab Annas gegangen.[584]

583 BKR III. Abt. CAS K. 21: Kösching/Obby. o. D.: Bericht von Dr. Johann Markstaller über die Kapitelansprachen Riegers.

584 BKR III. Abt. CAS K. 21: Ingolstadt 16.11.1934: Xaver Tempelmeier an v. Lama.

6. Pfarrer Karl Rieger im Lichte der Ordinariatsakten

In jeder Diözese befinden sich die Personalakten der Priester und neuerdings auch der Diakone im Ordinariatsarchiv. So ist im Zentralarchiv des Bistums Regensburg auch der Personalakt von Pfarrer Rieger, und zwar unter der Signatur 2930, zu finden.[585]

Die Aufzeichnungen beginnen 1881. Am 14. August dieses Jahres bat der kaum 19-jährige Karl Rieger Bischof Dr. Ignatius von Senestrey von Regensburg um Aufnahme in das Klerikalseminar und um Gewährung eines Freiplatzes. Er begründete dies wie folgt: Sein Vater sei vor drei Jahren verstorben, seine Mutter, Mesnerwitwe Elise Rieger, erhalte durch die Güte des Stadtpfarrers von Neustadt an der Donau die Erträgnisse des hiesigen Mesnerdienstes, habe aber für fünf unversorgte Kinder, alle jünger als er, zu sorgen. Da keinerlei Vermögen vorhanden, bitte er um Gewährung eines Freiplatzes. Seine Bitte wurde bereits am 20. August 1881 erfüllt. Der Direktor des Kleinen Seminars begründete die Gewährung mit dem Hinweis, dass die Zeugnisse Riegers „sehr günstig lauten“, ebenso die des Pfarrers von Neustadt, der die Berufung zum Priesterstand für unzweifelhaft erklärt. Er meine, die Genehmigung der Aufnahme und die des Freiplatzes beantragen zu müssen.

Rieger reichte zugleich ein Curriculum vitae ein. In der Aufstellung seiner Benotungen von 1873/74 bis 1880/81 wird bestätigt: „Sorgfalt, Genauigkeit und gespannte Aufmerksamkeit; in allen Gegenständen Gutes geleistet, besonders Mathematik und Geschichte, in Deutsch etwas matt und trocken; in jeder Hinsicht lobenswert und nimmermüder Eifer.“ In seinem Abiturzeugnis erhielt er in Religion und Mathematik eine „eins“, in den übrigen Fächern eine „zwei“ oder nahezu.

In der Beurteilung im Königlichen Lyzeum – der Vorgängerin der philosophisch-theologischen Hochschule – in Regensburg wurde er stets mit einer „Eins“ benotet. Im Jahr 1883/84 wurde in der Beurteilung vermerkt: „Schien immer etwas wehleidig zu sein. Machte vor Ostern kein Examen wegen Kränklichkeit. Da er auch nachher etwas kränkelte und krank zu sein vermeinte, erhielt er seiner Bitte gemäß am 15. Mai Erlaubnis, eine Wohnung in der Stadt zu beziehen, die Kost jedoch im Seminar.“ Im Studienjahr 1884/85 wurde er als schwächlich, „jedoch nicht krank, immer sehr zimperlich“ bezeichnet. Am 15. März 1885 wurde er schließlich zum Subdiakon geweiht.

Die Beurteilungen des Studenten Rieger über sein Verhalten während der Ferienzeit in Neustadt lauten immer: „Sein Betragen war immer ein musterhaftes; seine

585 Dem Zentralarchiv Regensburg und seinem Direktor, Msgr. Dr. Paul Mai und seinen Mitarbeitern sei hier für die Einsicht in die Personalakten ein herzliches Vergelt's Gott gesagt!

Freude in den Ferien Mesnerdienste zu verrichten und sich an die Priester anzuschließen." Er habe das beste Beispiel gegeben durch täglichen Besuch der Hl. Messe und des wöchentlichen Empfangs der hl. Kommunion.

Interessant ist das Ansuchen des jungen Mannes bei Bischof Senestrey bezüglich des Wohnens in Regensburg. Er bat, wegen seiner Krankheit – heftige Kopfschmerzen – in eine Privatwohnung übersiedeln zu dürfen, da er im Seminar im Studium gehindert werde. Domvikar Dr. Alphons Scheglmann, damals vermutlich Präfekt im Priesterseminar[586], erklärte die Krankheit „für nervöse Aufregung und riet Rieger Ruhe und viel Bewegung im Freien durch Spaziergänge an. Da dieser nicht imstande ist, die Ordnung des Seminars zu beobachten und glaubt durch Beziehung einer Privatwohnung die Gesundheit zu erlangen, um sein Studium nicht gänzlich aufgeben zu müssen." Der Antrag Riegers wurde am 14. Mai 1884 mit der Begründung genehmigt, dass ihm „vielfache Ausnahmen von der Seminarordnung gewährt werden müsse und da an der Solidität seines Betragens nicht zu zweifeln ist, wenn er auch nicht im Seminar wohnt, so scheint es gut, ihm das Wohnen in der Stadt zu erlauben, das vermutlich selbst zur Heilung seiner Einbildung beitragen wird. Die Verköstigung im Seminar wird aber nur unter der Bedingung zu gewähren sein, dass er am gemeinsamen Tisch teilnehme." So bestimmte der Seminardirektor.

Nach der Priesterweihe durch Bischof Senestrey am 20. Juni 1886 feierte er am 5. Juli desselben Jahres in Neustadt seine Primiz. Pfarrer Benno Steiger[587] berichtete an das Bischöfliche Ordinariat: „Mittwoch, den 30. Juni d. J., feierte in der hiesigen Pfarrkirche der Priester Carl Rieger sein erstes hl. Messopfer. Um 9 Uhr war feierlicher Zug in die Kirche, an welchem sich 16 Priester und eine große Volksmenge beteiligten. Die Festpredigt hielt der Priesterhaus-Direktor Ludwig Gemminger aus München. Nach der um ¾ 12 Uhr beendigten kirchlichen Feier vereinigte um ½ Eins die Primizgäste ein Festmahl, welches nach 3 Uhr zum Beschluss kam. Die ganze kirchliche und weltliche Feier verlief in der würdigsten Weise. Es war ein Tag der Ehre für Gott und seine Priester!"

Rieger trat am 7. August 1886 seinen ersten Posten als Kooperator in Hienheim an. Am 25. April 1887 suchte er um Verlängerung der Cura an und legte am 10. Juni die Prüfung ab. Regens Dr. Bartholomäus Enders qualifizierte seine Leistungen mit Note „Eins". Als Bemerkung notierte er: „Sehr schwach, namentlich Stimme; sehr furchtsam." Nach kurzer Seelsorgetätigkeit in Teuerting/Niederbayern und in der Expositur Straubing/Niederbayern sowie in Biburg/Niederbayern reichte er um

586 Gen.-Sch.: Dompropst Prälat Dr. Alphons Scheglmann, geb. 20.06.1858 in Oberschneiding/Nby. als Sohn eines Arztes; Pr.-W. 03.07.1881; 1884–1889 Kooperator in Amberg; März 1889 Domvikar in Regensburg; Februar 1906 Domherr und später Dompropst; 1911–1928 Generalvikar; † 16.03.1937.

587 Pfarrer Benno Steiger dürfte nur vorübergehend in Neustadt a. d. D. tätig gewesen sein; siehe Fußnote 24. Er war der unmittelbare Vorgänger Riegers als Pfarrer von Mindelstetten.

die Expositur Döllnitz ein. Auch hier weilte er nicht lange und bat seinen Bischof wegen seines Gesundheitszustandes um Versetzung. Von Döllnitz aus richtete er am 25. November 1891 ein Bittschreiben an Bischof Senestrey folgenden Inhalts: „Auf dem ehrerbietigst gehorsamst Unterzeichneten lasten schon 13 Jahre, seit dem Tode meines Vaters in bitterer Armut die Sorgen und Mühen nicht bloß des eigenen Fortkommens, sondern zum Teile auch desjenigen meiner Mutter und 5 Brüder. Mit guten Zeugnissen aber auch mit gebrochener Gesundheit hatte ich meine Studien vollendet und konnte durch Gottes Gnade die aus freiesten Willen und mit Freude angestrebte Priesterwürde erlangen. In den 5 ½ Jahren, während welcher ich auf den mir von Euer Bischöflichen Gnaden angewiesenen Plätzen in der Seelsorge nach meinen Kräften – der göttliche Heiland weiß es – zu wirken mich bemühte, haben sich meine Gesundheitsverhältnisse einigermaßen gebessert, allein die noch fortbestehenden Beschwerden an Brust und Magen, verbunden mit einem Herzleiden, legen mir die Befürchtung auf, dass ich niemals eine größere Seelsorgestelle in der Diözese anzunehmen imstande sein werde.

Der angegebene Grund und die Notwendigkeit meiner 3 noch unversorgten Brüder, welche als Gesellen in der gefährlichen Welt das Brot sich suchen müssen, wenigstens durch meine Nähe hilfreich sein zu können, haben in mir den allezeit gehegten, durch die Not der Umstände niedergedrückten Wunsch zu dem Entschluss erstarken lassen auf der Universität München meine Studien fortzusetzen, um mir eine Stelle zu erringen, welche meinen körperlichen und geistigen Kräften entspricht. Deshalb wage ich es die ehrfurchtsvollste Bitte zu stellen, Euer Bischöflichen Gnaden wollen mir hierzu die Erlaubnis erteilen; und weil ich wegen Armut darauf angewiesen bin durch eine seelsorgliche Stelle das Fortkommen zu sichern, erlaube ich mir noch die weitere Bitte einzureichen, Hochdieselben wollen mir gnädigst die Dimissorien zum Übertritt in die Erzdiözese München-Freising geben."

Die Bitte Riegers wurde jedoch am 15. Dezember 1891 mit der Begründung abgelehnt, dass „angesichts des so großen Priestermangels in der eigenen Diözese unmöglich willfahren" werden kann. Bereits vier Tage später versprach Rieger sich im Gehorsam dem Bischof zu fügen und auf seinem Posten auszuharren, bis sich eine andere Verwendung finde. Eine solche fand sich schon ein halbes Jahr später. Am 16. Mai 1892 kam Rieger als Benefiziumsprovisor nach Viehhausen bei Regensburg, zugleich als Confessarius (Beichtvater) der Klarissen im dortigen Kloster.

Am 16. November 1896 ersuchte Rieger um die Ausstellung eines oberhirtlichen Zeugnisses, das zur Bewerbung einer Pfarrei staatlicherseits vorgeschrieben war. Er hatte sich demnach entschlossen, um eine Pfarrei beim bischöflichen Ordinariat anzusuchen.

Inzwischen hatte seine Mutter mit Hilfe seiner Base, Elis Imlauer, den Pfarrhaushalt in Viehhausen übernommen. Doch kam es zu Verleumdungen bezüglich der erst 23-jährigen verwitweten Base. Rieger wehrte sich dagegen und hielt am 9. Februar 1897 eine geharnischte Sonntagspredigt, die aber dem Ordinariat missfallen hat und als unklug bezeichnet wurde. So wurde ihm der oberhirtliche Auftrag gegeben, seine Base zu entlassen.

Nachdem Rieger um eine Pfarrei nachgesucht hatte, wurde er mit Urkunde vom 13. Oktober 1897 zum Pfarrer von Mindelstetten investiert.

Im Jahre 1903 unternahm Rieger die einzige Auslandsreise seines Lebens. Er ersuchte das Bischöfliche Ordinariat um Urlaub zwischen 2. und 8. August, um an einer Professfeier in Temesvar in Ungarn teilnehmen zu können. Es wurde gewährt.

Von Interesse sind die Qualifikations-Tabellen[588] vom 16. Mai 1888 bis 22. Juni 1925, die jeweils vom zuständigen Dekan aufgenommen wurden. Die zu beantwortenden Fragestellungen lauteten: „Fähigkeiten – Wissenschaftliche Bildung – Gesundheitszustand – Amtseifer – Charakterisierung desselben in der Predigt, in der Katechisierung, im Beichtstuhl, in der Schule, am Krankenbett, in würdevoller Abhandlung des Gottesdienstes -- moralisches Betragen – der Umgang mit dem andern Geschlecht."

Die Beurteilung Riegers lautete 1888: „Besonders geeignet für Jugenderziehung und zur Leitung frommer Seelen." – „Sehr bewandert in der Berufswissenschaft." – „Gesundheitszustand nicht befriedigend; klagt oft über Kopfschmerzen; schwache körperliche Konstitution." – Sein Amtseifer wird allgemein mit Note „I" bewertet. Ebenso sein moralisches Betragen und der Umgang mit Frauen.

In all den folgenden Jahren wird seine besondere Eignung für die Seelsorge und die Leitung frommer Seelen hervorgehoben, ferner konstant Note „I". Hinzugefügt wurden die Worte „sehr eifrig", „sehr lobenswürdig". Sein gesundheitlicher Zustand allerdings wurde immer wieder bemängelt. In den Qualifikations-Tabellen von 1905 ist zu lesen: „Könnte vielleicht geringfügige Dinge gleichmütiger hinnehmen"; 1906 heißt es: „Bei einzelnen Dingen vielleicht zu scharf und genau" und 1907: „Bei geringfügigen Ursachen zu leicht erregbar". Sein besonderes Wissen in der Patrologie wird 1916 hervorgehoben.

Aus allen diesen Bewertungen geht hervor, dass Rieger ein angesehener Priester und vorbildlicher Seelsorger gewesen ist, der es immer sehr genau mit seinen Pflichten genommen hat.

Es ist leider nicht zu eruieren, was Rieger veranlasst hat, am 2. Oktober 1921 an seinen Bischof Antonius von Henle (1906–1927)[589] zu schreiben, seine Situation zu schildern und auch Klagen anzuführen. So erhielt er am 11. Oktober desselben

588 Die Qualifikations-Tabellen gehörten zu den Aufgaben eines Dekans. Er musste alljährlich dem Bischöflichen Ordinariat über die Seelsorger in seinem Dekanat berichten bzw. die einzelnen Priester „qualifizieren".

589 Bischof Dr. Antonius v. Henle, geboren am 22. Mai 1851 als Sohn eines Lehrers in Weißenhorn/Schw., empfing am 23. November 1873 in Augsburg, nach dem Studium der Philosophie und Theologie in Dillingen, die Priesterweihe. Nach Kaplansjahren wurde er 1877 Präfekt am Bischöfl. Knabenseminar in Dillingen. Er benützte die Zeit zur Promotion in München 1884. Als Privatdozent für neutestamentliche Exegese wirkte er, 1890 zum Domkapitular in Augsburg ernannt, ab 1895 als Generalvikar. Er war als solcher am Ausbau der Caritasanstalten in Ursberg beteiligt. Als Bischof von Passau 1901 bis 1906 nahm er sich besonders des Priesterseminars, das er erbauen ließ, an. 1902 wurde

Jahres den Auftrag, sich über seine Äußerungen in dem Schreiben „auszusprechen". Er tat es noch am selben Tag. Da dieser Brief wesentlich für das Innenleben Riegers sein dürfte, erscheint es notwendig, ihn wörtlich wiederzugeben: „[...] Nicht in einem Berichte, sondern in einem Briefe glaubte ich Euer Exzellenz meine innerste Priestergesinnung aufdecken zu sollen, da es Euer Bischöflichen Gnaden gar nicht möglich sein konnte in mein Herz zu schauen sonach mein Priesterleben zu verstehen. Mein Lebensgang gilt der Aufklärung über meine Herzensaufdeckung nicht über eine Klage. Infolge der Entbehrungen in der Studienzeit blieb ich in schwächlicher Körperconstitution und da Arbeit und Entbehrungen mir auch in den Anfangspriesterjahren blieben, bin ich seit 35 Jahren von körperlicher Schwäche und habe niemals wegen der Sorge um meine Mutter und Geschwister mir Ruhe gönnen können. Wegen der Not konnte ich auch nicht einen anderen Beruf suchen. Trotz wiederholter Bitten erhielt ich keinen Posten in einer Stadt, um nur wenigstens meine Brüder nahe haben zu können. In dieser Lage, die es mir klar machte, dass nur geistige Kraft mich vorwärts bringen könnte, bat ich im Jahre 1891 um die Demission." Dann zitierte Rieger die Antwort des Ordinariats, in der die Demission aus Gründen des Priestermangels abgelehnt wurde, und zwar am 15.12.1891.

Dann fuhr Rieger fort: „Schon die Not hätte es mir unmöglich gemacht, etwa das Priestertum ganz aufzugeben und Mathematik weiter zu studieren. Ich habe schon in meinem Brief gesagt [gemeint ist der Brief vom 2. Oktober] dass ich aus Idealismus Priester geworden bin, und so erklärte ich meinen Gehorsam. Das Versprechen, das ich erhielt, mir einen meiner körperlichen und geistigen Kräften entsprechenden Posten zu verleihen, finde ich augenblicklich nicht. Doch das erfordert schon die Gerechtigkeit. Was hat sonach der Priestergehorsam von mir verlangt? Was ich für Posten hatte, weist meine Priester-Laufbahn aus.

Da ich schwächlicher Natur bin, konnte ich nicht um einen körperlich überanstrengenden Posten anhalten, und ich glaube nicht unbescheiden zu sein, wenn ich meinem 1891 oberhirtlich bestätigten Eifer auch jetzt noch die Bemerkung hinzufüge, dass ich nicht nur Priestereifer bewiesen, sondern mehr getan habe, als notwendig war.

Soll es mich nicht schmerzen, dass ich nichts erreichen konnte, weil ich mich im Priestergehorsam gefügt habe und auf den mir zugewiesenen Posten ausgeharrt habe.

---

er in den Reichsrat der Krone Bayerns berufen. Als Bischof von Regensburg erwies er sich als kirchenpolitisch konziliant, staatsloyal und überaus tatkräftig. Er begründete neue Seelsorgestellen, führte ein Diözesangebet- und Gesangbuch ein und gründete 1911, unterstützt von zahlreichen Laienorganisationen, den Jugendfürsorgeverein, ebenso den Caritasverband. Er erwarb sich auch Verdienste um die Kirchenmusikschule in Regensburg. In den Tagen der November-Revolution 1918/19 bekannte sich Henle als einer der wenigen Bischöfe Bayerns in Treue zum Hause Wittelsbach und wehrte sich erfolgreich gegen die kirchenfeindlichen Bestrebungen der unrechtmäßigen Regierung. Als er 1927 eine Diözesansynode einberief, erlag er am Eröffnungstag, dem 11. Oktober einem Herzversagen. – Vgl. Gatz, Erwin (Hrsg.), Die Bischöfe der deutschsprachigen Länder, 1785/1803 bis 1945, Berlin 1983, S. 301f.

Ein Blick in die Schematismen aller Diözesen zeigt, wie jüngere Priester Exzellenzen, Universitätsprofessoren, Stadtpfarrer, Domkapitulare sind, oft schon 15 oder mehr Jahre lang. Was hat mich daran gehindert als mein Priestergehorsam? Man braucht dabei gar nicht an simonistische Umtriebe zu denken. Es ist eben der Weltengang auch im Priestertum so, ohne Geld und ohne Beihilfe bleibt ein gehorsamer Priester ohne die Möglichkeit, eine seiner körperlichen und geistigen Kräften entsprechende Stelle zu erreichen.

Ich bitte noch ausdrücklich, dass diese meine Äußerung Seiner Exzellenz persönlich vorgelegt werde als Ergänzung zu meinem nur für Exzellenz geöffneten Priestersinn. Was ich in meinem Briefe versichert, dass auch mein trauriger Lebensgang mir die Priesterfreude noch nicht nehmen konnte, kann ich in dieser Äußerung wiederholen, und ich hoffe, dass ich noch die Kräfte lang erhalte, um zu beweisen, dass nicht sanftes Naturell an meinem Lebensgange Schuld ist, sondern Not und Priestergehorsam und Priesterfreude."

Zwei Jahre später, also 1923, wurde Rieger Dekan des Dekanats Pförring, eine Aufgabe, die er sieben Jahre innehatte. Rieger besaß gewiss große geistliche und geistige Qualitäten, deren er sich bewusst war und deshalb lebenslang darunter gelitten hat, dass er von seinem Bischof nicht zu einer höheren Würde wie z. B. ins Domkapitel berufen wurde. Ein wesentlicher Grund war sicher auch, dass Rieger zeitlebens von sehr schwächlicher körperlicher Konstitution gewesen ist und deshalb für die Belastungen eines höheren geistlichen Amtes nicht geeignet erschien.

Als Rieger nach dem Ableben Annas 1925 schwer erkrankte, suchte er am 20. Dezember beim Ordinariat um eine Aushilfe an. Als Begründung gab er an, dass er Dr. Wäldin rufen lassen musste, der ihm wegen vorhandenen Fiebers völlige Bettruhe verordnet habe und auch für die kommenden Feiertage noch Fieber befürchtete. Es wurde genehmigt und Benefiziat Doblinger in Ettling bemüht. Diesem wurde auch die Erlaubnis zur Bination an allen Sonn- und Feiertagen gegeben.

Im Jahre 1931 erneut an Lungenverschleimung erkrankt sah sich Rieger genötigt, vom 20. Juli bis zum 20. August nach Kostenz, dem Erholungsheim der Barmherzigen Brüder im Bayerischen Wald, zu gehen. Die Genehmigung der Bination für die Aushilfen der Kapuziner und Franziskaner wurde auch diesmal vom Ordinariat erteilt.

Wie bereits zu Beginn dieses Kapitels gesagt wurde, war in Rieger eine Priesterpersönlichkeit, die in ihrer Vorbildlichkeit der Vergessenheit entrissen zu werden verdient. Er war nicht nur ein hervorragender Seelsorger, sondern auch ein Seelenkenner und Seelenführer von bleibender Bedeutung, wie auch die Qualifikations-Tabellen bezeugen. Von seiner Pfarrgemeinde wurde er als streng aber gerecht, als ein frommer eifriger Beter, als Apostel der Nächstenliebe gewürdigt, wie aus Zeugenaussagen hervorgeht.

7. Das heroische Tugendleben der Seligen

Zunächst eine kurze Bemerkung zum Begriff des Heroischen: Der hl. Thomas von Aquin (1225/26 bei Neapel aus dem Geschlecht der Aquino – auf dem Weg zum Konzil von Lyon 1274) hat aus der nikomachischen Ethik des Philosophen Aristoteles die Lehre von der „heroischen oder göttlichen Tugend“ übernommen. Es handelt sich dabei um die Lehre, wonach Menschen durch diese Tugenden über das gewöhnliche Maß hinausragen. Nach Thomas ist der Grund für diese heroischen Tugenden in einem besonderen Geschenk Gottes zu sehen, das er ausdrücklich von der menschlich-natürlichen Tugend unterscheidet, so wie er auch die erworbene Tugend (acquisita) und die eingegossene Tugend (infusa) auseinanderhält.[1]

Die göttlichen Tugenden „Glaube, Hoffnung und Liebe“ sind demnach unverdiente Gnadengeschenke Gottes an auserwählte Menschen. Der GLAUBE ist jene göttliche Tugend, durch die wir an Gott und an all das glauben, was er uns geoffenbart hat und was die heilige Kirche uns zu glauben vorlegt.

Durch die HOFFNUNG ersehnen und erwarten wir von Gott in festem Vertrauen das ewige Leben und die Gnaden, es zu verdienen.

Die LIEBE ist jene göttliche Tugend, kraft derer wir Gott über alles und aus Liebe zu Ihm unseren Nächsten lieben wie uns selbst. Sie ist „das Band der Vollkommenheit“ (Kol 3,14) oder wie es der Apostel Paulus in dem entscheidenden Satz zum Ausdruck bringt: „Für jetzt bleiben Glaube, Hoffnung und Liebe, diese drei; doch am größten unter ihnen ist die Liebe.“ (1 Kor 13,13).

Die menschlich-natürliche Tugend ist eine beständige, feste Neigung, das Gute zu tun. Sie ermöglicht dem Menschen, nicht nur gute Taten zu vollbringen, sondern sein Bestes zu leisten. Mit allen seinen sittlichen und geistigen Kräften strebt der tugendhafte Mensch nach dem Guten. Es sucht es zu erreichen und entscheidet sich bei seinen konkreten Handlungen dafür.[2]

Nicht umsonst ist bei Paulus (Phil 4,8) zu lesen: „Was immer wahrhaft, edel, recht, was lauter, liebenswert, ansprechend ist, was Tugend heißt und lobenswert ist, darauf seid bedacht!“

Der heilige Kirchenvater Ignatius von Antiochien († spätestens 117) hat das Wesentlichste erkannt, wenn er schrieb: „Anfang ist der Glaube, Ziel die Liebe; wer

1 Vgl. dazu LThK² V. Bd. Sp. 142f. – Molinari, Paolo, Die Heiligen und ihre Verehrung, Freiburg i. Br. 1964 – Oesterle, Gerhard, Über den Verlauf eines Selig- und Heiligsprechungsprozesses, Warendorf 1957 – Waldmann, Michael, Das Mysterium der christlichen Tugend nach Thomas v. Aquin, Regensburg 1926.

2 Katechismus der Katholischen Kirche, München 1992, S. 476ff. (1803ff.).

beide besitzt, besitzt Gott; alles andere, das Leben nach den Tugenden ergibt sich daraus.“ (Ad Ephes 14,1)[3]

An Anna Schäffer wird sichtbar, dass sie durch die Gnade Gottes die heroischen Tugenden besessen hat: durch ihr menschliches, man ist versucht zu sagen „übermenschliches“ Ringen mit ihrem Schicksal; durch die gläubige Bewältigung desselben; durch ihre letzte persönliche Hingabe an den Willen Gottes; durch ihr demütiges Verlangen nach immer mehr Mitleiden mit Christus; durch die auf sich genommene Sühne für die Beleidigungen, die Gott zugefügt werden, aus Liebe zu Ihm; durch ihre Bußgesinnung zum Heil der unsterblichen Seelen und der Armen Seelen aus Liebe zum Nächsten. Das Große dieser heroischen Prägung all' ihrer Tugenden wird gerade in ihrem Streben deutlich, das über das eigene Sein hinaus möchte zu Gott, vor dem sie sich nur als ein Nichts fühlte.

Der Weg der immer größeren Losschälung von der Welt und der immer innigeren Hingabe an Gott wird von ihr im Laufe ihres Lebens, zumindest seit dem Jahr 1910, als sie ihre erste mystische Erfahrung machen durfte, zunehmend aufgezeigt und empfohlen. So schreibt sie in einem Brief an Pepi Fellner in München: „Im Tal der Demut und der Selbstverleugnung wachsen und gedeihen die schönsten Blumen [...] sind wir nur recht brav und klein und losgeschält – lernen wir täglich immer mehr unsere Schwäche und Armseligkeit kennen.“[4] Ein andermal schreibt sie: „Man fühlt auch in dem größten Leid große Freude, wenn man sich unter herzlicher Hingabe dem Herrn als Opfer hingegeben hat.“[5]

Dabei strebt sie nicht nach dem, was der Welt „heroisch“, das heißt groß erscheint. So schreibt sie am 17. März 1920: „Mein Wunsch war es noch niemals in irgend einer Sache, auch der Kleinsten und Unscheinbarsten bevorzugt zu werden. Ach nein –! Ganz klein und unbeachtet will ich in Liebe all meine Kreuzlein tragen. Und wenn ich dem Herrn irgend ein Opfer anbiete, so würde ich niemals wählen mir ein großes schweres Opfer aufzuerlegen, sondern ich möchte nur alle kleinen Opfer und alles, was sich im Laufe des Tages ereignet, pünktlich und getreulich erfüllen. Lieber weniger und gut, als viel versprechen und es nachlässig halten. Viele kleinen Blümlein, die den Augen der Welt verborgen sind, geben auch einen großen Strauß.“[6] Das erinnert an die hl. Therese vom Kinde Jesu!

---

3 LThK[1] X. Bd. Sp. 327.

4 BKR III. Abt. CAS K. 11: Mindelstetten 17.11.1920: AS an Pepi Fellner, München – Ritter, Emmeram H., „Im Leiden habe ich Dich lieben gelernt!“ Die Schriften Anna Schäffers, Regensburg 1999, S. 251f.

5 BKR III. Abt. CAS K. 11: Mindelstetten 07.11.1920: AS an Lina Pritzl, Straubing – Ritter a. a. O. S. 247–249.

6 BKR III. Abt. CAS K. 11: Mindelstetten 17.03.1920: AS an Kathi Plendl, Pilsting – Ritter a. a. O. S. 226–228.

Heroizität aller Tugenden[7]

Die Selige übte alle Tugenden in nicht gewöhnlichem Grade, sondern in hervorragender Weise mit größter Selbstverleugnung, Opferbereitschaft, Freudigkeit und Leichtigkeit, bei allen, auch in schwersten Vorkommnissen, unter Umständen, die der menschlichen Natur ganz widerstreben. Sie ertrug ihr Schicksal mit bewunderungswürdiger Ausdauer, aber auch mit größter Anstrengung und stetem Fortschritt. Ihre Tugendübung hatte nichts Abstoßendes oder Aufdringliches an sich, sondern war liebenswürdig und anziehend. Ihr ganzes äußeres Auftreten, ihre Erscheinung und ihr Verhalten spiegelte einen Kranz persönlicher großer, durch steten Kampf errungenen Tugenden wider wie Sanftmut, Demut, Geduld, Güte, Menschenfreundlichkeit, Opferwilligkeit, Frömmigkeit, Bescheidenheit und aller anderer Tugenden.

Die schriftlichen Aufzeichnungen machen deutlich, dass sie alle Tugenden, göttliche wie sittliche, in heroischem Grade geübt hat. Ihr langjähriger Seelenführer, Pfarrer Karl Rieger, sagte nicht umsonst in seiner Grabansprache, dass ihr ganzes Leben eine Mahnung sei, so zu leben, dass man gleich ihr in Gott erstreben könne.[8]

Die göttliche Tugend: Glaube

Anna wurde von Kindheit an durch ihre Erziehung im Schoß einer gläubigen Familie und durch den Einfluss frommer, seeleneifriger Priester in hervorragender Weise mit dem Geist des Glaubens erfüllt. Sie pflegte und zeigte diesen Geist durch Gottesfurcht, Abscheu vor der Sünde, gewissenhafte Beobachtung der Gebote Gottes und der Kirche. Deshalb zog es sie auch zum Ordensstand hin. Sie schätzte die Gnade des Glaubens höher als alle Güter dieser Erde und dankte dem Herrn dafür.

Jeder ihrer Briefe ist ein Dokument ihres Glaubens. So schreibt sie am 19. November 1916 an Elis Imlauer, die Haushälterin Pfarrer Riegers: „Es ist ja nur eines notwendig hier auf Erden – nämlich unsere unsterbliche Seele zu retten; Jesum recht innig zu lieben, alle unsere täglichen Opfer aufzuopfern aus Liebe zu Jesus und viel beten zur Bekehrung der Sünder. Rufen wir recht oft am Tage: ‚heiligstes Herz Jesu, schenk mir recht viele Seelen! Besonders jene, die dem Abgrund nahe sind!‘“[9]

---

7 Ritter, Emmeram H., Ratisbonensis Positiones et Articuli in Causa Beatificationis et Canonisationis Servae Dei Annae Schäffer de Mindelstetten, mschr. Ms (in Hinkunft: Pos. et Art.) – Die hier befindlichen Erörterungen über das Tugendleben Anna Schäffers werden für dieses Kapitel weitgehend benützt!

8 BKR III. Abt. CAS K. 37 Nr. 5: Worte am Grabe der Jungfrau A. Schäffer, welche in Mindelstetten 25 Jahre duldete und opferte. Am 8. Oktober 1925 gesprochen von Hochw. Herrn Pfarrer und Kämmerer Karl Rieger (ohne Angabe der Druckerei).

9 Ritter, Pos. et Art., Nr. 83.

Alle ihre schriftlichen Aufzeichnungen zeigen echte Originalität und Individualität, die die Kraft eines guten Menschen beweisen, dem der Glaube an Kreuz und Auferstehung des Herrn ebenso gegenwärtig ist wie die lebendige Gemeinschaft aller von Gott Erwählten, denen der Glaube die Mitte ihres Lebens ist. Voll innigen Glaubens lebte sie das ganze Kirchenjahr und die darin gefeierten Glaubensgeheimnisse mit großer Andacht mit. Dem Wort Gottes im heiligen Evangelium erwies sie stets größte Ehrerbietung und sie befolgte seine Gebote mit peinlicher Gewissenhaftigkeit. Ihrer tiefgläubigen Gesinnung entsprang der wahrhaft heroische Gebets-, Buß- und Sühneeifer sowie ihr heldenhafter Entschluss, ihr Leben und Leiden Gott als Sühneopfer darzubringen. Aus der Betrachtung des Leidens Christi und seiner Mutter Maria holte sie sich die Kraft zu ihrem Opferleben. In ihren schlichten Aufzeichnungen spiegelt sich die tiefe Glaubensfrömmigkeit, die vollkommene Ergebung in den Willen Gottes und ihr Eingehen in das Geheimnis des Kreuzes Christi. In einem Brief vom 17. März 1922 dankt sie ausdrücklich für alles Leiden mit den Worten: „Doch ich bin so glücklich und danke dem lieben Heiland für alles, was ich schon leiden durfte. Nach so langem schweren Leiden ist es der Wille des Herrn, dass ich durch seine Gnade noch lebe; – ich lebe im Kreuz und hoffe auch durch und mit dem Kreuze glücklich zu vollenden.“[10] Anna war eine große Verehrerin des bitteren Leidens und Sterbens Christi und betete oft und gern den Kreuzweg. Das Kruzifix war ihr ein Gegenstand zärtlichster Verehrung. Ganz im Sinne der Nachfolge Christi schreibt sie am 29. Mai 1920: „Im Übrigen ist mein Befinden wie sonst, immer auf dem Wege des Kreuzes und der Leiden.“[11]

Wunderbar war der Geist des Gebetes, den sie stets zeigte. Sie hielt sich immer gesammelt und benutzte jeden Augenblick zum Beten, in dem sie Trost und Kraft zum Sühneleiden fand. Freuden und Leiden der heiligen Kirche, der Hüterin und Lehrerin des Glaubens, machte sie sich stets zu eigen und zum Gegenstand ihres Betens. Ihr starker Glaube wuchs vor allem durch den fast täglichen Empfang der hl. Kommunion, wozu sie sich gewissenhaft vorbereitete und anschließend eine lange Danksagung anschloss. Am 20. Juli 1921 schreibt sie einer Freundin: „Für eine einzige hl. Kommunion […] bin ich doch hienieden schon reichlichst belohnt für alle Opfer und Leiden.“[12] Ganz besonders schätzte sie das Hl. Messopfer, wenngleich sie diesem nur ganz selten in der Pfarrkirche beiwohnen konnte. Am 19. November 1916 berichtete sie mit größter Freude, dass sie nach vielen Jahren wieder am Hl. Messopfer in der Pfarrkirche teilnehmen und den lieben Jesus selbst in der hl. Kommunion an den Stufen seines Thrones empfangen durfte.[13] Von einem

10 BKR III. Abt. CAS K. 12: Mindelstetten 11.03.1922; AS an Schw. Lucilla Imlauer OSV, Dießen am Ammersee – Ritter a. a. O. S. 313f.

11 Ritter, Pos. et Art., Nr. 96.

12 BKR III. Abt. CAS K. 11: Mindelstetten 20.07.1921: AS an Schw. Lucilla Imlauer OSV, Dießen am Ammersee – Ritter a. a. O. S. 283–286.

13 BKR III. Abt. CAS K. 9: Mindelstetten 19.09.1916: AS an Elis Riegler, Mindelstetten – Ritter a. a. O. S. 76f.

unerschütterlichen Glauben an die Gegenwart Christi im Allerheiligsten Altarsakrament beseelt, ließ sie ihr Krankenbett in ihrem Zimmer so aufstellen, dass sie durch das Fenster auf die Kirche sehen konnte. Von ihrem Krankenlager aus opferte sie die hl. Wandlung mit und fühlte sich dem Heiland im Tabernakel nahe. Große Verehrung zollte sie dem Heiligen Geist und dem Herzen Jesu. Als besonders innige Marienverehrerin zählte das Rosenkranzgebet, die kleinste Dogmatik, zu ihren Lieblingsgebeten. Das ganze innere und äußere Leben Annas war durchdrungen von dem Gedanken an Gottes ständige Gegenwart und sein Wirken und Walten in ihr, in den Mitmenschen sowie in der ganzen Schöpfung.

Die göttliche Tugend: Hoffnung

Die Selige besaß eine heroische Hoffnung, die sich in felsenfester Zuversicht auf das ewige Heil durch die Verdienste Christi äußerte, wenn sie ihre eignen guten Werke damit vereinige und bestrebt sei, alle zur Erreichung des Zieles geeigneten Mittel anzuwenden. Ihre Gedanken weilten stets bei Gott als ihrem Ziel. Ihr ganzes Leben hatte nur einen Wertmaßstab: Gott, die Ewigkeit und die Liebe zu Gott und den Nächsten. Deswegen sandte sie auch täglich einen ununterbrochenen Strom von Stoßgebeten voll Hoffnung und Vertrauen, voll Bitten um die Gnade Gottes für die Menschen und für sich zum Himmel, damit niemand verloren gehen soll. Selbst in ganz unerwarteten Fügungen der Vorsehung, ebenso in den schwersten Heimsuchungen, blieb sie unerschüttert im Gottvertrauen.

Gott hatte Anna in ihren 25 Leidensjahren eine besondere Feuerprobe vorbehalten, indem er sie wiederholt in Perioden bitterster Trostlosigkeit und Trockenheit verfallen ließ. Sie bestand auch diese schweren Prüfungen mit heldenmütiger Hoffnung. Sie erweckte und bekannte in diesen schweren Versuchungszeiten ihr Vertrauen in glühenden Stoßgebeten in der Hoffnung auf Gottes Erbarmen und Gnade. Immer gewann das Vertrauen auf Gottes Barmherzigkeit die Oberhand.

Erfüllt von innigem Gottvertrauen schrieb sie am 31. Dezember 1916 ihrer ehemaligen Schulkameradin, die Mallersdorfer Klosterfrau geworden war, in ihrem Neujahrsbrief: „[…] der liebe Gott macht es immer gut mit uns; seine Wege sind nicht unsere Wege, das haben wir beide erfahren: Dich berief er in den hl. Ordensstand und mich legte er auf das Krankenbett.“[14]

Wie der Glaube, so strahlte in der Dulderin auch die Tugend der Hoffnung in ganz besonderer Weise. Durch diesen festen Anker war ihr Lebensschifflein im Herzen Jesu befestigt, war ihr Herz immer weit weg vom irdischen Hoffen, sogar von irdi-

14 BKR III: Abt. CAS K. 9: Mindelstetten 31.12.1916: AS an Schw. M. Tatona, Pirmasens – Ritter a. a. O. S. 81f.

schen Befürchtungen. Sie schöpfte aus ihrem Gottvertrauen die Kraft, alle seelischen und körperlichen Schmerzen ertragen zu können. Menschliche Kraft allein hätte sicher nicht genügt. Aus dieser Haltung entsprang auch die Ruhe, Geduld und Zuversicht sowie große Gelassenheit, denn sie wusste sich in den Armen Gottes geborgen.

In froher Hoffnung auf die Liebe und Barmherzigkeit Gottes gesteht sie am 24. November 1919: „Ich bin ja nicht ein Viertelstündchen ohne Leiden. Ich wüsste es gar nicht mehr, wie es ohne Leiden wäre. An gar vielen Tagen darf ich ja ganz besonders viel leiden. Da kann ich oft vor Krankheit und Schmerz kaum mehr ein Wort reden. Da denke ich mir: Jetzt hat mich der Himmelvater gewiss wieder recht lieb!“[15] Auf einem undatierten Zettel schrieb sie einmal: „Liebst Du Jesus, musst Du leiden, was der Heiland Dir verhängt, musst es nehmen selbst mit Freuden, wie man Liebesgab' empfängt. Ohne Murren, ohne Klagen, will ich meine Bürde tragen!“[16]

In der Hoffnung auf die von Gott verliehene Kraft ertrug sie mit bewundernswerter Geduld alle Schmerzen, die medizinische Behandlung und das Verbinden der 32 Wunden an den Füßen, wobei sie Stoßgebete im Flüsterton verrichtete. Trotz ihres schweren Leidens zeigte sie sich immer mit guter Laune. Wenn man zu ihr kam und sich mit ihr unterhielt, konnte sie sogar fröhlich sein und herzlich lachen. Mürrisch und launisch sah man sie nie.

Als Beweis ihrer unerschütterlichen Hoffnung versuchte sie stets, auch Anderen Hoffnung zu vermitteln, die Besucher aufzurichten, wenn mutlose Seelen zu ihr kamen. Dieses sichere, unbeirrbare Gottvertrauen, das Wissen um die unendliche Liebe des Herrn in allen Leiden, übertrug sich auch auf jene, die sich ihrem Gebet empfahlen, um sich Rat und Trost zu holen. Kamen in den ersten Jahren ihres Sühneleidens nur wenige Menschen, so wurden sie mit der Zeit immer mehr, besonders anlässlich von Feiertagen und dem in der Umgebung beliebten „Mindelstettener Markt“, einem ländlich-bescheidenen Volksfest.

Aus der Tugend der Hoffnung entsprang ihr Vertrauen auf die allerseligste Jungfrau und Gottesgebärerin Maria sowie ihre Hingabe in den Dienst eines Marienkindes. Nicht weniger verehrte sie den hl. Schutzengel, den sie oft sichtbar neben ihrem Bett stehen sah, wie sie ihrem Seelenführer versicherte.

Aus dem festen Glauben an die ewige Seligkeit, auf welche sie ihre Hoffnung setzte, sehnte sie sich darnach, das irdische Jammertal verlassen zu dürfen, um mit Jesus vereint zu werden, wie sie am 10. März 1921 in einem Brief geschrieben hat.[17] Und ein Jahr später, am 16. März, teilte sie ihrer Freundin Rosa Imlauer mit: „Wie freue ich mich, wenn einmal die Zahl der Tage des Leidens voll sind, um ewig zu Jesus zu gehen!“[18] Wie hoffnungsfroh klingen doch die letzten Zeilen Annas, die

15 Ritter, Pos et Art., Nr. 135.
16 Ritter, Pos. et Art., Nr. 136.
17 BKR III. Abt. CAS K. 11: Mindelstetten 10.03.1921: AS an Schw. M. Tatona, Pirmasens – Ritter a. a. O. S. 270f.
18 BKR III. Abt. CAS K. 12: Mindelstetten 16.03.1922: AS an Rosa Imlauer, z. Z. Peißenberg – Ritter a. a. O. S. 312f.

vermutlich vom 10. Oktober 1923 stammen. Auf einem winzigen Notizblatt hat sie schreiben lassen: „Herr, Deine Magd ist müde. Hol mich heim zur ewigen Ruh. Hienieden ist kein Friede, Herz Jesu ruf mich Du!“ Darunter setzte sie mit zittriger Hand die Worte: „Alles für Dich, heiligstes Herz Jesu. Anna Schäffer.“[19]

Die göttliche Tugend: Gottesliebe

Die Selige zeigte schon in früher Jugend einen hohen Grad von Liebe zu Gott, was sie vor allem durch öfteren Andachtsbesuch in der Pfarrkirche, durch ihren Tugendeifer, ihren frommen und musterhaften Wandel bewiesen hat. Als ein besonders wertvolles Dokument der Gottesliebe erweist sich ihr Vorsatz, den sie anlässlich ihrer Ersten Hl. Kommunion am 12. April 1893 gemacht hat. Sie bot sich dem Heiland als Sühneopfer an. Im Jahre 1914 hat sie diesen Vorsatz erneuert und ihn schriftlich niedergelegt.

Gegenstand und Quell zugleich für ihre außerordentliche Gottesliebe war der fast tägliche Empfang der hl. Eucharistie und ihre Beständigkeit in Gebet und Sühnebereitschaft. Sie war sich der Losung ihres Lebens, zumindest seit 1910, bewusst: beten – sühnen – opfern aus Liebe zu Gott und den Menschen. Aber auch das seelenrettende Apostolat betrachtete sie als Aufgabe. Mit dieser Einstellung beseelte sie alles, ihren Umgang mit Gott und den Mitmenschen, wie es das Ziel echten Christentums sein müsste.

Ihre Liebe zu Gott äußerte sich auch darin, dass die Dulderin ihr Krankenzimmer gleichsam als Kapelle ausgestattet hat: An den Wänden hingen das Kreuz, ein Ecce-Homo-Bild, Bilder der Gottesmutter und einiger Heiliger. Selbstverständlich fehlte auch ein Weihwassergefäß nicht.

In ihrem Brief vom 28. Dezember 1921 schreibt sie der Oberin, Schw. Mansueta, Kösching: „Der Welt möchte ich ganz und gar tot sein und oft fällt es mir mehrere Tage hintereinander nicht ein, dass ich mich noch in diesem Tränentale befinde. Ich finde auch keinen Reiz an ihr, weder an Gold noch Reichtum – weder in Ansehen und Ehren u. s. f. Mein einziges Glück, meine Freude und meine Seligkeit ist: Jesus allein, den ich liebe und der in meiner Seele wohnt.“[20]

Durch ihr Beispiel, ihre Andachtsglut und menschliche Güte und Geduld wurde sie bald ein Apostel der Gottesliebe. In einem Brief vom 24. Mai 1921 meint die Dulderin: „Beeilen wir uns, jedes kleine Opfer aus Liebe dem Herrn anzubieten; nur alles Kleine und Unscheinbare, das auch ein wenig Opfer kostet, lege ich mit der größten Liebe, soviel ich es arme Sünderin vermag, in die Hände des Heilandes.“[21]

19 Ritter, Pos. et Art., Nr. 149.

20 BKR III. Abt. CAS K. 11: Mindelstetten 28.12.1921: AS an Schw. Oberin Mansueta/Kösching – Ritter a. a. O. S. 301–303.

21 BKR III. Abt. CAS K. 11: Mindelstetten 24.05.1921: AS an Pepi Fellner, München – Ritter a. a. O. S. 274–277.

Aus Liebe zu Gott beobachtete sie alle göttlichen und kirchlichen Gebote und verabscheute die Sünde. Anna wurde in ihrer Gottesliebe wahrlich schwer geprüft durch die Mühsale eines stets kranken und schmerzgequälten Körpers. Aber immer zeigte sie die gleiche Geduld und Liebenswürdigkeit sowie die Bereitwilligkeit, Ruhe und Seelenheiterkeit im Ertragen und Dulden. Es war ein volles und ganzes Ergeben in den Willen Gottes, wenn es auch schier unerträgliche Opfer kostete. In ihrem umfangreichen Briefapostolat kommt sie wiederholt auf die Liebe zu Gott zu sprechen. So schreibt sie am 8. März 1920 ihrer Brieffreundin Lina Pritzl: „Und mit jedem unserer alltäglichen Kreuzlein und Opfer, das wir tragen dürfen, können wir dazu beitragen zur Erhöhung der hl. kath. Kirche und zur Erweiterung des eucharistischen Reiches der Liebe des göttlichen Herzens Jesu. Nicht wahr, lb. teure Seele, wir wollen leiden, dulden und sühnen für Christi Reich und seine Liebe.“[22]

Gerade das Sühneleiden führte sie zu jener großen Heilandsliebe, die der Herr mit den schlichten Worten umschrieb: „Wer mein Jünger sein will, nehme täglich sein Kreuz auf sich und folge mir nach!“ In ihren „Gedanken und Erinnerungen“ meinte sie dazu: „Diese Worte, mit denen mich der göttliche Heiland einlädt Ihm nachzufolgen, sind mir die Grundfeste meines Herzens, auf welches das Kreuz aufgerichtet ist. Und mit Liebe und Dankbarkeit will ich es begrüßen, mit Kreuzesliebe und Kreuzesdank soll der letzte Hauch meines Lebens verwehen!“[23]

Heroische Nächstenliebe

Mit der Gottesliebe verband Anna Schäffer ihre Nächstenliebe. Sie sah in jedem Mitmenschen Bruder und Schwester in Christus und war stets auf das Seelenheil des Nächsten, aber auch auf dessen irdisches Wohl bedacht, so weit es ihr möglich gewesen ist. Mit Güte, Liebe und Freundlichkeit begegnete sie Menschen in der steten Bereitschaft, ihre Sorgen und Nöte anzuhören, sie zu trösten mit dem Versprechen, für sie zu beten und zu opfern. Sie vergaß nie die Anliegen der Kirche, ihren Missionsauftrag und vor allem die Anliegen der Hirten in ihr Gebet einzuschließen. So schreibt sie zum Beispiel am 20. Juli 1921 ihrer Freundin, Schw. M. Luzilla OSV: Der Herr „möge mein Leiden seinen Dienern im Weinberge zur Rettung der Seelen zuwenden. Denn durch das Wirken heiligmäßiger Priester können doch so viele Seelen gerettet, so viele Seelen zur Vollkommenheit gelangen. Und wie

22 BKR III. Abt. CAS K. 11: Mindelstetten 08.03.1920: AS an Lina Pritzl, Schloss Sandersdorf – Ritter a. a. O. S. 222f.

23 BKR III. Abt. CAS K. 12: „Gedanken und Erinnerungen“, Aufzeichnungen von AS – vgl. Lama, Friedrich Ritter v., Anna Schäffer von Mindelstetten. Eine unbekannte Stigmatisierte aus unserer Zeit, Innsbruck 1930, S. 219f.

wird es dem lieben Heiland freuen, wenn sich wieder ein verirrtes Schäflein in Liebe und Treue seinem hlgst. Herzen anschließt."[24]

Immer wieder versprach sie Besuchern und vor allem in ihrem ausgedehnten Briefapostolat ihr Fürbittgebet. So teilt sie am 16. März 1922 Rosa Imlauer mit, die sich zu dieser Zeit im Kloster Peißenberg als Kandidatin befand, sie werde für die ganze Ordensfamilie beten.[25]

Ihre Nächstenliebe erstreckte sie nicht zuletzt auf die Ärmsten der Armen, auf die Armen Seelen im Fegefeuer. Alle Ablässe, die sie gewinnen konnte, schenkte sie der Muttergottes für die Armen Seelen und alle verdienstlichen Werke übergab sie dem hl. Joseph für die Rettung der sterbenden Sünder. Gerne entsprach sie dem Rat des Schriftleiters der Zeitschrift „Ewige Anbetung", der ihr nahegelegt hatte, sie möge alle ihre Schmerzen zur Sühne für alles Unrecht des Ersten Weltkriegs, für die Schlachtfeldsünden, für die himmelschreienden Verbrechen auf beiden Seiten und um eine glückliche Sterbestunde für die Soldaten aufopfern.

Ihr Seelenführer Pfarrer Rieger bezeugt, dass sich immer wieder Ortsangehörige, aber auch Fremde, darunter auch Priester, bei der Dulderin eingefunden haben, um bei ihr Trost zu suchen, den sie bei ihr auch gefunden haben,[26] ferner, dass sie trotz ihrer dauernden Schmerzen in alle Welt bis nach Amerika Trostbriefe geschrieben hat.[27] Häufig und gerne schenkte sie Besuchern Bildchen, auf deren Rückseite sie eigenhändig ein von ihr verfasstes Gebet oder ein erbauliches Verserl geschrieben hatte.

Freilich konnte Anna nicht mit wissenschaftlichen Erkenntnissen dienen. Dennoch waren viele, die zu ihr kamen, glücklich, aus ihrem Munde Worte des Vertrauens auf die Liebe Gottes in den Leidenstagen des menschlichen Lebens vernehmen zu dürfen. Sie vermochte tief in die Weisheit des Kreuzes zu schauen, was erbaute.

„Die Liebe ist nicht eifersüchtig", deswegen kannte auch Anna keinerlei Eifersucht gegenüber Verdiensten, Talenten und Anerkennungen anderer. „Die Liebe erträgt alles", darum ertrug sie ohne jede Klage, ohne jede Bitterkeit oder nachtragend jedes Unrecht ihr gegenüber. Sie vermochte von Herzen zu verzeihen. Über ihre Lippen kam auch kein abträgliches Wort über andere. Sie duldete in ihrer Gegenwart kein Reden über Fehler anderer.[28] Ebenso hielt sie es mit den menschlich-natürlichen Tugenden, die sie stets mit großem Eifer anstrebte.

24 BKR III. Abt. CAS K. 11: Mindelstetten 20.07.1921: AS an Schw. M. Luzilla Imlauer OSV – Ritter a. a. O. S. 283–286.

25 BKR III. Abt. CAS K. 12: Mindelstetten 16.03.1922: AS an Rosa Imlauer – Ritter a. a. O. S. 312f.

26 Ritter, Pos. et Art., Nr. 210.

27 Ritter, Pos. et Art., Nr. 211.

28 Ritter, Pos. et Art., Nr. 224–227.

Die Tugend der Klugheit

Die Selige gab viele Beweise ihrer christlichen Klugheit, indem sie immer den Weg einschlug, den Gott für sie vorgezeichnet hatte und auf dem sie ihr ewiges Ziel zu erreichen suchte. Unter diesem Gesichtspunkt war sie bestrebt, jede Sünde zu meiden und alle Mittel zur Selbstheiligung, die ihr zur Verfügung standen, anzuwenden: Eifriges Beten, Empfang der hl. Sakramente und Aufopferung ihres schweren Leidens.[29] Dabei ist zu bedenken, dass nur ein Mensch, der die Selbstheiligung anstrebt, imstande ist, auch andere von der Notwendigkeit dessen zu überzeugen.

Ein weiterer Beweis ist die Tatsache, dass sie ihr ganzes Tun und Lassen ihrem großen Ziel, der Selbstheiligung, untergeordnet hat. Das Gebet und ihr Sühneleiden betrachtete sie als ein sicheres Mittel, um stets das Rechte, das zum Himmel führende und das zum Heil fördernde zu treffen. Sie wusste, dass die Bedingung zur Erlangung des ewigen Lebens bei Gott die Reinheit des Gewissens voraussetzt, so pflegte sie die tägliche Gewissenserforschung, um dadurch alle ihre Fehler zu erkennen und sie willentlich zu vermeiden. In allen Situationen holte sich Anna den Rat ihres Seelenführers, ehe sie sich zu einem entscheidenden Handeln entschloss. Mit Unbedacht und Übereilung redete und handelte sie nie.[30]

In ihrer Klugheit mied sie jeglichen Müßiggang, den sie als große Gefahr erkannte, und widmete ihre Zeit dem Gebet, der religiösen Weiterbildung und der Arbeit wie nähen, sticken und häkeln. So hat sie zum Beispiel schöne, heute noch erhaltene Kommuniontücher gestickt und dazu die Spitzen gehäkelt. Solange sie noch im Bett aufsitzen konnte, arbeitete sie täglich, wenn es ihr die Schmerzen erlaubten, mehrere Stunden. So verdiente sie auch ein wenig, um den Lebensunterhalt für sich und ihre Mutter bestreiten zu können.[31]

Ohne die Weisung ihres Seelenführers hin machte sie genau Aufzeichnungen über ihre „Träume“, wie sie die mystischen Erfahrungen gewöhnlich nannte, sowie über ihr Opferleben.[32]

Die außerordentliche Klugheit der Seligen war weithin bekannt, so dass sich nicht wenige Menschen in schwierigen Situationen an sie um Rat gewandt haben. Freilich hütete sie sich vor vielem und unnützen Reden. Am 29. Mai 1920 vertraute sie ihrer Freundin Lina Pritzl an: „Ein einziger Blick und ein einziges Wort genügt mir, um viel von manchen Seelen zu wissen!“[33]

29 Ritter, Pos. et Art., Nr. 228–230.
30 Ritter, Pos. et Art., Nr. 233–235.
31 Ritter, Pos. et Art., Nr. 238–240.
32 Ritter, Pos. et Art., Nr. 241.
33 Ritter, Pos. et Art., Nr. 243–246.

Die Tugend des Starkmuts

In allen Widerwärtigkeiten des täglichen Lebens bekundete die große Dulderin ihren Starkmut. Dies zeigte sich vor allem im Ertragen ihrer furchtbaren Leiden, von denen sie 25 Jahre lang heimgesucht wurde. Trotz ihrer zuweilen schier unerträglichen Schmerzen hörte nie jemand aus ihrem Munde ein Wort der Klage, der Ungeduld, der Unzufriedenheit oder des Unwillens. Sie wollte auch unter keinen Umständen bemitleidet werden. Mit heroischem Starkmut ertrug sie alle körperlichen Leiden. Zu dem furchtbaren Wundschmerz an ihren Füßen gesellten sich im Lauf der Zeit noch Magengeschwüre, Mastdarmleiden, quälender Durst mit Fieber, Schwächeanfälle und Krämpfe hinzu. Wochenlang litt sie unter Schlaflosigkeit, konnte vor Schwäche keine Speisen zu sich nehmen. Ferner litt sie auch darunter, dass sie infolge der Verkleinerung ihrer Zunge, vermutlich durch das Morphium, nur mühsam essen konnte. Pfarrer Rieger bezeugte wiederholt, dass er nie ein Wort der Ungeduld vernommen hat.[34]

Alle Wechselfälle des Lebens, so auch die Armut, ertrug sie bis an ihr Ende mit gleichem unbeugsamen Starkmut und geduldiger Ergebung in den Willen Gottes. Sie bedauerte aber dabei arme Mitmenschen, die ähnlichen Schicksalen ausgesetzt waren.[35]

Der inneren, seelischen Stärke, mit der sie alles mit Geduld und Freude auf sich nahm, entsprachen ihre Gesichtszüge und ihre ganze Erscheinung. In ihrem Gesicht spiegelte sich schier übernatürliche Kraft und heroische Stärke im Entsagen und Ertragen für Gott. Als Gott geweihte Seele hat sie die Sünde gehasst und für die Sünder geopfert. Sie blieb zeitlebens eine freudig-dankbare Opferseele, die sich stets nach dem Himmel sehnte und Erlösung aus dem Leid erbat, aber nur „wenn es der Wille Gottes ist".[36]

Unguten Äußerungen von Seiten der Dorfbewohner im Zusammenhang mit ihrem Bruder Michael begegnete sie mit Gelassenheit und Güte, so dass dieselben bald wieder verstummten.[37]

Anna ließ sich niemals in der Übung der Tugenden beirren, weder durch Anfechtungen des bösen Feindes noch durch sonstige Schwierigkeiten.[38]

Die Tugend der Gerechtigkeit

Die Selige besaß die Tugend der Gerechtigkeit, und zwar in heroischem Maße. Sie schenkte Gott, dem höchsten Herrn und Richter, ihren vollkommenen Gehorsam,

34 Ritter, Pos. et Art., Nr. 247–250.
35 Ritter, Pos. et Art., Nr. 252.
36 Ritter, Pos. et Art., Nr. 255.
37 Ritter, Pos. et Art., Nr. 257.
38 Ritter, Pos. et Art., Nr. 258.

die Ihm schuldige Anbetung und ihre ganze Liebe und Dankbarkeit. Sie drückte es in einem Brief vom 10. März 1921 so aus: „Mein Gott, ich danke Dir für jeden Kreuzessplitter, die ich all die Jahre hindurch schon empfinden durfte."[39]

Sie war ein Muster des Gehorsams und der Ehrerbietung gegen ihre Eltern, besonders gegenüber ihrer Mutter, die sie aufopfernd gepflegt hat. Ebenso begegnete sie ihrem Seelenführer, dessen Weisungen sie immer gewissenhaft befolgte. Gerechtigkeit bewies sie auch gegenüber allen Menschen, geistlichen und weltlichen Standes, denen sie stets höflich und zuvorkommend, liebenswürdig und dienstgefällig begegnete. Es gibt niemanden, der sich beklagen konnte, je in seinen Rechten verkürzt, in seiner Ehre gekränkt oder gar geschädigt worden zu sein. Die unbestechliche Gerechtigkeit Annas gegen alle Menschen, die ihr begegneten, war niemals hart oder verletzend, sondern nach Christi Vorbild mit Milde und Liebe gepaart. Sie übte aber keine Milde aus einem fehlerhaften Geist heraus, etwa aus Feigheit oder Menschenfurcht, sondern aus Erwägungen bezüglich des Heils der Seelen.[40]

Verstellung, Unwahrhaftigkeit oder gar Lüge konnte man niemals an ihr bemerken. Jedermann wusste, dass man ihren Worten und Versicherungen absolut Glauben und Vertrauen schenken durfte. Am 25. Januar 1920 entschuldigt sich die Dulderin wegen ihrer Offenheit, mit der sie spricht, und schreibt: „Als einfaches Landmädchen verstehe ich es nicht anders. Denn offen und kindlich möchte ich allen Seelen gegenüber sein und rede und schreibe nur so, wie's mir im Herzen ist!"[41]

Sie drängte ihre Freundlichkeit aber niemand auf, verhielt sich stets in den Grenzen der menschlichen Würde und hütete sich vor jeder Übertreibung. Im Umgang mit den Mitmenschen erwies sie sich ohne Falschheit und Zweideutigkeit. Sie übte Verschwiegenheit, wo es notwendig erschien, und versicherte einer Brieffreundin am 8. März 1920, dass alles, was man ihr brieflich anvertraut, in ihrem Herzen verborgen und vergraben bleiben würde.[42]

Um alles bitten und für alles danken war bei ihr eine beharrlich durchgeführte Lebensregel. Wenn man ihr eine Gefälligkeit erwies, pflegte sie immer zu sagen: „Gelt, tausendmal Vergelt's Gott!"[43]

Die Tugend der Mäßigung

Die Tugend der Mäßigung besaß die Selige in so hohem Grad, dass sie allgemein ins Auge fiel. Aus ihren eigenen Aufzeichnungen wird deutlich, dass sie mit großem Eifer nach Selbstbeherrschung strebte und gegen sich selbst ein strenger Richter

39 BKR III. Abt. CAS K. 12: Mindelstetten 10.03.1921: AS an Schw. Tatona – Ritter a. a. O. S. 270f. – Ritter, Pos. et Art., Nr. 261.

40 Ritter, Pos. et Art., Nr. 265–269.

41 Ritter, Pos. et Art., Nr. 270–271.

42 BKR III. Abt. CAS K. 11: Mindelstetten 08.03.1920: AS an Lina Pritzl – Ritter a. a. O. S. 222f. – Ritter, Pos. et Art. ,Nr. 273.

43 Ritter, Pos. et Art., Nr. 275.

war. Mit Gottes Gnade und eiserner Willenskraft übte sie innere und äußere Abtötung und es schien, sie habe keine eigenen Wünsche mehr, keinerlei Regungen einer Leidenschaft oder eines Temperamentes. Von völliger Selbstentäußerung erfüllt, zeigte sie sich stets bestrebt, allein den Willen Gottes zu erfüllen. Sie hatte sich völlig in der Hand und brachte es zu einer vollkommenen Beherrschung aller Gemüts- und Seelenaffekte. Nie sah man sie zornig, ungeduldig, mürrisch, verstimmt oder gar ausgelassen. Ihre Anspruchslosigkeit und Selbstbescheidung in allen leiblichen Bedürfnissen wurde allgemein bewundert.[44]

Annas Kleidung in ihrem Krankenbett war sichtlich einfach, reinlich und bescheiden. Im Essen und Trinken zeigte sie größtmögliche Mäßigkeit und sie äußerte niemals den Wunsch nach einer bestimmten Speise. Wie den Gaumen so beherrschte sie auch die Zunge. Als gute Zuhörerin pflegte sie mitfühlend, ausführlich und erschöpfend zu antworten. Nie hörte man ein liebloses Wort oder gar ein vorschnelles Urteil.

Ihr Seelenführer hat bezeugt, dass sie mit unsagbarer Geduld und Ergebung in Gottes Willen ihre furchtbaren körperlichen Schmerzen ertragen hat und niemals ein Wort der Klage über ihre Lippen kam.[45]

Die Tugend des Gehorsams

Über den heldenmütigen Gehorsam Annas während ihres 25-jährigen Opferlebens gab es bei allen, die sie kannten und beobachten konnten, nur ein einstimmiges Lob. Alle Aussagen der Zeugen im Informativprozess stimmen überein. Die Liebe Christi war für sie das einzige Lebensziel, für das ihr kein Opfer zu groß, zu schwer war, gemäß den Worten des Herrn: „Wer meine Gebote hat und sie hält, der ist es, der mich liebt!“[46]

Sie zollte ihren Eltern wie ihrem Seelenführer Ehrerbietung und Gehorsam; ebenso folgte sie den Weisungen der behandelnden Ärzte, denen sie sich ohne Zaudern und Widerrede fügte.[47]

Die Tugend der Armut

Frei von jedem Hang an Irdisches zeigte sich Anna als eine vollkommene Liebhaberin der Armut eines hl. Franziskus und gab dies kund durch ihren Eintritt in den 3. Orden. Ihr ausdrücklicher Wunsch war es, im Ordensgewand des 3. Ordens begraben zu werden als Zeichen ihrer Einstellung.[48]

44 Ritter, Pos. et Art., Nr. 277–282.
45 Ritter, Pos. et Art., Nr. 289–290.
46 Ritter, Pos. et Art., Nr. 291–293.
47 Ritter, Pos. et Art., Nr. 294–297.
48 Ritter, Pos. et Art., Nr. 298–300.

Aber sie brauchte die Armut gar nicht zu üben, denn sie war ja, in bedürftigen Verhältnissen aufgewachsen, tatsächlich arm an irdischen Gütern. Mit einer Monatsrente von nur 9 Mark mussten sie und ihre völlig mittellose Mutter das Auskommen für ihren Lebensunterhalt bestreiten. Dazu kamen noch die Ausgaben für die Medikamente und das Verbandszeug. Das wäre natürlich ein Ding der Unmöglichkeit gewesen, wenn nicht christliche Nächstenliebe Pfarrer Rieger und seine Haushälterin sowie Dorfbewohner veranlasst hätten das Fehlende nach Möglichkeit zu ersetzen. Auch die beiden Schwestern taten das Ihre, vor allem nach ihrer Verheiratung. Freilich, in den ersten Jahren zeigte sich die Not oft groß genug. Die Situation besserte sich erst nach dem Ersten Weltkrieg, als die Dulderin auch aus dem Ausland Zuwendungen erhielt.[49]

Neben den körperlichen Leiden hatte Anna auch noch andere Bedrängnisse zu erdulden. Nachdem ihr ältester Bruder, der Schreinergehilfe Michael, sich am 12.12.1904 mit Kreszenz Prüflinger verheiratet hatte, übergab die Mutter das kleine Anwesen traditionsgemäß ihrem ältesten Sohn. Durch die beengten Wohnverhältnisse in dem kleinen Haus entwickelten sich zwischen Anna und ihrer Mutter einerseits und Michael und dessen Gattin anderseits Spannungen. Die schwerbehinderte und nun ständig ans Bett gefesselte Schwester wurde nun von den jungen Leuten als Belastung empfunden, und sie legten ihrem Unwillen keine Zügel an. Das Verhältnis wurde zunehmend so unleidlich, dass es auf Dauer nicht mehr zu ertragen war. So verließen Anna und ihre Mutter, vermutlich nach einer heftigen Auseinandersetzung, noch in einer Nacht das ungastlich gewordene Haus. Gottlob fanden sie im Haus Nr. 37 am Ort bei der frommen Bauernfamilie Forchhammer „beim Hartl", so der Hausname, eine geräumige helle Stube im ersten Stock. Wohlgemerkt, Mutter und Tochter besaßen nach wie vor das Wohnrecht im „Baderhaus", aber sie verzichteten vorerst darauf um des Friedens Willen. Die Übersiedlung fand wahrscheinlich im Jahre 1905 statt.[50] So vertauschten die beiden das winzige Stüberl, das Anna und ihrer Mutter kaum Platz geboten hatte, mit einem gemieteten Zimmer, wenige Schritte vom Elternhaus entfernt.

Die wenigen Ersparnisse, die sich Anna durch ihre Tätigkeit in Stammham erspart hatte, gingen bald zur Neige. Obwohl die zwei Schwestern Kathi und Kreszenz sowie Bruder Hans ihre Mutter und die Behinderte nach Möglichkeit unterstützten, reichte das Geld nicht aus, um die vielen ärztlichen Eingriffe, wenngleich es Dr. Wäldin so billig als möglich machte, begleichen zu können. Bald sagte man im Dorf, mit Anna werde die Gemeinde noch Lasten bekommen, was die Leidende mit großer Sorge erfüllt hat. Aber Pfarrer Rieger, der sich um die Unfallrente erfolgreich bemüht hatte, sorgte zusammen mit seiner Haushälterin Elis Imlauer für das

49 Lama a. a. O. S. 31.

50 Ritter, Pos. et Art., Nr. 301 – BKR III. Abt. CAS K. 7: Proc. Inf. a. a. O. S. XXI: Zeugin Franziska M. geb. Forchhammer.

tägliche Essen.[51] Die Selige hat über die notwendige Übersiedlung niemals eine Klage erhoben.

Als Kathi von ihrem auswärtigen Arbeitsplatz einmal heimkam, befanden sich Mutter und Schwester in maßlosem Elend. Da entschloss sie, in Mindelstetten zu bleiben und als Störnäherin zu arbeiten. Bald hatte sie Arbeit genug, zumal ihr Anna so gut wie möglich dabei geholfen hat. Kathi bemerkt in ihrer schriftlichen Aussage, dass sie es in Stellung sicher besser gehabt hätte, aber sie bereute nie ihren Entschluss. So gelang es Dank ihrer Hilfe, langsam die Schulden beim Arzt zu begleichen, wenn auch in kleinen Raten. Die Gemeinde Mindelstetten wurde in keiner Weise belastet.

In der neuen Wohnstatt beim Forchhammer stellten die drei Frauen – auch Kathi hatte hier vorübergehend ihre Bleibe – das Bett von Anna so, dass sie zur Kirche sehen konnte, worüber die Leidende sehr glücklich zu sein schien. „Mit welcher Sehnsucht sah Anna immer H. Herrn Pfarrer entgegen, wenn er ihr die hl. Kommunion brachte."[52]

Die Nichte Annas, Katharina K., die Tochter des Johannes Schäffer, Jahrgang 1914, sagte im Informativprozess aus, sie könne sich noch an die Zimmereinrichtung erinnern. Neben den bescheidenen Möbeln befand sich am Kopfende des Bettes ein kleines Regal mit Andachts- und Gebetbüchern, darunter auch die „Nachfolge Christi"; eine Muttergottesstatue, selbstverständlich ein Kruzifix; an der Wand hingen Bilder: Schweißtuch Christi, U. L. Frau von Altötting, Ecce Homo sowie von den „Drei Heiligen von Griesstetten". An der Wand hing ein Rosenkranz.[53] Außerdem befand sich im Zimmer ein kleiner Hausaltar, der einem Altar in der Kirche nachgebildet war.[54] Der Zeuge Adam R., der dies im Prozess als Zeuge mitteilte, war der Nachbarsbub des Hartl-Hauses und hatte zwei Jahre lang Pfarrer Rieger als Ministrant begleitet, wenn dieser der Kranken die hl. Kommunion gebracht hat. Auch als junger Mann hat er die Dulderin bis zu ihrem Hinscheiden jede Woche mehrmals besucht.

Der Zeuge Lorenz Sch. sagte aus, er habe als Bub fast jeden Tag im Auftrag seiner Eltern Anna und ihrer Mutter Milch gebracht. Er erinnerte sich, dass die Beschenkte manchmal sagte: „Lenzl, komm her, Du kriegst ein Guterl!"[55] Auch andere Dorf-

51 Holzgartner, Karl, Beiträge zur Pfarrgeschichte von Mindelstetten: 1934–1950, hdschr. Ms., S. 417.

52 BKR III. Abt. CAS K. 16: Handschriftliche Aussage von Kathi Veit.

53 BKR III. Abt. CAS K. 16: Proc. Inf. S. XIII: Zeugin Katharina K., geb. Schäffer, Nichte von AS. Die drei Heiligen von Griesstetten: Zimius, Vimius und Marinus, auch als die „Drei elenden Heiligen" bekannt. S. dazu: Ritter, Emmeram H., Zeugen des Glaubens. Heilige, Selige und Diener Gottes im Bistum Regensburg, Regensburg 1989, S. 389f.

54 BKR III. Abt. CAS K. 16: Proc. Inf. S. XXIII: Zeuge Adam R. – Er sagte aus: Nach Annas Tod sind fast alle ihre Bücher, als ihre Mutter zu ihrem Sohn Hans Schäffer nach Theißing gezogen ist, in dessen Besitz gelangt. Anlässlich des Umbaues des Hauses wurden sie vernichtet.

55 BKR III. Abt. CAS K. 16: Proc. Inf. S. XVIII: Zeuge Lorenz Sch.

bewohner, durch das gute Beispiel Riegers angeregt, versorgten zunehmend die Opferseele. Anna besaß auch die Tugend der Dankbarkeit in hohem Maße. Für jede Kleinigkeit und jede Hilfe hat sie sich gefreut und herzlich gedankt.

Auf die Mildtätigkeit der Leute angewiesen zu sein, bedeutete für sie eine seelische Belastung, was ja bei einem Menschen mit Gefühl und guter Erziehung nicht zu verwundern ist.[56] Es war aber keineswegs Stolz, der sie zu diesen Gefühlen verleitet hat, sondern sicher nur das Unbehagen, dass sie sich nicht selbst versorgen konnte.

Wie bereits erwähnt, hat die Selige mit Eifer für die Armen Seelen gebetet. Darüber hinaus ließ sie trotz ihrer Armut immer wieder Hl. Messen für diese zelebrieren. Ebenso bildete der Missionsauftrag der Kirche ihr ein Anliegen. So ließ sie Heidenkinder taufen, spendete, wenn sie wieder ein wenig Geld erspart hatte, und versuchte andere dazu zu ermuntern.[57]

Die Selige hat sich in keiner Weise über ihre ärmlichen Verhältnisse beklagt. Sie fühlte sich mit ihrer Armut fest verbunden und verwachsen. Ähnlich dem hl. Franziskus schätzte und liebte sie das Arm-Sein.[58]

Trotz ihrer Armut versuchte sie immer anlässlich von Namenstagen, Weihnachten und bei anderen Gelegenheiten Anderen Freude zu bereiten. So schrieb sie zum Beispiel in einem Brief vom 17. Dezember 1921: „[…] In letzter Zeit habe ich auch viel gearbeitet für's Christkindl, besonders für die Kinder, Strümpfe, Handschuhe und Halsbinder gestrickt, habs aber bereits fertig, was bis dahin fertig sein sollte. Jede Masche ist in gar verschiedentlicher Meinung aufgeopfert."[59]

Der Wille zur Armut äußerte sich bei ihr in aller Deutlichkeit. An Schw. Mansveta schrieb sie am 28. Dezember 1921: „Der Welt möchte ich ganz und gar tot sein und oft fällt es mir mehrere Tage hintereinander nicht ein, dass ich mich noch in diesem Tränentale befinde. Ich finde auch keinen Reiz an ihr, weder an Gold noch Reichtum – weder in Ansehen und Ehren u. s. f.. Mein einziges Glück, meine Freude und Seligkeit ist: Jesus allein, den ich liebe und der in meiner Seele wohnt."[59a]

Die Tugend der Keuschheit

Nach übereinstimmender Aussage aller Zeugen beim Informationsprozess zeichnete sich die Selige durch außerordentliche Keuschheit aus. Sie hat sie lebenslang niemals verletzt, auch nicht im geringsten. Friedrich Ritter von Lama, ihr erster umfassender Biograph, vermutete, dass sie bereits in Kindestagen, wahrscheinlich vor der

56 Holzgartner, Pfarrgeschichte a. a. O. S. 417.

57 BKR III. Abt. CAS K. 16: Proc. Inf. S. 04: Zeugin Anna L.

58 BKR III. Abt. CAS K. 16: Proc. Inf. S. 05: Zeuge Pf. Otto R.

59 BKR III. Abt. CAS K. 11: Mindelstetten 17.12.1921: AS an Rosa Imlauer, z. Z. Augsburg – Ritter a. a. O. S. 299–301.

59a BKR III. Abt. CAS K. 11: Mindelstetten 28.12.1921: AS an Schw. Oberin Masveta/Kösching – Ritter a. a. O. S. 301–303.

Ersten hl. Kommunion, Jungfräulichkeit gelobt hat.[60] Dafür spricht auch ihr sehnlicher Wunsch, Gott im Ordensstand dienen zu dürfen. Den Reizen der Welt hat sie sich bereits als heranwachsendes Mädchen entfremdet, wo und wann sie immer konnte. Ihr Seelenführer hat sie als „jungfräuliches Marienkind" und als eine Jungfrau voll des Glaubens und Vertrauens und der Liebe zu Gott bezeichnet.[61] Nie hörte man aus ihrem Munde ein leichtfertiges anstößiges Wort und sie duldete in ihrer Gegenwart auch keines.[62] Die Schamhaftigkeit, die Wächterin der Keuschheit, pflegte sie mit Beharrlichkeit und ängstlicher Sorgsamkeit. Den Müßiggang, diesen gefährlichen, schleichenden Feind der Reinheit, floh sie und beschäftigte sich mit Gebet und Arbeit, so lange sie es vermochte. Sie bewachte ständig ihre Augen und ließ sie keineswegs neugierig oder leichtfertig umherschweifen.[63]

Bei ihrem Verhalten gegenüber Jugendlichen und Männern pflegte sie bei all ihrer Natürlichkeit größte Zurückhaltung. In Liebe und Wertschätzung der Tugend der Keuschheit flößte Anna allen ihr begegnenden Menschen in Wort und Beispiel ein, die Tugend der Reinheit zu bewahren. Vor allem den Mädchen hat sie dringend ans Herz gelegt, im Hinblick auf die Ewigkeit die Jungfräulichkeit zu bewahren. Sowohl die Kinder als auch die Jugendlichen, die sie besuchten, ermahnte sie, die Unschuld zu bewahren, sich gegen die Sünde zu wehren, und gab ihnen auch Ratschläge.[64]

Schon ihr Äußeres verriet die reine, keusche Seele und nötigte für diese Tugend Verehrung und Liebe ab. Sie hatte nach Meinung derer, die sie näher kannten, etwas Jungfräuliches an sich, besonders in ihren reinstrahlenden Augen, die diesen Glanz niemals verloren haben.[65]

Die Tugend der Demut

Trotz der vielen Gnadenerweise, die die Selige aus der gütigen Hand Gottes empfangen durfte, wollte sie demütig bleiben, machte deshalb niemals ein Aufsehen. So bewahrte sie sich vor dem geistlichen Hochmut. Sie vermied alles Auffallende und hütete sich davor, die Aufmerksamkeit auf sich zu lenken. Gemäß den Weisungen ihres Seelenführers lehnte sie jeden „Betrieb", jedes „Geschäft mit dem Ruf der Heiligkeit" ab, wie man es leider an manchen Orten peinlich erleben kann. Ihr Opferleben vollzog sich ganz unauffällig und nur in Mindelstetten und der näheren Umgebung wusste man davon. Durch ihr Briefapostolat drang die Kunde von ihrem Sühneleiden in verhältnismäßig wenigen Fällen in die weitere Entfernung. Niemals machte sie von ihren Träumen, wie sie die Visionen nannte, ein Aufheben,

60 Lama a. a. O. S. 11.
61 Ritter, Pos. et Art., Nr. 316.
62 Ritter, Pos. et Art., Nr. 318.
63 Ritter, Pos. et Art., Nr. 318–321.
64 Ritter, Pos. et Art., Nr. 322–324.
65 Ritter, Pos. et Art., Nr. 325.

vor allem mit der Begründung, dass sie von Gott keinen Auftrag bekommen habe, diese zu veröffentlichen.[66]

Ihr eigenes Ich trat bei Anna völlig zurück. Sie hielt sich für die Mindeste und ärmste Sünderin, sah jeden anderen Menschen für besser an und schrieb alles Gute, das andere an ihr sahen, nur der göttlichen Güte und Gnade zu und erwartete alles nur von dieser. Alle, die sie kannten, rühmten ihre Bescheidenheit und Zurückhaltung.[67]

Über seine Seelenführung berichtet Pfarrer Rieger, dass er niemals auf außerordentliche Tugendakte hingearbeitet habe und im vollen Einvernehmen mit seiner Schutzbefohlenen auf Verborgenheit vor der Welt bedacht gewesen ist. Allerdings habe er nie verhindert, dass Anna außerordentliche Gnadenerweise des Heilands bereitwillig angenommen hat.[68]

Spott und Kritiksucht lagen ihr immer fern und in ihrer Demut konnte sie auch auf andere nicht eifersüchtig sein und zollte gern den Leistungen anderer Anerkennung.[69]

Übernatürliche Gaben Gottes

Im Rückblick auf das Sühneleben der Seligen ist festzustellen, dass sie durch die Güte Gottes mit übernatürlichen Gaben begnadigt war, die sie im Verein mit ihren heroischen Tugenden schon zu Lebzeiten in den Ruf der Heiligkeit brachten. Sie besaß die Gabe des Gebetes und der völligen Hingabe an Christus und konnte durch keinerlei äußere Einflüsse davon abgebracht werden. Von vielen Zeitgenossen und Verehrern wurde schon zu ihren Lebenszeiten als Wunder angesehen, dass ein Mensch 25 Jahre lang ein so furchtbares, fast unglaubliches Leiden ertragen könne. Im Besitz der Gabe des Trostes fand sie immer das rechte tröstende Wort, weshalb sich trotz ihres verborgenen Lebens immer wieder Menschen an sie wandten und auch heute noch zunehmend wenden, um Rat, Hilfe und Trost zu finden. Sie vertrauten alle auf ihr Fürbittgebet.[70]

Am 4. Oktober 1910, dem Fest des hl. Franziskus, empfing Anna, nur ganz wenigen Menschen zu ihren Lebzeiten bekannt, die Wundmale des Herrn. Ihr Seelenführer bezeugt, dass er zwar nie eine Blutung der Wundmale gesehen habe, da die Dulderin diese durch Verdecken verbarg, aber 1919 doch davon Kenntnis erhielt. Er befrage sie damals und sie antwortete ihm, der Herr habe ihr gesagt, dass sie von ihrem Seelenführer darum befragt werde. Tatsache sei, so Rieger, dass er in den Handflächen Annas auffallende Grübchen sah, die man nicht berühren durfte,

66 Ritter, Pos. et Art., Nr. 326–331.
67 Ritter, Pos. et Art., Nr. 333–335.
68 Ritter, Pos. et Art., Nr. 328.
69 Ritter, Pos. et Art., Nr. 338–339.
70 Ritter, Pos. et Art., Nr. 343–346 und 348.

ohne dass die Dulderin nicht große Schmerzen empfunden hätte.[71] Doch über die Stigmatisation der Seligen wird noch ein eigenes Kapitel berichten!

In einem ärztlichen Bericht vom 15. September 1931, verfasst von Dr. Wäldin, einem evangelischen Christen, der Anna lange Jahre hindurch behandelt hatte, ist zu lesen: „Die Nahrungsaufnahme war auf ein Mindestmaß beschränkt, so dass man sich wundern musste, wie die Patientin bei dieser geringen Nahrungsaufnahme noch Jahre lang bestehen konnte.“[72]

Die Aufzeichnungen und Briefe der Seligen sind voll erhabener Gedanken, so dass man sich wundern muss, wie tief ein an sich ungebildetes Mädchen, das außer einer einklassigen Volksschule und Feiertagschule keine andere Ausbildung genossen hat, sich in die Betrachtung Gottes so zu versenken vermochte. Ihre Sprache ist schlicht und ungekünstelt, bescheiden die Ausdrucksform. Einflüssen von Seiten religiöser Erbauungsschriften ihrer Zeit sind zwar unverkennbar, besonders in den kindlichen frommen Gedichten, aber dennoch steckt in allen Schriften echte Originalität und Individualität.[73]

Bei der großen Sühneseele stellten sich im Laufe ihres Lebens mystische Erfahrungen ein. Nach ihren eigenen Aufzeichnungen – sie nannte diese mystischen Erfahrungen „Träume“ – sowie nach den Angaben verschiedener Persönlichkeiten hatte sie in der Zeit von 1896 bis 1901 einige wenige, von 1910–1923 zahlreiche „Träume“, die zum Teil visionärer Natur waren. Unbeeinflusst von ihrem Seelenführer schrieb sie ihre „Träume“ auf. Nur wenigen, ganz vertrauten Menschen erzählte sie zuweilen mündlich oder schriftlich ihre mystischen Erlebnisse.[74]

Anna lag oft stundenlang auf ihrer Liegestatt in völliger Starrheit wie tot da, schaute unentwegt auf das Ecce-Homo-Bild an der Fensterwand ihres Zimmers. Auf Befragen danach erklärte sie, sie habe das Leiden Christi mitleiden dürfen. Nach dem Erwachen fühlte sie sich unendlich schwach. Solche Ekstasen, wie man sie nennen könnte, traten in der Fastenzeit sowie an Vigiltagen ein.[75]

Das ausgeprägte Tugendleben der von Gott auserkorenen Sühneseele in einer Zeit des Umbruchs ist nicht nur bewunderungswürdig, sondern mahnt zur Erfüllung des Willens Gottes, der den Menschen richtungsweisende Gebote gegeben hat, deren Befolgung nur zum Heil der Welt sein wird.

71 Ritter, Pos. et Art., Nr. 350–351.
72 Ritter, Pos. et Art., Nr. 347.
73 Ritter, Pos. et Art., Nr. 361.
74 Ritter, Pos. et Art., Nr. 362–363.
75 Ritter, Pos. et Art., Nr. 364–365.

8. Die Spiritualität Anna Schäffers

Zunächst, was versteht man unter Spiritualität! Der Begriff ist nicht leicht zu definieren. Im Wortsinn „geistliche Lebensform", bedeutet meines Erachtens Spiritualität: gelebte Grundhaltung der Hingabe des Menschen an Gott und seine Gebote. Das Wort, heute mehr als früher im Sprachgebrauch, auch wenn als Stichwort kaum in einem profanen Lexikon zu finden, ist eine Eindeutschung des französischen „spiritualité". Selbstverständlich fehlt es nicht an Definitionsversuchen, so z. B. „Integration des gesamten Lebens in eine vom Glauben getragene und reflektierte Lebensform". Heute gibt es kaum ein Glaubensgespräch, kaum ein religiöses Buch und kaum eine Analyse der derzeitigen kirchlichen Situation, die ohne das Wort Spiritualität und seine Derivate auskommt. Deshalb ist sie eine so vielgestaltige Größe wie die Vielgestaltigkeit möglicher Beziehungen zu Gott. Dem Ursprung wie dem Inhalt nach geht sie auf das „pneumatikós"zurück, das im Lateinischen mit „spiritualis" wiedergegeben wird und die christliche Existenz bezeichnet.

Spiritualität aus katholischer Sicht ist also Leben aus dem Geist Gottes. Sie besitzt ihr unverrückbares Fundament im Zeugnis der Heiligen Schrift. So lehrt uns Paulus: „Ihr habt nicht einen Geist empfangen, der euch zu Sklaven macht, so dass ihr euch immer noch fürchten müsstet, sondern ihr habt den Geist empfangen, der euch zu Söhnen macht, den Geist, in dem wir rufen: ‚Abba, Vater!'" (Röm 8,15, vgl. Gal. 4,6). Der Geist bezeichnet die christliche Existenzgabe schlechthin, die Gottes Liebe in unsere Herzen eingegossen hat (vgl. Röm 5,5). Der Geist ist Gabe in Singular und Plural zugleich; er macht den Leib zum Tempel (1 Kor 6,19), gewährt Offenbarung (1 Kor 12,7), schenkt Einheit (1 Kor 12,13), Leben (2 Kor 3,6), Freiheit (2 Kor 3,17), Glauben (2 Kor 4,13), Gemeinschaft (2 Kor 13,13), Liebe, Freude, Friede (Gal 5,22), Weisheit und Einsicht (Kol 1,9), Heiligung und Heiligkeit (2 Thess 2,13), Kraft und Besonnenheit (2 Tim 1,7), Wiedergeburt durch die Taufe und Erneuerung (Tit 3,5), Erleuchtung (Hebr 6,4) und Herrlichkeit (1 Petr 4,14). Diese Gaben des Geistes lassen sich von der Aufgabe, vom Imperativ, nicht trennen. Den Geist „haben" heißt zugleich in und aus ihm leben. Diese Aufforderung prägt das urchristliche Bewusstsein: „Lasst euch im Geist entflammen und dient dem Herrn" (Röm 12,11).

Die Spiritualität verbleibt nicht in der Innerlichkeit des Einzelnen, sie ist nicht nur Ausdruck des Gefühls oder des subjektiven Bedürfnisses, sondern vielmehr auf die Wirklichkeit Gottes und seine Offenbarung im Schöpfungs- und Christusmysterium bezogen. Aus dieser heilsgeschichtlichen Grundbestimmung ergibt sich als entscheidender Wesensbezug die völlige Hingabe an Gott, an seine Ehre und Liebe. Durch Christus als das Haupt ist die ganze Schöpfung mit dem Vater verbunden. Als der am Kreuz Erhöhte ist er der eigentliche Träger der Gottesverehrung. Deshalb ist der Erlöser der Menschheit Mittelpunkt der katholischen Spiritualität.

Die Kirche ist der Ort, an dem der Kyrios die ihm in Glaube, Liebe und Hoffnung verbundenen Menschen zum Dienst der Anbetung versammelt. Sie setzt die liturgischen Formen fest, prüft und ordnet die vielfältigen Formen außerliturgischer Gottesverehrung. Das katholische Volk wird zu einer Fülle von Devotionen angeleitet, so zur Herz-Jesu-Verehrung, der Anbetung des Allerheiligsten, dem Kreuzweg, der Herz-Marien-Verehrung und der der Heiligen und Seligen. In den Sakramenten wiederum verherrlicht der Kyrios in seiner Kirche – und es gibt nur eine Kirche, nämlich die Katholische – den Vater und führt die Menschen zum Heil. Die Spiritualität wird durch den würdigen Empfang der heiligen Sakramente ermöglicht und gefördert; sie erreicht und gelangt in der Eucharistie ihre Erfüllung.

Im Lauf der heilsgeschichtlichen Entwicklung der Kirche haben sich unter dem Einfluss großer religiöser Persönlichkeiten oder Bewegungen eine Reihe von spirituellen Formen entwickelt, je nach Lebensart und Aufgabenbereich. So spricht man z. B. von benediktinischer, augustinischer, franziskanischer, dominikanischer, ignatianischer Spiritualität. Alle Orden, Kongregationen und jede katholische Glaubensgemeinschaft haben in ihrer Geschichte ihre eigene Spiritualität entwickelt, wobei freilich bei allen als Fundament zugrunde liegt: die Hinwendung zum Kyrios, dem Herrn des Himmels und der Erde, aber auch, allerdings in zweiter Linie, die Verehrung Mariens als der Mutter des Erlösers. So spricht man von christozentrischer und mariologisch-marianischer Spiritualität.

Es fällt auf, dass in der Neuzeit besonders in Frankreich eine neue Blüte der Spiritualität in verschiedener Ausfaltung entstanden ist. Neue religiöse Gemeinschaften – caritative, pädagogische, volksmissionarische, aber auch kontemplative – entstanden in erstaunlicher Fülle. Das Volks-Pädagogische spielte bei allen eine entscheidende Rolle, wie z. B. in der Jugenderziehung, Jesuitentheater, Volksmissionen, Wallfahrten und Exerzitien.

Im 19. Jahrhundert wuchs als Gegenschlag gegen eine säkularisierte aufklärerische Welt das Bewusstsein der Zugehörigkeit zur Katholischen Kirche, die auch eine Hinwendung nach Rom, dem Zentrum des Glaubens, erneut bewirkt hat. Nicht unerwähnt soll in diesem Zusammenhang die Tatsache bleiben, dass die Spiritualität durch die Marienerscheinungen bis ins 20. Jahrhundert herein wesentlich gestärkt wurde.[1]

1 Vgl. Schütz, Christian (Hrsg.), Praktisches Lexikon der Spiritualität, Freiburg i. Br. 1992, S. 1170–1215 – LThK^3 IX, Sp. 852–860.

Die christologische und mariologische Spiritualität

Die Spiritualität Anna Schäffers war eindeutig christologisch. Die Anbetung Jesu Christi, vor allem beim Empfang der hl. Kommunion, ist für sie der bewusst lebensgestaltende Impuls. Sie zeigte sich stets bereit, als Magd des Herrn sein Werkzeug zu sein. Mit ihrem bedingungslosen geistigen und leiblichen „Ja“ stellte sie sich mit zunehmendem Alter immer mehr als Sühnende für die Sünden der Welt zur Verfügung. Durch ihr freudig zustimmendes „Fiat“ zur treuen Nachfolge Christi hat sie ihre innige Liebe zum Herrn und seinen Geboten veranschaulicht.[2]

Selbstverständlich hat die Selige auch der allerseligsten Jungfrau und Gottesmutter Maria, der ja hyperdulische Verehrung zukommt und die in Bayern als PATRONA BAVARIAE verehrt wird, ihre Liebe geschenkt. So hat sie sich bereits mit 16 Jahren, vermutlich im Mai 1898, in die Marianische Jungfrauenkongregation in Mindelstetten aufnehmen lassen und ihr Mariengelöbnis abgelegt.[3]

Annas Marienliebe wird auch in ihren Aufzeichnungen „Gedanken und Erinnerungen“ mit dem Titel „Meine Gedanken und Gesinnungen für die 12 Monate“ bestens dokumentiert.[4]

Bezeichnend ist auch jene Vision vom Jahre 1905 – also bereits nach dem Unfall und den überaus schmerzhaften Operationen in den Krankenhäusern in Kösching und vor allem in Erlangen –, in der Anna die Schmerzensmutter über die Sünden der Welt weinen sah:[5] „[…] und ich frug sie, warum sie so weine.“ Da antwortete ihr Maria: „Ich weine deshalb, weil der liebe Jesus durch so viele Sünden von den Menschen beleidigt wird und die Welt so gottlos ist und leide alles mit dem lieben Jesus mit.“ Anna dürfte damals die Hoffnung auf Heilung noch nicht aufgegeben haben, denn sie berichtet, dass sie die Schmerzensmutter gefragt habe, „ob ich gar nicht mehr gehen kann?“ Maria gab ihr zur Antwort: „Du musst noch viel mehr leiden als bisher!“ Die Selige bemerkte in ihrem Visions-Bericht dazu: „Die darauf folgenden Jahre gestaltete sich mein Leiden so, dass ich noch viel mehr leiden durfte, wie vorher.“[6]

Ihre innige Beziehung zur Mutter Jesu zeigte sich ferner immer wieder in ihren Gedichten, Briefen, ihren Aufzeichnungen über Visionen, die sie ja stets als Träume bezeichnet hat. Ihr Lieblingsgebet war der Rosenkranz, bekanntlich die kleinste

2 Vgl. Courth, Franz SAC, Spiritualität, in: Marienlexikon VI. Bd., St. Ottilien 1994, S. 253–255.

3 BRK III. Abt. CAS K. 9: 1898 Mindelstetten: Angelobungsformel, AS weiht sich durch Unterschrift und Kreuzzeichen Maria – Ritter, Emmeram H., „Im Leiden habe ich Dich lieben gelernt!“ Die Schriften Anna Schäffers, Regensburg 1999, S. 19.

4 BKR III. Abt. CAS K. 12a: Mindelstetten 1919: Gedanken und Erinnerungen Anna Schäffers.

5 BKR III. Abt. CAS K. 12a: Träume vom Juni 1898–1923 im „Traumheft“ AS, S. 13f. – Weigl, Alfons Maria, Anna Schäffers geheimnisvolles ‚Traumheft‘, Altötting 1976, S. 28f. – Ritter a. a. O. S. 19.

6 Die Vision sollte sie besonders auf den Weg der sühnenden und seelenrettenden Liebe führen, auf den Weg des Mitleidens mit dem Heiland und seiner Schmerzensmutter Maria.

Dogmatik der katholischen Kirche. Ihre Liebe zu Maria kommt sogar in ihren Handarbeiten zum Ausdruck: Ein schönes Altartuch mit der Darstellung Mariens als der PATRONA BAVARIAE ist noch erhalten.

Die Selige hat auch ihren hl. Schutzengel, den sie immer rechts von ihrem Bett stehen sah, ebenso verehrt wie die Heiligen, Seligen und die Diener bzw. die Dienerinnen Gottes.

Der entscheidende Durchbruch in der religiösen Geschichte bzw. Spiritualität Annas ereignete sich im Jahre 1910, neun Jahre nach ihrem Unfall. Für diese Zeit geben drei Ereignisse Aufschluss:

Am Portiunkulafest, dem ersten Sonntag im August 1910, wurde sie in den Dritten Orden des hl. Franziskus aufgenommen. Pfarrer Rieger oder die Franziskaner von Ingolstadt, die ja zuweilen in Mindelstetten aushalfen, vor allem an großen Beichttagen, haben sie vermutlich dazu bewogen. Sie erhielt als Ordensnamen den der hl. Maria Kreszentia Höß von Kaufbeuren[7], jener großen bayerisch-schwäbischen Mystikerin, die zehn Jahre vorher, am 7. Oktober 1900, seliggesprochen wurde und mit ihrem Taufnamen „Anna" hieß. Sie durfte ebenfalls in ihrem Leben viele psychische und physische Leiden heroisch ertragen. Neun Jahre später ließ Anna am selben Festtag 1919 ihr Ordenskleid weihen und äußerte den Wunsch, man möge sie nach ihrem Tode damit bekleiden und begraben.[8]

Die beiden weiteren Ereignisse beinhalten entscheidende Visionen. Anna berichtet darüber: „Am 17. September 1910 träumte mir, ich sah den hl. Vater Franziskus und er ließ mir seine Wundmale sehen und sagte mir: ‚Kind an diesen Malen darfst du noch vieles leiden.' Ich verstand aber nicht, was der hl. Franziskus meinte, und getraute mir auch gar nicht daran zu denken, jenes hl. Leiden mitleiden zu dürfen; dafür hielt ich mich arme große Sünderin gänzlich für unwürdig."[9] Ob diese Gesinnung blieb oder ob sie in den folgenden Tagen ähnlich wie Franziskus vor der Stigmatisation gebetet hat, entzieht sich unserer Kenntnis. Wir wissen, dass der Heilige damals gebetet hat: „Zwei Gnaden, bitte ich, wollest Du mir geben, bevor ich sterbe; dass ich zu Lebzeiten in meiner Seele und in meinem Körper, wenn es möglich ist, jenen Schmerz erleide, den du, o süßer Jesus, in der Stunde Deiner bitteren Passion erduldet hast; […] dass ich in meinem Herzen, wenn es möglich ist,

7 Maria Kreszentia Höß OFM (20.10.1682 Kaufbeuren – Kaufbeuren 05.04.1744) wurde am 07.10.1900 durch Papst Leo XIII. in Rom selig- und von Papst Johannes Paul II. am 25.11.2001 heiliggesprochen. Ein bezeichnendes Wort von ihr: „Es gibt eigentlich kein Kreuz, als wenn man ohne Kreuz lebt!" Diese Aussage der Heiligen ist für viele Gläubige, die ebenfalls viel zu leiden und zu dulden haben, zum Leitspruch und zum Trost geworden. Schwaiger, Georg, Bavaria Sancta. Zeugen christlichen Glaubens in Bayern. Bd. II, Regensburg 1971, S. 243–282.

8 BKR III. Abt. CAS K. 10: 12.08.1919 Mindelstetten: AS an Anna Bortenhauser, Pilsting. – Ritter a. a.O. S. 20 u. 187.

9 BKR III. Abt. CAS K. 12a: Träume von 1898–1919 (abgeschlossen am 02.09.1919) mit Widmung: „Für meine innigliebende teure Ehrw. Frau Oberin im Krankenhaus zu Kösching."

jene unermessliche Liebe empfinde, von der Du, Sohn Gottes, entbrannt warst, um solche Leiden für uns Sünder auf Dich zu nehmen."[10]

Wenige Wochen später hatte Anna eine weitere Vision. Sie schreibt: „ Am 4. Oktober 1910 am Feste des hl. Franziskus hielt ich nachts die hl. Stunde, wie ich sie täglich halte (dies und alle anderen Gebetsstunden halte ich stets im Geiste vor dem hlgst. Sakramente). Als ich nun einige Zeit betete, da umgab mich auf einmal ein wunderbares Licht, welches meinen ganzen Geist und Körper durchdrang und ich sah den lb. Heiland in diesem Lichtmeer und er sagte zu mir: Dich habe ich angenommen zur Sühne meines hlgst. Sakramentes und bei der hl. Kommunion morgens sollst Du fortan jene Schmerzen von meiner Passion verspüren, womit ich Dich armseliges Nichts erlöset habe. Leide, opfere und sühne in stiller Verborgenheit. Dann verschwand der lb. Heiland. Ich zitterte am ganzen Leib und weinte nun viel ob meiner vielen Sünden und bat den lb. Heiland, er möge mir armen Sünderin gnädig und barmherzig sein. Es war nun 1 Uhr nachts. Ich konnte nicht schlafen und bereitete mich auf die hl. Kommunion vor, die ich an demselben Morgen empfangen durfte. Als mir nun morgens der Hochw. H. Pfarrer die hl. Kommunion brachte und er vor derselben die Gebete betete ‚Domine non sum dignus [...]' da beim 3. Gebet sah ich von der hl. Hostie fünf Feuerstrahlen ausgehen, die wie ein Blitz in meine Hände, Füße und ins Herz gingen und ein unaussprechlicher Schmerz sogleich an den genannten Teilen anfing. Als ich nun die hl. Kommunion empfangen hatte, spürte ich im Innern solche Feuersglut, dass ich glaubte, ich müsste verbrennen. Mein Gott sei mir armen Sünderin gnädig [...]! Durfte dieses Leiden nun seit dem 4. Oktober 1910 ohne Unterbrechung mitleiden und habe stets die heftigsten Schmerzen an den Vorderfüßen, Händen, Herz und Kopf. Oft wenn ich schreibe, sticke, oder was ich halt mit den Händen arbeiten kann, da ist mir schon oftmals die Stricknadel oder Federhalter u.s.w. aus der Hand gefallen ob der großen Schmerzen wegen. Ich opferte dann dem lb. Heiland mit einem stillen Seufzer alles Schwere und leidvolle mit Dank und Liebe auf. O mein teurer Jesus, lass mich auch ferner verborgen leiden, solange es Dein hlgst. Wille ist. Du weißt es o Papa, ich habe keinen Wunsch für diese Welt. Ich wünsche mir nicht Gold, nicht Reichtum, nicht Ehren, nicht dieses oder jenes, ich wünsche mir nur Deine Gnade und Liebe und ich bin reich genug und verlange nur nach Dir, nach Dir allein. Schicke mir Verdemütigungen soviel Du willst von allen Menschen, nur um das eine bitte ich aus dem innersten Herzensgrunde: Lass und schenke mir stets die hl. Kommunion, Dich, Dich allein [...]! Keine Zerstreuung und gar nichts soll mich von Deiner Gegenwart o mein Jesus trennen. Du bist in mir und ich in Dir. Ich will ganz ein Opfer der Liebe sein.

An manchen Tagen ist das Leiden an Händen, Füßen u.s.w. sehr vermehrt, besonders an den Donnerstagen und Freitagen und an den Sonn- und Festtagen.

10 Vgl. O. V., Die Blümlein des hl. Franziskus von Assisi, München 1919, S. 157.

Schon immer einige Tage zur Vorbereitung auf die hohen Festtage ist das Leiden sehr vermehrt. Mein Gott ich danke Dir! Mein Gott ich liebe Dich. Einigemale sah ich an meinen Händen und Füßen blaurote Flecken an den Stellen, wo sie mir immer so weh tun. Ich bat den lb. Heiland bei der Kommunion immer soviel, dass man die blauroten Flecken nicht mehr sehen möchte, dafür dürften die Schmerzen größer sein als sonst. Und von da an sah ich auch keine solchen Flecken mehr an den genannten Stellen. O mein Gott, wie glücklich bin ich diese unaussprechlichen Schmerzen verborgen leiden zu können. Mein Gott, ich danke Dir für jeden Schmerz! Vor jedem kleinen Kinde, o mein Gott, verdemütige mich arme Sünderin [...]! O wie glücklich ist man, wenn man im Tale der Demut und Selbstverleugnung verborgen leben und leiden darf; wie frei ist man da von irdischen Gedanken u.s.w. Oftmals darf ich den lb. Heiland, die lb. Mutter Gottes und den hl. Schutzengel sehen und empfange großen Trost in allen Leiden und Widerwärtigkeiten. Oftmals sehe ich den lb. Heiland bei und nach der hl. Kommunion [...] o jene hl. Augenblicke sind mein Himmel auf Erden in der innigen Vereinigung mit Jesus! O Papa, wie gerne leide ich alles! O wie dankbar bin ich Dir o lbst. Heiland, dass Du mir auch in allen Kreuz und Leiden einen so gütigen Führer und Tröster in unserem Hochw. H. Pfarrer geschenkt hast. O schenke ihm stets die Gesundheit und schenke mir seine Krankheiten, die Du für ihn vielleicht gezeichnet hast. Ich will gern für ihn krank sein und leiden, weil er mir so oft die hl. Kommunion bringt.

Im Juni 1913 sagte der Arzt, wie er ja schon öfter sagte: die beiden Füße abnehmen! Wegen der Füße abzunehmen war es mir innerlich nicht schwer, sondern nur eins war mir darüber schwer, dass ich nämlich an den Vorderfüßen dann den Schmerz nicht mehr verspüren dürfte, den mir der lb. Heiland von seinem hl. Leiden geschenkt hat. Ich bat den lb. Heiland Tag und Nacht, er möchte es so fügen, wie es für mich arme Sünderin am besten ist. Ein paar Tage darauf sah ich den lb. Heiland nach der hl. Kommunion und ich sagte es Ihm, was mich so sehr bedrückte. Der lb. Jesus sagte: ‚Keine menschliche Weisheit (er meinte damit die Ärzte) wird es je begreifen, dass ich Dich als Sühneopfer auserkoren habe.'"

Geschrieben am 20. Oktober 1918 M.J.B. [mein Jesus Barmherzigkeit].[11]

Es ist mit Sicherheit anzunehmen, dass die Selige, die ja stets ihre Stigmatisation zu verbergen wusste und diese auch kaum äußerlich sichtbar war, erst auf den ausdrücklichen Wunsch ihres Seelenführers, Pfarrer Karl Rieger, hin, die Vision schriftlich niedergelegt hat. Anna machte selbst in ihrem Traumheft davon keine Erwähnung, vermutlich deshalb, weil sie im Gehorsam gegenüber dem Heiland nur in völliger Verborgenheit an den Wundmalen leiden wollte.

11 BKR III. Abt. CAS K. 9: Eigenhändige Niederschrift AS.

Durch die Ereignisse im Jahre 1910 wuchs nun in Anna zunehmend das Bewusstsein, Sühneopfer für Christus, besonders für die Ihm und seiner heiligen Kirche zugefügten Schmähungen, für die Bekehrung der Sünder und die Armen Seelen zu sein. Sie nahm diese besondere Berufung nicht nur willentlich, sondern freudig an. Sie kannte nun eindeutig ihre Lebensaufgabe, die ihr Gott gestellt hatte, öffnete sich nun den Mitmenschen, besonders den Leidtragenden, aber auch den Jugendlichen und Kindern ihres Heimatdorfes und dessen Umgebung.

Annas Verehrung der Heiligen, Seligen und Diener Gottes

Für die weitere Entwicklung der Spiritualität Annas dürfte ihr erwachendes Interesse für die „Heiligen der Kirche" von Bedeutung sein. Sie erblickte in ihnen Vorbilder, denen nachzustreben ihr wesentlich erschien. Immer wieder kommt sie in ihrer seit Juni 1913 zunehmenden Korrespondenz auf sie zu sprechen.

An erster Stelle steht Gemma Galgani[12], deren Lebensbeschreibung[13] und deren Briefe[14] sie gelesen hat. Am 28. Juli 1916[15] redete sie im Traum mit ihr, die ihr sechsmal sagte: „Folge mir nach in Kreuz und in Leid [...] in Verachtung und Verlassenheit." Die Selige träumte öfters von ihr[16] und am 31. März 1919[17] führte Gemma sie im „Traum" nach Lucca, wo sie ihr einen Reliquienschrein zeigte, in dem sie einst verehrt werden wird. Von der Ähnlichkeit der Themen in der Spiritualität beider Frauen, aber auch über ihre Verschiedenheit wird später noch die Rede sein.

Zum Jahreswechsel schrieb Anna am 28. Dezember 1916 an die Oberin des Krankenhauses in Kösching, Sr. M. Mansueta, mit der sie seit ihrem schweren Unfall 1901 in Verbindung stand, einen Brief, in dem sie auch über Therese von

12 Die italienische Mystikerin Gemma Galgani (12.03.1878 Camigliano – Lucca 11.04.1903) ist in ähnlicher Weise wie Anna Schäffer in die Kirchengeschichte eingegangen, doch in umgekehrter Reihenfolge. Nach schweren Schicksalsschlägen und Krankheiten wurde sie geheilt und arbeitete fortan als Dienstmädchen. Sie trug die Wundmale des Herrn, die aber nur jeden Donnerstag sichtbar wurden und große Schmerzen verursachten. Sie versuchte aber die Stigmen zu verbergen und ein Leben in Verborgenheit zu führen. In der Passionistenkirche in Lucca beigesetzt, hat sie Papst Pius XII. am 14. Mai 1933 selig- und am 2. Mai 1940 in Rom heiliggesprochen. – Vgl. Schauber, Vera/Schindler, Hans Michael, Heilige und Namenspatrone im Jahreslauf, Augsburg 1992, S. 150.

13 BKR III. Abt. CAS K. 9: 16.06.1913 Mindelstetten: AS an Anna Bortenhauser, Pilsting/Nby. – Vgl. Lama, Friedrich Ritter v., Anna Schäffer von Mindelstetten. Eine unbekannte Stigmatisierte aus unserer Zeit, Innsbruck 1930, S. 78 – Ritter a. a. O. S. 55, Nr. 2.

14 BKR III. Abt. CAS K. 9: 02.03.1916 Mindelstetten: AS an Anna Bortenhauser, Pilsting/Nby. – Vgl. San Stanislao, Germano di, Leben der Jungfrau und Dienerin Gottes Gemma Galgani, übers. v. P. Leo Schlegel, Saarlouis 1912.

15 BKR III. Abt. CAS K. 9: 28.07.1916 Mindelstetten: AS an Anna Bortenhauser, Pilsting/Nby. – Ritter a. a. O. S. 68, Nr. 12.

16 BKR III. Abt. CAS K. 9: 17.02.1917 Mindelstetten: AS an Oberin Sr. Mansueta, Kösching/Obby. – Ritter a. a. O. S. 87, Nr. 24.

17 BKR III. Abt. CAS K. 12a: Träume von Juni 1898–1923, S. 34.

Lisieux[17a] berichtet und mehrere Bildchen mit dem Gebet um Seligsprechung der ehrwürdigen Dienerin Gottes beifügte.

Auf ganz eigene Art war sie mit der „kleinen" Therese vom Kinde Jesu bekannt geworden. Sie schrieb darüber an die Köschinger Oberin, aber auch in einigen anderen Briefen, wie folgt: „[...] Und noch was Schönes weiß ich, nämlich wieder von einer neuen Ehrw. Dienerin Gottes, Schwester Theresia vom Kinde Jesu, Karmelitin in Lisieux in Frankreich, welche im Alter von 24 Jahren am 30. September 1897 im Ruf der Heiligkeit gestorben ist. Haben Sie, Ehrw. Frau Oberin, noch nichts von dieser lieben Heiligen gehört? Denken Sie sich nur, wie ich's erfuhr: Ich hatte ja überhaupt noch niemals etwas gehört von Schwester Theresia vom Kinde Jesu, nicht einmal ihren Namen. Und da hatte ich im August, vor dem Fest Maria Himmelfahrt einen Traum. Ich sah vor meinem Bett eine Klosterschwester stehen, die mich im Leiden tröstete und vieles zu mir sagte. Dann nahm sie mich bei der Hand und sagte: ‚Liebes Kind, übe Dich nur ganz besonders in der Tugend des Starkmuts, denn diese Tugend ist im Leiden sehr vonnöten. Ich habe nicht länger Zeit', sprach sie dann, ‚ich muss auch noch in den Pfarrhof hinüber.' Und mit lächelndem Angesicht verließ sie mich. Ich sah ihr dann auch im Traume von meinem Fenster aus nach und sah sie in den Pfarrhof hineingehen. Sie hatte ein braunes Ordenskleid an und einen weißen Mantel und ihr Angesicht glänzte und strahlte so, dass alles im Zimmer hell war. Ich erwachte dann und dachte mir, eine Klosterfrau mit einer solchen Kleidung habe ich noch nie gesehen. Es nahte dann die Zeit heran zur Vorbereitung auf die hl. Kommunion und ich dachte nicht mehr an den Traum. Aber danach brachte mir ein kleines Mädchen zwei Bildchen von Frl. Elis [die Nichte von Pfarrer Rieger und seine Haushälterin. Anm. d. Verf.] und legte mir diese auf das Bett. Ich war nicht wenig erschrocken, als ich auf den Bildern genau die Klosterfrau erblickte, von der ich geträumt hatte. Ich wusste dann auch, dass es eine Karmelitin war, weil es auf den Bildchen stand. Ich hatte ja noch nie in meinem Leben eine Karmelitin gesehen. Ich gewann dann Schwester Theresia so lieb, dass ich sie seit dieser Zeit täglich verehre."[18]

17a Die französische Karmelitin und Mystikerin Therese Martin von Lisieux (02.01.1873 Alecon – Lisieux 30.09.1897), die den sogenannten „kleinen Weg" zur Vollkommenheit aufgezeigt hat, ist durch ihre große Eucharistie-Frömmigkeit und ihre Opferbereitschaft für die Sünder bekannt geworden. Sie durfte z. B. mit Sondergenehmigung schon damals täglich die hl. Kommunion empfangen und ertrug alle inneren und äußeren Leiden zur Sühne für die Mitmenschen. Papst Pius XI. hat sie am 29.04.1923 selig- und am 17.05.1925 heiliggesprochen. Er ernannte sie 1927 zur Patronin der Weltmission. Seit 1944 wird sie als zweite Patronin Frankreichs verehrt. – Vgl. Schauber/Schindler a. a. O. S. 510f. – Vgl. auch Treiber, Adolfine Th., Anna Schäffer förderte die Verehrung der hl. Therese von Lisieux, in: „AS-Brief" Nr. 24, Dezember 1993, S. 19f.

18 BKR III. Abt. CAS K. 9: 18.11.1916 Mindelstetten: AS an Anna Bortenhauser, Pilsting/Ndby. – 28.12.1916 Mindelstetten: AS an Oberin Sr. Mansueta, Kösching/Obby. – 07.03.1917 Mindelstetten: AS an Sr. M. Tatona, Pirmasens/Pfalz. – Ritter a. a. O. S. 75, Nr. 17; S. 80, Nr. 20; S. 89, Nr. 25.

Beglückt von ihrer neuen Entdeckung ließ sie sich die Selbstbiographie der Heiligen, „Geschichte einer Seele", besorgen und dürfte sie mit Begeisterung gelesen haben.[19] Anna träumte noch öfter von dieser „Heiligen des kleinen Weges" und hielt eine Novene zu ihr für die Schwestern im Krankenhaus zu Kösching, die sie so lange nach dem Unfall 1901 gepflegt hatten.[20] Sie widmete Therese von Lisieux auch ein langes Gedicht.[21]

In ihren nun immer zahlreicher werdenden Briefen berichtet sie immer wieder über Visionen, in denen sie andere fromme, noch nicht selig- oder heiliggesprochenen Personen gesehen habe. So von Anna Taigi[22], zu der sie Gabriel Possenti[23] geführt und der sie so viele Gnaden zu verdanken habe. Sie erwähnt ferner ihre Leidensgenossin Therese Mauser von Nittenau[24], Maria Anna von Paredes[25], Sr. Benigna Consolata Ferrero[26] und Maria Anna Lindmayr von München[27].

19 BKR III. Abt. CAS K. 9: 17.02.1917 Mindelstetten: AS an Oberin Mansueta, Kösching/Obby.

20 BKR III. Abt. CAS K. 10: 27.01.1918 Mindelstetten: AS an Anna Bortenhauser, Pilsting/Nby. – Ritter a. a. O. S. 128, Nr. 42.

21 BKR III. Abt. CAS K. 12a: ca. 1917 entstanden: Gebete und Gedichte S. 66.

22 BKR III. Abt. CAS K. 9: 19.03.1917 Mindelstetten: AS an Anna Bortenhauser, Pilsting/Nby. – Die italienische Mystikerin Anna Maria Taigi (29.05.1769 Siena – Rom 09.06.1837), die als vorbildliche Ehefrau und Mutter in großer Armut sieben Kinder aufgezogen hat, erlebte fast ein halbes Jahrhundert lang mystische Begnadigungen, Ekstasen und Erleuchtungen, wobei sie Ereignisse mit klarer Deutlichkeit erkennen konnte. Im Eröffnungsdekret des Seligsprechungsprozesses für sie heißt es: „In A. M. Taigi hat Gott zu seiner Zeit, in der sich menschlicher Hochmut mit den Mächten der Hölle [...] verschworen zu haben schien, dem tobenden Meer der Gottlosigkeit einen Damm entgegengesetzt." Sie wurde am 30.05.1920 durch Papst Benedikt XV. seliggesprochen. – Vgl. Schauber/Schindler a. a. O. S. 283. – Ritter a. a. O. S. 23.

23 Gabriel Francesco Possenti (01.03.1838 Assisi – Isola del Gran Sasso 27.02.1862), ein den Freuden der Welt ergebener italienischer Jüngling, trat nach Bekehrung durch die Gottesmutter in den Passionistenorden ein. Er empfing die niederen Weihen, da er Priester werden sollte. Doch ein schweres körperliches Leiden, das er mit außergewöhnlicher Demut ertragen hat, und in tiefer Verehrung für die schmerzhafte Gottesmutter starb er völlig ausgezehrt. Possenti wurde von Papst Benedikt XV. am 31.05.1908 selig- und am 13.05.1920 heiliggesprochen. – Vgl. Schauber/Schindler a. a. O. S. 82. – Ritter a. a. O. S. 23.

24 Maria Therese Mauser (13.08.1831 Nittenau/Opf. – Nittenau 07.06.1917), Tochter einer kinderreichen Tuchmacherfamilie, wollte ursprünglich ins Kloster gehen. Um sich die notwendige Mitgift zu verdienen, diente sie in Regensburg. Am 23.03.1856 wurde sie Mitglied des 3. Ordens des hl. Franziskus. Auf Wunsche ihres geistlichen Bruders kehrte sie nach Nittenau zurück, um hier ihren schwerkranken Bruder zu betreuen. Durch ein chronisches Rückenmarksleiden völlig gelähmt, nachdem sie am 20.07.1877 in der Kirche zusammengebrochen war, konnte sie das Bett nicht mehr verlassen und wurde ein Pflegefall, bis sie am Fronleichnamstag 1917 von Gott heimberufen wurde. Sie ertrug ihr Leiden in ähnlicher Gottergebenheit und Frömmigkeit wie Anna Schäffer. – Vgl. Rothbauer, Johann Baptist, Mauser Therese. Das Lebensbild einer edlen Dulderin, Regensburg 1922 – Weigl, Alfons Maria, Geheimnis einer Liebe. Leben und Leiden der heiligmäßigen Dulderin Theres Mauser in Nittenau, Altötting 1967 – Ritter a. a. O. S. 24.

25 Die Franziskaner-Tertiarin und Mystikerin Maria Anna von Jesus aus Ecuador – ihr Mädchenname lautet Mariana de Paredes y Flores (31.10.1618 Quito – Quito 26.05.1645), die aufgrund ihrer unzähligen Werke der Nächstenliebe „Lilie von Quito" genannt wird, hat bei einer Pestepidemie in ihrer Heimatstadt Gott ihr Leben für die Errettung ihrer Mitmenschen angeboten. Ihr Opfer wurde von Gott angenommen und sie starb erst 26-jährig. Ihre Seligsprechung

Es handelt sich dabei stets um große Opferseelen, die vor allem die hl. Eucharistie verehrt und für die Sünder und die Armen Seelen gesühnt und geopfert haben.

Angeregt durch Priester, die Anna besucht haben, vor allem aber durch ihren Seelenführer, Pfarrer Rieger, vielleicht auch durch dessen belesene Haushälterin Elisabeth Imlauer, griff sie nun zu einfacher geistlicher Literatur, zu Zeitschriften, und gewann aus dem Lesen manche Anregung für ihr geistliches Leben, aber ebenso für ihre zahlreichen Gedichte.

Eucharistie als Kraftquelle

Die Mitte der Spiritualität Annas bildete zeitlebens die hl. Kommunion, das hl. Messopfer, an dem sie freilich von 1901 bis zu ihrem Heimgang nur ganz selten teilnehmen konnte, die Anbetung des Allerheiligsten in ihrer Pfarrkirche, wohin sie sich im Geiste täglich versetzte, der Sühnegedanke, der getragen wurde von dem liebevollen Mitleiden mit dem gekreuzigten Heiland und nicht zuletzt die Sorge um das Heil der unsterblichen Seelen. Seit dem Kommuniondekret Papst Pius X. brachte ihr Pfarrer Rieger, es ist anzunehmen ab Januar 1906, alle Tage den eucharistischen Heiland in die Krankenstube, es sei denn, berufliche Abwesenheit hinderte ihn daran.

Bereits das Konzil von Trient hatte in klarer Erkenntnis des unaussprechlichen Gnadenreichtums, der den Gläubigen aus dem Empfang der hl. Kommunion erwächst, vorausgesetzt der Empfänger ist im Stand der heiligmachenden Gnade, also ohne Todsünde, den Wunsch ausgesprochen, so oft Christen dem hl. Messopfer beiwohnen, sie nicht nur geistlich, sondern auch sakramental kommunizieren sollen

erfolgte am 20.11.1853 durch Papst Pius IX. und ihre Heiligsprechung am 09.07.1950 durch Papst Pius XII. – Vgl. Schauber/Schindler a. a. O. S. 252 – Ritter a. a. O. S. 24.

26 Die italienische Mystikerin Sr. Benigna Consolata Ferrero (06.08.1885 Turin – Como 01.09.1916) entstammte einer sehr religiösen Familie. Nach intensiver Beschäftigung mit klassischen Studien trat sie in den Orden der Heimsuchung Mariens (Salesianerinnen) ein und legte am 23.11.1909 Profess ab. Außerordentlich begnadet und beeinflusst von Therese von Lisieux suchte sie eine vertiefte Vereinigung mit Christus. Ihr geistliches Tagebuch ab 1902 mit herausragenden Betrachtungen legt davon Zeugnis ab. Sie fühlte sich als Vertraute des göttlichen Herzens Jesu und starb in jungen Jahren im Ruf der Heiligkeit. Der Seligsprechungsprozess für sie wurde am 01.12.1925 eingeleitet. – Vgl. Bibliotheca Sanctorum. Prima appendice. Roma 1987, S. 486f. – Ritter a. a. O. S. 24.

27 Die oberbayerische Karmelitin Maria Anna Josepha a Jesu Lindmayr (24.09.1657 München – München 09.12.1726), die sich ganz dem Gebet und stellvertretenden Leiden für die Ehre Gottes und das Heil der unsterblichen Seelen gewidmet hatte, ist die Gründerin des Karmelitinnenklosters und der schönen Dreifaltigkeitskirche in München, wohin sie sich zurückzog. Der Seligsprechungsprozess, vom Fürstbischof von Freising, Johann Franz Eckher, gleich nach ihrem Heimgang eingeleitet, kam mit seinem Tode 1727 zum Erliegen. Er wurde bald darauf wieder aufgenommen, musste aber 1734 infolge Geldmangels des Klosters aufgegeben werden. Von bayerischen Laien hochverehrt, auch heute noch, ist die Wiederaufnahme des Verfahrens zu begrüßen. – Vgl. Schwaiger a. a. O. II. Bd., S. 226–241.

(Sessio XXII, cap. 6).[28] Nach erheblichen Schwierigkeiten, vor allem durch den Jansenismus und Kontroversen über erforderte Vorbedingungen, beseitigte Papst Pius X. (1903–1914) durch das Dekret „Sancta Tridentina Synodus“ vom 10.12.1905 alle Hindernisse. Dadurch wurde der tägliche Kommunionempfang für die Gläubigen gestattet.

Die ständige Gegenwart Jesu Christi in ihrem Herzen bedeutete für sie Leben und Leiden, kurzum alles, die einzige und höchste Freude, die sie nicht in Worte zu fassen vermochte. Durch den täglichen Empfang der hl. Kommunion schöpfte sie die Kraft für die dauernde Leidensbereitschaft und ihre katholische Grundhaltung.

Sie zählte seit 04.02.1902, wie oft sie die hl. Eucharistie empfangen durfte, und sie konnte ihrem getreuen Seelenführer zu dessen Jubiläum „25 Jahre Pfarrer von Mindelstetten“ am 16.10.1922 nicht genug danken, dass er ihr in ihrer Krankheit nun schon 2.341 Mal die hl. Kommunion gereicht hatte.[29]

Oft wenn sie nachts und auch am Morgen noch so elend und krank war, dass man annehmen musste, sie könne unmöglich kommunizieren, so geschah es jedes Mal wie ein Wunder: Eine Stunde vor dem Empfang der hl. Kommunion befand sie sich körperlich wie geistig fähig, sich gut vorbereiten zu können. Dieser Besserungszustand hielt auch nachher noch eine Stunde an, so dass es ihr möglich gewesen ist, ungestört ihre Danksagung zu machen. Freilich, dann setzten ihre Schmerzen wieder ein. Immer wieder, in Gesprächen und Briefen, hob sie hervor, dass dies die reichsten und schönsten Stunden ihres ganzen Lebens wären, und sie vergaß nie, Gott zu danken, dass es ihr stets gelang, diese Stunden in Wachheit und geistiger Klarheit durchzuhalten, auch wenn sie vorher und nachher von heftigen Schmerzen geplagt wurde.

Nur selten benützte die Selige zur Vorbereitung vor und zur Danksagung nach dem Empfang ein Gebetbuch. „O wie vieles habe ich dem lb. Heiland zu sagen, bzw. ihm zu danken für seine große Liebe zu mir armen Sünderin. O wie glücklich bin ich da jedes Mal nach der hl. Kommunion!“ schreibt sie in ihren „Gedanken und Erinnerungen“.[30] Das Gebetbuch würde sich nicht so sehr wie die eigene Herzenssprache eignen. „Ich habe mir schon oft gedacht“, fährt sie fort, „wenn ich nach der hl. Kommunion bis zum Abend ganz ungestört allein sein könnte, um immer wieder mit dem lb. Heiland zu reden, so käme es mir dennoch vor wie ein kleiner Augenblick. Ach, die Glut, die mich erfüllt und mein ganzes Innere durchdringt, möchte ich in Worte ergießen [...] und doch ist es mir nicht vergönnt, zu schildern, wie es ist, denn nur mit dem Herzen kann ich davon sprechen. Ach, möchte ich davon erzählen, was ich in jenen Augenblicken fühle und wie es mir im Herzen ist,

28 LThK¹ VI, Sp. 106. – LThK² VI, Sp. 411.

29 BKR III. Abt. CAS K. 12: 16.10.1922 Mindelstetten: AS an Pfarrer Rieger. – Ritter a. a. O. S. 328.

30 BKR III. Abt. CAS K. 12: „Gedanken und Erinnerungen“; Aufzeichnungen von AS.

dann möchte ich verstummen, ob des Übermaßes meiner seligsten Empfindungen. O Sakrament, ach dass ich könnt, Dich wie ich möchte empfangen! O süßer Gott, in meinem Tod erfülle mein Verlangen! O liebster Jesus, zieh' mich zu Dir durch den Glanz Deiner Schönheit und Deiner unendlichen Liebe, die Du in der hl. Hostie offenbarst! O wie freue ich mich, wenn einmal die Tage des Leidens voll sind, um ewig zu Jesus zu gehen! Nur in Liebe mit Gott verbunden wird der wahre Trost gefunden! O liebster Jesus, ich danke Dir für alle mir erwiesenen Wohltaten. Vermehr nach Deinem hl. Willen meine Leiden, auf dass ich bald zu Deiner beseligenden Anschauung gelange. Das harte Kreuz und Leiden sind meine Zier und Freuden [...] Es gibt nach der hl. Kommunion so zarte heilige Augenblicke, die, wenn sie der Luft ausgesetzt würden, sogleich ihren Glanz verlören [...] Wenn man täglich in der hl. Kommunion mit Jesus vereint ist, dann ist ja das Kranksein nicht hart. Und wenn sich Berge von Leiden über mir auftürmen, so vertraue ich auf das Hlgst. Herz Jesu und halte mich immer in steter Gebetssammlung, dass wenn ich gerade mit jemanden etwas zu reden habe, ich dennoch an Jesus denke und mich seiner Gegenwart erinnere in Liebe, Dank und Sühne."

„Auch untertags und bei Nacht weilen meine Gedanken unzertrennlich bei Ihm, den ich liebe und der auch oft am Tage und bei Nacht beim Empfang der hl. Kommunion mein Herz mit sich fortnimmt. Und oft nach einer Stunde fällt es mir erst wieder ein, dass ich noch auf dieser armseligen Welt bin. Wie gern möchte ich doch ein Martyrium erdulden, einzig darum, dass der lb. Jesus im hl. Sakramente mehr erkannt und geliebt werde und dass recht viele Seelen im Verlangen nach dem höchsten Gut entbrennen. Ich habe auf Erden keinen anderen Wunsch mehr, als in den Flammen Deines hlgst. Herzens verzehrt zu werden. Der Welt möchte ich ganz und gar tot sein [...] Es lebe Jesus in der hl. Kommunion! Zwei Bitten, die mir sehr nottun, lege ich dem lb. Jesus nach der hl. Kommunion an sein hlgst. Herz und bitte ihn darum recht innig um seine Liebe und Gnade. Erstens, Er möge meine noch ungesühnten Sünden und Sündenstrafen tilgen, damit ich frei von allem Druck geistiger Schulden mit frohem Herzen den Weg der göttlichen Gebote gehe und mir Schätze für das ewige Leben sammeln kann. Zweitens, Jesus möge mir die Gnade schenken, Kraft dieser himmlischen Speise nie mehr eine klar überlegte Sünde zu begehen und die Zahl der unüberlegten Fehler und Unvollkommenheiten zu mindern und von Tag zu Tag auszurotten."[31]

Einige wenige Sätze, die Anna in ihrem Brief vom 19.03.1917 an ihre langjährige Freundin Anna Bortenhauser gerichtet hatte, lassen tief in ihr Herz blicken und machen ihre eucharistische Frömmigkeit deutlich. In der hl. Kommunion lag ja die Quelle jener Kraft, die sie befähigte, ihre schweren Leiden so opferwillig und geduldig zu ertragen. Sie schreibt: „[...] Mir lb. Anna geht's auch immer gut! Und geht mir auch nichts ab, nur der ‚Himmel' und selbst diesen Vorgenuss darf ich nicht selten empfin-

31 Lama a. a. O. S. 134–136.

den und dieser ist: ‚Wenn der lb. Jesus in der hl. Kommunion in mein armes Herz einkehrt'. Könnte meine sterbliche Hand jene Sehnsuchtsglut empfinden, die ich in meinem armen Herzen oft verspüre nach der hl. Kommunion, so wären doch meine Blätter versengt und unlesbar, wenn ich in jenen Augenblicken schreiben würde."[32]

Jahrelang, als die tägliche Kommunion noch nicht gestattet war, pflegte sie jeden Morgen wenigstens die geistliche Kommunion zu empfangen. Diese Übung hat sie dann ständig beibehalten und sie wurde ihr zur „viertelstündigen Seelennahrung". „Es ist mir da jedes Mal, das Herz verliert sich in Gott meinem Heilande! [...] Durch recht oftmaligen Empfang der hl. Geistl. Kommunion wird die Seele stark und verlieren sich alle großen Seelenschwächen, so dass man stets gesammelt bleiben kann in der Arbeit und überall. Komm' o Jesus, und sättige meine arme Seele."[33]

Gott gewährt manchen auserwählten Seelen, die sich dessen durch ihre völlige Willenshingabe nach schwersten Prüfungen würdig erwiesen haben, bereits im voraus einen Teil dessen, was eines jeden Menschen höchste und letzte Bestimmung ist: Die Vereinigung mit Jesus in der Ewigkeit und zwar in einem Maße, dass nur noch von Einssein gesprochen werden kann. Da auch dieses Charisma eine freie Gabe Gottes ist, bestimmt er allein die Art der Vollziehung dieser Vereinigung. Dieses Einswerden mit dem Heiland bedeutet freilich in seiner Folge auch ein Einswerden mit Ihm in seinem Opfer- und Leidensleben, in der innigsten Teilnahme daran, zu der menschliche Kräfte allein allerdings nicht ausreichen.

Am 01.01.1915, morgens um 7.30, trat in das mystische Leben der Seligen ein neues großes Erlebnis ein, von dem wir nur auf einem Papierstreifen mit einer Bleistiftnotiz Kenntnis erhalten: „Am 1. Januar 1915 hatte ich, die unwürdigste und größte Sünderin, ewige Vermählung gefeiert bei der hl. Kommunion."[34] Nirgends findet sich auch nur die geringste Andeutung und diese Verschwiegenheit beweist, wie gewissenhaft und treu sie ihre besondere Aufgabe, in der Verborgenheit zu wirken, ernst genommen hat und sie zu erfüllen gewillt war.

Mit großer Freude berichtete Anna am 05. 06.1917 ihrer Freundin Anna Bortenhauser: „[...] Am Sonntag, den 20. Mai, am Hochfest der Patrona Bavariae, war bei uns am Nachmittag auch eine Prozession, von der Kirche in die Kapelle hinaus, dortselbst war auch eine Ansprache. Gute Seelen haben mich arme Sünderin auch in die Kapelle hinausgetragen und von dort in die Kirche zurück, wo dann mit dem Allerheiligsten der hl. Segen gegeben wurde. Ganz nahe haben sie mich vor dem Tabernakel hingestellt. Was ich in jenem hl. Augenblicke empfand lb. Anna als das Allerheiligste feierlich ausgesetzt war, das könnte ich Dir nicht mit Worten schildern. Von Schmerzen wusste ich in jenen Augenblicken gar nichts. Wie gerne wollte ich dort ewig verbleiben und meine sterblichen Augen für immer verschließen.

32 BKR III. Abt. CAS K. 9: 19.03.1917 Mindelstetten: AS an Anna Bortenhauser, Pilsting/Nby. – Ritter a. a. O. S. 92.

33 BKR III. Abt. CAS K. 12: AS an Lina Karl, Schneeberg bei Winklarn/Opf. – Ritter a. a. O. S. 348.

34 Lama a. a. O. S. 91.

Konnte im Ganzen 1 ½ Stunden aushalten. Hlgst. Herz Jesu und Mariä, ich danke Euch heute noch recht viel tausendmal für jenes unaussprechliche Glück!"[35]

Selbst ihre Visionen, die sie stets Träume nannte, hatten immer wieder Kommunion, Messteilnahme und Anbetung zum Inhalt. „Im Traume kann ich oft lange Zeit vor dem heiligsten Sakramente knien und dann kann ich so aus dem Herzensgrund beten, wie ich es wach gar nicht zusammenbringe. Oft kann ich da wunderbar lange Gebete und Anrufungen dem hlgst. Herzen [vorbringen, Anm. d. Verf.] und wenn ich dann wach bin [...] kann ich dem lb. Jesus nur etwas weniges mit meiner Armseligkeit aufopfern", schreibt die Selige.[36]

Am 31.08.1918 wurde Anna mit einem herrlichen eucharistischen Traum beglückt. Sie sah sich „in einer recht großen Kirche vor ausgesetztem Allerheiligsten, vor dem viele Kerzen brannten. Es wurden feierlich die vier Evangelien verlesen, und während des letzten sah ich auf einmal eine unzählbare Menge Engel um das Allerheiligste schweben, darunter zwei große Engel von unbeschreiblicher Schönheit und wundervollem Glanze knieten sich je einer links und rechts vor dem Allerheiligsten nieder mit einer solchen Andacht und Ehrfrucht, dass ich vor Erbauung und Rührung meinte, ich würde ohnmächtig. Auch vor dem Glanze, der vom Allerheiligsten und den Engeln ausströmte, gleich einer großen Licht- und Feuerwolke, ward es immer so, als müsste ich jeden Augenblick vergehen vor Wonne und Glückseligkeit. Und ich sah jenes Gesicht länger als eine Stunde."[37]

Derselbe Traum wiederholte sich, wie viele ihrer Träume. In ähnlicher Weise wurde sie einige Zeit später mit großer Freude durch eine Vision erfüllt. Sie berichtet: „Am 19. Februar 1919 träumte mir, ich durfte zwei schöne Liliensträuße[38] vor das ausgesetzte Allerheiligste tragen und hatte große Freude, den lb. Heiland durch die schönen Blumen ehren zu können. An dem einen Strauß waren fünf aufgeblühte Lilien und an dem anderen fünf Lilienknospen. Und während ich einige Zeit vor dem Allerheiligsten betete, da blühten auch die fünf Knospen auf und ein wunderbarer Lilienduft verbreitete sich um den ganzen Altar."[39]

Mehr als zehnmal träumte die Selige, zuerst am 16.06.1919, und zwar in der Fronleichnamsoktav Folgendes: „[...] Ich hatte ein schönes weißes Kleid an und einen Kranz auf dem Haupte, und wollte so in eine große Kirche hinein gehen um die hl. Kommunion zu empfangen, aber ich war barfuss. Doch ich ging hinein in jene Kirche und da war der mittlere Gang in derselben, so lang, dass ich ihn nicht aussehen konnte und war derselbe mit lauter Dornen bestreut, so dass ich nur mühsam voran kom-

35 BKR III. Abt. CAS K. 9: 05.06.1917 Mindelstetten: AS an Anna Bortenhauser, Pilsting/Nby. – Ritter a. a. O. S. 99.

36 BKR. III. Abt. CAS K. 10: 23.07.1918 Mindelstetten: AS an Anna Bortenhauser, Pilsting/Nby. – Lama a. a. O. S. 163 – Ritter a. a. O. S. 136.

37 Lama a. a. O. S. 164.

38 Die Lilie ist Sinnbild des allerreinsten Herrn und Gottes im hl. Altarssakrament, aber sie ist auch Sinnbild des reinen Herzens, deshalb wird auch der hl. Josef mit einer Lilie dargestellt.

39 Weigl, Alfons Maria, Anna Schäffers geheimnisvolles ‚Traumheft', Altötting 1976, S. 64f.

men konnte. Als ich die Hälfte des Ganges durchschritten habe, ertönte eine so liebliche wunderbare Musik, dass ich es nicht beschreiben könnte. Und in demselben Augenblicke stand auf einmal der lb. Heiland vor mir und lächelte. Der lb. Heiland nahm mich bei der Hand und in einem Moment war ich über alle Dornen hinweg. Er führte mich vor dem Tabernakel hin, wo er dann in unaussprechlichem Glanze verschwand und sogleich hörte auch die himmlische Musik auf. Dann kam ein Priester und ich durfte die hl. Kommunion empfangen." – Da kommt es einen in den Sinn: Der Weg zu Jesus führt über Dornen. Er aber hilft über alle Dornen hinweg zu schreiten."[40]

Der 02.07.1919 hatte einen weiteren eucharistischen Traum zum Gegenstand. Sein Schauplatz war wieder eine Kirche, in der eine zahllose Menge Leute versammelt war, von denen die meisten gebeichtet hatten. Nun kam der Priester und teilte die hl. Kommunion aus. Eine große Schar harrte an der Kommunionbank und alle schienen in tiefer Andacht versunken zu sein. Als der Priester den Tabernakel öffnete, sah Anna auf einmal rechts vom Altar, aber ganz nahe, die Gottesmutter auf einem Thronsessel sitzen und drei Engel stellten je einen Kelch auf ihren Schoß, die Patene jedoch hielten sie fest in der Hand. Als nun der Priester die hl. Kommunion austeilte, begleiteten ihn die Engel von Person zu Person. Bald hielt der eine, dann wieder ein anderer von ihnen die Patene ganz nahe vor den Mund des Kommunizierenden hin. Von Zeit zu Zeit schritten die Engel zu Maria und taten, als leerten sie aus ihren Patenen etwas in die Kelche. Dabei lächelte zunächst Maria, aber öfters schien sie sehr traurig zu sein, ja sie weinte sogar. Da sie so bitterlich weinte, ging Anna zu ihr hin und fragte sie mitleidsvoll, weshalb sie so weine. Darauf erwiderte die Gottesmutter und deutete auf die drei Kelche: „Meine Tränen haben die Bedeutung des Mitleids mit meinem Sohn, weil sein heiliger Leib von so vielen unwürdig empfangen wird." Dann zeigte sie Anna einen der Kelche, der zur Hälfte mit Blut gefüllt war; der zweite enthielt Wasser und sie erklärte der Seligen: „Das Wasser hat die Bedeutung der Lauheit, Gleichgültigkeit und Unandächtigkeit, mit der so viele Menschen die hl. Eucharistie empfangen." Der dritte Kelch aber war mit Gold gefüllt und die Gottesmutter erklärte ihr: „Das Gold bedeutet die reinen Seelen, deren Herz dem blendenden Gold gleich strahlt, wenn der Herr des Himmels und der Erde in ihnen Wohnung nimmt." Von diesem Kelch ging zugleich ein herrlicher Glanz aus.[41]

Dieses visionäre Erlebnis dürfte die Selige sehr erschüttert haben, denn zu allen Zeiten hat der Inhalt des Traumes große Bedeutung. Viele Gläubige gehen, ohne im Stande der heiligmachenden Gnade zu sein, zur hl. Kommunion, weil ihnen das Sündenbewusstsein abhanden gekommen ist. Zugleich ist ihre Ehrfrucht vor dem Allerheiligsten entschwunden, weil sie nicht mehr an die Gegenwart Jesu Christi im Tabernakel glauben.

40 BKR III. Abt. CAS K. 10: 22.07.1919 Mindelstetten: AS an Anna Bortenhauser, Pilsting/Nby. – Ritter a. a. O. S. 184.

41 Lama a. a. O. S. 198 – Weigl, Traumheft a. a. O. S. 64–67.

Geistliches Jahres- und Tagesprogramm

„Deus est ordo – Gott ist die Ordnung!“ Der allmächtige Gott, Herr des Himmels und der Erde, hat nicht nur die Welt nach seinem Willen erschaffen. Er hat auch der Menschheit eine Naturordnung – wir nennen es Naturgesetz – gegeben, das mit den zehn Geboten identisch ist. Dadurch wird das Zusammenleben der einzelnen Menschen in Harmonie ermöglicht, wenn nicht das Böse wie Hass, Krieg und Neid dies verhindert. Wenn von der Befolgung der zehn Gebote willentlich Abstand genommen wird, verstößt der Mensch gegen die göttliche Ordnung und Verwirrung und Chaos sind die Folge. Jeder Mensch, vor allem der Christ, ist dazu gehalten, sein Leben und Denken, soll es sinnvoll sein, in geistlicher Hinsicht nach einer bestimmten Norm auszurichten, um sein wichtigstes Lebensziel, die ewige Seeligkeit in Gott, in der Ewigkeit zu erreichen.

Die selige Anna war gewiss keine Pedantin. Aus ihren hinterlassenen Schriften spricht ein durchwegs echtes, unverbildetes und frei entwickeltes Innenleben. Damit verband sich eine ganz durchsichtige, geordnete Klarheit ihrer Gedankenwelt, die kein zielloses Hin- und Herschwanken unter Gefühlseinwirkungen kannte. Ihr religiöses Leben, das vollkommen in die liturgische Ordnung eingefügt war, vollzog sich ganz auf den Grundlinien des Kirchenjahres. Ihre persönliche Gesinnung fand dazu dann den entsprechend ihrem Vollkommenheitsgrad entwickelten Ausdruck. Davon hat sie in der von ihr verfassten Niederschrift „Gedanken und Erinnerungen“ eine wertvolle Probe hinterlassen. Im Anschluss daran hat sie sich selbst ein Jahresprogramm mit dem Titel „Meine Gedanken und Gesinnungen für die 12 Monate“ gegeben. Es wurde von ihr 1920 niedergeschrieben, wenngleich es sicher schon vorher für jedes Jahr vorgesehen war. Es lautet:

„Januar: Mit Maria, meiner lieben guten Mutter, weihe ich mich dem lieben Jesulein, – in Ihr und mit Ihr vereint mit Ihrem makellosen Herzen will ich ein verborgenes Leben führen!

Februar: Heilige Schmerzensmutter, mit Dir vereint will ich Schmerzen und Berge der Trübsal besteigen und lege Du mich auf den Opferaltar der Sühne, damit ich durch Deine Hilfe dem gekreuzigten Heiland einigen Ersatz leisten kann für die vielen Sünden und Frevel der Gottlosen!

März: Heiligste unbefleckte Jungfrau, mit Dir vereint empfehle ich mich in die Fürbitte Deines heiligen Bräutigams Joseph. Übergebe Du ihm meine arme Seele, dass er mich mit Dir hinführt zum ewigen Ziele – zu Jesus allein!

April: Heilige Schmerzensmutter, führe mich hin auf den Kalvarienberg! Möge Dein Schmerz, möge Deine Abscheu vor der Sünde auf mich übergehen. Lerne mir das Kreuz erkennen, die Todesangst, die Liebe Jesu und unsere Undankbarkeit. Verleihe mir stets brennenden Durst an dem Heil der unsterblichen Seelen zu arbeiten, für sie zu beten und zu leiden und dass ich stets in der Liebe des eucharistischen Herzens meine Tage verbringen kann.

Mai: O heilige Maienkönigin, Dir weihe und schenke ich alle meine Kräfte! Hilf Du mir beten und entferne aus meinem Gedächtnis jeden Gedanken, der nicht mit Jesu und Dir allein in Beziehung steht. Lehre Du mich aus tiefsten Herzensgrunde sprechen: Ich bin eine Magd des Herrn!

Juni: O liebe gute Mutter, schenke und übergebe Du mich selbst dem liebesglühendem Herzen Jesu! Hilf mir mein armes Herz vorbereiten und leihe mir Dein Herz, wenn ich die hl. Kommunion empfange. Hilf mir den lieben Jesus anbeten und danke auch für mich. Verteidige Jesu in meinem Herzen und lasse Ihn in mir leben, zunehmen, handeln und herrschen; breite sein Herz auch in den Herzen der anderen aus und befestige es immer mehr!

Juli: O unbefleckte Lilie der hlgst. Dreifaltigkeit, mit Dir vereint will ich im Geiste all das kostbare Blut aufsammeln das der liebe Jesu auf seinem Marterweg vergossen hat und dasselbe auf den Opferaltar seines hlgst. Herzen zu stellen. Im Geiste will ich auch niederfallen, um das kostbare Blut anzubeten, welches in so vielen unwürdigen Kommunionen genossen und entehrt wird.

August: Heiligstes Herz Mariä, nimm mich unter Deinen Schutzmantel und lehre mich lieben, leiden und sterben, um dereinst an Deiner Seite jenen glorreichen Tag zu sehen, wo ich mit Dir vereint den lieben Jesus anbeten darf von Ewigkeit zu Ewigkeit.

September: Heilige Gottesmutter, geleite Du mich im Verein mit mir dem hl. Schutzengel und den Chören der Engel und seligen Geister stets zum Tabernakel hin zu Jesus, meinem Seelenbräutigam und in Deinem und in der Engel Anbetung vereinige ich meinen schwachen Lobpreis und vereint mit ihnen rufe ich: heilig, heilig, heilig.

Oktober: Heilige Rosenkranzkönigin, Dein bin ich auf ewig ganz und gar. Führe mich vereint mit Dir und dem hl. Vater Franziskus durch dieses Tal der Tränen, dem hl. Franziskus nachfolgend in der Schule des Kreuzes und der Leiden. Möge Deine Reinheit, Deine Treue in uns, o gute Mutter, die kleinsten Unvollkommenheiten austilgen und unsere Liebe nach dem höchsten Gute vermehren.

November: O Schmerzensmutter und Mutter aller leidenden Seelen im Reinigungsorte, erbitte mir wahre Buße und Besserung meines Lebens. Dir übergebe ich mein Herz und hilf mir meinen Vorsatz getreulich zu halten: Keine Sünde mehr!

Dezember: O heilige unbefleckte Empfängnis, lege Du das liebe Jesulein in der hl.

> Kommunion in mein Herz und erbitte mir Beharrlichkeit bis ans Ende. Mein einziges Verlangen ist Jesus und Maria. Schenk die Ehren und die Kronen wem du willst hier auf Erden.

Anna beschloss ihr Jahresprogramm mit folgenden Worten: „Himmlischer Vater, ich übergebe Dir durch die Hände meiner lb. Himmelsmutter so oft den heiligsten Leib und das kostbare Blut Deines göttlichen Sohnes für alle, die heute sterben werden, als von jetzt bis morgen früh heilige Messen auf der ganzen Welt gelesen werden!"

Ebenso hatte sie den Tag in zwölf Sühnestunden vor dem heiligsten Sakrament als tägliche Aufopferung eingeteilt wie folgt:

„1. Himmlischer Vater, ich opfere Dir diese Stunde auf um Ersatz zu leisten für alle Unbilden und Schmach, die dem hlgst. Herzen Jesu zugefügt werden. Ich möchte besonders das hlgst. kostbare Blut anbeten in den einsamen Stunden der Nacht, wo so viele Sünden begangen werden!
2. Um durch Maria, meiner guten Mutter, die Gnade zu erlangen, dass heute wenigstens eine Todsünde verhütet werde!
3. Um Gnade und Barmherzigkeit zu erflehen, ganz besonders für jene Sünder, die dem Abgrund nahe sind und der Gnade am meisten bedürfen. Hlgst. Herz Jesu, schenk mir recht viele Sünderseelen, die sich vor Verzweiflung nicht mehr helfen können, und schenk ihnen eine glückselige Sterbestunde!
4. Um dem eucharistischen Herzen Sühne zu leisten für alle unwürdigen Kommunionen!
5. Um Gnade, Segen und Barmherzigkeit zu erflehen für alle lebenden Priester; um Heilighaltung ihres Berufes, damit sie dem lieben Jesus recht viele Seelen zuführen können!
6. Für alle Priester im Fegfeuer!
7. Für alle Armen Seelen im Fegfeuer!
8. Für diejenigen Wohltäter, welche ich täglich in mein schwaches Gebet eingeschlossen und für welche ich meine Leiden aufgeopfert habe!
9. Für den heiligen Vater und alle Anliegen der Kirche!
10. Für alle Missionäre in den fernen Heidenländern!
11. Für meine Eltern, Geschwister, Freunde und Wohltäter!
12. Um die Gnade einer glückseligen Sterbestunde und den würdigen Empfang des hlgst. Sakraments zu erlangen!

Hochgelobt sei das allerheiligste Sakrament des Altares!“[42]

Diese beiden Programme vermitteln einen Einblick, was die Selige anstrebte, nämlich die Vollkommenheit, und wofür sie lebte und litt. Sie war bemüht, die ganze Größe der Aufgaben, die der Kirche, der Gemeinschaft der Gläubigen, hier auf Erden gestellt sind, zu umfassen. Sie war sich dabei stets bewusst, dass zu deren Erfüllung allein menschliche Kraft unzureichend ist. So übergab sie sich der Führung Mariens, ganz im Sinne „Durch Maria zu Jesus“, denn sie wusste, dass die Mutter des Heilands unter dem Kreuz auch zu ihrer Mutter geworden war.

Da Anna erkannt hatte, wie notwendig es ist, ständig an sich selbst zu arbeiten, damit die Gnade Gottes sich immer mehr entfalten könne, griff sie zum Mittel der abendlichen Selbstprüfung und Kontrolle, der Gewissenserforschung. Es ist anzunehmen, dass ihr Seelenführer ihr dazu geraten hat. Sie stellte sich dabei folgende, in ihren Aufzeichnungen zusammengestellte Fragen:

„Habe ich meine Tagesordnung gewissenhaft und treu erfüllt?

War ich stets bedacht, in Gottes Gegenwart zu sein, und habe ich alles, was sich im Lauf des Tages ereignete, Leiden und Freuden, dankbar von der Hand Gottes angenommen?

Habe ich meinem Eigenwillen gänzlich entsagt und stets nach dem Willen Gottes gelebt und gelitten?

Habe ich mich selbst verleugnet?

Habe ich stets das Wohl des Nächsten dem meinigen vorgezogen?

Habe ich mich stets als den geringsten Staub und die ärmste Sünderin betrachtet?

O mein Gott, sei meiner armen Seele gnädig und barmherzig!“

Anschließend an die erfolgte Liebesreue, die sie dem Schutzengel anvertraute, damit er sie vor das Angesicht Gottes bringen möge, folgte der Vorsatz, der den zweiten Teil der Gewissenserforschung bildete, wie folgt:

„Jesus ist mein Leben, Sterben mein Gewinn! Ich will alles in der Gegenwart Gottes tun: Wache ich, so geschehe es unter den Augen Jesu; schlafe ich, dann träume ich von Jesus; wenn ich arbeite, ist Jesus mein Meister; wenn ich schreibe, so führt Jesus meine Feder; wenn ich bete, soll Jesus meine Worte bilden und beleben; wenn ich ermüdet bin, ist Jesus meine Ruhe; wenn ich hungrig oder durstig bin, wird Jesus mich speisen und tränken; wenn ich krank bin und viel leide, wird Jesus meine Liebe und mein Arzt sein; wenn ich sterbe, werde ich in Jesus sterben. Jesus soll das letzte Wort meiner sterbenden Lippen sein! Jesus soll meine Augen schließen! Das Herz Jesu sei meine Grabstätte! Mein Gott ich danke Dir! Mein Gott, ich liebe Dich!“[43]

---

42 BKR III. Abt. CAS K. 12: „Gedanken und Erinnerungen“, Aufzeichnungen von AS – Vgl. Lama a. a. O. S. 214–218.

43 BKR III. Abt. CAS K. 12: „Meine Gedanken und Gesinnungen für die 12 Monate“, Aufzeichnungen von AS – Lama a. a. O. S. 219f.

Es ist staunenswert, wie ein einfaches Mädchen ohne höhere Schulbildung, allein durch die Gnade Gottes, zu der es ein bedingungsloses „Ja" gesagt hat, freilich auch durch eine weise Seelenführung, zu einer derartigen Reife im geistlichen Sinne gelangen konnte.

Marienverehrung

Maria, die Mutter des Herrn, genießt in der katholischen Kirche und ebenso bei den Orthodoxen eine besondere Stellung. Deshalb wird ihr auch eine hyperdulische (außerordentliche) Verehrung zuteil. Dass die Mutter Christi auch im Leben Annas eine bevorzugte Stellung eingenommen hat, ist eine Selbstverständlichkeit. Sie konnte doch Maria, als der Mutter und ersten Jüngerin Jesu, ihre Liebe nicht versagen, nachdem sie sich dem Heiland so innig verbunden wusste. Und schließlich hat er vom Kreuz herab sie zur Mutter der Christenheit erkoren. Außerdem hat die katholische Kirche Bayerns und sein frommes Königshaus die allerseligste Jungfrau und Gottesgebärerin 1917 zur Hauptpatronin ihres bayerischen Vaterlandes erwählt.

„Maria, meine Mutter, ist stets in meinem Herzen eingegraben und ihr Name schwebt auf meinen Lippen", schreibt sie in ihren „Gedanken und Erinnerungen"; „sie ist die Mutter der Barmherzigkeit, die Zuflucht der Sünder, die Trösterin der Betrübten und Leidtragenden; sie hat mir schon unzählbare Gnaden erfleht." An anderer Stelle ist zu lesen: „Maria, meine Mutter, führe mich zu Jesus. Du allein kennst die Sehnsucht meines Herzens nach jeder hl. Kommunion, nämlich nach dem Himmel [...] Maria, mein Morgen- und Abendstern! Maria ist mein Leitstern in diesem Tränentale; und ihre Tugenden will ich mir fest zur Nachahmung einprägen; will recht brav sein und ihr viel Freude bereiten, damit sie mich in ihrer Güte und Milde ihrem göttlichen Sohn vorstellen kann."

Schön und innig sind die Verse, die sie zu Ehren Mariens niedergeschrieben hat:

„Glückselig, wer im Lenz der Jahre
schon ihren süßen Namen kennt.
Vom Lebenswege bis zur Bahre,
sie kindlich seine Mutter nennt!
Ihm winkt dereinst der Todesengel,
doch winkt er mit der Sense nicht;
er winkt ihm mit dem Lilienstengel
zu schau'n Marias Angesicht."[43a]

43a Lama a. a. O. S. 141.

Anna war ein Marienkind! Schon als junges Mädchen hat sie sich, vermutlich im Mai des Jahres 1898, durch Unterschrift und Kreuzzeichen in Mindelstetten Maria geweiht. Sie gelobte: „Erwähle Dich heute zu meiner Schutzfrau und Fürsprecherin und nehme mir kräftig vor, Dich nie zu verlassen; auch will ich niemals zugeben, dass von meinen Untergebenen wider Dich oder Deine Ehre etwas gethan oder geredet werde. Ich bitte Dich daher recht innigst, nimm mich zu Deinem ewigen Diener an und stehe mir bei in allen meinem Thun und Lassen, absonderlich aber verlasse mich nicht in der wichtigsten Stunde meines Hinscheidens! Amen."[44] Somit hat sich die Selige bereits im Alter von 16 Jahren in die Marianische Jungfrauenkongregation in Mindelstetten aufnehmen lassen. Ihr Leben und Leiden beweist, dass sie ihr Gelöbnis immer treu gehalten hat.

Häufig am Tag, aber noch mehr in den schlaflosen Nächten, wenn sie im Geist vor dem hlgst. Sakrament anbetend weilte, griff sie immer gern zum Rosenkranz. „Es ist immer wieder der hl. Rosenkranz", schreibt sie, „den ich sehr zu beten liebe, denn durch ihn erlangt man ja beim lb. Heiland so viel! Ich habe den Rosenkranz als treuen Begleiter die ganze Nacht in meinen oft von Heißen Fiebergluten durchdrungenen Händen und auch des Tages ist er mein Rosenspiel – so nenn ich ihn oft –, wenn ich nicht gerade sticke, schreibe oder sonst was tue. So ist mir der Rosenkranz stets ein treuer Freund auf dem Krankenbett. Er lehrt mich, Jesu Leben, Leiden und Sterben, seine Herrlichkeit schauen und betrachten. Er ist mir die beste Vorbereitung auf die hl. Kommunion; er ist mein Wegweiser in die ewige Heimat und er ist stets meine Lieblingsunterhaltung mit Jesus und Maria."[45]

Wie bereits angedeutet, empfing Anna oft die hl. Kommunion im Geiste der Sühne. Dabei hatte sie bereits vor 1913, wie anzunehmen ist, folgende Einteilung getroffen: „Am Sonntag zu Ehren der heiligsten Dreifaltigkeit; – am Montag zu Ehren des Hl. Geistes; – am Dienstag zu Ehren des hl. Herzens Jesu; – am Mittwoch zu Ehren des hl. Joseph für die Bekehrung der sterbenden Sünder; – am Donnerstag wieder als Sühne zu Ehren des heiligsten Altarsakraments selbst; – am Freitag wieder zu Ehren des hl. Herzens Jesu; – am Samstag zu Ehren der hl. Herzen Jesu und Mariä."[46] Hinzuzufügen ist, dass sie jeweils am Mittwoch immer die „Die sieben Freuden und die sieben Schmerzen des hl. Joseph" betete, eine Andacht, die sie vermutlich einem Gebetbuch entnommen hatte.[47]

Am 04.11.1917, am Fest des hl. Franziskus, trugen gute Seelen Anna in die renovierte Marienkapelle – nun auch Friedenskapelle genannt – hinaus an den Ortseingang, damit sie das kleine renovierte Gotteshaus bewundern konnte. „Kannst Dir denken, wie mir in meinem Herzen war", schreibt sie, „da ich nach so vielen Jahren wieder unsere lb. gute Mutter [das Gnadenbild von Altötting in Kopie, Anm. d. Verf.]

44 BKR III. Abt. CAS K. 9: 1898 Mindelstetten: Angelobungsformel (1841 gedrucktes Formular) AS.

45 Lama a. a. O. S. 66.

46 Lama a. a. O. S. 104.

47 Lama a. a. O. S. 66.

sehen durfte; es sind mir die Tränen aus den Augen geperlt, dass mein gebrechlicher Leib nochmals so glücklich war, in dieses Heiligtum zu kommen."[48]

Auch in ihren Träumen durfte die Selige oft der lieben Gottesmutter begegnen. In ihrem Traumheft, in dem sie bekanntlich alle ihre Träume von Juni 1898–1923 aufgezeichnet hat, schreibt sie auf Seite 2: „Wiederholte Male träumte es mir in meinen Schuljahren von der lb. Mutter Gottes."[49] Diese Träume ihrer Kindheit befinden sich aber leider nicht in ihrem Traumbuch.

Als Anna im Mai 1909 in der Narkose lag und ihr die Knochen abgekratzt wurden, träumte ihr von der Schmerzensmutter und dem kleinen Jesulein. Sie berichtet: „Ich sah die hl. Schmerzensmutter oberhalb meines Bettes stehen, und da mich auch im Traume unsäglicher Durst quälte, so reichte mir das Jesulein eine Tasse Wasser zum Trinken. Die hl. Schmerzensmutter sagte gar nichts, sie sah mich nur recht mitleidsvoll an! Das Jesulein aber lächelte, als es mir das Wasser gab."[50]

Im Sommer 1911 träumte ihr, dass Maria zu ihr sagte: „Viel leiden, beten und sühnen! Und sie sah mich so mitleidsvoll an und die Tränen stürzten stets aus ihren Augen."[51]

Siebenmal träumte die Selige von einem Wallfahrtsgang zur Mutter Gottes im benachbarten Marching; dann von Maria, ihrer unbefleckten Empfängnis, dem hl. Haus von Loretto, einem großen Rosenkranz aus den Händen des Jesuskindes, von der Medaille Mariens, etliche Male von Maria als Rosenkranzkönigin. Am 31.08.1917 träumte sie vom heiligsten Herzen Mariens. Sie hörte eine Stimme, die zweimal zu ihr sagte, sie werde heute noch eine schöne Herz-Mariä-Statue erhalten. Sie erwachte, es war ein Samstag, und sie machte sich keine Gedanken mehr darüber. Am Nachmittag kam der Bub des Ehepaares August und Fanny Rainer aus Elsendorf bei Mainburg/Niederbayern[52], mit denen sie in brieflichem Kontakt stand, und brachte ihr eine solche Statue.

Eine andere für die damalige Zeit bemerkenswerte Vision vom 16.05.1918 machte nachdenklich: „Mir träumte, ich durfte im Traume die hl. Kommunion empfangen und nach der Danksagung musste ich einen unbekannten Weg gehen und wusste nicht wohin. Nach langem Gehen kam ich zu einer unsagbar großen Heide und in der Mitte derselben, sah ich einen ungeheuer großen Baum stehen, dessen Spitzen bis zu den Wolken emporragten. Auf diesen Baum ging ich zu und als ich ganz nahe ankam, saß unter dem Baume die hl. Schmerzensmutter mit dem gekreuzigten Heiland auf ihrem Schoß und weinte. Ich fragte die lb. Mutter Gottes, warum sie weine und dann sagte sie, indem sie mir auf einen kleineren und einen größeren Berg hindeutete: ‚Siehst du hier – es war auf der rechten Seite der kleinere Berg – das Leid auch des Krieges, die Sühne und alles Gute, worin gute Seelen das

---

48 Lama a a. O. S. 104.

49 Weigl, Traumheft a. a. O. S. 27–42.

50 Weigl, Traumheft a. a. O. S. 27.

51 Weigl, Traumheft a. a. O. S. 29f.

52 Lama a. a.O. S. 158f.

Heil der Seelen und des Friedens erbitten und die ihr Leid um Jesu willen ertragen.' Und dann zeigte sie auf die linke Seite hin und da sah ich einen ungeheueren Berg und während sie hindeutete, sagte sie: ‚Das ist der Berg der Sünden und Frevel, die sich anstatt vermindern stets vermehren."

Im selben Jahr, am 9. Oktober, zeigte sich ihr Maria, über der Pfarrkirche schwebend, das Jesuskindlein auf dem Arm und von vielen Blumensträußen umgeben.[54]

Am Pfingstmontag, den 24.05.1920, ließ sie die Gottesmutter eine große Schar Leute sehen und sagte zu ihr: „Bete, opfere und leide viel für diese Seelen zu ihrer Bekehrung! Diese alle sollen im Herz-Jesu-Monat hinfinden zum heiligsten Herzen Jesu."[55]

Die Heroizität im Tugendleben

Zunächst eine kurze Bemerkung zum Begriff des Heroischen, wie bereits gesagt: Der hl. Thomas von Aquin[56] hat aus der nikomachischen Ethik des Philosophen Aristoteles die Lehre von der „heroischen oder göttlichen Tugend" übernommen. Es handelt sich dabei um die Lehre, wonach Menschen durch diese Tugenden über das Maß der gewöhnlichen Menschen hinausragen und deshalb von den Zeitgenossen im antiken Sinn „göttlich" genannt werden; solche aber, die durch ihre Maßlosigkeit auffallen, werden als „bestialisch" bezeichnet. Nach Thomas ist der Grund für diese heroischen Tugenden in einem besonderen Geschenk Gottes zu sehen, das er ausdrücklich von der menschlich-natürlichen Tugend unterscheidet, so wie er auch die erworbene Tugend (acquisita) und die eingegossene Tugend (infusa) auseinanderhält.[57] Mit Rücksicht auf den Geheimnischarakter der göttlichen Gnade, der Einheit des gesunden Seelenlebens und der menschlichen Identität wird man in

54 Lama a. a. O. S. 165.

55 Weigl, Traumheft a. a. O. S. 40f.

56 Thomas von Aquino (1225 od. 1226 auf dem Schloss Rossecasseca bei Aquino – Kloster Fossanuova bei Rom † 12.03.1274), der bedeutendste Philosoph und Theologe des Mittelalters, aus gräflichem Geschlecht stammend, Dominikaner, Schüler von Albertus Magnus, lehrte in Köln, Paris, Rom und Neapel. Er suchte in seiner Philosophie die Lehre des Aristoteles mit dem Weltbild der Katholischen Kirche zu einem Lehrgebäude zu verschmelzen. Er ließ die Philosophie als natürliches Denken neben der Theologie bestehen. Sie führt nach ihm die Menschen zur Glaubenswahrheit (Existenz Gottes) heran, deren Gesamtgehalt jedoch, als übervernünftig, nur aus der Offenbarung gewonnen werden kann; diese ist Gegenstand der Theologie als Glaubenswissenschaft. Sein System stellt den Höhepunkt der Scholastik dar. Als Doctor angelicus oder universalis in die Geschichte eingegangen, wurde er 1323 heiliggesprochen und durch Papst Leo XIII. 1879 zum ersten Lehrer der Katholischen Kirche und Patron aller Schulen erhoben. – Vgl. LThK^2 10. Bd., Sp. 119–134; Der neue Brockhaus, 5. Bd., Wiesbaden 1960, S. 238f.

57 Vgl. LThK^2 5. Bd., Sp. 142f. – Molinari, Paolo, Die Heiligen und ihre Verehrung, Freiburg i. Br. 1964 – Oesterle, Gerhard, Über den Verlauf eines Selig- und Heiligsprechungsprozesses, Warendorf 1957 – Waldmann, Michael, Das Mysterium der christlichen Tugend nach Thomas v. Aquin, Regensburg 1926.

Bezug gerade auf den religiösen Menschen immer etwas bescheidener in der Wortwahl sein. Der immer unbegreifliche Charakter der heroischen Tugend wird aber umso deutlicher, je übernatürlicher diese Tugend wird und je strahlender sie erscheint.

In Anna Schäffer wird dies sichtbar: durch ihr menschliches, man ist versucht zu sagen „übernatürliches Ringen“ mit ihrem leidvollen Schicksal; durch die gläubige Bewältigung desselben; durch ihre letzte persönliche Hingabe an den Willen Gottes; durch ihr demütiges Verlangen nach immer mehr Mitleiden mit dem gekreuzigten Christus; durch die auf sich genommene Sühne für die Beleidigungen, die Gott zugefügt werden, aus Liebe zu IHM; durch ihre Bußgesinnung zum Heil der unsterblichen Seelen aus Liebe zum Nächsten. Das Große dieser heroischen Prüfung all ihrer Tugenden wird gerade in ihrem Sterben deutlich, das über das eigene Sein Hinauswollen zu Gott, vor dem sie sich nur als ein Nichts fühlt.

Der Weg der immer größeren Losschälung von der Welt und der immer innigeren Hingabe an Gott wird von ihr im Laufe ihres Lebens, zumindest seit 1910, zunehmend aufgezeigt und anderen empfohlen. So schreibt sie am 17.11.1920: „Im Tal der Demut und der Selbstverleugnung wachsen und gedeihen die schönsten Blumen [...] sind wir nur recht brav und klein und losgeschält [...] lernen wir täglich immer mehr unsere Schwäche und Armseligkeit kennen“.[58] Ein andermal stellt sie mit Entschiedenheit fest: „Man fühlt auch in dem größten Leid große Freude, wenn man sich unter herzlicher Hingabe dem Herrn als Opfer hingegeben hat.[59]

Dabei strebte die Selige niemals nach dem, was der Welt heroisch, d. h. groß erscheint, und schreibt in einem weiteren Brief desselben Jahres: „Wenn ich dem Herrn irgendein Opfer anbiete, so würde ich niemals wählen, mir ein schweres großes Opfer aufzulegen, sondern ich möchte nur alle kleinen Opfer und alles, was sich am Tag ereignet, pünktlich und getreulich erfüllen“.[60] Dadurch wird sie der „kleinen“ hl. Therese vom Kinde Jesu ähnlich.

Mystik

Vom Mystischen sprechen heißt beinahe von allem reden, wovon die katholische Theologie zu lehren hat in Hinsicht auf die Unbegreiflichkeit Gottes in seinem Wesen, seiner Heilsgeschichte, seiner verzeihenden Liebe und besonders im Hinblick auf das Lebensziel des auf Erden pilgernden Menschen. Und dieses Ziel ist letztlich

58 BKR III. Abt. CAS K. 11: 17.11.1920 Mindelstetten: AS an Pepi Fellner, München – Ritter a. a. O. S. 252 – Ritter a. a. O. S. 85.

59 BKR III. Abt. CAS K. 11: 07.11.1920 Mindelstetten: AS an Lina Pritzl, Straubing/Ndb. – Ritter a. a. O. S. 248.

60 BKR III. Abt. CAS K. 11: 17.03.1920 Mindelstetten: AS an Kathi Plendl, Pilsting/Ndb. – Ritter a. a. O. S. 228.

Gott und die Ewigkeit, auf das man durch die Erfüllung der Gebote des Herrn und durch Pflichterfüllung heranreifen muss. Wer dieses Ziel nicht ständig vor Augen hat, dessen Leben wird sinnlos.

Kraft, Innigkeit und Tiefe des Herzens offenbarte sich in den Betrachtungen Annas über das Leben, vor allem über das „Leiden Jesu“ und ihrem steten Wunsch, an diesem Leiden des Herrn und Erlösers soviel als möglich teilhaben zu dürfen. Dabei betrachtete sie das eigene Leiden als Sühne für ihre eigenen Sünden, für die Gleichgültigkeit, Undankbarkeit und Lauheit der Menschen vor dem Sakrament der hl. Eucharistie sowie als Sühne und Bitte für die Umkehr, die Bekehrung aller Sünder, nicht zuletzt auch als Sühne für die Leiden der Armen Seelen im Fegfeuer.[61] Man müsste beinahe alle Briefe hierfür heranziehen. Bedeutsam ist zudem, dass sie, wie bereits erwähnt, im Jahre 1918 die Bitte U. L. Frau vom Rosenkranz in Fatima, von der sie nichts wissen konnte, mit ihren eigenen Worten formulierte. Sie hatte sich nämlich vorgenommen, eine Stunde von den 12 Sühnestunden des Tages zu beten, um die „Gnade und Barmherzigkeit besonders für jene Sünder, die dem Abgrund nahe sind und der Gnade am meisten bedürfen“.[62] Selbst in ihren Träumen beschäftigte sie dieser Gedanke immer wieder.[63] Hier ist auch das Thema nochmals anzusprechen, das eine besondere Entfaltung und Ausreifung bei der Seligen gefunden hat, eben im Zusammenhang mit ihrer Eucharistie-Frömmigkeit und ihrer Leidensmystik gegenüber Christus: Das Thema von der „Jesusbraut“. Zitiert sei hierfür noch in ihren Briefen vom 17.02.1917[64] der Vers „O stille mein Verlangen, Du Seelenbräutigam“ aus der bekannten Haydn-Messe „O Herr ich bin nicht würdig“. Am 04.08.1918 notiert sie dann ihr großes „Brautlied“ vor dem eucharistischen Herrn: „Im Glanz der Leiden darf leben, Herz Jesu Deine Braut; Du gibst mir ja stets Deinen Segen, seit ich Dir angetraut“.[65] Dieselben Gedanken erscheinen vertieft am 07.02.1920[66] in den zehn Strophen des Liedes: „Da bin ich geworden wie eine, die Gnade vor Ihm fand [...] hat Schwester und Braut mich genannt“. Wieder über ein Jahr später, am 17.12.1921 schrieb sie in dem Gedicht „O Jesulein, o Kind so klein“ die Verse: „Du bist mein Herr, ich Deine Braut, ich eil' Dich zu umschlingen. Lass bald im Tod die Glocken laut als Hochzeitsglocken klingen!“[67] Ihr

61 BKR III. Abt. CAS K. 12a: Träume von 1898–1919 (abgeschlossen am 02.09.1919). Widmung: „Für meine innig liebende teure Ehrw. Frau Oberin im Krankenhaus zu Kösching“, S. 34–40.

62 BKR III. Abt. CAS K. 12a: Gebete und Gedichte, ca. 1917 entstanden, Taschenkalender von 1914 verwendet, mit Beilagen.

63 BKR III. Abt. CAS K. 12a: Siehe Anmerkung 49!

64 BKR III. Abt. CAS K. 9: 17.02.1917 Mindelstetten: AS an Anna Bortenhauser, Pilsting /Ndb. – Ritter a. a. O. S. 85.

65 BKR III. Abt. CAS K. 10: 04.08.1918 Mindelstetten: Gedicht von AS: Im Geiste vor dem hlst. Sakramente – Ritter a. a. O. S. 139.

66 BKR III. Abt. CAS K. 11: 07.02.1920 Mindelstetten: AS an Anna Bortenhauser, Pilsting/Ndb. – Ritter a. a. O. S. 213.

67 BKR III. Abt. CAS K. 11: 17.12.1921 Mindelstetten: AS an Rosa Imlauer, Augsburg/Schw. – Ritter a. a. O. S. 229 – 30.12.1921 Mindelstetten: AS an Pepi Fellner, München – Ritter a. a. O. S. 299.

Gedicht in einem Brief vom 16.02.1922[68] schließlich wird mit dem ersehnten Wunsch beschlossen: „So drückt der ewigen Liebe Siegel schon bald mir auf Dein heiliger Mund".[69]

Die Mystik[70] im spirituellen Leben Annas wurde bereits im Thema „Eucharistie als Kraftquelle" und im obigen Abschnitt und in Zusammenhang damit ihr Selbstverständnis als Braut Christi behandelt. Dadurch wurde schon deutlich sichtbar, wie die christlichen Ideale bei ihr weit über das Maß des gewöhnlichen Christlichen hinausgehen. Dazu ist wiederum zu sagen, dass gerade hier bei allem Übersteigen des sonstigen menschlichen Maßes doch die tiefe innere Gesundheit ihrer Seele deutlich wird.

Man könnte fast aus allen erhaltenen Schriften der Seligen etwas dazu beibringen. Einige wenige Andeutungen zumal zur Leidensmystik, der Quelle und Mitte ihres irdischen Lebens, sind hier noch nachzutragen. Von hier fällt auch neues Licht auf ihre Kommunion- und Sterbemystik.

In Ergänzung dessen, was bereits im Kapitel „Eucharistie als Kraftquelle" gesagt wurde, muss noch der Brief vom 17.03.1920 bezüglich der Kommunionmystik Annas zitiert werden. Nachdem sie im Bericht über ihre Leiden während der Passionszeit hervorgehoben hat, dass sie alles für die Bekehrung der Sünder aufopfern will, schreibt sie: „O wie gerne, o lbst. Jesus, möchte ich als Märtyrerin sterben, wenn durch meinen Tod der Glaube an Deine heiligste Gegenwart im hl. Sakrament bei vielen Ungläubigen neue Wurzeln treiben und neues Leben erzeugen würde". Dann fährt sie in gehobener Sprache fort: „Ach Du Feuer höchster Liebe, lass mein Herz in Flammen stehen! Du Gewalt der heiligen Triebe, lass mich ganz in Dir vergehen! Dass ich immer bei Dir bleibe, leb' und sterbe nur in Dir, dass mich nichts von Dir vertreibe, Jesus das verleihe mir!"[71] Dieses wahre und überzeugende Bekenntnis zur Gegenwart des Herrn im allerheiligsten Altarsakrament der Seligen könnte heute, in einer Zeit der Ehrfurchtlosigkeit, für viele zweifelnde Katholiken Anlass sein, darüber nachzudenken.

Das Entscheidende in ihrer Leidensmystik in Bezug auf ihr religiöses Leben ist die Tatsache, dass diese niemals als Anstrengung erscheint, die aus dem Herzen gewissermaßen herausgepresst werden müsste. Ihre Leidensmystik ist ganz im Gegenteil natürlich herausgewachsen aus der einmalig gläubigen Bewältigung ihres alles Menschliche bedrängenden und mit den Jahren sich immer mehr stei-

68 BKR III. Abt. CAS K. 12: 16.02.1922 Mindelstetten: AS an Schw. Oberin Mansueta, Kösching/Obby. – Ritter a. a. O. S. 306.

69 BKR III. Abt. CAS K. 12: 16.02.1922 Mindelstetten: AS an Schw. Oberin Mansueta, Kösching/Obby. – Das Gedicht ist im Original vorhanden, fehlt aber bei Ritter!

70 Vgl. dazu: LThK² VII. Bd. Sp. 732–745 – III. Bd. Sp. 266–270 – Brunner, August, Der Schritt über die Grenzen. Wesen und Sinn der Mystik, Würzburg 1972 – Schütz, Christian (Hrsg.), Praktisches Lexikon der Spiritualität, Freiburg i. Br. 1992, Sp. 904–910.

71 BKR III. Abt. CAS K. 11: 17.03.1920 Mindelstetten: AS an Kathi Plendl, Pilsting/Ndb. – Ritter a. a. O. S. 227.

gernden physischen Leidens. Sie hat es bewältigt durch eine totale Selbsthingabe an den Willen Gottes. Am 07.02.1920 schreibt sie an ihre Freundin Anna Bortenhauser: „Nach meinem Tod darfst Du schon denken, liebe Anna, dass mein Leben ein kleines Martyrium war, und dass ich mich weder mündlich noch schriftlich auszudrücken vermag, wie viel ich leiden darf. Und mit jedem neuen Tag dürstet es mich nach neuen Leiden. Und übrigens weiß ich es ja, dass ich täglich Sünden abzubüßen habe".

Anschließend versuchte sie ihr eigenes Leidensschicksal als das einer anderen Person vorzustellen, indem sie schreibt: „Ich sehe im Geiste, und ich erkenne sie auch, eine andere arme Dulderin sehr viel leiden und ihr Herz ist mit stechenden Dornstacheln umgeben und auch sie trägt alles mit Liebe und lächelt stets im schwersten Leid. Und niemand von ihrer Umgebung ahnt, wie schwer sie leidet, obwohl äußerlich ihre Hände manch' unscheinbare Arbeit verrichten. So sehe ich diese Seele doch als Märtyrerin in verschiedenen Abstufungen. Ich erkenne, dass der liebe Gott es will. IHM sei Ehre und Verherrlichung. Ich hoffe auch, dass mein Leiden der liebe Gott will und in seiner Liebe geschehe jeder Atemzug. – Unter dem Deckmantel oben genannter Seele möchte ich mich verbergen; wenn auch ganz und gar unvollkommen, so weihe ich mich jeden Morgen meinem himmlischen Bräutigam für Zeit und Ewigkeit als kleines Morgenopfer. IHM zur Ehre und zur Sühne".[72]

Zwei Jahre später, am 30.01.1923, verfasste sie für dieselbe Freundin folgendes Gedicht: „Mein wahres Gut habe ich gefunden, auf dem Altar im Himmelsbrot", und sie beschließt es mit den Worten: „So schlage, brenn' mich nur, o Liebe, still Dein Verlangen doch an mir, und wenn zuhöchst der Schmerz gestiegen, mein höchster Schmerz ist Lieb zu Dir!"[73]

In den für ein einfaches Landmädchen ungewöhnlich umfangreichen Aufzeichnungen, vor allem in den Briefen, wird ein heroisches christliches Leben sichtbar, das in ganz besonderer Weise die Merkmale einer katholischen Spiritualität aufzuweisen hat. Ihre bewundernswerte Geisteshaltung ist Frucht aus göttlichem Samen, gewachsen im Erdreich des menschlichen Herzens, das sich von Gott gebrauchen und verbrauchen lässt. Viele Zeugnisse dafür wären anzuführen. Mag die Anregung zu diesen tiefen Gedanken teilweise von ihrem frommen und weisen Seelenführer, der ihr fast täglich die hl. Kommunion gebracht hat, und von der Lektüre von manchen Heiligenleben und religiösen Zeitschriften her gesehen werden: Der Ton und die Formulierung der von ihr immer wieder vorgetragenen Gedanken verrät tiefes eigenes Empfinden und letzte persönliche Ganzhingabe an Gott. Allmählich, vor allem seit 1920, zeigen ihre umfangreichen Briefe ein fast einheitliches Schema: eigene Leidensgeschichte; Deutung dieses Leidens als Nachfolge Christi und Sühne

72 BKR III. Abt. CAS K. 11: 07.02.1920 Mindelstetten: AS an Anna Bortenhauser, Pilsting/Ndb. – Ritter a. a. O. S. 214.

73 BKR III. Abt. CAS K. 12: 30.01.1923 Mindelstetten: AS an Anna Bortenhauser, Pilsting/Ndb. – Ritter a. a. O. S. 338.

für die Sündhaftigkeit in der Welt; schließlich Mahnung zur treuen Nachfolge Christi für die Empfänger ihrer Schreiben.[74]

Theologisch betrachtet ist Spiritualität das Werk des Dreifaltigen Gottes, wodurch der Mensch Kind des Vaters, Bruder und Schwester des Sohnes wie auch Tempel des Heiligen Geistes wird.

In der Frömmigkeit Annas wird die lebendige Beziehung zum Dreieinigen Gott auf dem Weg über Jesus Christus im hl. Sakrament der Eucharistie vor allem gesucht. Der geschichtliche Jesus, dem sie im Leiden auf seinem Kreuzweg folgt, ist ihr auch „Papa", wie sie ihn besonders in den Briefen aus der Weihnachtszeit gern nennt; er ist ihr Bräutigam, besonders in ihrer Herz-Jesu-Verehrung. Sie huldigt Jesus im Sakrament und zum Heiligen Geist betet sie um Kraft und Gnade. So erlebt sie ihr Kindsein vor Gott, das sie wohl besonders aus ihrer Verehrung der „kleinen" hl. Therese von Lisieux schöpft, gegenüber dem eucharistischen Herrn, wenn sie schreibt: „O mein süßester und geliebtester Jesus! Herrsche über mich, besitze Du mich allein; und wenn ich manchmal Dir nicht schnell gehorche, so züchtige mich, damit ich in der Folge bereitwillig sei. Ich will nur für Dich leben und Dir, o guter Papa Jesus, Sühne leisten [...] ich opfere Dir alle meine vielen Schmerzen auf zur Sühne, auch jene Schmerzen, o guter Papa Jesus [...] Du weißt es schon!" Hier sind wohl die vielfältigen Verdemütigungen als kranker, nutzloser Mensch in den Augen mancher oberflächlichen Leute gemeint! – Dann setzt sie fort: „Lass mich, ich bitte, auch ferner verborgen leiden"[75], und ein andermal wünscht sie „ganz unbeachtet von der Welt als geringstes Heilandsröslein zu leben, zu leiden und zu sterben!"[76]

Das letzte und vielleicht schwierigste Moment in dem Gnadengeheimnis echter christlicher Spiritualität ist das gleichzeitige Miteinander von Kreuz und Freude, von Leid und Seligkeit, von Karfreitag und Ostersonntag. Die Weisheit dieser Welt (vgl. 1 Kor 2,14f.) missdeutet gerade dieses Geheimnis gern in psychologischer Weise als „neurotische Freude am Leiden", weil sie von der göttlichen Tiefe der menschlichen Seele nichts weiß.

Immer und immer wieder begegnet gerade dieses Moment christlicher Spiritualität in den Aufzeichnungen der Dulderin, wie schon manche bisher zitierte Stellen zeigen konnten. Es ist nicht zu verkennen, dass dieses Moment aber im Lauf der Jahre gewachsen und gereift ist zusammen mit dem Wachsen der Leiden, der Liebe und der beseligenden Beglückung.

Gewiss, Annas Aufzeichnungen und Gedichte sind keine literarischen Kunstwerke. Doch der Geist, der aus ihnen spricht, kommt aus einer menschlichen und

74 BKR III. Abt. CAS K. 10: 18.02.1920 Mindelstetten: AS an Ehrw. Mutter Oberin Mansueta, Kösching/Obby. – Ritter a. a. O. S. 219–222.

75 BKR III. Abt. K. 10: Gebete und Gedichte von AS, ca. 1923 entstanden, ohne Titel und Widmung.

76 BKR III. Abt. CAS K. 10: 13.03.1920 Mindelstetten: AS an Anna Bortenhauser, Pilsting/Ndb. – Ritter a. a. O. S. 225.

christlichen Tiefe, die eine hohe Herzensbildung verrät, die alle Saiten dieses gottbegnadeten Menschen zum Klingen bringt und die zum vielstimmigen Chor christlicher Spiritualität gehören. Diese ist ja immer ein Werk des göttlichen Geistes im Menschenherzen und darf niemals in einer psychologischen Vordergründigkeit verkannt werden.

Anna Schäffer hat in einem Heft ihre „Gedanken und Erinnerungen meines Krankenlebens und meiner Sehnsucht nach der ewigen Heimat“ niedergeschrieben. Es ist eine in einfachen Worten gesetzte Betrachtung ihrer Spiritualität. Da dieses bemerkenswerte Elaborat der Seligen noch niemals publiziert wurde, soll es als Abschluss dieses Kapitels erstmals veröffentlicht werden.

„Gedanken und Erinnerungen meines Krankenlebens und meiner Sehnsucht nach der ewigen Heimat!“[77]

Gott allein, Gott allein genügt!

‚Nimm Dein Kreuz auf dich und folge mir nach!‘ Diese Worte aus der Nachfolge Christi mit denen mich der lb. Heiland einlädt, Ihm nachzufolgen, sind mir die Grundsteine meines Herzens, auf welchen das Kreuz aufgestellt ist. Mit Liebe und Dankbarkeit will ich es jeden Augenblick begrüßen und in Kreuzesliebe und Kreuzesdank soll der letzte Hauch meines Lebens verwehen!

Am Kreuze und in der hl. Kommunion, o mein Herr und Gott, habe ich Dich lieben gelernt! Der Wille und die Fülle unseres Glaubens muss das Kreuz in unseren Seelen allzeit lebendig bilden und machen, so dass jedes von sich selbst sagen kann: Ich lebe, doch nicht ich, sondern Jesus, der Kreuztragende lebt in mir und mit ihm gehe ich dem Kreuze nach. Das Ziel meines Kreuzes ist Kalvarias Höhe! Auf diese Höhe will ich blicken, wenn in den Schmerzensstationen meines Lebens mein Leib mit Schmerzen durchwühlt wird. Jenes Licht, das mir von dieser Höhe zuströmt, lässt mir alles leicht und licht erscheinen, denn ich sehe ja mein Vorbild, meinen Heiland, wie viel er für mich Unwürdige gelitten hat. Und vereint mit Ihm, den ich liebe und der in meiner Seele wohnt, will ich gerne mein Kreuz umfassen und Ihm folgen.

Dem Kreuze nach! Das Kreuz ist der Hammer, der die Unsterblichkeitskrone schmiedet, die wir im Himmel tragen werden, wenn wir unser Kreuz mit Mut und Ergebung auf Erden getragen haben. Ich habe im Herzen stille Freude, weil mich der Herr das Glück seines hl. Kreuzes ein wenig verspüren lässt. Das Kreuz ist mein Führer, es ist meine Kraft, es ist mein Licht, es ist meine Hilfe, es ist mein Schild, es ist mein Trost, es ist mein Ruhm, es ist mein Obdach, es ist meine Stütze, es wird meine Belohnung sein.

77 BKR III. Abt. CAS K. 12: Das sicher bedeutungsvollste und reifste Elaborat Anna Schäffers!

‚Wenn wir auf Jesus am Kreuze schauen oder in seiner Liebe im Tabernakel betrachten, so können wir alles mit Geduld ertragen.‘ Kreuz und Leiden sind meine Erziehung für den Himmel! Der Weg zum Himmel führt über die via dolorosa nach Kalvariae und erst von da weg zu den ewigen Hütten! Durch Kreuz und Leiden, Trübsale und Widerwärtigkeiten zieht uns der Herr hinauf zum Kalvarienberg. Nur wer Ihm auf den Kalvarienberg folgt, den lässt er auch auf den Berg seines Triumphes steigen, denn hinter den Leiden dieser Zeit liegt die Herrlichkeit Gottes. Überwindung führt hinan zum Kreuze, zum Gipfel der Liebe. Darum verleugnen wir uns selbst und folgen wir dem Kreuz nach! Ich dürste, o Herr, nach Kreuz und Leiden und verlange in diesem Tränental keinen Tropfen Trostes mehr. Unter dem Schatten des Kreuzes und in der strahlenden Liebesglut vor dem Tabernakel will ich die Tage meines Leidens verbringen. Jedes Tröpflein Blut im Herzen, jede heiße Glut der Schmerzen, jede tiefe Leidenswunde, jede süße Freudenstunde: Alles Dir, o Gott, zu Ehren, hier und dort Dein Lob zu mehren!

Mir kommt es oft vor lauter Schmerzen vor, ich sei in ein Dornengestrüpp verwickelt, und ich erachte mich dann wie jenes Schäflein, das der gute Hirt im Dornengestrüpp fand. Ich habe dann im Herzen stille heilige Freude, denn dann weiß ich es ja, dass der Herr in meiner Nähe ist und besonders in dieser heiligen Fastenzeit, da darf das Leiden schon schwerer sein und ich fühle es auch. Heiligstes Herz Jesu, ich danke Dir! Jedes Leidensröslein möchte ich meinem himmlischen Bräutigam an sein verwundetes Herz legen, um Ihn zu trösten und um Ihn zu erfreuen.

Ich freue mich so sehr, wenn ich einmal dieses Tränental verlassen darf. Nicht um des Leidens erlöst zu sein, möchte ich gerne heim…, sondern einzig nur…!

Verbirg mich, o gekreuzigte Liebe in die wonnenreiche Höhle Deiner Seite, damit ich selig dort entschlafe und am Schlummer Deiner honigsüßen Liebe mich erquicke! O mein Gott, ich liebe Dich Du ewige Schönheit, der Du stets mein Herz mit Dir fortnimmst, so oft ich an Dich denke. Ich dürste, o Herr, sättige mich Du Herr des Lebens! Ich dürste nach Jesus in der hl. Kommunion. Wann darf ich einmal heimgehen, um zu erscheinen vor dem Angesicht meines Gottes? Meine Augen füllen sich oft mit Tränen, und wenn ich oft ganze Nächte daliege, in den größten Schmerzen, so opfere ich mich dem lieben Jesus jedes Mal als kleinen Ersatz der Liebe und Sühne auf, für alles, was Ihm im hlst. Sakramente zugefügt wird.

O mein Herr und Heiland, wenn Du mir einmal für ein paar Stunden Schlaf schenkst, so ziehe auch unterdessen mein Herz zu Dir, so dass ich auch im Schlafe in Deiner Nähe weile. Durch das Kreuz und Leiden darf ich auf die Barmherzigkeit Gottes hoffen. Wenn mir jemand die Wahl ließe, entweder ganz gesund zu sein und alle nur erdenklichen Freuden genießen und keine hl. Kommunion empfangen oder Tag und Nacht die bittersten Schmerzen ohne jeden Schlaf zu erdulden, aber alle Tage die hl. Kommunion empfangen, so würde ich das Letztere wählen, denn alles irdische Leid vermag nicht hinzuwiegen, was ich im Herzen leiden müsste. Vereint mit Jesus bin ich allzeit glücklich, und wenn auch die Schmerzen meinen

Leib durchwühlen, so fühle ich im Herzen doch solch eine Seligkeit, die ich nie auszusprechen vermag. Dieses Glück, diese Seligkeit, die mir alles Leid versüßt, fand ich am schönsten Tag meines Lebens, beim ersten hl. Gastmahl, an welchem mir die ewige Morgensonne ins Herz leuchtete und bei jeder hl. Kommunion dies Feuer umso größer macht. Mein Gott, ich danke Dir! Mein Gott, ich liebe Dich! O mein Jesus, diese Schmerzen, die ich jetzt leide, vereinige ich mit Deinen Schmerzen und will sie gern tragen zur Abbüßung meiner Sünden. Der Name des Herrn sei allezeit gebenedeit! Hoch preiset meine Seele den Herrn! Ob ich wache, schlafe oder leide, so bin ich überall in Ruhe und in Frieden, denn mein Anteil ist überall der Herr. [...] Jeder Morgen bedeutet für mich das schönste Fest der Liebe, wenn Jesus kommt! Die Sehnsucht nach der hl. Kommunion, oder wenn ich im Geiste auf die hl. Hostie im Tabernakel schaue, ist sehr groß! Mein Gott ich liebe Dich! Jeder Herzschlag ist für Dich – liebster Heiland segne mich! Jedes schwere Leid ist mir eine Reliquie. O heiliges Kreuz meines Jesus, wie lieb und teuer bist Du mir! Der Wille des Herrn genügt mir und mein Wille soll ganz und gar erstorben sein. Diese Vereinigung in den Willen Gottes lässt mich in allem erkennen, dass das Leiden meine Erziehung für den Himmel ist. Könnte ich mit einem ‚Gegrüßt seist Du Maria‘ meine Leiden ändern und wäre es nicht der Wille Gottes, so würde ich es nicht tun, denn ich liebe es mit dem lieben Heiland zu leiden und zu dulden und kann Ihm bei der hl. Kommunion stets ein kleines Opfer anbieten.

Wenn ich im Geiste auf die hl. Hostie schaue, so entschwindet mir alles und ich vergesse auch das Leiden, und bereiten mir die Stunden, die ich vor dem hlst. Sakramente verweile, große Seligkeit. Ich fühle mich stets von einer geheimen Kraft angezogen, die mir oft eine ganze Nacht wie ein paar Augenblicke machen. ‚O stille mein Verlangen, Du Seelenbräutigam, im Geiste zu empfangen, Dich wahres Gotteslamm!‘ O verschleiertes Lamm in der hl. Hostie, Du bist mein ein und mein alles. In Dir allein ruht meine arme Seele. O Jesus, es schlage mein Herz nur aus Liebe zu Dir! Die ganze Aufgabe meines Lebens soll und muss sein: Liebe für Liebe dem lieben Heiland gegenüber. O liebster Jesus, Du willst, dass ich nur das liebe, was Du selber bist und Du selber liebst! Dass ich mehr darauf bedacht sei mich abzutöten, als um mich zu befriedigen; dass ich die Leiden höher schätze als die Freuden; dass ich öfter gute Taten als schöne Gefühle hervorbringe; dass ich Dir ebenso dankbar bin für das, was mir zuwider ist, wie für die Tröstungen, welche ich empfinde; dass ich das Wohlergehen des Nächsten vor dem meinigen suche. O Herr, nur in allem Deine Ehre und Dich allein suchen; mein Gott, ich liebe Dich!

Lässt mich der Herr in der Dunkelheit des Geistes, so beeile ich mich sogleich ihn aufzusuchen und ich bin auch da überaus glücklich. Da kann ich dann im Geiste das nachahmen und mitfühlen, was ich um jeden Preis auch für den Leib vorziehen würde, nämlich vor den Augen der Welt verborgen und verachtet und dergleichen zu sein. Darf ich dann im Geiste oft manchen dunklen Pfad durchziehen, so nehm’ ich mein Kreuzlein fest in die Hände, um die Dunkelheit schnell zu durchstreifen und nach eiligem Suchen unter Betrachtung des bitteren Leidens und Sterbens Jesu Ihn wieder zu finden am Ölberg oder in seiner Gefangenschaft im Tabernakel. [...]

Ich danke täglich dem lieben Gott, dass er mir den Verstand geschenkt hat und erhalten hat, dass ich Ihm doch danken kann für alle Gnaden und Leiden. Jeder Atemzug soll eine Anbetung des Dankes und der Liebe sein und möchte auch jede Minute gut ausnützen. Dazu finde ich besonders in den vielen schlaflosen Nächten großen Trost in dem betrachtenden Gebet, wo ich dann im Geiste vor dem hlst. Sakrament verweile. O wie vieles kann ich dann immer dem lieben Heiland sagen, ihn trösten und ihm Sühne leisten. [...]

Zur Vorbereitung und Danksagung bezüglich des Empfangs der hl. Kommunion benütze ich nicht jedes Mal ein Gebetbuch, sondern recht oft mache ich meine Vorbereitung und Danksagung aus dem Kopf. O wie viel habe ich da meinem lieben Heiland zu sagen! Aber auch zu danken für seine große Liebe zu mir armseligen Sünderin gegenüber. O wie glücklich bin ich da jedes Mal nach der hl. Kommunion! Nicht finde ich da so geeignet das Gebetbuch, um den lieben Jesus anzubeten, zu danken, als wenn man es mit der eigenen Herzenssprache tut. Ich habe mir schon oft gedacht, wenn ich nach der hl. Kommunion bis zum späten Abend ganz ungestört allein sein könnte, um immer wieder mit dem lieben Heiland zu reden, so käme es mir dennoch vor als wie ein kleiner Augenblick. Ach die Glut, die mich erfüllt und mein ganzes Inneres durchdringt, möchte in Worte sich ergießen und doch, es ist mir nicht vergönnt es zu schildern wie es ist, denn nur mit dem eigenen Herzen kann ich davon sprechen. Ach möchte ich davon erzählen, was ich in jenen heiligen Augenblicken fühle und wie es mir im Herzen ist, dann möchte ich verstummen ob des Übermaßes meiner seligen Empfindungen. O Sakrament, ach dass ich könnt, Dich wie ich möcht umfangen! O süßer Gott, in meinem Tod, erfülle dies Verlangen!

O liebster Jesus, ziehe mich zu Dir durch den Glanz Deiner Schönheit und Deiner unendlichen Liebe, die Du in der hl. Hostie offenbarst!

O wie freue ich mich, wenn einmal die Tage des Leidens voll sind, um ewig zu Jesus zu gehen. Nur in Lieb' mit Gott verbunden, wird der wahre Trost gefunden!

O liebster Jesus, ich danke Dir für alle mir erwiesenen Wohltaten! Vermehre nach Deinem heiligen Willen meine Leiden, auf dass ich bald zu Deiner beseligenden Anschauung gelange! Das harte Kreuz und Leiden sind meine Zier und Freuden. Herr, lehre mich beten, Herr lass mich leiden! Der liebe Gott lässt leiden, damit Himmelsblumen wachsen. Durch Kreuz und Leid zur Himmelsfreud! Es gibt nach der hl. Kommunion so zarte hl. Augenblicke, die, wenn sie der Luft ausgesetzt wären, sogleich ihren Glanz verlieren würden. Man kann in denselben nur Jesus schauen und Ihn lieben. Hab ich Sehnsucht nach einer Predigt, so schlage ich mir ein Kapitel aus der Nachfolge Christi auf, wo ja jedes Wort in derselben mir so sehr in die Seele ruft und mir mein armseliges Nichts vor Augen stellt. Oft nehme ich auch einen kleinen Absatz als Betrachtungspunkt mit. O wie arm und sündhaft erscheine ich mir da. Die Nachfolge Christi ist mir ein klarer Spiegel, der mir in meine Seele leuchtet und mir meine Fehler so klar darlegt. Nimm Dein Kreuz auf Dich und folge mir nach! Diese Worte, mit denen der göttliche Heiland mich einlädt, Ihm nachzufolgen, sind mir die Grundsteine meines Herzens, auf welchem das Kreuz aufgestellt ist. Mit Liebe und Dankbarkeit will ich es begrüßen und mit Kreuzesliebe und Kreuzesdank soll der letzte Hauch meines Lebens verwesen.

Ich betrachte mein Krankenbett als eine stille Klosterzelle, in der ich die drei heiligen Ordensgelübde auch getreulich halten kann. Und kann ich auch dem Leibe nach nicht in einem Klosterberuf wirken, was mein sehnlichster Wunsch wäre, dafür will ich im Geiste ein still verborgenes Klosterleben führen. O mein Herr und Gott, da Du ja selbst mein Herz besser kennst als ich und ich es auch nur ahnen kann, so opfere ich mich Dir, mit all' meiner Schwäche in aller Liebe auf. Dieses ist das Einzige – Fehler und Unvollkommenheiten – woran ich glaube, was ich besitze. Von mir könnte ich ja nichts Schönes und Gutes erzählen, denn meine Armseligkeit und Schwäche steht mir stets klar vor Augen. Und dennoch fühle ich mich so glücklich, denn mein Himmel auf Erden ist Gott der Liebe und der Gnade, der täglich bei der hl. Kommunion in mein Herz einkehrt und dies selbst zu einem kleinen Himmelreich macht, nämlich den Himmel in Leiden in Vereinigung mit Ihm.

Mein Himmel im Leiden lässt mir oft Erhabenes im Geiste schauen und als Gegengeschenk gegenüber Jesus will ich Ihm mein Leben und Liebe und Leiden aufopfern bis zum schönen Tag des Heimgangs zur ewigen Vereinigung im Himmel.

Meine Parole heißt: Leiden, Liebe, Sühne! O Jesus, in der hl. Kommunion habe ich Dich lieben gelernt!

O heilige Grabesruhe, nach Dir sehnt sich mein müdes Herz. Jenseits erst vom Grabe wird mein Glück voll und meine Sehnsucht gestillt, welche ist Jesus allein. Oft durchwandle ich im Geiste den Gottesacker und grüße all die stillen Schläfer. Sie möchten auch für mich Armselige bitten, wenn ich einmal so glücklich bin, um bei ihnen Platz zu nehmen, gleich einem Weizenkörnlein zur großen Aussaat für die Ewigkeit.

Eine jede hl. Kommunion ist ein neuer Stern für die Ewigkeitskrone. Gern will ich es tragen, das Kreuz und die Pein, es führt nach dem Tode in den Himmel mich ein. Heiligstes Herz Jesu, sei Du die Sehnsucht meines armen Herzens. Um den Himmel zu erringen, ist kein Leid zu schwer, und einen Augenblick in das Auge Gottes zu schauen, dafür ist ein ganzes Leben lang voll Leiden zu wenig. O schöner Frühlingstag, der niemals mehr enden wird, wann brichst du an und führst mich zu den ewig lichten Höhen! Die Sehnsucht nach dem Himmel kann hier nur gestillt werden, bei der hl. Kommunion, der innigen Vereinigung mit Jesus. Dies ist ja jedes Mal eine Vorfeier zum ewig dauernden Gastmahl. Die hl. Kommunion ist mein Himmel auf Erden, sie ist mein Himmel im Leiden, sie ist mein Himmel in der gänzlichen Hingabe an Ihn, den ich liebe und der in meiner Seele wohnt. Ich will nur mehr aus Liebe leiden und sterben, vereint mit Ihm will ich täglich mein Kreuzlein mit Liebe und Sehnsucht umfassen, bis ich den Ruf vernehmen darf: Lasset uns gehen zum Hause des Herrn.

Ich habe drei Himmelsschlüssel: der größte davon ist aus rauhen Eisen und von schwerem Gewicht – das ist mein Leiden. Der zweite ist die Nadel und der dritte ist der Federhalter. Mit diesen Schlüsseln will ich täglich fest arbeiten, um das Himmelstor öffnen zu können. Und jeder Himmelsschlüssel soll mit drei Kreuzlein und Kränzlein verziert sein, mit Gebet, Abtötung und Selbstverleugnung. Man lernt ja auch das Leiden lieben und lächeln im tiefsten Schmerz. Heute kann ich die drei Orte im Jenseits betrachten und morgen kann ich schon in einem der dreien sein. Lass, o Herr, in Deiner glühenden Liebe dergestalt mein Herz mir rauben, dass es fürder nicht mehr in mir sei, sondern in Dir, der unteilbaren Liebesvereinigung. Habe Erbarmen mit mir armen Sünderin. Heiligstes Herz Jesu, all mein Vertrauen ruht in Dir und in Leid und Freud soll meine Zunge Deinen Namen preisen, jetzt mit allen Engeln und Heiligen die ganze Ewigkeit hindurch. Jede hl. Kommunion ist mir eine neue Thronerhebung des heiligsten Herzens! Bei jeder hl. Kommunion ist es mir, das Herz verliert sich in Gott meinem Heiland und selbst im Schlafe sehe ich sehr oft im Traum die hl. Hostie. Bald schwebt sie da vor meinen Augen, um in die verschleierten Augen meines himmlischen Bräutigams sehen zu können, bald bin ich selbst vor dem Tabernakel. Ich kann da im Traum so innig beten. So kann ich, wenn ich wach bin, nicht. Vor Jahren empfing ich auch die geistliche Kommunion immer morgens, beim Erwachen und vor und nach jeder Andachtsübung und seit ein paar Jahren ist die geistliche Kommunion meine viertelstündige Seelennahrung. Durch oftmaligen Empfang der geistlichen Kommunion wird die Seele stark und verlieren sich alle großen Seelenschwächen, so dass man stets gesammelt sein kann in der Arbeit und überall. Durch die geistliche Kommunion brennt das Feuer der Liebe allzeit in unserm Herzen und ist stets hell erleuchtet, wenn der liebe Heiland in der hl. Kommunion in unser Herz einzieht. Mein Gott, mein Herz frohlockt in Dir seit jener Gnadenstunde meines Lebens, seit dem ersten heiligen Gastmahl, da mein Herz voll und ganz gesättigt ward in dem reinsten Glück Deiner allbeseligenden Gnade, als ich das erstemal an Deinem heiligen Herzen ruhen durfte! O unvergessliche Stunde. Du weißt es Jesus, welche Erstlingsblüte ich Dir dortmals angeboten habe. Ich danke Dir auch für diesen schönen Traum, als Du mir im Traum sagtest, dass mein ganzes Leben ein stillverborgenes Kreuzesleben sein werde und dass ich als Passionsblümlein am Fuße Deines hl. Kreuzes erblühen darf, still verborgen hier und licht daheim bei Dir in Ewigkeit. O mein Gott, auch jetzt bei der hl. Kommunion ist es noch immer so. Kaum, dass die hl. Kommunion in meinem Herzen ist, ist es mir, ich verliere mich ganz in Jesu, als nähme Jesus mein Herz für sich. Auch untertags und in der Nacht weilen unzertrennlich meine Gedanken bei Ihm, den ich liebe und der auch oft am Tag und in der Nacht, beim Empfang der geistlichen Kommunion mein Herz mit sich fortnimmt und oft nach einer Stunde fällt es mir erst wieder ein, dass ich noch auf dieser armseligen Welt da bin. O Gott ich liebe Dich! Will ich Gott gefallen, so muss ich mich selbst verlieren. Alles hat ein Ende, nur die Ewigkeit nicht. Herr, erniedrige mich und erhöhe Dich. Ich erwähle mir den Hl. Geist zu meinem Beschützer und Tröster in allen Dingen. Er sei mein Verteidiger und Besieger aller meiner Fehler und besonders ist er mein Lehrmeister zur Vorbereitung und Danksagung bei der hl. Kommunion.

In jede Wunde des Herrn versenke ich ein besonders Anliegen, einen besonderen Schmerz. Wenn der liebe Gott etwas bestimmt, nützt aller Widerstand nichts. Dein verschleiertes Haupt, o mein Jesu, ist mein Himmelreich. Wir können ja die große Liebe des Heilandes nicht genug schätzen. Tag und Nacht ruft das göttliche, liebesglühende Herz an unseren Herzen und lädt uns ein zum himmlischen Mahl. Wie gern möchte ich ein Martyrium erdulden, einzig nur darum, dass der liebe Jesus im hl. Sakrament mehr erkannt und geliebt werde. Dass recht viele Seelen im Verlangen nach dem höchsten Gut entbrennen. Ich habe auf Erden keinen anderen Wunsch mehr, als in den Flammen Deines hlst. Herzens verzehrt zu werden. Der Welt möchte ich ganz und gar tot sein und oft fällt es mir erst nach ein paar Stunden wieder ein, dass ich mich in dem Tränental befinde. Ich finde gar keinen Reiz an ihr, weder an Geld und Reichtum, noch an Ansehen und Ehren. Mein Glück, meine Freude und Seligkeit ist Jesus allein, den ich liebe und der in meiner Seele wohnt. Sehr oft darf ich im Traum die hl. Kommunion empfangen und kann dann so innig beten, so kann ich es, wenn ich wach bin, nicht.

Die Sehnsucht, Gott ewig zu besitzen, steigert sich in den Jahren immer mehr, und ist einmal das Herz von dieser himmlischen Sehnsucht ganz verzehrt, dann darf ich sanft entschlummern am Herzen Gottes. Die Glut der Leiden bahnt mir den Weg zu Himmelsfreuden. Wie ist der liebe Gott so gut, er schickt mir Leiden, die mir so nötig sind, um Ihm näher zu kommen. Mein Jesus, ich lege alles in Dein heiliges Herz. Ersetze Du alles, was mangelhaft ist und noch voller Fehler. Mein Jesus, diese Schmerzen, die ich jetzt leide, vereinige ich mit Deinen Schmerzen und will sie gerne tragen zur Abbüßung meiner Sünden. Alle meine Leidenstage will ich im Geiste der Buße, der Sühne und der Liebe in Vereinigung mit dem Willen Gottes verbringen. Täglich will ich Jesus danken für alle Gnaden und Wohltaten. Und so bin ich allzeit glücklich, auch wenn ich recht viel leiden darf.

So mache ich es mit allen Gaben Gottes. Sehe ich z. B. nachts den sternbesäten Himmel, so bitte ich die Sterne, sie möchten mit ihrem Licht den lieben Heiland grüßen. Oft sage ich: Ihr lieben Sterne, die ihr Jesus, meinen Vielgeliebten schmückt, sagt Ihm, dass ich krank bin und dass die Sehnsucht nach Ihm mir das Herz so ungewöhnlich klopfen lässt. Mein Herz ist ganz von Ihm durchdrungen, den ich liebe und der verborgen in der hl. Hostie die Nahrung meiner Seele wird. […]

Ich möchte überall die Interessen Jesu fördern helfen, sei es durch gutes Beispiel, durch Gebet, Opfer und Leiden.

Das erste Programm meiner Seele lautet: Keine Sünde mehr! Jene drei kurzen Worte sind mir im Laufe des Tages all das, was ich mir in allem zum Ziel gesetzt habe. Und wenn ich dann des Abends mein Gewissen erforsche, fühle ich mich so glücklich, wenn ich auch des Tags sagen kann: Ich war immer in der Herberge Gottes, d. h., mein Gebet ruhte am Herzen Gottes. Mit all meiner Armseligkeit, Sünden und Fehlern, scheut sich der liebe Gott nicht bei mir armen Sünderin zu wohnen. Gepriesen sei die heiligste Dreifaltigkeit immer und ewiglich. Der Gedanke, dass Jesus, mein Vielgeliebter, in mir wohnt, macht mich stets freudig in Leiden und Widerwärtigkeiten und übergroß ist die Seligkeit, die ich nach der hl. Kommunion die Gegenwart des lieben Heilands verspüre. Oder besser gesagt: immer! Ob ich in Leiden oder Freuden bin, ich fühle stets die Gegenwart des Herrn. O heiliger Geist, Du Geist der Liebe und der Gnade, Du bist stets der Regierer meines armen Herzens. Verbanne aus meinem Herzen all das, was Du nicht willst, und bewahre es hier und in Ewigkeit, für Deinen, Dir geweihten Tempel, auf dass Jesus mit Freuden auf das Werk der Erlösung und der himmlische Vater mit Freuden die Erschaffung meines armen Herzens blicken kann. Wie glücklich ist man, wenn man täglich teilnehmen darf am hl. Gastmahl der Liebe, das Brot der Engel genießen kann. Ach welch' innige Freude und Seligkeit fühlt man alle Zeit, wenn man sich sagen kann: Heute war ich so glücklich, den lieben Heiland in der hl. Kommunion in meinem Herzen aufnehmen zu dürfen und morgen wird mir dieses Glück wieder zuteil.

Wenn man so Tag für Tag lebt, immer in Vereinigung mit dem Heiland und in der Gesinnung mit Ihm, wodurch wir Ihn im Laufe des Tages erfreuen können. O wie glücklich ist jenes Leben mit Ihm! Ich habe es schon oft erfahren, dass an jenen Tagen, wo die Welt am tollsten ist und der liebe Gott noch mehr beleidigt wird, wie bei Bällen und dergleichen, wo die ganze Nacht der Lustbarkeit gefrönt wird, dass ich auch da viel mehr leiden darf als sonst. Ich könnte es niemand begreiflich machen, was das für schwere Leidensstunden sind. Ich könnte nur sagen: In Leiden und Schmerzen bin ich gebadet. Mein Gott, Dein heiliger Wille geschehe an mir armen Sünderin allezeit! Alles Dir zuliebe, Dir zum Trost und zur Sühne! O gegeißelter Jesus, die Geißelstreiche mögen an mir das Körperliche, das rein Natürliche zermalmen, wenn nur aus dem leiblichen Entbehren seelisches Gewinnen, aus dem irdischen Absterben ewiges Auferstehen erfolgt.

Wie schön sind die Betrachtungen mit Jesus! Ich beeile mich, stets jedes kleine Opfer aus Liebe dem Herrn anzubieten. Ich nehme mir alles Kleine und Unscheinbare mit großer Liebe an und nehme mir niemals vor, Großes zu leisten und zu vollbringen. Nur alles Kleine und Niedliche, was sich im Lauf des Tages ereignet und das ein wenig Opfer kostet, lege ich mit der größten Liebe, soviel ich arme Sünderin es vermag, in die Hände des lieben Heilands. Ich denke mir oft, dem lieben Heiland freuen viele kleine Blumen auch.

Auch meinen letzten irdischen Wunsch, den ich in den ersten Jahren meines Krankseins hatte, dass ich vor meiner Mutter sterben dürfte, wird nach dem Willen

Gottes erhört werden. Ferner ist es mein Wunsch, dass ich die tägliche hl. Kommunion dem Heiland als Opfer anbieten und übergeben darf. Lass mich leiden und dulden nach Deinem Wohlgefallen, lass mich leiden auf dem Kreuz, auf welches Du mich gelegt hast, bis ich Dir lieb und angenehm bin. Mit Bereitwilligkeit nehme ich den Kelch der Bitterkeit entgegen und danke Dir bis zum letzten Atemzug. Ich habe schon längst keinen eigenen Willen mehr, nur der Wille Gottes ist in meinem Herzen als alleiniger Herrscher aufgestellt. Ihm allein, den ich liebe und der täglich mein armes Herz in der hl. Kommunion aufs neue besucht; Ihm allein habe ich mich ganz willenlos und vollster Hingabe übergeben. Mache mit mir, was Du willst, göttlicher Heiland! Leiden will ich für Dich, leiden und sterben mit Dir. So mache ich es mit allen von A bis Z. Kreuz und Leiden ist meine Himmelsleiter und wie tröstlich ist es unter den Augen und mit Ihm leiden zu dürfen? Wie erhaben ist ein solcher Leidenstag! Wenn es ein besonders schwerer Leidenstag ist, so dank ich Gott und denke mir dabei oft: Wohlan meine Seele, Du hast heute wieder einen Tag gehabt von besonders viel Leiden und hast eine Ähnlichkeit gehabt mit Jesus allein. Peinigen mich oft stark auftretende Kopfschmerzen, o liebster Jesus, dann denke ich mir: Du lässt mich mitfühlen ein Teilchen von Deiner Dornenkrönung. Peinigen mich fortwährend Schmerzen an meinem Rücken, so dank ich Dir, dass Du mich ein wenig empfinden lässt Dein hartes Kreuzesbett. Darf ich oft am ganzen Körper etwas leiden, so dank ich Dir mein Herr und Gott, dass ich mir eine Ahnung machen kann von der grausamen Geißelung, die Dein heiligster Leib für mich, arme Sünderin empfinden musste. Und wenn die Nacht auch so schmerzhaft ist und schlaflos wie der Tag, so kann ich den Kreuzestod Jesu betrachten und ich möchte ausrufen: Wie gut kann man mit Jesus am Kreuz sterben, wenn man mit Jesus am Kreuz gelebt hat. […]

Oft bete ich zum hl. Schutzengel: Nimm mich im Geiste mit Dir zur Beiwohnung des hl. Messopfers. Während der hl. Messe vereinige ich mein schwaches Gebet mit dem opfernden Priester am Altar. Himmlischer Vater, ich opfere Dir durch die Hände des Priesters Deinen lieben Sohn mit jener Hingabe auf, mit jener Liebe er sich für uns am Kreuze aufgeopfert hat. Während die Hl. Messe gefeiert wird, ist es mir, ich befände mich auf dem Kalvarienberg und sehe da im Geiste alle Leidensszenen des Heilands. Und während ich die Messgebete mitbete oder den Rosenkranz, empfinde ich in dieser Gnadenzeit große Seligkeit, besonders in den drei Hauptteilen der Hl. Messe. Ich bete dabei viel um die Bekehrung der Sünder. Mein Jesus, ich bete Dich an aus dem innersten Grunde meines Herzens und bitte Dich bei Deinem hl. kostbaren Blut, das Du für alle vergossen hast. Schenk einen Tropfen von Deinem Blut für meine arme Seele, einen Tropfen für meine Eltern und Geschwister und die Kinder meiner Geschwister, für hochw. Herrn Pfarrer, für die ganze Pfarrgemeinde, für alle meine Wohltäter, Freunde und Feinde, für jeden Priester der hl. Kirche, für den heiligen Vater, für alle Bischöfe und Kardinäle, für jede Seele, der ich versprochen habe, zu beten, für die, denen ich meine Leiden aufopfere, für alle Kinderseelen unseres Vaterlandes, für jede Sünderseele, für jede einzelne Seele von unserem Gottesacker, für jede Seele im Fegfeuer.

Mein Herr und mein Gott! Ich schließe mich ein in Dein heiligstes Herz mit dem innigen Verlangen – Du Seelenbräutigam – im Geiste zu empfangen, Dich wahres Opferlamm! Heiligstes Herz Jesu, ich vertrau' auf Dich und ich danke Dir! Ich will den lieben Heiland begleiten nicht bloß bis zum Palmsonntag, wo er unter lautem Jubel von der Volksmenge begrüßt wurde, als er in Jerusalem einzog, sondern bis zu dem großen Wort: Es ist vollbracht! Als aber die große heilige Woche kam und Jesus anfing, Furchtbares zu leiden, da blieben alle, die Ihn zuvor grüßten, in der Ferne stehen, bis auf ein paar seiner Getreuen. Üben wir uns täglich in den hl. Kreuzessplittern, dann lernen wir auch Größeres standhaft und mit Mut ertragen, wenn uns der liebe Heiland nach dem Palmsonntag einen Kreuzesgruß sendet.

Wenn mir auch täglich so manches Anlass gibt, dass ich immer um eine Stufe abwärts steigen darf in der Verdemütigung, so habe ich dennoch im Herzen stille Freude. Denn was mich auch oft große Überwindung kostet, dies trägt mir auch große Verdienste ein. Je mehr ich mit dem eigenen Ich hinabsteige und im Tal der Demut Blumen pflücke, desto freier und höher schwingt sich der Geist zu Jesus. Mit wie vielen Kostbarkeiten kann ich dann mein ewiges Heim bereichern.

O liebe Himmelsmutter, sollen Dir diese Leiden, die ich jetzt erdulde, zum Trost gereichen; bitte gib sie jetzt Deinem Sohn und tröste ihn! Jeden Tag möchte ich in meinem Staube kleiner werden. Jesus sagt: Verlass Dich selbst und Du wirst mich finden! Herr, ich überlasse mich Dir gänzlich! Ich wünsche mir und allen Menschen unter den Schatten des Kreuzes zu ruhen, wo die Liebe angeheftet ist, damit unsere Herzen alle untadelhaft bleiben und ihre Pflichten erfüllen. Was ich jetzt leide, so muss ich zu mir selber sagen: das alles kommt von Gott! Er könnte mir in einem Augenblick alles wegnehmen, doch nein, es ist mir so nützlich. Und mit heiliger Liebe und Freude will ich mein Kreuz umfassen und küssen und nach Gottes heiligem Willen solange leiden, bis ich reif werde zur ewigen Liebe, zum ewigen Leben. Mein Gott, ich preise Dich mehr für alle Leiden, die Du mir schenkst, als für die unendlich vielen von Dir erhaltenen Freuden. Die wahre, göttliche Liebe erlangt man nicht, wenn man aus dem Kelch des Leides nicht getrunken hat, die Entziehung des Lichtes nicht erfahren und die Verlassenheit von Seiten Gottes nicht erduldet. In der Kreuzesschule da gibt es viele, fast alle Stunden, Anlässe zur Selbstüberwindung und Abtötung seines eigenen Willens. Herr, nimm mich wie ich bin, mit allen meinen Fehlern und mach mich, wie Du es haben willst! Könnten wir oft das Bild unserer Seele schauen, so denke ich, würden wir so manchen Eisberg darin erblicken, nämlich in den Stunden der Verlassenheit und Finsternis, wenn sich die göttliche Sonne mit ihren Wärmestrahlen einen Augenblick entzieht. Wie nützlich ist aber dies für uns alle. Welch große Verdienste können wir uns da sammeln. Je größer die Sehnsucht nach Jesus, unserem Vielgeliebten, ist, desto schneller schmilzt das Eis, desto schneller weicht die Finsternis. Kreuz um Kreuz, Verlassenheit um

Verlassenheit, Schmerzen um Schmerzen, alles nehme ich mit Freuden an, aus Deiner Hand, mein Gott! Mir bietet mein Leidenszustand, der jetzt schon 21 Jahre dauert, viel. Täglich darf ich die Nägelspitzen des Kreuzes und die Stacheln der Dornenkrone mehr oder weniger empfinden. Doch ich bin so glücklich und danke dem lieben Heiland für jeden Leidensdorn. Der zurückgelegte Kreuzweg sagt es mir deutlich, dass mir der liebe Gott schon so viele Gnaden erwiesen hat. Nach so langem schweren Leiden ist es der Wille des Herrn, dass ich noch lebe. Ich lebe im Kreuz und hoffe auch, durch und mit dem Kreuz zu vollenden, und der Herr wird mir armen Sünderin gnädig und barmherzig sein. Der Lobgesang von den drei Jünglingen im Feuerofen, der ist auch in meiner Tagesordnung eingeschaltet. Ich möchte ihnen stets nachrufen: Alles, alles lobe und preise den Herrn! Im Willen und in der Lobpreisung Gottes soll jeder Augenblick meines Lebens vergehen und ich freue mich, wenn einmal die Zahl der Tage meines Leidens voll sind, um ewig zu Jesus gehen zu dürfen. Ich denke mir, mein Bett sei der heilige Wille Gottes und ich liege wie angenagelt an dem Willen. Alles, was ich auf dieser Leidensstätte leiden darf, nehme ich mit Liebe aus der Hand Gottes an, und so hoffe ich, dass mein Leiden und meine Armseligkeit eins sind. Wenn man täglich mit der hl. Kommunion mit Jesus vereint ist, dann ist ja das Kranksein nicht hart. Und wenn sich Berge von Leiden über mich auftürmen, so vertraue ich auf das heiligste Herz Jesu und halte mich immer in steter Gebetssammlung, dass, wenn ich gerade mit jemand zu reden habe, ich dennoch an Jesus denke und mich seiner Gegenwart erinnere in Liebe, Dank und Sühne. Auch wenn gerade jemand da ist, so redet mein Geist in manchen Unterhaltungen mit Jesus. Auch im Schlaf, das heißt im Traum, empfinde ich immer eine große Geistessammlung. In Nächten, in denen ich so viele Stunden schlaflos daliege, bin ich in großer Gebetssammlung. Auch untertags empfinde ich da großen Frieden, überall ist mein Denken, Wünschen und Wollen auf Jesus gerichtet. Nicht im Lärm der Zerstreuung, nicht im Geist der Leidenschaften, nicht im Tummel weltlicher Sorgen und Aufregungen werden wir die Einsprechungen des lieben Heilands vernehmen, sondern nur dann, wenn wir uns Mühe geben, an seine Gegenwart zu denken. Halten wir alles aus unserem Herzen fern, damit wir die Einsprechungen Jesu vernehmen. Bleiben wir klein in unsren Augen, durch die Einfalt, den Gehorsam und die Hingabe. Wir sollen sein wie die Schnecke, die ihr Häuslein stets herumträgt, aber sofort die Fühlhörner einzieht, wenn sie auf einen feindlichen Gegenstand stößt. Ergießen wir uns deshalb nicht nach außen, sondern halten wir uns, soweit als möglich, in heiliger Sammlung. Was würde es uns nützen, wenn wir in unserem Seelenhäuslein selten zu Hause sind, wie könnten wir da die Stimme des Hl. Geistes vernehmen, wenn wir nur auf die Stimme der Geschöpfe hören würden? Wenn wir da selten zu Hause sind und lassen unseren himmlischen Gast ganz allein, wie könnten wir da seine Nähe und Gegenwart verspüren?

Es gibt viele Blumen, die kein Mensch jemals sieht und findet, namentlich Alpenrosen und Edelweiß. Sie blühen auf und sterben ab und kein Auge hat es gesehen als nur das Auge Gottes. So viele Blumen es gibt, so viele Tugenden gibt es auch. Wie oft gleicht ein verborgenes Leben einer noch nie gesehenen Blume und doch sieht es der Vater, der im Himmel ist. Wie manche stille Jungfrau verkehrt nicht mit der Welt, bleibt verborgen ihren Augen, lebt nur für Ihn allein, für den alle Blumen blühen. Sie sieht in jedem Blümlein das Auge Gottes und jedes Blümchen erinnert sie zur Nachahmung der Tugenden. Kein menschliches Auge sieht es, was sich eine solch verborgene Seele für den Himmel verdient, niemand sieht es als das Auge Gottes. Sie ist eine stille verborgene Blume für den Himmel.

O wie möchte ich allen Jungfrauen zurufen: Wie schön ist ein keusches Geschlecht im Tugendglanze, wie schön ist der Jungfrauen Herzensgarten mit gar köstlich duftenden Blumen geschmückt. Der Bräutigam reiner Seelen wohnt gern dort und die Engel erfreuen sich ihrer Blüten und sind ihre Spielgenossen. Ich möchte jeder Jungfrau zurufen: Jungfrau hüte Deine Unschuld um jeden Preis. Rette Deine unsterbliche Seele und lass in Dir den Frühling Deines Herzens mit seinem Wohlgeruch fortblühen durch all die Jahre, bis Dich der Herr hinüberpflanzen wird in die ewigen Auen, wo all, die reinen Herzens sind, Gott anschauen werden. Die Jungfrauen dürfen in der Nähe des Herrn sein, hier und im Himmel. Heiligstes Herz Jesu, ich vertraue auf Dich!

Meine Zufluchtsstätte ist Jesus im hl. Sakramente. Du, mein Heiland, hast Worte des ewigen Lebens. Als Schwächlinge stärkt Er uns beim hl. Gastmahl; als Weinende bist Du uns ein Trostspender. Den Stürmen des Lebens, welche in und um uns toben, gebietest Du Schweigen und es herrscht vollkommene Ruhe. Nur nach Dir, mein Gott, geht mein Verlangen! O wann werde ich sagen können: Mein Geliebter ist mein und ich bin sein, nicht ich lebe mehr, sondern Christus lebt in mir. Die Sonne meines Herzens ist Jesus im heiligsten Sakrament. Auch wenn ich stets viel leiden darf, ist da nicht jeder Leidenstag von dieser himmlischen Sonne bestrahlt? Wenn ich mir da z. B. denken müsste, es gehe mir schlecht, weil ich vielleicht dieses oder jenes leiden darf, – so zu denken könnte ich nicht. Das würde gewiss dem lieben Heiland recht wehe tun und ich möchte keinen solchen Gedanken im Herzen haben. Und übrigens, wenn man so lange krank ist, lernt man ja das Leiden lieben und lernt lächeln im tiefsten Schmerz. Dazu trägt auch viel bei, weil ich stets an das große Geheimnis, an die hl. Kommunion denke, dass ich alles gern und mit Freuden hinnehmen kann. Ich freue mich, wenn das schöne Fest der Vereinigung kommt!

Ich vereinige meine geringen Werke mit den zahlreichen und großen Tugenden, mit der so viele Seelen Jesu in der weiten Welt heute Abend und während der Nacht sich vorbereiten und mit welchen die betreffenden Tagesheiligen in ihren irdischen Leben dieses taten. In den Abwechselungen im Gebet bitte ich auch stets den Heiligen Geist um die Liebe und Gnade. Seine Sache ist es ja, meine arme Seele in die rechte Verfassung zu bringen für den würdigen Empfang der hl. Kommunion. Auf die rechte Seelenverfassung kommt es viel an! O mein Gott, schenke mir diese Gnade und auch recht viele Opfer, Kreuzesliebe und Aufwärtsschreiten zum Vaterhaus. Immer vorwärts, stets dem Kreuz nach, immer aufwärts zu Jesus. Jesu Leiden, Kreuz und Tod, sei mein Trost in aller Not! Das Himmelreich fordert Gewalt und nur die, die Gewalt anwenden, reißen es an sich. Wo Jesus ist, da geht alles gut und nichts fällt schwer. Wo aber Jesus nicht ist, da herrschen Mühsal und Beschwerden ohne Zahl!

Es lebe Jesus in der hl. Kommunion! Zwei Bitten, die mir sehr not tun, lege ich dem lieben Heiland nach der hl. Kommunion an sein heiligstes Herz und bitte Ihn darum recht innig um seine Liebe und Gnade. Erstens: Er möge meine noch ungesühnten Sünden und Sündenstrafen tilgen, damit ich frei von allem Druck geistiger Schulden mit frohem Herzen den Weg der göttlichen Gebote gehe und mir Schätze für das ewige Leben sammeln kann. Zweitens: Jesus möge mir die Gnade schenken, in Kraft dieser himmlischen Speise nie mehr eine klar überlegte Sünde zu begehen und die Zahl der unüberlegten Fehler und Unvollkommenheiten zu mindern und auszurotten von Tag zu Tag. In jedem Punkte will ich es recht getreu machen, um dem lieben Gott Freude zu bereiten. Welch kostbaren Minuten schenkt mir der liebe Heiland bei seiner Einkehr in der hl. Kommunion. Diese Minuten sind die Zeit der Bereicherung an Schätzen, die Rost und Motten nicht verzehren, eine Zeit der geistigen Ernte, wie es keine andre gibt. Wenn mir gerade in der Nacht oder untertags nichts Besonderes im Gebet vonstatten gehen will, so mache ich halt inzwischen viele geistige Atemzüge, so nenne ich meine Stoßgebete. In diesen Gebeten liegt ja ein so großer Schatz. Sie vermitteln mir ja die goldene Straße zum lieben Heiland im Sakrament und wie ein starker Magnet ziehen sie mich hin zu Jesus. Wenn ich den lieben Heiland im heiligsten Sakrament besuchen gehe, so gehe ich zu Ihm auf lauter Stoßgebetlein. O diese schöne goldene Straße! So mache ich es immer! Mein Gott, mit Liebe will ich das Kreuz entgegennehmen, das Du mir darreichst. Wie dürfte ich mich gegen dasselbe wehren? Nein mein Jesus, ich habe es Dir in meiner Hingabe als Opferseele versprochen, dass ich jedes Kreuz aus Deiner Hand annehmen will, das Du mir zu senden für gut findest. Soll ich mich also nicht freuen, wenn Du mir täglich ein Kreuz auf die Schultern legst und mir dadurch Gelegenheit bietest, Deinem göttlichen Herzen Sühne zu leisten. O mein Jesus, mit Liebe will ich dieses Kreuz umfangen und bis zum letzten Atemzug soll es meine Freude, meinen Ruhm und meine Wonne ausmachen. Der Welt will ich ganz abgestorben sein und mich in nichts rühmen als in dem Kreuz Jesu, meines göttlichen Bräutigams, durch den mir die Welt gekreuzigt ist und ich der Welt.

Ich verlange keinen anderen Schatz als die heilige Armut, keine andere Wonne als sein Leiden, keine andere Liebe als Ihn selbst. Was liegt denn mir daran, was andere von mir halten, denken und sagen, ich bin ja doch nur das, was ich in den Augen Gottes bin. Wir können nicht genug von uns denken wie gering wir sind; wir müssen es so weit bringen, dass wir in den Augen der anderen als recht unvollkommen dastehen, anstatt dass wir, wenn sich eine Gelegenheit zur Verdemütigung bietet, gleich auf unsere Eigenliebe hören und nachgeben. O Gott, Du allein weißt, wie arm, elend und unvollkommen ich bin vor Deinen heiligen Augen. Sei mir armen Sünderin gnädig und barmherzig! Äußerst arm ist, wer ohne Jesus lebt. Aber überaus reich, wer mit Jesus täglich in der hl. Kommunion vereint ist und stets mir Ihm befreundet. Jesus allein ist der Gegenstand meiner Gedanken, Worte und Handlungen. Er ist der Mittelpunkt aller Triebe und Empfindungen meines Herzens. O liebster Jesus, sei wenn ich arbeite meine Absicht, wenn ich leide mein Trost, wenn ich ruhe meine Erholung, wenn ich wache mein Augenmerk, wenn ich schlafe mein Traum. O Jesus, wenn Du mir die irdischen Fesseln löst, so lass mich ewig jene Seligkeit genießen, die Du mich nach der hl. Kommunion fühlen lässt. Ich habe es mir schon oft gedacht, wenn ich im Geiste vor dem heiligsten Sakrament weilte, dass die hl. Kommunion das Brot der Engel genannt wird und wir arme Erdenpilger dürfen uns täglich mit dem Brot der Engel nähren. Sollten wir da nicht leben als wie die Engel, um unser Herz rein zu behalten und täglich mit glühender Andacht vorbereiten für Jesus allein? Die beste Vorbereitung und Danksagung ist ein heiliges Leben, dass wir dann stets rufen können: Ich lebe, doch nicht ich, sondern Christus lebt in mir!

9. Charismatische Stigmatisation

Es ist eine bestens fundierte und unbestrittene Tatsache, dass die selige Anna Schäffer von 1910 bis zu ihrem Lebensende 1925 die Wundmale Jesu Christi getragen hat. Sie gehört dadurch zu jenen Personen, die wegen ihrer außergewöhnlichen Passionsmystik und erhöhter Suggestibilität stigmatisiert wurden. Bezüglich ihrer Suggestibilität ist sicher an den bedingungslosen Gehorsam gegenüber Gott, das tugendhafte Leben und vermutlich nicht zuletzt an die ihr gewährten Visionen zu denken.

Aber hier stellt sich die Frage, was ist unter Stigmatisierung zu verstehen? Es ist das schmerzhafte, sichtbare oder unsichtbare Auftreten der Wundmale Christi am Körper eines Menschen, entweder als Dauerzustand oder periodisch wiederkehrend. Sie äußert sich meist an Freitagen und besonders an Karfreitagen und verursacht in vielen Fällen heftige Schmerzen. Bei der sichtbaren Stigmatisation handelt es sich um Hautblutungen oder hautunterblutige Blasen, feine Häutchen mit durchschimmerten Blut an Händen, Füßen, in der Herzgegend und ebenso an der Stirn (Dornenkrönung!). Auch Wunden an der Schulter (Kreuztragen!) und am Rücken (Geißelung!) sind möglich. Medizinisch betrachtet führen die Stigmen zu keinen Entzündungen oder Eiterungen und sie widerstehen auch allen ärztlichen Heilungsversuchen.

Unter der charismatischen Stigmation, so wie sie Anna zu tragen hatte, ist eine sinnenhafte Ausstrahlung eines ekstatischen Passionserlebnisses im Gnadengrund der Mystik zu verstehen. Sie ist wohl immer in einem durch äußerste Betroffenheit und große Sensibilität geprägten Glaubenszusammenhang zu suchen und hat eine asketische Dimensionierung und entsprechend visionäre oder ekstatische Implikationen zur Folge.

Die Stigmatisation wird in der Theologie je nach dem sonstigen Verhalten des Trägers der Wundmale Christi bezüglich des Tugendlebens und der Spiritualität als göttliches Charisma oder aber, was auch schon vorgekommen ist, als Autosuggestion beurteilt.

Gott lebt! Und in besonderer Weise lebt er in seinen Heiligen und Seligen. Nirgends aber vermag Christus und seine Opfertat auf Golgota lebendiger vor des Menschen Seele zu treten als in den Trägern seiner Wundmale und in deren Passion aus Liebe zu Gott. Das gerade ist das Bedeutsame in der Geschichte der Stigmatisierten, dass hier Christus der Gekreuzigte, gleichsam als lebendige religiöse Wirklichkeit, den Menschen begegnet. Deshalb ist auch die Aneinanderreihung der Träger der Wundmale im Lauf der Jahrhunderte so geeignet, der Welt die Mission seines Opfer- und Erlösungstodes in ihrer ganzen Größe vor Augen zu führen.

Wenn die Opfertat Jesu auf Golgota und die Nachfolge des Gekreuzigten das zentrale Anliegen des Christentums sind, dann ist das Leben der Stigmatisierten ein einzigartiger Wegweiser für das Leben in der Welt. Der Einbruch des Übernatürlichen, der sich mit der Einprägung der Wundmale von Gott besonders Begnadeter seit Jahrhunderten vollzieht, wird so zu einem ergreifenden Appell an die Kirche und an jeden Christen. Zugleich müsste es den Glauben der Menschen machtvoll beflügeln.

Die von Gott auserwählten Träger der Wundmale Christi haben allein durch ihre Existenz die Aufgabe zu erfüllen, den Menschen die Bedeutung der Erlösung durch den Opfertod des Herrn nahezubringen und ihnen damit Kraft und Stärke im Glauben zu vermitteln.

Von Stigmatisation wird erst seit der Entwicklung der Passionsmystik im Hochmittelalter gesprochen, es sei denn der Galaterbrief des hl. Paulus (6,17) wird als Stigmatisation des Apostels interpretiert. Er spricht von den Stigmata Jesu, die ihm mehr als Beschneidung und auch Taufe bedeuten, wenn er sagt: „Ich trage die Wundmale des Herrn Jesus an meinem Leib". Dies weist auf seine innigste Sterbens- und Auferstehungsgemeinschaft mit Ihm hin.

Bekanntlich hat sich im Hochmittelalter das Christusbild zu wandeln begonnen: Nicht mehr der Dominus Rex der Romanik stand im Vordergrund, sondern der Leidensmann der Gotik. Durch die Passionsmystik wurde nun der Bezug zum leidenden Christus wachgehalten. Sie sollte den Gläubigen befähigen, im Leiden dieser Welt die Passion des Herrn wiederzuentdecken, die im Neuen Testament begründet ist.

Der erste nachweisbare Träger der Wundmale Christi war 1224 der große Heilige Franz von Assisi (1181/82 Assisi – Assisi 1226). Sein Leben ging neue Wege in der Verwirklichung evangelischer Armut, die ihm die Entdeckung der letzten Armut am Kreuz vermittelt hat und der er sich so hingab, dass er an seinem Leib die Stigmata empfing als sichtbares Zeichen seiner Passionsmystik. Seine Ausstrahlung erwies sich für die folgenden Jahrhunderte als außerordentlich fruchtbar.

Die selige Anna Schäffer zeigt auch heute noch beispielhaft den Weg, wie jeder persönlich am innigsten mit dem Herrn vereinigt werden kann. In ihrem Leben spielen Kreuz und Leiden die entscheidende Rolle. Sie ist dadurch eine starke Künderin jenes königlichen Weges des Kreuzes, der am sichersten zur Gemeinschaft mit Christus führt und der die weithin verkannte Macht des Gebetes, der Sühne und Buße als entscheidende Kräfte der Gott-Vereinigung vor Augen rückt. Das Leiden ist nämlich die stärkste Macht, die den Menschen mit Christus verbindet. In nichts zeigt sich daher deutlicher die erzieherische Bedeutung der Stigmatisierten als in dieser Hinführung zum Geheimnis des mystisch-leidenden Leibes Christi, in den sich jeder bewusst eingliedern sollte. Das Leben und Leiden Annas als Trägerin der Wundmale Christi hat darum zugleich eine hohe aszetisch-missionarische Aufgabe. Es soll die Aufmerksamkeit keineswegs auf das Periphere und Außergewöhnliche lenken, sondern auf den zentralen Weg zu einem wesenhaften Christentum, nicht zuletzt im Hinblick auf die ewige Seligkeit.[1]

In einem Brief der Seligen vom 28. April 1922 an ihre innige Freundin Kathi Plendl findet sich ein bemerkenswerter Hinweis, den „der liebe Heiland vor einigen Jahren" der Dienerin Gottes Schwester Benigna Consolata Ferrero aus dem Orden der Salesianerinnen von der Heimsuchung Mariens zu Como[2] in einer Vision mitgeteilt hat. Anna zitiert: „Die Welt eilt dem Abgrund zu, aber ich werde sie durch eine kleine Schar großmütiger Seelen, die unter meiner Leitung kämpfen werden, in ihrem schwindelnden Lauf aufhalten."[3]

Gehörte nicht Anna selbst zu dieser kleinen auserwählten Schar? Ihre übermenschliche Leidensgroßmut und die Tatsache, dass Christus sie selbst durch die Verleihung seiner Wundmale ausgezeichnet hat, beweisten, dass sie zu seinen ganz besonders auserwählten Werkzeugen gehört hat und zweifellos in seine Pläne aktiv eingereiht war.

Ein tröstlicher Gedanke angesichts der zunehmenden Abkehr von Gott und seinen Geboten, ja eines unterschwellig hasserfüllten Kampfes gegen Ihn, dem Herrn der Welt und seiner Geschichte.

Dass die große Dulderin von Mindelstetten dazu auserwählt war, stellvertretend dem geschmähten Gott Sühne, schwerste Sühne zu leisten, und dass sie diese Mission in völligem Eingehen auf den göttlichen Willen erfüllt hat, ergeben zahllose Tatsachen. Insofern erscheinen die Voraussetzungen für eine so hervorragende Auszeichnung wie die Stigmatisation, die Gott hin und wieder solch frommen, treuen Seelen verleiht, um den Charakter ihrer Leidensaufgabe zu kennzeichnen, gegeben gewesen zu sein. Welche besondere Absicht Ihn dabei bestimmt hat, ist nicht schwer zu eruieren.

Diese Hervorhebung und Auszeichnung durch den untrüglichen Stempel der charismatischen Stigmatisation erhielt die Selige zu Beginn ihres mystischen Aufstiegs. Über den Hergang der Verleihung der Wundmale Christi sind wir bestens unterrichtet, ebenso über die Vorbereitung dieses Ereignisses im Leben der Seligen.

Im Jahre 1910 erlitt Anna eine sehr schmerzhafte Blinddarmentzündung. Sie bekam einen furchtbar aufgedunsenen Leib, verbunden mit großen Leibschmerzen,

1 Vgl. LThK² IX, Sp. 1081f. – Andresen, Carl/Denzler, Georg, Wörterbuch der Kirchengeschichte, München 1998, S. 563f. – Heim, Manfred, Kleines Lexikon der Kirchengeschichte, München 1998, S. 413 – Schütz, Christian (Hrsg.), Praktisches Lexikon der Spiritualität, Freiburg i. Br. 1992, S. 1234f. – Höcht, Johannes, Träger der Wundmale Christi. Eine Geschichte der Stigmatisierten, hrsg. und erg. von Arnold Guillet, Stein am Rhein 1986, S. 434–439.

2 LThK² IV, Sp. 92: Benigna Consolata Ferrero (1885 Turin – Como 1916), Salesianerin im Kloster della Visitazione di S. Maria zu Como, in dessen Kirche sie auch begraben ist. Ihr begnadetes Seelenleben war von der Herz-Jesu-Verehrung geprägt. Der Seligsprechungsprozess ruht gegenwärtig.

3 BKR III. Abt. CAS K. 12: Mindelstetten 28.04.1922: AS an Anna Bortenhauser – Ritter, Emmeram H., „Im Leiden habe ich Dich lieben gelernt!" Die Schriften Anna Schäffers, Regensburg 1999, S. 318f.

so dass ihr Ableben zu befürchten war. Der sie behandelnde Arzt, Dr. Karl Wäldin, verordnete Medikamente, Eisumschläge und täglich ein Bad. Diese Kur, die oft zu Bewusstlosigkeit und Krämpfen führte dauerte acht Wochen. Überdies bildete sich ein Magengeschwür, das nach acht Tagen, an einem Freitag, aufbrach und die Bedauernswerte musste infolgedessen eine ganze Waschschüssel voll Eiter erbrechen. Nach weiteren vierzehn Tagen ging die Aufgedunsenheit ihres Leibes wieder zurück. Weshalb keine Blinddarmoperation erfolgte, entzieht sich unserer Kenntnis.[3a]

Schlicht und ergriffen schildert die Selige den Empfang der Stigmata: „Am 17. September 1910 träumte mir: Ich sah den heiligen Vater Franziskus, er ließ mir seine heiligen Wundmale sehen und sagte mir: ‚Kind, an diesen Wundmalen darfst Du noch vieles leiden!‘ Ich verstand aber nicht, was der heilige Franziskus meinte und getraute mir auch nicht daran zu denken, jenes Leiden mitleiden zu dürfen. Dafür hielt ich mich arme, große Sünderin gänzlich für unwürdig.

Am 4. Oktober 1910, am Fest des heiligen Franziskus, hielt ich nachts die heilige Stunde, wie ich sie täglich halte (diese und andere Gebetsstunden halte ich stets im Geiste vor dem heiligsten Sakrament). Als ich nun einige Zeit betete, da umgab mich auf einmal ein wunderbares Licht, welches meinen ganzen Geist und meinen Körper durchdrang. Ich sah den lieben Heiland in diesem Lichtmeer. Er sagte zu mir: ‚Dich hab ich angenommen zur Sühne meines heiligen Sakramentes, und bei der heiligen Kommunion sollst Du fortan jene Schmerzen meiner heiligen Passion spüren, womit ich Dich armseliges Nichts erlöst habe. Leide, opfere und sühne in stiller Verborgenheit!‘ Da verschwand der liebe Heiland.

Ich zitterte am ganzen Leibe und weinte nun viel ob meiner vielen Sünden und bat den lieben Heiland, er möge mir armen Sünderin gnädig und barmherzig sein. Es war um ein Uhr nachts und ich konnte nicht schlafen. Ich bereitete mich auf die heilige Kommunion vor, die ich an diesem Tage empfangen durfte. Als mir nun morgens der hochwürdige Herr Pfarrer die heilige Kommunion brachte, und die Gebete vor der Spendung sprach, da beim dritten ‚Domine non sum dignus‘ sah ich von der heiligen Hostie fünf Feuerstrahlen ausgehen, die wie ein Blitz in meine Hände, Füße und das Herz fuhren. Es fing sogleich ein unendlicher Schmerz in diesen Körperteilen an. Als ich die heilige Kommunion empfangen hatte, spürte ich im Innern eine solche Feuersglut, dass ich glaubte, ich müsste verbrennen. Mein Gott sei mir armen Sünderin gnädig! Dieses Leiden durfte ich seit 4. Oktober 1910 mitleiden ohne Unterbrechung. An manchen Tagen ist es oft sehr vermehrt, besonders an Donnerstagen und Freitagen und an Sonn- und Festtagen. Schon immer einige Tage zur Vorbereitung auf die hohen Festtage ist das Leiden sehr vermehrt. Mein Gott, ich danke Dir! Mein Gott, ich liebe Dich!“ – Diesen Bericht hat Anna,

3a Lama, Friedrich Ritter v., Anna Schäffer von Mindelstetten. Eine unbekannte Stigmatisierte aus unserer Zeit, Innsbruck 1930, S. 60.

vermutlich durch ihren Seelenführer Pfarrer Rieger veranlasst, am 12. März 1920 niedergeschrieben.[4]

Der schlichte Bericht ist vielsagend. Er zeigt Gottes große Liebe zu seinem Geschöpf, aber auch die bereitwillige Gegenliebe des Menschen zu seinem Schöpfer. Stigmen sind immer eine große unverdiente Gnade, aber auch eine schwere Bürde wegen des immerwährenden Schmerzes.

Voraussetzung für den Empfang der Wundmale Christi ist die Tugend der Demut. Sie ist unerlässlich. Anna besaß sie und in Erfüllung des Auftrags Jesu „[...] opfere und sühne in stiller Verborgenheit" äußerte sie die für sie charakteristische Bitte an den Herrn, er möge ihr die äußeren und auffallenden Male hinwegnehmen. Sie bat aber auch, gleichsam als Gegengabe, um Belassung, ja auch Mehrung der mit der Stigmatisation verbundenen Schmerzen. Es ist leider nicht bekannt, wann die Beseitigung der sichtbaren Wundmale erfolgte. Man muss aber annehmen, dass dies erst nach einigen Jahren der Fall war.[5]

Zunächst sah Anna an ihren Händen und Füßen blaurote Flecken. Die Fußstigmen konnte sie ja verbergen, da sie sich bis etwa 1920 die Brandwunden selbst verbinden konnte. Aber die Hände verbarg sie unter Tüchern, um die Wunden zu verbergen, und wenn sie nach dem Grund gefragt wurde, erwiderte sie nur, dass ihr die Hände Schmerzen bereiten würden. Wohl bemerkte Pfarrer Rieger die eingehüllten Hände, doch er enthielt sich jeglicher Fragen, um ja nichts zu suggerieren. Erst um das Jahr 1920 erfuhr er von der außerordentlichen Begnadigung der Stigmatisation seines Pfarrkindes, und auf seine weitere Frage, weshalb sie es ihm nicht längst gesagt habe, antwortete sie: „Der Heiland hat mir gesagt, sie würden mich einmal schon selbst danach fragen!"[6]

Bis zum Jahr 1918 weisen ihre Briefe und ihre Niederschriften keine Erwähnung, dass sie die Wunden des Herrn tragen durfte, auf. Dann aber erfolgten gelegentlich kurze Erwähnungen. So schrieb sie am 23. Juni 1918 in einem Brief: „Heute ist wieder der beständige Wechsel von Hitze und Kälte; oft geht mir durch die Hände solch' heißes Feuer, dass ich mein', die Feder wirfts mir davon, und in den nächsten Augenblicken bin ich wieder ganz kalt, und so im ganzen Leib!"[7] Aber die stigmatische Ursache ließ sie nicht erkennen. Zwei Jahre später berichtet sie schon deutlicher ihrer Brieffreundin Lina Pritzl: „Mir tun immer die beiden Hände so weh, die Finger nicht und auch nicht das Handgelenk, nur in der Mitte der Hände tut mir ein ziemlich großer Kreis so weh, und so viele Hitzen hab ich daran, dass ich meine, es geht mir eine Glut durch und durch. Es ist dies ja nicht alle Tage gleich und manch-

4 BKR III. Abt. CAS K. 12: Gedanken und Erinnerungen meines Krankenlebens und meiner Sehnsucht nach der ewigen Heimat. Das sicher bedeutungsvollste und reifste Elaborat der seligen Anna Schäffer. Hdschr. 1918 verfasst.

5 Lama a. a. O. S. 58f.

6 Lama a. a. O. S. 247.

7 BKR III. Abt. CAS K. 10: Mindelstetten 23.06.1918: AS an Anna Bortenhauser, Pilsting – Ritter a. a. O. S. 132–134.

mal etwas leichter, dafür dann aber wieder in andren Tagen dafür ärger; dies hab ich auch schon bald 10 Jahre und ist halt Rheumatis."[8]

Über die geistige und seelische Vorbereitung, das heißt die Jahre vor 1910, ist leider nur wenig bekannt. Es ist aber durchaus anzunehmen, dass Anna in dieser Zeit ihr Leiden, das sie an das Bett dauernd fesselte, mit größter Geduld ertragen hat, ebenso alle Widerwärtigkeiten des Alltags wie Armut und Verlassen des Vaterhauses.

Es ist lediglich bekannt, dass sie auf Befragen ihres Seelenführers mitteilte, dass das erste außerordentliche Charisma darin bestand, dass sie ihren Schutzengel sehen durfte.[9]

In einem Brief vom 25. Oktober 1921 bemerkt die Selige: „Die Glut der Leiden bahnt mir den Weg zu Himmelsfreuden. Selbst meine Hände, die so gesund herschauen und nicht geschwollen und gar nichts sind, die schmerzen mich auch fortwährend recht sehr, es ist gerade wie wenn ich eine Hand voll Glut hätte und die brennt mich durch und durch."[10] Am 26. April desselben Jahres hatte sie einen merkwürdigen Traum, den sie in ihrem „Traumbuch" aufgenommen hat, das erst nach ihrem Heimgang zur Kenntnis ihres Seelenführers gekommen ist. Er lautet: „Es befiel mich zum Teile eine große Angst und dann hatte ich auch Erbauung während desselben. Mir träumte, ein Herr mit grauem Vollbart und zwei Frauen kamen zu mir ins Zimmer. Als mich jene drei Fremden begrüßt hatten, sagte der graue Herr, es möchten alle und darunter auch die 2 Damen das Zimmer verlassen, da er mit mir Wichtiges zu besprechen hätte. Und es gingen auch alle. Der Herr stand neben meinem Bett und betete nun so innig, dass ich mich an ihm sehr erbaute. Dann sagte er: ‚Ich muss sie jetzt gründlich untersuchen und mein Schreiber muss alles zu Papier bringen.' Und ich sah auch schon einen Schreiber neben mir sitzen. Nun rieselte mir Angst durch alle Glieder, als er anfing zu untersuchen. Bei den Füßen fing er an und diktierte immer dem Schreiber. Ich verstand das meiste, was er sagte, nicht, sondern nur immer die letzten Worte verstand ich, die er oft wiederholte, als er immer sagte: ‚Grad' wie die Jungfer Emmerich aus Dülmen'. Dann betete er wieder und untersuchte wieder weiter. Sagen brauchte ich ihm gar nichts. Ich dachte mir nur, dass mir die Hände vom Rheumatismus immer so weh tun, das sag' ich nicht. Und bis ich mir's so dachte, erfasste er auch schon meine Hände, und da verstand ich auch nur das Eine, wie ich schon erwähnt. O wie war ich froh, als ich von einem so schweren Traum erwachte!"[11]

Mit dem Hinweis auf die „Jungfer Emmerich von Dülmen" ist die Gleichheit der Aufgabe zu erblicken, die der Seligen übertragen war. Die Parallele zu ziehen erübrigt sich, da ja der Augenschein hinreichend deutlich ist. Jedenfalls, Anna trug die Zeichen übernatürlicher Leidensbestätigung.

---

8 BKR III. Abt. CAS K. 11: Mindelstetten 07.11.1920: AS an Lina Pritzl, Straubing – Ritter a. a. O. S. 247–249.

9 Lama a. a. O. S. 61.

10 Lama a. a. O. S. 244.

11 Lama a. a. O. S. 247 – Weigl, Alfons Maria, Geheimnis einer Liebe. Leben und Leiden der heiligmäßigen Dulderin Theres Mauser in Nittenau, Altötting 1967, S. 98.

Am 16. März 1922 teilte sie Rosa Imlauer mit: „Die Hände feuern mich oft vor Hitze und ist dies auch zum Alltäglichen gerechnet, weil sie mich auch immer so schmerzen und doch kann ich mit denselben allerlei arbeiten und ich danke dem lb. Gott dafür.“[12]

Das wichtigste Zeugnis, dass die große Dulderin tatsächlich stigmatisiert war, ist ihrer frommen Freundin Rosa Imlauer zu verdanken. Sie hat ab dem Jahre 1922 Anna täglich verbunden und im Todesjahr 1925 ihre Erlebnisse mit Hilfe der Schäffer-Mutter aufgezeichnet. Sie schreibt: „Wenn ich oft bei Anna saß, da fasste sie öfters meine Hände und drückte sie gegen ihre Handflächen und klagte: ‚Rosa meine Hände, meine Füße! Die Schmerzen, die ich an den Händen und den Vorfüßen habe, sind noch viel, viel größer als meine Wunden!‘ Man konnte aber nichts Besonderes entdecken und Anna sagte auch nie mehr darüber. Ihre Hände waren wohl glühend heiß und an den Innenflächen hatte sie Vertiefungen hinein wie kleine Schüsselchen. Das ging mir oft im Kopfe herum und manchmal stieg mir der Gedanke auf, vielleicht hat Anna gar die hl. Wundmale des lb. Heilandes; aber niemals getraute ich mir diese Vermutungen auszusprechen, aber wenn ich bei Anna war, da kam immer eine große Ehrfurcht vor ihr über mich und wenn sie mir die Hand zum Grüß-Gott-Sagen entgegenhielt, da musste ich unwillkürlich ihre Hand küssen.

Einmal saß ich wieder bei ihr. Da klagte sie wieder so rührend: ‚Rosa meine Hände, meine Füße!‘ Plötzlich sagte ich: ‚Anna hast Du vielleicht die hl. Wundmale?‘ Woher ich den Mut hatte, diese Frage zu stellen weiß ich nicht; ich hatte auch gar nicht die Absicht zu fragen. Ich weiß nur, dass ich selbst über mich auf's höchste erschrocken war, als ich es gesagt hatte, und Anna war auch im Augenblick so bestürzt, dass sie beide Hände vor das Gesicht schlug. Ich sagte nun: ‚Anna Du brauchst es mir nicht zu sagen, ich weiß selbst nicht wie ich dazu komme, Dich zu fragen!‘ Da sagte Anna, nachdem sie sich von ihrer Bestürzung erholt hatte, ‚ja Rosa, ich will Dir alles erzählen.‘ Dann schenkte sie mir ein kleines Büchlein, das sie sich selbst zusammengenäht hatte und in dem sie alles aufgeschrieben hatte, und ich musste ihr aber versprechen, niemand etwas zu erzählen [...] Anna hatte auch einmal zu mir gesagt, dass ihr der lb. Heiland die Dornenkrone aufgesetzt habe und sie beständig schreckliche Kopfschmerzen habe. Von außen sah man aber nichts Besonderes, nur dass ihre Augen sehr tief in den Höhlen lagen.“[13] Dann schildert Imlauer den Hergang der Stigmatisierung so wie es die Selige in ihren „Gedanken und Erinnerungen meines Krankenlebens und meiner Sehnsucht nach der ewigen Heimat“ 1918 niedergeschrieben hatte.[14] Imlauer fügte zum Abschluss ihrer Niederschrift noch Folgendes dazu: „Als Anna mir erzählt hatte, wie sie die hl. Wundmale

12 BKR III. Abt. CAS K. 12: Mindelstetten 16.03.1922: AS an Rosa Imlauer – Ritter a. a. O. S. 312f.

13 BKR III. Abt. CAS K. 16: Imlauer, Rosa, I. Heft: Aufzeichnungen v. J. 1925. II. Heft: verbesserte Aufzeichnungen v. J. 1925.

14 BKR III. Abt. CAS K. 12: Siehe Kapitel 8.

bekommen habe, da forderte sie mich auf, ihre Vorderfüße genau anzuschauen. Sie zeigte mir nun die Stellen, wo sie die Schmerzen empfinde, und da sah ich Male wie von einem vernarbten großen Nagelkopf. Es war merkwürdig, ich hatte sie vordem schon lange Zeit verbunden und hatte an den Füßen nichts gesehen, erst als mir Anna die Stellen zeigte, sah ich sie. […] Einmal sagte Anna zu mir, wenn sie immer so schreckliche Kopfschmerzen habe, bete sie gern ein Gebet, das sie sich selbst zusammengereimt habe. Es lautet:

‚Herr, gib mir die Dornenkrone,
nimm die rosige zurück.
Fest sie auf das Haupt mir drück!
Deine Braut bin ich.
Wenn die Leiden mich umfluten,
Nimmer löschen meine Gluten,
Wenn mich, Jesus, Du verlässest:
Deine Braut bin ich!‘“[15]

Wann die Dornenkrönung der Seligen stattgefunden hat, ist nicht festzustellen. Es liegt aber die Vermutung nahe, dass es 1918 gewesen ist. Denn gerade der im vorstehenden Gebet erwähnte Austausch einer Rosenkrone lenkt die Aufmerksamkeit auf einige Schauungen, also Träume, die der Beachtung wert erscheinen. So hat ihr die hl. Therese vom Kinde Jesu im Traum eine Dornenkrone überreicht, die ganz von Blut gerötet war, und an jeder Dornenspitze hing ein frischer Blutstropfen. Die Heilige sagte zu ihr: „Eine große Prüfung steht Dir bevor, darunter Du sehr viel im Geiste mitzuleiden hast. Aber es wird zu Deinem Heile sein und es wird alles glücklich und gut enden.“[16]

Ein andermal, am Aschermittwoch, dem 1. März 1920, träumte ihr, dass die an ihrem Bett stehende Gottesmutter zu ihr sagte: „Nandl, es ist jetzt Zeit, dass Du eingekleidet wirst!“ Dann nahm sie ein Kleid und zog es ihr an „grad wie die Klosterfrauen“. Dann setzte sie ihr eine Dornenkrone auf das Haupt und darüber einen Schleier, indem sie sagte: „Noch mehr darfst du jetzt leiden!“ Am Pfingstmontag, dem 24. Mai 1920, gab ihr Maria eine schöne weiße Rose mit dem Bemerken: „Bete, opfere und leide viel für diese Seelen zu ihrer Bekehrung!“[17]

Anna litt tatsächlich in den letzten Lebensjahren unter starken Kopfschmerzen, was Pfarrer Rieger später bestätigt hat. Auch in ihrem Schreiben an Schwester Tatona vom 10. März 1921 kommt dies zum Ausdruck. Sie berichtet: „[…] Peinigen mich stets und recht oft arg auftretende Kopfschmerzen; o lbst. Jesu, dann denke ich mir, Du lasst mich mitfühlen ein Teilchen von Deiner Dornenkrönung.“[18]

15 BKR III. Abt. CAS K. 16: Imlauer a. a. O.
16 Weigl, Alfons Maria, Anna Schäffers geheimnisvolles ‚Traumheft‘, Altötting 1976, S. 41f.
17 Weigl Traumheft a. a. O. S. 40.
18 BKR III. Abt. CAS K. 11: Mindelstetten 10.03.1921: AS an Schw. Tatona – Ritter a. a. O. S. 270f.

Daraus ist zu schließen, dass die Dulderin in den letzten Lebensjahren Kopfschmerzen, gleichsam von eingedrungenen Dornen, erleiden musste.

Ihr Seelenführer, Pfarrer Rieger, sah sich durch die Bitte des P. Stephan Kainz OSB, der etwas über Anna publizieren wollte, veranlasst, einen Bericht über das Leben und Sterben seines begnadeten Pfarrkindes niederzuschreiben. In einem Brief vom 5. Februar 1926 übersandte er den Bericht an den Ordensgeistlichen. Hierin bestätigte er in aller Deutlichkeit, dass Anna stigmatisiert gewesen ist. Und in diesem Bericht spricht schließlich der Hauptzeuge des opferreichen aber überaus begnadeten Lebens der Seligen.[19]

Aber auch einige Zeugen im Informationsprozess haben über die Stigmatisierung ausgesagt, so ihre Nichte, die Zeugin Anna L. Sie berichtete: Anna habe ihr die Hände gezeigt, und sie erinnerte sich: „In der Handfläche war zwar die Haut ganz gesund, in keinster Weise entzündet; nur in der Mitte war eine Stelle frei in der Größe eines großen Nagelkopfes. Wir durften den Finger hintun – es war oben wie unten die Haut darüber – lediglich in der Mitte war alles hohl. Dieser Fleck war weiß wie die übrige Haut. Wir Kinder wussten nicht, dass das die Wundmale Christi seien. Zeitweise hatte sie besondere Schmerzen. Später hat Anna erzählt, sie habe zu Gott gebetet, dass sie wohl die Schmerzen der Wundmale behalten wolle, aber dass nichts davon sichtbar sein solle." Die Zeugin bemerkte ferner, dass die Schäffer-Mutter ihr etwa 1916 – Anna L. befand sich dazumal im 14. Lebensjahr – gesagt habe, dass es sich dabei um die Wundmale des Herrn handeln würde. Die Fußwunde blieb durch den Verband verborgen.[20]

Eine andere Zeugin, Franziska M., Jahrgang 1910, sagte aus: „An manchen Tagen hatte Anna Schäffer ein weißes Tuch um den Kopf gewunden. Zuweilen sagte sie zu mir: ‚Leg Deine Hand neben die meine und vergleiche sie!' Dabei fiel mir auf, dass Anna in der Mitte der Handfläche bei beiden Händen eine Vertiefung hatte mit dem Durchmesser von etwa 3 cm. Ich sagte dann: ‚Ich weiß nicht, warum Deine Hand so ist!' Darauf sah Anna sie an, sagte aber nichts."[21]

Wenngleich er die Stigmata der Seligen niemals gesehen hatte, ist der Zeuge Michael R. überzeugt, dass sie die Wundmale des Herrn getragen hat. Seine Schwester Wally, Jahrgang 1892, die mit Anna befreundet war, habe ihm nämlich erzählt, dass sie die Stigmen selbst gesehen habe. Er wisse nur, dass die große Dulderin ihre Hände eingebunden hatte, wenn Pfarrer Rieger und er als Ministrant ihr die hl. Kommunion gebracht haben.[22] Die in München lebende Zeugin Anna Fr. gab zu Protokoll: „Ich habe als Kind beobachtet, dass Tante Nandl die Hände eingebunden hatte. Ich habe gefragt: ‚Hast Du jetzt auch an den Händen etwas Wehes?'

19 BKR III. Abt. CAS K. 20: Mindelstetten 05.02.1926: Pfarrer Rieger an P. Stephan Kainz OSB: Biographischer Bericht über AS, Hdschr.

20 BKR III. Abt. CAS K. 6: Processus Informativus Sessio IV.

21 BKR III. Abt. CAS K. 7: Proc. Inf. Sessio XXI.

22 BKR III. Abt. CAS K. 6: Proc. Inf. Sessio III.

Anna sagte daraufhin, dass sie ihr sehr weh tun würden. Dann habe ich meinen Vater darnach gefragt und er bestätigte, dass Anna die Wundmale hatte, und er erklärte, dass davon nur er selbst und der Geistliche Rat Rieger, natürlich auch die Schäffer-Mutter davon wüssten.[23] Der Zeuge Michael H., Jahrgang 1910, konnte sich erinnern, dass Pfarrer Rieger zuweilen zu den Kindern im Religionsunterricht gesagt habe: „Kinder, wir haben in unserer Pfarrei eine Dulderin, die die Wundmale Jesu Christi trägt!“[24]

Die Stigmatisation im Frömmigkeitsleben Annas

Alles wahrhaft Christliche hat nach katholischer Auffassung in seinem Innersten jene paradoxe Gestalt, die Paulus einmal in die Worte fasst: „Müht euch ab um euer Heil in Furcht und Zittern; denn Gott ist es, der in euch das Wollen und Vollbringen bewirkt noch über eueren guten Willen hinaus“ (Phil 2,12f.) oder „Seine [Gottes!] Geschöpfe sind wir, geschaffen in Jesus Christus zu guten Werken, die Gott im voraus schon bereitet hat, auf dass wir in ihnen wandeln“ (Eph 2,10).

Auch das Phänomen der Stigmatisation steht unter diesem Gesetz, wie die umfangreiche Geschichte dieser komplexen Erscheinung zeigt. Für ein Urteil über die Verleihung der Wunden Christi an die Selige scheint ein Vergleich mit derselben Erscheinung bei Gemma Galgani[25] wertvoll zu sein. Deren Lebensbeschreibung (1913) und deren Briefe (1916), herausgegeben und ins Deutsche übersetzt[26], hat Anna gelesen, ehe sie den Bericht über ihre Stigmatisation von 1910 im Jahre 1918 niedergeschrieben hat.

Bei Gemma waren die Stigmata nur kurze Zeit, nämlich vom 8. Juni 1899 bis Februar 1901, zu sehen, ähnlich wie bei Anna, wenngleich bei ihr wesentlich länger. Doch die Phänomene selbst und die Einstellung zu diesen war bei beiden grundverschieden. Gegenüber Gemma ist bei Anna Folgendes von Bedeutung: Nach ihrem Bericht vom 20. Oktober 1918 erfolgte bei ihr die Stigmatisation am Fest des heiligen Franziskus 1910 in einer geistlichen Atmosphäre, in einer Art Vision vom eucharistischen Heiland her. Die Stigmen erscheinen nur als „blutrote Flecken“ und er enthält nichts von sichtbaren Blutungen. Anna ist ferner in einmaliger Weise bemüht um die Verborgenheit dieser Wundmale und bat den Herrn inständig um die Beseitigung derselben. Auch in ihren zahlreichen Briefen berichtete sie bis 1918 selbst ihren treuesten Freundinnen nichts von ihrer Stigmatisation, beziehungsweise über die damit zusammenhängenden Schmerzen. Erst im Frühjahr 1919

23 BKR III. Abt.CAS K. 6: Proc. Inf. Sessio XII.

24 BKR III. Abt. CAS K. 7: Proc. Inf. Sessio XXIV.

25 Bezüglich Gemma Galgani siehe Fußnote Nr. 12 im 8. Kapitel: Die Spiritualität Anna Schäffers.

26 Petersdorff, Egon von, Mystisches Tagebuch der heiligen Gemma Galgani, Klagenfurt 1957.

beschreibt sie in ihrem Traumheft[27] einen Traum von 5. März (Aschermittwoch): „Es kam ein ganz weißgekleideter Jüngling herein, mit so ähnlicher Kleidung, wie früher die Apostel hatten. Derselbe sagte zu mir, ich soll ihm seine wunden Hände verbinden, und er zeigte mir dieselben. Aber wie erschrak ich, als ich sah, dass seine beiden Hände in der Handfläche durch und durch durchbohrt waren. In demselben Augenblicke strömte ein so wunderbarer Glanz von seinen Händen und von seinem Angesichte aus und sein ganzer Leib war durchsichtig wie Kristall, und in diesem Lichtglanz verschwand er wieder." Dazu schrieb die Schauende: „O heiligstes Antlitz Jesu, schöner als die Sonne, heller als der Mond und glänzender als die Sterne, erbarme Dich über mich arme Sünderin! M(ein) J(esus) B(armherzigkeit)!"[28] Die Selige erlebte demnach im „Traum" die wunderbare Strahlkraft der durchbohrten, verklärten Heilandshände sowie die seines göttlichen Antlitzes.

Ab dem Jahre 1920 an klagt sie in ihren Briefen über ihre Schmerzen in den Händen und bemerkt dazu, dass sie es für Rheumatismus halte. Dann schreibt sie: „Ich habe mir schon oft gedacht, da müssen erst die Rheumatis-Leidenden etwas ausstehen, die gleich am ganzen Körper zu leiden haben, und können doch dazu kein Glied bewegen. Aber ich kann die Hände bewegen [...] und so kann ich auch daraus schließen, dass sich das Rheumatis doch nicht so fest ansetzen konnte, weil ich immer im Bette bin."[29]

Es fällt auf, dass Anna diese Schmerzen an den Händen mit „Rheumatis" erklärt, obwohl sie doch zwei Jahre vorher erst den Bericht über ihre Stigmatisation gegeben hat. Daraus ist zu schließen, dass sie diese Sache eben vor allen Fremden und aller Öffentlichkeit unbedingt verbergen wollte.

Von dem „Feuer" in den Händen spricht sie nun in den folgenden Jahren immer wieder, so in den Briefen vom 9. März 1921, vom 24. Mai 1921, vom 17. Dezember 1921, vom 16. Februar 1922 und vom 16. März 1922.[30]

Wie sind nun diese Briefe mit den Klagen über die schmerzenden Hände zu verstehen? Was ist daraus für die Stigmatisation bei Anna selbst zu erheben? Folgender Eindruck drängt sich dabei auf: Die Selige hat von 1901 bis 1910 sich immer mehr bei Betrachtung ihres Schicksals und ihrer unheilbaren Wunden an den Beinen von sich selbst freigerungen. Sie hat dieses Leiden gläubig als Schickung Gottes aufgefasst und sich immer mehr freiwillig und aus vollem Herzen Jesus als Opfer in seiner Nachfolge hingegeben. In diese existenzielle Situation kommt 1910 die tatsächliche Stigmatisation hinzu, in der sie vom Herrn eine Bestätigung dieser

---

27 Traumheft. Träume von Juni 1898–1923. Hdschr. verfasst von Anna Schäffer. Ohne Titel und Widmung. Ein Heft; von S. 1–63 beschrieben; 8 Seiten leer. Beilagen: 4 lose Zettel mit Traumniederschriften. BKR III. Abt. CAS K. XII 12a.

28 Traumheft a. a. O. S. 30 – Weigl a. a. O. S. 22f.

29 BKR III. Abt. CAS K. 11: Mindelstetten 07.11.1920: AS an Lina Pritzl, Straubing – Ritter a. a. O. S. 347–349.

30 Die angegebenen Briefe sind in dem Buch: Ritter, Emmeram H., „Im Leiden habe ich Dich lieben gelernt!" Die Schriften Anna Schäffers, Regensburg 1999 zu finden!

Hingabe und der Annahme ihrer völligen Hingabe durch Ihn empfängt und erfährt. In innerster Demut und tiefer Religiosität gelingt es ihr, dass die Stigmen für die Öffentlichkeit völlig verborgen bleiben und bald auch äußerlich fast verschwinden, wobei sie selbst um so mehr um innere Leiden bittet, je mehr die äußeren Erscheinungen verschwinden. Da in den kommenden Jahren die Leiden immer größer und menschlich unerträglicher werden, taucht in ihrer Seele die Erinnerung an das Stigmatisationserlebnis von 1910 wieder auf, und zu ihrer eigenen Erleichterung spricht sie von den besonderen und schweren Schmerzen an den Händen und deutet sie für die Öffentlichkeit als „Rheumatis".

Im Traum vom Ostersonntag 1921 offenbart die große Dulderin etwas vom tieferen Denken ihrer Seele bezüglich der ihr verliehenen Wunden Christi. Die hier aufscheinende „Deutung" oder Sinngebung der Stigmatisation wird ganz deutlich. Ihr träumte: „[…] der liebe Heiland gab mir einen Myrtenkranz und lud mich ein, mit ihm zu gehen. Er führte mich in einen unaussehbaren Saal, darinnen die herrlichsten Blumen waren und so wunderbar wurde da auch gesungen, eine Seligkeit, nicht zu beschreiben!"[31] Hier kommt wahrlich österliche Freude, Jubel und Seligkeit zum Ausdruck!

Auch zwei weitere Träume oder besser „Schauungen" haben sie bestimmt gestärkt. Am 3. März 1920 träumte ihr, der hl. Johannes, der Lieblingsjünger des Herrn, ließ sie den Abendmahltisch sehen und zeigte ihr seinen Platz an der Seite Jesu. Dann sagte er zu ihr: „Mein Platz wird auch Dein Platz sein!"

Am Fest des hl. Franz von Assisi, am 4. Oktober 1921, „träumte mir vom hl. Vater Franziskus. Ich sah im Traum den hl. Franziskus und einen Priester vor mir stehen. Der hl. Franziskus hatte einen großen Rosenkranz von den sieben Freuden Mariens in der Hand, dessen Perlen ganz blutig rot waren. An dem großen Kreuze daran war eine Glaskapsel befestigt. Er zeigte sie mir und sagte: ‚Hier in dieser Kapsel sieht man das ewige Jerusalem.' Ich bat ihn, er möchte mich hineinschauen lassen. Dann sagte er: ‚Für heute darfst noch nicht hineinschauen!' Ich bat aber wieder darum und dann ließ er mich hineinschauen. Aber bei dem ersten Blick war es mir, der ganze Leib und die Seele zerfließen mir in Niegeschauten und Unsagbaren. – Und ich erwachte."[32] Wie viel Trost und Beseligung mag gerade auch dieser mystische Traum der Kreuzträgerin wohl geschenkt haben! Es muss gleichsam ein Zerfließen von Körper und Geist in einer noch nie geschauten, unabsehbaren Schönheit gewesen sein.

Bei der Betrachtung der Stigmatisation Annas wird deutlich: Sie stellt einen Sonderfall dar, weil die Krankheiten und Wunden, die ihr junges Leben belasteten, nicht wie bei den anderen bekannten Stigmatisierten einen nur schwer fassbaren Grund in der Person selbst oder ihrem Seelenleben haben, sondern vielmehr durch ein „äußeres Schicksal". Es ist durch den Unfall im Jahre 1901 entstanden und zunächst rein

31 Weigl a. a. O. S. 27.

32 Weigl a. a. O. S. 49.

körperlicher Natur. Erst dadurch, dass dieser „Unfall“ selbst als Schickung Gottes und schließlich als ein Geschenk der Liebe Jesu gedeutet und verstanden wird, gelingt der Seligen der Durchbruch zu jener Passionsmystik, die sie auszeichnet. Es handelt sich dabei um eine Leidensmystik, die von einer einmaligen Größe ist, weil sie zugleich auf der rein äußeren körperlich-geschichtlichen Ebene wie auf dem inneren, geistig-seelischen Verständnis dieses Erlebnisses aufruht.

Der bedeutende Theologe, Prälat Dr. theol. Dr. phil. Johann Baptist Auer, Professor für Dogmatik an der Regensburger Universität und Mitglied der Päpstlichen Theologenakademie[33], der 1979 für die „Positio super scriptis“ als theologischer Gutachter im Seligsprechungsprozess Anna Schäffers tätig war, hat es so zum Ausdruck gebracht: „Ich finde in den Darstellungen der Stigmatisationen keine andere Stigmatisation, in der ein so gesunder und natürlicher menschlicher Charakter offenbar wird wie bei Anna Schäffer bei all ihrer übernatürlichen Grundlegung und Deutung dieses Ereignisses.“ Und er setzt fort: „Gerade hierin aber liegt m. E. die einmalige Größe dieser Dienerin Gottes und der einmalige Aussagewert der Briefe und Traumberichte dieser Dulderin.“[34]

In einem persönlichen Schreiben an den Autor des vorliegenden Buches meinte er: „Als Theologe muss ich bekennen, dass manche Sätze dieses einfachen Menschenkindes für mein theologisches Denken und meine Versuche einer sprachlichen Formulierung eine echte Bereicherung bedeuten.“

33 Bischöfliches Ordinariat Regensburg (Hrsg.), Totenkalender der Weltpriester, Ordenspriester und Diakone der Diözese Regensburg ab dem Jahre 1962. 7. Auflage des früheren „Mementote fratrum defunctorum“, Regensburg 2005, S. 84: Prof. DDr. Johann B. Auer ist am 17. März 1989 in Regensburg verstorben!

34 Ritter, Emmeram H., Zum Gedenken an einen lieben Mitbruder. Nachruf auf Prof. DDr. Auer, in: „Anna-Schäffer-Brief“ Nr. 15, Juli 1989, S. 9–11.

10. Anteilnahme an den Nöten der Zeit

Es wäre völlig verfehlt anzunehmen, Anna hätte an den Ereignissen ihrer Zeit nicht teilgenommen und ein völlig zurückgezogenes Leben geführt. Das Gegenteil ist der Fall. Sie nahm auf ihre Weise sogar regen Anteil an den Leiden der Mitmenschen. Im Ersten Weltkrieg betete sie und opferte ihre Leiden auf für die Gefallenen und tröstete die Hinterbliebenen, vor allem jene ihres Dorfes, so gut sie es vermochte.

Am 12. Dezember 1914 schreibt sie ihrer Freundin Anna Bortenhauser: „Bei mir, lb. Anna, ist es immer das Gleiche im ganzen 32 Wunden, welche recht stark eitern und seit Krieg ist noch mehr. Opfern wir auch unsere Leiden auf für die Schlachtfeldsünden und um glückselige Sterbestunden für die Soldaten; wollen wir eben den lb. Heiland recht viele Sühne leisten in dieser gefahrvollen Zeit." Dann kommt sie in ihrem Schreiben auf ihre eingerückten Brüder zu sprechen: „Von meinem Bruder Leopold wissen wir noch nichts. Gestern bekam ich vom Schlittenbauer Paulus eine Karte, worin er mitteilt, dass Leopold am 24. September (1914) gefallen ist, da wo mein Bruder war, schlug eine Granate ein und die ganze Gruppe war tot. Die Erkennungsmarken schrieb er, konnten nicht mehr abgenommen werden, weil es zuviel Tote waren und es auch schon abends 10 Uhr war, als sie selbe begruben. Infolgedessen ist bis jetzt noch kein Totenschein und gar nichts gekommen; es heißt nur immer vermisst. Seine Frau dachte immer er wäre in Gefangenschaft; auch schrieb Schlittenbauer, in Gefangenschaft kann er nicht sein, denn es sind dortmals gar keine Franzosen so nahe hergekommen. In Gottes-Namen nehmen wir auch dieses Kreuz geduldig an; der lb. Jesus wusste es ja, dass es für meinen lb. Bruder, eines Heldentodes zu sterben besser war, als vielleicht noch mehrere Erdenjahre, wonach er vielleicht den Himmel nicht mehr so schön bekommen hätte und wir Zurückgebliebenen können uns durch seinen Tod auch noch viel für den Himmel gewinnen. Wollen wir eben für ihn recht viel beten, wenn er noch so manches im Fegfeuer zu büßen hätte, dies ist unser größter Trost, den wir ihm erweisen können. Das Befinden meines Bruders Hans lässt auch noch so manches zu wünschen übrig. Bis jetzt sind ihm 5 Schrapnellkugeln und 3 Granatsplitter herausgenommen worden und jetzt hat er noch 2 Kugeln im Gesäßbacken die stecken 3 cm tief; da wird er jetzt in den nächsten Tagen operiert; die Kugeln, schrieb er, würden ihn weniger genieren, aber er hat auch eine innere Prellung, da hat es ihn zuvor dass er verwundet wurde recht hoch geworfen, weil neben ihm eine Granate einschlug und da hat er eben in der rechten Seite recht viele Schmerzen. Nun überlassen wir auch jenes Kreuz so ganz und gar so wie es

Jesus mit uns haben will. Über kurz oder lang gibt es ja für alle ein Wiederseh'n; und das soll wie wir hoffen werden, im Himmel sein."[1]

Die Selige berichtet aber auch über Ereignisse, die sich in Mindelstetten zugetragen haben: „Der Knöferl [Joseph Knöferl † 10. Dezember 1914, Mindelstetten Nr. 13] ist am Donnerstag morgens gestorben und gestern war die Beerdigung; der hat auch so viel leiden müssen voraus die letzte Zeit, auch war sein Todeskampf ein furchtbar schwerer; wollen wir auch seiner im Gebet gedenken; ich denke, dass Du es schon weißt, dass auch der kl. Josef von Deinem Bruder Max vor einigen Wochen gestorben ist."[2]

Aus Zeugenaussagen wissen wir, dass Anna ihre Angehörigen und ebenso die Besucher immer wieder aufgefordert hat, für die Soldaten, die Vermissten und Gefallenen zu beten.[3] Die Zeugin Walburga M. konnte sich erinnern, dass Anna, vermutlich im Spätherbst 1914, gesagt hat: „Ich leide für die, die nicht mehr beten, die in der Sünde leben und auch für die Armen Seelen." Außerdem sagte sie zu deren Mutter: „Hannabäuerin [Frau Lindl], Dein Mann wird vom Krieg wieder heimkommen, mein Bruder Leopold aber nicht mehr!"[4] Von Interesse ist auch die Zeugenaussage von Apollonia B.: „Die sechs Brüder meiner Mutter waren alle im Ersten Weltkrieg. Die Selige hat sie immer wieder mit den Worten getröstet: ‚Du brauchst Dich um Deine Brüder nicht sorgen, die kommen alle gesund wieder zurück!' So ist es auch eingetroffen!"[5] Franziska M. wusste als Zeugin zu berichten: „Während des Ersten Weltkriegs sind wir Kinder mit Vater und Mutter in den Wintermonaten zu Anna gegangen und haben dort den ganzen Rosenkranz gebetet." Die Zeugin konnte sich auch an das Abendgebet erinnern, das die Selige öfters im Beisein der Familie Forchhammer gebetet hat. Sie hat es aus dem Gedächtnis niedergeschrieben, wie folgt: ‚O gütigster Jesus, Du Liebhaber der Seelen! Ich bitte und beschwöre Dich durch Dein Heiligstes Herz und durch die Schmerzen Deiner unbefleckten Mutter, wasch rein in Deinem Blute alle Sünder der ganzen Welt, die jetzt im Todeskampfe liegen und heute noch sterben werden. Herz Jesu, da auch Du Todesangst gelitten hast, erbarme Dich unser und aller Sterbenden!'" Die Zeugin gab ferner an: „Die Soldaten des Ersten Weltkriegs haben in ihrem Urlaub Anna gern besucht. Einmal bat sie einer um ihr Gebet, auf dass er gesund wiederkommen kann. Nach dessen Weggehen sagte sie zu ihrer Mutter: ‚Ich bete für alle Krieger, auch für diesen. Aber er wird nicht mehr kommen, das kann ich nicht erbeten!' Die Vorhersage hat sich leider bewahrheitet."[6]

1 BKR III. Abt. CAS K. 9: Mindelstetten 12.12.1914: AS an Anna Bortenhauser – Ritter a. a. O. S. 57f.

2 Ebd.

3 BKR III. Abt. CAS K. 6: Proc. Inf. Sessio IV: Zeugin Anna L., Jg. 1902, Lobsing bei Mindelstetten.

4 BKR III. Abt. CAS K. 6: Proc. Inf. Sessio XXVI: Zeugin Walburga M., Jg. 1909, Kösching bei Ingolstadt.

5 BKR III. Abt. CAS K. 6: Proc. Inf. Sessio XV: Zeugin Apollonia B., Jg. 1924, Regensburg.

6 BKR III. Abt. CAS K. 7: Proc. Inf. Sessio XXI: Zeugin Franziska M., Jg. 1916, Mindelstetten.

Der Erste Weltkrieg[7]

Der Friede in Europa zeigte sich bereits in den ersten Jahren des 20. Jahrhunderts durch Weltkrisen bedroht: Deutsche Aufrüstung unter preußischem Kommando, wie bereits 1871 von Bismarck festgelegt, sowie die Aufrüstung der Kriegsflotte des Deutschen Reiches bedrohten England als die größte Seemacht der Welt. Kaiser Wilhelms II. (1859 Postdam – Haus Doorn/Niederlande 1941)[7a] unbesonnene markige Reden, verbunden mit imperialistischer und deutschnationaler Großmannssucht, beherrschten einerseits die deutsche Bevölkerung, andererseits irritierten sie die anderen Staaten. Freilich fühlten sich die Mittelmächte durch die vermeintliche Einkreisung, vor allem durch Frankreich und England, immer mehr in die Isolierung gedrängt. Seit 1871 bestand ja der französisch-deutsche Gegensatz um Elsass-Lothringen; die deutsch-englische Rivalität durch die Flottenaufrüstung, aber auch Russland stützte im Zeichen des Panslawismus die gegen die übernationalen Staaten Österreich-Ungarn und Türkei gerichteten Strömungen auf dem Balkan. Für die Politik der europäischen Mächte vor 1914 waren überhaupt Imperialismus im Sinne des Strebens nach Erweiterung der politischen Macht und der Staatsgrenzen sowie Nationalismus kennzeichnend.

Die Marokkokrisen 1905 und 1911 und die schwelende Balkankrise waren die ersten Vorboten einer schlimmen Zeit. Dann fielen am 28. Juni 1914 die Schüsse von Sarajewo. Die Lunte am Pulverfass fing an zu glimmen.

Aus einem gewissen Kriegsfatalismus heraus nahmen die Regierungen in der durch das Attentat von Sarajewo ausgelösten Julikrise die Kriegsgefahr bewusst auf sich, obwohl die bestehenden Bündnisse defensiven Charakter trugen. Der als lokale Auseinandersetzung Österreich-Ungarns mit Serbien am 28. Juli begonnene Krieg weitete sich durch die Kriegserklärung des Deutschen Reiches an Russland und Frankreich am 1. August 1914 zum europäischen Krieg. Somit wurde die deutschnationale Hybris zu einem weltweiten Unheil, ähnlich wie im Zweiten Weltkrieg, der letztlich eine Folge des Ersten war. Durch Englands Eingreifen mit seinen

7 Taddey, Gerhard, Lexikon der deutschen Geschichte: Personen, Ereignisse, Institutionen. Von der Zeitwende bis zum Ausgang des 2. Weltkrieges, Stuttgart 1977, S. 1273–1275 – Kasamas, Alfred, Österreichische Chronik, Wien 1948, S. 407–473 – Steffen, Gustaf F., Der Weltkrieg und seine Hindernisse, Jena 1918 – Joll, James, Die Ursprünge des Ersten Weltkriegs, München 1988 – Vorgeschichte des Waffenstillstands. Amtliche Urkunden, hrsg. im Auftrag des Reichsministeriums von der Reichskanzlei, Berlin 1919.

7a Wilhelm II., von 1888 bis 1918 deutscher Kaiser und König von Preußen. Er geriet durch seine Sozialpolitik, die die Arbeiterschaft mit der Regierung versöhnen sollte, in Gegensatz zu Bismarck, der 1890 zurücktrat. Er beeinflusste durch seine unausgeglichene Innen- und Außenpolitik und vor allem durch sein militaristisches Auftreten die weltpolitische Entwicklung seiner Zeit in einer für Deutschland oft verhängnisvollen Weise. Leider zeigte er auch keine glückliche Hand in der Wahl seiner Ratgeber. Im Ersten Weltkrieg zunehmend in den Hintergrund gedrängt, ging er am 10. November 1918 in die Niederlande ins Exil. – Vgl. Taddey a. a. O. S. 1304f. – Meyers großes Personenlexikon, Mannheim/Zürich 1969, S. 1405f.

überseeischen Besitzungen entwickelte sich ein Weltkrieg mit dramatischen Folgen für das Abendland.[8]

In Bayern verkündete König Ludwig III. am 31. Juli 1914 die Mobilmachung. Der Text ist knapp: „Ludwig III., von Gottes Gnaden König von Bayern [...] Wir finden uns bewogen, auf Grund des Artikels I des Gesetzes über den Kriegszustand vom 5. November 1912 zu verordnen: Über das Gesamtgebiet des Königreiches wird der Kriegszustand verhängt." Das bayerische Volk, beeinflusst durch die siegessichere Haltung Deutschlands, bejubelte zunächst die Mobilmachung. Aber die Kriegserklärung Deutschlands war keine bayerische Angelegenheit, weder der König noch die Regierung hatten ein Mitspracherecht, und der Bundesrat, der ein Recht besessen hätte, die Entscheidung zu kritisieren, schwieg, weil alle anderen Staaten Deutschlands außer Bayern die Kriegserklärung ohne jede Diskussion mitgetragen haben.

Die bayerische Armee bestand zu Kriegsbeginn aus drei Armeekorps, ein Reservekorps, eine Kavalleriedivision, drei Landwehrdivisionen und eine Ersatzdivision. Die vier Armeekorps bildeten gemeinsam mit einer Landwehrdivision die 6. Deutsche Armee unter dem Oberbefehl von Kronprinz Rupprecht[9] von Bayern als Generalfeldmarschall.

Die bayerischen Truppen wurden im Verlauf des Krieges zunächst an der Westfront eingesetzt, später standen sie an allen Fronten. Mit der Mobilmachung ging der Oberbefehl an die „Oberste deutsche Heeresleitung" unter Kaiser Wilhelm II. über, dem sich auch die mobilen bayerischen Truppen unterstellen mussten, wie es die deutsche Reichsverfassung vorsah.[10]

Papst Pius X., 1954 heiliggesprochen, hatte längst die Katastrophe des Ersten Weltkriegs kommen sehen. Als es dann zum Ausbruch kam, erschütterte ihn dies aufs Tiefste. In einem Apostolischen Schreiben vom 2. August 1914 an die Katholiken des Erdkreises gab er seinem Kummer Ausdruck und lenkte die Herzen zu Christus, dem Friedensfürsten. Er schrieb: „Ich würde gern mein Leben hingeben, wenn ich damit den Frieden Europas erkaufen könnte!"[11]

8 Taddey a. a. O. S. 1274.

9 Kronprinz Rupprecht v. Wittelsbach (München 1869 – 1955 Leutstetten); im Ersten Weltkrieg Oberbefehlshaber der Bayerischen Armee, trat bereits 1915 für einen Verhandlungsfrieden ein und nahm Stellung gegen die Annexionspläne der deutschen Obersten Heeresleitung. Bereits 1917 warnte er vor einer Revolution. Er konnte sich aber nicht durchsetzen gegen den preußischen Militarismus. Nach dem Tode seines Vaters, König Ludwigs III. 1921 lehnte er seine Ausrufung zum bayerischen König ab, vermutlich weil er die kommende Entwicklung deutlich voraussah. Als entschiedener Gegner des Nationalsozialismus begab er sich notgedrungen 1939 nach Italien an einen geheimen Aufenthaltsort, von dem aus er 1945 nach Bayern zurückkehrte. Er trat mit Überzeugung für die Eigenstaatlichkeit Bayerns ein und wurde ein Freund und Förderer der Bayernpartei. – Vgl. Nöhbauer, Hans F., Die Chronik Bayerns, München 1994, S. 426 – Weiß, Dieter J., Kronprinz Rupprecht von Bayern (1869–1955). Eine politische Biografie, Regensburg 2007.

10 Nöhbauer a. a. O. S. 423.

11 Seppelt, Franz Xaver/Löffler, Klemens, Papstgeschichte von den Anfängen bis zur Gegenwart, München 1933, S. 497.

Das niederdrückende Gefühl, dass er das Sterben von Millionen Menschen nicht verhindern könne, hat seinen Tod beschleunigt. Am 20. August 1914 starb er nach kurzer Erkrankung an Lungenentzündung.

Bald nach Ausbruch des Ersten Weltkrieges wurde Kardinal Giacomo della Chiesa, Erzbischof von Bologna, zum Papst gewählt. Er brachte aufgrund seiner charakterlichen Eigenschaften, seiner diplomatischen Ausbildung und seiner adeligen Abstammung die Fähigkeiten mit, die in der ausweglosen Situation der zerstrittenen Völker notwendig und befriedend schien. Er nannte sich Benedikt XV.[12] Bereits am 8. September, zwei Tage nach seiner Krönung, richtete er seine erste Kundgebung an „die Gläubigen des ganzen Erdkreises": „[...] Die Lenker der Völker aber bitten und beschwören Wir inständig, sie mögen ihre Streitsachen dem Wohle der Menschheit zum Opfer bringen; sie mögen bedenken, dass das Menschenlos schon Pein und Leid genug in sich schließt, als dass es noch elender und trauriger gestaltet werden sollte. Mögen sie es bei den schon angehäuften Trümmern, bei dem bereits vergossenen Blut bewenden lassen; mögen sie baldigst die Hand zum Frieden reichen!"[13]

In seinem ersten Rundschreiben an die Bischöfe vom 1. November 1914 („Ad beatissimi") bezeichnete er als Grundübel die Verwirrung der Geister, die Verwilderung der Sitten, den Mangel an Liebe, die Missachtung der Autorität, den ungerechten Klassenkampf, die Begierlichkeit allein nach irdischen Gütern, das maßlose Drängen nach Freiheit, die Missachtung der Gesetze usw. „Wir müssen daher vereint alles aufbieten, dieses Übel auszurotten, nämlich den Krieg und seine Folgen, und zwar dadurch, dass wir den Grundsätzen des Christentums aufs neue Geltung verschaffen, wenn es uns ernst damit ist, das Gemeinwohl zu fördern und Ordnung und Frieden zu schaffen!"[14]

Zu Weihnachten und zur Allokutio vom 22. Januar 1915 rief der Papst von Neuem der Welt zu: Zurück zum Frieden durch die Liebe! Auch seine Bemühungen, Italien aus dem Krieg herauszuhalten, hatten keinen Erfolg. Die liberale Regierung erklärte am 23. Mai 1915 Österreich-Ungarn den Krieg.[15] Auch der Einsatz des Papstes, die damals hochgehenden Wogen des Nationalismus, vor allem zwischen Deutschland und Frankreich, zu glätten, zeitigte keine Ergebnisse.

---

12 Papst Benedikt XV. (Genua 1851 – Rom 1922), Papst von 1914 bis 1922, ist als Friedenspapst in die Kirchen- und Weltgeschichte eingegangen. Er verwies immer wieder auf die Grundübel des Krieges und mahnte zur Beendigung desselben. Unter ihm wurde das Kirchliche Gesetzbuch (CIC) herausgegeben. Außerdem hat er die Konkordatsära seines Nachfolgers Papst Pius XI. eingeleitet. – Vgl. LThK II, Sp. 178f. – Matt, Leonard von/Kühner, Hans, Die Päpste, Eine Papstgeschichte in Bild und Wort, Würzburg 1963, S. 223 – Lenzenweger, Josef u. a. (Hrsg.), Geschichte der Katholischen Kirche. Ein Grundkurs, Graz/Wien/Köln 1986, S. 427f.

13 Seppelt und Löffler a. a. O. S. 502.

14 Reuter OMI, P. Amand, Summa Pontificia: Lehren und Weisungen der Päpste durch die Jahrtausende. 1. und 2. Bd., Abensberg 1978, S. 606–611.

15 Lenzenweger a. a. O. S. 428.

Inzwischen hatte am 20. August die große Schlacht in Lothringen begonnen. Trotz seiner Erfolge brach Kronprinz Rupprecht die Schlacht bei Nancy wegen der zu befürchtenden hohen Verluste an Menschen und Material ab. Nun wurden in der Folgezeit aus unübersichtlichen Gründen die bayerischen Verbände über sämtliche Kriegsschauplätze verteilt, von Finnland bis zum Kaukasus, von Flandern bis nach Mesopotamien.

Im Verlauf des Krieges, der nicht zu dem von vielen vorausgesagten schnellen Sieg, sondern in einen Stellungskrieg mit Hunderttausenden von Toten und Verwundeten führte, wurden immer wieder Forderungen nach Annexionen erhoben. Große Teile des bayerischen Volkes brachten aber seit Mitte 1915 kein Verständnis für diese Pläne auf. Die allgemein schlechte Versorgungslage und die ständigen Preissteigerungen beschäftigten die Menschen mehr als die Ausdehnung von Territorien. Als einer der wenigen Staats- und Armeeführer setzte sich nun Kronprinz Rupprecht, sicher bestärkt als Katholik durch die päpstlichen Friedensbemühungen, für einen Verhandlungsfrieden ein. Er vermochte sich aber gegen die starke Gruppe der Vertreter eines Siegfriedens leider nicht durchzusetzen.

Im Winter 1915 fanden unter strenger Geheimhaltung Sonderverhandlungen über die Rückkehr Belgiens zur Neutralität zwischen Belgien und dem Deutschen Reich statt. Sie kamen durch Vermittlung des Hauses Wittelsbach, das mit dem belgischen Königshaus verwandt ist, zustande. Die schlechte Ernte der bayerischen Bauern hatte eine unzureichende Lebensmittelversorgung zur Folge. So kam es im Juni in München zu einer Hungerdemonstration und zu Straßenkrawallen. Die Ernüchterung und Enttäuschung hatten die anfängliche Kriegsbegeisterung abgelöst, als die Menschen die Realitäten des Krieges an der Front und zu Hause erlebten. Die historisch begründete Abneigung des bayerischen Volkes gegen das Preußentum, dessen Militarismus den Weltkrieg mit verursacht hat, steigerte sich bis zum Hass. Die Gründe dafür waren mannigfach, so die diktatorischen Maßnahmen der Obersten Heeresleitung in Berlin, welche die zivilen Behörden längst abgelöst hatte, der zunehmende Zentralismus zugunsten des Reiches und nicht weniger die Bevorzugung der norddeutschen Staaten bei der Verteilung von Nahrungsmitteln und Gebrauchswaren. Die innenpolitische Lage spitzte sich zu.[16]

1917 – Jahr der Entscheidungen

1917 ist ebenso für die Kirchen- wie für die Weltgeschichte ein Jahr von größter Bedeutung. Gerade in den Monaten Mai bis Oktober, in denen U. L. Frau vom Rosenkranz, die Gottesmutter, den drei Seherkindern in Fatima erschienen ist, um

16 Nöhbauer a. a. O. S. 426–431 – Spindler, Max (Hrsg.), Handbuch der bayerischen Geschichte. Bd. IV: Das neue Bayern 1800–1970, 1. Teilbd., München 1974, S. 364–383.

zu Umkehr, Gebet und Buße zu mahnen, führten Papst Benedikt XV. und sein Nuntius Eugenio Maria Giuseppe Giovanni Pacelli, der spätere Papst Pius XII.,[17] einen schweren Kampf um den Frieden der Welt. Der letzte Grund für dessen Nichtzustandekommen ist darin zu suchen, dass damals die kriegführenden Mächte, entchristlicht und dem Imperialismus wie dem Nationalismus verschworen, mit Ausnahme des Königreiches Bayern und der Donaumonarchie Österreich-Ungarn, nicht mehr auf die Stimme des Papstes und der Katholischen Kirche hören wollten.

Kronprinz Rupprecht von Bayern hat als einer der wenigen Zeitzeugen, die sich über die Zukunft Gedanken machten, in weitblickender Weise die Situation der damaligen Zeit erkannt. Er vertraute seinem Tagebuch am 14. Juli 1917 seine große Sorge um sein bayerisches Vaterland an und schrieb: „Bayern wird sich vom Krieg schwerer erholen als der Norden Deutschlands, da seine Industrie weniger entwickelt ist; es wurde ihm aber auch während des Krieges jede Möglichkeit genommen, sich weiter zu entwickeln, weil ihr unter dem Vorwand, sie sei nicht genug leistungsfähig, unverhältnismäßig wenige Aufträge zugingen. Die Kreise der Großindustrie sind es, die jetzt in Deutschland herrschen. Die letzten Jahre vor dem Kriege schon stand die auswärtige Politik in ihren Diensten; nicht des Landes Wohl war maßgebend, sondern der Profit, den jene Konsortien machten oder zu machen hofften. Alles tanzt vor dem Goldenen Kalb! Wie ein fressendes Gift hatte von Berlin aus der Mammonismus sich verbreitet und eine entsetzliche Verflachung des ganzen Denkens bewirkt. Man sprach nur mehr von Geschäft und Vergnügen. In rücksichtslosester Weise die Kriegsnot ausnützend, haben es Geschäftsleute nun verstanden, durch Schaffung all der verschiedenen in Berlin errichteten Zentralstellen das ganze innerdeutsche Wirtschaftsleben allmählich unter ihre Kontrolle und ihre Gewalt zu bringen. Die Folge wird sein, dass nach dem Krieg der jetzt schon in bittere Not geratene Mittelstand verschwinden und eine Vertrustung [Monopolisierung] treten wird, schlimmer als in Amerika."[18]

Heute, im Jahr 2011, ist leider mit Erschütterung festzustellen, dass sich grundsätzlich nichts zum Besseren geändert hat: Nach wie vor tanzt die Mehrheit der Völker Europas vor dem Goldenen Kalb und der Mammonismus hat sich bei weitem weiter verbreitet und eine Verflachung des Denkens bewirkt; man spricht noch mehr als damals von Geschäft und Vergnügen. Bauern- und Mittelstand, die tragenden Säulen eines jeden Volkes, befinden sich in der Krise. Dazu kommt, was noch schwerer wiegt, eine zunehmende Abkehr von Gott und seinen Geboten bis hin zum Mord der ungeborenen Kinder; der Verfall der Moral; ein noch nie da gewese-

17 Matt und Kühner a. a. O. S. 227 – Ritter, Emmeram H., Pius XII. der marianische Papst, in: „Bote von Fatima", Jg. 34, 1976, S. 30–32; 40–41; 52–54; 60–62; Jg. 35, 1977, S. 4f.; 12f.

18 Ritter, Emmeram H., Vor 80 Jahren: 1917 – Jahr der Entscheidungen, in: „Anna-Schäffer-Brief" Nr. 31, Juli 1997, S. 31–36 – Kronprinz Rupprecht von Bayern, Mein Kriegstagebuch, hrsg. von Eugen v. Frauenholz, 2. Bd., München 1929, S. 225.

ner Ungehorsam gegen Papst und Kirche, ja selbst revolutionäre Strömungen innerhalb der Kirche.

Die Auseinandersetzung mit der Geschichte ist nicht Selbstzweck. Man soll aus der Erfahrung der Vergangenheit lernen, gerade im Hinblick auf die Zukunft, damit das Europa von heute nicht den eingeschlagenen falschen Weg fortsetzt, neuerdings falsche Weichen stellt, sondern sich auf sein christliches Fundament wieder besinnt.

Ohne das Mysterium der Geschichte mit einer pseudotheologischen Selbstsicherheit entziffern zu wollen muss zugegeben werden, dass es in der Vorsehung Gottes keine Zufälle gibt. Es fällt auf, dass im damaligen Königreich Bayern zum erstenmal das Fest seiner Schutzherrin, der PATRONA BAVARIAE, in jenem ereignisreichen Monat Mai des Jahres 1917 begangen wurde, als die Gottesmutter Maria zum erstenmal in Fatima erschienen ist und der spätere marianische Papst Pius XII., Eugenio Pacelli, in Rom die Bischofsweihe empfangen hat, Apostolischer Nuntius am bayerischen Hof in München und mit der päpstlichen Friedensvermittlung bei der deutschen Reichsregierung betraut wurde. Mit Recht sprach daher der große marianische Bischof Dr. Dr. h. c. Rudolf Graber immer wieder von einem geheimnisvollen Band, das Bayern, Fatima und Papst Pius XII.[19] umschlingt.

Wenn man ferner bedenkt, dass Wladimir Iljitsch (Uljanow) Lenin, der mit Willen, Wissen und sogar Unterstützung der deutschen Obersten Heeresleitung (Ludendorff und Hindenburg) im April 1917 aus der Schweiz durch Deutschland gefahren war, um dann auf dem Umweg über Schweden im Mai 1917 in Russland die bolschewistische Revolution anzuschüren, so gewinnt das Fest PATRONA BAVARIAE, die Botschaft von Fatima und die päpstlichen Friedensbemühungen noch eine tiefere Bedeutung. Wenn man darüber hinaus beachtet, dass Lenin während seines Aufenthalts in der bayerischen Hauptstadt 1901/02 gesagt hat: „An der Mariensäule in München wird sich das Schicksal Europas entscheiden!", dann wird man hellhörig.[20]

Es gehört zu den großen Ironien der Geschichte, dass Lenin ohne die Hilfe des Deutschen Kaisers Wilhelm II. – jenes typischen Exponenten deutschnationalistischen und kapitalistischen Systems, das der Kommunist Lenin zerstören wollte – sein Ziel kaum hätte erreichen können, wenn er nicht von deutscher Seite, nämlich der Obersten Heeresleitung, durch Bereitstellung eines plombierten Waggons und massiver finanzieller Mittel unterstützt worden wäre. Lenins Plan sah ja vor, über die Grenzen Russlands hinaus eine Weltrevolution zu entfachen. Dieses weltweite Risiko einzugehen war es dem Kaiser und seinen Heerführern wert, nur um die russische Wehrkraft durch eine Revolution zu schwächen.[21]

---

19 Papst Pius XII. (Rom 1876 – Rom 1958) zählt zu den bedeutendsten Päpsten der Neuzeit. Siehe LThK VIII, Sp. 542f. mit zahlreichen Literaturangaben!

20 Vogel, H., Rhaetenherold, München 1958, S. 241, Fußnote 56 – Bäumler, Ernst, Verschwörung in Schwabing. Lenins Begegnung mit Deutschland, Düsseldorf/Wien 1972 – Spindler a. a. O. S. 860.

21 Person, Michael, Der plombierte Waggon. Lenins Weg aus dem Exil zur Macht, Berlin 1977 – Nöhbauer a. a. O. S. 390.

Wie anders handelte doch König Ludwig III. und seine Gemahlin Theresia! In bitterster Kriegsnot haben sie ihr bayerisches Volk und Vaterland dem Schutz und Schirm der allerseligsten Jungfrau und Gottesmutter anempfohlen und vom Heiligen Vater das Hochfest PATRONA BAVARIAE erbeten.[22] Aber davon wollte damals das mehrheitlich protestantische Deutschland nichts wissen.

Nach zahlreichen vergeblichen Bemühungen schien 1917 der Augenblick gekommen zu sein, um eine unmittelbare diplomatische Aktion für den Frieden einzuleiten. Die Situation der kriegführenden Mächte war einigermaßen ausgeglichen: Die Mittelmächte waren durch viele Schlachten mit hohen Verlusten an Menschenleben und Material geschwächt; die Völker durch große Einschränkungen des Krieges längst müde geworden; die Moral der alliierten Staaten aber wurde durch den Schrecken des unmenschlichen U-Boot-Krieges, von der deutschen Obersten Heeresleitung befohlen, mehr erschüttert, als man in Berlin, Wien und München ahnen konnte. Papst Benedikt XV., der als Friedenspapst in die Geschichte eingegangen ist, ließ am 1. August 1917 mit dem Einsatz der gesamten religiösen und diplomatischen Autorität des Heiligen Stuhles eine päpstliche Friedensnote [23] durch seine Nuntien allen am Krieg beteiligten Staaten überreichen, um einen gerechten und dauerhaften Frieden herbeizuführen. Auch diese letzte päpstliche Demarche blieb vergeblich.

Im Jahre 1917 wäre eine Befriedung ohne Sieger und Besiegte, wie es der Heilige Vater anstrebte, noch möglich gewesen. Wie viel Blutvergießen und Zerstörungen wären dadurch den Menschen erspart geblieben? Aber die Regierung der verfeindeten Nationen wollten nicht auf das Oberhaupt der Katholischen Kirche hören. Arroganz und Überheblichkeit der deutschen Obersten Heeresleitung samt Kaiser Wilhelm II. verhinderten ebenso den Friedensschluss wie die von der Freimaurerei stark beeinflussten Staatenlenker von England, Frankreich und dem 1917 infolge des U-Boot-Krieges in den Krieg eingetretenen Amerika. Außerdem bereitete sich der Protestantismus auf die 400-Jahr-Feier der Einführung der Reformation durch Martin Luther vor und die Freimaurer, denen es vor allem um die Beseitigung der von ihnen verachteten katholischen Monarchien ging, feierten ihr 200-jähriges Gründungsjubiläum. Beiden war das Papsttum in Rom und alles, was von ihm initiiert wurde, suspekt.[24]

Weltgeschichtlich betrachtet wurde das Jahr 1917 nach übereinstimmender Auffassung der Historiker zum Epochenjahr, da seither die Vereinigten Staaten von Amerika und das bolschewistische Russland die Weltpolitik beeinflussten bzw. beherrschten, die europäischen Staaten hingegen ihre Führungsrolle aufgeben muss-

22 Schattenhofer, Michael, Die Mariensäule in München, München [2]1971 – Ritter, Emmeram H./Treiber, Adolfine, 60 Jahre Fest Patrona Bavariae: 1917–1977. Dokumentation: Bayerische Sternwallfahrt nach Altötting am 8. Mai 1977, Abensberg 1977 – Ritter, Emmeram H., PATRONA BAVARIAE! Unter Deinem Schutz und Schirm, Abensberg 1984; [2]1987.

23 Reuter a. a. O. S. 611–613 – Lenzenweger a. a. O. S. 428 – Seppelt und Löffler a. a. O. S. 506–510.

24 Ritter, Vor 80 Jahren, a. a. O. S. 36.

ten und bis auf den heutigen Tag ihren Einfluss nicht wiedererlangten. Ideologisch gesehen standen sich nun in Amerika und Russland der kapitalistische und der sozialistische Materialismus im Ringen um die Weltmacht gegenüber. Dieses Ringen wurde lediglich während des Zweiten Weltkriegs im gemeinsamen Kampf gegen den Nationalsozialismus und den Faschismus notgedrungen für kurze Zeit unterbrochen. Das einstmals christliche Abendland, also Europa, im Innersten zutiefst ideologisch gespalten, seit 1918 größtenteils ohne monarchische Staatsform, stürzte ins Chaos und geriet in Gefahr, von den beiden Großmächten soziologisch und wirtschaftlich ins Abseits gedrängt bzw. negativ infiltriert zu werden.[25]

Man weiß heute gut genug – viele leider erst seit 1945 – , dass der Nationalsozialismus wie überhaupt der Faschismus ein falscher Weg gewesen ist, sich aus der Umklammerung und Bevormundung der Großmächte und Russlands zu befreien. Er war auf dem falschen Fundament, dem eines unchristlichen übersteigerten Nationalismus und auf dem der totalen Menschenverachtung aufgebaut.

Das Europa von heute, weitgehend befriedet und vereint, wird nur dann wieder Kraft, Einfluss und vielleicht sogar seine alte Weltbedeutung erlangen, wenn es sich vom Materialismus sozialistischer und kapitalistischer Prägung befreit und zu seinen Wurzeln, dem Christentum, zurückfindet.

War den Friedensbemühungen des Papstes kein Erfolg beschieden, so gewann seine Liebestätigkeit für die vom Krieg Betroffenen um so größere Bedeutung. Viele Maßnahmen gegen die durch den Krieg verursachten materiellen Nöte traf der Heilige Stuhl, unabhängig von der religiösen oder völkischen Zugehörigkeit der Betroffenen. So setzte er sich zum Beispiel für die Armenier während der türkischen Massaker von 1915/16, bei denen etwa eine Million Menschen umkamen, tatkräftig ein. Der Papst rief immer wieder zur Hilfe auf, machte aber auch vatikanische Geldmittel in der Höhe von ca. 82 Millionen Goldlira flüssig, um die Kriegsnot zu lindern. Schließlich müssen noch seine Mitwirkung am Austausch von über 100.000 Kriegsgefangenen und die intensive Beteiligung am Suchdienst für Vermisste rühmlich hervorgehoben werden.[26]

Der Zusammenbruch der Mittelmächte 1918

Anstatt den Frieden anzustreben, wurde der Erste Weltkrieg rücksichtslos fortgesetzt. Die Verschlechterung der Ernährungs- und Rohstofflage, die Zersetzungserscheinungen in der Donaumonarchie und die wachsenden innenpolitischen Spannungen im Reich forderten die baldige Beendigung des Krieges. Dazu kam das zu erwartende Eingreifen amerikanischer Truppen nach ihrer Kriegserklärung am

25 Ebd.

26 Seppelt und Löffler a. a. O. S. 510 – Lenzenweger a. a. O. S. 428.

6. April 1917. Aber anstatt Friedensverhandlungen einzuleiten, entschloss sich die Oberste Heeresleitung, die Entscheidung durch eine Großoffensive im Westen herbeizuführen. Der am 31. März vorbrechende Angriff lief nach Erfolgen am 4. April östlich von Amiens fest. Die Front kam wieder zum Stehen. Ein erneuter Vorstoß beiderseits Reims am 15. Juli 1917 wurde von den Franzosen erfolgreich abgewehrt.

Auf alliierter Seite hatte General, später Marschall, Ferdinand Foch (1851 Tarbes – Paris 1929)[27], einer der erfolgreichsten französischen Heerführer, am 15. April 1918 den Oberbefehl über alle alliierten Landtruppen übernommen. Er begann seine Gegenoffensive am 18. Juli 1918. Mit amerikanischer Unterstützung und mit zahlreichen Tanks gelang es ihm, die Deutschen im Oktober und anfangs November auf die Antwerpen-Maas-Stellung zurückzudrängen.

Am 28. Oktober 1918 durchbrachen die Alliierten die österreichisch-ungarische Front am Piave. Daraufhin bat die Regierung in Wien um einen Waffenstillstand, der am 3. November in Kraft trat.[28]

Die deutsche Reichsregierung unter dem Nachfolger des altersschwachen Reichskanzlers Georg Friedrich von Hertling (1843 Darmstadt – Ruhpolding 1919)[29] und Prinz Max von Baden (Karlsruhe 1867 – Konstanz 1929) hatte auf Drängen der Obersten Heeresleitung am 5. Oktober den amerikanischen Präsidenten Wilson um Waffenstillstand und Einleitung von Friedensverhandlungen gebeten. Als Voraussetzung forderte Wilson die Räumung aller von den Mittelmächten besetzten Gebiete und die Einstellung des U-Boot-Krieges; letzterer endete am 20. Oktober 1918. Sechs Tage später wurde Ludendorff durch den General und Politiker Wilhelm Groener (Ludwigsburg 1867 – Potsdam 1939)[30], der im Gegensatz zu Ludendorff ein Gegner der Politik des Siegfriedens war, ersetzt. Er stellte sich nach der Novemberrevolution loyal der Weimarer Republik zur Verfügung. In Deutschland vermochte die Einführung des parlamentarischen Regierungssystems den völligen Zusammenbruch nicht mehr aufzuhalten. Der in seinem Selbstbewusstsein schwer erschütterte Kaiser Wilhelm II. musste am 28. November 1918 ins Exil nach Holland gehen und verzichtete samt dem Kronprinzen zehn Tage später auf den Thron.

27 Französischer Marschall Ferdinand Foch war einer der erfolgreichsten Heerführer des Ersten Weltkrieges. 1917 übernahm er das Amt eines Generalstabschefs.

28 Abschluss des Waffenstillstandes zwischen Österreich-Ungarn und der Entente in der Villa Giusti bei Padua.

29 Dr. Georg Friedrich v. Hertling wurde nach seiner Promotion 1864 in Berlin und seiner Habilitation in Bonn 1868 1882 Professor für Philosophie in München. Er wirkte als erster Präsident der 1876 gegründeten „Görresgesellschaft zur Pflege der Wissenschaft". 1875 bis 1890 und 1896 bis 1912 Mitglied des Deutschen Reichstags in der Zentrumsfraktion, deren Vorsitzender er 1909 wurde. 1891 wurde er lebenslänglicher Reichsrat der Krone Bayerns, 1912 bis 1917 Vorsitzender des bayerischen Ministerrates, 1917/18 Reichskanzler. Der überzeugte Katholik zeigte sich in der Politik glücklos und als Hesse fern jeglichen bayerischen Patriotismus. – Vgl. Bosls Bayerische Biographie. 8000 Persönlichkeiten aus 15 Jahrhunderten, hrsg. v. Karl Bosl, Regensburg 1983, S. 340 – Nöhbauer a. a. O. S. 434.

30 Der General und Politiker Wilhelm Groener erwies sich als großartiger Organisator; 1914 Chef des Feldeisenbahnwesens, 1917 Frontkommandeur und 1918 Generalquartiermeister.

Nach Ausrufung der Weimarer Republik wurde am 11. November 1918 im Wald von Compiègne von den kriegführenden Mächten ein Waffenstillstand geschlossen, dem am 28. Juni 1919 für das Deutsche Reich und am 10. September für Österreich die Friedensschlüsse folgten. Die Verträge von Versailles[31], die am 10. Januar 1920 in Kraft traten, zeigten nicht nur eine Diskriminierung des deutschen und bayerischen Volkes, sondern wurden auch die Wurzel für das Aufkommen des Nationalsozialismus und demzufolge des Zweiten Weltkrieges.

Über die Revolution in Bayern und die erzwungene Flucht des Königs und seiner Familie siehe das Kapitel: „Pfarrer Karl Rieger und seine Zeit".

Anteilnahme Annas am Los der Kriegsteilnehmer aus ihrem sozialen Umfeld

Immer wieder betont Anna in ihren Briefen: „Leiden wir alles Herbe und Bittere mit Geduld und Ergebung zur Sühne für die vielen grenzenlosen Frevel, die wider das heilige Gut des Glaubens so vielfach begangen werden und so den lb. Heiland immer mehr beleidigen und seinen Arm der Barmherzigkeit immer mehr zurückhalten. Eine schwere Krankheit hat ja immer viele Nachwehen, die oft scheinen lassen, das alte Übel sei wieder aufgebrochen, und so wird es auch mit dieser langwierigen Kriegskrankheit sein, die viele, viele Nachwehen nach sich zieht. Wie Gott will!" Hier stellt sich die Frage: Woher hatte das Mädchen diesen erleuchteten Blick in die Zukunft?

Die Zeugin Walburga M., Jahrgang 1909, sagte im Informationsprozess aus, Anna habe ihr erzählt, dass sie den Tod eines ihr unbekannten Soldaten „schauen" durfte und dann für dessen Seelenruhe gebetet habe.[32] 1916 teilte die Dulderin ihrer Freundin Anna Bortenhauser am 2. März mit, dass in Thannweiler im Elsass der Mindelstettener Andreas Fent von seinem eigenen Pferd so schwer verwundet worden sei, dass er nach drei Tagen den Heldentod erlitten habe.[33] Am 28. Juli desselben Jahres berichtete sie ihr: „Auch mein Bruder Michl ist vor 2 Tagen in Ingolstadt operiert worden; erhielten heute die Nachricht, dass es gut vorübergegangen ist; er hat an der linken Seite an den Rippen ein Geschwür und das hat er schon seit Weihnachten und der Garnisonarzt, zu dem er den ganzen Winter immer ging, hat es nicht erkannt;

31 Der am 28. Juni 1919 abgeschlossene und am 10. Januar 1920 in Kraft getretene Versailles Vertrag beendete formell den Ersten Weltkrieg mit einem eindeutigen Sieg der Alliierten. Deutschland wurde durch die Reparationen und den Verlust von 70.000 km^2 und 7,3 Millionen Einwohnern schwer belastet. An der am 18. Januar 1919 beginnenden Friedenskonferenz nahmen nur die alliierten und assoziierten Mächte teil, während die besiegten Staaten ausgeschlossen waren. Gegenvorschläge von Seiten Deutschlands wurden weitgehend abgelehnt. Taddey a. a. O. S. 1239f.

32 BKR III. Abt. CAS K. 7: Proc. Inf. Sessio XXVI: Zeugin Walburga M., Jg. 1909.

33 BKR III. Abt. CAS K. 9: Mindelstetten 02.03.1916: AS an Anna Bortenhauser – Ritter a. a. O. S. 43f.

drum ist es so weit gekommen. Die Kette von Kreuz und Leiden wird immer mehr in diesem Tränentale."[34] Einem Priester, dessen Name und Anschrift nicht zu ermitteln möglich ist, schreibt sie am 4. August 1916: „Auch von mir ist ein Bruder [Leopold] vermisst schon seit dem 24. September 1914 und haben bis jetzt noch gar nichts erfahren trotz der vielen Nachforschungen und ein Bruder wird in den nächsten Tagen operiert; der war immer in der Garnison und mein jüngerer Bruder wurde gleich am Anfang des Krieges schwer verwundet; der ist jetzt in der Garnison. Doch habe ich noch meine lb. Mutter und wir können beide das Kreuz aus Liebe zu Jesus tragen. Der lb. Jesus schickt uns nicht mehr, als wir tragen können."[35]

Ihrer Freundin Sr. M. Tatona Bortenhauser teilte sie am 7. März 1917 mit, dass ihr Bruder Max für einige Zeit in Urlaub in Mindelstetten weilte, jetzt aber wieder in Ingolstadt sei. Dann fügte sie hinzu: „Auf's Feld darf er ja Gott sei Dank nimmer. Er hat ja in seiner linken Hand ganz wenig Kraft. Ist nur gut, dass es nicht die Rechte ist, da würde er sich sehr schwer tun, wenn er was anfassen müsste!"[36] Der leiblichen Schwester von Sr. Tatona berichtet Anna über ein Naturereignis: „Am vergangenen Mittwoch die vorige Woche, zog über unserer Gegend ein schweres Schauergewitter in Kösching, Theissing, Kasing und die Ortschaften alle darüber hat's alles total zusammen gehagelt. Vom Korn und Weizen stehen nur mehr ganz kurze Halme, die Ähren alles abgeschlagen und der Sommerbau und auch die Wiesen sind ganz verwüstet; nicht einmal Futter haben die Leute mehr für das Vieh. Die meisten Leute da droben tun jetzt nochmals Sommerbau anbauen. Auch von der Westseite her hat's in jenen Ortschaften alle Fenster eingeschlagen; die Steine ja waren fast so groß wie die Taubeneier und am andren Tag mittags waren noch welche dort, so hoch lagen sie da. Bei uns selbst fielen auch einige Augenblicke so große Steine, aber es dauerte nicht lange. An dem Sommerbau und Wiesen gibt's bei uns keinen Schaden; das Korn ist an manchen Äckern zum Teile und an manchen fast die Hälfte abgeschlagen. Und in den Ortschaften Tettenwang, Hexenagger und darüber soll das selbe Gewitter gleichen Schaden angerichtet haben, als in den oberen Ortschaften; so hörte ich es wenigstens sagen; Heiligstet Herz Jesu erbarme Dich Deines Volkes und schone die Feldfrüchte!"[37] In ganz Bayern wurden 1917 tatsächlich schwere Ernteschäden verzeichnet, was sich auf die Ernährungslage empfindlich ausgewirkt hat.

Die Selige hat unter der weltweiten Heimsuchung des Ersten Weltkriegs schwer gelitten. Nicht nur dadurch, dass sich die allgemeinen Auswirkungen auch für sie fühlbar machten, sondern vor allem durch den Tod ihres Bruders Leopold. Sie erlebte ihn teilweise sogar auf übernatürliche Weise.

---

34 BKR III. Abt. CAS K. 9: Mindelstetten 28.07.1916: AS an Anna Bortenhauser – Ritter a. a. O. S. 67–69.

35 BKR III. Abt. CAS K. 9: Mindelstetten 04.08.1916: AS an Hochwürden (Adressat nicht zu ermitteln!) – Ritter a. a. O. S. 69f.

36 BKR III. Abt. CAS K. 9: Mindelstetten 07.03.1917: AS an Sr. M. Tatona Bortenhauser, Pirmasens/Pfalz – Ritter a. a. O. S. 89-91.

37 BKR III. Abt. CAS K. 9: Mindelstetten 05.06.1917: AS an Anna Bortenhauser – Ritter a. a. O. S. 98–100.

So erzählte sie am 21. Juli 1917 ihrer Freundin Anna Bortenhauser „was trauriges“, das sie sehr schmerzlich empfunden hat: „Am 11. Juli morgens läuteten unsere Glocken zum letzten Mal! Zwei sind heruntergekommen, die große St. Nikolaus und die kleine Sterbeglocke St. Barbara. Ja lb. Anna an diesem Tage hat's in aller Augen viele Tränen gegeben. Jetzt haben wir nur noch die mittlere St. Mariä, welche immer die Viertel u.s.w. an der Uhr anschlägt und dass auch die ganzen [die Stunden] angeschlagen werden, dazu haben's jetzt das kleine Kapellenglöckerl hinauf getan und vertritt die Stelle der großen St. Nikolaus. Und wenn man das Glöckerl läuten oder schlagen hört, so ist es grad, als wie wenn es selbst mitweinen würde, einen solchen mitleidsvollen Ton gibt es von sich. Herr, Dein Wille geschehe!“ Und dann spricht sie zu den „Nachwehen“ der langwierigen „Kriegskrankheit“, wie es bereits im ersten Absatz des dritten Teilkapitels zu lesen ist. Diesem Brief an ihre Freundin fügt sie dann noch hinzu: „Leiden wir darum alles Herbe und Bittere mit Geduld und Ergebung zur Sühne für die vielen grenzenlosen Frevel, die wider das heil. Gut des Glaubens so vielfach begangen werden und so den lb. Heiland immer mehr beleidigen und seinen Arm der Barmherzigkeit immer mehr zurückhalten.“[38]

Es ist sicher keine irrige Annahme, wenn man diesen Sätzen, vor allem ihrer Aussage von der „Kriegskrankheit und ihren vielen Nachwehen“, ein tieferes Wissen zugrunde legt, als den gewöhnlich Sterblichen beschieden war und ist.

Am 27. Juli 1917 vermerkte die Selige in ihren Traumaufzeichnungen bedeutsam: „Ich sah im Traume fast alles, was sich zugetragen!“ Einzelheiten, die auch die Wirksamkeit ihrer eigenen Gebets- und Leidenshilfe andeuten, berichtet eine Vision folgenden Inhalts: „Während des Krieges sah ich im Traume viele Schlachten durchkämpfen und war auch da im Traume auf allen Kriegsschauplätzen. Einmal war ich im Traume wieder auf dem rumänischen Kriegsschauplatz, und es spielte sich daselbst eine große Schlacht ab. Das ganze Schlachtfeld war nur eine Rauch- und Dampfwolke und es war da ganz finster. Nur das Feuer und die Geschosse, die wie Hagelkörner fielen, erhellten den Kampfplatz. Ich war ganz nahe neben unseren Soldaten dort, welche der Reihe nach am Boden lagen. Ich sah auch viele Bekannte unter ihnen und ich ging immer die Feuerlinie auf und ab. Der Feind war auch schon ganz nahe da, und sie sahen mich auch gehen. So oft das Feuer das Antlitz unserer Soldaten erhellte, sah ich dieselben mit schweißbedecktem Angesichte und furchtbares Stöhnen nahm ich von vielen gewahr, deren Züge gerade waren, wie die der Sterbenden. Viele unter den Soldaten sahen mich auch und so viele riefen mir zu: ‚Steh für mich vor! Steh für mich vor!‘ Und für jeden wollte ich vorstehen und ging immer von einem zum andern. Und so oft wieder einer sagte: ‚Steh für mich vor!‘, in eben dem Augenblicke sind mir wieder mehr als 20 Kugeln

38 BKR III. Abt. CAS K. 9: Mindelstetten 21.07.1917: AS an Anna Bortenhauser – Ritter a. a. O. S. 104–106.

durch den Leib durch und ich hielt dieselben auf, dass sie unsere Soldaten nicht trafen. Mehr als 1.000 Kugeln haben mich da getroffen. Wie schwer muss es aber in Wirklichkeit für die Soldaten gewesen sein, wenn schon ein Traume von einer Schlacht so schwer war."[39]

Diese ergreifende Vision ist sicher beachtenswert, sie war keine Halluzination. Durch dieses Erleben wollte Gott vielleicht der Dulderin zeigen, dass das Gebet und all' die stillen Leidensopfer allen Kämpfenden an den Fronten als eine echte Hilfe geschenkt wurden und so manche Soldaten einen „wunderbaren Schutz vor den Kugeln", andere eine Stärkung in ihrer Todesnot erfahren durften.

Wie bereits berichtet, bildete das Entscheidungsjahr 1917 den Höhepunkt des Ersten Weltkrieges. Gott hatte durch Papst Benedikt XV. die Möglichkeit zu einem Verhandlungsfrieden dargeboten. Der deutsche Reichkanzler, Dr. Georg Michaelis[40], hat diesen aber aus Gründen zurückgewiesen, die bereits im vorhergehenden Teilkapitel behandelt wurden, wobei das Lutherjubiläum (Thesenanschlag 1517) eine Rolle gespielt haben dürfte.[41] Gott, der Herr der Geschichte, hat aber die Menschen ihrem Schicksal nicht überlassen, wenngleich er die Willensfreiheit des Menschen unangetastet lässt. Somit war das Fürbittgebet für viele nicht umsonst, wenngleich es zu keinem Friedensvertrag gekommen ist.

Kurz nach der Verlautbarung der Friedensnote Papst Benedikts XV. schrieb Anna ihrer Freundin Anna Bortenhauser am 21. September 1917: „Opfern wir so manches Stündlein nach Meinung unseres Heiligen Vaters auf, damit er recht bald unter den Völkerwirren den Frieden bewirken kann! Unterstützen wir unseren Hl. Vater mit dem Gebet nach seiner Meinung und bringen wir im Geiste der Sühne so manches Opfer nach seiner Meinung."[42]

Von Interesse ist die Zeugenaussage von Michael R., Jahrgang 1899: „Als ich 1918 zum Militär und damit in den Krieg ziehen musste, habe ich mich bei Anna Schäffer verabschiedet. Da hat's mir etwas Geweihtes gegeben und gesagt: ‚Michel, da trifft dich keine Kugel!' Es war ein kleines Fleckerl eingenäht und da hat's g'sagt: ‚Das ist vom Heiligen Vater, das ist das Höchstgeweihte, was es gibt!' Ich habe dieses

39 BKR III. Abt. CAS K. 10: Träume von Juni 1898–1923; ohne Titel und ohne Widmung; Heft, S. 1–63 beschrieben, 8 Leerseiten. Orig. von AS verfasst, hdschr. – Lama, Friedrich Ritter v., Anna Schäffer von Mindelstetten. Eine unbekannte Stigmatisierte aus unserer Zeit, Innsbruck 1930, S. 154f. – Weigl, Alfons Maria, Anna Schäffers geheimnisvolles ‚Traumheft', Altötting 1976, S. 84.

40 Dr. Georg Michaelis (Haynau 1857 – Bad Saarow-Pieskow bei Fürstenwalde 1936), preußischer Staatsmann, Nachfolger Th. v. Beethmann-Hollwegs, von Juli bis Oktober 1917 Reichskanzler und preuß. Ministerpräsident. – Fr. Ritter v. Lama hat 1932 das Buch veröffentlicht: Die Friedensvermittlung Papst Benedikts XV. und ihre Vereitlung durch den deutschen Reichskanzler Michaelis, München 1932. Darin hat Lama unendlich viel dokumentarisches Material zusammen getragen, das die Tatsachen im ungünstigen Licht erscheinen lässt.

41 Seppelt/Löffler a. a. O. S. 510: Hier wird die Voreingenommenheit des Reichskanzlers gegen eine päpstliche Friedensvermittlung bestätigt!

42 BKR III. Abt. CAS K. 9: Mindelstetten 21.09.1917: AS an Anna Bortenhauser – Ritter a. a. O. S. 112–114.

Fleckerl in die Uniform eingenäht. Seit 1918 trage ich es ständig bei mir. Es handelt sich dabei um einen vergilbten Stoff, innen mit gleichmäßig verteilen Punkten zugenäht."[43] Vermutlich handelt es sich dabei um ein vom Papst geweihtes Agnus Dei.

Annas Gabe hat tatsächlich geholfen, denn der Zeuge ist aus dem Ersten Weltkrieg, trotz heftigen Artilleriebeschusses durch Engländer und Amerikaner heil heimgekehrt. Nach dem Krieg bekam er ein Rheumatismus-Leiden mit starken Anschwellungen an den Fingern. Die Selige sagte zu ihm: „Lass dir nur Zeit, das kriegen wir schon wieder weg." Nun ließ sie ihm ein Medikament von der Löwenapotheke in Nürnberg kommen und das Leiden ist tatsächlich vergangen. „Seit dreißig Jahren spüre ich nichts mehr!"

Wie sehr Anna an den Nöten der Zeit teilgenommen hat, zeigt auch die Mitteilung an ihre Freundin: „Heute vor acht Tagen war der Gottesdienst für den Gefallenen Josef Regensburger; er fiel im Dezember in der Schlacht bei Cambrai."[44] Aber am 6. März 1918 konnte sie ihrer Freundin Anna Bortenhauser die freudige Kunde übermitteln, dass ihr Bruder Max „ganz frei ist vom Militär; diese Woche musste er seine Uniform einsenden."[45] Ein andermal erzählt sie ihrer Freundin über ihren Bruder, dass er sich einer Operation im Lazarett unterziehen müsse, weil drei bis vier Rippen total abgekratzt werden müssten.[46]

Die von der Seligen übernommene Sühnebereitschaft für die Menschen ihrer Zeit bedeutete für sie größte Opfer an Leiden. Durch mehrere Träume im Jahre 1918 wurde ihr immer wieder die Opfermöglichkeit vor Augen geführt, der sie durch stete Leidensbereitschaft freudig entsprochen hat. Vielleicht – Gott weiß es allein – sind ihr nicht nur die Toten, sondern auch die Lebenden von damals zu großem Dank verpflichtet, denn, so ist anzunehmen, sie gehörte zu jenen Gerechten, um deretwillen die anderen, das katholische bayerische Volk, verschont blieben, so dass Bayern im Schlamm einer gottlosen Revolution nicht versunken ist. Gott hat ihr in den ihr noch bevorstehenden Jahren Aufgaben zugewiesen, die sie in ihrer Bedeutung sicher erfasst und erkannt hat.

Der Traum bzw. die Vision, von der Anna am 10. Oktober 1918 berichtet, lässt an Deutlichkeit nichts zu wünschen übrig: „Es übergab mir jemand ein unendlich großes Kreuz und legte es vor mir nieder. Es war dasselbe so groß und schwer, dass ich es nicht einmal aufheben konnte, ja nicht einmal ein bisschen vom Platz wenden. Das ganze Kreuz war über und über mit kostbaren Perlen und Steinen besetzt und glitzerte alles so schön und hell wie Kristall. Während ich das Kreuz eine Zeitlang betrachtete und inniges Wohlgefallen daran hatte, da öffnete sich auf einmal

43 BKR III. Abt. CAS K. 6: Proc. Inf. Sessio III: Zeuge Michael R., Jg. 1899.

44 BKR III. Abt. CAS K. 9: Mindelstetten 27.01.1918: AS an Anna Bortenhauser – Ritter a. a. O. S. 128f.

45 BKR III. Abt. CAS K. 9: Mindelstetten 06.03.1918: AS an Anna Bortenhauser – Ritter a. a. O. S. 130–132.

46 BKR III. Abt. CAS K. 9: Mindelstetten 06.09.1918: AS an Anna Bortenhauser – Ritter a. a. O. S. 140–142.

von selbst der obere Deckel des Kreuzes und ich sah das ganze Innere des Kreuzes. Es war dasselbe innen ganz beschrieben von unendlich schöner Schrift. Ich konnte aber vor lauter Staunen nicht lesen, was alles drinnen stand. Nur der Querbalken war überaus kostbar verziert, und es stand in der Mitte desselben mein Name: Anna Schäffer."[47] – Es war ihr Kreuz, das ihr wohl gezeigt wurde. Seine Größe und Schwere lässt ihr sühnendes Heldentum erahnen!

Die Nachricht von der gottlosen Revolution in München und in den anderen Städten des Königreiches Bayern war auch in das Stüblein Annas gedrungen. Das ist ihrem Brief vom 22. November 1918 an ihre Freundin Anna Bortenhauser zu entnehmen. Sie schreibt: „Wieviel hat sich im Armenseelenmonat geändert! Doch Gebet und Vertrauen sind die besten Waffen. Und wenn der lb. Jesus in der hl. Kommunion in unsere Herzen einkehrt, so bitten wir ihn nur umso inniger, denn er ist der Gebieter aller. L(iebe) A.(nna) Nun möchte ich Dir noch was heimliches sagen: Nach der hl. Kommunion empfehle ich dem lb. Jesus stets alle Katholiken recht sehr, die ganze Herde mit allen Hirten. Und da bitte ich stets den lb. Heiland er möge alle glücklich diese Prüfung überstehen lassen und zur Sühne für alle möchte ich mich Ihm als kleines Sühnopfer anbieten und möchte eine kleine Martyrin sein für alle! Auch für alle andren bitte ich Ihn, er möchte ihnen seinen Segen verleihen, dass sie zur Einsicht kommen."[48]

Kaum einen Monat später teilt sie der Oberin Sr. M. Mansueta mit, und wieder spricht sie von den Auswirkungen der Revolution: „O lbst. Jesus. Ich möchte Dir ein kl. Sühnopfer sein und möchte nach Deinem Willen soviel beten und leiden, als ich es arme Sünderin würdig bin, um den Sieg durch den Triumph der hl. Eucharistie und der Thronerhebung des hlgst. Herzen Jesu im ganzen Land zu erlangen. Ach wie viele Sühne braucht und verlangt der Herr in dieser gegenwärtig bedrängten Zeit für alle Frevel, die Ihm im allhlgst. Sakrament und der ganzen hl. Kirche zugefügt werden? Ich möchte mich o lbst. Jesus auch an das Häuflein Deiner Getreuen anschließen und mit Ihnen vereint Dir Sühne und Abbitte leisten."[49]

Die Opferbereitschaft für die Kirche und ihre Hirten, für Anna eine Selbstverständlichkeit, war kaum zu überbieten. Sie nahm großen Anteil an den Gefahren, die der Kirche unmittelbar nach dem Ersten Weltkrieg in der Revolutionszeit 1918/19 drohten. Sie war sogar dazu bereit, ihre schweren Leiden für sie aus Liebe auch in der Ewigkeit zu ertragen. Das spricht für eine wirklich heroische Einstellung zum Kreuztragen als Sühne. Wörtlich schreibt sie dazu am 29. Januar 1919: „Die innige Vereinigung mit dem lb. Jesus in der hl. Kommunion und seine getreue Nachfolge

47 BKR III. Abt. CAS K. 12a: Träume a. a. O. S. 28 – Lama a. a. O. S. 170f. – Weigl, Traumheft a. a. O. S. 96f.

48 BKR III. Abt. CAS K. 10: Mindelstetten 22.11.1918: AS an Anna Bortenhauser – Ritter a. a. O. Nr. 54.

49 BKR III. Abt. CAS K. 10: Mindelstetten 13.12.1918: AS an Oberin Sr. M. Mansueta Bortenhauser – Ritter a. a. O. S. 150–152.

macht ja alle die gottlosen Pläne der Glaubensverfolger zuschanden und lässt sie in den Abgrund sinken. Ja, lb. Anna, noch nie habe ich in einer Zeit soviel geweint als in den letztvergangenen vier Wochen, wo es sich um die Entscheidung unsres hlgst. Gutes auf Erden, nämlich um die hl. Kirche und seine Hirten handelte. Für die hl. Kirche und seine Hirten zu beten und zu leiden geht mir über alles. Jedes Mal bei der hl. Kommunion bitte ich recht innig den lb. Heiland, er möchte schonen seine hl. Kirche und seine Hirten und möchte mir lieber das qualvollste Martyrium für sie senden und möchte mich als kleines Sühnopfer annehmen. Ich würde es sogar vorziehen, auch noch in der Ewigkeit drüben zu leiden, zu büßen und dem Herrn Sühne zu leisten, als dass nur die hl. Kirche im mindesten verletzt würde. So schwer hab' ich noch kein Leiden empfunden als das der hl. Kirche."[50] Diesem Brief fügte sie noch hinzu: „Dieser Tage kam die Nachricht, dass der Straßwirt's Johann nochmals ein Opfer des Krieges geworden ist. Auf dem Rückzug von der Ostarmee wurde er von einer feindlichen Bande durch mehrere Schüsse schwer verletzt, so dass der Tod schon nach 2 Stunden eintrat, und zwar am 11. Januar. Er hatte sich so gesehnt auf die Heimat und jetzt konnte er sie nicht mehr sehen."[51]

Ergänzend zu dem bemerkenswerten Brief vom 29. Januar 1919 schreibt die Selige: „ [...] Ich möchte Dir sagen, weil Du mich armseliges Wesen kennst, – dass ich in den schlaflosen Nächten auch oft freiwillige Schlafentsagung, ich diese Stunden aufopferte für seine hl. Kirche und seine Hirten, in Gebet und Leiden und gar manche Stunde hielt ich in der Nacht und betete mit ausgespannten Armen. Aber stetsfort sind mir schwere Tränen über die Wangen runter gerollt; aber war ja doch im Geiste dort bei dem Throne der Liebe, wo mir wieder süßer Trost nach schweren Stunden zu kam. Aber freilich ist viel Sühne, Gebete und Opfer und Leiden vonnöten, um das so schwer verwundete göttl. Herz Jesu zu trösten, für alle Frevel, die seinem hlgst. Herzen angetan wurden. Schließen wir uns, lb. Anna, an die frommen Seelen all', die der Heiland seine ‚Getreuen' nennt, um mit ihnen vereint als Opfer der Sühne einzutreten und dem Herrn Ersatz und Sühne zu leisten."[52]

Von Interesse ist auch Annas Brief vom März 1919. Sie schreibt ihrer vertrauten Freundin Anna Bortenhauser: „Wie viel muss aber jetzt der lb. Heiland erdulden, besonders im Sakramente der Liebe von so vielen Seelen, die ihm noch vor kurzer Zeit in treuer Liebe zugetan waren und jetzt sich so schnell vom Tugendweg abgewendet und zur großen Schar der Verblendeten übergegangen sind. Meine Augen füllen sich oft mit Tränen! Und wenn ich oft ganze Nächte schlaflos und in den größten Schmerzen daliege, so opfere ich dem lb. Jesus jedes Mal als kleinen Ersatz der Liebe und Sühne auf, für alles, was Ihm die ganze Nacht hindurch von seinen

50 BKR III. Abt. CS K. 10: Mindelstetten 29.01.1919: AS an Anna Bortenhauser – Ritter a. a. O. S. 158–160 – „Anna-Schäffer-Brief" Nr. 15, Dezember 1994, S. 15.

51 Ebd.

52 BKR III. Abt. CAS K. 10: Mindelstetten 29.01.1919: AS an Anna Bortenhauser – Ritter a. a. O. S. 158–160.

Ungetreuen zugefügt wird. Lieben wir den lb. Heiland desto mehr – je mehr er von anderen verlassen wird.“[53]

Anschließend berichtet sie über die Ergebnisse der Landtagswahl in Mindelstetten: „Bei der Wahl war ich nicht! In unserem Dörferl wurden bei der Landtagswahl folgende Stimmen verzeichnet: 210 Bayerische Volkspartei, 42 Bauernbund und 8 Sozi. Und bei der Reichstagswahl waren es über 16 Sozi. Keine andren Unruhen gab es hier nicht und für Kurt Eisner ist auch kein Trauergeläute vorgenommen worden. Gott sei Dank ist es hier doch noch nicht gar so schlimm, wie man es oft von andren Orten hört.“[54]

Aber nicht nur in Mindelstetten fielen die Wahlen zu Gunsten der Bayerischen Volkspartei aus. Das Landesergebnis brachte der BVP 35 %, der SPD 33 %, der Deutschen Demokratischen Partei (DDP) 14 %, dem Bauernbund über 9 %, der nationalliberalen Mittelpartei mit der nationalliberalen Deutschen Volkspartei der Pfalz fast 6 %, der Unabhängigen Sozialdemokratischen Partei Deutschlands (USPD) ganze 2,5 %. In manchen Stadt- und Landkreisen blieb sie weit unter 1 %.[55]

In ihren „Betrachtungen über das Leiden Jesu und das eigene Leiden, in Fortsetzung früherer Aufzeichnungen, verfasst und geschrieben von Anna Schäffer“, beginnend am 6. Oktober 1919 und am 30. April 1920 abschließend, erinnert Anna daran: „Sehr viele Leute und Kinder haben mich die Osterfeiertage wieder besucht; auch viele heimgekehrte Krieger und Gefangene besuchten mich. Vor einigen Wochen besuchte mich ein Gefangener, der mir unter heißen Tränen die Hand drückte für alle Briefe, die ich ihm während seiner Gefangenschaft schrieb. Er sagte, wenn es ihm im Feindesland oft recht schwer wurde, ob all der Strapazen, so fand er immer wieder großen Trost in meinen Briefen.“[56]

Am 19. November 1919 hat sie an ihre Freundin Bortenhauser geschrieben: „Der lb. Jesus lässt ja jetzt auch noch inmitten der Glaubenshetze große und kleine Sterne in seiner hl. Kirche erstrahlen, deren Licht sich überall hin verbreitet, damit auch andere wieder jene Wege finden, die ihnen Erstere vorangegangen sind. Geht es Dir auch so wie mir? Und darfst im Innern auch so viel leiden für unsre hl. Religion? Für die Priester und die Anliegen der Kirche bete ich immer viel und halte viele Sühnungsstunden, weil sie jetzt gar so viel leiden müssen. Aber der lb. Heiland wird seinen Dienern hiefür einstens einmal jene Krone verleihen, die nur Martyrer zu tragen gewürdigt werden.“[57]

53 BKR III. Abt. CAS K. 10: Mindelstetten 17.03.1919: AS an Anna Bortenhauser – Ritter a. a. O. S. 164–166.

54 Ebd.

55 Zorn, Wolfgang, Bayerns Geschichte im 20. Jahrhundert. Von der Monarchie zum Bundesland, München 1986, S. 166.

56 BKR III. Abt. CAS K. 10: Betrachtungen über das Leiden Jesu und das eigene Leiden, in Fortsetzung früherer Aufzeichnungen, verfasst und geschrieben von Anna Schäffer. 06.10.1919 bis 30.04.1920 – Ritter a. a. O. Nr. S. 198–203.

57 BKR III. Abt. CAS K. 10: Mindelstetten 19.11.1919: AS an Anna Bortenhauser – Ritter a. a. O. S. 205–208.

Ähnlich berichtete die Selige über die Begegnung mit einem Kriegsgefangenen aus Lobsing, der erst kürzlich nach Bayern zurückgekehrt war: Er war „4 Jahre in Gefangenschaft. Und während dieser Zeit habe ich ihm stets geschrieben und alle Pakete und Postanweisungen von seinen Angehörigen an ihn abgesandt. Nun hat er mich gleich besucht und unter heißen Tränen drückte er mir die Hand, für alle Worte, die ich ihm schrieb. Er sagte, wenn es ihm oft recht schwer war und es scheinen wollte, die trostlose Lage der Gefangenschaft nehme gar kein Ende, so hat er immer wieder an meinen Briefen, die ich ihm schrieb, großen Trost gefunden. Eine Base von ihm erzählte mir gestern, dass er zur Heimreise einen Brief von mir in der Tasche trug und als er heimkam, zeigte er denselben seinen Angehörigen und Verwandten und sagte: Solange dass dies ein Brief ist, werde ich ihn stets bei mir tragen. Was dies für einer ist, was ich darinnen schrieb, weiß ich gar nicht, denn mich selber hat er ihn nicht sehen lassen. Soviel erkannte ich an dem Krieger schon, dass er mit felsenfestem Glauben und innigem Gottvertrauen zurückgekehrt ist. Auch der Fürnrieder und der Fuß sind am Dienstag glücklich und gesund von der Gefangenschaft heimgekehrt. Gelt lb. Anna, da können wir uns einen kleinen Begriff machen zwischen der Freude eines glücklich heimgekehrten Gefangenen einesteils und zwischen der Freude einer gefangenen Seele im Fegfeuer, wenn sich ihr die Pforten der ewigen Stadt Gottes öffnen anderenteils. L. A. wennst all die Briefe in der Luft fliegen sähest, die ich während des Krieges ins Feld und in Gefangenschaft geschrieben habe, da würdest Du eine große Zahl sehen.“[58]

Als der schreckliche Zusammenbruch und der noch schlimmere Umsturz 1918/19 erfolgte, erfüllte es alle Gutgesinnten und gläubigen Bayern mit banger Sorge um die Zukunft. Die Katholische Kirche hatte gewiss damals keine hochherzigere Verteidigerin als die Dulderin von Mindelstetten. So schreibt sie bereits am 2. November 1918: „Nach der hl. Kommunion empfehle ich dem lb. Jesus stets alle Katholiken recht sehr, die ganze Herde mit allen ihren Hirten. Und da bitte ich stets den lb. Heiland, er möge alle glücklich diese Prüfung überstehen lassen, und zur Sühne für alle möchte ich mich als kleines Sühneopfer anbieten und möchte eine kleine Martyrerin sein für alle. Auch für alle andern bitte ich ihn, er möge ihnen seinen Segen verleihen, dass sie zur Einheit kommen.“[59] Sie betete und sühnte demnach auch für alle, die die Kirche ablehnten und sie verfolgten.

„Wir befinden uns“, schreibt sie an Kathi Plendl am 17. März 1920, „in einer Heldenzeit und viele Martyrer werden daraus erstehen als Sieger und Verteidiger der hl. Kirche. Ach wie gerne, o lbst. Jesus, möchte ich als Martyrin sterben, wenn durch meinen Tod der Glaube an Deine hlgst. Gegenwart im hlgst. Sakrament bei vielen Ungläubigen neue Wurzeln treiben und neues Leben erzeugen würde.“

58 BKR III. Abt. CAS K. 10: Mindelstetten 07.02.1920: AS an Anna Bortenhauser – Ritter a. a. O. S. 213–216.

59 „Benediktus-Bote“ 16. Jg., November–Dezember 1946, 6. Heft, S. 20.

Und dann setzt sie ahnungsvoll in die Zukunft blickend hinzu: „Solange wird der Feind des Verderbens durch seine Agitatoren das Gift der Sünde und Lostrennung des Glaubens usw. ausstreuen, bis einmal die Hand des lb. Heilands das große massenhafte Sterben eintreten lässt und den Menschen dann seine Gerechtigkeit fühlen lässt.“[60]

Um nochmals auf Annas Anteilnahme und Gebetshilfen für die Kriegsteilnehmer zurückzukommen, noch eine interessanten Zeugenaussage im Informativprozess. Der Zeuge Michael Sch., Jahrgang 1892, gab zu Protokoll: „Ich kenne Anna Schäffer seit 1913. Meine Braut und spätere Frau Theres, geboren am 22. Januar 1890, verstorben 1970, hat mich zu Anna geführt. Bis zu Beginn des Krieges 1914 habe ich sie mit Theres nur noch zweimal besucht, weil ich ihren Anblick nicht ertragen konnte. Als ich zu Beginn des Ersten Weltkrieges einrücken musste und mich von ihr verabschiedete, sagte ich zu ihr: ‚Nandl, bet für mich, damit ich wieder heimkomme!‘ Sie hat darauf geantwortet: ‚Du kannst Dich auf mein Gebet verlassen!‘ Ich habe auch jeden Tag um eine gute Heimkehr gebetet und habe mein Vertrauen darauf gesetzt, dass auch Anna Schäffer für mich betet.

Am 13. März 1915 wurde ich in Frankreich bei Neufchâtel schwer verwundet. Eine Kugel durchschlug mir um 7 Uhr früh das Gesicht zwischen Auge und Oberkiefer von rechts nach links; und eine andere Patrone hat das rechte Handgelenk zerstört. Ich wurde von meinen Kameraden an Ort und Stelle notdürftig verbunden, kam erst gegen Mittag zum Bewusstsein und konnte erst am Abend zum Verbandsplatz gebracht werden. Ich lag dann ein halbes Jahr im Lazarett in Nürnberg. Meine rechte Hand ist seitdem steif; ich bin 70 % kriegsbeschädigt. Ich schreibe es dem Fürbittgebet von Anna Schäffer zu, dass ich wieder nach Hause kam. Zum letzten mal habe ich Anna 1924 besucht. Die Besuche dauerten gewöhnlich ungefähr eine halbe Stunde. An ihrer Beerdigung hat meine Frau [am 13. Februar 1917 hat er sich mit Theres verehelicht und zwar in Kasing] teilgenommen. Meine Frau war von 1912 bis 1913 und dann von 1915 bis 1917 in Mindelstetten angestellt und hat in dieser Zeit fast täglich Anna besucht, weil sie auch im Auftrag ihrer Dienstherrschaft regelmäßig das Essen ihr bringen musste.“[61]

Der Zeuge wusste ferner auch aus dem Zweiten Weltkrieg eine auffallende Gebetserhörung Annas zu vermelden, wenn diese auch nicht die einzige dieser Zeit ist, soll sie hier angefügt werden wie folgt: „1942 bis 1945 war mein Sohn Anton Sch., geb. am 5. März 1918, im Zweiten Weltkrieg. Meine Frau und ich haben regelmäßig für ihn gebetet und auch Anna angerufen, dass er gesund heimkommen möge. Tatsächlich wurde er auch auf eine auffallende Weise vor der Gefangenschaft und vor dem wahrscheinlichen Tod in Stalingrad bewahrt. Kurz bevor die deutschen

60 BKR III. Abt. CAS K. 10: Mindelstetten 17.03.1920: AS an Kathi Plendl – Ritter a. a. O. S. 226–228.

61 BKR III. Abt. CAS K. 6: Proc. Inf. Sessio L: Zeuge Michael Sch., Jg. 1892.

Soldaten in Stalingrad eingeschlossen wurden, hat ihn sein Major in Urlaub geschickt. Die übrige Zeit des Krieges hat er ohne jede Verwundung überstanden!"[62]

Auch in verschiedenen anderen Notsituationen habe er wie jeden Tag zu Anna Schäffer gebetet und ihr die stete Hilfe zugeschrieben.

In diesem Zusammenhang ist auch ein Bericht aus dem Zweiten Weltkrieg interessant, der dem Zeugen Michael Holzapfel, dem verdienten Bayernparteiler und Bürgermeister von Mindelstetten, der auch den Vorsitz des Kriegervereins innehatte, zu verdanken ist. Der Augenzeuge, Jahrgang 1910, hat Folgendes berichtet: „Ich bin als Nachbarskind von Anna Schäffer aufgewachsen. Sie wohnte bei Forchhammer im Haus Nr. 37. Wir wohnten gegenüber im Haus Nr. 40. Meine Mutter hat mich und meine jüngere Schwester jeden Tag nach der Schule zu Anna geschickt. Ich durfte ihr in einem kleinen Topf Essen hinübertragen. Von meinem 6. Lebensjahr an, d. h. von 1916 bis zu ihrem Tod 1925 habe ich das täglich getan. Das bedeutete für mich eine große Freude, denn ich habe mich schon als Kind immer an ihr erbaut. Ich habe sie in Erinnerung wie sie gearbeitet hat. Sie hat uns verschiedene Stoßgebete und Gedichte gelernt.

Ich bin am 15. Mai 1939 zum Militär eingezogen worden, nahm am Polenfeldzug teil, 1940 am Frankreich-Feldzug und war von 1942 bis 1949 in Russland. Ich wurde am 24. Dezember 1942 in Stalingrad gefangengenommen und war von da an in verschiedenen Orten in Gefangenschaft. In all den Jahren und in allen Gefahren, besonders in der Kriegsgefangenschaft, hatte ich ein großes Vertrauen auf Anna. Folgendes möchte ich dabei besonders hervorheben: Ich war eineinhalb Jahre gelähmt in Astrachan am Kaspischen Meer und lag fünf Monate im Sterbezimmer dort. Alle, die ins Sterbezimmer kamen, waren abgeschrieben. Ich habe dabei meine Gedanken immer wieder auf Anna gelenkt, habe sie gebeten, sie möge mich wieder in die Heimat führen. Obwohl ich so schwer krank war und aufgegeben war, hatte ich das Vertrauen, dass mir Anna helfen wird. Ein deutscher Sanitäter, der aus Rumänien stammte, hat mir auf meine Bitten eine Zwiebel und ein Stück Fisch besorgt. In der folgenden Nacht ist ein ganzer Eimer Wasser weggegangen. Von da an wurde es mit mir zur Überraschung des Arztes Dr. Schanderl langsam besser. Aber ich war noch ein weiteres Jahr im Lazarett. Ich wurde aber wieder in ein normales Zimmer verlegt."[63] 1949 wurde Holzapfel endlich wieder in sein geliebtes bayerisches Vaterland entlassen. Seine Lähmung war kaum mehr auffallend.

Anna hat mit erstaunlicher Klarheit nach dem Ersten Weltkrieg erkannt, dass die Menschheit mit großen Schritten dem furchtbaren Schicksal der Despotie entgegeneilt. Und diese werde eine Macht gewinnen und eine Kraft der Zerstörung entfalten, die alles Bisherige übersteigen werde. Das ist tatsächlich eingetroffen:

62 Ebd.

63 BKR III. Abt. CAS K. 7: Proc. Inf. Sessio XXIV: Zeuge Bürgermeister Michael Holzapfel, Jg. 1910.

Denken wir an den Nationalsozialismus, an den Sozialismus bzw. den Kommunismus, an die systematische Entchristlichung des Abendlandes, die heute, nach einer kleinen Pause nach dem Zweiten Weltkrieg, ihre furchtbare Fortsetzung gefunden hat.

Die Selige hat den einzig richtigen Weg gewählt: Liebe und Treue zu Gott und den Mitmenschen. Sie hat auch die aufwühlenden Botschaften, die übernatürlicherweise im 19. und dem beginnenden 20. Jahrhundert die Welt erreichten, erspürt und deren Forderungen voll und ganz durch ihr Sühneleben erfüllt. Dabei ist zu denken an die Intervention der Gottesmutter 1846 auf dem Berg von La Salette in den französischen Hochalpen, wo sie gleich einem Feuerbrand unter die Völker eines liberalen Jahrhunderts ihre Botschaft kundgetan hat: „Wenn ihr nicht umkehrt, werdet ihr alle zugrunde gehen", wie es der selige Papst Pius IX. zusammenfasste. Zwölf Jahre später sprach Maria in Lourdes die bedeutungsvollen Worte: „Buße, Buße, Buße!" Und schließlich hat sie 1917, in eben dem Jahr, als Russland die verderblichen Irrlehren des „Kommunistischen Manifestes" von 1848 verwirklicht hat, zu Gebet, Sühne und Umkehr des Lebens in Fatima aufgerufen.

Während nun in den zwanziger Jahren eine blutige Verfolgung der Christenheit in Russland einsetzte, haben sich Amerika und die Länder Europas Orgien der Sinnlichkeit und der Lust sowie dem kapitalistischen atheistischen System ergeben.

Nur wenige hatten damals noch die Kraft dazu, sich dem rasenden Lauf zum Abgrund, dem Verhängnis der religiös-sittlichen Unterhöhlung entgegenzustemmen. Anna war eine von ihnen und hat durch ihre Auffassung, ihre Gebrechlichkeit als Sühneleiden Gott anzubieten, ihr Gebet und nicht zuletzt durch ihr Briefapostolat ein leuchtendes Beispiel gegeben.

11. Das Briefapostolat der Seligen

Zu den wichtigsten Dokumenten aus dem Nachlass Anna Schäffers gehören ohne Zweifel ihre Briefe, von denen 171 in der Abteilung für Heilig- und Seligsprechungsprozesse in Regensburg aufbewahrt werden. Dies ist jedoch nur ein ganz geringer Teil dessen, was sie in ihrer langen Leidenszeit geschrieben hat. Aber es ist außerordentlich schwierig, weitere Briefe ausfindig zu machen, da die Empfänger längst verstorben sind und die Erben diese oft nicht als aufhebenswürdig betrachtet haben.

Die Selige hat sich in einem Heft sogar 41 Adressen notiert, mit denen sie regelmäßig in Kontakt stand.[1] Man kann sie als eine gewissenhafte Briefschreiberin bezeichnen, weil sie es als ein wesentliches Anliegen verstand, aus Liebe zum Nächsten durch Gebet und Sühneleiden deren Leid und Not zu lindern. Selbst in bitterer Armut lebend, vermochte sie ja nicht materiell zu helfen. Einmal berichtet sie, dass sie vom 1. bis zum 19.12.1918 täglich einen Brief geschrieben hat und dass sie noch 17 Neujahrsbriefe schreiben wolle.[2] Ein andermal erzählt sie, dass sie diese Wochen 9 Briefe geschrieben habe. Sie vermerkt dazu, dass ihre Briefe oft sehr lang würden. „Für mich wäre es sehr gut, wenn es mir im heiligen Gehorsam befohlen würde, nicht über sechs Zeilen hinaus zu schreiben. Vielleicht könnte ich mir dann eher Gewalt antun.“[3]

Von ihrer Freude am Schreiben berichtet sie: „Abgesehen davon, dass ich nicht gern schreiben würde; ach nein! Dies war mir ja noch immer das Liebste, was ich auf meinem Krankenbett tun konnte.“ Und sie setzte fort: „Wie vieles habe ich schon geschrieben auf meinem Krankenlager. O das möchte ich nicht alles durchlesen, nicht die vielen Jahre her. Das würde ich alles so verbrennen, wenn alles beisammen wäre. Jetzt schreibe ich wieder ein Heft. Die Hälfte habe ich schon und umfasst dasselbe 64 Seiten. Zum Teil wird es ein kleiner Aufsatz. Vor drei Jahren schrieb ich auch einen kleinen Umfang und ist eben der jetzige die Fortsetzung von damals. Im heiligen Gehorsam [gegenüber dem Seelenführer, Anm. d. Verf.] schrieb und schreibe ich ja die Hefte gerne, ganz vergessend auf meine Fehler und Schwächen, denn nichts anderes ist auch in den Heften nicht zu finden.“ Dann fügt sie dem Brief an ihre Freundin Anna Bortenhauser in Pilsting/Niederbayern hinzu: „Würde mir aber jemand, wie der Beichtvater oder dgl., im hl. Gehorsam es verbie-

1 BKR III. Abt. CAS K. 12a: Es befindet sich als Beilage in der Aufzeichnung „Gebete und Gedichte“, Sign. A-VII, S. 3–12.

2 BKR III. Abt. CAS K. 10: Mindelstetten 04.01.1919: AS an Anna Bortenhauser – Ritter, Emmeram H., „Im Leiden habe ich Dich lieben gelernt!“ Die Schriften Anna Schäffers, Regensburg 1999, S. 153–156.

3 BKR III. Abt. CAS K. 11: Mindelstetten 16.03.1920: AS an Anna Bortenhauser – Ritter a. a. O. S. 223–226.

ten, dass ich nie mehr schreiben dürfte, dann würde ich ja sogleich damit abbrechen; und wenn ich bei Vernehmung dieser Nachricht gerade einen Brief die Hälfte fertig geschrieben hätte, so würde ich kein Wort mehr weiter schreiben, denn ich wüsste es ja, dass jene Vorgesetzte es besser verstehen würden als ich in meiner Armseligkeit! Und immerhin ist Gehorsam besser als Opfer!"[4] Aber weder ihr Seelenführer noch einer der Beichtväter verlangten dies.

Aber sie wurde auch nicht von Skrupeln bezüglich des eifrigen Briefeschreibens verschont, was seelische Belastungen mit sich brachte. Solche stellten sich von Mitte Mai bis Ende Juni 1917 ein. Die Korrespondenz bedeutete für sie ja neben dem Handarbeiten eine der wenigen Ablenkungen in ihrem eintönigen Leidenstagen. In ihrer großen Gewissenhaftigkeit wollte sie unbedingt auf ihren Eigenwillen verzichten und ausschließlich Gottes Willen erfüllen, den sie im Gehorsam gegenüber dem Seelenführer und den Beichtvätern erblickte.[5] Aber Pfarrer Rieger dürfte erkannt haben, dass auch das so segensreiche Briefapostolat der Seligen zu ihrer Aufgabe gehörte.

Die Hefte, die Anna hinterlassen hat, enthalten teils Sammlungen von Träumen[6], teils „Gedanken und Erinnerungen"[7] und Sammlungen von Gedichten und Sentenzen, die von ihr selbst verfasst oder aus der Andachtsliteratur entnommen wurden. Ob sie diese Aufzeichnungen im Hinblick auf ihre Korrespondenz angelegt hatte, entzieht sich unserer Kenntnis. Aber es ist sicher, dass diese ihr für das Briefschreiben tatsächlich dienten, da vielfach derselbe Bericht in zwei bis vier Briefen hintereinander, meist wörtlich, erscheint. Ferner fällt auf, dass dasselbe Gedicht in drei bis fünf Briefen hintereinander oder einige Jahre später zur selben Zeit des Kirchenjahres wieder verwendet wird.

Die Briefe bieten die immer gleiche und doch immer neue Leidensgeschichte Annas wie die daran geknüpften religiösen Besinnungen. Seit 1919 entwickelte sie allmählich ein Schema, das sich mit Auslassungen oder Ergänzungen in ihrer Korrespondenz zeigt: eigene Leidensgeschichte – Sinngebung für dieselbe aus der Nachfolge Christi – Sinn und Aufgabe des Leidens ist Sühne für ihre und die Sünden anderer Menschen sowie für die Armen Seelen – anschließend Bekenntnis der eigenen Sündhaftigkeit und Unwürdigkeit – Mahnungen und Ratschläge zum Tugendstreben und zur Christusnachfolge für den Adressaten. Den in Mindelstetten geborenen Brieffreundinnen berichtete sie manchmal auch über Dorfereignisse.[8]

4 BKRIII. Abt. CAS K. 10: Mindelstetten 03.07.1919: AS an Anna Bortenhauser – Ritter a. a. O. S. 179–181.

5 Holzgartner, Karl, Beiträge zur Pfarrgeschichte von Mindelstetten: 1934–1950, hdschr. Ms., S. 417.

6 BKR III. Abt. CAS K. 12a: Träume von 1898–1919 (abgeschlossen am 02.09.1919), Sign. A-IV, S. 1–56 – A-VIII, S. 2–63 – A-IX, S. 1–42.

7 BKR III. Abt. CAS K. 12a: Betrachtungen (nicht datierbar); „Gedanken und Erinnerungen meines Krankenlebens und meine Sehnsucht nach der ewigen Heimat", Sign. A-XII, S. 1–26.

8 BKR III. Abt. CAS K. 11: Mindelstetten 18.02.1920: AS an Oberin Sr. M. Mansueta in Kösching – Ritter a. a. O. S. 218–219 – Mindelstetten 12.03.1923 AS an Pepi Fellner in München – Ritter a. a. O. S. 342f.

Ähnlich ist auch ihr „Operationsgedicht", also ihre eigene Leidensgeschichte, aufgebaut.[9]

Auffallend ist, dass sie bis 1918 etwa immer wieder mahnt, ihre Briefe zu vernichten, während sie später gern Briefe auch an Leute schreibt, die von ihr als Andenken einen Brief erbitten.[10]

Die Briefe sind für sie offenbar in ihrem Leiden und ihrem Gebundensein an Krankenbett und Krankenzimmer eine erwünschte Gelegenheit, lebendigen Kontakt mit Menschen zu finden und sich aus dem reichen geistig-seelischen Leben etwas von ihren Nöten und Wünschen, ihrem Leid und ihrer Freude sowie ihrer religiösen Begeisterung von der Seele zu reden. Wenn sie dabei sich selbst wieder einmal bei ihrer „menschlichen Eitelkeit" ertappt, hebt sie umso mehr anschließend ihre Armseligkeit und Sündhaftigkeit hervor.

Seit dem Jahr 1917 stehen am Anfang von fast allen Briefen Gedichte, zuvor meist kurze Vorsprüche. Die Gedichte mit ihrem verschiedenen Versmaß und ihren verschiedenen Strophengestalten sind bei aller Einfachheit der Sprache durch den Ausdruck ihrer tiefen Empfindsamkeit und ihrer Begeisterung vielfach kleine Kunstwerke. Manche Gedichte scheinen aus Zeitschriften übernommen oder sind Teile von Kirchenliedern. Dass dabei Blumen, Vögel, Sterne als Symbol für Tugenden erscheinen, mag im Geist der damaligen Zeit liegen. Bedeutsam sind die zahlreichen Sinngedichte, in denen sie „das Ganze der Welt" jeweils zu erfassen sucht, so etwa in der Erwähnung der „täglichen Aufopferung meiner 12 Sühnestunden vor dem Tabernakel"[11] oder über die Wochentage[12] oder wenn sie sich selbst als „Blume, von Gott betaut" vorstellt[13]. Eine Auslese aus diesen Gedichten, erläutert durch Stellen aus den Brieftexten, würde ein reiches und abgerundetes Bild des Denkens und Fühlens dieser frommen Seele ergeben.

Es ist überaus staunenswert, dass ein einfacher Mensch mit Volksschulbildung und zudem vom Krankenlager aus befähigt war, eine solche Leistung des Schriftenapostolats zu vollbringen. Wenngleich ihr Stil, der damaligen Frömmigkeit entsprechend, heute zuweilen als „süßlich" erscheint, sind dennoch ihre grundlegenden Gedankengänge theologisch durchaus richtig und besitzen überzeitliche Gültigkeit.

Spätestens seit 1914, dem Beginn des Schreckens des Ersten Weltkriegs und der Revolution von 1918/19, sieht sich Anna vom Wort Gottes in die Pflicht genommen. Sie fühlt sich zunehmend dem Briefapostolat verpflichtet und erkennt mit seltener Klarheit die Not der Menschen, die sich immer mehr zwischen Gottlosig-

9 BKR III. Abt. CAS K. 12a: Mindelstetten 24.05.1920: „Krankheits- und Operationsgedicht" (15 Vierzeilenstrophen!) – Ritter a. a. O. S. 59–61 und S. 188–190.

10 BKR III. Abt. CAS K. 11: Mindelstetten 09.03.1921: AS an Kathi Plendl in Pilsting – Ritter a. a. O. S. 266–268.

11 BKR III. Abt. CAS K. 12a: „Gebete und Gedichte" (ca. 1917), Sign. A-III, S. 61–63.

12 BKR III. Abt. CAS K. 12a: Ebd. S. 17f.

13 BKR III. Abt. CAS K. 12a: Ebd. S. 120.

keit, bedingt durch den fortschreitenden Liberalismus und Sozialismus, und einem aktiven Katholizismus entscheiden müssen. Die Geistesverwirrung vieler, die Verunsicherung in der Politik der deutschsprachigen Staaten, der Verlust von Angehörigen in den Greueln des Krieges, aber auch die zunehmende materielle Notlage machte auch dem bislang treu katholischen Volk der Bayern schwer zu schaffen. Immer mehr Leidgeprüfte und Verunsicherte suchten Rat und Hilfe. Der Ruf der „Schreiner Nandl von Mindelstetten“, wie Anna von ihren Bekannten liebevoll genannt wurde, verbreitete sich nach und nach. Ihre vielen Freundinnen, die in Orden eingetreten waren oder im Dienst standen, erzählten über die fromme Dulderin ihres Heimatortes, mit der sie zumeist Kontakt hielten. Auch die Seelsorgsaushilfen, vor allem aus dem Kapuzinerorden, die an hohen Festtagen nach Mindelstetten kamen, lernten die arme Kranke kennen, wirkten bei ihr als außerordentliche Beichtväter und gewannen zu ihrem Gebet und Opfer Vertrauen. Auch sie berichteten andernorts über sie und gaben oftmals den Leidgeprüften den Rat, sich an Anna zu wenden. So wurde sie mit der Zeit Ansprechpartnerin für viele Menschen, die bei ihr Rat, Hilfe und vor allem Gebet und Fürbitte bei Gott suchten.

Die sich nun mehrenden Briefe, denen die Selige immer geschickt geformte Gedichte voransetzte, schmückte sie mit schönen Zeichnungen, die sie in ihren Visionen sah und die einen Einblick in die Grundthemen ihres geistlichen Lebens geben: Christus im hl. Sakrament des Altares, das Leiden Jesu und sein Kreuz, die Schmerzensmutter, Betrachtungen über den Sinn ihres eigenen Leidens, die Sterbesehnsucht.

Durch den lebendigen Kontakt, zunächst nur mit den Menschen ihres bayerischen Vaterlandes, erwuchs in Anna geistige Weite und wohl auch Selbstbewusstsein, wie aus ihren Briefen ersichtlich wird. Die Konfrontation mit dem Leid der Mitmenschen dürfte sie gewiss auch vom eigenen Leiden abgelenkt und ihr die Gelegenheit gegeben haben, aus ihrem reichen geistig-seelischem Leben sich etwas von ihren Nöten und Wünschen, ihrem Leid und ihrer Freude wie ihrer Begeisterung von der Seele zu reden, ohne der Eitelkeit zum Opfer zu fallen. Anderseits hat sie den Hilfesuchenden unermesslich viel Trost und Hilfe, Ermutigung zu einem Leben aus katholischem Selbstverständnis, zur Umkehr und Sühneleistung vermittelt. Sie hat die Anliegen ihrer Mitmenschen zu den eigenen gemacht und für sie gebetet und sich für sie in ihrem Leiden aufgeopfert.[14]

Die Selige bestätigt in einem Brief an ihre Freundin Anna Bortenhauser vom 27.05.1919, viele erschütternde Briefe zu bekommen, und schreibt: „[...] Und dann möchte ich Dir noch etwas sagen, nämlich, dass ich oft viele und auch andere ähnliche Briefe bekomme, von Unbekannten, die ich und sie mich nicht persönlich kennen und dieselben oft manchen Satz enthalten, den ich zu lesen überhaupt nicht

14 Ritter a. a. O. S. 25f.

wert sei; darüber nachzudenken und darüber mir auch schon oft die Tränen in den Augen stehen."[15]

Freilich fühlte sie sich zuweilen auch überfordert. In ihrem Brief an Anna Bortenhauser vom 03.07.1919 spricht sie darüber wie folgt: „O lb. Anna, oft könnte ich gerade weinen! Je mehr ich wünsche und möchte unbekannt zu sein, um als eine einsame Weidenrose mit düsterem Dornengestrüpp umgeben – leiden zu können für Jesus allein – desto mehr ist es anders. Oft fühle ich mich auch ganz unwürdig, diesen oder jenen Seelen zu schreiben."[16] Daraus ist zu ersehen, dass sie sich der Aufgabe des Briefapostolats niemals entzogen hat, auch wenn es ihr manchmal sehr schwer gefallen ist.

Hinsichtlich der Themen der Briefe seien nur die wichtigsten hervorgehoben. Da steht am Anfang ihr Verlangen nach „Klein-Sein, Verborgen-Sein, Kind-Sein", das sie vom Denken der hl. Therese von Lisieux, von der sie manchmal angespornt zu sein scheint, übernommen haben dürfte. Sie unterscheidet sich dennoch wieder von dieser 1925 Heiliggesprochenen durch ein tieferes Armseligkeits- und Sündenbewusstsein aus bitterer Leidenserfahrung. So wünscht sie einmal: „Ganz unbeobachtet von der Welt als geringstes Heilandsröslein zu leben, zu leiden und zu sterben."[17] Ihre Kindlichkeit wird immer wieder in ihren Briefen, vor allem um die Weihnachtszeit, betont, wenn sie vom lieben Jesulein spricht und Jesus des Öfteren als ihren „Papa" bezeichnet.[18] Sie versteht den letzten Sinn ihres Kind-Seins vor Gott einzig darin, ganz frei zu sein für die Liebe zum Heiland der Welt und seine heilige Kirche. So schreibt sie am 22.07.1919 an Anna Bortenhauser: „Die ganze Aufgabe unseres Lebens soll und muss sein: Liebe für Liebe dem lb. Heiland gegenüber. O liebster Jesus, Du willst, dass ich nur Dich liebe, was Du selber bist und liebst; dass ich mehr darauf bedacht bin, mich abzutöten, um [als] mich zu befrieden, dass ich die Leiden höher schätze als die Freuden; dass ich öfters gute Taten als schöne Gefühle hervorbringe; dass ich Dir ebenso dankbar bin für das, was mir zuwider ist, wie für die Tröstungen, welche ich verkoste; dass ich das Wohlergehen meines Nächsten vor dem meinigen suche."[19] Hier ist auch die Wurzel ihres Verständnisses für die Ordensgelübde zu verstehen, die sie nun, da sie selbst nicht ins Kloster gehen konnte, in ihrem Krankenzimmer streng halten möchte.[20]

---

15 BKR III. Abt. CAS K. 10: Mindelstetten 27.05.1919: AS an Anna Bortenhauser – Ritter a. a. O. S. 172–175.

16 BKR III. Abt. CAS K. 10: Mindelstetten 03.07.1919: AS an Anna Bortenhauser – Ritter a. a. O. S. 179–181.

17 BKR III. Abt. CAS K. 11: Mindelstetten 16.03.1920: AS an Anna Bortenhauser – Ritter a. a. O. S. 223–226.

18 BKR III. Abt. CAS K. 9: Mindelstetten 26.07.1913: AS an Anna Bortenhauser – Ritter a. a. O. S. 56f. – Mindelstetten 21.12.1915: AS an Anna Bortenhauser – Ritter a. a. O. S. 61f.

19 BKR III. Abt. CAS K. 10: Mindelstetten 22.07.1919: AS an Anna Bortenhauser – Ritter a. a. O. S. 182–185.

20 BKR III. Abt. CAS K. 10: Mindelstetten 12.03.1923: AS an Pepi Fellner – Ritter a. a. O. S. 342f.

Die Kraft für ihre beispielgebende christliche Grundhaltung schöpfte die Selige aus der „täglichen hl. Kommunion" und ihrer grenzenlosen Verehrung und Anbetung vor dem Allerheiligsten Altarsakrament. Die Gegenwart des eucharistischen Christus in ihrem Herzen ist für sie ihr Leben und Leiden, alles, die einzige und größte Freude, die sie nicht mehr in Worte zu fassen vermochte. Sie zählte ihre hl. Kommunionen seit 04.02.1901 und sie konnte ihrem getreuen Seelenführer, Pfarrer Rieger, anlässlich seines Jubiläums „25 Jahre Pfarrer von Mindelstetten" am 16.10.1922 – er wurde ja bekanntlich am 12.10.1897 zum Pfarrer dieser Gemeinde ernannt – nicht genug danken, dass er ihr in ihrer schweren Krankheit nun schon 2.341 mal die hl. Kommunion gebracht hat.[21]

Anna pflegte vor 1916 jede Nacht zum Donnerstag und ab diesem Zeitpunkt jede Nacht eine „heilige Stunde der Anbetung" zu halten. In langen schlaflosen Nächten betete sie fortwährend. Sie versetzte sich dabei im Geiste in die benachbarte Pfarrkirche vor den Tabernakel. Jeden Morgen bereitete sie sich eine Stunde auf den Empfang der hl. Eucharistie vor und machte danach eine Stunde lang ihre Danksagung. Immer wieder, in Gesprächen und Briefen, hob sie hervor, dass diese die reichsten und schönsten Stunden ihres ganzen Lebens wären, und sie vergaß nie, Gott zu danken, dass es ihr stets gelang, diese Stunden in Wachheit und geistiger Klarheit durchzuhalten, auch wenn sie ansonsten von Schmerzen geplagt wurde. Die geistliche Kommunion, die sie dann übte, wenn Rieger auswärts zu tun hatte, übte sie eifrig und nannte sie: „meine viertelstündige Seelennahrung".[22] Sie schrieb in diesem Brief: „Hlst. Herz Jesu ich opfere Dir alle Leiden und Trübsale die ich schon gekostet habe und die ich noch bis zu meinem letzten Stündlein tragen darf. Ich vereinige mein Leiden mit Deinem hlgst. Leiden, das Du für mich Dein ganzes Leben hindurch hast auf Dich nehmen wollen. Ich schenke Dir mein Herz und übergeb' Dir den Schlüssel hiezu. Verschließe es jeder auch der kleinsten Sünde und umzäune es mit dem Dornenkranze der Abtötung, auf dass ich nur in Deiner hl. Liebe leben, leiden und sterben kann! Meine viertelstündige Seelennahrung, ist die hl. geistliche Kommunion [...]! Es ist mir da jedes Mal, das Herz verliert sich in Gott meinem Heilande [...]! Durch recht oftmaligen Empfang der geistl. Kommunion wird die Seele stark und es verlieren sich alle großen Seelenschwächen, so dass man stets gesammelt bleiben kann in der Arbeitung und überall! Komm' o Jesus und sättige meine arme Seele."[23]

Selbst ihre Visionen hatten immer wieder Kommunion oder Messteilnahme zum Inhalt.[24] In großen Kirchen hält sie im Traum öfters begeisterte Eucharistie-

21 BKR III. Abt. CAS K. 12: Mindelstetten 16.10.1922: AS an Pfarrer Rieger – Ritter a. a. O. S. 328f.

22 BKR III. Abt. CAS K. 12: Mindelstetten o. D.: AS an Lina Karl in Schneeberg bei Winklarn – Ritter a. a. O. S. 348f.

23 Ebd.

24 BKR III. Abt. CAS K. 12a: Träume von 1898–1919 (abgeschlossen am 08.09.1919), Sign. A-IV, S. 8f., 26.

predigten[25], sieht das von Engeln angebetete Sanctissimum und erzählt, dass sie im Traum am besten und innigsten das Sakrament der hl. Eucharistie anbeten und verehren könne, wie es ihr im Wachzustand so nicht möglich sei.[26]

Dem Altarssakrament galten auch die innigsten Gedichte und Sequenzen, wie zum Beispiel: „O Herr wie süß auf der Stirne mein Dein göttlich erbarmender Kuss, wie wonnig mit Dir, tief in des Herzens Schrein, Deines heiligen Leibes Genuss!"[27]

Die hl. Eucharistie war tatsächlich die wesentlichste Kraftquelle, aus der sie die Kraft für ihre Aufgabe des Briefapostolats geschöpft hat.

Annähernd dieselbe Kraft und Innigkeit wie Tiefe des Herzens offenbart sich in ihren Betrachtungen über das „Leiden Jesu".[28] Sie wünschte sich von Herzen, an diesem Leiden soviel als möglich teilhaben zu können und Christi Leiden und ihr eigenes Leiden dann als Sühne für ihre eigenen Sünden, für die Undankbarkeit und Lauheit der Menschen vor dem allerheiligsten Sakrament des Altares, als Sühne und Bitte für die Bekehrung aller Sünder und besonders auch für die Leiden der Armen Seelen im Fegfeuer aufzuopfern.[29] Man müsste beinahe alle Briefe hiefür heranziehen. Es ist bedeutsam, dass sie bereits 1918 die „Fatima-Fürbitte" eingebracht hatte: Sie will eine „Sühnestunde von den 12 Sühnestunden des Tages" beten um die „Gnade und Barmherzigkeit besonders für jene Sünder, die dem Abgrund nahe sind und der Gnade am meisten bedürfen".[30] Selbst in ihren Träumen beschäftigte Anna dieser Gedanke immer wieder.[31]

Noch ein Thema sei hier angesprochen, das, recht besehen, eine besondere Entfaltung und Ausreifung bei der Seligen gefunden hat, eben im Zusammenhang mit ihrer Kommunionfrömmigkeit und ihrer Leidensmystik gegenüber Christus: das Thema von der „Jesusbraut". Sie schreibt am 17.02.1917 an die Oberin Sr. M. Mansueta im Krankenhaus in Kösching u. a.: „O stille mein Verlangen, Du Seelenbräutigam"[32] aus dem Liede „O Herr, ich bin nicht würdig [...]" aus der Haydn-Messe. Über ein Jahr später formuliert sie bereits am 04.08.1918[33] ihr großes Brautlied vor dem eucharistischen Herrn: „Im Glanz der Leiden darf leben, Herz Jesu Deine Braut; Du gibst mir ja stets Deinen Segen, seit ich Dir angetraut [...]", insgesamt 4 Strophen.

Dieselben Gedanken erscheinen vertieft am 07.02.1920 in den zehn Strophen des Liedes: „Da bin ich geworden wie eine, die Gnade vor Ihm fand [...] hat Schwester

25 Ebd. S. 18.

26 BKR III. Abt. CAS K. 10: Mindelstetten 23.07.1918: AS an Anna Bortenhauser – Ritter a. a. O. S. 137–139.

27 Ebd.

28 BKR III. Abt. CAS K. 12a: „Gebete und Gedichte" (ca. 1917 entstanden), Sign. A-III, S. 16–18, 101.

29 BKR III. Abt. CAS K. 12a: Träume von 1898–1919, Sign. A-IV, S. 41.

30 BKR III. Abt. CAS K. 12a: „Gebete und Gedichte", Sign. A-III. S. 61–63.

31 BKR III. Abt. CAS K. 12a: Träume von 1898–1919, Sign. A-IV, S. 41.

32 BKR III. Abt. CAS K. 9: Mindelstetten 17.02.1917: AS an Oberin Sr. M. Mansueta – Ritter a. a. O. S. 86–88.

33 BKR III. Abt. CAS K. 10: Mindelstetten 04.08.1918: Gedicht von AS auf einem Notizzettel – Ritter a. a. O. S. 139.

und Braut mich genannt". Und wiederum eineinhalb Jahre später schreibt sie in dem Gedicht „Jesulein, o Kind so klein" die Verse: „Du bist mein Herr, ich Deine Braut, ich eil Dich zu umschlingen. Lass bald im Tod die Glocken laut als Hochzeitsglocken klingen!"[34] Schließlich endet das Gedicht, das sie in ihrem Brief vom 16.02.1922 an Oberin Sr. M. Mansueta sandte mit dem Wunsch: „So drückt der ewigen Liebe Siegel schon bald mir auf Dein heiliger Mund".[35] Damit zählt auch die Selige zu den Brautmystikern, wie z. B. die hl. Katharina von Siena, die hl. Therese von Avila oder die Dienerin Gottes Columba Schonath.[36] Jedenfalls steht fest, dass sie eine Jesus-Braut sein wollte und sich auch als eine solche fühlte.

Es stellt sich noch die Frage, mit welchen Persönlichkeiten der Gesellschaft Anna korrespondiert hat. Anhand der zahlreichen Briefe, die an sie gerichtet wurden und die sich erhalten haben, geht hervor, dass sie angefangen von Mitgliedern des Bayerischen Königshauses bis zu den Ärmsten der Armen Briefe gewechselt hat. In allen ihren Schreiben kommt zum Ausdruck, dass sie in innigster Lebensgemeinschaft mit Christus stand und im Empfang der hl. Kommunion sich alltäglich die Kraft zur absoluten Heilandstreue und zum täglichen liebenden Umfangen ihres schweren Kreuzes, das sie tragen musste, erworben hat.

34 BKR III. Abt. CAS K. 11: Mindelstetten 17.12.1921: AS an Rosa Imlauer in Augsburg – Ritter a. a. O. S. 299–301.

35 BKR III. Abt. CAS K. 12: Mindelstetten 16.02.1922: AS an Oberin Sr. M. Mansueta – Ritter a. a. O. S. 313f.

36 Barth, Hilarius, Maria Columba Schonath, in: Schwaiger, Georg, Bavaria Sancta. Zeugen christlichen Glaubens in Bayern, Bd. III., Regensburg 1973, S. 404–422.

12. Träume – Visionen – Ekstasen – Beschauung

Der Traum ist eine Brücke zwischen dem Bewussten und dem Unbewussten. Im Allgemeinen versteht man unter Traum das psychische Geschehen im Schlaf. Doch gibt es auch traumähnliche Bewusstseinsvorgänge im Wachzustand. Sie unterscheiden sich von den Schlafträumen durch die größere Bewusstseinshelligkeit, die geringe Wirklichkeitsferne, die betonte Vorwegnahme der Zukunft beziehungsweise der Rekapitulation der Vergangenheit, die vor allem im Alter zu beobachten ist.[1]

Die wesentlichen Momente des Traumhaften sind jedoch beiden Traumarten gemeinsam. Der Traum, schließlich eine Brücke zwischen dem Bewusstsein und dem Unbewussten, steht deshalb ähnlichen, aber im Normalfall nicht so tiefgreifenden Vollzügen wie Assoziationen (Verknüpfung von Vorstellungen), Meditationen oder Tagträumen nahe. Wenn diese Vollzüge durch Begabung, Askese und Übung vervollkommnet werden, spricht man von Mystik. In der christlichen Spiritualität kommt dem Traum eine von der Vernunft abgesicherte und damit von der Unterscheidung der Geister getragene Rolle der Gotteserfahrung zu. In allen Religionen und ebenso bei allen Völkern hat der Traum eine ungeheure Bedeutung, da er den Menschen mit dem Übersinnlichen in Berührung bringt.

In diesem Zusammenhang ist der Ratschlag des hl. Ignatius von Loyola interessant. Er empfiehlt, abends mit dem Gedanken einzuschlafen, mit dem man morgens aufwachen möchte. Die erste Aufmerksamkeit beim Aufwachen soll man auf diesen Gedanken richten und schauen, was einem geschenkt wird. So Ignatius in seinen „Geistlichen Übungen". Auf diese Weise wird die befreite und befreiende Wirkung des Schlafes in all seinen unbewussten Vorgängen, die im bewussten Aufsteigen der Träume ihre Aufgipfelung haben, in den Dienst der Gotteserfahrung gestellt.[2] Anna Schäffer ist sicher mit dem Gedanken an den Empfang der hl. Eucharistie am Abend eingeschlafen und mit diesem beseligenden Gedanken anderntags aufgewacht.

Die heutige wissenschaftliche Erkenntnis vom Traum zeigt, dass er zunächst im Dienst der Erhaltung des psycho-physischen Gleichgewichts und der Gesundheit der Tiefenseele steht, mag man nun mit Siegmund Freud mehr eine Wunscherfüllung, mit Alfred Adler eine Manifestation der Lebensleitlinie oder mit Carl Gustav Jung eine Kompensation zum Wachbewusstsein im Traum sehen. Ausgehend von der paradoxen Natur des Übernatürlichen im katholischen Verständnis ist auch beim Traum zu sagen, dass hier die natürliche Funktion als eines psycho-physischen

---

1 LThK X, S. 326–329

2 Schütz, Christian (Hrsg.), Praktisches Lexikon der Spiritualität, Freiburg i. Br. 1992, S. 1296–1299.

und zugleich ganzheitlich seelischen und besonders tiefenpsychologischen Geschehens bei gesunden Menschen der besondere Ort der Begegnung zwischen Mensch und Gott sein kann.

Wenn wir von diesem Traum-Verständnis hier die etwa 58 Träume Annas auch nur oberflächlich betrachten – sie hat sie ja alle sicher nur auf Wunsch oder Aufforderung von Autoritätspersonen, wie ihrem Seelenführer, niedergeschrieben –, kann man sagen: Im Leben der Seligen bedeuten ihre Träume entweder Vorbereitungen und Hinführungen zu wichtigen Ereignissen oder in ihre Zukunft weisende Ausblicke. Freilich, sie erweisen sich zuweilen auch als Wunschträume oder als Hilfen zum Verständnis für von ihr nicht deutbare Schwierigkeiten. Dabei ist zu beachten, wenn wir die Träume Annas unvoreingenommen betrachten, dass uns dieselbe geistig-seelische Gesundheit begegnet wie in ihrer Haltung gegenüber der Stigmatisation. Ihr reiches Innenleben und ihr treuer religiöser Charakter kommen darin zum Ausdruck.[3]

Anna hat ein Heft mit der Niederschrift all ihrer Träume hinterlassen, aus dem reichlich zu schöpfen ist. Manche sind symbolischer Art, viele sind aber erlebtes Leben jener besonderen Art, die sie eben mangels des richtigen Terminus als Träume bezeichnet. Übrigens hat auch der hl. Johannes Don Bosco Schauungen als Träume bezeichnet. Einmal ist es der hl. Johannes von Gott, der Anna die Wunden, die alle fünf Tage frisch verbunden werden mussten, verbunden hat; der hl. Aloysius zeigt ihr seinen Blumengarten, in dem sie auch den Heiligen Vater, den hl. Papst Pius X., schauen darf; Gemma Galgani, die liebenswürdige Stigmatisierte von Lucca in Italien, führt sie dort in das Passionistenkloster, wo deren Leib ruht, und zeigt ihr einen prächtigen Reliquienschrein, in den dieser einst gelegt wird, und sie sieht ungezählte Scharen von Pilgern herbeiströmen. Auch Gemmas Zeitgenosse, der jugendliche Passionist und selige Gabriel Possenti, und die selige Anna Maria Taigi tauchen in ihren Träumen auf. Man wird sich auch nicht wundern, dass ebenso die „kleine“ – eigentlich „große“ – hl. Therese von Lisieux in dieser Reihe nicht fehlte. Wie gerade diese Traumbekanntschaft in merkwürdiger Weise zustande kam, wurde bereits an anderer Stelle berichtet.[4]

Noch bedeutungsvoller freilich waren ihre Träume, in denen ihr der liebe Heiland als guter Hirte, als Jesuskind und als Leidensmann begegnete, ihr sein Heiligstes Herz und seine Wunden zeigte, sie aber auch getröstet hat. Als Kind Mariens erhielt sie oftmals von der allerseligsten Jungfrau und Gottesmutter tröstende Worte zu hören, aber auch Voraussagen des Leidenmüssens.

Das Bedeutsamste an all den Traumberichten scheint zu sein, dass sie alle im Grunde entweder eine Lösung oder eine Weisung für die weitere geistig-seelische

3 Ritter, Emmeram H., „Im Leiden habe ich Dich lieben gelernt!“ Die Schriften Anna Schäffers, Regensburg 1999, S. 40.

4 Lama, Friedrich Ritter v., Eine bayerische Vorgängerin von Therese Neumann aus unserer Zeit (Anna Schäffer von Mindelstetten † 1925), in: Allgemeine Rundschau, Wochenschrift für Politik und Kultur, 29. Jg, München 1932, Nr. 50, S. 734–737.

und geistliche Entfaltung schenken, wie besonders bei jenen, in denen sie den Heiland, Maria oder einen Heiligen sieht. In der Gestaltung der Träume wird sichtbar, wie hier gerade im Bereich des Geistig-Seelischen Tugenden zu Worte kommen. Sie aber entscheiden am Ende in besonderer Weise die innere und infolge davon auch vielfach die äußere Gesundheit des Menschen im Denken, Handeln und Fühlen.

Was hier gesagt wurde, verdeutlicht das „geistliche Rezept", das Anna in ihren Aufzeichnungen „für die Gesundheit des Geistes" hinterlassen hat. Sie schreibt: „Um Dich einer Gesundheit des Geistes zu erfreuen, nimm Wurzeln des Glaubens, grüne Blätter der Hoffnung, Rosen der Liebe, Weihrauch der Reue, Myrrhen der Abtötung, Holz vom Kreuze. Binde dieses alles zusammen in das Bündchen ‚Ergebung in den Willen Gottes', lege es in das Gefäß der Andacht und begieße es mit dem Wein der heiligen Heiterkeit und mit dem Wasser der Mäßigkeit und stell das Gefäß an das Feuer der göttlichen Liebe, damit alles koche; darauf setz es an den kühlen Ort der Betrachtung und verschließe es mit dem Deckel des heiligen Schweigens und wenn du dann frühmorgens und spätabends eine Tasse von diesem kostbaren Getränk nimmst, so wirst du die Gesundheit des Geistes erlangen, was ich dir wünsche und von Gott erflehe. So gegeben in der Apotheke der liebevollen Seitenwunde unseres Herrn Jesu Christi."

Wer von der blumigen Sprache abzusehen vermag, wird in diesem „Rezept" eine weise Lebensregel erkennen, die ganz aus der Lebens- und Leidenserfahrung wie aus der Lebensbewältigung Annas selbst geschöpft ist. Das rechte Verständnis ihrer Stigmatisation und ihrer visionellen Träume machen deutlich, was den Menschen auszeichnet, der nach Gottes Willen so gereift ist, dass er in Gott seine Vollendung findet. Die Selige wurde schon zu Lebzeiten von ihren Zeitgenossen hochgeschätzt und nach ihrem Hinscheiden verehrt. Die Kirche hat diese nie abbrechende Verehrung im Volk gewürdigt und durch die Seligsprechung anerkannt: das Heroische im Tugendleben und das Mystische im religiösen Leben Annas.[5]

Drei Jahre vor dem Tode Annas scheinen die „Träume" aufgehört zu haben; wenigstens brechen um diese Zeit die Aufzeichnungen darüber ab. Es steht fest, dass an ihre Stelle ein Schauen trat, das an keine Veränderung des natürlichen Bewusstseins gebunden war. Dagegen wuchs das Sehnsuchtsleiden nach der Vollendung fast bis zur Unerträglichkeit. Es bricht in allen Briefen durch und übertraf alles körperliche Leiden, dessen unerhörte Steigerung das Nahen der erlösenden Vollendung ankündigte.[6]

Von einer Aufzählung und Wiedergabe der Träume wird hier abgesehen. Sie wurden bereits 1976 von den beiden frommen Priestern, Pfarrer BGR Ludwig Fischl und Pfarrer BGR Alfons Maria Weigl, unter dem Titel „Anna Schäffers geheimnisvolles ‚Traumheft'" gewissenhaft und verdienstvoll veröffentlicht.

5 Ritter a. a. O. S. 40f.

6 Lama, Eine bayerische Vorgängerin a. a. O. S. 737.

Einen wichtigen Punkt im Leben der Seligen bilden die verschiedenen mystischen Erkenntnis-Vorgänge oder Bewusstseins-Zustände. Sie müssen festgestellt und auseinandergehalten werden. Abgesehen von der eingegossenen Beschauung und den innerlichen Prüfungen – z. B. Trockenheit – sind es hauptsächlich drei: die Träume, die Visionen und die Ekstasen.[7]

Die Träume fanden ganz natürlich wie im Leben des Menschen statt: nur während des Schlafens und meistens gegen Morgen zu. Sie waren stets nur von kurzer Dauer. Ein innerlich religiöser Mensch wird natürlicherweise auch Träume mit religiösem Inhalt und mitunter lebhaften religiösen Gefühlen haben. Das gilt selbstverständlich auch für Anna. Man darf also nicht alle ihre Träume als direkt von Gott kommend und in dem Sinn als streng mystisch bezeichnen. Selbst in manchen wirklich mystischen Träumen sind Elemente, die nicht unmittelbar von Gott, sondern von verschiedenen natürlichen Ursachen kommen. Deshalb unterlaufen öfter Irrtümer, besonders bezüglich der Zeitangaben, wie Anna wiederholt selbst festgestellt hat.

Kriterien für wirklich übernatürliche Träume zeigen außergewöhnlich starke belebende Wirkungen auf das religiöse Leben, wie es die Dulderin öfter hervorhebt. Es ist das Hauptkriterium für die absolute Echtheit aller mystischen Gnaden, die sie empfangen hat. Sie sagte selbst, im Traum könne sie inniger beten als im wachen Zustand. Nun besaß sie die Gnade der Beschauung – es ist noch darauf zurückzukommen – und konnte daher auch im wachen Zustand oft oder meistens innig beten, wie es nur durch den Erhalt mystischer Gnaden möglich ist. Das bedeutet demnach, dass ihre Träume fast durchwegs als mystische zu betrachten sind. Dennoch bleiben die oben genannten Einschränkungen bestehen.

Ein weiteres Kriterium ist das Vorhandensein eines nachprüfbaren Wissens über das Zeitgeschehen, das sie natürlicherweise nur in einem sehr beschränkten Maße haben konnte. Träume über zukünftige Ereignisse kann man bekanntlich erst nach Eintritt der Erfüllung als übernatürlich feststellen bzw. beweisen. Anna selbst scheint diesbezüglich ihr Urteil öfter in Schwebe gehalten zu haben. Dieses zweite Kriterium muss immer zusammen mit dem Ersten beachtet werden, um dadurch etwaigen satanischen Einfluss ausscheiden zu können. Doch solche Fälle liegen bei Anna gewiss nicht vor.

Im Gegensatz zu den Träumen kommen die Visionen im wachen Zustand vor. Sie sind ein Sehen mit den Augen oder bloß innerlich in der Phantasie. Nur ist die erregende Ursache hier nicht die gewöhnliche, sondern ist unmittelbar in einem Eingreifen außerweltlicher Kräfte zu suchen. Hierher gehören das Sehen des Schutzengels bereits vor 1910, vor allem aber das Sehen des göttlichen Heilands, das Strahlen der Hostie und Ähnliches.

7 Vgl. Siebenthal, Wolf v., Die Wissenschaft vom Traum, Heidelberg 1953 – Kemper, Werner, Der Traum und seine Bedeutung, Hamburg 1955 – Dinzelbacher, Peter, Wörterbuch der Mystik, Stuttgart 1959.

Auch das erste Erlebnis der Seligen in Landshut, das im Traumheft Annas beschrieben wird, muss als Vision und nicht als Traum bezeichnet werden. Sie war ja ganz wach gewesen, als sie die Erscheinung Jesu hatte. Friedrich Ritter von Lama hat in seinem Buch und später auch Ludwig Fischl und Alfons M. Weigl im Buch „Anna Schäffers geheimnisvolles ‚Traumheft' die tatsächliche Vision den nachfolgenden Träumen angeglichen, was aber keineswegs der Richtigkeit entspricht. Hier handelte es sich um eine echte Vision. Sie ist zu unterscheiden von den Träumen, wenngleich diese durch das Eingreifen Gottes zustande gekommen sind, was bei einem beträchtlichen Teil festzustellen ist.

Ekstasen besagen ihrem Begriff nach mystische Vorgänge unter Aufhebung der äußeren Sinnestätigkeit, überhaupt der äußeren willkürlichen Bestätigung. Der willkürliche und bewusste Verkehr mit der Außenwelt ist ganz abgeschnitten. Solche Zustände waren es bei Anna, wenn sie oft stundenlang wie leblos dalag, einmal von drei Uhr nachmittags bis zwölf Uhr nachts, so dass man sie schon für tot hielt oder doch für sterbend, ganz verschieden also von Träumen und gewöhnlichen Visionen. Innerlich können freilich während der Ekstase Visionen vor sich gehen. Die Dulderin hat damals ja tatsächlich die ganze Leidensgeschichte Jesu geschaut und miterlebt.

Und damit kommen wir zur Beschauung. Sie ist das wesentliche mystische Phänomen überhaupt. Sie besteht in einem Erkennen Gottes, das nicht mehr abstrakt und schlussfolgernd ist, sondern in einem einfachen geistigen Blick, der nur durch besondere Gnade möglich ist und Gott ungleich vollkommener erfasst als die gewöhnliche menschliche Erkenntnis mit Hilfe der Gnade, die jedem frommen Menschen geschenkt wird. Entsprechend der vollkommenen Erkenntnis wird auch die Liebe Gottes hier ungleich lebendiger und stärker.

Anna besaß die Gnade der Beschauung, weil sie öfter sagte: „Im Denken an Gott verfliegen die Stunden wie die Minuten." Zu ihrem Seelenführer sagte sie einmal, sie könne die ganze Nacht beten ohne zu ermüden. Das sei nur so ein Schauen. Auf mystische Prüfungen – Entziehung der Gnade der Beschauung, Trockenheit und Ähnlichem – deuten folgende Aussagen ihrerseits hin: „Ich muss manchen dunklen Pfad durchziehen. Ich drücke dann mein Kreuz fester auf die Brust und übe mich in der Betrachtung (im Gegensatz zu eingegossener passiver Beschauung des Leidens Christi) – und verrichte ein aktives mühevolles Gebet. Da kehrt dann meistens auch bald die frühere Helle in der Seele zurück."[8]

Viele Theologen vertreten meist die Meinung, dass es sich bei der Beschauung nicht um ein außergewöhnliches Charisma, sondern nur um eine ordnungsgemäße normale Gnade handeln würde. Sie sei nur deshalb so selten, weil so selten mit dem christlichen Tugendstreben wirklich Ernst gemacht wird.

8 Frei zitiert aus Anna Schäffers „Gedanken und Erinnerungen".

Bei Anna handelt es sich aber dennoch um ein außerordentliches Charisma. Nachdem die Selige die Stufen der aktiven und passiven Reinigung sowie der Erleuchtung durchschritten hatte, erfährt und erleidet sie ein solch bewusstes Innewerden, d. h. Einwohnen Gottes, dass sie es mit Worten nicht mehr adäquat mitzuteilen vermochte. Damit hat sie die höchste Stufe der Erkenntnis durch die Einung mit Gott als Höhepunkt mystischer Erfahrung als ein außerordentliches Geschenk des Herrn erreicht.

In diesem Prozess der Einung mit Gott, die auch als geistliche Vermählung bezeichnet werden kann, spielt die Christusliebe eine entscheidende Rolle. Es geht dabei um das Verlangen, so zu lieben, wie die Seele des Menschen von Gott geliebt wird, wie es zum Beispiel im Leben des hl. Johannes vom Kreuz festzustellen ist. Dabei ist freilich zu bedenken, dass die unendliche Liebe Gottes niemals mit der endlichen Liebe des Menschen verglichen werden kann.[9]

Abschließend ist noch zu sagen: Dieselbe geistig-seelische Gesundheit wie in der Haltung gegenüber der Stigmatisation begegnet im Innenleben und im religiösen Charakter Annas, wenn man alle ihre mystischen Erfahrungen betrachtet.[10]

9 Dinzelbacher a. a. O. S. 514f.

10 Ritter, a. a. O. S. 40.

13. Sühneleiden aus Liebe zu Gott und den Menschen

Im religiösen Wortsinn bedeutet Sühne eine Leistung des Menschen, die Gott für die Sünden, die (menschlich gesprochen) ihn beleidigen und ihm Unrecht zufügen, Abbitte, Genugtuung und Ersatz bieten soll. In der Praxis der katholischen Frömmigkeit gilt Sühneleistung vor allem unserem Heiland Jesus Christus, weil er am meisten die Verkennung und Verunehrung von Seiten der Menschen erfahren muss. Das Bewusstsein der eigenen Sündhaftigkeit legt dem Gläubigen die Sühne für sich selbst nahe. Aber im gebräuchlichen Sinn besagt Sühne vor allem stellvertretende Genugtuung für die Sünden der Menschheit. Der eigentliche innere Zweck ist im christozentrischen Sinn ein doppelter: Ersatzleistung für die dem im Himmel verklärten und dem eucharistischen Heiland zugefügte Beleidigung und Verunehrung. Sie ist aber auch Tröstung, insofern als der Heiland in seinem Kreuzesleiden des Trostes bedürftig war und ob seiner Allwissenheit all das voraussah, was treue Seelen für Ihn bis zum Ende der Zeiten in mitleidender Sühne getan haben und tun. Damit verbindet sich die Versöhnung Gottes, die Abänderung oder Milderung von Strafen und die Erlangung von Gnaden. In diesem Sinn wird die Sühne auch den Armen Seelen zugewendet und in den Anliegen der Kirche geübt.

Vorbild, Voraussetzung und Grundlage namentlich für die stellvertretende Sühne ist die seit dem hl. Anselm von Canterbury (1033 Aosta/Savoyen – Canterbury 1109)[1] als satisfactio erkannte und bezeichnete sühnende Erlösung durch Christus. Es kann zwar nicht die rein persönliche Willensleistung der Gesinnungsänderung in Reue, Vorsatz und Bekehrung, wohl aber die Sühneleistung von anderen übernommen werden. Wie der himmlische Vater die stellvertretende Genugtuung durch das

1 Erzbischof Anselm von Canterbury ist als Vorläufer oder Vater in die Geschichte der Theologie eingegangen. Gegenüber der verbreiteten patristischen Auffassung, dass die Menschheit durch den Opfertod Christi vom Teufel losgekauft werden musste (Redemtionstheorie), vertrat Anselm als erster die Meinung, dass Christus gestorben ist, um Gott für die Ihm durch die Sünde zugefügten Beleidigungen Genugtuung zu leisten. Diese Satisfaktionstheorie wurde Gemeingut der katholischen Theologie. – Der in seinem Werk 1176 zu findende Satz „Der Glaube sucht Vernunftgründe" (ganz im Gegensatz zum Rationalismus), ist von einer doppelten theologischen Klammer umgriffen: Das Denken ist ein Geschenk Gottes und eine in seinem Auftrag zu leistende Aufgabe. Die zweite theologische Klammer ist das letzte Ziel des Denkens. Zusammen mit dem Glauben ist die rationale Erkenntnis auf die Gottesschau hingeordnet. Mit diesem gemeinsamen Ziel sind Glaube und Ratio derart aufeinander bezogen, dass das Denken des Glaubens bedarf, um im Gottesglauben seine volle Reichweite zu vollziehen. Umgekehrt bedarf der Glaube der erhellenden Kraft des Denkens, um zu einer persönlichen lebendigen Gewissheit zu werden. – Vgl. Härle, Wilfried/Wagner, Harald (Hrsg.), Theologenlexikon. Von den Kirchenvätern bis zur Gegenwart, München 1987, S. 8–10 – Bihlmeyer, Karl, Kirchengeschichte. Neu bearb., 2. Teil: Das Mittelalter, Paderborn [9]1932, S. 174f.

sühnende Blut seines Sohnes anerkennt, so nimmt er auch die sühnende Ersatzleistung von Seiten der mit Jesus in Gemeinschaft stehenden Menschen an. Alle derartige Sühneleistung empfängt somit Wert und Wirksamkeit aus der Verbindung mit Christi stellvertretener Genugtuung am Kreuz und im Hl. Messopfer. Die wahre Sühneleistung für sich und andere ist bezüglich ihres formalen, genugtuenden Zweckes immer wirksam.

Die Sühneleistung, vor allem das Sühneleiden, so wie es Anna Schäffer aufgeopfert hat, ist eine Betätigung der Liebe und Verehrung des Heilands, der Liebe zu den unsterblichen Seelen und nicht zuletzt zur Kirche. Sie entspricht der dankbaren Liebe zum „beleidigten Gott" und der Gerechtigkeit, welche „die Gott zugefügte Verunehrung wieder gut macht und die verletzte Ordnung wieder herstellt."[2]

Religionspsychologisch erscheint die Sühne als ein Bedürfnis der gottliebenden Seele und als eine der edelsten Äußerungen der Gottesverehrung, besonders wirksam motiviert durch große Ärgernisse, durch Gotteslästerungen, durch den Verfall des Glaubens und der Moral, wie anderseits veranlasst durch schwere Heimsuchungen, so zum Beispiel den Ersten Weltkrieg und seine nicht nur für Bayern so tragischen Folgen.

Innerhalb der katholischen Frömmigkeit haben Idee und Praxis der christozentrischen Sühne erst ab dem 17. Jahrhundert wirksame Antriebe zur allgemeinen Ausbreitung erhalten, vor allem durch die Herz-Jesu-Verehrung, bei der im Sinn der Privatoffenbarungen der französischen Nonne und Mystikerin Margareta Maria Alacoque (1647 Lauthecour – 1690 Paray-le-Monial)[3] die Sühne eine wesentliche Aufgabe des Gläubigen bildet. Im Laufe der Zeit gewann der Sühnegedanke breite Kreise durch die Zunahme der Gottlosigkeit und des Antichristentums. Dadurch wurde bei den Katholiken sowohl Bedürfnis wie Pflicht der Ersatzleistung gesteigert. Neben den vielfachen Formen der Sühneleistung und den persönlich sühnenden Opfern und Tugendakten sind besonders hervorzuheben die heroischen Sühneopfer jener frommen Menschen, die mit Bereitschaft zu allen gottgeschickten oder zugelassenen Leiden ihr ganzes Leben der sühnenden Verehrung Christi weihen. Außerordentlich wertvoll ist selbstverständlich das Sühneleiden und sühnende Leidensapostolat als Leidensgemeinschaft mit Christus. Biblisch begründet ist es bei Paulus, der an die Kolosser geschrieben hat: „Nun freue ich mich der Leiden, die ich für euch dulde. Ich leiste so für den Leib Christi, die Kirche, in meinem Fleische, was von den Leiden Christi noch aussteht" (Kol 1,24). Das besagt: Je mehr und vollkommener der Christ mit Christus als Glied an seinem Leib mitleidet, desto eher wird das von Gott dem mystischen

2 Papst Pius XI., Enzyklika „Miserentissimus Redemptor" vom 8. Mai 1928, in: Reuter OMI, P. Amand, Summa Pontificia: Lehren und Weisungen der Päpste durch die Jahrtausende. 2. Bd., Abensberg 1978, S. 634f.

3 Schauber, Vera/Schindler, Hans Michael, Heilige und Namenspatrone im Jahreslauf, Augsburg 1992, S. 540 – Ritter, Emmeram H., Margareta Maria Alacoque und ihre Sendung im Dienste des Heiligsten Herzen Jesu, Abensberg 1975.

Herrn und Erlöser zugedachte Leidensmaß erfüllt und so das Leiden des geschichtlichen Christus ergänzt und vollendet.

Erst die neuere Kirchengeschichte kennt in besonderer Weise für das Sühneleiden begnadete und berufene Seelen in größerer Zahl.

Wenn man das Leben Anna Schäffers unter dem Gesichtspunkt der gerade für die heutige Zeit so notwendigen Sühneleistung betrachtet, eine Forderung, von der auch Papst Johannes Paul II. im Gleichklang mit der Botschaft U. L. Frau von Fatima immer wieder gesprochen hat, so ist festzustellen, dass sie es mit letzter Konsequenz vorgelebt hat. Im Sühneleiden der Mindelstettener Kreuzträgerin ist ein Mahnruf Gottes zu sehen. Er sagt dem Menschen, dass er sein Leid und das der Welt mit dem Gekreuzigten in Verbindung bringen muss, um so unendlichen Segen herabzurufen und damit viele Probleme zu lösen, die allein durch das Kreuz gelöst werden können. Ihr Krankenbett war eine Kanzel, wo höchste Weisheit doziert wurde. Der weithin bekannte Regensburger Bischof Dr. Johann Michael Sailer (1751 Aresing/Obby. – Regensburg 1832)[4] hat es einmal so ausgedrückt: „Je mehr ich über Leiden und Trübsal nachdenke, desto wohltätiger finde ich sie, und unter allen Vorstellungen von der Wohltätigkeit der Leiden finde ich keine schönere als die, dass sie die hohe Schule Gottes sind." Die Leiden sind wahrlich Gottes hohe Schule, in der Er uns als Vater erzieht.

Ihren tragischen Unfall und das nachfolgende 25 Jahre dauernde Siechtum könnte man eine Katastrophe und einen Zusammenbruch nennen. Aber weil sie sich in ihrer Not vorbehaltlos Gott öffnete, freilich nicht sofort, sondern langsam wachsend, machte Er aus ihrem Absturz einen wunderbaren Aufstieg. Sie begann sich in das Leiden Christi zu versenken und im Geiste den Kreuzweg mit Ihm zu gehen. Sie tat es nicht nur in Gedanken; sie tat es mit wunden Füßen, mit glühenden Händen und oftmals mit schmerzendem Kopf. Sie war zwar nur ein schwacher Mensch, aber sie lieferte sich der Gnade des Herrn so total aus, dass sie mit seiner Hilfe das schwache Fleisch dem Geist unterwerfen konnte. Anna brachte alle Schmerzen in Verbindung mit denen ihres geliebten Heilands. Wie ein Bach in den Strom mündet, so ließ sie ihr Leid in das Seinige münden. Sie wollte mit derselben Einstellung leiden wie Christus, mit denselben Gefühlen, mit derselben Hingabe an den Vater, mit derselben Liebe zu den erlösungsbedürftigen sündigen Menschen. Sicher hat sie dabei in ihrem innersten Herzen gespürt, dass ihr Sühneleiden für sie persönlich umgewandelt wird in Segen und Heil für die Kirche.

Wer im Blick auf Christus leidet, wächst über sich hinaus und erlangt dadurch als Mensch im Hinblick auf die Ewigkeit die notwendige Reife. Anna Schäffer hat das

4 Als hervorragender Seelsorger, charismatischer Lehrer der Theologie und Verfasser zahlreicher Werke suchte er nach neuen theologischen Prinzipien und Methoden, während er die deistische Aufklärung grundsätzlich ablehnte und zu ihrer Überwindung erfolgreich wirkte. – Siehe Gatz, Erwin (Hrsg.), Die Bischöfe der deutschsprachigen Länder, 1785/1803 bis 1945, Berlin 1983, S. 639–643.

Wozu ihres Sühneleidens erahnt und bejaht, weil sie um das Wozu der Leiden Christi wusste.

Es ist mit einiger Sicherheit anzunehmen, dass Anna in der Zeit um 1905 ihre Aufgabe stellvertretenden Leidens und Sühnens für die Sünden anderer erkannt und erfasst hat. Freilich war sie trotz allen Eingehens auf den göttlichen Willen immer noch der Hoffnung, doch noch einmal das Krankenbett verlassen und zum vollen Gebrauch der Glieder und damit einer größeren Ungebundenheit und Unabhängigkeit zurückkehren zu können. Aber durch einen Traum wurde sie eines Besseren belehrt. Sie schaute die schmerzhafte Mutter Gottes, die weinte und ihr sagte: „Ich weine deshalb, weil der liebe Jesus durch so viele Sünden von den Menschen beleidigt wird und die Welt so gottlos ist. Ich leide alles mit dem lieben Jesus mit!“ Nun stellte Anna die Frage, ob sie gar nicht mehr gehen werde können. Darauf gab ihr Maria die Antwort: „Du musst noch viel mehr leiden als bisher!“[5] Tatsächlich gestaltete sich das Sühneleiden noch intensiver als bisher. Anna hat ihr „Traumbuch“ freilich erst viel später niedergeschrieben, als ihr das „leiden dürfen“ tatsächlich als ein „dürfen“ klar geworden ist.

Das schwere Leiden bis 1905 hatte Annas Hingabe an den Willen Gottes gefestigt. Die übernatürliche Hilfe trug dazu bei, dass ihre Leidenskraft sie nicht zermürbte und sie in Apathie verfiel. Sie beschritt vielmehr den Weg der Nachfolge Christi, bereit, auch neue Kreuze auf sich zu nehmen, ohne den Mut zu verlieren. Ihre Haltung zum Sühneleiden wurzelte längst nicht mehr in ihrer menschlichen Natur, sondern nur mehr im Übernatürlichen. Mochte der Schmerz sie auch noch so quälen, die göttliche Gnade sorgte immer wieder dafür, dass sie es ertragen konnte. Leiden und lieben stehen in engster wechselseitiger Beziehung zueinander. Das gilt besonders in der Mystik. Gott ist es ja, der da gibt! Je mehr Leid er auflädt, desto mehr gibt er sich zu erkennen und desto mehr wächst die Liebe zu Ihm. Gott erkennen heißt immer zugleich Ihn auch lieben.

Wenn sich die ewige Liebe Gottes zuweilen verbirgt, folgen jene Stunden, die des übernatürlichen Trostes entbehren, die Stunden der Trockenheit und Dürre. Sie sind die verdienstvollsten des Leidenden. Auch solche Zeiten musste die Selige ertragen, aber sie erahnte, dass sie die Vorbereitung für neue, noch größere Gnaden sind.

Über den Zustand ihrer Leiden sind wir dank ihrer Aufzeichnungen, vor allem ihrer zahlreichen Briefe ab dem Jahre 1913, bestens unterrichtet. Sie schreibt nicht wehleidig, Mitleid erheischend, sondern ohne Klage zu führen, nüchtern sachlich und dem jeweiligen Zustand entsprechend. „Bei mir lb. Anna ist es halt auch immer das Gleiche, nun ja in Gottes Namen, der lb. Heiland weiß schon, welches Kreuz für mich arme Sünderin am besten passt. Wollen wir daher niemals eine Klage erheben und alles recht geduldig und willig für den lb. Heiland leiden; er will es ja so?

5 Weigl, Alfons Maria, Anna Schäffers geheimnisvolles ‚Traumheft‘, Altötting 1976, S. 28f.

Weißt lb. Anna, jede neue Krankheit und jedes Unglück, das uns trifft; es ist immer wieder ein Gruß vom lb. Heiland. Es ist ja nur ein Dorn von seiner Krone, den er uns manchmal sendet, damit wir ihn verkosten, welches Glück und solche Liebe in Kreuz und Leiden verborgen ist."[6] So schrieb sie ihrer engen Freundin Anna Bortenhauser. Auch am 26. Juli 1913 sandte sie ihr einen Brief: „[...] nach jeder Kommunion wäre es halt so schön zu sterben, aber der lb. Jesus kann mich noch nicht brauchen; ich bin noch zu unvollkommen. Wollen wir halt bis dahin recht brav sein und alles mit Geduld und Ergebung leiden, um uns noch manche Verdienste zu sammeln für die Ewigkeit!"[7] Ein Jahr später äußerte sie sich ihr gegenüber: „Herz Jesu, ich danke Dir für mein Kreuz, vereint mit der Liebe, mit der Dir Deine hl. Schmerzensmutter dafür gedankt hat."[8] Und wieder ein Jahr später berichtet Anna ihrer Freundin: „Auch mir geht es immer sehr gut, darf noch immer leiden für Jesus bis sein hl. Wille mich einstens von dieser Erde abruft, wozu ich jeden Augenblick bereitet bin, denn wie süß ist der Tod, der uns das Tor der Ewigkeit öffnet, um dahin zu gelangen, wo Jesus ist. Wir können Ihn als unsern lb. Bruder begrüßen."[9]

In einem Brief vom 02.03.1916 an Bortenhauser, die ja auch eine fromme Pfarrhaushälterin gewesen sein dürfte, berichtet sie etwas ausführlicher: „Mein Befinden ist noch immer auf dem Wege des Kreuzes, habe seit jüngster Zeit 2 Wunden mehr, nun jetzt 34 im Ganzen. Eben so viele Jahre ich jetzt alt bin und fast die Hälfte von meiner Lebenszeit auf dem Krankenbette! Alles für Jesus, er will es so haben. Jedes Tröpflein Blut im Herzen; jede heiße Glut der Schmerzen; jede süße Freudenstunde, jede bittre Leidenswunde, alles Dir o Gott zu Ehren, hier und dort Dein Lob zu mehren. Nicht weniger, lb. Freundin, als 30-mal durfte ich diese Zeit hindurch die scharfen Instrumente des Arztes verspüren, d. h. wo ich immer chloroformiert wurde, wie z. B. Geringeres wie Haut runterschneiden usw. ließ ich mich niemals betäuben. Dabei konnte ich meinem lb. Jesus danken und ein Blick auf's hlgst. Herz Jesu gab mir immer wieder Kraft alles zu ertragen, obwohl es immer 2 Stunden dauerte bis ein Arm abgeschält war. Da konnte ich mich ins Fegfeuer versenken, wo irdisches Leiden nur kühler Tau genannt wird. Jeder Atemzug, jeder Pulsschlag, alle Leiden und Schmerzen sollen dem lb. Jesus geweiht sein bis zum letzten Hauche meines Lebens, wenn ich nur in den Himmel komme."[10]

In derselben Gesinnung schrieb sie 1916 auch der „Ehrw. Frau Oberin Mansueta" in Kösching, mit der sie seit ihrem Unfall und anschließenden Aufenthalt im

6 BKR III. Abt. CAS K. 9: Mindelstetten 16.06.1913: AS an Anna Bortenhauser, Pilsting/Nby. – Ritter a. a. O. S. 55f.

7 BKR III. Abt. CAS K. 9: Mindelstetten 26.07.1913: AS an Anna Bortenhauser – Ritter a. a. O. S. 56f.

8 BKR III. Abt. CAS K. 9: Mindelstetten: 12.12.1914: AS an Anna Bortenhauser – Ritter a. a. O. S. 57f.

9 BKR III. Abt. CAS K. 9: Mindelstetten 21.12.1915: AS an Anna Bortenhauser – Ritter a. a. O. S. 61f.

10 BKR III. Abt. CAS K. 9: Mindelstetten 02.03.1916: AS an Anna Bortenahuser – Ritter a. a. O. S. 63–65.

dortigen Krankenhaus herzlich verbunden war: „[…] wie es halt der lb. Jesus haben will. Ganz nach seinem hl. Willen und Wohlgefallen soll Ihm jeder Augenblick meines Lebens geweiht sein und so geht es mir auch ganz gut. Wunden habe ich noch immer so viele und die Schmerzen sind ja meine lb. Freunde. Diese müssen mir ja die Straße zeigen, welche nach oben führt, hin zu Jesus!“[11]

Von Interesse für die vielen Bittsteller heute, die sich der Seligen anvertrauen, ist das Schreiben vom 18.11.1916 an Bortenhauser: „Und wenn ich einmal in der Ewigkeit drüben so glücklich sein darf, dahin zu gelangen, wo Jesus ist, dann werde ich Euch allen eine rechte Fürbitterin sein! Und bis dahin weihe ich dem lb. Heiland all' meine kleinen und großen Opfer. Mit Jesus vereint wird jede Bürde leicht zu tragen, denn er schenkt uns in der hl. Kommunion die nötige Kraft dazu. Schenken wir aber dem lb. Jesus unser Herz, unsern Leib und unsre Seele mit einem solch unbegrenzten Vertrauen, dass nicht mehr wir, sondern Jesus in uns lebt! Beten, leiden und opfern wir alles aus Liebe zu Ihm – beten und opfern wir aber ganz besonders viel zur Bekehrung der Sünder und geben wir uns viel Mühe, um für den lb. Heiland recht viele Seelen zu gewinnen, die wir ihm zuführen.“[12]

Der Satz in ihrem Brief vom 19.11.1916, „Heiligstes Herz Jesu, schenk mir recht viele Seelen, besonders jene, die dem Abgrund nahe sind!“[13], erinnert stark an das kurze Gebet, das nach jedem Rosenkranzgesätzlein eingeschoben wird und das der Botschaft von Fatima zu verdanken ist.

Ende des Jahres 1916 berichtet sie der Köschinger Krankenhausoberin, dass es ihr gut gehe in der Schule des Leidens und dass sie Ende November wieder einige Tage sehr krank gewesen sei. Sie befürchtete schon, wer wohl die Spitze – es handelte sich sicher um ein Altartuch – fertig häkeln werde, wenn sie heimgehen dürfe. Das zeigt, wie gewissenhaft sie ihre Arbeit machte.[14]

Zu Silvester 1916 vertraute sie ihrer Freundin, der Ordensschwester M. Tatona in Pirmasens, an: „Fast alle Morgen vertauschen sich Schmerz und Freud in jener hl. Stunde, da das lb. Jesulein in mein armes Herz einkehrt, und schenkt mir wieder seinen hl. Segen, Kraft und Gnade, dass ich mein Tagewerk, welches ist ‚Leiden', mit Geduld und Ergebung tragen kann […] Habe noch immer 32 Wunden, welche beständig eitern und sehr schmerzhaft sind, vor allem an den Verbinde-Tagen kann ich ja niemals die ganze Nacht die Augen schließen vor Schmerz.“[15]

---

11 BKR III. Abt. CAS K. 9: Mindelstetten 18.10.1916: AS an „Ehrw. Frau Oberin Mansueta, Kösching“ – Ritter a. a. O. S. 73f.

12 BKR III. Abt. CAS K. 9: Mindelstetten 18.11.1916: AS an Anna Bortenhauser – Ritter a. a. O. S. 74–76.

13 BKR III. Abt. CAS K. 9: Mindelstetten 19.11.1916 AS an Pfarrhaushälterin Elis Rieger, Mindelstetten/Opf. – Ritter a. a. O. S. 76f.

14 BKR III. Abt. CAS K. 9: Mindelstetten 28.12.1916: AS an Oberin Mansueta – Ritter a. a. O. S. 79–81.

15 BKR III. Abt. CAS K. 9: Mindelstetten 31.12.1916: AS an Schw. Tatona – Ritter a. a. O. S. 81f.

Wie aus mehreren Briefen Annas hervorgeht, musste sie an den Donnerstagen und Freitagen besonders viel leiden. Sicher hing das damit zusammen, dass sie an den Donnerstagen immer ihre Wunden an den Füßen neu verbinden musste, was besonders schmerzhaft war, weil der Verband an den offenen Stellen angeklebt war. Zuweilen entzündeten sich dann noch die Wunden. Aber Anna meinte: „War ja nur eine kleine Vorbereitungsfeier auf die hl. Fastenzeit.“[16] Ebenso musste sie auffallend an den Kartagen viele Schmerzen ertragen. Die Selige dazu: „Am Ostersonntag war ich ja schon wieder gesund!“[17]

Am 06.09.1917 berichtete sie ihrer Freundin Bortenhauser, dass sie wieder „allerlei kleine Übel erleiden musste. Besonders waren diesmal die Augen sehr in Anspruch genommen und hatte viele Augenkrämpfe, so dass an manchen Stunden meine Sehkraft so gemindert war, dass ich oft von meinem Bett nicht einmal bis zu meiner lb. Herz-Jesu-Statue hinsehen konnte, obwohl diese kaum 3 Schritte von mir entfernt ist.“[18] Vermutlich hatte sie sich durch das viele Schreiben oder Handarbeiten die Augen überanstrengt. Dazu litt sie seit Mai an Schlaflosigkeit. Sie bemerkt dann dazu: „Seit 1. September ist es aber mit den Augen wieder so gut als zuvor und habe auch keine Krämpfe mehr.“

Ein andermal meint sie ohne Bitterkeit: „Und während auf meinem langen Krankenlager die bittersten Schmerzen meine sterbliche Leibeshülle verzehren – des ungeachtet wird meine arme Seele immer mehr geläutert und geprüft. Und es sind ja Kreuz und Leiden die kostbarste Arznei, die die Wunden der Seele heilen.“

Wie sehr Anna am Tagesgeschehen teilgenommen hat, beweist ihr Brief vom 21.09.1917 an Bortenhauser: „Opfern wir so manches Stündlein nach Meinung unseres Vaters (gemeint ist der Heilige Vater Papst Benedikt XV.) auf, damit er recht bald unter den Völkerwirren den Frieden bewirken kann! Unterstützen wir unseren Hl. Vater mit dem Gebete nach seiner Meinung und bringen wir im Geist der Sühne so manches Opfer nach seiner Meinung.“[20]

Aber im Sühneleben Annas gab es auch kleine Freuden, die ihr sicher das Leben etwas erleichtert haben. So konnte sie am 6. September 1917 ihrer Freundin Bortenhauser berichten: „Am vergangenen Samstag morgens verfiel ich in kurzen Schlummer und da träumte mir vom hlgst. Herzen Mariae so schön, dass ich es nicht beschreiben kann, und eine Stimme sagte mir im Traume 2-mal: ‚Heute wirst Du noch eine schöne Herz-Mariae-Statue erhalten.‘ Ich erwachte drauf und dachte nicht weiters mehr an den Traum. Und am Samstag Nachmittag habe ich die Statue vom hlgst. Herzen Mariae erhalten und ich habe fast gar nichts mehr sagen können, als

16 BKR III. Abt. CAS K. 9: Mindelstetten 17.02.1917: AS an Oberin Mansueta – Ritter a. a. O. S. 86–88.

17 BKR III. Abt. CAS K. 9: Mindelstetten 13.04.1917: AS an Anna Bortenhauser – Ritter a. a. O. S. 93–95.

18 BKR III. Abt. CAS K. 9: Mindelstetten 06.09.1917: AS an Anna Bortenhauser – Ritter a. a. O. S. 107–109.

20 BKR III. Abt. CAS K. 9: Mindelstetten 21.09.1917: AS an Anna Bortenhauser – Ritter a. a. O. S. 112–114.

sie mir der kleine Student von der Frau Rainer von Elsendorf überbrachte."[21] Mit Fanny Rainer und deren Ehemann August aus Elsendorf bei Mainburg/Nby. stand die Dulderin von 1915 bis 1918 in Briefkontakt.[22]

Befragt von einer nicht näher bekannten „Theres" von Agendorf bei Schwarzach/Nby., Anna möge ihr ausführlicher über ihr Leiden berichten, antwortete diese in einem Brief vom 17.09.1917: „Meine 32 Wunden eitern ja immerfort und ich muss mich jeden dritten Tag verbinden. Das tue ich jetzt schon seit Krieg ist und auch zuvor schon ein paar Jahre immer selbst. Wohl ist ja vor dem Krieg der Arzt öfter gekommen und hat nachgesehen, und wenn er wieder etwas wusste, wieder ein neues Mittel verordnet. Aber jetzt ist der Arzt seit Anfang des Krieges im Felde. Schon öfters und noch einige Wochen vor dem Krieg hatte er es im Sinn, die beiden Füße abzunehmen, dann kam er wieder und sagte, lassen wir es und tun wir gar nichts mehr als verbinden. Denn da hätte ich ja nicht mehr sitzen können, weil mir die Füße ganz oben weg gekommen wären, weil ich so weit herauf verbrannt gewesen bin. Jetzt muss ich die Wunden immer mit Lysolwasser auswaschen und habe dann von der Apotheke Verband, Salbe und Watte zum Verbinden und alle 14 Tage muss ich auf die Wunden pulverisierten Alaun streuen und dann ohne Salbe verbinden; dieses muss ich deswegen tun, dass ich nicht immer ausgekratzt werde. Hatt ja schon vielerlei Verbände, was halt der Arzt immer für gut fand. Bis ich mich verbinde, brauche ich schon länger als ½ Stunden. Da kann ich ja die Waschschüssel unter jeden Fuß hinterstellen und da kann ich es schon machen das Verbinden und braucht mir nur meine lb. Mutter die Sachen auf einen Stuhl herstellen, was ich hierzu brauche, denn auf dem Bett liege ich ja mit den Füßen nicht auf, sondern habe unter den Fersen und unter den Knieen Spreusäckchen, dass sie höher liegen. Da kann ich die Waschschüssel ganz schön drunterstellen und kann mir beim Verbinden deswegen gut helfen, denn ich kann ja keinen Fuß bewegen und bin an beiden ganz steif bis zu den Hüften herauf. Muss auch schon immer auf den Spreusäckchen liegen, dass es unten immer höher ist und auch schon wegen der Schmerzen. Gestern habe ich mich wieder verbunden und an solchen Nächten kann ich kein Auge schließen vor Schmerzen. Und so habe ich immerfort zu leiden bis das Maß des Leidens voll ist und mich der lb. Jesus heimruft in das bessere Jenseits. Herr, wie Du willst."[23]

Aufschlussreich ist auch die Bemerkung in einem anderen Brief, wo zu lesen ist: „Es geht mir sehr gut in der Schule des Leidens! Was verschlägt es, wenn auch oft der ganze Leib in Anspruch genommen ist und vor Schmerzen es mir oft scheint, ich sei in ein Dornengestrüpp verwickelt, und wird so mein Leib und meine arme

21 BKR III. Abt. CAS K. 9: Mindelstetten 06.09.1917: AS an Anna Bortenhauser – Ritter a. a. O. S. 107–109.

22 Ritter, Emmeram H., „Im Leiden habe ich Dich lieben gelernt!" Die Schriften Anna Schäffers, Regensburg 1999, S. 32.

23 BKR III. Abt. CAS K. 18: Mindelstetten 17.09.1917: AS an eine nicht näher bekannte „Theres" – Ritter a. a. O. S. 109–111.

Seele gereinigt im Glutofen der Leiden. Womit soll ich Dir, o lbst. Jesus, danken für dieses wertvolle Geschenk, dass Du mich teilnehmen lässt an Deinem hl. Kreuze und mir so manche Splitter von demselben sendest. Heiligstes Herz Jesu ich danke Dir für jedes Leidensstündlein und opfere Dir alles auf zur Sühne für meine Sünden und zum Heile und zur Rettung von unsterblichen Seelen [...] Schenk mir recht viele Seelen, besonders jene, die in schweren Sünden liegen und sich nicht mehr zu helfen wissen. Schenk ihnen die Gnade der Bekehrung!"[24]

In einem Brief vom 11.11.1917 gestand die Dulderin ihrer Freundin Bortenhauser ein, sie habe bezüglich des Briefschreibens und überhaupt des Schreibens im Mai und Juni unter großen Versuchungen gelitten. Es wäre ihr der Gedanke gekommen, ob es nicht besser sei, wenn sie täglich eine Stunde für alle, denen sie bisher geschrieben hatte, beten würde. „Nun nahm ich meine Zuflucht zum hlgst. Herzen Jesu und meinen lb. Fürbitteinlegern." Seit Ende Juni „sei sie aber von dieser Versuchung befreit und kommen mir seit dieser Zeit so fatale Gedanken nicht mehr in den Kopf."[25] Sie hatte sich nun tatsächlich entschlossen, ihr Briefapostolat weiterzuführen.

Ihrer Brieffreundin „Theres" schilderte sie am selben Tag ihre Leidensjahre vor 1910, die leider weithin im Dunkeln liegen. Anna berichtet, sie sei in den ersten Jahren nach dem Unfall zweimal längere Zeit im Krankenhaus Erlangen gelegen: 1901 drei viertel Jahre und 1904 vier Monate. Die schwersten Jahre begannen 1905. „In Erlangen wurden mir ja schon die Gelenke an beiden Füßen gebrochen, die Zehen, das Gelenk am Vorderfuß und bei den Knieen. Auch bin ich dortmals gar oft an den Wunden ausgebrannt worden. Im Jahr 1907 und 1909 sind mir wieder alle Gelenke gebrochen worden." Gegen Ende dieses Briefes ist zu lesen: „[...] Wie vieles können wir im Leiden den Armen Seelen schenken – und unsre Leiden auch aufopfern zur Sühne und zum Heile der unsterblichen Seelen! Und wenn ich dann wieder bessere Tage habe, dann arbeite ich auch, wie Stricken, Sticken oder Häkeln, was ich halt grad zu tun habe!"[26]

Wenige Tage später schreibt sie wiederum Schw. M. Tatona in Pirmasens, sie habe oft schlaflose Nächte, die sie Exerzitien nennt oder ein Betrachtungsbuch vor dem Tabernakel. „Wenn ich in jenem Buch lese, d. h. wenn ich im Geiste vor Jesus im hlgst. Sakramente weile, so empfindet meine arme Seele solch großen Trost und Frieden, dass ich oftmals mein Krankenbett nicht vertauschen möchte um die ganze Welt!"[27]

24 BKR III. Abt. CAS K. 9: Mindelstetten 13.10.1917: AS an die Schwestern Rosalia, Theres und Barbara, Augsburg – Ritter a. a. O. S. 114f.

25 BKR III. Abt. CAS K. 9: Mindelstetten 11.11.1917: AS an Anna Bortenhauser – Ritter a. a. O. S. 116–118.

26 BKR III. Abt. CAS K. 9: Mindelstetten 11.11.1917: AS an eine nicht näher bekannte „Theres" – Ritter a. a. O. S. 118–120.

27 BKR III. Abt. CAS K. 9: Mindelstetten: 25.11.1917: AS an Schw. M. Tatona – Ritter a. a. O. S. 120–122.

Zu Beginn des Jahres 1918 teilte sie ihrer Brieffreundin „Theres“ mit, dass sie in den letzten 14 Tagen wieder sehr krank war mit Erbrechen; es stellte sich auch Herzschwäche ein.[28]

Da die Selige ständig auf dem Rücken liegen musste, ist es nicht verwunderlich, dass sie sich immer wieder aufgelegen hat. Außerdem litt sie unter dem ständigen Wechsel zwischen Hitze und Kälte, und wie sie schreibt: „Oft geht mir durch die Hände solch' heißes Feuer, dass ich meine, die Feder wirfts mir davon, und in den nächsten Augenblicken bin ich wieder ganz kalt und so im ganzen Leib!“[29]

Im Juli 1919 musste sie sich mit der „Spanischen Grippe“ abfinden, „die jeweils acht Tage dauerte“. Aber in keiner Weise entmutigt schrieb sie frohgemut: „Die Hauptsache ist, wenn es mir im geistl. Leben gut geht und dass ich den Willen Gottes erfüllen kann, dann bin ich auch im Leiden so glücklich, dass ich es nicht beschreiben kann!“[30]

Für das aufopfernde Sühneleiden Annas aus Liebe zu den Mitmenschen ist ihre Aufzeichnung vom 14.10.1918 ein Beispiel: „Die Nacht vom 13. auf 14. Oktober war sehr leidensvoll und ich hatte unnennbare Schmerzen. Da war es nun morgens ½ 3 Uhr, als ein Fuhrwerk vom Hiendorferweg her im schnellsten Galopp herein fuhr und an der Kirche vorbei. Ich hatte nun gleich eine Ahnung, dass dieses Fuhrwerk den Priester holte zu einem Versehgang, weil ich wusste, dass in Hiendorf ein 24-jähriges Mädchen recht krank war. In wenigen Augenblicken fuhr das Fuhrwerk wieder so schnell heraus und es ward mir nun zur Gewissheit, dass Hochw. H. Pfarrer einen Versehgang vornehmen muss. Nun hab ich den lb. Heiland im Geiste begleitet und betete reicht innig für jenes schwerkranke Mädchen und bat den Heiland so viel, er möchte doch das Mädchen solange am Leben erhalten, bis sie die hl. Sterbesakramente empfangen und so mit ihm vereint die große Reise in die Ewigkeit antreten kann. Ich betete für jenes Mädchen von ½ 3 Uhr bis ½ 5 Uhr und da verfiel ich auf einmal in sanftem Schlummer, aber nur für ein paar Augenblicke. Da hatte ich einen so bösen Traum: Der böse Feind war da und schlug mich so viel und solange, dass ich's nicht sagen kann, und dann sagte er zu mir, dass er mich deswegen schlage, weil ich für das Mädchen in Hiendorf so viel gebetet habe und ‚das geht dich doch gar nichts an‘, sagte er. Ich schrie im Traum schon soviel und hörte aber unterdessen auch, wie oft mich meine Mutter beim Namen rief und hörte auch, dass bei den Hausleuten drunten jemand am Fenster klopfte und erkannte darunter die Stimme des Hochw. H. Pfarrers, der klopfte und sagte: ‚Forchhammer, sie sollen gleich nach Hiendorf gehen, das Mädl vom Bürgermeister ist gestorben.‘ [...] Nun

28 BKR III. Abt. CAS K. 18: Mindelstetten 08.01.1918: AS an eine nicht näher bekannte „Theres“ – Ritter a. a. O. S. 126f.

29 BKR III. Abt. CAS K. 10: Mindelstetten 06.03.1918: AS an Anna Bortenhauser – Ritter a. a. O. S. 130–132.

30 BKR III. Abt. CAS K. 10: Mindelstetten 23.07.1918: AS an Anna Bortenhauser – Ritter a. a. O. S. 135–137.

sprach ich im Herzen immer den Namen Jesu aus und nach wenigen Augenblicken erwachte ich dann richtig und es war 5 Uhr."[31]

In ihrem Weihnachtsbrief vom 13.12.1918 vertraute sie der Oberin des Krankenhauses in Kösching an: „[...] Es war halt auch wieder ein Leidensjahr wie alle anderen und oft darf ich nicht wenig leiden, abgesehen von meinem alten Ihnen wohl bekannten Leiden habe ich auch fortwährend Kopf- und Rückenschmerzen und oft tretens auch beide zusammen auf, dass ich mich vor Schmerzen gar nicht verspüre. Wenn ich liege, so tobt das ganze Rückgrat und der Kopf. Auch habe ich sehr viele schlaflose Nächte."[32]

Am 17.03.1919 teilte Anna ihrer Freundin Bortenhauser eine „Neuigkeit von mir selbst" mit, ihr linker Arm sei nun unempfindlich geworden. Wenn sie sich zwickt oder mit einer Nadel ritzt, verspüre sie gar nichts. Trotzdem könne sie den Arm gut bewegen. „Freilich, schreiben könnte ich nicht."[33]

In ihren „Betrachtungen über das Leiden Jesu und das eigene Leiden" vom 06.10.1919 bis zum 30.04.1920 schreibt sie zu Beginn: „Wer die Wunden seines Meisters Jesus Christus sich zu Gemüte führt, wird aufhören über seine Beschwerden und Leiden zu klagen –, denn mit den Schmerzen des lb. Heilandes werden die Meinigen nicht eines Vergleiches würdig befunden werden! Herr, lehre mich lieben, Herr lehre mich leiden, Herr lehre mich beten!" Ferner berichtete sie, dass sie die ganze Fastenzeit 1920 so viel leiden musste, dass es mit Worten nicht auszusprechen war. „Am ganzen Leibe, an allen kleinen und großen Knochen, hatte ich soviel Schmerzen, dass es mir Tag und Nacht schien, ich sei in ein Dornengestrüpp verwickelt und mein Leib sei mit unzähligen Dornen besetzt. Von der Fußsohle bis zum Scheitel hatte ich nicht ein Pünktlein, wo ich hätte sagen können, es sei schmerzlos. Besonders in den Nächten vermehrten sich die Schmerzen noch mehr. Ich konnte da nicht einmal den Kopf ein ganz klein wenig bewegen, ebenso keinen Arm, und der untere Körper ist ja ohnedies ganz steif. In jener Stunde brannte mein Herz so heftig nach der hl. Kommunion, dass ich mit großer Sehnsucht die Morgenstunde erwartete."[34]

Kathi Plendl aus dem niederbayerischen Pilsting, auch eine Brieffreundin, öffnete die Dulderin ihr Herz: „Ich wollte, du könntest einen Einblick machen in mein Herz mit allen Leiden und Schmerzen, um zu sehen, wie viel ich oft leiden darf." Es ist bemerkenswert, dass sie nicht schreibt „leiden muss", sondern „leiden darf", ein deutliches Zeichen, dass sie es als eine Gnade betrachtet hat. Dann setzte sie den

31 BKR III. Abt. CAS K. 10: Mindelstetten 14.10.1918: Traumniederschrift von AS – Ritter a. a. O. S. 142f.

32 BKR III. Abt. CAS K. 10: Mindelstetten 13.12.1918: AS an Oberin Mansueta – Ritter a. a. O. S. 150–152.

33 BKR III. Abt. CAS K. 10: Mindelstetten 17.03.1919: AS an Anna Bortenhauser – Ritter a. a. O. S. 164–166.

34 BKR III. Abt. CAS K. 10: Mindelstetten 06.10.1919: Betrachtungen über das Leiden Jesu und das eigene Leiden, verfasst und geschrieben von AS – Ritter a. a. O. S. 198–203.

Brief fort: „Deswegen bin ich aber stets glücklich, zufrieden und freudig und kann mit allen Leuten reden, die mich besuchen, als ob mir nichts fehle, obwohl ich so große Schmerzen habe, als ob ich in einem Glutofen läge. Aber manche Tage sind dann so schwer und leide gar vieles an Kopf und ganzem Körper. Dann kann ich nichts mehr sagen; da lieg ich dann grad nur so da, der Leib im Leiden, das Herz und Geist bei Gott!“[35]

Auch ihr Brief an ihre Freundin Bortenhauser vom 07.02.1920 offenbarte ihre Einstellung zum Sühneleiden: „Nach meinem Tode darfst du schon denken, dass mein Leben ein kleines Martyrium war und dass ich mich weder mündlich noch schriftlich auszudrücken vermag, wie viel ich leiden darf. Und mit jedem neuen Tag dürstet es mich nach neuen Leiden und nach Seelen zu ihrer Bekehrung und Rettung und es ist mir, ich darf viel für dieselben nach Gottes Willen leiden.“[36]

Erhebend lesen sich auch die Worte, die sie an Schwester Rosalia in Augsburg richtete: „Und so geht es mir auf meinem Kreuzeslager alleweil recht gut und möchte nur in jener Weise leiden, wie es dem lb. Jesus am angenehmsten und für mich arme Sünderin am verdienstlichsten ist. Darf stets was leiden und oft ist der ganze Leib von der Fußsohle bis zum Scheitel beladen [...] und alle meine Nerven zucken vor Schmerz. Wie sonst – so ist auch in den bittren Leidensstunden im Geiste mein Ruheplatz beim eucharistischen Herzen Jesu und möchte meinem himmlischen Bräutigam all' meine Myrthensträußlein zu seinen Füßen legen.“[37]

Es ist schon erstaunlich, wie die Selige als ein einfaches Mädchen und ohne jegliche asketische Vorbildung über die Geistesdürre im Leben eines frommen, nach Tugend strebenden Menschen denkt und schreibt. Sie vergleicht es in ihrem Brief an Bortenhauser mit einem Edelweiß hoch oben in den Alpen, dem weder Kälte noch Trockenheit schaden. Sie blühen gleich dieser Blume in Geistesdürre, Kälte und Trockenheit ganz wohlgemut weiter zum Lob und Preis ihres Schöpfers auf der Höhe des Berges der Vollkommenheit. „Wie wäre es wohl um uns bestellt, wenn wir uns stetsfort des fühlbaren geistigen Trostes erfreuen könnten? Wie viel mehr würde vielleicht da das Gnadenleben unserer Seele in Gefahr sein anstatt fortzuschreiten stille zu stehen? Und gehört nicht auch der Wind und Regen zum Reifen und Zeitigen der Frucht. Ebenso können auch wir im geistigen Leben nie zur rechten Reife gelangen, wenn wir nicht verspüren dürften Geistesdürre, Kälte, Trockenheit, Verlassenheit usw.! Nur Kampf und Kreuz führt uns zum Siege und verschafft uns die ewige Krone!“

---

35 BKR III. Abt. CAS K. 11: Mindelstetten 07.02.1920: AS an Kathi Plendl, Pilsting /Nby. – Ritter a. a. O. S. 209f.

36 BKR III. Abt. CAS K. 11: Mindelstetten 07.02.1920: AS an Anna Bortenhauser – Ritter a. a. O. S. 213–216.

37 BKR III. Abt. CAS K. 11: Mindelstetten 10.02.1920: AS an Schw. Rosalia – Ritter a. a. O. S. 216–218.

Und wiederum schreibt Anna an anderer Stelle dieses Briefes: „Mit jedem neuen Leidenstag dürstet es mich nach neuen Leiden und nach Seelen zu ihrer Bekehrung und Rettung.“[38]

Ganz nüchtern stellte sie im Juli 1920 Bortenhauser gegenüber fest, sie habe sich gegenwärtig wieder an zwei Stellen aufgelegen. Sie betrachte es aber als Namenstagsgeschenk des Himmelvaters zur Rettung der Seelen.[39]

Als ihr ihre Brieffreundin Pepi Fellner aus München mitteilte, dass sie oft von ihr und ihrem Leiden träumen würde, antwortete Anna: „[...] Um die Palme zu erringen ist kein Leiden zu groß und um einen Augenblick in das göttl. Auge zu sehen ist ein ganzes Leben lang voll Leiden zu wenig. Man lernt ja auch das Leiden zu lieben und lächeln im tiefen Schmerz ... Ich bin glücklich und zufrieden und möchte auch im größten Leid nicht tauschen mit allen Fürstenkronen dieser Erde. Alles irdische vergeht wie Rauch in der Luft und nur der Tugendkranz grünt und blüht ewig und sichert und versichert uns eine unvergängliche ewige Krone bei Jesus allein!“[40]

Am 23.11.1920 munterte die Selige ihre Freundin Bortenhauser auf: „Wohl uns beiden, wenn wir jederzeit unsere alltäglichen Opfer und Leiden mit Liebe und Dankbarkeit in die Hände der Himmelmutter legen, auf dass sie mit ihrer Mutterliebe unsere Armseligkeit allzeit demjenigen empfehle, der so oft in der hl. Kommunion in unser Herz einkehrt.“ Im gleichen Brief weist sie auf die drei Himmelsschlüssel hin, die sie besitze, „nämlich mein Leiden von Eisen und von schwerem Gewicht, mein Federhalter und die Nadel![41] Mit dem einen wie mit dem andern werde sie darnach trachten, jenes Schloss zu öffnen, das uns sonst niemand öffnen kann – und dazu soll jeder Augenblick dazu ausgenützt sein.“

Kurz nach Weihnachten 1920 teilte Anna ihrer Freundin mit, dass vom 12. bis 17. Dezember in Mindelstetten starker Nebel herrschte. Und sie fügte hinzu: „Ein solcher Nebel war auch in meiner Seele. Alles schien mir grau und dunkel und deshalb betete ich bei Tag und Nacht.“[42]

Ihrer Brieffreundin Pepi Fellner in München bekannte sie am 8. März 1921: „Habe mich kürzlich wieder fest aufgelegen am Rücken, was ja öfters vorkommt. Und jetzt habe ich wieder mehrere Zahngeschwüre und von Kopfschmerzen bin ich ja niemals befreit!“[43]

Wieder kommt sie in ihrem Brief an Kathi Plendl auf die geistliche Trockenheit zu sprechen: Oftmals würde sich der Herr von uns zurückziehen, damit wir erken-

38 BKR III. Abt. CAS K. 11: Mindelstetten 16.03.1920: AS an Anna Bortenhauser – Ritter a. a. O. S. 223–226.

39 BKR III. Abt. CAS K. 11: Mindelstetten 20.07.1920: AS an Anna Bortenhauser – Ritter a. a. O. S. 235–237.

40 BKR III. Abt. CAS K. 11: Mindelstetten 31.08.1920: AS an Pepi Fellner, München – Ritter a. a. O. S. 240–242.

41 BKR III. Abt. CAS K. 11: Mindelstetten 23.11.1920: AS an Anna Bortenhauser – Ritter a. a. O. S. 247–249.

42 BKR III. Abt. CAS K. 11: Mindelstetten 29.12.1920: AS an Anna Bortenhauser – Ritter a. a. O. S. 259–262.

43 BKR III. Abt. CAS K. 11: Mindelstetten 08.03.1921: AS an Pepi Fellner – Ritter a. a. O. S. 264f.

nen, wie schwach und gebrechlich wir ohne Ihn sind, „der das Leben, die Freude und der Trost selbst ist." Sie habe schon oft den lieben Heiland um Verlassenheit, Verachtung und Trockenheit gebeten, weil dies wertvoller ist als Menschenlob.[44]

Bemerkenswert ist, was sie in ihrem Schreiben an Bortenhauser sagte: „Darf ich oft am ganzen Körper etwas leiden, besonders fortwährend an meinen vielen Wunden, so danke ich Dir mein Herr und Gott, dass ich mir eine kleine Ahnung machen kann von der grausamen Geißlung, die Dein hlgst. Leib für uns arme Sünder erdulden musste." Wenn ihr das Leiden viele schlaflose Nächte bereitet, so könne sie den Keuzestod Jesu betrachten. „Wie gut lässt es sich mit Jesus am Kreuze sterben, wenn man mit Jesus am Kreuze gelebt hat!"[45]

Einer Bittstellerin, die die Dulderin um das Fürbittgebet ersucht hatte, widmete sie die mahnenden Worte: „Also arbeiten, leiden und opfern wir alles zu seiner größeren Ehre und Verherrlichung" – gemeint ist selbstverständlich Gott! – „und zum Heil der armen Sünder, die er ja alle so teuer mit seinem kostbaren Blut erkauft hat."[46]

In einem Brief vom 20.07.1921 berichtet die große Opferseele, dass viele Schmerzen ihren Leib durchwühlen und sich große Herzschwäche bemerkbar mache. Dazu schreibt sie: „Jeder Herzschlag ist für Dich – liebster Heiland segne mich!"[47]

Auch Anna hatte, wie viele Begnadete, ernste, erschreckende Zukunftsbilder in ihren Träumen geschaut. Am 30.07.1921 träumte ihr: „Ich sah zwei Klosterfrauen. Die eine sagte: ‚Es kommt eine große Hungersnot und fordert viele Menschenopfer.' Die andere Klosterfrau nahm mich mit und ließ mir das große Elend unter den Menschen sehen. Ich sah da, dass alles weit und breit in Trauer gehüllt war und sah eine entsetzlich große Sterblichkeit der Menschen. Überall, wo mich die Klosterfrau hinführte, hörte man nichts als Weinen und Wehklagen. Und es beteten die Leute wieder so sehr und versprachen dem lb. Gott Bekehrung und Besserung, wenn das große Sterben aufhöre. Die Klosterfrau sagte zu allen, wo wir vorbeikamen: ‚Nur durch Buße und Sühne kann Jesus seine Hand wieder zurücknehmen.'"[48]

Dieser visionäre Traum erinnert an die Zeit des Nationalsozialismus, an den Zweiten Weltkrieg und an die Hungersnot nach dem Krieg; aber auch, dass viele Menschen nach 1945 wieder zu Gott und zur Kirche zurückgefunden haben.

Einer ihrer besten Freundinnen, der sie in den letzten drei Jahren mit viel Liebe immer verbunden war, widmete Anna in ihrem Brief vom 21.09.1921 folgende in-

44 BKR III. Abt. CAS K. 11: Mindelstetten 09.03.1921: AS an Kathi Plendl – Ritter a. a. O. S. 266–268.

45 BKR III. Abt. CAS K. 11: Mindelstetten 09.03.1921: AS an Anna Bortenhauser – Ritter a. a. O. S. 268–270.

46 BKR III. Abt. CAS K. 19: Mindelstetten 19.05.1921: AS an Johanna Zimmermann, Schnatting/Nby. – Ritter a. a. O. S. 255f.

47 BKR III. Abt. CAS K. 11: Mindelstetten 20.07.1921: AS an Schw. M. Lucilla Imlauer – Ritter a. a. O. S. 284f.

48 BKR III. Abt. CAS K. 11: Mindelstetten 30.07.1921: Traumniederschrift von AS – Ritter a. a. O. S. 291f.

haltsreiche Verse: „Ich trage still, was mein Gott will – und schau Ihm in sein Herz hinein – und zage nicht und frage nicht, – Sein Wille ist mein Seligsein!"[49]

Zum Weihnachtsfest 1921 machte die gute Opferseele den Vorsatz, ganz wunschlos zu sein bezüglich der irdischen Dinge; sie wünsche und wolle nur, dass der hl. Wille Gottes allzeit an ihr geschehen möge und sie ihn allzeit getreulich erfüllen könne. Gegen Ende des Briefes an die Oberin Mansueta bemerkte sie: „Am hl. Abend band mich das lb. Christkindlein wieder fest ans Kreuz, denn da durfte ich wieder besonders viel leiden und alle Nerven zuckten vor Schmerz."[50]

Zur Faschingszeit, wo die Welt am tollsten ist, wie sie der Oberin Mansueta mitteilte, und die ganze Nacht hindurch der Lustbarkeit gefröhnt wird, müsse sie noch mehr leiden, so viel, „dass ich es niemanden begreiflich machen könnte."[51]

Die Selige pflegte zuweilen Heiligenbildchen zu verschenken, auf die sie ein Gebet oder eine Widmung schrieb! Am 24.09.1922 widmete sie eines der Babette Keller aus München mit folgendem Text: „Die Vollkommenheit wird nicht erworben – durch Kreuzen der Arme; – man muss daran arbeiten, sich selbst zu beherrschen und sich darzubringen, – nicht nach den Neigungen und Leidenschaften, – sondern gemäß der Vernunft, der Ordnung und dem Gehorsam zu leben. Die Sache ist hart, das ist nicht zu leugnen, – aber notwendig und mit Gottes Hilfe leicht und angenehm! Die Grundpfeiler meines Herzens sind: Liebe und Vertrauen und Hingabe an das Hochh. Herz Jesu."[52]

In einem Brief vom 28.11.1922 an die Oberin des Krankenhauses in Kösching, Schw. Mansueta, vertraute die Selige ihr ohne jede Klage ihre gegenwärtigen Leiden an. Sie schrieb: „[…] Ich darf ja immer viel leiden, aber heuer im Sommer durfte ich besonders viel; o ich könnte es niemanden begreiflich machen, was ich da für Schmerzen dulden durfte. Solche Wochen habe ich ja öfters und habe da immer eine recht arge Entzündung an den Wunden, da frißt's mir dieselben immer so fest aus, dass über den Wunden, die über den Schienbeinen sind, man oft die Knochenstückchen so teilweise sieht und die andren Wunden sind dann halt so tiefer, habe da immer furchtbare Schmerzen; auch an den Sehnen habe ich immer solche Schmerzen und das ist immer zugleich, wenn ich die Entzündung an den Wunden habe. Da zieht es mir die Zehen ganz zur Fußsohle hinunter und ist grad, wie wenn man mit der Hand eine Faust machen will, so sind die Zehen zur Fußsohle hintergezogen. Überhaupt die ganzen Vorderfüße sind so zusammengekrümmt und habe an denselben oft so viele Schmerzen, dass ich oft meine, ich verliere die Vorderfüße oder sie fallen mir weg. Habe aber an den Vorderfüßen keine Wunde. Die Wunden habe

49 BKR III. Abt. CAS K. 11: Mindelstetten 21.09.1921: AS an Rosa Imlauer – Ritter a. a. O. S. 295–297.

50 BKR III. Abt. CAS K. 11: Mindelstetten 28.12.1921: AS an Oberin Mansueta – Ritter a. a. O. S. 301–303.

51 BKR III. Abt. CAS K. 12: Mindelstetten 16.02.1922: AS an Oberin Mansueta – Ritter a. a. O. S. 306f.

52 BKR III. Abt. CAS K. 12: Mindelstetten 24.09.1922: AS an Babette Keller, München – Ritter a. a. O. S. 326.

ich von oberhalb der Fersen bis oberhalb den Knien. Habe immer trockene Verbände, weil die Wunden so arg eitern und seit heuer im Sommer eitern dieselben noch mehr als sonst. Habe stets Xeroformgaze zum Verbinden und die Watte muss ich immer dicht auflegen, dass es nicht gleich wieder durchgeht. Auch sonst habe ich noch allerhand Übel, die mir stets treu sind und mir ihre Schmerzen verspüren lassen." Und sie beschließt diesen Bericht: „Mein Gott, ich danke Dir für jede Leidensstunde!"[53]

Aus diesem umfangreichen Leidensbericht ist zu entnehmen, dass sich der Zustand der Dulderin im Lauf der Jahre bedeutend verschlechtert hat. Aber sie ertrug es in großer Geduld, aus Liebe zu Gott und zur Sühne für die armen Sünder. Aber zu ihren schweren körperlichen Schmerzen gesellte sich 1922 auch ein seelischer. Sie berichtete ihrer Freundin Bortenhauser ausführlich über den Tod ihrer Schwägerin, der Gattin Michaels. Drei Monate musste sie leiden an Kehlkopftuberkulose und Speiseröhrenverengung. In dieser Zeit konnte sie nichts mehr essen als die Medikamente, Milch und Ei, denn nur Flüssiges brachte sie hinunter. Sie war abgezehrt wie ein Skelett, aber bei Bewusstsein bis zum letzten Augenblick. „Eine ganze Nacht und den nächsten Tag bis zum Mittag lag sie im Todeskampfe und mussten ihr immer alle, die gegenwärtig waren, laut vorbeten und sie betete im Stillen mit. So gerne ist sie gestorben und so schön hat sie sich auf's Sterben vorbereitet, was mich immer so berührte, wenn sie mir eine solche Nachricht brachten. Und obwohl sie nichts nunter brachte, hatte sie 2 x das Glück, dass sie die hl. Kommunion empfangen konnte, o darum bat ich den lb. Heiland oft [...] Ich opferte ihr nun schon mehrere Wochen hintereinander die hl. Kommunion um eine glückliche Sterbestunde für sie auf [...] Wenn sie meine Mutter immer besuchte, sagte sie stets: ‚Großmutter, grad der Nandl ihre Hand wenn ich noch einmal drücken könnte, weil sie so viel für mich betet.' Auch darum bat sie, dass die Großmutter und ich, so lange wir noch leben, den Kindern gute Ermahnungen geben [...] 10 Minuten vor ihrem Tod musste jedes Kind auf ihr Verlangen zu ihr hin und gab jedem noch den Segen und ein Wort der Lehre. Die Marie, die Älteste mit 15 Jahren, ging zuerst hin und das war dem Kind so schwer von der Mutter Abschied zu nehmen, dass sie am ganzen Leibe zu zittern anfing [...] Als mein Bruder seiner Frau das Kleinste in die Arme legen wollte, brach ihr das Herz."[55]

Im Februar 1923 bekam Anna eine schwere Grippe mit hohem Fieber, bis zu 40 Grad. Sie schrieb am 28. dieses Monats an Bortenhauser, dass sie über acht Tage nichts mehr essen konnte.[56]

---

53 BKR III. Abt. CAS K. 12: Mindelstetten 28.11.1922: AS an Oberin Mansueta – Ritter a. a. O. S. 329–332.

55 BKR III. Abt. CAS K. 12: Mindelstetten 12.1922: AS an Anna Bortenhauser – Ritter a. a. O. S. 334–338.

56 BKR III. Abt. CAS K. 12: Mindelstetten: 28.02.1923: AS an Anna Bortenhauser – Ritter a. a. O. S. 340f.

Zwei Gedichte, die die Selige verfasst und am 21.03.1923 niedergeschrieben hat, lassen erahnen, wie sehr sie sich nach dem Heimgang zu Gott sehnte. Die Titel lauten auf der Vorderseite: „Dem lieben Gott allein“ und auf der Rückseite: „Süßes Leid für Gott zu leiden“. Der Text:

„Dem lieben Gott allein
die Ehre – denjenigen, die
im Weinberge des Herrn
arbeiten den Erfolg –
und für mich selbst, nur
Kreuz und Leiden, wenn sich
der lb. Heiland würdigt
mir solche zu schenken!

Teurer Jesus, wenn Du mich
stärkest und erquickest im
Sakramente Deiner Liebe,
dann fürchte ich mich nicht und fühle
Mut und Kraft, auch die größten
Opfer für Dich zu bringen!
Alles für Jesus – nichts für mich!“

„Süßes Leid für Gott zu leiden –
schöner Tod: im Herrn zu sterben –
ich umarme Dich mein Heiland
solchen Tod mir zu erwerben
wenn Maria sanft mich tröstet
Jesukind mich hält umfangen
wandle ich den Tod in Wonne
heißt es: Sie ist heimgegangen!

Alles Glück, wonach mein
Herz sich sehnt – finde ich in Dir
o hl. Eucharistie!
Im Herzen Jesu ergeben
die kranke Anna Schäffer.“[57]

57 BKR III. Abt. CAS K. 12: Mindelstetten 21.03.1923: Zwei Gedichte Annas, von ihr verfasst und niedergeschrieben – Ritter a. a. O. S. 346.

Leider ist nicht bekannt, wem sie die Gedichte zugeeignet hat.

Die letzten Lebensjahre der Seligen werden in einem eigenen Kapitel behandelt. Ihre Freundin Rosa Imlauer hat darüber schriftlich ausführlich berichtet.

Hier stellt sich die Frage, woher hat Anna die Kraft bekommen, alle Leiden ihres 25-jährigen Opferlebens, ihres Sühneleidens aus Liebe zu Gott und den Menschen zu ertragen? Die Antwort: Aus den ihr von Gott gewährten heroischen oder göttlichen Tugenden und den von ihr stets angestrebten menschlich-natürlichen Tugenden, vor allem aber durch den Empfang der Hl. Sakramente.

14. Die Liebe Annas zu den Kindern und Jugendlichen

In einem Brief Annas an ihre Freundin, die Pilstinger Haushälterin Anna Bortenhauser, schrieb sie am 11. November 1917: „ [...] Weißt lb. Anna, ich hab ja die Kinder sehr lieb und werde auch von vielen besucht und da stellen sie an mich oft gar manche Frage, die mich überaus freut. Und so muss ich Ihnen dann halt wieder was erzählen, wenn ich kann. Oft sagen sie auch, besonders so kleine von 7–10 Jahren, – ‚geh' sags uns wenn [Du] einmal stirbst, dass wirs Kreuzl und Kerzen tragen dürfen' – und da drücken sie sich, besonders wenn oft mehrere beisammen sind, so an meine Bettstatt her, dass wenn selbe nicht in der Ecke stünde, sie mich samt der Bettstatt herumrückten und jedes will halt dann immer mehr gelten. Besonders wenn es im Sommer Blumen gibt, da hab ich ja oftmals mein ganzes Bett voll und wusste oft nicht, wohin ich sie alle hin tun solle, so viele bringen sie mir. Diese Tage erst wieder ein kl. Schulmädchen, wenn stirbst, dann ziere ich Dein Grab; nun freilich lobe ichs dann, wenn sie mir solche Ehren erweisen wollen. Auch frage ich die Kinder oftmals aus, ob sie in der Kirche und Schule brav gewesen waren, und da ist halt auch schon gar manches rot im Angesicht geworden, wenn ichs anblickte und sagte, ich weiß es schon. Gibt es denn etwas Schöneres als in das Auge eines unschuldigen Kindes zu sehen, und spiegelt sich in denselben uns nicht unsere Jugendzeit darin ab? Ach wie viel mehr soll doch unser Auge und Herz rein sein – als das eines Kindes – da wir gewürdigt werden, den lb. Jesus so oft in der hl. Kommunion in unser Herz aufzunehmen! O lbst. Jesus gestalte unser Herz immer so – wie Du es haben willst – wenn wir die hl. Kommunion empfangen!"[1]

Wie sehr Anna die Kinder liebte und umgekehrt wie sehr die Kinder Anna liebten, kommt immer wieder in den Aussagen der Zeitzeugen zum Ausdruck. Michael R., der als Ministrant von 1907 bis etwa 1912 Pfarrer Rieger an Sonn- und Werktagen begleitet hatte, wenn dieser die Hl. Kommunion zu der Dulderin gebracht hat, bezeugte schon damals als Bub seine Erbauung darüber, mit welcher Andacht Anna das hl. Sakrament empfing. Er berichtete ferner, dass er zusammen mit seiner Schwester Wally und anderen Kindern oft bei der Seligen weilte, vor allem des abends im Winter, „weil wir sie so gern gehabt haben". Sie hat uns zuweilen mit kleinem Spielzeug, zu Weihnachten mit „Platzerl" beschenkt. „Sie begegnete allen

---

1 BKR III. Abt. CAS K. 9: Mindelstetten 11.11.1917: AS an Anna Bortenhauser – Ritter a. a. O. S. 116–118.

Kindern mit der gleichen Liebe. Sie hat aber dazu ermahnt, zu beten, brav zu bleiben und in der Schule zu lernen."[2]

Ein anderer Zeuge, Lorenz Sch., Jahrgang 1913, wusste zu berichten: „Als Ministrant vom 6. bis zum 14. Lebensjahr habe ich sechs- bis siebenhundertmal Pfarrer Rieger, wenn er Anna die Kommunion brachte, begleitet. Es hat mich immer sehr beeindruckt. Sie saß im Bett mit gefalteten Händen; sie kam mir wie ein Engel vor. Als ich meine erste Hl. Kommunion hatte, bin ich nachher mit meiner Mutter zu Anna gekommen. Sie sagte damals zu mir: ‚Lenzl, ich habe Dich heute schon gesehen, wie Du herausgegangen bist vom Stuhl, wie Du hingegangen bist zur Kommunionbank und wie Du die Kniebeuge gemacht hast. Wie ein Engel bist Du gewesen!'"[3]

Nach Aussage der Zeugin Katharina S., 1891 geboren, die die Volksschule in Mindelstetten besuchte, sagte aus, sie erinnere sich gut und gern an die Dulderin. Als Kind sei sie zuweilen zu ihr gekommen und es sei ihr aufgefallen, dass sie alle Schmerzen überaus geduldig ertragen habe. Nach ihrem Bericht war Anna schon als Kind ein introvertierter Mensch. Sie sei wenig aus ihrem Elterhaus herausgekommen und wenn sie von anderen Kinder gefragt wurde, ob sie mitspielen wolle, habe sie nur den Kopf geschüttelt.[4] In gleicher Weise sagte die Zeugin Kreszenz S., 1891 geboren, aus, fügte aber hinzu: „Sie ist nicht unter die Kinder gegangen, obwohl sie diese gern gehabt hat." Dann setzte sie hinzu: „Als Kind bin ich manchmal zu ihr gegangen, meistens zusammen mit anderen Kindern. Sie hat mit uns gebetet und uns angehalten, daheim dies zu tun."[5]

Von Interesse ist auch, was Annas Nichte über ihre Tante zu berichten wusste. Anna Lechermann, geborene Schäffer, Tochter des Schreiners Leopold Schäffer und dessen Gattin Walburga, geborene Haag, die während ihrer Schulzeit täglich ihre Tante besuchte und auch während ihres Dienens als Magd jeden Sonntag zu ihr kam, gab zu Protokoll: „Wenn die Kinder nicht brav gewesen sind, ließ sie anstelle des verdienten Tadels – sie hat niemals geschimpft – beten, vor allem den Rosenkranz, vermutlich als Sühneleistung. Anna hat den Kindern vieles vorgelesen, ihnen erzählt und gute Ratschläge für den Alltag mitgegeben. Die Kinder haben für sie Blumen gepflückt. Diese hat die Kranke zu Kränzen gebunden, getrocknet oder die Pflanzen gepresst, dann auf harte Karten, Briefe oder Alben geklebt und schließlich verschenkt. – Über ihre Leiden hat sie aber niemals geklagt. – Wenn die heranwachsenden Mädchen zur Tanzmusik gehen wollten, hat sie energisch gesagt: ‚Du gibst mir das Geld, Du bleibst weg, das gehört der Mission!' Infolgedessen bin ich niemals zur Tanzmusik gekommen und später bin ich von mir aus nicht mehr gegangen. – Anna war nicht gesprächig. Aber wenn sie sich mit den Kindern oder Jugendlichen unter-

2 BKR III. Abt. CAS K. 17: Proc. Inf. Sessio III: Zeuge Michael R., Kösching.

3 BKR III. Abt. CAS K. 17: Proc. Inf. S. VIII: Zeuge Lorenz Sch., Mindelstetten.

4 BKR III. Abt. CAS K. 17: Proc. Inf. S. XIV: Zeugin Katharina S., Steinsdorf.

5 BKR III. Abt. CAS K. 17: Proc. Inf. S. XIV: Zeugin Kreszenz S., Mindelstetten.

hielt, lenkte sie stets auf religiöse Themen ein, erkundigte sich, ob sie auf die Predigt aufgemerkt haben. – Die Mädchen ermahnte sie, sie sollen unberührt zum Traualtar gehen und ihre Reinheit bewahren und man soll sich auf nichts einlassen.[6]

Auch Philomena H., deren Elternhaus in Mindelstetten dem Pfarrhaus benachbart war, hat von Kindheit an die große Dulderin immer wieder besucht. Später, in ihrer Eigenschaft als Schneiderin, war ihr Anna mit Stickereien behilflich. Als Kind durfte sie öfters im Pfarrgarten Himbeeren pflücken und zuweilen brachte sie im Auftrag der Pfarrhaushälterin auch Anna ein Körberl. Bis zum Heimgang der Seligen hat sie sie jede Woche besucht.[7]

Maria Sch., Jahrgang 1905, wusste im Informativprozess zu berichten: „Schon als Kinder waren wir oft bei der Anna, fast jeden Tag. Trotz ihrer Schmerzen verbreitete sie stets frohe Laune und ließ sich nie etwas anmerken, wie schwer sie zu leiden hatte. Zu Kindern und Jugendlichen verhielt sie sich immer sehr freundlich. Wenn sie etwas geschenkt bekam, gab sie ihnen davon, weshalb die Kinder gern zu ihr kamen, aber nicht nur deshalb. Sie forderte zum Beten auf, besonders zu Heiligen und Seligen […] Dass ihr die Ausbreitung des Glaubens, also die Mission, ein besonderes Anliegen war, zeigte sich darin, dass sie öfters, wenn sie nur irgendwie Geld hatte, eine Taufgabe für ein Heidenkind gab.“[8] Vom 14. Juni 1914 bis zum 15. August 1920 haben sich dreizehn Belege erhalten, Quittungen, jeweils unterzeichnet vom Steyler Missionsprokurator van der Heide. Weshalb Anna gerade die Steyler Missionare bedacht hat, entzieht sich unserer Kenntnis.

Die Selige hat demnach 19 Heidenkindern die Taufe ermöglicht und dafür nicht weniger als 170,- Mark aufgebracht. Als Taufnamen – man konnte sie damals selbst als Geber bestimmen – bevorzugte sie je zweimal die Namen Maria, Antonius und Therese vom Kinde Jesu; je einmal Joseph, Konrad, Andreas, Franz Xaver, Joachim, Anna, Magdalene, Barbara, Gemma, Xaver und Simon.[9]

Die Zeugin Maria Sch. ergänzte ihren Bericht wie folgt: „Wenn wir auch nicht immer gleich Geld dazu aufbringen konnten, so ist uns doch die Aufforderung ein Erbstück für das spätere Leben geworden.“[10]

Der Zeuge Michael H., 1910 geboren, gab zu Protokoll: „Als Nachbarskind in Mindelstetten Nr. 40 hat mich meine Mutter, begleitet von meiner jüngeren Schwester, von meinem 6. Lebensjahr beginnend bis zum Tod der Seligen fast täglich zu ihr geschickt.“[11] Wahrscheinlich wollte die Mutter aus erzieherischen Gründen, dass

6 BKR III. Abt. CAS K. 17: Proc. Inf. S. IV: Zeugin Anna L., Lobsing.

7 BKR III. Abt. CAS K. 17: Proc. Inf. S. IX: Zeugin Philomena H., Hüttenhausen.

8 BKR III. Abt. CAS K. 17: Proc. Inf. S. VIII: Zeugin Maria Sch., Mindelstetten.

9 BKR III. Abt. CAS K.17: Quittungen mit Aufstellung der Missionsopfer, hdschr. Ms., bezeichnet: „Opfer: Arme Heiden-Missionskinder, welche A. Schäffer losgekauft hat“, das heißt taufen ließ.

10 BKR III. Abt. CAS K17: Proc. Inf. S. VIII: Zeugin Maria Sch., Mindelstetten.

11 BKR III. Abt. CAS K. 17: Proc. Inf. S. XXIV: Zeuge Michael H., Mindelstetten.

Anna einen guten Einfluss auf die Kinder nehmen sollte, da sie von deren Frömmigkeit fest überzeugt war.

Die Hausleute, bei denen Anna mit ihrer Mutter wohnte, hatten fünf Kinder. Als diese noch kleiner waren, brachten sie diese zu Anna ins Zimmer, wenn sie ihrer Feldarbeit nachgehen mussten. So verbrachten die Geschwister viele Nachmittage bei der Seligen. Eines von ihnen, Franziska M., Jahrgang 1910, hat im Informativprozess ausgesagt: „Wir haben uns dann auf den Boden gesetzt; eines durfte auf dem Stuhl am Bett Platz nehmen und es wurde dabei immer abgewechselt, weil jedes zu Anna hinwollte. Wir haben zugeschaut, wie sie gestickt, gehäkelt, gestrickt hat. Wir waren ruhig und brav gewesen, so dass sie uns niemals schimpfen musste. Wenn ein Kind einen wehen Finger hatte, ging es immer zu der Dulderin zum Verbinden. So entwickelte sich ein großes Vertrauensverhältnis.“[12]

Die Tochter des Hauswirts, Maria Hartl, war ein besonders braves Mädchen. Sie nahm sich an Anna ein Beispiel. Sie war lungenleidend und konnte nicht mehr laut sprechen infolge einer Kehlkopftuberkulose. Sie besuchte fast täglich ihre Leidensgefährtin, die einmal im Scherz zu ihr sagte: „Gelt Maria, wir sterben einmal zusammen!“ So ist es auch dann tatsächlich eingetroffen.[13]

Die Zeugin Walburga Schäffer, 1912 geboren und Tochter des Leopold Schäffer, also eine Nichte Annas, wusste zu berichten, dass sie fast täglich mit ihren fünf Geschwistern zu ihrer Tante gegangen ist, was diese sehr erfreute. „Sie hat die Kinder bei der Hand genommen und ihnen, wenn sie etwas hatte, was geschenkt. Als wir zur Schule gingen, leitete sie uns an zu häkeln und zu sticken. Sie mahnte uns auch immer, recht brav zu sein und eifrig zu beten; sie hat uns stets beeindruckt.“[14]

Eine andere Nichte Annas, eine Tochter Johann Schäffers, deren Taufpatin sie gewesen ist, freilich ohne an der sakramentalen Handlung teilnehmen zu können, konnte sich noch gut an die letzten Lebensjahre der großen Dulderin erinnern. Die Zeugin Anna Fr. aus München, geboren 1915, bestätigte, dass sie schon als Kind von ihrer Tante sehr beeindruckt gewesen sei. Ihre ganze Haltung, wie sie ihre großen Schmerzen aus Liebe zu Gott ertragen hat, und deren überzeugende Frömmigkeit hat sie sehr bewundert. Immer wieder forderte sie die Kinder auf, „eifrig zu beten, besonders für diejenigen, die verlassen sind und für die niemand betet“. Auch Ablassgebete lehrte sie die Kinder, was sich diese gut eingeprägt haben. Die Zeugin sagte ferner aus, dass sie sich immer gewundert habe, dass Anna nie einen Wunsch geäußert habe, wenn sie befragt wurde, ob sie etwas benötige.[15]

Auch eine weitere Nichte Annas, Katharina K., hat dies eindeutig bestätigt, dass ihre Tante niemals einen Wunsch geäußert habe.[16]

---

12 BKR III. Abt. CAS K. 17: Proc. Inf. S. XXI: Zeugin Franziska M., München.

13 BKR III. Abt. CAS K17: Imlauer, Rosa, I. Heft: Aufzeichnungen v. J. 1925. II. Heft: verbesserte Aufzeichnungen v. J. 1925, hdschr. Ms., S. 35f.

14 BKR III. Abt. CAS K. 17: Proc. Inf. S. XXII: Zeugin Walburga Sch., Mindelstetten.

15 BKR III. Abt. CAS K. 17: Proc. Inf. S. XII: Zeugin Anna F., München.

16 BKR III. Abt. CAS K. 17: Proc. Inf. S. XIII: Zeugin Katharina Sch., Mindelstetten.

15. Therese Schäffer, die Mutter Annas

Theres Schäffer, geborene Forster, war nach übereinstimmender Überzeugung eine fromme Frau, deren ganzes Wesen in einem ebenso einfachen wie tiefen katholischen Glauben verwurzelt und verwachsen gewesen ist. Rosa Imlauer, die wohl wichtigste Zeugin im Informativprozess, hat an den bekannten Priesterdichter Pfarrer Konrad Zoller, als dieser das schöne Buch „Leben und Leiden der Jungfrau Anna Schäffer von Mindelstetten" schrieb, in einem Brief mitgeteilt: „ [...] Vielleicht darf ich noch erwähnen, dass ich die Mutter von Anna im Stillen auch für eine Heilige gehalten habe; denn wie sie ihr Kind jahrelang pflegte und alles mit ihm litt und so schweigsam sein konnte bei all dem Übernatürlichen, das ihr Kind umgab, das setzte auch eine große Gottesliebe und Opferbereitschaft voraus."[1] Auch die Zeugin Anna Frankl, Jahrgang 1915, eine Nichte der Seligen und damit eine Enkelin Therese Schäffers, gab zu Protokoll: „Die Großmutter und Anna waren stets ein Herz und eine Seele!"[2]

Der Gesundheitszustand ihrer Mutter war Anna ein Herzensanliegen. Sie hatte ja sonst niemanden in ihrer Familie und sie betete täglich, vor ihrer Mutter sterben zu dürfen, und sie war überglücklich, dass Gott sie erhört und sie ihr gelassen hat.[3]

Pfarrer Otto R., der sich 1923 bei seinen Verwandten in Lobsing aufgehalten und seinen Urlaub hier verbracht hat, wurde vom Lobsinger Pfarrer auf die große Dulderin aufmerksam gemacht und besuchte sie in Begleitung von Pfarrer Rieger. Er hatte den Eindruck, dass die Familie Schäffer in gutem Ruf stand und viele aus dem Dorf in vielerlei Anliegen zu Anna gekommen sind. Er bemerkte, dass die Mindelstettener der Seligen und ihrer Mutter auch Lebensmittel gebracht haben. Dies deutete er als ein Zeichen, wie sehr die Leute die beiden geschätzt haben, denn auch in Bayern litten die Menschen unter den Nachwirkungen der Inflation. Als Zeuge im Informativprozess gab er zu Protokoll: Die häuslichen Verhältnisse seien sehr arm gewesen, aber das Zimmer sei immer sehr ordentlich aufgeräumt gewesen. Die Mutter sei sehr bedacht auf Anna gewesen; sie habe ihr alles getan, was sie nur konnte. Sie habe sich auch immer sehr gefreut, wenn er zu Besuch gekommen sei, denn sie habe eine große Wertschätzung des Priesterstandes.[4]

Nach Aussage von Rosa Imlauer – sie hat es auch schriftlich niedergelegt – war Therese Schäffer eine starke, opferbereite Seele. „Sie hat mit ihren Kindern vieles

---

1 BKR III. Abt. CAS K. 22: 08.09.1948 Buchloe: Rosa Imlauer an Konrad Zoller.

2 BKR III. Abt. CAS K. 16: Processus informativus Sessio XII: Zeugin Anna Frankl.

3 BKR III. Abt. CAS K., 16: Proc. Inf. S. V: Zeuge Pfarrer Otto R. Mönchherrnsdorf.

4 BKR III. Abt. CAS K., 16: Proc. Inf. S. V: Zeuge Pfarrer Otto R. Mönchherrnsdorf.

durchmachen müssen, aber kein einziges Mal hörte man aus ihrem Munde eine Klage. Da sie ein heiterer Mensch war, konnte man sich mit ihr gut unterhalten. Ein besonders schöner Zug zeigte sich in ihrer großen Demut. Sie wusste genau, was für ein von Gott begnadetes Kind ihre Tochter Anna war, aber niemals äußerte sie sich dazu mit Ausnahme, wenn sie darnach gefragt wurde.

Ihr Herzleiden ertrug sie mit Geduld und die Folgen einer Lendenentzündung machten ihr auch zu schaffen. Sie musste sich daher auch vor jeder Erkältung sehr hüten. Wenn sie Aufregungen hatte, bekam sie des nachts Herzkrämpfe. Anna verging oft in Angst, ihre Mutter könnte sterben und sie könne ihr nicht helfen. Da der Arzt erlaubt hatte, sie könne bei starken Schmerzen von den Anna verschriebenen Morphiumtropfen nehmen, wickelte Anna ein Flascherl mit Morphium in ein Taschentuch und warf es in das Bett zu ihrer Mutter hinüber. Konnte die Mutter nicht aufstehen, klopfte Anna mit einem Stock auf den Boden, dann kamen die hilfsbereiten Hausleute, um nach dem Rechten zu sehen.

Wie bekannt, wäre die Dulderin liebend gern Missionsschwester geworden. Durch ihr Leiden daran gehindert, betrachtete sie ihr Krankenzimmer als Klosterzelle und ihre Mutter als Oberin. Zuweilen meinte sie lächelnd: ‚Ja, ich habe schon eine strenge Oberin!'"[5]

Wie bereits gesagt hatte Anna die ganzen Leidensjahre hindurch die große Sorge, dass Gott die Mutter erhalte, solange sie am Leben sei. Sie setzte aber dieser Bitte immer hinzu: „Nur wie der lb. Gott es will!"[6]

„In einem Heftchen sind die Hl. Messen notiert, die sie um eine glückselige Sterbestunde für ihre Mutter lesen ließ. 34 Messintentionen sind in diesem Anliegen von 52 Intentionen eingetragen"[7], berichtete ihre Freundin Rosa Imlauer.

Auch der erste Biograph der Seligen, Friedrich Ritter von Lama, hat Therese Schäffer als eine ruhige, stille und fromme Frau beschrieben, die den Grund für die tiefe Religiosität der Familie gelegt hat. Das tägliche Gebet sowie der Gottesdienstbesuch waren in der Familie „gewohnter Brauch", also selbstverständlich.[8]

Die schönste und dichterisch großartigste Schilderung der Mutter der Seligen verdanken wir allerdings dem bekannten Regensburger Priesterdichter Konrad Zoller. Er beschreibt sie nach einem Foto so: „Und wenn man auf dem Bilde," er spricht Anna an, „Deine alte Mutter so elastisch und resolut, so schlicht und sauber an Deinem Bettrande sitzen sieht: das schwarze Kopftüchel ein wenig aus der Stirn

5 BKR III. Abt. CAS K. 16: Rosa Imlauer, Aufzeichnungen Heft 2, aus dem Jahr 1925, hdschr. Ms., S. 33f.

6 BKR III. Abt. CAS K. 16: Rosa Imlauer, Aufzeichnungen Heft 2, aus dem Jahr 1925, hdschr. Ms., S. 37.

7 BKR III. Abt. CAS K. 16 : Rosa Imlauer, Aufzeichnungen Heft 2, aus dem Jahr 1925, hdschr. Ms., beiliegend als Bleistiftnotiz auf einem Blättchen Papier die Angabe über die Intentionen.

8 Lama, Friedrich Ritter v., Anna Schäffer von Mindelstetten, Eine unkbekannte Stigmatisierte aus unserer Zeit, Innsbruck 1930, S. 8 – Ritter, Emmeram H., Gott spricht zu uns!, in: „Anna-Schäffer-Brief" Nr. 2, S. 2.

zurückgeschoben und das helle Halstüchel ‚revierisch' und geschmackvoll nach der Seite hin geknüpft, erscheint in ihrer Gestalt niederbayerische Lebenskräftigkeit und oberpfälzische Gemütstiefe auf Schönste vereint. So wird sie uns dann auch geschildert: lustig und redselig, wenn es sein musste [um ihre Tochter oder andere aufzuheitern], mit einem wunderbaren Kinderlachen begabt, als ob es ihrer Lebtag nichts als Rosen und Taler über sie geregnet hätte; meist aber ernst und still, in sich gekehrt, ihre vielen Sorgen im eigenen Herzen austragend, stark und zäh ausharrend unter all den Schlägen, die sie trafen; von unbegrenzter Geduld und Opferbereitschaft; zärtlich auf jede Linderung bedacht aus liebevollem Herzen. Dabei war sie selbst von schwankender Gesundheit, oft von Herzkrämpfen befallen. Oft musstest Du Dich ängstigen um das Leben Deiner Mutter, das gleichsam nur mehr an einem Zwirnfaden hing. Doch hat sie Dich vier Jahre überlebt."[9]

Therese Schäffer, die solange ihre Tochter lebte nicht von ihrer Seite gewichen war, starb am 21. August 1928 76-jährig bei ihrem Sohn, dem Schreinermeister Johann Schäffer in Theissing, und ruht im dortigen Friedhof.[10]

Sie hat es als Mutter der Seligen wahrlich verdient, dass ihr in diesem Buch wenigstens ein kurzes literarisches Denkmal gesetzt wird.

9 Konrad Zoller, Leben und Leiden der Jungfrau Anna Schäffer von Mindelstetten. Eine Wallfahrt. 2. Aufl. Regensburg 1982, S. 51–53.

10 Holzgartner a. a. O. S. 423.

16. Die letzten Lebensjahre Annas und ihr Tod

Viele unserer Zeitgenossen sind ungemein stolz darauf, dass sie alle Tabus gebrochen, alle überlieferten Bindungen des Menschen zerrissen, alle Schranken abgebaut haben. Sie übersehen dabei freilich, dass sie ganze Bezirke menschlicher Existenz gerade dadurch neu tabuisieren.

Sicher besteht eines der wesentlichsten neuen Tabus darin, dass vom Tod, von seiner Unausweichlichkeit, von seiner Macht über das Leben möglichst nicht gesprochen werden soll. Man hat die Friedhöfe weitgehend aus den Wohnbezirken verbannt und sogar vielerorts eigene Sterbe-Krankenhäuser errichtet, um ja nicht mehr an Tod und Sterben erinnert zu werden. In unseren hochkomfortablen, technischen und hygienischen Lebensverhältnissen ist für ein Ereignis, gegen das es keinen Versicherungsschutz gibt, kein Platz.

Sich mit dem Tod zu beschäftigen ist für viele Zeitgenossen schon deshalb ganz unzweckmäßig, weil man sich, wenn man es tun würde, unweigerlich mit dem letzten Sinn des menschlichen Lebens befassen müsste, und dafür haben wir bei unserer akuten Vollbeschäftigung mit dem Diesseits einfach keine Zeit. Gelegentlich lässt es sich nicht ganz vermeiden, vom Tod zu sprechen, etwa dann, wenn es um medizinische oder juristische Probleme geht, die sich in der modernen Chirurgie stellen: So um den Zeitpunkt des Todeseintritts, weil man einem Menschen ohne dessen testamentarische Verfügung kein Organ herausschneiden darf, solange er noch lebt, auch wenn man es einem anderen einpflanzen will. Aber solche Erörterungen haben technisch-instrumentalen Charakter; sie zielen auf Symptome des Todes, nicht auf das, was ihm zugrunde liegt.

Die Kirche hingegen, die Stiftung Jesu Christi, der uns durch sein Sterben am Kreuz erlöst hat, war immer dem Tode zugewandt, dem Tor zur Ewigkeit, durch das der Mensch hindurchgehen muss, um aus diesem irdischen Leben hinüberzugelangen in eine andere, seine eigentliche Existenzform.

Und hier kommen wir auf das Sterben zu sprechen. Es ist die Auflösung all jener Werte, die wir im Leben für etwas Besonderes gehalten, es ist das Erleben der Hinfälligkeit und Bedeutungslosigkeit der irdischen Güter, an denen das Herz vielleicht allzu sehr hing. Sie sinken ins Nichts zusammen und vermögen uns jetzt nichts mehr zu bedeuten. Unser ganzes Leben rollt beim Sterben gleich einem Film vor unserem geistigen Auge ab und wir empfinden die Bedeutungslosigkeit dessen, was wir bis jetzt getan haben: Leistungen, auf die wir oft stolz waren, die wir unserem Können zuschrieben, erscheinen uns plötzlich unwesentlich; was wir getan haben ist wenig, vielleicht nichts oder von der Ichsucht verdorben. Im Sterben gewinnen wir die Erkenntnis des eigenen Nichts, aus dem wir gekommen sind, erleben wir letzte Einsamkeit, Hilflosigkeit, die „Entwerdung", wie es die Mystiker bezeichnen.

Das furchtbarste Erleben freilich ist jenes unseres so unguten, sündebefleckten Nichts vor der Heiligkeit und Liebe Gottes. Aber gerade aus diesem Erkennen und Erleben erwächst dem gläubigen Menschen die kostbarste Frucht seines ganzen Lebens: Ich bin nichts – Du, o Gott, bist alles! Ich bin ganz auf Dich angewiesen, von Dir angenommen und in Dir geborgen.

Jeder muss irgendwie durch dieses bittere Erleben seines sündigen Nichts hindurch, bis er endlich beten kann: Du, mein Gott und mein Alles! Ohne Dich, Herr, will ich niemals sterben; unter Deinem Kreuz, an Deinem Herzen aber bin ich bereit zu sterben – wie, wo, wann es Dir gefällt!

Die heilige Kirche hat durch ihre Zugewandtheit zum Tode, zum Jenseits, nichts an Lebenskraft und Lebensfreude preisgegeben, im Gegenteil. Gerade weil der christliche Glaube das Leben des Menschen als ein bewusstes Pilgern auf den Tod hin auslegt, schenkt er uns jene ungeheure innere Spannung zur Selbstverwirklichung in der gemessenen Frist der Tage, aus der Kultur und Wissenschaft ihre stärksten Impulse empfangen kann. Es kommt ja nicht von ungefähr, dass die bedeutendsten kulturellen Leistungen, die ganze technische Zivilisation, das große System rationaler Daseinsbewältigung und erfolgskontrollierten Handelns, im christlich geprägten Europa entstanden sind und sich immer noch über den Rest der Welt ausdehnen.

Freilich, die Menschen Europas waren zu solchen Hochleistungen nur so lange befähigt, als sie sich in ihrer überwiegenden Mehrheit zum Christentum bekannten, aus dem Glauben lebten und aus ihm ihre Kraft schöpften. Weil der Christ im Angesicht des Todes mit Blick auf das Jenseits lebt, weil er weiß, dass sein endgültiges ewiges Schicksal sich entscheidet auf der kurzen Strecke der Bewährung im Diesseits, hat dieses diesseitige Leben für ihn seine humane Würde und seinen unvergleichlichen Wert erhalten. Dazu muss allerdings die Erkenntnis des eigenen Nichts vor Gott kommen, ohne dessen Hilfe und Liebe wir nichts vermögen und unser Tun nur Stückwerk ist.

Jedem Menschen ist eine Spanne Zeit gegeben. Er muss sie benützen zum Umdenken und zur Umkehr, zur Überwindung der Lebensangst, die das Tun und Handeln lähmt. Warum hat der Mensch eigentlich Angst vor dem Morgen, vor dem Sterben, vor einem möglichen Atomkrieg? Er dürfte vergessen haben, dass Gott immerdar der „gubernator mundi", der Herr der Geschichte ist; dass es aus der Sicht des Glaubens viel größere Übel als Vernichtung der Erde und unseren physischen Tod gibt, nämlich die Sünde wider den Heiligen Geist, der den ewigen Tod, die Verdammnis zur Folge hat. Es ist höchste Zeit, sich wieder darauf zu besinnen, dass wir allein durch den Herrn, nicht durch eigene Tat und nicht durch eigene Leistung Erlöste sind, berufen zum Leben in seinem vollen Sinn, für das die Heilige Schrift das wunderbare Wort „Herrlichkeit", „ewige Seligkeit" kennt.

In Anna Schäffer begegnet uns ein Mensch, ein Christ, dessen ganze irdische Pilgerschaft auf das Ziel, auf das Jenseits hin ausgerichtet war. Nur dadurch ist die ungeheure innere Spannung zu erklären, die sie in der ihr zugemessenen Frist der Tage befähigt hat, ihr Kreuz in Demut und Geduld zu tragen, als Sühne- und Opferseele zu wirken, Leistungen im übernatürlichen Sinn, die wir so sehr an ihr bewundern und durch die viele sich zu ihr hingezogen fühlen. Sie hat Gottes Willen bis zur letzten Konsequenz erfüllt.

Wenn wir das Leben der Seligen in ihrer treuen Nachfolge Christi betrachten, so erhalten wir immer wieder neuen Antrieb, unser Augenmerk weniger auf das irdische eigene Wohl als vielmehr auf das ewige Heil (vgl. Hebr. 11,10; 13,14) zu richten. Zugleich werden wir einen ganz verlässlichen Weg gewiesen, wie wir, jeder nach seinem Stand und seinen eigenen Lebensverhältnissen, durch die irdischen Wechselfälle hindurch zur vollkommenen Vereinigung mit Christus, nämlich zur Heiligkeit kommen können (vgl. Hebr. 13,7; Sir. 44-50; Hebr. 11, 3-40).[1]

Sehnsucht nach Vereinigung mit Jesus

Die Selige hat in ihren zahlreichen schriftlichen Äußerungen immer wieder ihre bedingungslose Ergebenheit in den Willen Gottes, ihren Dank für alle Leiden, ihre Bereitschaft zu Sühne und Buße für die Beleidigungen gegenüber Gott und die Rettung der Seelen zum Ausdruck gebracht. Kaum ein Gedanke aber kehrt so häufig wieder wie die Sehnsucht und das Verlangen nach der Vereinigung mit Gott.

Einige besonders markante Stellen aus ihren Briefen lassen die große Sehnsucht erahnen. Am 31. Dezember 1916 schreibt sie: „Wann werde ich in Dir, o süßester Jesus, entschlafen und ruhen, dass ich klar erschaue Deine unaussprechliche Glorie?“[2] Ein Jahr später, am 30. Dezember 1917, spricht sie den Wunsch aus: „Möge mir mein hl. Schutzengel all’ meine Leidensblumen pflücken helfen und dieselben ordnen zu einem schönen frischen Blumenstrauß, den er mir dann an meinem schönen Festtage (in meiner Sterbestunde) blühend und grünend überreichen möchte, um ihn dann dem lb. Heiland bei seinem Urteilsspruche, als Zeichen und Erbteil von seinem hl. Kreuze darbieten kann. O glückseliger Tag der Ewigkeit, wann brichst Du an? O lbst. Jesulein ich bitte Dich, lass mich in meiner Todesstunde froh und fröhlich Dich erschauen – lass jene hl. Flamme, die mit feuriger Gotteskraft auf ewig in Dir brennt – alle Flecken meiner armen Seele wahrhaft tilgen. Der Wille Gottes geschehe an mir jetzt und jeden Augenblick.“[3] In einem Brief vom 25. November

1 „Anna-Schäffer-Brief“ Nr. 7, Juli 1985: Ritter, E. H., „Jesus Dir leb ich!“ Vor 60 Jahren starb die Dienerin Gottes. S. 1–4.

2 BKR III. Abt. CAS K. 9: Mindelstetten 31.12.1916: AS an Sr. M. Tatona, Pirmasens/Pfalz – Ritter a. a. O. S. 81 f.

3 BKR III. Abt. CAS K. 9: Mindelstetten 30.12.1917: AS an die Schwestern Rosalia, Theres und Barbara, Augsburg – Ritter a. a. O. S. 124–126.

1917 ist zu lesen: „Wann o lbst. Jesus naht für mich arme Sünderin jene süße Stunde – auf dass meine Seele, durch Dich entführt, voll Jubel und Entzücken Lebewohl dem Leibe sage, und dass mein Leib, wiederkehrend zum Herrn, der ihn gegeben unter Deinem Schatten ruhe in seligem Frieden! Jeden Tag freue und sehne ich mich so sehr auf das Sterben, und wenn einmal der lb. Jesus den letzten Schnitt macht, mit dem ich noch in diese erbärmliche Welt gebunden bin, dann darf ich, so Gott will, heim fliegen zum Vater- und Mutterherz – zum hlgst. Herzen Jesu und Mariä!“[4]

Ihre andauernde Sehnsucht nach Vereinigung mit Gott bekundet sie auch in den folgenden beiden Briefen, der eine vom 10. Januar 1919 und der andere vom 24. November 1919: „Heilige Grabesruhe, nach Dir sehnt sich mein müdes Herz, und jenseits erst vom Grabe wird mein Glück voll und meine Sehnsucht gestillt, welche ist: Jesus allein!“[5] „Ich fühle in jenen heißen Stunden große Sehnsucht, mein Leben in die Hand meines Schöpfers zurückzugeben, besonders auch nach jeder hl. Kommunion, umgibt mich große Sehnsucht nach dem Tode.“[6] Am 10. März 1921 schrieb Anna an eine Freundin u. a.: „O wie sehne ich mich, dieses Tränental verlassen zu dürfen! Die eine größte Freude, die ich hier noch habe und die mich fortwährend begleitet und mit mir ist, ist die Freude zu leiden und zu dulden. Diese Freude übertrifft alle Irdischen und hat besonders täglich morgens ihren Höhepunkt – in den Augenblicken nach der hl. Kommunion, der innigen Vereinigung mit Jesus – für den ich lebe, leide und sterbe.“ Und dann folgt ein ganz wichtiger Satz: „Nicht um des Leidens erlöst zu sein, möchte ich so gerne heim, sondern einzig und …!“ Dann folgen drei Punkte und ein Ausrufezeichen. Ein Jahr später, am 16. März 1922, setzt sie den Gedankengang fort mit den Worten: „… wie freue ich mich, wenn einmal die Zahl der Tage des Leidens voll sind, um ewig zu Jesus zu gehen.“[7]
Weitere zwei Briefe, in denen die Sehnsucht nach Vereinigung mit Jesus zum Ausdruck kommt, sind dem Sammeleifer des ersten Biographen Annas, dem frommen Friedrich Ritter von Lama zu verdanken. Die Briefe sind leider nicht mehr im Original vorhanden. In ihrem Brief vom 24. November 1919 wiederholt sie sich mit den Worten: „Ich fühle in jenen heißen Stunden große Sehnsucht, mein Leben in die Hand meines Schöpfers zurückzugeben, besonders auch nach jeder hl. Kommunion umgibt mich große Sehnsucht nach dem Tode.“[8] Und am 25. Oktober 1921 formuliert sie ihre Sehnsucht wie folgt: „Ich freue mich alle Tage so aufs Sterben und bin alle weil mit Freuden gerichtet auf die Stimme des Herrn. Die Sehnsucht, den lb.

4 BKR III. Abt. CAS K. 9: Mindelstetten 25.11.1917: AS an Sr. M. Tatona – Ritter a. a. O. S. 120–122.

5 BKR III. Abt. CAS K. 10: Mindelstetten 10.I.1919: AS an Pepi Fellner/München, Königstr. 12 – Ritter a. a. O. S. 150–152.

6 BKR. III. Abt. CAS K. 10: Mindelstetten 24.11.1919: AS an unbekannten Empfänger; diesen Brief hat Fr. Ritter v. Lama überliefert; das Original fehlt!

7 BKR III. Abt. CAS K. 11: Mindelstetten 16.03.1922: AS an Rosa Imlauer, Peissenberg/Obby., Knappschaftskrankenhaus – Ritter a. a. O. S. 312 f.

8 Lama, Friedrich Ritter v., Anna Schäffer aus Mindelstetten, Innsbruck 1930, S. 288.

Gott ewig zu besitzen, ewig beim lb. Heiland zu sein wächst in den Jahren immer mehr [...] Und ist einmal das Herz von dieser glückseligen Sehnsucht verzehrt, dann darf ich sanft entschlummern in den Armen meines himmlischen Bräutigams."[9] Auch in ihren Gedichten, die sie niedergelegt hat, ist immer wieder von der Todessehnsucht die Rede. Einige von ihnen sind besonders bemerkenswert:

„Die Hand des Herrn!

Es ist so schwer, die Hand des Herrn zu fassen;
Es ist so schwer auch dankbar stets zu sein!
Wenn man in Krankheit liegt gefesselt.
Wenn Jahre langes Siechtum bricht herein!
Und doch blickt man zurück auf seine Wege,
Dann fasst man dankbar seine Hand.
Führst Du mich jetzt auch schmerzhaft rauhe Wege
Und sieht es aus als wollt es enden nie!
Wenn ich die Leiden nehm aus Deiner Hand,
Dann weiß ich auch gewiss mein Schmerzenslager
Wird einst gestillt im rechten Vaterland!
Blick ich auf meine Jugendjahr' zurück
Seh ich, dass vieles war nicht recht getan.
Dann weiß ich wohl, der Herr rief mich zurück
Und führt mich nun die stille rauhe Bahn,
Dass ich den Blick mehr wende himmelan!
16 Jahre sind es nun, dass ich jetzt liege
Auf meinem Schmerzenslager hier
Nur für Jesus will ich alles leiden,
Dass er mich einstens in den Himmel führ!"
Anna Schäffer, Mindelstetten d. 4.3.1917

„Sterbelust!

O Sterbetag, wann brichst Du an?
Wann darf ich liebend Gott umfahn?
O Seele, dann versiegt dein Schmerz,
Du steigst im Fluge himmelwärts!
Mit Gottes Heiligen schöne Braut
Im Feierzuge Lieder laut!
Zu ewig süßer Liebeslust

9 Lama a. a. O. S. 289.

Jetzt bricht das Weinen meine Brust!
Hinweg du schnöder Sündenreiz,
Du hast genagelt mich ans Kreuz;
Den grausen Peinigern vereint,
Den süßen Jesus meinem Freund!
Zu Jesu geht mein Sterbelauf
In Jesu geh' ich lodernd auf.
In Jesu schmelz ich blank und rein
Zum süßen Liebesopfer ein!

O wie ekelt die Erde mich an, wenn ich den Himmel betrachte! Wie süß ist es zu sterben, wenn man gut gelebt hat! O Paradies, wann werde ich Dich schauen? Mein Jesus Barmherzigkeit.

O Sterben, Sterben, wie bist du so süß,
Du bringst mich zum Herrn ins Paradies!
O sanfter Tod in Eile,
Komm' schnell daher zu mir,
Dass ich nicht länger weile
Im schweren Kampfe hier!
Ihr Künstler zeichnet nimmer
So fürchterlich den Tod –
Der Tod allein, der hilft uns immer,
Wenn es des Himmels Heimat gilt!
Mag fürchten ihn der Feige
Groß' Unrecht tun dem Tod
Ich mutig nimmer schweige,
Ich rufe ihn in Erdennot!
Von dir o eitle Freude
O Welt, o leerer Schein
Ohn' alle Sorg ich scheide
Will nur das Wahre sein! –

Jesus Maria und Joseph steht mir bei in meinem Todeskampfe!

Bitte an Maria!

Maria, liebste Mutter mein
Ich lad' zu meinem Tod Dich ein.
Schlägt einstens meine letzte Stund
So such' ich Dich in der Rund.

O lass mich nicht vergebens flehn
Willst helfend mir zur Seite stehn!
Maria, liebste Mutter mein
O finde Dich recht pünktlich ein.
Wenn alles Ird'sche mich verlässt
Halt ich an Dir o Mutter fest!
Lass mich im Tode nicht allein,
Nein! Wolle zeitig bei mir sein.
Maria liebste Mutter mein,
Ich flehe innig, find Dich ein.
Nimm Du im letzten Todesschmerz
Dein müdes Kind ans Mutterherz,
An dem ich ja so oft und gut –
In manchem Leid und Weh geruht!
Maria liebste Mutter mein
Ich weiß, Du lässt mich nicht allein.
Und wenn das Herz mir sterbend bricht,
Begleite Du mich ins Gericht.
Leg' Fürbitte beim Sohne ein,
Führ mich, geliebte Mutter mein.
Maria liebste Mutter mein,
Ich lade Dich so herzlich ein,
Ich lade Dich so treu und oft,
Lass' denn geschehen, wie ich gehofft.
Im Sterben wolle bei mir sein!“[10]

Das Stigma der Dornenkrone

In den letzten Jahren ihres Lebens hatte die Selige noch Unsägliches zu leiden. So wissen wir, dank der vertrauten Freundin Annas, Rosa Imlauer, die aus dem Gedächtnis umfangreiche und wesentliche Aufzeichnungen gemacht hat, auch über das Stigma der Dornenkrönung Bescheid. Imlauer schreibt: „Anna hat auch einmal zu mir gesagt, dass ihr der liebe Heiland die Dornenkrone aufgesetzt habe und sie beständig schreckliche Kopfschmerzen habe. Von außen sah man aber nichts Besonderes; nur fiel es auf, dass die Augen sehr tief in den Höhlen lagen. Auffallend war auch, dass die arme Dulderin manchmal sehr gut aussah, während sie dann bald darauf wieder furchtbar leidend und angegriffen aussah.“[11]

10 Lama a. a. O.

11 BKR III. Abt. CAS K. 16: Rosa Imlauer, Aufzeichnungen 2. Heft, im Jahre 1925, S. 3.

Einmal teilte sie auch Imlauer mit, dass sie bei Kopfschmerzen gern ein Gebet verrichte, das sie sich selbst zusammengereimt habe:

> „Herr, gib mir die Dornenkrone,
> nimm die rosige zurück,
> Fest sie auf das Haupt mir drück'!
> Deine Braut bin ich!
> Wenn die Leiden mich umfluten,
> Nimmer löschen meine Gluten
> Wennst mich Jesus Du verlassest
> Fester ich Dein Kreuz umfasse,
> Deine Braut bin ich!"[12]

Am 26. April 1918 erschien ihr die damals noch nicht seliggesprochene Schwester Therese vom Kinde Jesu, die Anna an ihr Krankenbett herantreten sah. Diese überreichte ihr eine Dornenkrone, die ganz von Blut gerötet war und an jeder Dornenspitze einen frischen Blutstropfen aufwies. Therese sagte dann zu ihr: „Eine große Prüfung steht Dir bevor, darunter Du sehr viel im Geiste mitzuleiden hast. Aber es wird Dir zum Heile sein und es wird alles glücklich und gut enden."[13]

Vier Jahre später, am Aschermittwoch, den 1. März 1922, sah Anna in einer Vision Maria, die an ihr Bett getreten war und sagte: „‚Nandl, es ist jetzt an der Zeit, dass Du eingekleidet wirst.' Dann nahm sie ein Kleid und zog es mir an, grad wie die Klosterfrauen es zu tragen pflegen. Dann setzte sie mir auch einen Schleier auf, aber kaum hatte ich ihn auf, da nahm sie ihn wieder ab und setzte mir eine Dornenkrone auf's Haupt und sagte: ‚Noch mehr darfst Du jetzt leiden als bisher.' Dann legte sie mir den Schleier über die Dornenkrone."[14]

Wie dem auch sei, die Selige litt seither in den letzten Lebensjahren unter heftigem Kopfweh, wie eingedrungenen Dornen, was auch Pfarrer Rieger von Lama gegenüber bestätigte. Auch in ihren Briefen findet sich mancher deutliche Hinweis. So schreibt sie in ihrem Brief am 10. März 1921: „Peinigen mich stets und recht oft arg auftretende Kopfschmerzen; o lbst. Jesus, dann denke ich mir, Du lasst mich mitfühlen ein Teilchen von Deiner Dornenkrönung."[15]

12 Lama a. a. O. S. 251.
13 Lama a. a. O. S. 252.
14 Lama a. a. O. S. 253.
15 BKR III. Abt. CAS K. 11: Mindelstetten 10.03.1921: AS an Sr. M. Tatona – Ritter a. a. O. S. 270f.

Der Zustand Annas verschlechtert sich

Bisher hatte sich Anna im Bett aufsitzen und an einem Art Tischerl lesen, schreiben und arbeiten können. „In einer förmlichen Tagesordnung“, so Pfarrer Rieger in seinem „Leidensbericht“ vom 4. Februar 1929, „hielt sie Betrachtungen aus den Büchern der Leidensgenossen, insbesondere über Kreszenz von Kaufbeuren, Anna Katharina Emmerick, Emma Gierl, Gemma Galgani, aus Gebetbüchern verschiedener Art; mehrere Stunden arbeitete sie mit Stricken, Sticken, um sich und der Mutter das Leben fortfristen zu können, die nötigen Arznei- und Verbandstoffe besorgen zu können. Da schrieb sie ihre „Träume“ und Leidensröstungen auf, von welchen später gesprochen wird, da schrieb sie in die weite Welt bis nach Amerika ihre Trostbriefe hinaus.“[16]

All dies vermochte Anna in ihren letzten Lebensjahren nicht mehr zu tun. Bereits in den letzten Jahren des Ersten Weltkrieges hatte sich infolge des langen Krankenlagers eine Lähmung beider Beine und eine Spitzfußstellung beider Füße entwickelt. Diese Lähmungen waren sogenannte spastische Lähmungen, d. h. die Muskeln befanden sich ständig im Spannungszustand. Dadurch wurde ihr ohnehin schweres und schmerzhaftes Leiden – ihre beiden Unterschenkel waren aufgrund des Unfalls von 1901 mit schwammigen, leicht blutenden Wucherungen überzogen, die ständig dünnflüssigen Eiter absonderten und deshalb fast täglich neu verbunden werden mussten – noch wesentlich verschlimmert. Beim Verbandswechsel und auch sonst hin und wieder steigerten sich die Muskelkontraktionen der Beine zu schmerzhaften Muskelzusammenziehungen am ganzen Körper, so dass die Kranke oft stundenlang in scheinbarer Bewusstlosigkeit dalag. Wie der behandelnde Arzt, Dr. Karl Wäldin, in seinem medizinischen Gutachten vom 15. September 1931 ferner mitteilt, „musste zur Schmerzstillung öfter Morphium verwendet werden. Die Nahrungsaufnahme war auf ein Mindestmaß beschränkt, so dass man sich wundern musste, wie die Patientin bei dieser geringen Nahrungsaufnahme noch jahrelang bestehen konnte!“[17]

Zu all diesen Leiden gesellte sich 1923 noch ein neues hinzu. Ein Rückenmarksleiden, sicher auch eine Folge des langjährigen Liegens, verursachte ihr noch furchtbarere Schmerzen, als sie ohnehin zu leiden hatte. Anna äußerte sich darüber, ihr Rückgrat wölbe sich und bei jedem Atemzug meine sie, ihr Rücken werde in tausend Stücklein zerschnitten. Wenn sie dann oft, vor Qualen ganz in Schweiß gebadet, im Bett lag, stöhnte sie: „Mein Gott, ich kann es nicht mehr aushalten“, setzte aber dann gleich wieder hinzu: „Alles für Dich, heiligstes Herz Jesu! Mein Jesu, ich will alles gerne leiden, nur gib mir die Kraft, dass ich alles zu Deiner Ehre tragen

16 BKR III. Abt. CAS K. 20: Mindelstetten 04.02.1929: Pfarrer Karl Rieger, Leidensbericht über Anna Schäffer.

17 BKR III. Abt. CAS K. 21: Pförring 15.09.1931: Aerztlicher Bericht von Dr. Karl Wäldin.

kann!“[18] Aber das Maß der Leiden war noch immer nicht voll. Sie bekam Mastdarmkrebs. In ihren letzten Lebensjahren hatte sie auch diese qualvolle und peinliche Krankheit zu ertragen. Der Arzt konnte ihr keine Linderung verschaffen; zur Operation konnte er wegen des Allgemeinbefindens der Leidenden nicht schreiten und so gab es kein Mittel, um zu helfen. Er verordnete warme Umschläge oder warme Dämpfe. Rosa Imlauer, deren Aufzeichnungen diese Mitteilungen zu verdanken sind, berichtet weiter: „Aus ihren Augen strahlte seliger Himmelsfrieden und wahres Herzensglück. Wenn man sie fragte, wie es ihr gehe, so sagte sie immer: ‚Mir geht es gut!‘“[19]

Aber auch an übernatürlichen Tröstungen in den letzten Lebensjahren fehlte es Anna nicht, wenngleich mit jedem Tag, da das Ende der Leiden, aber vor allem die Vereinigung mit Christus näher rückte, das Maß der Schmerzen noch mehr zunahm. Die Verschlimmerung der Leiden stand sicher im Zusammenhang mit ihrer Zusage, das von dem Franziskaner P. Hugolinus Storff aus San Francisco gegründete Werk „Frommer Verein zu Ehren des hl. Joseph für die Rettung der sterbenden Sünder“ tatkräftig zu unterstützen. Diese Vereinigung hatte zum Ziel, durch Leidensopfer frommer Seelen möglichst viele sterbende Sünder vor der ewigen Verdammnis zu retten.[20] Es ist auffallend, dass die Selige gerade 1923, als P. Hugolinus mit Pfarrer Rieger in brieflichen Kontakt trat, von den bereits erwähnten neuen Krankheiten heimgesucht wurde.

In dieser Zeit vertraute sie einmal ihrer Freundin Imlauer an, der Heiland wäre ihr erschienen. Voll tiefer Trauer habe er ihr geklagt, wie undankbar ihm die Menschen begegnen und was für entsetzliche Frevel sie täglich begehen würden. Er habe sie aufgefordert, ihm dafür Sühne zu leisten und ihre Gebete mit ausgespannten Armen zu verrichten. Sie durfte mit ihm die neunte Kreuzwegstation (Christus fällt zum drittenmal unter dem Kreuz) mitleiden.[21]

Um das Jahr 1920 begann bei den ekstatischen Zuständen ein auch äußerlich ganz besonders stark hervortretender Anstieg einzutreten. Es kamen Passionsekstasen zutage, die in der Karwoche an den Karfreitagen, aber auch sonst während des Jahres an bestimmten Tagen auftraten. Während dieses im Ganzen etwa zehnmaligen Miterlebens des Leidens Jesu Christi sah Anna mit starrem Blick auf ihr Ecce-Homo-Bild. Der Körper blieb dabei völlig unbewegt, aber sie litt währenddessen dieselben körperlichen Schmerzen wie der von ihr geschaute Heiland. Anschließend klagte sie immer besonders über die Schmerzen an Kopf und Herz.[22]

Die genaue Schilderung einer solchen Passionsekstase, und zwar vom 25. April 1923, liegt vor. Rosa Imlauer hat es nach dem Diktat von Anna niedergeschrieben

18 BKR III. Abt. CAS K. 16: R. Imlauer, Aufzeichnungen a. a. O. 1. Heft, S. 24f.
19 BKR III. Abt. CAS K. 16: R. Imlauer, Aufzeichnungen a. a. O. 2. Heft, S. 27.
20 Siehe das Kapitel „Pfarrer Karl Rieger und seine Zeit“, S. 75.
21 BKR III. Abt. CAS K. 16: R. Imlauer, Aufzeichnungen a. a. O. S. 21.
22 Lama a. a. O. S. 255.

und somit überliefert wie folgt: „Ich sah den lb. Heiland und er zeigte mir eine Dornenkrone und an den Spitzen ist überall ein Tropfen drangehängt. – Dann war ich mit einem male im Ölgarten. Da sah ich den lb. Heiland beten und Blut schwitzen. Die Jünger sind weiter hinten so dort gelehnt und haben geschlafen. Ich sah auch, wie der lb. Heiland gefangen genommen wurde und wie das 1. mal die Henkersknechte zu Boden fielen und nach kurzer Weile banden sie ihm die Hände und schleppten ihn fort. Ich sah auch, wie sie ihn vor Pilatus und vor den Hohen Rat schleppten. Ich sah ihn wieder zu Pilatus zurückführen und wie der dann wieder herauskam, sah ich ihn mit dem schweren Kreuz beladen. Ich sah ihn leidend im Kerker. Es war so finster und so kalt und er war so verlassen. Zuerst ging er durch eine breite Strasse, dann bogen sie in eine so enge Gasse ein und durch ein Tor. Vor dem Tor fiel er schmerzlich zu Boden. Dann ging der Zug auf den Kalvarienberg. Ich sah, wie der lb. Heiland an das Kreuz genagelt wurde und wie er am Kreuz verschieden ist. Ich sah, wie die hl. Magdalena von rückwärts, die Füße des Heilands umklammerte. Die lb. Muttergottes und der hl. Johannes war auch da. Ich durfte auch am Ölberge und auch am Kalvarienberge die Schmerzen überall mitleiden. Es kam mir vor, unser Tod müsse nur ein geringer Teil von dem sein, was der lb. Heiland für uns gelitten hat. Als ich so schauen durfte, dies dauerte von 4 Uhr nachmittags mit nachts 12 Uhr am 25. April 1923.“[23]

An diesem Tag begann die Schauung der Seligen etwa um 15 Uhr mit der Ölbergvision. Der Hausherr von Anna, Herr Forchhammer, vermeinte Anna liege auf dem Sterbebett und eilte zum Pfarrer mit dieser Mitteilung. Rosa Imlauer berichtet darüber ausführlich: „Als wir hinaufkamen, war das ganze Zimmer voll Leute. Die Selige lag ganz bewegungslos im Bett. Den Kopf hatte sie noch tiefer liegen als den Körper; die Augen waren fast ganz geschlossen, nur mit dem ‚weißen‘ schielte sie nach dem Antlitz-Christi-Bild in Ihrer Fensternische. Der Kopf war ganz steif und man konnte ihn nicht von der Stelle heben. Die Hände und Füße waren ganz kalt und die Hände, die sonst beständig zitterten, lagen ganz bewegungslos auf der Bettdecke. Wenn man sie anredete gab sie kein Zeichen von sich, auch keinen Atemzug konnte man wahrnehmen. Man meinte wirklich sie liege am Sterben oder sei schon gestorben. Hochw. Herr geistl. Rat betete ihr lange Zeit Sterbegebete vor und gab ihr den Sterbeablass. Als man nach langer Zeit immer noch kein Lebenszeichen an ihr wahrnahm, sagte er zu den Leuten, sie möchten ruhig heimgehen, Anna sterbe nicht, das sei etwas anderes. Nun lag sie so da von 3 Uhr nachmittags bis nachts um 12 Uhr ohne sich im geringsten zu verändern. Nach 12 Uhr machte sie auf einmal einen tiefen Atemzug. Sofort fingen ihre Hände wieder an zu zittern, wie sonst auch. Dann schaute sie so verwundert uns an, dann das ganze Zimmer, als wenn sie ganz fremd hier wäre und alles noch nicht gesehen hätte. Dann perlte ihr eine Träne die Wange

23 BKR III. Abt. CAS K. 12: Mindelstetten 25.04.1923: Karfreitags-Vision 1923, geschrieben v. Rosa Imlauer nach dem Diktat von Anna Schäffer – Ritter a. a. O. Nr. 152.

herab. Nun war sie wieder wie sonst und auch ihre gewöhnlichen Schmerzen stellten sich wieder ein. Als man sie des anderen Tages fragte, was mit ihr geschehen war, als sie so lange mit dem Geiste abwesend war, da sagte sie: ‚Der hl. Schutzengel ist gekommen und hat mich mitgenommen auf den Ölberg. Da habe ich das ganze Leiden Christ mitleiden dürfen, angefangen vom Blut schwitzen bis zur Kreuzigung; ich bin auch mitgekreuzigt worden.‘ Dann beschrieb sie die Häuser von Jerusalem wie sie so grau seien und die Straßen so düster und zuletzt sagte sie noch: ‚Ich kann nur sagen, unser Leiden und Sterben ist gar nichts im Vergleich zu dem, was der liebe Heiland gelitten hat.‘ Als ich sie fragte, warum sie weinte, als sie wieder bei sich war und warum sie uns so fremd anschaute, da sagte sie: ‚Weil es so hart ist, wenn man von der Welt fort war und man muss wieder her!‘“[24]

Eine andere Beschauung der Seligen durfte Rosa Imlauer in dieser Zeit miterleben. Sie schreibt: „Einmal saß ich bei ihr am Bett und hab’ mit ihr gesprochen. Auf einmal hat sie keine Antwort mehr gegeben und hat ganz nach oben geschaut. Ich fragte: ‚Anna, was ist, warum sagst Du nichts mehr?‘ Darauf hat sie mich an der Schulter genommen, zu sich hingezogen und gesagt: ‚Rosa, schau doch hinauf! Die Muttergottes ist da mit dem Jesuskind auf dem Arm und der Rosenkranz hängt bis zu mir in das Bett hinein!‘ Ich sagte, ‚Ich sehe nichts!‘ Sie antwortete darauf: ‚Das musst Du doch sehen!‘ Aber ich habe nichts gesehen.“[25]

In den letzten Jahren ihres Lebens nahm das Verlangen Annas, den Nächsten womöglich alle Leiden abzunehmen, bemerkenswert zu, obwohl sie selbst stets schwere Leiden zu tragen hatte. In ihrem Brief vom 10. März 1921 schreibt sie ihrer kranken Freundin Schwester M. Tatona, „weil der Krankenbesuch ein Werk der Barmherzigkeit ist“, würde sie die Kranke gern pflegen. Sie selbst litt damals unter schmerzhaften Zahngeschwüren am ganzen Unterkiefer. Aber sie betont in diesem Zusammenhang: „Jetzt in der hl. Fastenzeit, da darf das Leiden schon schwerer drücken, und ich fühle es auch. Wie erhaben ist ein solcher Leidenstag! Peinigen mich stets und oft recht stark auftretende Kopfschmerzen, o lbst. Jesus, dann denke ich mir, Du lässt mich mitfühlen ein Teilchen von Deiner Dornenkrönung.“ Vereint mit der Freundin will sie dann „recht viel erbitten für die armen Sünder, dass dann auch im Himmel droben durch unser fortwährendes Gebet so manche Seele auf Erden gerettet wird und den Weg nach oben findet. Für die Priester müssen wir aber jetzt und auch dann das meiste beten, denn durch das Wirken heiligmäßiger Priester können viele, viele Seelen zur Vollkommenheit gelangen.“ Der Klage der Freundin über Trockenheit im Gebet und Verlassenheit von Gott begegnet die Selige mit dem Hinweis, dass Gott sich nur deswegen gern von uns zurückziehe, damit wir sehen und erkennen, wie schwach und gebrechlich wir ohne Ihn sind, der das Leben, die Freude und der Trost selbst ist. Und Anna führt den Gedanken weiter:

---

24 BKR III. Abt. CAS K. 16: R. Imlauer, Aufzeichnungen a. a. O. S. 10–12.

25 BKR III. Abt. CAS K. 16: R. Imlauer, Aufzeichnungen a. a. O. S. 28f.

„Denn in Verlassenheit und Trockenheit können wir uns mehr verdienen, als wenn wir stets in geistlichen Tröstungen schwimmen würden."[26]

Am Ostersonntag, den 26. April 1921, wurde ihr leidwundes Herz in einer Schauung mit österlicher Freude, Jubel und Seligkeit aufs neue gestärkt. Der Heiland gab ihr in der Vision einen Myrtenkranz und lud sie ein, mit ihm zu gehen. Er führte sie in einen unaussehbaren Saal, in dem sich die herrlichsten Blumen befanden und in dem wunderbar gesungen wurde.[27]

Zum Pfingstfest desselben Jahres wiederholte sich ein Traum, den sie schon einige Jahre vorher gehabt hatte. Sie sah Maria mit dem Kind auf dem Arm. Beide trugen herrliche Kronen auf dem Haupt und rings um Mutter und Kind zeigte sich ein großer Kranz von weißen Rosen im grünen Laub. Dreimal wiederholte sich das Kommen und Gehen der beiden, stets an derselben Stelle vom Fenster aus gesehen zwischen Kirche und Straße.[28]

Ein anderer Traum legte Anna das Gebet für einen schwer kranken Mann um würdigen Empfang der Sterbesakramente ans Herz, zu einer Zeit, da derselbe noch gesund war. Zwei Tage später erkrankte dieser wirklich und musste sterben.[29]

Zu den himmlischen Tröstungen, die die Selige empfing, gehört auch jener Traum vom 11. Juli 1921. Sie berichtet: „Ich bereitete mich zur hl. Kommunion vor. Und als ich mich längere Zeit zu diesem hl. Mahle bereitete, sah ich, dass es auf dem Kommuniontisch in meinem Stüblein, wo der hochw. Herr Pfarrer die Patene mit dem Allerheiligsten immer hinstellt, so wunderbar hell wird. Ich sah nun von da weg, den lb. Heiland, der ganz weiß gekleidet war, so wie man oft eine Herz-Jesu-Statue sieht, aber keinen roten Mantel nur in blendendem Weiß und nicht zu beschreibenden Licht und Glanz war er umgeben, zu mir hergehen mit einer Patene in den Händen und reichte mir die hl. Kommunion. Als ich erwachte, klopfte mir das Herz so sehr vor Freude, und ich verbrachte dann die übrigen Nachtstunden in meinem armseligen Gebete. Heiligstes Herz Jesu, ich vertraue auf Dich!"[30]

Kurze Zeit später, am 30. Juli 1921 folgte jener visionäre Traum bzw. jene Schauung mit der Ankündigung der Hungersnot. Anna vermerkt ihn in ihrem Traumbuch wie folgt: „Ich sah zwei Klosterfrauen. Die eine sagte: ‚Es kommt eine große Hungersnot und fordert viele Menschenopfer.' Die andere Klosterfrau nahm mich mit und ließ mir das große Elend unter den Menschen sehen. Ich sah da, dass alles weit und breit in Trauer gehüllt war und sah eine entsetzlich große Sterblichkeit der Menschen. Überall, wo mich die Klosterfrau hinführte, hörte man nichts anderes als Weinen und Wehklagen. Und es beteten die Leute wieder so sehr und versprachen dem lb. Gott Bekehrung und Besserung, wenn das große Sterben aufhöre. Die

26 BKR III. Abt. CAS K. 11: Mindelstetten 10.03.1921: AS an Sr. M. Tatona.

27 Weigl, Alfons Maria, Anna Schäffers geheimnisvolles ‚Traumheft', Altötting 1976, S. 27f.

28 Lama a. a. O. S. 260.

29 Ebd. S. 260 f.

30 Weigl a. a. O. S. 69f.

Klosterfrau sagte zu allen wo wir vorbeikamen: ‚Nur durch Buße und Sühne kann Jesus seine Hand wieder zurücknehmen.'"[31]

Dieser vorausschauende Blick in die Zukunft ist tatsächlich eingetroffen. Denken wir an den schrecklichen Zweiten Weltkrieg mit seinen Millionen Toten und an den Hunger in der Nachkriegszeit, aber auch daran, dass damals wieder viele Menschen zum Glauben an Gott zurückgefunden und das Beten wieder gelernt haben.

Zu dieser Zeit empfing Anna so manchen Trostbrief, unter anderen auch von Kapuziner-Patres aus dem Kloster Wemding. Diese vermittelten ihr auch materielle Hilfe aus dem fernen Amerika. Auch der Steyler Missionsbruder in Techny, Fr. Joachim, der sie einst in Ausübung des Schriftenapostolats besucht hatte, jetzt in Amerika als Missionar lebte und dem sie nach ihrem Tode, wie vorausgesagt, geholfen hat, ließ ihr ebenso Unterstützung zufließen.[32]

Die Verbindung der Menschen mit Gott versinnbildlichte ein Traum am Tag der Unbefleckten Empfängnis Mariens, am 8. Dezember 1921. Anna sah droben am Firmament die allerheiligste Dreifaltigkeit. Von ihr gingen rings um die Erde lauter Fäden in Richtung Menschen nieder. Auch zu ihr ging ein ganz weißer Faden und ließ sich auf ihrer Hand nieder. Die Fäden waren nicht alle gleich, manche waren von dunkler Farbe, andere von bunt bis weiß, aber es gab auch längere und kürzere. Sie endeten alle in Knäulchen, die sich immer mehr abwickelten oder aufwärts bewegten. Es handelte sich gewiss um die mit Gott verbundenen Lebensfäden. Anna befahl sofort ihre Seele Gottes Gnade und Barmherzigkeit, damit er ihren Faden an sich ziehen möge.[33]

Das Jahr 1921 endete mit einem überaus leidvollem Traum. Satan erschien ihr wie schon früher und marterte sie. Das Gute, das Anna durch ihr Sühneleiden, ihr Gebet, Wort und Beispiel stiftete, konnte der böse Feind natürlich nicht ansehen. Nichts fürchtet er mehr als Gebet, Buße und Sühne aus einem Gott liebenden Herzen. Schon immer standen die Freunde Gottes, wie der heilige Pfarrer Johannes Vianney sagte, im Kampf mit dem Teufel, besonders jene, die sich treu und freudig für die Rettung der Seelen einsetzen. Aber gerade dort, wo Satan mit göttlicher Zulassung eine heilige Seele am meisten bedrängt, wird er durch das Opfer dieser Seele gebannt, ja entmachtet. Auch wird er in dieser Zeit abgehalten, anderen Seelen Schaden zuzufügen.

Die Selige schrieb in ihr Traumheft: „Am 21. Dezember 1921 träumte mir: Ich hatte meine rechte Hand so runterhängend an der Bettlade und es kam der Böse Feind und verkratzte und verhaute meine Hand soviel. Und so oft ich die Hand hereinziehen wollte, zog er sie mir immer wieder herunter. Ich erwachte dann und hatte auch meine Hand so runterhängend. Herz, Mund und Hand sollen allzeit nur den heiligen Namen Gottes loben und preisen!"[34]

31 Weigl a. a. O. S. 72f.
32 Lama a. a. O. S. 262.
33 Lama a. a. O. S. 266.
34 Weigl a. a. O. S. 79f.

Das Jahr sollte aber nicht in Schmerz enden, obwohl es sich reich an Heimsuchungen gestaltet hatte. In einem Brief vom Neujahrstag 1922, der uns durch Friedrich von Lama überliefert wurde, bemerkt Anna, dass sie im Dezember eine übergroße Zahl von Briefen – vermutlich schöne, dankbare und ermutigende Weihnachtsschreiben – bekommen habe, von denen sie aber leider wegen ihres Zustandes nur wenige habe beantworten können. Außerdem wurde sie anlässlich einer Christbaumverlosung von zahlreichen Mitgliedern des Kriegervereins von Mindelstetten sehr geehrt und beschenkt. Der letzte der Burschen sagte ihr noch beim Weggehen: „Bestell' Dir fein alle Deine Zeitschriften wieder weiter, wenn s' auch teuer sind“ und er gab ihr 600 Mark. Sie erhielt nicht nur einen reich geschmückten Christbaum, sondern auch 9.000 Mark – es war ja die Zeit der Inflation –, Kaffee, Waschpulver, 80 Eier, 20 Pfund Mehl und andere nützliche Dinge.[35] Das war vermutlich die letzte irdische Freude Annas.

Oder doch nicht, denn die allerletzte große Freude bereitete ihr die Tatsache, dass anfangs Februar 1922 die Glocken wieder in den Kirchturm zurückgekehrt sind und am 11. Februar feierlich die Weihe des Geläutes stattgefunden hat. Wie wird sich Anna darüber gefreut haben?[35a]

Im Jahre 1922 findet sich eine längere Eintragung in das Heft „Gedanken und Erinnerungen“, das wieder einen tiefen Blick in die Seele der Seligen erlaubt. Sie schrieb u. a.: „Wenn mir auch täglich so manches Anlass gibt, dass ich immer um eine Stufe abwärts steigen darf in der Verdemütigung, so habe ich im Herzen stille Freude. Denn was mich oft große Überwindung kostet, trägt mir auch große Verdienste. Je mehr ich mit dem eigenen Ich hinabsteige und im Tal der Demut Blumen pflücke, desto freier und höher schwingt sich der Geist zu Jesus [...].“[36]

Doch die Vollendung ihres Lebens war noch nicht gegeben. Drei Jahre, menschlich betrachtet eine lange Zeit, aber mit dem Maß der Ewigkeit gemessen ein kurzer Zeitraum, musste Anna noch schwer leiden. Es schien, als dränge sich noch einmal die ganze Fülle des unblutigen Martyriums in diese letzten drei Jahre.

Anna war bereit, alles anzunehmen, auch noch mehr als bisher, überzeugt, dass es auch an Gottes Hilfe nicht fehlen werde. Nicht täglich, nein stündlich und immerfort sprach sie das „fiat voluntas tua!“

Dass der Beginn der Fastenzeit 1922 wieder auf neue Leiden abgestimmt sein werde, war zu erwarten. Aber sie wurde am Aschermittwoch, den 1. März 1922, getröstet durch den bereits erwähnten Traum, als ihr Maria die Dornenkrone übergeben hatte, und im weiteren Verlauf der Vision mit der Hand über ihre wunden Füße strich. Die Gottesmutter sagte dazu: „Diese Wunden werden sich bald schließen. Dafür wirst du aber an den anderen viel leiden dürfen bis zum Heimgang!“[37]

---

35 Lama a. a. O. S. 268.

35a Holzgartner, Karl, Beiträge zur Pfarrgeschichte von Mindelstetten: 1934–1950, hdschr. Ms., S. 282f.

36 Lama a. a. O. S. 271.

37 Weigl a. a. O. S. 41f.

„Durch das Kreuz wurden wir erkauft – und durch die Kraft des Kreuzes werden wir geheiligt und einst verherrlicht werden!" Mit diesen Trostworten beginnt ein Brief vom 13. März 1922 an Kathi Plendl in Pilsting. Anna teilte ihr mit, dass sie unter großer Schlaflosigkeit leide. Aber, so schreibt sie, „Ich bin ja dies schon gewöhnt und danke dem lb. Heiland dafür, wenn ich für Ihn und bei Ihm Wache halten darf mit meinem Geist vor dem hlst. Throne seiner Gottheit. Und ich empfehle dem lb. Heiland auch alle, die in sanftem Schlummer liegen; mögen sie Ihm für diese Nachtruhe innig danken."[38]

Anna hatte sehr unter der Winterkälte gelitten, aber sie zog „Verdienste daraus. Wie mit jedem anderen Leiden", schreibt sie am 16. März, also bereits inmitten ihres erhöhten Fastenleidens. Die Karwoche, die sie im Geiste der Kirche und ihrer eigenen von Gott besonderen Aufgabe durchlebt hatte, führte sie wieder auf den Gipfel von Golgota. Im Traum vom Karsamstag, dem 15. April 1922, wähnte sie sich auf dem Kalvarienberg, an der Stelle, wo sich Christi Kreuz befand. Sie sah aber nur noch die Öffnung im Boden. Viele Engel knieten herum, auf der noch ganz nassen Erde, von der sie etwas in die Hand nahm. Es tropfte Blut heraus. Sie hatte somit ein schlichtes, aber unendlich ergreifendes Erleben in dieser Vision: Die Erde getränkt und feucht vom Blut des am Kreuz verstorbenen Erlösers.[39]

Bereits in der Passionswoche dieses Jahres erlitt Anna neu Schmerzen, die im Zusammenziehen der Sehnen der Vorfüße bestanden. Dieses Leiden war bereits in den ersten Jahren nach dem Unfall aufgetreten und zeigte sich von Zeit zu Zeit. Sie sagte nun darüber, es sei „eine Abwechslung und Vorbereitung auf die Karwoche gewesen", wie sie am 28. April in einem Brief mitteilte. Dann schreibt sie: „Was ich in diesen Wochen leiden durfte, könnte ich niemandem begreiflich machen. Und vom Ostersonntag an, bis zum weißen Sonntage, musste ich immer brechen, alle Nachmittage und Abende; des Morgens nicht; war auch glaube ich innerlich krank, weil ich so große Hitzen hatte. Diese Woche darf ich nicht mehr brechen. Von der Fußsohle bis zum Scheitel bin ich oft sehr leidend, aber auch recht glücklich. Ich habe auf dieser Erde keinen andren Wunsch mehr, als den hl. Willen Gottes und aber, dass ich ihn getreu erfülle!"[40]

Oft versicherte die große Dulderin, wie unnütz ihr Gebet für andere sei, aber gerade diese Demut zeigte schon zu ihren Lebzeiten oftmals Erhörung. Ein Kapuziner im Kloster Wemding, dessen Bekanntschaft vom Rosenkranzfest 1920 datiert, schrieb in jener Zeit seine Genesung und Wiederherstellung seiner Arbeitsfähigkeit nächst Gott dem Gebet Annas zu, die er als seine Wohltäterin betrachtete. Auch andere Zuschriften an sie bezeugen ihre stete Bereitschaft, durch Gebet, Sühneleiden und Opfer anderen zu helfen, soweit es in ihrer Macht stünde.[41]

---

38 BKR III. Abt. CAS K. 12: Mindelstetten 13.03.1922: AS an Kathi Plendl, Pilsting/Ndb. – Ritter a. a. O. S. 308f.

39 Weigl a. a. O. S. 25f.

40 BKR III. Abt. CAS K. 12: Mindelstetten 28.04.1922: AS an Kathi Plendl – Ritter a. a. O. S. 318f.

41 Lama a. a. O. S. 277f.

Aus dem Jahr 1922 hat sich eine schöne Widmung auf einem Andachtsbildchen für Frau Babette Keller in München erhalten. Sie lautet, von Annas Hand: „Für Babette. Die Vollkommenheit wird nicht erworben – durch Kreuzen der Arme: – man muss daran arbeiten, sich selbst zu beherrschen und sich darzubringen, – nicht nach den Neigungen und Leidenschaften, – sondern gemäß der Vernunft, der Ordnung und dem Gehorsam zu leben. Die Sache ist hart, das ist nicht zu leugnen, – aber notwendig und mit Gottes Hilfe leicht und angenehm! Die Grundpfeiler meines Herzens sind: Liebe und Vertrauen und Hingabe an das Hochh. Herz Jesu! Zur Erinnerung im Gebete an Anna Schäffer. Mindelstetten d. 24. Sept. 1922."[42]

Ein symbolischer Traum vom Kirchweihsonntag 1922 zeigte der Seligen, dass ihre Aufgabe nicht allein in der Selbstheiligung bestehe, sondern auch anderen Menschen zugute kommen müsse. Der Inhalt dieser Vision: „Am Rande eines großen Weizenfeldes stand ein grauer Herr und sagte: ‚Durch dieses Weizenfeld geht Dein Lebensweg' und er wies mir einen langen Weg an, der mit vielen Dornen bestreut war. Nun befahl er mir, ich muss auf die Weizenähren wohl merken, die sich an beiden Seiten vom Weizenfeld neigen, damit sie der Wind nicht abknickt. Denn zur Zeit der Ernte muss jede Ähre gerade stehen und wird diese Arbeit von mir gefordert."[43] Die Bedeutung dieses Traumes ist darin zu sehen, dass sie ihren von Gott gewiesenen Lebensweg als Dornenweg betrachten möge, dessen Frucht ein reifes Weizenfeld mit vielen kostbaren Ähren, ein Sinnbild der Gnaden, sein soll. Jede Ähre müsse aber gerade stehen, zum Herrn gewandt.

Das Jahr 1923 kündigte sich am 21. Januar mit einem Traum an, der Anna tief in die Leidensmystik führte. Er war der letzte, den sie aufgezeichnet hat: „Mein Kopfkissen war so schön weiß und in dasselbe sind 9 Bilder vom lb. Heiland darauf abgedruckt gewesen. Das ganze Kissen war voll. Vom Christkindlein an, mit der Mutter Gottes bis zum kreuztragenden Heiland. In der Mitte runter des Bild des lb. Heilands mit dem schweren Kreuz und der Dornenkrone. Auf diesen Bildern sah mich der lb. Heiland so mitleidsvoll an und sagte: ‚Mein Kreuz diene Dir als Bett und Ruhestätte und meine Dornenkrone diene Dir als Unterpfand für Dein Haupt für alle noch übrigen Leiden.'"[44]

In diesen letzten Jahren setzten neue Leiden, nämlich furchtbare Krämpfe ein. Zunächst erfassten sie nur die Arme und Hände, später auch Kopf und Hals und zuletzt noch die Füße. Die Krampfanfälle wiederholten sich an manchem Tag fünf- bis sechsmal, einmal an einem einzigen Tag und der folgenden Nacht zwölfmal. Sie stellten sich urplötzlich ein, ohne dass Anna irgendwelche Anzeichen davor empfand. Wenn sie den Krampf in Kopf und Hals hatte, schnellte es ihr das Haupt in die

42 BKR III. Abt. CAS K. 12: Mindelstetten 24.09.1922: AS an Babette Kellner, München – Ritter a. a. O. S. 326.

43 Weigl a. a. O. S. 74.

44 Weigl a. a. O. S. 24.

Höhe und immer wieder und oft hintereinander mit größter Wucht zurück in die Kissen, was gleichzeitig mit heftigen Schmerzen im Hals verbunden war. Sie pflegte dann immer zu sagen, es verdrehe ihr alles innen im Halse; sie konnte nachher nicht schlucken. Hatte sie den Krampf auch noch in den Füßen, dann warf es ihre wunden Beine, die sonst steif waren, übereinander und zwar oberhalb der Knie.

Hilfe konnte ihr dabei nicht geboten werden; man musste nur aufpassen, dass sie nicht aus dem Bett fiel. Hatte sie Krämpfe in den Armen, dann warf es diese so umher, dass sie krachten. Die Finger zogen sich dabei so stark nach innen, dass man die Faust fast gar nicht mehr zu öffnen vermochte. Mit großer Anstrengung musste man ihr dann einen Finger nach dem andern aus der geballten Faust herausziehen, was ihr zusätzlich zu den Stigmen große Schmerzen verursachte. Über ein Jahr litt sie unter den schrecklichen Krämpfen, die vermutlich durch ihr Rückenmarksleiden und das lange Liegen entstanden waren. Sie verlor dabei nicht das Bewusstsein, konnte sich aber längere Zeit nicht mehr bewegen.[45]

Die vorher viele Jahre andauernde heitere Stimmung der Leidenden ließ nun nach. Dr. Karl Wäldin, der sie gewissenhaft betreute, musste ihr zur Schmerzstillung Morphium verordnen, was aber laut Aussage Annas keine wesentliche Besserung mit sich brachte. Einmal musste sie am Tag und bei der folgenden Nacht 50 Morphiumtropfen einnehmen; dennoch jammerte sie, dass die Schmerzen kaum mehr auszuhalten seien. Man muss sich vorstellen, dass sie ihre 25 Leidensjahre vor allem auf dem Rücken liegend zubrachte und sich wegen der Füße niemals auf die Seite drehen konnte.

Auch die gegen Ende ihres Lebens im Jahre 1925 verabreichten Luminal-Tabletten vermochten kaum eine Erleichterung der Schmerzen zu bewirken. Anna nahm aber auch nur im äußersten Notfall eine Tablette mit der Begründung, dass sie durch dieses Medikament einen „dummen Kopf“ bekäme.

Gebet und Leiden opferte Anna seit 1923 noch mehr für die in dieser Zeit so schwer gefährdete Jugend auf, für die sie der Wemdinger Kapuziner immer wieder gebeten hat. Viel von ihrem Opfer- und Sühneleben schenkte sie auch dem hl. Joseph für die Rettung der armen sterbenden Sünder, entsprechend der Bitte des Franziskaners P. Hugolinus Storff in Kalifornien. Dieser hatte ja bekanntlich eine Vereinigung frommer Seelen gegründet, die hauptsächlich für den Weiheakt ähnlich dem heroischen Liebesakt für die Armen Seelen wirkte. Der fromme Priester ließ ihr auch in der Zeit der Inflation so manche Gabe aus Amerika zukommen.

Es dürfte um das Jahr 1924 gewesen sein, als sich folgendes Erlebnis abspielte: Als Annas pflegende Freundin, Rosa Imlauer, sie am Fronleichnamstag besuchte, erzählte sie der Kranken, wie schön es am Vormittag beim Gottesdienst und bei der Prozession gewesen sei. Da erwiderte Anna mit leuchtenden Augen: „Ich war auch

45 BKR III. Abt. CAS K. 12: R. Imlauer, Aufzeichnungen a. a. O. S. 14f.

in der Kirche! Mein hl. Schutzengel führte mich hin, und ich habe auch dem Gottesdienst beigewohnt. Als der hochw. Herr Pfarrer die hl. Hostie in die Höhe hob, sah ich diese leuchten in unnennbarem Glanz und es gingen von ihr Strahlen in die ganze Welt hinaus. Die beiden Hände des Pfarrers, mit denen er das Allerheiligste hielt, leuchteten ebenso. Ich meinte sterben zu müssen in all dem Glanz!" Dann bemerkte sie noch, dass sie von ihrer Mutter etwas in die Höhe gehoben wurde, als die Prozession an ihrem Hause vorbeigezogen ist. Sie sah dabei unzählige Engel, die den Heiland begleitet haben.[46]

Damit scheint das Schauen im „Traum" bereits durch den Wachzustand, also Schauungen, abgelöst zu sein. Neben der Tatsache, dass sie ja nicht mehr im Bett sitzen konnte, um schreiben zu können, dürfte auch die neue Art des Schauens ein Grund gewesen sein, dass die Eintragungen im „Traumbuch" beendet wurden, ebenso das Briefschreiben.[47]

Je leidender Anna wurde, desto mehr Besucher drängten sich an ihr Lager. Besonders die Jugend des Dorfes und der Umgebung suchte sie immer wieder auf, um sich an ihrem Leidensmut zu erbauen. Sie erinnerte Burschen und Mädchen an ihre Treue zum Glauben und daran unschuldig vor der Ehe zu bleiben. Jung und Alt suchten bei ihr Trost und Gebetshilfe, was sie mit leiser Stimme gern zusagte.

Ihr Ruf als von Gott begnadete Opferseele und als Helferin in vielen Nöten – vor allem auch durch ihr segensreiches Briefapostolat – drang weit über die Grenzen Mindelstettens hinaus.

So kam eines Tages, vermutlich 1924, ein alter frommer Junggeselle aus Elsendorf/Nby., von Beruf Schneider, ebenso eine Näherin mit Namen Walburga Knöferl aus Pförring. Sie waren bei Anna zum erstenmal zu Besuch. Die Selige war an diesem Tag besonders schwach und konnte nur mit Anstrengung leise sprechen. Von der Mutter geführt, gingen beide langsam an das Bett heran und sie bemitleideten die Kranke, die leise stöhnte. Da meinte der Besucher zur Mutter gewandt; „Mich kennt sie nicht; ich bin noch nie da gewesen!" Da erhob Anna die Hände und unter Anstrengung sprach sie: „Ja, ja, ich kenne ihn schon! Es ist der Schneider von Elsendorf!" Bestürzt wich dieser zurück und wagte kaum ihr die Hand zum Gruß zu reichen. Nicht anders ging es der Näherin, die sie auch vorher noch niemals gesehen hatte.[48]

Walburga Knöferl bekam durch ihre Freundin Rosa Imlauer öfters Gelegenheit zu Besuchen bei der Seligen, so auch vermutlich zu Beginn des Jahres 1925. Anna erzählte ihr von einem wunderschönen Traum. „Sie zog mich diesmal ganz nahe zu sich heran", schreibt Knöferl am 11. Juli 1951 an den Regensburger Erzbischof Dr. Michael Buchberger unter Eid. Anna erzählte: „Wally denk Dir nur: Jetzt durfte ich 3 Tage im Himmel sein." Ich fragte sie: „Ja Anna, wie ging denn das?"

46 Ebd. S. 27f.

47 Lama a. a. O. S. 284.

48 BKR III. Abt. CAS K. 12: R. Imlauer, Aufzeichnungen a. a. O. S. 25.

Die Selige berichtete weiter: „Ich war grad' im Gebet, auf einmal war ich von der Welt entrückt. Mein Leben hing bloß mehr an einem dünnen Faden. Die Wolken zogen sich zurück, und es kam ein herrlicher Garten mit Blumen. Da durfte ich lang, lang gehen. Auf einmal kamen mir viele, viele Jungfrauen entgegen, und diese Jungfrauen machten alle Verneigungen vor mir. Ich durfte immer in der Mitte durchgehen, bis endlich ganz große und herrliche kamen, und in der Mitte kam eine ganz große, stattliche Frau, an Schönheit nicht zu schildern, auf mich zu, nahm mich bei der Hand und sagte: ‚Anna komm, jetzt werden für Dich die schwersten Tage kommen! Harre aus! Mein göttlicher Sohn wird Dir alles belohnen!' – Was ich schauen durfte, kann ich Dir nicht schildern! Die liebe Mutter Gottes führte mich dann weiter an einen Platz und sagte: ‚Schau, hier wird Deine Wohnung sein die ganze Ewigkeit durch!' Ich sah dann auch, wie mir der Heilige Vater in Rom den Segen erteilte, und es war mir furchtbar, als ich wieder zurück musste in die Welt!" – und sie weinte dann bitterlich. „Und ich möchte jetzt gar nichts als sterben, Wally!" – Ich war dann so frei und sagte: „Komm Anna, bloß ein wenig erzähl mir, wie es im Himmel ist?" Sie sagte: „Die Schönheit kann ich nicht schildern, was der liebe Gott schenkt denen, die Ihn lieben." – Und nochmals fragte ich sie: „Gibt es drüben dann auch Dinge, wie hier in der Welt?" Sie verstand mich, wie ich meinte und sagte: „Ja, da gibt es auch Wiesen und Wälder, Flüsse und Berge, Wohnungen und Paläste, aber alle ist durchsichtig und vergeistigt. Hier in der Welt liegt auf allem der Fluch der Sünde!"

Walburga Knöferl schreibt weiter in ihrem Brief an den Erzbischof: „Wieder machte ich einen Besuch bei ihr in meinem Anliegen wegen meiner Prothese vom linken Fuß; sie war ganz schadhaft. Ich ließ durch meinen Onkel in München beim Herrn Samberger in der Gliederklinik z. Z. in der Nussbaumstrasse anfragen, was die Reparatur an dem Glied kostet. Herr Samberger sagte, so auf 265 M. wird das schon kommen. 175 M. hatte ich beisammen zur Zahlung. Ich fuhr dann hinauf [nach München ist gemeint!] zur Reparatur mit dem Gedanken, das andere, was ich nicht habe, bezahle ich dann ratenweise weg. Als ich zu Herrn Samberger kam, untersuchte er das Glied sogleich. Das erste war dann gleich: Haben sie ihr Geld bei sich? Ich sagte darauf: 175 M. habe ich zur Anzahlung bei mir, das andere bitte möchten Sie mir ratenweise bezahlen lassen. Das geht nicht, sagte Herr Samberger; ich muss täglich meine Leute bezahlen! Alles Bitten half nichts. Ich fuhr dann unverrichteter Dinge wieder heim. Mein Anliegen war mir etwas schwer. Ich ging zu meiner lb. Anna Schäffer und klagte ihr mein Leid. Anna verlangte den Fuß zu sehen. Sie hatte arges Mitleid mit mir. Nachdem sie ein wenig wartete sagte sie und lächelte: Wally, jetzt wartest noch ein bisserl, dann fährst Du nochmals hinauf und Du brauchst um keinen Pfennig mehr bezahlen, als was Du beisammen hast. Aber Wally, gelt, helfen kann ich Dir erst, wenn ich gestorben bin. – Ihr Mitleid ging mir durch und durch und ich dachte mir: Sie ist doch noch ärmer als ich und möchte mir helfen!

Bevor ich von ihr Abschied nahm, sagte sie nochmals: Wally fahr hinauf, es kostet Dich nicht mehr, als was Du beisammen hast. Nach 14 Tagen kam ich wieder zu ihr; sie sagte dann: Wally, Du schreibst dem Herrn; aber gelt, erst wenn ich gestorben bin kann ich Dir helfen! – Es war der vorletzte Krankenbesuch von mir im September bei der lb. guten Anna. Als ich vom Krankenbesuch heimkam, schrieb ich gleich dem Herrn Samberger. Sofort bekam ich Antwort, ich soll am 7. Oktober 1925 zur Reparatur kommen und am 5. Oktober abends bekam ich leider die Nachricht, dass Anna Schäffer gestorben ist. Ich musste das Opfer bringen und konnte nicht zur Beerdigung kommen." – Knöferl musste tatsächlich nicht mehr bezahlen, als was sie gespart hatte: 175 Mark.

Walburga Knöferl wusste aus dem Jahre 1925 noch mehr zu berichten. Ihre Stellungnahme wurde bisher noch nirgends veröffentlicht. Sie schrieb, Anna habe ihr anvertraut, dass sie vom hl. Franziskus die hl. Wundmale erhalten hat, und sie seien schmerzhafter als die schrecklichste Krankheit der Welt; dieselbe sei dagegen nur als ein kühler Tau zu empfinden. Weil die treue Dienerin Gottes alles im Stillen ertragen wollte, hat sie es streng verboten, dass bis zu ihrem Tode darüber gesprochen werde. Sie sagte ihr wörtlich: „Ich habe den lb. Gott gebeten, er möge mir die offenen Wundmale nehmen und dagegen die weltlichen Schmerzen lassen, und der lb. Gott nahm sie mir und schenkte mir dafür die Schmerzen." Gut sein, Sühne leisten habe sie ja ihr ganzes Leben lang für andere gewollt. Anna sagte dann zu Knöferl, dafür habe sie oft Schläge vom Teufel bekommen, dass sie an Händen und Füßen fingerdicke Striemen gehabt habe. „Persönlich, Wally, war er da und schlug mich so. Ich frag ihn: ‚Warum schlägst Du mich so?' Er sagte: ‚Dass ich Dich nicht krieg, das weiß ich, aber andere Seelen lasst Du stehen, die gehen Dich nichts an!'"

Ferner konnte die vereidigte Zeugin Knöferl Einzelheiten über die furchtbaren Leiden, die die Selige 1925 zu ertragen hatte, im Brief an den Erzbischof aussagen. So hatte sie sich bei einem schrecklicher Krampf, in dem sie mit den Armen herumschlug, den Ellenbogen an dem nahen Fensterbrett angeschlagen; die Hände seien zusammengekrampft gewesen, so dass sich die Fingernägel ins Fleisch eindrückten, und die Füße waren umschlungen wie ein gedrehter Strick. Von ihr hörte man nur das Wort: „Mein Jesus Barmherzigkeit!"

Ihr letzter Besuch, so Knöferl, war kurz vor Annas Tod. „Als ich sie sah, war ich erschrocken über ihr Gesicht." Als Anna dies bemerkte, sagte sie: „Wally, gelt da schaugst, wie ich ausschau; das hat der Teufel wieder gemacht, gelt Mutter, er riss mich aus dem Bett, schleuderte mich vor bis zum Zimmereck. Dann lag ich dort wie ein Häuferl Elend. Beim Verlassen des Zimmers hinterließ der Teufel wieder einen Krach und ein Höllengestank im ganzen Hause." Die Zeugin schrieb: „Mir tat ja die lb. Anna schrecklich leid. Eine schwere Wunde trug sie am Kopf; sämtliche Zähne eingeschlagen, die Zunge hoch aufgeschwollen. Sie ließ mir die Zunge sehen, darin hatte sie ein Loch, wie wenn von einem großen Nagel durchstochen; sie war fürchterlich zugerichtet."

Bleibt noch zu erwähnen, dass Walburga Knöferl in der Kapuzinerkirche St. Joseph in München ihren Eid geleistet hat.[49]

Sicher hat sie nach bestem Wissen und Willen die Wahrheit ausgesagt, wenngleich in ihrer einfachen Denkart und Schreibweise. Tatsache ist aber, dass Pfarrer Rieger, jeglicher Übertreibung und Sensation abhold, das Geschehen bezüglich des bösen Feindes in seinem „Leidensbericht" erwähnt und sogar das Datum überliefert hat. Er schrieb: Anna habe ihm versichert, „dass sie am 12. August 1925, die ganz Unbewegliche, der böse Feind aus dem Bette warf." Er bemerkt dazu: Von da ab bis 5. Oktober 1925, dem Sterbetag, war sie im Reden beschränkt, verstand indes jeden geistlichen Zuspruch!"[50] Er bestätigt dadurch eindeutig den Sturz aus dem Bett durch dämonische Einwirkungen, wie sie in ähnlicher Weise auch in vielen Lebensbeschreibungen von Heiligen – denken wir z. B. an den heiligen Pfarrer von Ars – vorgekommen sind.

Die ausführlichste Schilderung des Ereignisses verdanken wir der Freundin und Pflegerin der Seligen in den letzten Jahres ihres Lebens. Rosa Imlauer berichtet: „Ungefähr acht Wochen vor ihrem Tod fiel die arme Dulderin vom Bett heraus." Pfarrer Rieger wollte an diesem Tag mit dem Frühzug um fünf Uhr morgens verreisen. Deshalb hatte er am Vortag zu Anna Schäffer gesagt, er bringe ihr die hl. Kommunion bereits um vier Uhr. Annas Mutter stand darum schon vor ½ 4 Uhr auf und schaute gleich zuerst zu ihrer Tochter hin. Diese aber lag ganz unbeweglich im Bett, als wenn sie schlafen würde. Die Mutter ging wieder ganz still zu ihrem Bett zurück, um sich anzukleiden. Sie stand so da, dass sie Anna den Rücken zukehrte. Auf einmal gab es einen furchtbaren Schlag; die Mutter drehte sich erschrocken um, da lag Anna auf dem Angesicht am Boden und war ganz zusammengekrümmt wie ein Wurm und rührte sich nicht. Die Mutter holte die Hausleute und mitsammen trugen sie Anna wieder ins Bett. Sie blutete aus einer Stirnwunde oberhalb des linken Auges, genau wie der liebe Heiland, wie er auf dem Antlitz-Christi-Bild dargestellt ist. Das Sonderbare an diesem Fall aber war, dass Anna nicht an der Seite aus dem Bett herausfiel, sondern über dem Fußende der Bettstatt. Sie hätte also zuerst im Bett stehen und dann stehend über dem Fußende der Bettlade hinüber auf das Angesicht fallen müssen. Anna konnte aber auf keinem Fuß stehen, weil die Vorfüße gebrochen waren. Deshalb konnte sie auch auf natürliche Weise nicht so aus dem Bett herausfallen. Es sah gerade so aus, als wenn sie durch eine unsichtbare Macht aus dem Bett herausgeschleudert worden wäre, da sie noch ein Stück weit vom Bett entfernt lag. Wahrscheinlich hatte der böse Feind sie herausgeworfen, denn es war sein letzter Wutausbruch, mit dem er sich an Anna rächen wollte. Anna sagte selbst, dass er sie nach diesem Fall nicht mehr belästigte.[51]

---

49 BKR III. Abt. CAS K. 16: Brief an Erzbischof Dr. Michael Buchberger mit Zeugenaussage von Walburga Knöferl v. 11.07.1951.

50 BKR III. Abt. CAS K. 20: 04.02.1929: Pfarrer Karl Rieger, Leidensbericht a. a. O.

51 BKR III. Abt. CAS K. 16: R. Imlauer, Aufzeichnungen a. a. O. S. 18–21.

Die Selige hat durch Wort und Beispiel, durch Gebet und Sühneleistung sicher viel Gutes getan und Seelen vor der ewigen Verdammnis gerettet. Das konnte der Teufel natürlich nicht mit ansehen. Deshalb dürfte er auch einen entsetzlichen Hass auf die Dulderin gehabt haben. Mutter Theres erzählte Rosa Imlauer, „dass sie manchmal mit Absicht länger im Bett blieb, weil sie dachte, Anna bilde es sich vielleicht nur ein, dass der böse Feind da sei; wenn sie aber dann immer schrecklicher stöhnte, glaubte sie es doch, dass es keine Einbildung sei.“ Nach Imlauer hat die Mutter den Teufel mittels Weihwasser vertrieben.[52]

Auch andere Zeitgenossen der Seligen bezeugen dieses merkwürdige, für den heutigen Menschen unglaubwürdige Ereignis. Ihre Schwester Katharina schreibt darüber Folgendes: „Einmal wurde sie [Anna ist gemeint], die sich sonst nicht rühren konnte, mit einer Wucht aus dem Bett über eine Waschkommode in die Zimmerecke geschleudert. Ihr Gesicht sah dann aus wie die Abbildung vom hl. Schweißtuch. Ober dem linken Auge eine größere und eine kleinere Wunde, aus den Augen rann das Blut ebenso aus den Mundwinkeln, die Vorderzähne waren eingeschlagen. Ich verband ihr den Kopf und wir trugen sie ins Bett. Sie lag wie tot im Bett.“[53]

Der auf natürliche Weise nicht erklärbare Sturz Annas hatte auch noch eine andere Folge: Sie erlitt eine schwere Gehirnerschütterung, die ihr zusätzlich große Schmerzen bereitete und zeitweise ihr Denkvermögen beeinträchtigt hat.[54] „Sie wusste von der Zeit an oft nicht mehr, was sie sprach. Besonders ist sie auch recht kindisch geworden und hat öfters fremde Leute mit „Du“ angesprochen und manchmal allerhand dahergebracht, dass man mit ihr lachen musste. Zwischendurch hat sie wieder ihren Verstand und konnte ganz vernünftig sprechen.“[55]

Wenn sie in ihren Qualen stöhnte, dass sie es nicht mehr aushalten könne, setzte sie gleich wieder hinzu: „Alles für Dich, heiligstes Herz Jesu. Mein Jesus, ich will alles gerne leiden und wenn Du mir noch mehr Schmerzen schickst, dann will ich auch diese gern leiden. Nur gib mir Kraft, dass ich alles zu Deiner Ehre tragen kann.“[56]

Der letzte Wunsch, den die Selige acht Tage vor ihrem Heimgang gegenüber ihrer Schwester Katharina äußerte, betraf ihre für sie stets treu sorgende Mutter. Sie legte der Schwester die Bitte ans Herz, „für die Mutter zu sorgen“.[57]

Noch über ein weiteres bemerkenswertes Geschehen während der letzten Lebensjahre Annas ist hier zu berichten. Es betrifft Maria Forchhammer, die älteste Tochter der Hausleute Annas. Sie war in Dienst gewesen, hatte aber infolge eines Lungenleidens die Stellung aufgeben müssen und war nach Hause zurück-

52 Ebd. S. 17f.
53 BKR III. Abt. CAS K. 16: o. D.: Katharina Veit, Erinnerungen an Anna Schäffer.
54 BKR III. Abt. CAS K. 16: R. Imlauer, Aufzeichnungen a. a. O. S. 21.
55 Ebd. S. 22.
56 Ebd. S. 23.
57 BKR III. Abt. CAS K. 16: Katharina Veit, Erinnerungen.

gekehrt. Sie besuchte Anna oft und nahm sich offenbar an ihr ein Beispiel. Pfarrer Rieger vermerkte in der Sterbematrikel: „2 Jahre gelitten, täglich mit A. Schäffer kommuniziert.“[58]

Übereinstimmend bestätigen mehrere zeitgenössische Zeugen, das sich die beiden befreundeten Leidensgenossinnen wünschten, möglichst miteinander sterben zu dürfen. Eine Zeugin berichtet darüber: „Ich war einmal bei Anna Schäffer, als auch Maria Forchhammer, die Tochter des Hausherrn, bei ihr weilte. Dabei sagte Anna zu mir: ‚Die Maria muss mir den Weg, die Stufen in den Himmel vorbereiten.‘ Ich habe das so verstanden, dass zuerst Maria und dann erst Anna sterben werde. Als ich hörte, dass Maria sterben muss, habe ich mir gedacht: Jetzt bin ich neugierig, wie es wird. Tatsächlich ist Maria vor Anna gestorben.“[59]

Der letzte Brief Annas, mit Jahreszahl versehen „1925“, aber ohne Angabe von Tag und Monat, ist an ihre Freundin Lina Pritzl gerichtet, die zu dieser Zeit als Beschließerin im Schloss Hartenstein bei Zwickau in Sachsen diente. Sie hatte ihn diktiert, da sie ja, wie bereits erwähnt, seit jener Karfreitags-Vision am 25. April 1923 zum Schreiben nicht mehr fähig war. Sie bestätigt den Empfang einer Gabe und sagt „tausendmal Vergelt's Gott“. „Liebe Lina“, heißt es in dem Brief weiter, „ich gedenke Deiner im Gebete und Leiden. Gelt' jetzt kann ich nicht mehr so schreiben wie sonst. Jetzt sind die Leiden ja seit einem Jahr so viel größer geworden wie sonst. O wie würde es mich freuen, wenn ich balde zum lieben Heiland gehen dürfte. Meine größte Stärke ist die hl. Kommunion! Tausend Grüße von meiner lieben Mutter und von Deiner Dich liebenden Freundin Anna Schäffer. Gelobt sei Jesus Christus.“[60]

Die Selige musste in ihren letzten Lebenstagen noch unsagbar leiden. Aber sie erhielt von Gott auch die Kraft, es zu ertragen. Rosa Imlauer überlieferte, dass Annas Zunge und der ganze Schlund voller Bläschen waren und der Zeuge Johann R. aus Tettenagger, Jahrgang 1895, ein wichtiger Zeuge im Informativprozess, bestätigte, dass nach einiger Zeit nach Empfang der hl. Kommunion die Zunge hart und schwarz, wie verbrannt aussah. Als er sie befragte, weshalb das so sei, antwortete die Selige: „Das sind die vielen Zungensünden, unkeusche Reden und die Flüche der Menschen, für die ich sühne!“[60a] So vermochte Anna auch nicht mehr zu essen und zu trinken. Die Mutter musste alle Viertelstunden ihr ein eingeweichtes Tüchlein auf den Mund legen. Wenn aber das Tüchlein nicht richtig ausgewunden war und nur einige Tropfen Wasser in den Mund gerieten, bekam die Dulderin Erstickungsanfälle. Man konnte ihr auch nur ab und zu ein Löffelchen warme Milch einflößen. Auf die aufgesprungenen Lippen legte man mit Wasser befeuchtete Gaze-Streifen.[61]

---

58 Pfarrei Mindelstetten: Sterbematrikel (Nr. 3): 1802–1934. S. 265, Nr. 6.

59 BKR III. Abt. CAS K. 6: Processsus informativus Sessio (in Hinkunft: Proc. Inf. S.) XLVII: Zeugin Maria Schweiger.

60 BKR III. Abt. CAS K. 12: Mindelstetten 1925: AS an Lina Pritzl, nach Diktat geschrieben von R. Imlauer – Ritter a. a. O. S. 346.

60a BKR III. Abt. CAS K. 6: Proc. Inf. S. VI: Zeuge Johann R.

61 BKR III. Abt. CAS K. 16: R. Imlauer, Aufzeichnungen a. a. O. S. 36.

Der Tag des Heimgangs Annas und ihre Beerdigung

Nach Gottes Ratschluss vollendete sich am 5. Oktober 1925, einem Montag, das von Kreuz und Liebe erfüllte Leben der Seligen. Für die große Dulderin bedeutete dieser Tag die Erfüllung ihres sehnsuchtsvollen Wunsches: Heimgang – Vereinigung mit dem Herrn.

Ihr Sterbetag war angebrochen. Die hehre Poesie des Scheidens hat sicherlich auch jetzt noch in ihrer Seele fortgeblüht, und allein Gott weiß, welche Wonnen ihrer Seele inmitten aller körperlichen Schmerzen beschieden waren. Aber die äußerliche Wirklichkeit hat wohl den zahlreichen Besuchern ein ganz anderes Bild geboten. Ihr stets wiederkehrender Wunsch, nach Gottes Willen aus Liebe zu ihm leiden zu dürfen, erfuhr höchste Erfüllung, aber sicherlich auch höchste Belohnung im Leiden selbst. Sie war nahe auf dem Gipfel jenes Berges angelangt, der ihr immer wieder in ihren Visionen gezeigt wurde. Der Anstieg zeigte sich sehr beschwerlich, aber nun hatte sie das Ziel erreicht. Ihr Leben war vollbracht. Ihr Leib aber lag zermartert auf dem Krankenbett, ein Bild des Jammers, das fünfundzwanzigste Jahr.

Am frühen Morgen des vorhergehenden Tages, man beging den Rosenkranzsonntag, verstarb Maria Forchhammer im Alter von 24 Jahren. Sie hatte durch das Gebet und das Vorbild Annas die Kraft zur Ergebung in Gottes heiligen Willen gefunden. Auch ihre Leiden waren gewiss nicht gering gewesen: Lungen- und Kehlkopftuberkulose.[62] Als die Selige durch ihre Mutter vom Ableben des Mädchens erfuhr, sagte sie nur: „So, soweit ist es schon mit uns zwei!“ Die Nachbarn, die davon hörten, erinnerten sich an jenes Gespräch der beiden Freundinnen, die miteinander zu sterben wünschten.[63] Doch die Zeit für Anna war nicht ganz erfüllt.

Wir kennen den großen Wunsch, den sie einst an den göttlichen Heiland so innig gerichtet hatte, „jenes unbeschreibliche Licht, das sie, die sich stets als arme Sünderin fühlte, so oft sehen durfte, möge ihr durch das Tor der Ewigkeit leuchten“, nämlich Jesus selbst in der hl. Kommunion. Sie hatte nicht umsonst gebeten. Am Morgen des 5. Oktober empfing sie zum letzten Mal den Leib des Herrn, wie gewöhnlich mit größter Andacht.[64] Ihr Seelenführer brachte Ihn in der damals noch üblichen schönen feierlichen Form, begleitet vom kleinen Ministranten Martin Forchhammer. Als er nach einer gebührenden Zeit der Danksagung zu ihr sagte, dass Maria Forchhammer gestern früh verstorben sei, antwortete Anna nur, sie werde heute auch noch sterben.[65]

Die Selige war an ihrem Sterbetag noch bei Bewusstsein. Sie sah einen an, wenn man sie ansprach.[66] Am Vormittag bekam sie noch Besuch von einem Mädchen, das mit seiner Bäuerin nach Mindelstetten kam. Es erinnerte sich später noch an diese

62 Ebd. S. 31.

63 BKR III. Abt. CAS K. 6: Proc. Inf. S. XLVII: Zeugin Maria Sch.

64 BKR III. Abt. CAS K. 20: Pfarrer K. Rieger, Leidensbericht.

65 BKR III. Abt. CAS K. 6: Proc. Inf. S. XXX: Zeuge Martin Forchhammer.

66 Ebd.

letzte Begegnung und gab im Informativprozess zu Protokoll: „Ich ging allein zu Anna Schäffer hinauf, habe ihr Weihwasser gegeben und gesagt: ‚Grüß Dich Gott, Nandl!‘ Sie hat mich noch gekannt und geantwortet: ‚Hedwig, Du bist es!‘ Sie hat dann mehrmals gesagt: ‚O, mein Gott!‘ Ich habe mich nach fünf Minuten wieder verabschiedet.“[67]

Die Sterbende befand sich tagsüber niemals allein. Ihre Mutter, ihre Schwester Katharina, andere Verwandte und Bekannte, Hausleute und Nachbarn sahen ständig nach ihr.[68] Gegen Mittag bat sie, man möge ihr, wie es alle Tage geschah, die eiternden Wunden an den Beinen verbinden.

Ihr zweiter Biograph, der bekannte Priesterdichter Konrad Zoller[69], der persönlich Nachforschungen über das Leben, Leiden und Sterben Annas angestellt hatte, weiß zu berichten, sie habe laut aufgelacht, während man ihr den Verband anlegte. Und er stellte in seinem Buch die Frage, weshalb sie damals gelacht habe. Bei der Beantwortung dieser Frage dürfte er sich tief in die Situation der Sterbenden versetzt haben. Er schreibt dazu: „Ich glaube wohl, der heftige Schmerz des Verbindens war ein Kinderspiel gegen das, was Du [er spricht die Sterbende gleichsam an] sonst littest. Auch wusstest Du: heute ist es das letzte mal. Aber warum hast Du trotzdem das Verbinden verlangt? Wolltest Du damit zeigen, dass Du Leib und Leben nicht verloren gabst im Sterben? Ich will meine Christenpflicht bis zuletzt erfüllen auch an dem Leibe, den mir Gott gegeben hat. Verbindet sie nur, diese wehen Füße! Nun bricht der Tag der Gesundung an. Der Herr wird sie mir heil überliefern am Tage der Auferstehung der Gerechten. Und lacht doch, lacht doch nur! Dieses ist die Geburtsstunde der ewigen Freude. Nachdem sein unterirdisches Rauschen Deine Schmerzenstage je und je begleitet hatte wie der schöne Orgelton die Requiemmesse, schoss dieses Lachen nun gleich einem Silberstrahl empor aus dem schwarzen Grunde Deines Todesleidens.

Ja, wer bedenkt, was Du fünfundzwanzig Jahre lang gelitten hast, und wie Du es gelitten hast am Kreuze Christi, der versteht dieses Lachen, diesen Morgenglanz der ewigen Osterfreude. – Jetzt also hatte der Gottesknecht Leid sein Werk an Dir getan. Du warst zerschlagen von der Fußsohle bis zum Scheitel. Er hatte nun sein Recht an Dir verloren und konnte nur mehr seinen Bruder rufen, den leiblichen Tod.“[70]

Um 13 Uhr besuchte Pfarrer Rieger, der besorgte Seelenführer, die ihm von Gott Anvertraute. Anna war bereits sehr schwach. Zwei Stunden später wurde er zum

67 BKR III. Abt. CAS K. 6: Proc. Inf. S. XLVI: Zeugin Hedwig Br.

68 BKR III. Abt. CAS K. 6: Proc. Inf. S. XXX: Zeuge Martin F.

69 Schwager, Marianne Cäcilia, Die Biographen der Dienerin Gottes Anna Schäffer und ihre Bedeutung für den Seligsprechungsprozess, Regensburg 1988, S. 138–157: Pfarrer Konrad Zoller. Geb. 09.11.1886 Aichkirchen/Opf. als Sohn eines Lehrers; Pr.-W. 03.03.1915 in Regensburg; 24.03.1915 Kooperator in Taufkirchen; 12.03.1918 Kooperator in Vohenstrauß; 24.09.1919 Kooperator in Leonberg bei Tirschenreuth; 04.10.1921 Benefiziumsprovisor in Irlbach; 01.09.1923 Kooperator in Wetzelsberg; 01.06.1924 Kooperator in Etsdorf; 31.12.1929 Benefiziumsprovisor in Obereulenbach; 01.03.1938 Pfarrkurat in Gögging bei Abensberg; † 23.02.1953 in Bad Gögging.

70 Zoller, Konrad, Leben und Leiden der Jungfrau Anna Schäffer von Mindelstetten. Eine Wallfahrt, Regensburg 1949, S. 27f.

Sterbegebet gerufen.[71] Als er ihr vorbetete, streckte sie die Hände aus, als ob sie jemand sehen und begrüßen würde. Danach befragt, sagte sie: „Der liebe Heiland ist da und Leopold!"[72] Sie meinte ihren Bruder, der als Angehöriger der dritten Kompanie des Zehnten Bayerischen Infanterie-Regiments damals noch als vermisst im Ersten Weltkrieg gemeldet worden war. Wie mag der Mutter und der Schwester bei diesem Ausruf zu Mute gewesen sein? Vielleicht hegten sie noch immer leise Hoffnung, der Sohn, der Bruder werde doch noch zurückkehren! – Erst drei Jahre später, am 9. Oktober 1928, wurden sie benachrichtigt, dass Leopold am 24. September 1914 in St. Mihiel in Frankreich gefallen sei.[73]

„Um 17 Uhr 30", so Pfarrer Rieger in seinem ‚Leidensbericht', „sprach ich ihr wieder zu und auf meine Erklärung, dass ich für die Hausherrn-Tochter [gemeint ist die verstorbene Maria Forchhammer] in der Kirche den Rosenkranz beten werde, nickte sie beifällig. Um 18 Uhr 30 begab ich mich wieder an ihr Sterbebett, wo sie noch ganz steif auf das Ecce-Homo-Bild schaute, vielleicht still mitbetete. Ich hielt die Schwäche für einen oft erlebten Zustand und ging."[74] Als Rieger in Richtung Türe schritt, richtete sich die Sterbende mühsam etwas auf und blickte ihm Abschied nehmend nach, solange sie ihn sehen konnte. Hätte er es bemerkt, er wäre sicher noch dageblieben.[75]

Kaum hatte sich Rieger aus dem Hause entfernt – die Uhr zeigte 19 Uhr 30 –, machte Anna noch einmal mit größter Anstrengung das Kreuzzeichen und sagte: „Jesus, Dir leb' ich!"[76]

Konrad Zoller schreibt dazu: „Es war kein stilgerechter, im Sinne der Legende erbaulicher Tod, der da am Montag, den 5. Oktober 1925 abends, sein Geschäft an Dir besorgte. Die Leute, die an Deinem Sterbebett standen, waren des langen Jammerns müde geworden. Deine Mutter war nicht da. Selbst der Pfarrer, der den ganzen Tag bei Dir gewacht und gebetet hatte, war auf ein Viertelstündchen weggegangen. Nur mehr eine Deiner Schwestern und die zweite Tochter Deiner Hausleute war zugegen, als Du Deine Seele aushauchtest. Es war zuletzt das Austrinken des bitteren Kelches bis zur Neige. ‚Mein Gott, mein Gott, warum hast Du mich verlassen? Vater, in Deine Hände befehle ich meinen Geist!'"[77]

Anna Schäffer hatte ihre große schwere Lebensaufgabe, für die sie von Gott ausersehen worden war, voll und ganz erfüllt; es war vollbracht.

Der Nachfolger Riegers, Pfarrer Karl Holzgartner, schrieb in seinem handschriftlich verfassten Werk „Beiträge zur Pfarrgeschichte von Mindelstetten" über ihr Hinscheiden: „Anna fasste ihr ganzes Leben als ein Sühneleiden auf. Einmal, im

71 BKR III. Abt. CAS K. 12: Pfarrer Karl Rieger, Leidensbericht.

72 BKR III. Abt. CAS K. 16: R. Imlauer, Aufzeichnungen a. a. O. S. 32.

73 Gemeinde Mindelstetten: Sterbebuch Nr. 10/1928. Beglaubigte Abschrift v. 31.08.1975.

74 BKR III. Abt. CAS K. 20: Pfarrer Karl Rieger, Leidensbericht.

75 BKR III. Abt. CAS K. 12: R. Imlauer, Aufzeichnungen a. a. O. S. 32.

76 Ebd. S. 32 – Lama a. a. O. S. 303.

77 Zoller a. a. O. S. 28.

Jahre 1905, schrieb sie, sah sie die Schmerzhafte Mutter Gottes so viel weinen im Traum. Sie fragte sie, warum sie so viel weine? Diese antwortete: ‚Ich weine deshalb, weil der liebe Jesus durch so viele Sünden von den Menschen beleidigt wird und weil die Welt gottlos geworden ist. Leide alles mit dem lieben Jesus mit!' […] Anna war von Gott berufen stellvertretend dem beleidigten Gott Sühne zu leisten und sie hat diese Sendung im vollsten Eingehen auf Gottes Willen erfüllt."[78]

Als Anna verschieden war, wurde der Leichnam von ihrer Mutter, den Anverwandten und ihren Freundinnen in der Stube aufgebahrt, in der sie den größten Teil ihres Lebens und Leidens zugebracht hatte. Wie die noch erhaltene Fotografie zeigt, bekleidete man sie mit dem Gewand des Dritten Ordens des hl. Franziskus, dessen Mitglied sie gewesen ist. Ihr Haupt krönte man mit einem Brautkranz aus weißen Rosen als Zeichen ihrer Jungfräulichkeit und gab ihr Kreuz und Rosenkranz in die gefalteten Hände.[79]

Auf einem zusammengefalteten vergilbten Blatt Papier auf dem Herzen der Toten fanden die Frauen, die sie in den Sarg betteten, folgende Niederschrift Annas, zum Teil mit Korrekturen: „Mein lieber Gott, ich kenne meine große Unwissenheit, meine übergroße Schwachheit; ich bin mir meiner vielen großen Sünden bewusst, wodurch ich es verdient habe, von Dir verlassen zu werden, sowie der großen Gefahren, denen ich wegen meines so überaus elenden Zustandes ausgesetzt bin. Daher komme ich, werfe mich Dir zu Füßen und beteuere vor dem Himmel und vor der Erde, dass ich keinem Werke des höllischen Geistes je zustimmen will; ich erkläre vielmehr, dass ich mit der ganzen Kraft meines Willens diesem bösen Feinde widersage und nicht das geringste mit ihm zu tun haben will. Fern sei es darum von mir, von meinem Verstand, von meinem Herzen, von meinem Leibe. Wenn Du, mein Gott, in Deinem unerforschlichen Ratschlusse zulassen willst, dass der höllische Feind an mich herantritt und mich belästigt, so erkläre und beteuere ich, keiner einzigen Handlung zustimmen zu wollen, viel weniger noch seinen schlimmen Ansichten und niederen Plänen. – Diese schriftliche Erklärung lege ich auf mein Herz, mit jedem Schlage desselben will ich sie erneuern; insbesondere möchte ich diese Beteuerung wiederholen, so oft ich die Abschrift davon an mein Herz drücke. Ich gehöre Dir an, o mein Jesus, stehe mir bei! Dieses Schriftstück habe ich gelesen und unterschrieben, zu Füßen Jesu im allerheiligsten Sakramente. Anna Schäffer."

Auch ein „Aerztlicher Bericht" von Dr. Karl Wäldin, hat sich erhalten, ausgestellt am 15. September 1931 in Pförring, dem Wohnort des Arztes. Er lautet: „Anna Schäffer in Mindelstetten kam am 3. Mai 1901 wegen ausgedehnter Brandwunden an beiden Unterschenkeln in meine ärztliche Behandlung.

Die Brandwunden hatte sie dadurch erlitten, dass sie in einen Waschkessel mit kochendem Inhalt fiel. Die Patientin war vor Eintritt in meine Behandlung 90 Tage

78 Holzgartner a. a. O. S. 282 f.

79 Ders., „Jesus Dir leb ich!" Vor 60 Jahren starb die D. G. Anna Schäffer, in: „AS-Brief" Nr. 7, Juli 1985, S. 1–17 – Forts. in: „AS-Brief" Nr. 8, Dezember 1985, S. 4–172.

im Krankenhaus in Kösching in Pflege und Behandlung. Da zu der damaligen Zeit die Unterstützungspflicht abgelaufen war, wurde sie nach Hause zu ihrer Mutter überführt.

Der Befund bei Eintritt der Patientin in meine Behandlung war Folgender: an beiden Unterschenkeln waren ausgedehnte Substanzverluste der Haut. Dieselben waren mit schwammigen, leicht blutenden Wucherungen ausgefüllt, welche ständig dünnflüssigen Eiter absonderten.

Die Behandlung war eine langwierige. Es mussten in wiederholten Sitzungen die Wucherungen ausgeschabt werden, um den Grund der Wunden auszutrocknen und die Heilung der Wunden zu befördern. Später wurden Hautüberpflanzungen vorgenommen, wozu sich Freundinnen der Anna Schäffer als Hautspender in dankenswerter Weise zur Verfügung stellten. Diese Hautüberpflanzungen hatten schönen Erfolg, konnten aber nicht ganz zu Ende geführt werden, da die Narkose von Anna Schäffer nicht gut vertragen wurde und ohne dieselbe der Eingriff zu schmerzhaft war. Auch erlitt die Behandlung manchmal Unterbrechungen, da die Anna Schäffer mittellos war und die öffentliche Armenpflege nicht in Anspruch nehmen wollte und auch die Unterstützung ihrer Geschwister nicht übermäßig in Anspruch nehmen wollte, obwohl sie von einer Schwester und einem Bruder reichlich unterstützt wurde. Während meiner Abwesenheit im Felde habe ich die Anna Schäffer nur gelegentlich meiner Urlaubsbesuche behandeln können und in diesen Kriegsjahren hat sich infolge des langen Krankenlagers eine Lähmung beider Beine und eine Spitzfußstellung beider Füße entwickelt. Diese Lähmungen waren sogenannte spastische Lähmungen d. h. die Muskeln befanden sich ständig im Spannungszustand.

Durch diese Lähmungen wurde das Leiden der Anna Schäffer noch wesentlich verschlimmert. Die Wunden waren wie schon erwähnt nicht geheilt, die Patientin widersetzte sich allen weiteren Eingriffen, da sie sich doch keine Heilung der Wunden mehr versprach. Beim Verbandwechseln und auch sonst ab und zu steigerten sich die Muskelkontraktionen der Beine zu schmerzhaften Muskelzusammenziehungen am ganzen Körper, so dass die Patientin oft stundenlang in scheinbarer Bewusstlosigkeit dalag. Die vorher viele Jahre bestandene heitere Stimmung ließ nach und es musste zur Schmerzstillung öfter Morphium verwendet werden. Die Nahrungsaufnahme war auf ein Mindestmaß beschränkt, so dass man sich wundern musste, wie die Patientin bei dieser geringen Nahrungsaufnahme noch jahrelang bestehen konnte.

Am 5. Oktober 1925 wurde Anna Schäffer durch Erschöpfung von ihrem schweren schmerzhaften Leiden erlöst, das sie fast 25 Jahre mit einer unendlichen, bewundernswerten Geduld ertragen hat!“[81]

---

81 BKR III. Abt. CAS K. 6: Pförring 15.09.1931: Dr. Karl Wäldin, Aerztlicher Bericht.

Die Nachricht vom Heimgang der „Schreiner Nandl“, wie sie liebevoll im ganzen Dorf Mindelstetten genannt wurde, verbreitete sich in Windeseile. Ihr Leiden und Sterben hatte auf die Menschen einen tiefen Eindruck gemacht.[82] So ist es nicht verwunderlich, dass ein jeder sie noch einmal sehen, von ihr Abschied nehmen und ein Andenken an sie haben wollte. Übereinstimmend berichteten zeitgenössische Zeugen im Informativprozess, dass Anna auf dem Totenbett „sehr schön“ anzusehen war, und von ihrem Gesicht ein eigenartiges Strahlen ausging.[83] „Sie lag so friedlich im Sarg, als hätte sie keine Schmerzen gehabt.“[84] Rosa Imlauer wusste zu berichten: „Als Anna aufgebahrt da lag, war sie wunderschön anzuschauen. Bevor man sie in den Sarg legte, nahm ich nochmals ihren kleinen Finger, um Abschied zu nehmen. Der kleine Finger war noch ganz weich und biegsam und ich konnte ihn gut in die Hand nehmen.“[85]

Ein Zeuge, der die Dulderin näher gekannt hatte, gab im Informativprozess zu Protokoll: „Nachdem Anna gestorben war, ging ich in das Haus, wo sie aufgebahrt lag. Es war schon spät am Abend. Ich sprach dabei mit ihrer leiblichen Schwester Kreszentia. Diese sagte zu mir: ‚Schau, der Rosenkranz, den die Anna in der Hand hat. Ich habe den Eindruck, dass er nach einer gewissen Zeit in einer anderen Lage in ihrer Hand ist. Es sieht so aus, als ob sie diesen Rosenkranz weiterbeten würde.‘“[86]

Es ist anzunehmen, auch wenn dies nirgends ausdrücklich vermerkt ist, dass sich die Mindelstettener Gläubigen zusammen mit ihrem Seelsorger allabendlich zum Totenrosenkranz in der Kirche zusammenfanden. Dies entspricht einer altbayerischen Gepflogenheit, die auch heute noch vielfach geübt wird.

Was dachten und sprachen die Leute, als sie die Todesnachricht erfahren hatten? Einige Aussagen von Zeitgenossen liegen uns noch vor: „Es hat allgemein geheißen, die Heilige ist gestorben.“[87] „Man hatte den Eindruck, es sei eine wirklich heiligmäßige Person in die Ewigkeit gegangen. Man hat sie weit und breit geschätzt.“[88] „Jetzt ist sie erlöst worden und jetzt ist sie da, wo sie immer hingewollt hat, im Himmel.“[89] „Wenn die nicht in den Himmel kommt, wer dann sonst!“[90]

Über die Beerdigung der Seligen wurde bereits ausführlich im Kapitel „Pfarrer Karl Rieger und seine Zeit“ berichtet. Ergänzend dazu noch Folgendes: Manche Verehrer Annas aus der weiteren Umgebung Mindelstettens, sind bereits in der Nacht um zwei Uhr aufgebrochen, um ja rechtzeitig zum Leichenbegängnis zu kommen und einen Platz in oder vor der Kirche zu ergattern.[91]

---

82 BKR III. Abt. CAS K. 6: Proc. Inf. S. XXXIV: Zeugin Rosa Imlauer.

83 BKR III. Abt. CAS K. 6: Proc. Inf. S. IX: Zeugin Philomena H. – S. XVIII: Zeugin Katharina Kr.

84 BKR III. Abt. CAS K. 6: Proc. Inf. S. XIII: Zeugin Katharina Kr.

85 BKR III. Abt. CAS K. 16: R. Imlauer, Aufzeichnungen a. a. O. S. 16.

86 BKR III. Abt. CAS K. 6: Proc. Inf. S. VI: Zeuge Johann R.

87 BKR III. Abt. CAS K. 6: Proc. Inf. S. VII: Zeugin Maria Sch.

88 BKR III. Abt. CAS K. 6: Proc Inf. S. V: Zeuge Otto R.

89 BKR III. Abt. CAS K. 6: Proc. Inf. S. IV: Zeugin Anna L.

90 BKR III. Abt. CAS K. 6: Proc. Inf. S. IX: Zeugin Philomena H.

91 BKR III. Abt. CAS K. 6: Proc. Inf. S. XLII: Sr. Giuseppe Sch.

Anna hat sich sicher oft in Gedanken mit ihrem Grab auf dem Gottesacker in Mindelstetten beschäftigt, sowohl in Prosa als auch in Poesie. „Oft durchwandle ich im Geiste den Gottesacker", schreibt sie einmal, „und grüße all die stillen Schläfer, sie möchten auch für mich Armselige bitten, wenn ich einmal so glücklich bin, um bei Ihnen Platz zu nehmen gleich einem Weizenkörnlein zur großen Aussaat für die Ewigkeit [...]!" Und mit den Versen, die sie als ihren Wunsch „wenn ich im Grabe liege" bezeichnet hat, möge dieses Kapitel ausklingen:

„Ach die Blumen will vermissen gern ich einst
auf meinem Grabe,
Nur die eine heiße Bitte, nur den einen
Wunsch ich habe:
Werden wohl sich treue Hände zum Gebet für mich
je falten?
Mög' der Herr nach meinem Tode mildreich lassen
Gnade walten!
Mög' an meiner Ruhestätte manchmal im
Vorübergehen
Mitleidsvoll ein Kirchengänger in Gedanken
bleiben stehen.
Mög' er meiner armen Seele damit ein Tröpflein
Weihbrunn spenden.
Und barmherzig eine Bitte still für mich zum
Himmel senden:
Die hier ruhet, so vergessen, ruhe hier in
deinem Frieden!
Nach des Lebens schwerem Leide sei ihr ew'ges
Licht beschieden!
Und erhört in seiner Güte Gott der Herr das
fromme Flehen,
Lässt er meine arme Seele ein zur Himmelsfreude
gehen.
Liegt mein Grab dann auch verlassen, ob es Dorn
und Distel trage,
Unter Unkraut werd' ich schlafen, friedlich bis
zum Jüngsten Tage![92]

92 Lama a. a. O. S. 310f.

17. Pfarrer Karl Michael Holzgartner und seine Zeit[1a]

Mindelstetten hat nach Pfarrer Karl Rieger wieder einen eifrigen guten Seelsorger in Pfarrer Karl Michael Holzgartner bekommen. Er wurde am 26.03.1879 in Neustadt an der Waldnaab als Sohn des Gendarmerie-Sergeanten Michael Holzgartner und seiner Ehefrau Katharina geboren und getauft. Sein Vater war ein Müllerssohn aus Köblitz und seine Mutter, geborene Bäuml, eine Müllerstochter in Bärnau.

Nach der dienstlichen Versetzung seines Vaters nach Falkenstein dürfte der Bub dort aufgewachsen und die Volksschule besucht haben. Nachdem der kleine Karl einen Vorunterricht, vielleicht von Pfarrer Dr. Anton Götz, der erst nach heftigen Kämpfen die Gründung einer selbständigen Pfarre Falkenstein erreichte, besucht hatte, kam er in die zweite Klasse des Bischöflichen Knabenseminars nach Metten. Er wurde dort belobigt: „Er ist ruhig, fromm und willig in allem und stets heiter. Sein Betragen und Fleiß haben stets gut entsprochen." Im Schuljahr 1893/94 wird ihm bescheinigt: „Lobenswertes Betragen, frommer Sinn und stets gleichmäßiger Fleiß!"

Nach erfolgreichem Abschluss des Gymnasiums in Metten wechselte Karl Holzgartner ins Priesterseminar in Regensburg. Sein Vater, inzwischen Gendarmerie-Wachtmeister im oberpfälzischen Kemnath, reichte am 14. September 1898 ein Gesuch beim Bischöflichen Ordinariat Regensburg ein um einen Freiplatz für seinen Sohn. Seine Begründung, er verdiene lediglich ein Monatsgehalt von 1.212 Mark, habe eine kranke Frau und für drei Kinder zu sorgen; die Lebensmittel in Kemnath seien teurer als in Falkenstein. Der Kemnather Stadtpfarrer Franz Ser. Waindinger[1] unterstützte das Ansuchen. Er bezeugte dem Vater, dass er ein gutchristlicher Familienvater mit tadelloser religiös-sittlicher Führung sei. „Er besucht auch an Werktagen sehr oft die Hl. Messe, führe ein erbauliches Familienleben mit guter Kindererziehung. Seine Gattin ist seit langem schon stark leidend [...] Die Unterstützung seines Sohnes ist ihm nur mehr mit Schulden möglich." Über seinen Sohn, den er allerdings noch nicht kenne, wüsste er nichts Nachteiliges zu berichten.

Der Mettener Regens J. F. Brunner begutachtete Karl wie folgt: „Holzgartner ist sehr beweglich und redselig. Er lässt sich gerne gehen, thut jedoch seine Schuldig-

1a Bischöfliches Zentral Archiv Regensburg: Personalakten Signatur: 4473: Pfarrer Karl Holzgartner. – Für die Einsichtsname sei Direktor Msgr. Dr. Paul Mai herzlich bedankt!

1 Z.Sch.: Franz Ser. Waindinger, geb. 05.05.1855 in Wullreiching/Bistum Passau; Pr.-W. 06.07.1879 in Passau; 03.1887 Pfarrprovisor in Bayerbach; 09.1887 Pfarrer in Grafling/Bistum Regensburg; 04.1896 Pfarrer in Kemnath; 06.1909 Pfarrer in Parkstetten; 11.1911 Pfarrer in Biburg; 12.1915 Pfarrer in Oberschneiding; 12.1921 Kommorant im Rupertusstift in Altötting; † 11.09.1929 in Altötting.

keit. Er hat Freude an der Botanik. Seit einem Jahr beunruhigt ihn ein arges Herzklopfen [begutachtet]."

Stadtpfarrer Waindinger von Kemnath stellte dem jungen Seminaristen ein sehr gutes Zeugnis aus, und zwar am 13.10.1901, also im dritten Jahr seines Seminaraufenthaltes: „Er wohne täglich der Hl. Messe bei, diente auch öfter am Altar bei feierlichen aber auch bei Privatmessen; er gehe 14-tägig zu den hl. Sakramenten. Zu Beginn der Ferien habe er sich an einer Wallfahrt nach Lourdes beteiligt; er bewege sich fast ausschließlich in klerikaler Gesellschaft; das Wirtshaus besuche er nur, um einen auswärtigen Gast zu begleiten. Seine Lektüre sei neben der guten Presse die gute Belletristik; er trage stets klerikale Kleidung und verbringe die meiste Zeit der Ferien mit Bewegung im Freien. Am priesterlichen Berufe des Kandidaten kamen mir noch keine Zweifel."

Am 24.05.1903 in Regensburg zum Priester geweiht, feierte er sicher in der damals üblichen feierlichen Weise in seinem Heimatort Kemnath die Primiz zur Freude seiner Familie. Als Aushilfspriester in Kemnath-Stadt begann er am 16.06.1903 seine seelsorgerliche Tätigkeit. Noch im selben Jahr, nämlich am 30. November, wechselte er als Kooperator nach Gosseltshausen/Niederbayern; von dort am 12.01.1904 nach Ascholtshausen/Niederbayern. Ab 10.03.1905 als Kooperator in Haberskirchen/Niederbayern, wurde er dreizehn Tage später dort Provisor. Am 12.10.1906 zum Kooperator im niederbayerischen Wallfahrtsort Haindling/Niederbayern beordert, wirkte er hier als Pfarrprovisor vom 24. 01. bis zum 12.04.1908. Während dieser Zeit legte er 1907 mit Erfolg den Pfarrkonkurs ab. Als der 38. unter 59 Geprüften erhielt er die Note zwei. Am 17.09.1909 zum Benefiziumsprovisor in Haader/Niederbayern ernannt, wechselte er am 01.11.1912 als Expositus nach Kümmersbruck/Oberpfalz und am 07.06.1916 als Expositus nach Miltach/Niederbayern. Seine Bemühungen um die Pfarre Loitzendorf/Niederbayern zeitigten einen Erfolg: Vom 26.03.1924 an blieb er zehn Jahre dort Pfarrer.

Welche Gründe Holzgartner dazu bewogen, um die Pfarrei Mindelstetten einzureichen, ist nicht bekannt. Jedenfalls dürfte Erzbischof Dr. Michael Buchberger bestrebt gewesen sein, einen frommen und zugleich einen historisch interessierten Priester wegen Anna Schäffer nach Mindelstetten als Pfarrer zu entsenden. Am 22.11.1934 wurde Holzgartner als Nachfolger des verdienten Pfarrers Karl Rieger von Generalvikar Dr. theol. Dr. phil. Johann Baptist Höcht († 04.12.1950)[2] auf die Pfründe Mindelstetten investiert. Am Sonntag, den 16.12.1934 fand die feierliche Installation statt. Interessant ist dabei die Tatsache, dass unter Anleitung des Bürgermeisters Knöferl – er war Nationalsozialist – Pfarrkirche und Pfarrhof schöns-

2 Z.Sch.: Johann Bapt. Höcht, geb. 11.09.1870 in Krummennaab/Pfarrei Erbendorf; Pr.-W. 28.10.1898 in Rom, Dr. phil. und theol.; Kooperator in Burglengenfeld; 1902 Bischöfl. Hauskaplan; 12.1904 Subregens; 08.1908 Regens des Klerikalseminars; BGR; 11.1922 Domherr, Prälat, dann Dompropst und Weihbischof; † 04. 12.1950 in Regensburg.

tens geschmückt waren. Die Schuljugend und die ganze Gemeinde bereiteten dem neuen Pfarrer einen triumphalen Empfang.[3]

Seine „Qualifikations-Tabellen" vom Jahre 1903 fortlaufend bestätigen ihm, dass er ein „lobenswürdiges priesterliches Verhalten, in allen Disziplinen der Pastoral einen großartigen Eifer und bereits ab 1907 ein besonderes Interesse für Lokalgeschichte habe". Sein Gesundheitszustand wird als zufriedenstellend bezeichnet mit Ausnahme von einem Herz- und Magenleiden, an dem er auch bis zu seinem Lebensende leiden musste.

Allein der Stadtdekan von Amberg, BGR Jakob Wagner[4], beklagte sich in der „Qualifikations-Tabelle" vom 07.10.1914 „wegen schwer beleidigendem Ausdruck, deren er sich mir gegenüber im schriftlichen Verkehr schuldig machte", weswegen er ihm einen Verweis gegeben habe. Wagner hat sich auch seinem Kooperator gegenüber geäußert, „dass Holzgartner noch mit keinem Pfarrer gut ausgekommen sei". Ferner bemerkt der Stadtdekan: „Er ist sehr schwer zu behandeln; er ist sehr nervös!"

In der letzten Qualifikation vom Jahre 1939 wird Holzgartner als „würdig und sehr eifrig" bezeichnet.[5]

Der Nationalsozialismus[6a]

Die Zeit, in der Holzgartner Pfarrer in Mindelstetten war, erwies sich als eine Periode politischer Katastrophen, deren Ursache der Nationalsozialismus war.

Die politische Weltanschauung und Bewegung des Nationalsozialismus ist aus einem Konglomerat von Einflüssen entstanden. Die Ideen des Friedrich Nietzsche (1844 Röcken/Sachsen – Weimar 1900), der das Leben als Wille zur Macht propagierte und ein ästhetisch-heroisches Menschenbild bei Verneinung jeder Moral und Sittlichkeit forderte, wobei er der christlichen Religion „Sklavenmoral" vorwarf, bildeten die erste Quelle.[6] Eine Zweite ist bei dem englischen Naturforscher Charles

3 Karl Holzgartner, Chronik v. d. Pfarrbezirk Mindelstetten Bezirksamt Riedenburg, angefangen am 22.11.1934. S. 3–6.

4 Z. Sch.: Jakob Wagner, geb. 10.03.1871 in Haibach/Bistum Passau als Sohn eines Bauern; Pr.-W. 16.06.1897; 1900 Expositus in Reinhausen; 07.1902 Prediger in St. Jakob/Straubing; 01.1913 Pfarrer in Amberg, BGR; † 11.1929 Stadtamhof.

5 Holzgartner wurde später BGR und Dekan des Dekanats Pförring.

6a Ist gleichzusetzen mit „Nationalem Sozialismus".

6 Benützte Literatur über den Nationalsozialismus: Shirer, William L., Aufstieg und Fall des Dritten Reiches, Köln/Berlin 1961 – Huber, Heinz/Müller, Artur (Hrsg.), Das Dritte Reich. Eine Geschichte in Texten, Bildern und Dokumenten. 3 Bde., München/Wien/Basel 1964 – Zentner, Kurt: Illustrierte Geschichte des Dritten Reiches, München 1965 – Bayer, Erich (Hrsg.), Wörterbuch zur Geschichte des Dritten Reiches. Begriffe und Fachausdrücke, Stuttgart 1974 – Taddey, Gerhard, Lexikon der deutschen Geschichte: Personen, Ereignisse, Institutionen. Von der Zeitwende bis zum Ausgang des 2. Weltkrieges, Stuttgart 1977 – Bracher, Karl Dietrich, Die Auflösung der Weimarer Republik. Eine Studie zum Problem des Machtverfalls in der Demokratie, Düsseldorf 1978 – Willems, Emilio, Der preußisch-deutsche Militarismus.

Darwin (1809 Shrewsbury – Down 1882), einem Agnostiker, zu suchen. Seine Lehren sind weithin bekannt.[7] Der französische Schriftsteller Joseph Arthur Conte de Gobineaus (1816 bei Paris – 1882 Turin) ist ebenso zu nennen, der einen Vorrang der arischen Rasse vertreten hat.[8] Auch der englische Schriftsteller Houston Stewart Chamberlain (1855 Portsmouth – Bayreuth 1927) übte einen starken Einfluss auf die Weltanschauung des Nationalsozialismus aus, besonders seit er 1885 in Dresden, dann in Wien mit einer Tochter des deutschnationalen Richard Wagner lebte und sich in Bayreuth niederließ. Als Verehrer des deutschen Geistes unterstützte er lebhaft alldeutsche Forderungen, und in seinem Hauptwerk „Die Grundlagen des 19. Jahrhunderts" vertrat er mit Entschiedenheit den Vorrang der arischen Rasse. Begreiflicherweise übte dieses Werk einen starken Einfluss auf die Rassenideologie des NS-Regimes aus.[9]

Eine wesentliche Quelle für die NS-Bewegung ist ferner die politische Weltanschauung des Österreichers Georg Ritter von Schönerer (1842 Wien – Rosenau 1921). Als Führer der Deutschnationalen in Österreich, als Antisemit, Verehrer Bismarcks und großer Gegner der katholischen Kirche und Vorkämpfer der „Los von Rom"-Bewegung wird als sein Lebenselement „Hass und Streit" bezeichnet.[10] In diesem Zusammenhang ist interessant, dass die Schönerianer im Mai 1918 bereits eine „Deutsch-Nationale-Sozialistische Arbeiterpartei" gegründet haben, deren Symbole das Hakenkreuz und die rote Hakenkreuzfahne bildeten.[11]

Ausgehend von der Kulturauffassung Chamberlains, verquickt mit antichristlich-germanischen Adaptionen, entwickelte sich die Ideologie des Nationalsozialismus. Sie war nicht Ausdruck eines geschlossenen Gedankensystems, sie erhob aber den Anspruch, eine politisch, sozial und kulturell begründete Weltanschauung darzustellen. Niedergelegt wurde die Ideologie vor allem in Hitlers „Mein Kampf" und Alfred Rosenbergs „Der Mythos des 20. Jahrhunderts". Zentrales und konstituierendes Element bildete der pseudowissenschaftlich begründete „Rassengedanke" mit einer wesentlichen Überhöhung des Ariers und einem schrankenlosen Antisemitismus, daneben die Vorstellung von der Volksgemeinschaft als einer Schicksals- und Kampfgemeinschaft. In ihr verkörperte der „Führer" den Volkswillen.

Ein Kulturkomplex im sozialen Wandel, Bielefeld 1984 – Zentner, Christian/Bedürftig, Friedmann (Hrsg.), Das große Lexikon des Dritten Reiches, München 1984 – Benz, Wolfgang/Graml, Hermann/Weiß, Hermann, Enzyklopädie des Nationalsozialismus, Stuttgart 1997 – Weiß, Hermann (Hrsg.), Biographisches Lexikon zum Dritten Reich, Frankfurt a. M. 1998 – Ploetz, Lexikon der deutschen Geschichte, Freiburg i. Br. 1999 – Gruber, Hubert, Katholische Kirche und Nationalsozialismus 1930–1945. Ein Bericht in Quellen, Paderborn/München/Wien/Zürich 2006.

7 LThK² III, 167f.

8 Meyers großes Personenlexikon, Mannheim/Zürich 1969, S. 526f.

9 Ebd. S. 241.

10 Bamberger, Richard/Maier-Busch, Franz (Hrsg.), Österreich-Lexikon. 2. Bd., Wien/München 1966, S. 1034.

11 Taddey a. a. O. S. 843.

Auch der Drang zur Eroberung von Lebensraum im Osten gehörte zur Ideologie. Der Nationalsozialismus bekämpfte die Bestimmungen des Versailler Vertrags, und die Mitglieder der NS-Partei gehörten zu den erbittertsten Gegner der Weimarer Republik, die mit dem Hitler-Putsch 1923 samt den Landesregierungen beseitigt werden sollte. Dabei hatten die Sozialisten, aber auch Teile des Zentrums, letztendlich das gleiche Ziel, nämlich die Zentralisierung des Deutschen Reiches. Nach kontinuierlichem, aber zuweilen wechselhaftem Aufstieg durch Wahlerfolge, begünstigt durch die Arbeitslosigkeit, die Weltwirtschaftskrise, aber auch durch die zunehmende Parteienverdrossenheit der Bevölkerung, drängten die Nationalsozialisten, vorwiegend in Nord-, West-, Ost- und Mitteldeutschland ab Mitte der zwanziger Jahre zur Macht im Reich.

Durch die Ernennung Hitlers am 30.01.1933 zum Reichskanzler durch den schwachen Reichspräsidenten Paul von Hindenburg sowie die darauf folgenden Terror- und Zwangsmaßnahmen gelang es den Nationalsozialisten, ihre Weltanschauung zur Staatsideologie zu erheben.

Kennzeichnend für den NS-Staat waren die Befehlshierarchie der dem Führer bedingungslos unterworfenen Amtsträger, die Einheit von Staat und Partei und der völlig zentralistische Einheitsstaat mit Reichsstatthaltern in den einzelnen deutschen Gliedstaaten, die nun zu Provinzen degradiert wurden. Dazu kam die völlige Vernichtung der demokratischen Freiheiten, der parlamentarischen Einrichtungen und die Gleichschaltung aller Länder, deren Verwalter nur mehr die Befehlsempfänger der Reichsminister waren. Es gab keine freien Wahlen und keine unabhängige Rechtsprechung.

Kritik am NS-Regime wurde nun durch Überwachung mittels der Gestapo (Abkürzung für die nationalsozialistische „Geheime Staatspolizei“) und dem Sicherheitsdienst, unterstützt durch die Denuntiationsbereitschaft aus der Bevölkerung, verhindert und unterdrückt. Neben politischen Gegnern wurden vor allem rassisch unerwünschte Menschen, so Juden, Sinti und Roma, aus Gründen der „Reinerhaltung der rassisch-germanischen Volksgemeinschaft“ vertrieben, inhaftiert und ermordet. Durch rücksichtslos angewandte Ausnahmegesetze sicherte sich die NS-Partei die Alleinherrschaft und die reichsumfassende Gleichschaltung. Durch die teilweise Beseitigung der Arbeitslosigkeit, den Autobahnbau und nicht zuletzt durch die Unterstützung von Industriellen als Geldgeber, die sich durch die Aufrüstung einen wirtschaftlichen Aufschwung versprachen, war es möglich, die Bevölkerung für den Eintritt zu einer der NS-Parteiorganisationen zu gewinnen.

Das Zentralproblem für Hitler war die Beziehung zwischen NSDAP und Reichswehr. Das Heer, das unter der Weimarer Republik zu einem Staat im Staate geworden war, stellte die einzige organisierte Macht dar, die sich dem Führer und seiner Partei widersetzen hätte können. Überzeugte preußische Traditionalisten im Offizierskorps nahmen den meteorgleichen Aufstieg des ehemaligen Gefreiten zum Staatsoberhaupt und Oberbefehlshaber der Armee mit ernsten Befürchtungen zur

Kenntnis. Sollte die Reichswehr tatenlos zusehen, wie sich die SA (Abkürzung für „Sturmabteilung") unter dem ehemaligen Hauptmann Ernst Röhm[12], deren Stabschef, zu einem gefährlichen Rivalen entwickelte? Röhm befürwortete mit der SA die Errichtung einer NS-Volksarmee. Hitler war sich des latenten Antagonismus zwischen Reichswehr und SA bewusst, und da der Erfolg seiner politischen Pläne von der Zustimmung der Militärs abhing, entschied er sich zu einem Vorgehen gegen Röhm. Dieser wurde infolge eines infamen Planes Hitlers am 01.07.1934, zusammen mit 83 Personen, darunter auch Gegnern des Nationalsozialismus, durch die aufstrebende SS (Abkürzung für „Schutzstaffel") in München ermordet.[13]

Für die Bemühungen der NS-Führung um die ideologische Festigung der Bewegung wurde auch die preußisch-militaristische Tradition in Beschlag genommen. So kam es zur Behauptung, dass Nationalsozialismus und Preußentum identisch seien. Die Wiedergeburt des Militarismus bedeutete in der Konsequenz Einführung der allgemeinen Wehrpflicht am 21. Mai 1935 und weitgehende Wiederaufrüstung. 1934 erklärte Reichswehrminister Werner von Blomberg[14], dass die Wehrmacht der einzige Waffenträger der Nation sei, gleichzeitig versicherte er absolute Loyalität gegenüber der NS-Herrschaft und kündigte eine sorgfältige Schulung im nationalsozialistischen Geist an.

Während die Entwicklung der SA nach 1934 stagnierte, erfuhr die SS eine schnelle Erweiterung unter Heinrich Himmler[15]. Sie wurde zu Hitlers Prätorianergarde.

12 Ernst Röhm (1887 München – München 1934) beteiligte sich als Hauptmann im Ersten Weltkrieg im Freikorps Epp an der Beseitigung der Münchner Räteregierung 1919; 1923 als Mitglied der NSDAP Beteiligung am Hitlerputsch; 1929 Militärberater in Bolivien; 1930 von Hitler zurückberufen, Stabschef der SA; 25.000 SA-Männer machte er zu Hilfspolizisten und KZ-Mannschaften in Bayern nach erfolgter Gleichschaltung Bayerns; 1934 fiel er als Reichsminister ohne Geschäftsbereich einer Mordaktion Hitlers zum Opfer. – Vgl. Zentner/Bedürftig a. a. O. S. 497.

13 Zentner/Bedürftig a. a. O. S. 497 (Röhm-Affäre).

14 Werner v. Blomberg (1878 Stargard/Pommern – Nürnberg 1946) begann 1897 die Offizierslaufbahn im preußischen Heer; ab 1918 verschiedene hohe Posten im Reichswehrministerium in Berlin; 1929 Befehlshaber im Wehrkreis Königsberg; 1933 Berufung Hitlers in seine Regierung; 1936 Generalfeldmarschall; 1938 Abschied von der Regierung wegen seiner Heirat mit einer Prostituierten; er gab Hitler den Rat, das Oberkommando der Wehrmacht selbst zu übernehmen. – Vgl. Zentner/Bedürftig a. a. O. S. 78.

15 Heinrich Himmler (1900 München – Lüneburg 1945): Nach dem Studium der Landwirtschaft an der TH München mit Diplomabschluss arbeitete er zunächst als Assistent in Schleißheim. Durch den Kampfbund „Reichsflagge" kam er zu Hitler und wurde dessen bedingungsloser Gefolgsmann. Mit pedantischer Genauigkeit und pädagogischem Eifer verfolgte er die Richtlinien Hitlers, besonders in Bezug auf Volk und Rasse. Das Instrument dazu fand er in der NS-Elitetruppe SS, deren Reichsführer er 1929 wurde. Nach 1933 in Bayern zusammen mit Heydrich als Polizeichef tätig, errang er sich nach dem sog. Röhm-Putsch den Eintritt ins Machtzentrum in Berlin. 1936 wurde ihm die gesamte deutsche Polizei, die Gestapo und der Sicherheits- und Nachrichten-Dienst unterstellt. Das Imperium der SS reichte von den Nachwuchsanstalten über das Millionenheer der Ordnungspolizei bis zu den zahlreichen KZ-Lagern. Ab Kriegsbeginn 1939 dehnte Himmler seinen tiefgestaffelten Herrschaftsapparat auf alle besetzten Gebiete aus. So wurde er der größte Organisator des Massentötens in der Weltgeschichte. 1945 endete er auf der Flucht durch Selbstmord. – Zentner/Bedürftig a. a. O. S. 254f.

Das SS-Modell prägte nach und nach die Beziehung zwischen Führer und Geführten nach dem Prinzip des „blinden Gehorsams", selbst dann, wenn der Befehl gegen die herkömmliche Moral verstieß. Gewaltsamkeiten, die nach früheren Rechtsbegriffen als Greueltaten definiert und bestraft worden waren, wurden jetzt zu standardisierten Verhaltensweisen. Unrecht, Verbrechen, Brutalität im Dienst des völkischen Lebensbedürfnisses wurden nun zu einem nützlichen Verhalten erhoben.[16]

Der Austritt aus dem Völkerbund und die Remilitarisierung machten Deutschland vom Versailler Vertrag unabhängig. Nach der Verwirklichung des völkischen Staates mit dem Anschluss Österreichs am 13.03.1938, der Angliederung des Sudetenlandes am 01.10.1938 sowie der Besetzung der Resttschechei am 15.03.1939 fühlte sich Deutschland bereit und gerüstet, um den Zweiten Weltkrieg zu entfesseln. Er nahm seinen Anfang am 01.09.1939 mit dem völlig ungerechtfertigten Überfall auf Polen, dem Beginn einer schrankenlosen imperialistischen Expansion mit dem Ziel, den Lebensraum der arischen Rasse zu erweitern. Damit begann eine Ausweitung des NS-Gewaltsystems; so wurde die angestrebte Vernichtung des Judentums auch auf alle besetzten Gebiete ausgedehnt.

Hier muss noch abschließend festgestellt werden: Deutschland trägt die Hauptschuld an zwei Weltkriegen.

Der preußisch-deutsche Militarismus hatte sich vom NS-Regime den größten Triumph erhofft, suchte Anstrengung zu erreichen und erlebte die endgültige Niederlage. Die überlebenden Formen des Militarismus spielten den Nationalsozialisten in die Hände. Ihnen gelang es, sich mit Zustimmung eines erheblichen Teiles des Volkes als die neue politische Elite und als Protagonisten eines neuen militaristischen Staates zu etablieren. Im Ersten Weltkrieg wurde Deutschland weder verwüstet noch von den Alliierten völlig besetzt. Sie diktierten jedoch einen Friedensvertrag, dessen Bedingungen einen Zustand bewirkten, der das Aufkommen von imperialistischen deutschnationalen Bünden und Parteien förderte, die eine Remilitarisierung Deutschlands verlangten.

Keine dieser Bedingungen gab es nach dem Zweiten Weltkrieg. Zum ersten Mal in fast drei Jahrhunderten waren die Chancen für ein Wiederaufleben der preußisch militaristischen Tradition praktisch gleich Null, zumindest in Westdeutschland und vor allem in Bayern. Unter den Gegebenheiten eines so radikalen Wandels ist Folgendes von Bedeutung: Es konnte nicht der geringste Zweifel an der definitiven und totalen Niederlage Deutschlands bestehen. Der Mythos der Unbesiegbarkeit hatte keinerlei Chancen in einem verwüsteten Land, das von den Alliierten völlig besetzt war. Ferner: Die politische Teilung Deutschlands unter westliche und östliche Besatzung bedeutete insofern einen radikalen Bruch der Tradition, als unüberbrückbare Gegensätze der beiden deutschen Staaten eine gemeinsame Orientierung unmöglich machten. Ob die Wiedervereinigung die Gegensätze überwinden wird,

16 Willems a. a. O. S. 134–142.

muss die Zukunft erweisen. In diesem Zusammenhang ist auch die Tatsache von Bedeutung, dass weite Gebiete Ostdeutschlands, die die traditionelle Heimstatt des Preußentums bildeten, heute zu Polen und Russland gehören.[17]

Bayerns tiefste Erniedrigung in seiner fünfzehnhundertjährigen Geschichte

In seiner Trauerrede bei der Beerdigung Ihrer Majestäten König Ludwigs III. und seiner Gattin Königin Maria Theresia am 05.11.1921 im Liebfrauendom zu München sagte Dr. Michael Kardinal von Faulhaber[18] in aller Deutlichkeit: „Könige von Volkes Gnaden sind keine Gnade für das Volk, und wo das Volk sein eigener König ist, wird es über kurz oder lang auch sein eigener Totengräber!" Diese vorausblickende Aussage erfüllte sich leider 1933.

In der unter Wehen sich formenden Nachkriegsordnung nach dem Ersten Weltkrieg galt das erste Bemühen des Erzbischofs von München und Freising der Bewahrung des kirchlichen Rechtsbodens. Immer wieder nahm er energisch Stellung gegen die vieldiskutierte Trennung von Kirche und Staat. Es schien ihm nach Abschluss des Bayerischen Konkordats am 29.03.1924 im Wesentlichen klarzusein, dass die Rechte und Pflichten eines Konkordats nur durch gegenseitige Verhandlungen, nicht durch einseitige Willkür und Gewalt – er meinte die Weimarer Republik – abgeändert oder ganz abgestoßen werden können.[19]

17 Ebd. S. 144.

18 Dr. Michael Kardinal v. Faulhaber (1869 Heidenfeld/Ufr. – München 1952), eine herausragende Persönlichkeit im 20. Jh. – Pr.-W. 1892 in Würzburg; 1892 Kooperator in Kitzingen; 1893 Präfekt am Kilianeum in Würzburg; 1896 Studienaufenthalt in Rom als Kaplan der Anima; 1898 Dozent für alttestamentliche Exegese in Würzburg; 1903 Professor in Straßburg; 1910 Bischof von Speyer; 1914 bayerischer Feldpropst; 1917 Erzbischof der Erzdiözese München und Freising; 1921 Kardinal. Die Beseitigung der Monarchie erschütterte Faulhaber zutiefst und er übte scharfe Kritik. Er blieb von Berlin ausgehenden Zentralisierungstendenzen gegenüber unerbittlich wie auch gegenüber dem Nationalsozialismus. In der Missachtung des von ihm hoffnungsvoll begrüßten Reichskonkordats spiegelte sich die Verwandlung des Rechtsstaates in eine Diktatur. Seine Auseinandersetzung mit dem Nationalsozialismus verschärfte sich immer mehr und äußerte sich in seiner heftigen Kritik. Sie gipfelte in seiner Mitarbeit am Päpstlichen Weltrundschreiben „Mit brennender Sorge" 1937. Von Gauleiter Wagner zum Kampf „gegen das Weltjudentum und seine schwarzen und roten Brüder" angestachelt, demolierte ein entfesselter Parteimob sein Bischofspalais. Faulhaber teilte mit seinen Diözesanen den ab 1943 anschwellenden Luftkrieg und die Nöte der Nachkriegszeit. Sein Palais wurde zum Umschlagplatz der vatikanischen Nachkriegshilfe. Ihm verdankt das Erzbistum nicht nur zahlreiche schöne Kirchenbauten im Barockstil, sondern auch eine Mehrung des Priesternachwuchses und die Fortbildung des Klerus. Tief betrauert starb er am 12.06.1952 in München, wo er in der Krypta des Liebfrauendoms bestattet wurde. – Siehe: Gatz, Erwin (Hrsg.), Die Bischöfe der deutschsprachigen Länder, 1785/1803 bis 1945, Berlin 1983, S. 176–181 – Volk, Ludwig, Akten Kardinal Michael v. Faulhabers (1917–1934), Lebensbild. Bd. 1, Mainz 1976, S. XXXI–LXXXI.

19 Faulhaber, Michael v., Rufende Stimmen in der Wüste der Gegenwart, Freiburg i. Br. 1931, S. 339.

Erzbischof von Faulhaber, der herrscherlich in Haltung und Gebärde aus der Monarchie in die ungewollte Republik hineinragte, hatte offenbar von der Geschichte einen providenziellen Auftrag zugeteilt bekommen. Es galt, in der Empfindungswelt des altbayerischen Volkes eine Wunde zu schließen, die der Verlust des Landesvaters, des Königs, aufgerissen hatte. Bischöfliche Vasallentreue gegenüber dem Königshaus und ein wacher Sinn für die Strahlkraft von Symbolen disponierten ihn für die Mission, den monarchischen Gedanken diskret und aus dem Herzen kommend in seine Obhut zu nehmen. Er verstand es, die Idealgestalten des Hohenpriesters und des Fürsten so nahtlos zu verschmelzen, dass die verwaisten Landeskinder zum Urbild naturgewachsener Autoritäten fasziniert emporschauten. Trotzdem verkörperte der Münchner Kardinal für sie nicht die Spätform eines barocken Fürsterzbischofs, sondern die zeitgemäße Fassung einer katholischen Majestät. Mit intuitiver Sicherheit stellte er den Hunger der Volksseele nach dekorativer Erhabenheit und Würde dar.

Faulhaber war die beherrschende Figur des bayerischen Episkopats und der bayerischen Bischofskonferenz, die er als Metropolit der Landeshauptstadt zu leiten hatte.

Wie kaum ein zweiter Oberhirte verstand er es, die Worte der Verkündigung mit Kraft, ja prophetischer Wucht zu erfüllen, wobei er unermüdlich an Sprache und Form feilte, bis sie von der Kanzel herab durch Prägnanz und Plastik aufleuchtete.

Auch die übrigen bayerischen Oberhirten empfanden sich in ihrem Denken und Fühlen als königlich-bayerische Bischöfe. Sie hätten sich selbst und ihre Vergangenheit verleugnen müssen, hätten sie die staatlich-republikanische Neugestaltung nach 1918 begrüßen wollen.

Eine vom Norden, von Berlin her einfallende Reichsreform, die auch die Nuntiatur in München und ebenso die bayerische Gesandtschaft in Rom in Frage stellte, war ein Grund mehr für den bayerischen Episkopat, sich gegen diese Bestrebungen zu erklären.

Am 10.07.1931 hatte der bayerische Ministerpräsident Geheimrat Dr. Held[19a] eine Denkschrift verfasst über die von Norden her bzw. von Berlin stammenden Bestrebungen, eine Reichsreform durchzuführen. Das Schreiben wurde auch der

19a Dr. Heinrich Held, geb. am 06.06.1868 in Erbach im Taunus, † am 04.08.1938 in Regensburg. Nach dem Abitur 1890 in Straßburg von 1891 bis 1894 Studium der Rechts-, Wirtschafts- und Geschichtswissenschaft in Straßburg, Marburg und Heidelberg; 1896 Journalist und ab 1899 Chefredakteur des „Regensburger Morgenblattes", ab 1910 des „Regensburger Anzeigers". 1906 Mitinhaber der Zeitung und der Druckerei; 1907 Abgeordneter des Zentrums im bayer. Landtag; 1908 bis 1924 Stadtrat in Regensburg; 1911 Mitglied des Finanzausschusses im bayer. Landtag; 1914 Fraktionsvorsitzender; 1918 Mitbegründer der Bayer. Volkspartei (BVP); 1921 Präsident des Deutschen Katholikentags; 1924 bis 1933 bayer. Ministerpräsident; unter ihm Abschluss des bayer. Konkordats und der evangelischen Kirchenverträge. – Vgl. Held, Josef, Heinrich Held. Ein Leben für Bayern, Regensburg 1958 – Bosls Bayerische Biographie. 8000 Persönlichkeiten aus 15 Jahrhunderten, hrsg. v. Karl Bosl, Regensburg 1983, S. 327.

Bayerischen Bischofskonferenz übermittelt. Diese veranlasste den bayerischen Episkopat, der am 08. und 09.09.1931 in Freising tagte, ihm den wärmsten Dank auszusprechen für sein tatkräftiges Auftreten zur Erhaltung der Selbständigkeit Bayerns und der übrigen deutschen Länder. Zugleich wurde er gebeten, sich auch fernerhin im Reichsrat, im bayerischen Landtag und in der Öffentlichkeit für die Abwehr einer die Länder erdrückenden und die Kirche schwer schädigenden Umgestaltung der Reichsstruktur im Sinne eines Zentralstaates einzusetzen. Dies aus Achtung vor der Geschichte und dem geschichtlich Gewordenen, in Treue zur Heimat und in erster Sorge um die Zukunft der Kirche.

Der Vorsitzende der Bischofskonferenz, der Erzbischof von München und Freising, Dr. Michael Kardinal von Faulhaber, wurde gebeten, den Standpunkt der Bischöfe in dieser Frage mitzuteilen, dass sie jeglichen Versuchen, die Selbständigkeit und den Staatscharakter der Länder zu beseitigen, mit allen Kräften entgegentreten würden. Das Volk sollte schon jetzt in der Presse und in Vorträgen aufgeklärt werden über die Ziele des Unitarismus und Zentralismus, über die politischen, wirtschaftlichen und kulturellen Folgen für die Länder, besonders für Bayern und nicht zuletzt über die ungeheure Gefahr für die Kirche.

Der Regensburger Bischof Dr. Michael Buchberger hielt am 08.09.1931 im Rahmen der Bischofkonferenz ein bemerkenswertes Referat zur Reichsreform, das auch für das 21. Jahrhundert bedeutsam erscheint. Er sagte: „Das Wort ‚Reichsreform' ist zu einem Schlagwort geworden, unter welchem sich verschiedene weitreichende Pläne und Ziele verbergen, die man offen nicht aussprechen will. Dem Volke soll die Reichsreform mundgerecht gemacht werden mit dem Vorgehen, dass sie notwendig sei zur Vereinfachung und Verbilligung der Verwaltung, zur Beseitigung von überflüssigem Kleinkram und Ballast, der ein unzeitgemäß gewordener Überrest aus der Vergangenheit sei und den wir uns jetzt unter den schweren wirtschaftlichen Verhältnissen nicht mehr leisten könnten. Der eifrigste Vertreter und aufdringlichste Agitator einer Reichsreform ist der Sozialismus; leider aber wird er hierhin unterstützt von katholischen Kreisen, von führenden Männern des Zentrums und einem Teil der Zentrumspresse [„Germania"]. Die Reichsreform will im letzten Ende sicherlich nichts weniger als die völlige Beseitigung jeder Eigenstaatlichkeit der Länder; sie will aus denselben reine Provinzen machen, die sowohl in politischer, wie in wirtschaftlicher und kultureller Hinsicht jeglicher Selbständigkeit entbehren und völlig von Berlin abhängen. Um dieses Ziel etwas zu verschleiern und dadurch zu erreichen, will es der Sozialismus etappenweise verfolgen. Zuvor sollen die Länder ihre Staatshoheit und ihren Staatscharakter verlieren, indem sie im Wesentlichen den preußischen Provinzen angeglichen werden, wenn sie auch in unwesentlichen Dingen noch etwas mehr Rechte behalten.

Die Folgen einer solchen Reichsreform sind für Bayern, für den bayerischen und auch für den gesamten deutschen Katholizismus überaus weittragend und verhängnisvoll. Bayern hört auf, ein Staat und ein Volk zu sein; es gehört völlig der Geschichte an und auch diese Geschichte wird soviel als nur immer möglich begraben werden. Bayern wird nicht so sehr ein Glied des Deutschen Reiches als ein Anhängsel von Großpreußen. Aus Kleindeutschland wird ein Großpreußen. Wir haben keine eigene Volksvertretung und keine eigene Regierung mehr. Die neue Provinz Bayern, die sich schon aus politischer Berechnung nicht mit dem jetzigen Land Bayern decken wird, erhält von Berlin aus einen Regierungspräsidenten, der natürlich sozialistisch ist, wenn in Berlin der Sozialismus regiert, was voraussichtlich immer der Fall sein wird. Mit dem Posten des Regierungspräsidenten werden die übrigen wichtigen Stellen politisiert und die ganze Verwaltung erhält einen zumindest unkirchlichen, wahrscheinlich einen kirchenfeindlichen Charakter. Von Berlin wird dafür gesorgt werden, dass Bayern durch entsprechende Besetzungen der Beamtenstellungen protestantisch und sozialistisch durchsetzt wird. Die bayerische Heimat wird an Preußen und Berlin mehr und mehr verloren gehen; der norddeutsche Einfall in bayerische Gebiete namentlich in die schöne Alpenlandschaft wird noch stärker werden.

Es wird keine katholische Gegend mehr geben, sondern nur Diaspora. Dem Katholizismus soll durch eine solche Durchsetzung seine Kraft genommen werden; aus der Durchsetzung mit anderen Elementen soll eine Zersetzung werden. Die Katholiken werden überall Minderheit, Minderheit in konfessioneller Hinsicht, Minderheit in der politischen Vertretung, Minderheit an der Teilnahme an öffentlichen Ämtern und im Einfluss aufs öffentliche Leben. Minderheit in der Standes- und Berufvertretung – da die norddeutsche Großindustrie und die Arbeitermassen dem ganzen wirtschaftlichen Leben den Stempel aufdrücken und den Weg weisen. Minderheit auf dem Gebiet des kulturellen Lebens, das von Berlin und der Großstadt aus, von den sozialistischen und kommunistischen Massen bestimmt wird. Der Sozialismus ist Bahnbrecher für eine solche Reichsreform, weil er dann nirgends mehr bedeutendere Hemmnisse findet in seinem Siegeslauf, weil er von Berlin aus das ganze Deutschland dirigieren und mit seinem Geist erfüllen kann.

Die Kirche verliert durch eine solche Reichsreform ihre rechtliche Grundlage; es fällt das bayerische und das preußische Konkordat. Das Verhältnis von Staat und Kirche in Deutschland müsste völlig neu geordnet werden. Dass bei der jetzigen politischen und wirtschaftlichen Lage eine befriedigende Lösung gefunden werden kann, wird niemand zu hoffen wagen. Das Ziel des Sozialismus und Kommunismus und Nationalsozialismus und anderer Parteien ist Trennung von Staat und Kirche. Mit dem Konkordat verliert die katholische Kirche in Bayern ihre finanzielle Grundlage: die Dotation der Bischofsstühle, der Kapitel, der Seminarien, der Emeritenanstalten – umso mehr die sogenannten freiwilligen Leistungen des Staates.

Mit dem Konkordat verliert die Kirche ihre Sicherungen auf dem Gebiet der Volksschule, der Mittelschulen und Hochschulen. Auch auf diesem Gebiet stehen die sozialistischen Parteien aller Schattierungen mit den Liberalen zusammen, um ihr längst erstrebtes Ziel zu erreichen: die Kirche aus den Schulen hinauszustoßen.

Die bayerischen Lehrervereine werden treu mithelfen bei dieser Aktion, schon um das verhasste Konkordat zu beseitigen. Der gelegene Anlass, die Schulschwestern aus den Volksschulen zu verdrängen, wird längst ersehnt. Dass alle unsere philosophisch-theologischen Hochschulen sich halten werden, ist soviel wie ausgeschlossen. Unter dem Titel ‚Sparmaßnahmen' kann man dem Volk leicht beibringen, dass die Aufhebung notwendig ist. Es bedroht die katholische Kirche in Bayern und wohl im deutschen Reiche keine größere Gefahr als die ‚Reichsreform'."[20]

Das Referat des Regensburger Bischofs beweist, dass es ihm nicht nur, aber selbstverständlich vor allem um die kirchlichen Belange im Staate Bayern ging, und dass er auch als bayerischer Patriot seine Meinung kundgetan hat. Dass er die volle Zustimmung des gesamten bayerischen Episkopats erhielt, ist anzunehmen. Die Ausführungen Buchbergers, aufschlussreich und charakteristisch für die Existenz und Stärke eines ausgeprägten bayerischen Kirchenbewusstseins, wurzelte letztlich in der reflexeren Staatsgesinnung, an der es sich aufrichten konnte. Wenn sich die Ablehnung der Bischöfe zu einer zentralisierenden Reichsreform stellte, so zeigte sich darin sicher auch ein verletzter Stolz, denn Bayern war das letzte katholische Kernland im ganzen Reichsverband. Die Abwehraktion des Episkopats entwuchs der Überzeugung, mit dem status quo in der Verfassungsfrage eine Position zu verteidigen, die Voraussetzung dafür war, dass Nuntius Pacelli 1924 Bayern als „Eckstein des Katholizismus in Deutschland" bezeichnet hatte. Das Freisinger Gremium hielt an dieser Linie fest, auch in der heftigen Auseinandersetzung 1932/33 mit dem Nationalsozialismus.[21]

Der katholischen Kirche wird heute oft entgegengehalten, sie habe zu wenig gegen den Nationalsozialismus gekämpft. Dazu ist Folgendes zu sagen: Die kirchliche Haltung in Bayern und im Reich wurde von den Aufgaben der Seelsorge und ihren Notwendigkeiten bestimmt. Die Kirche leistete also keinen spezifischen politischen Widerstand. Wer ihr das verübelt, verkennt eben die Aufgabe, die auch unter einer Diktatur weiterbesteht: Die Hinführung des katholischen Volkes zum Glauben an Christus und seine Kirche. In ihren Hirtenbriefen vom 28.03 und vom 03.06.1933 trat sie für die Menschenwürde, für Recht und Gerechtigkeit, für die Freiheit des Gewissens mit Entschiedenheit ein. Gleichzeitig warnte sie vor der Zerstörung der Volksgemeinschaft durch deren Missachtung und warnte eindringlich vor Imperialismus, Militarismus, Verfolgung Andersdenkender, vor Blut- und Rassenkult, der Beschneidung der bürgerlichen Rechte und der Ausschaltung der Parteien.[22]

Außerdem hatte Hitler zu aller Überraschung in seiner Regierungserklärung vom 23.03.1933 sich zu „allgemeinen religiös-sittlichen Grundwerten" bekannt und ferner behauptet, er sehe „in den beiden christlichen Konfessionen wichtigste

20 Volk, Akten Faulhabers a. a. O. S. 581–583.

21 Volk, Ludwig, Der bayerische Episkopat und der Nationalsozialismus 1930–1934, Mainz 1965, S. 9f.

22 Kraus, Andreas, Geschichte Bayerns. Von den Anfängen bis zur Gegenwart, München 1983, S. 734.

Faktoren der Erhaltung des Volkes". Zudem versprach er den Kirchen den ihnen zukommenden Einfluss einzuräumen und betonte freundschaftliche Beziehungen zum Heiligen Stuhl. Daran knüpfte man hohe Erwartungen. Freilich erwiesen sich diese Reden nur als Schachzug, um das christliche Volk für die Ziele seiner NS-Regierung und Partei zu gewinnen. Allerdings kam es am 20.07.1933 zum Abschluss des Reichskonkordats mit dem Heiligen Stuhl. Aber die NS-Regierung hielt nicht, was sie im Vertragstext unterschrieben hatte.[22a]

Bald erfolgte ein schmutziger Krieg gegen die katholische Kirche, der ihr mehr abverlangte als bloß die Bereitschaft zu offenem Bekenntnis. Es kam zu zahlreichen Übergriffen und Schikanen durch die SA, weswegen es bereits am 12.11.1933 zu einem scharfen Zusammenstoß zwischen Episkopat und der Reichsregierung kam.[23]

Im Laufe der Jahre verhärtete sich der Kampf der NSDAP gegen die Kirche, wie hinlänglich bekannt. Faulhabers Adventpredigten „Judentum-Christentum-Germanentum" setzten schon Ende 1933 ein weithin sichtbares Zeichen des Widerspruchs. Noch im April 1941 gab es fast in ganz Bayern Tumulte, als Gauleiter Adolf Wagner die Kreuze aus den Schulen entfernen wollte, Tumulte, bei denen die Frauen entschieden tapferer waren als die Männer. Die Kreuze blieben.[24] Der für die Kirche positive Ausgang des Zweiten Weltkrieges 1945 hat ihr sicher die „Endlösung" erspart, wie sie die jüdischen Kultusgemeinden und ihre Mitglieder erleiden mussten.

Es ist geradezu ein Treppenwitz der Geschichte, dass die NSDAP das Ziel ihrer schärfsten Gegner, der Sozialisten und Liberalen, nämlich die zentralistische Reichsreform, mit Gewaltmaßnahmen sondersgleichen durchgeführt und einen Einheitsstaat, das alte Ziel der Deutschnationalen, errichtet hat. Dies hatte zur Folge, dass Bayern nach seiner 1.500-jährigen Geschichte ausgelöscht werden sollte.

Der Weimarer Staat war mit Unterstützung der Siegermächte des Ersten Weltkriegs Deutschland künstlich aufoktroyiert worden. Er konnte wie die Wilhelminische Ära kein Heimatgefühl in den Herzen des bayerischen Volkes erwecken; es dachte und fühlte noch immer „bayerisch". Der heutige Grad von Überfremdung schien damals, trotz Zuzugs von tausenden Menschen aus den norddeutschen Ländern, noch unvorstellbar. Außerdem war die Revolution von 1918 so zeitnah, dass jedem bayerischen Staatsbürger Vergleiche zwischen dem Staatsgefühl vor und nach dem schrecklichen Schicksalsschlag des 09.11.1918 möglich gewesen sind. Landfremde Elemente, zum Teil norddeutsche Matrosen, hatten dem bayerischen Volk in seiner Lethargie aufgrund der Müdigkeit eines verlorenen Kriegs mit der Revolution seine altbewährte monarchische Regierungsform geraubt. Die Erkenntnis wuchs, dass man diese Fehlentwicklung wieder gut machen müsse, solange noch

22a Spindler, Max (Hrsg.), Handbuch der Bayerischen Geschichte. 4. Bd.: Das neue Bayern 1800–1970. 1. Teilbd., München 1974, S. 531.

23 Hubensteiner, Benno, Bayerische Geschichte. Staat und Volk, Kunst und Kultur, München [8]1979, S. 482f.

24 Ebd. S. 482f.

Zeit war; denn Hitler, jener abgrundtiefe Hasser des Erzhauses Habsburg und Gegner der Monarchie, wie es in der Urfassung von „Mein Kampf" zum Ausdruck kommt, stand vor den Toren, unterstützt von den Deutschnationalen.

Aber auch andere Gründe spielten mit, weshalb die Weimarer Republik nicht einmal Achtung, geschweige Liebe, erweckt hat. Da ist die Inflation zu nennen, die auch andere Völker heimsuchte, nirgendwo anders aber so rücksichtslos durchgeführt wurde wie in Deutschland. Sie brachte das Volk, mit Ausnahme einiger Schieber, fast an den Bettelstab. Da ist die entschädigungslose Enteignung der Bayerischen hochrentablen Staatsbahn und Post zu nennen. Für sie ist trotz vertraglicher Verpflichtung niemals eine Entschädigung bezahlt worden. Dazu kam der Bankenkrach von 1932 (Deutsche, Dresdner und Darmstädter Bank), wodurch neuerdings Volksvermögen verloren ging. Bayern verlor die selbst von Bismarck noch zugebilligte Finanzhoheit. Ausschlaggebend war aber vor allem, dass die zentralistische Superdemokratie mit ihrer Parteienzerspaltung ihre Misserfolge durch immer schärfere Zentralisierungsmaßnahmen auszugleichen suchte.

Dies alles brachte den Gedanken zum Durchbruch, dass gerade Bayern – es besaß als erster deutschsprachiger Staat dank der Wittelsbacher eine demokratische Verfassung – mit Stolz auf eine vollkommenere demokratische Vergangenheit zurückblicken konnte. König Ludwig III. hatte noch während des Ersten Weltkriegs die konstitutionelle in eine parlamentarische Monarchie umgewandelt, was sich aber infolge der Revolution nicht mehr zu Gunsten des Volkes auswirken konnte. Hinzu kam die Erkenntnis, dass den fortgesetzten Zentralisierungsbestrebungen Berlins zum Schaden Bayerns am wirksamsten durch die Wiederaufrichtung der Monarchie begegnet werden müsse. Vor allem der „Bayerische Heimat- und Königsbund in Treue fest" unter Führung von Ennoch Freiherr von Guttenberg mit 20.000 Mitgliedern trat dafür ein.[25]

Während im ganzen Norden das Volk zwischen den beiden roten Fahnen, der kommunistischen mit Hammer und Sichel und der nationalsozialistischen mit Hakenkreuz, hilflos hin- und hergerissen wurde, gab es in Bayern eine uralte und doch noch im Volk verwurzelte Idee, das Königtum. Unter Kronprinz Rupprecht hätte es seinen guten Weg gefunden mit einer Gesundung des Landes und des Aufbaues unter weiß-blauen Fahnen. Heute ist es allerdings müßig, darüber zu rechten, ob ein solcher Versuch der Wiedererrichtung der Monarchie in Bayern, wäre er wirklich unternommen worden, die Rettung Bayerns und vielleicht damit ganz Deutschlands vor der Tyrannei Hitlers und seiner NSDAP bedeutet hätte.[26]

Je mehr die Hitler-Gefahr anwuchs, umso mehr merkten auch die bayerischen Sozialdemokraten, dass sie nicht mehr die Macht besaßen, das drohende Verhängnis

25 Seutter v. Lötzen, Wilhelm, Bayerns Königstreue im Widerstand. Erinnerungen von 1933–1964, Feldafing o. J., S. 7–9.

26 Aretin, Erwein v., Wittelsbacher im KZ, München [1945], S. 14f.

aufzuhalten. Ihr Führer Erhard Auer[26a], zeigte sich nicht nur bereit, der Errichtung einer parlamentarischen Monarchie zuzustimmen, sondern sie auch tatkräftig zu unterstützen.[27]

Die Angst vor einer NS-Gewaltherrschaft und einer zwangsweisen Reichsreform verstärkte das Bestreben, in der schnellen Wiederherstellung der Monarchie eine Planke zu erblicken, auf der sich Bayern vor der braunen Flut retten könne.

Auf die hoffnungsvolle Entwicklung in Bayern fiel am 30.01.1933 ein eisiger Raureif. Reichspräsident Paul von Hindenburg, durch Herrn Franz von Papen dazu überredet, ernannte Hitler zum Reichskanzler. Bayern erhoffte sich nun von zwei Gegenmaßnahmen einen Erfolg. Es wurde eine Aktion „Finanzhoheit" gegründet. Sie sollte einen Volksentscheid darüber erzwingen, damit die Finanzhoheit für Bayern zurückgewonnen werde. Die andere Gegenaktion bildete die Aufführung der Operette „Der Vogelhändler" im Nationaltheater in München im Februar 1933 in Anwesenheit von Kronprinz Rupprecht, der aber über den Zweck nicht informiert war. Die Aufführung – die Bühne war mit hunderten weiß-blauen Fahnen geschmückt – entwickelte sich zu einer dermaßen gewaltigen Sympathie-Kundgebung für den Kronprinzen, dass die sofortige Ausrufung der Monarchie möglich gewesen wäre. Sie wäre auch geglückt, wenn die Begeisterung auf die Straße hinausgetragen und eine spontane nächtliche Ausrufung erfolgt wäre. Dies geschah aber leider nicht. Ministerpräsident Held, der sich einer zustimmenden Mehrheit im Landtag – Bayerische Volkspartei und Sozialdemokraten – sicher hätte sein können, unterließ jegliche Stellungnahme. Vermutlich befürchtete er einen Bürgerkrieg und militärische Maßnahmen der Reichsregierung.

Held und ebenso der Vorsitzende der BVP und Finanzminister Dr. Fritz Schäffer[27a] wagten leider vor der Reichstagswahl nicht im Sinne der Ausrufung der Monarchie zu handeln. Nach dem 05.03.1933 war es aber zu spät. Während sich die

---

26a Erhard Auer (1874 Dommelstadl b. Passau – Giengen/Brenz 1945); zunächst Hüterjunge, frühzeitig Anhänger der SPD; 1896 Privatsekretär des Parteiführers der SPD Georg Heinrich v. Vollmar; 1907 Mitglied des Bayer. Landtags; 1918 Innenminister in der Regierung Eisner; 1919 schwer verwundet im Zusammenhang mit der Ermordung Eisners am 21.02.1919; 1920 Mitglied des Reichstags; 1933 Zustimmung zur Errichtung der Monarchie; als Führer der SPD von den Nazis verhaftet. Er ist als Förderer der Industrialisierung Bayerns, vor allem des Walchenseewerkes in die Geschichte eingegangen. – Vgl. Bosls Bayerische Biographie. 8000 Persönlichkeiten aus 15 Jahrhunderten, hrsg. v. Karl Bosl, Regensburg 1983, S. 31.

27 Aretin, Erwein v., Wittelsbacher im KZ, München [1945], S. 15.

27a Dr. Fritz Schäffer, BVP-Politiker (1888 München – Berchtesgaden 1967); nach Jurastudium in München 1917 Referent im Bayer. Innenministerium; 1918 Bezirksassessor in Kelheim; 1920 Regierungsrat, dann Oberregierungsrat im Bayer. Staatsministerium für Unterricht und Kultus; 1920–1933 Mitglied des Landtags für die BVP, deren Vorsitz er ab 1929 führte; 1931 Bayer. Finanzminister; nach der Machtergreifung vorübergehend in NS-Haft; dann bis 1945 Rechtsanwalt; 1945 Bestellung zum Bayer. Ministerpräsidenten durch die amerik. Militärregierung, jedoch im Sept. Amtsenthebung; Mitbegründer der CSU, jedoch bis 1948 mit Verbot jeglicher politischer Tätigkeit; 1949 Mitglied des Bundestags und Finanzminister; 1957 Bundesjustizminister; 1961 Rückzug aus der Politik. – Vgl. Bosl a. a. O. S. 664.

NSDAP auch in Bayern bei der Wahl auf den Sieg einstellte, erwogen Held und Schäffer den Abfall Bayerns vom Deutschen Reich und die Niederwerfung der mit Recht befürchteten Revolution der NSDAP.

Da die Entsendung eines Reichskommissars von Berlin aus immer wahrscheinlicher wurde, bekundete Schäffer im Wahlkampf vor der Reichstagswahl die föderalistische Selbstbehauptung Bayerns und seine Entschlossenheit, einen von Berlin entsandten Reichskommissar an der bayerischen Grenze verhaften zu lassen. Was die Personalfrage betraf, wollte sich Kronprinz Rupprecht, die Initialzündung der Staatsregierung vorausgesetzt, der Übernahme der letzten Verantwortung nicht entziehen, also als Staatskommissar fungieren. In letzter Stunde reiste Fürst Eugen zu Oettingen-Wallerstein[28] in Begleitung des Freiherrn Alphons von Redwitz[29], Bruder des Hofmarschalls des Kronprinzen, nach Berlin zu Hindenburg, um ihm als Reichspräsidenten den Vorschlag zu machen, zur Vermeidung von Unruhen Rupprecht zum Reichskommissar zu ernennen. Doch Hindenburg, dem es um die Einheit des Reiches ging, zeigte kein Verständnis; er lehnte mit den Worten ab, „dass er den bayerischen Kronprinzen nicht als Reichskommissar für Bayern estimieren könne". Das beweist, dass der senile Reichspräsident im steril preußisch-kleindeutschen Denken vollkommen befangen war.[30]

Über die Modalitäten der Machtüberleitung von Seiten der Staatsregierung an den Kronprinzen gingen die Auffassungen auseinander. Auf Anfrage antwortete Held, „dass er sich in seiner Eigenschaft als Chef einer Minderheitsregierung erst überlegen müsse, welche Kompetenzen er der Krone einräumen könne". Diese unqualifizierte Antwort, die Rupprecht standesgemäß nicht hinnehmen konnte, beendete leider auch die Königsfrage.[31]

Die Situation brachte es mit sich, dass der von Hitler ernannte Reichswehrminister General Werner von Blomberg anlässlich einer Truppeninspektion nach Bayern kam. Er richtete an die bayerischen Soldaten, die auf Bayern vereidigt waren, folgende Worte: „Soldaten, ihr seid Bayern gewesen, bevor ihr in die Wehrmacht eingetreten seid, heute seid ihr nur mehr Deutsche!" Dies wagte ein preußischer Nationalsozialist bayerischen Staatsbürgern zu sagen. Es ist bezeichnend, die bayerische

28 Eugen Fürst zu Oettingen-Wallerstein (1885 Prag – Hohenaltheim 1969); juristisches Studium; 1909 im diplomatischen Dienst Bayerns; 1923 Leiter der Hof- und Vermögensverwaltung des Kronprinzen Rupprecht; Verwaltungsratsvorsitzender des Wittelsbacher Ausgleichsfonds; 1930 Übernahme des Familienstammgutes Wallerstein; 1930 Vorsitzender des Verbands „Größerer Grundbesitz in Bayern" und des Verbands Bayerischer Waldbesitzer; im Zweiten Weltkrieg in der Militärverwaltung in Frankreich; 1942 Abberufung aus politischen Gründen; 1945 Vorsitzender der Vereinigung des Adels in Bayern; Aufsichtsrat der Bayerischen Vereinsbank und der Landwirtschaftsbank; 1949 Bundestagsabgeordneter der Bayernpartei; 1950 stellvertretender Vorsitzender der Bayernpartei; 1952 Niederlegung des Bundestagsmandats. – Vgl. Unger, Ilse, Die Bayernpartei. Geschichte und Struktur 1945–1957, Stuttgart 1979, S. 216 – S. auch: Nöhbauer, Hans F., Die Chronik Bayerns, München 1994, S. 491.

29 Alphons Freiherr v. Redwitz, der Bruder des Hofmarschalls von Kronprinz Rupprecht.

30 Seutter a. a. O. S. 14.

31 Ebd. S. 11.

Regierung unterließ jegliche Maßnahmen gegen den Minister, obgleich er seine Kompetenzen unglaublich überschritten hatte.[32]

Die Reichstagswahl am 05.03.1933 bescherte der NSDAP deutschlandweit einen ungeheuren Wahlsieg. Auch in Bayern wurde sie zur stärksten Partei im Landtag. Allerdings erhielt sie nicht die Mehrheit. Das Wahlergebnis: BVP 27,2 %, SPD 15,5 %; KPD 6,3 %, DNVP (Abkürzung für „Deutschnationale Volkspartei") 4,1 %, NSDAP 43,1 %.[33]

Nach dem Reichstagsbrand – lügenhaft fälschlich den Kommunisten zugewiesen – erließ Hitler am 28.02.1933 eine Verordnung „Zum Schutz von Volk und Staat". Sie setzte wichtige Grundrechte außer Kraft, leitete damit den Abbau der rechtsstaatlichen Grundlagen ein und wurde eine Handhabe zur Beseitigung nicht genehmer Länderregierungen. Die Verordnung wurde dem Reichspräsidenten unterschoben. Sie enthemmte Hitler von jeglichen Bindungen an die übliche Rechtsordnung. So schritt er sofort nach der erfolgreichen Reichstagswahl zur Gleichschaltung der Länder. Die in der Weimarer Verfassung niedergelegten Menschenrechte, die Freiheit der Person und des Eigentums, Presse- und Versammlungsfreiheit, die Freiheit der politischen Betätigung und alle anderen Grundrechte des Bürgers wurden damit mit einem Federstrich ausgelöscht.[34]

Der große entscheidende Erfolg der NSDAP bei den Reichstagswahlen mit 43,9 % Stimmenmehrheit war nur möglich durch den unvergleichlichen Propagandafeldzug der Parteimitglieder. Millionenfach wurden Plakate, finanziert von den hohen Spendern der Industriemagnaten, ausgehängt mit der Aufschrift „Unsere letzte Hoffnung: Adolf Hitler!" Mit einer total entfesselten Propagandamaschinerie verbreitete die NSDAP Lügen, Halbwahrheiten, wirre Versprechungen. Mit dem stetigen Beschwören einer jüdisch-bolschewistischen Gefahr gelang es ihr, das Volk einzuschüchtern und für die NS-Partei zu gewinnen. Hitler hatte sein erstes Ziel erreicht: Die Mehrheit im Reichstag. Dazu ist zu bemerken, dass allein die Sozialdemokraten gegen Hitler stimmten, während die bürgerlichen Parteien schmählich versagten und selbst die BVP für Hitler stimmte. Zusammen mit der Kampffront Schwarz-Weiß-Rot erreichte die NSDAP eine knappe absolute Mehrheit von 52 %.[35]

Nach dem Wahlausgang bestand in Bayern die Gefahr des Ausbruchs eines Bürgerkriegs. Die bayerische Staatsregierung bat nun zu ihrem Schutz den Einsatz der Reichswehr. Doch das Reichsministerium unter Blomberg, das den Sieg Hitlers auf allen Linien wünschte, versagte jegliche Hilfe.

Der befürchtete Tag „X" trat am Donnerstag, den 09.03.1933 ein: die NS-Revolution. Unterstützt durch SA und SS aus dem Norden, die mittels Lastwägen nach

32 Ebd. S. 12.

33 Kraus a. a. O. S. 726 – Der große Ploetz. Auszug aus der Geschichte, Freiburg i. Br./Würzburg [30]1986, S. 939.

34 Nöhbauer a. a. O. S. 481.

35 Ploetz a. a. O. S. 939 – Nöhbauer a. a. O. S. 482.

Bayern eingeschleust wurden, übernahm die NSDAP die Gewalt im Lande. Strategisch wichtige Punkte wurden unter Gewaltanwendung besetzt. Obwohl die bayerische Landespolizei, wie ebenso die militanten Organisationen der BVP und der SPD, „Bayernwacht" und „Reichsbanner", zum Widerstand sich bereit fanden und auf den Schießbefehl der Regierung warteten, ihn sogar anforderten, scheute die Landesregierung die Verantwortung und wagte keinen Widerstand. So wurde der Angriff auf die Freiheit des bayerischen Volkes nicht abgewehrt.[36]

Vielleicht hätte sogar Frankreich zu Gunsten Bayerns militärische Schritte unternommen, wenn die Regierung den Schießbefehl gegeben hätte.

Bereits elf Tage später ließ Himmler, der kommissarische Polizeipräsident von München – am 1. April wurde er politischer Polizeikommandeur Bayerns –, in Dachau das erste Konzentrationslager errichten.[37]

Nachdem bis 10. März die Absetzung aller noch nicht nationalsozialistisch geführten Länderregierungen erfolgte, wurden dort Reichskommissare eingesetzt. Ministerpräsident Held hatte bereits am 12. März sein Amt niedergelegt.[38] Nun ging es Schlag auf Schlag. Am 24. März kam das „Gesetz zur Behebung der Not von Volk und Reich" im Reichstag zur Abstimmung. Alle Parteien außer der SPD stimmten zu.[39] Sieben Tage später wurde das „erste Gesetz zur Gleichstellung mit dem Reich" beschlossen. Der bayerische Landtag wurde nun ohne Wahl nach dem Verhältnis der Reichstagswahl neu gebildet, ohne Berücksichtigung der bayerischen Verfassung. Ein zweites Gesetz zur Gleichschaltung der Länder am 07.04.1933 bescherte Bayern den Reichsstatthalter, nämlich General Franz von Epp.[40] Er übernahm die Leitung der am 16. März kommissarisch eingesetzten Landesregierung als Ministerpräsident. Nach der Ausschaltung der demokratischen Parteien an der Regierungspolitik war die nächste Etappe deren Vernichtung. Innenminister Adolf Wagner[41], ein Berufsrevolutionär und Paragraphenverächter, verkündigte, „dass er

36 Seutter a. a. O. S. 13.

37 Nöhbauer a. a. O. S. 482.

38 Ebd. S. 483.

39 Ploetz a. a. O. S. 939.

40 Franz Xaver Ritter v. Epp (1868 München – München 1946), General und Politiker; nach Kriegsschule und Akademie 1900 Freiwilliger im ostasiatischen Expeditionskorps; 1904 Kompaniechef und Teilnahme an Kolonialkämpfen; 1914 Kommandeur des bayer. Infanterie-Leibregiments in Frankreich, Südtirol, Serbien, Rumänien und am Isonzo; 1919 Aufstellung des „Freikorps Epp" und Befreiung Münchens; 1920 Teilnahme an der Niederwerfung des Ruhraufstands; 1922 Generalmajor der bayer. Reichswehrdivision; ab 1923 enge Kontakte mit deutschnationalen Kreisen und Aufstieg in der NSDAP; 1928 Reichstagsabgeordneter; 1932 Reichsleiter des wehrpolitischen Amtes der NSDAP beim Stab der obersten SA-Führung unter Röhm; 1933 Reichskommissar für Bayern; er erzwang die Gleichschaltung Bayerns mit dem Reich und wurde Reichsstatthalter; 1936 Bundesführer des Reichskolonialbundes; 1945 Weigerung gegenüber der „Freiheitsaktion Bayern", den Alliierten die Kapitulation anzubieten; Verhaftung durch Gauleiter Giesler und anschließend Internierung durch die Amerikaner. Epp ist ein Verräter an der Krone Bayerns wegen seiner deutschnationalen Gesinnung. – Vgl. Bosl a. a. O. S. 179f.

41 Adolf Wagner (1890 Algringen/Lothringen – München 1944); nach Studium der Mathematik und des Bergbaus in Straßburg und Aachen Teilnahme am Ersten Weltkrieg; danach leitende

in Zukunft keine Partei außer der NSDAP dulden werde". Mit einer spektakulären Verhaftungsaktion gegen Mandatsträger anderer Parteien in Reichstag, Landtag und Bezirkstag gab Wagner im Bund Röhm und Himmler am 25.06.1933 das Signal zur zweiten Welle der NS-Revolution. Erzwungene Selbstauflösungen der Parteien waren die Folge. Mit der Neuordnung des Landtags ohne Wahl wurde die Gleichschaltung der politischen Instanzen in Bayern abgeschlossen.

Nach der Machtübernahme der NSDAP kam es im Frühjahr 1933 zu einer Massenemigration namhafter Wissenschaftler, Künstler, Schriftsteller und Politiker.[42]

Mit Beginn des Jahres 1934 kam es zur endgültigen Stabilisierung der NS-Herrschaft im Sinne einer Diktatur. Der Reichstag besaß nun hinfort nur noch dekorative Bedeutung bei Führerreden zu wichtigen Anlässen. Am 30. Januar erfolgte schließlich das Gesetz „über den Neuaufbau des Reiches"; die Volksvertretungen der Länder wurden aufgehoben und die Hoheitsrechte der Länder der NS-Reichsregierung übertragen.[43]

Infolgedessen fiel am 30.01.1934 auch die Bayerische Staatsbürgerschaft zu Gunsten der Deutschen Staatsbürgerschaft.[44]

Mit dem Gesetz zum Neuaufbau des Reiches wurde Bayern endgültig gleichgeschaltet, also eine Reichsprovinz und deren Verwalter ‚Befehlsempfänger von Berlins Gnaden'; es war die tiefste Erniedrigung Bayerns in seiner 1.500-jährigen stolzen Geschichte. Mit totalitären Methoden wurde die bayerische Staatshoheit ausgelöscht. Die NSDAP wusste, welche Gefahr ihnen von der Idee des altangestammten Königtums in Bayern drohte. Sie blieb auf der Hut und verfolgte das Haus Wittelsbach mit ihrem abgrundtiefen Hass. Das bayerische Königshaus wurde auf NS-Weise verfolgt: Mit Bespitzelung, Schikanen, Verhören, dann mit der Sippenhaft im Konzentrationslager und der Verfolgung bis hinein ins italienische Exil.[45]

Schon vor dem Durchbruch der Gewalt- und Alleinherrschaft der NSDAP nahmen die innerparteilichen Spannungen wesentlich zu. Bereits 1934 eskalierten die Auseinandersetzungen. Am 30. Juni wurden in Bad Wiessee am Tegernsee Röhm und die Führungsspitze der SA verhaftet und 82 Männer, darunter auch Politiker und Gegner des NS-Regimes, ohne Gerichtsverfahren durch die SS auf Befehl Hitlers hingerichtet.[46]

Die Verbrechen des Nationalsozialismus sind allgemein bekannt und forderten, nicht zuletzt im Zweiten Weltkrieg, Millionen Opfer. Dies ist eine historische

---

Stellungen bei Bergwerken in Bayern und Österreich; 1923 NSDAP-Ortsgruppenleiter; 1924 Mitglied des Bayer. Landtags; 1928 Gauleiter der Oberpfalz, 1929 für München und Oberbayern; 1933 Mitglied des Reichstags; Staatsminister des Inneren, ab 1936 auch für Unterricht und Kultus. Er war ein rüder Deutschnationaler und Revolutionär. – Vgl. Bosl a. a. O. S. 814.

42 Nöhbauer a. a. O. S. 485.

43 Ploetz a. a. O. S. 949.

44 Dr. Theodor Meder, Handkommentar zur Verfassung des Freistaates Bayern. München 1971, S. 73f.

45 Hubensteiner a. a. O. S. 482.

46 Nöhbauer a. a. O. S. 485.

Schuld, an der die deutschsprachigen Länder schwer zu leiden haben und die Gebet und Sühne erfordert.

Zum Schluss muss noch eine beliebte Verdrehung richtig gestellt werden. Die typisch preußisch-deutsche Behauptung: „Bayern sei doch die Urzelle der Nazi-Bewegung gewesen; von dort aus habe sie ihren Ausgang genommen; München sei doch die Hauptstadt der Bewegung gewesen“. Daran ist richtig, dass München so genannt wurde, aber nur von der NSDAP, und dass Hitler, dank der bayerischen Konzilianz und demokratischen Freiheitlichkeit, dort seine Partei gründen und entwickeln konnte, so dass er von da aus einen Putsch am 09.11.1923 gegen die bayerische Regierung und die Weimarer Republik starten konnte.

Trotzdem ist diese These oberflächlich, denn es wird vollkommen übersehen, dass dieser erste Versuch einer Machtübernahme durch das Eingreifen der tapferen bayerischen Landespolizei zunichte gemacht wurde. Es ist ferner eine Tatsache, dass um die schicksalsschwere Jahreswende 1932 auf 1933 Bayern viel weniger nazifreundlich war als die anderen, besonders die norddeutschen Bundesstaaten. So wurde Hitler am 25.02.1932 von der Regierung des Landes Braunschweig, gebildet von der NSDAP und den Deutschnationalen, zum Regierungsrat bei der braunschweigischen Gesandtschaft in Berlin ernannt. Zugleich verlieh sie ihm, dem bisher Staatenlosen, die Deutsche Staatsbürgerschaft. Dadurch war Hitler nunmehr Reichsbürger, eine Voraussetzung seiner Kandidatur für das Amt des Reichspräsidenten bzw. des Reichskanzlers.

Man bedenke, ein Mann ohne Schulbildung und Schulabschluss, ein Staatenloser, der es im Ersten Weltkrieg gerade zum Gefreiten gebracht hatte, wird vom „Volk der Dichter und Denker“, wie sich die Deutschnationalen stolz bezeichneten, zum Reichskanzler ernannt und ab 1934 „Führer und Reichskanzler des Deutschen Volkes“. Wahrlich, ein Armutszeugnis für Deutschland!

Die NSDAP hat ab 1923 in Bayern von Wahl zu Wahl an Stimmen verloren, gerade in jenen Jahren, in welchen sie ihren Siegeszug durch Norddeutschland angetreten hat. Dem absinkenden Trend zufolge hätte die NSDAP in Bayern bis etwa 1940 wohl jegliche Bedeutung verloren gehabt. Da aber Bayern leider ein Teil der zentralistischen Weimarer Republik war, machte sich jeder neue Erfolg im übrigen Reichsgebiet stimmungsmäßig auch hier bemerkbar, am stärksten natürlich die Berufung Hitlers durch Hindenburg zum Reichskanzler. So ist mit Fug und Recht festzustellen, dass Bayern von Norddeutschland aus für den Nationalsozialismus zurückerobert wurde. Das Resultat war der Wahlausgang des 05.03.1933, als die NSDAP auch in Bayern zur größten Partei wurde, aber nicht die Mehrheit im Landtag erhielt. Nicht zu vergessen ist auch dabei, dass die gewaltige Einwanderung aus norddeutschen Gebieten, meist von Deutschnationalen, die NSDAP in Bayern wesentlich verstärkt hat.[47]

47 Seutter a. a. O. S. 13.

Pfarrer Holzgartners Wirken in Mindelstetten

Gleich zu Beginn des Jahres 1935 geriet Holzgartner in eine Auseinandersetzung mit dem NS-Regime. Am „Tag der Familie", am 13. Januar, hielt er während des Hochamtes eine Predigt über die Bibliothek einer christlichen Familie. Er beanstandete den Kalender, den der Reichsnährstand mit dem Titel „Deutscher Bauernkalender" im Berliner Verlag „Zeitgeschichte" herausgegeben hatte und erachtete dieses Machwerk für eine christliche Familie als völlig ungeeignet. Seine berechtigte Begründung: Darin fehlen die herkömmlichen Heiligennamen, „ja sogar die christlichen Feste werden durch germanische Gedenktage ersetzt: So wurde z.B. Kar- oder stiller Freitag zum Gedenken an die 4.500 von Karl dem Schlächter ermordeten Sachsen; Ostern zum Fest der Ostara, des Sonnenaufgangs im Osten; Hl. Abend zu Baldurs Lichtgeburt usw." Die meisten Einwohner bezogen nun infolge dieser Predigt nicht den „Deutschen" – sondern den Bayerischen Bauernkalender.[48]

Das hatte freilich Folgen. Holzgartner wurde nun hauptsächlich vom Bürgermeister Franz Knöferl, Mitglied der NSDAP, ebenso von Euringer und dessen Gattin, der Führerin der Bäuerinnen, bei der Kreisleitung Beilngries-Riedenburg angezeigt. Bereits am 25.01.1935 erhielt Holzgartner vom Kreisleiter – Unterschrift nicht leserlich – folgendes Schreiben: „Betreff: Politische Zuverlässigkeit. Sehr geehrter Herr Pfarrer! Im Kreisgebiet Beilngries-Riedenburg ist seit der Machtübernahme alles in Ruhe verlaufen. Auch in Ihrer Ortspfarrei haben Sie keinerlei Veranlassung gehabt sich über die Durchführung der Nationalsozialistischen Revolution dem Umbruch der Deutschen Volksgenossen zu beschweren. Deshalb wünsche ich sehr, dass die Kanzel nicht zur Hetze oder falschen Auslegungen benützt wird. Ihre Predigt am Sonntag, den 13. Januar 1935 war aber dazu angetan Beunruhigung unter die Ortseinwohner zu tragen. So zitierten Sie Rosenbergs Buch ‚Der Mythos des 20. Jahrhunderts', obwohl Ihnen bekannt ist, dass dieses Buch für geistig höher Stehende geschrieben und in Mindelstetten nicht gelesen wird. Ebenfalls nahmen Sie Stellung zum Reichsnährstandskalender und bekrittelten das Fehlen des („Hl.") vor dem Osterfest, ebenfalls nahmen Sie Stellung zum Karfreitag. Es gingen mir von der Ortschaft verschiedene Schreiben zu, in welchen mit Ihren Ausführungen nicht einig gegangen wird. Nachdem am 13. Januar eine geschichtliche Tat vollbracht wurde [Saarabstimmung] wäre es wohl nicht schwer gewesen, ein anderes Thema zu wählen. Dies zu Ihrer Information. Heil Hitler!"[49] Doch Holzgartner befand sich nicht allein mit seiner Verurteilung des „Deutschen Nährstandskalenders". Die meisten Pfarrkinder von Mindelstetten verurteilten die Stellungnahme des Kreisleiters, und selbst die Angehörigen der Anzeiger standen zu ihm. Holz-

48 Holzgartner, Chronik a. a. O. S. 3–6. – Möckershoff, Barbara, Nationalsozialistische Verfolgung katholischer Geistlicher im Bistum Regensburg, in: Beiträge zur Geschichte des Bistums Regensburg, Bd. 15, S. 112.

49 BKR III. Abt. CAS K. 22: 25.01.1935 Beilngries: NS-Kreisleiter an Holzgartner.

gartner schrieb dazu in seiner Chronik: „Ich verzeihe ihnen diese Unfreundlichkeit“, gemeint sind die Anzeiger.[50]

Doch es sollte nicht die letzte Auseinandersetzung mit dem NS-Regime sein. Am 03.09.1937 musste sich Holzgartner vor dem Amtsgericht Riedenburg wegen seiner Predigt am 11. Juli verantworten, in der er sich gegen die propagandistische Auswertung der angeblichen Sittlichkeitsprozesse energisch wehrte. Er hatte dazu wörtlich „Auszüge aus der Denkschrift des Bischofs von Berlin, Konrad Graf von Preysing[51] an das Propagandaministerium in Berlin“ sowie den mutigen Hirtenbrief Preysings über die Sittlichkeitsprozesse gegen Priester und Ordensleute vom 07.05.1937 benutzt und von der Kanzel verlesen.[52] Der Stationskommandant der Gendarmerie in Mindelstetten, Schertl, hat aber Holzgartner durch seine Recherche über die Predigt vor dem Gefängnis gerettet.[53]

1938 wurde Holzgartner wegen Vergehens gegen das Heimtückegesetz[54] bei der Staatsanwaltschaft Nürnberg angeklagt. Um was es sich dabei tatsächlich gehandelt hat, ist nicht zu eruieren. Doch er hatte wieder Glück. Der Staatsanwalt des Landgerichts Nürnberg-Fürth teilte ihm am 30.01.1939 mit, dass das Verfahren eingestellt wurde.[55]

Holzgartner hat in seiner umfangreichen und interessanten Chronik ab 1934 alle Ereignisse in Mindelstetten aufgezeichnet. Darüber hinaus vermerkte er auch wichtige Details aus der bayerischen, deutschen und Weltgeschichte, ebenso aus der Kirchengeschichte.

Entgegen dem Reichskonkordat, das von deutscher Seite in keiner Weise eingehalten wurde, ergaben sich immer wieder Schwierigkeiten verschiedenen Grades

50 Holzgartner, Chronik a. a. O. S. 11.

51 Konrad Graf v. Preysing-Lichtenegg-Moos (Kronwinkl bei Moosburg 1880 – 1950 Berlin), 1932–1935 Bischof von Eichstätt; 1935–1950 Bischof von Berlin; 1946 Kardinal. Zunächst Jurist mit Auszeichnung, dann Legationssekretär der Bayer. Botschaft in Rom. Nach einem Zweitstudium der Theologie in Innsbruck 1913 Promotion; 26.07.1912 Priesterweihe in München; Sekretär von Erzbischof Bettinger; 1917 Stadtpfarrprediger von St. Paul in München; von Kardinal v. Faulhaber 1921 zum Domprediger ernannt; 1928 Mitglied des Metropolitankapitels; nach Eichstätt 1935 Bischof von Berlin. Vor allem wegen seiner juristischen Erfahrung als scharfer Unterhändler mit dem Nationalsozialismus, als dessen entschiedener und mutiger Gegner geriet er sogar mit dem Vorsitzenden der Deutschen Bischofskonferenz, Kardinal Bertram, in Auseinandersetzungen. Durch seine freundschaftliche Verbindung mit Papst Pius XII. und wegen seiner Haltung zum NS-Regime zum Kardinal erhoben, stellte er auch gegenüber den Sowjets in der Besatzungszone seinen Mann. Infolge eines Gehirnschlags starb er am 21.12.1950 und wurde auf dem St.-Hedwigs-Friedhof und 1969 in der Krypta der Hedwigs-Kathedrale bestattet. – Vgl. Gatz a. a. O. S. 573–576.

52 Holzgartner, Chronik a. a. O. S. 66 – Vgl. Gruber, Hubert, Katholische Kirche und Nationalsozialismus 1930–1945. Ein Bericht in Quellen, Paderborn/München/Wien/Zürich 2006, S. 330–332 Nr. 155.

53 Holzgartner, Chronik a. a. O. S. 84.

54 Benz, Wolfgang/Graml, Hermann/Weiß, Hermann, Enzyklopädie des Nationalsozialismus. Stuttgart 1997, S. 506 – Heimtücke-Gesetz: Um Kritik an der NS-Führung und ihren Organisationen zu unterbinden, wurde am 21.03.1933 das Gesetz erlassen und am 20.12.1934 noch verschärft. Durch Sondergerichte verhandelt, konnten selbst nichtöffentliche böswillige Äußerungen mit Gefängnis bestraft werden.

55 Holzgartner, Chronik S. 88.

mit dem NS-Regime. So verfügte die Geheime Staatspolizei am 20.01.1938 für alle bayerischen Diözesen die Aufhebung des Katholischen Jungmännerverbandes, der Marianischen Jungfrauenkongregation und des Bundes Neudeutschland. Die Begründung: „Zur Abwehr kommunistischer staatsgefährlicher Gewaltakte". Eine unsinnigere Begründung, als ob die katholischen Jugendlichen kommunistisch gesinnt seien, ist unvorstellbar.[56]

Um den Einfluss der katholischen Kirche zu schwächen, wollte das NS Regime unbedingt die Gemeinschaftsschule anstatt der Konfessionsschule durchsetzen. So benutzte der NS-Parteigenosse Ellinger aus Riedenburg einen Luftschutzkurs, hauptsächlich für Frauen, um dafür zu werben, und zwar am 07.02.1938.[57] Am anderen Tag fand eine Versammlung in Mindelstetten statt, bei der Unterschriften pro Gemeinschaftsschule gesammelt wurden. Da der Religionsunterricht zugesagt wurde, unterschrieben alle Anwesenden außer drei Personen, die das Lokal protestierend verließen.[58] Am 10. Februar luden Bürgermeister und Ortsgruppenleiter Franz Knöferl und die Schulleitung zur Behandlung der erwünschten Gemeinschaftsschule ein, die aber von vielen gar nicht wahrgenommen wurde.[59] Ziel der nationalsozialistischen Schulpolitik war ja bekanntlich eine weit ausgreifende Politisierung unter langsamer Ausschaltung des Einflusses der Kirche; ferner völkisch-rassisches Wahndenken, Antisemitismus, deutschnationales Denken und Herrenmenschentum. An die Stelle von Religion und Humanität sollte kämpferische Gesinnung ohne Erbarmen mit Schwachen und vermeintlich „minderwertigen Völkern" treten.

Am 14.06.1941 sollten auf Weisung des Landrats von Riedenburg die Kreuze aus der Schule entfernt werden. Holzgartner vermerkte in seiner Chronik: „Gott seis gedankt befinden sie sich noch immer in der Schule. In Mendorf sind sie bereits entfernt. Seit vier Wochen ist auch das Schulgebet untersagt mit Ausnahme vor dem Religionsunterricht."[60] Zwei Monate später, am 17. August, konnte Pfarrer Holzgartner einen Hirtenbrief in seiner Predigt verlesen, der sich mit der Entfernung der Kreuze aus den Schulen und der Erschwerung der Prozessionen sowie der Abschaffung des Schulgebetes befasste. Am 11.09.1941 erreichte ihn dann ein Schreiben des Bischöflichen Ordinariats Regensburg, dem zufolge die Beseitigung der Kreuze in den Schulen nicht weiter durchgeführt werde. Außerdem sei bezüglich des Schulgebetes sei es zu einer Vereinbarung mit den Behörden gekommen. Auch die Schließung der drei Knabenseminare Obermünster in Regensburg, in Traunstein und St. Valentin in Passau zurückgenommen worden.[61] Der energische Protest weiter Kreise der Bevölkerung Bayerns erwies sich demnach als erfolgreich.

„Ein Ärgernis für die ganze Pfarrei Mindelstetten", wie Holzgartner notiert, war die standesamtliche Trauung des Pfarrkinds Maria Feigl von Imbath mit Franz Duda,

56 Ebd. S. 70.
57 Ebd. S. 70.
58 Ebd. S. 71.
59 Ebd. S. 71.
60 Ebd. S. 113.
61 Ebd. S. 115.

Sekretär am Finanzhof in Wien und seit 1932 illegaler SS-Mann, ohne sich um eine kirchliche Trauung zu bekümmern. Sie hatte ihn als „Braune Schwester" in Wien kennen gelernt. Sie verstarb am 05.07.1944 reuig und wurde in Wien begraben.[62]

Am 09.10.1940 berichtete Holzgartner in seiner Chronik den größenwahnsinnigen Tagesbefehl Hitlers an die Wehrmacht: „Das Jahr 1941 wird die Vollendung des größten Sieges unserer Geschichte bringen!"[63]

Die Pfarrangehörigen von Mindelstetten erwiesen sich mit ganz wenigen Ausnahmen als treue und gute Katholiken, die das seelsorgerliche Mühen ihres Pfarrers tatkräftig unterstützten. In den Tagen vom 15. bis 22.11.1936 fand hier eine Volksmission statt. Holzgartner berichtete darüber Folgendes: „Eine unvergessliche Gnadenwoche erlebte die Pfarrei Mindelstetten durch die Volksmission an diesen Tagen. In fünfunddreißig Predigten, gehalten von Stadtpfarrer und Stadtdekan Franz H. Omasmeier[64] von St. Martin in Amberg, Pfarrer Petrus Zellner[65] von Teublitz und Kooperator Max Kriegler[66] von Anzenberg-Massing, wurden in klarer und unaufdringlicher Weise die ewigen Wahrheiten vor Augen geführt und auf die schweren Gefahren der Gegenwart warnend hingewiesen. Die Beteiligung seitens der Pfarrkinder war trotz des meist regnerischen Wetters und der schmutzigen Wege äußerst rege, so dass die Kirche immer gefüllt war und rund 1.900 Kommunionen ausgeteilt wurden. Mit einer prächtigen, durch sonniges Wetter ausgezeichneten Prozession, zu der auch die Nachbarschaft herbeigeströmt war, schloss diese religiöse Veranstaltung."[67]

Das Rosenkranz-Fest wurde in Mindelstetten alljährlich mit großer Feierlichkeit begangen. Schließlich beging an diesem Tag die Rosenkranzbruderschaft ihr Patrozinium. Auch am 03.10.1937 war der Ansturm des Volkes sehr groß, besonders aus Ingolstadt, von wo Fußpilger anlässlich des Todestages von Anna Schäffer kamen. 850 Kommunikanten wurden gezählt.[68]

Von Interesse ist auch Holzgartners Bericht über das am 25.01.1938 zwischen 8 bis 8.30 Uhr beobachtete Nord- oder Polarlicht. Er schreibt: „In der Richtung nach Norden [Tettenagger] standen unten am Horizont dunkle Wolken, darüber eine Fläche starken hellen Lichtes und darüber breiteten sich drei Flächen mit starkem roten Licht aus, durch das sich von Zeit zu Zeit helle gelbliche Lichtstreifen sich

62 Ebd. S. 107.

63 Ebd. S. 106.

64 Z.Schem. d. Bist. Regensburg 1936: Franz Xaver Omasmeier, geb. 06.09.1876 in Roßmühle, PfarreiWiesenfelden/Opf.; Pr.-W. 19.05.1901; 1901 Kooperator in Schwandorf/Opf.; 1907 Benefiziat in Bayerbach/Nby.; 1918 Pfarrer in Stamsried/Opf.; 1929 Stadtpfarrer und Stadtdechant in Amberg, St. Georg; † 07.12.1941.

65 Prälat BGR frr. Pfarrer von Eggenfelden Peter Zellner, geb. 16.09.1888 in Wallersdorf/Ndby.; Pr.-W. 29.06.1914; 1916–1922 Kooperator in Schneiding; 01.1926 Expositur in Klardorf/Opf.; 1927 Pfarrer in Saltendorf, dann in Teublitz, wo er eine neue Pfarrkirche baute; zuletzt Stadtpfarrer von Eggenfelden;† 30.I.1972.

66 Schem. d. Bist. Regensburg 1932: Maximilian Kriegler, geb. 23.11.1901 in Berchtesgaden/Oby.; Pr.-W. 29.06.1925; 1925 Kooperator in Stamsried/Opf.; 1929 Koop. in Walderbach/Opf.; 1929 Koop. in Sallach/Nby.; 1931 Koop. in Kümmersbruck/Opf.; 1932 Koop. in Massing/Nby.; 1935 Pfarrer in Wiefelsbruck/Opf.; † 27.03.1945.

67 Holzgartner, Chronik S. 80.

68 Ebd. S. 69.

zeigten." Er vermerkt dazu, dass er dies in einem Vortrag in Imbath in einen Zusammenhang mit der Botschaft der Seherin Luzia in Fatima gebracht habe und es als ein Zeichen Gottes und einen Hinweis auf seine Bestrafung für die Verbrechen durch Hunger, Krieg, Verfolgung der Kirche und des Papstes deutete.[69]

Am 21.09.1938 wurde Pfarrer Holzgartner zum Kämmerer des Kapitels Pförring ernannt.[70] Dies dient als Beweis für sein Ansehen, das er im Dekanat Pförring und darüber hinaus im Bistum Regensburg besessen hat.

Auch am Rosenkranzsonntag, am 03.10.1939, fanden sich wie alle Jahre viele Gläubige zum Gottesdienst in der Pfarrkirche ein; 750 Kommunionen wurden ausgeteilt.[71]

Vom 03. bis 06.12.1940 hielt Pfarrer Peter Zellner in Mindelstetten ein sehr gut besuchtes Triduum, an dem sich auch viele Männer und Burschen beteiligt haben.[72]

An den Jugendsonntagen – mit Jugendweihe – fanden sich immer eine große Zahl Jugendlicher ein. Im Juni 1942 beteiligten sich 83 Mädchen und, obwohl viele beim Militär und Arbeitsdienst waren, 42 Burschen; 1943 zählte man 180 Mädchen und 125 Burschen. Als Aushilfe fungierte P. Dr. Rhaban Rechenmacher OSB aus Weltenburg.[73]

Am 13. Juli 1944 zeichnete Holzgartner wieder eine Himmelserscheinung auf: Die Sonnenscheibe rotierte scheinbar mit großer Geschwindigkeit („Sonnenwunder"?) am Nachmittag gegen 2 Uhr. „Die Sonne war von farbigen Ringen umgeben. Wer denkt da nicht an das Fatimawunder von 1917?" Etwas Ähnliches hat sich bei den Erscheinungen der Mutter Gottes in Bergamo am 13.05.1944 ereignet.[74]

Das Rosenkranzfest am 01.10.1944 wurde wiederum mit mehreren Aushilfen festlich begangen. An den drei Tagen wurden 677 Kommunionen gespendet. Traditionsgemäß nahmen viele auswärtige Anna-Schäffer-Verehrer teil.[75]

Am Faschingsdienstag, den 19.02.1945, konnte Holzgartner die rege Teilnahme an der Ewigen Anbetung mit 55 Kommunikanten belobigen.[76] Die große Teilnahme der Pfarrangehörigen wurde dabei sicher durch den Schrecken des ausgehenden Zweiten Weltkriegs bestimmt.

1945 – Rückblick und Ausblick

Von großem Interesse sind die ausführlichen Berichte Holzgartners über die Kriegsereignisse 1945 in Mindelstetten und Umgebung.[77] Wegen des Umfangs der Aufzeichnungen können aber aus Platzgründen nur die wichtigsten Details aufgenommen werden.

69 Ebd. S. 69.
70 Ebd. S. 83.
71 Ebd. S. 93.
72 Ebd. S. 104.
73 Ebd. S. 132.
74 Ebd. S. 151.
75 Ebd. S. 153.
76 Ebd. S. 160.
77 Ebd. S. 161–181.

Am 08.04.1945 kamen 1.800 gefangene amerikanische Fliegeroffiziere nach Mindelstetten, die am 15. Januar vor den Russen aus der Lausitz in Norddeutschland geflüchtet waren, um am Abend wieder weiter nach Süden zu ziehen. Sie tauschten Süßigkeiten, Tee und Kaffee für Milch, Kartoffeln und andere lebenswichtige Lebensmittel ein, unbehelligt von den Wachmannschaften. Anderntags kam eine Genesungskompanie mit einem Hauptmann und sechs weiblichen Hilfskräften ins Dorf und ließ sich dort nieder. Am 15. April besetzten 250 ungarische SS-Leute Imbath. Sie fielen den Bewohnern durch ihre unangenehme Zudringlichkeit auf. Sie mussten aber bald durch die Beschwerde eines Oberfeldwebels der Genesungskompanie gottlob weiterziehen.

Während Mindelstetten und Umgebung bereits seit drei Jahren oft durch das Überfliegen von Bombengeschwadern mit dem Ziel München, Nürnberg und Ingolstadt beunruhigt wurde, fielen auch zuweilen Bomben auf die Wiesen und Felder, die große Erdtrichter verursachten. Am 17. April vernahm man bereits das Donnern der Geschütze an der nördlichen Front, denn die fanatische SS leistete den Amerikanern heftigen Widerstand. Am 21. April zogen 400 Arbeitsdienstler müde und verdrossen durch Mindelstetten. Am andern Tag zog die Genesungskompanie endlich ab. „Ich hatte den ganzen Hof voll von Soldaten, Pferden und Wagen. Die Militärs versteckten sich vor den gefährlichen Tieffliegern, die tagsüber über die ganze Gegend kreisten.“ Am Abend des 23. April kamen Kampftruppen der SS, die sich aber „Hals über Kopf“ in Richtung Neustadt nach Geisenfeld absetzten. Die SS hatte zuvor noch dem Kirchenbauern wegen einer geringfügigen Sache mit dem Erhängen gedroht. In der Nacht zum 26. April rollten pausenlos Autos und Lastwägen durch das Dorf in Richtung Neustadt an der Donau. Der Geschützdonner entwickelte sich nun zum Trommelfeuer, immer näher kommend. Da die dort gebliebenen SS-Leute einen Gefechtsstand errichten wollten, war Holzgartner gezwungen, sich mit anderen Dorfbewohnern in den Schulhauskeller zu begeben, weil der Pfarrhofkeller voll Wasser war. Draußen sausten fortwährend Mannschafts- und Trosswagen, ebenso Rotkreuzautos, vollgepfropft mit Verwundeten, vorbei. „Endlich flüchteten auch die letzten SS-Männer, der Geschützdonner hörte allmählich auf, und der Kirchbauer und ich konnten auf dem Kirchturm eine weiße Flagge hissen. Buben hatten unterdessen einen weißen Fetzen auf einer Stange an der nach Norden führenden Straße angebracht und liefen mutig den amerikanischen Panzern entgegen. Am Nachmittag, gegen 15 Uhr 45, man schrieb den 27. April, fuhren die Panzer in Mindelstetten ein. Die Bevölkerung, die die Amerikaner freundlich empfing, dankte Gott, dass ihr Dorf von größeren Schäden verschont geblieben war, denn die SS-Männer, die den Ort als letzte verließen, hatten gedroht, das ganze Dorf in Brand zu stecken.“

Am 28. April stattete der Kommandant der Amerikaner Holzgartner einen Besuch ab, nachdem er Franz Knöferl als Bürgermeister entlassen hatte. Er fragte, wie viel Prozent hier Nazi seien. Der Pfarrer gab zur Antwort: „Weiß ich nicht – sind immer weniger geworden!“ Auf die Frage, wie Knöferl war, antwortete Holzgartner: „Hat niemand etwas zuleide getan!“ Der Priester hat dadurch bewiesen, dass er in echt christlicher Nächstenliebe dem Bürgermeister und Ortsgruppenleiter die dreimalige Anzeige verziehen hatte. Als neuen Bürgermeister schlug er den Bauern Thomas Schoberer (Hausname „Beim Haas“), Hausnummer 12, vor, was dankend angenommen wurde.

Am 30. April verbreitete sich in Mindelstetten und Umgebung großer Schrecken. In Tettenagger hatte ein amerikanischer Soldat die Bäuerin Maria Weigl, 54-jährig, vergewaltigt, dann erwürgt und erschlagen. Zuvor hatte er mit aus Köln evakuierten Frauen „Goldwasser“ getrunken, das sie von SS-Männern früher erhalten hatten. Leider konnte der Gatte der Toten den Mörder nicht erkennen, sonst wäre dieser von der amerikanischen Militärpolizei sofort erschossen worden, wie Holzgartner in seiner Chronik vermerkt hat.

Im katastrophenreichen 20. Jahrhundert zählen die Jahre 1944 und 1945 zu den schrecklichsten. Damals erreichte der Zweite Weltkrieg den Höhepunkt an Verlusten von Menschenleben und Zerstörungen. Die Verbrechen des Nationalsozialismus steigerten sich in kaum noch vorstellbarem Ausmaß. In diesen Jahren wurden in Europa rund 30 Millionen Menschen aus unterschiedlichen Gründen zum Verlassen ihrer Heimat gezwungen. Tod, Verzweiflung und bitterste Not waren dabei ständige Begleiter. Zu Kriegsende befanden sich auf dem Staatsgebiet Bayerns Millionen Fremde: Evakuierte aus Nord- und Westdeutschland, deutsche Aussiedler aus Osteuropa, Zivilpersonen, die vom NS-Regime aus den besetzten Gebieten in das Deutsche Reich gebracht worden waren, um als Fremd- und Zwangsarbeiter eingesetzt zu werden, Kriegsgefangene, befreite KZ-Häftlinge, amerikanische und französische Besatzungstruppen sowie Millionen Flüchtlinge, vor allem aus dem Sudetenland und aus Schlesien, die aus Angst vor den Kriegsereignissen, besonders vor der Roten Armee und dem Sowjetsystem, ihre Heimat verlassen hatten bzw. mussten. In ganz Bayern und darüber hinaus verbreitete sich eine furchtbare Situation, die noch durch den Mangel an Wohnraum, verursacht durch die Bombardierungen der Städte, sowie durch die voranschreitende Ernährungskrise verschlimmert wurde.

Die einheimische bayerische Bevölkerung begegnete den Fremden häufig misstrauisch und wenig freundlich. Schließlich musste sie selbst schwer an den Nachwehen der NS-Herrschaft und den Kampfhandlungen, vor allem an der Zerstörung der Städte leiden. Die oft tragischen Lebensschicksale der einzelnen Fremden wurden kaum berücksichtigt und hatten oftmals sogar eine Abweisung zur Folge. Christliches Verständnis für entwurzelte, verarmte und von den Schrecknissen des Krieges gezeichnete Menschen fand sich nur selten.

Von den Einheimischen wurde zunächst mehrheitlich eine Sesshaftmachung der nach Bayern geflüchteten Personen abgelehnt. Sie fürchteten eine Unterwanderung des bayerischen Volkes und seiner reichen bodenständigen Kultur, eben eine Überfremdung.

Auch Mindelstetten hatte zunächst unter der Überfremdung zu leiden. Fast jeden Tag stellten sich ehemalige Kriegsgefangene und Zwangsarbeiter aus den verschiedensten Ländern ein, um auf dem Heimweg Rast zu machen. Vor allem aber machte das Flüchtlingsproblem zu schaffen. Noch im Oktober 1946 befanden sich 279 Nichteinheimische, davon 200 Katholiken, im Dorf.[78]

Holzgartner nahm auch einzelne Ereignisse, die für die bayerische Geschichte von Bedeutung sind, in seine Chronik auf. So berichtete er am 15.05.1945 von der „Freiheitsaktion Bayern". Oberleutnant Dr. Rupprecht Gerngroß[78a] hatte nämlich als Kommandant der Dolmetscherkompanie in Sorge um München und Oberbayern die Sender Freimann und Erding besetzt und die Bevölkerung zum Aufstand gegen die NS-Herrschaft aufgerufen. Dadurch wurden im gesamten Oberland spontane Bürgerreaktionen ausgelöst. Leider haben aber die SS-Schergen, die sich noch in Bayern befanden, die Rebellionen unterbunden und die Beteiligten brutal ermordet. Nach Holzgartner wurden zahlreiche Soldaten der Kompanie von Gerngroß auf Befehl des Gauleiters Paul Giesler[79], Reichsverteidigungskommissar in München, an Fleischerhaken aufgehängt.[80] Dr. Gerngroß konnte sich jedoch verbergen. Anschließend vermerkte er: „Oberbürgermeister Fiehler von München soll von der Bevölkerung aufgehängt worden sein und Karl Scharnagl[81] ist wieder der alte neue Oberbürgermeister."[82]

Das Rosenkranzfest wurde am 08.10.1945 wiederum sehr festlich begangen. 700 Kommunikanten wurden gezählt.[83]

Am 09.10.1946 reichte, laut Chronik, die Gemeindeverwaltung von Mindelstetten ein Entlassungsgesuch für den NS-Bürgermeister und Ortsgruppenleiter Franz Knöferl an die Militärregierung ein. Knöferl dürfte sich zu dieser Zeit im Lager

---

78 Ebd. S. 208.

78a Dr. Rupprecht Gerngroß (1915 Shanghai – Deisenhofen b. München 1996), der als Hauptmann der Dolmetscherkompanie in Erding am 27.04.1945 die „Freiheitsaktion Bayern" gründete, gehörte als Patriot und Monarchist einer Gruppe von Offizieren und Mannschaften an, die die Befreiung Bayerns vom NS-Regime zum Ziel hatten. In der „Zehn-Punkte-Proklamation", die in den Morgenstunden des 28. April über den Sender Erding ausgestrahlt wurde, heißt es als Erstes: „Ausrottung der Blutherrschaft des NS-Regimes und die Wiederherstellung rechtsstaatlicher Verhältnisse". Dr. Gerngroß wurde nach 1947 Mitglied der Bayernpartei. – Vgl. Höpfl, Bernhard, Katholische Laien im nationalsozialistischen Bayern: Verweigerung und Widerstand zwischen 1933 und 1945, München 1997, S. 248 – Unger a. a. O. S. 206.

79 Paul Giesler (1895 Siegen – Berchtesgaden 1945 durch Selbstmord), fanatischer SA-Führer in Westfalen; als Günstling Bormanns in der Reichskanzlei zunächst Gauleiter in Westfalen 1942, dann Gauleiter und Zentralminister in Bayern, hier nahezu unumschränkter Herrscher Bayerns; zuletzt Reichsverteidigungskommissar, als solcher rücksichtslos und grausam. – Vgl. Bosl a. a. O. S. 254 – Hubensteiner a. a. O. S. 483.

80 Holzgartner, Chronik a. a. O. S. 181f.

81 Karl Scharnagl (1881 München – München 1963); 1903 Meisterprüfung im Bäckerhandwerk; 1911 Mitglied des Bayer. Landtags; 1919 Stadtrat der BVP; 1925–1933 Erster Bürgermeister der BVP; 1944 Inhaftierung in Dachau; 1945–1949 Oberbürgermeister von München. – Bosl a. a. O. S. 667.

82 Holzgartner, Chronik a. a. O. S. 190.

83 Ebd. S. 190.

Moosburg, wo ehemalige NSDAP-Mitglieder inhaftiert waren, befunden haben. Als Begründung wurde angegeben: Er habe durch eine Besprechung mit dem SS-Kommandanten erreicht, dass am 26.04.1945 die deutschen Panzer abgezogen seien; er habe lediglich die Mitglieder der Kreisleitung mit „Heil Hitler" gegrüßt; er habe die Verlegung des Rosenkranzfestes zugunsten des NS-Erntedankfestes verweigert, wie ebenso die Sterilisation der unheilbaren Therese Zieglmeier.[84]

Holzgartner stellte am 27.10.1946 anlässlich der Verteilung der Care-Pakete aus Nordamerika fest, dass sich 279 Flüchtlinge und Evakuierte noch in Mindelstetten befanden.[84a] Wie viele Fremde im Ort geblieben sind bzw. eingebürgert wurden und nach der Währungsreform 1948 Häuser gebaut haben, ist nicht zu eruieren.

Aus der Chronik geht hervor: Am 04.09.1946 befanden sich noch immer aus der Pfarrei Mindelstetten 22, aus Hiendorf 11 und aus Imbath 8 Soldaten in Gefangenschaft oder galten als vermisst.[85]

Am 20.11.1946 vermerkt Holzgartner: Von 9.000 Priestern in den bayerischen Diözesen wurden bis jetzt zwanzig (0,23 %) wegen Mitgliedschaft bei der NSDAP oder als deren Sympathisanten von der Militärregierung beanstandet; bei der protestantischen Religionsgemeinschaft hingegen einhundertsechsunddreißig. Im Bistum Regensburg waren nur drei katholische Priester NS-verdächtig.[86]

Die Beteiligung von vielen Männern und Burschen am Triduum vom 09. bis 12.01.1947 von P. Viktrizius Oberndorfer OFMCap. war großartig; am 11. Januar gingen sechzig und am Sonntag, den 12. Januar gingen ca. 200 zu den hl. Sakramenten.[87]

Am 22.05.1948 wurde Pfarrer Holzgartner von Bischof Buchberger gegen seinen Willen zum Dekan des Kapitels Pförring ernannt.[88]

Aus der Chronik geht hervor: Am 21.12.1949 wurden die drei am 12. Dezember von der Firma Karl Hauner in Regensburg gegossenen Glocken feierlich vom Pfarrer, begleitet von vierzehn Reitern, am „Unteren Hölzl" eingeholt und unmittelbar auf dem Friedhofsgelände in Mindelstetten geweiht. Dazu vermerkt Holzgartner: „Das Geläute von Mindelstetten gehört zu denen, die an Tonfülle und Klangwirkung kaum mehr überboten werden kann. Die Pfarrgemeinde kann zufrieden sein."[89]

Auch mit den Wahlergebnissen in Mindelstetten hat sich Holzgartner beschäftigt. So schreibt er am 14. August 1949: „Bei den Bundestagswahlen erhielten die CSU 68, die SPD 34, die WAV 35, die KPD 5, die FDP 33 und die BP 178 Stimmen, also die absolute Mehrheit. In Hiendorf stimmten von den 102 abgegebenen Stimmen für die CSU 21, für die SPD 9, für die WAV 3, für die KPD 3, für die FDP 3 und für die BP 45. Die Bayernpartei errang also auch hier die absolute Mehrheit.[90]

84 Ebd. S. 207.
84a Ebd. S. 208.
85 Ebd. S. 206.
86 Ebd. S. 208.
87 Ebd. S. 213.
88 Ebd. S. 233.
89 Ebd. S. 152–154.
90 Ebd. S. 246.

Vom 11. bis 18.12.1949 fand die letzte Volksmission unter Holzgartner statt. Sie wurde von den beiden Kapuzinern P. Hubert Schweikl aus Rosenheim und P. Ladislaus Bettinger aus Altötting abgehalten. Die Beteiligung der Pfarrangehörigen war hervorragend, „nur einige Flüchtlinge waren nicht zu bewegen sich zu beteiligen.“ 2.000 Kommunikanten wurden gezählt.[91]

Im Jahre 1950 nahm Pfarrer und Dekan Karl Holzgartner von Mindelstetten und seinen beiden Ämtern Abschied. Am 2. März hat er mit Wirkung vom 1. Mai mit Rücksicht auf sein Alter und seinen unbefriedigenden Gesundheitszustand auf seine Pfarrpfründe frei resigniert. Bereits sechs Tage später genehmigte Bischof Buchberger das Resignationsgesuch. Am 20. April fand die Abschiedskonferenz des Dekanates Pförring in fröhlicher Runde statt.[92]

Holzgartner verließ am 22.05.1950 in aller Stille mit seinem Fahrrad Mindelstetten, um in seinem Ruhesitz im Expositurgebäude in Pförring einzuziehen. Sein Hausrat dürfte schon Tage vorher dorthin gebracht worden sein.[93] Er besaß in seiner Pfarrei, der er als guter Seelsorger 16 Jahre seines Lebens geschenkt hatte, aber auch als eifriger Heimatforscher großes Ansehen. Bleibt noch zu erwähnen, dass er eine Geschichte der Eremiten im Bistum Regensburg handschriftlich hinterlassen hat. Das bedeutsame Manuskript befindet sich im Archiv der Mutterklause Frauenbründl bei Bad Abbach und wurde leider bislang nicht veröffentlicht.

Es ist durchaus anzunehmen, dass Holzgartner ein Verehrer der seligen Anna Schäffer gewesen ist. Sonst hätte er nicht in seinem umfangreichen Werk „Beiträge zur Pfarrgeschichte von Mindelstetten“ eine umfangreiche Lebensbeschreibung der Seligen[93a] verfasst. Sie beginnt mit den Worten: „Der unbekannte Verfasser des ‚Anna-Schäffer-Liedes‘ beginnt mit den Worten:

So lasst uns zum Grabe der Leidensbraut zieh’n
Und sehn wie die Rosen und Lilien dort blühn!
Die Lilien des Schmerzes, die Rosen der Lieb –
O, dass ihr Gedenken ein ewiges blieb!“[94]

Auch der Schlusssatz seiner Vita ist für ihn bezeichnend und weist ihn als einen Verehrer aus: „Möchte die Verehrung Anna Schäffers sich nicht bloß im Vertrauen zu ihr kundgeben, sondern auch ihrem tiefen heroischen Glauben an die Gottheit Christi und die heiligste Eucharistie, ihrer Demut, die sich mit voller Überzeugung als Sünderin, ja als größte Sünderin bezeichnet, ihrer Leidens- und ihrer Sühnebe-

91 Ebd. S. 250.
92 Ebd. S. 256.
93 Ebd. S. 258.
93a Handschr.Ms. S. 411–423.
94 Vermutlich war Xaver Tempelmeier aus Ingolstadt, einer der eifrigsten Verehrer Annas, der Verfasser des „Anna-Schäffer-Liedes“.

reitschaft und ihre echte Liebe zur Katholischen Kirche, nacheifern: Mindelstetten, 18.XII.1948, Holzgartner.“[95]

Aufzeichnungen in seiner Chronik, Anna betreffend, sind relativ wenige. Aber es ist durchaus anzunehmen, dass zu den Namens- oder Todestagen immer Pilger zum Grab der Seligen gekommen sind, auch wenn es nicht ausdrücklich erwähnt wurde. Am 20.12.1934 findet sich der Eintrag: „Heute fanden sich 50 Besucher des Grabes aus Ingolstadt unter Führung von Tempelmeier ein. Das Anliegen war die Heilung eines blinden Knaben.“[95a] Am Tag des Rosenkranzfestes, am 5. Oktober 1936, mit dem auch eine Prozession durch das Dorf verbunden war, beteiligten sich Pilger aus Ingolstadt im Gedenken an den Todestag Annas.[96] Am 14.09.1936 wird in der Chronik wiederum berichtet: „Gestern abends – also am Fatimatag – kamen circa 200 Mitglieder des Dritten Ordens von Ingolstadt über Bettbrunn als Fußpilger zum Grab Annas. Nach einer kurzen Andacht in der Kirche, gehalten von P. Reynald OFM, beteten und sangen sie am Grab. Zum erstenmal wurde das „Anna-Schäffer-Lied“ gesungen.“[97] Als am 11.07.1944 amerikanische Flugzeuge beim Hiendorfer Keller 16 Bomben abwarfen und 16 große, vier Meter tiefe Trichter verursachten, vermerkte Holzgartner: „Schließlich hat uns doch unsere liebe Schäffer Anna vor einem schweren Unglück beschützt! Gratias agamus!“ Es handelte sich dabei sicher um Notabwürfe, die aber Einwohner Mindelstettens und Hiendorfs, die auf ihren Feldern arbeiteten, in große Gefahr brachten.[98]

Von Interesse ist auch der Eintrag vom 12.07.1946. Holzgartner berichtete, dass in der Nacht vom 5. auf den 6. Juli infolge wolkenbruchartigen Regens das Grab Annas in sich zusammengefallen war, da der den Hohlraum über dem Grab abschließende Laden verfault gewesen ist und nachgegeben hat. „Am 11. Juli haben nun Schreinermeister Scharl mit Hilfe von Johann Seidenschwanz das Grab, gegen meinen Willen in Gegenwart der Dorfleute, geöffnet und die vermoderten Gebeine aus dem Erdreich herausgewühlt und in einer Holzkiste gesammelt: Kopf, Kiefer, Arm, Bein, Wirbel, Rippen. Diese Knochen waren noch gut erhalten. Es befand sich noch ein defekter Perlenkranz und Teile von Rosenkranz dabei. Alles wurde sorgfältig gesammelt! Die Kiste wurde unter dem Grabkreuz mit Ziegelsteinen ausgebaut und mit einer Dachsteinplatte doppelt zugedeckt. Dann hat man das Grab wieder mit Erde bedeckt. Von den Gebeinen wurde nichts entfernt. Um die sterblichen Überreste besser zu konservieren und sie nicht mit Fremden, die vor dem Kirchenneubau hier bestatten worden sind zu vermengen, hat man diese eingesammelt. In diesem Grab wurde ja bekanntlich schon der Vater Annas beerdigt.“[99]

Die Akten bezüglich Anna Schäffer sind in der Zeit Holzgartners, aber auch seines Nachfolgers Michael Sporrers, äußerst dürftig. Sie dürften vermutlich anlässlich

95 Holzgartner, Karl, Beiträge zur Pfarrgeschichte von Mindelstetten: 1934–1950, hdschr. Ms., S. 411–423.
95a Holzgartner, Chronik S. 6.
96 Holzgartner, Chronik S. 54.
97 Ebd. S. 52.
98 Ebd. S. 150.
99 Ebd. S. 203.

der Räumung des alten Pfarrhofs und der Neuerrichtung desselben verloren gegangen sein, denn es ist kaum anzunehmen, dass ein Historiker wie Holzgartner Akten vernichtet hat.[100]

Lediglich ein Brief vom 04.10.1939 ist erhalten: Frau Margareta Mayer, „Auf der Point“ in Unterwössen/Oberbayern, wandte sich an den Pfarrer mit der Bitte um Reliquien und Bildchen von Anna, für Soldaten „und zur Verehrung und Anrufung in eigener langjähriger, durch Unfall verursachter Krankheit“. Sie habe durch Sommergäste ihre Lebensgeschichte kennen gelernt.[101] Auch ein Kapuziner aus Salzburg, P. Caius Kammerer, ersuchte um Bildchen von der Seligen und Reliquien. Holzgartner sandte ihm 2 Bildchen und 20 Reliquien.[102] Ebenso bat Anna Böhm aus Ebnath/Oberpfalz um Bildchen, nachdem sie den Artikel über Anna im „Regensburger Sonntagsblatt“ gelesen hatte. Holzgartner verwies sie an die Buchhandlung Schneider/Wtw. in Riedenburg.[103] Aus Mendorf/Oberpfalz meldete sich Amalie Zieglmeier mit einem auffallenden Wunderbericht: Sie hatte ihr dreijähriges Kind, Pauline, mit dem Wagerl in den Hof gestellt, wo drei Schweine frei herumliefen. Diese bissen das Mäderl in die Zehen. Auf das Schreien des Kindes trug sie es in das Haus. Ihr erster Gedanke war: „Anna Schäffer, Du wirst uns helfen!“ Da die Wunden bluteten, musste sie diese verbinden und legte je eine Reliquie unter den Verband. Nach fünf Minuten hörte das Schreien auf und die Heilung setzte sofort ein. Pauline wurde, obwohl drei Zehen durchgebissen waren, wieder völlig gesund.[104]

Von Interesse ist auch folgender Brief, weil er nachweist, dass schon damals Pilgergruppen auch aus anderen Orten, nicht nur aus Ingolstadt, nach Mindelstetten zum Grab Annas gepilgert sind. Franziska Sommer aus Schrobenhausen/Oberbayern schrieb: „Hochwürden, sie werden sich der kleinen Gruppe am Sankt Anna Tag erinnern!“ Sie bestellte für 5. Oktober 1935 um 9 Uhr eine hl. Messe, wenn möglich.[105]

Nachdem Rosa Imlauer am 15.02.1935 Friedrich Ritter von Lama benachrichtigt hatte, wer der neue Pfarrer von Mindelstetten sei, sandte von Lama bereits am 16. Februar Pfarrer Holzgartner einen Brief. Er erinnerte daran, dass er Anna das erste literarische Denkmal setzten durfte. Dann berichtete er: „Auch sind es erst wenige Monate her, dass das Buch in ungarischer Sprache erschien, da Anna Schäffer auch dort unten durch Erhörung von Gebeten manche Verehrung besitzt. Nach dem bisherigen Absatz dürfte das Buch im Laufe des kommenden Jahres vergriffen

100 Ebd. S. 204 – BKR III. Abt. CAS K. 22: 11.07.1946 Mindelstetten: Protokoll bezüglich des Anna-Schäffer-Grabes.

101 BKR III. Abt. CAS K. 21: Unterwössen/Obby. 04.05.1939: Frau Mayer an Holzgartner.

102 BKR III. Abt. CAS K. 21: Salzburg 14.03.1937: P. Caius Kammerer OFMCap. an Holzgartner.

103 BKR III. Abt. CAS K. 21: Ebnath/Opf. 24.11.1936: Anna Böhm an Holzgartner.

104 BKR III. Abt. CAS K. 21: Mendorf/Opf. 30.08.1935: Amalie Zieglmeier an Holzgartner.

105 BKR III. Abt. CAS K. 21: Schrobenhausen, Schleifmühle/Obby. 30.09.1935: Franziska Sommer an Holzgartner.

sein. Eine Neuauflage böte mir die Möglichkeit, viel handschriftliches Material, das ich seit Erscheinen der ersten Auflage bekommen habe, zu verwerten, das der Öffentlichkeit noch unbekannt ist."[106]

Aus dem Jahr 1941 ist nur ein einziger Brief vorhanden. Der Münchner Verleger Sellmaier teilte Holzgartner mit Bedauern mit, dass sich die Verhältnisse im Buchwesen so entwickelt hätten, dass an eine baldige Veröffentlichung des geplanten Volksbuches nicht zu denken sei. Holzgartner dürfte ihm ein Manuskript zur Veröffentlichung gesandt haben. Sellmaier bemerkt dazu: „Es wird eine Zeit kommen, da auch diese Arbeiten wieder aufleben werden", und sandte es ihm zurück.[107]

Aus den folgenden Jahren sind leider keine Akten bzw. Briefe vorhanden. Erst 1946 tauchen wieder welche auf. So bat eine Krankenschwester aus Erkheim/Schwaben um Reliquien für eine Kranke.[108] Im Mai meldete sich bei Holzgartner der Münchner Verlag Schnell & Steiner, der im Bayernkalender für 1947 „unter den Monatsgestalten" einen Aufsatz über Anna Schäffer zu bringen gedachte. Es wird um Text- und Illustrationsmaterial gebeten. Holzgartner kommt dieser Bitte mit einem kurzen Text und zwei Fotos nach.[109] Tatsächlich erschien im Bayernkalender 1947 eine Kurzbiographie über die Selige. Eine gewisse Frau Therese Schmidt aus Freinhausen bei Schrobenhausen bedankte sich im August beim Pfarrer für das leihweise überlassene Buch von Friedrich Ritter von Lama, das sie und ihre Familie mit Freude gelesen haben.[110]

Im Jahr 1947 wurde Holzgartner aus Kempten[111] und Ellwangen/Württemberg[112] um Lebensbeschreibungen von Anna ersucht. Leider konnte er die Wünsche nicht erfüllen. Am 13.10.1947 übersandte die Schwester der Seligen, Katharina Veit aus Osterberg bei Illertissen/Schwaben, 200 RM für die Auslagen, die Holzgartner für die Erneuerung des Grabes von Anna entstanden sind. Dies teilte sie auch in einem Schreiben mit.[113] Auch 1948 wurde an Holzgartner die Bitte herangetragen, Bücher über Anna zu senden, und zwar von Sophie Hetzenecker aus Rothach bei Weiler im Allgäu.[114]

Im Juli 1949 meldete sich die gute Freundin und Verehrerin Annas, Lina Pritzl aus Straubing, die mit ihr mehrere Briefe ausgetauscht hatte. Sie erbat das „neue Büchlein über Anna Schäffer" von Konrad Zoller[115], das dieser 1949 verfasst hat. Im gleichen Jahr regte der Generalpräses der Gebetsvereinigung für die Einheit des

106 BKR III. Abt. CAS K. 21: Gauting 16.02.1935: Friedrich Ritter v. Lama an Holzgartner.

107 BKR III. Abt. CAS K. 22: München 30.10.1941: Verleger Sellmaier an Holzgartner.

108 BKR III. Abt. CAS K. 22: Erkheim/Schw. 07.01.1946: Schw. Sofie Keller an Holzgartner.

109 BKR III. Abt. CAS K. 22: München 09.05.1946: Verlag Schnell & Steiner an Holzgartner.

110 BKR III. Abt. CAS K. 22: Freinhausen/Obby. 20.08.1946: Therese Schmidt an Holzgartner.

111 BKR III. Abt. CAS K. 22: Kempten 14.09.1946: Catharina Schmitz an Holzgartner.

112 BKR III. Abt. CAS K 22: Ellwangen/Wttb. 07.08.1947: Maria Remlinger an Holzgartner.

113 BKR III. Abt. CAS K. 22: Osterberg/Schw. 13.10.1947: Katharina Veit an Holzgartner.

114 BKR III. Abt. CAS K. 22: Rothach bei Weiler/Schwaben 14.02.1948: Sophie Hetzenecker an Holzgartner.

Glaubens „Una Fides", Robert Lenz, an, anlässlich des 25. Todestages von Anna eine kirchliche Feier zu arrangieren. Er bemerkt dazu: „Die Selige werde ich auf meinen vielen Fahrten durch ganz Deutschland immer wieder erwähnen. Solche Vorbilder braucht unsere Zeit!"[116]

Holzgartner konnte am 24.05.1953 sein Goldenes Priesterjubiläum feiern. Beim Festgottesdienst in der Pfarrkirche von Pförring hielt sein ehemaliger Kooperator in Kümmersbruck, jetzt Stadtpfarrer in Eggenfelden, Peter Zellner den Gottesdienst und die Festpredigt über das Thema: „Der Priester ist der Hüter der Wahrheit, der Wächter des Gesetzes und der Spender der Gnaden." Der Pförringer Bürgermeister Dr. Scherm überreichte dem Jubilar eine gerahmte Landkarte der ganzen Gegend aus dem 16. Jahrhundert; die Gemeinde Mindelstetten übergab ihm einen wertvollen Lehnstuhl und die Gemeinde Hiendorf stellte sich mit einem Ess- und Fruchtkorb ein. Das Festmahl fand in der Josefs-Anstalt statt und am Nachmittag veranstaltete die Pfarrei eine Pfarrfamilienfeier, bei der der neue Dekan Johann Landgraf[116a] eine lange Jubiläumsrede hielt.[117]

Holzgartner hat bis zum März 1956 seine Mindelstettner Pfarrchronik weiter geschrieben. Fünf Jahre später fiel ihm der Griffel aus der Hand. Am 08.02.1961 nahm ihn Gott zu sich.[118]

Der Regensburger Generalvikar, Domdekan Prälat Joseph Franz, hat bereits anlässlich der Resignation Holzgartners am 12.03.1950 den Dank des Bistums mit folgenden Worten ausgedrückt: „Euer Hochwürden haben mit großem Seeleneifer in vorbildlicher priesterlicher Haltung fromm, bescheiden und opferbereit jeden Posten zur vollen Zufriedenheit des Bischofs versehen. Dafür sprechen wir Ihnen wärmstens den Oberhirtlichen Dank aus!"[118a]

Auch in der Presse wurde er gebührend gewürdigt. Die Wertschätzung und die Achtung, die der Verstorbene in allen Bevölkerungskreisen genossen hatte, kam in der großen Anteilnahme der Bevölkerung von Pförring, Mindelstetten und in der ganzen Umgebung bei der Beerdigung in Mindelstetten am Priestergrab zum Ausdruck. Nicht nur als guter Seelsorger wurde er geschätzt, sondern auch als bedeu-

115 BKR III. Abt. CAS K. 22: Straubing 17.07.1949: Lina Pritzl an Holzgartner.

116 BKR III. Abt. CAS K. 22: Voxtrup bei Osnabrück 28.07. und 03.08.1949: Robert Lenz an Holzgartner.

116a Z.-Schem. Johann Landgraf, geb. 10.08.1900 in Lohbergerhütte, Pfarrei Lam, als Sohn eines Glasbläsers; Pr.-W. 29.06.1925; 1925 Kooperator in Falkenberg; später Pfarrer in Kösching; wegen Nichtbeachtung von Predigtverbot ab 1942 in Dachau inhaftiert, dann am 06.04.1945 entlassen; Rückkehr als Pfarrer, später als Dechant in Kösching; † 07.04.1979 als Kommorant in Oberaltaich. – Nachlass v. Pfarrer Emil Thoma, erw. und hrsg. v. Pfarrer E. Weiler, Die Geistlichen in Dachau sowie in anderen Konzentrationslagern und in Gefängnissen. Mödling 1971, S. 399.

117 Holzgartner, Chronik a. a. O. S. 272 – „Donau-Kurier" Ingolstadt, Nr. 82 vom 28.05.1953.

118 Bischöfl. Ordinariat Regensburg, Totenkalender der Weltpriester, Ordenspriester und Diakone der Diöz. Regensburg ab dem Jahre 1931, 5. Aufl., Regensburg 1982, S. 105.

118a BKR III. Abt. CAS K. 22: Regensburg 12.03.1950: Generalvikar Prälat Joseph Franz an Holzgartner.

tender Heimatforscher. Auch für Pförring und die umliegenden Orte hatte er eine Chronik verfasst, die er dank seiner Rüstigkeit bis zuletzt auf dem neuesten Stand hielt. Er veröffentlichte in den „Ingolstädter Heimatblättern“ seine Forschungsergebnisse und fand auch im „Bayerischen Rundfunk“ Gehör. Seinem Wunsch entsprechend wurde das, was an ihm sterblich war, am 10.02.1961 nach dem Requiem der geweihten Erde übergeben.[119]

Bayern war die meiste Zeit seiner 1.500-jährigen Existenz eingeordnet in ein größeres politisches System. So war es zum Beispiel Teilstaat des Römisch-Deutschen Reiches und dann im 19. Jahrhundert des Deutschen Bundes, demzufolge immer Mitglied eines Staatenbundes und nicht eines Bundesstaates. Aber es wollte niemals beherrschen, andere unterjochen, in der Staatengemeinschaft führen, aber auch nicht von ihr aufgesaugt und völlig entstaatlicht werden. Bayerns Stärke lag weniger in der politischen Aktivität und schon gar nicht auf militaristischem Gebiet. Aber es besaß immer einen zähen, unbeirrbaren staatlichen Lebenswillen, der es Katastrophenzeiten überwinden ließ, so auch 1945. Es konnte niemals von der Landkarte weggewischt werden.

Bereits vor dem Ende des Zweiten Weltkriegs machten sich die Alliierten Gedanken über die Zukunft Deutschlands. Schon am 22.11.1941 äußerte sich der britische Premierminister Winston S. Churchill[119a] gegenüber dem Beherrscher der Sowjetunion, Josef W. Stalin, über die Notwendigkeit einer gemeinsamen Friedensregelung mit dem Ziel, „Deutschland und vor allem Preußen daran zu hindern, ein drittes Mal über uns herzufallen“. Stalin stimmte mit ihm überein. Am 16. Dezember desselben Jahres verhandelte der britische Außenminister Anthony Eden[119b] in Moskau mit Stalin. Das Resultat: Österreich soll als unabhängiger Staat wiederhergestellt werden; Bayern soll als souveräner Staat errichtet werden; ebenso soll das Rheinland von Preußen getrennt werden; außerdem sollte Ostpreußen an Polen und das Sudetenland an die Tschechoslowakei abgetreten bzw. zurückgegeben werden. In einem Telegramm an Eden stellte Churchill fest: „Die Trennung Preußens von Süddeutschland und die territoriale Aufteilung der preußischen Länder gehö-

119 Holzgartner, Beiträge a. a. O. S. 145 (von seinem Nachfolger eingeklebt!).

119a Sir Winston Churchill (1874 Blenheim Palace, Woodstock – London 1965), einer der bedeutendsten Politiker und Staatsmänner Englands in der Neuzeit, aus der berühmten Familie der Herzöge von Marlborough; 1899 Offizier und Kriegsberichterstatter im Burenkrieg; nach Wechsel von den Liberalen wieder zu den Konservativen, 1924 bis 1929 Schatzkanzler; 1940 bis 1945 Premierminister; bald nach dem Zweiten Weltkrieg setzte er sich für die Schaffung einer europäischen Gemeinschaft ein; wegen seiner historischen, biographischen und politischen Schriften erhielt er 1953 den Nobelpreis für Literatur. – Meyers großes Personenlexikon a. a. O. S. 256.

119b Sir Robert Anthony Eden (1897 Windleston Hall – Salisbury 1977), 1931–1933 Unterstaatssekretär des Außenministers, dann Lordsiegelbewahrer; im Kabinett Churchills Kriegs- und dann Außenminister, ein Amt, das er von 1951–1955 erneut übernahm; er hatte maßgeblichen Anteil am Ausbau des europäischen Verteidigungssystems. – Meyers großes Personenlexikon a. a. O. S. 365.

ren zu den größten zu entscheidenden Problemen."[120] Churchill wünschte in Südosteuropa eine Donauföderation mit Wien als Zentrum, und Bayern könne sich dieser Gruppe anschließen. [121] Eden unterstützte den Gedanken einer Teilung Deutschlands in Nord- und Süddeutschland, wobei er als Anreiz die Gewährung eines Zugangs zum Mittelmeer im Raume Fiume-Triest vorschlug.[122] Mit großer Entschlossenheit vertrat er die Trennung Bayerns vom übrigen Deutschland.

Vom amerikanischen Außenminister Cordell Hull[122a] vorgeschlagen, bildete sich am 12.02.1942 ein Ausschuss, der sich mit der Frage nach den Vor- und Nachteilen der politischen Einheit Deutschlands auseinandersetzte. Es tauchten Pläne auf, die eine Teilung in mehrere Staaten vorsahen. Dabei wurde auch der Gedanke erhoben, Bayern als selbständigen Staat wiederherzustellen. Die Befürworter dieser Empfehlung erinnerten daran, dass Bayern sich als eigener Staat behauptet habe und nur unter starkem Druck Preußens dem Deutschen Reich 1871 beigetreten sei. Außerdem nehme Bayern in der Widerstandsbewegung gegen die NS-Gewaltherrschaft einen unbestreitbaren Platz ein. Deshalb neigte die Mehrzahl der Ausschussmitglieder einer wohlwollenden Behandlung Bayerns zu.[123]

In der Konferenz der „Großen Drei", den Präsidenten von Amerika, England und Russland, vom 28.11. bis 01.12.1943 in Teheran erörterte Franklin Delano Roosevelt[123a] einen Plan, der die Aufteilung Deutschlands in fünf souveräne Staaten vorsah. Stalin schloss sich ihm weitgehend an, während Churchill auf die Gefahr einer Wiedervereinigung bei völliger Aufteilung hinwies.[124]

Im Sommer 1944 veröffentlichte der amerikanische Außenminister Sumner Welles[124a] eine interessante politische Betrachtung, in der er auch auf die Situation Deutschlands eingegangen ist. Den sogenannten zentripetalen Trieb im deutschen Volk nannte er keineswegs eine so starke Kraft, wie von vielen während der letzten zwanzig Jahre behauptet wurde. Er meinte diejenigen, „die eine fortgesetzte Einheit

---

120 Spindler, Max (Hrsg.), Handbuch der bayerischen Geschichte. Bd. IV: Das neue Bayern 1800–1970, 1. Teilbd., München 1974, S. 545f.

121 Spindler a. a. O. S. 546.

122 Ebd. S. 546.

122a Cordell Hull (1871 Overton County – Washington 1955), amerikanischer Politiker; 1907–1921 Demokratisches Mitglied des Repräsentantenhauses; 1931–1933 Senator; 1933–1944 Außenminister; 1945 erhielt er den Friedensnobelpreis. – Vgl. Meyers großes Personenlexikon a. a. O. S. 661.

123 Spindler a. a. O. S. 547f.

123a Franklin Delano Roosevelt (1882 Hyde Park New York – Warm Springs 1945), 1933 Präsident der USA; seit 1910 Senator der Demokraten; dann 1928–1932 Gouverneur des Staates New York; als Präsident berief er Demokraten wie Republikaner sowie Wissenschaftler in sein Kabinett; er meisterte die Wirtschaftskrise und unterstützte nach Ausbruch des Zweiten Weltkrieges die Alliierten, 1941 die Atlantikcharta; mit dem Eintritt in den Krieg konzentrierte er alle Kräfte des Landes auf die Niederringung Hitlers. – Meyers großes Personenlexikon a. a. O. S. 1120.

124 Spindler a. a. O. S. 547.

124a Benjamin Sumner Welles (1892 New York – Bernardsville 1961), amerikanischer Diplomat; 1937–1943 Unterstaatssekretär im Außenministerium und Berater Roosevelts; er schrieb bedeutende politische Publikationen. – Meyers großes Personenlexikon a. a. O. S. 1391.

Deutschlands befürworten, übersehen gerne, während welcher kurzen Periode die deutschen Staaten von einer zentralen Regierung beherrscht wurden, und wie verbittert manche Völker die Einigung bekämpft haben." Unter Zitierung von Michael Doeberls Studie „Bayern und die Bismarckische Reichsgründung" verwies er auf Bayerns lange politische und staatliche Tradition. An ein Doeberl-Zitat fügte er die Bemerkung an: „Bayern kam vor 70 Jahren unter preußische Kontrolle und ist erst seit über einem Jahrzehnt ein Teil des deutschen Staatswesens in seiner gegenwärtigen Form. Gegenüber dieser kurzen Zeitspanne hat das bayerische Volk mehr als tausend Jahre eine weitgehende unabhängige nationale Existenz bewahrt. Ist es vorstellbar, dass die während eines Jahrtausends von Unabhängigkeit und Autonomie gebildeten tiefen Wurzeln in weniger als einem dreiviertel Jahrhundert zerstört worden sind? Ist es möglich, dass das bayerische Volk so schnell seinen Kampf gegen preußische Vorherrschaft und seinen Hass gegen Preußen vergessen haben soll, selbst wenn es in mehreren Kriegen an Preußens Seite gefochten hat?" Welles ließ die von ihm gestellten Fragen unbeantwortet, fügte jedoch hinzu: „Ebenso undenkbar ist es, dass nicht manche der älteren Generationen in den ehemaligen deutschen Staaten noch jetzt ihre frühere Unabhängigkeit vorziehen würden." Er bemerkte auch: „In jeden dieser Staaten sind die in den Jahrhunderten vor der Schaffung des ‚Dritten Reiches' bestehenden geschichtlichen, religiösen und kulturellen Unterschiede erhalten geblieben."[125]

Dazu ist Folgendes zu sagen: Von einem unchristlichen Hass der Bayern gegen die Preußen kann keine Rede sein, höchstens von einem Fehlen der Zuneigung, die auch auf der Gegenseite besteht. Außerdem wehrt sich Bayern gegen den preußischen Zentralismus und Militarismus, der über die Welt nur Unheil gebracht hat. Die menschliche Zuwendung zum preußischen Menschen ist im übrigen Christenpflicht, der sich die Bayern wohl bewusst sind. Schließlich ist auch zwischen dem politischen Preußentum und dem einzelnen Menschen zu unterscheiden.

Auf der berühmen Sitzung der „Großen Drei" in Jalta vom 04. bis 11.02.1945 wurde die Behandlung Deutschlands ausführlich diskutiert. Churchill meinte, die Isolierung Preußens und die Beseitigung seiner Macht merze das Erzübel aus. Im Übrigen wurde die Teilung Deutschlands in Nord- und Süddeutschland weitgehend beschlossen.[126]

Selbstverständlich haben sich bayerische Emigranten in Italien, der Schweiz und England, vor allem S.K.H. Kronprinz Rupprecht[126a] von Bayern, der in Florenz

125 Spindler a. a. O. S. 548.

126 Ebd. S. 552.

126a S.K.H. Kronprinz Rupprecht von Bayern (1869 München – Leutstetten 1955), 1889–1901 Studium in München und Berlin; im Ersten Weltkrieg kommandierte er die 6. Armee in der Schlacht in Lothringen; 1921 lehnte er nach der Beisetzung seines Vaters König Ludwigs III. ab, sich zum König ausrufen zu lassen; er verweigerte sich als Gegner des Nationalsozialismus Hitler, der ihn für seine Ziele gewinnen wollte; 1939 begab er sich mit seiner Familie ins Exil nach Italien; 1945 wieder in Bayern; nach seinem Tod ordnete Ministerpräsident Högner ein Staatsbegräbnis an. – Bosl a. a. O. S. 654.

Zuflucht vor den Schergen des NS-Regimes gefunden hatte, Gedanken gemacht. Er nahm von Herzen Anteil am künftigen Geschick seines geliebten bayerischen Vaterlandes nach dem sehnlichst erwarteten Untergang des Nationalsozialismus. Sobald er von seinem Exil aus durch die Vermittlung des Kardinalstaatssekretärs Luigi Maglione mit den Regierungen in England und Amerika in Verbindung treten konnte, im Frühjahr 1943, hatte er diesen seine Rechtsansprüche auf die bayerische Krone mitgeteilt.[127] In seinem Schreiben betonte er selbstbewusst: „Ich hoffe, mit der jahrhundertelangen Tradition unserer Dynastie und meiner eigenen Autorität von Bayern das Chaos abwenden zu können."[128]

Am 06.03.1945 verfasste der Kronprinz ein weiteres Memorandum für die Regierungen. Er betonte die Notwendigkeit der Errichtung von mehreren Staaten im bisherigen Deutschland mit voller Autonomie im Sinne der Schweizer Kantone und der einzelnen Staaten der nordamerikanischen Union. Seine Auffassung deckte sich mit der Roosevelts bei der Konferenz in Teheran 1943 und in Jalta im Februar 1945.[129]

Der bayerische Sozialdemokrat Dr. Wilhelm Högner[129a], dem hauptsächlich die neue Bayerische Verfassung von 1946 zu verdanken ist, befasste sich von seinem Schweizer Exil aus mit der Neugliederung Deutschlands nach dem Zweiten Weltkrieg. Er empfahl den Alliierten eine innerstaatliche Gliederung nach Stämmen und anderen geschichtlichen Gegebenheiten und befürwortete einen Staatenbund, dessen Bundesversammlung ihren Sitz in Frankfurt a. M. oder in Weimar nehmen sollte. Einen Bundesstaat lehnte er grundsätzlich ab. Auf Ersuchen des amerikanischen Politikers Allan Dulles[129b], Leiter des Nachrichten- und Geheimdienstes für Europa, verfasste Högner 1943 ein Memorandum über die Stellung Bayerns nach dem Zweiten Weltkrieg, wobei er für ein souveränes Land plädierte.[130]

Auch in Paris bildete sich eine kleine bayerische Gruppe, die sich der besonderen Unterstützung der Regierung de Gaulles erfreuen konnte. Sie hatte ähnliche Vorschläge wie Kronprinz Rupprecht und Dr. Högner erarbeitet. Högner erstellte daraufhin am 26.04.1945 in Zürich eine vorläufige Vereinbarung, die über die künftige

127 Weiß, Dieter J., Kronprinz Rupprecht von Bayern (1869–1955). Eine politische Biografie, Regensburg 2007, S. 9.

128 Weiß a. a. O. S. 320.

129 Ebd. S. 321.

129a Dr. Wilhelm Högner (1887 München – München 1980), nach dem Jurastudium in München, Berlin und Erlangen, wo er promovierte, ließ er sich in München als Rechtsanwalt nieder; 1920 in die Staatsanwaltschaft übernommen trat er, von Gefühlssozialismus ergriffen, der SPD bei; 1924–1930 Mitglied des bayerischen Landtags; 1930–1933 Reichstagsabgeordneter; als engagierter Gegner des Nationalsozialismus aus dem Staatsdienst entlassen, begab er sich in die Schweiz ins Exil; nach seiner Rückkehr nach Bayern 1945 Senatspräsident am Oberlandesgericht und ab 1946 Honorarprofessor an der Universität München; 1945/46 Ministerpräsident, ebenso 1954–1957 (Viererkoalition); 1946–1970 Mitglied des bayer. Landtags; er ist als „schwieriger Außenseiter" der SPD in die Geschichte eingegangen. – Bosl a. a. O. S. 356.

129b Allan Dulles (1893 Watertown/New York – Washington D.C. 1969), nach Anwaltstätigkeit im diplomatischen Dienst während des Zweiten Weltkriegs Leiter des amerikanischen Nachrichten- und Geheimdienstes. – Mayers großes Personenlexikon a. a. O. S. 352.

130 Spindler a. a. O. S. 553.

staatsrechtliche Stellung Bayerns bestimmen sollte. In zwölf Artikeln fasste er sie zusammen. Im Artikel 2 forderte er einen souveränen bayerischen Staat mit eigenen Hoheitsrechten, insbesondere mit eigener Justiz-, Polizei-, Unterrichts-, Finanz- und Verkehrsverwaltung. In den weiteren Bestimmungen definierte er die Rechte sowohl des von ihm vorgeschlagenen Staatenbundes als auch die Bayerns. Er wünschte für Bayern das Recht, im Rahmen seiner Zuständigkeit Verträge mit auswärtigen Staaten abzuschließen und Gesandtschaften einzurichten. Ein ganz wichtiger Artikel ist Nr. 8: Die Rechte Bayerns können durch den Bund nicht geschmälert werden ohne dessen Zustimmung. Damit wäre die These, die heute leider Gültigkeit besitzt, „Bundesrecht bricht Landesrecht“, nicht möglich. Im Artikel Nr. 10 heißt es dann: Bayern tritt aus freien Stücken für seine Eingliederung in einen Staatenbund sowie in einen Bund europäischer Staaten ein. Die den Alliierten vorgeschlagene Vereinbarung wurde von Dr. Wilhelm Högner sowie den später verdienten Mitgliedern der Bayernpartei, Dr. Joseph Panholzer und Michael Freiherr von Godin, unterzeichnet.[131] Eine bayerische Gruppierung in London betonte, dass das Übergewicht Preußens in Deutschland die Machtergreifung Hitlers und seiner NSDAP entscheidend begünstigt habe. Das gemeinsame Ziel war: Bayern als selbständigen Gliedstaat eines deutschen Staatenbundes zu erhalten.[132]

Der Zweite Weltkrieg endete in Europa am 08./09.05.1945 durch den völligen Zusammenbruch des „Dritten Reiches“ in einem Waffenstillstand. Damit endete auch der NS-Kirchenkampf. Es gab aber noch keine endgültige Vereinbarung der Alliierten über die politische Zukunft Deutschland. Diese Tatsache bestimmte auch die Entwicklung in Bayern.

Schon wenige Tage nach der Kapitulation begannen die Amerikaner, zu deren Besatzungszone Bayern gehörte, mit dem Aufbau einer zivilen Verwaltung. Sie bestellten Ende Mai den ehemaligen Vorsitzenden der BVP und zuletzt Finanzminister, Staatsrat Dr. Fritz Schäffer, zum bayerischen Ministerpräsidenten. Obwohl dieser mit erheblichen sachlichen und personellen Schwierigkeiten zu kämpfen hatte, gingen die Maßnahmen für einen neuen Staatsaufbau wesentlich rascher voran als erwartet. Dies wohl deshalb, weil das bayerische Volk weit weniger mit dem endgültig zerschlagenen preußisch-deutschen Militarismus und Imperialismus eines Wilhelm II. und des „Dritten Reiches“ identifiziert wurde. So erhielt denn auch Bayern als erstes deutsches Land durch die Proklamation General Eisenhowers[132a] vom 19. September 1945 im Bereich der amerikanischen Zone seine Staatlichkeit wieder zuerkannt. Das alte gewachsene Bayern war damit in den Grenzen des

131 Ebd. S. 554.

132 Ebd. S. 555.

132a Dwight D. Eisenhower (1890 Denison/Texas – Washington D. C. 1969), als amerikanischer General kommandierte er im Zweiten Weltkrieg die alliierten Landungstruppen in Nordafrika und leitete die Invasion in Frankreich; 1945 Militärgouverneur in Deutschland; 1950–1952 Oberbefehlshaber und Leiter des obersten Hauptquartiers der NATO; 1953–1961 Präsident der USA. – Meyers großes Personenlexikon a. a. O. S. 373.

Jahres 1933 wieder existent, allerdings mit Ausnahme des Landkreises Lindau – vorübergehend – und der Rheinpfalz, die 1956 dem neuen Land Rheinland-Pfalz zugeschlagen wurde.[133]

Zu Dr. Fritz Schäffers großen Problemen gehörte auch die Frage, ob Bayern überhaupt dem neu zu bildenden Deutschland angehören wolle. Über die Konfrontation damit berichtete er in einem Rundfunkinterview in dem von der Militärregierung eingerichteten „Radio München“: „Eine amerikanische Mission hat mir und anderen Mitgliedern der neuen Regierung die Frage gestellt, ob wir daran dächten, Bayern mit einem Staatsgebilde zu vereinigen, das die Länder südlich des Mains umfasst, vielleicht zusammen mit Österreich. Wir haben damals mit ganz kurzen Sätzen geantwortet. Ich habe die Erklärung abgegeben: Bayern hat in den Tagen des deutschen Glücks dem Deutschen Reich angehört und Bayern will in dieser Stunde die Treue zu Deutschland nicht verweigern!“[134]

Damit hat Schäffer die Weichen für die Zukunft Bayerns gestellt, zum Verdruss der bayerischen Monarchisten und Patrioten. Vielleicht hat er dabei an einen deutschen Staatenbund und nicht an einen Bundesstaat gedacht, in dem immer wieder zentralistische Tendenzen sich durchsetzen? Wir wissen es nicht! Dabei ist zu bedenken: Niemals hat ein Übermaß an Vereinheitlichung oder anders gesagt, ein Zentralismus für Deutschland wie für die Teilstaaten – heute leider als Bundesländer bezeichnet – einen wirklichen Fortschritt, ein Wohlbefinden der einzelnen Stämme bewirkt! Die Zusammenballung an Macht, die sich dabei ergibt, hat, wie die Geschichte seit 1871 beweist, nur Unfrieden bis zur kriegerischen Auseinandersetzung, Chaos und Zerstörung der den Ländern eigenständigen Kultur gebracht.

Im Übrigen ist festzustellen, dass nach einer kurzen Periode der Zunahme an Gottesfurcht und christlicher Moral nach dem Ende des Zweiten Weltkriegs seit der Währungsreform 1948 wieder ein Wandel eingetreten ist. Die so gepriesene „Wirtschaftswunder-Zeit“ hatte erneut eine Welle der Gottlosigkeit, eine Entmoralisierung der Gesellschaft in einem bisher noch nie da gewesenen Ausmaß mit sich gebracht und den Materialismus wie den Kapitalismus bestärkt.

Zu Fritz Schäffers Rundfunkansprache ist noch zu bemerken, dass ab 1871 zumindest von einem „deutschen Glück“ nichts zu bemerken war. Gerade das Gegenteil, wenigstens für Bayern, ist festzustellen.

Als Kronprinz Rupprecht, noch in Florenz, durch seine Anhänger in München von der Ernennung Schäffers zum Ministerpräsidenten erfuhr, war er keineswegs erbaut. Er hielt ihn nämlich für einen ausgesprochenen Parteipolitiker, der zudem seinen Parteifreunden die Ministerposten zuschanzte.[134a]

---

133 Nöhbauer a. a. O. S. 508.
134 Spindler a. a. O. S. 558.
134a Weiß a. a. O. S. 327 – Herzogliche Verwaltung Nymphenburg, 03.10.1945, Autographische Aufzeichnungen Kronprinz Rupprechts. Mappe 25 a (in Hinkunft: HVN AA KPR M.).

Mit der Ernennung Dr. Wilhelm Högners hingegen, eines Sozialdemokraten, war er nicht unzufrieden. Dessen Regierungserklärung am 22.10.1945 hielt er für „durchaus gemäßigt und recht geschickt".[134b]

Am Abend des 08.11.1945 konnte Kronprinz Rupprecht endlich in sein bayerisches Vaterland zurückkehren. Als ihn bereits am 19. November der neue Ministerpräsident Högner in Leutstetten besuchte, erbrachte die Aussprache eine „völlige Übereinstimmung in allen wichtigen Punkten", zumal sich Högner gegen die Beteiligung von Nichtbayern an den Landtagswahlen ausgesprochen hatte. Er beurteilte den Ministerpräsidenten als offenherzig, gemäßigt und ausgesprochen bayerisch eingestellt. Rupprecht beruhigte, dass der Sozialdemokrat die staatliche Verpflichtung zur Alimentierung der Kirche als Folge der Säkularisation anerkannte. Ihn begeisterte dessen gute Einstellung zur Staatsform der Monarchie.[135]

Vier Tage vorher, am 13. November, hatte Högner einen vielbeachteten Artikel „Föderalismus, Unitarismus und Separatismus" veröffentlicht. Er forderte darin einen deutschen Staatenbund, innerhalb dessen die Eigenständigkeit Bayerns garantiert werden müsse.[136]

Anlässlich des Besuches von Fritz Schäffer, einige Tage später, ermutigte ihn der Kronprinz, die sich in der Gründung befindliche CSU zu säubern und den linken, zentralistisch eingestellten Flügel um Adam Stegerwald[136a] und Dr. Josef Müller[136b] zu bekämpfen. Über seine Vorstellungen zur Monarchie sprach er jedoch nicht.[137]

134b HVN AA KPR M. 25 a.

135 Weiß S. 327.

136 Nöhbauer a. a. O. S. 508.

136a Adam Stegerwald (1874 Greußenheim/Ofr. – Würzburg 1945), zunächst Schreinerlehre, dann Fortbildungsschulen in Stuttgart und München; 1903–1905 Handelshochschule Köln; 1903–1929 Leiter des Gesamtverbandes der christlichen Gewerkschaften; 1917 Mitglied des preußischen Herrenhauses; 1919–1921 preußischer Minister für Wohlfahrt; 1921 preußischer Ministerpräsident; 1929–1930 Reichsverkehrsminister; 1930–1932 Reichsarbeitsminister; Reichstagsmitglied seit 1920; 1944 kurzfristig in politischer Haft; 1945 Regierungspräsident von Unterfranken; als erster Mitbegründer der CSU trat er für interkonfessionelle Zusammenarbeit ein, weshalb er von kath. Kreisen scharf bekämpft wurde. – Bosl a. a. O. S. 748f.

136b Dr. Josef Müller (1898 Steinwiesen/Ofr. – München 1979), nach rechts- und wirtschaftswissenschaftlichem Studium in München ab 1927 Rechtsanwalt; ab 1939 Abwehroffizier, versuchte er über den Vatikan Friedensverhandlungen mit England anzuknüpfen; 1943 verhaftet und in verschiedenen KZ-Lagern; 1945 Mitbegründer der CSU; 1946 Landesvorsitzender der CSU; 1956–1958 Mitglied des bayerischen Landtags; er geriet bald als deutschnationaler, liberaler und sozial orientierter Abgeordneter in Konfrontation mit dem restaurativen Flügel unter Dr. Alois Hundhammer und wurde nicht Ministerpräsident; 1947–1952 bayerischer Justizminister; 1958 verzichtete er auf sein Landtagsmandat, vermutlich wegen Unregelmäßigkeiten. Müller war eine überaus schillernde Persönlichkeit und nutzte sogar seine freundschaftlichen Beziehungen zur russischen Kommandatur in Berlin für seine Machenschaften. – Bosl a. a. O. S. 535f. – Müller, Josef, Bis zur letzten Konsequenz. Ein Leben für Frieden und Freiheit, München 1975.

137 Weiß a. a. O. S. 327f.

Dr. Alois Hundhammer[137a], Mitglied des rechten Flügels der CSU, den Rupprecht bereits vor 1933 kennen gelernt hatte, schätzte er als einen Ehrenmann und überzeugten Föderalisten, der auch für die Staatsform der Monarchie Sympathien besaß. Scharf kritisierte ihm gegenüber der Kronprinz den zentralistisch eingestellten linken Flügel der CSU und den ehemaligen Zentrumspolitiker zu Gunsten Preußens, gegenwärtig Regierungspräsident von Unterfranken, Adam Stegerwald, und dessen rechte Hand Dr. Josef Müller, der dann Vorsitzender der CSU wurde. Den im Dezember erfolgten Tod Stegerwalds empfand Rupprecht als Befreiung von einem den bayerischen Interessen schädlichen Politiker. Müller machte er für die meisten Fehlentwicklungen der bayerischen Nachkriegszeit verantwortlich. Im Übrigen war er sich in der Ablehnung Müllers mit Hundhammer völlig einig. Dieser hatte Müller in einem Gespräch am 15. September 1946 in Tegernsee als ebenso durchtrieben wie unzuverlässig bezeichnet.[138]

Da die Frage nach der Staatsform Bayerns von der CSU nicht mit Nachdruck behandelt wurde, gab Freiherr Franz von Redwitz [138a] am 18. September 1945 in einem Treffen mit Gleichgesinnten die Gründung der „Bayerischen Heimat- und Königspartei" bekannt. Das Programm forderte die souveräne staatliche Eigenständigkeit Bayerns und eine Volksabstimmung zur Durchsetzung der Monarchie. Den Vorsitz übernahm der konservative fromme Katholik, Prof. Dr. Max Lebsche. Man rechnete für Oberbayern mit 70 bis 80 %, für Niederbayern mit 50 bis 60 % Zustimmung zur Restauration.[139]

Eine Volksabstimmung oder eine Umfrage über die Unterstützung für die Staatsform der Monarchie fand jedoch im Nachkriegsbayern leider nicht statt. Derartige Überlegungen fanden bei der amerikanischen Militärregierung kein Verständnis. Der Kronprinz aber behauptete seine feste Überzeugung, dass er das Königtum als Garanten der Erhaltung Bayerns als autonomen Staat betrachte.[140]

137a Dr. Phil. Dr. oec. publ. Alois Hundhammer (1900 Moos bei Forstinning/Obby. – München 1974), nach Kriegsdienst im Ersten Weltkrieg Studium der Geschichte, Philosophie und Staatswissenschaften in München und Budapest; 1923–1927 Referent bei der Kreisbauernkammer Oberbayern; 1927–1933 stellvertretender Generalsekretär des Bayer. Christl. Bauernvereins; 1932 BVP-Mitglied und Abgeordneter des bayer Landtags; 1933 vorübergehend im KZ Dachau, dann Inhaber eines Schuhgeschäfts; 1939 Kriegsdienst und Gefangenschaft; 1945 Mitbegründer des rechten Flügels der CSU; 1946–1970 Mitglied des Bayer. Landtags; 1946–1951 Fraktionsvorsitzender; 1951–1954 Landtagspräsident; als Kultusminister von 1957–1969 hat er das Bildungswesen kirchlich orientiert. Seine Verdienste um Bayern sind umstritten. – Bosl a. a. O. S. 379 – Hussarek, Paul, Hundhammer. Weg des Menschen und Staatsmannes, München o. J.

138 Gespräch in Tegernsee am 15.09.1946: HVN AA KPR M. 25 b.

138a Franz Freiherr v. Redwitz (1888 München – 1963), 1908–1919 aktiver Offizier nach dem Studium der Volkswirtschaft; seit 1916 persönlicher Adjutant des Kronprinzen Rupprecht v. Bayern; 1921–1922 Mitglied der deutschen Heeresfriedenskommission; seit 1922 Hofmarschall; 1933 Kabinettschef; 1950 Chef der Verwaltung Rupprechts. – Kosch, Wilhelm, Biographisches Staatshandbuch. Lexikon der Politik, Presse und Publizistik. 1. Bd., Bern und München 1963, S. 1019.

139 Weiß a. a. O. S. 329f.

140 Ebd. S. 330.

Als die Königspartei vor den Wahlen in München 1946 verboten wurde, vor allem durch die Machenschaften Müllers, ging Kronprinz Rupprecht in seinen Aufzeichnungen mit der BVP und deren Nachfolgerin CSU hart ins Gericht: „Die Leitung der BVP und ihrer Nachfolgerin der CSU, verfolgte eine perfide Taktik. Den Wählern gegenüber spielte sie immer mit dem Königsgedanken, in Wirklichkeit war es ihr aber nur darum zu tun, den eigenen Klüngel an der Macht zu erhalten und sich die Plätze an der Staatskrippe sich sicherzustellen.“[141]

Mit großer Freude und Wohlwollen verfolgte dann aber der Kronprinz die 1948 erfolgte Gründung der Bayernpartei, einem Sammelbecken für entschiedene Föderalisten. Bayerische Patrioten und Monarchisten hatten nun endlich eine Heimat gefunden.[142]

Der Wiederaufbau Bayerns nach 1945 war geprägt von Spannungen und Gegensätzen. Besatzer standen gegen Besiegte, Einheimische gegen Vertriebene, Altnazis gegen Demokraten, bayerische Patrioten gegen deutschnationale Zentralisten. Die Landwirtschaft wich der Industrie, die Not der Trümmerzeit dem Konsum des angeblichen Wirtschaftswunders.

Die Niederlage in der strittigen Finanzfrage – also kein Finanzhoheitsrecht für Bayern – bewog sechs Abgeordnete, Mitglieder des parlamentarischen Rates, in der Schlussabstimmung am 08.05.1949 dem Bonner Grundgesetz nicht zuzustimmen. Obwohl die sechs CSU-Parlamentarier im übrigen Deutschland scharf kritisiert wurden, machte sich der Bayerische Ministerrat am 10.05.1949 ihr Votum zu eigen. Weshalb empfahl der Ministerrat dem Landtag, zum Grundgesetz mit „Nein“ zu stimmen? Er wollte aber keineswegs die „Ausgliederung Bayerns aus der deutschen Schicksalsgemeinschaft“. Die CSU-Minister fürchteten nur gegenüber der aufstrebenden Bayernpartei ihr föderalistisches Profil bei den Wählern zu verlieren. Das Volk könnte ja meinen, die CSU habe die Staatlichkeit Bayerns verraten.

Bis zum 20.05.1949 lieferten sich die Kontrahenten im Landtag heftige Diskussionsschlachten. Bayernparteiler spielten die monarchische Karte aus und forderten eine Volksabstimmung über das Grundgesetz und über eine konstitutionelle Monarchie mit der Begründung, dass der Landtag in dieser bayerischen Schicksalsfrage nicht den Willen der Bevölkerung repräsentiere.

Der parlamentarische Rat hatte beschlossen, dass das Grundgesetz in Kraft trete, wenn zwei Drittel der deutschen Länderparlamente zustimmen würden. Die mit Spannung erwartete Entscheidung fiel am 19./20.05.1949. Mit 101 Stimmen, überwiegend aus der CSU, lehnte der Landtag das Grundgesetz mehrheitlich ab; 63 Abgeordnete hatten für die Annahme des Grundgesetzes gestimmt.

141 Ebd. S. 331 – 29.04.1946: HVN AA KPR M. 25 b.

142 Drasch, Rudolf, Der Weg der Bayernpartei 1946–1976, München 1977 – Unger, Ilse, Die Bayernpartei. Geschichte und Struktur 1945–1957, Stuttgart 1979 – Wolf, Konstanze, CSU und Bayernpartei. Ein besonderes Konkurrenzverhältnis 1948–1960, Köln 1984.

Drei Tage später unterzeichneten in Bonn das Präsidium und die Mitglieder des Parlamentarischen Rates, die Länderchefs und die Landtagspräsidenten das Grundgesetz. Die bayerischen Vertreter waren unter den Unterzeichnern. Sie mussten dies wohl oder übel tun, da alle übrigen Länder sich für das Grundgesetz und damit für die Bundesrepublik ausgesprochen hatten.[143]

Ob die Weichen für die Zukunft Bayerns in der Nachkriegszeit richtig gestellt wurden, lässt sich historisch betrachtet noch nicht feststellen. Die Zeit, 65 Jahre, ist noch zu kurz, um ein abschließendes Urteil zu fällen.

Tatsache ist, dass die Westmächte ganz entgegen ihren Plänen vor 1945 aus Furcht vor der imperialistischen Sowjetmacht ein starkes Deutschland wünschten. Es sollte als „Puffer" oder als Niemandsland dienen und militärische Stützpunkte für Westeuropa sichern. Außerdem erhofften sich die Westmächte eine ideelle und spätere militärische Unterstützung durch Westdeutschland gegen die Bedrohung Russlands und seiner Satelliten.

So betrachtet, möchte ich auf den folgenden Seiten nicht mehr die Geschichte Bayerns weiterverfolgen, sondern mich allein auf die Verehrung der seligen Anna Schäffer im Laufe der Jahre sowie ihren Seligsprechungsprozess beschränken.

Eines muss aber noch gesagt werden: Dem Kriegsende 1945 folgte eine kurze Periode, in der sich die Herzen vieler Menschen wieder Gott zuwandten und die Gebote Gottes einzuhalten sich bemühten. Die katholische Kirche erlebte eine Blütezeit. Dann aber setzte bald, etwa in der Zeit des deutschen Wirtschaftswunders, eine Wendung ein. Die Säkularisierung nahm zu und eine Demoralisierung erfasste breite Kreise der Gesellschaft, wie sie noch niemals in der Geschichte zu bemerken war.

Der Priesterdichter Konrad Zoller, der zweite Biograph Anna Schäffers

Konrad Zoller[144] war ein Priester nach dem Herzen Gottes: fromm, bescheiden, demütig, theologisch sehr gebildet und trotz mannigfacher Behinderungen durch Kränklichkeit stets aufopfernd um das Heil der ihm anvertrauten Seelen bemüht. Seit 1. März 1938 in Bad Gögging bei Neustadt an der Donau/Niederbayern, zunächst als Expositus und dann ab 1. Dezember 1946 als Pfarrkurat tätig, führte ihn sein Weg immer wieder nach dem nicht allzu weit entfernten Mindelstetten. Der dortige Pfarrer und Dekan Karl Holzgartner war ihm ein aufrichtiger und verständ-

143 Lanzinger, Maximilian, Zwischen Sternenbanner und Bundesadler. Bayern im Wiederaufbau 1945–1958, Regensburg 1996, S. 159–161.

144 Gen.-Sch.: Konrad Zoller, geb. 09.11.1886 in Aichkirchen/Opf. als Sohn eines Lehrers. Pr.-W. 03.03.1915; 03.1915 Kooperator in Taufkirchen/Nby.; 09.1918 Vohenstrauß/Opf.; 02.1919 Krankenurlaub; 05.1919 Hofkirchen / Nby.; 09.1919 Leonberg/Opf.; 02.1920 Mamming/Nby.; 09.1920 Krankenurlaub; 10.1921 Irlbach/Nby.; 06.1924 Rottendorf/Opf.; 09.1929 Benefiziumsprovisor in Obereulenbach/Nby.; 12.1946 Expositus, ab 1946 Pfarrkurat in Bad Gögging/Nby.; † 02.1952.

nisvoller Mitbruder und Freund. Durch ihn, den kundigen Heimatforscher, lernte Zoller nicht nur Land und Leute, sondern auch das Leben, Leiden und Sterben Anna Schäffers kennen. Wie oft mag er betend und sinnend während und nach der schrecklichen Zeit des Zweiten Weltkrieges an ihrem Grab gestanden sein? Ihr Schicksal dürfte ihn, den immer wieder von Krankheit Heimgesuchten, tief bewegt haben. Immer wieder richtete er an seinen Freund Holzgartner die Bitte, eine kleine Biographie dieses heiligmäßigen Mädchens zu veröffentlichen. Doch der vielbeschäftigte Dekan lehnte ab.[145] So machte er sich selbst an die Arbeit.

Zoller nahm mit der Nichte des früheren Mindelstettener Pfarrers Karl Rieger, Rosa Imlauer, damals Pfarrhaushälterin in Buchloe/Schw. Kontakt auf.[146] Diese war mit Anna innig befreundet gewesen, hatte sie jahrelang mitbetreut, deren schriftlichen Nachlass sorgsam bewahrt, Abschriften angefertigt und wichtige Aufzeichnungen gemacht. Imlauer stellte freudig ihre Unterlagen zur Verfügung, froh darüber, dass sich wieder ein Priester der frommen, heimgegangenen Seele annehmen wollte.

In ihrem Brief vom 07.01.1948 bedankte sich Imlauer für die Weihnachtsgabe, das von Zoller verfasste Buch „Die Einöde mit Gott".[147] Sie gab die von Zoller gewünschten Angaben bezüglich der drei existierenden Fotos von der Seligen bekannt, nachdem sie deren Schwester, Kathi Veit von Osterberg/Schwaben, befragt hatte. Imlauer gab auch ihrer großen Freude Ausdruck, dass das Büchlein über Anna – Zoller dürfte es ihr angekündigt haben – demnächst erscheinen werde.

Bereits im September 1948 konnte Zoller das Manuskript mit der Vita Annas abschließen. Er sandte es zuerst Rosa Imlauer, die er wiederholt als „Hauptzeugin" bezeichnet hatte. Sie sollte es lesen und ihm ihre Eindrücke mitteilen. Bereitwillig kam sie dem Wunsch nach und sandte es, versehen mit Ergänzungen und Bemerkungen, am 11.10.1948 wieder zurück.[148]

Ursprünglich wollte Zoller das Buch bei Erich Wewel in Krailling bei München herausbringen, wo im selben Jahr bereits „Die Einöde mit Gott" erschienen war. Da erreichte ihn ein Brief vom 29.09.1948, in dem das Bemühen des Verlags Pustet in Regensburg zum Ausdruck kam, er möchte doch das Buch bei ihm verlegen. Wörtlich heißt es in dem Schreiben: „[...] Es wäre für uns wirklich eine Freude, wenn Ihr Manuskript über die stigmatisierte Anna Schäffer doch noch bei uns landen würde."[149] Zoller, wahrscheinlich von Professor Dr. Georg Englhardt beeinflusst, ließ sich umstimmen. Dieser hatte ihm am 24.11.1948 einen liebenswürdigen Brief folgenden Inhalts geschrieben: „Gestern nachmittags gab mir Frl. Pustet Ihr Manu-

145 BKR III. Abt. CAS K. 50: Bad Gögging 16.07.1951: Zoller an Erzbischof Buchberger.

146 BKR III. Abt. CAS K. 50: Buchloe 07.01.1948: Rosa Imlauer an Zoller.

147 Zoller, Konrad (Hrsg.), Die Einöde mit Gott. Drei Geschichten von Georg Aichkirchner, Krailling vor München 1948 – Msgr. Dr. Max Rößler bezeichnet das Buch als „dichterische Kostbarkeit", in: „Tagespost" Nr. 134, 39 Jg., 08.11.1986, S. 16.

148 BKR III. Abt. CAS K. 50: Buchloe 11.10.1948: Imlauer an Zoller.

149 BKR III. Abt. CAS K. 50: Regensburg 29.09.1948: Elisabeth Pustet an Zoller.

skript über Anna Schaeffer. Da ich gerade Zeit hatte, machte ich mich nachts daran, einige Seiten zu lesen. Ich konnte jedoch nicht mehr aufhören und so sind Sie schuld daran, dass ich erst um ½ zwei Uhr ins Bett kam. Das Büchlein hat mir außerordentlich gut gefallen. Die Prosa hat einen edlen, köstlichen Fluss. Die Darstellung nimmt für die arme Martyrerin so ein, dass man ihre Nähe zu fühlen glaubt. Dieses leidvolle, selige Leben lassen Sie aus der Donaulandschaft herauswachsen. Der Duft der Heimat ist es, was einem aus den Blättern anweht. Sie zitieren den Baron v. Hügel und andere erlauchte Geister, um die Bedeutsamkeit der Nandl zu illustrieren: denkt man dabei an den Schreiber, der so lange schon mit seinem einfachen Platz zufrieden ist, an die naive Seele, der diese Zeilen gelten, die Bauern, unter denen die Nandl lebte, so kommt einem zum Bewusstsein, wie sehr doch innerhalb unserer katholischen Kirche sich das Höchste und das Demütigste berührt. Alle Unterschiede, die sonst die Weltgeschichte in Gang setzten, werden zunichte, wo das Phänomen des stellvertretenden Erlöserleidens Christi einmal auftritt wie in dem Fall Anna Schäffer. Die Genies vermögen ihm gegenüber nichts Eindringerliches zu sagen als die Einfältigen und alle Knie müssen sich in gleicher Weise beugen.

Ich habe in meiner Vorlesung soeben 20 Minuten lang über Ihr Büchlein gesprochen und einige Stellen daraus vorgelesen. Die Hörer scheinen davon ebenso bewegt gewesen zu sein, wie die Frauen und Mädchen, denen Sie in Gögging aus Ihrem Werklein erzählt haben.

Dass wir das Büchlein in den Verlag nehmen, versteht sich nach allem von selbst. Wir sind Ihnen dankbar für diese Gabe und glauben, dass sich nach der Veröffentlichung viele daran erfreuen werden, Junge und Alte, Gebildete und Ungebildete." Dann fügte er noch einige verlags- und drucktechnische Dinge an.[150] Es ist anzunehmen, dass Zoller über diesen Brief sehr erfreut war.

Bereits im April 1949 wurde das Buch fertiggestellt. Die Auflagenhöhe betrug 5.000, der Endverkaufspreis DM 2,80. Der Einband, abgestimmt auf den Farbendreiklang elfenbein, braunrot und schwarz, zeigte neben dem Titel eine Passionsblume. Der Entwurf stammte von dem in Regensburg bekannten Zeichenprofessor Franz Ermer.[151]

Eigentlich wollte der in seiner bayerischen Heimat tief verwurzelte Autor sein Werk den „bayerischen Frauen" widmen. Doch Dr. Friedrich Pustet ließ ihm keine Ruhe. „Aus kundenpsychologischen Gründen", so Pustet – also aus keinem ideellen Motiv – rang er ihm die Änderung zu „deutschen Frauen" schließlich ab.[152]

150 BKR III. Abt. CAS K. 50: Regensburg 24.11.1948: Dogmatikprofessor Dr. Georg Englhardt an Zoller.

151 BKR III. Abt. CAS K. 50: Regensburg 07.01.1949: Elisabeth Pustet an Zoller – Regensburg 26.01.1949: Dr. Friedrich Pustet an Zoller – Regensburg 25.04.1949: Dr. Friedrich Pustet an Zoller – Bad Gögging 19.02.1951: Zoller an Imlauer.

152 BKR III. Abt. CAS K. 50: Regensburg 26.01.1949: Dr. Friedrich Pustet an Zoller.

Das Büchlein mit dem Titel „Leben und Leiden der Jungfrau Anna Schäffer von Mindelstetten. Eine Wallfahrt“ fand bald großen Anklang. Am 19. Mai bereits konnte Dr. Pustet mitteilen, dass etwa 1.000 Exemplare an die Sortimenter ausgeliefert seien.[153]

Besonders die literarischen Zunftgenossen Zollers zeigten sich begeistert. Max Peinkofer[154], der wohl bekannteste und volkstümlichste Heimatschriftsteller des Bayerischen Waldes, schrieb ihm am 05.05.1949 aus Bodenmais: „Pustet hat mir auf ihre Veranlassung die Lebensbeschreibung der gottseligen Jungfrau Anna Schäffer zugesandt. Das inhaltsschwere Buch, das wieder so hohe dichterische Kraft, Sprachgewalt und tiefen Glauben verbindet, hat mich wundersam ergriffen und entzückt. Herzlichst Vergelt's Gott und schönste Grüße, Ihr in dankbarer Verehrung ergebenster [...]“.[155] Peinkofer wollte ursprünglich auch die Besprechung für die Zeitschrift „Zwiebelturm“ übernehmen, doch durch den Tod seiner Frau geriet er aus dem Gleichgewicht, sodass es leider dazu nicht mehr kam.[156]

Nicht weniger Anerkennung für das Werk zollte Dr. Hans Carossa[157], der von humanistischer Weltsicht nach dem Vorbild Goethes und von donauländischem Symbolismus im Sinne eines Hugo vom Hofmannsthal geprägte Dichter. Sein Schreiben lautet: „Hochwürdiger, verehrter Herr Konrad Zoller, in einem Zug habe ich ihr Büchlein vom ‚Leben und Leiden der Jungfrau Anna Schäffer' gelesen und danke Ihnen herzlich für alle Erbauung und Nachdenklichkeit, die ich dieser schlichten, überzeugenden Darstellung verdanke. Dass mich beim Lesen manchmal die Frage ein wenig beschäftigte, ob es nicht doch möglich gewesen wäre, die kranken Füße durch eine geduldig und sorgfältig durchgeführte Behandlung allmählich

---

153 BKR III. Abt. CAS K. 50: Regensburg 19.05.1949: Dr. Friedrich Pustet an Zoller.

154 Max Peinkofer, Lehrer, Schriftsteller und Heimatforscher (1891 Tittling – Zwiesel 1963, begraben in Bischofsmais). Sohn eines Schmiedemeisters und Bauern; einer der besten Kenner von Land und Volk im Bayerischen Wald, der mit ungezählten Gedichten, Erzählungen und historischen Abhandlungen sowie durch sein Sammeln von Sagen und Erlebnissen aus alten Zeiten berühmt wurde. Als Schriftleiter der „Heimatglocken“ in der „Passauer Donauzeitung“ und nach 1945 in der „Passauer Neuen Presse“ errang er sich einen festen Platz im „Institut für Ostbairische Heimatforschung“. 1951 erhielt er einen Literaturpreis. – Vgl. Mader, Franz, Tausend Passauer. Biographisches Lexikon zu Passaus Stadtgeschichte, Passau 1995, S. 173f.

155 BKR III. Abt. CAS K. 50: Bischofsmais 05.05.1949: Peinkofer an Zoller.

156 BKR III. Abt. CAS K. 50: Regensburg 15.12.1950: Inge Köck (Verlag Habbel) an Zoller.

157 Dr. med. Dr. phil. Dr. h. c. Hans Carossa, Arzt und Dichter (1878 Königsdorf bei Bad Tölz – Rittsteig bei Passau 1956). Nach dem Medizinstudium 1903 als Arzt in Passau, dann in Nürnberg und München (1914); 1916 bis 1918 Militärarzt an der Ost- und Westfront, anschließend in Seestetten und schließlich in Rittsteig. Nach Aufgabe seiner Arztpraxis, widmete er sich ganz der Dichtkunst. Als Lyriker und Erzähler, erhielt er bedeutende Auszeichnungen: 1931 Gottfried-Keller-Preis in Zürich; 1938 Goethe-Preis der Stadt Frankfurt; 1939 San-Remo-Preis. 1948 von den Universitäten von München und Köln zum Ehrendoktor der Philosophie ernannt, wurde er im selben Jahr Ehrenbürger von Passau zum Dank, weil er sich 1945 unter Lebensgefahr für die kampflose Übergabe der Stadt eingesetzt hatte. – Vgl. Mader a. a. O. S. 40.

zu heilen, werden Sie einem alten Doktor gewiss zugute halten. Meine höhere Vernunft begreift aber, dass das Andere gottgewollt und notwendig war. – Mit allen guten Wünschen grüßt Sie Ihr Ihnen ergebener […]".[158]

Mit Beginn des Jahres 1950 stockte der Absatz. In der Zeit des keineswegs segensreichen und zu Unrecht gerühmten „deutschen Wirtschaftswunders" schienen die Menschen den Sinn für gute Literatur und noch mehr für den Gedanken der Sühne verloren zu haben. Dr. Friedrich Pustet teilte am 10.05.1950 Zoller mit, er werde, wenn er einmal mehr Zeit habe, nochmals eine Aktion mit Unterstützung des „Regensburger Bistumsblattes" unternehmen. „Im übrigen glaube ich aber", so der Verleger, „dass man sich darauf wird einstellen müssen, dass die noch ziemlich erhebliche Restauflage, die seinerzeit unter anderen Konjunkturaspekten gedruckt worden ist, nicht mehr völlig an den Mann zu bringen sein wird." Er schlage vor, das Büchlein zu einem mäßigen Preis abzugeben, wobei freilich dann kein Honorar – es betrug ohnehin nur 28 Pfennig pro verkauftes Buch – mehr bezahlt werden könne.[159]

Für Zoller mag dieser Bescheid eine herbe Enttäuschung gewesen sein. Zudem erkrankte er schwer. Eine Lungenentzündung, Nierenentzündung und akute Herzaffektion zwangen ihn, die Feder aus der Hand zu legen. Traurig berichtete er am 19.02.1951 Rosa Imlauer, Pustet spreche davon, dass der Absatz des Büchleins gar nicht mehr gut wäre. Aber in seiner Bescheidenheit fügte er hinzu: „5.000 Auflage sei auch viel für ein solches Büchlein." Im Übrigen, dass er noch lebe, verdanke er Anna Schäffer.[160] Jedenfalls war er noch einmal mit dem Leben davongekommen, wahrscheinlich deshalb, weil er noch eine große Aufgabe zu erfüllen hatte.

Zoller, fest überzeugt von der Bedeutung des beispielgebenden Lebens und Sühneleidens Annas für die Zeit nach dem Zweiten Weltkrieg, hat sich immer und überall für die große Dulderin eingesetzt.[161]

Freilich hat er auch zahlreiche Dankesbriefe für die Übersendung des Anna-Büchleins erhalten, die ihn sicher erfreut haben. So dankte ihm der Regensburger Weihbischof Dr. theol. Dr. phil. Johann Baptist Höcht[162] mit den Worten: „[…] Habe es mit Freude und Bewunderung zu Ende gelesen. Als Segensquelle des Leidens wird es auch in Zukunft viel Gutes stiften."[163] Selbst aus Illinois meldete sich

158 BKR III. Abt. CAS K. 50: Rittsteig bei Passau 09.02.1949: Dr. Hans Carossa an Zoller.

159 BKR III. Abt. CAS K. 50: Regensburg 10.05.1950: Dr. Friedrich Pustet an Zoller.

160 BKR III. Abt. CAS K. 50: Bad Gögging 19.02.1951: Zoller an Imlauer.

161 Zahlreiche Korrespondenzakten aus den Jahren 1949 bis 1952 beweisen den Einsatz Zollers für Anna Schäffer.

162 Weihbischof Dr. theol. Dr. phil. Johann Baptist Höcht (1870 Krummennaab Pfarrei Erbendorf – Regensburg 1950, begraben in Krummennaab); 1882–1891 Gymnasialstudium in Regensburg als Zögling des Knabenseminars Obermünster; 1891–1898 Studium als Alumne des Kollegium Germanicum in Rom; Pr.-W. 28.10.1898 in Rom; 1899 Kooperator in Burglengenfeld; 1902 bischöflicher Kaplan; 1904 Subregens; 1908 Regens des Klerikalseminars in Regensburg; 1922 Domkapitular; von 1930–1938 Generalvikar; 1937 Dompropst; 1938 Weihbischof. – Vgl. Gatz a. a. O. S. 312.

163 BKR III. Abt. CAS K. 50: 30.04.1949: Weihbischof und Dompropst Dr. Dr. Johann Bapt. Höcht an Zoller.

ein Franz Xaver Riethauer mit einem Vergelt's Gott.[164] Auch Holzgartner gesellte sich zu den Gratulanten zum Gelingen des Büchleins über Anna.[165] Elisabeth Pustet wusste zu berichten, dass das Büchlein unter den Stillen im Lande schon manche Verehrer gewonnen habe.[166]

Von Interesse ist ein Brief Zollers über eine auffallende Gebetserhörung, die Anna zuzuschreiben ist. Er berichtet: „Neulich hatte ich auf der Filiale ein Mädchen infolge der 1. Impfung mit Gehirnhautentzündung (wenigstens im Anzug), schweres Fieber. Ich betete den Kinderkrankensegen, legte eine Reliquie A. Sch. auf den Kopf. Schon am nächsten Tag erfuhr ich, das Kind sei alsbald fieberfrei gewesen, habe die ganze Nacht gut geschlafen und sei am Morgen ganz munter gewesen. Jetzt ist es wieder ganz gesund."[167]

Am 02.07.1951 traf Zoller anlässlich der Firmung beim Mittagessen mit Erzbischof Dr. Michael Buchberger zusammen. Dieser unterhielt sich während des Essens fast ausschließlich mit ihm über Anna Schäffer. Der Erzbischof meinte, für die große Dulderin würde viel zu wenig getan und er möge nochmals einen Artikel für das „Regensburger Bistumsblatt" verfassen. Auch die Adresse von Rosa Imlauer wollte er unbedingt erfahren. Schließlich gab er Zoller den Auftrag, ihr zu schreiben, sie möge alles kurz zusammenstellen, was sie über Anna wisse, denn er wolle ein persönliches Zeugnis von Imlauer.[168]

Anlässlich des Todestages von Anna dichtete Zoller ein literarisch bedeutsames Gedicht, das er dem Erzbischof widmete und übersandte. Es lautet:

„Wo die Sonne sich versenkt,
Weht ein goldner Rauch empor.
Der zerbrochne Mondring hängt
Frei im reinen Himmels-Chor.

Spannt sich eine rote Wand
Weit am Donau-Hügel-Kamm;
Dunkelgrün verschwimmt das Land
Tod bereitet liegt das Lamm.

Achtmal bebt der Turm und dröhnt
Deine letzte Leidenstund'
Und Dein Haupt neigt sich versöhnt,
Lächeln spielt um deinen Mund.

---

164 BKR III. Abt. CAS K. 50: Peoria/Illinios/USA 14.06.1949: Franz Xaver Riethauer an Zoller.

165 BKR III. Abt. CAS K. 50: Mindelstetten 13.07.1949: Dekan Holzgartner an Zoller.

166 BKR III. Abt. CAS K. 50: Regensburg 07.11.1949: Elisabeth Pustet an Zoller.

167 BKR III. Abt. CAS K. 50: Bad Gögging 18.06.1951: Zoller an Rosa Imlauer.

168 BKR III. Abt. CAS K. 50: Bad Gögging 04.07.1951: Zoller an Rosa Imlauer.

Weil der Abendstern erscheint,
Schemel für den ersten Tritt
Deiner Seele gottvereint,
Die den Hochzeitweg beschritt."[169]

Am 25.10.1951 sandte Zoller einen Brief an Erzbischof Buchberger, in dem er über den großen Andrang an das Grab der Seligen am Markttag in Mindelstetten berichtete: „Erzählten mir Ulrainer Pfarrangehörige, dass sie Sonntag vor 14 Tagen am Grabe Anna Schäffers waren. Da sei nachmittags das Grab A. Sch. so umlagert gewesen, dass man zeitweise gar nicht hinkonnte." Dies ist ein weiterer Beweis für die Verehrung der Seligen nach 1945.[170]

Gerade durch das Büchlein über Anna Schäffer entwickelte sich eine gute und dauerhafte Freundschaft Zollers mit den Mitgliedern der Familie Pustet in Regensburg, die ihn sehr schätzte. Doch ganz entgegen den Befürchtungen des damaligen Chefs des weltberühmten Verlags, Dr. Friedrich Pustet, war das Büchlein bald vergriffen und ist heute zu einer antiquarischen Rarität geworden.

Anlässlich des einhundertsten Geburtstages der inzwischen seliggesprochenen Anna Schäffer und dreißig Jahre nach dem Heimgang des Verfassers wurde das Büchlein von der Abteilung für Selig- und Heiligsprechungsprozesse für das Bistum Regensburg in zweiter Auflage herausgegeben. Es ist dem verdienten Regensburger Oberhirten, Dr. Dr. h. c. Rudolf Graber[171], zu verdanken, der die Anregung

169 BKR III. Abt. CAS K. 50: Bad Gögging 05.10.1951: Zoller widmet anlässlich des Todestages von Anna Schäffer seinem Erzbischof Dr. Buchberger ein Gedicht.

170 BKR. III. Abt. CAS K. 50: Bad Gögging 25.10.1951: Zoller an Erzbischof Dr. Buchberger.

171 Bischof Dr. theol. Dr. h. c. Rudolf Graber von Regensburg (1903 Bayreuth – Regensburg 1992), Sohn des Justizbeamten Adam Graber und dessen Ehefrau Theresia, wuchs nach der Versetzung des Vaters in Nürnberg auf und besuchte das Neue Gymnasium, wo er 1922 mit Auszeichnung das Abitur ablegte. Nach Eintritt in das Priesterseminar in Eichstätt studierte er an der dortigen Hochschule Philosophie; das Theologiestudium absolvierte er an der Universität Innsbruck. Nach der Priesterweihe in Eichstätt am 01.08.1926 zum Studium am Angelicum in Rom beurlaubt, promovierte er 1929. Im Bistum Eichstätt zunächst hauptamtlicher Lehrer in Neumarkt/Opf., betätigte er sich erfolgreich mit der Jugendseelsorge. 1933 Expositus in Wasserzell sowie Religionslehrer am Gymnasium und am Lehrerseminar der Bischofsstadt. 1937 Professor für Aszetik und Mystik, ab 1939 Domprediger, lehrte er ab 1941 zusätzlich Kirchengeschichte und Fundamentaltheologie an der Phil.-Theol. Hochschule in Eichstätt. Nach 20-jähriger akademischer Tätigkeit wurde er am 28. März 1962 zum Bischof von Regensburg ernannt. Er nahm als solcher am Zweiten Vatikanischen Konzil teil, wo er namentlich für die Verankerung des marianischen Schemas in der Kirchenkonstitution „Lumen gentium" eintrat. Als Vertreter der konservativen Mitte nahm er unermüdlich in Wort und Schrift zu den Krisenerscheinungen der nachkonziliaren Zeit Stellung, die sich in den Strukturveränderungen erschöpften. Er mahnte zur „renovatio ecclesiae" im Sinne der Umkehr und Erneuerung des Einzelnen. Als ehemaliger Schriftleiter der Zeitschrift „Bote von Fatima" blieb er zeitlebens mit der Botschaft U. L. Frau von Fatima innig verbunden. Vielfältige und richtungsweisende Aktivitäten zeitigte er in seiner 20-jährigen Amtszeit, die der Diözesanhistoriker Prof. Dr. Karl Hausberger in: Gatz, Die

dazu gegeben hat. Durch die Aufnahme seiner inhaltsreichen, großartigen Predigt, die er in der Niedermünster-Kirche gehalten hat, aber auch durch die Einleitung „Zum Geleit" vom damaligen Leiter der Abteilung, Prälat Ritter, hat es eine Bereicherung und Ergänzung erfahren.

Es ist eines von den stillen Büchern, für die man keine große Propagandatrommel rühren kann und auch nicht zu rühren braucht. Es wird von Mund zu Mund weiter empfohlen. Seinem Inhalt nach ist es eigentlich kein Büchlein, sondern ein ‚dickes Buch' mit vielen Lehren an die Gegenwart, tiefgründig, den letzten Sinn des Lebens und Leidens herausschälend, geschildert mit überströmender Liebe zum Herrgott, zum bayerischen Vaterland und seinen Bewohnern. Die Sprache erweist sich als die eines begnadeten Dichters, eines Meisters des Dialekts, der die Personen immer wieder so sprechen lässt, wie es eben nördlich der Donau und zwischen Abensberg und Ingolstadt, diesem zu den ältesten Kulturlandschaften Bayerns gehörenden Bauernland, üblich ist.

Historisch betrachtet entspricht das Büchlein zwar in einigen kleinen Details nicht mehr ganz dem neuesten Stand der Forschung. Sie ist im Zusammenhang mit dem 1973 eingeleiteten Seligsprechungsprozess für Anna weitergegangen. Aber es sind keine wesentlichen Fakten, die fehlen bzw. die nicht ganz der Richtigkeit entsprechen. Das großartige hagiographische Gemälde, das Zoller von der großen Dulderin gezeichnet hat, wird gewiss davon nicht beeinträchtigt.

Das literarisch wertvolle Büchlein hat auf dem Weg zum Seligsprechungsverfahren für Anna die Bedeutung eines wichtigen Meilensteins.

Die Bedeutung des Priesterdichters Konrad Zoller wird auch im 5. Band der „Bayerischen Bibliothek", herausgegeben vom besten Kenner der bayerischen Literatur, Professor Dr. Hans Pörnbacher, gebührend gewürdigt.[172]

In der Literatur Bayerns im zwanzigsten Jahrhundert findet sich auch der Name Konrad Zollers, wie der seiner altbayerischen Zeitgenossen Hans Carossa, Richard Billinger, Josef Martin Bauer, Josef Maria Lutz und Max Peinkofer, um nur einige Namen zu nennen. Es wird darauf hingewiesen, dass Zoller neben theologischen Arbeiten Gedichte, vor allem aber Erzählungen und Romane geschrieben hat, die keiner literarischen Mode verpflichtet sind, sondern überzeugen durch die Genauigkeit der Charakterschilderung.[173]

Bischöfe der deutschsprachigen Länder 1945–2001, Berlin 2002, S. 457–460 aufgezeichnet hat. Seine Bibliographie enthält über eintausend Publikationen. 1982 in den Ruhestand getreten, verbrachte er sein letztes Lebensjahrzent im stillen Nerianer-Ort Aufhausen. – Er war ein großer Verehrer der sel. Anna Schäffer, deren Seligsprechungsprozess er 1973 eingeleitet hat. – Vgl. Ritter, Emmeram H., Berufen und auserwählt. Zum Gedenken an Bischof Dr. theol. Dr. h. c. Rudolf Graber. Ein Nachruf, Regensburg 1992 – Ders., Bibliographie Bischof Dr. theol. Dr. h. c. Rudolf Graber 1927–1983. Ehrengabe zum 80. Geburtstag, Regensburg 1983.

172 Pörnbacher, Hans/Hubensteiner, Benno, Die Literatur im 20. Jarhunderts, in: Bayerische Bibliothek. Texte aus zwölf Jahrhunderten, Bd. 5, München 1981, S. 1083.

173 Ebd. S. 1083.

Bleibt noch die Frage nach Zollers Lebensweg. Er wurde am 09.11.1886 in dem oberpfälzischen Dorf Aichkirchen, das zwischen Hemau und dem Wallfahrtsort Eichelberg liegt, geboren. Er war das erste Kind des dortigen Schulmeisters Michael Zoller und seiner Gattin Anna Margareta Zoller, geborene Forster in Kagerwies bei Schildthurn/Niederbayern, deren Eltern Bierbrauers- und Gastwirtschaftsleute von Moosbach waren. Der Vater Konrad Zollers soll – wie die Rektorswitwe Anna Riedl aus Gerzen/Niederbayern, die seine Eltern noch kannte, überliefert – ein strammer guter Mann gewesen sein, die Mutter eine sanfte, gütige und fromme Frau.

Zusammen mit seinem zwei Jahre jüngeren Bruder Heinrich, der sich später der medizinischen Wissenschaft zuwandte, aber noch jung verstorben ist, wuchs Konrad in Riedenburg auf, wohin sein Vater versetzt worden war. Über seine Kindheit berichtet er kurz in seinem Büchlein über Anna. Die Familie zog dann 1902, nach der abermaligen Versetzung des Vaters, nach Steinweg und dann 1905 nach Regensburg, wo er als Oberlehrer wirkte. Als Bezirksschulrat verstarb der Vater 1920.[173a]

In Regensburg besuchte Konrad Zoller das Neue Gymnasium, das er 1907 mit gutem Erfolg – Note I bis II – absolvierte. Er bezog nun die Ludwig-Maximilians-Universität in München, wo er einer inneren Neigung folgend Kulturgeschichte mit einschlägigen Fächern sowie Philosophie studierte, wo er besonders der Pädagogik Aufmerksamkeit schenkte. Nach einigen Semestern übersiedelte er nach Leipzig, um am dortigen kulturhistorischen Institut der Universität vorwiegend Volkskunde und Philosophie zu belegen.

Hier im deutschen Norden mit „seinen verödeten und kultverschlossenen Kirchen, den Zeugen einer schöneren Zeit“, fühlte und erkannte er durch die Gnade Gottes immer klarer, welch treue Heimat die heilige katholische Kirche sei. Dazu kam hier inmitten einer industriellen Großstadt die tägliche Einsicht in das rastlose Elend seines Lebens, das sich ewig im Zirkel diesseitiger Leiden und Freuden drehte.[174]

Das nun aufgenommene Studium der Geschichte führte ihn mit Wucht zur ewigen und höchsten Wahrheit. Im Labyrinth moderner Philosophie vermochte er keinerlei Befriedigung zu finden. So regte sich schon damals der freilich noch nicht geklärte Wunsch in ihm, ein Diener der Kirche zu werden.

Wiederum bezog er die Universität in München und beschäftigte sich vorwiegend mit volkskundlichen Arbeiten. Eine Stelle im volkskundlichen Archiv wurde ihm zugesagt. Aber je länger er sich mit solchen Fragen beschäftigte, desto klarer erkannte er, dass es die vordringlichste und heiligste Aufgabe sei, dem Volk die Religion erhalten zu helfen. Auf dieser Grundlage allein werde man das Volkstum

173a Ritter, Emmeram H., Konrad Zoller – Priester-Dichter und Biograph Anna Schäffers. Zu seinem 100. Geburtstag am 9. November 1986, in: „Anna-Schäffer-Brief“ Nr. 10, Dezember 1986, S. 21–28 – Schwager, Marianne Cäcilie, Die Biographen der Dienerin Gottes Anna Schäffers und ihre Bedeutung für den Seligsprechungsprozess. 1. Staatsprüfung für das Lehramt an Realschulen in Bayern, Regensburg 1988, S. 138–157.

174 BZA Regensburg: Personalakten, Sign. 4392.

kerngesund bewahren können. Im Wintersemester 1910/11 wandte er sich nun der Theologie zu. Dieses und das folgende Semester am Königlichen Lyceum – später an der Phil.-Theol. Hochschule – in Regensburg dienten als Probezeit seines Entschlusses, Priester zu werden.

So wagte er es nun, um Aufnahme in das Bischöfliche Klerikalseminar St. Wolfgang zu Regensburg zu bitten – hoffend, was ihm an Würdigkeit für seinen hohen Beruf mangelt, mit Gottes Hilfe noch zu erreichen. Das Aufnahmegesuch Zollers wurde am 27.09.1911 angenommen und von Bischof Antonius von Henle unterzeichnet. Er bekam einen halben Freiplatz und legte das Admissionsexamen mit Note I bis II ab.

Das Apostolische Vikariat des Königreiches Sachsen stellte ihm am 18.11.1911 ein gutes Zeugnis aus, und ebenso bestätigt die Dompfarr-Expositur Stadtamhof: „Legte bisher ein recht gutes, solides, dem priesterlichen Berufe entsprechendes Betragen an den Tag." Auch sein Verhalten während der Ferien zu Hause in Stadtamhof wurde mit „gut", am 01.08.1914 mit „sehr lobenswert" begutachtet.

Am 03.03.1915 wurde Zoller in der Schottenkirche zu Regensburg zum Priester geweiht. In den folgenden Jahren wirkte er in acht verschiedenen Pfarreien des Bistums in Niederbayern und der Oberpfalz (siehe Fußnote 144), zweimal wegen seines Herzleidens von Krankenurlauben 1919 und 1920/21 unterbrochen. Das Synodale schloss er als der 21. von 43 mit der Benotung I bis II ab. In den Qualifikations-Tabellen wurde er stets als „gewissenhaft, bescheiden, fleißig, etwas reserviert", bezüglich Predigt und Katechese folgendermaßen beurteilt: „Der Inhalt mit großer Sorgfalt bearbeitet", der Vortrag: „Innerlich, von der Sache durchdrungen". Im Übrigen wird er wie folgt charakterisiert: „Ein ruhiger, würdiger Priester, wissenschaftlich interessiert und schriftstellerisch tätig; sehr fleißig in der Krankenseelsorge. Er hat eine hohe und ernste Auffassung vom Christentum und Priestertum. Sein häusliches Leben ist spartanisch, im Verkehr mit den Gläubigen vorbildlich. Unermüdlich im Studium der Heiligen Schrift."

Die längste Zeit verbrachte Zoller in Bad Gögging, zunächst ab 1938 als Expositus und dann ab 01.12.1946 als selbständiger Pfarrkurat.

Zoller gilt aufgrund seiner seelsorgerlichen Tätigkeit als vorbildlicher Priester. Die Kriminalbeamtin Berta Rathsam charakterisiert sein priesterliches Wirken in ihrem Artikel 1952[175], also nach dem Tode Zollers, wie folgt: „Er war ein guter Hirte seiner Gemeinde, schlicht und anspruchslos für sich selbst, mit einer offenen Hand und einem gütigen Herzen für andere und mit dem großen Erbarmen für alle Kreatur."

Als bedeutenden Literaten würdigte ihn der Würzburger Monsignore Dr. Max Rößler in der „Deutschen Tagespost", anlässlich Zollers einhundertsten Geburtstag:

175 Rathsam, Berta, Der Dichter-Pfarrer Konrad Zoller, in: „Regensburger Bistumsblatt" 1952, S. 3.

„Erzählungen, so seelenkundig und erdnah, dass gerade in diesen von allen fünf Sinnen gespeisten Schilderungen ergreifend deutlich wird, wo alle Kreatur auf den Kreator hin angelegt ist und wie des Herrgotts Gnade sich der Schuld erbarmt. Die Darstellung der Gestalten und ihrer Sprache ist von unüberbietbarer Treffsicherheit."[176]

Bedeutsames schrieb auch der Regensburger Monsignore Willibald Kammermeier[177], der als literarischer „Zunftgenosse" Zollers bezeichnet werden kann: „Es ist nicht von ungefähr, dass sich der Name Stifters einstellt, wenn man Zoller liest. Denn man findet bei ihm hinter allem Bairisch-Barocken jene verhaltene, von leiser Wehmut verbrämte Innigkeit, die aus dem Herzen kommt, oder, wie er selbst es in seinem tiefen Naturgefühl nennt, ‚die sanft-traurige Orgelmusik der Bienenkörbe'. Zollers Landschaftsschilderungen sind immer Schilderungen des menschlichen Herzens."[178]

Über das Hinscheiden Zollers sind wir dank eines Berichtes des Abensbergers Willi Bieber vom 12.03.1952 bestens unterrichtet. Bieber dürfte vermutlich ein guter Bekannter Zollers gewesen sein. Der Bericht findet sich in den Personalakten des Bischöflichen Zentralarchivs Regensburg und lautet: „Am Dienstag, den 19. Februar besuchte Bieber Zoller noch in Bad Gögging, riet ihm aber ab wegen der schlechten Wegverhältnisse nach Ulrain zu gehen. Zoller klagte nur über mutmaßliche Grippe. Am Samstag, den 23. Februar 1952 trat eine arge Verschlimmerung des Zustands ein. Pfarrer Koller brachte ihm nach dem Frühgottesdienst die hl. Kommunion. Am Nachmittag bemerkte Zoller eine Behinderung im Sprechen. Koller hörte ihn Beichte und spendetet ihm die hl. Ölung. Um 4 Uhr nachmittags ist er plötzlich verschieden. Mutmaßliche Todesursache: ‚Blutgerinsel im Gehirn, das zur Embolie oder Herzlähmung führte'."[179]

Die Beerdigung fand am Aschermittwoch, den 27.02.1952 unter großer Anteilnahme der Bevölkerung statt. Stadtpfarrer und Dekan BGR Max Bronold von Abensberg mit 32 Priestern der Umgebung nahm die Einsegnung vor. In seiner Ansprache zeichnete er das Bild eines stillen, gütigen und bescheidenen Priesters und eines geschätzten Dichters. Ergreifende Nachrufe wurden gehalten von Domkapitular Johann Baptist Baldauf, dem Bürgermeister von Bad Gögging sowie vom Verleger Dr. Friedrich Pustet.[180]

Zoller, fest überzeugt von der Bedeutung des beispielgebenden Lebens und Sühneleidens Anna Schäffers gerade für unsere Zeit, hat sich immer und überall für

176 Schwager a. a. O. S. 144.

177 Msgr. Willibald Kammermeier (1924 Mintraching), 1943–46 Kriegsdienste und Kriegsgefangenschaft; Pr.-W. 29.06.1952 in Regensburg; 1952 Kaplan in Laaber; 10.1955 Pfarradministrator in Laaber; 01.1956 Kaplan in Pönning/Nby.; 11.1960 Pfarrer in Asenkofen/Nby.; 09.1969 Spiritual und Religionslehrer im Kloster Aiterhofen; 08.1978 Spiritual im Bischöfl. Priesterseminar in Regensburg; 10.1989 Spiritual im Kloster Mallersdorf; 03.1995 Ruhestand und Hausgeistlicher in Niederviehbach/Nby.

178 Kammermeier, Willibald, Der Priesterdichter Konrad Zoller, in: „Regensburger Bistumsblatt" Nr. 45, 09.11.1986, S. 12.

179 ZAR Personalakten, Sign. 4392 – Todesanzeige für Konrad Zoller. In „Regensburger Bistumsblatt" Nr. 9, 02.03.1952, S. 11.

180 Schwager a. a. O. S. 246.

die große Dulderin eingesetzt.[181] Seiner Initiative ist es schließlich zu verdanken – und das ist sein großer und bleibender Verdienst –, dass er seinen Oberhirten, Erzbischof Dr. Michael Buchberger, auf die wichtigste Zeitzeugin Annas, nämlich Frl. Rosa Imlauer, die damals Pfarrhaushälterin im schwäbischen Buchloe war, wieder aufmerksam gemacht hat. Durch sie wurde der Bestand des Nachlasses der Seligen wesentlich bereichert. Er wurde von ihr dem Bischöflichen Ordinariat Regensburg nach und nach überantwortet. Außerdem begann, durch Zoller angeregt, ein reger Briefwechsel zwischen dem Erzbischof, bzw. auch seiner Schwester, mit Rosa Imlauer, der für den Seligsprechungsprozess sehr von Nutzen war.

Als Rosa Imlauer vom Heimgang Zollers erfuhr, schrieb sie an Erzbischof Dr. Buchberger: „Leider ist nun auch der Priesterdichter Konrad Zoller in den ewigen Frieden eingegangen. Nun wird er sich freuen und gewiss seinen Lohn erhalten haben für allen Eifer, mit dem er sich für unsere liebe Anna Schäffer eingesetzt hat.“[182]

181 Zahlreiche Korrespondenzakten aus den Jahren 1949–1952 beweisen den Einsatz Zollers für die Selige.

182 BKR III. Abt. CAS K. 50: Buchloe 22.04.1952: Rosa Imlauer an Erzbischof Dr. M. Buchberger.

18. Pfarrer Michael Sporrer, der Nachfolger Holzgartners

Michael Sporrer folgte dem großen Heimatforscher, Pfarrer und Dekan Karl Holzgartner, als Pfarrer von Mindelstetten nach. Er hatte um die Pfarrei beim Bischöflichen Ordinariat angesucht, wollte aber mit der Begründung, es seien ihm Unrichtigkeiten berichtet worden und er habe sich bezüglich Umzugskosten zu seinem Nachteil verrechnet, wieder zurücktreten. Doch das Ordinariat nahm mit Rücksicht auf die weltlichen Behörden den Rücktritt nicht an. So wurde er am Sonntag, den 25.06.1950 in Mindelstetten unter großer Anteilnahme der Gemeinde feierlich installiert. Die Einführung wurde von Dekan und Pfarrer Johann Landgraf von Kösching unter Assistenz von Pfarrer Holzgartner vorgenommen. Die Feier dauerte von 9 bis ¼ 12 Uhr. Anschließend fand beim „Straßwirt" das Mahl statt.[1]

Sporrer, Sohn des Sattlers Michael Sporrer und seiner Ehefrau Maria, geborene Rotzer, Privatierstochter von Tiefenbach, wurde am 18. November 1905 in Oberronning/Niederbayern geboren und getauft, wobei er den Vornamen seines Vaters erhielt. Als Volksschüler wurde er am 12.06.1915 gefirmt. Erst im Alter von 13 Jahren wurde er in das Bischöfliche Knabenseminar Obermünster in Regensburg aufgenommen, von dem aus er das Alte Gymnasium der Stadt besuchte. Im März 1927 unterzog er sich der Reifeprüfung. Oberstudiendirektor Dr. Joseph Hirmer, zugleich Ministerialkommissär, stellte ihm folgendes Zeugnis aus: Religion hervorragend, in den anderen Fächern nur „entsprechend". Am 3. April bat der Abiturient um Aufnahme in das Priesterseminar St. Wolfgang in Regensburg, was ihm gewährt wurde. Die Admissionsprüfung in Philosophie legte er mit gutem Erfolg am 18.07.1928 am Königlichen Lyzeum ab.

Expositus Georg Dietz[2] von Oberronning, der vermutlich auf die Familie Sporrers nicht gut zu sprechen war, stellte ihm keine guten Ferienzeugnisse aus. Er bemängelte den seltenen Kommunionempfang an den Werktagen und dass er ohne vorherige Beichte an Sonntagen nicht zu den hl. Sakramenten gehe. Dabei hat der Expositus wahrscheinlich nicht berücksichtigt, dass dies vielleicht aus Überängstlichkeit geschehe. Ferner sei die Familie nicht imstande, den priesterlichen Beruf zu fördern, und sie wäre stolz und eingebildet.[3]

---

1 Holzgartner, Karl, Chronik von dem Pfarrbezirk Mindelstetten (B.A. Riedenburg), S. 261.

2 Gen.-Sch.: Georg Dietz. geb. 30.01.1899 in Weichs, Pfarrei Reinhausen in Regensburg; Pr.-W. 29.06.1917; 1917 Kooperator in Bodenmais/Nby.; 1918 Aushilfspriester in Lam/Opf.; 1920 Koop. dasselbst; 1921 Pfarrprovisor daselbst; 1925 Koop. in Amberg; 1926 Expositus in Oberronning/Nby.; 1946 Pfarrer in Paring; † 27.12. 1972.

3 BZA Regensburg: Personalakten, Sign. 3690.

Im Jahr 1931 musste sich Sporrer einer Kur im Sebastianeum in Bad Wörishofen unterziehen. Der Superior der Barmherzigen Brüder teilte am 23.03.1931 mit: „Nach eingehender Erkundigung und Beobachtung habe er für den Eintritt in den Priesterberuf nichts einzuwenden. Sporrer ist wohl von schwacher Nervenkraft, jedoch für einen anfänglichen leichteren Posten wären somit alle Bedenken ausgeschlossen." So wurde Sporrer am 29.06.1932 zum Priester geweiht.

Sein erster Posten führte ihn nach Tunding/Niederbayern, wo er als Kaplan wirkte, um dann bald nach Zell/Oberpfalz zu wechseln. Doch der dortige Pfarrer, Jakob Zitzelsberger[4], ersuchte am 27.06.1934 das Ordinariat, Sporrer an einen anderen Posten zu versetzen, wo er bleiben könne, mit leichterer Filiale in Niederbayern, mit „einem guten aber festen Pfarrer. Gegen die Oberpfalz habe er eine Antipathie. Den hiesigen Posten könne er nicht versehen, zumal er unter Erkältungen viel zu leiden hat. Solch nervenschwache Personen wie Sporrer, werden nicht selten durch Kleinigkeiten übermäßig aufgeregt." Ab 23.07.1934 wieder in Tunding, wurde er am 22.11.1935 als Kaplan nach Adlkofen/Niederbayern angewiesen. Dort hatte er nun einen eigenen Haushalt, den ihm seine Mutter führte. Dann wechselte er nach Winklarn, wo er beim Pfarrer und Dekan von Heinrichskirchen, Georg Wollner[5], am 07.06.1938 sein Kura-Examen ablegte. „Er bewies bei allen Fragen ein gutes Wissen und Können", so der Examinator.

Als ihm das Regensburger Ordinariat die Pfarrei March im Bayerischen Wald anbot, lehnte Sporrer ab und ersuchte, in Unterrohrbach einstweilen bleiben zu dürfen. Als Grund gab er die Beschwerlichkeit des Postens und gesundheitliche Gründe an. Seine Ansuchen im August 1947 um Verleihung der Pfarrei Eschelbach und im November desselben Jahres um die Pfarrei Bodenkirchen wurden ebenso abgewiesen wie das vom 21.03.1949 um die Pfarrei Perkam. Hingegen wurde seine Bewerbung vom 01.04.1950 um die Pfarrei Mindelstetten vom Ordinariat Regensburg angenommen.

Die Qualifikations-Tabelle für die Zeit, als er in Adelkofen als Kaplan wirkte, vermerkt: „Sehr gewissenhaft, übertrieben ängstlich, eifrig, aber sehr nervös, schwer an Kopfweh leidend, daher manchmal reizbar und heftig." In allen übrigen Qualifikations-Tabellen wurde er mit „gut" benotet und sein guter priesterlicher Lebenswandel hervorgehoben.

Im Mindelstetten dürfte sich Sporrer aber nicht wohlgefühlt haben. Sein Urteil über die Pfarrangehörigen lautete, wie er dem Ordinariat mitteilte: „Die Leute sind hier mit wenigen Ausnahmen in ihrer Auffassung sehr liberal. Die Leute zeigen für das Gotteshaus kein besonderes Interesse." Er habe aber Jugendgruppen und einen

4 Jakob Zitzelsberger, geb. 24.07.1884 in Schneckenreuth, Pfarrei Regenstauf; Pr.-W. 29.06.1909; 1914 Kooperator in Rottenburg/Nby.; 11.1918 Expositus in Trasching/Opf.; 11.1928 Pfarrer in Zell/Opf.; Kommorant in Zeitlarn/Opf.; † 22.10.1961.

5 Georg Wollner, geb. 06.11.1881 in Süß, Pfarrei Hahnbach/Opf.; Pr.-W. 29.06.1907; 1909 Kooperator in Neukirchen b. Hl. Blut; 04.1916 Wallfahrtspriester in Allersdorf/Nby.; 10.1928 Pfarrer BGR in Heinrichskirchen/Opf.; † 05.05.1947.

Mütterverein gegründet. Und er betonte zum Schluss: „Gewiss, es ist schon manches erreicht worden!“ Schließlich wollte er Mindelstetten wieder verlassen und reichte am 14.05.1952 um Verleihung der Pfarrei Moosham bei Regensburg ein, allerdings vergeblich.

Er erwarb sich aber um Mindelstetten auch Verdienste. So ließ er im September 1952 Kirche, Turm und Pfarrhof neu tünchen.[6] Bezüglich Anna Schäffer ist von einer Verehrung seinerseits leider nichts bekannt. Rosa Imlauer bestätigt in ihrem Brief an Zoller vom 20.01.1951, dass sich Sporrer der Förderung Annas „scheints nicht viel annimmt“.[7] Auch Zoller bedauerte in einem Schreiben an Imlauer: „Schade, wenn sich der neue Pfarrer von Mindelstetten sich nicht um seine ‚Heilige‘ kümmert.“[8] Holzgartner vermerkt in seiner Chronik: „Am Sonntag, den 1. Juli 1951 nachmittags besuchte Erzbischof Buchberger, von Neustadt an der Donau kommend, wo er die Kirchenkonsekration vorgenommen hatte [die Kirche hat bekanntlich große Kriegsschäden erlitten, Anm. d. Verf.], das Grab der Anna Schäffer in Mindelstetten, nachdem er schon einige Zeit vorher die Akten, Gebetserhörungen etc., die in Mindelstetten noch vorhanden waren, durch seine Schwester hatte abholen lassen. Es scheint, dass doch allmählich mit den Vorbereitungen zur Seligsprechung angefangen wird.“[9] Der Pfarrer war aber nicht anwesend. Er hatte es offenbar nicht für wert gefunden, den hohen Gast zum Grab Annas zu geleiten oder ihn wenigstens in seinem Pfarrhof zu empfangen. Als Entschuldigung dafür kann lediglich sein gesundheitlicher Zustand oder seine Ängstlichkeit angeführt werden.

Am 05.07.1951 legte der „Kirchenbauer“ Andreas Schweiger die Mesnerei an der Pfarrkirche altersbedingt nieder. Seit 1924 war dieses Amt bei der Familie Schweiger. Bis circa 1945 versah diesen Dienst der alte Bauer, der am 30.11.1951 neunzig Jahre alt geworden wäre und am 05.09.1951 verstorben ist. Dann übernahm es von 1945 bis zum Juli 1951 sein Sohn Andreas Schweiger, der übrigens auch als Zeuge im Seligsprechungsprozess wesentliche Aussagen gemacht hat. Nun „seit 1. Juli 1951 versieht der Kirchenpfleger Nikolaus Kraus, Mindelstetten Nr. 22, diesen Dienst“, so Holzgartner in seiner Chronik.[10]

Ein ärztliches Attest für Pfarrer Sporrer, ausgestellt vom Arzt Dr. Karl Baumann in Pförring vom 25.01.1956, besagt: „[…] Wegen Beschwerden von Seiten eines arteriellen Hochdrucks wird ein Kuraufenthalt von mindest vier Wochen in Bad Wörishofen für dringend erachtet.“ Der Krankenurlaub wurde vom Ordinariat in Regensburg gewährt. Für die Zeit der Abwesenheit Sporrers wurde der Kaplan Heinrich Kölbel in Vohburg zum vicarius substitutus bestellt.

6 Holzgartner, Chronik a. a. O. S. 271.
7 BKR III. Abt. CAS K. 50: Buchloe 20.01.1951: Rosa Imlauer an Zoller.
8 BKR III. Abt. CAS K. 50: Bad Gögging 19.02.1951: Zoller an Rosa Imlauer.
9 Holzgartner, Chronik a. a. O. S. 267.
10 Ebd. S. 268f.

Etwa ein Jahr später musste Sporrer das Krankenhaus in Ingolstadt aufsuchen. Auf die Anfrage des Generalvikars Johann Baptist Baldauf[11] von Regensburg wurde ihm am 06.09.1957 mitgeteilt, dass sich Sporrer noch immer im Krankenhaus Ingolstadt befände und nur wenig Hoffnung auf Wiedergesundung bestünde.[12]

Nach sechs Monaten Krankenlager in Ingolstadt verstarb Pfarrer Michael Sporrer am 07.10.1957 an Nierenkrebs verbunden mit einem Sarkom im Unterleib. An der Beerdigung in Mindelstetten am 9. Oktober nahmen vierundsechzig Priester sowie Vertreter seiner früheren seelsorgerlichen Wirkungsstätten teil.[13] Auf seinem Sterbebildchen wird vermerkt: „Gedenket in liebevoller Fürbitte des Hochwürdigen Herrn Michael Sporrer, Pfarrer in Mindelstetten, welcher am 07.10.1957, im Jahre seines 25. Priesterjubiläums im Alter von 52 Jahren nach langem gottergebenen Leiden, in Gottes Frieden eingegangen ist“.

11 Johann Baptist Baldauf, geb. 10.03.1889 Oberalling, Pfarrei Eilsbrunn/Opf.; Pr.-W. 03.03.1915; 1915 Kooperator in Kelheim/Nby.; 1917 Kooperator in Schwandorf/Opf.; 1919 Präfekt am Klerikalseminar in Regensburg; 1922 Expositus in Neunaigen/Opf.; 1928 Domvikar, 1935 Bischöflicher Sekretär; 1941 Domkapitular; 05.1954 Generalvikar; 1955 Päpstlicher Hausprälat; † 10.11.1962 in Kelheim.

12 BZA Regensburg: Personalakten, Sign. 3690.

13 Holzgartner Chronik a. a. O S. 283.

19. Korrespondenz über Anna Schäfer von 1949 bis 1972

Es ist festzustellen, dass sich ab dem Jahre 1949 langsam konkrete Bemühungen um einen Seligsprechungsprozess für Anna Schäffer gezeigt haben.

Der Kapuziner Dr. P. Stanislaus, der bereits in den zwanziger Jahren mit Anna in Verbindung getreten war und sie um ihr Fürbittgebet und Sühneleistung in seinen seelsorgerlichen Belangen gebeten hatte, wandte sich in einem herzlichen Weihnachtsbrief im Jahre 1949 an Rosa Imlauer. Er war inzwischen in das Generalat der Kapuziner in Rom berufen worden. Er schreibt von Rom aus: „[...] Bezüglich Anna Schäffer wäre das Wichtigste, dass ein kirchlicher Gerichtshof von Regensburg aus gebildet würde, der alles sammelt, was die Leute noch über die Tugenden der Dulderin wissen. Sonst hilft selbst die Verehrung und die Gebetserhörungen nichts. In wenigen Jahren wird alles endgültig umsonst sein."[1] Durch diese Zeilen dürfte Rosa Imlauer hellhörig geworden sein und die Notwendigkeit der Sammlung aller Anna betreffender Dokumente sowie die gerichtliche Einvernahme der Zeitzeugen erkannt haben.

Zwei Jahre später, am 27.04.1951 schrieb der franziskanische Tertiar, Lewis J. Phelan, Dr. der Philosophie der Harvard Universität und Dr. der Literaturwissenschaften der Katholischen Universität von Montreal, an Erzbischof Dr. Michael Buchberger, er möchte ein Buch über Anna Schäffer aus Mindelstetten schreiben, da es bisher über sie nichts in englischer Sprache gäbe. Durch das Buch von Friedrich Ritter von Lama sei er informiert, dass sich die schriftlichen Originale – Hefte und Briefe – der Dulderin im Diözesanarchiv befänden. Er bitte um Kopien und lege 100 Dollar für die entstehenden Kosten bei.[2] Ob es tatsächlich zur Veröffentlichung eines Buches über die Selige in englischer Sprache gekommen ist, muss erst noch eruiert werden.

Am 02.07.1951 meldete sich Therese Holzapfel, die Tochter des „Kirchenbauern" Schweiger in Mindelstetten, bei Rosa Imlauer. Sie schrieb: „Vielleicht haben Sie schon etwas gehört, dass Anna Schäffer nun bald seliggesprochen wird. Am Sonntag, gestern, war Herr Erzbischof Michael Buchberger am Grabe. Sie hat ihm selber geholfen beim Katholikentag in Regensburg. Er war sehr erkrankt und durch Anna wurde ihm geholfen. Er sagte, die Leute mögen jedes Wunder im Pfarrhofe melden oder wenn sie

1 BKR III. Abt. CAS K. 22: Rom 12.1949: P. Dr. Stanislaus OFMCap. an Imlauer.

2 BKR III. Abt. CAS K. 22: 17 Willow Street Belmont 78, Massachusetts/USA 27.04.1951: DDr. Lewis J. Phelan an Erzbischof Dr. Buchberger.

3 BKR III. Abt. CAS K. 22: Mindelstetten 02.07.1951: Resi Holzapfel an Imlauer.

eine Handschrift oder dergleichen oder Aussagen von ihr machen können, es hilft jede kleine Fürbitte zur baldigen Seligsprechung. Es sind schon so viele Wunder gemeldet. So hab ich auch an Sie gedacht Frl. Rosa, weil ich mich noch immer so gut erinnern kann an die Zeit, wo Sie uns immer von Anna erzählten, wie Sie bei uns waren, denn Sie waren ja immer bei Schäffers. Es soll alles bis in zehn Tagen gemeldet werden; so sagte Herr Pfarrer Sporrer in seiner Predigt am Sonntag."[3]

Am 12.07.1951 teilte Wally Knöferl der Rosa Imlauer mit, sie sei am 9. Juli beim Regensburger Erzbischof vorgeladen gewesen, um ihm ihre Begegnungen mit Anna zu schildern. Sie habe ihre Aussage auch schriftlich nachgesandt. Buchberger habe ihr aufgetragen, Imlauer möge alles, was sie noch von Anna habe, ihm senden.[4]

Auch Konrad Zoller bemühte sich, alles Schrifttum, das irgendwie mit der Seligen zu tun hatte, an den Erzbischof einzureichen. In einem Brief an diesen hielt er es für seine Pflicht, seine neuesten Erfahrungen mit der Anrufung und Verehrung Annas mitzuteilen. Er berichtete, „dass Lehrer Heinz, Neustadt, der seinerzeit seine plötzliche Heilung Anna zuschrieb und protokollarisch ans Pfarramt Mindelstetten übermittelte, nach einer vierstündigen schweren Operation in Ingolstadt als gerettet gilt; dass sein letztes Wort beim Abtransport von Neustadt eine Bitte an mich war, mich für ihn an Anna zu wenden und dass er beständig ein von ihr geschriebenes und gezeichnetes Blättchen auf seiner Wunde trägt. Bemerken darf ich noch, dass ich mein Büchlein über A. Sch. erst geschrieben habe als H. H. Dekan Holzgartner meine oft wiederholte Bitte, eine kleine Biographie Anna Schäffers zu verfassen, ablehnte. Da ich nun der Verfasser sein sollte, erlaube ich mir als solcher, Eurer Exzellenz für das tatkräftige Eintreten für A. Sch. vielmals zu danken."[5]

Dem Wunsch des Erzbischofs von Regensburg kam Rosa Imlauer bereitwillig und freudig nach. Sie übersandte ihm, wie sie in einem Schreiben vom 20.07.1951 mitteilte, alle Briefe und sonstigen Erinnerungsstücke sowie ihre eigenen Aufzeichnungen an ihn. Sie schrieb sodann: „In meinem Besitze ist noch das kleine Kommuniontüchlein, das die lb. Kranke jeden Tag bei der hl. Kommunion in Gebrauch hatte. Es ist noch genau so wie sie es das letzte Mal benützte. Auch das Missale und ein Gebetbüchlein zu Ehren des hl. Joseph, das sie einmal aus Amerika geschenkt bekam; ein kleines Stückchen von ihrem Haar; ein Stückchen von ihrem Sterbehemd und ein Röslein aus dem Kranz, den man ihr auf den Schleier setzte. Auch einige beschriebene Bildchen und Gebetszettel habe ich noch." Dann bemerkt sie noch: „Ich freue mich von ganzem Herzen, dass Ew. Exzellenz in schwerer Krankheit auch die Hilfe der Dulderin erfahren durfte und hoffe, dass sie Ihnen noch manche segensvollen Lebensjahre erbitten möge."[6]

4 BKR III. Abt. CAS K. 22: Pförring 12.07.1951: Wally Knöferl an Imlauer.

5 BKR III. Abt. CAS K. 22: Bad Gögging 16.07.1951: Zoller an Erzbischof Dr. Buchberger.

6 BKR III. Abt. CAS K. 22: Buchloe 20.07.1951: Imlauer an Erzbischof Dr. Buchberger.

Mit einem herzlichen Vergelt's Gott bedankte sich Erzbischof Buchberger für das Schreiben Imlauers und ihre Sendung. Er habe „mit großem Interesse und innerer Freude" bereits Einblick genommen und es sei sein sehnlicher Wunsch, dass der Seligsprechungsprozess für Anna bald „aufgegriffen und durchgeführt werden könnte". „Dazu sind Ihre Aufzeichnungen und die mitgesandten Briefe von großer Bedeutung."[7]

Am 29.07.1951 wandte sich der Erzbischof an P. Beda Kuhnle OFMCap. in Türkheim mit folgendem Schreiben: „Ich möchte gerne den Seligsprechungsprozess für Anna Schäffer von Mindelstetten einleiten und sammle deswegen ihre Briefe und Sonstiges aus ihrem Nachlass, was von Bedeutung ist. Es wurde mir mitgeteilt, dass Sie vor Jahren viele Briefe und Aktensachen zu sich genommen haben, um sie eventuell literarisch zu verwerten. Nun ersuche ich Sie, mir diese Briefe und Sonstiges, was von Belang wäre, zu überlassen für die Einleitung des Seligsprechungsprozesses."[8]

In seinem Antwortschreiben verneinte P. Beda, Briefe von Anna zu haben, und bezeichnete es wohl als eine Verwechslung. Interessant ist seine Bemerkung: „Dekan und Geistl. Rat Pfarrer Rieger, der wegen Anna schwere Kritik von seinen geistl. Mitbrüdern auszuhalten hatte, gestand mir: ‚Wegen meiner guten Begabung hätte ich Aussicht auf gute Anstellung gehabt, wegen meiner Kränklichkeit musste ich mit einer Landgemeinde zufrieden sein und mich zufrieden geben. Meine Talente schienen mir umsonst gegeben. Doch die göttliche Vorsehung gab mir Anna Schäffer', und er zitierte ein Wort des Hl. Karl Borromäus. ‚Es ist die große Gnade meines Priesterlebens, dass ich über 20 Jahre der Anna, einer Heiligen' – so kenne ich sie, fügte er vorsichtig hinzu – ‚Seelenführer und ihr Beichtvater sein durfte. Für sie gab mir die göttliche Vorsehung auch die Talente!'" Im Übrigen verwies P. Beda auf P. Stanislaus Grünewald, früher Provinzial, jetzt Sekretär an unserer Kurie in Rom, der über Anna einen Artikel im „Franziskusblatt der Terziaren" veröffentlicht habe und vielleicht im Besitze von Briefen oder Schriftstücken sein könnte. „Ich habe von Anna nur kleine Andenken, Teile ihres Sterbehemdes, Skapuliers, ihre Geißel und Haare. Alle diese Teile habe ich von Mater Hermana in Altötting in eine Kapsel fassen lassen." Er zeigte sich bereit, diese Kapsel dem Erzbischof zu überlassen. Dann fügte er noch hinzu: „Im Terror der Nazizeit und in den Gefahren des Krieges habe ich Anna immer wieder angerufen und ihre Hilfe oft in schwierigen Situationen erfahren. Möge es Exzellenz vergönnt sein, den Seligsprechungsprozess unserer lb. Anna recht bald durchführen zu können und den Schutz der gottseligen Dienerin erfahren, wie ich ihn oft in Gebetserhörungen erfahren habe."[9]

7 BKR III. Abt. CAS K. 22: Regensburg 26.07.1951: Erzbischof Buchberger an Imlauer.

8 BKR III. Abt. CAS K. 22: Regensburg 29.07.1951: Erzbischof Buchberger an P. Beda Kuhnle OFMCap. in Türkheim/Schw.

9 BKR III. Abt. CAS K. 22: Fürth 03.08.1951: P. Beda Kuhnle an Erzbischof Buchberger.

In ihrem Dankesbrief an den Erzbischof vom 24.08.1951 legte Rosa Imlauer ein kleines Heftchen, das Anna ihrer Tante, sowie einige Gebetszettel, die die lb. Verstorbene ihr geschenkt hatte, bei. Sie berichtete, dass sie extra nach Türkheim zu P. Beda gefahren und mit ihm gesprochen habe, leider ohne Ergebnis. Dann machte sie ihn auf eine entfernte Verwandte von Anna aufmerksam, die Dillinger Franziskanerin Schw. Adelgossa, mit weltlichen Namen Wally Lang aus Mindelstetten. Diese sei Gärtnerin in Mödingen/Schwaben und schon immer ein braves Mädchen gewesen. Dann vermerkte Imlauer noch: „Ich habe Schw. Adelgossa schon wissen lassen, dass sie alles [was Anna angelangt; Anm. d. Verf.] aufschreiben und Ihnen nach Regensburg schicken soll."[10]

Tatsächlich hat Schw. Adelgossa ihre Erinnerungen an die Selige niedergeschrieben und Erzbischof Buchberger übersandt. Ihr Bericht ist interessant: Schw. Adelgossa wurde 1909 geboren und hat Anna erst 1915 kennen gelernt: „Ich besuchte sie öfters. Auch brachte ich ihr sehr oft ein kleines Blumensträußchen, welches sie mit großer Ehrfurcht und Liebe annahm, aber jedes Mal, bevor sie es in ihre Hände nahm, sagte sie schon herzlich Vergelt's Gott und versprach auch zugleich ihr Gebet." Auf die Frage, ob sie nicht daran denke wieder einmal gehen zu können, antwortete Anna: „Der liebe Gott will, dass ich krank bin und ich richte mich nach seinem Willen!" Schw. Adelgossa durfte als Kind einmal teilnehmen, als die Selige kommunizierte, und berichtet darüber: „Als ihr der Priester die hl. Hostie auf die Zunge legte, da war ein schöner Glanz um das Bett; es ist nicht zu beschreiben!" Anna habe viele Beispiele von Heiligen erzählt. „Und wenn ich zu ihr sagte, Anna du bist ja selber eine Heilige, wurde sie niemals stolz, sondern sie sagte in tiefer Demut, ‚Ich bin die größte Sünderin auf der Welt!' Ich hörte niemals ein böses Wort über andere Leute aus ihrem Munde."

Als die Schwester, noch als Laie, sich von Anna verabschiedete, weil sie in München einen Dienst angenommen hatte, sagte diese zu ihr: „An diesem Platze wirst du nicht lange sein und dann kommst an einen Platz hin, wo du dein ganzes Leben sein kannst."

„Ich war zwei Monate in München, da erschien mir Anna. Es wurde so hell vor meinem Bett und ich dachte mir: Was wird wohl jetzt sein. Ich hob den Kopf in die Höhe und da standen 2 Personen vor mir, Erste war Anna und die Zweite Forchhammer Maria. Anna hatte ein schönes weißes Kleid an, einen Schleier und die Hände gefaltet und sagte zu mir: ‚Ich darf jetzt in den Himmel' und sagte zu mir: ‚Du musst auch so viel leiden wie ich, dann darfst auch du in den Himmel' und verschwand." Zu Maria Forchhammer schrieb die Ordensfrau, sie habe auch ein weißes Kleid getragen, aber mit vielen schwarzen Flecken, und sie besaß keinen Schleier. – Einige Tage später erhielt sie die Nachricht, dass beide verstorben seien.[11]

10 BKR III. Abt. CAS K. 22: Buchloe 24.08.1951: Imlauer an Erzbischof Buchberger.

11 BKR III. Abt. CAS K. 22: Aufzeichnungen von Schw. M. Adelgossa Lang.

In einem Brief an Rosa Imlauer vom 29.08.1951 bedankte sich der Erzbischof für die schönen Gedichte Annas. „Sie haben mir Freude bereitet!" Zum Schluss schrieb er: „Alles, was ich bisher erfuhr über Anna Schäffer, ist so erbaulich, dass mein Wunsch, sie möge einmal in die Schar der Seligen eingereiht werden, immer sehnlicher wird."[12]

Rosa Imlauer war sicher sehr bestrebt, alles, was Anna irgendwie betrifft, zu sammeln und dem Erzbischof von Regensburg zu übersenden.

Am 23.10.1951 sandte sie das von Anna erstellte Heftchen „Rosenknöspchen" mit der Bitte, die Schwester Buchbergers möge ihr eine Abschrift anfertigen und ihr senden. Und sie fügte ihrer Bitte hinzu: „Aber ist es nicht zuviel verlangt?"[13]

Am 24.10.1951 meldete sich die Arme Schulschwester U. L. Fr., Sr. M. Godlena Weizenwieser, zu Wort: Ihre Oberin, M. Irmengard Pöschl von Oberdolling († 03.07.1933), habe ihr folgendes erzählt: „Schäffer Anna habe ihr gelegentlich eines Krankenbesuches die Hand mit der Wunde gezeigt, sie aber habe es momentan nicht begriffen, erst daheim sei ihr die Erkenntnis gekommen, dass sie das Stigma habe sehen dürfen."[14]

Erzbischof Dr. Michael Buchberger übersandte Rosa Imlauer am 19.11.1951 einen Brief des Herrn Geistlichen Rates Alois Katzendobler[15], Pfarrer in Irlbach/Niederbayern, mit der Bitte um Stellungnahme. Katzendobler zweifelte nämlich, dass Anna die Stigmen tatsächlich besessen habe, und berief sich auf die Aussage der Haushälterin Pfarrer Riegers, Elisabeth Imlauer, die behauptet habe, sie habe beim Verbinden der Leidenden niemals etwas von Stigmata gesehen.[16]

In ihrem Antwortschreiben vom 21.11.1951 nahm Rosa Imlauer ausführlich Stellung bezüglich der Wundmale: „Als ich Ihnen meine Aufzeichnungen und Erlebnisse mit Anna Schäffer übersandte, habe ich ganz genau beschrieben, wie ich zur Kenntnis der Wundmale gekommen bin, und ich kann es heute nur wieder aufs Neue bestätigen, dass alles, was ich geschrieben habe auf Wahrheit beruht [...] Die Narben an den Vorfüßen (Male wie ein vernarbter Nagelkopf) habe ich auch erst gesehen, als die Kranke mich darauf aufmerksam machte und sagte, ich soll ihre Füße anschauen. Ich hatte sie vorher schon über 2 Jahre verbunden gehabt und nichts bemerkt. Erst als ich Anna damals so plötzlich gefragt habe, ob sie die Wundmale habe, und Anna so furchtbar erschrocken ist, hat sie mir, nachdem sie sich von ihrer Bestürzung erholt hatte, erzählt, wie sie dieselben bekommen habe. Mir sind

12 BKR III. Abt. CAS K. 22: Regensburg 29.08.1951: Erzbischof Buchberger an Imlauer.

13 BKR III. Abt. CAS K. 22: Buchloe 23.10.1951: Imlauer an Erzbischof Buchberger.

14 BKR III. Abt. CAS K. 22: Neustadt a. d. D. 24.10.1951: Sr. M. Godlena Weizenwieser an Imlauer.

15 Gen.-Sch.: Alois Katzendobler geb. 07.11.1887 in Oberwinkling/Nby.; Pr.-W. 22.06.1913; 1918 Kooperator in Münchsmünster/Nby.; 10.1925 Benefiziat in Mendorf; Pfarrer in Irlbach; Kommorant in Altenbach, BGR, † 26.09.1984 in Altenbach/Nby.

16 BKR III. Abt. CAS K. 50: Irlbach/Nby. 12.11.1951: Katzendobler an Zoller – K. 22: Regensburg 19.11.1951: Erzbischof Buchberger an Imlauer.

nur immer ihre schmalen, zarten Hände aufgefallen, die immer glühend heiß waren und an den Innenflächen so kleine Vertiefungen hatten, dass man meinte, die Sehnen seien nur so darüber gespannt. Und weil Anna öfters meine Hände nahm, sie gegen ihre Handflächen drückte und so rührend klagte: ‚Rosa, meine Hände, meine Füße! – Die Schmerzen, die ich an den Händen und an den Vorfüßen habe, sind noch viel, viel größer als meine Wunden!‘ Da stieg in mir auf einmal der Gedanke auf, ob Anna vielleicht gar die Wundmale des lb. Heilandes habe. Ich getraute mich aber nie mit jemanden darüber zu sprechen und als ich dann die lb. Kranke eines Tages so plötzlich darüber befragte, bin ich selbst über mich erschrocken. Anna schenkte mir damals ein kleines Heftchen, dass sie sich selber zusammen genäht hatte und in dem sie dieses Erlebnis kurz nieder geschrieben hatte. Ich musste ihr versprechen, niemanden etwas davon zu erzählen.

Mein Hochwürdiger Herr Vetter wusste ganz genau um das Vorhandensein der Wundmale und glaubte auch daran; aber wir haben wenig darüber gesprochen, denn jeder war erfüllt von einer hl. Ehrfurcht über diese besondere Gabe, die Gott dieser stillen und demütigen Dulderin geschenkt hat. Auch legte H. H. Vetter viel mehr Gewicht auf ein geduldig ertragenes Leiden, als auf das Vorhandensein der Wundmale. Ich weiß noch genau wie er sagte: ‚Ob Anna einmal heiliggesprochen wird, ist ganz gleich. Sie hat ihren Lohn schon im Himmel empfangen; das andere ist nur Gnade für uns Menschen!‘

Jetzt möchte ich Ew. Exzellenz noch erklären, wie ich über den Brief von H. H. Geistlichen Rat Katzendobler denke. Den H. Herrn habe ich aus meinem 13-jährigen Aufenthalt im Pfarrhof in Mindelstetten noch gut in Erinnerung. Was er geschrieben hat von dem Gespräch mit meiner Tante Elise glaube ich und ich bin auch gar nicht erstaunt darüber. Es tut mir nur weh, über meine verstorbene Tante Dinge sagen zu müssen, über die ich lieber schweigen möchte; aber jetzt in der Ewigkeit sieht sie ja alles in einem anderen Lichte und wird deshalb selbst auch wünschen, dass ich die Wahrheit sage. Meine Tante war eine Cousine von H. H. Geistlichen Rat Rieger und hat ihm 43 Jahre den Haushalt geführt. Sie hat Anna und ihrer Mutter unzählig viel Gutes getan in ihrer Not; aber sie war besonders die letzten 13 Jahre, die ich auch bei H. H. Vetter war, viel krank an Herz, Nerven, Zucker und zuletzt hatte sie Nierenschrumpfung. Da war sie oft sehr launisch und die arme Anna bekam auch manchmal ihren Unwillen zu fühlen. Sie konnte aber gleich nachher wieder so gut sein. Als sie nun nach dem Tode von Anna erfuhr, dass sie die Wundmale gehabt habe, glaubte sie es nicht. Sie war sehr böse auf mich, dass ich Kenntnis davon hatte und sie nicht; aber Anna hatte es mir ja verboten und ich durfte es deshalb auch Tante nicht sagen, denn sie hätte es wahrscheinlich doch weitererzählt. Sie hat das nie verwinden können und bis an ihr Lebensende dagegen gekämpft zum großen Leidwesen von H. H. Vetter und mir. Sie hat mir oft leid getan, denn ich weiß genau, dass auch ich nicht würdig war, dass die gute Anna mir solches Vertrauen schenkte. Es war eine große unverdiente Gnade Gottes, wie ich auch all die glücklichen Jahre als solche auffasse, die ich mit Anna verleben durfte. Es gibt nur eine Erklärung dafür: Gottes unendliche Güte, die uns beiden eine so große Liebe zueinander ins Herz gelegt hat.

Etwas möchte ich noch berichtigen zu dem Gespräch mit H. H. Dekan Katzendobler. Meine Tante hatte Anna nicht 25 Jahre verbunden. Solange Anna noch sitzen konnte im Bett hat sie sich selbst verbunden. Die letzen 2 ¾ Jahre habe ich sie verbunden und das letzte ¼ Jahr während meines Aufenthaltes im Sanatorium hat sie Tante Elise verbunden.

Dass H. H. Pfarrer Haunschild von Steinsdorf auch nichts von den Wundmalen gesehen hat, glaube ich schon. Anna hat ja auch den lb. Gott um die Gnade angefleht, dass niemand etwas sehen soll ... Einmal sagte Anna zu mir: ‚Der Schutzengel hat mich mitgenommen und hat mich weit fortgetragen und gesagt: Da schau hinunter, das Elend, das noch über die Menschheit kommen muss! Da lagen so viele Leichen herum, dass mir ganz angst wurde ...‘ Einmal sagte ich zu Anna: ‚Gelt, wenn du stirbst dann holst du mich auch gleich!‘ Da sagte Anna zu mir: ‚Dich hol‘ ich noch nicht gleich. Du musst zuerst noch etwas Großes wirken.‘ Da sagte ich: ‚Ach Anna was kann ich denn Großes wirken?‘ Da sagte sie nichts mehr und ich getraute mich auch nicht mehr zu fragen. Nun kommt es mir ein wenig zu Bewusstsein, dass sie vielleicht gemeint hat, dass ich ihre Ehre verteidigen helfen darf und ihr zu ihrer Verherrlichung mithelfen soll. Das will ich gerne tun.“[17]

Das ist ein langer Brief, der aber im Hinblick auf die Tatsache, dass Anna stigmatisiert war, sehr wesentlich erscheint, wenngleich es zum Teil eine Wiederholung des Kapitels „Charismatische Stigmatisation“ ist. Rosa Imlauer hat ihre Aussage auch beim Informativprozess unter Eid bestätigt.

Am 25.11.1951 schrieb aus Rom wiederum P. Dr. Stanislaus OFMCap. an Rosa Imlauer. Aus dem Brief ist Folgendes bedeutsam: „Mit großer Freude habe ich durch Sie erfahren, dass der Hochwürdigste Herr Erzbischof Buchberger sich nun ernstlich um den Seligsprechungsprozess der Anna Schaeffer bemühen will. Der Anfang muss immer erst in den Diözesankurien gemacht werden mit dem bischöflichen Prozess. Erst dann kann in Rom etwas geschehen. Gebe Gott, dass Regensburg, das nun schon durch den Prozess des P. Viktrizius und des Seminaristen Bernhard Erfahrung in dieser Sache hat, auch für Anna Schaeffer ganze Arbeit leiste. Sicher werden auch Sie in Regensburg unter Eid Zeugnis ablegen müssen über alles, was Sie über die Tugenden und den Ruf der Heiligkeit der Anna Schaeffer wissen. Die baldige Vernehmung aller noch lebenden Zeugen ist das Wichtigste, was zu geschehen hat. Die Leute darauf hinweisen, dass sie sich in Anliegen vertrauensvoll an Anna wenden sollen, ist auch wichtig. Alle, die die Dulderin näher kannten, werden das sicher gern und eifrig tun. Aber den Entscheid gibt die gerichtliche Untersuchung der Tugenden.

17 BKR III. Abt. CAS K. 22: Buchloe 21.11.1951: Imlauer an Erzbischof Buchberger.

Ihre ehemalige Freundin hat ihren Lohn schon längst bei Gott. Da haben Sie recht. Aber für ihre Landsleute wird ihr heiligmäßiges Leben erst dann den vollen Segen bringen, wenn es dem Urteil der Kirche unterbreitet und von dieser anerkannt wird. Dafür sind Arbeit und Kosten eines solchen Prozesses nicht zu viel.“[18]

In ihrem Dankesbrief für die guten Wünsche zum Weihnachtsfest und Jahreswechsel berichtet die Schwester des Erzbischofs, Frl. Teresa Buchberger, am 19.12.1951, dass sie heuer am Grabe „der lb. Anna weilte und ihr dort viele Anliegen anempfohlen habe“. Ich setzte großes Vertrauen auf ihre Fürbitte.“ Dem Schreiben fügte Erzbischof Dr. Buchberger eigenhändig hinzu: „Herzl. Dank für den aufschlussreichen Brief!“ Er meinte sicher den aufschlussreichen Brief Imlauers über die Stigmatisation Annas.[19]

Rosa Imlauer bedankte sich wiederum bei Teresa Buchberger für das von der Seligen verfasste Gedicht-Bändchen „Rosenknöspchen“, das sie von ihr bekommen hatte, und wünschte ihrerseits ein „gottgesegnetes Neues Jahr“.[20]

Nicht so umfangreich gestaltete sich die Korrespondenz des Jahres 1952. Am 22. April bedankte sich Rosa Imlauer bei Erzbischof Dr. Buchberger für die übersandte Trauerrede für den heimgegangenen Fürsten von Thurn und Taxis und den Bericht zum Jahrhundertjubiläum der Pflegeanstalt Karthaus-Prüll. Sie sei tief ergriffen und habe die beiden Schriftstücke schon oft betrachtet. Dabei äußerte sie den Wunsch: „Möge der Geist des verstorbenen Fürsten in recht vielen Seelen Ihrer Diözesanen weiterleben!“ Auch erkundigte sie sich nach dem Gesundheitszustand des Erzbischofs, der schon damals unter mancherlei körperlichen Schmerzen zu leiden hatte.[21]

Erst 1957 gibt es wieder einen Brief, in dem von der Seligen die Rede ist. Erzbischof Dr. Buchberger schrieb an Rosa Imlauer unter anderem: „[…] Oftmals denke ich an unsere liebe heilige Anna Schäffer mit dem Wunsch, dass sie einmal in die Zahl der Seligen aufgenommen werde. Aber ich fürchte, wir beide werden dies nur dann erleben, wenn sie ein paar ganz große Wunder wirkt.“[22]

Dazu ist Folgendes zu sagen: Vielleicht hätten damals Wunder tatsächlich dazu geführt, dass der Seligsprechungsprozess eingeleitet worden wäre. Die zahlreichen Gebetserhörungen, die damals bereits vorhanden waren und sich immer wieder wiederholten, konnten die Bedenken von Theologen nicht zerstreuen, wenngleich sie für die einzelnen Gläubigen, die sich an Anna mit ihren Anliegen vertrauensvoll gewandt hatten, große Bedeutung besessen haben. Es ist ferner anzunehmen, dass der Erzbischof wegen seines hohen Alters – er zählte ja bereits 83 Jahre – es nicht

18 BKR III. Abt. CAS K. 22: Rom 25.11.1951: P. Dr. Stanislaus an Imlauer.

19 BKR III. Abt. CAS K. 22: Regensburg 19.12.1951: Teresa Buchberger an Imlauer.

20 BKR III. Abt. CAS K. 22: Buchloe 30.12.1951: Imlauer an Teresa Buchberger.

21 BKR III. Abt. CAS K. 22: Buchloe 22.04.1952: Imlauer an Erzbischof Buchberger.

22 BKR III. Abt. CAS K. 22: Regensburg 13.11.1957: Erzbischof Buchberger an Imlauer.

mehr wagte, das Verfahren einzuleiten, und auch zu wenig Unterstützung von Seite des Domkapitels bekommen hat.

Auch in seinem Brief vom 14.10.1959 an Rosa Imlauer deutete der Regensburger Erzbischof an, dass es ihm eine besondere Freude bereiten würde, wenn er wenigstens den Seligsprechungsprozess für Anna noch erleben könnte.[23] Doch Gott hat es seinem Nachfolger vorbehalten. Tatsache ist es aber, dass der Erzbischof, voll und ganz überzeugt von der großen Dulderin, alle notwendigen Schritte zur Einleitung des Verfahrens vorbereitet hat, unterstützt von seiner Schwester, die auch nicht vergessen werden darf.

Nicht weniger ist die große Verehrerin und Zeitzeugin Anna Schäffers, Rosa Imlauer, zu preisen. Sie zog sich 65-jährig, nach dem Tod ihres Pfarrherrn, dem Dekan und Pfarrer des schwäbischen Ortes Buchloe, Josef Schön, dem sie viele Jahre in Treue als Haushälterin gedient hatte, in das „Verenaheim" in Augsburg zurück, und zwar im Jahre 1963. Sie blieb aber bis zu ihrem Heimgang 1991, im hohen Alter von 93 Jahren, eine bedeutende Förderin des Seligsprechungsprozesses – sie war Hauptzeugin – für die vorbildliche Dulderin aus Liebe zu Gott und den Menschen Anna Schäffer.[24]

Zu Rosa Imlauer ist noch Folgendes zu vermerken: Im Jahre 1975 besuchte ich erstmals die Dame in ihrem Alterssitz in Augsburg. Ich betrat eine schöne, gut bürgerlich eingerichtete Stube, in der man sich wohlfühlen konnte. Mein Blick fiel im Laufe unseres Gesprächs auf eine wundervolle schmerzhafte Muttergottes, die ich stilistisch dem Spätbarock, also Mitte des 18. Jahrhundert, zuordnete. Sie bemerkte es und sagte spontan: „Die würde doch gut in die Pfarrkirche Mindelstetten, wo mein Onkel Pfarrer Karl Rieger so verdienstvoll tätig war, passen. Was meinen Sie?" Ich bestärkte sie in dem Gedanken und antwortete beiläufig, sie sollte das testamentarisch festlegen, wenn sie dies wünsche. Sie hat tatsächlich die wertvolle Madonna der Pfarrkirche Mindelstetten vermacht.

Später, als sich die Figur bereits in Mindelstetten befand, sah ich auf der Rückseite das folgende Monogramm: „F. C. S." und darunter die Jahreszahl „1743". Wer war wohl der Künstler? Diese Frage wollte ich klären, nachdem ich mich bereits als junger Priester mit kunsthistorischen Forschungen beschäftigt und sie zuweilen veröffentlicht hatte. Im Ausstellungskatalog „Bayerische Rokokoplastik. Vom Entwurf bis zur Ausführung"[24a] fand ich den Künstler, nämlich den Bildhauer Franz Carl Schwertle (1716 Dillingen – Dillingen 1768). Da ich mir aber noch nicht ganz sicher war, griff ich zum Thieme-Becker[24b] sowie zu dem Werk „Die Kunstdenkmäler von Bayern. Schwaben Bd. VI: Stadt Dillingen an der Donau".[24c] Und in

23 BKR III. Abt. CAS K. 22: Regensburg 14.10.1959: Erzbischof Buchberger an Imlauer.

24 BKR III. Abt. CAS K. 22: Augsburg 03.05.1963: Imlauer an Pfarrer Georg Schlagbauer in Mindelstetten.

24a Bayerische Rokokoplastik. Vom Entwurf bis zur Ausführung, Kat. München, München 1985, S. 249.

diesem letzten Buch fand ich den eindeutigen Beweis, Schwertle schuf für das Gasthaus „Traube“ in Dillingen, Königstr. 46, 1746 eine Hausmadonna – übrigens eine Wiederholung des Gnadenbildes von Maria Steinbach in Schwaben –, die auf einer Muschelwerkkonsole thront. Auf deren Rückseite, so wird berichtet, befindet sich ein Monogramm „F. C. S.“ mit der Jahresangabe „1746“. Damit ist also Franz Carl Schwertle[24d] eindeutig auch der Künstler der Madonna aus dem Besitz von Rosa Imlauer. Es ist anzunehmen, dass die kostbare Marienstatue aus der Hinterlassenschaft des ehemaligen Pfarrherrn Josef Schön stammt und Rosa Imlauer sie geerbt hat.

Wir wissen, dass Anna die Gottesmutter vor allem als Rosenkranzkönigin und als schmerzhafte Mutter verehrt hat. Rosa Imlauer war dies bewusst und so ist durchaus anzunehmen, dass sie aus diesem Grunde die Figur der Pfarrkirche Mindelstetten vermacht hat.[24e]

Heute befindet sich die Schmerzhafte Muttergottes in der zweijochigen rechten Seitenkapelle in der alten Kirche. Dort ist auch die seit 1999 leere Gruftanlage, in der die sterblichen Überreste der Seligen bis dahin untergebracht waren. Die Figur ziert den neugotischen Altar in einer Nische, ohne dass sich die verschiedenen Stilarten negativ auswirken würden. Die beiden Rundbogen-Fenster der Seitenkapelle weisen zwei schöne Glasgemälde von ca. 1905 auf: die schmerzhafte Madonna und Maria als Siegerin mit dem Fuß auf der Schlange. Über der Gruftanlage befindet sich das Porträt Annas, das im Auftrag der Abteilung für Heilig- und Seligsprechungsprozesse für das Bistum Regensburg vom akademischen Maler Georg Hiltl, Regensburg, in Auftrag gegeben wurde. Es ist das schönste, meisterhaft gestaltete Bild Annas.

24b Thieme-Becker, Allgemeines Lexikon der bildenden Künstler von der Antike bis zur Gegenwart, 30. Bd., Leipzig 1936, S. 384.

24c Die Kunstdenkmäler von Bayern. Schwaben Bd. VI: Stadt Dillingen an der Donau, München 1964, S. 653.

24d Franz Carl Schwertle war ein Schüler des bekannten Bildhauers Stephan Luidl in Dillingen. Nachdem er nach dessen Tod im Auftrag der Witwe Luidls dessen Werkstatt zeitweilig geführt hatte, machte er sich 1743 selbständig, erwarb das Bürgerrecht und richtete sich in steter Konkurrenz zu dem sicher bedeutenderen Johann Michael Fischer eine eigene Werkstatt ein. Als anerkannt tüchtiger Bildhauer des Spätbarocks wurde er vorwiegend in seiner Heimatstadt und im nördlichen Schwaben, auch für den Augsburger Dom (Altar der Hilariakapelle) tätig.

24e Ritter, Emmeram H., Madonna von Karl Schwertle. Wertvolle Stiftung für die Pfarrkirche Mindelstetten, in: „AS-Brief“ Nr. 21, Juli 1992, S. 35f.

20. Bischof Dr. theol. Dr. h. c. Rudolf Graber, der Initiator des Seligsprechungsprozesses für Anna Schäffer

Der Regensburger Bischof Rudolf Graber war meines Erachtens eine säkulare Persönlichkeit und zählt sicher zu den bedeutendsten Oberhirten des 20. Jahrhunderts. Dass er die große Fürsprecherin, die selige Anna Schäffer von Mindelstetten, persönlich sehr verehrt und für sie den Seligsprechungsprozess am 10.03.1973 eingeleitet hat, ist nicht verwunderlich.

Wenn man den Bischof der Diözese Regensburg, deren Lage und Geschichte auf einen Mittlerauftrag zwischen Ost und West verweist, befragte, was ihn immer wieder bewog, das Wort und die Feder zu ergreifen, um zu den wichtigen Problemen seiner Zeit in Theologie, Kirche, Gesellschaft und Politik Stellung zu nehmen, dann gab sein Programm, das er sich bei der Übernahme des hohen Amtes 1962 gewählt hat, die Antwort.

Sein Wahlspruch war das „Diakonein en agape – in Liebe dienen“. Sein Wappen trug die Zeichen der Allerheiligsten Dreifaltigkeit und des Heiligen Geistes wie auch die mystische Rose als sein geistiges ‚Programm‘: Die Heiligung der ihm anvertrauten Seelen in der Kraft des Heiligen Geistes unter der Mitwirkung der hilfreichen Fürsprecherin, der Mutter des Herrn. Hinzugefügt ist auch der Spaten aus dem Familienwappen der „Graber“ für ein tatkräftiges Zugreifen im Weinberg des Herrn, wo es gilt, den Boden für das Wort Gottes zu bereiten, zu pflanzen und sicherlich auch zu roden und zu schneiden. Der Griff des Spatens aber ist das Kreuz, weil in dieser Welt nichts aus menschlichem Vermögen allein geschaffen werden kann.

Das Programm Grabers ließ schon damals den Weg erkennen, den der Nachfolger eines hl. Wolfgang, eines Johann Michael Sailer, eines Georg Michael Wittmann und eines Michael Buchberger beschreiten würde.

Als der Ruf Papst Johannes XXIII. (1958–1963) den Eichstätter Hochschulprofessor im März 1962 – er befand sich gerade auf einer Wallfahrt nach Altötting – erreichte, war dieser auf das Bischofsamt in vielfacher Weise vorbereitet. Nach Absolvierung der philosophisch-theologischen Studien in Eichstätt und an der von den Jesuiten geprägten Universität Innsbruck hatte ihm der Benediktiner-Bischof Leo von Mergel (1905–1932) am 1. August 1926 in der Kirche der Benediktinerabtei Plankstetten die Priesterweihe erteilt. Das „ora et labora“ füllte seither sein ganzes Leben aus. Jahre fruchtbarer Studien und ebenso der engeren Verwurzelung mit dem Alltag der Weltkirche bedeuteten für ihn ein längerer Aufenthalt an der „Anima“

und der Dominikaner-Hochschule „Angelicum" in Rom. Von 1929 an wirkte Dr. Graber dann im Bistum Eichstätt, zunächst als Religionslehrer, als Expositus, als geistlicher Berater junger Studenten und schließlich als Domprediger in der Bischofsstadt des hl. Willibald.

Was sich der junge Wissenschaftler während dieser Jahre und vor allem von 1941 bis 1962 als Professor an der Philosophisch-theologischen Hochschule in Eichstätt für Kirchengeschichte, Patrologie, Fundamentaltheologie, darüber hinaus auch für Aszetik und Mystik erarbeitet hatte, fand bereits damals in zahlreichen Publikationen fruchtbaren Niederschlag.

Doch schon vor Beginn seiner Tätigkeit, kaum 24 Jahre alt, hatte er am 02.08.1927 in der „Augsburger Postzeitung" seine erste Arbeit mit dem Titel „5. Unionskongress von Velehrad" veröffentlicht. Sie behandelte ein ökumenisches Thema, nämlich die römisch-unionistische Bewegung der slawischen Völker, die im ehemaligen Zisterzienserkloster Velehrad, nach der Tradition die Metropole des Methodios, ihren Mittelpunkt besaß. Hier hatte sich 1863 bzw. 1885 die sogenannte Kyrillos-Methodios-Idee entwickelt, deren Ziel die Vereinigung aller Slawen unter dem Papst war. Diese Arbeit stellt den Beginn der umfangreichen wissenschaftlichen und publizistischen Tätigkeit Grabers dar.

Als Professor beschränkte er sich nicht auf Hochschule und Katheder. Er suchte stets ein fruchtbares Gespräch mit den Menschen und trachtete danach, anstehende Fragen niemals im Raum zu belassen, sondern zu beantworten. Dabei zeigte Graber niemals falsche Nachgiebigkeit gegenüber gewissen Zeitströmungen. Er bemühte sich vielmehr um die Verkündigung des Wortes Gottes und damit des Bleibenden.

Vorträge zu aktuellen religiösen Fragen führten den Professor durch den ganzen deutschen Sprachraum, und die 1.155 selbständigen Publikationen, Zeitschriftenaufsätze und Zeitungsartikel, die bis 1982 veröffentlicht wurden, machten seinen Namen bald über die Grenzen des Landes bekannt.

Die Jahre wissenschaftlichen Arbeitens und publizistischen Schaffens während seiner Eichstätter Zeit wurden so die beste Vorbereitung für die große Verantwortung, die ihm mit der Berufung auf den Regensburger Bischofsstuhl übertragen wurde.

Bischof Dr. Graber hat in einer denkwürdigen Stunde der Kirchengeschichte sein Hirtenamt angetreten. In aller Welt rüsteten sich die Bischöfe zur Reise nach Rom, um dort mit Papst Johannes XXIII. das große Wagnis des II. Vatikanischen Konzils zu beginnen. Der Regensburger Oberhirte war sich des gewaltigen Ereignisses bewusst, das zu einem neuen Pfingsten oder zu einem tiefen Rückschlag, wenigstens vordergründig, führen konnte. Als ein Mann der konservativen Mitte setzte er sich von Anfang an, ohne extreme Forderungen zu billigen, entschieden für das Konzil ein. Er begründete die Haltung einmal in einem Artikel mit dem Gedanken, dass Gott selbst durch ein solches Konzil deutlich sichtbar in die Geschichte eingreifen würde.

Das Dekret des II. Vaticanums „über die Hirtenaufgabe der Bischöfe in der Kirche“ (Dekret „Christus Dominus“ n. 12) macht es den Bischöfen zur Pflicht, die Menschen zum Glauben zu rufen und im lebendigen Glauben zu stärken. Bischof Graber widmete diesem apostolischen Dienst seine ganze Kraft – in der Kirche von Regensburg und weit darüber hinaus. In der Verkündigung des Evangeliums, in Wort und Schrift, sah er ein Herzstück seines bischöflichen Wirkens, wie es bereits vom Konzil von Trient (Sessio XXIV „De reformatione“ Cap. IV) ausdrücklich gefordert wird.

Graber war ein gesuchter und beliebter Prediger. Durch die ihm in hervorragender Weise eigene Gabe, sein reiches Wissen und seine große Erfahrung allen Schichten des Volkes zu vermitteln, kam er bei den Menschen bestens an. Seine zahlreichen Predigten, Ansprachen und Vorträge, wie auch Hirtenbriefe, die er Jahr für Jahr in seiner Diözese und darüber hinaus auf Kongressen und Tagungen hielt, fanden nicht nur in der Bistumspresse, sondern in vielen einschlägigen Zeitschriften des In- und Auslands Begeisterung. Dadurch hat er nicht nur den anwesenden Hörern, sondern Tausenden Gläubigen Weg und Weisung vermittelt. Dabei sicherte die breitgefächerte Thematik und die vielen zeitgemäßen Anregungen für das praktische religiöse Leben den Publikationen ein lebhaftes Echo.

Nicht weniger bedeutsam waren seine wissenschaftlichen Arbeiten, die nicht selten hohe Auflagen erreicht haben und in andere Sprachen übersetzt worden sind. So wurde z. B. sein Hirtenbrief „Athanasius und die Kirche unserer Zeit“, der von 1973–1975 in sechs Auflagen erschienen ist, ins Englische, Französische, Italienische, Portugiesische und Spanische übersetzt.

In diesem Zusammenhang ist die besondere Gabe des bischöflichen Gelehrten zu erwähnen, die es ihm ermöglicht hat, sich nachdenkend tief in die Vergangenheit zu versetzen und aus deren Zusammenschau richtungsweisende Ergebnisse in die Gegenwart einzubringen. Seine Einfühlung in die geistige, sittliche und historische Situation wurde mit Recht von vielen Lesern bewundert. Sie war fundiert durch reiche Erfahrung, durch seine Stellung als Priester und Bischof und nicht zuletzt durch seine tiefgreifende Kenntnis der einschlägigen dogmatischen und historischen Literatur.

In seinem wissenschaftlichen und publizistischen Wirken hatte Graber klare Prioritäten gesetzt. Seine Zielsetzung war christologisch, ekklesiologisch, mariologisch, aber auch ökumenisch geprägt.

Er wurde als Oberhirte des Bistums Regensburg bei der Erfüllung seines durch die Gnade Gottes gegebenen Amtes nicht müde, vor der Illusion zu warnen, dass die Änderung von äußeren Strukturen zugleich eine Erneuerung des Geistes zu bewirken vermag. Vor dem Hintergrund der Ernüchterung und Enttäuschung der Jahre nach dem Konzil war sein mahnendes und ermutigendes, aus einem untrüglichen Sinn für das Katholische kommende Wort zu verstehen. Man würde ihn auch heute gründlich verkennen, was leider noch immer bewusst und unbewusst geschieht, wollte man nicht auf den Weg der Mitte blicken, den er positiv aufgezeigt hat und der nach seiner Überzeugung allein in die Zukunft führt: Jesus Christus.

Graber sah den allein zum Durchbruch des Geistes führenden Weg in der inneren Erneuerung des Einzelnen, also in der Antwort des Glaubens auf die Botschaft des Heils, in der Abkehr von der Sünde durch Buße und Sühne wie in der tätigen Liebe. Er rief immer neu zur Intensivierung des Gebetes auf, besonders zur eucharistischen Frömmigkeit. In der Verehrung des hl. Altarsakramentes und der Verehrung Mariens sah er die beiden Säulen zur Überwindung der Krise der Kirche.[1]

Die Phänomene der Zeit wurden von Graber primär ekklesiologisch gedeutet. Die Kirche hat den Auftrag, das Heilswirken des Herrn in jeder Phase ihrer Geschichte präsent zu machen, wobei Kirchengeschichte und Heilsgeschichte ineinander übergehen müssen.

In seinem Bemühen um die innere Erneuerung der Priester, Diakone und Ordensleute beschritt der Nachfolger des hl. Wolfgang konkrete Wege. Seit Ostersonntag 1969 erscheint ein geistliches Werkheft mit dem Titel „Directorium spirituale"; es sollte und soll ein meditatives Element des Tagewerks für den vielbeschäftigten Priester sein, denn es bietet ihm eine tägliche aktuelle Betrachtung. Die monatlich erscheinende Publikation ist auch heute noch gefragt.

In allen seinen Predigten und Publikationen, die alle geprägt waren von der aufrichtigen Sorge um das Gelingen der inneren renovatio (Erneuerung) der Kirche, suchte Graber auf die Fragen der Zeit aus dem Glauben Antwort zu geben und den Weg in die Zukunft aufzuzeigen. Den durch ungute Zeitströmungen und oft durch so divergierende Beeinflussungen verunsicherten Gläubigen, denen er Worte der Mahnung, der Hilfe und der Ermutigung zugleich schenkt, ist er zu einem Pfeiler im Strom geworden, auch noch nach seinem Heimgang.

Immer wieder versuchte Graber in seinen Veröffentlichungen, trotz der vielgestaltigen Krisenerscheinungen, die Früchte des Konzils zu vermitteln. Viele dankten es ihm, dass er, durchdrungen von der Pflicht des ihm übertragenen Wächteramtes, das Wort Gottes „ohne Furcht ausspricht" (Phil 1,14) und dadurch seinen Priestern ein Beispiel gab, die Frohbotschaft des Herrn vollständig und sorgfältig zu verkünden (vgl. Kor 1,25; 1 Thess 2,2). Er nahm seinen Verkündigungsauftrag im Gewissen so ernst, dass er wegen der von ihm erkannten und ausgesprochenen Wahrheit, die stets von einem sentire cum Ecclesia getragen wurde, Verdemütigungen und Anfeindungen hingenommen und durchgestanden hat, wie es die Nachfolge Christi mit sich bringt. Die unwahrscheinlich harten, persönlich verletzenden und lügenhaften Angriffe, die gegen ihn von manchen Massenmedien wiederholt vorgetragen worden sind, hatten ihn aber niemals gehindert, immer wieder das

1 Predigt beim Gottesdienst der Marianischen Männerkongregation in Landshut St. Martin am 20.03.1977.

Wort und die Feder zu ergreifen, um die Lehre der Kirche, des Papstes und der Römischen Kurie zu verteidigen oder aber mit klarer Unterscheidungsgabe aufzuzeigen, was Wahrheit und Lüge, Glaube und Unglaube, Recht und Unrecht, Moral und Unmoral und schließlich Häresie oder Schisma ist.

Als Bischof kannte er wie kaum ein anderer die Last und die Freude des schweren Auftrags: „Verkünde das Wort! […] sei es gelegen oder ungelegen" (2 Tim 4,2). Aber – und dies gab ihm immer wieder Kraft, er blickte dann auf das Eschaton in Perspektiven und Visionen des Kommenden, die noch Verheißung sind und einmal Wirklichkeit werden sollen.

Das gläubige Volk bezeichnete Graber gern als „Unsern marianischen Bischof". Wenn er, der große Marienverehrer, von der allerseligsten Jungfrau und Gottesmutter sprach, dann kreiste sein Denken um drei wesentliche Bezugspunkte: Christus, die Kirche und die Christen. Denn: Der Herr wird uns durch Maria geschenkt; die Kirche wird durch sie in vollkommener Weise repräsentiert; wir finden in der Kirche zu Christus dank ihrer Wirksamkeit. Diese Relation hat eine eindeutige Richtung: Christus ist und bleibt stets „der natürliche und notwendige Mittelpunkt" (vgl. „Marialis Cultus", Einleitung).

Graber suchte stets aufzuzeigen, dass nicht wenige geschichtliche Ereignisse von heute auf einen universalen Sinnbezug verweisen. Der Einbruch Gottes dokumentiert sich auch in unseren Tagen und besitzt offensichtlich marianische Prägung.

In den marianischen Aussagen des Bischofs verspürt man das Ernstnehmen der Botschaften Mariens, die in La Salette, Lourdes und Fatima, um nur einige zu nennen, die von der Kirche anerkannt wurden, an die Menschheit ergangen sind. Sie rufen alle zur inneren Erneuerung durch Gebet und Buße auf. Als Mariologe wusste er um den Widerstreit der Meinungen, wurde aber niemals müde vor einem „zu spät" eindringlich zu warnen. Folgendes Wort in Bezug auf die Botschaft von Fatima ging fast um die ganze Welt:

„Wenn ich weiß, dass die Erde vernichtet werden kann oder dass mehrere Nationen vernichtet werden, und das ist heute mit den ABC-Waffen durchaus möglich, und wenn ich auf der anderen Seite ebenso genau weiß, dass dies durch Gebet und Buße abgewendet werden kann – wie es Maria in Fatima 1917 verlangte – dann ist es meine heiligste Pflicht, dieses rettende Mittel einzusetzen. Und wenn ich dies unterlasse, mache ich mich mitschuldig an der Vernichtung dieser Völker. Die Unterlassung von Gebet und Buße ist – ich sage dies in allem Ernst – ein Verbrechen an der Menschheit."

Graber versäumte es auch bei keiner Gelegenheit, die viel zu wenig beachteten marianischen Elemente des II. Vaticanums in ein neues Licht zu rücken. Ebenso bemühte er sich immer, die Marianischen Rundschreiben der Päpste in die Sprache des Volkes zu übertragen. Dabei forderte er alle Beter und Gebetsgruppen auf, sich zu einem neuen Feldzug des Betens und Sühnens zu formieren. Wer denkt in diesem Zusammenhang nicht an die bahnbrechende Predigt des Professor Graber 1961 in Weingarten, an die vielen Predigten und Ansprachen an Kongressen und an Wallfahrtsorten, die für Tausende richtungsweisend wurden. Er machte dabei vielen bewusst, dass ein Defizit im Christsein selber eintreten müsse, wo und wenn man nicht mehr auf die Mutter des Herrn schaue.

Schon als Professor in Eichstätt und dann erst recht als Bischof von Regensburg ist Graber durch zahlreiche mariologische und marianische Publikationen hervorgetreten. Als Schriftleiter der Monats-Zeitschrift „Bote von Fatima", von 1957–1962, und seither als deren Protektor trug er dazu wesentlich bei, dass die Botschaft U. L. Frau vom Rosenkranz weit über die Grenzen Bayerns hinaus Verbreitung fand.[2]

Graber setzte als Bischof auch mehrere wesentliche Aktivitäten auf mariologischem und marianischem Gebiet. So gründete er 1966 das „Institutum Marianum Regensburg e. V.", eine Institution, die am 7. Dezember desselben Jahres ins Vereinsregister mit Anerkennung der Gemeinnützigkeit aufgenommen worden ist. Auch die Herausgabe des bedeutenden „Marienlexikons", das von fast tausend Wissenschaftlern erarbeitet wurde und sechs Bände umfasst, ist auf seine Anregung hin von 1988 bis 1994 im EOS-Verlag St. Ottilien erschienen. Grabers Verdienst war es auch, dass anlässlich des 60-jährigen Jubiläums des Hochfestes PATRONA BAVARIAE 1977 in Altötting mit Tausenden Gläubigen, dem Vertreter des Hauses Wittelsbach, S. K. H. Prinz Rasso, und dem bayerischen Ministerpräsidenten Dr. Alfons Goppel bisher zum letzten Mal ein großartiger patriotischer Festtag mit Pontifikalamt stattgefunden hat.[3]

Der Nachfolger des hl. Wolfgang, dessen Bischofsstadt einst ein wichtiges Tor zur Missionierung der slawischen Völker in Böhmen und Mähren war, wusste um einen speziellen Anruf Gottes: den ökumenischen Brückenschlag hin zur Ostkirche. Von der Deutschen Bischofskonferenz mit der Aufnahme offizieller Kontakte zu den Ostkirchen betraut, setzte er sich seit 1927 in Veröffentlichungen damit auseinander. Er gründete zudem in Regensburg das „Ostkirchliche Institut", dessen Leitung er Prälat Dr. theol. Dr. h. c. Albert Rauch übergeben hat.

An der Gestalt Mariens kann der Christ lernen, „tatkräftiger Zeuge der Liebe zu sein, die Christus in den Herzen auferbaut" („Marialis Cultus" Nr. 37). Zeuge der Liebe sein heißt aber nichts anderes, als „in Liebe dienen". Bischof Graber gab durch sein Leben und sein Tun ein Beispiel für unsere Tage und darüber hinaus.

Was Graber am 11.08.1978 im Dom zu Regensburg anlässlich des Trauergottesdienstes für Papst Paul VI. gesagt hat, es wäre stets die Absicht des Heimgegangenen gewesen, „den Weg der Mitte zu beschreiten zwischen den beiden Extremen, der Häresie und dem Schisma", dies hat auch für ihn selbst Gültigkeit. Graber ging

2 Von 1973 bis 1998 hatten E. H. Ritter und Dr. A. Therese Treiber die Schriftleitung des „Bote von Fatima" inne.

3 Ritter, Emmeram H./Treiber, Adolfine, 60 Jahre Fest Patrona Bavariae: 1917–1977. Dokumentation: Bayerische Sternwallfahrt nach Altötting am 8. Mai 1977, Abensberg 1977.

unbeirrt den dritten Weg, den der Mitte. Dieser ist ohne Zweifel der mühseligere, der angefochtenere, der Weg des Kreuzes – und deshalb der einzige, der mitten zum Ziel führt.

Zwei Jahre vorher hatte ihm Papst Paul VI. zum 50-jährigen Priesterjubiläum geschrieben: „[...] vereint mit Dir, wollen wir Gott, dem unerschöpflichen Quell alles Guten, innigsten Dank sagen für die vielen Gnadengaben, die er Dir und durch Dich an andere während dieses Zeitraums in seiner Güte geschenkt hat."[4]

Alle, die Bischof Dr. Graber gekannt haben oder durch seine zahlreichen Publikationen mit ihm konfrontiert wurden, werden sich mit Freude diesem päpstlichen Dank anschließen und feststellen, wie sehr in seinen priesterlichen Worten das dreifache Wirken als Hirte, Priester und Lehrmeister einen tiefen und nachhaltigen Ausdruck fand.[5]

4 „Pressedienst Regensburg" Nr. 25, 01.07.1976.

5 Vgl. Ritter, Emmeram H., Verkündigung des Wortes Gottes – Herzstück bischöflichen Wirkens, in: „Dienen in Liebe". Rudolf Graber, Bischof von Regensburg, hrsg. von Paul Mai im Auftrag des Bischöflichen Ordinariates Regensburg, München/Zürich 1981, S. 11–31 – Ders., Dr. Rudolf Graber – 20 Jahre Bischof von Regensburg, in: „Regensburger Bistumsblatt" 51. Jg., Nr. 22, 1982, S. 8–12 – Ders., Berufen und auserwählt. Zum Gedenken an Bischof Dr. theol. Dr. h. c. Rudolf Graber. Ein Nachruf, Regensburg 1992 – Ders., Bibliographie Bischof Dr. theol. Dr. h. c. Rudolf Graber 1927–1983. Ehrengabe zum 80. Geburtstag, Regensburg 1983 – Gatz, Erwin, (Hrsg.), Die Bischöfe der deutschsprachigen Länder 1945–2001, Berlin 2002, S. 457–460.

21. Zwei große Förderer der Verbreitung der Verehrung Annas: Pfarrer Ludwig Fischl und Pfarrer Alfons M. Weigl

Weit verbreitet ist heute die Meinung, dass die Heiligen mit ihrem ganzen Sinnen und Streben einer anderen Welt zugewandt seien und darum keinen Sinn für die Aufgaben und Anliegen unserer Zeit hätten. Die Katholiken sind aber der Ansicht, dass gerade das Gegenteil richtig ist. Nicht umsonst hat der große Dichter und Schriftsteller des 20. Jahrhunderts, Reinhold Schneider, gesagt: „Nur den Betenden und Opfernden kann es noch gelingen, das Schwert ob unsern Häuptern aufzuhalten." – Und das ist ein entscheidender Dienst an Welt und Leben. Die selige Anna Schäffer hat dies durch die Gnade Gottes früh erkannt und ihr Leben und ihr Leiden darnach ausgerichtet zum Segen für viele Menschen bis auf den heutigen Tag.

„Ein schwerer Weg ins große Glück. Erinnerungen an Anna Schäffer von Mindelstetten 1882–1925." So lautet der Titel einer umfangreichen Artikel-Serie, die der fromme Priester und Seelsorger, Pfarrer Bischöflich Geistlicher Rat Ludwig Fischl, in der Zeitschrift „Ewige Anbetung" 1966 in vier Heften veröffentlicht hat.[25] Seine Ausführungen über das Leben, Leiden und Sterben der Seligen sind nicht nur erbaulich und lesenswert, sondern sie zeigen auch den tiefen Sinn des Leidens, seine Beherrschung, das geduldige Ertragen und schließlich seinen Segen auf.

Ludwig Fischl, geboren am 09.02.1891 in der Einöde Hinternberg, Pfarrei Reut bei Simbach, also im niederbayerischen Rottal, als Sohn einer frommen Bauernfamilie, war ein Priester nach dem Herzen Gottes. Am 19.03.1920 zum Priester geweiht, wurde er nach einigen Jahren als Kooperator 1924 Caritassekretär in Regensburg. Dann wirkte er ab Juni 1926 als Expositus in Wendelskirchen im Dekanat Dingolfing/Niederbayern. Im Kriegsjahr 1941 wurde er Pfarrer in Wörth an der Isar/Niederbayern, wo er bis zum Ruhestand 1965 segensreich tätig gewesen ist. Sein großer Verdienst war die Einführung einer Wallfahrt zur „Mutter vom Guten Rat" in der Pfarrkirche, die alljährlich von vielen Pilgern besucht wird. 1944 hatte er in der Rumpelkammer des alten Bauernhauses „Zum Biberger" im Nachbardorf Niederaichbach ein schwer beschädigtes Marienbild mit der Darstellung „Maria, Mutter vom Guten Rat" entdeckt. Er ließ es fürsorglich restaurieren und stellte es in seiner Pfarrkirche auf. In der Not des zu Ende gehenden Zweiten Weltkriegs entwickelte sich so eine echte Gnadenstätte, an der viele Gläubige ihre Anliegen Maria anvertraut haben.

---

25 „Ewige Anbetung", hrsg. von P. Viktrizius Oberndorfer OFMCap., 59. Jg., 1966, Heft 8 bis 12.

Von einem unbekannten Künstler in der Barockzeit gemalt, war das Bild vermutlich irgendwo Mittelpunkt einer Wallfahrt gewesen, die wie manch andere in der Zeit der Aufklärung erloschen ist, oder es wurde bei Klosteraufhebungen in der unseligen Zeit der Säkularisierung von den Bauern ersteigert. Es handelt sich dabei um eine Nachbildung des berühmten Gnadenbildes „Maria vom Guten Rat“ in Genazzano östlich von Rom.

Der Regensburger Erzbischof Dr. Michael Buchberger schrieb 1946 an Pfarrer Fischl: „Von der Mutter vom Guten Rat in Wörth geht ein großer Segen aus.“ Und Papst Pius XII. erbat sich 1952 Bilder vom Wörther Gnadenbild und segnete „alle, die U. L. Frau unter diesem schönen Bild verehren“. Täglich finden sich bis heute Besucher, auch Gruppen und Omnibuswallfahrer ein, und viele sind bei der Marienfeier an jedem Sonntag nach dem 13. jeden Monats zu zählen.[26]

Als Kommorant in Lederdorn, Pfarrei Runding/Oberpfalz, nutzte Fischl seine Zeit neben der Seelsorge, um die Verehrung Anna Schäffers zu fördern. Am 8. März 1977 nahm ihn der Herr im 86. Lebensjahr zu sich.[27]

Schon in Wörth dürfte sich Fischl mit dem Leben der großen Dulderin beschäftigt haben. Kaum in Lederdorn angekommen, teilte er „mit großer Freude“ Rosa Imlauer mit, dass er durch die Vermittlung seines Kurskollegen, des Domkapitulars Prälat Josef Erhardsberger, das gesamte Konvolut der Akten von und über Anna Schäffer erhalten habe.[28] Die Anschrift von Imlauer hatte er von Pfarrer Schlagbauer in Mindelstetten bekommen, der ihm auch bezüglich eines Andachtsbildchens für die Verehrer von Anna behilflich war.[29]

Bereits am 19.03.1965 wandte sich Fischl erneut an Rosa Imlauer mit der Bitte, sie möge alles notieren, was sie von Leuten glaubhaft über Anna erfahren habe. Dazu bemerkt er, Erzbischof Buchberger habe ihm vor Jahren einmal geschrieben, er möge sich auch Anna Schäffers annehmen. Er habe vor, das Buch von Ritter von Lama zu ergänzen und umzuarbeiten, um es dann herauszugeben.[30]

Aus der Kontaktaufnahme Pfarrer Fischls mit Rosa Imlauer entwickelte sich nun ein reger Briefverkehr. Beiden war es ja ein Herzensanliegen, die Verehrung Annas nach Kräften zu fördern und die Eröffnung eines Seligsprechungsverfahrens anzustreben.

In ihrem Antwortschreiben teilte Imlauer mit, dass sie 13 Novenen zur Mutter vom Guten Rat in Wörth gebetet habe, um ein Zimmer im Augsburger Verenaheim

26 Fischl, Ludwig, Die stillen Wunder der Mutter vom Guten Rat, Reimlingen 1974 – Brems, Franz J., Wir sind unterwegs – 500 bayerische Marienwallfahrtsorte, Abtei St. Ottilien 1992, S. 293f.

27 Bischöfliches Ordinariat Regensburg (Hrsg.), Totenkalender der Weltpriester, Ordenspriester und Diakone der Diözese Regensburg ab dem Jahre 1962. 7. Auflage des früheren „Mementote fratrum defunctorum“, Regensburg 2005, S. 75.

28 BKR III. Abt. CAS K. 22: Lederdorn 22.03.1965: Fischl an Imlauer.

29 BKR III. Abt. CAS K. 22: Mindelstetten 11.03.1965: Pfarrer Georg Schlagbauer an Fischl.

30 BKR III. Abt. CAS K. 22: Lederdorn 19.03.1965: Fischl an Imlauer.

zu bekommen. Das Anliegen wurde auch erhört.[31] Fischl antwortete ihr u. a.: „Soviel Leid und Not in der Welt würde es nicht geben, oder es würde gemildert oder gar in allergrößten Segen umgewandelt werden, wenn die Menschen in ihrer Ratlosigkeit den Weg zur Mutter vom Guten Rat finden und gehen würden!"[32] In seinem Schreiben vom 10.04.1965 äußerte Fischl die Meinung, Bischof Dr. Rudolf Graber werde bezüglich der Einleitung des Seligsprechungsverfahrens „sehr drängend dahinter sein". Außerdem machte er Rosa Imlauer mit seinem Vorhaben bekannt, ein Faltbild mit einem Foto von Anna auf der Titelseite drucken zu lassen und es überall zu verbreiten. Für die Neuherausgabe des Buches von Ritter von Lama müsse ein begnadeter Verfasser gefunden werden. Vielleicht wisse Bischof Graber einen.[33] Wiederum sandte Imlauer dem guten Pfarrer verschiedene Schriften Annas in Abschrift und einige Gegenstände von ihr.[34]

Auch mit einer Nachfahrin des Fotografen Hellermeier in Altmannstein, Frau Helma Licklederer, nahm Fischl wegen der Fotos, die von Anna gemacht wurden, Verbindung auf.[35] Die Dame verzichtete auf das Urheberrecht und erbat sich lediglich ein Muster.[36]

Auch die leibliche Schwester von Rosa Imlauer, Schwester M. Luzilla, Marie mit Taufnamen, die am 01.10.1920 als Kandidatin in das Mutterhaus der Barmherzigen Schwestern mit 26 Jahren eingetreten war, schrieb 1965 an Pfarrer Fischl einen interessanten Brief. Sie berichtete, dass ihr Vater gegen ihren Eintritt ins Kloster war, da bereits ihre Schwester Theresia, nun Schw. M. Cäcilia, diesen Schritt vollzogen hatte. Als sie ihren Vetter Pfarrer Karl Rieger insgeheim besuchte, um ihn wegen ihres Vorhabens zu befragen, hatte er ihr geraten: „Da gehst Du einfach zur Anna!" Sie besuchte die Dulderin und beschreibt die Begegnung wie folgt: „Ich klopfte an der Tür und obwohl mich Anna noch nie gesehen hatte, sagte sie gleich: ‚Komm nur herein Marie!' Ich öffnete die Tür und Anna reichte mir die Hand und sagte: ‚Für Dich habe ich schon lange gebetet; Dich kenn ich schon lang, sag nur Du zu mir. Ich habe Dich schon erwartet!' Ich sagte ihr meinen Kummer und fragte sie, ob ich wohl Beruf habe, eine Ordenskrankenschwester zu werden und ob ich wohl noch aufgenommen werde, da ich ja schon 26 Jahre alt bin. Da sagte Anna: ‚Ja, du hast Beruf und kommst auch trotz aller Schwierigkeiten von Seiten deines Vaters ins Kloster. Aufnahme bekommst du!' Und so war es auch. Sie sagte mir auch den Tag meiner Einkleidung und hl. Profess voraus."[37]

---

31 BKR III. Abt. CAS K. 22: Augsburg 02.04.1965: Imlauer an Fischl.

32 BKR III. Abt. CAS K. 22: Lederdorn 03.04.1965: Fischl an Imlauer.

33 BKR III. Abt. CAS K. 22: Lederdorn 10.04.1965: Fischl an Imlauer.

34 BKR III. Abt. CAS K. 22: Augsburg 09.04.1965: Imlauer an Fischl.

35 BKR III. Abt. CAS K. 22: Lederdorn 10.04.1965: Fischl an Imlauer.

36 BKR III. Abt. CAS K. 22: Altmannstein o. D.: Helma Licklederer an Fischl.

37 BKR III. Abt. CAS K. 22: Waal/Schw. 12.05.1965: Schw. M. Luzilla Imlauer an Fischl.

Marie, alias Schw. M. Luzilla, wurde tatsächlich eine Ordensfrau bei den Barmherzigen Schwestern in Augsburg und konnte später auf ein erfülltes und glückliches Leben zurückblicken.

Nachdem Pfarrer Fischl an Bischof Dr. Rudolf Graber nach Regensburg in Sachen Anna Schäffer geschrieben hatte, sandte ihm dieser folgenden Brief: „Anna Schäffer von Mindelstetten ist mir seit langem bekannt. Ich würde mich sehr freuen, wenn eine kleine Biographie dieser gottbegnadeten Seele erscheinen könnte. Lassen Sie sich doch bitte die Sache einmal durch den Kopf gehen. Es ist sehr bedauerlich, dass man sich um die große Schar von heiligmäßigen Personen in unserem Bistum so wenig annimmt. In anderen Ländern wäre eine Anna Schäffer längst selig gesprochen bzw. längst der Prozess eingeleitet. Besprechen Sie doch das ganze Anliegen einmal mit Pfarrer Weigl, der einen großen Bekanntenkreis hat und auch eine gewandte Feder. Das Büchlein von Konrad Zoller besitze ich selber und von Eichstätt aus war ich schon einmal an ihrem Grab [...]".[38]

Der vorausblickende Bischof, dem die Seligsprechung Annas ein großes Anliegen war, wies Fischl auf den frommen Pfarrer Alfons Maria Weigl hin, der sich durch zahlreiche populärwissenschaftliche Publikationen einen Namen gemacht hatte. Mit ihm sollte er also zusammenarbeiten, was er freudig tat. In seinem Antwortschreiben an Bischof Dr. Graber konnte Fischl mitteilen, dass „H. Pfarrer Weigl hocherfreut sei über ihre Anregung, er möge ein Büchlein über Anna Schäffer schreiben. Er wird mit Freuden darangehen. Ich hoffe ein klein wenig mithelfen zu dürfen."[39]

Auf die Bitte Fischls hin übersandte ihm der Direktor des allgemeinen Geistlichen Rates im Regensburger Ordinariat Prälat Hermann Grötsch[40] die erbetenen Gebetserhörungen aus dem Nachlass Erzbischof Dr. Michael Buchbergers zusammen mit noch anderen einschlägigen Schriftstücken.[41]

Nun konnte Fischl alle Akten und Hefte, nachdem er sie durchgelesen hatte, an Pfarrer Weigl übergeben, damit dieser sie für ein Buch über die Selige verwerten möge. Am 02.08.1965 sandte Weigl an Rosa Imlauer folgendes Schreiben: „In gütiger Weise haben Sie meinem lb. Freund Pfarrer Fischl – einem Priester mit einem wirklich apostolischen Herzen – schon allerhand Material über die gute Anna Schäffer zukommen lassen. Ewig Vergelt's Gott dafür. Ich bin schon darüber. Es

38 BKR III. Abt. CAS K. 22: Regensburg 11.06.1965: Bischof Dr. Rudolf Graber an Fischl.

39 BKR III. Abt. CAS K. 22: Lederdorn 04.07.1965: Fischl an Bischof Dr. Graber.

40 Schem. des Bist. Regensburg 1964: Apostol. Protonotar, Domdekan BRG Hermann Grötsch, geb. 16.11.1900 in Vohenstrauß/Opf.; Pr.-W. 29.06.1924; 1924 Koop. in Laberweinting/Nby.; 1829 Inspektor an der Alten Kapelle zu Regensburg; 1934 Präfekt dasselbst; 1935 Domvikar; 1941 Bischöfl. Sekretär; 1953 Domkapitular, zugleich 1. Vorsitzender der Caritas, 1. Geschäftsführer des kath. Wohnungsbau- und Siedlungswerkes der Diözese Regensburg; 1962 Direktor des Allgem. Geistl. Rates und Kanzleidirektor; 1963 Domdekan, von Papst Paul VI. dazu ernannt; † 21.06.1977 in Bad Wörishofen/Schw.

41 BKR III. Abt. CAS K. 22: Regensburg 23.07.1965: Apostolischer Protonotar Domdekan Hermann Grötsch an Fischl.

soll auf Wunsch des Bischofs bald ein neues Büchl herauskommen. Bitte Sie herzlich um Ihr tägl. frommes Gebet dafür; um Ihr treues Opfern; um Zusammentragung von eventuell noch erfassbarem Stoff. Der Heilige Geist soll das Büchlein schreiben. Ich bin ein recht gebrechliches Werkzeug dafür, zusammen mit meinem Freund Fischl! Für heute ein paar Büchlein als kleine Freude. Sie sind ja immer auch ein Schriftenapostel gewesen [...].“[42]

Doch wer war Pfarrer Weigl? Weigl entstammte einer streng katholischen niederbayerischen Familie, in die er am 16.03.1903 hineingeboren wurde. Sein Vater war Bauer und Wirt. Die Vermögensverhältnisse waren solide. In der Geborgenheit seines Elternhauses verbrachte er zusammen mit vier Geschwistern eine schöne erfüllte Kindheit und Jugendzeit, an die er sich stets dankbar erinnerte. Vater und Mutter legten das notwendige Fundament für die Berufung zum Priestertum. Nach Vollendung seiner Studien wurde Weigl am 29.06.1927 von Bischof Antonius von Henle in Regensburg zum Priester geweiht. Seine seelsorgerliche Tätigkeit begann in Marktredwitz als Kooperator des seeleneifrigen Pfarrers und späteren Weihbischofs Josef Hiltl, den er sich zum Vorbild nahm. 1933 als Kooperator in Deuerling/Niederbayern ernannte ihn Erzbischof Buchberger zusätzlich zum Diözesanpräses des Katholischen Jungmännerverbandes.

Weigl übernahm diese verantwortungsvolle Aufgabe in schwerster Zeit. 1933, im Jahr der unseligen Machtergreifung Hitlers und der völligen Entmachtung des bayerischen Staates, begannen bereits die ersten kirchenfeindlichen Aktivitäten der zentralistischen NS-Regierung in Berlin. Der junge Priester erkannte die Zeichen der Zeit wie kaum ein anderer. Als Thema für seine Predigt beim Pfarrkonkurs wählte er den Jesaja-Text „Der Gottlosen Spott kann uns nicht einschüchtern“. Er kannte wahrlich keine Furcht vor den irdischen Machthabern. Als Präses des Jungmännerverbandes gelang es ihm immer wieder, die jungen Menschen für die bleibenden Werte zu begeistern und sie zum Zeugnis für Christus, den alleinigen Herrn der Geschichte zu motivieren. In den Jugendbekenntnisfeiern, die nur unter sehr erschwerten Bedingungen stattfinden konnten, vermittelte er Glaubensfreude und Glaubensmut.

Als Weigl am 15.11.1937 zum Direktor des Diözesan-Exerzitienhauses Werdenfels ernannt wurde, gestaltete er dieses mit Klugheit und Sachverstand, trotz Nationalsozialismus und Zweitem Weltkrieg zu einem blühenden geistlich-geistigen Zentrum des Bistums Regensburg. Unerschrocken trotzte er dem Ungeist der Zeit, bildete Laienapostel heran und gab in zahlreichen Exerzitien und Schulungskursen Männern, Frauen und Jugendlichen das Rüstzeug mit auf den Lebensweg, das sie benötigten, um als Katholiken die Periode der Unterdrückung und der Not zu bestehen.

42 BKR III. Abt. CAS K. 22: Oberroning 02.08.1965: Pfarrer Alfons M. Weigl an Imlauer.

Nach dem Schrecken des Zweiten Weltkriegs und der Befreiung Bayerns vom gottlosen Joch des NS-Regimes bat der nunmehrig 42-jährige Weigl um die zweitausend Seelen zählende Pfarrei Wallersdorf/Niederbayern. Er war nun Pfarrer. Schlicht und einfach ging er auf die Menschen zu, half Wunden heilen, die der Krieg geschlagen hatte, und wurde bald von seiner Gemeinde geliebt. So wuchs das Maß des Vertrauens und der Liebe im gegenseitigen Mitfreuen und Mitleiden zu einem unverwechselbaren Kennzeichen zwischen Seelsorger und den ihm anvertrauten Seelen.

Die Verehrung der allerseligsten Jungfrau und Gottesmutter Maria lag ihm besonders am Herzen, bestärkt durch die Nähe des aufstrebenden Wallfahrtsgeschehens in Wörth an der Isar. So hat er sich selbst neben seinem Taufnamen Alfons den Beinamen „Maria“ zugelegt.

Doch der unermüdliche Seelsorger hatte sich 1957 aufgearbeitet und musste aus gesundheitlichen Gründen seinen Bischof um Resignation bitten. Die dritte Periode seines Wirkens, die man überschreiben könnte „Beten – Sühnen – Leiden – Segnen“, war angebrochen. Die Stationen dieses Weges waren für ihn als Kommorant: Piegendorf/Niederbayern, Arnsdorf, vor allem Oberroning und schließlich seit 1984 sein Heimatort Langquaid.

Die Entwicklung in Staat und Gesellschaft und vor allem in der Kirche, besonders in den Irrungen und Verwirrungen der nachkonziliaren Zeit, erfüllte ihn mit großer Sorge. Er erkannte eben wiederum die Zeichen der Zeit in aller Deutlichkeit und sah in der raschen Änderung äußerer Formen eine ernste Gefahr für das eigentliche Anliegen des II. Vaticanums, nämlich die innerliche Umkehr und Bekehrung des Gottesvolkes, das mehr und mehr dem zunehmenden praktischen Materialismus zum Opfer zu fallen drohte.

Weigl wollte sein ganzes Leben lang ein Wegbereiter der Liebe Gottes sein. Und nachdem er nun wegen seiner vielfachen Leiden nicht mehr in der aktiven Seelsorge tätig sein konnte, griff er zur Feder und begründete ein überaus blühendes Schriftenapostolat, das weit über die Grenzen seines bayerischen Vaterlandes hinaus Früchte trug. Mit dem Feuer der Liebe zum Herrn, zu Kirche und Papst, das in seinem Herzen brannte, vermochte er auch viele andere zu entzünden. Unermüdlich mahnte er in seinen zahlreichen Schriften, ganz im Sinne U. L. Frau von Fatima, zu Umkehr, zu Bekehrung, zu Gebet und Sühne, vergaß aber dabei niemals den Hinweis, sich im Übrigen frohgemut und bis ins Letzte vertrauend der unendlichen Liebe und Barmherzigkeit Gottes zu überlassen. In volkstümlicher Weise schilderte er in vielen seiner Bücher und Broschüren das Leben, Wirken und Sterben von Heiligen, Seligen und Dienern Gottes. Er stellte sie als leuchtende Zeichen der Liebe Gottes und somit als Vorbilder dar, an denen sich der Katholik orientieren kann. Seine Schriften kamen an und viele erlebten Auflagen von 50.000 und mehr, von denen andere Schriftsteller nur träumen können.

Auf Wunsch seines Bischofs Dr. Rudolf Graber, dem er sich in Treue verbunden fühlte und der ihn aufgrund seiner Verdienste zum Bischöflich Geistlichen Rat ernannte, befasste sich Weigl ab 1965 eingehend mit den Aufzeichnungen von und über Anna Schäffer, die ihm sein Freund Pfarrer BGR Ludwig Fischl übergeben hatte. Das erste Resultat war das überaus beliebte Buch „Geschichte einer Liebe. Leiden und Lieben der stigmatisierten Anna Schäffer, einer Vorgängerin von Therese Neumann“, das ab 1966 Verbreitung fand und die Verehrung der Seligen nachhaltig gefördert hat. Auch seine anderen Broschüren über sie erreichten hohe Auflagen und machten die große Dulderin von Mindelstetten weithin bekannt.[43]

Weigl hat das „sentire cum ecclesia“ (Fühlen mit der Kirche) ungemein ernst genommen. Deshalb setzte er sich ganz ein für die Rettung der Seelen, für das Heil der Menschen, für die Stärkung im Glauben und für ein intensives Gebetsleben. Das war die Triebfeder für sein weitverzweigtes Schriftenapostolat, das vielen Menschen Trost und Glaubenszuversicht geschenkt hat.

Gewiss, die Art der Frömmigkeit des Verewigten war nicht jedermanns Sache. So mancher seiner Mitbrüder hat ihn nicht verstanden, ihn nicht verstehen wollen oder missverstanden. Aber alle seine Kritiker müssen zugeben, dass sein priesterliches Wirken stets von großer Liebe zu Gott, Kirche und Papst erfüllt gewesen ist und das treu katholische Volk eben seine liebevoll-väterliche Art dankbar angenommen hat und im Glauben bestärkt wurde. Allein der Erfolg seines Schriftenapostolats bestätigt dies.

Seine letzten Lebensjahre waren von schweren Leiden, der Hinfälligkeit des Alters, erfüllt. Er hat alles geduldig ertragen und als Sühne aufgeopfert. Er vergaß die Seinen nicht, auch wenn er nichts mehr anderes zu tun vermochte, als die Hand zum Segen zu erheben. Er tat dies bis zu seinem Heimgang. Am 09.08.1990 ist Weigl, einer der bedeutendsten Förderer der Volksverehrung Annas, zu Gott heimgegangen. Beim Requiem am Vorabend des Festes Mariä Himmelfahrt und dem Gedenktag des heiligen Presseapostels Maximilian Kolbe (14. August) zitierte Pfarrer Konrad Nesner von Langquaid den 1988 seliggesprochenen Redemptoristenpater Kaspar Stanggassinger mit folgenden Worten: „Wie gut stirbt ein getreuer Priester. Das Sterbebette ist der Altar, auf welchem er sich selbst zum Opfer bringt, nachdem er so oft den himmlischen Sohn Gottes dem Vater aufgeopfert hat. Wie gut ist es, sich ganz für die Ehre Gottes und das Heil der Seelen aufgearbeitet zu haben.“

43 Weigl, Alfons Maria, Geschichte einer Liebe. Leiden und Lieben der stigmatisierten Anna Schäffer, einer Vorgängerin von Therese Neumann. 18.2.1882–5.10.1925, Altötting 1966 – Ders., Anna Schäffer – eine Helferin, Altötting o. D. – Ders., Allen, die mich anrufen werde ich helfen. 2. Heft: Gebetserhörungen. Private Mitteilungen als Manuskript gedruckt, Altötting 1971 – Ders., Seelenrast und Trost am Grabe Anna Schäffers, Altötting 1975 – Ders., Vor 50 Jahren starb Anna Schäffer, Altötting 1975 – Ders., Anna Schäffers geheimnisvolles ‚Traumheft‘, Altötting 1976 – Ders., Neun Gebetstage. Novene zu Anna Schäffer, Altötting 1977 – Ders., Anna Schäffer, ein Leben der Liebe, Altötting 1977 – Ders., Anna Schäffer, opferbereit und leidensfreudig bis zuletzt, Altötting 1980 – Ders., Anna Schäffers geheimnisvolles Schauen (1882–1925), Altötting [2]1984.

Weigl war ein Priester, der die bedingungslose Nachfolge Christi gelebt hat und durch seine völlige Hingabe an den Herrn, durch Gebet, Beispiel und Wort vermutlich mehr Seelen gerettet hat als so mancher aufgeklärter Theologe unserer Tage.[44]

In einem Brief vom 15.09.1965 teilte Rosa Imlauer Pfarrer Fischl mit, dass ihr ihre Schwester Luzilla gesagt habe, Anna hatte zu ihr einmal gesagt: „‚Gelt Marie, wenn die schwere Zeit einmal kommt, dann rufst Du mich an. Werde allen helfen, die mich anrufen!' Demnach wusste die Dulderin schon damals, dass so eine furchtbare Zeit über die Menschheit kommt." Wir wissen leider nicht, ob die Selige damit die Zeit des Nationalsozialismus und den Zweiten Weltkrieg gemeint hat.[45]

In seinem Antwortschreiben informierte sie Fischl: Er habe bereits bei dem Verlag und Druckerei Bruckmann in München Informationen eingeholt, was 30.000 oder 50.000 vierseitige Bildchen mit einer kurzen Vita Annas kosten würden. Im Übrigen sei die Mitteilung von Schw. M. Luzilla (Marie!) sehr wesentlich.[46]

Pfarrer Weigl meldete sich auch bei Rosa Imlauer und legte einen gedruckten Zettel bei mit der Ankündigung seines Buches „Geschichte einer Liebe". Bei dieser Gelegenheit teilte er auch mit, dass ihm Bischof Dr. Rudolf Graber Folgendes geschrieben habe: Er sei sehr beeindruckt von der Lebensgeschichte Annas. „Ein wirklich heroisches Leben. Wir müssen Gott danken, dass er uns eine solche begnadete Seele geschenkt hat. Eine Fürsprecherin für alle Anliegen!"[47] Offenbar hat Weigl bereits fleißig an seinem Buch gearbeitet, wie dem Brief zu entnehmen ist.

Auch an die Schwester von Erzbischof Buchberger wandte sich Fischl und benachrichtigte sie am 22.12.1965, dass er gestern ein großes Paket vom Regensburger Ordinariat mit Akten von und über Anna erhalten habe, zusammen mit zahlreichen Gebetserhörungen.[48]

Auch aus dem Jahr 1966 ergeben sich zahlreiche Korrespondenzakten. Fischl wandte sich auch an die leibliche Schwester Annas, an Frau Kathi Veit im schwäbischen Osterberg, die aber bereits am 26.03.1966 verstorben war, weshalb sie ihre Erinnerungen ein zweites Mal nicht mehr mitteilen konnte.[49]

Am 27.04.1966 teilte Fischl Rosa Imlauer mit, dass Weigl das Manuskript für sein Buch über Anna fast fertiggestellt habe; es enthalte 250 Seiten. Zum 40-jährigen Priesterjubiläum Bischof Dr. Grabers werde es in Druck vorliegen.[50]

Weigl dürfte nach Vollendung seines Manuskriptes dieses an Bischof Rudolf zur Einsicht und bezüglich der Druckgenehmigung eingeschickt haben. Dieser sandte ihm am 21. April in einem zweiseitigen Schreiben seine Stellungnahme zurück und

44 Vgl. Ritter, Emmeram H., Zum Gedenken: Pfarrer BGR Alfons Maria Weigl, in: „AS-Brief" Nr. 19, Juli 1991, S. 18–25.

45 BKR III. Abt. CAS K. 22: Waal 15.09.1965: Rosa Imlauer an Fischl.

46 BKR III. Abt. CAS K. 22: Lederdorn 17.09.1965: Fischl an Imlauer.

47 BKR III. Abt. CAS K. 22: Oberroning 19.11.1965: Weigl an Imlauer.

48 BKR III. Abt. CAS K. 22: Lederdorn 22.12.1965: Fischl an Teresa Buchberger.

49 BKR III. Abt. CAS K. 22: Lederdorn 04.01.1966: Fischl an Kathi Veit.

50 BKR III. Abt. CAS K. 22: Lederdorn 27.04.1966: Fischl an Imlauer.

monierte einige Stellen. Er dankte aber dem Verfasser herzlich und war sichtlich beeindruckt.[51]

Kurat Otto Ritter aus Mönchherrnsdorf/Oberfranken – er wurde auch im Informativprozess einvernommen –, jener Priester, der bereits als junger Primiziant Anna besucht hatte, teilte Fischl mit, dass er „gewiss kein Kronzeuge" sei. Er habe die große Dulderin aber 1923/24 wiederholt besucht. Die Kranke konnte kein Wort mehr laut sprechen. Vom „Armensünderbewusstsein sei sie aber tief durchdrungen und geprägt" gewesen.[52]

Am 20. Mai wandte sich Fischl an Pfarrer Schlagbauer von Mindelstetten mit der Bitte, er möge zu Pfingsten verkünden, dass er mit Pfarrer Köstler zu ihm kommen wolle, um mit Zeitzeugen Annas sprechen zu können. Die Begegnung kam tatsächlich zustande. Sieben Zeitzeugen meldeten sich, u. a. Oberlehrer Ferdinand Köppl im 90. Lebensjahr, der Anna im zweiten Jahrgang der Feiertagsschule unterrichtet hatte. Er sagte aus: „Anna war ein braves Mädchen, gut, nüchtern, besonders ruhig". Der Gesamteindruck, den Fischl gewonnen hatte, lautete: „Die Leute hatten alle eine ganz große Hochachtung vor Anna. Sie konnten nicht genug schildern, was sie von ihren Leiden beobachtet oder von anderen erfahren hatten. Alle waren zutiefst überzeugt: Anna hat schon vielen geholfen, sie ist eine wahre Nothelferin. Niemand bittet sie umsonst."[53] Fischl wurde auch ein Bericht von Dr. Walther Wiethe, Arzt und Geburtshelfer in Mindelstetten, vom 2. Juni übergeben. Er lautet: „Frau Mader Barbara, geb. 10.V.1919, wohnhaft in Imbath 14, erkrankte nach einem Kaiserschnitt im Dezember 1953 an einer schweren Beckenthrombosis mit nachfolgendem Herzinfarkt (Feber 1954). Ihr Zustand am 16.II.1954 war äußerst lebensbedrohlich, so dass mit einem Ableben gerechnet werden musste. Wie durch ein Wunder überstand Frau Mader diese Krise."[54]

Pfarrer Fischl konnte am 6. Juni Rosa Imlauer berichten, dass er und Pfarrer Weigl bei Bischof Dr. Rudolf Graber weilten. Der Regensburger Oberhirte freue sich über Anna und das Buch über sie. Er hoffe, den Seligsprechungsprozess bald einleiten zu können. „Es liegen bisher keine Hindernisse vor. Keine Gegenstimme." Fischl berichtete weiter: Kurat Ritter habe Weigl den Überzug vom Sterbekissen und einige Tüchlein von Anna an Weigl übergeben, die er 1926 von ihrer Mutter erhalten habe. „Das gibt eine Unmasse von Reliquien". Er meint damit die Gedächtnisbildchen mit dem Porträt Annas, auf die kleine Teilchen der Tücher aufgenäht werden sollten.[55]

In der Pfarrchronik von Mindelstetten findet sich von der Hand Schlagbauers folgender Eintrag: „Am 20. Juni 1966 um 16 Uhr 15 kam der Hw. H. Bischof Dr.

51 BKR III. Abt. CAS K. 22: Regenburg 21.04.1966: Bischof Dr. Graber an Weigl.

52 BKR III. Abt. CAS K. 22: Mönchherrnsdorf 04.05.1966: Kurat Otto Ritter an Fischl.

53 BKR III. Abt. CAS K. 22: Mindelstetten 01. und 02.06.1966: Aus den Erhebungen Fischls bezüglich Anna Schäffer.

54 BKR III. Abt. CAS K. 22: Mindelstetten 02.06.1966: Dr. Walther Wiethe. Ärztlicher Befund über Barbara Mader.

55 BKR III. Abt. CAS K. 22: Lederdorn 08.06.1966: Fischl an Imlauer.

R. Graber auf der Fahrt nach Kösching und besuchte das Grab der A. Schäffer. In einer Ansprache weist er darauf hin, dass er vor ca. 30 Jahren schon hier am Grab der A. Sch. gebetet habe, da er damals schon beeindruckt von deren heroischem Leiden war. Als Bischof komme er nun gerne wieder und ist der Meinung, dass A. Sch. eine besondere Mission für unsere Zeit habe, in der nur immer wieder von Arbeit und Verdienen die Rede ist. Durch das neue A. Schäffer-Buch, dessen Druckbögen er vor einiger Zeit gelesen habe, werde das Grab der Anna wohl wieder mehr Besucher sehen."[56]

Am 1. Juli übersandte Fischl sein Manuskript unter dem Titel „Ein schwerer Weg ins große Glück", das er in der Zeitschrift „Ewige Anbetung" veröffentlich hatte, an Rosa Imlauer. Er kündigte ihr auch an, dass in den nächsten Tagen 10.000 Gebetszettel, die Weigl in Altötting drucken ließ, geliefert würden; ferner habe dieser 3.000 Reliquienbilder anfertigen lassen. Auch das Buch über Anna von Pfarrer Weigl werde demnächst ausgeliefert.[57]

Am 25. Juli richtete Fischl ein Schreiben an Bischof Dr. Rudolf Graber, in dem er zu dem Buch „Geschichte einer Liebe" kurz Stellung nimmt: „Es ist doch wirklich recht gut und recht flüssig lesbar, sehr gut, dass Anna selbst ganz ausgiebig zu Worte kommt. Auch die Aufmachung des Buches finde ich recht ansprechend." Der große Förderer der Verehrung der Seligen ersuchte auch in dem Brief, einen Hinweis auf das Werk Weigls im „Regensburger Bistumsblatt" zu schreiben.[58]

Weigl hatte sein Buch „Geschichte einer Liebe" seinem Bischof anlässlich dessen 40-jährigem Priesterjubiläum gewidmet. Dafür dankte ihm seine Exzellenz herzlich mit dem Bemerken, „möge es viel Segen stiften".[59]

Bezüglich des von Weigl geplanten Novenen-Büchleins zu Anna erhob Weihbischof und Dompropst Karl Flügel als Offizial des Bistums Regensburg kirchenrechtliche Bedenken, die er in einer mehrseitigen Stellungnahme an Weigl sandte. Er machte u. a. darauf aufmerksam, dass seit Papst Benedikt XIV. (1740–1758) der Titel „servus Dei" bzw. „serva Dei" ausschließlich für verstorbene Personen verwendet werden darf, für die bereits ein Seligsprechungsprozess eingeleitet ist.[60]

Zu Beginn des Jahres 1967 erschien im Altöttinger Grignion-Verlag ein 34 Seiten umfassendes Büchlein von Pfarrer Weigl mit den Gebetserhörungen, die Pfarrer Fischl vom Ordinariat in Regensburg empfangen und von denen er die bedeutendsten ausgewählt hatte, in einer Auflage von 10.000.[61]

56 BKR III. Abt. CAS K. 22: Pfarrchronik von Mindelstetten.

57 BKR III. Abt. CAS K. 22: Lederdorn 15.07.1966: Fischl an Imlauer.

58 BKR III. Abt. CAS K. 22: Lederdorn 25.07.1966: Fischl an Bischof Dr. Graber.

59 BKR III. Abt. CAS K. 22: Regensburg 30.07.1966: Bischof Dr. Graber an Weigl.

60 BKR III. Abt. CAS K. 22: Regensburg 29.11.1966: Weihbischof Offizial Karl Flügel: Stellungnahme zum Anna-Schäffer-Novenen-Büchlein.

61 BKR III. Abt. CAS K. 22: Lederdorn 09.01.1967: Fischl an das Kapuzinerkloster Wemding/Schw.

Leider erwiesen sich die Bemühungen um neue Briefe Annas im Salzburger Konsistorialarchiv und im Kapuzinerkloster Wemding in der Eichstätter Diözese als nicht erfolgreich. Vermutlich wurden die Briefe der Seligen an Fürsterzbischof Ignaz Rieder von Salzburg und an P. Thomas OFMCap. in Wemding als „unerheblich" eingestuft und vernichtet. Ebenso erfolglos waren die Bemühungen um Briefe von Anna an die Freifrau von Bechtolsheim.[62]

Aufgrund des Buches „Geschichte einer Liebe" von Weigl wandten sich zahlreiche Gläubige aus Frankreich, oder ČSSR, Österreich und Westdeutschland an Bischof Dr. Graber mit der Bitte um Eröffnung des Seligsprechungsverfahrens für Anna Schäffer.[63]

Im Jahre 1968 sandte Pfarrer Schlagbauer von Mindelstetten zahlreiche Ansuchen um Eröffnung des Seligsprechungsprozesses an das Ordinariat mit dem Vermerk: „Eine Reihe von Personen, die einen unterschriebenen Vordruck abgegeben haben, trugen sich schon ins Unterschriftenbuch, das seit August 1967 in der Pfarrkirche aufliegt, ein."[64]

Am 22.07.1968 hat Schlagbauer 216 Unterschriftenzettel, die bei ihm abgegeben worden sind, an das Ordinariat geliefert.[65]

Aus den Jahren 1969, 1970 und 1971 sind leider weder Korrespondenzakten noch sonstige schriftliche Unterlagen vorhanden. Es ist aber anzunehmen, dass weitere Ansuchen um das Verfahren für Anna von Pfarrer Schlagbauer, aber auch direkt an das Bischöfliche Ordinariat Regensburg, eingesandt wurden. Es kann angenommen werden, dass die Bemühungen der mit Anna befassten Priester reiche Früchte getragen haben.

---

62 BKR III. Abt. CAS K. 22: Salzburg 12.01.1967: Archivdirektor Dr. Ernst Wenisch an Fischl – Wemding 13.01.1967: P. Rigobert Buchschachner OFMCap. an Fischl – Lederdorn 24.01.1967: Fischl an Freifrau Erika v. Bechtolsheim.

63 BKR III. Abt. CAS K. 22: Von 01. bis 04.1967: Ansuchen um Einleitung des Seligsprechungsprozesses für Anna aus dem In- und Ausland an Bischof Dr. Graber.

64 BKR III. Abt. CAS K. 22: Mindelstetten 27.03.1968: Pfarrer Schlagbauer an das Bischöfliche Ordinariat Regensburg.

65 BKR III. Abt. CAS K. 22: Mindelstetten 22.07.1968: Schlagbauer an das Ordinariat Regensburg.

22. Der Seligsprechungsprozess für Anna Schäffer

Seligsprechungen sind bereits in der Heiligen Schrift zu finden. Maria, die Mutter des Herrn, wird seliggepriesen, weil sie geglaubt hat. Den acht bedeutungsvollen Sätzen aus dem Munde Jesu, den Seligpreisungen der Bergpredigt (Mt 5,3–11), ist die Verheißung des Reiches Gottes zu entnehmen, für alle, die vor Gott „arm" sind, die auf Gewalt verzichten, die nach Gerechtigkeit dürsten, die barmherzig, friedfertig und reinen Herzens sind, die trauern, Not und Verfolgung leiden. Diese Kriterien hat die Kirche für die Beurteilung all jener übernommen, die den Weg zum ewigen Leben ohne Schwanken, eifrig und begeistert gehen oder sich ganz und gar bedingungslos zu Jesus Christus bekehrt haben. Sie sind die „Helden" des Christentums, weil sie ernst gemacht haben mit der Verwirklichung der Nachfolge Christi und der Botschaft des Herrn.

Wenn die Kirche in ihrer Geschichte solche Männer und Frauen unter ihren Gliedern erkennt, so stellt sie diese heraus als leuchtende Zeichen der Liebe Gottes. Die von der Kirche anerkannten Seligen und Heiligen zeigen dem Volk Gottes den Weg, den es nach Kräften und guten Willens nachgehen soll. Es gilt ihnen zu folgen, nicht immer in den Einzelzügen des alltäglichen Lebens, aber in der heroischen Gesinnung, in der Gottesliebe, die ihr Tun und Werk beseelte. So wird aus der Verheißung der Seligkeiten für die Lebenden ein Bekenntnis der Großtaten, die der Herr an denen geübt hat, die ein Leben nach diesen Verheißungen geführt haben.

Im kanonischen Selig- und Heiligsprechungsprozess, so die Bezeichnung des Verfahrens, schafft oder ernennt die Kirche keineswegs Selige und Heilige, sondern sie stellt sie lediglich fest und verkündet: An diesem oder an jenem Menschen war Gottes Gnade so sehr am Werk, dass hier die Seligpreisungen des Herrn in Erfüllung gegangen sind.

Um den außerordentlichen Gnadenweg, den ein Mensch gegangen ist, feststellen zu können, braucht es allerdings einen hohen Grad von Gewissheit. Deshalb sind Selig- und Heiligsprechungen der höchsten Instanz, dem Papst, vorbehalten und das Verfahren ist kirchenrechtlich genau geregelt. Da jedoch alle menschliche Gewissheit der Täuschung unterliegen kann, bedarf es noch einer übernatürlichen Besiegelung. Es werden Wunder verlangt, die auf Fürsprache eines Dieners Gottes oder einer Dienerin Gottes nach dem Tode gewirkt wurden. Die Kirche macht sich die Anerkennung solcher Wunder nicht leicht. Die Märtyrer benötigen allerdings kein Wunder und der Papst kann auch von den Wundern dispensieren. Erst auf der Grundlage aller Untersuchungsergebnisse, die von der „Congregatio pro Causis Sanctorum" (Kongregation für die Sache der Heiligen) in Rom mit wissenschaftlicher Genauigkeit überprüft werden und die sich auf das Leben, die heroischen

Tugenden, den Heimgang und schließlich die Wunder beziehen, ist eine Seligsprechung durchführbar.

Es wäre falsch, sich die Gemeinschaft der Heiligen so vorzustellen, dass sie in ihrer Vollendung jener vergessen würden, die noch im rauen Erdenleben inmitten der Wirrnis von Sünde und Not leben müssen. Ihre Liebe gegenüber den Nächsten hört nicht auf. Sie treten für ihre Brüder und Schwestern ein und möchten sie alle in die Nähe Gottes führen. Deshalb pflegt die Kirche ihre Verehrung und Anrufung, nicht als ob diese zum Heil notwendig und unumgänglich wäre; wohl aber, weil es dem göttlichen Heilswerk entspricht, die Großen im Reiche Gottes zu verehren, sie anzurufen und ihrer an einem bestimmten Tag zu gedenken, ihnen ein Denkmal im Herzen zu setzen und den Tag ihres Heimgangs zum Vater zu feiern. Heilige, Selige und auch Diener bzw. Dienerinnen Gottes, wie diejenigen genannt werden, deren Seligsprechung in Rom angestrebt wird, sind Gnadengaben der göttlichen Liebe und Aufgabe zugleich.

Der unvergessene Oberhirte der Diözese Regensburg, Bischof Dr. Rudolf Graber, um die innere Erneuerung der Kirche bemüht, wies immer wieder in seinen Predigten, Vorträgen und Publikationen auf die Seligen und Heiligen hin, vor allem auf jene, welche die Kirche von Regensburg im Laufe ihrer Geschichte hervorgebracht hat. Allein in seinem fünfbändigen Predigtwerk befassen sich 31 Ansprachen mit den Helden der Christenheit.

Aus einer dieser Predigten sei es gestattet, zwei Sätze anzuführen, die offenbaren, welch immense Bedeutung Bischof Graber denen beimisst, die in die Vollendung vorausgegangen sind. 1979, am Fest des hl. Erhard, sagte er: „Wenn heute der Jugend als Leitbilder Marx, Lenin und Guevara vorgestellt werden, dann verlangt es unsere Selbstachtung, dass wir unsere Leitbilder aus den Museen herausholen und sie wieder zum Leben erwecken […].“ Und ein wenig später zitierte er den bedeu-

1 Donoso Cortés, Juan Marqués de Valdegamas (17803 Valle de la Serena – Paris 1853), einer der bedeutendsten spanischen Staatsmänner, Publizisten und Kulturphilosophen des 19. Jahrhunderts. In seiner Jugend mit der französischen Aufklärung, dem Rationalismus und dem Sensualismus (alle Erkenntnisse beruhen auf Sinneswahrnehmungen) vertraut, wurde er in den dreißiger Jahren durch Veröffentlichungen zu aktuellen politischen Fragen bekannt. Er distanzierte sich, auch als Abgeordneter ab 1837, absolut vom Linksliberalismus. Durch seine rechts- und geschichtsphilosophischen Studien schloss er sich als königstreuer Konservativer den romantischen Tendenzen an, die die kulturellen Werte des Katholizismus wiederentdeckten. Unter dem Eindruck des Scheiterns der Revolution von 1848 kritisierte er den Parlamentarismus und forderte eine Stärkung der staatlichen Autorität. Sein wohl berühmtestes Werk „Ensayo y elsobre el catholicismu, el liberalismo y el socialismo“ (1851) ist eine entschiedene Abrechung mit Liberalismus und Sozialismus, die in eine politische Theologie und theologische Gesellschaftslehre einmündet, innerhalb derer der Katholizismus zu einem die Gesamtwirklichkeit strukturierenden „Zivilisationssystem“ ausgeweitet wird. Dieses Buch ist die bedeutendste Antwort des katholischen Europa seiner Zeit auf die Revolution von 1848. Donoso Cortés wurde so zu einer Leitfigur des katholischen Konservativismus der 2. Hälfte des 19. Jahrhunderts. – Vgl. LThK^2 III, S. 509f. – Marienlexikon, hrsg. im Auftrag des Institutum Marianum von Remigius Bäumer und Leo Scheffczyk, St. Ottilien 1989, S. 219.

tenden Staatsmann und Philosophen Donoso Cortés[1], der schon im 19. Jahrhundert den Seinen zugerufen hatte: „Nur Heilige sind heute noch imstande, den erkrankten Nationen die gewünschte Rettung zu bringen." Das Thema dieser Predigt lautete: „Heilige können uns retten!"

Bei dieser hohen Auffassung über das Wirken der Heiligen und Seligen im Reich Gottes ist es nicht verwunderlich, dass sich Graber stets als ein eifriger Förderer der Seligsprechungsprozesse erwiesen hat. Zwei wurden während seiner Regierungszeit auf Diözesanebene durchgeführt: der eine für den Barmherzigen Bruder, Fr. Eustachius Kugler, und der andere für die große Dulderin, Anna Schäffer von Mindelstetten. Für die übrigen sechs Prozesse, die bereits vor seiner Ernennung zum Bischof von Regensburg eröffnet wurden, davon drei in Regensburg sowie je einer in München, Wien und Neapel, setzte er sich ein, wo immer er konnte. Papst Paul VI., dem die Bemühungen des Bischofs nicht verborgen blieben, hat ihn am 05.12.1969 zum Mitglied der „Congregatio pro Causis Sanctorum" ernannt.

Um die Koordinierung der Seligsprechungsprozesse, an denen das Bistum Regensburg ein unmittelbares oder mittelbares Interesse besitzt, herbeizuführen, hielt es Graber für angebracht, am 22.11.1977 beim Bischöflichen Konsistorium eine eigene Abteilung für Selig- und Heiligsprechungsprozesse zu errichten.[2] Er begründete diesen Schritt damit, dass „die derzeit dem Heiligen Stuhl unterbreiteten Seligsprechungsprozesse einer intensiven und ständigen, das römische Verfahren begleitenden Mitarbeit bedürfen". Mit der Leitung dieser Abteilung betraute er den Verfasser des vorliegenden Buches.

Die Kirche denkt in Jahrhunderten; das kanonische Verfahren ist schwierig und langwierig; die Zahl der in Rom anhängenden Seligsprechungsprozesse ist so groß, dass die Kirche mit Fug und Recht in Jahrhunderten denken muss. Der Wunsch und das Bestreben Grabers, seinem Bistum neue Selige zu schenken, ist insofern bereits Wirklichkeit geworden, als bereits vier der Diener Gottes bzw. der Dienerinnen Gottes seliggesprochen worden sind: Maria Theresia von Jesu Gerhardinger, geboren in Regensburg-Stadtamhof, am 17.11.1985; P. Liberat Weiss OFM, geboren in Konnersreuth, am 20.11.1988; die große Dulderin Anna Schäffer, geboren in Mindelstetten, am 07.03.1999; Provinzial Fr. Eustachius Kugler OH, geboren in Neuhaus bei Nittenau, 04.10.2009. Alle stammen aus dem Bistum Regensburg.

Möge der Herr durch das Zeugnis des Glaubens der Heiligen und Seligen der Kirche von Regensburg und allen Gläubigen immer neu die Kraft verleihen, nach der Fülle des ewigen Heils zu streben und durch ihre Fürsprache Hoffnung und Zuversicht schenken!

---

2 Ritter, Emmeram H., In den Heiligen schenkst Du, o Gott, der Kirche leuchtende Zeichen Deiner Liebe. Seligsprechungen, welche die Diözese angehen, in: Dienen in Liebe. Rudolf Graber, Bischof von Regensburg, hrsg. v. Paul Mai, München/Zürich 1981, S. 421–446.

A. Der diözesane Prozess

Die Einleitung des Prozesses

Anna Schäffer stand schon zu Lebzeiten beim Volk im Ruf der Heiligkeit und besaß deshalb großes Ansehen. So war es nicht verwunderlich, dass zu ihrer Beerdigung am 8. Oktober 1925 so viele Menschen aus der ganzen Umgebung zusammenströmten, dass man den offenen Sarg vor die Haustüre stellen musste, denn ein jeder wollte von ihr Abschied nehmen. Bis auf den heutigen Tag beweisen über 20.000 Gebetserhörungen, dass sie ihr gegebenes Wort „Allen, die mich anrufen, werde ich helfen!", treulich hält. Pfarrer Karl Rieger beschränkte sich bei der Leichenrede auf die vielen Gnadenerweise dieses Dulderlebens und deutete nur an, dass die Gnade Gottes an der Heimgegangenen groß war.[3]

Die Entwicklung der Verehrung Annas wurde bereits ausführlich dargeboten. Bis zum Jahr 1972 hatten sich nun die Gebetserhörungen und die Ansuchen um Eröffnung des Seligsprechungsprozesses derart vermehrt, dass man von einem gewaltigen Ansturm des gläubigen Volkes sprechen konnte.

Da ich von Anfang an mit dem Verfahren für die Dulderin befasst war und, wie ich sagen kann, mich immer dafür eingesetzt habe, darf ich mir erlauben, in Hinkunft in der Ichform zu berichten.

Nachdem ich 1971 zum „Peritus" (Sachverständiger) von Bischof Graber in der bereits in Rom anhängigen Causa Bischof Dr. Georg Michael Wittmann ernannt worden war, berief er mich im März in das Bischöfliche Ordinariat Regensburg. Ich bezog ein Büro unter der Wohnung von Exzellenz und wurde beauftragt, mich zunächst mit Studien zur Frage des Geburtsjahres und Geburtsortes des hl. Kaisers Heinrich II. für die Festgabe zum 70. Geburtstag des Bischofs auseinander zusetzen.[4] Daneben studierte ich die Akten über den Diener Gottes Wittmann. Außerdem musste ich für den „Almanach des Bistums Regensburg" mehrere Abhandlungen verfassen.[5] Das war meine erste intensive Beschäftigung mit den Heiligen und Seligen des Bistums Regensburg.[6]

Da 1970 der Gottesacker von Mindelstetten an den Rand des Dorfes verlegt worden war, sah sich Pfarrer Georg Schlagbauer veranlasst, an Bischof Graber ein Ansuchen zu richten. Zusammen mit dem Pfarrgemeinderat schrieb er: „Einige Gräber neben dem Anna-Schäffer-Grab sind bereits entfernt worden, so wäre es ange-

3 Daselbst a. a. O. S. 439.

4 Ritter, Emmeran H., Studien zur Frage des Geburtsjahres und Geburtsortes Kaiser Heinrichs II., in: Auf den Spuren des hl. Wolfgang. Festgabe des Bistums Regensburg zum 70. Geburtstag Bischof Dr. Rudolf Grabers, München/Zürich 1973, S. 149–168.

5 Ders., Vom Geist Jesu Christi getrieben: 1. Orden, Kongregationen und Säkularinstitute – 2. Die Eremitenverbrüderung – 3. Die Magdalenerinnen, in: Almanach des Bistums Regensburg, München/Zürich 1973, S. 78f.

6 Ders., Vorbilder christlicher Lebensgestaltung: Die Heiligen und Seligen des Bistums Regensburg, in: Almanach des Bistums Regensburg, München/Zürich 1973, S. 135–164.

bracht, auch die sterblichen Überreste Annas aus dem Friedhof zu erheben und sie in der Seitenkapelle der Kirche, in der vorbereiteten Grabstätte beizusetzen. Die ortspolizeiliche Erlaubnis zur Exhumierung wurde bereits am 20.06.1972 erteilt. Die Pfarrgemeinde will die Überführung der sterblichen Überreste in die Kirche am 26.07.1972 vornehmen. Es ist geplant, dazu die Priester des Dekanates Pförring einzuladen, die den Beerdigungsgottesdienst in Konzelebration halten sollen." Außerdem berichtete Schlagbauer, dass seit Juli 1967 sich 5.500 Besucher des Grabes in einem in der Pfarrkirche aufgelegten Buch eingetragen haben. „Immer wieder stellten Grabbesucher von auswärts die Frage: „Wann wird Anna in die Kirche übergeführt?"[7] Im Auftrag des Bischofs antwortete der Generalvikar[8a], dass nach Anhörung des Domkapitels dem Ansuchen stattgegeben werde.[8] Somit konnte am 26.07.1972 die Umbettung der sterblichen Überreste Annas stattfinden. Ein ausführliches Protokoll gibt über das große Ereignis Aufschluss.

Der Regensburger Offizial Weihbischof Karl Flügel[9] bat und beauftragte am 12. Juli P. Dr. Maximilian Neumayer OFMCap.[10] an der geplanten Überführung der sterblichen Überreste Annas teilzunehmen und die Vorgänge protokollarisch festzu-

7 BKR III. Abt. CAS K. 23: Mindelstetten 04.07.1972: Pfarrer Schlagbauer an Bischof Dr. Graber.

8a Generalvikar Prälat Friedrich Morgenschweis, geb. 13.04.1920 in Sulzbach-Rosenberg als Sohn eines Arbeiters; nach dem Gymnasium in Regensburg und Abitur 1939 Studium der Philosophie und Theologie in Eichstätt; 1940 Militärdienst und Kriegsgefangenschaft; 1945 Fortsetzung des Studiums in Regensburg; 1949 Priesterweihe; Kooperator in Marktredwitz/Opf.; 1952 Benefiziumsprovisor in Sulzbach-Rosenberg/Opf.; 1957 Diözesanpräses des Kath. Werkvolkes (KAB); 1969 Ordinariatsrat, Begründer und Leiter der diözesanen Informationsstelle; 1972 Domkapitular, Generalvikar; 1976 Prälat; 1977 Domdekan; 1983 Kanzler der Bischöfl. Kurie; 1985 Apost. Protonotar; 1990–1993 Mitglied des Bayer. Senats als vom Episkopat nominierter Vertreter der Kath. Kirche; 1991 als Domdekan entpflichtet und Ruhestand in Regensburg; † 1998. – Vgl. Gatz, Erwin (Hrsg.), Die Bischöfe der deutschsprachigen Länder 1945–2001, Berlin 2002, S. 464.

8 BKR III. Abt. CAS K. 23: Regensburg 24.07.1972: Generalvikar Fritz Morgenschweis an Schlagbauer.

9 Offizial Weihbischof Karl Flügel, geb. 20.08.1915 in Amberg/Opf. als Sohn eines Postbeamten; 1935 Abitur am Gymnasium seiner Heimatstadt; 1936–1945 Militärdienst; vorher und nachher Studium der Philosophie und Theologie in Regensburg; 1949 Priesterweihe; Kooperator in Selb/Ofr., 1951 Kooperator in Massing/Nby., zugleich kanonistische Fachausbildung an der Universität München; 1955 Expositur in Wiesbach/Nby.; 1957 Domvikar und Notar am Bischöfl. Offizialat in Regensburg; 1961 Vizeoffizial; 1963 Domkapitular, Offizial und Summus Scholasticus, zugleich Beauftragter für die Stiftung der Regensburger Domspatzen; 1968 Weihbischof, Bischofsvikar für die karitativen Werke; 1970 Vorsitzender der Ökumene-Kommission der Bayer. Bischofskonferenz; 1971 Dompropst; 1973 Vorsitzender der Arbeitsgruppe für Fragen des Judentums der Deutschen Bischofskonferenz; 1974 Mitbegründer der Arbeitsgemeinschaft christlicher Kirchen in Bayern und Mitglied des internat. Verbindungskomitees der Röm.-Kath. Kirche mit dem Judentum beim vatik. Sekretariat; 1984 als Weihbischof emeritiert und als Dompropst entpflichtet; † 2004 in Mallersdorf. – Vgl. Gatz, Erwin (Hrsg.), Die Bischöfe der deutschsprachigen Länder 1945–2001, Berlin 2002, S. 462.

10 Schematismus des Bistums Regensburg 1991: P. Dr. BGR Maximilian Neumayer OFMCap. geb. 23.02.1906 in Deggendorf Nby. als Sohn eines Brauereibesitzers; Pr.-W. 29.06.1930; Exprovinzial und langjähriger Priesterseelsorger im Bistum Regensburg; † 05.10.1991 in Eichstätt.

halten sowie den Gottesdienst und die Predigt am 26. Juli zu halten. Zunächst wurde festgestellt, dass keine andere Person nach Anna in dem Grab auf dem Gottesacker beerdigt worden ist. Der neben ihrem Grab beerdigte Wirt Michael Kettner wurde bereits 1970 in den neuen Friedhof umgebettet. Als Zeugen der Exhumierung am 25. Juli werden neben dem Offiziator P. Dr. Maximilian, Pfarrer Schlagbauer von Mindelstetten, Pfarrer und Kammerer Clemens Schmitz von Menning, als Vertreter des verhinderten Dekans Alfons Rösl, Pfarrer von Pförring, Dr. Walther Wiethe, Arzt in Mindelstetten, Bürgermeister Michael Holzapfel von Mindelstetten, der Maurer und Totengräber Johann Wuschko, die Fotografin Helma Licklederer aus Kösching, Spenglermeister Fritz Mühlbauer aus Geisenfeld (zur Verlötung des neuen Sarges), die ehemalige Haushälterin von Pfarrer Rieger (von 1923 bis 1934) Rosa Imlauer aus Augsburg, deren leibliche Schwester Sr. Caecilia Imlauer aus Augsburg und der Schreiner Jakob Scharl aus Mindelstetten angegeben.

Am Nachmittag des 25. Juli um vier Uhr öffnete der Totengräber das Grab und stieß auf die ummauerte und abgedeckte Nische, in der die Gebeine seit 1946 ruhten. Was sich von den sterblichen Überresten Annas noch fand war Folgendes: Schädel mit Oberkiefer, getrennt davon der Unterkiefer ohne Zähne, Schulterblatt, Oberarmknochen, Fingerknöcheln, Beckenbeinreste, Beckenschaufel, Oberschenkelknochen, Unterschenkelknochen, Wadenbein, Mittelfußknochen und einzelne Teile von Wirbeln. Außerdem befanden sich in der Grabkammer kleinste Restteilchen eines Rosenkranzes, eines Myrtenstraußes, ganz vermoderte Teilchen des hölzernen Sterbekreuzes und stark alterierte Sargnägel.

Die Gebeine wurden hierauf unmittelbar in einen Zinksarg, ausgelegt mit Perresta-Platten, in weiße Leinwand geborgen und vom Spengler verlötet. Der Zinksarg wurde dann in einen neuen Eichensarg gebettet, der in der Kirche abgestellt wurde.

Am Abend des 25. Juli feierte man das hl. Messopfer zur Einstimmung der Gläubigen. In der Predigt wurde das Thema behandelt: „Gestehen wir es nur: Menschenkinder wie Anna Schäffer sind uns weit überlegen, zu ihnen können wir aufschauen."

Am nächsten Tag um 19 Uhr fand dann die feierliche Übertragung der Gebeine in die für sie ausgehobene Gruft vor dem rechten Seitenaltar in der Pfarrkirche statt.

Ohne Plakatierung an den Kirchentüren des Bistums, allein auf kürzeste Notizen in der einen oder anderen Zeitung der nächsten Umgebung, allerdings etwas ausführlicher im „Altöttinger Liebfrauenboten", fanden sich 5.000 und mehr – Mindelstetten hatte damals nur 710 Seelen – ein. Aus Neumarkt, Amberg, Moosburg, Augsburg, München Miesbach, Cham, Passau, Altötting, Kaufbeuren, Kempten, Lauingen, Aschaffenburg, Heilbronn, Halle an der Saale und von vielen anderen Orten pilgerten die Menschen herbei. Auch zahlreiche Priester, vor allem aus dem Dekanat Pförring und den umliegenden sowie aus anderen Diözesen, sogar ein Priester aus den USA, nahmen teil. P. Dr. Maximilian hatte das Predigtthema gewählt: „Unsere katholische Kirche glaubt daran: Es finden sich zu allen Zeiten

Menschen, die nach dem Empfinden des christlichen Volkes ein heroisches Leben aus Glauben, Hoffen und Lieben führen." Freilich, so fügte er hinzu, „erst nach einer hochnotpeinlichen Untersuchung spreche die Kirche das letzte Urteil!"

Damit fand am 26.07.1972 der erste Anna-Tag in Mindelstetten statt, der seither ohne Unterbrechung alljährlich feierlich abgehalten wird. Es war übereinstimmend eine überwältigende Feier, die deutlich machte: Anna Schäffer besitzt die verehrende Liebe der Gläubigen in höchstem Maße, wie am Schluss des Protokolls festgestellt wird.[11]

Leider konnte ich daran nicht teilnehmen, da ich um diese Zeit als Exerzitienmeister der Verbrüderung der Eremiten vom regulierten III. Orden des hl. Franziskus (EOSF) in der Mutterklause Frauenbrünnl bei Bad Abbach tätig sein musste. Ich versäumte aber nicht, gleich nach den Exerzitien zu Pfarrer Schlagbauer nach Mindelstetten zu fahren, um aus den Matrikelbüchern erste Erkundigungen über Anna Schäffer und ihre Familie einzuholen. Außerdem befragte ich ihn, wie die Exhumierung und die Umbettung der Gebeine Annas verlaufen sei.

In den Monaten nach dem ersten Anna-Tag in Mindelstetten richteten Hunderte von Verehrern der Dulderin Bittschreiben um Eröffnung des Seligsprechungsprozesses an die Bistumsleitung. Ein Beispiel: 46 Mitglieder des III. Ordens des hl. Franziskus von Ingolstadt, unter Leitung des P. Maximin Kraft OFM, unterzeichneten ein Bittgesuch an Bischof Dr. Graber um „Eröffnung des Informativprozesses für die ‚Terziarin' Anna Schäffer von Mindelstetten".

In einem ausführlichen Bericht Schlagbauers an den Bischof betonte er, „dass die Feier am meisten durch die Arbeiter der Auto-Union Ingolstadt verbreitet worden war". Die Eucharistiefeier sei in „Conzelebration der Priester des Dekanats und einiger fremder Priester aus den Diözesen Eichstätt, Augsburg, Fulda gehalten worden; es war eine Andacht bei diesem Gottesdienst, wie es in unserer Gemeinde noch nie zu erleben war; auch die jungen Leute taten fest mit; es war ein einmaliges Erlebnis, ein einmaliger Freuden- und Gnadentag." Vor allem aber bedankte er sich für die Genehmigung der Exhumierung.[13] Mit gleicher Post übersandten Pfarrer und Pfarrgemeinderat ein Bittschreiben an das Ordinariat Regensburg um Eröffnung des Informativprozesses zum Zweck späterer Seligsprechung. In dem Brief heißt es u. a.: „Es hat sich an diesem Tag gezeigt, dass Anna nicht nur in den Nachbarpfarreien, sondern auch weit im bayerischen und auch deutschen Raum bekannt ist und dass die Menschen, die sie noch gekannt oder die später von ihr gehört haben, der Überzeugung sind, dass Anna außerordentlich von Gott begnadigt gewesen ist, dass sie durch ein heroisches Sühne- und Gebetsleben über 25 Jahre hindurch sich dieser Begnadigung würdig erwiesen hat."[14]

---

11 BKR III. Abt. CAS K. 23: Regensburg 25./26.07.1972: Protokoll über die Exhumierung und Übertragung der sterblichen Überreste Anna Schäffers in die Pfarrkirche Mindelstetten.

13 BKR III. Abt. CAS K. 23: Mindelstetten 07.09.1972: Schlagbauer an Bischof Graber.

14 BKR III. Abt. CAS K. 23: Mindelstetten 07.09.1972: Pfarrgemeinderat Mindelstetten an das Bischöfl. Ordinariat.

Auf die Bitte Pfarrer Weigls hin sandte P. Maximilian seine beiden Predigten, die er in Mindelstetten gehalten hatte, an diesen.[15]

Am 24.09.1972 wandte sich das Dekanat Schrobenhausen, Erzbistum München-Freising, an das Ordinariat mit einer „Befürwortung der Einleitung des Seligsprechungsprozesses“. Unter anderem schrieb der Dekan: „Eine einfache Frau drückte es so aus: ‚Diese Anna Schäffer war eine, wie wir es sind. Sie hat selber soviel Schweres mitgemacht, dass sie für unsere Nöte Verständnis hat. Durch ihr ergebenes Leiden ist sie sicher Gott nahe gekommen. Darum ist es gut, wenn wir uns an sie halten!‘“[16]

Am 28.09.1972 erfolgte nun ein wesentlicher, vielleicht entscheidender Schritt des Dekanatsamtes Pförring: Die 15 Priester des Dekanates unter dem großen Anna-Verehrer Dekan und Pfarrer Alfons Rösl richteten ein offizielles Schreiben an Bischof Dr. Rudolf Graber mit der „Bitte um Eröffnung des Bischöflichen Informativprozesses für die Dienerin Gottes Anna Schäffer, Pfarrei Mindelstetten, Dekanat Pförring“. In dem Dokument heißt es nach einer kurzen Vita der Dulderin und einem Hinweis auf das Geschehen am 25./26. Juli des Jahres: „Volk und Priester haben die Überzeugung, dass das Leben der Anna Schäffer unserer Zeit eine wichtige Botschaft zu bringen hätte. Der angestammte lebendige frohe Glaube unseres Volkes droht in weiten Kreisen zu erkalten. Die Treue zu Gott, zu Christus, zur Kirche, der Sinn dafür, dass das Leben des Menschen unter der gütigen Führung Gottes steht, scheint sich zu verlieren. Die selbstverständliche frohe Ausrichtung des Lebens nach den Geboten Gottes, aber vor allem das Verständnis für den positiven Sinn des Leidens, als des Nachvollzugs des Lebens Jesu Christi, ununterbrochene Überzeugung der Kirche von Anfang an, schwinden dahin. In dieser Zeit gibt Gott, wie wir glauben, in dem einfachen und doch so heldenmütigen Leben der Anna Schäffer ein Zeichen, durch das die Menschen unserer Zeit, in unserem Volke und darüber hinaus aufgerüttelt werden könnten. ‚Zeigt doch Gott‘, nach den Worten des Zweiten Vaticanums („Lumen Gentium“ Nr. 50), ‚im Leben derer, die zwar Schicksalsgenossen unserer Menschlichkeit, dennoch vollkommener dem Bilde Christi gleichgestaltet waren, in lebendiger Weise seine Gegenwart und sein Antlitz.‘

In dieser unserer Überzeugung ersuchen die Priester des Dekanates Pförring den hochwürdigsten Herrn Bischof Rudolf Graber von Regensburg, die nötigen Schritte zu unternehmen, um das Leben der Anna Schäffer dem Urteil der Heiligen Kirche zu unterwerfen.

Wir bitten, entsprechend dem Brauch und dem Gesetz unserer Kirche, für Anna Schäffer den Bischöflichen Informativprozess einzuleiten.“

Gegen Ende des Jahres 1972 schrieb der bekannte Kirchengeschichtsprofessor Dr. Georg Schwaiger von der Universität in München, der das Leben, Leiden und

15 BKR III. Abt. CAS K. 23: P. Dr. Maximilian Neumayer OFMCap. an Weigl.

16 BKR III. Abt. CAS K. 23: Langenmosen/Obby. 24.09.1972: Dekanat Schrobenhausen an das Bischöfl. Ordinariat Regensburg.

den Heimgang Annas in seinem dreibändigen Werk „Bavaria Sancta“ aufgenommen hatte, um das „Imprimatur“ (die kirchliche Druckerlaubnis) für einen Sonderdruck, ergänzt durch einen kurzen Bericht über die Translatio am 25./26. Juli.[17]

Auf Veranlassung Schlagbauers wurde die von Prof. Schwaiger verfasste Broschüre mit dem Text aus „Bavaria Sancta“ mit dem Titel „Anna Schäffer von Mindelstetten. Ein Leben in der Gnade Gottes“ in zwei großen Auflagen in Druck gegeben.[18]

Zu Beginn des Jahres 1973 häuften sich die Ansuchen bzw. Bitten um die Eröffnung des Seligsprechungsprozesses. Bischof Graber kam diesem Wunsch der Gläubigen freudig nach, hatte er doch, überzeugt von der Würdigkeit und Notwendigkeit des Verfahrens, 1965 auch den Wunsch geäußert, ihre Lebensbeschreibung möge neu verfasst werden.

Als Sachbearbeiter für das kanonischeVerfahren erarbeitete ich zunächst nach dem „Codex pro Postulatoribus“ die notwendigen Grundlagen für die Prozessführung. Außerdem verfasste ich den Fragencodex für die zu vernehmenden Zeugen „Ratisbonensis Positiones et Articuli in Causa Beatificationis et Canonisationis Servae Dei Anna Schäffer de Mindelstetten“. Das Werk, das vervielfältigt wurde, umfasste 424 Fragen, wurde dann jedem Zeugen vor dessen Vernehmung zugesandt, damit er es studieren könne und dem zufolge seine Aussagen machen sollte.[19]

Nachdem in einer vorbereiteten Sitzung am 10.03.1973 von Bischof Graber die Mitglieder des Gerichtshofes für den Prozess ernannt waren, wobei der neugeweihte Weihbischof Vinzenz Guggenberger[19a] das Amt des „Judex delegatus“ übernahm, fand am 17. März die erste Sitzung des Informativprozesses statt. Nach einer kur-

17 BKR III. Abt. CAS K. 23: München 07.12.1972: Prälat Prof. Dr. Georg Schwaiger an Generalvikar Morgenschweis.

18 Der Text wurde dem Buch Schwaiger, Georg, Bavaria Sancta. Zeugen christlichen Glaubens in Bayern. Bd. II, Regensburg 1971, S. 394–402, entnommen.

19 BKR III. Abt. CAS K. 2: Die Positiones et Articuli wurden im März vollendet.

19a Weihbischof Vinzenz Guggenberger, geb. 21.03.1929 in Osterham, Pfarrei Hofkirchen/Nby. als Sohn eines Bauern; nach dem Besuch der Oberrealschule in Straubing und dem Abitur 1947 Studium der Philosophie und Theologie in Regensburg; 29.06.1953 Priesterweihe in Regensburg; Kooperator in Bodenmais/Nby., 1956 in Wunsiedel, 1959 in der Dompfarrei St. Ulrich; 1965 Geistl. Beirat des Kath. Frauenbundes im Bistum Regensburg und Diözesan-Pilgerleiter; 1971 Dompfarrer und Regionaldekan; 1972 Domkapitular und ordentliches Mitglied des Ordinariats; 24.05.1972 Weihbischof und Bischofsvikar für die Orden und überdiözesanen kirchlichen Hilfswerke, Mitglied der Kommission für Geistliche Berufe der Deutschen Bischofskonferenz; 1973–1986 Ökumene-Referent; 1977 Vorsitzender des Kuratoriums der Domspatzen; 1983–1996 Bischofsvikar für die Finanz- und Vermögensverwaltung sowie des Bau- und Kunstausschusses; 1984 Dompropst und Vorsitzender des St.-Katharinenspitalrates; 1988 Mitglied der Kommission für weltkirchliche Aufgaben der Deutschen Bischofskonferenz; 1989 Referent für die Beziehungen zu Prag und Pilsen; 1990 Vorsitzender des „Opus Summi Sacerdotis e. V.“ (Collegium Rudolphinum im Stift Heiligenkreuz); 1992 Vorsitzender des Institutum Marianum Regensburg e. V.; 1993–1996 Vorsitzender des Brauereiverwaltungsrats; 1998 Bischöfl. Vertreter im Stiftungsrat der Stiftung der Abtei Waldsassen; nach der Emeritierung von Bischof Manfred Müller 2002 Diözesanadministrator; 2004 emeritiert und nach Straubing ins Kloster der Elisabethinen verzogen. – Vgl. Gatz a. a. O. S. 462f.

zen Einführung des Bischofs legten die Mitglieder des Gerichtshofes den erforderlichen Eid ab: Zunächst Weihbischof Guggenberger als Vorsitzender, P. Dr. Maximilian Neumayer OFMCap. und Kanonikus BGR Ludwig Zausinger vom Stift U. L. Frau der Alten Kapelle, beide aus Regensburg, als Beirichter, Domdekan Prälat Hermann Grötsch als Promotor Fidei, Subregens Hans Josef Bösl als erster Notar und Oberoffiziant Karl B. Gerl als Cursor. Ich übernahm als Sachbearbeiter das Amt des zweiten Notars und wurde ebenso vereidigt. Nun konnte der Informativprozess beginnen.

Gleichzeitig habe ich den Entwurf für ein Plakat, einen Aufruf an alle Gläubigen verfasst. Darin wurden sie vom Beginn des Verfahrens informiert und aufgefordert, eventuell Schriftstücke von der Hand Annas an das Bischöfliche Ordinariat Regensburg einzusenden. Außerdem wurde gebeten: „Wer irgend etwas weiß, was ihm gegen die Tugenden und die Heiligkeit der Dienerin Gottes zu sprechen scheint, ist im Gewissen verpflichtet, dies dem Seligsprechungs-Gerichtshof mitzuteilen."[20] Der Versand der gedruckten Plakate mit der öffentlichen Proklamierung zur Aushängung erfolgte am 21. Mai an die Pfarrämter des Bistums Regensburg sowie an die Pfarreien der angrenzenden Diözesen.

Pfarrer Georg Schlagbauer, der Nachfolger Sporrers

Während Dekan Rösl das Amt des Postulators im Diözesanprozess übernahm, wurde Pfarrer Schlagbauer als Vizepostulator nominiert. Es erging an ihn der Auftrag alles, was für die Eröffnung des Verfahrens an Benennung von Zeugen und ebenso an Schriftenmaterial erforderlich ist, an den Bischof einzureichen und zu melden. Schlagbauer hat diesen Auftrag sehr ernst genommen und wahrlich alles getan, um die Verehrung Annas und den Prozess nach Kräften zu fördern.

Auch für ihn ist eine kurze Würdigung durchaus angebracht. Er wurde am 12.10.1910 als Sohn einer gut katholischen Bauernfamilie in Oberdolling, unweit von Mindelstetten, geboren. Als Zögling des Bischöflichen Knabenseminars Obermünster besuchte er das Alte Gymnasium in Regensburg und maturierte am 12.03.1932. Nach dem Studium der Philosophie und Theologie an der Staatlichen Hochschule in Regensburg empfing er am 29.03.1937 die Priesterweihe.

Das Ferienzeugnis, ausgestellt vom Pfarrer Josef Stauner von Oberdolling, vom 30.10.1933 und von allen folgenden Ferien lässt erkennen, dass Schlagbauer ein guter Priester zu werden versprach.

Zunächst ab April 1937 als Kooperator, dann ab Dezember 1939 als Pfarrprovisor in Rattenberg/Niederbayern tätig, wurde er im Januar 1941 nach Wackersdorf/Oberpfalz versetzt. Hier erreichte ihn am 1. März der Einberufungsbefehl zum Kriegs-

20 BKR III. Abt. CAS K. 23: Plakatentwurf für den Prozess für Anna – Amtsblatt für die Diözese Regensburg, Jg. 1973, S. 65.

dienst, den er größtenteils als Schreibkraft beim Truppenarzt Dr. Mayrhofer in Passau ableistete. Dieser stellte ihm am 16.07.1948 das Attest aus, er sei seit Jahren herzleidend, „bei geringer körperleichter Anstrengung tritt sein Leiden nur wenig in Erscheinung; bei Überbelastung jedoch treten Geräusche am Herzen auf". Dieses Zeugnis legte Schlagbauer, wieder als Kooperator in Wackersdorf, seinem Bittschreiben vom 16.07.1948 an das Ordinariat bei, in dem er infolge seiner gesundheitlichen Behinderung um „eine leichte, aber selbständige Seelsorgestelle in ebener Gegend" nachsuchte. So kam er im Oktober 1948 als Expositus nach Neubäu/Oberpfalz Im August 1956 wechselte er als Pfarrer nach Appertshofen/Oberpfalz. Am 20. November reichte er um die vakante Pfarrei Mindelstetten, damals noch in der Oberpfalz, jetzt zu Oberbayern gehörig, ein. Erzbischof Buchberger bewilligte das Ansuchen mit Wirkung vom 1. Dezember 1957. Nach der Investitur am 4. Dezember im Ordinariat wurde er von Dekan Anton Bugl[21] beim Vormittagsgottesdienst feierlich installiert, im Beisein zahlreicher Pfarrangehöriger, Vereine und Nachbarn.[22]

In Schlagbauers Reifezeugnis ist zu lesen: „Seine Leistungen ließen einen befriedigenden Wissensstand erkennen. Die mündliche Prüfung wurde ihm erlassen. Während seiner Zugehörigkeit zur Anstalt bekundete er ein sehr lobenswürdiges Betragen und großen Fleiß. Den Wahlunterricht im Hebräischen und Italienischen besuchte er mit Eifer und Erfolg." Das „Cura Examen" konnte er am 19.03.1937 mit der Note „zwei" ablegen, wobei festgestellt wurde: „Seine ideale Gesinnung und seine Frömmigkeit halfen ihm über manche Komplexe und Hemmungen gesundheitlicher Art hinweg. Die Qualifikations-Tabellen von 1940 bis 1960 weisen alle seine Leistungen als „gut" bis „sehr gut" aus. In der Tabelle von 1940, als er Kooperator in Wackersdorf war, schrieb sein Pfarrer Folgendes: „[...] trägt alle Zeit ein vorbildliches Leben zur Schau, meidet geflissentlich alles, was irgendwie seinem Ruf als Priester schaden könnte. Sein seelsorgliches Wirken ist getragen von unermüdlicher Schaffensfreude und restloser Selbstaufopferung."[23]

Bei seiner Ernennung zum Bischöflichen Geistlichen Rat wegen seiner Verdienste schrieb ihm Bischof Graber am 02.06.1974 folgenden Brief: „Möge Gott Ihnen lohnen, was Sie in 37 Priesterjahren auf allen Ihren Seelsorgeposten – in der Heimat und im Kriegsdienst – gebetet und gearbeitet, geopfert und erlitten haben. Das Bistum und die Pfarrei Mindelstetten dankt Ihnen in besonderer Weise für Ihr priesterliches Mühen als Custos des Grabes der Dienerin Gottes Anna Schäffer. Gerne begleite ich Ihr weiteres Priesterleben mit meinem Gebet und dem bischöflichen Segen."

Am 07.02.1980 richtete Schlagbauer ein Schreiben an das Schulreferat des Ordinariats, in dem er mitteilte, „wegen einer schweren Herzattacke mit Hypertonie,

21 Schem. d. Bist. Regensburg 1974: Dekan Pfarrer BGR Anton Bugl geb. am 15.01.1894 in Rieglberg (Pf. Hunderdorf), ordiniert 29.06.1922, frr. Pfr. von Großmehring, zuletzt Wallfahrtskurat in Heiligenbrunn, † 13.03.1974.

22 Holzgartner, Karl, Chronik von Mindelstetten 1934–1960, S. 285.

23 Regensburger Bistumsblatt Nr. 38, 22.09.1985, S. 25.

die durch eine fiebrige Erkrankung ausgelöst wurde, hat mein Arzt, Internist Dr. Wosnitzka in Ingolstadt, für mich bis 10. Februar Befreiung vom Schuldienst gefordert. Bei der letzten Konsultation am 5. d. M. hat er mir geraten, den ganzen Schuldienst aufzugeben. Er habe deshalb den Schuldekan, Herrn Pfarrer Wotruba, Großmehring, telephonisch gebeten, die weitere Erteilung des Religionsunterrichts an der Grundschule Mindelstetten zu regeln." Dem Wunsch wurde von Seiten des Schulreferats entsprochen.

Im gleichen Jahr feierte Schlagbauer seinen 70. Geburtstag. Bischof Graber beglückwünschte ihn sehr herzlich.

Aufgrund eines Gutachtens vom Facharzt Dr. Gierth in Ingolstadt, der dem Pfarrer eine schwere Kehlkopfentzündung bescheinigte, bat er am 29.05.1984 um die Genehmigung der Resignation auf die Pfarrei Mindelstetten. Der Generalvikar von Regensburg teilte ihm am 27. Juni mit, dass Bischof Manfred Müller, der Nachfolger Grabers, und die Ordinariatssitzung mit Wirkung vom 15.08.1984 die Genehmigung zum Verzicht erteilten. Der emeritierte Bischof Dr. Graber bot ihm daraufhin an, in seinem Haus in Altötting die Pensionszeit zu verbringen, was Schlagbauer dankend angenommen hat.

Am 10.09.1985 verstarb Schlagbauer plötzlich an einem Herzschlag, während er den Garten mähte. Er wurde selbstverständlich im neuen Friedhof Mindelstettens im Priestergrab feierlich beerdigt.

Der Ingolstädter „Donaukurier" hat ihn in einem zweispaltigen Artikel unter dem Titel „Der Nandl-Pfarrer ist tot" gebührend gewürdigt. Darin ist zu lesen: „[...] denn während der 48 Priesterjahre war er als der treue Hüter und Förderer der Dienerin Gottes Anna Schäffer von Mindelstetten in der Diözese und weit darüber hinaus vielen und aber vielen bekannt und vertraut geworden. Und so bleibt er auch in unserer Erinnerung als der demütige Seelsorger, der Gott selbst für die vorbildliche Dulderin walten lassen wollte, aber zugleich in unermüdlichem Eifer daran war, an dem Weg mitzubauen, der, wenn Er es will, die Nandl zur Ehre der Altäre führt." Auch im „Regensburger Bistumsblatt" wurde sein Heimgang gebührend gewürdigt.[23a]

Den Berichten kann ohne Übertreibung nur zugestimmt werden, denn Pfarrer BGR Georg Schlagbauer hat tatsächlich sowohl für die Verehrung als auch für den Seligsprechungsprozess Bedeutendes geleistet.

Der Informativprozess

Um die Heiligung des Gottesvolkes zu fördern, empfiehlt die Kirche den Gläubigen die kindliche Verehrung der allerseligsten Jungfrau und Gottesmutter Maria,

23a Regensburger Bistumsblatt Nr. 38, 22.09.1985, S. 25.

die Christus vom Kreuz herab allen Menschen zur Mutter gegeben hat. Zudem fördert die Kirche die Verehrung der Seligen und Heiligen, durch deren Fürsprache und heiliges Leben den Gläubigen Hoffnung und Zuversicht gegeben werden.[24]

Die öffentliche Verehrung darf selbstverständlich nur jenen Dienern Gottes erwiesen werden, die von der kirchlichen Autorität in das amtliche Verzeichnis der Seligen und Heiligen aufgenommen werden, demnach selig- oder heiliggesprochen sind.[25]

Die Normen über den Selig- und den Heiligsprechungsprozess sind nach dem „Codex juris canonici" einem eigenen Gesetz vorbehalten.[26] Mit der Apostolischen Konstitution „Divinus perfectionis Magister" vom 25.01.1983 hat Papst Johannes Paul II. (1978–2005) hierfür neue Bestimmungen in Kraft gesetzt. Demnach steht dem Diözesanbischof das Recht zu, die Ermittlungen einzuleiten und durchzuführen über das Leben, die Tugenden, das Martyrium, den Ruf der Heiligkeit oder des Martyriums, über behauptete Wunder und die frühere Verehrung des Dieners Gottes, der kanonisiert werden soll. Die Einzelnormen für dieses Ermittlungsverfahren hat die „Congregatio pro Causis Sanctorum" im Auftrag des Papstes am 7. Januar 1983 erlassen. Die Apostolische Konstitution enthält des Weiteren Bestimmungen über die Aufgaben der Kongregation für die Heiligen und die Verfahrensweise nach Abschluss des Bischöflichen Ermittlungsprozesses.[27]

Als das Verfahren für Anna eröffnet wurde, waren allerdings noch die alten Richtlinien Benedikts XV. (1914–1922) und später Pauls VI. (1963–1976) maßgebend. Von Juni 1973 bis April 1977 wurden nicht weniger als 54 Zeugen einvernommen, die meisten von Schlagbauer benannt. Schon allein dadurch hat er den Gerichtshof bedeutend unterstützt.

Die Vernehmungen verliefen wie folgt: Zunächst wurde der Zeuge, nachdem er vorgeladen und ihm zuvor die „Positiones et Articuli" zugesandt worden waren, belehrt und vereidigt, dass er nach bestem Wissen und Gewissen seine Aussagen zu machen habe; dann wurden – als Ergänzung zu den römischen Richtlinien – die Personalien aufgenommen und Weihbischof Guggenberger machte von jedem eine Fotografie; es folgte die Befragung, die auf einem Tonband mitgeschnitten wurde, und zum Abschluss neuerdings eine Eidesleistung, dass alles der Wahrheit entsprechend ausgesagt worden war. Dann zog sich der Gerichtshof zurück, um eine Beurteilung des vernommenen Zeugen zu erstellen.

Die Vernehmungen fanden mit wenigen Ausnahmen immer im Sitzungssaal des Ordinariats statt, einmal aber in Mönchherrnsdorf/Oberfranken, in Dießen/Oberbayern, und in Kasing/Oberbayern.

Wie wertvoll die Zubringerdienste Schlagbauers waren, bezeugen seine Briefe an mich. Am 12.04.1973 teilte er mir mit, er werde mir die „Beiträge zur Pfarr-

24 Codex juris canonici (Bezeichnung für das Kirchliche Gesetzbuch), abgekürzt CIC, canones 1186.

25 CIC can. 1187.

26 CIC can. 1403.

27 Acta Apostolicae Sedis, Romae 1983, 75. Jg., pag. 349–355 und pag. 396–403.

geschichte von Mindelstetten. 1934–1950", von Pfarrer Holzgartner verfasst, durch einen Gewährsmann überbringen lassen, und er machte mich auf die darin enthaltene Biographie Annas aufmerksam.[28] Auch verdanke ich ihm das Buch von Ritter von Lama und das „Anna-Schäffer-Lied".[29] Ebenso sandte mir Pfarrer Weigl am 15.03.1973 alle Gebetserhörungen, die ihm beim Abfassen seines Buches „Geschichte einer Liebe" leihweise zur Verfügung gestellt worden waren.[30] Rosa Imlauer kündigte in einem Brief an Bischof Graber an, sie werde alle noch in ihrem Besitz sich befindlichen Dinge von Anna übersenden.[31]

Wie mir Schlagbauer, mit dem ich im Laufe der Zeit in freundschaftlicher Verbindung stand, am 10.07.1973 mitteilte, werde der diesjährige „Anna-Tag" von Dekan Rösl gehalten, und zwar mit einer Abendmesse um 19 Uhr. Zur Vorbereitung werde ein Triduum in Mindelstetten die Gläubigen einführen. Es kämen nach wie vor Autobusse, Personenkraftwagen und Fußpilger. Außerdem mehren sich die Verehrer und ebenso die Spenden.[32] Überaus tatkräftig förderte Schlagbauer die Verehrung Annas in Mindelstetten, die weit über die Grenzen Bayerns hinaus ihren Weg gefunden hatte.

Auch die 1.000 Plakate mit dem Aufruf des Bischofs, die in den Pfarr- und Klosterkirchen angebracht waren, zeitigten einen großen Erfolg. Viele Gläubige berichteten über Begegnungen mit Anna, über ihre Korrespondenz mit ihr und äußerten ihre Bereitschaft zur Zeugeneinvernahme. Schlagbauer brachte zudem weitere Zeugen dem Gerichtshof. Bezüglich der Finanzierung des Prozesses zeigte er sich sehr optimistisch mit den Worten: „Anna sorgt, dass die Pfarrei und die Diözese mit ihr keine Auslagen haben!"[33] Dies hat sich tatsächlich in hohem Maße bestätigt.

Am 29.04.1977 konnte der Informativprozess erfolgreich abgeschlossen werden. Eine Fülle von Zeugenaussagen, die die Ehrw. Schwester M. Bernadette von der Kongregation der Schwestern der Katholischen Heimatmission von U. L. Frau vom Tonband weg in die Maschine getippt hatte, waren das Ergebnis. Ich habe diese geordnet und verwahrt, denn es durfte ja Außenstehenden kein Einblick gewährt werden.[34]

Der Schriftenprozess

Der Umfang des Schriftennachlasses der Dienerin Gottes, die doch ein ganz einfaches Mädchen mit Volksschulbildung war, ist erstaunlich groß und ist vor allem auf ihr umfangreiches Schriftenapostolat zurückzuführen.

28 BKR III. Abt. CAS K. 23: Mindelstetten 12.04.1973: Schlagbauer an Ritter.

29 BKR III. Abt. CAS K. 23: Mindelstetten 25.04.1973: Schlagbauer an Ritter.

30 BKR III. Abt. CAS K. 23: Obberroning 15.03.1973: Weigl an Ritter.

31 BKR III. Abt. CAS K. 23: Augsburg 10.05.1973: Rosa Imlauer an Bischof Graber.

32 BKR III. Abt. CAS K. 23: Mindelstetten 10.07.1973: Schlagbauer an Ritter.

33 BKR III. Abt. CAS K. 23: Mindelstetten 07.11.1973: Schlagbauer an Ritter.

34 Ritter, In den Heiligen schenkst Du … a. a. O. S. 439 – Index ac status causarum (Stand der Causen), pag. 124.

Am 22.06.1973 übernahm ich das Aktenkonvolut aus dem Bischöflichen Zentralarchiv, das unter der sachkundigen Leitung seines Direktors, Monsignore Dr. Paul Mai, seit 1972 eingerichtet wurde. In dem Begleitschreiben des Direktors ist zu lesen: „Es hat sich leider herausgestellt, dass wir etliche Verluste des Bestandes verzeichnen mussten, die von früheren Benutzungen herzurühren scheinen.

Die Betreffe behandeln persönliche Aufzeichnungen der Anna Schäffer, Schriftwechsel zu ihr von Seiten des Pfarrer Rieger und Veröffentlichungen über sie. Durch mehrmalige Entleihungen geriet das Material sichtbar durcheinander, musste Verluste erleiden und wurde mit Kugelschreibern in rücksichtsloser Weise bearbeitet."[35]

Von dem Gesichtspunkt des Verfahrens ausgehend ordnete ich den Bestand neu. Er umfasste 32 Aktenfaszikel.

Als Sachbearbeiter bemühte ich mich zunächst, den Bestand entsprechend aufzubereiten. Ich teilte ihn in zwei Abteilungen:

A) Manuskripte in gebundener Form
B) Briefe und Manuskripte in ungebundener Form.

Die Abteilung A) umfasst folgende Manuskripte:

I) Gebete und Sinnsprüche (14.11.1917),
Widmung: „Für Frl. Elise Imlauer; Pfarrhaushälterin in Mindelstetten."
1 Heft, kl. 8°, S. 1–48.

II) Gedichte (1919),
Titel: „Selbstgeschriebene Gedichte von Anna Schäffer." 1 Heft, kl. 8°, S. 1–32. Beilage: 4 blattförmige Zettel mit Gedichten.

III) Gebete und Gedichte (ca. 1917),
ohne Titel und Widmung. 1 Heft (Taschenkalender von 1914), kl. 8°, S. 1–132, Beilagen: 7 lose Zettel, 2 Andachtsbildchen ohne Text.

IV) Träume von 1898–1919 (abgeschlossen am 02.09.1919),
Widmung: „Für meine innig Liebende teure Ehrw. Frau Oberin im Krankenhaus zu Kösching." 1 Heft, kl. 8°, S. 1–56.

V) Gedichte (1919),
ohne Titel und Widmung. 1 Heft, 8°, S. 1–55, Beilagen: 6 lose Zettel sowie ein kleines Heftchen mit Gedichten.

VI) Gedicht (1921),
Titel: „Das Rosenknöspchen". Widmung: „gewidmet der lb. Elisabeth Imlauer von Anna Schäffer." 1 Heft, kl. 8°, S. 1–18.

35 BKR III. Abt. CAS K. 23: Regensburg 22.06.1973: Direktor Msgr. Paul Mai an Ritter.

VII) Gebete und Gedichte (ca. 1923),
ohne Titel und Widmung. 1 Heft, kl. 8°, S. 1–27. Beilage: 1 Heftchen mit Verzeichnis der Hl. Messen, die Anna Schäffer lesen ließ, sowie ein Anschriften-Verzeichnis.

VIII) Träume von Juni 1898–1923 (1898–1923),
ohne Titel und Widmung. 1 Heft, 8°, S. 1–63 beschrieben, 8 Seiten leer. Beilagen: 4 lose Zettel mit Traumniederschriften.

IX) Träume von 1898–1923 (1898–1923),
spätere Abschrift des Heftes Nr. VIII.

X) Gedichte (####–1926),
ohne Titel und Widmung. Das erste Gedicht „Marienkindschaft" von der Hand Rosa Imlauers, fortgesetzt von Anna Schäffer. Imlauer beschließt es mit einem Nachruf auf ihre tote Freundin. Es dürfte offenbar für Pfarrer Karl Rieger bestimmt gewesen sein. 1 Heft, 8°, S. 1–55.

XI) Gedichte und Betrachtungen (nicht datierbar),
ohne Titel und Widmung. 1 Heft, kl. 8°, S. 1–62.

XII) Betrachtungen (nicht datierbar),
Titel: „Gedanken und Erinnerungen meines Krankenlebens und meine Sehnsucht nach der ewigen Heimat!" 1 Heft, 8°, S. 1–26 beschrieben, 9 Seiten leer.

XIII) Gedichte (ca. 1922),
ohne Titel und Widmung. Jedoch 1 Gedicht vom 26.07.1920 und ein weiteres vom 07.07.1922 mit Widmung an Maria Forchhammer († 1925), der mit Anna Schäffer befreundeten Tochter des Hausherrn. Die Gedichte sind in das Fotoalbum Forchhammers eingetragen. 1 Heft in Breitformat, 8°, S. 1–38. Beilagen: 6 lose Zettel mit Gedichten, 2 Postkarten.

Die Abteilung B) umfasst folgende Briefe und Manuskripte
in chronologischer Ordnung:

183 Schriftstücke von 1898 bis 1925, von denen allerdings 24 nicht datierbar sind. Die 124 Briefe Annas in diesem Bestand – sie sind in einem Buch erstmals dokumentiert – geben einen tiefen Einblick in ihr Seeelenleben, in ihr Denken und letztlich in ihre bewundernswerte Einfühlungsgabe in die Situation ihrer Mitmenschen.

Seit 1972 sind noch einige wenige Briefe dazugekommen, die von Verehrern der Seligen an die Abteilung für Selig- und Heiligsprechungsprozesse für das Bistum Regensburg abgegeben wurden. Auch diese wurden selbstverständlich dokumentiert.

Die überaus zahlreichen Briefe von Personen, mit denen Anna korrespondiert hat, wurden von mir ab 1972 chronologisch geordnet und in der Abteilung für Seligsprechungsprozesse, die ich von 1978 bis 01.08.1998 geleitet habe, archiviert, wie ebenso die in die Tausende gehenden Gebetsanliegen und Gebetserhörungen, die bis zum heutigen Tag eingesandt werden.

Der Schriftennachlass Anna Schäffers bildet neben den wesentlichen Aussagen von 54 Zeugen beim diözesanen Informativprozess und denen von 6 Zeugen beim „Prozessus de non cultu" die zweite wichtige Quelle für das Leben, Leiden, Sterben Annas und ihre Verehrung nach ihrem Tode 1925.

Der Schriftennachlass Annas ist, wie bereits gesagt, erstaunlich umfangreich, wenngleich anzunehmen ist, dass Teile des Bestandes im Lauf der Zeit verloren gegangen sind, wie auch Msgr. Dr. Mai feststellen musste. Es ist aber auch durchaus möglich, dass Schriftstücke an noch unbekannten Stellen der Entdeckung harren. Die Sammlung ist vor allem dem Seelenführer Annas, Pfarrer Karl Rieger, zu verdanken; ebenso ihren besten Freundinnen, den Pfarrhaushälterinnen Rosa Imlauer und Anna Bortenhauser. Die größten Verdienste hat sich jedoch der Regensburger Erzbischof Michael Buchberger um die Erhaltung erworben. Er war stets um die Sammlung der Aufzeichnungen bemüht und überantwortete diese schließlich dem Ordinariatsarchiv. Sie alle haben die Bedeutung des Schriftennachlasses frühzeitig erkannt, nicht zuletzt im Hinblick auf den Schriftenprozess.

Über die Bedeutung des Schriftennachlasses der Dienerin Gottes für den Seligsprechungsprozess hinaus bieten die Briefe einen wertvollen zeitgeschichtlichen Einblick in das Leben eines bayerischen Dorfes im ersten Viertel des 20. Jahrhunderts, der für Bayern den verhängnisvollen Umbruch vom Königreich zur Republik gebracht hat.[36]

Die Briefe Annas habe ich übrigens in einem Buch mit dem Titel „Im Leiden habe ich Dich lieben gelernt" unmittelbar vor der Seligsprechung in Rom 1999 dokumentiert.

Nach Überprüfung der gesamten Schriften aus dem persönlichen Nachlass Annas konnte der Schriftenprozess am 15.04.1977 abgeschlossen werden.[37]

„Processus super non cultu" (Prozess, dass bisher keine offiziellen kultischen Handlungen geschehen sind)

Zum Beweis, dass der Dienerin Gottes kein Kult erwiesen und den von Papst Urban VIII. (1623–1644) erlassenen Dekreten Gehorsam bezeigt wird, musste ich einen Text erarbeiten, der vom Postulator, Dekan Alfons Rösl, unterzeichnet werden musste. Das umfangreiche Schreiben berichtet zunächst über den Heimgang und die Beerdigung sowie über die Verehrung durch das Volk, was sich in Gebetsanliegen und Gebetserhörungen zeigt. Dann heißt es: „Nachdem die Auflassung des

36 Ritter, Emmeram H., „Im Leiden habe ich Dich lieben gelernt!" Die Schriften Anna Schäffers, Regensburg 1999, S. 15–17.

37 Ritter, In den Heiligen schenkst Du … a. a. O. S. 439.

Friedhofs um die Pfarrkirche von Mindelstetten beschlossen worden war, gab der Regensburger Ordinarius, Bischof Dr. Rudolf Graber, 1972 auf vielfachen Wunsch des gläubigen Volkes die Erlaubnis, die Gebeine der Dienerin Gottes in die Kirche zu übertragen [...]“ Dann ist weiter zu lesen: „Seit Juli 1972 kommen alljährlich einige Tausend Gläubige an das Grab der Dienerin Gottes, um für ihre baldige Seligsprechung zu beten, ihr für ihr Beispiel zu danken und sie um Fürbitte am Throne Gottes anzuflehen.

Doch ist bei alledem keinerlei Zeichen eines öffentlichen, feierlichen und kirchlichen Kultes wahrzunehmen, durch den die Dekrete Urbans VIII. verletzt wurden. Dies wird durch wohlunterrichtete Zeugen bewiesen werden, die die Quelle ihrer Kenntnis angeben werden, sei es, dass sie ihr Wissen aus persönlichem Augenschein oder durch Mitteilung anderer haben. Es ist dies auch bekannt durch die allgemeine Meinung; es ist volksbekannt und notorisch.

Um dem frommen Verlangen der Gläubigen, das durch den Ruf der Heiligkeit der Dienerin Gottes geweckt wurde, zu entsprechen, wurde ihr Bild, das durch mehrere vorhandene Fotos erhalten ist, in Büchern und anderen Druckschriften veröffentlicht, jedoch stets ohne Heiligen-Nimbus, Lichtstrahlen, Diadem oder Inschriften, die sie als Selige oder Heilige bezeichnen. Auch sonst wurde niemals etwas unternommen, was auf einen öffentlichen Kult hinweisen würde.

Es steht fest, dass niemals Bilder der Dienerin Gottes zur öffentlichen Verehrung der Gläubigen in Kirchen, Kapellen oder dergleichen Orten ausgestellt, niemals Bittgebeten beigegeben oder an ihrem Grabe aufgehängt wurden. Bilder der Dienerin Gottes sind auch niemals in Kirchen, Kapellen oder anderen Orten unter die Bildnisse von Heiligen oder Seligen eingereiht worden.

Ebenso ist wahr, dass Reliquien der Dienerin Gottes zwar eifrig gesammelt, doch niemals auf Altären aufgestellt, zu öffentlicher Verehrung ausgesetzt, bei Prozessionen mitgetragen oder unter die Reliquien von Heiligen oder Seligen eingereiht wurden.

Auch wurden weder am Grabe der Dienerin Gottes, noch vor Bildern oder Reliquien von ihr Lampen oder Kerzen als Ausdruck kultischer Verehrung entzündet. Die an ihrem Grab brennenden Kerzen sind lediglich als Zeichen der Totenehrung zu werten, wie es in Bayern auf allen Friedhöfen und an allen Gräbern seit jeher der Brauch ist.

Es ist eine Tatsache, dass zahlreiche auf die Fürsprache der Dienerin Gottes erlangte Gnadenerweise an das Bischöfliche Ordinariat Regensburg und an das Pfarramt Mindelstetten berichtet werden. Wenn dafür von den Gläubigen Gaben zum Zeichen der von Gott auf die Fürsprache der Dienerin Gottes erlangten Gnaden dargebracht werden, so wurden und werden doch niemals Votivtafeln oder Ähnliches am Grabe der Dienerin Gottes, in der Kirche oder an anderen ähnlichen Orten aufgehängt noch angebracht, sondern in einem eigenen und privaten Raum unter Verschluss aufbewahrt.

Es ist ferner wahr, dass sich weder am Grabe der Dienerin Gottes noch vor ihren Bildern Lobsprüche, Grabschriften oder Inschriften befinden, die den Titel einer Heiligen oder Seligen für sie in Anspruch nehmen oder sonst etwas aufwiesen noch aufweisen, was als öffentlicher Kult bezeichnet werden könnte.

Ebenso wird der Dienerin Gottes, wenn sie auch allgemein für eine Heilige gehalten wird, doch weder mündlich noch schriftlich, weder öffentlich noch privat, sei es in Handschriften oder Druckschriften mit dem Titel einer Heiligen oder Seligen bedacht. Auch werden der Dienerin Gottes keinerlei Nachrufe gewidmet, die einer öffentlichen oder kirchlichen Verehrung gleichkämen.

Dies alles wird durch wohlunterrichtete Zeugen bestätigt werden."[38] Sechs Zeugen, darunter auch Pfarrer Schlagbauer, bestätigten diese Tatsachen. Von einem Besuch des Grabes, nun in einer Gruft, wurde abgesehen, da es jedes Mitglied des Gerichtshofs gut kannte. Der „Processus super non cultu" fand in der Zeit vom 18. bis 22. März statt.[39] Nach einer feierlichen Schlusssitzung am 14.05.1977 im Sitzungssaal des Ordinariats wurden die Akten des gesamten Seligsprechungsprozesses auf Diözesanebene von Bischof Dr. Graber nach Rom gebracht und am 20. Juni der „Congregatio pro Causis Sanctorum" übergeben.

Zuvor musste aber wegen der strengen Zollbedingungen noch ein Regensburger Zollbeamter die drei Akten-Pakete abnehmen und Bischof Graber hat eigenhändig mit Hilfe seines Sekretärs Monsignore Karl Höllerzeder im Beisein des Gerichtshofes diese versiegelt.

B. Der kanonische Prozess in Rom

Nach den Bischöflichen Erhebungen im Seligsprechungsprozess konnte nun, vorausgesetzt die Annahme durch die „Congregatio pro Causis Sanctorum", was nicht immer der Fall ist, der Römische ausschlaggebende Prozess seinen Anfang nehmen. Auf den Wunsch des Bischofs hin reiste ich jährlich ein- oder zweimal nach Rom, um mich bei der Kongregation vorzustellen, offene Fragen zu klären und mich schließlich nach dem Stand der einzelnen Causen zu erkundigen. Ich konnte dort bald gute Freunde gewinnen und wusste die Akten in den besten Händen.

Die Suche nach einer Persönlichkeit für das wichtige Amt des Postulators für den Römischen Prozess erwies sich in den kommenden Monaten als überaus schwierig. Dieser muss nämlich seinen festen Sitz in Rom haben und selbstverständlich kirchenrechtlich gut Bescheid wissen. Nach längeren Bemühungen und zwei Absagen gelang es Bischof Graber im Sommer 1978, den in Rom und Paderborn lehrenden Professor für Kirchenrecht Dr. Dr. Winfried Schulz zu gewinnen.

38 Processus super non cultu, Sessio I, S. 1–6.

39 Ritter, In den Heiligen schenkst Du … a. a. O. S. 439.

Ich lernte ihn am 24. Juli 1978 bei Bischof Graber kennen. Nach übereinstimmender Besprechung betraute ihn der Regensburger Oberhirte mit der Postulatur für die Causa Anna Schäffer. Aus den anfänglich mitbrüderlichen Kontakten entwickelte sich bald eine herzliche Freundschaft und eine überaus fruchtbare Zusammenarbeit. Er konnte bereits am 4. September 1978 die am 24. Juli ausgestellte Postulationsurkunde bei der Kongregation in Rom hinterlegen. Einen Monat später erteilte ihm der „Fidei Promotor Generalis“ (Glaubensanwalt) das „Nihil obstat“. Die Arbeit konnte beginnen.[40]

Zunächst stellte Schulz drei Anträge, und zwar in bezug auf den Schriften-, den Informativ- und den Processus de non cultu, wie sie von Regensburg geführt und bei der Kongregation hinterlegt worden waren.[41]

Inzwischen war, wie oben erwähnt, durch Dekret vom 22.11.1977 durch Bischof Graber beim Bischöflichen Konsistorium eine eigene Abteilung für Selig- und Heiligsprechungsprozesse errichtet worden, um die acht Seligsprechungsprozesse, die das Bistum Regensburg unmittelbar oder mittelbar angehen, zu koordinieren.[42]

Mit drei Schreiben vom 04.12.1978 stimmte der Präfekt der Kongregation, Kardinal Corrado Bafile, der Eröffnung des Römischen Prozesses zu. Die Übersetzungsarbeiten der in Regensburg erstellten Akten wurden dank dem Kanzler der Kongregation, Prälat Oratio Cocchetti, bald abgeschlossen.

Anlässlich meiner Besprechung in Rom am 02.12.1978 begrüßte mich der Untersekretär Msgr. Amato Pietro Frutaz und stellte ausdrücklich fest, dass es sich bei Anna Schäffer um eine außergewöhnliche Laienperson handeln würde. Er hoffe auf einen guten Fortgang des Verfahrens.[43]

Mit einem Schreiben vom 06.04.1979 teilte der Kanzler der Kongregation, Prälat Horatios Cocchetti, mit, dass bereits ein „Censore Teologo“ mit den Schriften beschäftigt sei.[44] Einen Monat später bedankte er sich für die gute und schöne Zusammenarbeit, wobei er betonte, dass der Prozess auf Diözesanebene sorgfältig und bestens geführt worden sei.[45]

Das Lob des Kanzlers für die sorgfältige Durchführung des Verfahrens betrifft den Gerichtshof in Regensburg unter der Leitung des Weihbischofs Vinzenz Guggenberger. Es war wirklich ein selten harmonisches Team, wie ich aus eigener Erfahrung sagen darf. Gegensätzliche Meinungen, vor allem bei der Begutachtung der Zeugen, wurden stets nach Meinungsaustausch einvernehmlich gelöst.

---

40 Daselbst a. a. O. S. 440.

41 Daselbst a. a. O. S. 440.

42 Amtsblatt für das Bistum Regensburg 1977, Schematismus des Bistums Regensburg 1979, S. 325.

43 Ritter, In den Heiligen schenkst Du ... a. a. O. S. 440.

44 BKR III. Abt. CAS K. 23: Paderborn 15.08.1979: Relatio annualis (Jahresbericht) des Postulators Schulz.

45 BKR III. Abt. CAS K. 23: Rom 18.04.1979: Kanzler Prälat Oratio Cocchetti an Ritter und Schulz.

Wie bereits berichtet, hat die Dienerin Gottes ein umfangreiches Briefapostolat betrieben, vor allem in den Krisenzeiten des Ersten Weltkriegs, der Revolutions- und Inflationszeit. Sie hat mit den Menschen mitgelitten, für sie gebetet und aufgeopfert. So entschloss ich mich ab 1981 jährlich zwei „Anna-Schäffer-Briefe" zu erstellen, die das Briefapostolat Annas gleichsam fortsetzen sollten. Die Publikation, zunächst bescheiden mit einer Auflage von siebentausend und einem Umfang von sechzehn Seiten, entwickelte sich bald zu einer überaus beliebten Zeitschrift, die heute unter meinem Nachfolger, Msgr. Domvikar Georg Schwager, eine Auflage von ca. 15.000 erreicht hat. Dadurch wurden die Tausenden von Verehrern mit den wichtigsten Mitteilungen über den Seligsprechungsprozess erreicht, mit den Predigten an den Anna-Tagen in Mindelstetten versorgt und – nicht zuletzt – erfahren sie die zahlreichen Gebetserhörungen sowie Stellungnahmen zu aktuellen Themen auf dem Gebiet der Seligen- und Heiligenverehrung.

In den Jahren vor der Seligsprechung Annas erreichte mich eine ungeheure Zahl von Zuschriften. Neben Gebetserhörungen stellten die meisten Verehrer die Frage: „Wann kommt endlich die Seligsprechung?"

In einem alten Sprichwort heißt es mit Recht: „Gut Ding braucht Weil!" Die Kirche denkt auch heute noch – Gott sei's gedankt – in Jahrhunderten. Für wichtige Entscheidungen, zu denen auch Selig- und Heiligsprechungen zu zählen sind, braucht es Zeit. Die Kirche nimmt sich die notwendige Zeit! Das heißt, sie widmet sich eingehend in den einzelnen Prozessen der Materie. Sie hat ja dafür sogar ein eigenes Amt, die „Sacra Congregatio pro Causis Sanctorum" errichtet, an deren Spitze ein Kurien-Kardinal als Präfekt steht. So musste ich die Verehrer immer wieder um Geduld bitten und denen Verständnis entgegenbringen, die sich mit kanonischen Verfahren auseinanderzusetzen haben. Denn wie viel Arbeit und Mühe dabei aufzuwenden ist, kann wahrscheinlich nur der ermessen, der mit der Sache befasst ist.

Der exzellente Kirchenrechtsprofessor DDr. Winfried Schulz setzte sich für die Dienerin Gottes in Rom vehement ein. Er begann bereits 1979 mit der Erarbeitung der „Positio", also mit der zusammenfassenden Darstellung des Lebens, der Tugenden, des Sterbens, dem Ruf der Heiligkeit zu Lebzeiten und nach dem Tode. Er wurde dabei tatkräftig unterstützt von P. Federico Menegazzo C.P., der seit Jahrzehnten als Generalpostulator der Passionisten im Generalat zu Rom gewirkt hatte. Die Positio wurde selbstverständlich bereits nach den neuen wichtigen Dokumenten „Novae leges pro Causis Sanctorum" und „Regolamento della Sacra Congregatione per le Cause Dei Santi", die beide 1983 publiziert wurden, erarbeitet.

In der Positio wurde all das Material zusammengetragen und erfasst, das im Regensburger Informativ- und Schriftenprozess gesammelt worden war. Dies hatte den Zweck, den Beweis zu erbringen, dass die Dienerin Gottes schon zu Lebzeiten im Rufe der Heiligkeit stand und dass dieser Ruf und der einzige Grund ihrer Verehrung in ihrem heroischen Tugendleben zu finden sei.[46]

Den ersten Höhepunkt im Verlauf des Seligsprechungsprozesses bildete der 100. Geburtstag Annas, der in Regensburg feierlich begangen wurde. Bereits am Vorabend, dem 17.02.1982 fand im Saal Heuport, gegenüber dem Dom, eine Festakademie statt. Offizial Weihbischof Karl Flügel stellte zunächst das von mir in Auftrag gegebene Porträt der Dienerin Gottes der Öffentlichkeit vor. Er würdigte den Künstler desselben, den bekannten Regensburger akademischen Maler Georg Hiltl († 2008) für seine hervorragende Arbeit. Anschließend hielt der Postulator der Causa, Prof. Schulz, ein Referat, das sich mit den neuen kirchlichen Bestimmungen bezüglich der Selig- und Heiligsprechungsprozesse befasste. Zum Abschluss hielt Bischof Dr. Graber eine wegweisende Ansprache.

Am 18. Februar, dem Geburtstag Annas, hielt der Bischof in der Dompfarrkirche Niedermünster einen Pontifikalgottesdienst mit einer überaus eindrucksvollen Predigt mit dem Titel „Sühne, in Verantwortung für das Seelenheil des Nächsten", ein damals wie heute wesentliches Thema. Die Predigt wurde sowohl im „Anna-Schäffer Brief"[47] als auch im Buch des Priesterdichters Konrad Zoller, das ich in 2. Auflage herausgegeben habe, veröffentlicht.[48]

Doch hier wird sich der Leser fragen: Wer war Prof. Schulz? Er entstammte einer schlesischen Familie. Sein Vater, ein Finanzbeamter, wurde des Öfteren versetzt. Schulz wurde am 24.05.1938 in Apolda/Thüringen geboren und auf den Namen Winfried getauft. Im Kreis von fünf Brüdern wuchs er in Gablonz im Sudetenland auf. Als die Familie 1945 das Schicksal der Vertreibung ereilte, flüchtete sie nach Görlitz, wo der begabte Bub das Gymnasium besuchte. Nach dem Abitur begab er sich nach Westberlin, wo er zunächst Germanistik und dann Theologie studierte. Am 10.10.1964 empfing er durch Erzbischof Alfred Bengsch[48a], den er zeitlebens hoch verehrte, die

46 Ritter, Emmeram H., Neues aus Rom: „Positio in Arbeit", in: „AS-Brief" Nr. 4, Dezember 1983, S. 1f.

47 Graber, Rudolf, Sühne in Verantwortung für das Seelenheil des Nächsten. Predigt am Anna-Tag 1981 in Mindelstetten, in: „AS-Brief" Nr. 2, Februar 1982, S. 9–16.

48 Konrad Zoller, Leben und Leiden der Jungfrau Anna Schäffer von Mindelstetten. Eine Wallfahrt. 2. Auflage 1982,

48a Kardinal Titularbischof Alfred Bengsch, geb. 1921 in Berlin-Schöneberg als Sohn eines Postbeamten; nach dem Abitur am Jesuitengymnasium in Berlin-Charlottenburg Studium der Theologie in Fulda; 1941 Militärdienst und Gefangenschaft; 1950 Priesterweihe in Berlin; danach Fortsetzung des Studiums in Fulda und Neuzelle; Kooperator in Berlin-Prenzlauer Berg; 1954 Studium der Dogmatik in München; 1955 Promotion; 1957 Dozent am Priesterseminar Neuzelle; 1959 Weihbischof; zugleich Leiter des Referates für Seelsorge in Ostberlin; 1961 Bischof von Berlin und Vorsitzender der Berliner Ordinariatskonferenz; 1962 Erzbischof; 1967 Kardinal; es gelang ihm, die schwierigen Verhältnisse der Kirche in Ost- und Westberlin zu sondieren bei konsequenter politischer Abstinenz; prägend für die Kath. Kirche in der DDR versuchte er stets, dass alle Bischöfe der DDR mit einer Stimme sprachen; als Vertreter der konservativen Mitte errang er sich sowohl in Rom als auch in der Deutschen Bischofskonferenz Ansehen; † 1979 in Berlin. – Vgl. Gatz, Erwin (Hrsg.), Die Bischöfe der deutschsprachigen Länder 1945–2001, Berlin 2002, S. 94–97.

Priesterweihe. Nach kurzem Einsatz in der Seelsorge wurde er am 01.08.1965 nach Rom zum Studium geschickt. Hier besuchte er die Pontificia Academia Ecclesiastica und wirkte zudem als Vizerektor des Collegio Teutonico di S. Maria in Campo Santo. Von 1972 bis 1975 Nuntiaturattaché im Staatssekretariat, übernahm er am 04.07.1975 als inzwischen promovierter und habilitierter Kirchenrechtler eine Professur an der Lateranuniversität in Rom. Kaum ein Jahr später folgte er dem Ruf als Ordentlicher Professor für Kirchenrecht an der Theologischen Fakultät in Paderborn, wobei er seine Lehrtätigkeit in Rom bis zu seinem Lebensende beibehielt. In Paderborn wirkte er mehrere Jahre auch als Rektor, als geschätzter Mitarbeiter im Offizialat und als Orgelsachverständiger. Am 01.04.1990 übernahm er den Lehrstuhl für Kirchenrecht an der Theologischen Fakultät der Universität Regensburg, wo er seit 1994 das Amt des Dekans bis zu seinem Hinscheiden innehatte.

Das engere Forschungsgebiet von Professor Schulz umfasste vor allem das Vatikanische Recht, über das er eine zweibändige Sammlung – der dritte Band befand sich in Vorbereitung – herausgegeben hat. Weltweite Anerkennung erlangte er als Spezialist für kirchliches Vermögens-, Verwaltungs- und Vereinsrecht. Daneben beteiligte er sich an der Übersetzung des neuen kirchlichen Gesetzbuches von 1983 und gehörte mehrere Jahre dem Vorstand der internationalen Kanonistenvereinigung an, eine Tätigkeit, die ihn zu Reisen in mehrere Kontinente veranlasste. Für die Paderborner Fachzeitschrift „Theologie und Glaube“ wirkte er rund zehn Jahre als Schriftleiter.

Professor Schulz blieb, trotz intensiven Einsatzes im Bereich der Wissenschaft, aber nicht im Theoretischen und Abstrakten stecken, sondern verwandte sein großes Wissen auch in der Praxis. So erwies er sich als engagierter Postulator in den Causen für die Diener Gottes Kaiser Karl von Österreich und Anna Schäffer von Mindelstetten. So unterschiedlich auch die beiden Persönlichkeiten, ein Kaiser und ein armes Dienstmädchen, sein mögen, Schulz hat sich für beide in gleicher Weise und mit derselben Intensität eingesetzt.

Am 24.07.1978 habe ich Schulz bei Bischof Graber kennen gelernt. Nach übereinstimmender Besprechung betraute ihn der Regensburger Bischof mit der Postulatur für die Causa Schäffer.

Den ersten äußerlich sichtbaren Höhepunkt unserer Zusammenarbeit bildeten die Festlichkeiten anlässlich des einhundertsten Geburtstags der Dienerin Gottes, die von meiner Abteilung inszeniert wurden. Schulz hat übrigens in seinem Vortrag, in dem er die Zuhörer in die kanonistische Werkstatt blicken ließ, zum Abschluss auf die Kirchenkonstitution des Zweiten Vatikanischen Konzils hingewiesen, „dass echte Heiligenverehrung nicht so sehr in der Vielfalt äußerer Akte als vielmehr in der Stärke unserer tätigen Liebe bestehe.“[49]

49 Art. 51 „Lumen gentium“, in: Acta Apostolicae Sedis, Romae 1965, 57. Jg., pag. 57.

Immer wieder habe ich mich mit Prof. Schulz getroffen, in Regensburg, in Rom, sogar einmal in Paderborn und nicht zuletzt in Mindelstetten, wo er alljährlich am Anna-Tag (26. Juli) anlässlich des dort stattfindenden Gebets- und Sühnetages teilgenommen hat. Unvergesslich wird mir unsere gemeinsame Fußwallfahrt, zusammen mit Domkapitular Prälat Alois Reindl, von Regensburg nach Mindelstetten im Mai 1991 bleiben, die wir zum Dank für seine Berufung an die Universität Regensburg unternommen hatten.

Als wir uns im Januar 1995 getroffen haben, um über Unternehmungen anlässlich seiner geplanten Rom-Reise im März zu beraten, habe ich ihn zum letzten Mal gesehen. Es war ein Abschied, ohne es zu ahnen.

Am Faschingsdienstag, den 28.02.1995, rief er mich zu später Nachtzeit noch an und sagte, er müsse morgen wegen unerträglicher Kopfschmerzen nach München ins Krankenhaus Großhadern. Die Ärzte konsultierten Knochenkrebs. Ich konnte nur mehr beten: „Herr, Dein Wille geschehe! Anna geleite ihn gut in die Ewigkeit!" Am 12. Juni erreichte mich die traurige Nachricht, mein guter Freund sei nach langem Todeskampf verschieden. Er hatte seine irdische Pilgerschaft vollendet; durch Kreuz und Leid gereift, sein ewiges Ziel erreicht.[50]

Doch kehren wir wieder in das Jahr 1979 zurück. Am 6. April teilte der Kanzler der „Congregatio pro Causis Sanctorum" mit, dass bereits ein „Censoro teologo" mit einem Gutachten über die Schriften Annas beschäftigt sei. Ein zweiter Gutachter musste gesucht werden. Bischof Graber bat und beauftragte nun den angesehenen Dogmatikprofessor an der Theologischen Fakultät der Universität Regensburg, Dr. phil. Dr. theol. Johann Baptist Auer, mit dieser Aufgabe.

Auer war ein frommer Priester und großer Marienverehrer, ein begnadeter Gelehrter, ein lieber Mitbruder. Hunderte von Studenten in München, Freising, Bonn und Regensburg, denen er Dogmatik und Dogmengeschichte doziert hatte, können es bezeugen, auch wenn nicht alle den Weg gegangen sind, den er ihnen gewiesen hat. Nicht weniger beweisen es rund 170 Bücher, Aufsätze und Artikel für Zeitschriften, vor allem aber die „Kleine Katholische Dogmatik", die er zusammen mit seinem ehemaligen Regensburger Kollegen und bayerischen Landsmann Joseph Kardinal Ratzinger, dem heutigen Heiligen Vater, Papst Benedikt XVI., verfasst hat. Dabei blieb er aber immer und in jeder Situation zuerst Priester, dem die tägliche Zelebration des hl. Messopfers selbstverständliches Bedürfnis blieb, auch dann, wenn er eine Nacht durchgearbeitet hatte.

Am 15.05.1910 wurde er in die kinderreiche Brauereibesitzersfamilie Auer in Steinweg-Regensburg hineingeboren und getauft. Nach seinem Studium und der Priesterweihe, nur kurz als Kooperator tätig, hat er sich bald nach weiteren Studien als Professor habilitiert.

---

50 Ritter, Emmeram H., „Das Leben wird gewandelt, nicht genommen!" Zum Heimgang unseres Postulators Prälat Prof. DDr. Winfried Schulz, in: „AS-Brief" Nr. 27, Juli 1995, S. 14–19 – Regensburger Bistumsblatt, Nr. 25, 25.06.1995, S. 22.

Bis Januar 1989 war er als eifriger Seelsorger tätig, als Zelebrant und Prediger, unweit seines Wohnsitzes Sinzing bei Regensburg, in der kleinen Filialkirche Alling. Der „Hans", so nannte er sich gern unter Freunden, schlug selten eine Bitte ab, die an ihn herangetragen wurde. So wirkte er auch im Ruhestand noch als Beichtvater, als Vortragender, als Aushilfspriester, wenn er um Hilfe gebeten wurde. Er war ein Professor vom guten alten Schlag: gottesfürchtig, vorbildlich, ein emsig lernender und weise lehrender Priester des Herrn, dabei stets gütig und menschenfreundlich. Ein Gespräch mit ihm bedeutete immer eine Bereicherung, wobei er mit zunehmenden Jahren stetig aus dem Diesseits in das Jenseits hinüberwuchs, wohl wissend, dass sich seine irdische Pilgerschaft dem Ziel nähern würde. Schon im November 1988 erzählte er mir freudig, dass seine irdische Habe wohl geordnet sei. Als er am 05.01.1989 zum letzen Mal bei mir weilte, sah er sich noch einmal in meinen schönen Räumen um, aber dann sprach er über die Vergänglichkeit alles Irdischen und die Herrlichkeit des Himmels, die ohnegleichen sei. Es war unser Abschied. Drei Wochen später ereilte ihn, am Schreibtisch zwischen seinen Büchern, mitten in der Arbeit ein Schlaganfall, der ihm das Bewusstsein raubte und von dem er sich nicht mehr erholt hat. Am 17.03.1989, dem Schmerzensfreitag, hat ihn der Herr, dem er ein ganzes Leben lang in Treue diente, heimgeholt. Bezeichnenderweise findet sich auf seinem Sterbebildchen kein Titel – so hat er es gewünscht – sondern nur „Gedenket im Gebete des Priesters Johann Auer".

Der große Theologe Auer litt schwer unter der „Theologischen Not von heute", so der Titel des IV. Kapitels seines letzten Büchleins „Theologie, die Freude macht", das er in der theologischen Schriftenreihe „Respondeo" (Verlag Josef Kral, Abensberg) herausgebracht hat. Die Sorge um Glaube und Kirche beschäftigte ihn unentwegt. Nur wenigen dürfte bekannt sein, das er 1987 vom Heiligen Stuhl in Rom um ein Gutachten gebeten wurde. Am 25. November desselben Jahres übersandte er an Nuntius Erzbischof DDr. Joseph Uhac ein 22 Seiten umfassendes Dokument, das er überschrieben hatte: „Gedanken zur Situation der kirchlichen Theologie in unserer Zeit, nach dem Zweiten Vatikanischen Konzil." In diesem wichtigen Dokument, das ich als sein geistliches Testament zu betrachten wage, hat sich Auer die Sorgen von der Seele geschrieben, verantwortungsbewusst und fundiert. Er deckte – gelegen oder ungelegen – die Wurzeln der geistlichen-geistigen Krise unserer Zeit auf.

Offen gegenüber allem Schönen war Auer auch künstlerisch begabt. In den letzten 15 Jahren seines Lebens hat er immer wieder sein großes dogmatisches Wissen in Bildern – Hinterglasmalereien und Holzschnitten – umgesetzt. Immer mehr setzten sich dabei marianische Themen, vor allem das der Schmerzensmutter durch. Seiner Gemeinde in Alling hat er anlässlich des Marianischen Jahres 1987/88 für die Kirche eine Marientafel in Hinterglastechnik geschenkt. Damit wollte er die Seinen über seinen Tod hinaus auf die heilsgeschichtliche Bedeutung der Gottesmutter, „als größte und einmalige Fürsprecherin", verweisen.

Überzeugt von der Heilsbotschaft U. L. Frau vom Rosenkranz in Fatima zählte Auer zu den anteilnehmenden Abonnenten der Zeitschrift „Bote von Fatima", die Frau Dr. Adolfine Therese Treiber und ich nebenamtlich 25 Jahre redigiert haben. Mit Interesse verfolgte er als Mitglied des „Institutum Marianum Regensburg e. V." unsere Bemühungen um den Fortgang des Marienlexikons. Zusammen mit der Boten-Redaktion schrieb er 1981 das kostbare Büchlein „Maria, Patronin Europas", das von bleibender Aktualität ist. Übrigens, der zuletzt erschienene Band seiner „Kleinen Dogmatik" behandelt die Mariologie in wunderbarer Weise, wobei vor allem das Kapitel über die „Weihe an Maria" hervorzuheben ist.

Prof. Auer hat einmal ganz im Sinne der Botschaft von Fatima geschrieben: „Müssten wir nicht zuerst bei uns beginnen, sühnende Liebe zu üben, still und beharrlich in unserem Kämmerlein für die Übel und Sünden unserer Zeit?" Und dann meinte er, wir sollten nicht klagen, sondern beten und handeln.

So wird es auch verständlich, dass er in ganz besonderer Weise zu einem Verehrer der Dienerin Gottes Anna Schäffer wurde. Ich erinnere mich noch gut daran, wie es dazu kam. Als 1979 die Erstellung der „Positio super scriptis", also die Überprüfung des schriftlichen Nachlasses Annas, notwendig wurde, haben der Postulator und ich Auer gebeten, als zweiter theologischer Gutachter tätig zu werden. Er überlegte nicht lange und sagte zu. Bischof Graber hat ihn daraufhin beauftragt. Einige Wochen später brachte ich ihm Fotokopien des Schriftennachlasses der Dienerin Gottes. Er war zunächst über die Fülle sehr erstaunt, blätterte ein wenig und machte ein sehr nachdenkliches Gesicht. Wenige Tage danach teilte er mir telefonisch mit, er sei vor allem über die Briefe Annas tief erschüttert und begeistert zugleich. Und dann folgten seine Worte, die ich nie vergessen werde: „Als Theologe muss ich bekennen, daß manche Sätze dieses einfachen Menschenkindes für mein theologisches Denken und meine Versuche einer sprachlichen Formulierung eine echte Bereicherung bedeuten."

Auer hat ein 28 Seiten umfassendes theologisches Gutachten erarbeitet und mir dieses am 21. Oktober 1980 zur Weitergabe übergeben. Es ist eine überaus gründliche, aber auch kritische Auseinandersetzung mit der geistig-geistlichen Welt der Dienerin Gottes. Er stellte fest: „Ich finde in den Schriften der Dienerin Gottes Anna Schäffer nichts, was dem Glauben oder der guten Sitte widersprechen würde."

Der angesehene Theologe beschloss sein umfangreiches Elaborat, das auch als eine wesentliche Quelle für das Verfahren anzusehen ist, mit folgenden Schlussworten: „Wegen der Größe dieses menschlichen Lebens im Lichte christlicher Weltbetrachtung, wegen der Tiefe dieses sühnenden Leidens und der Höhe dieses menschlichen Ganzopfers, wegen des Ernstes der heroischen Hingabe und des Glanzes der Gnade, der in diesem Leben aufscheint, wegen der Unausschöpflichkeit dieses christlichen Lebens und der geistig-seelischen Gesundheit, die gerade durch und in diesem ganz von Jesus-Liebe bestimmten Menschenleben sich offenbart, möge die heilige Kirche dieser ihrer würdigen Tochter die Ehre der Altäre zuerkennen: Dies ist mein Wunsch, der mir aus der Lektüre dieses reichen Schrifttums der Dienerin Gottes zugewachsen ist und den ich als Frucht meiner Beschäftigung mit diesem schriftlichen Nachlass meinen Darlegungen in aller Ergebenheit anfügen zu dürfen bitte."

Diesem Urteil eines frommen Priesters und Gelehrten ist wahrlich nichts mehr hinzuzufügen.

Prof. Auer hat sich seit 1980 immer wieder mit dem Leben, Leiden und Sterben der Dulderin auseinandergesetzt. Im „Anna-Schäffer-Brief" Nr. 4 vom Dezember 1983, Seite 12 bis 23, konnte ich von ihm den tiefschürfenden Aufsatz mit dem Titel „Die christliche Spiritualität der Dienerin Gottes Anna Schäffer" veröffentlichen. Am 26. Juli 1987, dem Anna-Tag, hielt der Heimgegangene in Mindelstetten den Gottesdienst am Vormittag mit der Predigt über das Thema „Die Marienverehrung im Leben der Anna Schäffer".[51] Auch der letzte von ihm verfasste Artikel, wenige Wochen vor seinem Hinscheiden entstanden, beschäftigte sich mit der Dienerin Gottes: „Anna Schäffer von Mindelstetten", veröffentlicht in der Zeitschrift für Ordensfrauen „Dienender Glaube", Juni 1989, 65. Jahrgang Heft 6, Seite 168 bis 170.[52]

Doch wollen wir wieder zum Verlauf des Apostolischen Prozesses zurückkehren. Vom Ergebnis meiner Rom-Reise vom 30. November bis zum 2. Dezember 1978 machte ich einen schriftlichen Bericht. Zunächst hatte ich mit dem Postulator über den Antrag für die Eröffnung des Apostolischen Prozesses gesprochen, diesen niedergeschrieben und am folgenden Tag eingereicht. Ferner wurde von mir ein Scheck in Höhe von 10.000 DM für das von Schulz eröffnete Konto bei der Vatikanbank für den Prozess überreicht. Andern Tags fand eine Besprechung zwischen dem Postulator und mir einerseits und dem Subsekretär der Kongregation, Amatus Petrus Frutaz, anderseits im Palazzo delle Congregatione an der Piazza Pio XII. Nr. 10 statt. Wir überreichten den Antrag. Frutaz eröffnete, dass Kanzler Prälat Cocchetti, mit dem Schulz ohnehin befreundet war, als Sachbearbeiter fungieren werde. Die Causa sollte teilweise als Informativ- und teilweise als historischer Prozess geführt werden. Es wurde vereinbart, dass die Übersetzung des umfangreichen Aktenmaterials in die italienische Sprache von Kräften der Kongregation durchzuführen sei, was freilich einige Zeit in Anspruch nehmen werde. Der Prozess könne nunmehr eröffnet und in den „Index ac status causarum Beatificationis Servorum Dei et Canonizationis Beatorum" aufgenommen werden. Nach einem kurzen Besuch im Archiv der Kongregation regte Schulz an, zunächst eine Honorarnote an den Sachbearbeiter zu übergeben.[53]

Ein halbes Jahr später ergab sich wieder die Notwendigkeit einer Rom-Reise und zwar vom 04. bis 06.05.1979. Cocchetti wies nämlich auf seine Verpflichtung hin,

51 BKR III. Abt. CAS: „AS-Brief" Nr. 12, 12.1987, S. 10–15.

52 Ritter, Emmeram H., Zum Gedenken an einen lieben Mitbruder (Prälat Prof. DDr. Johann Auer), in: „AS-Brief" Nr. 15, Juli 1989, S. 9–11.

53 BKR III. Abt. CAS K. 23: Rom 03.12.1978: Bericht Ritter über den Fortgang des Prozesses für die D. G. Anna Schäffer.

die Originale einzusehen, da in anderen Fällen mittels Fotokopien Manipulationen vorgekommen wären. So musste ich wohl oder übel die Originale des Schäffer-Nachlasses mit nach Rom nehmen. Ich übergab sie ihm mit dem Bemerken, dass die Akten für das Bistum Regensburg sehr kostbar seien und ich sie deshalb nur schweren Herzens in Rom belassen würde. Cocchetti versicherte mir aber, dass er die wertvollen Originale in der von mir angelegten Ordnung belassen, sie schonend behandeln und nach der Bearbeitung zurückstellen wolle.

Nach Vergleich der Manuskripte in gebundener Form, Nr. I-XIII, mit den Fotokopien gab er mir diese zurück, damit ich sie wieder nach Regensburg mitnehmen könne. Die umfangreichen Korrespondenzakten aus den Jahren 1898–1925 behielt er aber, um sie studieren und vergleichen zu können.

Cocchetti berichtete ferner, dass er persönlich Fotokopien des Prozesses auf Diözesanebene nach Florenz gebracht habe, wo die Übersetzung ins Italienische gegenwärtig vorgenommen würde; ein Teil der Akten werde eben von einem theologischen Zensor überprüft. Er überreicht dann dem Postulator eine Aufstellung der bisherigen Ausgaben, die sofort beglichen wurden. Zum Schluss der Besprechung bedankte sich Cocchetti für die gute und schöne Zusammenarbeit. Er betonte nochmals, was er schriftlich bereits getan hatte, dass das Verfahren auf Diözesanebene sorgfältig und bestens geführt worden sei, was die Arbeit erleichtere.[54]

In einem Schreiben vom 15.08.1979 an Bischof Graber teilte Schulz mit, er habe ein Konto bei der Vatikanbank unter dem Titel „Causa dei beatificazione Anna Schäffer" eröffnet mit der Nummer 001 1 13295 D. Er werde meiner Abteilung die Aufstellung über den Verwendungsnachweis mit Abrechungsbelegen und Kontoauszügen übersenden. Ferner wies er darauf hin, dass er einen knappen biographischen Abriss Annas in Italienisch angefertigt habe, der jedem Prozessbeteiligten zugegangen sei. Er habe auch bereits die Übersetzungsarbeit, die mit notwendiger Akribie durchgeführt werde, überwacht und überprüft.[55]

Professor Schulz teilte mir am 01.03.1981 mit, dass das Gutachten von Prof. Auer sofort zu den vereidigten Übersetzern gegangen sei. „Cocchetti habe sich von der deutschen Gründlichkeit ‚entzückt' gezeigt und damit seien wir wieder einen schönen Schritt weiter."[56]

Es gelang mir mit tatkräftiger Hilfe vom Postulator endlich, ein Andachtsbildchen von Anna mit einem Porträt und einer kurzen Biographie zu erstellen, das ein Gebet um ihre baldige Seligsprechung und ein Gebet um ihre Fürsprache am Throne Gottes enthielt. Die Aufmachung und der Text entsprach den Erwartungen der Kongregation und so erhielt ich die Druckgenehmigung. Der Text lautet: „Sacra

54 BKR III. Abt. CAS K. 24: Rom 06.05.1978: Bericht Ritters über den Fortgang des Prozesses für die D. G. Anna Schäffer.

55 BKR III. Abt. CAS K. 24: Rom 15.08.1979: Postulator Schulz an Bischof Graber.

56 BKR III. Abt. CAS K. 24: Rom 01.03.1981: Schulz an Ritter.

Congregatio pro Causis Sanctorum: NIHIL OBSTAT. Traianus Crisan, Subsecretarius. Romae, die 1. decembris A. D. 1981." Das sechsseitige Andachtsbildchen ließ ich immer wieder in einer Auflage von je 10.000 Stück drucken, später auch in Fremdsprachen, so in Englisch, Italienisch, Polnisch und Französisch. Es wird bis auf den heutigen Tag weltweit angefordert und versandt, auch als Beilage zu den Dankesbriefen für Zusendungen oder Spenden. Solche „Dankeskarten", versehen mit dem Bildnis der Dienerin Gottes, habe ich ebenso der Druckerei Kral in Abensberg zum Druck übergeben. Die Bildchen wurden übrigens auch in der Pfarrkirche Mindelstetten wie in vielen anderen Gotteshäusern am Schriftenstand aufgelegt.[57]

In Vorbereitung der geplanten Festakademie anlässlich des 100. Geburtstags von Anna unterbreitete ich auch Bischof Graber, dem Postulator und den Regensburger Weihbischöfen meine Vorschläge, die dankend angenommen wurden.[58]

Somit war das Jahr 1981 von großer Bedeutung für den Verlauf des Seligsprechungsprozesses, der bereits erste Fortschritte gezeitigt hatte. Freilich, es war erst ein Beginn gewesen, dem noch viele Schritte folgen mussten.

Auch das Jahr 1982 erwies sich als ein ereignisreiches Jahr. Abgesehen von den Feierlichkeiten anlässlich des 100. Geburtstags der Dienerin Gottes Anna Schäffer, über die bereits berichtet wurde, hielt Bischof Dr. Graber am 26. Juli 1982 zum letzten Mal das Pontifikalamt in Mindelstetten. Er hatte es unter das Thema „Die Leiden sind Gottes hohe Schule" gestellt und erinnerte an das Leben, Leiden und Sterben Annas. Der Tag – es war ein Montag – gestaltete sich als kühl und regnerisch, doch das hinderte die Verehrer Annas nicht. Tausende fanden sich ein, um am Grab der Dienerin Gottes ihre Anliegen vorzutragen, zu beten, zu opfern und nicht zuletzt zu danken für erfahrene Hilfe. Viele Familien mit ihren Kindern, zahlreiche behinderte Menschen und solche, denen man die Last eines schweren Kreuzes anmerkte, waren darunter. Sie alle spürten intensiv die Nähe Gottes und auch die Kraft, die von der Dulderin und Trösterin ausstrahlte. Ihr unvorstellbares Leiden, das sie durch die Gnade des Herrn bewusst als Sühne getragen und aufgeopfert hatte, wurde für viele ein Aufruf, ihr Leben wieder in Ordnung zu bringen. Drei Beichtväter spendeten den ganzen Tag hindurch das Sakrament der Buße.

Viele kamen bereits zur Frühmesse, die BGR Pfarrer Georg Schlagbauer zelebrierte. Ebenso gut besucht war auch der Vormittags-Gottesdienst, den P. Rektor, Graf Adolf v. Spreti SVD, aus Ingolstadt gehalten hat.

Den Höhepunkt des Tages bildete freilich der abendliche Pontifikalgottesdienst mit Bischof Dr. Graber in Konzelebration mit 16 Priestern aus dem Dekanat Pförring, aus den Diözesen Regensburg und Eichstätt. Besonders zu erwähnen ist hier auch die Teilnahme des Postulators für den Seligsprechungsprozess, Prof. DDr.

57 BKR III. Abt. CAS K. 24: 10. und 11.1981: Korrespondenzakten des Leiters der Druckerei Kral in Abensberg, Siegfried Ziegelmaier, mit Ritter und umgekehrt.

58 BKR III. Abt. CAS K. 24: Regensburg 21.10.1981: Ritter an Schulz.

Winfried Schulz, der aus Rom gekommen war. Kopf an Kopf standen die Gläubigen – der Regen hatte inzwischen aufgehört – auf dem Kirchenplatz um den Freialtar geschart, in den angrenzenden Straßen und auch in der Kirche, wohin der Gottesdienst übertragen wurde.[59]

Bischof Dr. Graber schloss seine tiefschürfende Predigt mit den Worten: „Die Leiden sind Gottes Hohe Schule. Darin erzieht uns Gott als Vater zur Freude. Unser ganzes Leben ist eine Erziehungsanstalt zur vollkommensten Geduld für die Gegenwart und zur höchsten Freude für die Zukunft."[60]

Nicht unerwähnt soll bleiben, dass die Medien sehr positiv und überzeugend über die Feierlichkeiten anlässlich des 100. Geburtstags Anna Schäffers sowohl in Regensburg als auch in Mindelstetten berichtet haben.[61]

Inzwischen waren vom Postulator bei der Kongregation in Rom neben einem Verzeichnis die beiden theologischen Gutachten über die Schriften der Dienerin Gottes eingereicht worden. Dazu verfasste er die erforderliche „brevis conspectus biographicos Servae Dei Annae Schäffer", d. h. einen kurzen Lebenslauf von Anna in lateinischer und italienischer Sprache. Die Dokumente erschienen Anfang Januar 1982 als „Positio super scriptis" in Druck, da bereits am 21. Oktober 1981 von der Glaubenskongregation das „Nihil obstat" (nichts dagegen einzuwenden) erteilt worden war. Sie diente der Kongregation für die Heiligen als wichtigste Verhandlungsgrundlage. Ebenso konnte die Erstellung der „copia publica", also die prozessionalen Erhebungen auf Diözesanebene, in italienischer Sprache abgeschlossen werden, wobei alle bereits übersetzten Prozessakten durch den Generalglaubensanwalt gemäß den Canones 2065–2072 einer eingehenden Prüfung unterzogen wurden. Damit konnten die weiteren Voraussetzungen und wesentlichen Schritte für die Weiterführung des kanonischen Verfahrens geschaffen werden, wie der Präfekt, Petrus Kardinal Palazzini, und der Sekretär der Kongregation, Erzbischof Traianus Crisan, am 18. März 1982 mitteilten.[62]

In aufrichtiger Sorge um den Fortgang des Seligsprechungsprozesses für Anna Schäffer wandte ich mich an den damaligen Kardinal Joseph Ratzinger, den Präfekt der Glaubenskongregation in Rom, unseren jetzigen Heiligen Vater Papst Benedikt XVI. Ich schrieb ihm, dass es seit längerer Zeit kanonistische Überlegungen bezüglich der Reform der Seligsprechungsverfahren geben würde und eine Entscheidung des Heiligen Vaters, Papst Johannes Pauls II., zu erwarten sei. Auch sandte ich ihm Unterlagen über Anna Schäffer zur Information und meinte, „vielleicht

59 „Anna-Schäffer-Brief" Nr. 3, 12.1982, S. 3.

60 Ebd. S. 12.

61 „Donau-Post" vom 10.02.1982 – „Mittelbayerische Zeitung" vom 10.02.1982 – „KNA – Bayerischer Dienst" Nr. 30, vom 19.02.1982, S. 2f. – Ingolstädter Zeitung „Donau-Kurier" vom 13./14.02.1982 – „KNA – Bayerischer Dienst" Nr. 63, vom 19.02.1982 – „Regensburger Bistumsblatt" vom 28.02.1982, Nr. 9, S. 14 – „Donau-Post" vom 22.02.1982, um nur die Wichtigsten zu nennen.

62 BKR III. Abt. CAS K. 27: Rom 18.03.1982: Congregatio pro Causis Sanctorum an Ritter.

könnten ihm diese dienlich sein, falls die Verfahrensfrage auch an ihn herangetragen würde." Seine Antwort: „Vielen Dank für Ihre freundlichen Zeilen vom 25. Oktober 1982 und für das beigegebene Material der Dienerin Gottes Anna Schäffer. In der Tat ist unsere Kongregation mit der Neufassung der Gesetzgebung für die Kanonisierung befasst, sodass mir die Studie von Professor Schulz wertvoll war. Ich denke, dass wir unser Votum auf jeden Fall noch in diesem Jahr abgeben werden. Ihnen freundliche Grüße und beste Wünsche im Herrn! Ihr Joseph Cardinal Ratzinger."[63]

Nach der Emeritierung Bischof Dr. Grabers wurde der Augsburger Weihbischof Manfred Müller sein Nachfolger.[64] In seinem Grußwort im „Anna-Schäffer-Brief" verwies er auf Bischof Johann Michael Sailer, der in seinem „Gebetbuch für katholische Christen"[65] geschrieben hat: „Wo eine Verehrung der Heiligen ist, da ist dankbares Lobpreisen der Güte und Weisheit Gottes, da nimmt der Glaube an Jesus Christus und das Vertrauen auf seine Güte zu, da ist lebendiges Verlangen nach der wahren, ewigen Seligkeit, da ist ein rechtes Bestreben, den schönen Tugendbeispielen der Heiligkeit nachzuleben." Und nochmals zitierte Bischof Müller seinen Vorgänger Sailer: „Wir können und dürfen die Heiligen als Freunde Gottes auch anrufen, dass sie mit uns und für uns um die Gabe der Nachahmung und alles Gute bei Gott bitten."[66] Bischof Müller beschloss sein Grußwort wie folgt: „Was ich als Bischof von Regensburg zur Förderung des Seligsprechungsprozesses tun kann, will ich mit allen Kräften unternehmen und fördern."[67]

Am Rande sei vermerkt: Am 23. Oktober 1982 unternahm ich zusammen mit meinem Freund, Oberstudiendirektor Max Zierl aus Pentling, dem Landesvorsitzenden der Bayernpartei, meine zweite Fußpilgerreise (32 km) nach Mindelstetten. Ich habe dabei auch alle Anliegen mitgenommen, die in den vergangenen Monaten an mich herangetragen wurden.[68]

---

63 BKR III. Abt. CAS K. 28: Regensburg 26.10.1982: Ritter an Joseph Kardinal Ratzinger – Rückantwort: Rom 09.11.1982: Kardinal Ratzinger an Ritter.

64 Bischof Manfred Müller, geb. 15.11.1926 in Augsburg als Sohn eines Bankbeamten; nach dem Abitur 1944–46 Militärdienst und Gefangenschaft; 1946 Studium der Theologie als Alumne des herzoglichen Georgianums in München; Pr.-W. 24.06.1952 in München für das Bistum Augsburg; Kooperator in Starnberg; 1955 Religionslehrer an den Berufschulen in Augsburg, 1958 Studienrat; 1963 an der Oberrealschule in Lindenberg; 1966 Oberstudienrat; 1972 Weihbischof, Domkapitular und Domdekan; 1982 Bischof von Regensburg; Mitglied für Erziehung und Schule in der deutschen Bischofskonferenz; 1991 deren Vorsitzender auch für Fragen der Wissenschaft und Kultur; Vorsitzender der Schulbuchkommission des Staates Bayern; 1982–86 Präsident des Rates des Weltverbandes Kath. Schulen; mit zahlreichen Auszeichnungen begab er sich 2002 in die Emeritierung und zog sich nach Mallersdorf/Nby. zurück. – Vgl. Gatz, Erwin (Hrsg.), Die Bischöfe der deutschsprachigen Länder 1945–2001, Berlin 2002, S. 460f.

65 Bischof Johann Michael Sailer, Gebetbuch für katholische Christen, München [10]1818, S. 271.

66 Ebd. S. 274.

67 „Anna-Schäffer-Brief" Nr. 3, 12.1982, S. 1–3.

68 Ebd. S. 23.

Im Jahre 1983 gab es bezüglich des Verfahrens für Anna Schäffer keine neuen Ergebnisse. Man wartete die Entscheidung des Papstes bezüglich der Neufassung der Gesetzgebung für die Kanonisierungen ab.

Am 13. Januar 1984 erhielt ich ein Schreiben von Professor Schulz, dem ein Dokument der Kongregation für die Heiligen beigefügt war. Es lautet: „Die Congregatio pro Causis Sanctorum hat in einem Ordentlichen Kongress am 11. November 1983 über folgende Zweifel entschieden, nämlich: ob ein solcher besteht über die Gültigkeit des Prozesses, der durch die ordentliche obrigkeitliche Gewalt in der Kurie der Kirche von Regensburg über Leben und Tugenden der Dienerin Gottes Anna Schäffer, Jungfrau und Laie, geführt wurde; ob die Zeugen in herkömmlicher Weise und richtig examiniert, vereidigt und vorschriftsmäßig, ohne getrieben zu werden, vorgeführt und der Prozess richtig geführt wurde.

Die Congregatio pro Causis Sanctorum, aufmerksam durch das Votum des Hochwürdigen Subsekretärs, hat nach sorgfältiger Untersuchung den Bescheid erteilt: Der vorher genannte Prozess wird bestätigt, sei es die Gültigkeit oder die Durchführung der Causa; durch Sanierung werden gleichfalls irgendwelche rechtlichen Mängel, die zufälligerweise der Sanierung bedürfen sollten, vorweggenommen.“[69]

Dieses vom Präfekten Petrus Cardinal Palazzini und seinem Sekretär Erzbischof Traianus Crisan unterzeichnete Dekret trägt zwar das Datum vom 11. November 1983, wurde aber erst am 5. Januar 1984 ausgefertigt und zwei Tage später dem Postulator Schulz ausgehändigt.

Schulz teilte ferner mit, dass er baldmöglichst einen Relator für die Causa benötige. Nachdem sein bisheriger Mitarbeiter, der Generalpostulator der Passionisten, P. Federico Mennegazzo, im Frühjahr 1984 verstorben war, fand Schulz einen neuen Relator, nämlich in Avvocato Dott. Enrico Venanzi, einen tüchtigen Mitarbeiter der Rota und der Kongregation für die Heiligen.[70]

Im Laufe des Jahres 1984 vernahm ich zu meiner großen Freude, dass der bayerische Kurienkardinal Dr. Joseph Ratzinger, seit Anfang 1983 Präfekt der Vatikanischen Glaubenskongregation, von Papst Johannes Paul II. am 30. April 1984 zum Mitglied der Congregatio pro Causis Sanctorum ernannt wurde. Ich verband damit die Hoffnung, dass er nach Möglichkeit sein besonderes Augenmerk auf die aus Bayern stammenden Diener und Dienerinnen Gottes, zu denen Anna gehört, richten wird. Mit ihm wurden auch Opilio Kardinal Rossi, bisher Präsident des Vatikanischen Laienrates und neuerdings für die Päpstlichen Heiligtümer in Pompeji, Loreto und Bari zuständig, sowie Paul Gouyen, Erzbischof im nordfranzösischen Reims, in die Kongregation berufen.[71]

Wie mir der Postulator mitteilte, werde nach Artikel 5, § 1 der neuen Geschäftsordnung der Kongregation für die Heiligen an der Römischen Kurie für das Studium der anhängigen Verfahren und zum Zweck der Vorbereitung der jeweiligen „Po-

69 BKR III. Abt. CAS K. 30: Rom 05.01.1984: Schulz an Ritter.

70 „Anna-Schäffer-Brief“ Nr. 6, 12.1984, S. 26.

71 Ebd. S. 9.

sitiones super virtutibus vel martyrio (der Thesen und Ausführungen über den Tugendgrad oder das Martyrium)" ein Kollegium von Referenten eingerichtet. Den Vorsitz soll ein Generalrelator innehaben. Zuständig für die Causa Anna Schäffer wurde nun Prof. Dr. P. Ambrosius Eßer OP[72] nominiert. Ich durfte ihn anlässlich meiner Dienstreise nach Rom im Oktober 1984 kennen lernen und freute mich sehr, dass gerade diese erfahrene Persönlichkeit der Referent für unsere Causa wurde.[73]

Nach der Emeritierung des bisherigen Pfarrers von Mindelstetten BGR Georg Schlagbauer wurde Johann Bauer, der bislang im Erzbistum München seelsorglich tätig war, sein Nachfolger. Zu seiner Information teilte ich ihm am 22. Oktober 1984 im Auftrag des Bischofs die Richtlinien, die Causa Anna Schäffer betreffend, die sich aus der neuen Verfahrensweise der Kanonisierungen ergeben hatten, mit.[74]

Vom 22. bis 25. Juni 1985 weilten der Postulator und sein Mitarbeiter Dr. Venanzi anlässlich einer wichtigen Besprechung bei mir in Regensburg. Am 23. Juni besuchten wir gemeinsam Mindelstetten, wo uns Pfarrer Bauer freudig begrüßte. Venanzi zeigte sich tief beeindruckt von der Zahl der Besucher am Grab Annas in der Kirche. Er war erstaunt über die große Frömmigkeit des Volkes und beeindruckt vom innigen Vertrauen in die Fürsprache der Dienerin Gottes. Einen Tag später besuchten wir wiederum gemeinsam den Dompropst und Offizial Weihbischof Karl Flügel, am Nachmittag den emeritierten Bischof Dr. Rudolf Graber, der uns herzlich empfangen hat. Mit großer Dankbarkeit und Freude konnten wir feststellen, als wir den neuen Bischof Manfred Müller am 24. Juni aufsuchten, mit welch großer fördernden Anteilnahme der Fortgang des Prozesses von den Hochwürdigsten Herren verfolgt wurde.[75]

Bereits am 26. Juni 1985 bedankte sich der Postulator für die Hilfestellung, die ich ihm anlässlich seines Besuches mit Dr. Venanzi in Regensburg zuteil werden ließ. Es konnten wirklich alle offenen Fragen gelöst werden.[76]

---

72 Sterbebildchen: Geb. am 19.11.1932 in Düsseldorf als Sohn eines Rechtsanwalts; 1952 Abitur in Euskirchen; nach Eintritt in den Dominikanerorden, Provinz Teutonia, philosophische und theologische Studien in Walberberg; 1959 Pr.-W. in Köln; im selben Jahr Studium in Rom am Pontificio Instituto Orientale an der Gregoriana; 1962 Lizentiatsprüfung am Angelicum mit Auszeichnung; 1965/66 Studium an der Archivschule des Vatikans; 1967/68 am Päpstl. Bibelinstitut, um sich an den orientalischen Sprachen, besonders Armenisch und Russisch zu vertiefen; 1969 Promotion; 1972 Professor für Kirchengeschichte und Patrologie an der Dominikaner-Universität Angelicum; 1972–75 Geschäftsführender Direktor der Görres-Gesellschaft; 1979 Konsultor der „Congregatio pro Causis Sanctorum", dann 1983 Relator und 1990 Generalrelator; in dieser herausragenden Funktion wirkte er entscheidend für zahlreiche Selig- und Heiligsprechungen z. B. der Päpste Pius IX., Johannes XXIII., Kaiser Karl I. von Österreich-Ungarn, P. Titus M. Horten, Edith Stein und viele andere, auch Anna Schäffer; er organisierte den bei der Kongregation angesiedelten Kurs für Vizepostulatoren; 1996 aufgrund seiner Erforschung der Ordensgeschichte erhielt er vom Generalmeister den Titel „Magister der hl. Theologie"; er verfasste zahlreiche Werke zu Fragen der Theologie der Heiligsprechungen und dem Wunderbegriff; mit zahlreichen Auszeichnungen emeritierte er 2008 und zog sich ins Kloster St. Paulus in Berlin zurück; † 2010 in Berlin.

73 „Anna-Schäffer-Brief" Nr. 6, 12.1984, S. 26.

74 BKR III. Abt. CAS K. 30: Regensburg 22.10.1984: Ritter an Pfarrer Johann Bauer von Mindelstetten.

75 „Anna-Schäffer-Brief" Nr. 7, 07.1985, S. 36.

76 BKR III. Abt. CAS K. 31: Paderborn 26.06.1985: Schulz an Ritter.

Auch im „Anna-Schäffer-Brief" im Dezember 1985 konnte ich erfreulicherweise davon berichten, dass die Zahl der Verehrer der Dienerin Gottes wieder gewachsen sei, was eine Erhöhung der Auflage des „Briefes" auf 10.000 notwendig machte. „Deuten Sie die Zusendung des Blattes als ein Zeichen echter Verbundenheit all derer, welche die Hilfe Anna Schäffers als Fürbitterin am Throne Gottes bereits erfahren durften, derer, die ihre Anliegen immer wieder zu ihr hintragen, und schließlich derjenigen, die sich ihr in Dankbarkeit verpflichtet fühlen, sie deshalb lieben und nicht zuletzt für ihre baldige Seligsprechung beten wollen."[77] Tatsächlich wuchs die Zahl der Verehrer der Dienerin Gottes von Jahr zu Jahr, nicht zuletzt durch das Auflegen des „Anna-Schäffer-Briefes" an den Schriftenständen in zahlreichen Pfarreien, vor allem in denen des Dekanats Pförring, aber auch in Regensburg und anderen Pfarrkirchen.

Ich wies auch in diesem „Brief" darauf hin, dass gegenwärtig in meiner Abteilung der überaus umfangreiche Schriftennachlass Annas transkribiert, d. h. alle Aufzeichnungen und Briefe, die in der alten deutschen Kurrentschrift vorliegen, in Druckschrift übertragen werden. „Diese mühevolle Arbeit ist deshalb notwendig, weil heute zumeist die Kurrenthandschrift nicht mehr gelesen werden kann. In Rom wird sodann der gesamte Schriftennachlass ins Italienische übersetzt. Von den Akten des Informativ-Prozesses und des „Prozesses de non cultu" mit den zahlreichen Zeugenaussagen wurden ja bereits früher Übersetzungen angefertigt.

Alle diese Quellen bilden das Fundament für die Erarbeitung der „Positio super vita et virtutibus" (Stellungnahme über das Leben und die Tugenden) der Dienerin Gottes, ein wissenschaftliches Werk also, in dem Leben und Tugenden historisch und ebenso theologisch behandelt werden. Der Postulator und sein Mitarbeiter, Rechtsanwalt Dr. Venanzi, werden dadurch längere Zeit noch sehr bemüht sein. Das gesamte zu bearbeitende Prozessmaterial umfasst mehr als 10.000 Seiten. So können Sie sich eine Vorstellung machen, was geleistet wird und noch geleistet werden muss, um den Prozess voranzutreiben.

Für das Werk der „Positio super vita et virtutibus" müssen selbstverständlich auch noch weitere Quellen herangezogen werden. Ich darf sie kurz aufzählen: die zahlreichen Briefe, die Anna als Antwort erhalten hat; Korrespondenz, Aufzeichnungen und Berichte aus dem sozialen Umfeld, soweit diese sich mit dem Leben, Leiden, Wirken und Sterben sowie der Verehrung im Leben und nach dem Tod auseinandersetzen. Hier ist vor allem an die Nachlässe ihres Seelenführers, Pfarrer Karl Rieger, und ihres ersten bedeutenden Biographen, des Schriftstellers Friedrich Georg Ritter von Lama, und auch an Konrad Zoller zu denken. Dann müssen die seit dem Heimgang Annas zahlreich erschienenen Publikationen über sie herangezogen und nach ihrem Quellenwert untersucht werden. Schließlich ist noch die Zeitgeschichte – sie bildet gleichsam den Rahmen – zu berücksichtigen.

77 „Anna-Schäffer-Brief" Nr. 8, 12.1985, S. 2.

Wie viel Mühe und Arbeit mit Erforschung, Sammlung, Archivierung, Registrierung und dem wichtigsten Teil, der Auswertung, verbunden ist, kann wahrscheinlich nur der erkennen, der mit historischer Arbeit vertraut ist."[78]

Das Jahr 1985 erwies sich als ein für den Seligsprechungsprozess sehr bedeutsames Jahr. Eine außerordentliche Gebetserhörung erreichte mich. Durch die Mitteilung von Sr. M. Magdalena vom Grignionhaus in Altötting wurde ich informiert, dass ihr Neffe Franz Zw., Sohn des Ehepaares Johann und Marie Zw. im oberösterreichischen Ort Eb. bei Wels, nach einem schweren Unfall eine ungewöhnliche Heilung erfahren habe. Dies teilte ich am 24. August 1985 dem Postulator mit. Dieser teilte mir am 27. Oktober mit, dass es ihm endlich gelungen sei, den zuständigen Pfarrer und Dechant P. Lukas Auinger OSB, Mitglied des Stiftes Kremsmünster, fernmündlich zu erreichen. Er habe erklärt, dass er die Familie Zw. sehr gut kenne; es handele sich um eine sehr fromme, praktizierende Familie. Der Unfall des Sohnes sei ihm wohlbekannt. Man sage im Ort: „Es sei wie ein Wunder, dass er wieder so schnell geheilt worden sei." Unbekannt war ihm freilich, dass es sich um eine Gebetserhörung unter Anrufung der Dienerin Gottes Anna Schäffer gehandelt haben soll. Das Schweigen des Ehepaares auf das Schreiben von Ritter erklärte Auinger plausibel damit, dass es sich um sehr einfache Leute handeln würde, die sich mit einer schriftlichen Antwort schwer tun. Der Vater sei mit der Autobahn-Betreuung beschäftigt. Der Pater bemerkte noch, dass Franz Zw. Ministrant sei und erst jüngst an einer Wallfahrt nach Assisi teilgenommen habe. Auinger interpretierte die Teilnahme dahingehend, es könne sich dabei um eine Art Danksagung für die erwiesene Hilfe Gottes nach dem Unfall gehandelt haben.

Der Postulator bat nun den Pfarrer, er möge sich mit der Familie Zw. ins Benehmen setzen, um zu klären, ob ein Besuch in Eb. möglich und angezeigt sei.[79]

Im Frühjahr des Jahres 1986 reisten der Postulator DDr. Schulz und ich nach Eb. zur Familie Zw., um deren Bereitschaft zu erkunden, vor dem kirchlichen Gericht in Linz bezüglich der Gebetserhörung auszusagen. Sie beantworteten die Fragen mit einem freudigen „Ja". Mit diesem Ergebnis waren wir sehr zufrieden, denn die auffällige Gebetserhörung könnte sich ja als ein Wunder herausstellen. Doch noch fehlte uns eine ärztliche Bestätigung des Vorfalls.

Dazu noch folgender Kommentar: Damit eine Seligsprechung erfolgen kann, muss nach den neuen Bestimmungen der Kanonisierungen mindestens ein Wunder nachgewiesen werden, das auf die Fürsprache der Dienerin Gottes geschehen ist. Dazu bedarf es eines eigenen kirchlichen Verfahrens, eben des Wunderprozesses, den der Bischof, in dessen Bistum die Heilung erfolgt ist, durch einen von ihm ernannten Gerichtshof durchzuführen hat. Es sind dabei alle Quellen zu sammeln und die betreffenden Zeugen zu vernehmen. Das gesamte Material wird sodann der

78 „Anna-Schäffer-Brief" Nr. 9, 07.1986, S. 31f.

79 BKR III. Abt. CAS K. 31: Paderborn 27.10.1985: Schulz an Ritter.

Kongregation für die Heiligsprechungen in Rom unterbreitet. Diese lässt den Fall durch Experten der Fachdisziplinen – Ärzte und Theologen – sowie eine Kommission von Kardinälen prüfen. Wenn festgestellt wird, die Heilung ist auf natürliche wissenschaftliche Weise nicht zu erklären, besteht die Aussicht, dass sie als Wunder auf die Fürsprache der Dienerin Gottes beurteilt wird. Fällt das Urteil positiv aus, muss es dem Heiligen Vater unterbreitet werden. Erst wenn er das Urteil bestätigt und alle übrigen notwendigen Voraussetzungen gegeben sind, ist der Weg zur Seligsprechung nicht mehr allzu weit.[80]

Wir hatten das Glück, in dem behandelnden Arzt von Herrn Zw. einen überaus aufgeschlossenen Mediziner zu finden. Prof. Dr. E. Valencak, Primar des Wagner-Jauregg-Krankenhauses in Linz – leider 1987 verstorben –, bemühte sich sehr und gelangte zu dem Ergebnis, dass im Falle Zw. eine wissenschaftliche Erklärung der Heilung nicht möglich sei. Dafür gebührt ihm posthum ein von Herzen kommendes Vergelt's Gott![81]

Zum Jahr 1986 ist noch zu berichten, dass ich am 2. Oktober Prof. DDr. Schulz und seinem Mitarbeiter Avvocato Dr. Venanzi samt Familie für einige Tage eingeladen hatte, um über die aufsehenerregende Heilung des Franz Zw. zu beraten und die weiteren Schritte zu besprechen.[82]

Vom Postulator erhielt ich am 2. Februar 1987 die Mitteilung, dass Primar Prof. Dr. Valencak ihm sämtliche Unterlagen über die Heilung des Franz Zw. nach Rom gesandt habe.[83]

Im „Anna-Schäffer-Brief" vom Dezember 1988 gab ich den Hinweis: „Vor 15 Jahren wurde der Seligsprechungsprozess für Anna Schäffer eingeleitet, seit 11 Jahren ist er in Rom anhängig. An anderen Prozessen gemessen ist das Verfahren für die Dienerin Gottes schon weit fortgeschritten. Dennoch dürfte noch ein weiter Weg bis zum erhofften Ziel zurückzulegen sein. Das wichtigste aber ist und bleibt unser beharrliches Gebet um den guten Ausgang des Verfahrens."[84]

Zum Jahr 1987 ist noch nachzutragen: Dr. Siegfried Dobretsberger, Begründer der „Internationalen christlichen Rundfunk-Gemeinschaft e.V." in Ingolstadt gab mir am 29. August bekannt, dass am 5. Oktober, dem Todestag Annas, eine Sendung über die Dienerin Gottes ausgestrahlt werde: „Das soll der Beginn des Krankenapostolates für die Kultur der Liebe und für die von unserem Heiligen Vater, Papst Johannes Paul II., so dringend gewünschte Evangelisierung Europas und der Welt sein."[85]

In einem Brief vom 1. Dezember 1987 machte ich dem Postulator den Vorschlag, er möge doch eine deutsche Übersetzung des in Rom neu erschienenen „POSTU-

80 „Anna-Schäffer-Brief" Nr. 12, 12.1987, S. 3.
81 „Anna-Schäffer-Brief" Nr. 11, 07.1987, S. 9, S. 35.
82 BKR III. Abt. CAS K. 32: Regensburg 22.09.1986: Ritter an Avvocato Venanzi.
83 BKR III. Abt. CAS K. 33: Paderborn 02.02.1987: Schulz an Ritter.
84 „Anna-Schäffer-Brief" Nr. 14, 12.1988, S. 13.
85 BKR III. Abt. CAS K. 33: Ingolstadt 29.08.1987: Dobretsberger an Ritter.

LATORUM VADEMECUM", der neuen Bestimmungen über die Kanonisierungen, herausgeben. In diesem Zusammenhang machte ich ihn auch auf den Verlag Kral in Abensberg aufmerksam. Ich teilte ihm ferner mit, dass Bischof Manfred Müller noch immer keine Zusage bezüglich des notwendigen Wunderprozesses von Bischof Maximilian Aichern[86] von Linz erhalten habe.[87]

Am 23. Januar 1988 wandte ich mich an den Offizial der Diözese Linz, Domkapitular DDr. Peter Gradauer, mit dem ich seit langem befreundet war, und teilte ihm mit, dass Prof. Dr. Valencak schwer erkrankt in einem Münchner Krankenhaus liege – vermutlich an Darm- oder Magenkrebs leidend – und daher die Zeugenliste für den in Linz vorgesehenen Wunderprozess nicht erstellen konnte. Der Postulator habe vor, ihn vor seiner Romreise im Februar zu besuchen. Er werde uns darüber berichten. Die Zeugenliste – Ärzte und Pflegepersonal, die Zw. betreut haben – sei aber von großer Wichtigkeit. Ich würde ihn um Geduld bitten.[88] Auf einen Brief des Arztes Prof. Dr. Deisenhammer hin, der uns vom Tode Dr. Valencaks berichtete, beschlossen der Postulator und ich, den Primar des Wagner-Jauregg-Krankenhauses in Linz, Hofrat Prof. Dr. Gustav Hofmann, zu bitten, Herrn Franz Zw. hinsichtlich der Endgültigkeit der Heilung zu untersuchen.[89]

Am 11. Mai 1988 schrieb mir der Postulator, er freue sich mit mir über den Besuch der Familie Zw. samt dem geheilten Franz, die eine Dankwallfahrt nach Mindelstetten gemacht hatten. „Nun hoffe ich zuversichtlich, dass auch das Untersuchungsergebnis von Prof. Dr. Hofmann in unserem Sinne ausfallen wird." Avvocato Venanzi habe in Bezug auf die Erstellung des „Summarium testium" (Zusammenfassung der Zeugen) Schwierigkeiten. Ich vermochte in zehn Punkten alles zu klären und sandte sie am 3. Juni 1988 nach Rom.[90]

Nachdem ich das Gutachten über die nicht wissenschaftliche Erklärung der Heilung von Zw. von Hofrat Prof. Dr. Gustav Hofmann erhalten hatte, sandte ich

---

86 Bischof em. Maximilian Aichern OSB, geb. am 26.12.1932 in Wien als Sohn eines Fleischhauers; 1951 Reifeprüfung in Wien, dann Fleischhauerlehre im Betrieb seines Vaters; 1954 Benediktiner im Stift St. Lambrecht/Stm.; 1955 Studium der Theologie in Salzburg und Rom, St. Anselmo; 1958 Ewige Profess in St. Lambrecht; 1959 Priesterweihe in Subiaco bei Rom; 1960 Kaplan in St. Lambrecht und an anderen Orten; 1964 Coadjutor regiminis; 1977 Abt; 1978 Abtpräses der Österreichischen Benediktinerkongregation; 1981 Wahl zum Bischof von Linz; 1984/85 Besuch aller Dekanate des Bistums in Erinnerung an die Bistumsgründung; 1986–90 Mitarbeit am Sozialhirtenbrief der österr. Bischöfe; 1987 Vertreter der Bischofskonferenz bei der Bischofssynode in Rom; 1992 Bestellung von Bischofsvikaren für Orden, Erwachsenenbildung und pastorale Dienste; 1993 Ehrendoktorat in Passau; 1994 Vertreter der Bischofskonferenz bei der Synode in Rom über die Ordensgemeinschaften; er nimmt mehrere Referate in der Österr. Bischofskonferenz wahr; 2005 Emeritierung und in Linz weiterhin ansässig. – Vgl. Gatz, Erwin (Hrsg.), Die Bischöfe der deutschsprachigen Länder 1945–2001, Berlin 2002, S. 332f.

87 BKR III. Abt. CAS K. 33: Regensburg 01.12.1987: Ritter an Schulz.

88 BKR III. Abt. CAS K. 33: Regensburg 25.01.1988: Ritter an Offizial Domkapitular DDr. Peter Gradauer in Linz.

89 BKR III. Abt. CAS K. 35: Rom 06.03.1988: Schulz an Ritter bzw. Ferngespräch.

90 BKR III. Abt. CAS K. 35: Paderborn 11.05.1988: Schulz an Ritter – 03.06.1988 Beantwortung, Ritter an Schulz.

dieses sofort an den Postulator. Ich fügte hinzu: „Das Gutachten finde ich nicht ganz so, wie ich es für wünschenswert gehalten hätte.“[91]

Nachdem mir am 9. Juni Prof. DDr. Schulz, inzwischen mit dem Titel eines Prälaten ausgezeichnet, mitgeteilt hatte, er würde nach Regensburg an die Universität tendieren, antwortete ich wie folgt: „Ich habe mir darüber Gedanken gemacht, was ich über das Gebet hinausgehend tun kann. Ich habe zwar zu Bischof Manfred nicht den persönlichen Kontakt wie zu Bischof Rudolf, aber ich bin immer wieder erstaunt, welch großes Vertrauen er mir schenkt. Darüber hinaus hat er noch immer alle Anliegen, um die ich gebeten habe, tatkräftigst unterstützt. Ich denke dabei an die Vergabe des Lehrstuhls für Mittellatein in Eichstätt. Der Bewerber hat sich auf Umwegen an mich gewandt und Bischof Manfred hat sich sofort eingesetzt.

Ich würde es für gut halten, wenn ich ihm jetzt schon einen vertraulichen Brief schreiben würde, in dem ich ihm Deine Persönlichkeit schildern würde. Ich weiß, dass er zum Kultusministerium gute Kontakte besitzt und z. B. in Kürze einem hohen Beamten die Wolfgangs-Medaille überreichen wird.“[92]

Ich schrieb am 22. Juni an Bischof Manfred und legte dar, dass Schulz ihm sein jüngstes Buch „Das neue Selig- und Heiligsprechungsverfahren“, das im Bonifatius-Verlag erschienen ist, gerne persönlich überreichen möchte, außerdem habe er vor, 1989 anlässlich der Emeritierung von Prälat Prof. Dr. Matthäus Kaiser, dem bisherigen Kirchenrechtler an der Universität Regensburg, eine Festschrift mit Beiträgen mehrerer Kirchenrechtler herauszugeben; er möchte als Postulator der Causa Anna Schäffer gern berichten. Schließlich ersuche er um eine Audienz.[93]

Am 7. September schrieb mir der Relator der Causa Schäffer, Prof. Dr. Ambrosius Eßer OP. Er dankte mir für die Arbeit über die beiden Biographen über Anna Schäffer, Ritter von Lama und Konrad Zoller. Er mache eben eine Zusammenfassung der Lebensbeschreibungen der Biographen, die er als Anhang zur Positio bringen möchte, wobei er die Glaubwürdigkeit überprüfen möchte.[94]

Trauer erfasste mich, als ich vom Tod des Pfarrers von Nabburg und einstigen Dekan von Pförring, der im Diözesanprozess für Anna als Postulator gewirkt hat, hörte.[95]

Trotz meiner strikten Ablehnung von Ehrentiteln wurde ich nach der Seligsprechung des Martyrers P. Liberat Weiß OFM und seiner Gefährten am 20. November

91 BKR III. Abt. CAS K. 35: Regensburg 04.06.1988: Ritter an Schulz.

92 BKR III. Abt. CAS K. 35: Regensburg 09.11.1988: Ritter an Schulz.

93 BKR III. Abt. CAS K. 35: Regensburg 22.06.1988: Ritter an Bischof Manfred Müller.

94 BKR III. CAS K. 35: Rom 07.11.1988: Relator Prof. Dr. Eßer an Ritter.

95 Pfarrer Alfons Rösl, geb. am 15.02.1930 in Hauslöd, Pfarrei Hausen, als Sohn eines Bauern; nach dem Abitur am Alten Gymnasium in Regensburg und als Mitglied des Obermünsterseminars empfing er 1956 die Priesterweihe; nach vier Kaplansjahren in Straßkirchen/Nby. 1960 Expositus in Irnsing/Nby.; 1964 Pfarrer und später Dekan in Pförring, wo er mit Anna Schäffer in Berührung kam; 1982 Pfarrer in Nabburg; † 1988 in Nabburg/Opf. – Vgl. „Regensburger Bistumsblatt“ Nr. 49, 04.12.1988, S. 24.

1988 in Rom durch Papst Johannes Paul II. von Bischof Manfred Müller mit dem Titel „Bischöflich Geistlicher Rat" (BGR) ausgezeichnet. Auf Anregung Bischof Dr. Rudolf Grabers hatte ich mich seit 1977 um die Seligsprechung des in Konnersreuth geborenen Franziskaner-Missionars sehr bemüht.[96]

Zu meiner großen Freude wurde P. Prof. Dr. Ambrosius Eßer OP zu Beginn des Jahres 1989 von Papst Johannes Paul II. zum Generalrelator – bisher Relator – der Vatikanischen Kongregation für die Heiligen ernannt. Er verblieb aber weiterhin Professor an der Thomas-Universität der Dominikaner in Rom.[97] Im selben Jahr veröffentlichte der „Sühnekalender", eine Publikation der Kapuziner in Altötting, eine Biographie Anna Schäffers.[98] Am 2. März 1989 hielt Pfarrer Hans Bauer aus Mindelstetten in der Basilika St. Emmeram in Regensburg eine Aufsehen erregende Predigt über Anna Schäffer. Sie wurde im „Anna-Schäffer-Brief" Nr. 15 veröffentlicht.[99] Auch die Zeitschrift für Ordensfrauen „Dienender Glaube", herausgegeben vom Verlag Butzon & Bercker in Kevelaer, suchte um die Druckgenehmigung für den Aufsatz „Anna Schäffer von Mindelstetten" von Prof. Dr. Johann Auer an und veröffentlichte ihn.[100]

Die Aktualität der Heiligenverehrung wurde von Papst Johannes Paul II. am 13. März 1989 in eindeutiger Weise dokumentiert. Er sagte in seiner Ansprache während des Konsistoriums: „Immer wenn ich mich mit der Verehrung der Heiligen und Seligen der Kirche auf Erden zu beschäftigen habe, bedeutet das für mich eine ganz besondere Freude und tiefen Trost, weil kaum etwas in ähnlicher Weise zur Pflege und Steigerung der täglichen Frömmigkeit der Christgläubigen sowie der Ordensgemeinschaften in den Einzelkirchen beiträgt als die Würdigung neuer Heiliger des Himmels. Sie lehren uns nämlich durch das ständige Beispiel ihrer Heiligkeit unter den verschiedensten Lebensverhältnissen immer neu, wie trotz der wandelbaren Umstände des irdischen Lebens die Lehren und Lebensnormen, die wir im Evangelium Christi und in der gesunden Überlieferung der Kirche vorfinden, zum Heil führen."[101]

Und nun darf ich noch über meine dritte Fußwallfahrt, zusammen mit Weihbischof Karl Flügel, Dompropst und Offizial i. R., und Domkapitular Alois Reindl, dem „Männerapostel" des Bistums Regensburg, nach Mindelstetten zu Anna berichten. Am 7. September 1989, einem herrlichen Sommertag, brachen wir früh morgens auf. Ausgangspunkt war das sogenannte „Frauenhäusl" im Kelheimer Forst bei Viehhausen unweit Regensburg. Fern dem lauten Verkehr, auf steilen We-

96 BKR III. Abt. CAS K. 35: Regensburg 16.08.1988: Ritter an Erhardi GmbH.

97 BKR III. Abt. CAS K. 35: Pressenotiz aus dem Jahre 1988.

98 BKR III. Abt. CAS K. 36: Mindelstetten 03.01.1989: P. Karl Kleiner OFMCap. an Pfarrer Bauer bzw. Ritter.

99 BKR III. Abt. CAS K. 36: Regensburg 02.03.1989: Bauer, Johann, Anna Schäffer – ihr Christusglaube in der Leidensacht. Fastenpredigt in der Basilika St. Emmeram zu Regensburg am 2. März 1989, in: „AS-Brief" Nr. 15, Juli 1989, S. 1–8.

100 BKR III. Abt. CAS K. 36: Kevelaer 11.04.1989: Verlag Butzon & Bercker an Ritter.

101 „L'Osservatore Romano", 13./14.03.1989.

gen, die uns zuweilen auch durch schöne Dörfer führten, wanderten wir frohgemut. All die vielen Sorgen und Nöte, die an uns herangetragen wurden, hatten wir mit uns genommen. Wir haben viel gebetet, abwechselnd leise und laut, selbstverständlich auch alle drei Rosenkränze. In den Kirchen und Kapellen, an denen wir vorüberkamen, besuchten wir den Heiland im Tabernakel. An jedem Feldkreuz und Marterl am Wege gedachten wir jener dankbar, die es aufgestellt haben, es betreuen und selbstverständlich auch derer, für die es errichtet worden ist. Wie erstaunt waren die Menschen, die uns begegneten, wenn ihnen der im ganzen Bistum als „Pilgerbischof" bekannte und beliebte Weihbischof Flügel als einfacher Pilger die Hand drückte und mit herzlichen Worten ein Bildchen überreichte. Die Herzen flogen uns zu. Dabei haben wir bei der ganzen Wallfahrt nie über Mitmenschlichkeit oder Mitbrüderlichkeit gesprochen – wir haben sie geübt.

Nachdem wir die 32 km Fußmarsch heil hinter uns gebracht hatten, erreichten wir am späten Nachmittag Mindelstetten, wo uns Pfarrer Hans Bauer herzlich empfing. Wir brachten in froher Dankbarkeit gemeinsam das Hl. Messopfer dar, und dann standen wir an der Grabstätte Anna Schäffers, sagten ihr Vergelt's Gott für alle Gebetserhörungen und trugen ihr die vielen Gebetsanliegen vor. Alle Verehrer der Dienerin Gottes waren dabei fest eingeschlossen.

Nach einer verdienten Stärkung ließen wir uns nach Hause fahren. Auch wir hatten wieder die beglückende Erkenntnis gewonnen: Mindelstetten ist ein geistliches Kraftzentrum, von dem sich das treu katholische Volk viel Kraft und Gnade für den Alltag holen kann. Uns ist es jedenfalls so ergangen.[102]

In Rom war inzwischen die Arbeit an der Positio vorangeschritten, das Summarium war bereits gedruckt. Bezüglich des Wunderprozesses wurde der Gesundheitsstand des Franz Zw. weiterhin überprüft. Die letzte Untersuchung brachte ein gutes Ergebnis.[103]

Am 19. März 1990, am 3. Fastensonntag, hielt der bekannte Prof. Dr. Ludwig Mödl eine viel beachtete Predigt „Wenn das Weizenkorn nicht in die Erde fällt und stirbt ..." in Radio Vatikan. Als Priester des Bistums Eichstätt lehrte er zu dieser Zeit in Luzern/Schweiz Fundamentaltheologie. Die Predigt hatte das Leben Annas zum Inhalt.[104] Der Postulator, Prof. Dr. theol. iur. utr. Winfried Schulz wurde tatsächlich Ordinarius für Kirchenrecht der Theologischen Fakultät der Universität in Regensburg. Bischof Manfred Müller gewann für Schulz bald große Sympathie und hatte ihn beim Bayerischen Staatsminister wärmstens empfohlen. Durch Minister Hans Zehetmair erfolgte die Berufung. Meine Freude war groß, denn nun befand sich der Postulator der Causa Schäffer in nächster Nähe.[105] Im selben Jahr wurde Schulz von Papst Johannes Paul II. zum Päpstlichen Ehrenprälaten ernannt.[106]

102 „Anna-Schäffer-Brief" Nr. 16, 12.1989, S. 7f.
103 Ebd. S. 8.
104 „Anna-Schäffer-Brief" Nr. 17, 07.1990, S. 6–9.
105 BKR III. Abt. CAS K. 37: München 12.02.1990: Urkunde der Ernennung von Schulz.
106 BKR III. Abt. CAS K. 37: „Tagespost" Nr. 92, 02.08.1990.

Der Kölner Erzbischof Dr. Joachim Kardinal Meisner hielt während der Wolfgangswoche des Bistums Regensburg am 25. Juni 1990 zum Priestertag in der Basilika St. Emmeram die Predigt. Am späten Nachmittag dieses Tages besuchte er in Begleitung des Regensburger Weihbischofs Wilhelm Schraml[107] das Grab Annas in der Pfarrkirche Mindelstetten, um zu beten. Pfarrer Bauer überreichte ihm mehrere Schriften über die Dienerin Gottes.[108]

Wie mir der Postulator am 29. Oktober 1990 zu meiner Betrübnis mitteilte, stehe Dr. Venanzi wegen Überlastung durch andere Arbeiten als Mitarbeiter nicht mehr zu Verfügung. Er habe ihm in seiner Wohnung am 26. Oktober einen Dankesbrief überreicht, nachdem er zuvor mit dem Generalrelator Dr. Eßer über die einzelnen Punkte ausführlich gesprochen hatte.[109] Auch ich sandte Dr. Venanzi ein Dankschreiben und bedauerte seinen Rücktritt.[110]

Unter dem Titel „Seligsprechungen heute? – Zum Stand des Verfahrens der Dienerin Gottes Anna Schäffer von Mindelstetten" hielt Prof. Dr. Schulz, der ja zudem Professor für Vatikanisches Recht am päpstlichen Institut beider Rechte an der Lateranuniversität in Rom war, einen aufklärenden Vortrag in der Turnhalle am Dettenbach in Mindelstetten am 23. Februar 1991. Der Saal war bis auf den letzten Platz besetzt.

Schulz vermittelte zunächst einen kleinen Einblick in die kanonistische Werkstatt des Postulators, dann ging er auf das Verfahren für die Dienerin Gottes Anna Schäffer ein. Er stellte fest, dass der Prozess drei Phasen durchläuft. Die erste Prozessphase geschieht auf Bistumsebene und hat die Sammlung aller erreichbaren Zeugnisse zum Gegenstand. Gemeint sind damit alle Schriften der Verstorbenen, Zeugnisse und Dokumente, die mit dem Leben und Wirken Annas in Zusammenhang stehen und die in einem förmlichen Verfahren entsprechend ausgewertet werden. Das Ergebnis dieses diözesanen Verfahrens samt den Zeugenaussagen wird zusammen mit allen Prozessakten an die „Congregatio pro Causis Sanctorum" nach Rom gesandt.

107 Bischof Wilhelm Schraml von Passau, geb. am 26.06.1935 in Erbendorf/Opf. als Sohn eines Bäckermeisters; 1956 Abitur in Weiden, Studium der Philosophie und Theologie in Regensburg, wo er 1961 zum Priester geweiht wurde; Kooperator in Falkenstein/Opf.; 1962 in Kirchenthumbach/Opf.; 1963 wieder in Falkenstein; 1966 in Regensburg, St. Konrad; 1970 Domvikar und stellvertretender Diözesanpräses bei Kolping; 1982 Referent für Liturgie und Kirchenmusik sowie für Ehe und Familie; 1983 Domkapitular; 1986 Weihbischof; Bischofsvikar für die Caritas, die Kath. Jugendfürsorge sowie Mitglied der Liturgie-Kommission der Deutschen Bischofskonferenz, dann Vorsitzender; 1992 Mitglied der Kommission für Ehe und Familie der Bischofskonferenz; 1996 Vorsitzender des Kuratoriums der Stiftung Kirchenmusikschule Regensburg; 2001 Bischof von Passau; 2010 Einreichung zur Emeritierung, jedoch vom Papst verlängert. – Vgl. Gatz, Erwin (Hrsg.), Die Bischöfe der deutschsprachigen Länder 1945–2001, Berlin 2002, S. 451.

108 „Anna-Schäffer-Brief" Nr. 17, 07.1990, S. 15.

109 BKR III. Abt. CAS K. 37: Rom 29. bzw. 26.10.1990: Schulz an Avvocato Venanzi und Ritter.

110 BKR III. Abt. CAS K. 37: Regensburg 17.12.1990: Ritter an Venanzi.

Bei der Kongregation beginnt nun die zweite Phase, die im Wesentlichen im Studium und in der kritischen Sichtung des ganzen Materials besteht. Hier geht es zunächst um die Erstellung einer sogenannten „Positio super vita et virtutibus" der Dienerin Gottes, die unter kundiger Leitung eines für jede Causa bestimmten Relators der Kongregation erfolgt. Für die Causa Annas ist Relator, jetzt sogar Generalrelator P. Prof. Dr. Ambrosius Eßer OP zuständig. Bei der Positio handelt es sich um eine in chronologischer Reihenfolge abgefasste Darstellung des Lebens, Wirkens – im Fall Anna Schäffers auch des aufopferungsvollen Leidens – sowie des Todes des Kandidaten für die Seligsprechung, bei der die Übung der Tugenden durch Zeugnisse seiner Heiligkeit dokumentiert sein müssen. Gestaltung und Umfang einer Positio folgen der Eigenart der Causa und den damit verbundenen Vorgaben. Auf jeden Fall wird die entsprechend der Eigenart einer Causa erstellte Positio gedruckt. Sie besteht aus drei Teilen: „Summarium testium", „Summarium documentorum" und der sogenannten „Informatio". Die Positio ist praktisch die Arbeitsunterlage für das Studium der Kongregation schlechthin.

Die dritte Phase des Verfahrens umfasst die Diskussion und Beurteilung desselben durch eine Konsultorenkommission von Fachtheologen, Fachhistorikern unter der Leitung des Glaubensanwalts bzw. des Generalrelators. Je nach deren Votum gelangt dann die Causa an die eigentliche „congregatio" der Kardinäle und Bischöfe, das heißt die kollegiale Versammlung der Mitglieder der römischen Behörde.

Diese beschließen letztendlich darüber, nach ausführlichem Studium, Beratung und Aussprache, ob dem Papst die Veröffentlichung eines Dekretes über den heroischen Tugendgrad empfohlen werden soll oder nicht.

Liegt dann noch ein in analogen Schritten zu den drei Phasen erfolgreich abgeschlossener Wunderprozess vor, dann ist es im alleinigen Ermessen des Papstes, zu entscheiden, ob er eine förmliche Seligsprechung eines Dieners Gottes bzw. eine Kanonisierung (Heiligsprechung) eines Seligen vornehmen will.

Dann führte Schulz konkret auf den Prozess für Anna bezog aus: Von 1973 bis 1977 dauerte das bischöfliche Verfahren. Am 20. Juni 1977 wurden die Prozessakten durch Bischof Dr. Graber bei der Kongregation in Rom eingereicht. 1978 wurde Schulz zum Postulator ernannt und am 4. Dezember 1978 erteilte der Kardinalpräfekt die Genehmigung der Öffnung des „Transumptum" (Übertragung, Übersetzung) der bischöflichen Akten. Am 6. April 1979 wurde mit der Erstellung der „Copia publica" (die Übersetzung der Dokumente) begonnen. Sie ist inzwischen längst vollendet.

Parallel dazu fand der sogenannte Schriftenprozess statt, wobei von zwei theologischen Zensoren alle Schriften Annas einer Prüfung unterzogen wurden. Das positive Ergebnis ist am 12. November in einem Faszikel in Druck erschienen.

Der 11. November 1983 war ein wichtiges Datum im Verfahren. Wie bereits berichtet, wurde durch ein Dekret des Präfekten der Kongregation, Petrus Cardinal Palazzini, die Anerkennung der Gültigkeit aller bisherigen Prozessschritte ausgesprochen. Am 13. Oktober 1984 begann der externe Mitarbeiter, Avvocato Dr. Enrico Venanzi, mit der Erstellung der „Positio super vita et virtutibus", der am 7. Januar 1991 mit großem Elan sein Nachfolger, Avvocato Dr. Andrea Ambrosi, nachfolgte.

Zum Abschluss seines Vortrags überreichte mir der Postulator das von Generalrelator Prof. Dr. Eßer erstellte und in Druck erschienene „Summarium testium depositionum".[111]

Einige Monate später, am 24. Mai 1991, weilte ein hoher und lieber Gast aus Rom, den ich herzlich eingeladen hatte, bei mir, nämlich der Kanzler der Kongregation, Prälat Oratio Cocchetti, seit 1983 Domkapitular von St. Peter in Rom, und seine Schwester Lidia. Zusammen mit dem Postulator, meiner treuen Mitarbeiterin, Frau Dr. A. Therese Treiber, und dem Studenten Magister Stefan Gatzhammer sowie den hohen Gästen aus Rom besuchten wir Mindelstetten. Von Pfarrer Johann Bauer, Bürgermeister und Bezirksrat Emmeram Batz und dem zweiten Bürgermeister, Franz Oblinger, wurden wir herzlich aufgenommen. Nach dem Gebet am Anna-Grab in der Kirche begaben wir uns zum Geburtshaus der Dienerin Gottes, an dem gerade Renovierungsarbeiten durchgeführt wurden. Schließlich besuchten wir noch die Grabstätte des um die Causa so verdienten Pfarrers BGR Georg Schlagbauer.[112]

Freilich wurde die Freude über den Besuch im Jahre 1991 getrübt durch den Heimgang von vier Persönlichkeiten, die sich um das Seligsprechungsverfahren für Anna große Verdienste erworben und sie sehr verehrt haben: Domkapitular Prälat DDr. Peter Gradauer in Linz, der sich als Offizial 1986 so freudig dazu bereit erklärt hatte, für die Causa Anna Schäffer den Wunderprozess auf Linzer Diözesanebene zu führen. Er verstarb am 24. Juli 1991 in Linz. – Prälat BGR Ludwig Zausinger, Stiftsdekan U. L. Frau der Alten Kapelle in Regensburg, wurde am 1. August 1991 von Gott heimgerufen. Er wirkte von 1973–1977 als beisitzender Richter im Seligsprechungsverfahren auf Diözesanebene mit. – Auch der beisitzende Richter im Verfahren für Anna, BGR P. Dr. theol. Maximilian Neumayer OFMCap. ist am 5. Oktober 1991 im Alter von 85 Jahren in Eichstätt verstorben. Schließlich ist die langjährige verdienstvolle Haushälterin, Rosa Imlauer, die zunächst in Mindelstetten – sie war eine Base von BGR Pfarrer Karl Rieger – dann in Buchloe/Schw. wirkte, im Alter von 93 Jahren am 14. September 1991 in Augsburg von uns gegangen. Sie hat wesentliche Teile des Schriftennachlasses der Dienerin Gottes fürsorglich aufbewahrt und der Abteilung für Selig- und Heiligsprechungsprozesse für das Bistum Regensburg übergeben. Sie war eine große Verehrerin und Förderin Annas und wirkte als Hauptzeugin im Informativ- und Schriftenprozess.[113]

Doch nun darf ich noch von meiner Romreise 1991 berichten. Dank der Vermittlung des Domherrn von St. Peter, Prälat Orazio Cocchetti, durfte ich am 8. Okto-

111 „Anna-Schäffer-Brief" Nr. 19, 07.1991, S. 1–16.
112 Ebd. S. 17.
113 Ebd. S. 35.

ber zusammen mit meinem Freund und Mitbruder, Domkapitular Prälat Alois Reindl, sowie einigen anderen Priestern in Konzelebration mit Papst Johannes Paul II. das Hl. Messopfer in der Vatikanischen Kapelle Redemptoris Mater feiern. Am anderen Tag durfte ich am Grab des hl. Petrus zelebrieren.[114]

Was geschah sonst noch im Jahr 1991? Am 25. März teilte mir der Postulator mit, dass Avvocato Dr. Ambrosi sich sehr für die Causa Anna Schäffer interessiere und sich soweit einsetze, dass er sogar die Causa für Kaiser Karl I. von Österreich-Ungarn „zurückgestellt hat".[115]

Die fernmündliche Anfrage des Verlags Kral in Abensberg, Pfarrer Karl Besler[116] würde eine Neuauflage des Buches von Friedrich Ritter von Lama über Anna Schäffer anregen, beantwortete ich in einer ausführlichen Stellungnahme. Ich verwies zunächst auf die gute Prüfungsarbeit von Frau Marianne Schwager über die Biographen der Dienerin Gottes, hielt aber eine Neuauflage des Buches von Lama für nicht opportun, da es nicht auf den Stand neuer Forschungsergebnisse beruhe, obgleich es als eine wichtige sekundäre Quelle zu bezeichnen ist. Auch Pfarrer Bauer von Mindelstetten äußerte den Wunsch nach einer Neuauflage, was ich jedoch ablehnen musste mit der Begründung, die in Rom bearbeitete „Positio", die in absehbarer Zeit in Druck vorliegen wird, werde die neuen Forschungsergebnisse berücksichtigen. Das katholische Volk würde durch zwei divergierende Biographien verunsichert werden, falls ein unveränderter Nachdruck des Lama-Buches erscheinen würde.[117] In einem Schreiben vom 23. Juli 1991 bedankte sich der Verlag Kral für die Hinweise und unterließ eine Neuauflage.[118]

Am 15. Oktober 1991 sandte ich Avvocato Dr. Ambrosi Publikationen, von denen ich angenommen habe, dass sie für die Abfassung der „Positio" wesentlich sein könnten. Außerdem bedankte ich mich für die schöne Begegnung in Rom anlässlich meines Besuches der Ewigen Stadt im Oktober und lud ihn und seine Gattin zu einem Besuch nach Regensburg ein.[119] In einem liebenswürdigen Brief bedankte sich Ambrosi für das übersandte Material und versicherte mir, alles in seiner Kraft stehende tun zu wollen, um mit der „Positio" bald fertig zu werden. Ferner zeigte er großes Interesse für die aufschlussreichen „Anna-Schäffer-Briefe", vor

---

114 Ebd. S. 7.

115 BKR III. Abt. CAS K. 38: Rom 25.03.1991: Schulz an Ritter.

116 Pfarrer Karl Besler, geb. 05.02.1940 in Traunstein/Obby.; zunächst nach dem Abitur Physikstudium, dann Theologie; Pr.-W. 30.06.1973, Kooperator in Frontenhausen/Nby.; 1974 Kooperator in Vohenstrauß/Opf.; 1975 Expositus in Kläham/Nby.; 1976 Pfarradministrator in Andermannsdorf/Nby.; 1980 Pfarrer in Kollbach/Nby.; 2000 Kommorant in Massing. – Vgl. Schematismus des Bistums Regensburg 2009, S. 8.

117 BKR III. Abt. CAS K. 38: Regensburg 15.07.1991: Ritter an Verlag Kral – 15.07.1991: Ritter an Pfarrer Bauer.

118 BKR III. Abt. CAS K. 38: Abensberg 23.07.1991: Verlag Kral an Ritter.

119 BKR III. Abt. CAS K. 38: Regensburg 15.10.1991: Ritter an Avvocato Dr. Andrea Ambrosi.

allem für die statistische Darstellung der Entwicklung bezüglich Verehrung der Dienerin Gottes auch außerhalb Bayerns.[120]

In seinem Weihnachtsbrief teilte mir Ambrosi mit, die Arbeit an der Positio schreite voran, der Druck des Summarium documentarium stehe vor dem Abschluss, während die Zeugenaussagen bereits gedruckt seien. „Nachdem ich in der Zwischenzeit die letzten Akte bezüglich des Wunders habe übersetzen lassen, habe ich noch einmal das gesamte Material an Dr. Ennio Ensoli weitergereicht, der darüber bis zum 05.01.1992 eine Relation erstellen wird. Herr Uhlisch – Enrico Uhlisch ist der Dolmetscher, den ich anlässlich meines Besuches in Rom im Oktober kennen gelernt hatte – ist daran, die wertvollen Artikel zu übersetzen, die Sie mir zugesendet haben und die ich baldmöglichst in die „Positio super Virtutibus" einfügen werde."[121]

Wie ich von Avvocato Dr. Ambrosi erfuhr, sei die Informatio Annas bereits beim Drucker, „den ich besonders angewiesen habe, den Druck zu beschleunigen". Er bedankte sich zudem für die „Vorzügliche Gastfreundschaft" anlässlich seines Besuches bei mir in Regensburg und er hoffe sich in Rom revanchieren zu dürfen.[122]

Bischof Manfred Müller hatte Dr. Andrea Ambrosi, Prälat Prof. DDr. Schulz und mir am 18. Mai 1992 eine sehr harmonisch verlaufende Audienz gewährt, für die ich ihm herzlich gedankt habe. Ich konnte meinem Bischof noch ein zweites erfreuliches Factum berichten, nämlich, dass Bischof Aichern von Linz den Wunderprozess für Anna eröffnen wird. Da sich die auffallende Heilung an einem jungen Linzer Diözesanen ereignet hatte, musste das Verfahren auch in Linz durchgeführt werden.[123]

Im Juni wurde ich von der „Mittelbayerischen Zeitung" um ein Interview bezüglich des Prozesses für Anna Schäffer gebeten. Der Artikel erschien am 13./14. Juni in einer Samstagsausgabe unter dem Titel: „Bischöflicher Offizialatsrat Emmeram H. Ritter glaubt fest daran: ‚Schäffer Nandl' wird bald seliggesprochen".[124]

Da das beliebte Büchlein von Dr. Schwaiger über Anna Schäffer bereits wieder völlig vergriffen war, wurde eine dritte Auflage notwendig. Der Autor, den ich um die Druckerlaubnis gebeten hatte, genehmigte sie in einem herzlichen Schreiben vom 22. Juni 1992. Ich vergab den Druckauftrag an den Verlag Kral, wobei ich von der Auflage in Höhe von 10.000 Exemplaren 8.000 für das Pfarramt Mindelstetten und 2.000 für die Abteilung drucken ließ.[125]

---

120 BKR III. Abt. CAS K. 38: Rom 25.10.1991: Ambrosi an Ritter.

121 BKR III. Abt. CAS K. 38: Rom 21.12.1991: Ambrosi an Ritter.

122 BKR III. Abt. CAS K. 39: Rom 21.05.1992: Ambrosi an Ritter.

123 BKR III. Abt. CAS K. 39: Regensburg 15.05.1992: Ritter an Bischof Müller.

124 „Mittelbayerische Zeitung" vom 13./14.06.1992.

125 BKR III. Abt. CAS K. 39: Regensburg 15.06.1992: Ritter an Prälat Prof. Dr. Schwaiger – München 22.06.1992: Schwaiger an Ritter – Regensburg 29.06.1992: Ritter an Verlag Kral.

In einem Schreiben an den Postulator vom 31. Juli 1992 konnte ich ihm berichten, dass gegenwärtig der Generalrelator Prof. Eßer bei uns zu Gast weilt. Ich sei inzwischen in Linz gewesen und habe mit Offizial DDr. Lederhilger das Finanzielle für den Wunderprozess geregelt. Anschließend habe uns Bischof Aichern zum Mittagessen eingeladen.[126]

Als Bischof Müller in diesem Jahr zum Ad-limina-Besuch zum Heiligen Vater, Papst Johannes Paul II., nach Rom reiste, bat ich ihn, einige Bildchen der Dienerin Gottes dem Papst zu überreichen, die in Deutsch, Italienisch, Polnisch und Englisch übersetzt waren. Außerdem ersuchte ich, ihm zu sagen, dass auch in Polen die Verehrung Annas wachse und meine Abteilung den polnischen Palottiner P. Miroslaw Drozdek aus Zakopane und seinen Kirchenbau zu Ehren der Muttergottes von Fatima unterstützt habe. Auch der Sekretär der „Congregatio pro Causis Sanctorum", Erzbischof Eduard Nowak, würde sich sicher über ein polnisches Bildchen freuen, was der Causa vielleicht nützlich wäre. Bischof Müller hat gerne meiner Bitte entsprochen.[127]

Auch an Generalrelator Prof. Eßer sandte ich einen Brief mit der Ankündigung des Besuches von Bischof Müller, in dem ich ihm mitteilte, dieser werde am 7. Dezember zusammen mit Schulz ihm und Erzbischof Nowak einen Besuch abstatten wegen der Causa Anna Schäffer, die ihm am Herzen liege. Außerdem bedankte ich mich für die beiden Sonderdrucke mit tiefschürfenden Aufsätzen, darunter auch einen über den hl. Albertus Magnus.[128]

Doch nun zu dem wohl erschütterndsten Ereignis des Jahres 1992. Am Freitag, den 31. Januar dieses Jahres (Fest des Jugendapostels des hl. Johannes Bosco) vollendete der emeritierte Bischof von Regensburg, Päpstlicher Thronassistent Dr. theol. Dr. h. c. Rudolf Graber nach kurzem Leiden und bewussten Empfang der Krankensalbung – ich durfte daran teilnehmen – sein irdisches Leben. Er wurde heimgerufen von Gott, dem er sein Leben lang in Liebe, Treue und unerschütterlichem Glauben als Kind, als Jugendlicher, als Priester, Gelehrter und Bischof gedient hatte.

Am Priesterdonnerstag, dem 6. Februar, wurde die sterbliche Hülle des beliebten und weithin geachteten Oberhirten nach feierlichem Requiem in der Domkrypta bestattet. – Sein Andenken ist unauslöschlich.

In einem Nachruf im „Anna-Schäffer-Brief" habe ich geschrieben: „In der irdischen Pilgerschaft des frommen, gelehrten und marianischen Bischofs offenbart sich etwas vom Mysterium des Dreieinigen Gottes, der ihn nicht nur berufen und auserwählt, sondern ihm auch außerordentliche Gnadengaben mit auf den Weg gegeben hat, damit er als Lehrer, Hirte und Priester in hohem Maße wirksam wer-

126 BKR III. Abt. CAS K. 39: Regensburg 31.07.1992: Ritter an Schulz.

127 BKR III. Abt. CAS K. 39: Regensburg 13.11.1992: Ritter an Bischof Müller.

128 BKR III. Abt. CAS K. 39: Regensburg 23.11.1992: Ritter an Generalrelator Eßer.

den konnte. So gilt es zunächst und vor allem Gott gebührend Dank zu sagen, dass er sich in einem Menschen groß erwiesen hat, Ihn zu preisen gemäß des Psalmwortes: ‚Im Herrn soll mein Leben Lob erfahren, des Herrn soll meine Seele sich rühmen' (Ps. 33,3).

Für den gläubigen Katholiken, der sich in der unendlichen Liebe Gottes geborgen weiß, ist der irdische Todestag zugleich der Geburtstag für die Ewigkeit. Wir haben durch den Heimgang Bischof Dr. Grabers viel verloren: Die Kirche Gottes und besonders das Bistum Regensburg eine große Persönlichkeit, einen beispielhaften Hirten; das Priesterwerk ‚Opus summi Sacerdotis' und das ‚Institutum Marianum Regensburg' den Gründer und Vorsitzenden; die Zeitschrift ‚Bote von Fatima' seinen hohen Protektor; die Abteilung für Selig- und Heiligsprechungsprozesse, die ihm seine Errichtung verdankt, einen großen Freund und Förderer. Aber – und dessen dürfen wir gewiss sein – wir haben einen Fürbitter am Throne Gottes gewonnen. Und dieser Gedanke ist tröstlich, für uns und für alle diejenigen, die ihn auf seinem Lebensweg ein Stück begleiten, ihm dienen, ihn lieben und verehren duften. Es lag im Plane Gottes, seinen treuen Diener, den Herold U. L. Frau vom Rosenkranz, im Jubiläumsjahr ‚75 Jahre Botschaft von Fatima' und ‚75 Jahre Fest PATRONA BAVARIAE' aus dem irdischen Jammertal zu sich zu rufen [...]. Heilige, Selige und auch die Diener Gottes, wie diejenigen genannt werden, deren Seligsprechung angestrebt wird, sind Gnadengaben göttlicher Liebe und Vorbilder zugleich. Bischof Dr. Graber, wie bereits gesagt, um die innere Erneuerung der Kirche bemüht, hat stets in Predigten, Ansprachen und Publikationen auf sie verwiesen. Wer denkt dabei nicht an die aufrüttelnden Predigten: ‚In den Heiligen redet Gott selbst zu uns' anlässlich der Tagung des Theresienwerkes im März 1976 im Dom zu Regensburg; ‚Heilige haben Europa gebaut' anlässlich der nordoberpfälzischen Wallfahrt nach Vierzehnheiligen im Oktober 1978; ‚Heilige können uns retten' am Fest des hl. Erhard in der Regensburger Niedermünsterkirche im Januar 1979; ‚Welt und Kirche brauchen vor allem Selige und Heilige' in der Krankenhauskirche St. Pius der Barmherzigen Brüder in Regensburg am 6. März 1982. Die Liste könnte beliebig fortgesetzt werden. Als Hochschulprofessor in Eichstätt und als Oberhirte des Bistums Regensburg hat er über 42 Heilige, Selige und Diener Gottes immer wieder gesprochen und geschrieben, wie aus seiner umfangreichen Bibliographie – sie umfasst bis 1983 nicht weniger als 1155 Titel – zu ersehen ist.[129]

Bischof Dr. Graber war ein großer Verehrer Anna Schäffers und bedeutender Förderer ihres Seligsprechungsprozesses. Immer wieder zog es ihn an die Grabstätte nach Mindelstetten. Er veranlasste ihre Umbettung und ihm ist auch die Einrichtung des alljährlichen Anna-Tages (26. Juli) als großem Gebets-, Sühne- und

129 Ritter, Emmeram H., Bibliographie Bischof Dr. theol. Dr. h. c. Rudolf Graber 1927–1983. Ehrengabe zum 80. Geburtstag, Regensburg 1983.

Beichttag zu verdanken. So wurde Mindelstetten zu einem bedeutenden Gebetszentrum, nicht nur des Bistums Regensburg, sondern weit über die Grenzen Bayerns hinaus."[130]

Ich kann nicht umhin, den in diesem Jahr erfolgten Wunderprozess als Frucht der Bemühungen Bischof Dr. Grabers zu bezeichnen. Am Freitag den 14. August 1992 leitete Bischof Maximilian Aichern von Linz das Verfahren über die wissenschaftlich unerklärbare Heilung von Franz Zw. mit der Vereidigung des Gerichtshofes ein. Der Gerichtsvikar des Bistums Linz, Offizial DDr. Severin Lederhilger OPraem., führte mit Hilfe des Postulators den schwierigen Wunderprozess durch. Das Ergebnis über die mutmaßliche medizinische Wunderheilung konnte selbstverständlich noch nicht abzusehen sein. Ich konnte nur hoffen und beten! Denn erst wenn das im Dienste der Kongregation stehende Ärztegremium in Rom das Ergebnis des in Linz tagenden Gerichtshofes bestätigt, dass es sich nach Erkenntnis des gegenwärtigen medizinischen Wissenschaftsstandes um eine unerklärliche Heilung auf Dauer und ohne Folgen handelt, kann von einem tatsächlichen Wunder gesprochen werden.[131]

Am 17. Dezember 1992 wurde der Wunderprozess dank der Bemühungen des diözesanen Gerichtshofes und vor allem der zahlreich einvernommenen Zeugen, unter denen die Eltern des Geheilten und der Primarius des Wagner-Jauregg-Krankenhauses, Hofrat Prof. Dr. Gustav Hofmann, hervorzuheben sind, feierlich abgeschlossen. Damit war es gelungen, in relativ kurzer Zeit das diözesane Verfahren durchzuführen. Der umfangreiche Prozessakt wurde nun durch den Postulator nach Rom gebracht und der Kongregation übergeben. Wann sich die Römische Ärztekommission damit befassen werde – die Akten mussten ja noch ins italienische übersetzt werden – entzog sich unserer Kenntnis.[132]

Ein weiteres freudiges Ereignis bildete in diesem Jahr die Vollendung der Positio, auf der nunmehr alle weiteren Prozessschritte basierten und die zum Jahresende in Druck erscheinen sollte. Wie viel Mühe und Arbeit damit verbunden war, kann man sich vorstellen. Dem römischen Anwalt, Dr. Andrea Ambrosi, ist dafür ein besonders herzliches Vergelt's Gott zu sagen.[133]

Dank der guten Zusammenarbeit aller Beteiligten entstand eine mustergültige „Positio super virtutibus", die das umfangreiche Material – Leben der Dienerin Gottes, ihre Tugenden, die Zeugenaussagen, alle noch vorhandenen Dokumente, Stellungnahmen dazu – übersichtlich darbietet. Das Werk umfasst 823 Seiten und 6 Bildseiten. Das aufbereitete Prozessmaterial harrte nun der Diskussion durch den sogenannten Kongress der Theologischen Kommission der Kongregation. Wird die Antwort von mindestens zwei Drittel der neun Abstimmungsberechtigten positiv

130 „Anna-Schäffer-Brief" Nr. 21, 07.1992, S. 17–22.

131 „Anna-Schäffer-Brief" Nr. 22, 12.1992, S. 37.

132 Ebd. S. 37.

133 „Anna-Schäffer-Brief" Nr. 23, 07.1993, S. 2.

ausfallen, dann geht die Causa an die Kongregation der Kardinäle und Erzbischöfe, und wird ihr Votum ebenfalls positiv bewertet, so kann das Dekret über den heroischen Tugendgrad Anna Schäffers in Gegenwart des Heiligen Vaters, Papst Johannes Paul II., promulgiert (verkündet) werden. Durch diesen Akt erhält die Dienerin Gottes dann den Titel „ehrwürdige Dienerin Gottes". Dabei ist allerdings zu bedenken, erst nach Abschluss dieses Verfahrens über die heroische Tugend kann das andere über ein angenommenes Wunder, also der Wunderprozess geführt werden. Soweit war die Causa aber noch nicht fortgeschritten. So forderte ich alle Verehrer Annas dazu auf, ihre Gebete zu verstärken, damit der Kongress der Theologischen Konsultoren möglichst bald mit der Diskussion über die Causa beginnen möge, denn die Liste der auf Behandlung wartenden Prozesse sei sehr umfangreich.

In diesem Zusammenhang verdiente auch der Regensburger Bischof Manfred Müller ein besonders herzliches Vergelt's Gott. Anlässlich seines „Ad-limina-Besuches" in der ersten Dezember-Woche 1992, bei der die bayerischen Bischöfe in Rom dem Heiligen Vater bei einer Audienz ihre Anliegen vorgetragen haben, bemühte er sich sehr um den Seligsprechungsprozess für Anna Schäffer und überreichte dem Papst Anna-Bildchen in polnischer und italienischer Sprache. Dies blieb sicher nicht ohne Wirkung.[134]

Doch zurück zum diözesanen Wunderprozess in Linz. Bei diesem Verfahren hat sich, wie bereits berichtet, der in Österreich bekannte Neurologe, Hofrat Prof. Hofmann, als Fachmann große Verdienste erworben, besonders durch seine vierseitige abschließende Stellungnahme. Durch dieses medizinwissenschaftliche entscheidende Gutachten sah sich Bischof Manfred Müller veranlasst, als Zeichen des Dankes am 15. Februar 1993 Seine Heiligkeit, Papst Johannes Paul II., zu bitten, dem Hofrat eine hohe Auszeichnung zu verleihen. Der Heilige Vater hat dem Ansuchen tatsächlich entsprochen und laut Urkunde am 7. Mai 1993 die Verdienste des Mediziners mit der Verleihung des Ordens Komtur mit Stern des Silvesterordens gewürdigt.

Als zuständiger Ordinarius überreichte Bischof Dr. h. c. Maximilian Aichern am 16. August in einer schönen Feierstunde in seiner Residenz die hohe Auszeichnung. In seiner Ansprache würdigte der Linzer Oberhirte die großen Verdienste des Arztes und Wissenschaftlers, der sich nicht nur beim Wunderprozess in der Causa Schäffer, sondern auch in anderen Belangen, die das Bistum angehen, wiederholt als katholischer Mann der Tat bewährt habe. In seiner Erwiderung dankte der Hofrat in seiner feinen, bescheidenen Art allen, die am Zustandekommen der Auszeichnung mitgewirkt hatten, besonders den Bischöfen Manfred Müller und Aichern.

Im Anschluss an die Feierstunde lud Bischof Aichern alle Teilnehmer zum Mittagessen ein, bei dem auch meines 40-jährigen Priesterjubiläums gedacht wurde.

134 „Anna-Schäffer-Brief" Nr. 24, 12.1993, S. 34–36.

Ich bemerkte noch im „Anna-Schäffer-Brief“ Nr. 24: „Es war ein würdiger schöner Tag, an dem nicht nur die Katholizität der Kirche Jesu Christi, sondern auch die innige landsmannschaftliche Verbundenheit von Bayern und Österreich zum Ausdruck gekommen ist. Die Bistümer Linz und Regensburg sind nunmehr nicht nur allein durch den heiligen Bischof Wolfgang, dessen eintausendjähriger Todestag im kommenden Jahr 1994 in beiden Diözesen feierlich begangen wird, sondern auch durch die Dienerin Gottes Anna Schäffer von Mindelstetten, der im oberösterreichischen Bistum Linz ein Wunder zugeschrieben wird, verbunden.“[135]

Ein ganz liebenswürdiges Schreiben von Hofrat Prof. Dr. Hofmann erreichte mich Ende August 1993. Er entschuldigte sich, dass er in der „außergewöhnlichen Situation während der Überreichung der hohen päpstlichen Auszeichnung nicht die richtigen Worte des Dankes“ gefunden habe. „Ich möchte dies nun herzlich nachholen.“ Außerdem bedankte er sich für das überreichte Buch „Zeugen des Glaubens. Heilige, Selige und Diener Gottes im Bistum Regensburg“, das ich 1989 verfasst und herausgegeben und ihm anlässlich der Feierstunde überreicht hatte.[136]

Im November 1993 wurde Prälat Prof. DDr. Schulz, Inhaber des Lehrstuhls für Kirchenrecht an der Kath.-Theol. Fakultät der Universität Regensburg, von Papst Johannes Paul II. zum ordentlichen Richter am Berufungsgerichtshof des Vatikanstaates ernannt.[137]

Meiner Bitte entsprechend hatte sich Bischof Manfred Müller in zwei Briefen an die „Congregatio pro Causis Sanctorum“ in Rom gewandt. Er sprach darin den Wunsch aus, der Kirche von Regensburg anlässlich der 1000-Jahr-Feier des Diözesanpatrons, des hl. Bischofs Wolfgang, durch Förderung des Verfahrens für die Dienerin Gottes Anna Schäffer eine besondere Freude bereiten zu wollen. In einem Antwortschreiben vom 18. Juli 1994 versicherte der Sekretär der Kongregation, Erzbischof Eduard Nowak: „Dazu kann ich mitteilen, dass die ‚Positio über die Tugenden‘ der D. G. am 10. Dez. 1992 bei diesem Dikasterium abgeliefert und in die Liste der ‚Positiones‘ aufgenommen wurde, die gemäß ihrer Reihenfolge auf die Diskussion der Theologischen Consultoren warten.

Wie E. Exz. bekannt ist, ist nach dem zur Zeit geltenden canonischen Recht für die Seligsprechung ein glaubwürdig anerkanntes Wunder erforderlich. Da bereits eine behauptete wunderbare Heilung vorliegt, wird dieser Fall nach der eventuellen Verkündigung des Dekrets über die heroischen Tugenden untersucht werden.

Dieses Dikasterium wird versuchen, dem Wunsch, den E. Exz. mir aufgezeigt haben, in höchstmöglichem Maße zu entsprechen“.[138]

Auch der Präfekt der Kongregation, Angelo Kardinal Felici, antwortete Bischof Manfred Müller am 1. Juli wie folgt: „[...] Sie informieren mich, dass die Bayerische

135 Ebd. S. 36.

136 BKR III. Abt. CAS K. 40: Linz 20.08.1993: Hofrat Prof. Dr. Hofmann an Ritter.

137 „Pressedienst Regensburg“ Nr. 14, 27.11.1993.

138 BKR III. Abt. CAS K. 41: Rom 18.06.1994: Erzbischof Nowak an Bischof Müller.

Kirche aus Anlass der 1000-Jahr-Feier des hl. Wolfgang den inständigen Wunsch hat, die D. G. Anna Schäffer wegen des Rufes der Heiligkeit, den sie in diesem Lande genießt, zur Ehre der Altäre zu erheben.

Ich freue mich, zu erfahren, dass Se. Em. Joseph Kardinal Ratzinger als päpstlicher Gesandter aus Anlass des erwähnten Millenniums einer liturgischen Feier vorstehen wird. Bei dieser Gelegenheit werden E. Exz. den tiefen Wunsch eines raschen Abschlusses der Causa der Dienerin Gottes erneuern.

Ich versichere E. Exz., dass man sich um die Causa, deren ‚Positio über die Tugenden' und den Ruf der Heiligkeit am 10. Dez. 1992 bei der Kongregation hinterlegt wurde, intensiv bemühen wird, damit der kanonische Prozess möglichst früh seinen Lauf nehmen kann."[139]

Mit Dank zu vermerken waren auch die beiden Gespräche des Postulators mit Erzbischof Nowak, die er zwischenzeitlich geführt hatte.[140]

In einem weiteren umfangreichen Brief vom 13. Juli 1994 vom Generalrelator Prof. Dr. Ambrosius Eßer OP wurde die Situation erörtert und konkret mitgeteilt, dass die Causa Schäffer dieser Tage auf die Liste der Causen für die Kongresse der Theologischen Konsultoren gesetzt wurde „und wahrscheinlich nächstes Jahr an der Reihe sein wird". Einer weiteren Mitteilung des Generalrelators war zu entnehmen, dass der Präfekt der Kongregation, Kardinal Felici, am 30. September 1994 das Dekret über die Behandlung des in Linz abgeschlossenen Wunderprozesses durch die Consulta medica, also durch die medizinischen Konsultoren, erlassen hat.[141]

Das bedeutete freilich noch nicht, dass Anna Schäffer bereits 1995 seliggesprochen wurde. Aber aus der erfreulichen Tatsache, dass die Causa im kommenden Jahr von den Theologischen Konsultoren behandelt werden sollte, war zu schließen, dass das Verfahren in ein entscheidendes Stadium eingetreten war. Wieder bat ich alle Verehrer, den Verlauf des Prozesses mit verstärktem Gebet zu begleiten.[142]

Inzwischen wurde der Postulator, Prof. Schulz, vom Fachbereichsrat der Katholischen Theologischen Fakultät der Universität Regensburg mit Wirkung vom 1. Oktober 1994 zum Dekan der Fakultät gewählt.[143]

In einem Brief vom 21. Juli benachrichtigte ich Bischof Manfred Müller über die Mitteilung vom Generalrelator. Außerdem erwähnte ich die Verlässlichkeit und Treue unserer polnischen Freunde aus Zakopane, die sich bei Erzbischof Nowak und dem polnischen päpstlichen Sekretär für die Causa eingesetzt haben.[144]

139 BKR III. Abt. CAS K. 41: Rom 01.07.1994: Präfekt Kardinal Felici an Bischof Müller.

140 „Anna-Schäffer-Brief" Nr. 26, 12.1994, S. 4.

141 BKR III. Abt. CAS K. 41: Rom 13.07.1994: Generalrelator Prof. Eßer an Ritter.

142 „Anna-Schäffer-Brief" Nr. 26, 12.1994, S. 5.

143 „KNA – Bayerischer Dienst" Nr. 108, 21.07.1994.

144 BKR III. Abt. CAS K. 41: Regensburg 21.07.1994: Ritter an Bischof Müller.

Ende Juli informierte ich den Postulator von den beiden Briefen von Kardinal Felici und Erzbischof Nowak, übrigens auch einem Polen. Ich gratulierte ihm auch zur Wahl zum Dekan der Theologischen Fakultät.[145]

Am 26. Juli 1994 habe ich eine Pressesendung[146] über die Fortschritte im Seligsprechungsprozess für Anna Schäffer herausgegeben, die einen Niederschlag nicht nur im „Regensburger Bistumsblatt“, sondern auch z. B. in der „Straubinger Zeitung“ gefunden hat.[147]

Das Dekret über den Wunderprozess, ausgestellt am 30. September 1994 durch Erzbischof Nowak, sandte mir Generalrelator Eßer am 6. Oktober 1994 zu.[148]

Der guten Ordnung wegen musste ich den Lesern des „Anna-Schäffer-Briefes“ vom Dezember 1994 noch die Mitteilung machen, dass mir der Heilige Vater, Papst Johannes Paul II., den Titel „Monsignore“ verliehen hat. Am Fest des hl. Wolfgang (31. Oktober), genau 1000 Jahre nach dessen Heimgang, hat mir Bischof Manfred Müller die Urkunde überreicht, nachdem ich von ihm bereits nach der Seligsprechung des Märtyrers P. Liberat Weiss OFM[149], an dessen Prozess ich beteiligt war, mit dem bischöflichen Titel „Bischöflicher Geistlicher Rat“ (BGR) 1988 ausgezeichnet worden war.

Eigentlich hatte ich stets alle Titel abgelehnt und niemand darum gebeten, sich dafür einzusetzen. Allein meine Freunde, vor allem die Weihbischöfe Karl Flügel und Vinzenz Guggenberger, hatten mich bewogen, den Titel „Monsignore“ anzunehmen.[150]

Das Jahr 1995 begann mit einer freudigen Nachricht. Tatsächlich war die Theologenkommission und deren Beratung vorgezogen und am 13. Januar 1995 durch den Generalpromotor, Sandro Corradini abgeschlossen worden. Die Zusammenfassung über die neun Voten der Kommission bezüglich der Feststellung des heroischen Tugendgrades der Dienerin Gottes Anna Schäffer lautete: „Im Verlauf der Zusammenkunft erläuterten die Mitglieder des Kongresses, denen eine xerographische Kopie der Voten aller Konsultoren zugegangen war, abwechslungsweise entsprechend der Vorschriften des Artikel 22, § 4 der Bestimmungen, die betreffenden Arbeiten und präzisierten ihre Schlussfolgerungen, sei es was die Positio, sei es was das Meritum [die Bedeutung] der Causa betrifft.

Bezüglich des ersten Punkts stimmten die Konsultoren einmütig darin überein, dass das Beweismaterial alle ausreichenden und gültigen Elemente enthält, um ein begründetes und gewissenhaftes Urteil über den heroischen Grad der Tugenden der Dienerin Gottes zu fällen.

145 BKR III. Abt. CAS K. 41: Regensburg 21.07.1994: Ritter an Schulz.

146 BKR III. Abt. CAS K. 41: Regensburg 26.07.1994: Ritter: Presseaussendung.

147 „Straubinger Zeitung“ vom 29.07.1994, S. 7.

148 BKR III. Abt. CAS K. 41: Rom 06.10.1994: Generalrelator Prof. Eßer an Ritter.

149 Ritter, Emmeram H., Leben und Sterben für Christus. Sel. P. Liberat Weiss und Gefährten. Franziskaner Missionare, Regensburg 1988.

150 „Anna-Schäffer-Brief“ Nr. 26, 12.1994, S. 6.

Eine entscheidende Rolle spielen in diesem Zusammenhang die Zeugenaussagen des Prozesses, denen gleichsam zur Klärung und Bestätigung die Dokumente beigefügt sind.

Was die Anerkennung der Wirksamkeit der Beweise betrifft, muss auf einige Mängel in der Methodologie und auf ein fehlendes tieferes Eingehen auf die Psyche der Dienerin Gottes hingewiesen werden; dies wäre günstig gewesen, um jedweden Schatten, der sich aus einigen typischen Manifestationen ihres tiefen religiösen Gefühls ergeben könnte, vollständig zu zerstreuen.

Bei der Behandlung des Meritum der Causa haben alle Konsultoren die wesentlichen Punkte der moralischen und spirituellen Persönlichkeit der Dienerin Gottes bekräftigt. Mit einem Charakter, der Willen und Energie verrät, war sie von Anfang an darum bemüht, sich von jenen der Kindheit eigenen Fehlern zu befreien, indem sie so jedwede Form der Mittelmäßigkeit überwand.

In der vollkommensten Rechtschaffenheit ihrer Absichten machte sie aus ihrem ganzen Leben eine vollständige Hingabe an den göttlichen Willen, die ihre Verwirklichung und ihren Ausdruck in einer vollkommenen Vereinigung mit Gott und in der mystischen Betrachtung des Herrn fand. Von daher kommt ihr Sinn für sühnende Buße für die Sünden der Menschheit sowie die edelmütige Hingabe ihrer selbst für die Bekehrung der Sünder.

Ein Leben also, das ganz geopfert wurde für die Ehre Gottes und das Heil der Seelen, das sich abspielte im Rahmen eines harten asketischen Programms: lieben, leiden und schweigen.

Ihre tiefe und starke Liebe zum Leiden Christi und ihre Verehrung der Schmerzhaften Muttergottes finden ihre praktische Anwendung in ihrem unermüdlichen Eifer in vielen Formen des Apostolats, das fruchtbar gemacht wird durch die opfernde Hingabe ihres eignen Lebens.

In Anbetracht der stets gefährdeten Gesundheit wurde ihr geistliches Leben durch die Annahme des Leidens geprägt. So wurde die Dienerin Gottes Ausgangspunkt für geistliche Begegnungen und für apostolische Wirksamkeit, durch die sie ihr reiches Innenleben in einem vollkommenen moralischen Gleichgewicht ausstrahlte.

Sie vermied jedwede Form der Zurschaustellung, und so kam der zähe und beständige Einsatz ihres Willens zur Geltung, der beständig darauf ausgerichtet war, eine edelmütige Antwort auf die göttliche Gnade zu geben und dies mit lauterer Absicht und schlichter Geisteshaltung.

In diesem Zusammenhang unterließ man es nicht, die Aktualität der vorliegenden Causa gebührend hervorzuheben. In einer Welt, die durchdrungen ist von zügellosem Hedonismus, der unerbittlich auch die geheiligten Seelen bedrängt, zu betonen, dass man auch die harten Stunden des physischen und moralischen Schmerzes in Segen verwandeln kann, bedeutet eine deutliche Erinnerung an den heilbringenden Wert des Leidens.

Eine solche Art und Weise, das Leiden zu leben, zwingt eine Gesellschaft zum Nachdenken, die unter Missachtung der Radikalität des Evangeliums auf das Kreuz und auf die von ihm kommende Botschaft verzichtet.

Anna Schäffer stellt sich also in der Gesamtheit ihrer hochherzigen Verfügbarkeit für die göttliche Gnade als ein Vorbild dar, das bestimmt ist zum schweren Beruf für das Leiden, das verstanden wird als das Gleichförmigwerden mit dem gekreuzigten Christus im Dienst der Liebe und der Sühne zum Wohl der ganzen Kirche.

Zum Abschluss der Diskussion nahm der hochwürdigste Generalberichterstatter mit Freude die positiven Wertungen und das einstimmige bejahende Votum (9 zu 9) der theologischen Konsultoren zur Kenntnis."[151]

Somit hat die Theologenkommission ein sehr positives Votum – wohlgemerkt ohne Gegenstimme – abgegeben.Einen Tag später teilte ich Bischof Müller das Ergebnis der Gutachten mit und bemerkte dazu, dass noch in diesem Jahr mit der Verleihung des heroischen Tugendgrades durch den Heiligen Vater zu rechnen sei.[152]

Am 17. März 1995 musste ich leider dem Generalrelator Prof. Eßer die betrübliche Mitteilung machen, dass mich der Postulator Prof. Schulz am Faschingsdienstag spät am Abend angerufen und mir mitgeteilt habe, er leide seit 14 Tagen an entsetzlichen Kopfschmerzen und habe sich veranlasst gefühlt, einen Arzt zu konsultieren. Das Ergebnis sei vernichtend; er müsse am Aschermittwoch in das Klinikum Großhadern in München. Er sagte mir ausdrücklich, er wolle unbedingt die Causa Schäffer zu Ende führen, er habe in Mindelstetten lange gebetet und Anna um ihren Beistand angerufen. Der Arzt habe ihm nämlich mitgeteilt, es bestünde Lebensgefahr. Inzwischen wurden ihm in Großhadern Gewebeteile aus Rückenmark und Kopf entnommen, außerdem wurde ihm eine Geschwulst aus dem Kopf operativ entfernt und gegenwärtig müsse er sich einer Chemotherapie unterziehen. Er habe mir außerdem mitgeteilt, dass er Avv. Ambrosi eine große Zahl von Vollmachten gesandt habe, damit dieser weitermachen könne.[153]

Gegen Schluss des Briefes konnte ich Pater Eßer noch die freudige Mitteilung machen: „Eben hat mich eine Dame aus Australien angerufen und 100 Anna-Bildchen in Englisch sowie alle Schäffer-Briefe bestellt. Sie und ein größerer Kreis von Gläubigen beten jeden Sonntag um ihre Seligsprechung. Das ist ermutigend!"[154]

In einem weiteren Schreiben an den Generalrelator berichtete ich über den bedauernswerten Zustand von Schulz, der dann schließlich am 12. Juni 1995 seinem schweren Leiden, nämlich Knochenkrebs, erlegen ist.[155]

151 BKR III. Abt. CAS K. 42: Rom 13.01.1995: Feststellung des heroischen Tugendgrades der Theologenkommission der „Congregatio pro Causis Sanctorum".

152 BKR III. Abt. CAS K. 42: Regensburg 14.01.1995: Ritter an Bischof Müller.

153 BKR III. Abt. CAS K. 42: Regensburg 17.03.1995: Ritter an Generalrelator Eßer.

154 BKR III. Abt. CAS K. 42: Regenburg 07.04.1995: Ritter an Generalrelator Eßer – „AS-Brief" Nr. 27, 07.1995, S. 14-19.

155 BKR III. Abt. CAS K. 42: Regensburg 30.03.1995: Ritter an Postulator Ambrosi – Rom 19.06.1995: Postulator an Ritter.

Da ich bereits am 7. April erkannt hatte, dass ein Postulator für die Causa Schäffer in Rom unbedingt notwendig sei, wandte ich mich an den Generalrelator. Dieser teilte voll und ganz meine Meinung. Da ich bereits am 30. März Avvocato Ambrosi von der schweren Erkrankung von Prof. Schulz informiert und um Übernahme der Postulatur gebeten hatte, teilte er mir am 19. April 1995 sein volles Einverständnis mit. Deshalb schrieb ich an Bischof Müller, er möge Avv. Ambrosi offiziell zum Postulator für die Causa Schäffer ernennen. Ferner teilte ich ihm mit, dass die „Congregatio pro Causis Sanctorum" bereits einen Kardinal ponens für die Causa nominiert habe und zwar Erzbischof Albertini von Cagliari in Sardinien. „Er wird am kommenden Dienstag (25. April) die Causa im Kardinalskollegium vertreten. Zugleich wurde ich dringend ersucht zu veranlassen, dass Dr. Ambrosi von Exzellenz zum Postulator ernannt wird, da dieser sich unbedingt als solcher ausweisen müsse und die Anwesenheit des Postulators in Rom unbedingt nötig sei. Nach Aussage vom Bruder unseres lieben Winfried Schulz ist, wenn überhaupt noch, mit ihm in absehbarer Zeit nicht mehr zu rechnen. Er wird nun einer zweiten Chemotherapie unterzogen.

Darf ich Exzellenz bitten, das Ernennungsdekret für Dr. Ambrosi auszustellen, damit ich es auf schnellsten Wege nach Rom übermitteln kann.

Wenn die Sitzung des Kollegiums am 25. d. M. positiv ausgeht, wird Anna Schäffer den heroischen Tugendgrad erhalten. Wenn dann das medizinische Konsortium das Wunder anerkannt hat, steht der Seligsprechung nichts mehr im Wege.

Ich habe übrigens meinem Freund, Generalrelator Prof. Dr. Eßer, bereits mitgeteilt, er möge seinen Einfluss geltend machen, damit die Seligsprechung weder in Österreich noch in Berlin, sondern in Rom stattfinden möge.

Solange der heroische Tugendgrad noch nicht verliehen ist, müssen wir gegenüber der Öffentlichkeit noch schweigen. Die voreilige Pressemitteilung bezüglich einer Wiener Causa wurde z. B. in der Kongregation übel vermerkt. Der nun rasche Fortgang der Causa Schäffer kann uns große Freude bereiten, wenngleich sie durch die furchtbare Erkrankung von Schulz geschmälert wird. Gott möge ihm Kraft und Gnade verleihen!"[156]

Da mir die Congregatio pro Causis Sanctorum mitgeteilt hatte, dass das Kardinalskollegium die Causa Schäffer behandelt und sich einstimmig dafür ausgesprochen hat, die Dienerin Gottes beim nächsten Konsistorium dem Heiligen Vater zur Erteilung des heroischen Tugendgrades vorzuschlagen, beeilte ich mich, die gute Nachricht Bischof Müller mitzuteilen: „Das nächste Konsistorium ist im Juni zu erwarten. Wir müssen uns also noch in Geduld üben und dürfen erst nach Erhalt des Dokumentes die freudige Nachricht bekannt geben. Dr. Andrea Ambrosi, dem ich die Ernennung zum Postulator durch Exzellenz sofort gefaxt habe, bedankt sich

156 BKR III. Abt. CAS K. 42: Regensburg 20.04.1995: Ritter an Bischof Müller.

für den ehrenvollen Auftrag, wie er heute telefonisch mitgeteilt hat. Ich darf mich dem Dank von Herzen anschließen."[157]

Am selben Tag noch übersandte ich das Ernennungsdekret Avv. Ambrosi, ausgestellt von Bischof Müller; damit war Ambrosi nun offiziell Postulator der Causa Schäffer. Ich stellte ihm die Frage, ob er auf die üblichen Litterae Postulatoriae Wert legen würde? „Ich kenne eine Reihe von Bischöfen, die solche aus persönlicher Verehrung Annas gern ausstellen würden."[158] Der Postulator fand den Vorschlag gut und hat mich um Durchführung gebeten.[159]

Am 18. Mai wandte ich mich erneut an Bischof Müller und teilte ihm mit, dass bei Prof. Schulz trotz Chemotherapie der Knochenkrebs voranschreite. Der Postulator habe mich benachrichtigt, dass voraussichtlich zu Beginn Juli der Heilige Vater im Konsistorium Anna Schäffer den heroischen Tugendgrad verleihen werde. „Ambrosi hat inzwischen den gedruckten Tugend-Prozess an die Mitglieder des medizinischen Gremiums verteilt. Wann die Beratung darüber erfolgt, ist noch ungewiss. Generalrelator Prof. Eßer teilte mir telefonisch und brieflich mit, er befürchte, vorausgesetzt das Wunder wird anerkannt, dass die Seligsprechung 1996 zusammen mit Dompropst Lichtenberg in Berlin stattfinden wird. Der Grund: Dokumentation und Stärkung des Katholizismus in Gesamt-Deutschland. Das wäre eine bittere Pille, da sich in Berlin und in den ostdeutschen Ländern nur eine einzige Verehrerin Annas befindet. Circa 60 % der Verehrer kommen aus Bayern, 30 % aus Baden-Württemberg, Österreich und der Schweiz sowie aus den übrigen Europäischen Staaten, höchstens 3 % aus Westdeutschland und die restlichen 7 % aus den USA und Afrika.

Um Berlin nach Möglichkeit zu verhindern, habe ich mir überlegt, ob wir uns, sobald die Anerkennung des Wunders absehbar ist, nicht an Kardinal Ratzinger wenden sollten, der als Bayer sicher dafür Verständnis haben dürfte: Wie denken Exzellenz darüber? Für Rom als Ort der Seligsprechung sind nicht nur die Mindelstettener, sondern auch die meisten Verehrer, wie ich der umfangreichen Korrespondenz mit diesen entnehmen kann."[160]

Bischof Müller teilte ganz meine ablehnende Haltung bezüglich einer eventuellen Seligsprechung in Berlin, wie er mir telefonisch mitteilte.

In einem Schreiben vom 12. Juni 1995 benachrichtigte ich den Postulator vom Tod seines Vorgängers Prof. DDr. Winfried Schulz. Zugleich kündigte ich ihm an, dass ich nach einer mündlichen Besprechung mit Bischof Müller in seinem Auftrag und in seiner Vertretung an der Promulgation des Dekrets über den heroischen

157 BKR III. Abt. CAS K. 42: Regensburg 25.04.1995: Ritter an Bischof Müller.

158 Ebd. S. 1.

159 BKR III. Abt. CAS K. 42: Rom 18.05.1995: Generalrelator an Ritter.

160 BKR III. Abt. CAS K. 42: Regensburg 18.05.1995: Ritter an Bischof Müller.

Tugendgrad der Dienerin Gottes Anna Schäffer von Mindelstetten durch Papst Johannes Paul II. in Rom teilnehmen werde.[161]

Die feierliche Promulgation in Rom, in der Anna Schäffer der heroische Tugendgrad verliehen wurde, fand am 11. Juli 1995, einem Dienstag, statt.[162] Der Tag wird als Meilenstein in die Geschichte des Seligsprechungsprozesses für die ehrwürdige Dienerin Gottes eingehen. In Begleitung von Postulator Avvocato Dr. Andrea Ambrosi sowie dem Übersetzer und Dolmetscher Heinz Uhlisch begab ich mich in den Vatikan. Wir wurden vom Damasus-Hof aus in die Sala Clementina geleitet, einen großen prächtigen Saal, in dem Stühle für die etwa 60 geladenen Persönlichkeiten, Kardinäle, Bischöfe, Prälaten, Priester, Ordensleute und Laien vorbereitet waren. Eine frohe, feierliche Stimmung beherrschte den Raum und wir nahmen nach kurzer Begrüßung einiger Bekannter unsere Plätze ein.

Nachdem sich der Heilige Vater, Papst Johannes Paul II., begleitet von seinem Sekretär, zu der für ihn vorbereiteten Sedile an der Stirnseite des Saales begeben und sich alle Anwesenden erhoben hatten, sprach er zuerst ein Gebet. Dann nahmen der Sekretär der Congregatio pro Causis Sanctorum, Erzbischof Eduard Nowak, zusammen mit dem Untersekretär Msgr. Michele Di Ruberto und dem Glaubensanwalt Msgr. Sandro Corradini an dem in der Mitte des Saales aufgestellten Tisch Platz, um die einzelnen Dekrete in gekürzter Form zu verlesen. Drei Wunder, die auf die Fürsprache von drei Dienern Gottes, darunter eines, das der Fürsprache des einstigen Erzbischofs von Mailand, Alfredo Ildefonso Kardinal Schuster OSB (1880–1954), zugesprochen wird, wurden bestätigt. Anschließend folgte die Verleihung des heroischen Tugendgrades an die Dienerinnen und Diener Gottes, darunter auch Anna Schäffer.

Nach Abschluss der Lesung der Dekrete richtete der Heilige Vater einige ermunternde Worte an die Teilnehmer der Promulgation, erteilte den Apostolischen Segen und betete den Angelus. Nun verabschiedete sich Papst Johannes Paul II. von jedem Einzelnen und überreichte jedem einen Rosenkranz. Ich bedankte mich im Auftrag meines Bischofs und persönlich. Tief ergriffen und beglückt verließen wir dankbaren Herzens Gott gegenüber den Vatikan.

161 BKR III. Abt. CAS K. 42: Regensburg 12.06.1995: Ritter an Postulator.

162 BKR III. Abt. CAS K. 42: Regensburg 19.06.1995: Ritter an Postulator.

Das Dekret bezüglich Anna Schäffer, nunmehr „Ehrwürdige“ Dienerin Gottes, das wie alle anderen in Druck erschienen ist, wurde mir einige Tage später in Deutsch zugesandt. Es lautet:

Kongregation für die Heiligsprechungen

Seligsprechung und Heiligsprechung
der aus der Diözese Regensburg stammenden Dienerin Gottes

Anna Schäffer
Jungfrau
(1882–1925)

Dekret über ihre Tugenden

„Das Kreuz ist mein Führer, mein Licht, meine Hilfe, mein Schild, mein Trost, meine Ehre, meine Zuflucht, meine Stütze und wird mein Lohn sein. Wenn wir auf Jesus am Kreuze blicken und den von Liebe glühenden Heiland im Tabernakel betrachten, können wir alles geduldig ertragen. Mein Kreuz und mein Schmerz sind mein Weg zum Himmel.“

Mit diesen Worten brachte Anna Schäffer ihre Liebe zum Kreuz und ihren festen Willen, sich nach dem gekreuzigten Christus zu richten, zum Ausdruck, um Sühne zu leisten für die Sünden der Welt, sich dem Heil der Seelen zu widmen und den ewigen Lohn zu erlangen. Ihr einfaches und verborgenes Leben war ein ständiges Opfer für das Himmelreich und ein glänzendes Zeugnis der Treue zur Lehre des Herrn, der gesagt hat: „Wenn jemand mir nachfolgen will, so nehme er das Kreuz auf seine Schulter und folge mir nach! Wer nämlich sein Leben retten will, wird es dabei verlieren, wer aber sein Leben verliert um meinetwillen, wird das wahre Leben haben“ (Mt 10,24–25).

Die Dienerin Gottes wurde am 18. Februar 1882 im Dorf Mindelstetten in der Diözese Regensburg als Tochter der Eheleute Michael Schäffer, von Beruf Schreiner, und Theresia Forster, einer frommen, tapferen Frau, die bereit war, sich für das Wohl ihrer Familie aufzuopfern, geboren. Die kleine Anna, die zu Hause eine gediegene religiöse Erziehung erhielt, zeigte von Kindheit an eine gute und ruhige Veranlagung und eine Neigung zum Gebet und zum Gehorsam. Obwohl sie von schwacher Gesundheit war, widmete sie sich mit großem Eifer der Schule und erreichte auf Grund ihres lebhaften Verstandes gute Ergebnisse. Nach der Aufnahme in den Dritten Orden des hl. Franziskus legte sie freiwillig das Gelübde der Keuschheit ab und empfing im Jahre 1893 die erste Hl. Kommunion. Bei dieser Gelegenheit schrieb sie: „Lass mich ein Sühnopfer werden für alle Unehre und alle Beleidigungen, welche gegen dich, guter Jesus, geschehen! Mach mit mir, wie du willst!" In der Folge war die Eucharistie für sie eine Quelle der Freude und der Kraft, die ihr Stütze war auf dem steilen Pfad der christlichen Vollkommenheit.

Sie war von dem Wunsche beseelt, in eine Ordensgemeinschaft einzutreten, um Missionarin zu werden, doch das Vermögen der Familie reichte nicht aus, ihr die notwendige Mitgift zu beschaffen; sie bemühte sich also darum, durch ihre eigene Arbeit sich diese Mittel zu beschaffen. Sie leistete in mehreren Familien ihre Dienste, bis sie am 4. Oktober 1901, während sie in Stammham in Dienst war, einen schweren Unfall erlitt, der für ihr Leben die größte und entscheidende Wende brachte. An diesem Tag fiel sie in einen Kessel mit kochender Lauge; ihre Beine erlitten schwere und unheilbare Verbrennungen, die die größten Schmerzen hervorriefen. Sie wurde von mehreren Ärzten behandelt, doch war der Erfolg äußerst gering. Sie musste ihren Arbeitsplatz verlassen und in ihr Dorf zurückkehren; dort lebte sie mit ihrer Mutter bis zu ihrem Tode in bitterer Armut; diese wurde nur von dem freigebigen Pfarrer Karl Rieger, ihrem Seelenführer, gelindert. Im Jahre 1905 verschlimmerte sich ihr Gesundheitszustand aufs äußerste, obwohl viele chirurgische Eingriffe vorgenommen wurden; beide Beine waren nun völlig gelähmt, und aus den Brandwunden, die niemals vernarbt waren, trat ständig Eiter heraus. Jede Behandlung verursachte unsägliche Schmerzen. Anfangs hatte sie den Wunsch, wie es verständlich ist, geheilt zu werden, und bemühte sich darum. Später aber erkannte sie, dass es ihre Aufgabe sei, im Verborgenen zu leiden, um das Herz Jesu zu trösten und Seelen zu retten. Während sie bewegungslos in ihrem Bett lag, verharrte sie nicht untätig, sondern häkelte und stickte oder verfertigte Spitzen. Stets war sie bereit Personen zu empfangen, ihnen zuzusprechen und sie zu trösten; viele kamen nämlich täglich zu ihr. Vor allem aber arbeitete sie an sich selbst, um jeden Tag ein Gott angenehmeres und der Kirche nützlicheres Opfer zu werden. Ihr Lebensprogramm kann mit den Worten umrissen werden, die sie selber niederschrieb: „Eines nur ist hier auf dieser Erde notwendig, nämlich unsere unsterbliche Seele zu retten, Jesus glühend zu lieben, alle Opfer täglich aus Liebe zu Jesus zu bringen und viel für die Bekehrung der Sünder zu beten." Und sie fügte hinzu: „Wenn du Jesus liebst, dann musst du alles, was der Herr dir aufbürdet, erdulden, ja sogar mit Freude annehmen wie ein Geschenk der Liebe. Ich will also mein Joch tragen ohne Murren und ohne Klagen."

Der Glaube war die Sonne ihrer Tage und ihres Opferlebens. Fest glaubte sie an das Evangelium und das Lehramt der Kirche und wünschte nichts anderes, als ständig in der Erkenntnis und Nachfolge Christi des Gekreuzigten Fortschritte zu machen. Gott mit ganzem Herzen, mit ganzer Seele und mit ganzer Kraft zu lieben (vgl. Mk 12,30) war ihr höchstes Gut; dieser Gott war der Tröster und Bräutigam ihrer einfachen und reinen Seele. Um ihm zu gefallen, verleugnete sie sich selbst, beobachtete gewissenhaft die Gebote Gottes und der Kirche, floh jede Art der Sünde und wünschte aus ganzem Herzen, bei ihm zu sein und ihn im Paradiese zu finden. Und Gott, der freigebig ist, vor allem gegen die, welche ihn lieben, beschenkte sie mit einzigartigen geistlichen Gaben und ungewöhnlichen Erfahrungen, die sie alle in Dankbarkeit und Demut empfing. Ihre Freude fand sie im ständigen Gebet, in der Betrachtung der göttlichen Geheimnisse und in der Eucharistie, die sie täglich empfing. Da sie der Messe nicht beiwohnen konnte, stellte man ihr Bett so auf, dass sie die Kirche durch das Fenster sehen konnte; in diese begab sie sich im Geiste, um sich mit dem hl. Opfer zu verbinden und das Allerheiligste Altarsakrament anzubeten. „Wenn ich die Augen auf Jesus richte", so sagte sie, „wenn ich mich im Geiste vor den Tabernakel begebe, dann wird selbst der bitterste und schlimmste Schmerz süßer und besser als alle Schätze dieses elenden Tales der Tränen. Ich möchte mein Krankenbett nicht mit der ganzen Welt vertauschen. Je größer die Schmerzen und Ängste sind, desto näher sind wir Jesu. Ich begehre nichts anderes, als den Rest meines Lebens für Jesus zu leben, mit ihm zu leiden und zu sterben." Wie eine Tochter verehrte sie die Jungfrau Maria, in der sie die Lehrerin ihrer Vollkommenheit und ihre Führerin zu Jesus sah. Folgendermaßen sprach sie zu Maria: „Ich will deine Tugenden in mich einprägen, um sie nachzuahmen, ich will dir viele Freuden bereiten, damit ich in deiner Güte und Milde vor das Angesicht deines göttlichen Sohnes gelange." Der Rosenkranz war ihr unzertrennlicher Begleiter: „Er ist für mich Trost in den schlaflosen Nächten und in den Leiden, er ist mein Wegweiser in das himmlische Vaterland, meine Freude bei meinen Gesprächen mit Jesus und Maria. Der Rosenkranz ist mein Buch, wenn ich darin lese, vergesse ich jedweden Schmerz."

Da „die christliche Berufung von Natur aus auch eine Berufung zum Apostolat ist" (II. Vatikanum, Dekret über das Apostolat der Laien „Apostolicam Actuositatem", 2), fühlte die Dienerin Gottes, dass es ihre Aufgabe sei, sich um die Verbreitung des Glaubens und der Liebe zu Gott zu bemühen. Dies nicht nur durch Gebet und Opfer, sondern auch durch das Zeugnis der Treue zum Evangelium. Ihr lebendiger und schlichter Glaube, ihre unerschütterliche Hoffnung auf die Vorsehung, ihre glühende Liebe zu Gott und zu den Nächsten, ihre Gerechtigkeit, Tapferkeit und ihr Frohsinn im Schmerz, ihre Klugheit in der Ausübung der Tugenden, ihre Mäßigkeit im Gebrauch der irdischen Güter, ihre Verachtung jeder ungeordneten Zuneigung, ihre Demut, ihre Keuschheit und ihr Gehorsam riefen bei allen, die zu ihr kamen, Aufmerksamkeit und Bewunderung hervor und entzündeten in ihnen das Verlangen, ihr nachzueifern. Gern brach sie das Brot der christlichen Wahrheit, besonders für Kinder und Jugendliche, die sie sehr gern hatten; sie war eifrig bemüht um die Bekehrung der Nichtchristen und unterstützte die Missionswerke; wenn sie ein wenig Geld hatte, sandte sie ein Stipendium für die Taufe von Heidenkindern und forderte auch andere auf, dies zu tun.

Zu Beginn des Jahres 1923 verschlechterte sich ihr Gesundheitszustand wegen furchtbarer Krämpfe sehr; dazu kam Darmkrebs. Wenige Wochen vor ihrem Tode erlitt sie wegen eines unerklärlichen Sturzes aus dem Bett eine Gehirnverletzung, so dass sie nicht mehr sprechen, wohl aber noch verstehen konnte. Tapfer in ihrer Opferbereitschaft beendete sie ihre irdische Pilgerschaft auf heiligmäßige Weise am Morgen des 5. Oktober 1925. Ihr Leichnam, der mit dem Kleid des Dritten Ordens des hl. Franziskus bekleidet wurde, war das Ziel zahlreicher Gläubiger, die auch von weither gekommen waren und sie für eine Heilige hielten. Da dieser Ruf bei den Menschen und vor allem in der Pfarrei Mindelstetten nicht verhallte, leitete der Bischof von Regensburg den Selig- und Heiligsprechungsprozess durch das Diözesangericht (1973–77) ein; dessen Autorität und Vollmacht wurde von der Kongregation für die Heiligsprechung durch Dekret vom 11. November 1983 anerkannt. Nach der Berichterstattung wurde die Frage erörtert, ob die Dienerin Gottes die Tugenden auf heroische Weise gepflegt habe. Am 13. Januar 1995 wurde eine außerordentliche Versammlung der theologischen Konsultoren mit positivem Ausgang abgehalten. Daraufhin erklärten die Kardinäle und Bischöfe in der Ordentlichen Sitzung vom 25. April desselben Jahres nach der Berichterstattung Seiner Exzellenz des Erzbischofs von Cagliari Ottoreno Pietro Alberti, dass die Dienerin Gottes Anna Schäffer die theologischen Tugenden ebenso wie die Kardinaltugenden und die mit ihnen im Zusammenhang stehenden Tugenden gelebt habe.

Nachdem über alle diese Vorgänge dem Hl. Vater Johannes Paul II. durch den unterzeichneten Propräfekten ein genauer Bericht erstattet worden war, nahm seine Heiligkeit die Voten der Kongregation für die Heiligsprechungen an, erklärte sie für gültig und ordnete an, dass ein Dekret über die heroischen Tugenden der Dienerin Gottes abgefasst werden solle.

Als dies ordnungsgemäß geschehen war, berief der Hl. Vater am heutigen Tage den unterzeichneten Propräfekten, den Berichterstatter und mich als Sekretär sowie alle anderen, die dem Brauch entsprechend herbeigezogen werden mussten, zu sich und erklärte in ihrer Anwesenheit feierlich:

Es besteht Klarheit über die theologischen Tugenden Glaube, Hoffnung und Liebe sowohl gegen Gott als auch gegen den Nächsten, sowie über die Kardinaltugenden Klugheit, Gerechtigkeit, Mäßigkeit und Tapferkeit und die mit ihnen im Zusammenhang stehenden Tugenden in heroischem Grade bei der Dienerin Gottes, der Jungfrau Anna Schäffer im vorliegenden Falle und mit der vorgesehenen Wirkung.

Er ordnete an, dass dieses Dekret allgemeine Gültigkeit erlangen und in die Akten der Kongregation für die Heiligsprechung aufgenommen werden solle.

Gegeben zu Rom, am 11. Juli im Jahre des Heiles 1995

Albertus Bovone, Archiep. tit. Caesarien. in Numidia, Pro-Praefectus

Eduardus Nowak, Archiep. tit. Lunen., a Secretis

Wieder nach Regensburg heimgekehrt, schrieben Bischof Müller und auch ich an Erzbischof Nowak Dankesbriefe, für die er sich herzlich bedankt hat. Der Brief Bischof Müllers soll hier im Wortlaut wiedergegeben werden. Er lautet:

„Eure Exzellenz, Hochwürdigster Herr Erzbischof

die Verleihung des heroischen Tugendgrades an unsere Dienerin Gottes Anna Schäffer von Mindelstetten ist für meine Diözese, ganz Bayern und für mich eine ganz große Freude. Ich weiß, dass dieses so erfreuliche Ereignis nicht zuletzt Ihrem Einsatz und Bemühen zu verdanken ist. So darf ich auf diesem Weg persönlich, aber auch im Namen meines Bistums, ein herzliches Vergelt's Gott sagen.

Wir Bayern fühlen uns in ganz besonderer Weise dem polnischen Volk und Ihrem Vaterland verbunden. Beide Völker verehren die allerseligste Jungfrau und Gottesmutter Maria als Patronin ihrer Länder: Patrona Poloniae und Patrona Bavariae! – Den vereinigten katholischen Heeren Polens und Bayerns ist es 1683 im Kampf um Wien gelungen, die Türken zu besiegen und damit Europa vor der Islamisierung zu bewahren. Und heute? Unser Institutum Marianum Regensburg e. V., aber auch meine Abteilung für Selig- und Heiligsprechungsprozesse, haben dazu beigetragen, dass in Zakopane ein internationales Fatima-Heiligtum entstanden ist. – Mögen die guten Kontakte weiterhin gedeihen!

Wenn ich anfangs Dezember 1995 nach Rom komme, werde ich mir erlauben, Eurer Exzellenz einen Dankbesuch abzustatten.

Mit allen guten Wünschen und herzlichen Grüßen – oremus pro invicem –, verbleibe ich Eurer Exzellenz dankbar erg.

Manfred Müller
Bischof von Regensburg"[164]

Ob Bischof Müller von Erzbischof Nowak einen Dankesbrief erhalten hat, entzieht sich meiner Kenntnis. Ich erhielt jedenfalls einen herzlichen Brief vom Erzbischof, dem Sekretär der Congregatio pro Causis Sanctorum, in dem er in Englisch schrieb: „Sehr verehrter Monsignore, anlässlich der Proklamation des Dekrets über den heroischen Tugendgrad der ehrwürdigen D. G. Anna Schäffer aus Ihrer Diözese am 11. Juli 1995 waren Sie so freundlich, mir Ihre persönlichen Grüße zu überbringen.

Ich möchte Ihnen für Ihre Freundlichkeit danken. Ich freue mich, meine Genugtuung über den entscheidenden Schritt in besagter Causa, nämlich die Proklamation

164 BKR III. Abt. CAS K. 42: Regensburg 06.07.1995: Bischof Müller an Erzbischof Nowak, Sekretär der Kongregation.

des heroischen Tugendgrades, auszudrücken, und gratuliere Ihnen als dem Verantwortlichen für die Seligsprechungscausen in der Diözese Regensburg und als einem, der in dieser Causa so sorgfältig gearbeitet hat. Dankbar bin ich für Ihr freundliches Gedenken, was mich betrifft. Ich freue mich, Ihnen meine brüderlichen Grüße senden zu dürfen, und verbleibe Ihr in Christus erg. Eduard Nowak." Die Anerkennung meiner Bemühungen bereitete mir begreiflicherweise große Freude, kam sie doch von höchster Stelle der Kongregation.[165]

Am 12. Juli teilte ich Weihbischof Wilhelm Schraml die freudige Nachricht der Proklamation mit und bat ihn, anlässlich des Abendgottesdienstes am Anna-Tag das Ereignis zu verkünden, was bis dahin geheimgehalten werden musste. Ich benachrichtigte ihn auch, dass ich bereits mit Herrn Tautz von der Pressestelle vereinbart hatte, dass erst nach dem Anna-Tag die Medien informiert würden.[166]

Der Journalist Gregor Tautz brachte schließlich einen dreiseitigen Bericht im „pressedienst regensburg" über die Proklamation des heroischen Tugendgrades durch Papst Johannes Paul II., unter dem Titel „Wesentliche Stufe auf dem Weg zur Seligsprechung erreicht".[167]

Auch die katholische Illustrierte „Weltbild" brachte eine Würdigung Annas unter dem Titel „Himmlische Dienstmagd".[168] Ebenso veröffentlichten zahlreiche Medien das Ereignis.

Einen Tag später bedankte ich mich beim Postulator und Herrn Uhlisch für die gute Aufnahme in Rom und vor allem für sein tatkräftiges Wirken. Ich fügte hinzu, Bischof Müller „betonte wieder, Berlin sei als Ort der Seligsprechung in keiner Weise wünschenswert. Er habe – und auf dies können Sie sich berufen – bereits mit Kardinal Joseph Ratzinger darüber gesprochen und ihn um Beistand gebeten. Vielleicht wäre es möglich, falls sich die Gelegenheit schickt, dass Sie mit dem Kardinal ebenfalls diesbezüglich reden".[169]

In Zusammenhang mit der Promulgation sandte mir Uhlisch den „Osservatore Romano" vom 12. Juli 1995 mit den Namen aller Teilnehmer.[170]

Vom Generalrelator, Prof. Dr. Eßer OP, erhielt ich in diesem Jahr zahlreiche Briefe, in denen er mich über seine Reisen ausführlich informierte.[171]

Im Jahr 1996 erreichten mich mehrere Briefe, die Gebetserhörungen auf die Fürsprache Annas zum Inhalt hatten und von den Angehörigen als Wunder bezeichnet wurden. Allein die ärztlichen Gutachten konnten nicht beigebracht werden, da sich

165 BKR III. Abt. CAS K. 42: Rom 12.07.1995: Erzbischof Nowak an Rtter.

166 BKR III. Abt. CAS K. 42: Regensburg 12.07.1995: Ritter an Weihbischof Schraml.

167 „Pressedienst regensburg" v. 27.07.1995.

168 „Weltbild" v. 19.09.1995, S. 10–12.

169 BKR III. Abt. CAS K. 42: Regensburg 13.07.1995: Ritter an Postulator.

170 BKR III. Abt. CAS K. 42: Rom 20.07.1995: Heinz Uhlisch an Ritter.

171 BKR III. Abt. CAS K. 42: Rom 19.07.1995: Generalrelator an Ritter – Regensburg 18.08.1995: Ritter an Generalrelator – 24.08.1995: Generalrelator an Ritter.

die behandelnden Ärzte auf den medizinischen Fortschritt und ihr Wissen und Können beriefen. Die Briefe übersandte ich dem Postulator und an den Generalrelator, aber in keinem der Fälle bestand Aussicht auf Anerkennung eines Wunders.

Das als möglich bezeichnete Wunder, das sich im Bistum Linz ereignet hatte und der Kongregation in Rom eingereicht worden war, musste neuerlich in Linz untersucht werden.

Aber auch in Bayern, nämlich von Taufkirchen aus dem Erzbistum München-Freising, erhielt ich eine sehr auffallende Gebetserhörung, die der Vergessenheit entrissen werden soll. Es handelte sich um eine noch junge Familie. Der Vater (Name und Anschrift sind mir bekannt!) „hatte am 9. November 1985 einen schweren Verkehrsunfall. Er war gerade im Begriff, für seinen neugeborenen Sohn eine Taufkerze zu besorgen, der zwei Tage später am Sonntag, dem 11. November 1985, getauft werden sollte. Der Verunglückte zog sich bei dem Unfall schwere Kopfverletzungen zu. Über dem rechten Ohr stellte man einen Knochenbruch fest und aus dem Ohr trat Gehirnmasse aus. Er wurde in das Krankenhaus Rechts der Isar in München eingeliefert und lag dort vier Wochen in völliger Bewusstlosigkeit darnieder. Erst am 15. Januar 1986, als er im Rehabilitationszentrum des Schwabinger Krankenhauses in München Aufnahme gefunden hatte, kam er wieder zu sich, konnte seine Angehörigen erkennen, aber nicht mehr sprechen. Nach und nach erhielt er das Sprechvermögen wieder, wurde aber sehr aggressiv und griff das Pflegepersonal tätlich an. Nun wurde er bis zum 13. Oktober 1986 in die Nervenklinik Gabersee bei Wasserburg eingewiesen. Dort verschlechterte sich sein Zustand von Monat zu Monat. Man konnte ihm nur mehr mit Beruhigungstabletten helfen. Er war schließlich nicht mehr in der Lage zu essen. Die Angehörigen konnten nun das Elend nicht mehr mit ansehen und wollten ihn mit nach Hause nehmen. Die Ärzte versicherten, es werde niemals eine Besserung geben und niemand könne dem Patienten helfen, da es sich um eine schwere Gehirnverletzung handele. Als dies der gläubige Vater des Patienten hörte, erwiderte er: Es gebe auch noch etwas anderes als die Ärztliche Kunst. Darauf reagierte man von Seiten der Nervenklinik sehr gereizt mit den Worten, dass so etwas nicht möglich sei. Als aber ein Bruder, eine Schwester und vor allem die Gattin auf einer Entlassung bestanden, genehmigte man diese schließlich mit der Auflage „auf eigene Verantwortung".

Der Schwergehirngeschädigte wurde nun in sein Elternhaus gebracht. Er war ein Pflegefall und bettlägerig geworden und konnte sich an seine Ehefrau und seine zwei Kinder nicht mehr erinnern. Die Angehörigen pflegten ihn aufopfernd, obwohl er sich aggressiv verhielt.

Am 21. Dezember 1986 trat eine unerwartete Wende ein, nachdem sich seine Familie ab Juni 1986 an Anna Schäffer um Hilfe für ihn gewandt hatte. Am Morgen dieses Tages stand er auf und seine Aggressivität war über Nacht verschwunden. Er fand sich ab da alleine zurecht und kehrte freudig zu Frau und Kindern zurück.

Der behandelnde Hausarzt erklärte, er könne sich die Heilung medizinisch nicht erklären und er halte sie für ein Wunder."[172]

Am 28. Januar 1997 wandte ich mich brieflich an die Frau und befragte sie nach dem Befinden ihres Gatten, ob er seiner Tätigkeit nachgehen könne und „in keiner Weise mehr von Auswirkungen des damaligen Unfalls und dessen Folgen geplagt werde". Eine Antwort blieb leider aus.[173]

Inzwischen hatte sich am 19. Oktober 1995 das Concilium Medicum im Auftrag der Congregatio Pro Causis Sanctorum versammelt, um sich über den Charakter der Heilung des im Bistum Linz ansässigen Herrn Franz Zw. zu äußern, hielt es aber für zweckmäßig, ein Urteil aufzuschieben und die Ergebnisse weiterer Untersuchungen abzuwarten, die den Fall näher beleuchten sollten. Leider konnten diese aber nicht mehr durchgeführt werden, weil der Geheilte an den Folgen eines neuerlichen Unfalls, versehen mit den heiligen Sterbesakramenten, verstorben war.

Da das Gremium der Ärzte sich erneut zu versammeln gedachte, damit das zu damaliger Zeit aufgeschobene Urteil ausgesprochen werden könne, wobei der Grund der bestehenden Ungewissheit auf zwei verschiedene Meinungen innerhalb des Ärzterates zurückzuführen war, wollte der Postulator und auch ich eine endgültige Entscheidung erwirken. Es handelte sich um den effektiven Umfang der von Franz Zw. erlittenen Gehirnschädigung. Zu der geplanten Sitzung sollte auch Hofrat Prof. Dr. Gustav Hofmann, Dozent an der Theologischen Fakultät in Linz, der sich eingehend mit dem Fall beschäftigt hatte, als Gutacher beigezogen werden. Da dieser aber zu einer Reise nach Rom wegen einer anderen Verpflichtung nicht bereit war, wurde ein Treffen in München zusammen mit dem wichtigen Mitglied des römischen Ärztegremiums, Herrn Prof. Dr. Franco de Rosa, beschlossen. Dieser stimmte dem Vorschlag positiv zu.[174]

Das Treffen in München musste nun vorbereitet werden und fand schließlich von 20. bis 22. Juni statt.[175]

172 BKR III. Abt. CAS K. 44: Niedertaufkirchen/Nby. 1998: Frau Therese R. an Ritter.

173 BKR III. Abt. CAS K. 44: Regensburg 28.01.1997: Ritter an Frau Therese R. in Niedertaufkirchen.

174 BKR III. Abt. CAS K. 44: Rom 18.11.1997: Postulator an Emilio Kardinal Bovone, dem damaligen Pro-Präfekten der Congregatio pro Causis Sanctorum.

175 BKR III. Abt. CAS K. 44: Akten in Zusammenhang mit der wichtigen Konferenz in München: Regensburg 07.05.1997: Ritter an Hofrat Dr. Hofmann – Regensburg 12.05.1997: Ritter an Postulator – Regensburg 21.05.1997: Ritter an Postulator – Linz 22.05.1997: Hofmann an Ritter – Regensburg 26.05.1997: Ritter an Hofmann – Regensburg 26.05.1997: Dr. Adolfine Th. Treiber an Hotel „Königshof" in München; Ritter an Hotel „Königshof"; München: Hotel „Königshof" an Dr. Treiber; Regensburg: Ritter an Präses der MMC P. Richard v. Aretin SJ in München, Bürgersaal; Regensburg: Dr. Treiber an Postulator – München 27.05.1997: Hotel „Königshof" an Ritter – München 02.06.1997: P. Richard v. Aretin SJ an Ritter – München 11.06.1997: Hotel „Königshof" an Ritter – München 18.06.1997: Hotel „Königshof" an Ritter – Regensburg 17.06.1997: Ritter an P. Richard v. Aretin SJ – Regensburg 09.06.1997: Ritter an Hofmann.

Ich zelebrierte in diesen Tagen am Grab des seligen P. Rupert Maier SJ in der Bürgersaalkirche in München und bat den Seligen inständig um seinen Beistand im Beisein der Konferenzteilnehmer.

Hofrat Prof. Hofmann, der am 6. Mai 1997 ein umfangreiches Gutachten erstellt hatte, konnte vor allem Prof. Franco de Rosa und die übrigen Teilnehmer der Konferenz von der wissenschaftlich nicht erklärbaren Heilung des Franz Zw. restlos überzeugen.

Somit ist Herrn Hofrat Prof. Dr. Hofmann an dieser Stelle nochmals ein von Herzen kommendes Vergelt's Gott zu sagen, ebenso Herrn Prof. Franco de Rosa, der sich bereit erklärte, der „Consulta medica" positiv zu berichten.

Am Sonntag, den 22. Juni 1997 reisten nach der Heiligen Messe im Bürgersaal und einer Stadtführung die Gäste wieder ab.

In einem Brief vom 3. Juli 1997 an Prof. Dr. Franco de Rosa bedankte ich mich für sein Kommen und teilte ihm Folgendes mit: „[…] Abgesehen von der Bedeutung der Besprechung mit Herrn Hofrat Prof. Dr. Gustav Hofmann bezüglich des „Processus super miro" in der Causa der ehrwürdigen Dienerin Gottes Anna Schäffer von Mindelstetten waren es drei wunderschöne Tage des Zusammenseins in München und Tutzing, die ich nicht vermissen möchte. Tief verwurzelt im katholischen Glauben, in unwandelbarer Treue zu Papst und Kirche ergeben, traditionsbewusst und mit viel Liebe zur Schöpfung, zu der ja auch letztlich die Kunst zu rechnen ist, hat sich unsere kleine Gesellschaft zusammengefunden. Für mich war die Begegnung eine große menschliche Bereicherung, für die ich Ihnen und Ihrer lieben Gattin danken möchte."[176]

In einem Fax teilte mir der Postulator im Juli 1997 mit, dass Prof. de Rosa Herrn Prof. Chiapetta, der sich bezüglich des Wunders negativ geäußert hatte, leider noch nicht treffen konnte, da zur Zeit mehrere Kongresse stattfänden und beide Herren unterwegs seinen. Prof. de Rosa habe aber bereits mit Chiapetta per Telefon gesprochen und ihm alles berichtet, was er in München erfahren habe. Er habe ihm auch das Gutachten von Hofrat Hofmann vorgelesen, von dem Chiapetta einen günstigen Eindruck gewonnen habe. Er könne sich zur Zeit nicht festlegen, werde es aber im Herbst tun, nachdem er alle Unterlagen geprüft habe.[177]

Am 18. November 1997 wandte sich Dr. Ambrosi an Kardinal Bovone mit folgendem Schreiben: „Auf Grund meiner Beurteilung bittet der Unterzeichnete Eure Eminenz untertänig, die Mitglieder des Ärzterates sich erneut versammeln zu lassen, um ihr Votum über den Charakter der zu überprüfenden Heilung abzugeben."[178]

Am 13. August bedankte ich mich bei Hofrat Prof. Dr. Hofmann, worauf er mir seinerseits aus Paris ein Dankschreiben zukommen ließ.[179]

---

176 BKR III. Abt. CAS K. 44: Regensburg 03.07.1997: Ritter an Prof. Dr. Franco de Rosa.

177 BKR III. Abt. CAS K. 44: Rom o. D. [Juli 1997]: Postulator an Ritter.

178 BKR III. Abt. CAS K. 44: Rom 18.11.1997: Postulator an Pro-Präfekt Kardinal Bovone.

179 BKR III. Abt. CAS K. 44: Regensburg 13.08.1997: Ritter an Hofmann.

Einige Wochen später schlug ich Avvocato Dr. Andrea Ambrosi als Postulator für die Causa Dr. Joseph Paul Nardini, dessen Diözesanprozess vor dem Abschluss stand, dem mir bekannten Bischof Dr. Anton Schlembach von Speyer vor. Da die Empfehlung positiv aufgenommen wurde, übernahm Dr. Ambrosi auch diese Causa.[180]

Der 18. Dezember 1997 bescherte dem Bistum Regensburg, seinem Bischof Manfred Müller und nicht zuletzt mir die beglückende Nachricht, dass die medizinisch nicht erklärbare Heilung des Franz Zw. als Wunder Anerkennung fand. Wörtlich heißt es in dem mir zugefaxten Schreiben: „Die Consulta Medici der „Congregation pro Causis Sanctorum“ in Rom behandelte in einer Sitzung am 18. Dezember 1997 eine außerordentliche Heilung, die nach Anrufung der ehrwürdigen Dienerin Gottes Anna Schäffer von Mindelstetten/Oberbayern erfolgt ist. Da diese Heilung, laut Resultat der medizinischen Fachgelehrten in Rom, wissenschaftlich in keiner Weise erklärbar ist, wurde sie demzufolge einstimmig offiziell als Wunder anerkannt.

Nach Anerkennung der als Wunder deklarierten Heilung, zunächst durch die Theologenkommission, dann durch das Kardinalskollegium in Rom, wird der Heilige Vater, Papst Johannes Paul II., das Wunder feierlich promulgieren. Die Promulgation ist voraussichtlich im März 1998 zu erwarten.

Die Seligsprechung Anna Schäffers wird nach erfolgter Promulgation von der „Congregatio pro Causis Sanctorum“ im Einvernehmen mit dem Bischof von Regensburg, Exzellenz Manfred Müller, festgesetzt.“[181]

Gleich am nächsten Tag sandte ich dem Postulator ein Dankschreiben folgenden Inhalts: „Das so positive Ergebnis der gestrigen Sitzung des Consulta Medici ist Ihr verdienstvolles Werk. Ich beglückwünsche Sie aus vollem Herzen zu diesem großen Erfolg und danke Ihnen für alle Ihre großen Bemühungen um die Causa Anna Schäffer.

Es zeigt sich nun in aller Deutlichkeit, wie wesentlich die Begegnung in München war, die Ihrer Initiative zu verdanken ist.“[182]

Am 22. Dezember 1997 benachrichtige ich Bischof Manfred Müller über das erfreuliche Ereignis wie folgt: „Ihrem Wunsche gern entsprechend, darf ich die Nachricht aus Rom bezüglich der Anerkennung einer Heilung als Wunder in der Causa Anna Schäffer kommentieren: Der Wunderprozess in der Causa wurde 1992/93 im Bistum Linz durch den Offizial, Prof. DDr. Severin Lederhilger OPraem., durchgeführt. Nach Abschluss desselben wurden die Akten durch den damaligen Postulator der Causa, Prälat Prof. DDr. Winfried Schulz, an die „Congregatio pro Causis Sanctorum“ weitergegeben.

180 BKR III. Abt. CAS K. 44: Regensburg 28.11.1997: Ritter an Bischof Dr. Anton Schlembach von Speyer.

181 BKR III. Abt. CAS K. 44: Rom 18.12.1997: Postulator an Ritter.

182 BKR III. Abt. CAS K. 44: Regensburg 19.12.1997: Ritter an Postulator.

Anlässlich meiner Rom-Reise zur Promulgation der Verleihung des heroischen Tugendgrades an Anna Schäffer durch den Heiligen Vater am 11. Juli 1995 gelang es mir, den Sekretär der Kongregation, Erzbischof Eduard Nowak, zu bewegen, dass der Wunderprozess noch im selben Jahr von der Consulta Medici behandelt würde. Dies geschah tatsächlich am 19. Oktober 1995. Da sich die Consulta Medici jedoch nicht einigen konnte und neue Untersuchungen forderte, wurde die Behandlung des Falles vertagt.

Ich wandte mich nun erneut an Offizial Lederhilger in Linz, der mir jedoch mitteilte, dass der 1984 Geheilte im März 1995 einem Unglücksfall zum Opfer gefallen sei, aber mit den Sterbesakramenten versehen worden ist. Lederhilger führte aber neue Zeugenvernehmungen durch.

Am 18. Dezember 1997 wurde die Heilung neuerdings in der Consulta Medici behandelt und nunmehr einstimmig als Wunder anerkannt. Um 10 Uhr vormittags teilte Postulator Ambrosi meiner Abteilung das Ergebnis mit. Eine halbe Stunde später meldete sich Prof. de Rosa in großer Freude.

Am 19. Dezember hat der Generalrelator der Kongregation die Bitte ausgesprochen, die Anerkennung der Heilung als Wunder möge, mit Rücksicht auf die Theologenkommission und das Kardinalskollegium, erst nach der feierlichen Promulgation den Medien bekannt gegeben werden. Des Weiteren: Nähere Angaben über den Geheilten – Name, Wohnort und Umstände der Heilung – sollen aus Gründen des Personenschutzes nicht gemacht werden. Diese Auflagen sind verpflichtend.“[183]

Damit ging ein bezüglich der Causa eindruckvolles und ereignisreiches Jahr zu Ende und die erstrebte Seligsprechung Annas nahm eine entscheidende Wendung.

Doch zum Abschluss des Jahres 1997 soll ein schöner Brief des jungen Tobias R. nicht vorenthalten werden, denn er beweist, wie Jung und Alt Anna verehren! Er schrieb: „Ich bin erst 13 Jahre alt und möchte Ihnen etwas erzählen, wie ich zu Anna kam. Ich besuchte einmal eine nahegelegene Wallfahrtskirche und fand ein Heft von unserer lb. Anna Schäffer und begann darin zu lesen. Ich nahm das Heft nach Hause. Nach längerer Zeit fing ich nochmals an darin zu lesen und wurde ergriffen, dass ich sie bis auf den heutigen Tag aufs Größte verehre. Ich hab auch schon Andachtsbildchen in unserem Ort verteilt und Unterschriften gesammelt für ihre Seligsprechung, die ich Ihnen bald zusenden werde. Anna Schäffer hat mir auch schon oft geholfen. Letztes Jahr habe ich sogar ihr Grab besucht. Ich würde mich sehr freuen, wenn Sie diesen Bericht in Ihrem Rundbrief [gemeint ist der „Anna-Schäffer-Brief“, Anm. d. Verf.] veröffentlichen würden, um den Menschen zu zeigen, dass Anna nicht nur zu Lebzeiten zu Kindern nett war, sondern es auch nach dem Tode noch ist. Und könnten Sie mir den Rundbrief dann zusenden, um ihn

183 BKR III. Abt. CAS K. 44: Regensburg 22.12.1997: Ritter an Bischof Manfred Müller.

dann in unserem Dorf verbreiten zu können. Vergelt's Gott! Ich habe auch die ganzen Hefte über Anna Schäffer, die ich gerne verleihe. – Ihr ewig zu Dank verpflichteter: Tobias R.“[184]

Ein weiteres erfreuliches Ereignis ist 1997 festzustellen. In diesem Jahr erschien im Münchner „Ehrenwirth-Verlag“ ein literarisch-theologisches Buch, das nicht nur Beachtung sondern hohes Lob verdient hat. Sein Titel: „Wunder in Bayern. Orte der Kraft und Quellen der Heilung“. Es ist dem Theologen, Germanisten und Historiker Oberstudienrat Dr. Fritz Fenzl (Jahrgang 1952) zu verdanken. Er ist Mitglied des bekannten bayerischen Literatenkreises „Münchner Turmschreiber“ und er wurde bereits mit dem „Poetentaler“ ausgezeichnet. Dr. Fenzl gehört zu jenen Zeitgenossen und Landsleuten, die von der Allmacht Gottes überzeugt sind und deshalb auch an Wunder glauben. Zu Beginn seines Buches zitiert er das herrliche und immer zeitgemäße Augustinus-Wort: „Wunder stehen nicht im Widerspruch zur Natur, sondern im Widerspruch zu unserem Wissen von der Natur.“

Mit erfreulicher Frische berichtet der Autor, überzeugt davon, dass Religion und Glaube durch die Überlieferung von Wunderberichten auf vielfältige Weise bereichert werden, über Wunder in Bayern, die es gab und gibt. Für ihn und für alle gläubigen Katholiken sind Wunder Wirklichkeit, „sie sind Gnadengeschenke. Sie unterliegen ausschließlich dem Willen des Schöpfers“ (S. 14). Fenzl stellt in seinem Werk eine Reihe von Pilgerstätten, auch bislang weniger bekannte, vor. Auch Mindelstetten mit der ehrwürdigen Dienerin Gottes Anna Schäffer ist ein ganzes Kapitel gewidmet. Es ist überschrieben: „Karfreitagsgeschehen in Mindelstetten – die begnadete Anna Schäffer sieht den hl. Franziskus und den Heiland“.

Dann beschreibt Fenzl das Leben, Leiden und Wirken Annas sowie den Seligsprechungsprozess und dass mit einem baldigen Abschluss des Verfahrens zu rechnen sei. Er schreibt u. a.: „Noch ist nicht zu ahnen, dass ihr Leben bald mit dem der Therese von Konnersreuth, der Anna Lindmayer, Columba Weigl, gar mit dem der großen Mystikerin Theres von Avila vergleichbar sein wird. Wer könnte jetzt schon ahnen, dass im Andenken an ihr Leben, ihre wunderbare Fürsprache erbittend, bald Tausende die Kirche [in Mindestetten] stürmen werden?

Wunder sind dann immer möglich, wenn die Kunst des Loslassens geübt wird. So war es bei Franziskus und selbstverständlich bei Jesus selbst. Nicht umsonst hat die Armut einen so hohen Stellenwert im Leben der Gottvollen. Doch manchmal geschieht die Übung des Loslassens durch Zwang. Gott sendet seine Gnade – indem er züchtigt. Und die höhere Macht reißt dem Auserwählten die Dinge einfach aus der Hand: Krankheit, Unfall, Tod. Auch bei Nandl war es so. Ihr blieb nichts übrig, als abzugeben. Denn ein Unfall fesselte sie ans Bett, und ihr

184 BKR III. Abt. CAS K. 44: O. O. u. o. D.: Tobias R. an die Abteilung für Selig- und Heiligsprechungsprozesse des Bistums Regensburg.

Leben war geprägt durch das Erdulden bitterster Armut. Sie bringt ihr Leid der Welt als Sühneopfer dar [...]. Anna erfährt das Wunder der Stigmatisation, trägt nun die Wundmale Christi, genauso, wie einst Franziskus sie empfangen hat. Und am 5. Oktober 1925 ist ihre Zeit gekommen. Sie darf sterben. Doch was für eine ‚Fernwirkung', über den bald folgenden Zweiten Weltkrieg hinaus und mit Macht hinein in unsere verunsicherte und so verzweifelt suchende Zeit, hat Annas Leben!"

Ebenso behandelt der Autor die Marienverehrung in Bayern, die er „das Juwel positiven Denkens" nennt. Im Kapitel „Schutzengel wirken Wunder" berichtet er über sechs Schutzengel-Erlebnisse, die sich in der Nachkriegszeit zugetragen haben.

Nach der Lektüre dieses Buches ist festzustellen, dass auch in unserer Zeit die Suche nach Orten der Kraft und Quellen der Heilung, aber auch der Wunsch nach dem Beistand der Gottesmutter, der Heiligen, Seligen und Diener Gottes sowie der Schutzengel in unserem Volk nach wie vor lebendig ist. Besonders im mehrheitlich katholischen Bayern zeugen auch heute noch Kapellen, Marterl und Votivtaferl an den Orten der Gnade davon. Sie beweisen, dass es tatsächlich Wunder gibt. Dies alles sind Zeichen der katholischen Urkraft unseres bayerischen Volkes.[185]

Ein bedeutender Tag für die Causa Anna Schäffer war die Promulgation des Wunderdekretes am 3. Juli 1998 in der Sala Clementina im Vatikan. Mit dieser feierlichen Promulgation, durch die eine auf die Fürsprache Annas medizinisch nicht erklärbare Heilung eines durch Unfall mit dem Tode ringenden jungen Mannes durch den Papst bestätigt wurde, war die letzte Hürde im Verfahren des Seligsprechungsprozesses genommen. Das Wunder fand durch die höchste kirchliche Autorität seine offizielle Anerkennung.

Am 3. Juli konnten so im Auftrag des Bischofs Manfred Müller von Regensburg der Generalvikar des Bistums, Prälat Dr. Wilhelm Gegenfurtner, mein Nachfolger im Amt, Domvikar Georg Franz X. Schwager, und meine Wenigkeit sowie meine Mitarbeiterin, Frau Dr. Treiber, an der feierlichen Zeremonie im Apostolischen Palast teilnehmen.

Bereits am Morgen wurden wir vom Postulator der Causa, Avvocato Dr. Andrea Ambrosi, und seinem Sohn Ascanio vom Hotel abgeholt und in den Belvedere-Hof geleitet. Die Freude über den erfolgreichen Abschluss des Wunderprozesses prägte das Geschehen dieses so ereignisreichen Tages. Nun war es endlich soweit, dass einer baldigen Seligsprechung nichts mehr im Wege stehen konnte. Freilich wussten wir zum Zeitpunkt der Promulgation noch nicht, wann der genaue Zeitpunkt der Seligsprechung sein würde. Später hat uns das Vatikanische Staatssekretariat jedoch auch diesen Termin mitgeteilt: Die Feier sollte am 3. Fastensonntag, dem 7. März 1999 stattfinden.

185 „AS-Brief" Nr. 31, 07.1997, S. 6–9.

Nachdem die Schweizer Garde freundlich salutierend den Weg zum Aufgang in die Empfangsräume des Heiligen Vaters freigegeben hatte, mussten wir mehrere große Säle durchschreiten. Sie alle waren bereits mit Pilgern oder Botschaftern besetzt, welche ebenso wie wir warteten und eine Audienz beim Papst erbeten hatten.

In der herrlichen Sala Clementina angelangt, wurden wir am Eingang vom Generalrelator der „Congregatio pro Causis Sanctorum" zuvorkommend und herzlich begrüßt. Dieser geleitete uns an die für uns vorgesehenen Plätze. Im Anschluss daran wurden wir den einzelnen Persönlichkeiten namentlich vorgestellt. Unter ihnen befanden sich mehrere Kardinäle, Erzbischöfe und Bischöfe sowie zahlreiche Postulatoren anderer an der Vatikanischen Kongregation anhängiger Causen. Auch sie erwarteten die Promulgation eines Wunderdekretes oder die eines heroischen Tugendgrades bzw. eines Dekretes über ein bestandenes Martyrium. Alle Zeugen der feierlichen Zeremonie wurden nun aufgefordert, ihre Plätze einzunehmen und die Ankunft des Papstes zu erwarten.

Wenige Augenblicke später erschien der Papst, von seinem persönliche Sekretär und dem Präfekten der Heiligsprechungskongregation begleitet. Nach einem kurzen herzlichen Wort der Begrüßung, sprach er das Eröffnungsgebet und rief den Beistand und die Gnade Gottes auf alle Anwesenden herab. Danach durften alle Zeugen der Promulgation Platz nehmen.

Im Namen der Vertreter der einzelnen Causen richtete der Präfekt der „Congregatio pro Causis Sanctorum", Titularerzbischof José Saraiva, eine kurze Grußadresse an den Heiligen Vater, in welcher er seine Freude darüber zum Ausdruck brachte, dass in dieser Stunde die Dekrete von 13 Dienern und Dienerinnen Gottes dem Stellvertreter Christi auf Erden, dem Papst, zur Anerkennung vorgetragen werden könnten.

In der Mitte der Sala Clementina waren bereits auf einem Tisch alle Dokumente vorbereitet worden. An ihm saß der Sekretär der Kongregation für die Heiligsprechungen, Erzbischof Eduard Nowak, der Subsekretär Msgr. Michele di Ruberto sowie der Promotor fidei (Glaubensanwalt) Msgr. Sandro Corradini. Ihre Aufgabe war es, in Anwesenheit des Papstes, der Kardinäle und Bischöfe, der Prälaten und aller Vertreter der einzelnen Causen die für die Promulgation vorbereiteten Dekrete vorzutragen. Sie wurden selbstverständlich in lateinischer Sprache vorgelesen. Dabei war es für uns alle äußerst beeindruckend, die Weite und Vielfalt der katholischen Kirche zu erleben. In ihr gibt es wahrlich keine Grenzen. Die große Zahl der Nationen, welche vertreten waren, wie auch die Vielzahl der Stände, aus denen die künftigen Heiligen und Seligen der Kirche hervorgingen, sowie deren Lebensumstände bestätigten uns dies. Es wurde uns bewusst: Vor dem Urteil der Kirche sind alle ihre Söhne und Töchter gleich, wenn sie sich nur gemüht haben, in ihrem Leben dem Willen Gottes zu entsprechen. Sie alle umfängt die Heilige Mutter Kirche mit gleicher Liebe, Herzlichkeit und Achtung. Neben dem bekannten und berühmten Kardinal und Erzbischof von Zagreb,

Alois Stepinaz, stand nun in einer Reihe auch das einfache und bescheidene Dienstmädel Anna Schäffer von Mindelstetten. In den Augen der Mutter Kirche und ihrem vom Heiligen Geist geleiteten Urteil ist auch sie groß durch ihr heroisch ertragenes Leiden, welches sie aus Liebe zu Christus, ihrem Heiland, im Geiste der Sühne und der Buße angenommen hat.

Hier, in der Sala Clementina des Apostolischen Palastes, in Anwesenheit der Vertreter der Weltkirche, durften wir erfahren, was die Gemeinschaft der Heiligen, in welcher der Mensch durch die Liebe zu Gott und den Menschen groß wird, in Wirklichkeit bedeutet. Ja, es ist wahr: Die Kirche wird bereichert durch jedes ihrer Glieder, wenn es in seinem Leben Christus gedient hat und IHM in der je eigenen Weise unter seinen jeweiligen Lebensbedingungen nachgefolgt ist.

Als die Lesung der Dekrete beendet war, erhob sich der Heilige Vater und sprach die beiden schlichten, aber so eindrucksvollen und gewichtigen Worte: „DEO GRATIAS!“ Mit diesen Worten gab der Papst seine Bestätigung. Dadurch wurden die verlesenen Dekrete von ihm als dem obersten Hirten der Kirche gebilligt und anerkannt.

Zugleich aber gab der Heilige Vater damit auch in Stellvertretung aller Gläubigen Gott die Ehre und sprach IHM im Namen der gesamten Kirche den IHM gebührenden Dank aus. Gott sei Dank gesagt für sein wundervolles Wirken an und durch die Diener und Dienerinnen Gottes, welche bald als Selige und Heilige verehrt werden dürfen. Das Wort „DEO GRATIAS!“ steht über dem Leben und Wirken eines jeden Seligen und Heiligen; ja es steht auch über dem Sühneleiden Anna Schäffers, das aus der Kraft genährt wurde, die ihr der Eucharistische Herr in der täglichen heiligen Kommunion schenkte.

„DEO GRATIAS!“ – dieses Urteil des Heiligen Vaters ist nur ein kurzer Satz, aber dennoch beinhaltet es alles. Für alle Beteiligten war es ein ergreifender Augenblick, diese Worte aus dem Mund des Stellvertreters Christi zu hören. Es bildete den Anfang jener Danksagung, welche mit der Seligsprechung eines jeden Dieners oder jeder Dienerin Gottes, deren Dekret verlesen wurde, beginnen soll. In Ewigkeit wird das Gedächtnis der zur Ehre der Altäre Erhobenen nicht mehr verlöschen. Die Kirche wird durch alle Jahrhunderte hindurch ihr Andenken bewahren. Und jede Generation wird neu Gott danken für sein wunderbares Handeln an diesen ausgezeichneten Gliedern der Kirche.

Nach dem „DEO GRATIAS“ erhob sich der Papst und betete mit allen Anwesenden gemeinsam den „Engel-des-Herrn“. Danach gab er uns den Apostolischen Segen. Jeder der Teilnehmer der Promulgation durfte zum Abschluss einzeln zum Heiligen Vater vortreten und mit ihm einige Worte wechseln und einen Rosenkranz in Empfang nehmen.

In dem Bewusstsein, dass wir Zeugen eines der ergreifendsten und für das geistliche Leben und Wachstum der Kirche bedeutendsten Akte sein durften, verließen wir den Apostolischen Palast. Nun war es besiegelt: Anna Schäffers Name wird bald in das Verzeichnis der Seligen der Kirche aufgenommen werden, zur Ehre der Allerheiligsten Dreifaltigkeit, zur Freude aller Verehrer der ehrwürdigen Dienerin Gottes und zum Trost der Kranken und Leidenden.[186]

Das Dekret der Heiligsprechungskongregation in Rom über die wunderbare Heilung auf die Fürsprache der ehrwürdigen Dienerin Gottes Anna Schäffer von Mindelstetten in deutscher Übersetzung:

„Die ehrwürdige Dienerin Gottes Anna Schäffer wurde am 18. Februar 1882 in der deutschen Ortschaft Mindelstetten in der Diözese Regensburg geboren. Im Alter von 19 Jahren wurde sie, als sie als Dienstmädchen tätig war, von einem schweren Unglück heimgesucht, welches ihre Gesundheit auf unheilbare Weise zerstörte. Es kamen noch weitere Krankheiten hinzu, durch die sie bis zu ihrem Tode an das Bett gefesselt wurde. Sie lebte voller Gleichmut in Armut, Demut und im Gebet und ertrug das Kreuz ihres Leidens im Geiste der Hingabe, die sie Gott für das Heil der Seelen angeboten hatte. Von ihrem Krankenlager aus übte sie ein fruchtbares Apostolat für diejenigen aus, die zu ihr zu Besuch kamen. Im Rufe der Heiligkeit ging sie am 5. Oktober 1925 in das ewige Leben ein.

Der Prozess der Selig- und Heiligsprechung wurde durch den Bischof von Regensburg im Jahre 1973 eröffnet. Papst Johannes Paul II. erklärte am 11. Juli 1995, dass die Dienerin Gottes die göttlichen Tugenden, die Kardinaltugenden und auch die mit diesen verbundenen Tugenden in heroischer Weise geübt hat.

Daraufhin erbat der Postulator nach der rechtlichen Vorgabe der Kongregation für die Heiligsprechungen die Untersuchung einer wunderbaren Heilung. Am 20. März 1998 wurde ein außerordentlicher Kongress der theologischen Sachverständigen einberufen, und am 19. Mai desselben Jahres fand die ordentliche Sitzung der Kardinäle und Bischöfe statt; hierbei war Ponent der Causa Seine Exzellenz Ottorino Pietro Alberti, Erzbischof von Cagliari. Bei beiden Sitzungen, sowohl der der Sachverständigen als auch der der Kardinäle und Bischöfe, wurde die Frage gestellt, ob Sicherheit bestünde hinsichtlich eines von Gott bewirkten Wunders, und die Antwort war zustimmend.

Schließlich wurde über all diese Vorgänge dem Heiligen Vater Johannes Paul II. durch den unterzeichneten Präfekten genau Bericht erstattet, worauf Seine Heiligkeit die Voten der Kongregation für die Heiligsprechungen annahm und die Abfassung eines Dekretes über die vorgenannte Heilung anordnete.

Als dies ordnungsgemäß geschehen war, wurden am heutigen Tage der unterzeichnete Präfekt und der Ponent der Causa herbeigerufen, worauf der Heilige Vater vor mir als Sekretär der Kongregation und in Anwesenheit aller übrigen, die der Gewohnheit entsprechend herbeigerufen werden müssen, erklärte: Es besteht Sicherheit über ein Wunder, das auf Fürbitte der ehrwürdigen Dienerin Gottes Anna

186 „AS-Brief" Nr. 34, 01.1999, S. 2–7.

Schäffer, einer Christin aus dem Laienstande, von Gott vollbracht worden ist, nämlich bezüglich der plötzlichen, vollständigen und dauerhaften Heilung.

Seine Heiligkeit aber wollte, dass dieses Dekret öffentliche Rechtskraft erlange und in die Akten der Kongregation für die Heiligsprechungen aufgenommen würde.

Gegeben zu Rom, den 3. Juli im Jahre des Herrn 1998.

JOSEPHUS SARAIVA MARTINS		EDUARDUS NOWAK
Archiep. tit. Thuburnicensis		Archiep. tit. Lunensis
Präfekt	L. + S.	Sekretär“

Anlässlich des 20-jährigen Jubiläums der Gründung der Abteilung für Selig- und Heiligsprechungsprozesse für das Bistum Regensburg verfasste ich für meinen letzten „Anna-Schäffer-Brief“ im Dezember 1997 einen kurzen Rückblick. Zunächst bedankte ich mich bei denen, die die Errichtung der Abteilung bewerkstelligt haben, nämlich dem unvergesslichen Bischof Dr. theol. Dr. h. c. Rudolf Graber (†) und dem ebenso lieben Freund Weihbischof Karl Flügel (†), dem Offizial der Diözese. Aber auch dem Nachfolger Bischof Grabers auf dem Stuhl des hl. Wolfgang, Bischof Manfred Müller, welcher der Abteilung stets sein Interesse, sein großes Wohlwollen angedeihen hat lassen. Ebenso sagte ich ein von Herzen kommendes Vergelt’s Gott dem Nachfolger Flügels im Amt des Dompropstes, Weihbischof Vinzenz Guggenberger, und nicht zuletzt dem segenreich wirkenden Generalvikar, Prälat Dr. Wilhelm Gegenfurtner, denen die gesicherte Nachfolge meines Amtes zu verdanken ist, was in einer Zeit des Priestermangels keine Selbstverständlichkeit war.

Rückblickend auf die 20 Jahre kann mit Freude und Dankbarkeit gegen Gott festgestellt werden, dass vieles bewegt wurde. Der Baum, der 1977 gepflanzt wurde, hat reiche Früchte getragen. Ich darf sie kurz aufzeigen.

Die Kontakte mit der Kongregation für die Heiligsprechungen in Rom, den Postulatoren und Vizepostulatoren der ursprünglich acht Causen, welche das Bistum Regensburg angehen, könnte nicht besser sein. Die Causen für die Gründerin der Armen Schulschwestern U. L. Frau, Schwester Maria Theresia von Jesu Gerhardinger, konnte am 17. November 1985, die für den Märtyrer P. Liberat Weiß OFM und Gefährten am 20. November 1988 unter tatkräftiger Mitwirkung meiner Abteilung abgeschlossen werden. Auch die Causa Fr. Eustachius Kugler OH konnte am 5. Oktober 2009 mit der Seligsprechung im Dom zu Regensburg beendet werden. Dies geschah zwar erst nach meinem Eintritt in den Ruhestand unter meinem Nachfolger Domvikar Msgr. Georg Schwager, aber die Positio für ihn musste in meiner Zeit völlig neu erarbeitet werden. Auch konnte ich den damaligen Generalrelator Prof. Dr. Ambrosius Eßer OP als Autor für ein bemerkenswertes Buch über Kugler gewinnen.

Zwei Kandidaten für die Seligsprechung, P. Viktrizius Weiß OFMCap. und Bernhard Lehner, wurde bereits der heroische Tugendgrad verliehen. Für die rein historischen Causen, Bischof Dr. Georg Michael Wittmann – für ihn habe ich in Bezug auf meine wissenschaftliche Arbeit am meisten Zeit aufgewendet – und P. Bartholomäus Bauer OFM. fehlt leider noch ein Wunder.

Zahlreiche Publikationen wurden von der Abteilung herausgegeben. Ein Hauptwerk bildet sicher das 574 Seiten umfassenden Buch „Zeugen des Glaubens. Heilige, Selige und Diener Gottes im Bistum Regensburg". Es wurde in zahlreichen Rezensionen gewürdigt und als „beispielgebend" bezeichnet. Auch die beiden Werke „Weihbischof G. M. Wittmann als Generalvisitator für das Bistum Regensburg" (1992) und „Weihbischof Georg Michael Wittmann im Dienste der Heiligen Schrift" (2000) bilden wesentliche Elemente der „Positio".

Aus den zahlreichen Rundbriefen für einzelne Diener Gottes hat sich in den Jahren ein umfangreiches Schriftenapostolat entwickelt, das von vielen Gläubigen in Anspruch genommen wird, damals und heute. Die Leser wenden sich vor allem an die Abteilung, auch an die Pfarrämter des Geburtsortes der Diener Gottes. Katholiken vor allem aus Bayern, aber auch aus dem gesamten deutschen Sprachgebiet und sogar aus aller Welt teilen ihre seelischen und leiblichen Sorgen und Nöte in Form von Gebetsanliegen mit, ersuchen um Einschluss in das Hl. Messopfer, um das Fürbittgebet, aber ebenso um Rat und Hilfe. Die zahlreichen Gebetserhörungen als Reaktion beweisen das große Vertrauen der gläubigen Menschen auf die Fürsprache der Diener Gottes. Gerade dieses Schriftenapostolat, das in aller Stille geschieht, nimmt viel Zeit, Einfühlungsvermögen und Kraft in Anspruch.

Der Kanzleibetrieb und die Registratur der Abteilung sind wohl geordnet. Der bereits seit 1972 von mir gesammelte Aktenbestand umfasste zu meiner Zeit 549 Aktenkartons (37 Laufmeter) mit zum Teil wertvollen Beständen. Eine umfangreiche Handbibliothek dient der hagiographischen Forschung. Gerade diese Einrichtung wurde auch von auswärtigen Forschern und Studenten geschätzt und benützt.

Mit dem aus heutiger Sicht günstigen Erwerb des denkmalgeschützten Geburtshauses Anna Schäffers in Mindelstetten im Jahre 1986 und dessen Renovierung nach den Bestimmungen des Bayerischen Denkmalamtes hat die Abteilung den Bestand eines für den Ort wertvollen Objektes gesichert. Es wurde eine „Anna-Schäffer-Gedächtnisstube" mit wertvollen Erinnerungsstücken an die Dienerin Gottes eingerichtet. Die übrigen Räume dienen als Pfarr- und Gemeindebibliothek.

Nicht vergessen werden darf auch die Anmietung der einstigen Wohnung des Dieners Gottes Bischof Wittmann im Diözesanzentrum Obermünster in Regensburg. Die leider durch den Umbau des früheren bischöflichen Knabenseminars in ein modernes Verwaltungszentrum erfolgten Einziehungen von Zwischendecken und Beseitigung der schönen Hohlkehlen im Jahre 1972 konnten durch sachgemäße Restaurierung beseitigt werden. Ein Raum wurde als Sitzungszimmer – hier befindet sich ein Teil der wertvollen hagiographischen Bibliothek – und das Sterbezimmer als Gedächtnisraum für den Diener Gottes adaptiert.

Zu den Kostbarkeiten der Abteilung gehört auch eine umfangreiche „Heiligenbilder-Sammlung". In Ordnern sind die Bilder verschiedenen Formats von Heiligen, Seligen und Dienern Gottes vorhanden in verschiedenen Drucktechniken aus dem 17., 18., 19. und 20. Jahrhundert. Die Sammlung wurde von mir seit 1972 angelegt und wird von meinem Nachfolger immer noch erweitert.

Nicht vergessen werden darf die 1987 erfolgte Errichtung eines eigenen, vier Räume umfassenden Dokumentationszentrums für die begnadete Therese Neumann in ihrem Geburtshaus in Konnersreuth. Nach Verhandlungen mit dem Generalat und der Provinz der Marienschwestern vom Karmel in Linz und Regensburg haben diese als Besitzer des Hauses zum Umbau sowie der Benutzung in dankenswerter Weise zugestimmt. Dank der tatkräftigen Leitung und Umsicht des diözesanen Postulators der Causa, Pfarrer Anton Vogl von Konnersreuth, ist der Umbau, mit den notwendigen Sicherheitsvorkehrungen versehen, 1987 vortrefflich gelungen. Neben einer kleinen Handbibliothek befinden sich dort über 1.000 Aktenkartons von und über Therese Neumann sowie sie betreffende Unterlagen und Druckwerke. Das umfangreiche Schriftgut wird seit 1990 mittels einer modernsten Computer-Anlage vom Zeitgeschichtler Toni Siegert erfasst und ausgewertet. Der Seligsprechungsprozess auf Diözesanebene wurde inzwischen von Bischof Dr. Gerhard Ludwig Müller eröffnet und wird von Domvikar Msgr. Georg Schwager und einem Gremium von Historikern geleitet. Das Geburtshaus von Therese Neumann ist inzwischen in den Besitz der Pfarrei Konnersreuth übergegangen.

Dank des guten Umsatzes von Publikationen – wissenschaftlichen Werken, Andachtsliteratur, Bildchen usw. – sowie der hochherzigen Spenden der Verehrer Annas kann sich die Abteilung finanziell selbst tragen, so dass alle Kosten für die Prozesse, die Postulatoren und Mitarbeiter bezahlt werden können, ohne Kirchensteuermittel in Anspruch nehmen zu müssen. Dank der gewissenhaften, ehrenamtlichen Buchführung von Diakon Max Beck (†) und der klugen Finanzberatung durch den Prokuristen der Bayerischen Vereinsbank, Hannes Schmidbauer, konnte die Zukunft der Abteilung nach meinem Eintritt in den Ruhestand gesichert werden. Den beiden Herren ist ein von Herzen kommendes Vergelt's Gott zu sagen.

Meinem lieben Nachfolger, Monsignore Domvikar Georg Franz Xaver Schwager, konnte ich ein gutes finanzielles Polster nebst einer gut ausgestatteten Kapelle mit dem Patrozinium des hl. Gallus und ein geordnetes Büro mit Registratur übergeben, wodurch der Bestand der Abteilung für Selig- und Heiligsprechungsprozesse bestens abgesichert werden konnte.[187]

---

187 Vgl. „AS-Brief" Nr. 32, 12.1997, S. 6–10: „20 Jahre Abteilung für Selig- und Heiligsprechungsprozesse".

23. Die Pfarrei Mindelstetten und die Abteilung für Selig- und Heiligsprechungsprozesse in Regensburg

Aus der Tatsache des gemeinsamen Strebens, den Seligsprechungsprozess für Anna Schäffer nach Kräften zu fördern, hat sich zwischen der Pfarrei Mindelstetten und der Abteilung für Selig- und Heiligsprechungsprozesse in Regensburg ein umfangreicher Schriftenverkehr ergeben. Auch Pfarrer Weigl war, trotz seiner zunehmenden Unpässlichkeit, noch immer eingebunden und interessierte sich vor allem für die Gebetserhörungen, die auch an ihn noch immer persönlich gerichtet wurden. Er hat sie alle bearbeitet und in Broschüren veröffentlicht.

Am 15. Mai 1975 wandte sich Schlagbauer an mich und teilte mir mit, dass die Benachrichtigung von der Ausschreibung der Bauarbeiten bezüglich des neu zu erbauenden Pfarrhofs durch den bischöflichen Architekten, Dipl. Ing. Gerhard Prell, eingetroffen sei und nach dem Abbruch des alten nicht mehr zumutbaren Gebäudes Anfang Juni mit dem Bau des neuen Pfarrhofs begonnen werden könnte.[1]

Ein sehr interessantes Schreiben erreichte mich im April 1975. P. Beda Kuhnle OFMCap., Konventuale im Kloster „Auf dem Käppele" bei Würzburg, schilderte seine Eindrücke vom Dekan und Pfarrer Karl Rieger von Mindelstetten wie folgt: „Drei Wochen vor seinem Sterben kam ich als junger Ordenspriester auf einige Tage zur Aushilfe anlässlich des Rosenkranzfestes 1934 in den Pfarrhof von Mindelstetten und lernte dort den stillen, gütigen und frommen Pfarrer Karl Rieger kennen, wie auch Frl. Rosa Imlauer, die ihm den Haushalt führte und eine Freundin Anna Schäffers war. Ich war von dieser Begegnung so beeindruckt, dass ich daheim über die Aushilfe einige Aufzeichnungen machte; leider sind die mir beim Bombenangriff auf Nürnberg verbrannt; so kann ich nur mehr ein paar Bruchteile, die ich in meiner Erinnerung noch gerettet habe, aufzeichnen.

Ohne sich brüsten zu wollen gestand mir der bescheidene, demütige Priester, dass er als Einser-Student absolvierte und für das Maximilianeum bestimmt war. Ob er dort auch wirklich hinkam, weiß ich nicht mehr bestimmt. Er hätte beste Aussichten gehabt, gute Posten einzunehmen, wie er sagte. Doch wurde er immer zurückgesetzt; er haderte anfangs mit Gott; doch wichtiger war Gottes Wille, der anderes mit ihm vorhatte. Wegen seiner geschwächten Gesundheit musste er einfache Posten nehmen und sich auch mit einer einfachen Landgemeinde begnügen. Seine Confratres schätzten seine Fähigkeiten und er wurde zum Dekan des Kapitels ernannt.

1 BKR III. Abt. CAS K. 23: Mindelstetten 14.05.1975: Schlagbauer an Ritter.

Seine Einstellung zu Anna Schäffer teilten viele nicht und stellten sich hier gegen ihn. Es schmerzte ihn, weil er in Anna Schäffer bei dem heldenmütigen Ertragen ihres schweren Leidens ein gottbegnadetes und gezeichnetes Menschenkind entdeckte. Er sah hier eine große Lebensaufgabe, schätzte es aber auch für eine große Gnade, die ihm Gott geschenkt hatte, mit seinen Kenntnissen, die er eigens dazu noch vertiefte, Anna Schäffer Seelenführer sein zu dürfen und sie auf den Weg christlicher Vollkommenheit zu führen. Doch Anna, wie er mir versicherte, hat mir mehr gegeben als ich in ihrer Betreuung ihr schenken konnte.

Wenn H. Pfarrer Rieger oder Frl. Rosa Imlauer von dem Leben Anna Schäffers erzählten, von ihren Begnadigungen, ihren Schauungen, ihren Stigmen, von den vielen Frauen, Männern, jungen Leuten, die sie um ihr Gebet in ihren Nöten und Anliegen angingen, von dem Segen, der von ihrem Sühneleiden in der Pfarrei segensreich spürbar war, hat H. Pfarrer immer in kluger Zurückhaltung gesprochen, um bei all den sprechenden Tatsachen seinem Zuhörer ein freies Urteil über diesen Fall sich bilden zu lassen.

Herr Pfarrer spürte, dass seine Tage gezählt waren, und er war froh, dass er vor seinem Sterben einem Priester nochmals sagen durfte, was sich hier in aller Stille abgespielt hatte in all den Jahren, wo er Anna betreute.

Ich hatte den Eindruck, dass er es sagen musste, so schwer ihm jedes Sprechen wurde, und dass er nichts verschweigen durfte und wollte.

Ich war erschüttert von soviel Vertrauen eines sterbenden Mannes einem jungen Confrater gegenüber, der aber nicht ganz unerfahren war in den Täuschungen und Verirrungen auf diesem Gebiet und seinen Berichten als kritischer Zuhörer folgte.

H. Pfarrer Rieger hat segenseifrig und segensvoll in seiner Pfarrei gewirkt. Man spürte es schon an dem großen Beichtandrang und den vielen Andachtsbeichten; man kam gerne zur Aushilfe in seine Pfarrei.

Er bestellte auch frühzeitig die Aushilfe und gab ihr auch einen Einblick in die Pfarrei. Mich bat er auch, die Gläubigen zum öfteren Empfang der hl. Kommunion zu animieren. Er schenkte mir bald nach meinem Eintreffen wohl zu diesem Zweck ein kleines Büchlein, ich glaube aus dem ‚Ars sacra Verlag', ‚Das eucharistische Herz Jesu', so ungefähr lautete der Titel. Ein Kapitel war überschrieben: ‚Die eucharistische Pfarrei'. Das Büchlein zeigte mir deutlich, in welchem Geist er seine Pfarrei pastorierte. Jedenfalls kamen die Gläubigen in diesen Tagen in hellen Scharen zum Tisch des Herrn. Am Sonntag übernahm er noch die Frühmesse und versuchte mir beim Beichthören zu helfen. Er musste aber aufhören, weil die Kräfte ihm versagten.

Bescheiden bat er mich, gut mit den Leuten zu sein und sie zu absolvieren. ‚Dafür bin ich ja da!' Nachträglich hörte ich, dass die Aushilfe ein Jahr zuvor die Leute scharenweise nicht absolviert hat.

Das ganze Pfarrvolk liebte ihren Pfarrer und schätzte ihn hoch; ich glaube, er hatte niemand, der ihm feind gewesen wäre.

Am Grab von Anna Schäffer sah ich immer wieder fromme Beter, auch einmal einen SA-Mann in Uniform, der mit gefalteten Händen, etwas in Erregung, an ihrem Grab betete.

Die Aufzeichnungen Anna Schäffers über ihre Visionen (Träume), die mir Frl. Imlauer einmal auslieh, habe ich ihr wieder nach dem Lesen zurückgegeben. Kleine Teile von den Haaren Annas, ihrem Sterbehemd, ihrem Skapulier und ihrer Geißel habe ich von Frl. Imlauer bekommen und sie 1938 von Schw. Hermana in Altötting in einer Kapsel fassen lassen.

Es ist wenig, was ich von H. Pfarrer Rieger noch weiß, und ich habe den Eindruck, ich müsste von diesem edlen Priester mehr sagen können, aber leider versagt hier mein Gedächtnis.

Das Geschriebene erkläre ich vor Gott als meinen Zeugen an Eides statt." Es folgten noch die Unterschrift und der Ort.[2]

Vielleicht hätte dieser Bericht bereits im Kapitel über Pfarrer Rieger seinen Platz haben können. Ich aber meinte, da er mir erst 39 Jahre nach dem Hinscheiden des edlen Priesters ausgehändigt worden war, passe er besser in das Erscheinungsjahr, auch als Beitrag für den Seligsprechungsprozess.

Nun musste also 1975 der alte Pfarrhof in Mindelstetten vor seinem Abbruch geräumt werden. In einer kleinen Wohnung des Schulhauses fanden Schlagbauer und seine Hausfrau, Frl. Margret Forster, eine vorübergehende Bleibe. Die Räumung bzw. den Umzug besorgte die Haushälterin, da sich der Pfarrer in Regensburg einer Nierenoperation unterziehen musste.[3]

Am 13. März 1976 sandte mir Frau Rita Maria Hofmann – Wohnort unbekannt – das von ihr verfasste schöne Gedicht:

„Anna Schäffer.

Auf Wege der Liebe hat Gott Dich gerufen!
Auf Wegen des Kreuzes ihm folgtest Du gern,
auf Wegen der Leiden stiegst treu Du die Stufen
der Liebe empor an der Seite des Herrn.

Ein Kleinod die Schmerzen und Wonne die Leiden!
In Sühnen und Dulden warst gern Du bereit
zu tragen die Lasten, zu opfern die Freuden
für unsere bedrängte, armselige Zeit.

2 BKR III. Abt. CAS K. 23: Würzburg 08.04.1975: Bericht von P. Beda Kuhnle OFMCap. über Pfarrer Karl Rieger an Ritter.

3 BKR III. Abt. CAS K. 23: Mindelstetten 12.05.1975: Schlagbauer an Ritter.

Ein Leuchten, ein Schenken, ein einzig Gelingen
Dein Leben und Lieben, welch' herrliches Sein!
Erlöst aus den Peinen und irdischen Dingen
gingst Du dann zum Leben der Seligen ein.

Es starb nicht die Liebe! Es blieb Deine Treue,
aus ewigen Wohnungen hält sie ihr Wort
und gibt sich stete wieder und gibt sich auf's Neue,
im Reichtum der Güte und Hilfe von dort."[4]

Vom Domdekan Prälat Hermann Grötsch erhielt ich am 21. März 1976 folgende Erklärung: „Als langjähriger Sekretär des verstorbenen Herrn Erzbischofs Dr. Michael Buchberger kann ich Folgendes bezeugen: Erzbischof Dr. Michael Buchberger hatte eine große Hochachtung vor der Dienerin Gottes Anna Schäffer, die er gelegentlich als echte Mystikerin bezeichnete. Er besuchte auch ihr Grab im Friedhof von Mindelstetten. Aus Äußerungen aus seinem Munde und aus der Tatsache, dass er ihre Aufzeichnungen und auch andere Erinnerungsgegenstände zu sich nahm, ist zu erschließen, dass er bereits mit einem Seligsprechungsprozess rechnete."[5]

Der Pfarrhausbau in Mindelstetten kostete nach Mitteilung Schlagbauers DM 355.514. Wie hoch die Rechnung für den Umbau des Jugendheims sein werde, wusste er aber noch nicht.[6]

Das Jahr über habe ich eine große Zahl von Gebetsanliegen und Gebetserhörungen erhalten, zusätzlich von Schlagbauer und Weigl, die ich zum größten Teil beantworten musste. Es ist erstaunlich, wie sehr die Verehrung und die Anrufung von Anna immer mehr zugenommen hat.

Da 1979 das Heft von Prof. Dr. Georg Schwaiger bereist vergriffen war, hat er mich gebeten, ihm für die von Schlagbauer gewünschte Neuauflage in Höhe von wiederum 20.000 Exemplaren Berichtigungen bezüglich des Lebens und Sterbens der Dienerin Gottes mitzuteilen. Ihm lag ja für seine erste Auflage nur das bisher erschienene Schrifttum, vor allem von Weigl, vor, das historische Mängel aufwies. Durch meine neuen Forschungsergebnisse und vor allem durch den Informativ- und Schriftenprozess konnten nun diese ungewollten Irrtümer richtig gestellt werden, und ich teilte diese Prof. Dr. Schwaiger postwendend mit.[7] Dieser bedankte sich am 27. August 1979 für meine umfangreichen Hinweise, wobei er allerdings anmerkte, er könne aus Zeitmangel keine umfangreichere Neufassung liefern.[8]

---

4 BKR III. Abt. CAS K. 23: München 13.03.1976: Rita Maria Hofmann an Ritter.

5 BKR III. Abt. CAS K. 23: Regensburg 21.03.1976: Erklärung von Domdekan Prälat Hermann Grötsch.

6 BKR III. Abt. CAS K. 23. Mindelstetten 08.03.1977: Schlagbauer an Ritter.

7 BKR III. Abt. CAS K. 24: Regensburg 25.07.1979: Ritter an Univ. Prof. Dr. Georg Schwaiger.

8 BKR III. Abt. CAS K. 24: München 27.08.1979: Schwaiger an Ritter.

Das Jahr 1980 brachte leider auch eine unangenehme Überraschung, die aber für den Prozess keinerlei Auswirkungen hatte. Das in Hamburg erscheinende Satiremagazin „Titanic“ brachte einen bösartigen Artikel mit dem Titel „Die Himmelskandidatin“ – damit war Anna Schäffer gemeint – und ironisierte den Apostolischen Seligsprechungsprozess, ebenso die Dienerin Gottes und nicht zuletzt Bischof Dr. Graber. Da diese kirchenkritische Zeitschrift aber in Bayern kaum gelesen wird, blieb sie ohne jeglichen Einfluss auf die Verehrung der Dienerin Gottes.[9]

Sehr betroffen machte mich die Mitteilung Rosa Imlauers, dass ihre gute Schwester, Sr. M. Cäcilia Imlauer, die wir noch in Dießen als Zeugin vernommen hatten, nach nur vierwöchiger Krankheit am Josefstag (19. März) ohne Todeskampf im 85. Lebensjahr von Gott heimgerufen wurde.[10]

Der Vorsitzende der Franziskanischen Gemeinschaft Regensburg, P. Reiner Seidl OFMCap., ersuchte mich um Zusendung von weiteren 50 Büchlein für die Altenbetreuung.[11] Solche und ähnliche Bitten um Andachtsbildchen oder Publikationen über das Leben Annas mehrten sich von Jahr zu Jahr.

Auf meine Frage an Pfarrer Schlagbauer nach den Maßen des Eichensarges und des Zinksarges, in die 1972 die sterblichen Überreste der Dienerin Gottes gebettet wurden, sowie den Maße der Gruftplatte in der Seitenkapelle der Pfarrkirche teilte er mir diese mit.[12] Er fügte hinzu, dass der Steinmetzmeister Karl Buchner aus Pförring die Schrift auf der Grabplatte unentgeltlich angebracht habe. Außerdem sei die Gruftplatte aus Juramarmor, gelb, mit den Maßen 177 x 99 x 8 cm, mit feingeschliffener Oberfläche, für 412,92 DM angefertigt von der Firma Philipp Holzmann AG, Kirchheim/Ufr. geliefert worden.

Als großer Freund der Hagiographie erwies sich Prof. Dipl.-oec. publ. Johannes Goldner aus München, der bereits über mehrere bayerische Heilige, Selige und Diener Gottes Schriften publiziert hatte und der sich an mich wegen der aus Regensburg stammenden wandte. Ich teilte sie ihm selbstverständlich alle mit.[13]

Auch die „Anna-Schäffer-Briefe“, die ich im Juli 1981 erstmals herausgegeben habe, fanden guten Absatz. So wünschte z. B. der Bamberger Pastoralreferent Theo Volz gleich 50 Exemplare, die er in Krankenhäusern verteilen wollte.[14] Auch die Steyler Missionare vom Kloster St. Wendel erwiesen sich als eifrige Abnehmer.[15]

Auf die Anfrage des Generalvikars Prälat Fritz Morgenschweis, ob der Verlag Friedrich Pustet zur Neuauflage des Büchleins von Konrad Zoller über Anna

---

9 Satiremagazin „Titanic“, Jg. 1980, Heft 10, S. 55–58.

10 BKR III. Abt. CAS K. 24: Augsburg am Ostermontag 1980: Rosa Imlauer an Ritter.

11 BKR III. Abt. CAS K. 24: Regensburg 03.01.1981: P. Reiner Seidl OFMCap. an Ritter

12 BKR III. Abt. CAS K. 24: Mindelstetten 27.08.1981: Schlagbauer an Ritter.

13 BKR III. Abt. CAS K. 24: München 01.09.1981: Prof. Goldner an Ritter – Regensburg 07.09.1981: Ritter an Goldner.

14 BKR III. Abt. CAS K. 24: Bamberg 23.09.1981: Theo Volz an Ritter.

15 BKR III. Abt. CAS K. 24: St. Wendel 18.10.1981: P. Alois Meldener SVD im Namen des Missionshauses an Ritter.

Schäffer bereit sei, antwortete dieser negativ, verzichtete aber auf die Verlagsrechte.[16] Durch Domkapitular Prälat Ludwig Scharf auf den Verlag der Maristen in Furth bei Landshut aufmerksam gemacht, erhielt ich ein sehr günstiges Angebot für die Neuauflage des Zoller-Buches. Die Auflage betrug 10.000 Exemplare.[17]

In Beantwortung einer fernmündlichen Anfrage von Pfarrer Weigl wegen seines Büchleins „Anna Schäffers geheimnisvolles Traumheft", das er in einer zweiten Auflage herauszugeben beabsichtigte, musste ich ihn auf CIC Can. 1387 verweisen, der nach wie vor Gültigkeit besitzt und wie folgt lautet: „Da die Causa Anna Schäffer in Rom anhängig ist, besitzt allein die „Congregatio pro Causis Sanctorum" das Approbationsrecht für alle Schriften, die auf einem schwebenden Selig- oder Heiligsprechungsprozess Bezug haben, wie es auch in diesem Fall zutrifft [...]. Ich bin demnach gehalten, Dich zu ersuchen, das Manuskript entweder an meine Abteilung oder an den Postulator der Causa direkt zu schicken. Die 1975 vom Bischöflichen Ordinariat gewährte ‚Druckerlaubnis' für das Büchlein ist demnach gegenstandslos."[18] Nach Überwindung großer Schwierigkeiten konnte der Postulator die Druckgenehmigung in Rom erreichen.[19]

Im Jahre 1984 erhielt ich vom Pfarramt Stammham/Dekanat Pförring die Mitteilung, dass die „Anna-Schäffer-Briefe" 1983 weggegangen seien, „wie die warmen Semmeln" und deshalb in Hinkunft 100 Exemplare erbeten werden.[20]

Nachdem BGR Pfarrer Georg Schlagbauer von Mindelstetten im August 1984 in den verdienten Ruhestand getreten war, wurde am 1. Oktober dem bisherigen Kaplan von St. Theresia in München, Johann Bauer, durch Bischof Manfred Müller die Pfarrei Mindelstetten verliehen. Am 28. Oktober wurde er durch den Dekan und Pfarrer BGR Gustav Reiß, Bettbrunn feierlich zum Pfarrer installiert. Ich schrieb im „Anna-Schäffer-Brief": „Pfarrer Hans Bauer stammt aus der Diözese Regensburg. Er wurde am 19. Juli 1951 in Altendorf/Opf. geboren.

Nach dem Abitur trat er in das Regensburger Priesterseminar ein und absolvierte an den Universitäten Regensburg und Salzburg das philosophisch-theologische Studium. Am 25. Juli 1977 erteilte ihm Bischof Dr. Rudolf Graber im Hohen Dom zu Regensburg die heilige Priesterweihe. Wie Anna Schäffer ist auch Pfarrer Bauer ein großer Verehrer der hl. Therese von Lisieux und freut sich, gerade in Mindelstetten als Seelsorger wirken zu können. Als Großstadtseelsorger in München hat der neue Pfarrherr große pastorale Erfahrung sammeln können, die er nun als Pfarrer von Mindelstetten einbringen wird. Wir wünschen ihm von Herzen Gottes Gnade und Segen!"[21]

16 BKR III. Abt. CAS K. 24: Regensburg 10.03.1982: Verlag Friedrich Pustet an Generalvikar Prälat Fritz Morgenschweis.

17 BKR III. Abt. CAS K. 25: Furth bei Landshut 31.03.1982: Fr. Egbert Mühlbauer an Ritter.

18 BKR III. Abt. CAS K. 24: Regensburg 06.11.1982: Ritter an Weigl.

19 BKR III. Abt. CAS K. 24: Paderborn 16.11.1983: Schulz an Ritter.

20 BKR III. Abt. CAS K. 24: Stammham 04.02.1984: Pfarramt Stammham an Ritter.

21 „AS-Brief" Nr. 6, 12.1984, S. 16f.

Ich sandte ihm am 30. September 1984 einen herzlichen Glückwunsch-Brief. Darin bemerkte ich, dass Bischof Müller mir gegenüber den Wunsch geäußert hat, ich möge mich bald mit Pfarrer Bauer in Verbindung setzen „und alle Modi bezüglich der Causa Anna Schäffer und die sich daraus ergebende Zusammenarbeit besprechen".[22]

Am 22. Oktober kam ich der Aufforderung des Bischofs nach und sandte an Pfarrer Bauer folgendes Dokument:

Richtlinien, die Causa Anna Schäffer von Mindelstetten betreffend

Im Zusammenhang mit der Herausgabe des neuen „CODEX IURIS CANONICI" wurden neue Richtlinien für die Verfahrensweise der Selig- und Heiligsprechungsprozesse erlassen. Ich verweise auf die „CONSTITUTIO APOSTOLICA" Papst Johannes Pauls II. vom 25. Januar 1983, ferner auf die „NORMAE SERVANDAE IN INQUISITIONIBUS AB EPISCOPIS FACIENDIS IN CAUSIS SANCTORUM" vom 7. Februar 1983, auf das „DECRETUM GENERALE" vom 7. Februar 1983 und auf die „REGOLAMENTO DELLA SACRA CONGREGAZIONE PER LE CAUSE DEI SANTI" vom 21. März 1983.

I) Förderung der Verehrung durch das Volk

Nach REGOLAMENTO Art. 26, § 1, ist nur mehr ein – bisher zwei – ordnungsgemäß approbiertes Wunder für die Seligsprechung nötig. Doch wird eine echte fama signorum [ein echter Ruf wundertätiger Zeichen] verlangt. Dies bedeutet konkret, dass eine zunehmende Verehrung durch das Volk nachgewiesen werden muss. Demnach stellen sich folgende Aufgaben:

1. Förderung der Verehrung durch Herausgabe von Publikationen, Rundbriefen, Novenenbüchlein, Bildchen usw. Sie wird jeweils von der Abteilung für Selig- und Heiligsprechungsprozesse beim Bischöflichen Konsistorium der Diözese Regensburg (in Hinkunft „Abt.") veranlasst. – Die Druckgenehmigung dazu wird ausschließlich von der „Sacra Congregazione per le Cause Dei Santi", weil der Prozess bereits dort anhängig ist, erteilt, und zwar nur auf dem Dienstweg über die Abt., die das Manuskript zu begutachten hat.

2. Den Gebetsanliegen und Gebetserhörungen ist besonderes Augenmerk zu schenken. Demnach sind alle die Causa Anna Schäffer betreffenden Briefe mit Gebetsanliegen und Gebetserhörungen ausnahmslos und laufend an die Abt.

22 BKR III. Abt. CAS K. 24: Regensburg 22.10.1984: Ritter an Bauer.

einzusenden, wo sie gesammelt, geordnet und statistisch ausgewertet werden. Es ist dem H. H. Pfarrer überlassen, ob und welche Briefe er selbst beantworten will, bzw. welche Briefe er der Abt. zur Beantwortung überlässt.

3. Wenn Verehrer der Dienerin Gottes Publikationen vom Pfarramt anfordern, die dort vorrätig sind, sollte aus praktischen Gründen der Versand von dort aus erfolgen. Anfallende Kosten für Arbeitsaufwand, Verpackung und Porto sind hierfür selbstverständlich dem Spendenfond zu entnehmen.

4. Die Verehrung Anna Schäffers durch das Volk ist ferner vom Pfarramt dadurch tunlichst zu fördern, dass durch den H. H. Pfarrer, bzw. durch eine von ihm beauftragte verlässliche Person, die Gläubigen, die zum Grab der Dienerin Gottes kommen, betreut werden. Hier ist vor allem zu denken an ein pastorales Gespräch, Erklärung in der Kirche, eine Bittandacht um baldige Seligsprechung, Gelegenheit zur hl. Beichte.

II) Unterlassung jeglicher kultischen Verehrung

So sehr die Verehrung durch das Volk gefördert werden soll, ist jedoch jede Form kultischer Verehrung zu unterlassen, um den „Prozess de non cultu“ nicht zu gefährden. Konkret bedeutet dies:

1. Vor der Seligsprechung darf die Dienerin Gottes niemals als „sancta“ oder „beata“ bezeichnet werden. Es dürfen weder hl. Messen noch Andachten zu ihren Ehren gehalten werden.

2. Das Anzünden bzw. Brennen der Kerzen am Grab Anna Schäffers ist nach Möglichkeit zu verhindern, d. h. die angezündeten Kerzen sind wieder zu löschen. Grablichter hingegen, einem alten bayerischen Brauch entsprechend, sind gestattet.

3. Das Anbringen oder Aufstellen von Votivbildern oder sonstiger Dankesbezeigungen, z. B. Schrifttafeln, Karten, sind nicht erlaubt. Diese Gegenstände sind stets einzusammeln und der Abt. zur Aufbewahrung zu überlassen.

III) Spenden und Erlöse aus dem Verkauf von Publikationen

Spenden, die von Verehrern der Dienerin Gottes für die Förderung des Prozesses oder zum Dank für eine Gebetserhörung gegeben werden, sind nach „NORMAE

SERVANDAE IN INQUISITIONIBUS AB EPISCOPIS FACIENDIS IN CAUSIS SANCTORUM“ Abs. 3, c, an die Abt. als der zuständigen Behörde des Bistums abzuführen. Sie werden in den „Seligsprechungsfond“ eingebracht, verwaltet (die Buchhaltung besorgt der Verwalter des Diözesanzentrums, H. Diakon Max Beck) und widmungsgemäß ausschließlich für die Förderung des Verfahrens verwendet.

1. Erträgnisse aus dem Opferstock, Geldbeträge, die persönlich oder brieflich übergeben werden, Geldüberweisungen sind an die Abt. zu übergeben.

2. Von Überweisungen der Gelder über Banken in Mindelstetten oder Umgebung ist deshalb dringendst abzuraten, weil erfahrungsgemäß die Höhe der Summen kein Geheimnis bleibt und die Leute dann glauben, für die Pfarrei nichts mehr geben zu müssen. Dass die Spenden widmungsgemäß verwendet werden müssen, wird meist nicht verstanden.

3. Messstipendien, die im Zusammenhang mit der Causa Anna Schäffer gegeben werden, sollten, soweit sie nicht vom H. H. Pfarrer selbst persolviert werden, der Abt. zugute kommen. Die Dienerin Gottes war eine große Förderin der Missionen. Deshalb reicht die Abt. die Messstipendien weiter, und zwar vor allem an Erzbischof Dr. Francis Arinze, Nigeria, Mitglied der Glaubenskongregation. Er weist sie verlässlich seinen Priestern und Missionaren zu, die ausschließlich von Messstipendien und den Gaben der Gläubigen leben müssen. Dadurch wird auch eine wünschenswerte weltweite Verehrung der Dienerin Gottes gefördert.

4. Der Erlös aus dem Verkauf der Publikationen, welche die Causa betreffen und die aus Spendenmitteln vorfinanziert wurden, ist der Abt. zu 70 % abzuführen. Die restlichen 30 % fließen der Kirche bzw. dem Verkäufer zu, der den Schriftenstand betreut.

5. Die „Anna-Schäffer-Briefe“, das offizielle Organ der Abt. für die Causa, sollten tunlichst verbreitet und auf dem Schriftenstand ausgelegt werden, und zwar nur gegen freiwillige Spende.

6. Aufwendungen für die Instandhaltung, Reinigung, Blumenschmuck des Grabes von Anna Schäffer, sind den Spenden zu entnehmen, da sie der Förderung der Verehrung durch das Volk dienen.

7. Ebenso sind alle Ausgaben für den Gebetstag am 26. Juli eines jeden Jahres („Anna-Tag“) – auch die Honorare für die Aushilfen – aus den Spenden zu bestreiten.

NACHTRAG. – Es wäre wünschenswert, den Grabstein der Dienerin Gottes restaurieren und an der ursprünglichen Grabstelle wieder aufstellen zu lassen.

Ebenso wünschenswert wäre die Restaurierung des Grabsteins von H. H. BGR Carl Rieger, dem langjährigen weisen Seelenführer Anna Schäffers, dessen 50. Todestag heuer begangen wurde.

Im Falle der Durchführung beider Anliegen würde die Abt. die Kosten übernehmen.

Überreicht mit der Bitte um Berücksichtigung der Richtlinien, zu deren Erstellung ich vom Diözesanbischof, Exz. Bischof Manfred Müller, aufgefordert wurde,

Emmeram H. Ritter
Bischöflicher Offizialatsrat“[22a]

Nach meinem ersten Besuch bei Pfarrer Bauer dankte ich ihm herzlich für die gute Aufnahme und die Bewirtung.[23] Auch Rosa Imlauer wünschte dem Nachfolger Pfarrer Schlagbauers ihre Segenswünsche, bestellte vier Hl. Messen für ihren Vetter, Pfarrer Rieger, und dessen Haushälterin Frl. Elise Imlauer und deren Mutter. Außerdem bat sie seine Schwester, Elisabeth Bauer, die ihm den Haushalt führte, den Grabschmuck für ihre Angehörigen zu besorgen.[24]

Da gegenwärtig in dem uns Bayern durch die Verehrung Mariens verwandten polnischen Volk eine große Hungersnot herrschte, entschloss ich mich zu einer umfangreichen Paketaktion, die allen Verehrern Annas zukommen sollte. Es gelang über die Caritas unseres Bistums. Etwa 35.000,- Mark wurden dafür aufgewendet.[25] Es geschah bestimmt ganz im Sinne Annas.

Einer Mitteilung Pfarrer Bauers zufolge nahm die Wallfahrtstätigkeit zur Grabstätte Annas weiter zu. „Ich konnte aber nicht behaupten, dass mir die Zunahme der Arbeit eine Last bedeutete, im Gegenteil. Es ist schön zu spüren, dass der Geist weht und seine Gaben austeilt.“[26]

Im Juni 1986 erreichte mich die freudige Nachricht von Pfarrer Bauer, dass am 22. Juni die neue Kirchenorgel in der Pfarrkirche zu Mindelstetten feierlich ihrer Bestimmung übergeben werde. Weihbischof Wilhelm Schraml würde den Festgottesdienst zelebrieren und die Weihehandlung vornehmen. „Die Pfarrei freut sich,

22a BKR III. Abt. CAS K. 24: Regensburg 22.10.1984: Ritter an Bauer: „Richtlinien, die Causa Anna Schäffer von Mindelstetten betreffend“

23 BKR III. Abt. CAS K. 24: Regensburg 27.10.1984: Ritter an Bauer.

24 BKR III. Abt. CAS K. 24: Augsburg 30.10.1984: Rosa Imlauer an Bauer.

25 BKR III. Abt. CAS K. 24: Regensburg 05.12.1984: Schreiben, die allen polnischen Empfängern eines Paketes beigelegt wurden.

26 BKR III. Abt. CAS K. 24: Mindelstetten 19.04.1985: Bauer an Ritter.

wieder ein neues Instrument zur Verfügung zu haben, das den Ablauf des Gottesdienstes würdig gestalten hilft."[27] Die Arbeiten wurden von folgenden Unternehmen ausgeführt: Orgelbau: Dieter Schingnitz aus Iffelsdorf/Staltach; Disposition: Michael Manigl, Lenggries/Obby.; Ausführung des Orgelprospekts: Jakob Feigl, Obby.[28] Mit Genehmigung von Weihbischof und Offizial Karl Flügel hat die Abteilung einen wesentlichen finanziellen Beitrag geleistet, denn schließlich werde die Orgel ja auch bei den Gottesdiensten in Zusammenhang mit dem Besuch der Grabstätte der Dienerin Gottes von Gruppen mit ihren begleitenden Priester gespielt. 1985 kamen z. B. über 100 Autobusse nach Mindelstetten.[29]

Auf die Frage vieler Leser, weshalb Gott den Menschen auf die Erhörung der Bitten, die ihm durch Heilige oder Selige als Vermittler anvertraut werden, oftmals lange warten lässt, schrieb ich im „Anna-Schäffer-Brief": „Von der Beharrlichkeit spricht Jesus in einer Parabel (Lk 11,5–13). Der entscheidende Punkt des Gleichnisses liegt darin, dass ein Hausvater mit Rücksicht auf seine schlafende Familie zunächst gar nicht bereit ist, zu helfen, schließlich aber dann doch hilft, weil der Bittsteller einfach nicht nachgibt. Die Ausdauer im Beten ist also der springende Punkt. Dementsprechend ist die Situation, wie Sie es in der Heiligen Schrift nachlesen können, gezeichnet. Die Anwendung ist klar: Wir sollen als Bittende nicht aufhören zu beten. Dann wird uns gegeben, geöffnet und wir werden finden und empfangen (vgl. Mt 7,7 und Lk 11,9f.).

Das Warten geschieht der Menschen wegen. Wir sollen zu einem immer intensiveren Beten angesprochen werden. Das beharrliche Gebet und das inständige Bitten bindet uns stärker an Gott; es vertieft in uns das Bewusstsein der eigenen Hilflosigkeit und das restlose Angewiesensein auf Gott und schließlich vertieft es dementsprechend nach der Erhörung unsere Dankbarkeit gegenüber dem Herrn. In diesem Wartenlassen liegt also eine Pädagogik des Gebetes. Wir dürfen davon überzeugt sein, das Wartenmüssen ist für uns geradezu eine Gnade. Religion ist nämlich kein ‚Tischlein-deck-dich', sondern es ist vielmehr ein religiöser Akt, eine Vertiefung und Verlebendigung des Stehens vor Gott dem Allmächtigen, des Aufschauens, des Sprechens und des Gehens zu Ihm. So hat das Beten in Beharrlichkeit einen tiefen Sinn."[30]

Das relativ kleine Gotteshaus St. Nikolaus in Mindelstetten zeigte sich im Lauf der Zeit als zu klein für die Bevölkerung, die etwas zugenommen hatte, vor allem aber wenn an Sonn- und Feiertagen zahlreiche Pilger von auswärts kamen. Deshalb trug sich Pfarrer Bauer mit dem Gedanken einer Erweiterung der Pfarrkirche bzw. einem Neubau. Am 8. März 1988 informierte er mich, dass sich die Kirchenverwaltung dazu entschlossen habe, die Pfarrkirche zu erweitern. Dies brachte eine kleine

27 BKR III. Abt. CAS K. 24: Mindelstetten 06.1986: Bauer an Ritter.

28 „AS-Brief" Nr. 9, 07.1986, S. 14–18.

29 BKR III. Abt. CAS K. 24: Regensburg 23.03.1986: Kostenbeteiligung der Abteilung an der neuen Orgel in Mindelstetten.

30 „AS-Brief" Nr. 10, 12.1986, S. 3f.

Lawine ins Rollen. Als frühestmöglicher Zeitpunkt für den Baubeginn sei das Jahr 1990 anzunehmen.[31]

In meinem Antwortschreiben schilderte ich ihm meine Bedenken, versprach ihm aber, mich mit dem Diözesanökonom Weihbischof Guggenberger und dem Postulator zu beraten. „Abschließend darf ich versichern, dass ich sofort und mit Freuden tätig werde, wenn die Bistumsleitung die Genehmigung zur Erweiterung der Pfarrkirche verbindlich gegeben hat."[32]

Inzwischen fand in Mindelstetten eine Bürgerversammlung statt, die Bürgermeister Emmeram Batz einberufen hatte. Er kündigte eine Verlegung des Schulgebäudes und dessen Neubau im Norden des Dorfes an. Wegen der notwendigen Erweiterung der Pfarrkirche müsse das alte Schulhaus abgerissen werden. Auch Pfarrer Bauer meldete sich zu Wort. Er begründete den geplanten Kirchenbau „mit den derzeit schon fehlenden Sitzplätzen". Nur die Hälfte der Kirchenbesucher habe an einem Sonntag einen Sitzplatz. Das Angebot an Sitzplätzen solle von derzeit 130 auf 300 aufgestockt werden. Außerdem dürfte man die Entwicklung als Wallfahrtsort nicht vergessen, die man rechtzeitig vorbereiten müsse. „Auch mein verstorbener Vorgänger BGR Schlagbauer hatte das Thema Kirchenerweiterung schon ins Auge gefasst." Außerdem spiele die künftige Entwicklung der Seelsorgerzahlen „keine ungewichtige Rolle". Wenn sich die Priesterzahl weiterhin so negativ gestalte, können kleinere Pfarreien zukünftig nicht mehr besetzt werden. Eine Zentralisierung der Gottesdienstangebote wäre unausweichlich.[33]

Im Frühjahr 1990 wurden zahlreiche Pläne und Modelle für den Kirchen-Erweiterungsbau in Mindelstetten in der Schulturnhalle ausgestellt. Pfarrer Bauer hat in großartiger Weise dazu in seinem „Pfarrbrief" Stellung bezogen. Er bestätigte den Architekten im Preisgericht, dass sie mit ihren Beurteilungsmaßstäben auf der Höhe der Zeit stünden, „Kinder der Zeit sind und die Überzeugung haben, dass die Architektur den Geist der Zeit widerspiegeln muss, so wie jede andere Kunstrichtung auch." Dann setzte er sich mit dem Problem „Was ist überhaupt der Zeitgeist?" auseinander. Und er kommt zu dem richtigen Schluss: „Unsere Zeit ist von der Technik bestimmt". Die Menschen seien deshalb „nüchterner, gefühls- und gemütsärmer, funktioneller" geworden, man frage vor allem nach dem Nutzen einer Sache. Diesen Zustand könne man den Zeitgeist nennen. Schließlich kam er zu dem Ergebnis: Ein kirchlicher Raum müsse „eine gewisse Geborgenheit und Wärme ausstrahlen, eine Harmonie oder Schönheit, oder auch eine edle Schlichtheit". Dies seien die Eigenschaften, die in Beziehung zu Gott stehen. Dann ist dieser Raum als Kirche geeignet. Er bitte die Pfarrangehörigen um ihr Votum.[34] Pfarrer Bauer hatte mir mit

31 BKR III. Abt. CAS K. 24: Mindelstetten 08.03.1988: Bauer an Ritter.

32 BKR III. Abt. CAS K. 24: Regensburg 23.03.1988: Ritter an Bauer.

33 BKR III. Abt. CAS K. 24: „Donau-Zeitung" Ingolstadt.

34 BKR III. Abt. CAS K. 24: „Pfarrbrief Mindelstetten" v. 19.03.–15.04.1990.

seinen Ausführungen voll und ganz aus der Seele gesprochen, ebenso wie den meisten Pfarrangehörigen von Mindelstetten.

Bereits im Jahr 1989 hatte Pfarrer Bauer in einem Artikel im „Anna-Schäffer-Brief" auf die Notwendigkeit der Erweiterung der Pfarrkirche aufmerksam gemacht und diese stichhaltig begründet.[35] Einen weiteren Artikel veröffentlichte er im „Anna-Schäffer-Brief" Nr. 18 mit dem Titel „Erweiterung der Pfarrkirche konkret". Er schrieb: „Obwohl der vom Bischöflichen Bauamt ausgeschriebene Ideenwettbewerb zu Beginn des Jahres 1990 kein letztlich befriedigendes Ergebnis gebracht hat, gehen die Planungen zur Kirchenerweiterung voran. Der Kirchenvertretung Mindelstetten liegt mittlerweile ein erster Entwurf vor, der allgemein Zustimmung fand. Einzelheiten müssen freilich noch überarbeitet werden. Soviel kann man zum jetzigen Zeitpunkt aber schon sagen: Der Baukörper der alten Kirche bleibt im Wesentlichen unangetastet. Die südliche Seitenwand des Gotteshauses wird geöffnet. Nach Süden hin wird sich auch ein neuer Kirchenraum öffnen, der circa 300 Gläubigen Platz bietet. Er wird auch das neu zu schaffende Presbyterium enthalten.

Nachdem der Kunstausschuss des Bistums Regensburg, unter der Leitung von Weihbischof Guggenberger, das Vorhaben begutachtet hat, wird der Architekt mit der weiteren Ausarbeitung beauftragt werden".[36]

Einen weiteren Zwischenbericht zum Thema Kirchenbau veröffentlichte Bauer im „Anna-Schäffer-Brief" Nr. 20. Er schrieb von einem langen Tauziehen, „bei dem wir versuchten, einen Plan genehmigt zu bekommen, mit dem man eine schöne zeitlose Kirche bauen könnte. Es erwies sich als sehr schwierig, der Baubehörde moderne Extravaganzen auszureden. Wir hoffen und sind zuversichtlich, dass wir in Herrn Architekten Manfred Blasch, Regensburg, (er bekam den 3. Preis) einen Architekten gefunden haben, der unsere Kirche so erweitert, dass man von ihr sagen kann, sie ist ein Gotteshaus".[37]

Nachdem die Abteilung 1989 das Geburtshaus Annas erworben hatte, zeigte sich, dass eine innere und äußere Sanierung dringend notwendig war. In einem Brief vom 28. Mai 1990 teilte mir Pfarrer Bauer mit, dass der Kirchenverwaltung von den Firmen Bauunternehmung Kernl aus Neustadt/Hienheim, dem Dachdecker Strobl aus Eichstätt und dem Zimmermann Stropek aus Pförring Angebote unterbreitet wurden. „Für die Dachdeckungsarbeiten dürfen wir einige Staatszuschüsse erwarten, da es sich um ein denkmalgeschütztes, mit Juraschiefer gedecktes Haus handelt. Die Sanierungsarbeiten sollen noch im August dieses Jahres beginnen."

Bereits am 7. August benachrichtigte mich der Kirchenpfleger von Mindelstetten, Ing. Franz Oblinger, dass die Sanierung des Geburtshauses erfreuliche Fort-

35 „AS-Brief" Nr. 16, 07.1989, S. 27f.

36 „AS-Brief" Nr. 18, 12.1990, S. 28.

37 BKR III. Abt. CAS K. 24: Mindelstetten 28.05.1990: Bauer an Ritter.

schritte mache.[38] In meinem Antwortschreiben wies ich ihn darauf hin, dass das Haus für Mindelstetten ein Kleinod sei, weil es das einzige im Originalzustand aus dem 17. Jahrhundert befindliche Objekt sei.[39]

Im Herbst des Jahres 1992 konnte das Schäffer-Haus nach einer langwährenden Periode der Restaurierung fertiggestellt werden. Dies war vor allem den Bemühungen des tüchtigen Architekten Heinrich Berr aus Riedenburg und den Handwerksbetrieben zu danken. Mit meinem Einverständnis war vorgesehen, die Pfarr- und Gemeindebibliothek hier unterzubringen, so dass das Gebäude sinnvoll genutzt wird. Der größte und schönste Raum des Hauses sollte aber dem Gedächtnis der Dienerin Gottes vorbehalten bleiben, um dort eine „Anna-Schäffer-Gedächtnisstube" einzurichten. Ich ließ Vitrinen anfertigen, in denen ich Erinnerungsstücke aus dem Besitz der Dienerin Gottes unterbrachte. Die Stube wurde im bäuerlichen Stil um das Jahr 1900 eingerichtet, um den Besuchern einen gebührenden Eindruck zu vermitteln, in welcher Bescheidenheit Anna ihre Kindheit und Jugend verbracht hatte. Alle Kosten trug die Abteilung.[40]

Am 26. Juli 1993 konnte die „Anna-Schäffer-Gedächtnisstube" besucht werden. Die Pfarrhaushälterin von Mindelstetten und eine Mitarbeiterin meiner Abteilung hatten sich mit viel Geschmack, Einfühlungsvermögen und Fleiß um das Stüberl bemüht.[41]

Auf das Jahr 1990 nochmals zurückkommend muss ein überaus interessanter Bericht nachgetragen werden. Unter den bedeutendsten Erinnerungsstücken an Anna ist ein Rosenkranz zu erwähnen, der mir von dem Salesianerpater Alfons Schneider für die Gedächtnisstube übersandt worden ist. Er legte einen Bericht seines leiblichen Bruders P. Wilhelm Schneider SVD vom 25. August 1983 bei: „Wie ich und mein Bruder Alfons zu den Salesianern Don Boscos gekommen sind und wie der Rosenkranz der Anna Schäffer in meinen Besitz gelangt ist.

Es war im August 1925: Frl. Taucher, Regensburg, Roritzerstraße, bei der ich mit ein paar anderen Studenten als Schüler der 5. Gymnasialklasse in Kost und Wohnung war, hatte aus gesundheitlichen Gründen gekündigt. Meine Eltern standen nun vor der nicht leichten Aufgabe, für mich bis zum neuen Schulbeginn eine neue Unterkunft zu beschaffen. Aus diesem Grunde fuhr meine Mutter mit mir und meinem um 4 Jahre jüngeren Bruder Alfons nach Mindelstetten zur bereits bekannten Dulderin Anna Schäffer und bat sie um ihre Fürbitte bei Gott in dieser Angelegenheit. Anna gab uns Zuversicht, dass wir bald Näheres erfahren würden. Schon einige Tage später teilte uns der Ortspfarrer, Franz Xaver Riedhammer[42], mit, dass der

38 BKR III. Abt. CAS K. 24: Mindelstetten 07.08.1990: Dipl. K. Franz Oblinger an Ritter.

39 BKR III. Abt. CAS K. 24: Regensburg 13.08.1990: Ritter an Franz Oblinger.

40 „AS-Brief" Nr. 22, 12.1992, S. 37f.

41 „AS-Brief" Nr. 23, 07.1993, S. 5.

42 Gen.-Sch.: Franz X. Riedhammer, geb. 03.09.1877 in Beckendorf, Pfarrei Neukirchen/Opf.; Pr.-W. 11.05.1902 in Regensburg; 1906 Kooperator in Straubing St. Peter; 1912 Pfarrer in Riedenburg; 1930 Pfarrer in Vilseck/Opf.; † 15.12.1934.

Direktor des Knabenseminars der Salesianer, St. Josef in Burghausen, P. Dr. Lechermann, gebürtig von Lobsing bei Mindelstetten, damals Kreis Riedenburg, bei ihm im Pfarrhof sei und wir sollten sofort zu ihm hinaufkommen, wenn wir ihn sprechen wollen. Mutter, Alfons und ich leisteten der Einladung sofort Folge und nach Rücksprache mit ihm kam unsere Aufnahme in das Knabenseminar in Burghausen gleich zustande.

Nun zu meinem Besitz des Rosenkranzes von Anna Schäffer: Anna betete viel und gerne anhand ihres großen Rosenkranzes. Wenige Wochen vor Annas Hinscheiden bat meine Mutter sie um diesen Rosenkranz, den ihr auch Anna versprach. Als Anna einige Wochen später (5. Oktober 1925) gestorben war und aufgebahrt in ihrem Zimmer lag, sah meine Mutter, dass dieser Rosenkranz um Annas Finger gewickelt war. Mutter ging darauf hin zu dem ihr wohlbekannten BGR Pfarrer Rieger von Mindelstetten und bat ihn, ihr diesen Rosenkranz zu geben, da er ihr von Anna versprochen war. BGR Rieger löste den Rosenkranz aus den Fingern der toten Anna und übergab ihn meiner Mutter. Sie fuhr damit nach Konnersreuth und legte ihn während einer Ekstase der Stigmatisierten Therese Neumann auf die Brust. Therese Neumann erklärte: 1. Anna Schäffer habe wie sie die Wundmale gehabt; doch habe ihr Gott auf ihre Bitten hin diese äußeren Zeichen wieder genommen, die Schmerzen der Wundmale aber belassen. 2. A. Sch. sei bei ihrem Tod sofort der Anschauung Gottes teilhaftig geworden. 3. Es sei der Wille Gottes, dass A. nunmehr bekannt werde. Diese Aussage Therese Neumanns hat meine Mutter dem damaligen Diözesanbischof Dr. Michael Buchberger mitgeteilt. Dieser habe ihr gesagt: Der Fall Anna Schäffers sei ihm viel sympathischer als der Fall Therese Neumanns, auch habe er angeordnet, dass das Grab der Anna Schäffer ausgemauert wird, wegen eines evtl. späteren Seligsprechungsprozesses.

Woher ich das alles weiß? Von meiner Mutter. Sie hat mir auch den Rosenkranz der Anna geschenkt. – Diesen Bericht habe ich auf Wunsch meines Bruders Alfons niedergeschrieben. München 25. August 1983.

P. Wilh. Schneider SVD.“[43]

Ergänzend zu dem Bericht schrieb P. Alfons Schneider: „Ihrer Fürbitte [gemeint ist Anna] danken mein Bruder und ich, dass wir auf diesem Wege Salesianer-Priester Don Boscos geworden sind.“[44] In einem Beiblatt werden die Daten von Wally Schneider wie folgt angegeben: „Geb. am 30.05.1880 in Riedenburg; † 04.08.1976 in Riedenburg; Mutter von sieben Kindern; langjährige Vorsteherin des katholischen Müttervereins in Riedenburg; sie besuchte Anna Schäffer an ihrem Krankenbett.“[45]

43 BKR III. Abt. CAS K. 24: München 25.08.1983: Bericht von P. Wilhelm Schneider SVD an Ritter.

44 BKR III. Abt. CAS K. 24: Würzburg o. D.: P. Alfons Schneider SVD an Ritter.

45 Ebd. S. 4 – „AS-Brief“ Nr. 17, 07.1980, S. 1–3.

Doch wieder zurück zum Bau der Kirchenerweiterung in Mindelstetten. Im Frühjahr 1993 benachrichtigte mich Pfarrer Bauer, dass die Pläne für den Erweiterungsbau der Pfarrkirche nunmehr beim Landratsamt Eichstätt und bei der Bischöflichen Finanzkammer in Regensburg liegen. Es waren langwierige und bisweilen zermürbende Verhandlungen notwendig, bis sich alle beteiligten Institutionen auf einen gemeinsamen Nenner einigen konnten. Die vom Architekten im Oktober 1992 vorgelegten Pläne wurden von der bischöflichen Aufsichtsbehörde als zu großzügig und zu teuer abgelehnt. Das brachte den Fortgang der Maßnahme ins Stocken bis an den Rand des Scheiterns. Schließlich einigte man sich auf einen verkleinerten Anbau, der nur mehr 260 Sitzplätze aufwies.

Nach erfolgter Genehmigung wurde endlich im Herbst 1993 wenigstens mit den Vorbereitungsmaßnahmen begonnen. Dazu zählte der Abriss des Schulgebäudes neben der Kirche und der Kauf des benötigten Grundstücks. Die Hauptbauphase fiel nunmehr in das Jahr 1994. Bauer bemerkte noch: „Ob die Einweihung der neuen Kirche noch im Herbst 1994 stattfinden kann oder doch erst im Frühjahr 1995, das kann man im Augenblick noch nicht sagen. Von Seiten der Kirchenverwaltung will man jedoch keine Zeit verlieren.“[46]

Leider verzögerte sich der Abriss des alten Schulhauses, das der Kirchenerweiterung im Wege stand, da die neue Schule am 29. Oktober 1993 erst eingeweiht werden konnte. Auch die Gemeindekanzlei wurde dorthin verlegt. So konnte der Abbruch erst im Frühjahr 1994 durchgeführt werden. Pfarrer Bauer rechnete auch weiterhin mit unvorhergesehenen Verzögerungen.[47]

Trotz des kalten Winters wurden die Arbeiten an den Grundfesten für den Erweiterungsbau begonnen und es ging zügig vorwärts. Dann, erst am 11. Mai 1994, am Vorabend des Festes Christi Himmelfahrt, konnte endlich die feierliche Grundsteinlegung erfolgen. Ich hatte Pfarrer Bauer den Regensburger Weihbischof und Dompropst Vinzenz Guggenberger vorgeschlagen, der damit sofort freudig einverstanden war. Groß und herzlich erwies sich die Beteiligung der Bevölkerung und zahlreicher Verehrer Annas aus Bayern sowie der Vereine mit ihren schönen Fahnen und nicht zuletzt der Feuerwehr, die den Ordnungsdienst übernommen hatte.

Außer dem Kirchenpfleger und dem Pfarrkirchenrat von Mindelstetten folgten zahlreiche Ehrengäste der Einladung Bauers. Zu erwähnen sind die Konzelebranten des Weihbischofs, so Regionaldekan BGR Albert Wotruba, Großmehring, BGR Johann Hundsdorfer, Oberdolling und meine Wenigkeit. Auch der Postulator Prälat Prof. Dr. Winfried Schulz nahm am Gottesdienst teil. Von den weltlichen Ehrengästen sind vor allem zu nennen: der Vertreter des Landratsamtes Eichstätt Kreisbaumeister Schiebl; Bauleitender Architekt Georg Humpl, Mindelstetten; die Ingenieure Siegmüller und Gammel, Abensberg; Bauunternehmer Sippl, Altmann-

46 Vgl. „AS-Brief“ Nr. 23, 07.1993, S. 21.

47 Vgl. „AS-Brief“ Nr. 24, 12.1993, S. 33.

stein und nicht zuletzt der Mindelstettener Bürgermeister Bezirksrat Emmeram Batz und zweiter Bürgermeister Dipl. Kfm. Franz Oblinger.

Nach einer herzlichen Begrüßung durch Pfarrer Bauer fanden die Grundsteinlegung und die Segnung des Bauplatzes im Rahmen des Gottesdienstes statt.

Als Vermächtnis an die Nachwelt wurde in den Grundstein eine Kupferrolle eingelassen mit den Listen der kirchlichen und weltlichen Hierarchien, dem Grundrissplan des Erweiterungsbaues, den derzeit gültigen Münzen, der in Mindelstetten verbreitete Tageszeitung „Donaukurier“, einem Regensburger Bistumsblatt, einem Mindelstettener „Pfarrbrief“ sowie einer Urkunde, deren Inhalt lautet:

„URKUNDE
zur Grundsteinlegung für den Erweiterungsbau
der Pfarrkirche Mindelstetten

Im Namen des Vaters † und des Sohnes † und des Heiligen Geistes †
Amen.

Unter dem Pontifikat Johannes Pauls II., im Todesjahr unseres Diözesanpatrons St. Wolfgang, da Bischof Manfred Müller, unterstützt von den Weihbischöfen Vinzenz Guggenberger und Wilhelm Schraml das Bistum Regensburg leitet, hat der Hochwürdigste Herr Weihbischof Vinzenz Guggenberger am Vorabend des Festes Christi Himmelfahrt, dem 11. Mai 1994 den Grundstein zum Erweiterungsbau der Pfarrkirche Mindelstetten geweiht.

Die Entstehung der ersten Kirche in Mindelstetten darf man in der zweiten Hälfte des 12. Jahrhunderts ansetzen. Um 1400 erfährt sie eine Umgestaltung im Sinne der Gotik. 1692 werden das Dorf und die Pfarrkirche von einer Feuersbrunst heimgesucht. 1706 beginnt der Neubau der Kirche im barocken Stil. 200 Jahre später ist die Kirche wieder zu klein. 1905 wird ein Gotteshaus im neugotischen Stil erbaut. Die in der zweiten Hälfte dieses Jahrhunderts ständig gestiegene Bevölkerungszahl macht eine abermalige Erweiterung der Kirche notwendig. Hinzu kommt die anwachsende Wallfahrtsbewegung zum Grab Anna Schäffers, deren Gebeine seit 1972 in der Pfarrkirche beigesetzt sind. Diese heiligmäßige Tochter des Dorfes, gestorben am 5.10.1925, deren Seligsprechungsprozess in Rom geführt wird, hat sich schon Tausenden von Gläubigen als Helferin und Fürbitterin erwiesen, welche zum Dank oder zur Bitte alljährlich an ihr Grab pilgern.

Der Erweiterungsbau der Kirche soll nun der Pfarrei und den Pilgern ausreichend Platz für die Feier der Eucharistie und für jegliches gemeinschaftliche Gebet bieten.

Planender Architekt ist Manfred Blasch, Regensburg. Er war 3. Preisträger des im September 1989 ausgelobten Wettbewerbs. Die Bauleitung liegt in den Händen von Architekt Georg Humpl, Mindelstetten. Die Verantwortlichen der Pfarrei, Kirchenverwaltung und Pfarrer Johann Bauer, danken dem Diözesanbischof, dem bischöflichen Ordinariat, näherin der Bischöflichen Finanzkammer unter Finanzdirektor Franz Spießl, dem Bischöflichen Baureferat und Baudirektor Hanns Werner Ferstl, für die Gewährung der Zuschüsse bzw. für die fachliche Beratung. Sie danken auch der politischen Gemeinde für die Überlassung des Baugrundstückes, auf dem vormals das Schulgebäude mit Kindergarten, Gemeindekanzlei und Bücherei stand.

Der Urkunde sind beigelegt: 1 Plan der Kirche, 1 Liste der leitenden Persönlichkeiten von Kirche und Staat in dieser Zeit, 1 Tageszeitung (Donaukurier), 1 Regensburger Bistumsblatt, 1 Pfarrbrief, je eine Münze der gültigen Währung.

Gebe Gott, dass das begonnene Werk glücklich zu Ende geführt wird und dass es als Haus Gottes auch Zufluchtstätte der Christen dieser Pfarrei und aller Pilger werde. Der Dreifaltige Gott teile hier seine Gnade und seinen Segen aus, und die Menschen mögen sich hier zu seinem Lobpreis versammeln.

Mindelstetten, den 11. Mai 1994.“[48]

Jeder der Ehrengäste durfte daraufhin einen Hammerschlag auf den Grundstein ausführen, der die Zusammenarbeit und das unerlässliche Handanlegen einer jeden einzelnen Instanz symbolisieren sollte. Nach der Prozession in die Kirche wurde der Gottesdienst fortgesetzt. Abschluss war der Auszug des Weihbischofs, bei dem die Vereine mit ihren Fahnenabordnungen zusammen mit den zahlreichen Gläubigen ein Ehrenspalier bildeten.

Ich stellte abschließend fest: „Der Tag der Grundsteinlegung für den Erweiterungsbau ist nicht nur für die Pfarrangehörigen von Mindelstetten bedeutsam, sondern auch für die Verehrer der Dienerin Gottes Anna Schäffer in aller Welt, denn die Kirchenerweiterung erfolgt ja auch im Hinblick auf die erhoffte und sehnlichst erwartete Seligsprechung Annas, zu deren Grab immer mehr gläubige Menschen in ihren großen und kleinen Anliegen pilgern.[49]

Pfarrer Bauer veröffentlichte im „Anna-Schäffer-Brief“ Nr. 25 folgendes: „Die Kirchenerweiterung macht gute Fortschritte. Eigentlich handelt es sich ja um den Bau einer eigenständigen neuen Kirche, die nur an das alte Gotteshaus angeschlossen wird. Bis zum Anna-Schäffer-Gebetstag am 26. Juli dieses Jahres dürfte der Baukörper schon fast die volle Höhe erreicht haben. Nach den Planungen soll der Rohbau samt Dach noch im Herbst fertiggestellt werden. Die alte Kirche bleibt

48 „AS-Brief“ Nr. 25, 06.1994, S. 9–11.

49 Ebd. S. 12.

während dieser Zeit von Eingriffen weitgehend verschont. Sie kann ohne Unterbrechung weiter benützt werden. Darüber dürften sich wohl Pfarrangehörige wie die Pilger zum Anna-Grab freuen.

Ein herzliches Vergelt's Gott möchte ich als Pfarrer von Mindelstetten allen Spendern sagen, die uns mit ihren großzügigen Gaben helfen, die neue Kirche zu finanzieren."[50]

In einem Schreiben vom Mai 1994 kündigte ich Pfarrer Bauer einen weiteren fünfstelligen Betrag für die Restaurierung des Geburtshauses Annas an, obwohl ich mit der Trockenlegung in der „Gedächtnisstube" nicht ganz zufrieden sein konnte. Dann teilte ich ihm mit, das ich 1973 mit DM 70,- meine Arbeit begonnen habe, seither aber keine einzige Mark von der Finanzkammer benötigt bzw. bekommen hatte, was auch nicht notwendig gewesen ist, da sich die Diener Gottes ihre Prozesse selbst erwirtschaften. Die „Congregatio pro Causis Sanctorum" erhielt allein von der Abteilung nach Aufstellung meines getreuen Buchhalters, Diakon Max Beck, für die Prozessführung der Regensburger Causen einen sechsstelligen Betrag. Schließlich übernahm ich sieben Causen, von denen allerdings bereits zwei ihren Abschluss gefunden haben. Im Übrigen gab ich zu bedenken, dass sich die allgemeine wirtschaftliche Situation „seit 1989 durch die Wiedervereinigung verschlechtert hat und sicher weiterhin verschlechtern wird. Dass sich dieser Zustand auch auf die Spendenmöglichkeit bzw. auf die Spendenbereitschaft auswirkt, ist selbstverständlich.

Ich bin aber dankbar und froh, dass keine Mark aus Kirchensteuergeldern notwendig ist und sich meine Abteilung völlig selbst erhalten kann. Auch für die Zukunft ist bestens vorgesorgt."[51]

Wiederum konnte Pfarrer Bauer im „Anna-Schäffer-Brief" Nr. 26 mit großer Freude über das Richtfest für den Bau der Kirchenerweiterung berichten wie folgt: „Am 14. November 1994 wurde das Richtfest für die neue Pfarrkirche von Mindelstetten gefeiert. Dieses Datum markiert die erste Etappe des Bauvorgangs. Der Rohbau ist nunmehr fast fertiggestellt. Der Dachstuhl krönt das Mauerwerk. Die Betrachter hatten zum ersten Mal eine deutliche Vorstellung davon, wie das Gebäude aussieht. Das milde Herbstwetter erlaubte es, bis zu Beginn des Advents weiterzuarbeiten. Dem vorgefassten Zeitplan nach sollten zwar die Dachziegel schon auf dem Gebälk liegen. Doch es gab mehrmals Verzögerungen. Nun sind wir froh, wenn das Dach wenigstens provisorisch dicht wird.

Trotz allem ließ man sich am 14.11. nachmittags die Freude nicht verderben. Es gab zunächst eine kleine Zeremonie auf dem Baugelände. Als Ortspfarrer und Bauherr konnte ich eine Reihe von Gästen und Pfarrangehörigen begrüßen. Danach gab der planende Architekt Ing. Blasch aus Regensburg einen kurzen Überblick über die rund vierjährige Planungs- und Vorbereitungsphase. Baubeginn im eigent-

50 Ebd. S. 12.

51 BKR III. Abt. CAS K. 24: Regensburg 02.05.1994, S. 22–24.

lichen Sinn war der März 1994. Ing. Blasch wies darauf hin, dass nach einigen Höhen und Tiefen das Erreichte doch Anlass zur Freude gebe. Hinter diesen Worten verbirgt sich ein gelegentlich kräftezehrendes Ringen, um die rechte Gestaltung und sakrale Formgebung des Gotteshauses.

Auch Bürgermeister Bezirksrat Emmeram Batz, Mindelstetten, ergriff das Wort. Er sah im Bau der neuen Kirche ein historisches Ereignis; denn eine Kirche werde in der Regel für Jahrhunderte gebaut. Das Bauwerk selber präge den Ortskern und verleihe ihm einen markanten Akzent. Die politische Gemeinde wolle nun versuchen, das Gebiet um den Ortskern herum neu zu gestalten, damit alles seine passende und schöne Form bekomme.

Bevor sich die versammelten Gäste auf den Weg ins Gasthaus machten, verkündete der Zimmermeister vom Dachstuhl herunter seinen Richtspruch:

‚Wir haben unterm Himmelsdom, den Gott gegründet,
hier Ihm zu Ehren eine Stätte uns erbaut,
darin das Wort des Lebens wird verkündet,
darauf, so hoffen wir, Gott gnädig niederschaut.
Drob' freut sich jeder heut, der weiß, dass Jesus Christ
des Baues Meister und sein Eckstein ist.
Mög die Kirche alle, die erscheinen,
als Kinder seines Vaters hier vereinen
zu Lob und Preis und Dank und Bittgebet,
von ahnungsvollem Schauer fromm durchweht.
Wer sich in gleichem Glauben weiß verwandt,
der reicht dem Nächsten gern die Bruderhand.
Gern wollen wir, wenn dieser Bau vollendet
und Volk und Priester am Altare stehn
die Augen und das Herz zu Gott gewendet,
mit Andacht dankbar auch für jene flehn,
die mitgewirkt mit ihrem Scherflein Geld,
den Bau geplant, geleitet und erstellt.
Gott gieße stets von diesem Gotteshaus
auf sie und alle reichen Segen aus!'"[52]

Kein anderer als Pfarrer Bauer hat diesen so schönen Richtspruch verfasst. Er hat sich auch in bewunderungswürdiger Weise um die Innenausstattung der neuen Kirche bemüht. Er stellte den Hochaltar aus der alten Kirche in das Presbyterium der neuen, nachdem er einer Restaurierung unterzogen wurde. Mit einem Altartisch mit barockem Tabernakel und einem Gemälde mit der Darstellung Mariä Himmel-

52 „AS-Brief" Nr. 26, 12.1994, S. 22–24.

fahrt stattete er die alte Kirche aus, so dass sich die Pilger wieder geborgen fühlen konnten. Das neue Gotteshaus erhielt farblose Glasfenster, nachdem die Künstlervorschläge für Farbglasfenster nicht entsprechen konnten. Zwei schöne Seitenaltäre mit Gemälden der Gottesmutter und dem hl. Michael schmücken den Gottesdienstraum, und die vor wenigen Jahren erneuerte Orgel fand auf der neu errichteten Empore der neuen Kirche ihren Platz. Pfarrer Bauer bewies auch den Mut, wieder eine Kommunionbank zu errichten, was von Pfarrangehörigen und Pilgern mit Freude aufgenommen wurde.[53]

Am 22. Oktober 1995, einem strahlenden Herbsttag, wurde endlich die sehnlichst von den Pfarrangehörigen und den Verehrern Annas erwartete Weihe der neuen Kirche – eigentlich eine Erweiterung der alten Kirche – vollzogen. Pfarrer Bauer berichtete im „Anna-Schäffer-Brief“ Nr. 28 darüber: „Konnte die Gemeinde beim Gebetstag am 26. Juli dieses Jahres aus dem Mund des Regensburger Weihbischofs Wilhelm Schraml die gute Nachricht hören, dass der Heilige Vater ‚ihrer‘ Anna Schäffer den heroischen Tugendgrad zuerkannt hat, so gab es in Mindelstetten wenige Monate später bereits wieder einen freudigen Anlass: Diözesanbischof Manfred Müller selbst kam, um die neue Kirche auf das Patrozinium des hl. Nikolaus zu weihen.

Intensive Bemühungen aller beteiligten Firmen und der ganze Einsatz nicht nur des Pfarrgemeinderates, sondern auch vieler freiwilliger Helfer waren notwendig gewesen, um Kirche, Nebengebäude und den Platz soweit fertigzustellen, dass eine würdige Feier gewährleistet werden konnte. Ein sonniger Tag belohnte die Teilnehmer – unter ihnen auch viele Anna-Schäffer-Verehrer aus nah und fern – und erfüllte das neue Gotteshaus mit jenem Glanz und Licht, das einen Vorgeschmack auf ‚die Heimat gab, die uns einmal am Ziel unseres irdischen Daseins als ewiger Lohn verheißen ist‘, wie es Bischof Manfred in seinem Grußwort zur Festschrift, die aus Anlass der Einweihung erstellt worden war, ausgedrückt hat.

Unter großer Anteilnahme der Pfarrgemeinde und herzlich begrüßt von Vertretern des öffentlichen Lebens, von Regionaldekan Msgr. Albert Wotruba und Pfarrer Johann Bauer, vollzog der Bischof den feierlichen Weiheritus und fügte in den Altar einen Stein aus Bethlehem ein, den der frühere Regionaldekan Msgr. Josef Eberth aus dem Heiligen Land selbst mitgebracht hatte.

In seiner Predigt erläuterte Bischof Müller den Weiheritus: die Segnung des Weihwassers, das Entzünden der Osterkerze, die Besprengung der Kirche, der Gläubigen und des Ambos, die Salbung des Altares und der Apostelleuchter. Er ging dabei besonders auf das Verbrennen der fünf Weihrauchkegel auf dem Altar ein, wobei der mittlere ein Symbol für Christus darstelle, während die vier übrigen die Himmelsrichtungen andeuten, ‚wohin unser Glaube hinausdringen soll im Zeichen Jesu Christi!‘ Dieses Zeichen sei das Kreuz als Zeichen des Lebens und der

53 „AS-Brief“ Nr. 27, 07.1995, S. 20–22.

liebenden Kraft. Dafür sollten wir als Christen Zeugnis geben, so wie es Anna Schäffer gemacht hat. ‚Sie hat in ihrem Leben das Kreuz für die Kirche getragen.'

Die neue Kirche in Mindelstetten ist so konzipiert, dass sie im Grunde eine selbständige Kirche ist, die sich aber südlich an die alte anschließt. Die alte Kirche wurde dazu in der Südflanke unter den Fenstern etwa zehn Meter breit geöffnet, so dass man von einem Raum in den anderen gehen kann. Ansonsten blieb der alte Bau unangetastet.

Der neue Kirchenraum umfasst rund 300 Sitzplätze und 100 Stehplätze. In einem Anbau sind die Sakristei, ein Meditationsraum sowie die sanitären Anlagen untergebracht."[54]

Ergänzend ist dazu zu sagen, dass der Neubau 5,2 Millionen DM gekostet hat. Rund 3,4 Millionen deckten Zuschüsse des Bistums Regensburg. Einen großen Teil der Summe musste aber die Pfarrgemeinde aus eigenen Mitteln aufbringen.

Der Kirchenerweiterungsbau bietet sowohl den Pfarrangehörigen wie auch den Pilgern seither genügend Platz, um an den Gottesdiensten an den Sonntagen ebenso wie an Werktagen daran teilzunehmen.[55]

Im Zusammenhang mit der Ausschmückung der neuen Kirche soll nicht vergessen werden, auf ein herrliches Kunstwerk hinzuweisen, nämlich auf das schöne Kruzifix über dem Hochaltar, das den ganzen Gottesdienstraum beherrscht. Es ist ein Werk der bekannten Künstlerin Anna Edbauer aus Kreuth (Brunnbichl) am Tegernsee. In ihr begegnete uns nicht nur eine ausdruckstarke Bildhauerin, sondern ein tiefgläubiger Mensch und eine große Verehrerin Annas. Ihre helfende Fürsprache durfte sie öfter erfahren. Nach ihrer letzten schweren Erkrankung 1995 schnitzte sie für die neue Pfarrkirche in Mindelstetten im Stil der alten Meister das Kreuz und stiftete es großherzig, zusammen mit einem hohen Geldbetrag. Ihre Arbeiten zeichnen sich durch eine eigene Beseeltheit aus, die ihnen von der stillen nie nach äußerem Ruhm trachtenden Künstlerin eingehaucht wurde. Nicht nur aus Bayern erhielt sie Aufträge, sondern auch aus dem Ausland. So steht heuer sogar in der Hauptstadt Süd-Koreas eine große Fatimastatue, und für das Birgittinnenkloster in Vadstena in Schweden schuf sie ein großes Kreuz und eine Statue des hl. Joseph.

Die Darstellung des Herrn am Kreuz, die sie für Mindelstetten geschaffen hat, ist kraftvoll und zart zugleich. Etwas von dem in Geduld und Liebe ertragenen Leid, das sie aus dem Leben der Dienerin Gottes Anna Schäffer gelernt hat, spiegelt sich darin.[56]

Im Jahr 1997 wurde die von Pfarrer Rieger erbaute alte Kirche einer gründlichen Innenrenovierung unterzogen. Auf die zum Grab Annas zahlreichen Pilger hat man bei den Arbeiten weitgehend Rücksicht genommen.[57]

Das Jahr 1997 wurde auch für die Abteilung eine ereignisreiche Zeit. Da ich durch Gottes Gnade und mit seiner Hilfe das 70. Lebensjahr vollenden konnte,

54 „AS-Brief" Nr. 28, 12.1995, S. 34f.
55 „AS-Brief" Nr. 27, 07.1995, S. 22.
56 „AS-Brief" Nr. 31, 07.1997, S. 22–24.
57 Ebd. S. 24 f.

habe ich nach 25-jähriger Tätigkeit im Dienste des Herrn, der lieben Gottesmutter sowie der Heiligen, Seligen und Diener Gottes des Bistums Regensburg seine Exzellenz, den Hochwürdigsten Herrn Bischof Manfred Müller, um Versetzung in den Ruhestand gebeten. So musste ich mir für die Nachfolge Gedanken machen. Meine Wahl fiel auf den Pfarrer von Tunding und Martinsbuch, Georg Franz X. Schwager, den ich bereits gut kannte. Er kam im Januar 1984, als junger Seminarist und Student der Theologie, zu mir, um sich nach den Heiligen, Seligen und Dienern Gottes zu erkundigen. Seither – wir blieben stets in Verbindung – hat sich in all den Jahren sein Interesse und vor allem seine Verehrung für die Diener Gottes nicht nur gesteigert, sondern auch wesentlich vertieft.[58]

Auf meinen Rat hin wählte er als Thema für seine theologische Diplomarbeit „Invocatio et Intercessio [Anrufung und Fürsprache] der Heiligen in der katholischen Dogmatik des 20. Jahrhunderts", die er 1987 bei Prof. Dr. Wolfgang Beinert, dem Inhaber des Lehrstuhls für systematische Theologie (Dogmatik und Dogmengeschichte) an der Universität Regensburg, eingereicht hatte. Seine Arbeit wurde nicht nur belobigt, sondern sogar mit einem Stiftungspreis ausgezeichnet. Ich regte ihn zu einer Publikation an, und so erschien die vorzügliche Arbeit noch vor dem Weihnachtsfest 1997 unter dem Titel „Die Heiligen und ihre Fürsprache bei Gott" im Verlag der Abteilung für Selig- und Heiligsprechungsprozesse für das Bistum Regensburg in erster Auflage.

Ich schilderte ihn Bischof Müller gegenüber als eine fromme, im wahren katholischen Glauben tief verwurzelte Persönlichkeit, die das Sacerdotium und die daraus resultierenden Verpflichtungen sehr ernst nimmt. Aus diesen Gründen habe ich mich auch entschlossen, dem Bischof Pfarrer Schwager als meinen Nachfolger im Amt des Leiters der Abteilung vorzuschlagen. Mein Vorschlag wurde auch durch den Dompropst Weihbischof Vinzenz Guggenberger und dem Generalvikar Prälat Dr. Wilhelm Gegenfurtner in dankenswerter Weise lebhaft unterstützt. Bischof Müller gab schließlich seine Zustimmung.

So fuhren der Generalvikar und ich zusammen nach Tunding. Nach einiger Überlegung, schließlich musste Schwager auf die Pfarrei verzichten und nach Regensburg übersiedeln, gab er sein Einverständnis. Auf meine Bitte hin wurde er ab 1. September 1997 freigestellt für das Studium an der „Congregatio pro Causis Sanctorum" in Rom und zur Erlernung der italienischen Sprache. Ich habe ihn dabei meinem Freund, dem Generalrelator und Studienleiter, Prof. Dr. Eßer, wärms-

58 Schematismus d. Bistums Regensburg 2009. Verzeichnis der Weltpriester und ständ. Diakone: Msgr. Domvikar Georg Franz X. Schwager, geb. 20.04.1963 in Landshut; Pr.-W. 24.06.1989 in Regensburg; Kaplan in Gangkofen/Nby.; 1991 Pfarradministrator in Gangkofen und Obertrennbach; 1992 Kaplan in Schwandorf/Opf.; 1994 Pfarrer in Tunding und Martinsbuch/Nby.; 1997 freigestellt zum Studium in Rom; 1998 Domvikar und Mitarbeit in der Abteilung für Selig- und Heiligsprechungsprozesse; ab 01.08.1998 Leiter der Abteilung.

tens empfohlen. Zudem wandte ich mich an den Rektor, Prälat Dr. Erwin Gatz vom Campo Santo Teutonico in Rom um, eine geeignete Unterkunft.

Nach Absolvierung seines Studiums in Rom kehrte Pfarrer Schwager nach Regensburg zurück und wurde mir zur Einführung in die Abteilung beigegeben. Nachdem er im März 1998 zum Domvikar ernannt worden ist, übernahm er ab 1. August die Leitung der Abteilung beim bischöflichen Offizialat.

Ich war und bin felsenfest überzeugt, Pfarrer und Domvikar Schwager gereicht der heiligen Kirche zur Ehre und führt sein Amt mit Liebe, Wissen und Besonnenheit sowie zur Zufriedenheit seiner Vorgesetzten aus.[59]

59 „AS-Brief" Nr. 32, 12.1997, S. 10f.

24. Die Seligsprechung in Rom 1999

Feierliche Übertragung der Gebeine Annas

Zur Vorbereitung der Seligsprechung wurde am 30. Januar 1999 die Gruft in der rechten Seitenkapelle der sogenannten „alten Kirche“ von Mindelstetten geöffnet, um die sterblichen Überreste Annas in die vorbereitete neue Andachtsstätte in der Mitte des Gotteshauses zu übertragen. Auch die erforderlichen Reliquien sollten dem Sarg entnommen werden, damit diese in einem kostbaren Behälter dem Heiligen Vater bei der am 7. März 1999 in Rom stattfindenden Seligsprechung überreicht werden konnten.

Nach den Vorschriften des Kirchenrechtes fanden sich der Regensburger Bischof Manfred Müller, Weihbischof Dompropst Vinzenz Guggenberger, Generalvikar Prälat Dr. Wilhelm Gegenfurtner als Glaubensanwalt, Domkapitular Offizial Dr. Max Hopfner als Notar, Msgr. Dr. Josef Ammer, damals noch Domvikar, Domvikar Georg Schwager als Leiter der Abteilung für Heilig- und Seligsprechungsprozesse für das Bistum Regensburg und Prof. Dr. Johannes Dobroschke vom Krankenhaus der Barmherzigen Brüder in Regensburg als Arzt sowie selbstverständlich der Ortspfarrer, Johann Bauer, die zum Teil vorher vereidigt worden waren, im Gotteshaus ein.

Nach der Öffnung des Zinksarges wurden vom Arzt die Gebeine Annas auf einem Tisch geordnet und bestimmt. Es erwies sich, dass alle 1972 bereits in die zweite Grabstätte übertragenen Knochenteile unversehrt erhalten geblieben sind. Nach Entnahme der für den Papst, für Persönlichkeiten, die mit dem Seligsprechungsverfahren befasst waren, und nicht zuletzt für ein besonders schönes Reliquiar, das in Hinkunft in Mindelstetten den Verehrern Annas gezeigt und auferlegt werden sollte, bestimmten Reliquien wurden die übrigen sterblichen Überreste in einen neuen Sarg gebettet und dieser in die neu errichtete Gruft im Mittelgang der Kirche gelegt. Sie wurde mit einer hervorgehobenen Grabplatte aus weißem italienischem Marmor überdeckt. Ein tief in den Stein eingeschnittenes Kreuz symbolisiert das Leiden Anna Schäffers. Die schöne Grabplatte ist das Werk des bekannten Bildhauers Alfred Böschl aus Adlhausen bei Kelheim/Niederbayern, der von Bischof Müller beauftragt worden war.

Die liturgische Feier zum Anlass der Übertragung der Gebeine fand am Sonntag, den 31. Januar, nachmittags in einem Pontifikalgottesdienst mit Weihbischof Guggenberger, zahlreichen Konzelebranten und einer unübersehbaren Zahl von Gläubigen statt.[1]

1 Gregor Tautz, „pressedienst regensburg“ 1999, Nr. 2.

Die Vorbereitungen zur Seligsprechungsfeier

Anlässlich der Seligsprechung Annas verfasste Bischof Manfred Müller ein Hirtenwort für die Priester und Laien seines Bistums, das am 7. Februar 1999 in allen Kirchen verlesen wurde. Es hat folgenden Wortlaut: „Das Jahr 1999 wird in die Geschichte unseres Bistums eingehen: Am dritten Fastensonntag wird Papst Johannes Paul II. im Rahmen eines festlichen Gottesdienstes im Petersdom die ehrwürdige Dienerin Gottes Anna Schäffer aus Mindelstetten seligsprechen. Dies ist für uns alle ein Anlass zur Dankbarkeit Gott gegenüber. ER ist es, der uns durch die Heiligen und Seligen immer wieder Zeugen des Glaubens und Vorbilder für unser christliches Leben schenkt.

In der Vergangenheit konnten wir schon mehrmals miterleben, dass Menschen aus unserem Bistum die Ehre der Altäre zuteil wurde. Wir denken dabei an die Gründerin des Ordens der Armen Schulschwestern, Maria Theresia von Jesu Gerhardinger aus Regensburg-Stadtamhof oder den in Konnersreuth geborenen P. Liberat Weiß OFM.

Die Seligsprechung Anna Schäffers aber ist für uns alle insofern von herausragender Bedeutung, weil sich auch ihr Grab in unserer Diözese befindet und deshalb ihr Seligsprechungsprozess in unserem Bistum eröffnet wurde. Dies geschah im Jahr 1973 auf Initiative meines verehrten Vorgängers Bischof Dr. Rudolf Graber. Heute, an seinem 7. Todestag, darf ich nun dieses Hirtenwort an Sie, liebe Schwestern und Brüder, richten und damit auch das persönliche Engagement von Bischof Rudolf für die neue Selige in Erinnerung rufen.“ Dann wird in dem Hirtenbrief das Leben Annas geschildert. Im Anschluss daran kommt Bischof Müller auf die geistlichen Quellen zu sprechen wie folgt:

„a) Das Gebet

Ihre erste und tragende Stütze war das Gebet. Nur als Betende vermochte sie ihr Lebensschicksal anzunehmen und zu bestehen: ‚Herr, lehr mich lieben – lehr mich leiden – lehr mich beten.‘ Dies war ihr Wunsch und der von ihr begriffene Lebenssinn. Besonders das Gebet des Rosenkranzes war ihr vertraut; ‚Ich habe den Rosenkranz als treuen Begleiter die ganze Nacht in meinen [...] Händen und auch des Tages ist er mein Rosenspiel (so nenne ich ihn oft), wenn ich nicht schreibe oder sonst etwas tue.‘

b) Die Eucharistie

Ihr zweiter Lebensquell war ihre Liebe zum Herrn im Sakrament der Eucharistie und ihre Sehnsucht nach der heiligen Kommunion: ‚Obwohl ich schreibe oder rede [...], so zieht es mich im Geiste stets hin zu Jesus im heiligsten Sakrament.‘ Hier vertauschen sich Leid und Freud miteinander. Oder an anderer Stelle: ‚In

Kreuz und Leid finde ich keinen anderen Trost als Jesus allein. Wenn ich auf ihn blicke und wenn ich mich im Geiste vor den Tabernakel begebe, so ist das schwerste Leid mir süßer und kostbarer als alle Schätze.' Mit dem eucharistischen Herrn verbunden möchte sie selber zum sühnenden Opfer werden.

c) Das göttliche Herz Jesu

Die Kraft für ihre Liebe, mit der sie ihr Leben und Leiden bestehen wollte, bekam sie durch die Betrachtung des Herzens Jesu. Ihre Herz-Jesu-Verehrung ist ein Zeichen dafür, dass sie ihr Leiden als einen Ausdruck der Liebe anzunehmen verstand: ‚Ein Blick aufs heiligste Herz Jesu gab mir immer wieder Kraft, alles zu ertragen.' In ihren Briefen und Niederschriften finden wir oft das Symbol der göttlichen Liebe, das Herz Jesu, von ihr selbst aufgezeichnet. Dabei fällt auf, dass sie die Flammen aus dem Herzen Jesu nicht als Feuerflammen, sondern als Weizenähren abbildet. Der Bezug zur Eucharistie ist unverkennbar. Diese Weise der Darstellung ist einzigartig. Anna Schäffer wird deshalb als Selige dieses Attribut bei sich haben.

Was will uns Gott durch unsere neue Selige heute sagen?

Liebe Schwestern und Brüder! Wir haben einen Blick geworfen auf das Leben unserer künftigen Seligen und auf die Quellen, welche ihr geistliches Leben nährten und ihre Bereitschaft stärkten, ihr Schicksal zu tragen. Was aber will uns Gott durch Anna Schäffer heute sagen?

Wir alle wissen: Unglück, Krankheit und Leid gehören zu unserer Welt und zu unserer menschlichen Natur. Auch in unserer hochtechnisierten Zeit können wir das nicht leugnen. Viele Krankheiten können wir dank des medizinischen Fortschritts heilen, andere aber sind auch heute noch unheilbar. Gerade sie werden uns ständig neu zur Anfrage. An den Folgen eines Unfalls müssen manche ein Leben lang leiden, genau wie Anna Schäffer. Viele stellen die Frage: Warum trifft gerade mich diese Krankheit, warum trifft unsere Familie dieses Unglück, dieses Leid?

Wir können darauf trotz aller Anstrengungen keine letzte Antwort geben. Wir können Krankheit, Leid und Unglück aber, wie es Anna Schäffer getan hat, als einen Anruf Gottes ansehen. Das kann uns helfen, Gott auch in den ungelösten Rätseln des Lebens die Treue zu halten. Wir werden so – selbst durch die Bedrängnisse unseres Lebens hindurch – Gott noch tiefer lieben und verstehen lernen. Denn Gott kann auch noch aus den „durchkreuzten" Seiten unseres Lebens Segen für uns erstehen lassen.

Ein anderer Aspekt ist die Ehrfurcht und die Achtung vor jedem kranken und leidenden Menschen. Wie viel können wir oft gerade von ihnen an menschlicher Größe lernen! Wir sollten dafür wieder neu unseren Blick schärfen. Auch wenn

Kranke vordergründig für die Gesellschaft keine Leistung bringen, in den Augen Gottes ist ihr Leben dennoch unendlich kostbar. Sie verweisen uns darauf, dass unser Leben mehr ist als Leistung und Genuss. Diskussionen um Euthanasie und aktive Sterbehilfe sind angesichts des Beispiels der neuen Seligen beschämend.

Als Christen dürfen wir noch einen weiteren Aspekt von Krankheit und Leid in den Blick nehmen, auf den Annas Leben deutlich hinweist. In Verbundenheit mit Christus hat sie ihr Leiden als Sühne verstanden. Sühne ist uns letztlich nur vom Kreuz her einsichtig. Sie ist stellvertretende Liebe, Ergänzung dessen, was für den Leib Christi, die Kirche, an Leiden noch fehlt (vgl. Kol 1,24).

Anna Schäffer hat ihre Krankheit nie als Verhängnis oder gar als Strafe gesehen. Sie hat vielmehr ihre Schmerzen in freiwilliger Hingabe für andere aufgeopfert. Ihrer Freundin schreibt sie, ‚dass ich mich wieder mündlich noch schriftlich auszudrücken vermag, wie viel ich leiden darf. Und mit jedem Tag dürstet es mich nach neuen Leiden und nach Seelen zu ihrer Bekehrung'.

Einladung zur Mitfeier der Seligsprechung

Liebe Schwestern und Brüder! Inmitten von Traurigkeit und Bedrängnis leuchtet Anna Schäffer allen Kranken als neuer Stern der Hoffnung und des Trostes, des Mutes und der Zuversicht. Der Glaube an die erlösende Kraft des Leidens und der Auferstehung Christi wird durch ihr Beispiel gestärkt.

Am heutigen Tag findet in Mindelstetten eine Pontifikalmesse statt anlässlich der Übertragung ihrer Gebeine in die neue Grablege im Mittelschiff der alten Pfarrkirche. Wir wollen uns mit diesem Ereignis geistig verbinden. Schon jetzt darf ich Sie alle zur Teilnahme an der Seligsprechungsfeier in Rom am 7. März ganz herzlich einladen. Ich lade Sie auch ein, das Grab von Anna Schäffer in Mindelstetten zu besuchen. Ich selber werde dort am Ostermontag um 16.00 Uhr einen Dankgottesdienst feiern. Dabei schließe ich Sie alle in mein Gebet ein und werde Sie der Fürsprache unserer neuen Seligen anempfehlen. Ihr Wort ‚Und werde ich einmal in der Ewigkeit drüben so glücklich sein, dahin zu gelangen, wo Jesus ist – dann werde ich euch allen eine rechte Fürbitterin sein!' darf auch uns ermutigen, uns in unseren Anliegen an Anna Schäffer zu wenden. In diesem Vertrauen grüße ich besonders auch die Kranken und segne Sie alle im Namen des dreifaltigen Gottes Ihr

Manfred Müller
Bischof von Regensburg"[2]

2 Bischöfliches Ordinariat (Hrsg.), „Amtsblatt für die Diözese Regensburg" vom 12.01.1999, Nr. 2, S. 1–4.

Zugleich mit der Veröffentlichung des Hirtenbriefes lud das Bistum Regensburg in Zusammenarbeit mit dem Bayerischen Pilgerbüro in München zur Mitfahrt in einem Sonderzug vom 5. bis 9. März ein, was von den meisten bayerischen Medien bekannt gegeben wurde.

Zu den Vorbereitungen für die Seligsprechung gehören auch die Sitzungen des Komitees u. a. im großen Sitzungssaal des Regensburger Ordinariates, das sich die Planung für die Aktivitäten anlässlich der Seligsprechung zur Aufgabe gemacht hatte. Ihm gehörten an: Generalvikar Prälat Dr. Wilhelm Gegenfurtner als Leiter, Weihbischof und Dompropst Vinzenz Guggenberger, Pfarrer Andreas Albert als Pilgerleiter, Vizeoffizial Msgr. Dr. Josef Ammer, Pfarrer Johann Bauer von Mindelstetten, Domvikar Dr. Franz Frühmorgen, Thomas Löffelmann, Ordinariatsrat Reinhard Pappenberger, Domvikar Georg Schwager, Dr. Adolfine Treiber, Domvikar Bischöflicher Sekretär Thomas Zinnecker, Gregor Tautz und Dr. Maria Baumann vom diözesanen Pressereferat und meine Wenigkeit.

Im Laufe der Gespräche wurde Dr. Franz Frühmorgen ersucht, sich um die Organisation und Verteilung der liturgischen Dienste für den Vorbereitungs- und den Dankgottesdienst zu bemühen.

Frau Dr. Treiber erklärte sich bereit, beim Seligsprechungsgottesdienst in Rom die erste Lesung in deutscher Sprache zu übernehmen.

Domkapitular Prälat Peter Hubbauer übernahm die Obhut für die dem Heiligen Vater zu übergebenden Gaben bei der Gabenprozession des Festgottesdienstes.

Der Generalvikar gab auch bekannt, welche Personen aus Mindelstetten und aus den Diözesen Regensburg und Linz zum offiziellen Festakt eingeladen werden sollen.[3]

Alle diese Planungen wurden am 9. Februar 1999 verabschiedet. Dabei beschloss man auch, dass 21 Medienvertreter einzuladen sind, vor allem ein Journalist des Vatikanblattes „L'Osservatore Romano".[4]

Nachdem alle Vorbereitungen getroffen waren, reisten Bischof Müller, Weihbischof Guggenberger, das gesamte Domkapitel, Frau Dr. Treiber und ich per Flugzeug am 5. März 1999 nach Rom. Dank der guten Vorsorge des Generalvikars, der der Arbeitsgruppe zur Seligsprechung vorstand, kamen die Reisenden am Flugplatz Rom gut an und wurden von einem gemieteten Omnibus zum Hotel „Columbus" in der „Via della Conciliazione" gebracht. Auch die Vertreter des Bayerischen Staates, Staatsminister Erwin Huber, der Leiter der Staatskanzlei, mit Ehefrau Helma, sowie die aus dem Bistum stammende Staatssekretärin Marianne Deml nahmen dort Wohnung.[5] Am nächsten Tag stand ein volles Programm auf dem Termin-

3 BKR III. Abt. CAS K. I–IV: Prälat Dr. Wilhelm Gegenfurtner: Ergebnisprotokoll über Vorbereitungen bezüglich der Seligsprechung für Anna Schäffer.

4 BKR III. Abt. CAS K. I–IV: Adressliste der einzuladenden Journalisten zur Rom-Reise anlässlich der Seligsprechung.

5 BKR III. Abt. CAS K. I–IV: München 04.03.1999: Martin Neumeyer, Pressesprecher der Bayerischen Staatskanzlei, Pressemitteilung.

kalender: Bischof Manfred Müller besuchte im Beisein des Generalvikars Kardinal Joseph Ratzinger in der Glaubenskongregation: ab 14.30 Uhr fand eine Sonderführung in den Vatikanischen Museen statt und um 17 Uhr hielt Kardinal Ratzinger in der Basilika St. Paul vor den Mauern in Konzelebration mit allen Bischöfen und Priestern einen Pilgergottesdienst. Die liturgische Vorbereitung hatte Dr. Franz Frühmorgen übernommen.

In der beeindruckenden Predigt Kardinal Ratzingers, unserem heutigen Heiligen Vater Papst Benedikt, stellte er die Demut und Größe dieser einfachen Frau in ihrem Leiden heraus. Man könne in ihrem Leben die „Reise des Herzens“ zu Gott erkennen, die sie in den 25 Jahren ihres Leidens und ihrer Schmerzen, „deren Maß wir uns gar nicht vorstellen können“, getan habe.

In ihrem Leiden seien die Gestalt des Apostels Paulus und die arme leidende Frau aus dem bayerischen Dorf vergleichbar, „denn auch Paulus war vor allem ein großer Leidender. Leide mit mir für das Evangelium – in diesem Wort des Paulus sei das Leben von Anna Schäffer angesiedelt“. Nie sei eine Spur von Hass oder Feindseligkeit bei ihr zu erkennen gewesen. „Immer tiefer hat sie im Leiden den Willen Gottes angenommen, sich hinein versenkt in das Geheimnis des leidenden Christus, ist mit IHM eine Mitleidende geworden. Im Herzen Jesu, in der Gemeinschaft mit IHM, dem Leidenden, hat sie ihren Frieden, ja ihre innere Freude und Größe gefunden. Auch und gerade heute bleibe es wichtig, das Leiden zu lernen und darin zu leben. Wenn wir nicht das Leiden lernen, lernen wir auch nicht zu leben und lernen wir nicht zu lieben.“ Und so stehe Anna Schäffer vor uns, als die, die das Leiden gelernt habe und die uns so zu leben und zu lieben lehre. „Wir danken dem Herrn für dieses große Zeichen der demütigen Seligen unserer Heimat, in der sich zugleich ein Stück der Kirche unserer Heimat spiegelt.“[6]

Etwa 2.000 Gläubige nahmen an dem Pilgergottesdienst teil, darunter auch eine Gruppe der besonders in Mindelstetten angesiedelten „Jugend 2000“, die mit ihren großen farbigen Marienbildern auf der Vorderseite ihrer weißen T-Shirts Flagge zeigten.

Im Anschluss an den Gottesdienst fand in einem typisch italienischen Restaurant ein Abendessen statt, zu dem auch die interessierten Journalisten geladen waren. Auch der inzwischen mit dem Pilgerzug eingetroffene Weihbischof Wilhelm Schraml und Domkapitular Peter Hubbauer – beide hatten die zahlreichen Wallfahrer im Sonderzug begleitet – gesellten sich dazu.

Einen Tag später, am Sonntag, den 7. März 1999, versammelten sich um 9.30 Uhr die Teilnehmer am Seligsprechungsgottesdienst in der herrlichen Basilika St. Peter. Etwa 20.000 Gläubige aus aller Welt, darunter circa 3.000 Pilger aus den Diözesen Regensburg und Eichstätt, aber auch Priester und Laien aus dem übrigen Bayern wollten an dem großen Ereignis teilnehmen.

6 Vgl. Detter, Markus/Tautz, Gregor, Sonderbeilage zur Seligsprechung Anna Schäffers aus Mindelstetten, in: „Regensburger Bistumsblatt“ vom 14.03.1999, S. 1–10.

In Anwesenheit von vielen Kardinälen und Bischöfen zog der Heilige Vater in den Dom ein, begleitet von Kardinal Ratzinger, Bischof Müller und den beiden Regensburger Weihbischöfen Vinzenz Guggenberger und Wilhelm Schraml, die mit dem Papst konzelebrierten.

An diesem Tag wurden auch noch ein französischer Ordensmann, der im vorigen Jahrhundert als Seelsorger für verlassene Jugendliche gewirkt hatte, sowie ein spanischer Ordensmann mit seinen sechs Gefährten, die alle im spanischen Bürgerkrieg erschossen wurden, in den Kreis der Seligen aufgenommen. Selbstverständlich waren auch zahlreiche Pilger aus Frankreich und Spanien anwesend.

Der Regensburger Bischof Manfred Müller stellte zu Beginn des Gottesdienstes Anna Schäffer vor. Er dankte „im Namen der Diözese Regensburg, als deren Vertreter ich heute vor Ihnen stehen darf", dem Papst, dass er Anna Schäffer in die Reihen der Seligen aufnehme, „diese unscheinbare Frau und Beispiel für christlichen Starkmut und Geduld".

In seiner Ansprache für die neue Selige sah der Heilige Vater ihr Leben gleichsam als lebendigen Kommentar dessen, was der heilige Paulus an die Römer geschrieben habe: „Die Hoffnung lässt nicht zugrunde gehen, denn die Liebe Gottes ist ausgegossen in unsere Herzen durch den Heiligen Geist, der uns gegeben ist."

Je mehr der Lebensweg Anna Schäffers zum Leidensweg geworden sei, „umso stärker wuchs in ihr die Erkenntnis, dass Krankheit und Schwäche die Zeilen sein können, auf denen Gott sein Evangelium schreibt". „Gerade im größten Schmerz", so der Papst an anderer Stelle, „ist Anna Schäffer die Verantwortung bewusst geworden, die jeder Christ für das Heil seiner Mitmenschen hat".

Dazu gebraucht sie den Federhalter; ihr Krankenbett wird die Wiege eines weit gespannten Briefapostolats. Was ihr an Kraft bleibt, verwendet sie für die Anfertigung von Stickereien, um damit anderen eine Freude zu bereiten.

Ob auf den Briefen oder bei der Handarbeit, ihr Lieblingsmotiv ist das Herz Jesu als Symbol der göttlichen Liebe. Dabei fällt auf, dass sie die Flammen aus dem Herzen Jesu nicht als Feuerflammen, sondern als Weizenähren darstellt. „Das so gedeutete Herz Jesu ist deshalb das Attribut, das die neue Selige bei sich tragen wird."

Papst Johannes Paul II. hatte gerade die Seligsprechungsformel für Anna gesprochen, als vor seinen Augen an der rechten Seite des Petersdoms langsam das Bild der neuen Seligen enthüllt wurde. Das war der Augenblick, in dem die bayerischen Pilger voller Freude Beifall geklatscht haben. So mancher Pilger schämte sich seiner Tränen nicht. Denn nun war es tatsächlich endgültig: Anna war zur Ehre der Altäre erhoben worden.

Bei der Gabenprozession war es Pfarrer Johann Bauer von Mindelstetten vorbehalten, die Reliquienmonstranz dem Heiligen Vater überbringen zu dürfen.

Drei Mitglieder des Regensburger Diözesanrates brachten die symbolischen Gaben: Dr. Ilse Kammerbauer trug die Schatulle mit dem Scheck: die vorab überreichten 50.000 DM sollen karitativen Zwecken zugute kommen, Fritz Wallner trug das schöne Holzkreuz, das den erbarmenden Erlöser darstellen soll, der sich den Leidenden zuwendet, Manfred Wagenhuber überbrachte die Kanne mit dem Krankenöl; insgesamt wurden drei Zinnkrüge für die Ölweihe übergeben, nämlich für das Katechumenöl, das Chrisamöl und das Krankenöl.

Nicht vergessen werden darf auch, dass die verdiente Mitarbeiterin der Abteilung für Seligsprechungsprozesse, Frau Dr. Adolfine Treiber, die Ehre hatte, die erste Lesung in deutscher Sprache beim Gottesdienst vorzutragen.

Auch ein Mindelstettener, Herr Lorenz Schmidt, war am Gottesdienst beteiligt: Er trug als Lektor die deutsche Fürbitte vor.

Als Papst Johannes Paul II. am Schluss des Gottesdienstes an den Pilgern aus dem Bistum Regensburg vorbeizog, da streckten sich ihm ihre Hände entgegen als Ausdruck der tiefen Verehrung für das Oberhaupt der Katholischen Kirche, dessen eigenes in Kraft und Geduld ertragenes Leiden für alle sichtbar war, die diesen feierlichen Gottesdienst miterlebten – und sie lieben ihn dafür.

Bischof Manfred Müller hatte für 12.30 Uhr in das Hotel „Columbus“ zu einem Festakt mit Mittagessen eingeladen. Die Heiligsprechungskongregation war durch den Präfekten, den Sekretär und den Subsekretär vertreten, ebenso durch den Generalrelator, meinem Freund Prof. P. Dr. Ambrosius Eßer OP. Auch die Kardinäle Augustin Mayer, Joseph Ratzinger und Friedrich Wetter hatten sich eingefunden; aus Regensburg nahmen Bischof, Weihbischöfe, das Domkapitel, Frau Dr. Treiber und ich teil; aus Mindelstetten kamen Pfarrer Johann Bauer, Bürgermeister Bezirksrat Emmeram Batz, die Verwandten Anna Schäffers und andere Bewohner des Dorfes; zu den Ehrengästen gehörte zudem der verdiente Kirchenhistoriker Prof. Dr. Erwin Gatz, der Rektor des Campo Santo; selbstverständlich nahm auch der um die Causa so besorgte Postulator Avvocato Dr. Andrea Ambrosi mit Familie teil.

Die Bayerische Staatsregierung war vertreten, wie bereits gesagt, durch Staatsminister Erwin Huber, nebst Ehefrau, und Staatssekretärin Marianne Deml, das Bistum Linz, wo der Wunderprozess stattgefunden hatte, durch Offizial Prof. DDr. Severin Lederhilger OPraem. Auch die Regierungspräsidenten der Oberpfalz, von Nieder- und Oberbayern sowie die Landräte von Eichstätt und Regensburg nahmen daran teil.

Zunächst begrüßte Bischof Manfred Müller die Festgäste, um dann eine Würdigung auf meine Wenigkeit als Leiter der Abteilung für die Seligsprechungsprozesse für das Bistum Regensburg vorzutragen. Gleichzeitig gab er mir bekannt, dass ich von Papst Johannes Paul II. mit der Würde eines päpstlichen Ehrenprälaten ausgezeichnet wurde.

Ich dachte damals, dass diese Ehre unverdient sei, denn ich habe ja nur meine Pflicht getan, wie jeder andere auch. Aber alle Anwesenden freuten sich mit mir. Nach dem Mittagessen drängten sich zahlreiche Gratulanten und baten mich um Unterschriften in dem Buch, das ich unter dem Titel „Im Leiden habe ich Dich lieben gelernt! Die Schriften Anna Schäffers“ herausgegeben hatte.

Mit einer feierlichen Vesper im Dom St. Peter am Nachmittag dieses denkwürdigen Tages, zusammen mit dem Domkapitel der Basilika, wurde das Fest beschlossen.

Zum Abschluss der Diözesanwallfahrt anlässlich der Seligsprechung Annas zelebrierte Bischof Müller am Montag zusammen mit den etwa 3.000 Pilgern aus Regensburg und ganz Bayern einen Dankgottesdienst in der Apsis des Petersdomes. In seiner Predigt wurde ich erneut namentlich gewürdigt. Anschließend besuchten die deutschsprachigen Pilger zusammen mit den Wallfahrern aus Frankreich und Spanien eine Sonderaudienz des Papstes in der Audienzhalle. Dabei durften diejenigen, die an den Prozessen mitgewirkt hatten, neben dem Heiligen Vater auf dem Podium des Saales Platz nehmen – auch eine unverdiente Ehre.

In seiner Ansprache sagte Papst Johannes Paul II. zu den bayerischen Pilgern: „Die Freude, die wir bei der Seligsprechung Anna Schäffers erfahren durften, ist ein Vorgeschmack auf das, was uns allen am Ende der Zeiten versprochen ist. Von diesen Tagen dürfte nicht nur die Erinnerung an eine schöne Zeit in Rom bleiben. Anna Schäffer bleibt unter uns gegenwärtig als Stütze, wenn es dunkle Täler zu durchschreiten gilt. Wie viele Menschen müssen heute mit einer Diagnose leben, die nach menschlichem Ermessen hoffnungslos stimmt? Wie viele sind ans Bett gefesselt? Wie viele werden durch Unglücke in Leid gestürzt?“ So verglich der Heilige Vater die Situation unzähliger Menschen mit Anna Schäffer. „All diese Menschen habt ihr im Geist mit nach Rom genommen“, rief er den Pilgern zu. Für sie alle sei Anna eine Ermutigung, ihr Leid im Gebet vor Gott hinzutragen. „Dank sei Gott, dass er uns in Anna eine Fürsprecherin geschenkt hat!“, schloss der Papst seine Ansprache unter dem Beifall der Gläubigen.

Danach empfing er zunächst die Bischöfe und Weihbischöfe der betroffenen Diözesen und anschließend eine kleine Gruppe aus den Bistümern.

Beim Dankgottesdienst der Regensburger Pilger stellte Bischof Manfred Müller seine Predigt unter den Leitgedanken „Ihre Mission war die Passion“. Diese „Passivität“ habe im Leben der Seligen nicht Untätigkeit bedeutet. „Auf ihre ganz eigene Weise hat sie entscheidend für die Kirche und ihre Mitmenschen aktiv gewirkt. An ihr wird deutlich, dass im einen Leib der Kirche ganz verschiedene Gnadengaben zusammenströmen.“ Mit dem hl. Petrus, dem diese Kirche geweiht ist, verbinde die neue Selige, dass auch er letztlich im Leiden Gott nachgefolgt ist. Das Gebet Annas zeige eine Kraftquelle für alle, die in der Kirche aktiv sind. Von dieser Quelle lebe die Kirche ganz entscheidend, „vor allem jeder von uns Priestern ist auf dieses Gebet angewiesen“, betonte der Bischof. Auf ihre Weise sei die ‚Frau aus dem Volk‘ ähnlich wie Maria eine Begnadete gewesen. In ihrer ‚Leidenswerkstatt‘, wie sie ihr Bett selbst genannt hat, sei Anna Christus nachgefolgt und mit IHM eins geworden.

Bei dem Festakt am Sonntag hatte Generalvikar Prälat Dr. Wilhelm Gegenfurtner Bischof Manfred Müller eine Reliquienkapsel mit einem Knochensplitter der Seligen überreicht. Auch die anwesenden Kardinäle und Bischöfe erhielten aus der

Hand Bischof Müllers Reliquienkapseln. Den Ehrengästen überreichte er je eine „Anna-Schäffer-Gedächtnismedaille“, darunter auch Fürst Albert von Thurn und Taxis, der in Vertretung seiner Mutter, Fürstin Gloria von Thurn und Taxis, an der Seligsprechung teilgenommen hatte.

Am folgenden Dienstag, dem 9. März 1999, fand die Heimreise statt. Alle Beteiligten waren dankbar gegen Gott und aufs höchste befriedigt.

Das Echo der Medien – das Bayerische Fernsehen hatte die feierliche Seligsprechung übertragen – war überaus positiv. Der Bayerische Rundfunk brachte dann am 5. Mai 1999 live einen Krankengottesdienst aus Mindelstetten. Zelebrant und Prediger war der Regensburger Domprediger Dr. Werner Schrüfer, und die Schola der ehemaligen Domspatzen hatte die musikalische Gestaltung des Gottesdienstes übernommen.

Hervorzuheben ist bezüglich der Medienberichte der überaus informative Aufsatz des Regensburger Domvikars Georg Franz X. Schwager, mit dem Titel „Liebe wächst im Leiden! Anna Schäffer von Mindelstetten (1882–1925)“, der in der angesehenen Vatikan-Zeitung „L'Osservatore Romano“ (Wochenausgabe in deutscher Sprache) am 5. März 1999 (Nr. 10) erschienen ist. In der Einleitung zu dem kurzen prägnanten Lebensbericht schrieb er die bemerkenswerten Sätze: ‚In Leiden und Widerwärtigkeiten ist mein Blick zum Kreuz und zum Tabernakel‘. Dieses Zitat aus einem Brief der Seligen klingt wie eine Zusammenfassung dessen, was das Leben dieses einfachen Dorfmädchens geprägt hat und woraus sie ihre Kraft schöpfte. In ihm äußert sich nicht nur eine innige und entschlossene Hinwendung zu zwei markanten Stützpfeilern katholischer Frömmigkeit, wie sie Anna Schäffer von Kindheit an vertraut waren. Sie hat ‚Kreuz und Tabernakel‘ als täglichen Anspruch, aber ebenso als von Gott angebotene Gnade begriffen.“[7]

Nach der Seligsprechung am 7. März 1999 in Rom feierte Bischof Manfred Müller am Ostermontag, dem 5. April, zusammen mit dem gesamten Domkapitel, zahlreichen Priestern und vor allem mit den Tausenden Verehrern Annas in Mindelstetten einen feierlichen Dankgottesdienst. Bei dieser Gelegenheit überreichte er mir auch die Urkunde mit der Ernennung zum päpstlichen Ehrenprälaten mit ehrenden Worten, für die ich nur herzlich Vergelts's Gott sagen konnte.

Beim anschließenden Empfang der Ortsgemeinde, an dem alle anwesenden Priester und mehrere geladene Mindelstettener teilnahmen, sagte Bürgermeister Emmeram Batz u. a.: „Seit sich die Seligsprechung Anna Schäffers abzeichnete, hat sich in Mindelstetten vieles geändert. In das Ortswappen wurde 1985 eine Lilie in einer Dornenkrone aufgenommen, ein Symbol für die Selige und ihr Leiden. Die Kirche musste wegen Platzmangel erweitert werden und deshalb Gemeindeverwaltung und Schule an den Ortsrand verlegt werden. Das Geburtshaus Annas wurde reno-

7 „L'Osservatore Romano“ 09.03.1999, Nr. 10, S. 6.

viert und ein kleines Museum darin eingerichtet." Dann bedankte er sich bei mir und überreichte einen Mindelstettener Zinnteller zur bleibenden Erinnerung.[8]

Abschließend ist noch zu sagen: Besondere Aktualität hat das Leben Anna Schäffers für unsere heutige Gesellschaft und Welt, in der das Leid verdrängt wird und das Streben nach Lustgewinn und Profit im Vordergrund steht. Die Selige zeigt den Menschen, dass Leid nicht verdrängt werden muss, sondern angenommen sogar in Segen verwandelt werden kann. Eine solche Art und Weise, das Leid und Kreuz auf sich zu nehmen, in Gottes heiligen Willen ganz ergeben, zwingt die heutige Gesellschaft zum Nachdenken. So wie eine alte Erfahrung lehrt, dass der Dienst im Glauben nicht beugt, sondern stärkt, „sind auch die Leiden als Aufgabe gemeint, die nicht bloß leidend, sondern Kraft entbindend wirken."[9]

8 „Im Leid zum Segen geworden", in: „Rundschau" 04.04.1999.

9 Siehe Gerl-Falkovitz, Hanna-Barbara, „Der Dienst im Glauben beugt nicht, er stärkt", in: DT v. 23.12.2010.

25. Jeder Christ ist zur Heiligkeit berufen!

Papst Johannes Paul II. hat am 1. November 1993 folgende Ansprache gehalten: „‚Selig, die ein reines Herz haben, denn sie werden Gott schauen‘ (Mt. 5,8). Diese Seligpreisung des Evangeliums erklingt in der heutigen Liturgie des Hochfestes Allerheiligen und bringt uns in spirituellen Einklang mit der Schar derer, die ein reines Herz haben und im Himmel Gott schauen und lobpreisen.

Gott schauen ist die große Sehnsucht des Menschenherzens. Oft ist sich der Mensch dessen nicht bewusst, denn er wird abgelenkt vom Wirbel der Außenwelt, die vorübergeht. Es ist seine geistliche Struktur selbst, die ihn auf die Unendlichkeit hin ausrichtet und ihn nicht nur ‚zu Gott befähigt‘, sondern das Bedürfnis nach IHM weckt. ‚Denn geschaffen hast Du uns zu Dir, Herr, und ruhelos ist unser Herz, bis dass es seine Ruhe hat in Dir.‘ Als der hl. Augustinus diese Worte schrieb, gab er nicht nur seine persönliche Erfahrung als Neubekehrter wieder, sondern machte sich zum Sprecher der menschlichen Grundbefindlichkeit.

Während uns die heutige Feier an der Freude der Heiligen teilhaben lässt, hilft sie uns zur Neubesinnung auf unsere Berufung zur Heiligkeit. Auch das Konzil hat daran erinnert, ‚dass alle Christgläubigen jeglichen Standes oder Ranges zur Fülle des christlichen Lebens und zur vollkommenen Liebe berufen sind‘ (Lumen Gentium 40).

Der Weg auf dieses Ziel hin geht durch die hochherzige Einhaltung der Gebote Gottes (vgl. Mt 7,21). In der jüngsten Enzyklika ‚Veritatis splendor‘ wies ich darauf hin, ‚dass die Gebote nicht als eine nicht zu überschreitende Minimalgrenze verstanden werden dürfen, sondern vielmehr als eine Straße, die offen ist für einen sittlichen und geistlichen Weg der Vollkommenheit, deren Seele die Liebe ist‘ (Nr. 15).

Der Christ ist im Wesentlichen ein zur Heiligkeit Berufener und seine Lebensregel ist Christus selbst: ‚Das Handeln Jesu und sein Wort, seine Taten und seine Gebote bilden die sittliche Richtschnur für das christliche Leben‘ (Nr. 15).

Jungfrau Maria, Königin aller Heiligen und Vorbild der Heiligkeit! Du frohlockst heute mit der riesigen Schar derer, die ihre Gewänder ‚im Blut des Lammes‘ (Offb 7,14) gewaschen haben. Du bist die Erste der Erlösten, die ganz Heilige, die Unbefleckte! Hilf uns, unsere Mittelmäßigkeit zu überwinden, leg uns den Wunsch und die Absicht zur Vollkommenheit ins Herz. Erwecke in der Kirche zugunsten der Menschen von heute einen reichen Frühling der Heiligkeit!“

Zur Heiligkeit berufen

Der Philosoph Friedrich Wilhelm Nietzsche (1844 Röcken bei Lützen – Weimar 1900), Atheist und Idol für die nationalsozialistische Herrenmoral, hat einmal gesagt: „Ich will kein Heiliger sein, lieber ein Hanswurst!" Sie werden sicher in Gedanken spontan erwidern: „Ich will lieber ein Heiliger sein als ein Hanswurst!"

Aber werden Sie nicht beim Nachsinnen darüber stocken und sich vielleicht fragen: Will ich das wirklich? Ein Heiliger werden? Ist das nicht von mir zuviel verlangt, für mich zu abenteuerlich, zu atemberaubend? Vielleicht finden Sie diesen Gedanken zunächst sogar absurd; wie sollte gerade ich ein Heiliger werden? Vermutlich klopft Ihnen das Herz bei diesem Ansinnen oder aber – Er, der Herr des Himmels und der Erde, pocht an Ihr Herz, stellt Ihnen selbst die Frage und es ist die in Ihnen wohnende, tief verborgene Sehnsucht nach Vollkommenheit, die Sie nach Antworten suchen lässt.

Fragen über Fragen! Aber als Christ muss man schließlich zu einer Antwort kommen, so oder so. Es gibt nur ein Ja oder ein Nein, gemäß dem Herrenwort: „Wer nicht für mich ist, ist gegen mich" (Lk 11,23).

In der Heiligen Schrift findet man Hilfe zur Beantwortung dieser für Zeit und Ewigkeit wichtigen Frage des Lebens: „Das ist der Wille Gottes, eure Heiligung" (1 Thess 4,3; Eph 1,4). Als Getaufter ist der Katholik zur Heiligkeit berufen und zum Streben nach entsprechender Vollkommenheit nicht nur eingeladen, sondern sogar verpflichtet. Und dennoch, diese unsere höchste Berufung ist heute beinahe in Vergessenheit geraten; sie erscheint vielen Menschen übertrieben und realitätsfremd, denn sie machen sich ein falsches Bild von Heiligkeit. Sie glauben, Heilige seien außergewöhnliche, weltfremde Christen gewesen, die Wunder gewirkt haben, oder sie denken an den außerordentlichen Vollkommenheitsgrad, den diese mit Gottes Gnade und durch unermüdliche Bemühungen erreicht hätten. Sie übersehen dabei, dass auch die Heiligen Fehler hatten, die sie mühsam ringend allmählich abzulegen, zu überwinden suchten.

Der Dreifaltige Gott allein ist heilig im engeren Sinn des Wortes. Maria ist heilig auf Grund ihrer besonderen Sendung und der damit verbundenen privilegierten Stellung. Diejenigen aber, die wir als Heilige verehren dürfen, sind von der Kirche deshalb kanonisiert worden, weil sie Christus mit entschiedener Konsequenz nachgefolgt sind und deshalb von Gott durch besondere Zeichen bestätigt werden.

Die Zahl der Heiligen, die durch Anerkennung einer ununterbrochenen Verehrung oder durch den förmlichen Akt der Kanonisierung selig- oder heiliggesprochen wurden, ist verhältnismäßig sehr gering. Aber es ist auch keineswegs die ganze Schar der Heiligen und Seligen des Himmels, wie sie etwa der hl. Johannes angedeutet hat: „Ich sah eine große Schar, die niemand zählen konnte, aus allen Völkern und Stämmen und Sprachen. Sie standen vor dem Thron und dem Lamme, angetan mit weißen Gewändern" (Offb 7,9). Das heißt, dass es im Himmel weit mehr Heilige und Selige gibt, als wir mit Namen kennen und deren Gedächtnis wir ja am Fest Allerheiligen begehen.

So dürfen auch wir „gewöhnliche", nicht außerordentlich begnadete Menschen hoffen, heilig zu werden, wenn wir uns der Berufung dazu würdig erweisen und uns darum bemühen. Tag für Tag müssen wir nach Heiligkeit streben, indem wir versuchen, ein wenig besser zu werden. Im Großen können wir zwar kaum sofort eine entscheidende Änderung auf dem Weg zur Vollkommenheit erreichen, aber im Kleinen ist uns, den „Gewöhnlichen", ein Fortschritt sicher möglich. „Weil du im Kleinen treu gewesen bist, geh ein in die Freude des Herrn" (Mt 25,21).

Unser Herr Jesus Christus hat die Städte und Dörfer seiner Heimat Palästina durchwandert, begleitet von seinen Aposteln und der ganz gewöhnlichen Menge des Volkes. Er kam nicht mit einer Botschaft für nur wenige Privilegierte, sondern für alle. In seiner Bergpredigt hat er alle aufgefordert: „Seid also vollkommen, wie euer Vater im Himmel vollkommen ist!" (Mt 5,48). Er kam, um uns alle zu retten und zu heiligen mit seiner Wahrheit, seinem Leben, seiner Arbeit, seiner Hingabe, seinem Tod am Kreuz, seinem Licht und seiner unendlichen Liebe. Jeder Christ darf sagen: Gott hat mich mit meinem Namen gerufen!

Das Zweite Vatikanische Konzil hat die allgemeine Berufung zur Heiligkeit in aller Deutlichkeit erklärt, herausgestellt und als Verpflichtung für alle verkündet. Das ganze fünfte Kapitel der dogmatischen Konstitution über die Kirche (Lumen Gentium), das eingehend diesen Auftrag behandelt, ist eigentlich das Herzstück der Kirchenkonstitution und sicher, was die Fragen des christlichen Lebens angeht, eine der wichtigsten Lehren der ganzen Kirchenversammlung überhaupt. Einige Kernsätze daraus: „In der Kirche sind alle, mögen sie zur Hierarchie gehören oder von ihr geleitet werden, zur Heiligkeit berufen gemäß dem Apostelwort: „Das ist der Wille Gottes, eure Heiligung" (1 Thess 4,3; vgl. Eph 1,4). Und es wiederholt diese Pflicht eines jeden Christen nochmals ausdrücklich und allgemein: „Jedem ist (also) klar, dass alle Christgläubigen jeden Standes oder Ranges zur Fülle des christlichen Lebens und zur vollkommenen Liebe berufen sind." Und an anderer Stelle heißt es dazu: „Die Anhänger Christi müssen die Heiligung, die sie empfangen haben, mit Gottes Gnade im Leben bewahren und zur vollen Entfaltung bringen!"

Man kann die Konzilslehre über die Heiligkeit als Antwort auf den Anruf Gottes in drei grundlegende Sätze zusammenfassen:

1. Alle sind berufen Antwort zu geben, und sie sind verpflichtet, sie voll und ganz zu geben, denn „alle Gläubigen, von welchem Stand oder Rang sie auch seien, sind zur Fülle des christlichen Lebens und zur vollkommenen Liebe berufen" (Lumen Gentium Nr. 40).
2. Bei aller Verschiedenheit der Lebensweise und der Aufgabe gibt es eine einzige Heiligkeit, die von jenen gepflegt wird, die vom Geist bewegt sind […] und die Christus folgen […] und sein Kreuz tragen, um zu verdienen, dass sie an seinem Ruhm teilhaben (Lumen Gentium Nr. 41).

3. Doch auf dem Weg dieser einzigen Heiligkeit muss jeder voranschreiten, wobei er seine ihm gegebenen Gaben und Funktionen bedenkt (Lumen Gentium Nr. 41).

Die Lehre des II. Vaticanums über die Heiligkeit ist selbstverständlich noch viel umfangreicher, als hier dargelegt werden kann. Dabei drängt sich die Frage auf, weshalb gerade über diese wesentliche und für das praktische christliche Leben so hilfreiche Aussage so wenig gesprochen, gepredigt und geschrieben wird, gerade von jenen, die sich immer und überall auf das II. Vatikanische Konzil berufen. Was geben jene dem Herrn zur Antwort?

Aber kehren wir wieder zu unserem Thema zurück! Gott ruft uns zur Heiligkeit und wir müssen uns entscheiden. Seine Worte sind eindeutig und klar seine Forderungen. Das ganze Evangelium ist ein missionarischer Aufruf, auf den wir zu antworten haben. Und wenn wir uns taub stellen, die Antwort verweigern, dann setzen wir unser ewiges Heil aufs Spiel: Wer nicht für mich ist, ist gegen mich!

Was hat der Katholik zu tun?

Um der Berufung zur Heiligkeit gerecht zu werden, müssen wir unser eigenes Ich zurückstellen, ja schließlich aufgeben, um für Gott Platz zu machen. Es gibt keine Heiligkeit ohne jenen oft schmerzlichen Verzicht, gefordert von der Liebe zu Gott und den Nächsten. Denn die Liebe als Band der Vollkommenheit und der Fülle des Gesetzes (vgl. Kol 3,14; Röm 13,10) leitet und beseelt alle Mittel der Heiligung und führt sie zum Ziel. Daher ist die Liebe zu Gott wie zum Nächsten das Siegel des wahren Jüngers Christi.

Zu dem Verzichten-Können ist aber willentliche Selbsterziehung und Abtötung notwendig. Das heute von allzu vielen entwertete, sogar lächerlich gemachte Wort Abtötung müssen wir in seinem ursprünglichen Sinn verstehen: Absterben, damit wir zum Werkzeug Gottes werden, damit wir frei sind für die bedingungslose Nachfolge Christi, damit der Wille des Herrn in uns wirken kann, damit unser Sein zur Verkündigung des Evangeliums wird, damit wir schließlich selbst reif werden für das ewige Leben und wir in Herrlichkeit mit dem lieben Heiland auferstehen dürfen. Die Abtötung hat auch darin zu bestehen, dass wir ohne Murren und Verzagen bereit sind, alles, was uns an Leidvollem zustößt, hinzunehmen, als sei es eine Erziehungsmaßnahme oder ein Liebesbeweis des Herrn, zumindest seine Zulassung.

Eine solch gestaltete Abtötung ist sogar noch wertvoller als freiwillig auf uns genommene Bußwerke, Kasteiungen und Opfer. Freilich, auch diese sind auf dem Weg zur Heiligkeit dienlich und unserem Heil durchaus förderlich, zumal wenn wir sie aus Liebe zu Gott und als Sühne für unsere Sünden darbringen und für die von der Sünde gefährdeten Menschen aufopfern. Dazu ist aber viel Selbsterkenntnis notwendig, denn die Opfer dürfen unsere Fähigkeiten nicht überschreiten, unsere normale getreue Pflichterfüllung in keiner Weise beeinträchtigen. Es ist geraten, die uns selbst auferlegten Bußübungen mit unserem Beichtvater oder Seelenführer abzusprechen, ihn in Demut um Rat zu fragen.

Abtötung im Sinne des Abgestorbenseins bewährt sich vor allem in leidvollen Situationen: wenn uns ein anderer vorgezogen wird; wir uns von Vorgesetzten übergangen fühlen; unsere Arbeit nicht die erhoffte Anerkennung findet; wir ungerecht behandelt werden; wir harten Prüfungen ausgesetzt sind in Krankheit und körperlichen Gebrechen; wir mit unerträglichem Leid konfrontiert werden. Das sind die Stunden der Bewährung und zugleich der Wahrheit, in denen sich deutlich zeigt, wie weit wir bereits abgestorben sind oder ob wir uns vielleicht von erhabenen Gefühlen haben täuschen lassen.

Die Abtötung gehört zur Erziehung; sie ist ein Mittel, unseren Willen zu üben und unsere Freiheit in Gott in rechter Weise zu gebrauchen. Wenn aber einem Katholiken der Sinn dafür fehlt, ist er nicht auf dem richtigen Weg. Es wäre ein Zeichen des Mangels an Ernst in der Lebensauffassung und Lebensführung, ein Mangel an Strenge, der sich mit der Verwirklichung des Lebens aus dem Evangelium nicht verträgt. In einer solchen Situation ist höchste Zeit umzukehren und umzudenken.

Niemand kann und soll sagen: „Heiligkeit ist zu hoch für mich!“ Der selige P. Rupert Mayer SJ, ein großer Apostel Münchens, lehrte uns: „Zur Heiligkeit gehören keine auffallenden Heldentaten, keine bestimmten Verhältnisse, kein todernstes Gesicht. Gott im Herzen und Gott vor Augen – in diesem Wort liegt der Schlüssel zur Heiligkeit!“

Heiligkeit im Alltag hat nichts mit Selbstverwirklichung, einem egozentrischen Hominismus zu tun. Sie ist vielmehr Selbstentfaltung unter Gottes Augen. Es gilt das heilige Evangelium sichtbar zum Prinzip des Lebens zu machen, ohne viele Worte und ohne große Taten in den Augen der Menschen, aber im Einklang zwischen Gottesliebe und Nächstenliebe.

Wenn wir Heilige in unserer Zeit sein und als solche leben wollen – der hl. Paulus mahnt uns so zu leben „wie es Heiligen geziemt“ (Eph 5,3) – dann werden wir auch die Zeichen der Zeit erkennen, unsere Mitmenschen durch unser Ganz-aus-dem-Glauben-Leben begeistern und das Evangelium für uns und die anderen zu aktualisieren vermögen.

Das Morgengebet muss für uns weit mehr als eine Pflichtübung sein. Es ist der Einstieg für den ganzen Tag, zu dem wir uns etwas Zeit nehmen sollen; es ist der Einstieg in den Wunsch: „Gott, auch heute möchte ich auf Dich hin leben, alle meine Pflichten treu erfüllen und alles Freud und Leid, so hinnehmen, wie Du es wünschst!“ Der Weg zum Arbeitsplatz hat weitaus mehr zu sein als ein tägliches Muss; wir haben uns dabei auf die Arbeit einzustimmen, dankbaren Herzens dafür, dass wir arbeiten können und dürfen, denn es könnte ja auch anders sein. Denken wir an das Schriftwort: „Tut eure Arbeit gern, als wäre es für den Herrn“ (Kol 3,23).

Wir sollen uns auch niemals zum Essen begeben, ohne Gott dafür zu danken, in einem Tischgebet oder wenigstens in einem kurzen Aufblick zum Herrn, dem wir unser tägliches Brot letztlich zu verdanken haben.

Hetze und Eile sollen wir nach Möglichkeit meiden. Denn es macht uns nur nervös – und als Folge dessen – gereizt, zuweilen lieblos, unwillig, verzagt. Haben wir aber einmal Kollegen oder Untergebene beleidigt, gerieten wir mit ihnen in Streit, so sollten wir noch am selben Tag versuchen, uns auszusöhnen und es wieder gut zu machen. Auch sollten wir nicht nachtragend sein. Haben wir aber einmal einen Grund zu tadeln, so muss dieses im Geiste der Liebe geschehen ohne den andern persönlich zu verletzen. Bleiben wir sachlich und nüchtern.

Des Abends sollten wir das Familienleben bzw. die Gemeinschaft, so wir einer angehören, in der rechten Weise pflegen. Sind wir uns dabei bewusst, dass wir besonders Kindern und Jugendlichen, die auf uns schauen, ein gutes Beispiel geben. Enthaltsamkeit beim Fernsehen und Radiohören ist gerade heute sehr geraten. Wir sollten uns das Programm genau anschauen und nur solche Sendungen einschalten, die unserem Weg zur Heiligkeit nicht schaden oder gar unser ewiges Heil gefährden.

Im Abendgebet haben wir schließlich Gott um Verzeihung zu bitten, für alle begangenen Fehler, einen guten Vorsatz zu machen für den kommenden Tag und uns ganz der Güte und Verzeihung Gottes zu empfehlen.

Der nach Heiligkeit strebende Mensch wird auch täglich beim Gebetläuten den „Engel des Herrn", das Brevier der Laien, beten. Es ist ein Hilferuf zur lieben Gottesmutter Maria. Ich erinnere mich immer wieder mit großer Freude an das gute Beispiel, das der Regensburger Bischof Dr. Rudolf Graber gegeben hat. Wenn die Glocken riefen, stand er auf, um den Angelus zu beten. Davon konnte ihn auch die wichtigste Sitzung, die dringlichste Besprechung nicht abbringen. Nehmen wir uns für den Angelus Zeit! Er gibt uns Kraft und Gnade.

Auf das Heilig-sein-Wollen kommt es an!

Wie oft betet doch der gläubige Katholik im Apostolischen Glaubensbekenntnis „Gemeinschaft der Heiligen". Haben wir uns darüber schon einmal Gedanken gemacht? Sicher genügt es nicht, uns dabei nur der kanonisierten Heiligen und Seligen zu erinnern, denn jeder einzelne von uns muss Tag für Tag bestrebt sein – und das ist unsere wesentlichste Lebensaufgabe –, dieser Gemeinschaft anzugehören und selbst heilig sein zu wollen. Darauf kommt es an.

Wer heute von Heilig-Sein spricht, muss Mut aufbringen, denn er wird meist belächelt, nicht mehr verstanden und als Konservativer abgestempelt. Dennoch betrachte ich es als die wichtigste Aufgabe des Priesters, in Wort und Beispiel immer wieder auf die Notwendigkeit des Heilig-sein-Wollens hinzuweisen. Was ist in einer materialistisch und hedonistisch ausgerichteten Gesellschaft wesentlicher, vor allem im seelsorglichen Bemühen, als die Menschen auf dem Weg des Heilig-Seins – und es gibt gar keinen anderen Weg – zu Gott zu führen, sie reif zu machen für die Ewigkeit? Wieviel wertvolle Zeit wird heute mit endlosen Diskussionen am grünen Tisch zugebracht! Es kommt aber doch letztlich auf die Realisierung des Christseins an, die allein entscheidend ist für Zeit und Ewigkeit. Deshalb wird der Heilig-sein-Wollende von heute sich mehr dem Schweigen verpflichtet fühlen, vom Schweigen getragen werden und im Schweigen Gott begegnen. Wenn es aber notwendig erscheint, dann wird er sprechen und handeln, ohne sich auf eine fruchtlose Diskussion einzulassen. Es gibt eine Zeit des Schweigens und eine Zeit des Redens. Mit Gott aber müssen wir ständig in Kontakt sein, zu Ihm beten, Ihn verherrlichen und auf Ihn hören.

Heiligkeit ist keineswegs ein Privileg für einige Auserwählte, vielmehr sind alle Glieder der Kirche dazu berufen. Heiligsein ist ein Weg, der allen offensteht, vorausgesetzt, es ist der Wille dazu vorhanden, diesen Weg zu gehen und die Gnade Gottes wirken zu lassen. Die Berufung aller dazu wurde auch im Oktober 1987 von der römischen Bischofskonferenz nachdrücklich betont, denn, so ist festzustellen, „ohne Bemühen, ohne beharrliches Streben nach persönlicher Heiligung gibt es weder eine Erneuerung des persönlichen Lebens, noch eine Erneuerung der Kirche".

Heiligsein müsste letztlich der Normalzustand des Menschen sein. Das Wort „heilig" hängt mit „Heil-Sein" zusammen, und das bedeutet unversehrt, ungebrochen, zufrieden und glücklich zu sein, soweit dies im Diesseits überhaupt möglich ist, und eine kerngesunde Seele zu besitzen.

Heiligsein ist freilich niemals eigene Leistung – wir können dazu ja nur unsere willentliche Bereitschaft erklären –, sondern ein Geschenk göttlichen Erbarmens. Alle Heiligkeit gründet in Gott, dem Allheiligen. „Heilig ist sein Name" (Lk 1,49), bekennt Maria im Magnificat. Gott ist der ganz Andere, der nicht Verfügbare, und doch ist er in einem jeden von uns beseligend nahe. Wir sind Kinder Gottes, Glieder des mystischen Leibes Christi, aus denen die Kirche gebildet ist. Der Sohn Gottes ist durch seine Menschwerdung nicht nur unser aller Herr geworden, sondern auch unser aller Bruder. Da verstehen wir das Wort der Schrift: „Ihr sollt vollkommen sein, wie euer Vater im Himmel vollkommen ist" (Mt 54; Joh 17,11). Der heilige Gott will den heiligen Menschen. Das ist sogar der Zweck der Sendung Jesu.

Heiligsein heißt Gott gehören wollen, Gott sich anheimgeben, in Gott geborgen sein, weil er die Hand auf uns gelegt und in seinem Erbarmen von vornherein an uns gehandelt und uns beschenkt hat. Der wahre Mensch ist nicht der in sich verkrampfte Egozentriker, sondern der sich stets Gott öffnende, der Heilig-sein-wollende Mensch, immer bereit, aus der göttlichen Vaterhand in Demut anzunehmen, was er schickt, sei es Freud, sei es Leid.

Das Zweite Vaticanum sagt: „Heiligsein ist der Normalzustand des Menschen". Bei Paulus lesen wir: „Das Reich Gottes besteht nicht in Essen und Trinken, sondern in Gerechtigkeit, Frieden und Freude im Heiligen Geist. Wer darin Christus dient, ist Gott wohlgefällig und den Menschen genehm" (Röm 14,17–18).

Allein an Heiligkeit, nicht an Rang, Stand und Ansehen lässt sich wahre menschliche Größe messen. Außerordentliche Dinge sind dazu nicht notwendig. Es wäre eine falsche Sicht, an den Heiligen immer das Außerordentliche, wie z. B. Visionen, Ekstasen, Wunderzeichen und dergleichen zu suchen oder zu betrachten. Das ist, ohne es freilich als gering einschätzen zu wollen, Beiwerk, von Gott zur Ausrüstung für besondere Aufgaben als freies Gnadengeschenk gegeben. Aber es macht nicht das Wesen des Heiligseins aus. Es wäre sicher auch nicht richtig, die Heiligen immer einseitig in ihrer Vollendung anzustaunen. So eine Betrachtungsweise entmutigt oft mehr, als sie uns ermutigt. Fruchtbringender ist es zu betrachten, wie ein Mensch zum Heiligen reift. Daran müssen wir uns orientieren, denn auch wir sind ja zum Heiligsein berufen und haben darüber hinaus die Aufgabe, vor allem durch unser Beispiel, Kinder, Jugendliche, uns Anvertraute zur Heiligkeit zu erziehen.

Was ist das Entscheidende, das für alle Heiligen zutrifft? Was muss der Heiligsein-Wollende tun? Der hl. Alphons von Liguori gibt uns darauf wohl die beste Antwort: „Alle Heiligkeit besteht in der Liebe zu Gott, und alle Liebe zu Gott besteht in der Erfüllung seines heiligsten Willens."

Der Wille Gottes spricht sich zuerst aus in seinen Geboten. In ihnen gibt er uns eine Wegweisung, was wir tun sollen und was wir nicht tun dürfen. Dazu gehören selbstverständlich auch die Gebote der Kirche, die in Christus gründen und vom Heiligen Geist begleitet werden. Dadurch wird das Zusammenleben der Menschen zu ihrem zeitlichen und ewigen Heil geregelt.

Der Wille Gottes drückt sich ferner aus in den Standespflichten. Sie sind für jeden Menschen verschieden. Für eine Mutter sind sie anders als für eine beschauliche Nonne; für einen Arbeiter anders als für einen Akademiker; für einen Bauern anders als für einen Geschäftsmann; für einen Laien anders als für einen Priester. Der hl. Franz von Sales macht in seiner „Philothea" deutlich, dass die Frömmigkeit angepasst sein muss den Lebensumständen und Aufgaben eines jeden. Wir müssen festhalten: Die Standespflichten, vorausgesetzt sie verstoßen nicht gegen die Gebote Gottes, gehen immer vor, denn in ihnen äußert sich Gottes heiliger Wille. Wenn unaufschiebbare Standespflichten uns drängen, werden selbst uns vielleicht liebgewonnene besondere Gebets- und Bußübungen zweitrangig. Es gilt hier ein ähnliches Gesetz wie in der Schule: zuerst die pflichtmäßige uns aufgegebene Hausaufgabe erledigen, dann erst, wenn Neigung und Kraft vorhanden, eine Fleißaufgabe machen. In meinem Priesterleben sind mir schon mehrere Frauen begegnet, die überaus aktiv sich am Pfarrleben, am katholischen Vereinsleben beteiligten oder viele Gebets- und Bußübungen auf sich genommen haben, aber als Gattin, Mutter und Hausfrau nicht ihre Pflichten erfüllten. Das ist falsch! Zuerst kommen die Standespflichten, denn sonst erleidet die Ordnung eine empfindliche Störung, die vielleicht sogar in Kindesvernachlässigung und Ehescheidung enden kann. In ähnlicher Weise habe ich selbstverständlich ein solches Fehlverhalten auch wiederholt von Männern erlebt, die ihre Standespflichten zum Schaden ihrer Familien vernachlässigten.

Dann gibt es noch etwas, was den Willen Gottes für jeden von uns zum Ausdruck bringt, das sind die Führungen und Fügungen Gottes. Das betrifft etwa unsere leibliche Gesundheit, unsere Anlagen, aber auch Erfolg und Misserfolg unseres Wirkens. Es ist sehr schön, Gott in strahlender Gesundheit und bei großen Erfolgen zu dienen. Aber wie ist es, wenn sich Krankheit, Leid und Misserfolge einstellen, dazu Verkennung, Neid und sogar Verfolgung? Es ist auffallend, wie oft gerade große Heilige schwer geprüft worden sind. „Durch viele Trübsale müssen wir eingehen in das Reich Gottes" (Apg 14,22). Das haben von den Aposteln beginnend bis auf den heutigen Tag alle Heilig-sein-Wollenden erfahren. Und wenn es uns einmal so ergeht, dann müssen wir auf unseren Herrn Jesus Christus blicken, dessen bedingungslose Nachfolge uns allen aufgetragen ist. Er musste in den besten Jahren seines irdischen Lebens den völligen Zusammenbruch seines jungen Werkes erleben, um uns zu erlösen. „Vater, nicht mein Wille geschehe, sondern der Deine" (Lk 22,42). Mit diesem Gebet hat sich Jesus ganz in die letzte harte Fügung Gottes hineingegeben. „Vater, ich habe Dich verherrlicht auf Erden, ich habe das Werk vollbracht, das zu vollbringen Du mir aufgetragen hast" (Joh 17,4).

Ich meine, das ist der Schlüssel zum Heiligsein. Heilig können wir nur dann werden, wenn wir die Lebensaufgabe, die uns gestellt ist, so treu wie möglich zu erfüllen trachten. Von Johannes dem Täufer heißt es: „Es trat ein Mann auf, von Gott gesandt" (Joh 1,6). Das gilt für jeden von uns. Jeder hat seine ureigenste Sendung von Gott. Im großen Welttheater auf dieser Erdenbühne hat jeder seine eigene Rolle zu spielen. Es gibt leider immer wieder Katholiken, die nicht recht wissen, was sie tun sollten. Sie schauen nach rechts und links, ob nicht ein anderer Platz der bessere wäre. Diesen Gedanken hat Raffaele Kardinal Merry del Val (1865 London – Rom 1930), Freund und Mitstreiter des hl. Papstes Pius X. gegen den Modernismus, in einem sinnigen Gedicht zum Ausdruck gebracht:

„Du stehst am Platz, den Gott dir gab,
am Platz, den er dir zugedacht.
Dort nur bleibt Er dein Schild und Stab,
dort gibt Er Frucht, dort wirkt Er Macht.
Will Er dich segnen, sucht Er dich nicht
in der ganzen Welt, Er sucht dich nur
auf deinem Platz, dem Platz, wo Er dich hingestellt.
Bedenk, den Platz, den Gott dir gab,
kann niemand füllen als nur du.
Es ist nicht gleich, ob du dort stehst,
gerade dich braucht Er dazu.
Sieh, wenn Er kommt, sucht Er auch dich
nicht in der ganzen weiten Welt,
Er sucht dich dort nur sicherlich, wo Er dich hingestellt."

Das Geheimnis unseres Heiligseins besteht also darin, dass wir vorbildhaft leben, in Liebe zu Gott und dem Nächsten, in Erfüllung seiner Gebote, in gewissenhafter Beobachtung unserer Standespflichten und in demütiger Hinnahme seiner Führungen und Fügungen. In treuer Nachfolge Christi, wie sie die allerseligste Jungfrau und Gottesmutter Maria uns vorgelebt hat, bringen wir Gottes Heiligkeit zum Leuchten, so dass in unserem Leben etwas von Gott wie in einem Spiegel sichtbar wird. Das ist katholische Heiligkeit!

Nach diesen konkreten Wegweisungen – ich möchte sie als Schwarzbrot für unser geistliches Leben bezeichnen – kommen wir zum Schluss. Trotz unserer Schwächen und Fehler sollten wir zu unserer Berufung zur Heiligkeit ein freudiges und willentliches Ja sprechen. Gott macht es möglich, dass wir zur Heiligkeit gelangen. Vertrauen wir auf seine Hilfe und beginnen wir Tag für Tag aufs Neue, dieses Ziel mit allen Kräften anzustreben. Bemühen wir uns mit konkreten Vorsätzen, das zu tun und jenes zu unterlassen. Bitten wir Gott um Hilfe – Ihn, der möchte, dass wir heilig werden. Vergessen wir auch nicht unsere Fürsprecher, vor allem Maria, die Mutter der Kirche, die Königin der Heiligen!

26. Gebetsanliegen und Gebetserhörungen

Es stellt sich die Frage, wie es mit dem Bittgebet, das wir an die Heiligen und Seligen richten, damit sie bei Gott Fürsprache einlegen und uns Erhörung in unseren Anliegen erwirken, bestellt ist. Um diese Frage zu beantworten, hat man sich zunächst mit der Verehrung zu befassen, die die katholische Kirche den vor uns in die ewige Seligkeit Eingegangenen zuteil werden lässt. Sie unterscheidet sich selbstverständlich von der Anbetung, die Gott allein zukommt, und bedeutet in keiner Weise eine Beeinträchtigung der IHM in höchsten Maße gebührenden Verehrung. Ganz im Gegenteil! Die Heiligen und Seligen werden nur deshalb verehrt, weil Gott in ihnen durch seine liebende Gnade in außergewöhnlicher Weise wirksam war und sie besonders edle Früchte des Erlösungsopfers Christi sind. Sie in ehrfürchtiger Liebe zu betrachten in ihren individuellen Tugenden, in ihrer wunderbaren Lebensführung, in ihrer seelischen Schönheit führt uns stets zu wachsender Erkenntnis und Bewunderung des Himmlischen Vaters, von dessen Allvollkommenheit jeder einzelne Zug eines Seligen ein leuchtendes Zeugnis gibt. Den unsichtbaren Gott lernen wir im Diesseits kennen durch das in unserer Mitte sichtbare Leben Jesu, den Weinstock, als der er sich einmal in einer Parabel bezeichnet hat, und dessen Reben vor allem die Heiligen und Seligen sind. Ihre Verehrung ist somit, abgesehen von der Bewunderung, die wir ihnen wegen der Heroizität ihrer Tugenden zollen, ein einziger Lobpreis der Herrlichkeit und gnadenreichen Güte des Vaters, des Erlösungswerkes des Sohnes und eine Verherrlichung des Gnadenwirkens des Heiligen Geistes. Da wir in den uns vorangegangenen auserwählten Brüdern und Schwestern auch das menschliche Mitwirken mit der ihnen geschenkten Gnade ehren, wird uns ihr Leben zum Vorbild für treue Nachfolge Christi. Das sind die Gründe, weshalb die Kirche von ihren Anfängen an bis in unsere Tage stets die Heiligenverehrung als gut, nützlich und heilsam bezeichnet.

Der Gedanke, ausgezeichnete und mächtige Menschen um Fürsprache in Anliegen anzurufen, ist urmenschlich. Um so mehr, weil wir mit den Heiligen und Seligen in treuer Heilssolidarität über die irdische Pilgerschaft hinaus verbunden sind.

Ich habe bereits im 1. Kapitel darauf hingewiesen, dass Heilige und Selige Fürsprecher am Throne Gottes sind. Freilich, der allmächtige Gott entscheidet allein über die Erfüllung der Fürbitte, also über die Gebetserhörung. Dies gilt genauso bei der seligen Anna Schäffer, die seit 1929 bis 2009 nicht weniger als 21.416 Gebetserhörungen vor Gott erwirkt hat.

Dies geht aus der seit 1980 statistischen Registrierung durch die Abteilung für Selig- und Heiligsprechungsprozesse für das Bistum Regensburg hervor.

Freilich, schon vor 1980 wurden Gebetsanliegen und Gebetserhörungen an das Pfarramt Mindelstetten eingereicht. Aber diese sind leider im Lauf der Zeit verloren gegangen, nicht zuletzt durch den Wechsel der Pfarrer, durch Umbauten, aber sicher auch durch Nichtbeachtung der Bedeutung derselben. Erst seit Pfarrer Schlagbauer und dessen Nachfolger wurden die Briefe sorgfältig gesammelt und der Abteilung übergeben, von der sie ausgewertet wurden.

Seit Erscheinen der ab 1980 herausgegebenen „Anna-Schäffer-Briefe" – zweimal jährlich – werden die Gebetserhörungen veröffentlicht. Auch mein Nachfolger hat in dankenswerter Weise die „Anna-Schäffer-Briefe" fortgesetzt, allerdings mit der Änderung des Titels in „Selige Anna Schäffer von Mindelstetten/Bayern".

Seit 1984 werden die Gebetserhörungen jährlich in graphischen Darstellungen im „Anna-Schäffer-Brief" publiziert. Wie aus dem Brief Nr. 57 im Juli 2010 hervorgeht, wird die Selige bereits in 23 Ländern verehrt, in den Kontinenten Europa, Afrika, Nord- und Südamerika sowie in Australien. Die meisten Gebetserhörungen kommen freilich aus dem katholischen Bayern, nämlich 13.727. Die Zahl der Gebetserhörungen wechselt von Jahr zu Jahr.

Von Interesse ist es auch, in welchen Anliegen sich die Verehrer Annas an sie wenden. Hier sind vor allem „Physische Krankheiten" vorherrschend, zu denen allerdings die „Operationen", zusammen 7.151, hinzugerechnet werden müssen. An zweiter Stelle folgen Erhörungen in Problemen mit Schule, Ausbildung und Prüfungen. Sogar in politischen Schwierigkeiten werden 12 Erhörungen verzeichnet.

Selbstverständlich konnten und können nur solche Gebetserhörungen in den Briefen aufgenommen werden, die konkrete Angaben beinhalten. Immer wieder wird darauf hingewiesen: „In Übereinstimmung mit den Dekreten Papst Urbans VIII. (1623–1644) wird hiermit erklärt, dass den geschilderten Vorgängen kein übernatürlicher Charakter beizumessen ist."

21.416 Gebetserhörungen! – Zunächst eine nüchterne Zahl, aber wie viel Leid und Not, Gebet und Vertrauen, Freude und Segen verbirgt sich dahinter? 21.416 Mal kann nachgewiesen werden, dass nach menschlichem Ermessen, nach Auffassung von Verehrern der Seligen diese tatsächlich durch ihre Fürbitte bei Gott geholfen hat. Dabei ist zu bedenken, dass sich die Hilfe meist nicht nur auf das spezielle Anliegen bezogen hat. In vielen Fällen war es sicher so, dass durch die Erhörung auch der Glaube an die Liebe und Barmherzigkeit des allmächtigen Gottes, des alleinigen Herrn des Himmels und der Erde wieder gestärkt und vertieft wurde.

Man stellt mit tiefster Ehrfurcht und innigem Dank gegenüber Gott, dem Herrn der Geschichte, fest, dass das beharrliche und vertrauensvolle Gebet vieler auf die Fürbitte Anna Schäffers erhört worden ist. Die Selige hat dadurch ihr Wort vom Jahre 1916 „Und werde ich einmal in der Ewigkeit drüben so glücklich sein, dahin zu gelangen, wo Jesus ist, dann werde ich Euch allen eine rechte Fürbitterin sein" gehalten.

Die alljährliche Zunahme der Gebetserhörungen beweist, dass das Vertrauen auf die Fürbitte der Seligen nach wie vor groß ist. Menschen, die einmal zu ihr Vertrauen gefasst haben und ihre Hilfe erfahren durften, wenden sich immer wieder in allen ihren Anliegen an die Selige – und nicht vergeblich, wie die Erfahrung zeigt.

An dieser Stelle muss ich meiner langjährigen Mitarbeiterin, Frau Hermine Staudinger, welche die statistischen Übersichten und graphischen Darstellungen gewissenhaft und mit Eifer erstellt hat, ein von Herzen kommendes Vergelt's Gott sagen. Sie hat durch ihr Mitbeten, Mitdenken und Mitwirken für die Seligsprechung Annas das ihre geleistet.

27. Die „Anna-Tage“, jeweils am 26. Juli, in Mindelstetten

Seit dem 26. Juli 1972, als die sterblichen Überreste der 1925 im Ruf der Heiligkeit Verstorbenen vom Friedhof in die Pfarrkirche Mindelstetten übertragen wurden, begehen alljährlich mehrere Tausend Gläubige den „Anna-Schäffer-Tag“. Es ist nichts anderes als ein Gebets- und Sühnetag, an dem ganztägig das Sakrament der Buße angeboten wird, und zwar in allen zur Verfügung gestellten Beichtstühlen.

Erst seit der Seligsprechung Annas werden auch an ihrem von Rom festgesetzten Festtag, am 5. Oktober, in der Regel von Regensburger Domkapitularen Hl. Messen zelebriert.

Während bis 1980 der Dekan des Dekanates Pförring, Pfarrer BGR Alfons Rösl, und der Pfarrer von Mindelstetten, BGR Georg Schlagbauer, am „Anna-Tag“ zelebriert haben, hielt 1981 erstmals Diözesanbischof Dr. Rudolf Graber einen festlichen Gottesdienst.

Der 26. Juli 1981, übrigens ein Sonntag, zeigte sich von der besten Seite. Bei strahlendem Sonnenschein drängten sich tagsüber vor und noch mehr in der Kirche die Verehrer Annas. Alle wollten die reich mit Blumen und Kerzen geschmückte Grabstätte der treuen Dienerin Gottes besuchen, ihr ein gebührendes Vergelt's Gott sagen, sie um Fürbitte in seelischen und leiblichen Nöten anflehen und nicht zuletzt um ihre baldige Seligsprechung beten.

Wer die Menschen beobachtet hat, die still warteten, bis auch ihnen das Betreten der Kirche und das Vordringen zum Grab möglich war, der vermochte in ihren Gesichtern tiefe Ergriffenheit, aber nicht weniger Freude des Erlöstseins zu lesen. Hier wurde einem die Gemeinschaft der Gläubigen in Christus dem Herrn so recht bewusst. Spontan fing immer wieder einer oder eine an, den Rosenkranz, eines der Lieblingsgebete Annas, laut vorzubeten und ganz selbstverständlich stimmten die anderen ein. Gemeinschaft der Gläubigen!

Viele kamen mit Blumen, andere mit Kerzen in den Händen, wahre Kunstwerke, die sie ohne viel Aufhebens am Grab niederlegten oder mit schlichten Worten begleitet, im Pfarrhof abgaben.

Mit besonderer Freude konnte an diesem Tag vermerkt werden, dass viele, ja sogar sehr viele das hl. Sakrament der Buße empfangen haben. Vor den damals lediglich zwei Beichtstühlen – zwei Franziskanerpatres leisteten in dankenswerter Weise Aushilfe – sah man den ganzen Tag über, mit Ausnahme einer kurzen Mittagspause, Schlangen von Gläubigen, darunter viele Kinder und Jugendliche, die alle erstaunlich geduldig warteten, bis sie an die Reihe kamen. Nachmittags mussten sogar hinter dem Hochaltar und in der Sakristei Not-Beichtstühle aufgestellt werden, um den Ansturm bewältigen zu können. Von einer Beichtmüdigkeit, die heute oft mit Recht festgestellt wird, war hier nichts zu spüren.

Sie alle suchten hier, in dem kleinen Dorf Mindelstetten, von dessen Existenz noch vor zehn Jahren kaum einer wusste, keine Sensationen, keinen Rummel, kein Freizeitvergnügen, auch keine gastronomischen Extravaganzen, wozu die bescheidenen Wirtshäuser des Ortes auch gar nicht imstande gewesen wären. Sie waren hierher gepilgert, um zu beten, für erhaltene Hilfe zu danken, neue Kraft für den Alltag zu schöpfen, vielleicht sich auch wieder auf das Wesentlichste zu besinnen oder endlich in einer guten Beichte mit dem Herrgott wieder Ordnung zu machen.

Die beiden Gottesdienste am Vormittag waren außerordentlich gut besucht nicht nur von den Einheimischen, sondern vor allem von auswärtigen Gläubigen. Sie kamen mit Privatautos, mit Autobussen, mit dem Fahrrad oder gar per pedes, einzeln oder in Gruppen, ohne jegliche Werbung, ohne groß eingeladen worden zu sein, ganz selbstverständlich.

Der „Anna-Tag“ in Mindelstetten ist seither beim katholischen Volk zu einem Begriff geworden. Er übt eine geheimnisvolle Anziehungskraft aus. Ein standfester Bauer, mittleren Alters, formulierte es einmal so: „Hier spürt man echte Volksfrömmigkeit, alles ist echt und kernig. Die Schäffer Nandl war eine von uns.“

Von 1981 an entwickelte sich Mindelstetten immer mehr zu einer bedeutenden Gebetsstätte des Bistums Regensburg, ja sogar ganz Bayerns! Heute kann sie als Gnadenstätte, ja als ein Wallfahrtsort betrachtet werden.

An diesem 26. Juli 1981 hielt der Regensburger Oberhirte eine ergreifende Predigt, die hier veröffentlicht werden soll und für die ihm alle, die sie hören konnten, zu Dank verpflichtet sind:

Wieder seid Ihr zu Tausenden hier zusammengekommen, um den Namenstag der Anna Schäffer zu feiern und über ihr Leben und Leiden einiges zu erfahren. Was dies betrifft, so kann ich es mir leicht machen; denn unsere diözesane Abteilung für Selig- und Heiligsprechungen hat begonnen, ähnlich wie im Fall Konnersreuth, „Anna-Schäffer-Briefe“ herauszugeben, die einen engen Kontakt zwischen Mindelstetten-Regensburg zu den vielen, vielen Verehrern der Anna Schäffer herstellen sollen, um all denen, die Hilfe von ihr erfahren durften, die Möglichkeit zu geben, davon zu berichten und ebenso all den anderen, die sie um Hilfe bitten, anzeigen, dass sie nicht allein sind, sondern dass die große Betergemeinde ihre Anliegen unterstützt und sie vor den Thron Gottes hinträgt. Es wird heute so viel Papier bedruckt und so viel Unsinniges verschickt, dass doch auch wir uns aufraffen sollten, über heiligmäßige Menschen unserer Zeit zu berichten und zu zeigen, dass Gott auch heute noch am Werk ist und dass es neben Attentätern, Flugzeugentführern und Chaoten auch noch echte Vorbilder und Fürsprecher gibt. Dazu kommt noch eine Art Jubiläum, wenn man es so nennen darf; es sind heuer 80 Jahre verstrichen, seit die Leidenszeit der Anna Schäffer begann. Am 4. Februar 1901 geschah jener

Unglücksfall, der von da ab das ganze Leben der Anna bestimmte. Sie stürzte in den Waschkessel, der mit kochender Lauge gefüllt war. Doch das alles ist bekannt und kann auch in dem ersten Brief nachgelesen werden.

Ich möchte indessen im ersten Teil auf etwas anderes zu sprechen kommen. Es hat sich nämlich durch das 2. Vatikanische Konzil eine gewisse Neubeurteilung der Heiligenverehrung vollzogen. Wie war es bisher? Die Heiligen galten uns als Vorbilder und Fürsprecher. Selbstverständlich verehrten wir sie als Freunde Gottes und das bekannte Allerheiligenlied „Ihr Freunde Gottes" ist uns auch nach dem Konzil geläufig. Nun aber stellt das Konzil viel stärker die Verbindung der Heiligen zu Christus her, dass in den Heiligen „Gott den Menschen in lebendiger Weise seine Gegenwart und sein Antlitz zeigt"; in den Heiligen erblicken wir somit Gott. Und dann folgt ein Satz, den wir uns merken müssen: „In ihnen redet Er selbst zu uns". Wenn wir, wie man sagt, den Normalkatholiken fragen würden: Wo und wann können wir Gott hören, wo und wann spricht er zu uns, so würden wir als Antwort erhalten: Gott spricht zu uns in der Heiligen Schrift, sie ist das Wort Gottes. Vielleicht sagt man noch: Gott spricht durch die Kirche zu uns, oder durch die Stimme des Gewissens, aber wohl niemand käme auf den Gedanken: Gott spricht zu uns in den Heiligen. Das Konzil fährt fort: Gott gibt uns in den Heiligen „ein Zeichen seines Reichs". Wie oft beschäftigt uns der Gedanke, wo ist nun eigentlich das Reich Gottes, das Christus uns so machtvoll verkündet hat? Der Apostel Johannes sagt klipp und klar: „Die ganze Welt liegt im Bösen" (1 Joh 5,19), und diese Erfahrung machen wir fast alltäglich. Dagegen erklärt das Konzil: „Das Reich Gottes ist da, in den Heiligen, sie sind Zeugen seines Reiches". Je mehr wir uns den Heiligen anschließen, je mehr wir ihnen nachfolgen, um so mehr lösen wir uns von der Welt des Bösen und sind im Reiche Gottes.

Aber nun wird es Zeit, dass wir uns zu unserer Anna Schäffer begeben und sie gemäß dem Wort des Konzils fragen, was der Herr uns durch sie sagen will. Auch hier müssen wir einiges korrigieren. Ist es nicht so, dass unser erster Gedanke, wenn wir an ihrem Grabe stehen oder betend an sie denken, unsere Not, unsere Sorge, die Hilfe ist, die wir nötig haben. Das ist verständlich und durchaus gut. Aber zuerst sollen wir, wie wir wieder betonen müssen, uns fragen, was Gott uns durch sie sagen will, also nicht wir sollten gleich reden, sondern zuerst Gott reden lassen. Was also sagt uns Gott durch Anna Schäffer?

Gott sagt uns viel durch sie. Ich greife nur ein Wort heraus, das mir für die heutige Zeit wichtig zu sein scheint. Es ist bekannt, dass Anna Schäffer das, was ihr von oben eingegeben wurde, als „Träume" bezeichnete, die sie nachher in ein Heft niederschrieb. Dieses „Traumheft" ist übrigens noch erhalten und vor einigen Jahren gedruckt erschienen. Am 30. Oktober 1919, in einer Donnerstagnacht träumte ihr, so schrieb sie nieder: „Der liebe Heiland weckte mich und sagte: Wach auf, es ist Zeit zur Sühnungsstunde". Damit ist ein Wort gefallen, das zu einem wahrhaft christlichen Leben gehört: Sühne. Anna Schäffer hat ihr schweres Leiden als Sühne betrachtet. In jenem ersten Brief, von dem wir gesprochen haben, ist ein Wort von ihr verzeichnet: „Am 4. Oktober 1910, am Fest des hl. Franziskus, hielt ich nachts die heilige Stunde, wie ich sie täglich halte. Als ich nun einige Zeit betete, umfing mich auf einmal ein wunderbares Licht, welches meinen Geist und Körper durchdrang, und ich sah den lieben Heiland, der zu mir sagte: „Dich habe ich angenommen zur Sühne meines heiligsten Sakramentes, und bei der hl. Kommunion morgen sollst du fortan jene Schmerzen von meiner Passion verspüren [...]. Opfere und sühne in stiller Verborgenheit“:

Das hat Anna Schäffer getan und darin besteht ihre Größe und Heiligkeit, die höher steht, als wenn sie große Wunder gewirkt hätte. Es scheint, dass sich heute in der kirchlichen Praxis der Selig- und Heiligsprechungen ein Wandel anbahnt. Sicherlich bleibt das Wunder als Kriterium. Aber das Wunder wird nicht mehr ausschließlich in Krankenheilungen gesehen als vielmehr im Heroismus der Tugenden. Und dazu zählt das heldenmütige Leiden, wie es Anna Schäffer vorgelebt hat, zumal sie in diesem Leiden ganz das Leiden des Herrn aufgenommen hat. Sie hat erfasst, wenn Johannes in seinem 1. Brief schreibt: Christus „ist die Versöhnung für unsere Sünden“ (1 Joh 2,2). Sie hat sich das Wort des hl. Paulus zu eigen gemacht: „Ich freue mich der Leiden für euch und will an meinem Fleisch ergänzen, was an den Leiden Christi noch aussteht“ (Kol 1,24). Sie hat die Sühne als eine christliche Pflicht empfunden, obwohl dies in keinem Beichtspiegel steht.

Anna Schäffer hatte keine Ahnung, dass während ihres Lebens sich im fernen Portugal etwas Außerordentliches zutrug, das ihr Leiden betraf. Am 19. August 1917 sagte die Muttergottes in Fatima zu Lucia: „Betet, betet viel und bringt Opfer für die Sünder. Wisset, dass viele in die Hölle kommen, weil niemand für sie opfert und betet“. Das ist ein ernstes, ja ein furchtbares Wort, das nichts anderes bedeutet als die Pflicht zur Sühne. Da meinen wir immer, es würde genügen, wenn wir so recht und schlecht die Gebote halten; und wir vergessen, dass dies nur die Grundlage ist und dass sich darüber erst all dies aufbaut, was durch die Nachfolge Christi dazu gekommen ist. Aber dieses Wort Mariens in der Cova da Iria erfährt seine Bestätigung durch ein Wort Pius XI., der in seinem Rundschreiben über den mystischen Leib das folgenschwere Wort gesagt hat: „Ein wahrhaft schaudererregendes Mysterium, das man niemals genug betrachten kann, dass nämlich das Heil vieler abhängig ist von den Gebeten und freiwilligen Bußübungen der Glieder des geheimnisvollen Leibes Jesu Christi, die sie zu diesem Zweck auf sich nehmen“. Mit anderen Worten: Damit ist klar und ohne Umschweif gesagt: Es gehen viele Menschen verloren, weil wir zu wenig für sie beten und opfern.

Es gibt heute ein Wort, das uns oft begegnet und überall die Runde macht; dieses Wort heißt Mitmenschlichkeit und man versteht darunter tätiges Mitleid mit den Notleidenden. Das ist selbstverständlich in Ordnung und gehört zur Pflicht der Nächstenliebe. Aber turmhoch über dieser Mitmenschlichkeit steht die übernatürliche Mitmenschlichkeit, die Sorge für das Seelenheil des Mitmenschen, die Verantwortung für sein ewiges Heil. Es ist doch etwas Furchtbares, sich vorzustellen, durch mich hat dieser oder jener sein ewiges Glück verscherzt, und wie wird der richtende Gott dies mir anrechnen?

Es sind ernste Fragen und Worte, die Gott mir durch Anna Schäffer sagen lässt, und wie ganz anders verläuft dann der Besuch an ihrem Grab, wenn dieses Wort „Sühne“ an meine Ohren tönt? Meine eigenen Sorgen und Wünsche werden dann ganz klein und unwichtig, wenn es um die Ewigkeit der Menschen geht. Es wird höchste Zeit, dass wir dem religiösen Individualismus den Laufpass geben. Wir sind nicht allein, wir sind verantwortlich für das Heil des Nächsten. Denken wir doch daran, wie anders gelagert die Gewichte sind. Da liegt ein noch junges Mädchen schwer krank im Bett, abgeschieden von der großen Weltöffentlichkeit, und doch hat sie aus dieser Einsamkeit heraus vielleicht Tausenden das ewige Heil erbetet. Sollten wir an ihrem Grab nicht nur unsere Bitten aussprechen, sondern auch den Dank für ihr opferbereites und von Opfern erfülltes Leben, mit dem sie der Kirche und den Menschen entgegengekommen ist?

Wie oft habe ich schon darauf hingewiesen: Es ist zutiefst bedauerlich, dass wir den Enzykliken unserer Päpste so wenig Beachtung schenken. Es existiert nämlich ein eigenes Rundschreiben von Papst Pius XI. über die allgemeine Sühne, die wir dem heiligsten Herzen Jesu schulden. Datiert ist dieses Rundschreiben vom 8. Mai 1928, also aus den Jahren, die der Wirtschaftskrise und der nationalsozialistischen Machtergreifung vorausgingen. Der Papst spricht zuerst von der Weihe und dann von etwas, was „noch hinzutreten muss“. „Wir denken“, so sagt er wörtlich, „an die Dienstespflicht gerechter Genugtuung oder Sühne, die dem heiligsten Herzen Jesu zu leisten ist“. Sühne ist also Pflicht.

Anna Schäffer hat das vorweggenommen. Am 6. August 1918 hatte sie wieder einen Traum. Sie sah sich in einer Kirche knien, dann erschien vor dem Tabernakel ein Herz schwebend, von dem Blutstropfen in einen Kelch hineinfielen. Dann hörte sie eine Stimme: „Mein Jesus, Barmherzigkeit für alle Sünderseelen“, und Anna bat: „Heiligstes Herz Jesu, schenke mir recht viele Seelen“, und nun folgen die Worte, die uns an Fatima erinnern – „besonders jene, die dem Abgrund nahe sind und der Gnade am meisten bedürften“. Schon einige Jahre früher hörte sie, wie Maria die wenigen Worte zu ihr sprach: „Viel leiden – beten – und sühnen.“

Vier Jahre nach dem erwähnten Rundschreiben Pius’ XI. über die dem heiligsten Herzen Jesu zu leistende Sühne hat er nochmals ein Rundschreiben ähnlichen Inhalts herausgegeben. Es war, als ob er vorausgesehen hätte, was im Jahr darauf folgte. Hier lesen wir einen Satz, der auch heute noch Geltung hat: „Wir wissen […] dass in unseren Tagen Gedanke und Name von Sühne und Buße bei vielen größtenteils die Kraft verloren haben, jenen hochherzigen Sinn und jene opferstarke Heldentat zu entzünden, die sie zu anderen Zeiten zu entflammen vermochten, als sie noch dem Auge des glaubensfrohen Menschen mit göttlichem Siegel geprägt erschienen, nach dem Vorbild Christi und seiner Heiligen“. Der Papst hat nichts gewusst von der Sühneseele von Mindelstetten, aber vermutlich war diese Sühne vor Gott zu wenig, es hätte vieler solcher heldenmütiger Seelen bedurft, um das Verderben aufzuhalten.

Es ist auffallend, dass gerade bei uns im Bistum nach dem Tod der Anna Schäffer eine andere Person von Gott auserkoren war an ihre Stelle zu treten, es war die Resl Neumann von Konnersreuth, die ein Jahr später, 1926 die Stigmata erhielt und so das Sühneleiden fortsetzte. Damit bestätigt sich die Meinung, dass es neben der ununterbrochenen Hierarchie auch eine mystische Hierarchie, eine mystische heilige Schar von Menschen gibt, die berufen sind, durch Sühneleiden das gut zu machen, was in der Welt an Bösem geschieht, und die durch die Passion die Aktion der in der Kirche Tätigen zum Erfolg führen. Das alles sagt uns Gott durch den Mund der Anna Schäffer.

Er sagt uns durch den Mund der Kirche aber zum Schluss auch noch, wie wir selber diese Pflicht zur Sühne leisten können. Zunächst einmal ist es nicht nötig, nach großen Buß- und Sühneleistungen Ausschau zu halten – auch Anna Schäffer hat sich nicht zu diesem furchtbaren Leiden gedrängt, sondern sie wurde von Gott zu diesem Leiden einfach auserkoren, all das Bittere auf sich zu nehmen und es mit dem Leiden Christi zu verbinden; Papst Pius XI. sagt, die Bitterkeiten, die kommen, geduldig ertragen. Wer da meint, das sei nicht viel und nichts Besonderes, der möge nur einmal offenen Herzens durch den Tag gehen, er wird bald spüren, welche Unsumme von Verdrießlichkeiten an ihn herankommen. Hier Gleichmut und Geduld zu bewahren und das alles noch frohen Gemüts mit dem Blick auf Christus zu bejahen, der befindet sich wirklich auf dem Weg der Nachfolge Christi. Der Papst geht freilich noch einige Schritte weiter. Er weist auch auf Abtötungen hin, die man freiwillig übernimmt – und dazu hätten wir heute viele Gelegenheiten – man muss nicht alles mitmachen, man muss nicht alles haben wollen in diesem Konsumzeitalter, und schließlich führt er als Letztes an, dass man sein Leben ganz unter diesen Sühnegedanken stellen soll.

Auch Anna Schäffer hat dies getan. Sie geht uns voran, wir folgen ihr. Dann wird sich sicher das ereignen, was unser Heiliger Vater in seinem 2. Rundschreiben uns in Aussicht gestellt hat, dass das göttliche Erbarmen sich herabsenke auf eine Menschheit, die von einer Gefahr schrecklichen Ausmaßes bedroht ist und die nur abgewendet werden kann durch Gebet und Buße, wie es Anna Schäffer uns durch ihr ganzes Leben gezeigt hat.[1]

Auch als emeritierter Bischof – Bischof Manfred Müller war inzwischen sein Nachfolger geworden – hielt Dr. Rudolf Graber den abendlichen Festgottesdienst am „Anna-Tag“ 1982 in Mindelstetten. Wieder hielt er eine beeindruckende Predigt unter dem Geleitwort „Die Leiden sind Gottes hohe Schule“, die er mit den Worten abgeschlossen hat, „ […] Darin erzieht uns Gott als Vater der Freude. Unser ganzes

1 Vgl. „AS-Brief“ Nr. 2, 02.1982, S. 9–16.

Leben ist eine Erziehungsanstalt zur vollkommensten Geduld für die Gegenwart und zur höchsten Freude für die Zukunft“.[2]

Die Frühmesse zelebrierte Pfarrer Schlagbauer, während den Vormittagsgottesdienst P. Rektor Graf Adolf von Spreti SVD von Ingolstadt gehalten hat.[3]

Der „Anna-Tag“ des Jahres 1983 begann am Vormittag mit einer Hl. Messe mit Predigt des Franziskaners P. Egbert Mall. Das abendliche Pontifikalamt hielt diesmal der mit dem Seligsprechungsprozess bestens vertraute Regensburger Weihbischof Vinzenz Guggenberger.

Das Predigthema lautete „Leiden – Zeichen des Heiles“. Der Weihbischof beschloss seine Predigt mit den Worten: „Anna Schäffer hat wie wenige das Antlitz Christi geschaut und darin die sündentilgende Liebe Christi erkannt und ist wie wenige von dem Verlangen erfasst worden, Christus im Leiden ähnlich zu werden und auf diese Weise zu seinem Heilswerk beizutragen. Darin vor allem ist sie uns Vorbild. Darin kann sie uns Fürsprecherin sein, wenngleich wir sie auch in allen andern Anliegen um ihr fürbittendes Gebet bitten dürfen, was sie schon zu ihren Lebzeiten versprochen hat.“[4]

Weihbischof Guggenberger hat auch im „Anna-Schäffer-Brief“ Nr. 5 vom Juli 1984 einen hervorragenden Aufsatz mit dem Titel „Anna Schäffer und ihre Bedeutung für unsere Zeit“ veröffentlicht.[5]

Am „Anna-Tag“ 1984 hielten wieder Pfarrer Schlagbauer die Frühmesse und Graf von Spretti die Vormittagsmesse. Unter dem Titel „Geheimnis des Glaubens – Geheimnis des Leidens“ predigte Regensburgs neuer Bischof Manfred Müller in dem abendlichen Festgottesdienst. Wiederum nahmen ca. 6.000 Gläubige und 16 konzelebrierende Priester am Freialtar auf dem Kirchenplatz teil.[6]

Beim Gottesdienst am Vormittag des „Anna-Tags“ 1985, den der Eichstätter Pfarrer Otto Maurer von Rennertshofen, zugleich der Präses der Schönstattbewegung für das Bistum Eichstätt, hielt, zeigte sich die Pfarrkirche von Mindelstetten für die vielen Teilnehmer als zu klein. Er befasste sich in seiner Predigt mit dem Thema: „Anna Schäffer – Werkzeug der Gottesmutter und damit Werkzeug der göttlichen Liebe.“[7]

Beim abendlichen Festgottesdienst feierte zum letzten Mal Bischof emeritus Dr. Rudolf Graber das Pontifikalamt. Für seine überaus eindrucksvolle Predigt hatte er diesmal das Paulus-Wort gewählt: „Was der Welt schwach erscheint, hat Gott auserwählt, um das Starke zu beschämen“ (1 Kor 1,27). Er bedankte sich am Schluss bei allen Anwesenden und gab zu bedenken: „[…] Wir alle müssen eintreten in die Sühneaufgabe und teilhaft werden der herrlichen Worte, die das Konzil am 8. Dezember 1965 an die ‚Unbekannten des Schmerzes‘ gerichtet hat: ‚Ihr seid die Bevor-

2 Vgl. „AS-Brief“ Nr. 3, 12.1982, S. 3–12.
3 Vgl. „AS-Brief“ Nr. 3, 12.1982, S. 3.
4 Vgl. „AS-Brief“ Nr. 4, 12.1983, S. 4–9.
5 Vgl. „AS-Brief“ Nr. 5, 07.1984, S. 3–19.
6 Vgl. „AS-Brief“ Nr. 6, 12.1984, S. 3–8.
7 Vgl. „AS-Brief“ Nr. 8, 12.1985, S. 18–24.

zugten im Reiche Gottes, ihr seid die Brüder des leidenden Christus; und mit IHM rettet ihr – wenn ihr wollt – die Welt!'"[8]

Kein Geringerer als der Regensburger Domprediger Prälat Dr. Michael Grünwald hielt am „Anna-Tag" 1986 die Vormittagsmesse. Sein Thema lautete: „Wozu ließ Gott mich in dieses Dunkel geraten?" Der selbst schwer kranke Priester stellte fest: „Wer im Blick auf Christus leidet, wächst über sich hinaus, wird ein Christ. Er reift aber auch dadurch als Mensch wie durch nichts sonst!" Er beendigte seine Predigt mit den Worten: „Wer gelitten hat, weiß mehr. Er kennt die Abgründe, in die man stürzen kann. Er weiß, wie erbärmlich des Menschen Herz sein kann. Er rechnet mit dem Bösen. Und weiß doch: Hinter allem ist Licht. Hinter allem ist der, der es trotzdem mit uns gut meint, unser Herr und Gott. Anna Schäffer ist uns ein Zeichen dafür!"[9]

Weihbischof Guggenberger, nunmehr auch Dompropst in Regensburg, leitete den Gottesdienst am Abend und betonte in seiner schönen Predigt: „Die Leiden dieser Welt sind nicht zu vergleichen mit der Herrlichkeit, welche Gott denen bereitet, die IHN lieben!"[10]

Der regnerische, kühle Sonntag, der „Anna-Tag" 1987, ließ befürchten, dass nicht so viele Menschen wie früher den Weg nach Mindelstetten finden würden. Man hätte nicht gedacht, dass sich die Verehrer Annas durch nichts, auch nicht durch die schlechte Witterung abhalten lassen. Schon am Vormittag beim Gottesdienst, den der bekannte Regensburger Dogmatikprofessor Prälat DDr. Johann Auer hielt, erwies sich die Kirche als zu klein. Auf dem Kirchenplatz saßen und standen die Pilger mit ihren Regenschirmen, um daran teilzunehmen.

Nur wenige werden daran gedacht haben, wie viel Mühe und Sorgfalt für die Planung, Organisation und Durchführung des Gebets-, Sühne- und Beichttages alljährlich aufgewendet werden musste.

1987 war ein von Papst Johannes Paul II. bestimmtes „Marianisches Jahr". In Bayern dachte man auch daran, dass vor 70 Jahren das Hochfest „PATRONA BAVARIAE" erstmals im Lande gefeiert worden ist. Deshalb wählte Prof. Auer das Predigtthema „Die Marienverehrung im Leben der Anna Schäffer". Er schloss seine aufrüttelnde Predigt mit den Worten: „So dürfen wir bei dieser Festfeier gewiss auch unsere Anna Schäffer bitten, dass sie als Dienerin Gottes am Throne des Höchsten für uns bete, dass auch wir aus ihrem Leben lernen und durch eine echte Marienfrömmigkeit zu einer vertieften und neuen Christusfrömmigkeit, zu neuer Liebe zu unserem Herrn und Heiland im Sakrament heranwachsen!"[11]

Beim Festgottesdienst am Abend – der Regen hatte längst aufgehört – waren nicht nur das Gotteshaus, sondern ebenso der Kirchplatz rund um den festlich geschmückten Freialtar sowie die angrenzenden Straßen völlig überfüllt. Nach

8 Vgl. „AS-Brief" Nr. 8, 12.1985, S. 24–29.
9 Vgl. „AS-Brief" Nr. 10, 12.1986, S. 13–16.
10 Vgl. „AS-Brief" Nr. 10, 12.1986, S. 16–21.
11 Vgl. „AS-Brief" Nr. 12, 12.1987, S. 9–15.

Emmeram Batz, dem umsichtigen Bürgermeister von Mindelstetten, zählte man ca. 6.000 Gläubige. Der Regensburger Weihbischof Karl Flügel hielt den Pontifikalgottesdienst und die Predigt, die sich auch auf das Marianische Jahr 1987 bezog. Mit einfühlenden Worten wies er auf das Anliegen des Heiligen Vaters hin und begann mit dem schönen Gebet desselben zum „Marianischen Jahr".

Er zeigte auf, dass „Maria, die Hilfe des christlichen Volkes, uns beim unaufhörlichen Kampf zwischen dem Guten und dem Bösen nahe ist. Sie wird uns helfen, damit wir nicht ‚fallen', oder wenn wir ‚gefallen', wieder aufstehen. Das aber ist es, was uns der Heilige Vater für dieses Marianische Jahr und als bleibende Frucht von Herzen wünscht."[12]

Der „Anna-Tag" am 26. Juli jeden Jahres ist nun längst zu einer festen Einrichtung geworden, gleichgültig ob er auf einen Sonntag oder Werktag fällt. Aus allen Diözesen Bayerns, sogar aus Baden-Württemberg und Österreich pilgert das katholische Volk seit 1972 nach Mindelstetten. Man fragt sich: Warum? Sie wollen der großen „Fürbitterin in allen Nöten" in gebührender Weise Vergelt's Gott sagen für die Gebetserhörungen, die ihnen zuteil geworden sind; sie wollen ihr Kreuz und Leid, seelische und leibliche Not der „Schäffer-Nandl" anempfehlen; sie wollen aber auch am Anna-Fest, an dem die Dienerin Gottes ihren Namenstag feierte, beten, sühnen und die heiligen Sakramente der Buße und der Eucharistie empfangen, um ihres diesseitigen und jenseitigen Heiles willen. Schon mancher hat an diesen Tagen zu Gott und zum Glauben zurückgefunden, nachdem er jahrelang von Gott und Kirche nichts mehr hat wissen wollen. Er wurde von der Gnade ergriffen, tief beeindruckt von der Gemeinschaft der Gläubigen, der echten und kernigen Volksfrömmigkeit, die er hier im Herzen Bayerns kennenlernen durfte. Mindelstetten ist eine Stätte des Gebetes, der Umkehr, der Gebetsanliegen und der Gebetserhörungen, die der beispielhaften Sühneseele vorgetragen werden.

Besonders interessant war mir ein Gespräch mit einem Mann, etwa Mitte Fünfzig: „Hochwürden, was sagn's jetzt da dazu. Da hört und liest man immer von Beichtmüdigkeit. Stimmt ja gar net, wenigstens hier net. Ich hab' hier über a Stund warten müssen, bis ich beicht'n hab könna. So viele Leut san angstand'n. Des glaubt ma gar net!" Und nach einer kleinen Weile fügte er den bemerkenswerten Satz hinzu: „Ja, wenn ma dö Leit' Gelegenheit zum Beicht'n gibt, komma's a." Ich meinte darauf fragend, ob denn sein Heimatpfarrer nicht genügend Beichtgelegenheit bieten würde. Er antwortete mir daraufhin: „Unser Pfarrer ist schon in Ordnung, aber mit dem Beichthörn hat er's net. Sonntag vor der Meß a halbe Stund hockt er sie nei, mehra net. Des is z'weng!" Und nach einer kleinen Pause meinte er noch, und es wurde deutlich, dass ihn dies bedrückt: „Hochwürden! Wissen's, zur Kommunion laufen's heutzutage alle, a die, die wild zusammenleb'n. Gewissen macha die sie

12 Vgl. „AS-Brief" Nr. 12, 12.1987, S. 16–21.

keins mehra. Verstenga's scho.“ Ich verstand, verabschiedete mich nachdenklich, denn ich musste ja wieder in den Beichtstuhl.

Es war auch 1988 wieder bemerkenswert, wie viele das Sakrament der Buße empfangen haben. So anstrengend auch das Beichthören sein mag, es sind immer Stunden der Gnade, nicht nur für den Pönitenten, sondern auch für den Priester.[13]

Den Vormittagsgottesdienst am „Anna-Tag“ feierte diesmal der Eichstätter Priester Prof. Dr. theol. Ludwig Mödl, selbst ein großer Anna-Verehrer. Sein Predigtthema war „Anna Schäffer – Interpretin des Evangeliums vom Kreuz“. Er stellte fest, Anna könne das Wort Jesu verdeutlichen: „Wer mein Jünger sein will, der nehme täglich sein Kreuz auf sich und folge mir nach!“ Er warnte auch vor den „Wundersüchtigen, die es auch in unserer Kirche allenthalben gibt, jenen katholischen Auslegern von New-Age, die Außerordentliches und Spektakuläres suchen und meinen, daran die Zuverlässigkeit des Glaubens einbinden zu können.“ Er beschloss seine eindrucksvolle Predigt mit den Worten: „So hoffen wir, Anna bald als Selige der kleinen Leute, als Selige der Kranken und Behinderten und als Selige jener Sprachlosen zu haben, die vom Evangelium nicht viel reden, es aber leben.“[14]

Das Pontifikalamt am Abend hielt der Regensburger Weihbischof Wilhelm Schraml, der jetzige Bischof von Passau. Auch er stellte das Kreuz in den Mittelpunkt seiner aufrüttelnden Predigt zum Thema „Gott hat die Welt durch das Kreuz erlöst“. Er beklagte zunächst, dass wir heute in einer Welt leben müssten, die ihren Erlöser nicht mehr kennt, die sich von Gott und seinen Geboten immer weiter entfernt. Aber Anna hat uns ein trostvolles Versprechen gegeben, als sie einmal sagte: „Allen, die mich anrufen, werde ich helfen!“ Und er setzte fort: „Bitten wir sie aber vor allem darum, dass sie uns von Gott die Gnade der Bekehrung erflehe, indem wir unser Leben noch tiefer hineinverankern in seine Liebe, die uns im Kreuz unseres Herrn so unendlich groß und stark geschenkt ist. Bitten wir sie, dass auch wir es begreifen lernen, welch große Aufgabe uns erwächst für die Rettung der Welt, indem wir bereit sind, Ja zu sagen zum Kreuz unseres Lebens, das der Herr uns auf die Schultern legt. Es wird uns nicht erdrücken, denn Christus trägt mit uns. Aber es wird uns und der Welt zum Segen sein.“[15]

„Nur die Heiligen heilen die Welt!“ – Man muss nur einmal die am überreich mit Kerzen und Blumen geschmückten Grab dankenden und bittenden Menschen am „Anna-Tag“ betrachtet haben, um zu erkennen, wie viel Kraft und Gnade von der großen Fürbitterin Anna Schäffer am Throne Gottes ausgeht.

Im Jahre 1989 zelebrierte die Hl. Messe am Vormittag des „Anna-Tages“ Domkapitular i. R. Ludwig Scharf, der verdienstvolle jahrelange Regens des Regensburger Priesterseminars. Er hatte seine Predigt überschrieben mit den Worten: „Die Gnade des Christseins im Leiden.“ Sie endete: „Mit Jesus aufschauen zum Vater,

13 Vgl. „AS-Brief“ Nr. 14, 12.1988, S. 14f.
14 Vgl. „AS-Brief“ Nr. 14, 12.1988, S. 16–18.
15 Vgl. „AS-Brief“ Nr. 14, 12.1988, S. 19–24.

mit Jesus uns durchbeten, mit Jesus uns vereinigen im Leiden, um so zu seiner Herrlichkeit zu gelangen. Dass wir die Leiden unseres Lebens so bestehen, dass sie uns zu Gott führen. Anna Schäffer, bitte für uns!“[16]

Abschluss und Höhepunkt des Tages bildete der abendliche Gottesdienst, den Weihbischof und Dompropst Vinzenz Guggenberger leitete. Er befasste sich diesmal mit Pfarrer Karl Rieger, dem Seelenführer Annas, und bezeichnete ihn als „Interpreten des Willens Gottes“. Er schilderte ihn als einen weisen Seelenführer und zitierte aus einem Brief Riegers an Bischof Dr. Michael Buchberger: „Das übergroße Leiden ertrug die Kranke [gemeint ist Anna] mit heldenhafter Geduld, 25 Jahre lang. Immer mehr wurde sie eine Opferseele, insbesondere für die Priester.“

Und er beendigte seine Predigt mit folgenden Worten: „Was für die Priester gilt, das gilt gewiss auch für die Kranken, denen sie im Leiden ein leuchtendes Vorbild war und deren Leiden sie gern auf sich genommen hätte und manchmal vielleicht tatsächlich angenommen hat. Pfarrer Rieger z.B. war fest davon überzeugt, dass dies bei ihm selbst der Fall gewesen sei.“[17]

Vom Jahr 1988 ist noch nachzuholen, dass am 19. März Prof. Dr. Ludwig Mödl, nun Professor in Luzern, im Radio Vatikan eine wertvolle Predigt gehalten hat mit dem Thema: „Wenn das Weizenkorn nicht in die Erde fällt und stirbt“. Er wies darin auch auf Anna Schäffer hin und bezeugte sie als ein leuchtendes Vorbild und schloss mit dem Wort: „Wenn es aber stirbt, bringt es reiche Frucht!“[18]

Mindelstetten ist durch Anna Schäffer zum pastoralen Phänomen geworden. Man erinnert sich dabei an ein Wort von Bischof Dr. Rudolf Graber, der gerade in unserer säkularisierten Zeit längst erkannt hatte: „Nur die Heiligen retten die Welt!“

Das pastorale Phänomen von Mindelstetten, mit dessen Einordnung sich gewisse hominististische Schreibtisch-Strategen schwer tun, weil es völlig aus dem Ruder der modernen Zeit läuft, erstaunt und erfreut immer wieder die Geistlichen und die Laien, die einen „Anna-Tag“ miterleben. Hier ist keine sonst übliche Beichtmüdigkeit, Ehrfurchtslosigkeit vor dem Allerheiligsten oder gar ein Schwund der Gottesdienstbesucher festzustellen. Nein – ganz im Gegenteil! Die zunehmende Zahl der Messbesucher veranlasste Pfarrer Bauer von Mindelstetten und das Bischöfliche Ordinariat Regensburg sogar zu einer Kirchenerweiterung.

Ich habe von 1972 bis zu meinen Ruhestand 1998 an allen „Anna-Tagen“ in Mindelstetten teilgenommen. Ich konnte feststellen, dass hier keine Fanatiker, also extrem eingestellte Personen zu finden waren. Die Frömmigkeit der Verehrer der Dienerin Gottes ist so echt, kraftvoll und gesund, dass sie auch Andersdenkende zu überzeugen vermag. Darum ist es nicht verwunderlich, dass die Zahl der Verehrer Annas, im Allgemeinen, aber ebenso die Teilnahme am „Anna-Tag“ von einem Jahr zum andern steigende Tendenz aufzuweisen hat. Dies machte der „Anna-Tag“ 1990

16 Vgl. „AS-Brief“ Nr. 16, 12.1989, S. 17–20.
17 Vgl. „AS-Brief“ Nr. 16, 12.1989, S. 20–26.
18 Vgl. „AS-Brief“ Nr. 17, 12.1990, S. 6–10.

wieder so recht deutlich, an dem laut Ingolstädter Tageszeitung „Donau-Kurier“ vom 31. Juli desselben Jahres etwa 8.000 Pilger nach Mindelstetten gekommen sind.[19]

Am Vormittag zelebrierte der Regensburger Domkapitular Prälat Alois Reindl, bekannt als Männerapostel des Bistums. Er führte in seiner Predigt unter dem Geleitwort „Das Leben zur Heilsgeschichte machen“ aus: „Manche wandern ab in Sekten oder obskure Gruppen; andere begnügen sich mit materiellem Wohlergehen und hausen im religiösen Niemandsland. Da dürfen wir nicht tatenlos zusehen! Wir können doch nicht unsere Jugend in eine Entwurzelung hineinlaufen lassen, in der man nicht leben kann, denn ein solches Leben wird sinnlos. Was können wir tun? Unsere Jugend braucht Leitbilder, um sich zu orientieren. Viele Jugendliche suchen sie, auch wenn sie es nicht laut sagen.“ Dann stellte er die Selige als hervorragendes Leitbild dar und sagte: „Nur wahrhaft Liebende haben Strahlkraft in unserer verworrenen Zeit und Welt. Nur wirklich Betende und Leidende, vom Geist Gottes Erfüllte retten Kirche und Welt.“

Zusammen mit 19 Konzelebranten hielt der Eichstätter Bischof Dr. Karl Braun an diesem Tag den abendlichen Festgottesdienst. Sein Predigtthema: „Anna Schäffer – eine beispielhafte Verehrerin des Herzens Jesu“. Er stellte fest: „Immer wieder sprach Anna in Briefen und Aufzeichnungen vom heiligsten Herzen Jesu, das ihr die Kraft verleiht, alles zu ertragen.“ An anderer Stelle verwies er auf den Empfang der Sühnekommunion an jedem Herz-Jesu-Freitag, also an jedem ersten Freitag eines Monats, nach vorausgegangener Monatsbeichte, auf die Familienweihe am Christkönigsfest und schließlich auf die Anbringung eines Herz-Jesu-Bildes in ihrer Wohnung.

„Wenn wir dies tun und wenn wir uns dabei auch immer wieder an die besondere Liebe Anna Schäffers zum Herzen Jesu erinnern, kann unser inneres Leben, aber ebenso unser äußeres Wirken als Christen kräftige, hilfreiche Impulse erfahren; wir werden mit Überzeugung dem beipflichten, was ein großer Theologe, Romano Guardini, einmal sagte und was für uns und alle Menschen gilt: ‚Wenn jemand fragt, was ist denn sicher? So sicher, dass man darauf leben und sterben kann?‘ – Dann lautet die Antwort: ‚Sicher ist nur die Liebe Christi – die Liebe des Herzens Jesu.‘“[20]

Am „Anna-Tag“ 1991 hielt der Regensburger Domdekan Prälat Edmund Staufer die Hl. Messe am Vormittag. Er predigte frei, ohne Manuskript, weshalb die Predigt nicht gedruckt werden konnte.[22] Weihbischof Wilhelm Schraml hatte sich dankenswerterweise wieder bereiterklärt, das Pontifikalamt am Abend zu übernehmen. Sein Predigtthema lautete „Liebe wächst im Leid“.

Er interpretierte das Pauluswort: „Nun aber freue ich mich an den Leiden, die ich für euch ertrage. Für den Leib Christi, die Kirche, ergänze ich in meinem irdischen Leben das, was an den Leiden Christi noch fehlt (Kol 1,24)“, und er bezog es auf

19 Vgl. „AS-Brief“ Nr. 18, 12.1990, S. 2.
20 Vgl. „AS-Brief“ Nr. 18, 12.1990, S. 3–8.
22 Vgl. „AS-Brief“ Nr. 20, 12.1991, S. 11.

den Lebensweg Annas. Er stellte außerdem fest: „Eine Weltanschauung, die nicht auch dem Schmerz Sinn geben und ihn kostbar machen kann, taugt nichts. Sie versagt gerade da, wo der Ernstfall der Existenz auftritt. Diejenigen, die zum Leid nichts anderes zu sagen haben, als dass man es bekämpfen müsse, betrügen uns. Natürlich muss man alles tun, um das Leid der Unschuldigen zu mindern und um den Schmerz zu begrenzen. Aber menschliches Leben ohne Leiden gibt es nicht, und wer das Leid nicht anzunehmen vermag, versagt sich den Reinigungen, die allein uns reif werden lassen. In der Gemeinschaft mit Christus wird der Schmerz sinnvoll, nicht nur für sich selbst, als der Prozess der ‚oblatio', in der Gott die Schlacken von mir nimmt, die sein Bild verdecken, sondern über mich hinaus fürs Ganze.

In solche Tiefen unseres Glaubens ist Anna Schäffer hineingetaucht in den bitterschweren 25 Jahren eines überaus martervollen Leidens. Immer wieder bringt sie das zur Sprache, wenn sie etwa betet: ‚Heiligstes Herz Jesu, vermehre meine Leiden und schenke mir Seelen, die ich für Dich retten kann!' Anna Schäffer ist den Weg der treuen Nachfolge Christi gegangen in inniger Lebensgemeinschaft mit IHM. Wir können ihr nur danken für das Zeugnis ihres kraftvollen Glaubens und ihrer glühenden Kreuzesliebe, das schon so vielen Menschen zum Trost und zur Stärke wurde auf ihrem eigenen Kreuzweg.“[23]

Im Jahr 1992 konnte man den „Anna-Tag“ am 26. Juli zum 20. Mal begehen. Die Zahl der Verehrer hatte sich inzwischen bereits verdreifacht, was in der stetig wachsenden Korrespondenz zum Ausdruck kam. Wie viel Leid und Not verbarg sich hinter der erstaunlichen Zahl der Verehrer, die sich vertrauensvoll und beharrlich an Anna gewandt haben und wohlgemerkt, nicht umsonst. Dies ist wahrlich erstaunlich in einer Zeit der Katastrophenstimmung, übler Manipulation gewisser Medien, Treulosigkeit gegenüber Papst und Kirche, Verunsicherung und Verwirrung im Glauben und in der Moral. Das ist ein Beweis dafür, dass das Schifflein Petri zwar in den Stürmen der Zeitverhältnisse schwanken, aber niemals untergehen und schließlich siegreich im Hafen des Friedens bei Gott landen wird. Das katholische Volk – und das sind die Beter –, von denen heute wie damals leider zu wenig Notiz genommen wurde und wird, vermag mehr als diejenigen, die immer wieder den Aufstand gegen die kirchliche Hierarchie proben.[24]

Der „Anna-Tag“ 1992 wurde mit einer Hl. Messe und Predigt des Spirituals des Regensburger Priesterseminars, Dr. Josef Graf, eingeleitet. Auch von ihm ist leider kein Predigt-Manuskript erhalten.[25]

Zusammen mit 17 Konzelebranten hielt zur Freude der Pfarrgemeinde Mindelstetten Bischof Manfred Müller von Regensburg die abendliche Pontifikalmesse. Sein Predigtthema lautete: „Ein Leben im Zeichen des Kreuzes“. Er zeigte auf, wie sehr Anna ihr ganzes Leben im Zeichen des Kreuzes verbracht hat. „Wir rufen

23 Vgl. „AS-Brief“ Nr. 20, 12.1991, S. 14–20.
24 Vgl. „AS-Brief“ Nr. 21, 12.1992, S. 1.
25 Vgl. „AS-Brief“Nr. 22, 12.1992, S. 3.

heute in der hl. Eucharistie das Kreuzesopfer Christi in unsere Mitte. Wir rufen den Segen, der von der Kraft des Kreuzes ausströmt, auf Sie alle herab. Mein Segenswunsch für Sie heute Abend – für jung und alt – ist es, dass Sie diesen Segen in Ihre Häuser mitnehmen, auch zu Ihren Kranken, auch zu denen, die abseits stehen – das wird es immer geben. Aber Ihr Ort ist geprägt und gezeichnet von dem Zeichen des Kreuzes, unter dem auch Anna Schäffer gelitten hat.“ Mit diesen Worten schloss der Bischof seine Predigt.[26]

Auch der 21. „Anna-Tag“ 1993 erwies sich als ein Tag der Gnade, und die zahlreichen Verehrer konnten Gott nicht genug danken, dass er ihnen Anna Schäffer, diese einfache Frau aus Mindelstetten, als leuchtendes christliches Vorbild und treue Fürbitterin geschenkt hat. Es stimmt, was mir damals viele Leute gesagt oder geschrieben haben: „Je mehr wir ihr Leben, Leiden und Sterben kennenlernen, desto mehr erfahren wir die Strahlkraft dieser gottbegnadeten Seele!“[27]

Am Vormittag feierte der bekannte Volksprediger und Präses der Schönstattbewegung für das Bistum Eichstätt, Pfarrer Otto Maurer aus Emskeim, das Hl. Messopfer. Sein Predigtthema lautete „Versöhnung mit sich, seinem Leben und ebenso mit dem Nächsten setzt die Versöhnung mit Gott voraus“. Er zeigte zunächst auf, dass „der Mensch mit sich selbst versöhnt sein muss.“ Dies sei die Voraussetzung für die Liebe zum anderen, zur Vergebung für ‚Wunden‘, die man selbst erdulden musste. Man möge sich von den negativen Emotionen befreien und sich so von der Macht eines anderen frei machen, indem man einem Mitmenschen, dem man grollt, etwas Gutes und Positives wünscht. Das sei gewiss keine Vergewaltigung der Gefühle, sondern eine gute Befreiung vom Stresscharakter des Grolls. Er stärke die Abwehrkräfte und die seelische Gesundheit. Anna Schäffer habe ein Beispiel gegeben bezüglich Verzeihung und Versöhnung. Denken wir dabei an ihren Bruder Hans, der sie und ihre Mutter aus dem Elternhaus gewiesen hat.[28]

Den abendlichen Gottesdienst hielt in Vertretung von Weihbischof Karl Flügel, der erkrankt war, der emeritierte Abt von Metten, Emmeram Geser OSB. Er predigte darüber, dass in unserer Zeit der Glaube an den Wert des Leidens verloren gegangen sei. Dabei sei zu bedenken, dass Leiden und Schmerzen zur Nachfolge Christi gehören. „Nehmen wir also unseren Anteil auf uns und lernen wir das Leiden lieben, um Jesu willen. Wir werden entdecken, wenn wir zu Christus halten, dass auch heute das Dulden in einem besonderen Sinn das Los derer ist, die sich anbieten, Diener und Dienerinnen des Königs der Schmerzen zu sein. Damit sind wir beim Geheimnis Anna Schäffers. Für sie gilt das Wort vom seligen Kardinal Newman: ‚Wer lange unter der Zuchtrute Gottes gewesen ist, wird Gottes Eigentum. Er trägt Stigmata an seinem Leib und ist besprengt mit Blutstropfen, die mehr wert sind als alles, was die Natur zu geben vermag‘. Anna hatte ein Wissen um die Geheimnisse Gottes, wie es

26 Vgl. „AS-Brief“ Nr. 22, 12.1992, S. 4–11.
27 Vgl. „AS-Brief“ Nr. 24, 12.1993, S. 2.
28 Vgl. „AS-Brief“ Nr. 24, 12.1993, S. 3–11.

sonst selten jemandem geschenkt wird. Aus diesem Wissen heraus konnte sie trösten, denn sie kannte die Schmerzen und deren heilenden Segen.“[29]

Heiligkeit im Alltag hat nichts mit Selbstverwirklichung, einem egozentrischen Hominismus zu tun. Sie ist vielmehr Selbstentfaltung unter Gottes Augen. Es gilt das hl. Evangelium sichtbar zum Prinzip des Lebens zu machen, ohne viel Worte und ohne große Taten in den Augen der Menschen, aber in völligem Einklang zwischen Gottesliebe und Nächstenliebe. Wenn wir Heilige in unserer Zeit sein und als solche leben wollen – der hl. Paulus mahnt uns, so zu leben, „wie es Heiligen geziemt“ (Eph 5,3) – dann werden wir auch die Zeichen der Zeit erkennen, unsere Mitmenschen durch unser Leben ganz aus dem Glauben begeistern und das Evangelium für uns und die anderen zu aktualisieren vermögen. – Anna Schäffer hat uns darin ein leuchtendes Beispiel gegeben!

Der „Anna-Tag“ 1994 forderte von den Menschen, die wieder in Scharen kamen, ein besonderes Opfer. Sie mussten die zum Teil weiten Strecken nach Mindelstetten bei brütender Hitze zurücklegen. So wie einst vom Krankenbett ging damals wie heute vom Grab Annas ein Strom der Gnade aus, der nicht versiegt. Über dieses Thema predigte am Vormittag Regionaldekan Msgr. BGR Albert Wotruba, Pfarrer von Großmehring. Er stellte eine Beziehung zum Leiden des Papstes Johannes Paul II. her, der nach seiner erneuten Erkrankung erklärt hatte: „Ich möchte für das Geschenk des Leidens danken [...]. Ich habe verstanden, dass ich die Kirche Christi in das kommende 3. Jahrtausend einzuführen habe mit Gebet und verschiedenen Initiativen; doch zugleich habe ich erkannt, dass das nicht genügt. Die Kirche muss vielmehr durch das Leiden, durch das Attentat vor 13 Jahren und durch dieses neue Opfer in das neue Jahrtausend geführt werden.“ Und Msgr. Wotruba führt weiter aus:
„Mit dieser Ansprache vom 29. Mai 1994 hat der Heilige Vater uns in aller Deutlichkeit gesagt, welchen Weg die Kirche wie auch die Familie als Keimzelle der Kirche ins 3. Jahrtausend hineingehen muss. Es ist der Weg des Leidens und der Sühne, es ist der Weg des Kreuzes, wie ihn auch Anna Schäffer gegangen ist.“[30]

Auch Weihbischof Guggenberger ging beim Pilgergottesdienst am Abend, den er in Konzelebration mit 23 Priestern feierte, auf die Opferbereitschaft Annas ein, die offensichtlich großen Anteil nahm an den Gefahren, die der Kirche nach den Ereignissen des Jahres 1918/19 in Bayern drohten und die – das spricht von einer wirklich heroischen Einstellung zum Leiden – sogar bereit war, dass sich dieses für sie in der Ewigkeit fortsetze. Er stellte fest: „Wir können sicher sein, dass Anna die Ereignisse ihrer Zeit nicht nur mit Interesse und Anteilnahme, sondern vor allem mit liebendem Herzen verfolgt hat.“ Dann zitierte er aus ihren Briefen vom 22. November 1918 und vom 29. Januar 1919, in denen sich Anna als Sühneopfer angeboten hat.[31]

29 Vgl. „AS-Brief“ Nr. 24, 12.1993, S. 11–19.
30 Vgl. „AS-Brief“ Nr. 26, 12.1994, S. 10–15.
31 Vgl. „AS-Brief“ Nr. 26, 12.1994, S. 16–22.

Der Festtag der hl. Mutter Anna und des hl. Joachim am 26. Juli 1995 war ein besonders heißer und schwüler Tag. Da die Ferien schon begonnen hatten, rechnete man nicht mit einer allzu großen Teilnahme der Gläubigen. Aber zur großen Freude aller Priester, die den Tag mitgestaltet haben, erwies sich nicht nur der Gottesdienstbesuch um neun Uhr als sehr gut, sondern ein Strom von Betern zog auch den ganzen Tag über betend am Grab Annas vorüber. Auch zum Pontifikalamt am Abend versammelten sich weitaus mehr als 6.000 Verehrer, darunter erstaunlich viele Eltern mit Kindern, um den Freialtar am Kirchenplatz. Da Mindelstetten mit öffentlichen Verkehrsmitteln schwer zu erreichen ist, hatten einzelne Pfarreien und Verbände Busse organisiert. Viele kamen aber auch mit PKW oder gar zu Fuß, was an diesem schwülen Tag ein besonderes Opfer bedeutete.

Die Hl. Messe und die Predigt hielt am Vormittag Pfarrer und Regionaldekan Msgr. Josef Eberth aus Offenstetten/Niederbayern. Er bezeichnete Anna Schäffer als „Botin der Liebe Christi, die den Weg vorgelebt hat, die uns die Hoffnung gibt, dass Gott auch heute den Menschen im Alltag und im Leid nahe ist. […] Warum? In ihrem Leben gab es weder Wohlstand noch Luxus, aber einen täglichen Fortschritt in der Liebe. Es gab auch keine Sensationen, wohl aber eine Sensibilität für das, was uns zum Heile dient. Wir finden keine Schlagzeilen in der Presse, aber die Glaubenskraft im Kreuzweg ihres Lebens, Gottes Weisheit und Liebe zu erkennen. So vermochte sie schwerstem Leid Sinn und Inhalt zu geben.“[32]

Beim Pontifikalamt am Abend konnte Ortspfarrer Johann Bauer nicht nur eine unerwartete große Schar von Gläubigen, sondern auch zahlreiche Mitbrüder und vor allem den Hauptzelebranten Weihbischof Wilhelm Schraml aus Regensburg begrüßen. Ihm war die Freude anzumerken, dass er den vielen treuen Verehrern die gute Nachricht von der Verleihung des „heroischen Tugendgrades“ durch Papst Johannes Paul II. offiziell mitteilen konnte. In seiner Predigt ging er auf die Bedeutung dieses vorletzten Aktes im Seligsprechungsprozess ausführlich ein und erläuterte das tiefe Geheimnis im Leben Annas. Er sagte u. a.: „Die Theologenkommission in Rom sieht in Anna Schäffer ein Vorbild, den schweren Beruf des Leidens zu begreifen als das Gleichförmigwerden mit dem gekreuzigten Christus im Dienst der Liebe und der Sühne zum Wohl der ganzen Kirche […]. Das ist der Geist des Evangeliums, der uns hier anspricht. Anna führt uns in der Herzmitte unseres Herrn und in das weltumspannende Geheimnis der Erlösung durch Jesus Christus, von dem der Apostel Paulus in seinem Hymnus im Kolosserbrief bekannt, dass wir durch Christus die Erlösung und die Vergebung der Sünden haben, weil er Frieden gestiftet hat am Kreuz durch sein Blut (vgl. Kol 1,14–20) […]. Diese Ehrwürdige Dienerin Gottes wurde zur Lichtspur für die Menschen, weil sie zuerst das Licht der Liebe Christi in ihr Leben eindringen ließ. An einem Menschen wie Anna sehen wir aber auch die

32 Vgl. „AS-Brief“ Nr. 28, 12.1995, S. 9–12.

wichtigste Arbeit des Christen in der Welt, den entscheidenden Dienst der Kirche, nämlich die Verherrlichung Gottes und die Heiligung der Menschen.“[33]

Am „Anna-Tag“ des Jahres 1996 – die Kirchenerweiterung war bereits vollendet – hielt der Spiritual des Regensburger Priesterseminars, Dr. Josef Graf, die Vormittagsmesse mit Predigt. Er brachte darin deutlich zum Ausdruck, dass auch er persönlich ein großer Verehrer Anna Schäffers sei. Leider fehlte auch diesmal das Manuskript der Predigt.[34]

Am Abend predigte wiederum der Regensburger Weihbischof und Dompropst Vinzenz Guggenberger zum Thema „Vereint mit Jesus bin ich allezeit glücklich“. Er verstand es, die persönliche Frömmigkeit Annas in voller Übereinstimmung mit der entsprechenden Lehre der Kirche darzustellen. Er hob die große eucharistische Frömmigkeit der Dulderin hervor und sagte: „Anna berichtet auch von einer Vision, in der der Heiland zu ihr gesagt habe: ‚Kind, blicke besonders auf mein schweres Kreuz und Leiden, und Dein Leiden wird Dir leichter erscheinen‘. So konnte Anna in einem Brief schreiben: ‚Ich danke Dir liebenswürdiger Jesus, dass Du mir Gelegenheit gibst, durch Leiden Deinem göttlichen Herzen ähnlicher und wohlgefälliger zu werden‘. Drängen uns solche Worte nicht zu einer ernsten Gewissenserforschung?“ Dann richtete er mahnende Worte an seine Zuhörer, die sie beherzigen sollten. Vor allem regte er an, die Verehrung der heiligen Eucharistie zu pflegen und die Anbetung des allerheiligsten Sakraments zu üben.[35]

Im alten Teil der Kirche – durch die Kirchenerweiterung ergab sich die Unterscheidung „alte und neue Kirche“ – standen zwar noch die Gerüste der Restauratoren, aber das Grab Annas war wie immer herrlich geschmückt. Jeder Besucher wollte wenigstens eine kleine Weile dort verbringen, so mussten sich die Gläubigen anstellen und sich gedulden, bis wieder ein Platz frei wurde. Zur Feier der hl. Eucharistie am Vormittag versammelten sich die Beter in der neuen Kirche und es zeigte sich wieder, wie notwendig der Erweiterungsbau war, da selbst dieser große Kirchenraum die Menschen kaum zu fassen vermochte. Herzlich begrüßt von Pfarrer Bauer feierte diesmal der Regensburger Generalvikar Prälat Dr. Wilhelm Gegenfurtner die Hl. Messe. Er hob in seiner Predigt einen Aspekt im Leben der ehrwürdigen Dienerin Gottes hervor, der ihren vom Heiligen Vater verliehenen Ehrentitel nicht nur vollauf rechtfertigt, sondern der sie auch deswegen gerade für unsere Zeit als großes Vorbild erscheinen lässt. Er erinnerte daran, dass anlässlich eines Besuches in Mindelstetten eine Frau zu ihm gesagt habe: „Wissen Sie, am meisten freut mich, dass die Anna den Titel ‚Dienerin‘ hat, denn wer kann heute noch dienen?“ Der Generalvikar bezeichnete die Auflehnung im Alten wie im Neuen Bund gegen Gott, den Stolz, als die schwerste Sünde. „Der Mensch kann sich nicht an die Stelle Gottes setzen. Umgekehrt macht es die Hl. Schrift deutlich, dass

33 Vgl. „AS-Brief“ Nr. 28, 12.1995, S. 12–20.
34 Vgl. „AS-Brief“ Nr. 30, 12.1996, S. 6.
35 Vgl. „AS-Brief“ Nr. 30, 12.1996, S. 6–13.

der Mensch nie höher in der Gunst Gottes steht, als wenn er zu dienen vermag. Deshalb finde ich auch das Wort des Papstes so treffend, wenn er sagt: ‚Die Kirche von heute braucht keine neuen Reformer, die Kirche braucht neue Heilige‘. Der Heilige Vater mahnt damit zu Recht, dass die Kirche heute Menschen benötigt, die sich ganz unter Gott stellen und dadurch die Welt und die Gesellschaft verändern.“ Zum Abschluss seiner Predigt rief er die Gläubigen dazu auf, im Blick auf Anna Schäffer sich um ein wahrhaft christliches Leben zu bemühen, und erklärte, dass Dienen dürfen letzte Erfüllung sei![36]

Das Thema der beeindruckenden Predigt von Weihbischof Wilhelm Schraml, der den Abendgottesdienst hielt, lautete: „Gott im Leid verherrlichen!“

Er zitierte zuerst aus dem Römerbrief (8,17): ‚Wenn wir mit Christus leiden, werden wir auch mit IHM verherrlicht!‘ Gegen Schluss seiner Predigt sagte er: „Die wichtigste Aufgabe der Kirche ist es, den Tod des Herrn als Ostersieg zu feiern. Wenn die Kirche in der Eucharistie den geopferten Leib Christi zu den Menschen trägt, dann schenkt sie ihnen etwas, was keine Entwicklungshilfe und kein Erziehungsprogramm zu leisten vermag. Sie gibt den Menschen Anteil am Leben, am ewigen Leben. Sie zeigt den Menschen den alleinigen Retter der Welt: Jesus Christus. Die Kirche ist letzthin Dienerin der rettenden und erlösenden Liebe Gottes [...] Es liegt an uns, dass wir die Botschaft von Mindelstetten nicht nur hören, sondern uns mutig und beherzt im Alltag auch als Christen bekennen, damit die Welt ihren wahren Heiland und einzigen Erlöser wiederfindet: Jesus Christus, gestern, heute und morgen in Ewigkeit!“[37]

Da umfangreiche Vorbereitungsarbeiten für die Seligsprechung zu leisten waren, konnte der „Anna-Schäffer-Brief“ nicht zu Weihnachten, sondern erst im Januar 1999 erscheinen. Hier wird auch über den „Anna-Tag“ des Jahres 1998 berichtet.

Als Zelebrant und Prediger am Vormittag konnte der damalige Pfarrer des Marienwallfahrtsortes Wörth an der Isar, Erich Renner, gewonnen werden. Als Predigtthema hatte er „Der Segen der Geduld“ gewählt. Er bezeichnete die kommende Seligsprechung Annas als eine Frucht der Geduld und als ein Geschenk des Himmels. „Das geduldige und beharrliche Gebet unzähliger Gläubiger hat ganz sicher wesentlich zu der vor kurzem bekannt gegebenen Entscheidung beigetragen. Bald wird das Wort aus dem Jakobusbrief an Anna auf besondere Weise in Erfüllung gehen: ‚Wer geduldig alles ertragen hat, den preisen wir selig‘ (Jak 5,11). Anna hat alles geduldig ertragen. Darum dürfen wir sie nicht nur selig preisen, sondern bald als Selige verehren. Die Geduld der Gläubigen und die Treue der Beter hat sich wieder einmal bewährt. Und das Wort hat sich von neuem erfüllt: ‚Alles erreicht der Geduldige!‘“

Die Freude über die kurz vorher bekannt gewordene Nachricht über die Seligsprechung Anna Schäffers war den vielen Verehrern der Dienerin Gottes am „Anna-

36 Vgl. „AS-Brief“ Nr. 32, 12.1997, S. 13–19.

37 Vgl. „AS-Brief“ Nr. 32, 12.1997, S. 20–27.

Tag“ ins Gesicht geschrieben. Noch zahlreicher als sonst – man zählte über 7.000 Teilnehmer – besuchten sie den Abendgottesdienst mit Weihbischof und Dompropst Vinzenz Guggenberger. In seiner Ansprache ging er auf das entscheidende Ereignis der Promulgation des Wunderdekretes vom 3. Juli 1998 ein. „Damit“, so sagte er, „ist der letzte Schritt in Richtung Seligsprechung vollzogen.“ Er benutzte diesen erfreulichen Anlass auch als Gelegenheit, im Namen des Diözesanbischofs Müller allen zu danken, die sich in den vergangenen Jahrzehnten am Beispiel Annas orientiert und sie um Fürsprache angerufen haben. Besonders bedankte sich Guggenberger bei mir dafür, dass ich seit meinem Dienstantritt 1973 als Sachverständiger „die Verehrung Annas mit großer Hingabe, Klugheit und Geduld gefördert habe.“

Eine besonders große Freude dieses Tages war es, unter den zahlreichen Gläubigen auch den Postulator der Causa Avvocato Dr. Andrea Ambrosi aus Rom begrüßen zu können, der trotz seines ausgefüllten Terminkalenders den hohen Festtag in Mindelstetten persönlich miterleben und mitfeiern wollte.

Der Weihbischof berichtete dann aus seinen persönlichen Erfahrungen als Vorsitzender des Gerichtshofes für die Causa ausführlich über den diözesanen Seligsprechungsprozess. Er hob hervor: „Ein Hauptgrund für die Seligsprechung liegt gewiss darin, dass viele Gläubige um die Seligsprechung gebetet haben. In dem Gebet um die Seligsprechung, ausdrücklich von der „Congregatio pro Causis Sanctorum“ autorisiert und weit verbreitet, kommt zum Ausdruck, dass der dreieinige Gott immer neue Heilige erweckt, dass man um die Seligsprechung beten darf, weil sich Anna im Leiden mit großer Tapferkeit und Geduld als Sühneopfer dargebracht hat. Dadurch ist sie vielen Menschen ein Vorbild opferbereiten Lebens geworden. Ihr Vorbild wird durch ihre Seligsprechung noch strahlender aufleuchten und Gott dadurch noch mehr verherrlicht [...]. Nicht allein die Schöpfung Gottes verdient größte Bewunderung, sondern insbesondere auch die Seligen und Heiligen. Sie sind Charismen, die der Heilige Geist ohne Unterlass im Volk Gottes, der Kirche, erweckt. Sie sind eine ganz besondere Ermutigung für die Gläubigen zur Nachfolge Christi.“

Die „Anna-Tage“ wurden und werden auch nach der Seligsprechung erfolgreich fortgesetzt, wie dies aus den „Anna-Schäffer-Briefen“, die weiterhin zweimal jährlich erscheinen, hervorgeht.

Abkürzungen

a. a. O.	=	am angegebenen Ort
Abt.	=	Abteilung
AS	=	Anna Schäffer
Bd.	=	Band
BGR	=	Bischöflicher Geistlicher Rat
BKR	=	Bischöfliches Konsistorium Regensburg
CAS	=	Causa Anna Schäffer
Dok.	=	Dokument
g.s.J.Chr.	=	Gelobt sei Jesus Christus
Gen.-Sch.	=	General-Schematismus des Bistums Regensburg
Hb.	=	Handbuch
Hrsg.	=	Herausgeber
LThk[1 u. 2]	=	Lexikon für Theologie und Kirche, 1. und 2. Auflage
Mfr.	=	Mittelfranken
M. J. B.	=	Mein Jesus Barmherzigkeit
Nby.	=	Niederbayern
Nr.	=	Nummer
Obby.	=	Oberbayern
Ofr.	=	Oberfranken
OFM	=	Ordo Fratrum Minorum (Franziskaner)
OFMCap.	=	Ordo Fratrum Minorum Capucinorum (Kapuziner)
OSB	=	Ordo Sancti Benedicti (Benediktiner)
O. J.	=	Ohne Jahreszahl
Opf.	=	Oberpfalz
Orig.	=	Original
OvfBRgbg.	=	Oberhirtliches Verordnungsblatt für das Bistum Regensburg
Pos. et Art.	=	Positiones et Articuli
Proc. Inf.	=	Processus Informativus
S.	=	Seite
Sp.	=	Spalte
Sr.	=	Soror (Schwester)
Stud. u. Mitt.	=	Studien und Mitteilungen des Benediktinerordens
SVD	=	Societas Verbi Divini (Steyler Missionare)
VdPM	=	Verkündbuch der Pfarrei Mindelstetten
Ufr.	=	Unterfranken
Vgl. (vgl.)	=	V(v)ergleiche

Archivquellen

Abstammungsurkunden der Gemeinde Mindelstetten, ausgestellt von Bürgermeister Holzapfel als Standesbeamtem. 31. August 1975.

Abteilung für Selig- und Heiligsprechungsprozesse, Registratur, Aktenkartons von Nr. 1–46.

Auer, Johann Baptist, Urteil in Sachen Seligsprechungsprozess der Dienerin Gottes Anna Schäffer, geb. am 18. Februar 1882 in Mindelstetten (Bayern, Diözese Regensburg) aufgrund der vorgelegten Schriften derselben, Sinzing 1980.

Bischöfliches Zentralarchiv Regensburg, Personalakten Sign. 2930.

Bischöfliches Zentralarchiv Regensburg, Personalakten Sign. 4473.

Bischöfliches Zentralarchiv Regensburg, Personalakten Sign. 5304.

Firmungs-Matrikel der Pfarrei Mindelstetten von 1870.

Gemeinde Mindelstetten, Sterbebuch Nr. 10/1928. Beglaubigte Abschrift. 31. August 1975.

Heiratsbuch des Standesamtes Painten/Opf., ausgestellt am 14.02.1974 vom Angestellten Lechner.

Holzgartner, Karl, Beiträge zur Pfarrgeschichte von Mindelstetten: 1934–1950, hdschr. Ms.

Holzgartner, Karl, Chronik von dem Pfarrbezirk Mindelstetten 1934–1960.

Imlauer, Rosa, I. Heft: Aufzeichnungen v. J. 1925. II. Heft: verbesserte Aufzeichnungen v. J. 1925.

Klarissinenkloster Dingolfing, Aufzeichnungen der wichtigsten Begebenheiten in dem hiesigen Kloster zu Viehhausen 1897, hdschr. Chronik.

Mauser, Maria Therese, Eigene Aufzeichnungen nach vorhandenen Quellen.

Pfarrei Mindelstetten, Sterbematrikel Nr. 37 v. 1802–1934.

Rieger, Karl, Leidensbericht über Anna Schäffer v. 4. Februar 1929.

Ritter, Emmeram H., Ratisbonensis Positiones et Articuli in Causa Beatificationis et Canonisationis Servae Dei Annae Schäffer de Mindelstetten, mschr. Ms.

Rosermüller, Edeltraut, Mitteilung über den Volksschullehrer Wilhelm Sturm, zugleich Mesner und Organist, Beuron 7. November 1988.

Schularchiv Mindelstetten: Auszug aus der Zensurliste der Volksschule, Schuljahr 1889/90, 1890/91 und 1894/95. Beglaubigt v. Pfarrer BGR Georg Schlagbauer am 6. Februar 1974.

Stadtarchiv Landshut, Mitteilung v. 19. Juli 1999.

Taufregister Jg. 1853, S. 504, Nr. 19, des Pfarramtes Bad Gögging/Nby., ausgestellt vom Pfarrkurat Konrad Zoller, Bad Gögging, den 4. Juli 1957.

Taufbuch der Pfarrei Mindelstetten. 1802–1927 mit Register. Sign. B., S. 222

Verkündbuch der Pfarrei Mindelstetten: 1906.

Verkündbuch der Pfarrei Mindelstetten: 14. September 1911 – 24. April 1921.

Veit, Katharina, Aufzeichnungen o. J., hdschr. Ms.

Zentral-Schematismus des Bistums Regensburg, mschr. Ms.

Literatur

Andenken an den Kriegsbußtag. 10.01.1915, München 1914.

ACHLEITNER, Arthur, Von der Umsturznacht bis zur Totenbahre. Die letzte Leidenszeit König Ludwigs III., Dillingen 1922.

ANDRESEN, Carl/DENZLER, Georg, Wörterbuch der Kirchengeschichte, München 1998.

ARETIN, Erwein v., Wittelsbacher im KZ, München [1945].

BAMBERGER, Richard/MAIER-BUSCH, Franz (Hrsg.), Österreich-Lexikon. 2. Bd., Wien/München 1966.

BARTH, Hilarius, Maria Columba Schonath, in: SCHWAIGER, Georg (Hrsg.), Bavaria Sancta. Zeugen christlichen Glaubens in Bayern, Bd. III, Regensburg 1973.

BAUER, Franz J., Ein fragwürdiger Erbe der Revolution, in: Unser Bayern, Heimatbeilage der Bayer. Staatszeitung, Jg. 43, Nr. 5.

BÄUMER, Remigius/SCHEFFCZYK, LEO, Marienlexikon, hrsg. im Auftrag des Institutum Marianum, St. Ottilien 1989ff.

BÄUMLER, Ernst, Verschwörung in Schwabing. Lenins Begegnung mit Deutschland, Düsseldorf/Wien 1972.

BAYER, Erich (Hrsg.), Wörterbuch zur Geschichte des Dritten Reiches. Begriffe und Fachausdrücke, Stuttgart 1974.

BECKENBAUER, Alfons, Ludwig III. von Bayern 1845–1921. Ein König auf der Suche nach seinem Volk, Regensburg 1987.

BEIERLEIN, J. P., Medaillen auf ausgezeichneten und berühmten Bayern, in: „Oberbayer. Archiv für vaterländische Geschichte", hrsg. v. Hist. Verein von und für Oberbayern, München 1955.

Benediktus-Bote, 16. Jg. Nov. – Dez. 1946, 6. Heft, S. 20.

BENZ, Wolfgang/GRAML, Hermann/WEISS, Hermann, Enzyklopädie des Nationalsozialismus. Stuttgart 1997.

Bibliotheca Sanctorum, Prima appendice, Roma 1987.

BIHLMEYER, Karl, Kirchengeschichte. Neu bearb., 2. Teil: Das Mittelalter, Paderborn [9]1932.

BOSL, Karl (Hrsg.), Bayern im Umbruch. Die Revolution von 1918. Ihre Voraussetzungen, ihr Verlauf und ihre Folgen, München 1969.

BOSL, Karl (Hrsg.), Bosls Bayerische Biographie. 8000 Persönlichkeiten aus 15 Jahrhunderten, Regensburg 1983.

BOTZENHART, Christof, „Ein Schattenkönig ohne Macht will ich nicht sein." Die Regierungstätigkeit König Ludwigs II. von Bayern, München 2004.

BRACHER, Karl Dietrich, Die Auflösung der Weimarer Republik. Eine Studie zum Problem des Machtverfalls in der Demokratie, Düsseldorf 1978.

BRANDMÜLLER, Walter (Hrsg.), Handbuch der bayerischen Kirchengeschichte. Vom Reichsdeputationshauptschluss bis zum Zweiten Vatikanischen Konzil, 3 Bde., St. Ottilien 1991.

BREMS, Franz J., Wir sind unterwegs – 500 bayerische Marienwallfahrtsorte, Abtei St. Ottilien 1992.

Brockhaus, Der neue Brockhaus. 5. Bd., Wiesbaden 1960.

BRUNNER, August, Der Schritt über die Grenzen. Wesen und Sinn der Mystik, Würzburg 1972.

BUCHBERGER, Michael, Bischof von Regensburg (Hrsg.), Lexikon für Theologie und Kirche. 10 Bde., Freiburg i. Br. 1930ff.

BUCHBERGER, Michael, Eineinhalb Jahrtausend kirchliche Kulturarbeit in Bayern, München 1950.

BUSLEY, Hermann-Joseph, Bayern und die deutsche Einigung 1870/71, Ausstellung d. Bayer. Hauptstaatsarchiv München zum 100. Jahrestag der Reichsgründung am 18. Januar 1971, München 1971.

CARSTEN, Francis L., Revolution in Mitteleuropa 1918–1919, Köln 1973.

ROHRBASSER, Anton (Hrsg.), Heilslehre der Kirche. Dokumente von Pius IX. bis Pius XII. Deutsche Ausgabe des französischen Originals von P. CATTIN OP und H. Th. CONUS OP, Freiburg/Schweiz 1953.

COURTH SAC, Franz, Spiritualität, in: Marienlexikon, VI. Bd., St. Ottilien 1994, S. 253–255.

DRASCH, Rudolf, Der Weg der Bayernpartei 1946–1976, München 1977.

DINZELBACHER, Peter, Wörterbuch der Mystik, Stuttgart 1959.

DINZELBACHER, Peter/BAUER, Dieter R. (Hrsg.), Heiligenverehrung in Geschichte und Gegenwart, Ostfildern 1990.

DOEBERL, M., Bayern und die Bismarckische Reichsgründung, München/Berlin 1925.

FAULHABER, Michael v., Rufende Stimmen in der Wüste der Gegenwart, Freiburg i. Br. 1931.

FEUCHTWANGER, E. J., Preußen. Mythos und Realität, Frankfurt am Main 1972.

FINK OSB, Wilhelm, Entwicklungsgeschichte der Benediktinerabtei Metten. I. Teil: Das Professbuch der Abtei, München 1926.

FISCHL, Ludwig, Die stillen Wunder der Mutter vom Guten Rat, Reimlingen 1974.

Catalogus Ordinis Minorum Sancti Patris Francisci Cappuzinorum Provinciae Bavaricae, Monachii 1926.

Die Blümlein des hl. Franziskus von Assisi, München 1919.

FRAUENHOLZ, Eugen v. (Hrsg.), Kronprinz Rupprecht von Bayern, Mein Kriegstagebuch, 2. Bd., München 1929.

FRIES, Heinrich (Hrsg.), Handbuch theologischer Grundbegriffe. 2 Bde., München 1962.

GATZ, Erwin (Hrsg.), Die Bischöfe der deutschsprachigen Länder 1785/1803 bis 1945, Berlin 1983.

GATZ, Erwin (Hrsg.), Die Bischöfe des Heiligen Römischen Reiches 1198 bis 1448. Ein biographisches Lexikon, unter Mitwirkung von Clemens BROTKORB, Berlin 2001.

GATZ, Erwin (Hrsg.), Die Bischöfe der deutschsprachigen Länder 1945–2001, Berlin 2002.

GREIPL, Egon, Die kirchenpolitische Wende von 1890, in: Handbuch der bayer. Kirchengeschichte, hrsg. v. Walter BRANDMÜLLER. 3. Bd., St. Ottilien 1991.

GRUBER, Hubert, Katholische Kirche und Nationalsozialismus 1930–1945. Ein Bericht in Quellen, Paderborn/München/Wien/Zürich 2006.

GUGGENBERGER, Vinzenz, Anna Schäffer und ihre Bedeutung für unsere Zeit, in: „AS-Brief" Nr. 5, Juli 1984, S. 3–19.

HABSBURG-LOTHRINGEN, Michael Salvator, Die Bayerisch-Österreich-Ungarischen Beziehungen 1914–1918. Eine Untersuchung zum eigenstaatlichen Verhalten eines Bundesfürstentums im Wilhelminischen Kaiserreich, Dissertation Wien 1973, Ms.

HÄRLE, Wilfried/WAGNER, Harald (Hrsg.), Theologenlexikon. Von den Kirchenvätern bis zur Gegenwart, München 1987.

HARTMANN, Peter Claus, Bayerns Weg in die Gegenwart. Vom Stammesherzogtum zum Freistaat heute, Regensburg 1989.

HAUSBERGER, Karl/HUBENSTEINER, Benno, Bayerische Kirchengeschichte, München 1985.

HEIM, Manfred, Kleines Lexikon der Kirchengeschichte, München 1998.

HELD, Josef, Heinrich Held. Ein Leben für Bayern, Regensburg 1958.

Der große Herder. 5. neubearbeitete Aufl. von Herders Konversations-Lexikon, 5. Bd., Freiburg i. Br. 1954.

HERGENRÖTHER, Joseph, Katholische Kirche und christlicher Staat, Freiburg 1872

HEROLD, Emil/HOFFMAN, Heinrich, Ein Jahr bayerische Revolution im Bilde, München 1920.

HIRTENBRIEFE des deutschen Episkopates anlässlich der Fastenzeit 1920, Paderborn 1920.

Hist. Verein von und für Oberbayern, Oberbayerisches Archiv für vaterländische Geschichte, München 1955.

HOCHBERGER, Anton, Der bayerische Bauernbund 1893–99 (Schriftenreihe zur bayer. Landesgeschichte Bd. 99), München 1991.

HÖCHT, Johannes, Träger der Wundmale Christi. Eine Geschichte der Stigmatisierten, hrsg. und erg. von Arnold GUILLET, Stein am Rhein 1986.

HÖFER, Josef/RAHNER, Karl (Hrsg.), Lexikon für Theologie und Kirche, 10 Bde., Freiburg i. Br. ^{2}1957ff.

HÖPFL, Bernhard, Katholische Laien im nationalsozialistischen Bayern: Verweigerung und Widerstand zwischen 1933 und 1945, München 1997.

HUBENSTEINER, Benno, Bayerische Geschichte. Staat und Volk, Kunst und Kultur, München ^{8}1979.

HUBENSTEINER, Benno/DEUERLEIN, Ernst u. a., Geschichte Bayerns. Territorien-Ploetz, Würzburg 1975.

HUBER, Brigitte, Das neue Rathaus in München. Georg Hauberrisser und sein Hauptwerk, München o. J.

HUBER, Heinz/MÜLLER, Artur (Hrsg.), Das Dritte Reich. Eine Geschichte in Texten, Bildern und Dokumenten. 3 Bde., München/Wien/Basel 1964.

HÜRTEN, Heinz, Die Kirchen in der Novemberrevolution. Eine Untersuchung zur Geschichte der Deutschen Revolution 1918/19 (Eichstätter Beiträge, Bd. 11, Abt. Geschichte), Regensburg 1984.

HUSSAREK, Paul, Hundhammer. Weg des Menschen und Staatsmannes, München o. J.

JOLL, James, Die Ursprünge des Ersten Weltkriegs. Aus dem Englischen übersetzt von Volkhard MATYSSEK, München 1988.

KAMMERMEIER, Willibald, Der Priesterdichter Konrad Zoller, in: Regensburger Bistumsblatt Nr. 45, 09.11.1986, S. 12.

KANZLER, Rudolf, Bayerns Kampf gegen den Bolschewismus. Geschichte der bayerischen Einwohnerwehren, München 1931.

Totenbuch der bayerischen Kapuzinerprovinz. Als Manuskript gedruckt, Altötting 1953.

KASAMAS, Alfred, Österreichische Chronik, Wien 1948.

KEMPER, Werner, Der Traum und seine Bedeutung, Hamburg 1955.

KIRCHINGER, Johann/SCHÜTZ, Ernst, Georg Ratzinger. Ein Leben zwischen Politik, Geschichte und Seelsorge (1844–1899), Regensburg 2008.

KISSLING, Johannes, Geschichte des Kulturkampfes im Deutschen Reiche. 3. Bde., Freiburg i. Br. 1911–1913.

KOLB OSB, P. Aegidius (Hrsg.), Bibliographie der deutschsprachigen Benediktiner 1880–1980, St. Ottilien 1985.

KORFF, Heinrich (Hrsg.), Biographia Catholica 1870–1926, Freiburg i. Br. 1927.

KOSCH, Wilhelm, Das Katholische Deutschland. Biographisch-bibliographisches Lexikon. 4. Bde., Augsburg 1933ff.

KOSCH, Wilhelm, Biographisches Staatshandbuch. Lexikon der Politik, Presse und Publizistik. 1. Bd., Bern/München 1963.

KRAUS, Andreas, Geschichte Bayerns. Von den Anfängen bis zur Gegenwart, München 1983.

LAMA, Friedrich Ritter v., Konnersreuther Jahrbuch 1929. Der Konnersreuther Chronik erste Folge, Karlsruhe 1929.

LAMA, Friedrich Ritter v., Anna Schäffer von Mindelstetten. Eine unbekannte Stigmatisierte aus unserer Zeit, Innsbruck 1930.

LAMA, Friedrich Ritter v., Die Friedensvermittlung Papst Benedikts XV. und ihre Vereitelung durch den deutschen Reichskanzler Michaelis, München 1932.

LANZINGER, Maximilian, Zwischen Sternenbanner und Bundesadler. Bayern im Wiederaufbau 1945–1958, Regensburg 1996.

LEIDL, August, Die Bischöfe von Passau 739–1958 in Kurzbiographien, Passau ^{2}1978.

LENZENWEGER, Josef/STOCKMEIER, Peter/AMON, Karl/ZINNHOBLER, Rudolf (Hrsg.), Geschichte der Katholischen Kirche. Ein Grundkurs, Graz/Wien/Köln 1986.

Lexikon für Theologie und Kirche. Das Zweite Vatikanische Konzil. Teil I: Dogmatische Konstitution über die Kirche, Freiburg i. Br, ^{2}1966, S. 321f.

LUDERBÖCK, Xaver, St. Nikolaus Mindelstetten, Regensburg 2000.

MATT, Leonard v./KÜHNER, Hans, Die Päpste, Eine Papstgeschichte in Bild und Wort, Würzburg 1963.

MEDER, Theodor, Handkommentar zur Verfassung des Freistaates Bayern, München 1971.

MEISEN, Karl, Nikolauskult und Nikolausbrauch im Abendlande, Münster 1931.

MELCHERS, Carlo, Das große Buch der Heiligen. Geschichte und Legende im Jahreslauf, 4. Aufl., München 1980.

Meyers großes Personenlexikon, Mannheim/Zürich 1964.

Meyers großes Personenlexikon, Mannheim/Zürich 1969.

MÖCKERSHOFF, Barbara, Nationalsozialistische Verfolgung katholischer Geistlicher im Bistum Regensburg, in: Beiträge zur Geschichte des Bistums Regensburg, Bd. 15.

MOENIUS, Georg (Hrsg.), Allgemeine Rundschau, 29. Jg. Nr. 50, München 10.12.1932.

MOLINARI, Paolo, Die Heiligen und ihre Verehrung, Freiburg i. Br. 1964.

MOSER, Georg, Was die Welt verändert, Freiburg i. Br. 1980.

MÜLLER, Josef, Bis zur letzten Konsequenz. Ein Leben für Frieden und Freiheit, München 1975.

NEWMAN, John Henry, Predigten. Gesamtausgabe, 10 Bde., Stuttgart 1950–1961.

NIPPERDEY, Thomas, Deutsche Geschichte 1800–1866. Bürgerwelt und starker Staat. 2. Bd., München 1987.

NIPPERDEY, Thomas, Deutsche Geschichte 1866–1918. Arbeitswelt und Bürgergeist. 1. Bd., München 1990.

NÖHBAUER, Hans F., Die Chronik Bayerns, München 1994.

OESTERLE, Gerhard, Über den Verlauf eines Selig- und Heiligsprechungsprozesses, Warendorf 1957.

PERSON, Michael, Der plombierte Waggon. Lenins Weg aus dem Exil zur Macht, Berlin 1977.

PETERSDORFF, Egon v., Mystisches Tagebuch der heiligen Gemma Galgani, Klagenfurt 1957.

PETZET, Michael/Bayerisches Landesamt für Denkmalpflege (Hrsg.), Denkmäler in Bayern: Oberbayern, Bd. 1, 2, bearbeitet v. Wilhelm NEU und Volker LIEDKE, München 1986, S. 226.

Der große Ploetz. Auszug aus der Geschichte, Freiburg/Würzburg ^{30}1986.

PÖRNBACHER, Hans/HUBENSTEINER, Benno, Die Literatur im 20. Jahrhundert, in: Bayerische Bibliothek. Texte aus zwölf Jahrhunderten, Bd. 5, München 1981.

RALL, Hans/RALL, Marga, Die Wittelsbacher in Lebensbildern, Regensburg 1986.

Matrikel des Bisthums Regensburg – Nach der allgemeinen Pfarr- und Kirchenbeschreibung von 1860, Regensburg 1863.

Oberhirtliches Verordnungsblatt für das Bisthum Regensburg, Jg. 1890.

Schematismen der Geistlichkeit des Bisthums REGENSBURG f. d. Jahr 1886–1987ff.

Bischöfliches Ordinariat Regensburg (Hrsg.), Totenkalender der Weltpriester, Ordenspriester und Diakone der Diözese Regensburg ab dem Jahre 1962. 7. Auflage des früheren „Mementote fratrum defunctorum", Regensburg 2005.

Reichsministerium von der Reichskanzlei (Hrsg.), Vorgeschichte des Waffenstillstands. Amtliche Urkunden, Berlin 1919.

REISER, Rudolf, Zwei Jahrtausende Bayern in Stichworten, Daten, Namen, Fakten, München 1988.

REUTER OMI, P. Amand, Vom Geist Jesu Christi getrieben: 1. Orden, Kongregationen und Säkularinstitute – 2. Die Eremitenverbrüderung – 3. Die Magdalenerinnen, in: Almanach des Bistums Regensburg, München/Zürich 1973.

REUTER OMI, P. Amand, Vorbilder christlicher Lebensgestaltung: Die Heiligen und Seligen des Bistums Regensburg, in: Almanach des Bistums Regensburg, München/Zürich 1973.

REUTER OMI, P. Amand, Studien zur Frage des Geburtsjahres und Geburtsortes Kaiser Heinrichs II., in: Auf den Spuren des hl. Wolfgang. Festgabe des Bistums Regensburg zum 70. Geburtstag Bischof Dr. Rudolf Grabers, München/Zürich 1973, S. 149–168.

REUTER OMI, P. Amand, Summa Pontificia: Lehren und Weisungen der Päpste durch die Jahrtausende. 1. und 2. Bd., Abensberg 1978.

RITTER, Emmeram H., Margareta Maria Alacoque und ihre Sendung im Dienste des Heiligsten Herzen Jesu, Abensberg 1975.

RITTER, Emmeram H., Pius XII. der marianische Papst, in: Bote von Fatima, Jg. 34, 1976, S. 30–32; 40–41; 52–54; 60–62; Jg. 35, 1977, S. 4f.; 12f.

RITTER, Emmeram H., Verkündigung des Wortes Gottes – Herzstück bischöflichen Wirkens, in: Dienen in Liebe. Rudolf Graber, Bischof von Regensburg, hrsg. von Paul MAI im Auftrag des Bischöflichen Ordinariates Regensburg, München/Zürich 1981, S. 11–31.

RITTER, Emmeram H., In den Heiligen schenkst Du, o Gott, der Kirche leuchtende Zeichen Deiner Liebe. Seligsprechungen, welche die Diözese angehen, in: Dienen in Liebe. Rudolf Graber, Bischof von Regensburg, hrsg. v. Paul MAI, München/Zürich 1981, S. 421–446.

RITTER, Emmeram H., Wer war Anna Schäffer?, in: „AS-Brief" Nr. 1, Juli 1981, S. 6–15.

RITTER, Emmeram H., Dr. Rudolf Graber – 20 Jahre Bischof von Regensburg, in: Regensburger Bistumsblatt 51. Jg., Nr. 22, 1982, S. 8–12.

RITTER, Emmeram H., Gott spricht zu uns in den Heiligen. Vor einhundert Jahren wurde die Dienerin Gottes Anna Schäffer geboren, in: „AS-Brief" Nr. 2, Februar 1982, S. 1–7.

RITTER, Emmeram H., Bibliographie Bischof Dr. theol. Dr. h. c. Rudolf Graber 1927–1983. Ehrengabe zum 80. Geburtstag, Regensburg 1983.

RITTER, Emmeram H., PATRONA BAVARIAE! Unter Deinem Schutz und Schirm, Abensberg 1984; ²1987.

RITTER, Emmeram H., Pfarrer Karl Rieger, der weise Seelenführer Anna Schäffers, in: „AS-Brief" Nr. 6, Dezember 1984, S. 9–16.

RITTER, Emmeram H., Vor 70 Jahren: Fahnenweihe des Krieger- und Veteranenvereins Mindelstetten, in: „AS-Brief" Nr. 15, Juli 1989, S. 12–15.

RITTER, Emmeram H., Zeugen des Glaubens. Heilige, Selige und Diener Gottes im Bistum Regensburg, Regensburg 1989, S. XXI–XXXIV.

RITTER, Emmeram H., Berufen und auserwählt. Zum Gedenken an Bischof Dr. theol. Dr. h. c. Rudolf Graber. Ein Nachruf, Regensburg 1992.

RITTER, Emmeram H., Weihbischof Georg Michael Wittmann als Generalvisitator des Bistums Regenburg, Regensburg 1992.

RITTER, Emmeram H., Vor 80 Jahren: 1917 – Jahr der Entscheidungen, in: „AS-Brief" Nr. 31, Juli 1997.

RITTER, Emmeram H., „Im Leiden habe ich Dich lieben gelernt!" Die Schriften Anna Schäffers, Regensburg 1999.

RITTER, Emmeram H./TREIBER, Adolfine, 60 Jahre Fest Patrona Bavariae: 1917–1977. Dokumentation: Bayerische Sternwallfahrt nach Altötting am 8. Mai 1977, Abensberg 1977.

ROEDER, Elmar (Hrsg.), Wider Kaiser und Reich. Reden der verfassungstreuen Patrioten in den bayerischen Kammern über die Versailler Verträge. Mit Einführung, Anmerkungen, Nachwort und Register, München 1977.

ROOS, Walter, Die Rote Armee der Bayerischen Räterepublik in München, Heidelberg 1998.

ROTH, Elisabeth, Der Freistaat zwischen Rhön und Alpen, 3 Bde., München 1970.

ROTHBAUER, Johann Baptist, Therese Mauser. Das Lebensbild einer edlen Dulderin, Regensburg 1922.

ROTTENKOLBER, Johann, Heimatbuch des Pfarrbereichs Mindelstetten, Reimlingen 1964.

RUPP, Heinz/LANG, Carl Ludwig (Hrsg.), Deutsches Literatur-Lexikon, Biographisch-bibliographisches Handbuch, Bern/München ³1984.

Sacramentum Mundi. Theologisches Lexikon für die Praxis, hrsg. im Auftrag der Hermann-Herder-Stiftung Basel-Montreal, Freiburg/Basel/ Wien 1967ff.

SAILER, J. B., Des Bayernkönigs Revolutionstage, München 1919.

SAN STANISLAO, Germano di, Leben der Jungfrau und Dienerin Gottes Gemma Galgani, übers. v. P. Leo Schlegel, Saarlouis 1912.

SCHATTENHOFER, Michael, Die Mariensäule in München, München 21971.

SCHAUBER, Vera/SCHINDLER, Hans Michael, Heilige und Namenspatrone im Jahreslauf, Augsburg 1992.

SCHMOLZE, Gerhard (Hrsg.), Revolution und Räterepublik in München 1918/19 in Augenzeugenberichten, Düsseldorf 1969.

SCHOEPS, Hans-Joachim, Der Weg in Deutsche Kaiserreich, Berlin 1970.

SCHROTT, Ludwig, Herrscher Bayerns. Vom ersten Herzog bis zum letzten König, München 1974.

SCHÜTZ, Christian (Hrsg.), Praktisches Lexikon der Spiritualität, Freiburg i. Br. 1992.

SCHWAGER, Marianne Cäcilia, Die Biographen der Dienerin Gottes Anna Schäffer und ihre Bedeutung für den Seligsprechungsprozess, Regensburg 1988.

SCHWAIGER, Georg, Bavaria Sancta. Zeugen christlichen Glaubens in Bayern. Bd. II, Regensburg 1971.

SCHWEIGGERT, Alfons, Schattenkönig. Otto, der Bruder König Ludwig II. von Bayern. Ein Lebensbild, München 1992.

SCHWEIGGERT, Alfons, Die letzten Tage im Leben von König Ludwig II., St. Ottilien 2003.

SEPPELT, Franz Xaver/LÖFFLER, Klemens, Papstgeschichte von den Anfängen bis zur Gegenwart, München 1933.

SEUTTER v. LÖTZEN, Wilhelm, Bayerns Königstreue im Widerstand. Erinnerungen von 1933–1964, Feldafing o. J.

SHIRER, William L., Aufstieg und Fall des Dritten Reiches, Köln/Berlin 1961.

SIEBENTHAL, Wolf v., Die Wissenschaft vom Traum, Heidelberg 1953.

SIEGFRIED, Nikolaus, Aktenstücke betreffend den preußischen Kulturkampf, Freiburg i. Br. 1882.

SIGL, Rupert, (Hrsg.), Dr. Sigl, ein Leben für das bayerische Vaterland, Rosenheim o. J.

SPINDLER, Max (Hrsg.), Handbuch der bayerischen Geschichte. Bd. IV: Das neue Bayern 1800–1970, 1. Teilbd., München 1974.

SPINDLER, Max (Hrsg.), Handbuch der bayerischen Geschichte. Bd. IV: Das neue Bayern 1800–1970, 2. Teilbd., München 1975.

STEFFEN, Gustaf F., Der Weltkrieg und seine Hindernisse. Aus dem Schwedischen übersetzt von Margarethe LANGFELDT, Jena 1918.

STRUKER, Arnold (Hrsg.), Die Kundgebungen Papst Benedikts XV. zum Weltfrieden. Im Urtext und in deutscher Übersetzung, Freiburg i. Br. 1917.

SYLLABUS ERRORUM, Ergänzungsschrift zur Enzyklika „Quanta cura" v. 08.12.1864.

TADDEY, Gerhard, Lexikon der deutschen Geschichte: Personen, Ereignisse, Institutionen. Von der Zeitwende bis zum Ausgang des 2. Weltkrieges, Stuttgart 1977.

THIEME-BECKER, Allgemeines Lexikon der bildenden Künstler von der Antike bis zur Gegenwart, 37 Bde., Leipzig 1907–1950.

TÖPNER, Kurt, Gelehrte, Politiker und politisierende Gelehrte. Die Revolution von 1918 im Urteil deutscher Hochschullehrer, Göttingen 1970.

TREFFER, Gerd, Kleine Ingolstädter Stadtgeschichte, Regensburg 2004.

ÜCKER, Bernhard, Bayerns König 1918, Feldafing 1963.

UNGER, Ilse, Die Bayernpartei. Geschichte und Struktur 1945–1957, Stuttgart 1979.

VOGEL, H., Rhaetenherold, München 1958.

VOLK, Ludwig, Der bayerische Episkopat und der Nationalsozialismus 1930–1934, Mainz 1965.

VOLK, Ludwig (Bearb.), Akten Kardinal Michael v. Faulhabers 1917–1945, I. Teil, Mainz 1975.

VOLK, Ludwig, Akten Kardinal Michael v. Faulhabers (1917–1934), Lebensbild. Bd. 1, Mainz 1976.

WALDMANN, Michael, Das Mysterium der christlichen Tugend nach Thomas v. Aquin, Regensburg 1926.

WEIGL, Alfons Maria, Geheimnis einer Liebe. Leben und Leiden der heiligmäßigen Dulderin Theres Mauser in Nittenau, Altötting 1967.

WEIGL, Alfons Maria, Geschichte einer Liebe. Leiden und Lieben der stigmatisierten Anna Schäffer, einer Vorgängerin von Theres Neumann. 18.2.1882–5.10.1925, Altötting 1966, 8. Aufl. 1973.

WEIGL, Alfons Maria, Anna Schäffers geheimnisvolles ‚Traumheft', Altötting 1976.

WEISS, Dieter J., Kronprinz Rupprecht von Bayern (1869–1955). Eine politische Biografie, Regensburg 2007.

WEISS, Hermann (Hrsg.), Biographisches Lexikon zum Dritten Reich, Frankfurt a. M. 1998.

WILLEMS, Emilio, Der preußisch-deutsche Militarismus. Ein Kulturkomplex im sozialen Wandel, Bielefeld 1984.

WITETSCHEK, Helmut, Das Staatsverständnis des bayerischen Episkopats an der Wende von der

Monarchie zur Republik im Lichte der Hirtenbriefe von 1918 bis 1920, in: KRAUS, Andreas (Hrsg.), Land und Reich, Stamm und Nation. Probleme und Prespektiven bayerischer Geschichte, Bd. 3: Vom Vormärz bis zur Gegenwart (Schriftenreihe der bayerischen Landesgeschichte, Bd. 80), München 1984, S. 375–388.

WOLF, Konstanze, CSU und Bayernpartei, ein besonderes Konkurrenzverhältnis: 1948–1960, Köln ²1984.

ZENTNER, Christian/BEDÜRFTIG, Friedmann (Hrsg.), Das große Lexikon des Dritten Reiches, München 1984.

ZENTNER, Kurt: Illustrierte Geschichte des Dritten Reiches, München 1965.

ZIMMER, Frank, Bismarcks Kampf gegen Kaiser Franz Joseph. Königgrätz und seine Folgen, Graz/Wien/Köln 1996.

ZOLLER, Konrad (Hrsg.), Die Einöde mit Gott. Drei Geschichten von Georg Aichkirchner, Krailling vor München 1948.

ZOLLER, Konrad, Leben und Leiden der Jungfrau Anna Schäffer von Mindelstetten. Eine Wallfahrt, Regensburg 1949; ²1982.

ZORN, Wolfgang, Bayerns Geschichte im 20. Jahrhundert. Von der Monarchie zum Bundesland, München 1986.

ZORN, Wolfgang, König Ludwig III. und der Erste Weltkrieg, in: DERS., Bayerns Geschichte im 20. Jahrhundert. Von der Monarchie zum Bundesland, München 1986, S. 76–107.

Veröffentlichungen zu Anna Schäffer (1925–1998)

AUER, Johann Baptist, Die christliche Spiritualität der D. G. Anna Schäffer, in: „AS-Brief" Nr. 4, Dezember 1983, S. 12–23.

AUER, Johann Baptist, Die Marienverehrung im Leben der Anna Schäffer, in „AS-Brief" Nr. 12, Dezember 1987, S. 10–15.

BAUDENBACHER, Paul Josef, Anna Schäffer von Mindelstetten † 1925, in: Unterhaltungsbeilage zum Neuburger Anzeigenblatt Nr. 30, 14. April 1931, S. 119f.

BAUER, Johann, Die neue Orgel in der Kirche zu Mindelstetten, in: „AS-Brief" Nr. 9, Juli 1986, S. 14–19.

BAUER, Johann, Die Rosenkranzbruderschaft von Mindelstetten, in: „AS-Brief" Nr. 11, Juli 1987, S. 20–24.

BAUER, Johann, Anna Schäffer – ihr Christusglaube in der Leidensacht. Fastenpredigt in der Basilika St. Emmeram zu Regensburg am 2. März 1989, in: „AS-Brief" Nr. 15, Juli 1989, S. 1–8.

BAUER, Johann, Erweiterung der Pfarrkirche Mindelstetten, in: „AS-Brief" Nr. 15, Juli 1989, S. 25.

BAUER, Johann, Erweiterung der Pfarrkirche konkret, in: „AS-Brief" Nr. 18, Dezember 1990, S. 28.

BAUER, Johann, Kleiner Zwischenbericht zum Thema Kirchenbau in Mindelstetten, in: „AS-Brief" Nr. 20, Dezember 1991, S. 33f.

BAUER, Johann, Kirchenbau in Mindelstetten, in: „AS-Brief" Nr. 23, Juli 1993, S. 21.

BAUER, Johann, Kirchenbau in Mindelstetten, in: „AS-Brief" Nr. 24, Dezember 1993, S. 33f.

BAUER, Johann, Grundsteinlegung für den Erweiterungsbau der Pfarrkirche Mindelstetten, in: „AS-Brief" Nr. 25, Juni 1994, S. 7–12.

BAUER, Johann, Mindelstettener Kirchenerweiterung macht gute Fortschritte, in: „AS-Brief" Nr. 25, Juni 1994, S. 7–12.

BAUER, Johann, Richtfest für den Bau der Kirchenerweiterung in Mindelstetten, in: „AS-Brief" Nr. 26, Dezember 1994, S. 22–24.

BAUER, Johann, Neues von der Kirche in Mindelstetten, in: „AS-Brief" Nr. 27, Juli 1995, S. 20–22.

BAUER, Johann, Innenrenovierung der alten Pfarrkirche von Mindelstetten, in: „AS-Brief" Nr. 31, Juli 1997, S. 24f.

BRAUN, Karl, Anna Schäffer eine beispielhafte Verehrerin des Herzens Jesu, in: „AS-Brief" Nr. 18, Dezember 1990, S. 8–19.

CORRADINI, Sandro, Zusammenfassendes Urteil der Theologenkommission bezüglich der Feststellung des heroischen Tugendgrades der D. G. Anna Schäffer, in: „AS-Brief" Nr. 27, Juli 1995, S. 10–12.

EBERTH, Josef, Botin der Liebe Christi, in: „AS-Brief" Nr. 28, Dezember 1995, S. 9–12.

ERNST, Anneliese, Gottes und unsere Freunde (Gedicht) , in: „AS-Brief" Nr. 31, Juli 1997, S. 57.

FELDMANN, Christian, Reform des Seligsprechungsprozesses gefordert, in: Katholische Nachrichten-Agentur. Korrespondenzbericht Nr. 63, 19. Februar 1982.

FENZL, Fritz, „Wunder in Bayern". Orte der Kraft und Quellen der Heilung, in: „AS-Brief" Nr. 31, Juli 1997, S. 6–9.

FIEDLER, P., Anna Schäffer (1882–1925), in: Der Sendbote des Herzens Jesu 5. Mai 1976, S. 104–106 – 6. Juni 1976, S. 128–131.

FISCHL, Ludwig, Ein schwerer Weg ins große Glück. Erinnerungen an Anna Schäffer von Mindelstetten 1882–1925, in: Ewige Anbetung, 59. Jg. (1966), Heft 9, S. 129–134 – Heft 10, S. 137–144 – Heft 11, S. 154–162 – Heft 12, S. 173–178.

FLÜGEL, Karl, Von der echten marianischen Gesinnung und von der rechten Marienverehrung, in: „AS-Brief" Nr. 12, Dezember 1987, S. 15–21.

GAUCHER, Guy, Theresia und der neue Katechismus der katholischen Kirche, in: „AS-Brief" Nr. 24, Dezember 1993, S. 21–23.

GEGENFURTNER, Wilhelm, Anna Schäffer – wahrhaft Dienerin Gottes!, in: „AS-Brief" Nr. 32, Dezember 1997, S. 13–19.

GESER OSB, Emmeram, Wer sein Leben hingegeben hat für andere, wer für sie geduldet hat, bleibt ehrfürchtig für immer, in: „AS-Brief" Nr. 24, Dezember 1993, S. 11–19.

GOLDNER, Johannes, Zwei Bayerinnen am Tor zum Heiligenhimmel. Zum 100. Geburtstag von Anna Schäffer und Fidelis Weiß, in: Unser Bayern, Heimatbeilage der Bayerischen Staatszeitung, Jg. 1982, S. 30f.

GRABER, Rudolf, Die Botschaft von Mindelstetten. Predigt anlässlich des 50. Todestages Anna Schäffers am 26. Juli 1975 in Mindelstetten, in: Bote von Fatima, 33. Jg. (1975), S. 98–100.

GRABER, Rudolf, Die Botschaft von Mindelstetten, in: Der Sendbote des Herzens Jesu, 5. Mai 1976, S. 79–82.

GRABER, Rudolf, Die Botschaft von Mindelstetten. Predigt anlässlich des 50. Todestages (Anna Schäffers), in: Stärke Deine Brüder. Predigten, Ansprachen, Vorträge. Veröffentlicht vom Bischöflichen Domkapitel Regensburg als Ehrengabe zum 75. Geburtstag des Diözesanbischofs, Regensburg 1978, S. 75.

GRABER, Rudolf, In den Heiligen spricht Gott selbst zu unS. Am Grabe von Anna Schäffer: Blick ins Antlitz des leidenden HeilandS. Bischof Rudolf feiert festlichen Gottesdienst am Grab der großen Dulderin, in: Regensburger Bistumsblatt, 47. Jg. (1978), Nr. 32, S. 1, 3f. u. 16.

GRABER, Rudolf, Das Entscheidende ist das Kreuz. Predigt am Anna-Tag in Mindelstetten. Juli 1978, in: Bewahre Jesu Christi Heiliges Erbe. Predigten, Ansprachen, Vorträge. Veröffentlicht vom Bischöflichen Domkapitel Regensburg als Ehrengabe zum 77. Geburtstag des Diözesanbischofs, Regensburg 1980, S. 94.

GRABER, Rudolf, Das Entscheidende ist das Kreuz. Predigt beim Pontifikalgottesdienst anlässlich des 100. Geburtstages Anna Schäffers am 18. Februar 1982 in der Niedermünsterkirche zu Regensburg, in: Regensburger Bistumsblatt, 51. Jg. (1982), Nr. 7, S. 2f.

GRABER, Rudolf, Die Leiden sind Gottes hohe Schule. Predigt beim Anna-Tag 1982 in Mindelstetten, in: „AS-Brief" Nr. 3, Dezember 1982, S. 3–12.

GRABER, Rudolf, Ein Zeichen, dass es so nicht weitergeht. Eine Schreinerstochter wurde ein „Zeichen seines Reichs". 100. Geburtstag der Anna Schäffer festlich begangen, in: Regensburger Bistumsblatt, 51. Jg. (1982), Nr. 9, S. 14f.

GRABER, Rudolf, Gott ist nicht des Todes, sondern des Lebens, in: Regensburger Bistumsblatt, 51. Jg. (1982), Nr. 32/33, S. 3–12.

GRABER, Rudolf, Sühne in Verantwortung für das Seelenheil des Nächsten. Predigt am Anna-Tag 1981 in Mindelstetten, in: „AS-Brief" Nr. 2, Februar 1982, S. 9–16.

GRABER, Rudolf, Übernatürliche Kraftzentren sind noch wichtiger. Viele nahmen am Gedenktag von Anna Schäffer in der Niedermünsterkirche teil, in: Donau-Post, 22. Februar 1982, S. 17.

GRABER, Rudolf, Warum? Predigt anlässlich des Anna Schäffer Gebetstages am 26. Juli 1982 in Mindelstetten, in: Amtsblatt für die Diözese Regensburg, Jg. 1982, S. 126–128.

GRABER, Rudolf, Warum? Zum Gedenken an die D. G. Anna Schäffer (1882–1925), in: Dienst des WorteS. Predigten, Ansprachen, Vorträge. Veröffentlicht vom Bischöflichen Domkapitel Regensburg als Ehrengabe zum 80. Geburtstag Bischof Dr. Rudolf Grabers, Regensburg 1983, S. 100.

GRABER, Rudolf, „Was der Welt schwach erscheint, hat Gott auserwählt, um das Starke zu beschämen" (1. Kor 1,27). Predigt am Anna-Tag 1985, in: „AS-Brief" Nr. 8, Dezember 1985, S. 24–29.

GRABER, Rudolf, Die Botschaft von Mindelstetten, in: „AS-Brief" Nr. 21, Juli 1992, S. 12–17.

GRÜNWALD, Michael, Wozu ließ mich Gott in dieses Dunkel geraten? Predigt am Anna-Tag 1986, in: „AS-Brief" Nr. 10, Dezember 1986, S. 13–21.

GUGGENBERGER, Vinzenz, Leiden – Zeichen des HeileS. Predigt am Anna-Tag 1983 in Mindelstetten, in: „AS-Brief" Nr. 4, Dezember 1983, S. 2–9.

GUGGENBERGER, Vinzenz, Anna Schäffer und ihre Bedeutung für unsere Zeit, in: „AS-Brief" Nr. 5, Juli 1984, S. 3–19.

GUGGENBERGER, Vinzenz, Der Seelenführer Anna Schäffers, Pfarrer Karl Rieger – Interpret des Willens Gottes, in: „AS-Brief" Nr. 16, Dezember 1989, S. 20–26.

GUGGENBERGER, Vinzenz, „Für die Kirche zu beten und zu leiden geht mir über alles", in: „AS-Brief" Nr. 26, Dezember 1994, S. 15–22.

GUGGENBERGER, Vinzenz, „Vereint mit Jesus bin ich allezeit glücklich!", in: „AS-Brief" Nr. 30, Dezember 1996, S. 6–13.

HÖCHT, Johannes Maria, Die verborgene Stigmatisierte aus Mindelstetten, in: Träger der Wundmale Christi. Eine Geschichte der bedeutendsten Stigmatisierten von Franziskus bis zur Gegenwart, Wiesbaden 1952, 2. Bd., S. 225–227.

HÖCHT, Johannes Maria, Von Franziskus zu P. Pio und Therese Neumann. Eine Geschichte der Stigmatisierten, hrsg. und ergänzt von Arnold GUILLET, Stein am Rhein [3]1974, S. 225–227.

HOLZGARTNER, Karl, Anna Schäffer, die stigmatisierte Dulderin aus Mindelstetten, in: Johann Rottenkolber, Heimatbuch des Pfarrbezirks Mindelstetten. Eine Heimatgeschichte am Jurarandgebiet zum Donautal, Mindelstetten 1964, S. 125–127.

JOHANNES PAUL II., Habt keine Angst, Heilige zu sein!, in: „AS-Brief" Nr. 16, Dezember 1989, S. 12f.

KAINZ, Stephan, Unter Lebendigen und Toten. Eine Opferseele, in: Monatsrosen, zu Ehren der seligsten Jungfrau und Gottesmutter Maria, 55. Jg. (1926), Heft 7, S. 199–203; Heft 3, S. 71–76; Heft 4, S. 99–101.

KAINZ, Stephan, Aus dem Leben einer Kreuzesbraut. Ein Lebensbild von P. St. Kap, in: Altöttinger Franziskusblatt. Monatsschrift für Tertiaren und Franziskusfreunde. 32. Jg. (1932), Nr. 1, S. 5–8; Nr. 2, S. 36–38; Nr. 3, S. 63–66.

KUCHER, Oskar, „Heut ist der Tag, der wohl gelenkt" (Gedicht), in: „AS-Brief" Nr. 21, Juli 1992, S. 9.

LAMA, Friedrich Ritter v., Anna Schäffer von Mindelstetten. Eine unbekannte Stigmatisierte aus unserer Zeit, Innsbruck 1930.

LAMA, Friedrich Ritter v., Eine bayerische Vorgängerin von Therese Neumann aus unserer Zeit (Anna Schäffer von Mindelstetten † 1925), in: Allgemeine Rundschau, Wochenschrift für Politik und Kultur, 29. Jg, München 1932, Nr. 50, S. 734–737.

LAMA, Friedrich Ritter v., Anna Schäffer aus Mindelstetten. Das Leidensblümlein am Kreuzesfuße, Illertissen 1934.

LASSÉRE, G., Des Heilands „Passionsblümlein", in: Katholisches Sonntagsblatt Nr. 13, Strassburg 1931.

MAURER, Otto, Anna Schäffer – Werkzeug der Gottesmutter und damit Werkzeug der göttlichen Liebe. Predigt am Anna-Tag 1985, in: „AS-Brief" Nr. 8, Dezember 1985, S. 17–24.

MAURER, Otto, Versöhnung mit sich, seinem Leben und ebenso mit dem Nächsten setzt die Versöhnung mit Gott voraus, in: „AS-Brief" Nr. 24, Dezember 1993, S. 3–11.

MINDAR, Antonius, Anna Schäffer, eine verborgene Kreuzesblume unseres Bayernlandes, in: Altöttinger Liebfrauenbote, 37. Jg. (1931), Nr. 21, S. 429 (Anfang und Fortsetzungen fehlen!).

MINDAR, Antonius, Anna Schäffer, eine verborgene Kreuzesblume des Bayernlandes, in: Benediktusbote, 16. Jg. 1946, 4. Heft, S. 10–14 – 6. Heft, S. 11–23.

MÖDL, Ludwig, Anna Schäffer – Interpretin des Evangeliums vom Kreuz, in: „AS-Brief" Nr. 14, Dezember 1988, S. 16–18.

MÖDL, Ludwig, „Wenn das Weizenkorn nicht in die Erde fällt und stirbt ...", in: „AS-Brief" Nr. 17, Juli 1990, S. 6–10.

MOLZ, Friedrich, Eine Stigmatisierte in unserer Zeit, in: Christlicher Pilger, Speyer 8. März 1931.

MÜLLER, Manfred, Grußwort des Bischofs Manfred Müller aus Regensburg, in: „AS-Brief" Nr. 3, Dezember 1982, S. 1–3.

MÜLLER, Manfred, Geheimnis des Glaubens, Geheimnis des LeidenS. Predigt am Anna-Tag 1984 in Mindelstetten, in: „AS-Brief" Nr. 6, Dezember 1984, S. 1–8.

MÜLLER, Manfred, Ein Leben im Zeichen des Kreuzes, in: „AS-Brief" Nr. 22, Dezember 1992, S. 4–11.

MÜLLER, Manfred, Eine Kirche ist immer ein Anziehungspunkt, in: „AS-Brief" Nr. 29, Juli 1996, S. 37–40.

RATISBONENSIS: Canonizationis Servae Dei Annae Schäffer, Juvenis saecularis (1882–1925), Congregatio de Causis Sanctorum, Positio super virtutibus, Roma 1992.

REINDL, Alois, Die Stigmatisierte von Mindelstetten. Vor 25 Jahren starb Anna Schäffer, in: Regensburger Bistumsblatt Nr. 4, 28. Januar 1951, S. 4f.

REINDL, Alois, Das Leben zur Heilsgeschichte machen, in: „AS-Brief" Nr. 18, Dezember 1990, S. 3–8.

RIEGER, Karl, Grabrede für Jungfrau Maria Forchhammer, Bauerstochter von Mindelstetten, 6. Oktober 1925.

RIEGER, Karl, Worte am Grabe der Jungfrau Anna Schäffer, welche in Mindelstetten 25 Jahre duldete und opferte. Am 5. Oktober 1925 gesprochen ..., Regensburg 1925.

RITTER, Emmeram H., Die Botschaft von Mindelstetten. Über 5.000 beteten um Seligsprechung von Anna Schäffer, in: Regensburger Bistumsblatt, 44. Jg. (1975), Nr. 31, S. 24.

RITTER, Emmeram H., Gebetstag in Mindelstetten, in: Bote von Fatima, 33. Jg. (1975), S. 102.

RITTER, Emmeram H., Mutter, wende Deine barmherzigen Augen zu uns und führe uns hin zu JesuS. Vor 50 Jahren starb die Dienerin Gottes Anna Schäffer, in: Bote von Fatima, 33. Jg. (1975), Nr. 7, S. 57–60.

RITTER, Emmeram H., Die heilige Messe in den Familien leben. Über 7.000 Gläubige bei Gebetstag für Anna Schäffer in Mindelstetten, in: Regensburger Bistumsblatt, 46. Jg. (1977), Nr. 32, S. 20.

RITTER, Emmeram H., Anna Schäffer, in: Dienen in Liebe. Rudolf Graber, Bischof von Regensburg, hrsg. im Auftrag des Bischöflichen Ordinariats Regensburg, München/Zürich 1981, S. 437–440.

RITTER, Emmeram H., Anna Schäffer und die Botschaft von Fatima, in: „AS-Brief" Nr. 1, Juli 1981, S. 15f.

RITTER, Emmeram H., In den Heiligen schenkst Du, o Gott, der Kirche leuchtende Zeichen Deiner Liebe, in: „AS-Brief" Nr. 1, Juli 1981, S. 3–6.

RITTER, Emmeram H., Wer war Anna Schäffer?, in: „AS-Brief" Nr. 1, Juli 1981, S. 6–15.

RITTER, Emmeram H., Diözese begeht das Gedächtnis an Anna Schäffer. Im gläubigen Volk weithin bekannt. Festakademie und Pontifikalgottesdienst am 17. und 18. Februar 1982 in Regensburg, in: Donau-Post, 10. Februar 1982, S. 16.

RITTER, Emmeram H., Ein Weihnachtsbrief der Dienerin Gottes Anna Schäffer, in „AS-Brief" Nr. 3, Dezember 1982, S. 12–16.

RITTER, Emmeram H., Gott spricht zu uns in den Heiligen, in: Benediktus-Bote, 52. Jg. (1982), Heft 5, S. 102–104.

RITTER, Emmeram H., Gott spricht zu uns in den Heiligen. Vor einhundert Jahren wurde die Dienerin Gottes Anna Schäffer geboren, in „AS-Brief" Nr. 2, Februar 1982, S. 1–7.

RITTER, Emmeram H., Gott spricht zu uns in den Heiligen. Vor 100 Jahren wurde die Dienerin Gottes Anna Schäffer geboren, in: Bote von Fatima, 40. Jg. (1982), Nr. 2. S. 11f.

RITTER, Emmeram H., Gott spricht zu uns in den Heiligen. Vor 100 Jahren wurde Anna Schäffer geboren, in: Regensburger Bistumsblatt, 51. Jg. (1982), Nr. 7, S. 2.

RITTER, Emmeram H., Vor 100 Jahren in Mindelstetten geboren: Dienerin Gottes Anna Schäffer, in: Ingolstädter Zeitung – Donau-Kurier 13./14. Februar 1982.

RITTER, Emmeram H., Neues aus Rom: Positio in Arbeit, in: „AS-Brief" Nr. 4, Dezember 1983, S. 1f.

RITTER, Emmeram H., Hans Bauer, Pfarrer von Mindelstetten, in: „AS-Brief" Nr. 6, Dezember 1984, S. 16f.

RITTER, Emmeram H., Kardinal Ratzinger in die Kongregation für die Heiligsprechungen berufen, in: AS-Brief Nr. 6, Dezember 1984, S. 9.

RITTER, Emmeram H., Pfarrer Karl Rieger, der weise Seelenführer Anna Schäffers, in: „AS-Brief" Nr. 6, Dezember 1984, S. 9–16 – FortS. in: „AS-Brief" Nr. 7, Juli 1985, S. 20–27 – FortS. in: „AS-Brief" Nr. 9, Juli 1986, S. 8–14. – FortS. in: „AS-Brief" Nr. 13, Juli 1988, S. 17–27 – FortS. in: „AS-Brief" Nr. 20, Dezember 1991, S. 21–33 – FortS. in: „AS-Brief" Nr. 22, Dezember 1992, S. 12–25 – FortS. in: „AS-Brief" Nr. 23, Juli 1993, S. 23–31 – FortS. in: „AS-Brief" Nr. 25, Juni 1994, S. 13–21.

RITTER, Emmeram H., „Jesus Dir leb ich!" Vor 60 Jahren starb die D. G. Anna Schäffer, in: „AS-Brief" Nr. 7, Juli 1985, S. 1–17 – FortS. in: „AS-Brief" Nr. 8, Dezember 1985, S. 4–17.

RITTER, Emmeram H., Über der Gewissheit des Todes steht der Glaube an die Auferstehung, in: „AS-Brief" Nr. 7, Juli 1985, S. 17–19.

RITTER, Emmeram H., Zum Gedenken an Pfarrer BGR Georg Schlagbauer, in: „AS-Brief" Nr. 8, Dezember 1985, S. 30–32.

RITTER, Emmeram H., Die Kirche braucht mehr Heilige als Reformer, in: „AS-Brief" Nr. 9, Juli 1986, S. 5.

RITTER, Emmeram H., Fatima – Heilszeichen unserer Zeit, in: „AS-Brief" Nr. 10, Dezember 1986, S. 31–33.

RITTER, Emmeram H., Konrad Zoller – Priester-Dichter und Biograph Anna SchäfferS. Zu seinem 100. Geburtstag am 9. November 1986, in: „AS-Brief" Nr. 10, Dezember 1986, S. 21–28.

RITTER, Emmeram H., Priester in Ewigkeit! Bischof Dr. Rudolf Graber zum Diamantenen Priesterjubiläum, in: „AS-Brief" Nr. 9, Juli 1986, S. 1–5.

RITTER, Emmeram H., Zum Gedenken an Frl. Margaretha Forster, in: „AS-Brief" Nr. 10, Dezember 1986, S. 29–31.

RITTER, Emmeram H., Diener des Neuen BundeS. Zum 25-jährigen Bischofsjubiläum Bischof Rudolf Grabers, des großen Förderers des Seligsprechungsprozesses für Anna Schäffer, in: „AS-Brief" Nr. 11, Juli 1987, S. 13–19.

RITTER, Emmeram H., Marianisches Jahr – konkreter Anruf an jeden von unS. In „AS-Brief" Nr. 12, Dezember 1987, S. 22f.

RITTER, Emmeram H., Vor 15 Jahren: Feierliche Übertragung der sterblichen Überreste der D. G. Anna Schäffer in die Pfarrkirche Mindelstetten, in: „AS-Brief" Nr. 11, Juli 1987, S. 1–12.

RITTER, Emmeram H., Anna Schäffer, die große Fürsprecherin, in: „AS-Brief" Nr. 14, Dezember 1988, S. 7–14.

RITTER, Emmeram H., Wurde der konkrete Anruf des Marianischen Jahres gehört? Gedanken zum Ausklang, in: „AS-Brief" Nr. 13, Juli 1988, S. 12–16.

RITTER, Emmeram H., Zum Gedenken an Pfarrer Alfons Rösl, in: „AS-Brief" Nr. 14, Dezember 1988, S. 31f.

RITTER, Emmeram H., Anna Schäffer, D. G. Die große Dulderin von Mindelstetten, in: Zeugen des GlaubenS. Heilige, Selige und Diener Gottes im Bistum Regensburg, Regensburg 1989, S. 409–416.

RITTER, Emmeram H., Anna Schäffer, die große Fürsprecherin, in: Regensburger Bistumsblatt, 58. Jg. (1989), Nr. 1, S. 20f. u. 31.

RITTER, Emmeram H., Christus der Retter ist da!, in: „AS-Brief" Nr. 16, Dezember 1989, S. 1–3.

RITTER, Emmeram H., Erweiterung der Pfarrkirche Mindelstetten konkret, in: „AS-Brief" Nr. 16, Dezember 1989, S. 27f.

RITTER, Emmeram H., Vor 70 Jahren: Fahnenweihe des Krieger- und Veteranenvereins Mindelstetten, in: „AS-Brief" Nr. 15, Juli 1989, S. 12–15.

Ritter, Emmeram H., Zum Gedenken an einen lieben Mitbruder (Prälat Prof. DDr. Johann Auer), in: „AS-Brief" Nr. 15, Juli 1989, S. 9–11.

Ritter, Emmeram H., Erzbischof Kardinal Meisner am Grab Anna Schäffers, in: „AS-Brief" Nr. 17, Juli 1990, S. 15.

Ritter, Emmeram H., Friede den Menschen guten WillenS. Betrachtung zum Weihnachtsfest 1990, in: „AS-Brief" Nr. 18, Dezember 1990, S. 22–26.

Ritter, Emmeram H., Prof. Dr. Ambrosius Eßer OP zum Generalrelator ernannt, in: „AS-Brief" Nr. 17, Juli 1990, S. 27.

Ritter, Emmeram H., Wie mein Bruder Alfons und ich zu den Salesianern Don Boscos gekommen sind und wie der Rosenkranz Anna Schäffers in meinen Besitz gelangt ist, in: „AS-Brief" Nr. 17, Juli 1990, S. 1–3.

Ritter, Emmeram H., Auf das Heilig-sein-Wollen kommt es an, in: „AS-Brief" Nr. 20, Dezember 1991, S. 1–4.

Ritter, Emmeram H., Hoher Besuch aus Rom in Mindelstetten, in: „AS-Brief" Nr. 19, Juli 1991, S. 17f.

Ritter, Emmeram H., Zum Gedenken: Pfarrer BGR Alfons Maria Weigl, in: „AS-Brief" Nr. 19, Juli 1991, S. 18–25.

Ritter, Emmeram H., Gebet des sel. D. G. Henry Kardinal Newman ganz im Sinne Anna Schäffers, in: „AS-Brief" Nr. 22, Dezember 1992, S. 48.

Ritter, Emmeram H., 20 Jahre Anna-Tag in Mindelstetten, in: „AS-Brief" Nr. 21, Juli 1992, S. 1–8.

Ritter, Emmeram H., Madonna von Karl Schwertle. Wertvolle Stiftung für die Pfarrkirche Mindelstetten, in: „AS-Brief" Nr. 21, Juli 1992, S. 35f.

Ritter, Emmeram H., Zum Gedenken an S. Exz. den Hochwst. H. Bischof em. und Päpstlichen Thronassistenten Dr. theol. Dr. h. c. Rudolf Graber, in: „AS-Brief" Nr. 21, Juli 1992, S. 17–22.

Ritter, Emmeram H., Zur Heiligkeit berufen, in: „AS-Brief" Nr. 22, Dezember 1992, S. 31–36.

Ritter, Emmeram H., Hohe Päpstliche Auszeichnung für medizinischen Sachverständigen beim Wunderprozess, in: „AS-Brief" Nr. 24, Dezember 1993, S. 34–36.

Ritter, Emmeram H., Jeder Christ ist zur Heiligkeit berufen!, in: „AS-Brief" Nr. 24, Dezember 1993, S. 1f.

Ritter, Emmeram H., Anna Schäffer, eine große Fürbitterin. Neue Folge von Gebetserhörungen ... ausgewählt aus den Jahren 1986–1994, Regensburg 1994.

Ritter, Emmeram H., Annas Rosenkranz kam nach 70 Jahren zurück, in: „AS-Brief" Nr. 28, Dezember 1995, S. 32–35.

Ritter, Emmeram H., Chronik des Lebens der Ehrw. D. G. Anna Schäffer von Mindelstetten und ihrer Zeit sowie des Seligsprechungsverfahrens. Aufgezeichnet nach den Akten der Abteilung für Selig- und Heiligsprechungsprozesse für das Bistum Regensburg, in: „AS-Brief" Nr. 27, Juli 1995, S. 23–29 – FortS. „AS-Brief" Nr. 29, S. 17–24 – FortS. „AS-Brief" Nr. 30, S. 14–19 – FortS. „AS-Brief" Nr. 31, S. 37–56 – FortS. „AS-Brief" Nr. 32, S. 35–42 – FortS. „AS-Brief" Nr. 34, S. 48–51 – FortS. (ab Juli 1999 wurde der Titel wie folgt geändert: „Selige Anna Schäffer von Mindelstetten/Bayern") „AS-Brief" Nr. 36, S. 52–56 – FortS. „AS-Brief" Nr. 38, S. 52–55 – FortS. „AS-Brief" Nr. 40, S. 46–49 – FortS. „AS-Brief" Nr. 41, S. 50–55 – FortS. „AS-Brief" Nr. 42, S. 49–55.

Ritter, Emmeram H., „Das Leben wird gewandelt, nicht genommen!" Zum Heimgang unseres Postulators Prälat Prof. DDr. Winfried Schulz, in: „AS-Brief" Nr. 27, Juli 1995, S. 14–19.

Ritter, Emmeram H., Feierliche Promulgation in Rom am 11. Juli 1995, in: „AS-Brief" Nr. 28, Dezember 1995, S. 1–8.

Ritter, Emmeram H., Papst bestätigt „heroischen Tugendgrad" für Anna Schäffer, in: „AS-Brief" Nr. 27, Juli 1995, S. 12f.

Ritter, Emmeram H., Über der Gewissheit des Todes steht der Glaube an die Auferstehung, in: „AS-Brief" Nr. 28, Dezember 1995, S. 26–32.

Ritter, Emmeram H., Anna Schäffer, eine große Fürbitterin. Neue Folge von Gebetserhörungen auf die Fürbitte der D. G. Anna Schäffer, ausgewählt aus den Jahren 1982–1985, Regensburg [2]1996.

Ritter, Emmeram H., Priester in Ewigkeit. Vor 70 Jahren wurde Bischof Dr. theol. Dr. h. c. Rudolf Graber von Regensburg († am 31. Januar 1992), der den Seligsprechungsprozess für die Ehrw. D. G. 1973 eingeleitet und ihn stets gefördert hat, zum Priester geweiht, in: „AS-Brief" Nr. 29, Juli 1996, S. 10–16.

Ritter, Emmeram H., Vorbereitung auf das Jubiläumsjahr 2000. Weltweiter Aufruf des Heiligen Vaters, in: „AS-Brief" Nr. 30, Dezember 1996, S. 1–3.

Ritter, Emmeram H., Bildhauerin stiftet Kreuz für Mindelstetten (Anna Edbauer), in: „AS-Brief" Nr. 31, Juli 1997, S. 22–24.

Ritter, Emmeram H., 20 Jahre Abteilung für Selig- und Heiligsprechungsprozesse, in: „AS-Brief" Nr. 32, Dezember 1997, S. 6–10.

Ritter, Emmeram H., 80 Jahre Hochfest PATRONA BAVARIAE, in: „AS-Brief" Nr. 31, Juli 1997, S. 2–6.

RITTER, Emmeram H., Nachfolge in der Leitung der Abteilung, in: „AS-Brief" Nr. 32, Dezember 1997, S. 10–13.

RITTER, Emmeram H., Vor 80 Jahren: 1917 – Jahr der Entscheidungen, in: „AS-Brief" Nr. 31, Juli 1997, S. 31–36.

RITTER, Emmeram H., Wird die ehrwürdige D. G. Anna Schäffer bald selig gesprochen?, in: „AS-Brief" Nr. 32, Dezember 1997, S. 1f.

RITTER R, Emmeram H./WEICHMANN, Karl Heinz, 4577 Gebetserhörungen von 1929 bis Juli 1984, in: „AS-Brief" Nr. 5, Juli 1984, S. 19–30.

ROSERMÜLLER, Edeltraud, Eine stigmatisierte Dulderin: Anna Schäffer, in: Mater nostra, 15. Jg., Hauteville/CH 1983, Nr. 175, S. 2733–2736 – FortS. 16. Jg. 1984, Nr. 177, S. 9f.

Sacra Congregatio pro Causis Sanctorum; P. n. 1354 Ratisbonen. Beatificationis et Canonizationis Servae Dei Anna Schäffer juvenis saecularis (1882–1925) Positio super scriptis, Romae 1981.

SCHÄFFER, Anna, Ganz der Wille GotteS. Gedicht in ihrem Brief vom 29. Dezember 1920 an ihre Freundin Anna Bortenhauser in Pilsting, in: „AS-Brief" Nr. 29, Juli 1996, S. 24f.

SCHARF, Ludwig, Die Gnade des Christseins im Leiden, in: „AS-Brief" Nr. 16, Dezember 1989, S. 17–20.

SCHNELL, Hugo (Hrsg.), Anna Schäffer von Mindelstetten, in: Bayern-Kalender 1947, S. 23f.

SCHRAML, Wilhelm, Gott hat die Welt durch das Kreuz erlöst!, in: „AS-Brief" Nr. 14, Dezember 1988, S. 19–25.

SCHRAML, Wilhelm, Liebe wächst im Leid, in: „AS-Brief" Nr. 20, Dezember 1991, S. 14–20.

SCHRAML, Wilhelm, Der Sieg Gottes geht vom Kreuz aus, in: „AS-Brief" Nr. 28, Dezember 1995, S. 12–20.

SCHRAML, Wilhelm, Gott im Leid verherrlichen, in: „AS-Brief"Nr. 32, Dezember 1997, S. 20–27.

SCHULZ, Winfried, Festvortrag über den Seligsprechungsprozess Anna Schäffers, in: Ingolstädter Zeitung – Donau-Kurier 13./14. Februar 1982.

SCHULZ, Winfried, Seligsprechungen heute? Zum Stand des Verfahrens der D. G. Anna Schäffer von Mindelstetten, in: „AS-Brief" Nr. 19, Juli 1991, S. 1–16.

SCHWAIGER, Georg, Anna Schäffer von Mindelstetten. Ein Leben in der Gnade Gottes, in: Bavaria Sancta, 2. Bd., Regensburg 1971, S. 394–402.

SCHWAIGER, Georg, Anna Schäffer von Mindelstetten. Ein Leben in der Gnade Gottes, Mindelstetten 1972.

SCH[WARZ], H., Am Grabe der Leidensbraut von Mindelstetten, in: Regensburger Sonntagsblatt Nr. 46, 18. November 1936, S. 11f.

TEMPELMEIER, Xaver, Lied für Anna Schäffer (nach der Melodie: „Maria zu lieben"), in: „AS-Brief" Nr. 27, Juli 1995, S. 33.

TREIBER, Adolfine Th., Maria im Leben der D. G. Anna Schäffer, in: „AS-Brief" Nr. 13, Juli 1988, S. 5–11.

TREIBER, Adolfine Th., Anna Schäffer förderte die Verehrung der hl. Therese von Lisieux, in: „AS-Brief" Nr. 24, Dezember 1993, S. 19f.

WEICHMANN, Karl Heinz, 1983 erneut Zunahme der Gebetserhörungen, in: „AS-Brief" Nr. 6, Dezember 1984, S. 17–19.

WEIGL, Alfons Maria, Allen, die mich anrufen, werde ich helfen. 2. Heft: Gebetserhörungen. Private Mitteilungen als Manuskript gedruckt, Altötting 1971.

WEIGL, Alfons Maria, Geschichte einer Liebe. Leiden und Lieben der stigmatisierten Anna Schäffer, einer Vorgängerin von Theres Neumann, Altötting 1966, 8. Aufl. 1973.

WEIGL, Alfons Maria, Seelenrast und Trost am Grabe Anna Schäffers, Altötting 1975.

WEIGL, Alfons Maria, Vor 50 Jahren starb Anna Schäffer, Altötting 1975.

WEIGL, Alfons Maria, Anna Schäffers geheimnisvolles ‚Traumheft', Altötting 1976.

WEIGL, Alfons Maria, Anna Schäffer, ein Leben der Liebe, Altötting 1977.

WEIGL, Alfons Maria, Neun Gebetstage. Novene zu Anna Schäffer, Altötting 1977.

WEIGL, Alfons Maria, Anna Schäffer, opferbereit und leidensfreudig bis zuletzt, Altötting 1980.

WEIGL, Alfons Maria, Anna Schäffers geheimnisvolles Schauen (1882–1925), Altötting [2]1984.

WETTER, Friedrich Kardinal, Wir brauchen Heilige!, in: „AS-Brief" Nr. 16, Dezember 1989, S. 14f.

WOLF, Bärbel, Das Wegkreuz (Gedicht), in: „AS-Brief" Nr. 19, Juli 1991, S. 25.

WOTRUBA, Albert, „Für die Kirche zu beten und zu leiden, geht mir über alles", in: „AS-Brief" Nr. 26, Dezember 1994, S. 10–15.

ZOLLER, Konrad, Leben und Leiden der Jungfrau Anna Schäffer von Mindelstetten. Eine Wallfahrt, Regensburg 1949.

ZOLLER, Konrad, Leben und Leiden der Jungfrau Anna Schäffer von Mindelstetten. Eine Wallfahrt. Mit einem Geleitwort von E. H. RITTER, anstelle eines Nachworts: Bischof Dr. Rudolf GRABER, Eine gelebte Passion. Predigt am 18. Februar 1982 in Regensburg Niedermünster zum 100. Geburtstag Anna Schäffers, Regensburg [2]1982.

Ohne genaue Autorenangabe

Akten für den Seligsprechungsprozess von Anna Schäffer gehen nach Rom, in: Regensburger Bistumsblatt, 46. Jg. (1977), Nr. 21, S. 24.

Anna Schäffer bei einer Festakademie geehrt. Zum 100. Geburtstag der Dienerin GotteS. Seligsprechung steht zur Entscheidung in Rom an. Offizielles Porträt Anna Schäffers vorgestellt, in: Mittelbayerische Zeitung, 19. Februar 1982.

Anna Schäffer – die bayerische Mystikerin, in: Aurora und christliche Woche, hrsg. zum Besten des D. R. K. Waisenhauses, Buffalo, N. Y., Jg. 80, Nr. 25, 27. März 1931, S. 2.

Anna Schäffer in der Pfarrkirche beigesetzt. Überwältigende Anteilnahme der Bevölkerung. Bitte um Seligsprechung, in: Donau-Kurier Ingolstadt 31. Juli 1972, S. 13.

Anna Schäffer in die Pfarrkirche überführt. Heute ist Beisetzungsfeier. Im Rufe der Heiligkeit am 5. Oktober 1925 gestorben, in: Donau-Kurier Ingolstadt 26. Juli 1972.

Anna Schäffer von Mindelstetten, in: Marienborn. Monatsschrift zur Pflege des übernatürlichen Lebens, 4. Jg. (1931), Nr. 2, S. 36–39; Nr. 3, S. 59–61; Nr. 12, S. 282f.

Anna Schäffer wird immer häufiger angerufen. Zeugen für den Prozess in Kasing vernommen, in: Regensburger Bistumsblatt, 46. Jg. (1977), Nr. 10, S. 18.

Anna Schäffer wird umgebettet, in: Regensburger Bistumsblatt Nr. 30 (1972).

Anna Schäffers Gruft in der Pfarrkirche wurde abgeschlossen. Festliche Tage für die Pfarrei Mindelstetten. Langer Leidensweg der Schreiner-Nandl. Geschichte einer Liebe, in: Mittelbayerische Zeitung, 11. August 1972.

Das Leben der Dienerin Gottes Anna Schäffer, in: Altöttinger Liebfrauenbote 74. Jg. (1974), Nr. 13, S. 247–255.

Die Stigmatisierte Anna Schäffer in die Pfarrkirche Mindelstetten, in: Regensburger Bistumsblatt, 41. Jg. (1972), Nr. 32, S. 19.

Die Stigmatisierte von Mindelstetten, in: Altöttinger Liebfrauenbote, 72. Jg. (1972), Nr. 30, S. 556 und 571.

Die Stigmatisierte von Mindelstetten, in: Bruder Franz, 25. Jg., Fulda 1972, Nr. 6, S. 184f.

Eine Schreinerstochter soll zur Ehre der Altäre erhoben werden, in: Katholische Nachrichten-Agentur, Bayerischer Dienst Nr. 30, 19. Februar 1982, S. 2f.

Etwas über die Leidensblume von Mindelstetten bei Riedenburg, in: Kirchenzeitung für die Erzdiözese Bamberg 13 (1928) Nr. 15, 8. April.

Feierliche Beisetzung in der Pfarrkirche Mindelstetten, in: Presse-Dienst Regensburg Nr. 33/1972 vom 3. August 1972, Nr. 359.

Festakademie zu Ehren Anna SchäfferS. Jetzt 100. Geburtstag. Seligsprechung im Gange. Georg Hiltl malte die Gottesdienerin, in: Mittelbayerische Zeitung, 10. Februar 1982.

Großer Gebetstag in Mindelstetten. Fast 5.000 Gläubige beteten für Seligsprechung von Anna Schäffer, in: Donau-Kurier Nr. 167, 28. Juli 1978, S. 17.

Rund 2.500 Gläubige kamen. Weihbischof Guggenberger/Regensburg, beim Anna-Schäffer-Gebetstag in Mindelstetten, in: Donau-Kurier, Riedenburger Ausgabe, 30. Juli 1974.

Sechs Seligsprechungsprozesse aus Regensburg, in: Katholische Nachrichten-Agentur. Bayerischer Dienst Nr. 89, 24. Mai 1977, S. 3.

Seligsprechungsprozess für Anna Schäffer eingeleitet, in: Presse-Dienst Nr. 10/1973 vom 14. März 1973, Nr. 78.

Veröffentlichungen zu Anna Schäffer (Juli 1998–April 2011)

AMBROSI, Andrea, L'iter processuale della causa, in: L'Osservatore Romano, 7 Marzo 1999, S. 8.

AUER, Margit, Ein Dorf fährt nach Rom: Die „Schreiner-Nandl" wird seliggesprochen, in: DPAL 33 vom 3. März 1999.

AUER, Margit, Zweites Wunder gesucht. Vor zehn Jahren wurde Anna Schäffer seliggesprochen – nun wird ihre Heiligsprechung vorangetrieben, in: Donaukurier Nr. 54/6, März 2009, S. 13.

BAUER, Johann, Renovierung der alten Pfarrkirche von Mindelstetten, in: Anna Schäffer von Mindelstetten/Bayern Juli 1998, Brief 33, S. 15.

BAUER, Johann, Pfarrgemeinde Mindelstetten. Feierliche Orgelweihe in der Anna-Schäffer-Kirche, in: Selige Anna Schäffer von Mindelstetten/Bayern Juli 2001, Brief 39, S. 37.

BAUER, Johann, Bau eines kleinen Wallfahrtszentrums in Mindelstetten, in: Selige Anna Schäffer von Mindelstetten/Bayern Juli 2003, Brief 43, S. 24–25.

BAUER, Johann, Die Jugend der Welt in Mindelstetten, in: Selige Anna Schäffer von Mindelstetten/Bayern Dezember 2005, Brief 48, S. 32–33.

BAUMANN, Maria, Winfried Tonner. Ein Künstler begegnet Anna Schäffer, in: Sonderbeilage zum Regensburger Bistumsblatt Nr. 11, 14. März 1999, S. 13.

BAUR, Franz Joseph, Anna Schäffers Leben und Leiden – ein Spiegelbild der Kirche, in: Selige Anna Schäffer von Mindelstetten/Bayern Dezember 2010, Brief 58, S. 13–19.

BECKER, Hans-Georg, Wort zum Sonntag, BR, 13. März 1999 (Manuskript).

BIALAS, Martin, Leiden – Problem und Chance, in: Regensburger Bistumsblatt Nr. 13/28. März 1999, S. 4–6.

BIRKENSEER, Karl, Anna Schäffer – eine Frau erobert Rom, in: Mittelbayerische Zeitung (MZ extra) 9. März 1999.

BIRKENSEER, Karl, Papst grüßt Pilger aus Regensburg, in: Mittelbayerische Zeitung 8. März 1999.

BÖSL, Hans-Josef, Sühne heißt: An die Rechte Gottes denken, in: Selige Anna Schäffer von Mindelstetten/Bayern Dezember 2003, Brief 44, S.17–23.

BRAUN, Karl, Die Wundmale Jesu unseren Herzen einprägen, in: Selige Anna Schäffer von Mindelstetten/Bayern Dezember 2006, Brief 50, S. 19–31.

BRUN, Wolfgang, Gibt es den „anderen" Sinn im Schmerz?, in: Donau Post 8. März 1999, S. 6.

BRUN, Wolfgang, Gibt es den „anderen" Sinn im Schmerz?, in: Landshuter Zeitung 8. März 1999, S. 6.

DETTER, Markus, Das Herz Jesu ist ihr Attribut, in: Sonderbeilage zum Regensburger Bistumsblatt Nr. 11, 14. März 1999, S. 2.

DETTER, Markus, In der Kirche zählt das Herz, in: Sonderbeilage zum Regensburger Bistumsblatt Nr. 11, 14. März 1999, S. 4.

DETTER, Markus, Leide mit mir für das Evangelium, in: Sonderbeilage zum Regensburger Bistumsblatt Nr. 11, 14. März 1999, S. 3.

DETTER, Markus, „Brutales Leiden" ertragen. Bischof Gerhard Ludwig würdigt Anna Schäffer, in: Katholische SonntagsZeitung Nr. 31, 2. August 2003, S. II.

DIETERSOHN, Johann, Für die Hirten leiden, in: Kirchliche Umschau Nr. 2, April 1999, S. 1.

DOM MARIE, Antoine, Das Leben der seligen Anna Schäffer, in: Rundbriefe der Freunde der Abtei Saint-Joseph, Flavigny-sur-Ozerain/Frankreich 8. Januar 2003.

FELDMANN, Christian, Provokation durch Leidensbereitschaft, in: Mittelbayerische Zeitung 23./24. Januar 1999, S. 3.

FELDMANN, Christian, Ein „Sozialfall" wird seliggesprochen, in: Wochenendbeilage des Donaukurier 6./7. März 1999.

FELDMANN, Christian, Ein „Sozialfall" wird seliggesprochen, in: Bayerisches Sonntagsblatt Nr. 9, 7. März 1999, S. 3.

FELDMANN, Christian, Ein „Sozialfall" wird seliggesprochen, in: Liboriusblatt Nr. 9, 7. März 1999, S. 3.

FELDMANN, Christian, Ein „Sozialfall" wird seliggesprochen, in: Regensburger Bistumsblatt Nr. 10, 7. März 1999, S. 6f.

FELDMANN, Josef, Von Leid, Rat und Hoffnung. 1999 wurde Anna Schäffer seliggesprochen, in: Donaukurier Nr. 54, 6. März 2009, S. 27.

FELDMANN, Josef, Anna-Schäffer-Reliquien für bedeutende Wallfahrtsbasiliken im Ausland, in: Selige Anna Schäffer von Mindelstetten/Bayern Dezember 2009, Brief 56, S. 41–42.

Feldmann, Josef, Vorbild auch in der heutigen Zeit, in: donaukurier.de - meine Heimat, 27.07.2010.

Feldmann, Josef, Vorbild auch in der heutigen Zeit. Viele Gläubige gedenken in Mindelstetten der seligen Anna Schäffer, in: Donaukurier – Altmannstein/Mindelstetten 29. Juli 2010.

Fobes, Raymund, Selige Anna Schäffer. Die bettlägerige Glaubenszeugin, in: Zeitschrift Antonius Nr. 10/2006, S. 25–27.

Frühmorgen, Franz, Anna Schäffer und der Dienst der Priester, in: Selige Anna Schäffer von Mindelstetten/Bayern Juli 2010, Brief 57, S. 14–20.

Gegenfurtner, Wilhelm, Neuevangelisierung der Welt – Anspruch der „Jugend 2000", in: Selige Anna Schäffer von Mindelstetten/Bayern Dezember 2000, Brief 38, S. 2–6.

Gess, Gabi, Bei diesem Ereignis möchten die Leute dabeisein, in: Kirchenzeitung Eichstätt 7. März 1999.

Grabmeier, Josef, Bedenke, was du bist, und lebe, was du sein sollst!, in: Selige Anna Schäffer von Mindelstetten/Bayern Dezember 2005, Brief 48, S. 13–17.

Guggenberger, Vinzenz, Berufung zu Opferbereitschaft und Sühne, in: Anna Schäffer von Mindelstetten/Bayern Januar 1999, Brief 34, S. 17–25.

Guggenberger, Vinzenz, Die Heiligen sind Beweis für die Fruchtbarkeit der Kirche, in: Selige Anna Schäffer von Mindelstetten/Bayern Juli 2000, Brief 37, S. 25–32.

Guggenberger, Vinzenz, Anna Schäffer verkündet uns das „Evangelium des Leidens", in: Selige Anna Schäffer von Mindelstetten/Bayern Juli 2001, Brief 39, S. 26–32.

Guggenberger, Vinzenz, Die Weihe an das unbefleckte Herz Mariens ist die reinste Form ihrer Verehrung, in: Selige Anna Schäffer von Mindelstetten/Bayern Dezember 2001, Brief 40, S. 22–30.

Guggenberger, Vinzenz, Anna Schäffer und die Botschaft von Fatima, in: Selige Anna Schäffer von Mindelstetten/Bayern Juli 2003, Brief 43, S. 32–38.

Guggenberger, Vinzenz, 100-Jahr-Feier der alten Pfarrkirche Mindelstetten am 18. Juni 2006, in: Selige Anna Schäffer von Mindelstetten/Bayern Dezember 2006, Brief 50, S. 36–42.

Haltmayer, Martin, Mehr als 5000 Gläubige beteten zur „Apostolin des Leidens", Gebetstag für Anna Schäffer mit Bischof em. Manfred Müller, in: Regensburger Bistumsblatt Nr. 31, 4. August 2002, S. 28.

Haltmayer, Martin, 6000 Gläubige bei Anna-Schäffer-Gebetstag in Mindelstetten, in: presse.medien@bistum-regensburg.de, 29. Juli 2005.

Heim, Manfred, Stelle dein Leben unter das Geheimnis des Kreuzes, in: Selige Anna Schäffer von Mindelstetten/Bayern Dezember 2006, Brief 50, S. 13–17.

Hierold, Hermann, Sich der Liebe ausliefern, in: Selige Anna Schäffer von Mindelstetten/Bayern Juli 2005, Brief 47, S. 15–21.

Hirsch, Franz X., Anna Schäffer und die Kirche, in: Selige Anna Schäffer von Mindelstetten/Bayern Juli 2002, Brief 41, S. 13–21.

Hopfner, Max, Selige Anna Schäffer – ein Vorbild der Nachfolge Jesu, in: Selige Anna Schäffer von Mindelstetten/Bayern Juli 2003, Brief 43, S. 14–23.

Hösl, Michael, Selig, die arm sind vor Gott!, in: Selige Anna Schäffer von Mindelstetten/Bayern Dezember 2004, Brief 46, S. 12–17.

Hubbauer, Peter, Glauben heißt: Sich ganz in die Hände Gottes fallen zu lassen, in: Selige Anna Schäffer von Mindelstetten/Bayern Juli 2007, Brief 51, S. 17–23.

Husarek, Michael, Schreiner Nandl als Glaubensidol, in: Nürnberger Nachrichten 8. März 1999.

Hüttner, Robert, Eucharistie und Gebet: Kraftquellen im Leben Anna Schäffers, in: Selige Anna Schäffer von Mindelstetten/Bayern Juli 2006, Brief 49, S. 12–17.

Ingenthron, Gabriele, „Schreiner-Nandl" ist im Himmel der Seligen, in: Donaukurier 8. März 1999, S. 3.

Johannes Paul II., Die Hoffnung läßt nicht zugrunde gehen. Predigt am 7. März 1999 während des Seligsprechungsgottesdienstes von Anna Schäffer in der St. Petersbasilika zu Rom, in: Selige Anna Schäffer von Mindelstetten/Bayern Juli 1999, Brief 35, S. 13–17.

Johannes Paul II., Zuverlässige Fürsprecher im aufreibenden Lebensalltag. Ansprache am 8. März 1999 in der Aula Paul VI., Vatikan anläßlich der Sonderaudienz für die nach Rom zur Seligsprechung angereisten Pilger, in: Selige Anna Schäffer von Mindelstetten/Bayern Juli 1999, Brief 35, S. 27–32.

Klewitz, Peter, Aus klein wird groß: Eine Umkehrung der Ordnungen, in: Der neue Tag 8. März 1999.

Klewitz, Peter, Prunkvolles, Plaudereien und Politik. Bei Seligsprechung von Anna Schäffer im Vatikan in Rom, in: Der neue Tag – Ostern 1999.

Klimke, Birgit, 970-Seelen-Dorf rüstet sich zum Wallfahrtsort, Zeitungsbericht o. D., o. O. (vermutlich Mittelbayerische Zeitung).

Kratzer, Robert, Anna Schäffer: Eine Frau, die sich entzieht und anzieht, in: Regensburger Bistumsblatt Nr. 30, 26. Juli 1998, S. 2f.

Kreitmeir, Klaus, Himmlische Dienstmagd, in: Weltbild/Gott & die Welt o. J., S. 10.

Lajolo, Giovanni, Predigt des Apostolischen Nuntius anläßlich der Feier des ersten liturgischen Gedenktages der seligen Anna Schäffer am 5. Oktober 1999 in Mindelstetten, in: Selige Anna Schäffer von Mindelstetten/Bayern Dezember 1999, Brief 36, S. 3–9.

Leuschner, Peter, Die Selige aus dem Jurahaus, in: Das Jurahaus Nr. 5 1999/2000, S. 5ff.

Maurer, Otto, Ganz der Wille Gottes, soll an mir gescheh'n, in: Selige Anna Schäffer von Mindelstetten/Bayern Juli 2001, Brief 39, S. 16–24.

Mayer, Anton, Weltjugendtag und Neuevangelisierung, in: Selige Anna Schäffer von Mindelstetten/Bayern Dezember 2005, Brief 48, S. 39.

Meier, Bertram, Anna Schäffer als gültiges Modell der Heiligkeit, in: Selige Anna Schäffer von Mindelstetten/Bayern Dezember 2001, Brief 40, S. 12–21.

Mixa, Walter, Die Sehnsucht des Menschen, in: Selige Anna Schäffer von Mindelstetten/Bayern Dezember 2004, Brief 46, S. 18–32.

Mödl, Ludwig, Pastoraltheologische Erwägungen zur Seligsprechung von Anna Schäffer, in: L'Osservatore Romano. Speziale. Supplemento a L'Osservatore Romano N. 55, 7 Marzo 1999, S. 4; gedruckt unter diesem Titel auch in: Sonderbeilage zum Regensburger Bistumsblatt Nr. 11, 14. März 1999, S. 8.

Mödl, Ludwig, Riflessioni teologico-pastorale sulla testimonianza di un'umile donna laica, in: L'Osservatore Romano, 7 Marzo 1999, S. 8.

Mödl, Ludwig, Zur Seligsprechung von Anna Schäffer. Pastoraltheologische Erwägungen, in: Klerusblatt Nr. 4/1999, S. 87.

Mödl, Ludwig, Die Kreuzträgerin, in: Selige Anna Schäffer von Mindelstetten/Bayern Dezember 2007, Brief 52, S. 13–20.

Mohr, Stefan, Auch Fotos sprechen lassen. Weihbischof Vinzenz Guggenberger über die Zeugenbefragung im diözesanen Prozess zur Seligsprechung Anna Schäffers, in: Sonderbeilage zum Regensburger Bistumsblatt Nr. 11, 14. März 1999, S. 12.

Morhardt, Magnus, Zum Leiden berufen. Besinnungstag der Barmherzigen Brüder über Anna Schäffer, in: Misericordia Nr. 11/2008, S. 10f.

Möstl, Alois, Anna Schäffers drei Himmelsschlüssel – Deutung und Auftrag für unsere Zeit, in: Selige Anna Schäffer von Mindelstetten/Bayern Januar 2009, Brief 54, S. 13–17.

Müller, Gerhard Ludwig, Neue Orientierung aus dem Glauben an Jesus Christus, in: Selige Anna Schäffer von Mindelstetten/Bayern Dezember 2003, Brief 44, S. 24–37.

Müller, Gerhard Ludwig, Neuevangelisierung hat ihre Mitte im eucharistischen Opfer, in: Selige Anna Schäffer von Mindelstetten/Bayern Dezember 2005, Brief 48, S. 20–28.

Müller, Gerhard Ludwig, Gott ist die Liebe – Sinnerfüllung eines jeden Menschen, in: Selige Anna Schäffer von Mindelstetten/Bayern Dezember 2007, Brief 52, S. 23–34.

Müller, Gerhard Ludwig, Anna Schäffer – ein beeindruckendes Vorbild in der Nachfolge Jesu Christi, in: Selige Anna Schäffer von Mindelstetten/Bayern Januar 2009, Brief 54, S.19–29.

Müller, Gerhard Ludwig, Selige Anna Schäffer, bitte für unsere Priester!, in: Selige Anna Schäffer von Mindelstetten/Bayern Dezember 2009, Brief 56, S. 22–33.

Müller, Gerhard Ludwig, Als gläubige Christen aufschauen zum gekreuzigten Herrn, in: Selige Anna Schäffer von Mindelstetten/Bayern Dezember 2010, Brief 58, S. 20–29.

Müller, Manfred, Die Last in Güte verwandeln – Der Herr bleibt bei uns in seinem Wort, in seinem Sakrament und in seinen Heiligen. Ansprache bei der Pontifikalmesse zum Dank für die Seligsprechung von Anna Schäffer, in: Selige Anna Schäffer von Mindelstetten/Bayern Dezember 1999, Brief 36, S. 10–19.

Müller, Manfred, Du Frau aus dem Volke, von Gott ausersehn! Predigt beim Dankgottesdienst am 8. März 1999 in der Basilika St. Peter in Rom anläßlich der Seligsprechung von Anna Schäffer, in: Selige Anna Schäffer von Mindelstetten/Bayern Juli 1999, Brief 35, S. 20–25.

Müller, Manfred, Ein Stern der Hoffnung, des Trostes, des Mutes und der Zuversicht. Hirtenwort des Bischofs von Regensburg, in: L'Osservatore Romano. Speziale. Supplemento a L'Osservatore Romano N. 55, 7 Marzo 1999, S. 2.

Müller, Manfred, Hirtenwort zur Seligsprechung von Anna Schäffer, in: Amtsblatt für die Diözese Regensburg, Nr. 2, 12. Januar 1999, S. 9ff.

Müller, Manfred, L'offerta del dolore a Cristo Crocifisso, in: L'Osservatore Romano, 7 Marzo 1999, S. 8.

Müller, Manfred, Anna heißt „Gnade“, in: Selige Anna Schäffer von Mindelstetten/Bayern Dezember 2002, Brief 42, S. 17–28.

Müller, Manfred, „... mit jedem neuen Tag dürstet es mich nach neuen Leiden und nach Seelen zu Ihrer (sic!) Bekehrung.“. Hirtenwort zur Seligsprechung von Anna Schäffer, in: Regensburger Bistumsblatt Nr. 6, 7. Februar 1999, S. 2ff.

Neumayr, Maximilian, Staatsminister Huber reist zur Seligsprechung von Anna Schäffer nach Rom/Audienz bei Papst Johannes Paul II., in: Bayerische Staatskanzlei. Pressemitteilung Nr. 81, 4. März 1999.

Neumayr, Maximilian, Festpredigt zur Überführung der Gebeine Anna Schäffers vom Friedhof in die Pfarrkirche zu Mindelstetten am 26. Juli 1972, in: Selige Anna Schäffer von Mindelstetten/Bayern Juli 2002, Brief 41, S. 24–29.

Neumayr, Maximilian, Festpredigt zur Überführung der Gebeine Anna Schäffers vom Friedhof in die Pfarrkirche zu Mindelstetten am 26. Juli 1972 (Fortsetzung), in: Selige Anna Schäffer von Mindelstetten/Bayern Juli 2003, Brief 43, S. 26–30.

Neumüller, Johann, Der Blick auf das Kreuz öffnet uns für das Leid der Welt, in: Selige Anna Schäffer von Mindelstetten/Bayern Juli 2009, Brief 55, S. 15–22.

Olbrich, Kurt, Bericht eines Pilgers: Meine Fußwallfahrt nach Rom zur Seligsprechung Anna Schäffers, in: Selige Anna Schäffer von Mindelstetten/Bayern Dezember 1999, Brief 36, S. 50–51.

Olbrich, Kurt, Bericht eines Pilgers: Meine Fußwallfahrt nach Rom zur Seligsprechung Anna SchäfferS. 2. Fortsetzung, in: Selige Anna Schäffer von Mindelstetten/Bayern Juli 2000, Brief 37, S. 48–51.

Olbrich, Kurt, Bericht eines Pilgers: Meine Fußwallfahrt nach Rom zur Seligsprechung Anna SchäfferS. 3. Fortsetzung, in: Selige Anna Schäffer von Mindelstetten/Bayern Dezember 2000, Brief 38, S. 35–40.

Piendl, Andreas, Einkehrtag für junge Ehepaare in Mindelstetten, in: Selige Anna Schäffer von Mindelstetten/Bayern Dezember 2006, Brief 50, S. 44.

Piendl, Andreas, Ehevorbereitungsseminar der Jugend 2000 in Mindelstetten, in: Selige Anna Schäffer von Mindelstetten/Bayern Dezember 2008, Brief 53, S. 40–41.

Piendl, Bernhard, Segen und Kraft des Kreuzes Christi, in: Selige Anna Schäffer von Mindelstetten/Bayern Dezember 2008, Brief 53, S. 16–22.

Ratzinger, Joseph, Dem Menschen helfen, das Leiden zu erlernen und anzunehmen, in: Selige Anna Schäffer von Mindelstetten/Bayern Dezember 2000, Brief 38, S. 10–17.

Reifert, Gerhard, Drei Himmelsschlüssel vom Herrgott, in: Kirchenzeitung Köln Nr. 9/5. März 1999, S. 40.

Reifert, Gerhard, Drei Himmelsschlüssel vom Herrgott, in: Tag des Herrn Nr. 9, 7. März 1999, S. 7.

Reifert, Gerhard, Drei Himmelsschlüssel vom Herrgott, in: Würzburger katholisches Sonntagsblatt Nr. 10, 7. März 1999, S. 21.

Reifert, Gerhard, Eine neue Selige aus Bayern. Anna Schäffer: Langes Siechtum und Reife zu geistlicher Größe, in: Altöttinger Liebfrauenbote Nr. 11, 14. März 1999, S. 5.

Reifert, Gerhard, Eine neue Selige aus Bayern. Anna Schäffer: Langes Siechtum und Reife zu geistlicher Größe, in: KNA/Porträt 8, 2. März 1999.

Reifert, Gerhard, Eine neue Selige aus dem Bistum Regensburg, in: Klerusblatt Nr. 4, 1999, S. 85.

Reifert, Gerhard, „Ein neuer Stern am Heiligenhimmel“. Papst spricht die „Schreiner-Nandl von Mindelstetten“ selig, in: KNA/Korrespondentenbericht 27/9. März 1999.

Reifert, Gerhard, Trost für andere statt Selbstmitleid, in: Kirchenzeitung Eichstätt 7. März 1999.

Reifert, Gerhard, Ein Dienstmädchen als Vorbild für Christen, in: Mühldorfer Nachrichten.

Renner, Erich, Der Segen der Geduld, in: Anna Schäffer von Mindelstetten/Bayern Januar 1999, Brief 34, S. 11–16.

Ring-Eifel, Ludwig, Mensch des Leidens und Dienens, in: Würzburger katholisches Sonntagsblatt 14. März 1999, S. 6.

Ring-Eifel, Ludwig, Unzeitgemäßer Mensch des Leidens und des Dienens, in: Kirchenzeitung Eichstätt 14. März 1999, S. 11.

Ritter, Emmeram H., Chronik des Lebens der Ehrwürdigen Dienerin Gottes Anna Schäffer. 5. Fortsetzung: Das Jahr 1919, in: Anna Schäffer von Mindelstetten/Bayern Januar 1999, Brief 34, S. 48–51.

Ritter, Emmeram H., Chronik des Lebens der Ehrwürdigen Dienerin Gottes Anna Schäffer. 6. Fortsetzung: Das Jahr 1919, in: Selige Anna Schäffer von Mindelstetten/Bayern Dezember 1999, Brief 36, S. 52–56.

Ritter, Emmeram H., „Im Leiden habe ich Dich lieben gelernt!“ Die Schriften Anna Schäffers, Regensburg 1999.

Ritter, Emmeram H., Chronik des Lebens der seligen Anna Schäffer. 7. Fortsetzung: Das Jahr 1919, in: Selige Anna Schäffer von Mindelstetten/Bayern Dezember 2000, Brief 38, S. 52–55.

Ritter, Emmeram H., Chronik des Lebens der seligen Anna Schäffer. 8. Fortsetzung, in: Selige Anna Schäffer von Mindelstetten/Bayern Dezember 2001, Brief 40, S. 46–49.

Ritter, Emmeram H., Chronik des Lebens der seligen Anna Schäffer. 9. Fortsetzung, in: Selige Anna Schäffer von Mindelstetten/Bayern Juli 2002, Brief 41, S. 50–55.

Ritter, Emmeram H., Chronik des Lebens der seligen Anna Schäffer. 10. Fortsetzung, in: Selige Anna Schäffer von Mindelstetten/Bayern Dezember 2002, Brief 42, S. 49–55.

Ritter, Emmeram H., Chronik des Lebens der seligen Anna Schäffer. 11. Fortsetzung, in: Selige Anna Schäffer von Mindelstetten/Bayern Dezember 2004, Brief 46, S. 45–48.

Sass, Arist Nick, Selige Anna: Korrektiv für moderne Ideale?, in: Rundschau 10. März 1999, S. 24.

Anna Schäffer schreibt über ihre geheimnisvolle Stigmatisation, in: Selige Anna Schäffer von Mindelstetten/Bayern Juli 2007, Brief 51, S. 39–40.

Anna Schäffer über ihren Traum vom Juni 1898 (Originalbericht), in: Selige Anna Schäffer von Mindelstetten/Bayern Juli 2006, Brief 49, S. 37.

Schäffer (verh. Veit), Katharina, Das Leben Anna Schäffers in Auszügen berichtet von ihrer Schwester, in: Selige Anna Schäffer von Mindelstetten/Bayern Juli 2006, Brief 49, S. 18–21.

Schlagbauer, Georg, Bericht über die Umbettung der Gebeine Anna Schäffers in die Pfarrkirche Mindelstetten am 26. Juli 1972, in: Selige Anna Schäffer von Mindelstetten/Bayern Juli 2002, Brief 41, S. 22–23.

Schwager, Georg Franz X., Neuigkeiten im Verlauf des Seligsprechungsprozesses von Anna Schäffer, in: Anna Schäffer von Mindelstetten/Bayern Juli 1998, Brief 33, S. 29–30.

Schwager, Georg Franz X., Seligsprechung Anna Schäffers im Frühjahr 1999 in Rom. Eine große Freude und Ehre für die gesamte Diözese Regensburg, in: Bote von Fatima, Regensburg, September 1998, S. 119.

Schwager, Georg Franz X., Worauf wir bauen können, in: Anna Schäffer von Mindelstetten/Bayern Juli 1998, Brief 33, S. 9–14.

Schwager, Georg Franz X., Bildbetrachtung und katechetische Deutung des von Winfried Tonner, Regensburg, erstellten Anna-Schäffer-Gemäldes, Öl auf Leinwand (Januar 1999), in: Selige Anna Schäffer von Mindelstetten/Bayern Juli 1999, Brief 35, S. 49.

Schwager, Georg Franz X., Der Tag der Seligsprechung – ein Tag des Dankes und der Freude, in: Selige Anna Schäffer von Mindelstetten/Bayern Juli 1999, Brief 35, S. 2–10.

Schwager, Georg Franz X., „Geh' an mein Grab, ich verstehe dich schon!" (Anna Schäffer), in: Selige Anna Schäffer von Mindelstetten/Bayern Dezember 1999, Brief 36, S. 26–38.

Schwager, Georg Franz X., Ihre Liebe wuchs in der „Mission des Leidens". Anna Schäffer von Mindelstetten, die neue Selige des Bistums Regensburg, in: Deutsche Tagespost Nr. 28, 6. März 1999, S. 12.

Schwager, Georg Franz X., L'amore cresce nella sofferenza. La beata Anna Schaeffer di Mindelstetten. Cenni biografici-Novena/Preghiere-Riflessioni, Regensburg 1999.

Schwager, Georg Franz X., La sofferenza cha alimenta l'amore, in: L'Osservatore Romano, 7 Marzo 1999, S. 8.

Schwager, Georg Franz X., Liebe wächst im Leiden. Anna Schäffer von Mindelstetten (1882–1925), in: L'Osservatore Romano Nr. 10, 5. März 1999, S. 6; gedruckt unter diesem Titel auch in: Sonderbeilage zum Regensburger Bistumsblatt Nr. 11, 14. März 1999, S. 6–8; ebenso gedruckt unter diesem Titel in: L'Osservatore Romano. Speziale. Supplemento a L'Osservatore Romano N. 55, 7 Marzo 1999, S. 3–4; ebenso gedruckt unter dem Titel „Die selige Anna Schäffer von Mindelstetten (18. Februar 1882 – 5. Oktober 1925) – Liebe wächst im Leiden" als Fortsetzungsreihe in: Bote von Fatima, Regensburg, April 1999, S. 54; Mai 1999, S. 70–71; Juni 1999, S. 86; Juli 1999, S. 102–103; August–September 1999, S. 118.

Schwager, Georg Franz X. (Hrsg.), Liebe wächst im Leiden. Die selige Anna Schäffer von Mindelstetten. Kurzbiographie-Novene/Gebete-Gedanken, Regensburg 1999.

Schwager, Georg Franz X., Love grows with suffering. The Blessed Anna Schäffer from Mindelstetten. Short biography-novenae/prayers-reflections, Regensburg 1999.

iSchwager, Georg Franz X., Neues Grab für die Reliquien der seligen Anna Schäffer in Mindelstetten, in: Selige Anna Schäffer von Mindelstetten/Bayern Juli 1999, Brief 35, S. 50–55.

Schwager, Georg Franz X., Promulgation des Wunderdekretes am 3. Juli 1998 in der Sala Clementina, Rom, in: Anna Schäffer von Mindelstetten/Bayern Januar 1999, Brief 34, S. 2–6.

Schwager, Georg Franz X. (Hrsg.), „Schau in das Antlitz Christi!" Predigten und Ansprachen am Grab Anna Schäffers von Weihbischof und Dompropst Vinzenz Guggenberger, Regensburg 1999.

Schwager, Georg Franz X., Gott spricht zu uns durch seine Heiligen, in: Materialheft zur Vorbereitung auf das Heilige Jahr 2000, Nr. 3/1999 (Gott – Vater aller Menschen), hrsg. vom Bischöflichen Ordinariat Regensburg, S. 50–53.

Schwager, Georg Franz X., Anna Schäffer als Wegweiserin zur Verehrung der heiligsten Eucharistie, in: Selige Anna Schäffer von Mindelstetten/Bayern Juli 2000, Brief 37, S. 9–13.

SCHWAGER, Georg Franz X. (Hrsg.), An sonnigen Gnadenquellen. Eucharistische Gedanken, Betrachtungen und Gedichte der seligen Anna Schäffer, Regensburg 2000.

SCHWAGER, Georg Franz X., Rückblick auf die Heilig-Jahr-Feier im Todesjahr der seligen Anna Schäffer 1925, in: Selige Anna Schäffer von Mindelstetten/Bayern Dezember 2000, Brief 38, S. 19–32.

SCHWAGER, Georg Franz X., Anna Schäffers Leidensweg – Trost für Tausende, in: Selige Anna Schäffer von Mindelstetten/Bayern Dezember 2001, Brief 40, S. 2–10.

SCHWAGER, Georg Franz X., Die tröstende Kraft des heiligsten Sakramentes erfahren. Ein Beitrag zur 100. Wiederkehr des Unfalltages der seligen Anna Schäffer von Mindelstetten, in: Regensburger Bistumsblatt Nr. 5, 4. Februar 2001, S. 3; gedruckt unter diesem Titel auch in: Selige Anna Schäffer von Mindelstetten/Bayern Juli 2001, Brief 39, S. 34–36; ebenso in: Bote von Fatima, Regensburg, Februar 2001, S. 22–23.

SCHWAGER, Georg Franz X., Jubiläum: 20 Jahre Anna Schäffer-Rundbrief, in: Selige Anna Schäffer von Mindelstetten/Bayern Juli 2001, Brief 39, S. 2–4.

SCHWAGER, Georg Franz X., Selige der Woche: Anna Schäffer, in: Kirchenzeitung Eichstätt Nr. 39, 30. September 2001, S. 17.

SCHWAGER, Georg Franz X., „Der Rosenkranz – mein Rosenspiel“ (Anna Schäffer), in: Selige Anna Schäffer von Mindelstetten/Bayern Dezember 2002, Brief 42, S. 9–11.

SCHWAGER, Georg Franz X., Die selige Anna Schäffer. Ein Vorbild der Sühne und Marienliebe, in: Bote von Fatima, Regensburg, Juli 2002, S. 102–103.

SCHWAGER, Georg Franz X., Vor 30 Jahren: Erste Umbettung der Gebeine Anna Schäffers, in: Selige Anna Schäffer von Mindelstetten/Bayern Juli 2002, Brief 41, S. 3–5.

SCHWAGER, Georg Franz X., Anna-Schäffer-Reliquien auch in Südafrika, Selige Anna Schäffer von Mindelstetten/Bayern Juli 2003, Brief 43, S. 58.

SCHWAGER, Georg Franz X., Anna Schäffer Bruderschaft, Regensburg 2004.

SCHWAGER, Georg Franz X., Das Rätsel des Leids in unserer Welt, in: Selige Anna Schäffer von Mindelstetten/Bayern Dezember 2004, Brief 46, S. 3-9.

SCHWAGER, Georg Franz X., Neues Wallfahrtszentrum erhielt kirchlichen Segen, in: Selige Anna Schäffer von Mindelstetten/Bayern Juli 2004, Brief 45, S. 3–9.

SCHWAGER, Georg Franz X., Anna-Schäffer-Bruderschaft gegründet, in: Selige Anna Schäffer von Mindelstetten/Bayern Juli 2005, Brief 47, S. 4–12.

SCHWAGER, Georg Franz X., Die Frage nach dem Sinn von Schmerz und Leiden, in: Bote von Fatima, Regensburg, März 2005, S. 46–47.

SCHWAGER, Georg Franz X., Anna Schäffer – eine große Fürsprecherin der Menschen, in: Selige Anna Schäffer von Mindelstetten/Bayern Dezember 2006, Brief 50, S. 3–11.

SCHWAGER, Georg Franz X. (Hrsg.), Gelebtes Vertrauen. Zeugnisse auffallender Gebetserhörungen auf die Fürsprache Anna Schäffers aus den Jahren 1999 bis 2006, Regensburg 2006.

SCHWAGER, Georg Franz X., Anna Schäffer – Vorbild der Tugendübung, in: Selige Anna Schäffer von Mindelstetten/Bayern Juli 2007, Brief 51, S. 8–14.

SCHWAGER, Georg Franz X., Die selige Anna Schäffer, geprägt von Gehorsam, Frömmigkeit und dem Geist eucharistischer Sühne, in: Selige Anna Schäffer von Mindelstetten/Bayern Juli 2007, Brief 51, S. 26–27.

SCHWAGER, Georg Franz X., Anna Schäffer – ein Mensch der Hoffnung, in: Selige Anna Schäffer von Mindelstetten/Bayern Dezember 2008, Brief 53, S. 3–12.

SCHWAGER, Georg Franz X., Anna-Schäffer-Messe uraufgeführt, in: Selige Anna Schäffer von Mindelstetten/Bayern Dezember 2008, Brief 53, S. 39.

SCHWAGER, Georg Franz X., Rom-Wallfahrt der Anna-Schäffer-Bruderschaft, in: Selige Anna Schäffer von Mindelstetten/Bayern Dezember 2008, Brief 53, S. 36–38.

SCHWAGER, Georg Franz X., Anna Schäffer – Wegweiserin an den Kreuzungen des Lebens, in: Selige Anna Schäffer von Mindelstetten/Bayern Januar 2009, Brief 54, S. 40–42.

SCHWAGER, Georg Franz X., Die Heiligen: „Spektralfarben“ des Lichtes Gottes – Anna Schäffer zeigt uns den Wert des mit Christus ertragenen Leidens, in: Selige Anna Schäffer von Mindelstetten/Bayern Januar 2009, Brief 54, S. 3–10.

SCHWAGER, Georg Franz X., Anna Schäffer und ihr Gebet für die Priester. Zum Priester-Jahr 2009/2010, in: Selige Anna Schäffer von Mindelstetten/Bayern Dezember 2009, Brief 56, S. 3–11; der Beitrag findet sich auch in: Bote von Fatima, Regensburg, März 2010, S. 30–31, Fortsetzung desselben in: Bote von Fatima, Regensburg, April 2010, S. 42–43.

SCHWAGER, Georg Franz X., Das Kreuz mit Liebe tragen. Anna Schäffer – Vorbild christlich getragenen Leids, in: Selige Anna Schäffer von Mindelstetten/Bayern Dezember 2010, Brief 58, S. 3–10.

SCHWAGER, Marianne Cäcilie, Die Biographen der Dienerin Gottes Anna Schäffers und ihre Bedeutung für den SeligsprechungsprozesS. 1. Staatsprüfung für das Lehramt an Realschulen in Bayern, Regensburg 1988.

SCHWAIGER, Georg, Das Gebet – Ausdruck des Glaubens an Gott. Predigt zum Anna-Schäffer-Gebetstag 1999, in: Selige Anna Schäffer von Mindelstetten/Bayern Juli 2000, Brief 37, S. 16–21.

SCHWARZE, Eva, Das selige Leid der Schreiner-Nandl, in: Passauer Neue Presse Nr. 55, 8. März 1999, S. 3.

SINGHARTINGER, Johann, „Kein exklusives Lebensmodell einer elitären Minderheit". Pfarrer Johann Bauer erklärt, wofür wir Selige und Heilige brauchen, in: Misericordia Nr. 11/2008, S. 4f.

SPARRER, August, Predigt zum silbernen Priesterjubiläum von H. H. Pfarrer Johann Bauer am 22. Juni 2002 in der Pfarrkirche zu Mindelstetten, in: Selige Anna Schäffer von Mindelstetten/Bayern Dezember 2002, Brief 42, S. 30–36.

STOCK, Klaus, Die letzte Wegstrecke ist steil und schwer. Anna Schäffer und die Hospizbewegung, in: Sonderbeilage zum Regensburger Bistumsblatt Nr. 11, 14. März 1999, S. 10.

STOCK, Klaus, Leiden und Sterben mutig in den Blick nehmen, in: Misericordia Nr. 10/1999, S. 24f.

STOCK, Klaus, Die letzte Wegstrecke ist steil und schwer. Anna Schäffer und die Hospizbewegung, in: Materialheft zur Vorbereitung auf das Heilige Jahr 2000, Nr. 2–1999, hrsg. vom Bischöflichen Ordinariat Regensburg, S. 69ff.

STUBENRAUCH, Bertram, Durch Leiden lernen, wie kostbar jeder Mensch ist, in: Selige Anna Schäffer von Mindelstetten/Bayern Dezember 2002, Brief 42, S. 13–16.

TAUTZ, Gregor, Ein Stein für ein Leben ohne Schnörkel. Alfred Böschl und sein neues Grabmal für Anna Schäffer, in: Sonderbeilage zum Regensburger Bistumsblatt Nr. 11, 14. März 1999, S. 14.

TAUTZ, Gregor, „Ihre Mission war die Passion", in: Sonderbeilage zum Regensburger Bistumsblatt Nr. 11, 14. März 1999, S. 5.

TAUTZ, Gregor, Weit über 6000 Gläubige beim Anna-Schäffer-Gebetstag, in: Regensburger Bistumsblatt Nr. 32/33, 8./15. August 1999, S. 17–18.

THEMESSL, Peter, Viele hier haben eine tiefe Beziehung zu Anna Schäffer. Interview mit dem Pfarrer von Mindelstetten, Johann Bauer, in: Sonderbeilage zum Regensburger Bistumsblatt Nr. 11, 14. März 1999, S. 11.

THEMESSL, Peter, Zum Glauben gehört Vertrauen. Ein Großneffe erinnert sich, in: Sonderbeilage zum Regensburger Bistumsblatt Nr. 11, 14. März 1999, S. 16.

WAGNER, Ingrid, Weltjugendtagskreuz kam nach Mindelstetten, in: Selige Anna Schäffer von Mindelstetten/Bayern Dezember 2004, Brief 46, S. 33–37.

WALSER, Georg, Auf ihre Hilfe vertraut sogar der Bürgermeister, in: Münchner Kirchenzeitung 14. März 1999.

WEIGEL, Karl-Heinz, Wallfahrt zur Schäffer-Nandl in Mindelstetten boomt, in: Mittelbayerische Zeitung 1. August 1999.

WEIGEL, Karl-Heinz, Papst-Botschafter Lajolo gibt seligen Anna Schäffer die Ehre, in: Mittelbayerische Zeitung 7. Oktober 1999.

WENDL, Rainer, Anna Schäffer – neuer Stern der Kirche, in: Wochenblatt 10. März 1999, S. 10.

WILHELM, Anton, Anna Schäffer lebte den Sinn ihres Lebens, in: Selige Anna Schäffer von Mindelstetten/Bayern Juli 2004, Brief 45, S. 20–24.

ZETTLER, Hubert, Von Therese angesprochen. Selige Anna Schäffer (1882–1925), in: Therese. An die Freunde der heiligen Therese (Theresienwerk e. V. Augsburg) 1/2011, S. 10.

ZIEGENAUS, Anton, Lernt von den Heiligen, in: Selige Anna Schäffer von Mindelstetten/Bayern Dezember 2009, Brief 56, S. 15–21.

Ohne genaue Autorenangabe

Als Leidende große Solidarität gezeigt, in: Mittelbayerische Zeitung 7. Oktober 1999.

Als „Schreiner-Nandl von Mindelstetten" bekannt, in: Oberpfälzer Nachrichten 30. Januar 2001.

Am Montag in Mindelstetten erster „Anna-Schäffer-Tag" nach der Seligsprechung in Rom, in: pressedienst regensburg 23. Juli 1999.

Am 5. Oktober erster liturgischer Gedenktag der seligen Anna Schäffer mit Nuntius Erzbischof Lajolo, in: pressedienst regensburg 29. September 1999.

An Anna Schäffers Grab gepilgert, in: Mittelbayerische Zeitung 30. Juli 1999.

„An den Wundern nicht die geringsten Zweifel". Am Sonntag Seligsprechung von Anna Schäffer – Alle in Rom dabei, in: Der neue Tag 4. März 1999.

Anna Schäffer ein Vorbild für die innere Einheit mit Christus, in: Donaukurier Ingolstadt 28. Juli 2000.

Anna Schäffer ertrug ihr Leid mit viel Geduld und Gottvertrauen, in: Mittelbayerische Zeitung – Kötztinger Umschau 19. Februar 2003.

Anna-Schäffer-Gebetstag mit Weltjugendtagskreuz und Bischof, in: Donaukurier Nr. 167, 22. Juli 2004, S. 26.

Anna Schäffer in Rom seliggesprochen, in: Mittelbayerische Zeitung 8. März 1999.
Anna Schäffer ist auch „Selige unserer Gegend“, in: Neumarkter Tagblatt 18. März 1999.
Anna Schäffer wird seliggesprochen. Papst bestätigt Wunder – Formelle Seligsprechung in Rom im Frühjahr, in: pressedienst regensburg 7. Juli 1998.
Anna Schäffer zur Ehre der Altäre erhoben – „Die Zeilen, auf denen Gott sein Evangelium schreibt“, in: idu Nr. 11, 17. März 1999, S. 4.
Anna Schäffer zur Ehre der Altäre erhoben, in: Deutsche Tagespost 9. März 1999, S. 4.
Bayerische Dienstmagd zählt zu den Seligen, in: Der neue Tag 8. März 1999.
Beispiele, die anstecken können, in: Selige Anna Schäffer von Mindelstetten/Bayern Dezember 1999, Brief 36, S. 47–48.
Bestimmungen für die besonderen Feierlichkeiten anläßlich der Seligsprechung von Anna Schäffer, in: Selige Anna Schäffer von Mindelstetten/Bayern Juli 1999, Brief 35, S. 34–35.
Bezirkswallfahrt zum Grab der seligen Anna Schäffer, in: Deggendorfer Zeitung Nr. 144, 26. Juni 2000, S. 32.
Brautpaar überreicht Heiligem Vater Anna-Schäffer-Kerzen, in: Selige Anna Schäffer von Mindelstetten/Bayern Dezember 2008, Brief 53, S. 42.
Das Leben der seligen Anna Schäffer. Vortragsabend im Pfarrsaal mit Pfarrer Bauer – Das Grab ist Ziel vieler Menschen, in: Donaupost 11. Mai 2001.
Der Leidensweg der Seligen Anna Schäffer beeindruckte, in: Kötztinger Umschau 12. Oktober 1999.
Die ehrwürdige Dienerin Gottes Anna Schäffer. Inhaltliche Wiedergabe des Dekretes der Heiligsprechungskongregation über eine wunderbare Heilung auf die Fürsprache der ehrw. Dienerin Gottes Anna Schäffer von Mindelstetten in deutscher Sprache, in: Regensburger Bistumsblatt Nr. 30, 26. Juli 1999, S. 3.
„Die Hoffnung läßt nicht zugrunde gehen“ – Die selige Anna Schäffer, in: Großer Ruf Oktober/November 1999 Nr. 7, S. 124.
„Die Last in Güte verwandeln“. Bischof Manfred Müller feierte in Mindelstetten ersten Gottesdienst nach der Seligsprechung Anna Schäffers, in: Regensburger Bistumsblatt Nr. 15, 11. April 1999, S. 28.
„Die Liebe zu Gott vorgelebt“. Weihbischof Vinzenz Guggenberger feierte ersten Gottesdienst nach der Übertragung (translatio) der Gebeine von Anna Schäffer, in: Regensburger Bistumsblatt Nr. 6, 7. Februar 1999, S. 4f.
Die selige Anna Schäffer, in: Gruß aus Frauenkirchen. Nachrichtenblatt der Freunde der Basilika 1/2006.
Die Wirklichkeit Gottes schon als Kind erfahren. Viele Gläubige beim Anna-Schäffer-Gebetstag, in: Donaukurier Nr. 171, 27. Juli 2004, S. 24.
„Eine Frau mit offenen Händen“. Über 4000 Gläubige beim Anna Schäffer Gebetstag in Mindelstetten, in: Regensburger Bistumsblatt Nr. 31, 5. August 2001, S. 13f.
Ein „Vorbild im Glauben“. Über 5000 Gläubige bei „Anna Schäffer Gebetstag“, in: Katholische SonntagsZeitung Nr. 32, 7. August 2004, S. IV.
Ein Vorbild im Glauben. Über 6000 Gläubige beim Anna-Schäffer-Tag, in: Katholische SonntagsZeitung Nr. 31, 6. August 2005, S. II.
Ein Weg, mit dem Leiden umzugehen, in: Donau Post 8. Februar 1999.
Erfülltes Leben auch im Leid“ – Erster liturgischer Gedenktag der seligen Anna Schäffer in Mindelstetten mit Nuntius Erzbischof Lajolo gefeiert, in: Altöttinger Liebfrauenbote Nr. 42, 17. Oktober 1999, S. 9.
„Erfülltes Leben auch im Leid“ – Erster liturgischer Gedenktag der seligen Anna Schäffer in Mindelstetten mit Nuntius Erzbischof Lajolo gefeiert, in: idu Nr. 44/45, 10. November 1999, S. 1f.
Erster liturgischer Gedenktag der seligen Anna Schäffer in Mindelstetten mit Nuntius Erzbischof Lajolo. „Erfülltes Leben auch im Leid“, in: pressedienst regensburg Oktober 1999.
Feierliche Übertragung der Gebeine Anna Schäffers in das neue Grab. Reliquienentnahme für die Seligsprechung in Rom, in: pressedienst regensburg 5. Februar 1999.
Feierliche Übertragung der Gebeine Anna Schäffers in das neue Grab. Reliquienentnahme für die Seligsprechung in Rom, in: Regensburger Bistumsblatt Nr. 6, 7. Februar 1999, S. 3f.
Frau der Hoffnung. Papst spricht die Deutsche Anna Schäffer selig, in: Heinrichsblatt Bamberg Nr. 11, 14. März 1999.
Fruchtbar, qualvoll und selig, in: kreuz.net – katholische nachrichten 3. März 2005.
Fürsprecherin in bewegter Zeit. 6000 Gläubige beim Gebetstag der Anna Schäffer, in: Katholische SonntagsZeitung Nr. 31, 7. August 2010, S. II.
„Geh’, Schreiner Nandl, hilf!“, in: Sonderbeilage zu Regensburger Bistumsblatt Nr. 11, 14. März 1999, S. 16.
„Gerade jetzt braucht man Vorbilder“. Kardinal Ratzinger und Bischof Manfred über den Sinn der Schäffer-Seligsprechung, in: Wochenblatt 10. März 1999.

6000 Gläubige beim Anna-Schäffer-Gebetstag in Mindelstetten –Christen aus dem ganzen Bistum und darüber hinaus suchen Trost bei der Seligen in der Nachfolge Christi, in: Bischöfliche Pressestelle presse.medien@bistum-regensburg.de, 27. Juli 2010.

6000 Gläubige strömen zum „Anna-Schäffer-Gebetstag“, in: Mittelbayerische Zeitung 27. Juli 1999.

Gottesdienst im Petersdom, Sonderaudienz beim Papst, Gottesdienst mit Kardinal Ratzinger und attraktives Pilgerprogramm. Sonderzug und Kurzflugreisen zur Seligsprechung von Anna Schäffer, in: pressedienst regensburg 2. November 1998.

Gottesdienst in St. Peter und Sonderaudienz zum Abschluss der Wallfahrt anlässlich der Seligsprechung von Anna Schäffer, in: pressedienst regensburg 9. März 1999.

Grab der künftigen Seligen Anna Schäffer geöffnet, in: KNA-Bayerischer Dienst Nr. 14, 6. Februar 1999, S. 5.

Grab von Anna Schäffer geöffnet, in: Straubinger Tagblatt/Niederbayern 8. Februar 1999.

Heiligsprechungsprozess geht weiter. Konferenz in Rom befasst sich mit der seligen Anna Schäffer/ Musical in der Turnhalle, in: Donaukurier/Lokales 20. Januar 2010.

Große Anteilnahme am Anna-Schäffer-Gebetstag in Mindelstetten, in: Bischöfliche Pressestelle presse.medien@bistum-regensburg.de, 28. Juli 2006.

Grußadresse des Präfekten der Heiligsprechungskongregation José Saraiva Martins vorgetragen am 3.7.1988 (sic! Korrektur: 1998) zu Beginn der feierlichen Promulgation des Wunderdekrets der ehrw. Dienerin Gottes Anna Schäffer, in: Anna Schäffer von Mindelstetten/Bayern Januar 1999, Brief 34, S. 8–9.

Im Leiden den Willen Gottes erkannt. Pfarrer Johann Bauer aus Mindelstetten hielt Referat über Anna Schäffer, in: Donau-Post 22. Mai 2000, S. 16.

„Im Leid zum Segen geworden“. Diözesanpilgerfahrt in die „Ewige Stadt“/Feierlicher Dankgottesdienst am Ostermontag, in: Rundschau-Region o. D.

In Memoriam: H. H. Pfarrer Manfred Kunert (†), in: Selige Anna Schäffer von Mindelstetten/Bayern Dezember 1999, Brief 36, S. 57.

Internationale Begegnung. 2500 Gläubige bei Großereignis in Mindelstetten, in: Katholische SonntagsZeitung Nr. 33, 20. August 2005, S. I.

Jesus ist Zukunft für alle. 6000 Gläubige bei Anna-Schäffer-Gebetstag in Mindelstetten, in: Katholische SonntagsZeitung Nr. 31, 2. August 2008, S. II.

„Jugend 2000“ in der Diözese Regensburg offiziell anerkannt. Überreichung des Dekrets von Bischof Manfred durch Generalvikar Dr. Gegenfurtner beim Anna-Schäffer-Gedenktag in Mindelstetten, in: Regensburger Bistumsblatt 15. Oktober 2000, S. 32.

Knöchelchen sind jetzt Reliquien. Grab für Seligsprechung von Anna Schäffer unter Aufsicht des Bischofs geöffnet, in: Mittelbayerische Zeitung 8. Februar 1999.

Krankengottesdienst aus Mindelstetten im Bayerischen Rundfunk, in: pressedienst regensburg 19. April 1999.

Leben nach Gottes Gebot. Pontifikalamt zum Anna-Schäffer-Gebetstag, in: Katholische SonntagsZeitung Nr. 31, 4. August 2007, S. III.

Leiden als Sühneopfer für ihre Mitmenschen. Anna Schäffer: Lebensdaten einer visionären Frau, in: Mittelbayerische Zeitung 8. März 1999.

Leiden als Sühneopfer. Grafenwöhrer nahmen am Gedenktag von Anna Schäffer teil, in: Der neue Tag 13.10.1999.

Lohn für irdisches Leid. Papst spricht die Dienstmagd Anna Schäffer selig, in: Süddeutsche Zeitung 8. März 1999.

Mehr als 6.000 Gläubige bei Anna-Schäffer-Gebetstag, in: KNA 84, 29. Juli 1999, S. 4.

Mesner am Grab der seligen Anna Schäffer, in: Mittelbayerische Zeitung (?) Nr. 142, 22./23. Juni 2000.

Mit dem Bischof kam die Sonne, in: Donaukurier Nr. 172, 28. Juli 2004, S. 25.

Mit dem Zug zur Seligsprechung, in: Mittelbayerische Zeitung, Oberpfalz/Franken 14, 15. November 1998.

Morgen wird die „Schreiner Nandl“ seliggesprochen, in: Schwäbische Zeitung Nr. 54, 6. März 1999.

Nuntius kommt zum Gedenktag der seligen Anna Schäffer, in: KNA 113, 5. Oktober 1999, S. 7.

Nuntius würdigt Leben und Wirken der seligen Anna Schäffer, in: KNA 115, 9. Oktober 1999, S. 3.

Oberbayerin im Kreis der Seligen. Papst Johannes Paul II. sprach Anna Schäffer in Rom selig.

„Ohne Beichte nur eine Touristenfahrt“ – Sonderaudienz beim Papst. Eine Ermutigung für Kranke, in: Donaukurier 10. März 1999.

Papst-Audienz für Pilger aus Regensburg, in: Mittelbayerische Zeitung 10. März 1999.

Papstaudienz nach der Seligsprechung: „Ihre Mission war ihre Passion“, in: Straubinger Tagblatt 12. März 1999, S. 19.

Papst Johannes Paul II. spricht Anna Schäffer in Rom selig, in: Donau Post 8. März 1999.
Papst sprach Anna Schäffer selig, in: Passauer Bistumsblatt 14. März 1999, S. 1.
Papst spricht die Deutsche Anna Schäffer selig, in: KNA-Bayerischer Dienst, Nr. 26, 9. März 1999, S. 3.
Pfarrgemeinde unterwegs zum Grab der seligen Anna Schäffer, in: Mittelbayerische Zeitung/ Waldmünchen 17. September 1999.
Preisgekrönter Blumenteppich, in: Selige Anna Schäffer von Mindelstetten/Bayern Dezember 2002, Brief 42, S. 45.
Regensburger Dienstmagd soll bald vom Papst seliggesprochen werden, in: Wochenblatt 8. Juli 1998.
Reliquien von Anna Schäffer. Grab der künftigen Seligen in Gegenwart des Bischofs geöffnet, in: Deutsche Tagespost 9. Februar 1999, S. 5.
„Selige und Heilige sollen uns Vorbilder sein", in: Donau-Post 16. April 1999, S. 25.
Sich ganz auf Gott verlassen. Tausende Gläubige bei Anna-Schäffer-Gebetstag in Mindelstetten, in: Katholische SonntagsZeitung Nr. 31, 1. August 2009, S. I.
Siechtum geduldig ertragen, in: Der neue Tag 8. Februar 1999.
Sonderzug zur Seligsprechung, in: Straubinger Tagblatt – Landshuter Zeitung/Niederbayern 16. November 1998.
Sorgen und Anliegen mitgetragen.100 Gläubige bei der Hemauer Fußwallfahrt zum Grab der seligen Anna Schäffer, in: Mittelbayerische Zeitung 23. Juli 2008, Teil 04.
Sozialstation im Gedenken an Anna Schäffer?, in: Donaukurier 18. März 1999.
Tausende von Gläubigen bei Anna-Schäffer-Gebetstag, Deutsche Tagespost Nr. 90, 29. Juli 1999, S. 4.
Treffen in Rom mit Fürst Albert, in: Mittelbayerische Zeitung 10. März 1999.
„Trost und Ermutigung" im Leid, in: Regensburger Bistumsblatt Nr. 42, 17. Oktober 1999, S. 28.
Über 6000 Gläubige beim Anna Schäffer Gebetstag in Mindelstetten, in: pressedienst regensburg 27. Juli 1999.
Ungeahnte Ähnlichkeiten mit dem Apostel PauluS. Leiden für Gott als gemeinsamer Nenner, in: Wochenblatt 10. März 1999, S. 10.
Unzeitgemäßer Mensch des Leidens und DienenS. Der Papst sprach die Dienstmagd Anna Schäffer aus Mindelstetten selig, in: Kirchenzeitung Eichstätt 14. März 1999.
Veröffentlichung zur 100. Wiederkehr des Unfalls der neuen Seligen des BistumS. Eucharistische Gedanken der seligen Anna Schäffer. Mit einem theologischen Beitrag des neu ernannten Kardinals Leo Scheffczyk, in: Pressestelle Diözese Regensburg 2. Februar 2001.
Videofilm über Leben der Anna Schäffer vorgestellt, in: Donaukurier Nr. 171, 28. Juli 1999, S. 22.
Video über Anna Schäffer überreicht, in: Der neue Tag 28. Juli 1999.
Viel Prominenz bei Seligsprechung. Gottesdienst für Anna Schäffer wird live im Fernsehen übertragen, in: Der neue Tag 5. März 1999.
Von zehn neuen Seligen eine Deutsche: Anna Schäffer, in: L'Osservatore Romano Nr. 11, 12. März 1999, S. 1.
Vorschlag für die Feier der Eucharistie zur Seligsprechung von Anna Schäffer am 7. März 1999 (3. Fastensonntag), in: Regensburger Bistumsblatt Nr. 9, 28. Februar 1999, S. 28.
Wallfahrten 1999 nach Mindelstetten zum Grab der seligen Anna Schäffer, in: Selige Anna Schäffer von Mindelstetten/Bayern Dezember 1999, Brief 36, S. 20–22.
Wallfahrt, in: Katholische SonntagsZeitung Nr. 42, 18. Oktober 2003, S. VIII.
Wallfahrt nach Mindelstetten, in: Mittelbayerische Zeitung 25. Juni 1999.
Weihbischof aus Paderborn am Grabe Anna Schäffers, in: Anna Schäffer von Mindelstetten/Bayern Juli 1998, Brief 33, S. 47.
„Wer glaubt, muss auch Konsequenzen in seinem Leben ziehen", in: Bischöfliche Pressestelle presse.medien@bistum-regensburg.de, 27. Juli 2007.
Zehn Glaubenszeugen in Rom vom Papst seliggesprochen, in: Schwäbische Zeitung Nr. 55, 8. März 1999.
Zeugnis für den Glauben. Rund 5000 Gläubige bei Anna-Schäffer-Gebetstag, in: Katholische SonntagsZeitung Nr. 31, 9. August 2006, S. III.
Zuverlässige Fürsprecher im aufreibenden Lebensalltag. Ansprache von Johannes Paul II. am 8. März, in: L'Osservatore Romano Nr. 13, 26. März 1999, S. 10.

Oben genannte Veröffentlichungen sind in der Zeit von 1998 bis 2011 in der Abteilung für Selig- und Heiligsprechungsprozesse beim Bischöflichen Konsistorium Regenburg eingegangen. Das Verzeichnis erhebt keinen Anspruch auf Vollständigkeit aller Veröffentlichungen über Anna Schäffer im genannten Zeitraum.

Personenregister

Wegen der Häufigkeit der Nennungen verzichtet das Register auf die Begriffe Anna Schäffer und Mindelstetten

Adam, Willibald, Abt OSB 95, 159, 168
Adelgossa, Schw. 467
Adler, Alfred 343
Aichern, Maximilian, Bf. 528, 536, 537, 539, 540
Alacoque, Margareta Maria, hl. 350
Albert, Andreas, Pf. 596
Alberti, Ottorino, Pietro, Ebf. 546, 552, 564
Albertus, Magnus, OP, hl. 537
Alexander III., Papst 20
Alexandrowa Maria, Zarin 56
Aloysius, hl. 344
Amalie v. Oldenburg 56
Ambrosi, Andrea, Dr. 534, 535, 536, 539, 545, 546, 547, 548, 557, 558, 559, 561, 599, 634
Ammer, Josef, Dr. 592, 596
Ampferl, Johann 68, 69
Ampferl, Walburga 64, 68
Anna, hl. 631
Anselmus, Fr., SVD 159
Arco auf Valley, Anton, Gf. 133
Arinze, Francis, Dr., Ebf. 576
Aristoteles 238, 279
Arnulf, Prinz v. Bayern 170
Arnulf, Prinzessin v. Bayern 168, 170
Auer, Johann, Dr. 84, 311, 515 f., 530, 623
Auer, Erhard 419
Augustinus, hl. 23
Auinger, Lukas, P., OSB 526
Aureus, Br. SVD 195 f.
Avila, Theresa v., hl. 560

Bafile, Corrado, Kard. 511
Baldauf, Johann, Präl. 463
Barbara, hl. 78
Bassus, Maximilian v. 38, 72
Batz, Emmeram 534, 579, 584, 587, 599, 601, 624
Baudenbacher, Karl, P., CSSR 80, 188, 197
Bauer, Bartholomäus, P., OF-Min 566
Bauer, Elisabeth 577
Bauer, Johann, Pf. 73, 524, 530 f., 573 f. 577 f., 585, 592, 596, 598 f., 631
Bauer, Martin 455
Baumann, Karl, Dr. 462
Baumann, Maria, Dr. 596
Bäuml, Katharina 405
Bechtolsheim, Erika v. 128, 217, 220, 491
Beck, Max 586
Beinert, Wolfgang, Dr. 590
Benedikt XIV., Papst 20, 490
Benedikt XV., Papst 20, 102 f., 107 f., 112, 115, 119, 123, 208, 316 f., 326, 355, 504
Benedikt XVI., Papst 515
Bengsch, Alfred, Ebf. 513
Berengar, Joseph 159
Bernadette, Schw. 505
Bernardus, hl. 94
Berr, Heinrich 581
Bertele, Josef 205
Besler, Karl 535
Bettinger, Ladislaus, P. OFMCap. 434
Bianchi, Angelo, Nunt. 58
Bieber, Willi 458
Billinger, Richard 455
Bismarck, Otto v. 42 f, 44, 45, 47 ff., 51 ff., 55, 57, 59, 314, 408, 441
Blasch, Manfred, Ing, 580, 585 ff.
Blithildis, Schw. 111
Blomberg, Werner v. 410, 420
Bockhorn, Maria 199, 203
Böckler, Therese 180, 203
Böhm, Anna 436
Bonaventura, Schw. 167, 220
Borromäus, Karl, hl. 466
Bortenhauser, Anna 34, 100, 105, 111, 115 f., 126 f., 141, 144, 172, 268 f., 283, 312, 323 f., 330, 335, 338, 339, 353 f., 357 f., 364, 367, 508
Bortenhauser, Tatona, Schw. 324
Bortenhauser, Max 85, 313, 324, 327
Böschl, Alfred 592
Bosco, Johannes, hl. 344, 537
Bösl, Hans-Josef, Pf. 501
Bovone, Alberto, Kard. 557
Braun, Karl, Dr., Bf. 627
Bray-Steinburg, Otto v. 53
Brunner 26
Brunner, J. F., P. OSB 405
Buchberger, Michael, Dr., Ebf. 183, 190, 192, 214, 227, 392, 406, 414, 416, 433 f., 453 f., 459, 462, 466, 468, 470 f., 474, 482, 484, 502, 582, 626
Buchberger, Theresa, Frl. 471
Buchner, Karl 572
Bugl, Anton 502

Carossa, Hans, Dr. 73, 451, 455
Cassian, P. OFMCap. 185
Chamberlain, Stewart Houston 408
Chiesa, Giacomo della, Kard. 316
Christ, Josef, Pf. 179, 201
Churchill, Winston 439 ff.
Claudel, Paul 61
Clemens, Joseph, Herz. i. Bay, Bf. 90
Cocchetti, Oratio, Präl. 511, 518 f., 534
Coelestin, Fr., OFMCap 189
Cornelius, Peter 36
Cornelius, Maria 36
Corradini, Sandro, Msgr. 543, 548, 562
Cortés, Donoso 494

Cramer-Klett, Theodor v. 93, 167, 173, 176
Creszenz, sel. 193
Crisan, Traianus, Ebf. 520, 521, 523
Cyprian, Alois, Fr. 223 f.

Dandl, Otto v. 106, 122
Darwin, Charles 407
Deiring, Angelika 182, 206
Deml, Marianne 596, 599
Designatus, Br. OCarm. 224
Dickel, Johann 64, 68, 69
Diehl, E. 25
Dietz, Georg 460
Ding, Hermann Joseph 203
Dionysius, hl. 81
Dobretsberger, Siegfried 527
Dobroschke, Johannes 592
Doeberl, Michael 441
Döllinger, Ignaz, Dr. 44 f.
Drexler, Anton 145
Droll, Barbara 162
Drozdek, Miroslaw, P. SAC 537
Duda, Franz 427
Dulles, Allan, Präs. 442

Eberle, Franz X., Wbf.. 227
Ebert, Friedrich 147
Eberth, Josef, Msgr. 588, 631
Edbauer, Anna 589
Eden, Anthony 439 f.
Ehle, Friedrich 180, 186, 200
Ehrich, Odilia 195
Eichinger, Georg, Pf. 200
Eichstätter, Maria 204
Eickermann, Antonie 34
Eisner, Kurt 83, 123 f., 133 f., 330 f.
Emmerick, Katharina, sel. 154, 182, 193, 304, 382
Emslander, Wolfgang, P., OFMCap 129
Enders, Bartholomäus, Dr. 233
Engelhard, P. OFMCap 165
Englhardt, Georg, Dr. 449
Ensoli, Ennio, Dr. 536
Epp, Franz v. 422
Erhard, hl. 493, 538
Erhard, P. OSB 215
Erhardsberger, Josef, Präl. 482
Ermer, Franz 450
Eßer, P., Dr., Ambrosius, OP 524, 529, 532 f., 537, 542, 545, 554, 565, 590, 599
Euringer, Josefa 72
Eyck, Erich 147

Falk, Paul Ludwig 42
Faulhaber, Michael v., Dr., Kard. 83, 124, 138, 140, 145, 179, 412, 414
Feigl, Jakob 578
Feigl, Maria 427
Felici, Angelo, Kard. 541 f., 543
Felicitas, Schw. 181, 204
Fellner, Pepi, 72, 200, 239, 361
Fent, Andreas 323
Fenzl, Fritz, Dr. 560
Ferrero, Consolata, Benigna, Schw. 265, 301
Ferry, Jules 41
Ferstl, Werner 585
Fiehler, Karl, OB 432
Fischl, Ludwig, Pf. 345, 347, 481 ff., 488 ff.
Fleischmann, Josef 207
Florian, hl. 81
Flügel, Karl, Wbf. 490, 496, 513, 524, 530 f., 543, 565, 578, 624, 629
Foch, Ferdinand 322
Forchhammer, Maria 70, 126, 251 f., 313, 333, 358, 384, 396, 397 f., 400, 467
Forchhammer, Martin 152, 398
Forster, Margret 570
Forster, Theresia 26, 371, 456, 549
Frankl, Anna 37
Franz von Sales, hl. 610
Franz Joseph I., Kaiser 41
Franz, Joseph, Präl., Domdek. 438
Franziskus v. Assisi, hl. 250, 253, 255, 260 f., 300, 302, 308, 394, 401, 552, 560 f.
Freud, Siegmund, Dr. 343
Friedrich v. Preußen, Kronprinz 56
Friedrich, sel. 191
Frühmorgen, Franz, Dr. 596 f
Frutaz, Pietro, Amato, Msgr., 511, 518
Fürnrieder 331
Fuß 331

Gäch, Albert, Dr. 81
Gaessler, Pf. 219
Galgani, Gemma, hl. 100, 101, 263, 308, 344, 382
Gammel, Ing. 583
Gatz, Erwin, Dr. 591, 599
Gatzhammer, Stefan 534
Gaul, Apollonia 202
Gaulles, Charles de 442
Gebhard, Mathias 224
Gegenfurtner, Wilhelm, Präl., Dr. 561, 565, 590, 592, 596, 600, 632
Gemminger, Ludwig 233
Gerhardinger, M. Theresia v. Jesu, Schw., sel. 494, 565, 593
Gerl, Karl 501
Gerlich, Fritz, Dr. 187
Germano di, S. Stanislao 100
Gerngroß, Rupprecht, Dr. 432
Geser, Emmeram, OSB 629
Gierl, Emma 382
Gierth, Dr. 503
Giesebrecht, W., Friedrich 57
Giesler, Paul 432
Gilg, Emmeram OSB, Abt 215
Godin, Michael v. 443
Goethe, Joh. Wolfgang v. 451
Goldner, Johannes 572
Goppel, Alfons, Dr. 479
Goretti, Maria, hl. 33
Götz, Anton, Dr. 405
Gouyen, Paul 523
Graber, Rudolf, Bf., Dr., 319, 474 ff., 480 f., 483 f., 486, 488 ff. 490 f., 498 f., 502 f., 505, 509 f., 513 f., 517, 519 ff., 522, 524, 530, 533, 537 ff., 565, 572 f., 593, 608, 616, 621 f., 626
Gradauer, Peter, Dr., 528, 534
Graf, Josef, Dr. 628, 632
Gregor VII., Papst 145
Gregor IX., Papst 20
Greiffenstein, Maria v. 220
Greiner, Anna 166 f.
Greipl, Egon, Dr. 48
Grill, Franz 180
Groener, Wilhelm 322
Grosse 108
Grötsch, Hermann, Präl. 484, 501, 571
Grube, Else 206

Gruber, Mathilde 152, 154, 179, 198 f.
Gruber, Pf. 181
Grünewald, Stanislaus, P. OFMCap. 466
Grünwald, Michael, Dr., 623
Gudden, Bernhard v., Dr. 58
Guevara 493
Guggenberger, Vinzenz, Wbf. 500 f., 504, 511, 543, 565, 580, 583 ,584, 590, 592, 596, 598, 622 f., 626, 630, 632, 634
Gürtner, Joseph 77
Guttenberg, Ennoch v., 418

Haag, Katharina 30
Haag, Walburga 29
Habbel, Gebr. 189, 199
Haberlander, August 78
Häker, Mathilde 181
Halbritter, Rosa 178, 197
Haller, Franz 143
Haller, Ludwig 92
Hartl, Maria 370
Hauberrisser, Heinrich 88, 89
Hauberrisser, Georg Joseph v. 88
Hauner, Karl 433
Haunschild, Anton, Pf. 470
Heide, van der, P. SVD 369
Heigl, Johann 206
Heigl, Ludwig 181, 205
Heinrich II., Kaiser 495
Heinrich, Gottfried, P. OFMCap. 168, 200
Heinz-Ertle, Maria 206
Heinz-Orth, Maria 181
Held, Heinrich, Dr. 147, 413, 419 f., 422
Hellermeier 483
Hellmich, A. M., P. SJ 222
Henle, Antonius v., Bf, 105, 109, 113 f., 130, 163, 190, 457, 485
Hergenröther, Joseph 46
Hermana, Mater BMV 466,570
Hermann, Josef , P. OFMCap. 180, 217
Herron, George, D. 122
Hertling, Georg Friedrich v. 322
Hetzenecker, Sophie 437
Hiltl, Georg 513
Hiltl, Josef, Wbf. 485
Himmler, Heinrich 410, 422 f.
Hindenburg, Paul v. 145 f., 208, 319, 409, 419 f., 424
Hirmer, Joseph, Dr. 460
Hitler, Adolf 145 ff., 208, 225, 408 f., 410, 416, 418 f., 421, 423 f., 428, 443
Höcht, Johann, Wbf., Dr 209, 406, 452
Höcker, Mathilde 204
Hoffmann, Johannes 131, 134, 139
Hofmann, Gustav, Dr. 528, 539, 540 f., 556 f.
Hofmann, Maria, Rita 570
Hofmannsthal, Hugo v. 451
Högner, Wilhelm, Dr. 442, 443, 445
Hohenlohe-Schillingsfürst, Chlodwig v. 45 f., 52 f.
Höllerzeder, Karl, Msgr. 510
Holzapfel, Michael 83, 333, 497
Holzapfel, Therese 464
Holzgartner, Karl, Pf. 27, 79, 400, 405 f., 425, 426, 427, 428, 429, 431, 432, 433, 434, 435, 436, 437, 438, 448 f., 453, 460, 462, 465, 505
Holzmann, Philipp 572
Hopfner, Max, Dr. 592
Höß, Kreszentia, hl. 260
Hovre, De, DK 221, 222
Hubbauer, Peter, DK, Präl. 596 f.
Huber, Erwin 596, 599
Huber, Therese 68
Hull, Cordell 440
Humpl, Georg 583, 585
Hundhammer, Alois, Dr. 446
Hundsdorfer, Johann, Pf. 583

Iglhaut 78
Ignatius, v. Antiochien, hl. 238
Imlauer, Cäcilia, Schw. 497, 572
Imlauer, Elis 109 f., 148, 200, 201, 228, 234, 240, 251, 266, 468, 497, 577
Imlauer, Rosa 64, 70, 73, 97, 148, 152, 153, 157, 184, 210, 214, 217, 227, 228, 243, 246, 305, 366, 371, 380, 383, 384, 385, 391, 392, 395, 396, 397, 403, 436, 449, 453, 459, 462, 464 ff., 482 ff., 488 ff., 497, 505, 508, 534, 568f., 572, 577
Imlauer, Viktoria 205
Jankovicz, Elisabeth, Anna, Gfn. 196
Joachim, Fr. SVD 169 f., 181, 369, 387
Joachim, hl. 631
Johannes, Ev., hl. 82, 310, 324, 384, 604, 618 f.
Johannes, d. Täufer, hl. 611
Johannes v. Gott, hl. 344
Johannes Paul II., Papst 20, 21, 22, 351, 504, 521, 523, 530, 531, 537, 540, 541, 548, 552, 554, 558, 564, 584, 593, 598, 599, 600, 603, 623, 630 f.
Johannes XV., Papst 20
Johannes XXIII., Papst 475
Jörg, Edmund, Dr. 53 f.
Jörges 220
Joseph, hl. 30, 81, 246, 391, 465
Jung, Carl Gustav, Dr. 343

Kahr, Gustav v. 139, 146 f
Kainz, Stephan, P., OSB 176, 183, 190, 307
Kaiser, Matthäus, Dr. 529
Kammerbauer, Ilse, Dr. 598
Kammerer, Caius, P. OFMCap. 436
Kammermeier, Willibald, Msgr. 458
Karg, Cassian, P., OFMCap. 183
Karl I., Kaiser 112, 122, 535
Karle, Anna 202
Katharina, hl. 342
Katzendobler, Alois 468 ff.
Keller, Anna 181
Keller, Babette 363, 390
Kernl 580
Kettner, Josepha 28
Kettner, Michael 497
Kirmzeuner 141
Kirschbaum, Anton v. 38, 64
Knilling, Eugen v. 146 f.
Knöferl, Franz 77, 394, 406, 425, 427, 430 ff.
Knöferl, Joseph 313
Knöferl, Walburga 392, 393 ff., 465
Kobl 28
Kolakowski, Leszek, Dr. 61
Kolbe, Maximilian, P., OFMin., hl. 112, 487
Kölbel, Heinrich 462

Koller, Anna 180, 202
Konrad, Br., hl. 193
Köppl, Ferdinand 489
Köstler, Pf. 489
Kraft, Maximin, P., OFM 498
Krahl, Johann 56
Kral, Josef 516, 528, 535 f.
Kraus, Martin 99
Kraus, Nikolaus 462
Kraus, Franz X., 82
Krebs, Barbara 180
Kreuzer, Anna 68
Kreuzer, Walburga 64, 71
Kriegler, Max 428
Kugler, Eustachius, Fr., OH, sel. 494, 565
Kuhnle, Beda, P., OFMCap. 466, 568
Kundmüller, Katharina 171, 176
Kuppe, M. 181, 204
Kyrillos-Methodios. hll. 475

Laet , Jean de, Prof. 221 f., 225
Lama, Friedrich Georg, Ritter v. 28, 33, 178 f. 185, 187, 191 f., 194, 198, 200 ff., 207 ff., 215 f., 219 ff., 225 ff., 231, 347, 372, 377, 388, 436 ff., 482 f., 505, 525, 529, 535
Lama, Severin v., P., MSSC 178, 198, 216
Lammer, Mathilde 182
Landgraf, Johann 438, 460
Lang, Adelgossa, Schw. 205, 224
Lang, Wally 467
Laux, Anna 35
Lechermann , Dr. P. SDB 582
Lechermann, Anna 307, 368
Lederhilger, Severin, DDr., OP-raem 537 f., 539, 558 f., 599
Lehner, Bernhard 566
Lenin, Wladimir Iljitsch 112, 319, 493
Lenz, Robert 438
Leo XIII., Papst 44
Leonhard, hl. 81
Leonrod, Sibylle v. 56
Lerchenfeld-Koefering, Hugo Max v., Gf. 146
Leviné-Nissen, Eugen 134
Lichtl, Raban, Pf. 180
Licklederer, Helma 483, 497
Liguori, Alphons v., hl., 610
Lindinger, Anna 181, 198, 199, 212
Lindl, Johann. 82
Lindl, Nikolaus 203
Lindmayr, Maria Anna, OCarm. 265, 560
Löffelmann, Thomas 596
Loyola, Ignatius v., hl., 343
Ludendorff, Erich v. 146, 319, 322
Ludwig I., König 45
Ludwig II., König 44, 47, 51 f., 53 f., 55 f., 58 f.,
Ludwig III., König 83, 100, 106 f., 112, 118, 122 ff., 130, 145, 315, 320, 412, 418
Luitpold v. Bayern, Prinzregent 48 f., 58 f., 99 f., 170
Lutz, Johann, Dr. 45, 46 ff., 53, 57 f.
Lutz, Josef Maria 455
Luzia v. Fatima, Seherin 429
Luzilla, Schw., OSV 206, 245, 284, 483 f., 488

Mader, Barbara 83, 489
Magdalena, Schw. 369, 384, 526
Mager, Eduard 100
Mager, Alois, P. OSB 222
Maglione, Luigi, Kard. 442
Mai, Paul, Dr., Msgr. 506
Mall, Egbert, P. OFM 622
Manigl, Michael 578
Mansueta, Schw. 244, 263, 328, 341, 353, 363,
Markstaller, Johann, Dr. 67, 228, 230
Marx, Karl 493
Marx, Wilhelm 223
Maurer, Otto, Pf. 622, 629
Maurilla, Schw. 202
Mauser, Michael 119
Mauser, Pius 120
Mauser, Therese 119 f., 265
Max v. Baden, Prinz 322
Maximilian I., Kurfürst 107
Mayer, Augustin, OSB, Kard. 599
Mayer, Joseph, Stiftsdek. 159, 165, 228
Mayer, Margareta 436
Mayer, Rupert, P., SJ, sel. 607
Mayrhofer, Dr. 502
Meglia, Francesco, Msgr. 58
Meisner, Joachim, Dr., Kard., Ebf. 532
Menegazzo, Federico, P., CP. 512, 523
Mergel, Leo v., Bf. v. 474
Merry del Val, Raffaele, Kard. 611
Metternich, Clemens v. 49
Michaelis, Georg, Dr. 208, 326
Mindar, Antonius 188
Mödl, Ludwig, Dr. 531, 625 f.
Molz, Präl. 219
Montgelas, Maximilian v. 223
Morgenschweis, Fritz, Präl. 572
Moser, Georg, Dr., Bf.. 63
Moses 16
Most, Helene R., Schw. 221
Mühlbauer, Fritz 497
Müller, Gerhard Ludwig, Bf. 567
Müller, Karl Alexander v. 106
Müller, Ludwig August v. 106
Müller, Josef, Dr. 445 f.
Müller, Manfred, Bf. 503, 522, 524, 528 ff., 536 f., 540 ff., 545 ff., 553 f., 558, 561, 565, 573, 588, 590, 592 f., 597, 599 f., 621 f., 628

Naab, Ingbert, P. OFMCap. 186
Naber, Josef 208
Napoleon III., Louis, Kaiser 41, 52
Nardini, Joseph, Dr.. sel. 558
Nesner, Konrad 487
Neumann, Therese 184, 190, 195, 202, 207, 208, 209, 215, 221, 222, 487, 567, 582, 621
Neumayer, Maximilian, Dr., P., OFMCap. 496, 501, 534
Neumeier, Walburga 162
Newman, John Henry, Kard., sel. 62, 64, 629
Niedziella, Margarethe 180, 199, 201
Nietzsche, Friedrich Willhelm 407, 604
Nikolaus, hl. 30, 91
Nötscher, Designatus, Br. OCarm. 200
Nowak, Eduard, Ebf. 537, 541 ff., 548, 553, f., 559, 562

Oberndorfer, Andreas, Pf. 186
Oberndorfer, Viktrizius, P., OFMCap. 433
Oblinger, Franz 534, 584
Oettingen-Wallerstein, Eugen, Fürst, zu 420
Omasmeier, Franz H. 428
Orsenigo, Cesare 209
Ottilia, Schw. 158
Ow-Felldorf, Sigismund Felix, Wbf., v, 92, 130 166

Palazzini, Petrus, Kard. 521, 523, 533
Panholzer, Joseph, Dr. 443
Papen, Franz v. 419
Pappenberger, Reinhard, Wbf. 596
Pappenheim, Georg v. 90
Paredes, Anna v. 265
Paul VI., Papst 20, 479, 480, 494, 504
Paulus, hl. 62, 86, 138, 238, 257, 300, 308, 350, 597 f., 607, 609
Peinkofer, Max 451, 455
Pemsel, Joseph, Pf. 189 f.
Pentenrieder, Magdalena 180, 201
Perpetua, Schw. OP 182, 206
Petrus, hl. 600
Pfister, Barbara 212
Pfordten, Ludwig v. 51 f.
Phelan, Lewis J., 464
Philomena 151 f.
Pio a Pietrelcina, P., OFMCap., hl. 207
Pius IX., Papst 39 ff., 44, 334
Pius X., Papst, hl. 20, 96, 101, 189, 266, 267, 315, 344, 611
Pius XI., Papst 219, 619 ff.
Pius XII., Papst 25, 101, 112, 147, 195, 318, 416, 482
Plendl, Kathi 142, 301, 331, 359, 361, 389
Poll, Josef 214
Pöschl, Irmingard, Schw. 155, 468
Possenti, Gabriel, sel. 118, 265, 344
Pranckh, Siegmund v. 53, 54
Prell, Gerhard 568
Preysing, Konrad v. , Ebf. 426
Pritzl, Lina 167, 181, 197, 245, 247, 303, 397, 437
Pronadl, Anton, Präl. 205
Pronadl, Monika 205
Prüflinger, Kreszenz 28, 251
Puchner, Ermelinde 180, 201
Pustet, Elisabeth 453
Pustet, Friedrich, Dr. 216, 449 ff., 454

Rabl, Walburga 180, 203
Rainer, August 278, 356
Rainer, Fanny 278
Rambold, Karlmann, Fr. OFM 203
Rasso, Prinz v. Bayern 479
Rathsam, Berta 457
Ratzinger, Joseph, Kard., 515, 521 f., 542, 547, 554, 587, 598 f.
Ratzinger, Georg, Dr. 81
Rauch, Albert, Dr. 479
Rechenmacher, Rhaban, Dr., P., OSB 429
Redwitz, Alphons v. 420
Regensburger, Josef 327
Reindl, Alois, Präl. 515, 530, 535, 627
Reiß, Gustav 573
Reitmeier, Petrus, Fr., OFM 206
Reitmeier, Tatona, Schw. 97, 118, 306, 354, 357, 385
Remlinger, Maria 201
Renner, Erich, Pf. 633
Renz, Jakob 30
Reynald, P. OFM 435
Riedensammer, Joseph 85
Rieder, Ignaz, Dr., Ebf. 126, 169, 178, 197, 212, 491
Riedhammer, Franz X., 581
Riedl, Anna 456
Rieger, Karl, Pf. 28, 30, 32, 35, 64, 68, 70 ff., 73, 77 ff., 78, 80, 82 ff., 84, 86, 88, 89, 91 ff., 101 ff., 109, 111, 113, 116 ff, 125, 135 f., 140 ff., 148 f., 152 ff., 163 ff., 171, 176 ff.,185 ff., 190 f., 193, 195 ff., 201 ff., 210 ff., 220 ff., 229, 232, 235, 237, 240, 246, 251, 255, 260, 266, 306 ff., 336, 340, 367, 371, 382 f., 395 f.,399 ff., 466, 469, 472, 483, 495, 497, 506 f., 525, 534, 568 f.,577, 582, 589
Rieger, Betty 149
Rieger, Elise 232
Riegler, Philomena 148
Riethauer, Franz X. 453
Ritter, Emmeram H., Präl. 536
Ritter, Otto, Pf. 489
Röhm, Ernst 410, 423
Roosevelt, Franklin Delano, Präs. 440, 442
Rosa, Franco De, Prof. 557, 559, 565
Rosenberg, Alfred 408, 425
Rösl, Alfons, Pf. 497, 499, 501, 505, 508, 616
Rossi, Opilio, Kard. 523
Rößler, Max, Dr. 457
Rottenkolber, Max 83
Rottenkolber, Sebastian 83
Rottenkolber, Franz X. 77
Ruberto di, Michele, Msgr. 548, 562
Rupprecht, Kronprinz v. Bayern 113, 315, 317, 318, 418, 419, 420, 441, 444 ff.

Sailer, Johann Michael, Dr., Bf. 351, 474, 522
Samberger 393, 394
Saraiva, José, Ebf. 562
Sattler, Therese 180, 198, 202, 204
Schäffer, Albert 420
Schäffer, Fritz, Dr. 419, 443 ff.
Schäffer, Georg 26
Schäffer, Johann 169, 370, 373
Schäffer, Katharina 30, 35 f., 66, 72, 143, 252, 368, 396, 399, 405
Schäffer, Kreszenz 35, 38, 368, 382, 403
Schäffer, Leopold 106, 368, 370
Schäffer, Michael 26, 28, 35, 66, 141, 248, 251, 364, 549
Schäffer, Therese 26, 30, 35, 166, 332, 357 f., 371, 373, 396
Schäffer, Walburga 106, 370
Schambeck, Giuseppe, Schw. 155
Schanderl, Dr. 333
Scharf, Ludwig, Präl. 573, 625
Scharl, Jakob 435, 497
Scharnagl, Karl 432
Scheglmann, Alfons, Dr. 107, 233
Scherm, Dr. 438
Schertl 426

Schiebl 583
Schießl, Elisabeth 180, 205
Schingnitz, Dieter 578
Schirmer, Pirmin, P., OFM 187
Schlagbauer, Georg, Pf. 155, 482, 489, 491, 495 ff., 501 ff., 510, 520, 524, 534, 568, 571 ff., 577, 579, 614, 616, 622
Schlegel, L. 100
Schlembach, Anton, Dr., Bf, 558
Schlittenbauer, Paul 102, 312
Schmid, Joseph 28
Schmid, Alois v. 46
Schmidt, Lorenz 200, 599
Schmidt, Therese 437
Schmitz, Clemens 497
Schneider, Alfons 581
Schneider, Reinhold 481
Schneider, Wally 166, 219, 582
Schneider, Wilhelm, P., SVD 581 f.
Schoberer, Auxilia 149
Schoberer, Johann 83
Schoberer, Maria 162
Schoberer, Thomas 72, 431
Schön, Josef, Pf. 472, 473
Schonath, Columba, Schw., OP 342
Schönerer, Georg v. 42, 408
Schraml, Wilhelm, Wbf. 532, 554, 577, 584, 588, 597 f., 625, 627, 631, 633
Schreiner, Anna 201
Schröder, Pf. 216
Schrüfer, Werner, Dr. 601
Schulz, Winfried, Dr. 510, 512 ff.,518 f., 523, 526 ff., 531 f., 536, 542, 545 ff., 558, 583
Schuster, Verw. 37
Schuster, Alfredo Ildefonso, Kard. OSB 548
Schwäbl, Franz X. v., Bf. 91
Schwager, Marianne Cäcilie 207, 535
Schwager, Georg X., Msgr. 512, 561, 565 f., 590 f., 596, 601
Schwaiger, Franziska 199
Schwaiger, Georg, Dr. 29, 499 f., 536, 571
Schwaiger, Michael 77
Schweiger, Andreas 462
Schweiger, Franziska 179
Schweiger, Johann 85
Schweiger, Lina 178, 196
Schweiger, Michael 140
Schweikl, Hubert, P. OFMCap. 434
Schwertle, Franz Carl 472 f.
Schwindl, J. 180
Schwürzer, Kreszenz 162
Seelos, Franz X., P., CSSR, sel. 215
Seidenschwanz, Johann 435
Seidenschwarz, Viktoria 155
Seidl, Reiner, P., OFMCap. 572
Seidl, Gabriel v. 37
Selch, Michael 159
Sellmaier 437
Semler, P. SJ 152, 154, 179, 220
Senestrey, Ignatius v., Dr., Bf. 34, 76, 233 ff.
Sepp, Johann 54
Siegert, Toni 567
Siegmüller, Ing. 583
Sigl, Johann, Dr. 81
Sollmann, Adolf, Pf. 159
Sommer, Franziska 436
Spengler, Oswald, Dr. 78
Spießl, Franz, Präl. 585
Sporrer, Michael, Pf. 435, 460 f.,463, 465
Sporrer, Marie 435
Spreti, Adolf v., SVD 520, 622
Springer, Agathe 178, 196
Stadler, Franz X., Pf. 90
Stalin, Josef W. 439
Stanggassinger, Kaspar, P., CSSR, sel. 487
Stanislaus Dr. P., OFM-Cap. 186 ff., 192, 199, 204, 219, 464, 470
Stärk, Hermann Josef, P. OFMCap. 186, 187, 188, 203
Staudinger, Hermine 615
Staudinger, Odo, P., OSB 188, 218
Staufer, Edmund, Präl. 627
Stauner, Josef 501
Stegerwald, Adam 445, 446
Steiger, Benno 26, 79, 88, 233
Steinbacher, Katharina 199
Stephan, P. OFMCap. 168, 170, 171, 172, 177, 182, 185
Stepinaz, Aloisius, Kard., sel. 563
Stifter, Adalbert 458
Storff, Hugolinus, P. OFM 155 ff., 160, 170, 383, 391
Straßwirt, Johann 329
Sturm, Sigmund 185
Sturm, Wilhelm 31
Sybel, Heinrich v. 57

Taigi, Anna M., sel. 118, 119, 265, 344
Tamann, Alfons M. P., Dr. OSB 218
Tauffkirchen, Grf v. 170
Tautz, Gregor 554, 596
Tempelmeier, Xaver 204, 210, 211, 216, 231, 435
Thalhofer, Valentin 46
Theresa, Schw. 157
Therese, v. Kinde Jesu, Schw., hl. 24, 110 f.,118, 193, 239, 263 f., 265, 284, 320, 339, 342, 344, 369, 381, 573,
Theresia, Maria, Königin v. Bayern 412
Thomas von Aquin, hl. 23, 94, 238, 279
Thomas, P., OFMCap. 185, 202, 215, 216, 217, 220, 491
Thurn und Taxis, Albert v. 471, 601
Thurn und Taxis, Gloria v. 601
Treiber, Adolfine, Dr. 534, 561, 596, 599

Uhac, Joseph, Ebf., Dr. 516
Uhland, Josefine 180, 202
Uhlisch, Heinz 548, 554
Ulrich, Bf., hl. 20
Urban VIII., Papst 20, 508 f., 614

Valencak, E., Dr. 527 f.
Valerian, Fr., OH 180, 195
Vanoni, Karl sen. 178
Veit, Katharina 64, 70, 73, 437, 449, 488
Veit, Richard 29
Venanzi, Enrico, Dr. 523 ff., 525, 527, 532, 534
Vianney, Johannes, hl. 387
Virchow, Rudolf, Dr. 39
Vitalis, Schw. 111, 119
Vogl, Anton, Pf. 567
Vogl, Karl, Pf. 186
Volz, Theo 572

Wagenhuber, Manfred 599
Wagner, Adolf 417, 422 f.
Wagner, Clemens, Dr. 216
Wagner, Jakob 407
Wagner, Richard 52, 408
Waindinger, Franz, Pf. 405 f
Wäldin, Karl, Dr. 66, 237, 251, 256, 302, 382, 391, 401
Wallner, Fritz 598
Waltl, Johann 30
Waltl, Kreszenzia 29
Wanger, Pf. 205
Weichenrieder, Astrudis, Schw. 169
Weigl, Alfons, Pf. 69, 72, 120, 345, 347, 431, 484 ff., 505, 568, 571, 573
Weigl, Columba, Schw., OP 560
Weißmayer, Desideria, Schw. 180, 203
Weiß, Anna 68, 69
Weiß, Liberat, P., OFM, sel. 494, 529, 565, 593
Weiß, Viktrizius, P., OFMCap. 470
Weizenwieser, Godlena, Schw. 468
Welles, Benjamin Sumner 440 f.
Werthern, Georg v. 55, 57
Wetter, Friedrich, Dr., Kard. 599
Wewel, Erich 449
Wiesinger, Nikolaus 85
Wiethe, Walther, Dr. 489, 497
Wilhelm I., König 54
Wilhelm II., Kaiser 122, 314 f., 319 ff., 443
Willson, Woodrow 322
Winter, Joseph 28
Winterl, Johann 160
Wittelsbach 57, 131, 170, 317, 418, 479
Wittenzellner, Maximilian, Pf. 182, 206
Wittmann, Anna 177, 195
Wittmann, Georg Michael, Dr., Wbf., 72, 90, 474, 566
Wittmann, Joseph 82
Wittmann, Max 171, 172
Wöhler, Cordula 221
Wolfgang, Bf., hl. 474, 479, 541 f.
Wolfgang, P., OFMCap. 217
Wollner, Georg 461
Wosnitzka, Dr. 503
Wotruba, Albert, Msgr. 503, 583, 588, 630
Wuschko, Johann 497

Zausinger, Ludwig, Präl., 501, 534
Zehetmair, Hans 531
Zeitler, Joseph, Pf. 160
Zellner, Peter, Pf. 428 f., 438
Ziegelmeier, Gertraut 71
Ziegler 78
Zieglmeier, Amalie 436
Zieglmeier, Therese 433
Zierl, Max 522
Zimmermann, Johanna 144
Zinnecker, Thomas, Pf. 596
Zoller, Konrad, Pf. 67, 74, 371, 399, 400, 437, 448 ff., 451 ff.,462, 465, 484, 513, 525, 529, 572
Zoller, Michael 456

Ortsregister

Abensberg 108, 455, 458, 516, 535, 458, 583
Achenkirch 196
Adlhausen 592
Adlkofen 461
Afrika 547, 614
Agendorf 356
Aichach 185
Aichkirchen 456
Aitern 202
Alling 516
Altendorf 573
Altmannstein 79, 92, 168, 483, 583
Altötting 168, 170, 183, 192, 215, 434, 466, 474, 479, 490, 497, 503, 526, 530, 570
Amberg 200, 224, 407, 428, 497
Amerika 169, 173, 179, 211, 220, 246, 318, 320, 321, 327, 334, 387, 440, 442
Amiens 322
Anapolis 215
Antwerpen-Maas 322
Anzenberg-Massing 428
Aosta 349
Apolda 513
Appertshofen 502
Aresing 351
Arnsdorf 486
Ars 395
Aschaffenburg 180, 198, 202 f., 497
Ascholtshausen 406
Assisi 300, 310, 526
Astrachan 333
Augsburg 148, 149, 172, 205, 214, 216, 227, 360, 472, 484, 497, 498, 522, 534
Australien 545, 614
Avila 342

Bad Abbach 434, 498
Baden 195, 322
Baden-Württemberg 50, 547, 624
Bad Gögging 448, 457, 458
Bad Homburg 220
Bad Reichenhall 178, 198, 216
Bad Wiessee 423
Bad Wörishofen 461
Bamberg 75, 134, 139, 188, 572
Bari 93, 523
Bärnau 405
Basel 218
Bayern 24, 44, 47, 49 ff., 99, 103, 106 f., 112, 115 f., 121 ff., 128, 130 f., 134 f., 139 f., 144 ff., 153 f., 184, 187, 208, 224, 315, 318 f., 323 f., 328, 331, 338, 371, 411, 415 ff., 432, 439, 442, 444, 509, 523, 539, 541, 547, 553, 555, 560 f., 566, 572, 577, 583, 589, 597, 600, 614, 617, 624, 630
Bayreuth 408
Beilngries 77, 88, 189, 203, 425
Belgien 221, 317
Berchtesgaden 92
Bergamo 429
Bergmatting 179
Berlin 25, 47, 83, 112, 122, 125, 138, 145, 147, 148, 195, 223, 317, 320, 413, 415, 418, 420, 424, 426, 485, 546, 547, 554
Bettbrunn 28, 128, 435, 573
Beuron 222
Biburg 76, 233
Bodenkirchen 461
Bodenmais 451
Böhmen 42, 479
Bologna 316
Bonn 223, 447 f., 515
Braunschweig 147, 424
Brieg 152, 154
Brunsbüttel 123
Buchloe 449, 459, 472
Bukarest 224
Burghausen 582

Cagliari 546, 564
Calabrien 179
Cambrai 327
Canterbury 349
Cham 497
Chile 129
Cincinnati 94
Como 301
Compiègne 323
Cova da Iria 112
ČSSR 491

Dachau 422
Darmstadt 146, 322
Davos 222
Deggendorf 178, 197
Dettelbach 203
Deuerling 485
Deutschland 55, 56, 158, 168, 208, 222, 224, 315 ff., 411, 415 ff., 424, 438 f., 440 ff., 447 f.
Deutsch-Österreich 42
Dießen 504, 572
Dillingen 188, 200, 225, 467, 472
Dingolfing 481
Döllnitz 76, 234
Donaumonarchie 321
Donauwörth 100
Down 408
Dresden 408
Dülmen 304

Ebnath 436
Edingen 29
Eggenfelden 206, 438
Eichelberg 456
Eichstätt 26, 69, 79, 80, 89, 165, 180, 181, 186, 189, 192, 199, 200, 203, 205, 210, 216, 219, 474 f., 479, 484, 498, 520, 531, 534, 538, 597, 599, 622, 625, 627, 629
Ellwangen 437
Elsass-Lothringen 314
Elsendorf 278, 356, 392
Emskeim 629
England 109, 314, 320, 327, 440, 441, 442
Erding 432
Erkheim 437
Erlangen 65, 66, 86 f., 173, 259, 357
Eschelbach 461
Essen 208
Esternberg 180, 195

Ettal 171, 176, 183
Ettling 237
Europa 24, 49, 321,334, 442, 443, 614

Falkenstein 405
Fatima 110, 112, 281, 317, 319, 334, 341, 351, 429, 478, 486, 517, 537, 538, 553, 619
Feldkirch 223
Finnland 317
Fiume 440
Flandern 317
Florenz 441, 444, 519
Föhren 181, 206
Franken 50
Frankfurt 50
Frankfurt am Main 51, 204, 442
Frankreich 29, 41, 52, 103, 112, 264, 314, 316, 320, 332, 333, 400, 422, 491, 598, 600
Freimann 432
Freinhausen 437
Freising 83, 106, 124, 201, 414, 416, 499, 515, 555
Freistaat Bayern 123, 133
Fulda 498
Furth bei Landshut 573
Füssen 208, 209, 215, 216

Gabersee 555
Gablonz 513
Gauting 209, 214
Gebrontshausen 176
Geisenfeld 430, 497
Geldern 204
Genazzano 482
Gent 221
Gerzen 456
Gögging 27, 450
Göggingen 205
Golgota 389
Görlitz 513
Gosseltshausen 406
Grashausen 81
Graz 89, 180, 202
Griechenland 56
Großkölnbach 182, 206
Großmehring 583, 630
Grünberg 180, 199, 201

Haader 406
Haberskirchen 406
Haindling. 406
Hall 196
Halle 497
Hamburg 123, 172, 572
Hannover 50, 51
Harlanden 88
Heidelberg 147
Heilbronn 497
Hemau 26, 456
Hessen 50
Hexenagger 116, 324
Hiendorf 29, 30, 88, 126, 229, 358, 433,435, 438
Hienheim 76, 233
Hinternberg 481
Hochstetten 204
Holland 322
Homok 223
Hubertusburg 48
Hundsbach 179, 201

Illertissen 226, 437
Illinois 169
Imbath 83, 427, 429, 430
Ingolstadt 26, 30, 38, 64, 77, 78, 125, 135, 169, 178, 179, 180, 189, 196, 199, 210 f.. 214, 217, 221. 231, 260, 323, 324, 428, 430, 435, 436, 455, 463, 465, 498, 503, 520, 527, 622
Innsbruck 171, 184, 198, 204, 217, 218, 220, 474
Irlbach 468
Italien 40, 41, 46, 51, 208, 226, 316, 344, 441

Jagetzell 201
Jalta 441, 442
Jerusalem 385

Kagerwies 456
Kalabrien 201
Kalifornien 158, 159, 222, 391
Karlskron 180, 201
Karlsruhe 322
Kasing 116, 324, 332, 504
Kaufbeuren 193, 382, 497
Kaukasus 317
Kelheim 28
Kemnath 405, 406
Kempfenhausen 180, 201
Kempten 111, 217, 437, 497
Kevelaer 203, 530
Kiel 123
Kirchheim 572
Kleinlellenfeld 182, 205
Köblitz 405
Köln 208, 223, 431
Köln-Ehrenfeld 206
Königgrätz 49
Konnersreuth 184, 187, 189, 190, 192, 207, 208, 209, 210, 213, 226, 494, 567, 582, 593, 617, 621
Konstanz 322
Kösching 65, 67, 68, 69, 85, 116, 118 f., 130, 173, 228, 244, 259, 263, 265, 324, 341, 353 f., 359, 363, 402, 460, 490, 497
Kostenz 237
Krailling 449
Kremsmünster 526
Kreuth 589
Kumberg 180, 181
Kümmersbruck 406, 438
Kurhessen 51

Landsberg 147
Landshut 36, 37, 65, 85, 172, 173, 228, 347
Langquaid 486, 487
La Salette 179, 201, 334, 478
Lauingen 497
Lausitz 430
Lauthecour 350
Lederdorn 482
Leipzig 456
Lenting 155
Leuchtenberg 76, 200
Leutstetten 445
Lindau 444
Lindenberg 206
Linz 526, 527, 528, 534, 536, 537, 539, 540, 541, 542, 555, 556, 558, 559, 567, 596
Lisieux 110, 111, 112, 196, 264, 573
Lobsing 80, 331, 371, 582
Loitzendorf 406
London 148, 443
Loreto 523
Lothringen 317
Lourdes 334, 478
Lübeck 123
Lucca 226, 263, 344
Ludwigsburg 322

Lugano 208
Lüttich 221
Luzern 626
Lyon 238

Mähren 42, 479
Mailand 548
Mainburg 356
Mainz 188
Mallersdorf 205, 242
Malseneck 207
Manching 198, 199, 212
March 461
Marching 278
Mariabirnbaum 215, 217, 220
Maria Buchen 187
Maria Steinbach 473
Marktredwitz 485
Martinsbuch 590
Mauer 195
Memmingen 68
Mendorf 427, 436
Menning 497
Mesopotamien 317
Metten 95, 159, 168, 405, 629
Miesbach 497
Minnesota 159
Mödingen 467
Mokenem 174
Mönchherrnsdorf 489, 504
Monterey 159
Montreal 464
Moosbach 456
Moosburg 433, 497
Moosham 462
Moskau 199, 439
München 29, 45 f., 55, 58, 70, 83 f., 88 f., 99 f., 106 f., 112, 121 ff., 127 f., 134 f., 140, 145 ff., 170, 172, 180, 199, 203, 205, 207, 210, 233, 234, 239, 265, 307, 317, 319, 320, 328, 361, 363, 370, 390, 393, 395, 410, 412 ff., 422, 424, 430, 432, 444, 447, 456, 467, 488, 494, 497, 499, 515, 545, 555 ff., 572 f., 582, 596, 607
Münchsmünster 99
Münsterberg 181, 204

Nabburg 529
Nancy 317
Neapel 238, 494
Neckar 180
Nettuno 33
Neubäu 502
Neuburg a. d. Donau 180, 195
Neuenhinzenhausen 28
Neufchätel 332
Neuhaus 494
Neumarkt 497
Neuötting 215
Neustadt a. d. D. 34 f.,76, 78, 172, 214, 228, 232 f., 430, 448, 462, 465, 580
Neustadt an der Waldnaab 405
New York 191
Niederaichbach 481
Niederbayern 446
Niederviehbach 182, 206
Nikolsburg-Prag 49
Nittenau 119, 120, 185, 265, 494
Nordamerika 181, 433, 614
Nürnberg 50, 166, 172, 327, 332, 426, 430

Oakland 156, 157, 160, 170
Oberbayern 432, 446
Oberdolling 77, 155, 229, 468, 501, 583
Oberhaunstadt 172, 176, 177
Oberitalien 109
Oberndorf 180
Oberndorf a. N. 201
Oberösterreich 195
Oberpfalz 26, 27, 140
Oberronning 460, 486
Oberschneiding 159, 165
Offenburg 172
Offenstetten 631
Ostdeutschland 412
Osterberg 30, 437, 449, 488
Österreich 42, 48, 49, 50, 51, 53, 54, 103, 222, 224, 314, 323, 408, 411, 439, 444, 491, 514, 540, 541, 546, 547, 624
Österreich-Ungarn 41, 101, 112, 316, 318
Ottobeuren 30

Paderborn 94, 510, 514, 515
Painten 27
Palästina 605
Paray-le-Monial 350
Paris 322, 408, 442, 557
Parsberg 89
Passau 92, 166, 427, 497, 502, 625
Peißenberg 246
Pentling 181, 522
Perkam 461
Pfaffenberg 181
Pförring 73, 80, 85, 90, 153, 173, 199, 201, 214, 228, 237, 392, 401, 429, 433, 434, 438, 439, 462, 496, 497, 499, 525, 529, 572, 580, 616
Piegendorf 486
Pilsting 84, 141, 335, 359, 367, 389
Pirmasens 354, 357
Plankstetten 474
Polen 333, 411, 412, 439, 537, 553
Pompeji 523
Portsmouth 408
Portugal 112, 619
Posen-Neudeck 147
Potsdam 314, 322
Preußen 43, 44, 47, 48, 49, 50, 51, 52, 53, 54, 55, 56, 57, 58, 103, 112, 121, 125, 131, 139, 144, 174, 439, 441

Ratibor 200
Rattenberg 501
Regensburg 20, 26, 34 f., 76, 82, 92, 104, 113, 117, 120, 130, 155, 163, 165, 172, 176, 180, 182 f., 190 ff., 202, 205, 207, 210 ff., 221, 225, 227 f., 230, 232 f., 405 f., 427, 429, 433 f., 449 f., 454, 456 f., 459 ff., 473 f., 476, 479, 481, 484 f., 490 ff., 499, 501, 503, 509, 511, 513, 515, 519, 520 ff., 529 ff., 549, 552 f., 558, 561, 564, 565 ff., 570, 572 f., 580 f., 583 ff., 589 ff., 595 ff., 608, 613, 616 f., 622 ff., 631 f.,
Regensburg-Stadtamhof 457, 593
Reichertshofen 224
Reims 322, 523
Rennertshofen 622
Resttschechei 411
Reut 481
Rheinland 43, 116
Rheinland-Pfalz 444
Rheinpfalz 444
Riedenburg 26, 77, 164, 166, 172, 188, 219, 426, 427, 436, 581, 582
Rittsteig 74

Röcken 407, 604
Rom 40, 41, 45, 112, 119, 123, 157, 167, 208, 258, 319 f., 393, 413, 464, 466, 470, 475, 482, 492 f., 495, 508, 510 ff., 518 f., 521, 527 f., 530 ff., 539 ff., 546, 548, 552 ff., 558 f., 564 f., 573, 584, 591, 595, 596, 600 f., 616, 631, 634
Rosenau 408
Rosenheim 136, 169, 434
Rothach 437
Rottach-Egern 106
Ruhpolding 199, 322
Ruhrgebiet 116
Rumänien 333
Runding 482
Russland 101, 112, 314, 319, 320, 321, 333, 334, 412, 440, 448

Saarpfalz 145
Sachsen 50, 51, 397
Saint Paul 159
Salzburg 79, 126, 169, 172, 178, 183, 188, 197, 207, 212, 222, 224, 436, 491, 573
Sandersdorf 29, 37, 38
San Francisco 155, 160, 383
San Giovanni Rotondo 207
Sanitas 222
Sarajewo 314
Sarching 26
Sardinien 546
Sarvár 100, 145
Scheyern 176, 183
Schildthurn 456
Schirmitz 180
Schlesien 431
Schleswig-Holstein 51
Schlicht 160
Schloss Berg 59
Schnatting 144
Schonstett 169
Schrobenhausen 436, 437, 499
Schwarzach 356
Schweden 319
Schweiz 122, 123, 153, 155, 222, 319, 441 f., 547
Serbien 101
Shrewsbury 408
Siegenburg 72
Siena 119, 342
Simbach 481
Sinzing 516
Sittling 27
Spanien 598, 600
Speyer 106, 204, 219
Stalingrad 332, 333
Stammham 38, 64, 66, 67, 69, 70, 71, 72, 85, 173, 210, 251, 550, 573
Staubing 76
Steinsdorf 28, 470
Steinweg 456
Steyl 167, 170, 181, 195, 196
St. Mihiel 29, 400
St. Moritz 216
St. Ottilien 479
Straßburg 179, 188, 219
Straubing 106, 167, 179, 197, 220, 233
Stuttgart 153, 187
St. Wendel 572
Südamerika 202, 614
Sudetenland 411, 431, 439
Süd-Korea 589

Taching 212
Tannenberg 147
Tarbes 322
Taufkirchen 555
Techny 170, 181, 387
Tegernsee 446
Teheran 440, 442
Temesvar 235
Tettenagger 397, 428, 431
Tettenwang 116, 324
Teublitz 428
Teuerting 233
Thalmassing 205
Thannweiler 323
Theissing 30, 116, 169, 324, 373
Thüringen 110
Tiefenbach 460
Tirol 196
Torgau 29
Traunstein 212, 427
Trient 19, 266, 476
Triest 172, 440
Tschechoslowakei 439
Tunding 461, 590
Tunis 41
Tuntenhausen 82
Turin 408
Türkei 314
Türkheim 466, 467
Turnhout 221
Tutzing 557

Ulrain 458
Ungarn 221, 223, 224, 314
Unterrohrbach 461
Unterwössen 436
USA 112, 320, 497, 547

Vadstena 589
Vatikan 561
Vatikanstaat 41
Velehrad 475
Verdun 114
Versailles 54, 144, 323, 409, 411
Viehhausen 76, 167, 234, 530
Vohburg 180, 462

Wackersdorf 501, 502
Wackerstein 200
Waldviertel 42
Wallersdorf 486
Wasserburg 555
Weiden 149
Weiler 206, 437
Weiler 182
Weimar 138 f., 145, 323, 407, 417 f., 421, 424, 442, 604
Weingarten 479
Wels 526
Weltenburg 429
Wemding 202, 387, 389, 491
Wendelskirchen 481
Werdenfels 485
Westberlin 513
Westdeutschland 491
Westerhofen 64, 68, 69
Westfalen 43, 50
Wien 42, 123, 195, 320, 408, 428, 440, 494
Wilhelmshafen 123
Winklarn 461
Wörth 482
Wörth an der Isar 481, 486, 633
Würzburg 99, 201, 568

Zagreb 562
Zakopane 537, 542, 553
Zeitlarn 159
Zell 461
Zürich 179, 198, 199, 442
Zwickau 397

Abbildungen

Abb. 1: Anna im Alter von 9 Jahren. Ausschnitt aus einem Klassenbild von 1891.
Foto: Daniel Weissgärber bzw. Studio Zink/Regensburg

Abb. 2: Anna und ihre Mutter Theres Schäffer, ca. 1918

Abb. 3: Haus „Hartl“ in Mindelstetten, wo Anna 23 Jahre ihres Lebens wohnte. Die Hausbesitzerfamilie Forchhammer ist vollzählig zu sehen.

Abb. 4: Anna auf ihrem Leidensbett, ca. 1914. Foto: Hoffmann & Jursik / Leipzig

Abb. 5: Das Geburtshaus Annas nach der Restaurierung 1989–1992.

Abb. 6: Anna auf dem Totenbett in der Tracht der Franziskaner-Terziaren.

Abb. 7: Dekan Pfarrer BGR Karl Rieger, der langjährige Seelenführer Annas, im Pfarrgarten.

Abb. 8: Anna im Alter von 16 Jahren.

Abb. 9: Das Dorf Mindelstetten, ca. 1990. Foto: Studio Rappl / Kelheim.

Abb. 10: Entwurf Annas für die Fahne des Kriegervereins von Mindelstetten, i. J. 1918.

Abb. 11: Zeichnung Annas zu einem von ihr verfassten Gedicht.

94 Mindelstetten 17.2.1917.

Meine lb. teure Anna!

„Gottes Wille über Alles"

Für dein lb. Briefchen tausendmal „Vergelts-Gott"! Freute mich sehr, daß ich von dir sobald wieder Nachricht bekam. Wie gehts dir jetzt? Gebe Gott, daß du wieder ganz gesund bist, was ich dir auch von Herzen wünsche. Für deine letzten Besuche danke ich dir recht herzlich. Komme ich denn dir nicht immer vor, als ein rechter Treibauf, denn wenn ich abends mit meinem Gewissen abrechne, so kommt es mir fast so vor. Und hast du lb. Anna es noch nicht gemerkt, wenn du vielleicht, oder jemand anderer mich besuchtest, daß ich die ersten Augenblicke zu den Besuchenden fast nichts sagen kann u. es liegt dies durchaus nicht in meinem Willen.

Abb. 12: Anna verschönerte ihre Briefe gern mit getrockneten Blumen, die sie regelmäßig von Schulkindern erhalten hatte.

Abb. 13: Tausende Gläubige am „Anna-Gebets-Tag“ (26. Juli) in Mindelstetten.

Abb. 14: Blick auf den Altarraum der Basilika St. Peter in Rom während der Seligsprechungsfeier für Anna.

Abb. 15: Papst Johannes Paul II. wird vom Regensburger Bischof Manfred Müller für die Seligsprechung Annas am 7. März 1999 bedankt.

Abb. 16: Die Gruft der seligen Anna in der alten Pfarrkirche von Mindelstetten.

Abb. 17: Anna auf ihrem Leidensbett, Ölgemälde in der alten Pfarrkirche in Mindelstetten von Akad. Maler Georg Hiltl (†) aus Regensburg.

Abb. 18: Anlässlich der Seligsprechung Annas am 7. März 1999 wurde ihr Bild in der Basilika St. Peter in Rom feierlich enthüllt.